Wortprofi®

Schulwörterbuch Deutsch

verfasst von Josef Greil

Oldenbourg

Inhalt

Hinweise für den Benutzer

Vor dem Gebrauch eines Wörterbuches sollte sich der Benutzer informieren, wie das Wörterverzeichnis aufgebaut ist, welche Informationen darin stehen und wie diese möglichst rasch gefunden werden können.

Aufbau des Wörterverzeichnisses

Leitwort

Zur raschen Orientierung sind auf jeder Doppelseite in der Kopfleiste das jeweils erste und letzte Stichwort angegeben.

Hauptstichwort

Am Anfang einer Wortlegende steht ein Hauptstichwort. Es ist im Druck besonders hervorgehoben.

Die Hauptstichwörter sind alphabetisch geordnet.

Als **Wortlegende** bezeichnet man alle weiteren Angaben, Hinweise und Erklärungen zu einem Hauptstichwort.

darangehen **80**

A B C D E F

Reihe) – ich war nahe daran zu weinen – gut daran tun – daran glauben; auch: → **dran; darangehen** (mit etwas beginnen); sich **daranhalten** (eifrig sein); aber: sich daran halten (Weisungen beachten); sich **daranmachen** (beginnen); aber: etwas daran (z. B. am Auto) machen; **daransetzen:** er will alles daransetzen (sich voll einsetzen)

da·rauf (dar·auf): am Tag darauf (hinterher) – darauf ausgehen – darauf bauen – darauf dringen – darauf eingehen – darauf folgen – darauf hinweisen – darauf warten – es kommt darauf an; auch: → **drauf; darauffolgend:** am darauffolgenden (nächsten) Tag; aber: am darauf folgenden Tag; **daraufhauen; daraufhin:** daraufhin (aus diesem Grunde, deshalb) schreibe ich dir; **daraufsetzen:** ich will mich daraufsetzen (z. B. auf einen Stuhl); aber: ich will mich nicht hierauf, sondern darauf setzen

da·raus (dar·aus): daraus folgt – daraus lernen – daraus schließen/folgern – sich nichts daraus machen; auch: → **draus**

dar·ben: (Mangel haben, Not leiden)

dar·bie·ten: Volkstänze darbieten; die **Darbietung:** eine musikalische Darbietung (Aufführung)

dar·brin·gen: ein Opfer darbringen – Glückwünsche darbringen; die **Darbringung**

da·rein (dar·ein): sich darein ergeben/schicken; auch: → **drein;** sich **dareinfinden;** sich **dareinmischen; dareinreden; dareinsetzen:** seinen Ehrgeiz dareinsetzen

da·rin (dar·in): was ist darin? – darin (in diesem Punkt) hat er Recht – darin wohnen – wir können alle darin (im Wagen) sitzen; auch: → **drin; darinnen;** auch: → **drinnen**

dar·le·gen: seine Meinung darlegen (darstellen, begründen); die **Darlegung**

Dar·le·hen, das -s, -; ein Darlehen aufnehmen (Geld leihen); auch: das **Darlehn**

Darm, der: -(e)s, Därme (Körperorgan); die **Darmflora;** die **Darmsaite;** der **Darmverschluss**

dar·nach: → danach; **darneben;** → daneben; **darnieder;** → danieder; **darob** (deswegen)

dar·stel·len: ein Erlebnis darstellen (mitteilen); **darstellbar;** der **Darsteller;** die **Darstellerin; darstellerisch;** die **Darstellung**

dar·tun: seine Gründe dartun (darlegen, erklären)

da·rü·ber (dar·ü·ber): darüber hängt ein Bild – darüber hinaus – darüber hinausgehen – darüber hinaus sein – darüber reden – darüber hinwegsehen – darüber (dabei) einschlafen; auch: → **drüber; darüberbreiten; darüberfahren:** mit dem Finger darüberfahren; sich **darübermachen** (mit etwas beginnen); **darüberstehen** (darüber erhaben sein); **darübersteigen; darüberstreuen**

da·rum (dar·um): darum (um dieses) bitten – darum herumreden – darum ist es mir nicht zu tun; auch: → **drum; darumbinden; darumkommen** (etwas nicht bekommen); aber: darum (aus diesem Grunde) kommen sie; **darumlegen; darumstehen**

da·run·ter (dar·un·ter): darunter (an etwas) leiden – sich nichts darunter vorstellen können; auch: → **drunter; darunterfallen** (betroffen sein); **darunterlegen; darunterliegen:** das Buch hat daruntergelegen; aber: es sollte nicht hierunter, sondern darunter liegen; **daruntersetzen** (z. B. seine Unterschrift unter ein Schriftstück); **darunterstellen**

das: das Bett – das heißt ⟨d. h.⟩ – das habe ich nicht gewusst – das ist ⟨d. i.⟩ (das bedeutet) – ein Kind, das (welches) nicht folgt # dass

das·je·ni·ge: → derjenige; **desjenigen; diejenigen**

dass: ich hoffe, dass… – dass du nur bald kommst! – sodass; auch: so dass – auf dass – ohne dass # das; der **Dasssatz;** auch: der **dass-Satz**

das·sel·be: ein und dasselbe – *wenn zwei das Gleiche tun, ist es nicht dasselbe*; **desselben; dieselben**

Da·ten *Pl. lat.*, die: - (Einzelheiten, Angaben): Daten verarbeiten; die **Datei** (Datensammlung); die **Datenautobahn;** die **Datenbank;** der **Datenschutz; datenverarbeitend:** datenverarbeitende Maschinen; auch: Daten verarbeitend; die **Datenverarbeitung:** die elektronische Datenverarbeitung ⟨EDV⟩

Da·tiv *lat.*, der: -s, -e (Sprachlehre: Wemfall, 3. Fall); das **Dativobjekt**

Dat·tel, die: -, -n (längliche, sehr süße Frucht); die **Dattelpalme**

Da·tum *lat.*, das: -s, Daten (Zeitpunkt, Tagesangabe); **datieren** (mit einer Zeitangabe versehen); die **Datumsangabe**

Dau·er, die: -; die Dauer (Zeitspanne) von einem Jahr – auf Dauer; **dauerhaft** (bestän-

81 **Deckmantel**

dig, unveränderlich); die **Dauerkarte;** der **Dauerlauf,** die ... läufe; **dauern:** nicht lange dauern; **dauernd:** eine dauernde (ständige) Gefahr; die **Dauerstellung;** der **Dauerstress;** die **Dauerwelle** (künstliche Wellung der Haare); der **Dauerzustand**

dau·ern: er dauert mich (tut mir leid)

Dau·men, der: -s, -; *etwas über den Daumen peilen* (ungefähr schätzen) – *auf etwas den Daumen halten* (darauf aufpassen) – *jemandem den Daumen halten* (Erfolg wünschen); **daumenbreit;** aber: um Daumenbreite; **daumendick;** die **Daumenschraube:** *jemandem Daumenschrauben anlegen* (ihn unter Druck setzen); der **Däumling** (Märchenfigur)

Dau·ne, die: -, -n (Flaumfeder); das **Daunenbett;** die **Daunendecke; daunenweich**

da·von: auf und davon – davon abhängen – davon abgesehen – davon leben – nicht weit davon (entfernt) – nichts davon haben; **davonbleiben** (sich entfernt halten, nicht anfassen); aber: davon bleiben nur einige übrig; **davoneilen; davonfahren; davongehen; davonkommen** (überleben, entrinnen, Glück haben); aber: davon kommt alles Übel; **davonlaufen:** sie will davonlaufen; aber: *zum Davonlaufen* (unerträglich) *sein*; sich **davonmachen** (sich unauffällig entfernen); aber: davon macht sie sich ein Kleid; sich **davonstehlen** (sich unauffällig, heimlich entfernen); **davontragen:** einen Sieg davontragen

da·vor: lange davor (vorher) – davor bewahren – sich davor hüten – davor zurückschrecken – davor warnen; **davorhalten:** eine Hand davorhalten (z. B. vor den Mund); **davorhängen:** ein Tuch davorhängen; **davorlegen:** eine Schachtel war davorgelegen; **davorschieben:** einen Riegel davorschieben; **davorstehen:** kurz davorstehen (z. B. vor einem Examen); **davorstellen:** einen Schrank davorstellen; aber: davor stellen wir einen Schrank

da·wi·der: dawider (dagegen) sein; **dawiderreden** (dagegenreden, widersprechen)

da·zu: dazu (hierzu) etwas sagen – dazu schweigen; **dazubekommen** (hinzubekommen); **dazugeben; dazugehören:** er möchte auch dazugehören; aber: dazu gehört viel Mut; **dazugehörig; dazukommen:** er will später dazukommen; aber: wie konnte es nur dazu kommen?; **dazukönnen** (dafürkönnen); **dazulernen; dazumal** (damals); sich **dazusetzen;** das **Dazutun:** ohne sein Dazutun (ohne seine Unterstützung); **dazuverdienen**

da·zwi·schen: dazwischen essen – dazwischen liegt das Meer; **dazwischenfahren** (Ordnung schaffen, eingreifen); aber: dazwischen fahren auch Autos; **dazwischenfunken; dazwischenkommen:** es ist etwas dazwischengekommen; aber: dazwischen kommen wieder Häuser; **dazwischenreden; dazwischenrufen:** du sollst nicht dazwischenrufen; aber: dazwischen rufen immer wieder Kinder; **dazwischenschlagen; dazwischentreten**

DB = Deutsche Bahn

DDR: (frühere) Deutsche Demokratische Republik; der **DDR-Bürger;** die **DDR-Bürgerin**

Dea·ler *engl. [diler]*: -s, - (Rauschgifthändler); der **Deal** (Handel, Geschäft); **dealen**

De·ba·kel *franz.*, das: -s, - (Zusammenbruch, Niederlage)

De·bat·te *franz.*, die: -, -n (lange Aussprache, Erörterung); **debattieren**

de·bil *lat.*: (leicht schwachsinnig); die **Debilität**

De·büt *franz. [debü]*, das: -s, -s (erster Auftritt); der **Debütant;** die **Debütantin**

de·chiff·rie·ren (de·chif·frie·ren) *franz.*: (Geheimschriften, Nachrichten entschlüsseln)

Deck, das: -(e)s, -s/-e (Stockwerk auf einem Schiff); alle Mann an Deck!

De·cke, die: -, -n; *an die Decke gehen* (wütend werden) – *mit jemandem unter einer Decke stecken* (gemeinsame Sache machen) – *sich nach der Decke strecken* (sich den Verhältnissen anpassen); die **Deckadresse** (Scheinadresse); das **Deckblatt;** der **Deckel:** *eins auf den Deckel bekommen* (gerügt werden); **decken:** den Tisch decken – den Stürmer decken (bewachen) – den Bedarf an Lebensmitteln decken (befriedigen) – meine Meinung deckt sich mit deiner (stimmt damit überein) – Dreiecke decken (gleichen) sich – ein nicht gedeckter Scheck (Scheck, der nicht aus einem vorhandenen Guthaben bezahlt werden kann); die **Deckenbeleuchtung;** das **Deckengemälde;** die **Deckfarbe;** der **Deckmantel** (Vor-

A B C D E F

Suchhilfe

Am Seitenrand ist zum schnelleren Auffinden des gesuchten Stichwortes der aktuelle Buchstabe mit der dazugehörigen Buchstabengruppe angegeben.

weitere Stichwörter

Zu den meisten Hauptstichwörtern werden in alphabetischer Reihenfolge weitere verwandte Wörter (Ableitungen, Zusammensetzungen) aufgeführt.

Angaben zu den Hauptstichwörtern

Bei Hauptstichwörtern stehen wichtige sprachliche bzw. grammatische Hinweise:

Fremdwörter werden durch die Angabe der Herkunftssprache gekennzeichnet. (Abkürzungen siehe Seite 7)

Ba·zar *pers.*, der: -s, -e

Substantiv (Namenwort)
Hinter den Substantiven stehen:

Artikel (Begleiter):
der Bazar

Genitiv-Endung (2. Fall):
des Bazars

Plural-Endung (Mehrzahl):
die Bazare

Skon·to *ital.*, das/der…

Manchmal sind verschiedene Artikel gebräuchlich.

Hum·mel, die: -, -n…
Hum·mer, der: -s, -…

Ein Strich bedeutet, dass Nominativ (1. Fall) und Genitiv (2. Fall) bzw. Singular und Plural gleich lauten.

Verb (Zeitwort)
Wichtige Zeitformen werden bei unregelmäßigen und starken Verben angegeben:

Präsens (Gegenwart):
du fliegst

Präteritum (Vergangenheit):
er flog

Perfekt (vollendete Gegenwart):
sie ist geflogen

Imperativ (Befehlsform):
flieg(e)!

flie·gen: du fliegst, er flog, sie ist geflogen, flieg(e)!; durch die Luft fliegen – fliegende Untertasse; aber: Fliegende Fische – auf den Boden fliegen (fallen) – von der Schule fliegen (verwiesen werden) – durch eine Prüfung fliegen (nicht bestehen) – *auf etwas fliegen* (von etwas angezogen werden)…

Adjektiv (Eigenschaftswort)
Steigerungsformen sind angeführt, wenn es sich um eine unregelmäßige Steigerung handelt.

warm: wärmer, am wärmsten; es ist sehr warm – ein warmer Nachmittag – ein warmes Essen – sich warm anziehen – sich warm laufen (als Sportler) – sich warm machen…

Bedeutung und Gebrauch von Wörtern

Die verschiedenen Angaben zur Bedeutung und zum Gebrauch von Wörtern erweitern das Sprachwissen und verhelfen zu einem genaueren Wortgebrauch sowie zu einem abwechslungsreichen Ausdruck.

Hinter einem Stichwort werden **typische Wortverwendungen** aufgeführt. Sie zeigen, in welchen Zusammenhängen ein Wort gebraucht werden kann.

In Klammern stehen **Erklärungen** und **Hinweise** zur Bedeutung eines Wortes.

Zu verschiedenen Stichwörtern sind in Kursivschrift aufgeführt:

- häufig gebrauchte **Redensarten** bzw. **Redewendungen** (Sie werden in Klammern erklärt.)
- geläufige **Sprichwörter**

ei·gen: jemandem eigen sein (ihm gehören) – ein eigenes Heim – mein eigen Fleisch und Blut – sie ist sehr eigen (gewissenhaft, eigensinnig) – *sich etwas zu eigen machen* (sich etwas aneignen) – *eigener Herd ist Goldes wert*; aber: das ist mein Eigen – etwas sein Eigen nennen; die **Eigenart; eigenartig;** der **Eigenbrötler** (Sonderling); **eigenhändig;** das **Eigenheim;** die **Eigenheit;** das **Eigenlob; eigenmächtig;**...

Die Abkürzungen der Herkunftsangaben

afrik.	afrikanisch	*indian.*	indianisch	*port.*	portugiesisch
ägypt.	ägyptisch	*indon.*	indonesisch	*rumän.*	rumänisch
amerik.	amerikanisch	*ital.*	italienisch	*russ.*	russisch
arab.	arabisch	*jap.*	japanisch	*sanskr.*	sanskrit
aram.	aramäisch	*jidd.*	jiddisch	*serb.*	serbisch
austral.	australisch	*karib.*	karibisch	*skand.*	skandinavisch
aztek.	aztekisch	*korean.*	koreanisch	*slaw.*	slawisch
chin.	chinesisch	*kroat.*	kroatisch	*slow.*	slowenisch
engl.	englisch	*lat.*	lateinisch	*span.*	spanisch
eskim.	eskimoisch	*malai.*	malaiisch	*tahit.*	tahitisch
finn.	finnisch	*niederl.*	niederländisch	*tschech.*	tschechisch
franz.	französisch	*norw.*	norwegisch	*türk.*	türkisch
griech.	griechisch	*pers.*	persisch	*ungar.*	ungarisch
hebr.	hebräisch	*peruan.*	peruanisch		

Aussprache und Betonung von Wörtern

Manche Wörter sind nicht nur schwer zu schreiben, sondern oft auch nicht leicht auszusprechen. Dies trifft vor allem für Wörter zu, die aus einer fremden Sprache stammen. Auch die Betonung von Wörtern ist manchmal unklar.

Aussprachehilfe

In Zweifelsfällen ist in eckigen Klammern die richtige Aussprache angegeben.

õ Dieses Zeichen muss eigens eingeprägt werden: Der Vokal wird durch die Nase gesprochen, wie z. B. bei dem Wort **„Bronze“**.

Brom·bee·re, die: -, -n (Strauchfrucht)
Bron·chie *griech. [bronchje],* die: -, -n (Hauptast der Luftröhre); **bronchial;** der **Bronchialkatarrh;** auch: der **...katarr;** die **Bronchitis** (Entzündung der Bronchien)

Bron·ze *ital. [brõße],* die: -, -n (Kupfer-Zinn-Legierung); **bronzefarben;** die **Bronzemedaille; bronzen;** die **Bronzezeit; bronzieren**

Betonungshilfe

Zu jedem Hauptstichwort werden Betonungshilfen gegeben:

i Der Vokal wird betont und lang gesprochen, wenn er unterstrichen ist.

ọ Der Vokal wird betont und kurz gesprochen, wenn ein Punkt daruntersteht.

Bri·se *franz.,* die: -, -n (sanfter Wind)
Bri·te, der: -n, -n (Einwohner Großbritanniens); die **Britin,** die Britinnen; **britisch:** die britische Bevölkerung; aber: die Britischen Inseln
Broc·co·li *ital.,* der: -s, -s (Abart des Blumenkohls); auch: der **Brokkoli**
Bro·cken, der: -s, -; ein Brocken Brot – ein paar Brocken Englisch; das **Bröckchen; bröck(e)lig; bröckeln:** der Putz bröckelt ab; **brocken:** Beeren brocken (pflücken) – Brot in die Milch brocken; **brockenweise**

Bei einer vom Hauptstichwort abweichenden Betonung werden auch bei den weiteren Stichwörtern Betonungshilfen gegeben.

Se·rie *lat. [serje],* die: -, -n (Aufeinanderfolge, Reihe); eine Serie von Einbrüchen – in Serie herstellen; **seriell;**...

Ein Betonungszeichen ist manchmal sehr wichtig, denn mit der Betonung kann sich auch der Sinn eines Wortes ändern.

über·zie·hen: ein Kleidungsstück überziehen (anziehen) – *jemandem eins überziehen* (ihm einen Schlag, Hieb versetzen); aber: **überziehen:** sein Konto überziehen (zu viel abheben) – die Betten frisch überziehen – die Zeit überziehen (überschreiten); der **Überzieher** (leichter Herrenmantel); die **Überziehungszinsen** *Pl.;* der **Überzug:** ein Überzug (Belag) aus Schokolade

Zeichenerklärung

Drei Punkte zeigen an, dass etwas (z. B. ein Wortteil) **gedanklich ergänzt** werden muss.

In eckigen Klammern stehen in Kursivschrift Hilfen zur **Aussprache** eines Wortes.

Ka·ram·bo·la·ge *franz. [...lasche],* die: -, -n (Zusammenstoß)

In runden Klammern stehen **Worterklärungen** und **Verständnishilfen.**

Ket·schup (Ketsch·up) *engl. [kätschap],* der/das: -(s), -s (Würztunke, Tomatensoße); auch: der/das **Ketchup**

Zu allen Hauptstichwörtern wird mindestens eine **Trennungsmöglichkeit** angegeben.

De·mons·tra·ti·on (De·monst·ra·ti·on) *lat.,* die: -, -en (Massenkundgebung, Beweisführung); die **Demo** (Protestkundgebung); der **Demonstrant;** die **Demonstrantin,** die Demonstrantinnen;

Ab·bild, das: -(e)s, -er...

Eingeklammerte Buchstaben können beim Sprechen und Schreiben **weggelassen** werden.

...die **Zeitläuf(t)e**...

Pfeile dienen als **Verweiszeichen** („Sieh dort nach!"):

Verweis auf ein **verwandtes Wort,** das an einer anderen Stelle im Wörterverzeichnis steht

Schwur, der: -(e)s, Schwüre; einen Schwur (Eid) auf die Verfassung leisten; das **Schwurgericht;** → schwören

Verweis auf eine **ebenfalls mögliche Schreibweise** eines Wortes

Re·cor·der *engl.,* der: -s, - (Gerät zur Aufzeichnung und Wiedergabe von Ton- und Bildaufnahmen); auch: der **Rekorder**

Abkürzungen stehen hinter dem Stichwort in spitzen Klammern.

Sep·tem·ber ⟨Sept.⟩

Hier wird darauf aufmerksam gemacht, dass es ein **gleich oder ähnlich gesprochenes Wort** gibt, das **verschieden geschrieben** wird.

Lid, das: -(e)s, -er (Augendeckel) # Lied; der **Lidschatten;** der **Lidstrich**

Dieses Wort kommt (meist) nur im **Plural** vor.

Leu·te *Pl.,* die: -; viele Leute (Menschen) kennen – Land und Leute kennen lernen – meine Leute (Verwandte, Mitarbeiter)

A B C D E F

A

A, das: -, - (erster Buchstabe des Alphabets); das große A – das kleine a in Mann – der a-Laut – von A bis Z – das A und O (der Anfang und das Ende, das Wesentliche einer Sache) – *wer A sagt, muss auch B sagen* (wer etwas anfängt, muss es auch zu Ende führen)

A = Autobahn, z. B. A 8; Ampere

@ = At-Zeichen (zur Gliederung in E-Mail-Adressen)

AA = Auswärtiges Amt

Aal, der: -(e)s, -e (schlangenähnlicher Fisch); *glatt wie ein Aal* (listig, raffiniert) *sein* – *sich winden wie ein Aal* (einer Schwierigkeit zu entkommen versuchen); aber: das **Älchen;** sich **aalen:** er aalt sich in der Sonne (streckt sich behaglich aus); der **Aalfang; aalglatt**

a. a. O. = am angegebenen, angeführten Ort

Aar, der: -(e)s, -e (dichterisch für Adler) # Ar

Aas, das: -es, -e (Tierkadaver); *kein Aas* (niemand) # Ass; **aasen** (verschwenderisch umgehen); der **Aasfresser;** der **Aasgeier; aasig** (gemein, ekelhaft)

ab: ab Januar – ab Hamburg – Preis ab Werk – ab Fabrik liefern – ab sofort – ab (fort) mit dir! – auf und ab – ab und zu (manchmal) – ab und an (von Zeit zu Zeit) – ab sein – *ab durch die Mitte* (schnell fort)!

ab·än·dern: sein Testament abändern; **abänderbar; abänderlich;** die **Abänderung;** der **Abänderungsvorschlag**

Ab·art, die: -, -en (abweichende Form, Spielart); **abartig** (aus der Art geschlagen); die **Abartigkeit**

Abb. = Abbildung

ab·bau·en: das Zelt abbauen – Kohle abbauen – der Sportler baut ab (lässt in seiner Leistung nach) – Vorurteile abbauen – Personal abbauen (verringern); der **Abbau; abbaubar**

ab·bie·gen: das Auto biegt ab – ein Blech abbiegen – etwas gerade noch abbiegen (verhindern); der **Abbieger;** die **Abbiegerin,** die Abbiegerinnen; die **Abbiegespur;** die **Abbiegung**

Ab·bild, das: -(e)s, -er (getreue Wiedergabe, Spiegelbild); **abbilden:** einen Gegenstand abbilden (bildlich darstellen); die **Abbildung** ⟨Abb.⟩; der **Abbildungsmaßstab**

Ab·bit·te, die: -, -n; öffentlich Abbitte leisten/tun (um Verzeihung bitten); **abbitten:** er hat ihm vieles abzubitten

ab·blen·den: die Scheinwerfer abblenden; das **Abblendlicht;** die **Abblendung**

ab·blit·zen: jemanden abblitzen lassen (abweisen)

ab·bre·chen: einen Zweig abbrechen – die Verhandlungen abbrechen (beenden) – eine Reise abbrechen – *sich einen abbrechen* (übertrieben vornehm tun, sich ungeschickt anstellen); der **Abbruch,** die Abbrüche; die **Abbrucharbeit;** die **Abbruchfirma; abbruchreif**

ab·bren·nen: Felder abbrennen – ein Feuerwerk abbrennen; → abgebrannt

Abc, das: -, - (deutsches Alphabet); auch: das **Abece:** das Abece aufsagen; das **Abc-Buch;** der **Abc-Schütze** (Schulanfänger); die **ABC-Waffen** *Pl.* (atomare, biologische, chemische Waffen); **ABC-Waffen-frei**

ab·dan·ken: der König dankte ab (trat zurück); die **Abdankung**

ab·de·cken: den Tisch abdecken – das Beet vor dem Frost abdecken – eine Grube abdecken – den gegnerischen Spieler abdecken; die **Abdeckplane;** die **Abdeckung**

Ab·druck, der: -(e)s, -e; von Bildern und Texten Abdrucke machen; aber: Abdrücke (Spuren) im Sand – Fingerabdrücke; **abdrucken:** einen neuen Roman abdrucken (veröffentlichen); **abdrücken:** jemandem die Luft abdrücken – ein Gewehr abdrücken (einen Schuss abfeuern) – einen Schlüssel in Wachs abdrücken (abbilden)

Abend, der: -s, -e; gestern/heute/morgen Abend – am Abend – eines Abends – gegen Abend – guten Abend wünschen; auch: Guten Abend wünschen – es wird Abend – der bunte Abend – Abend für Abend – jeden Abend – der Heilige Abend – (zu) Abend essen – *es ist noch nicht aller Tage Abend* – *man soll den Tag nicht vor dem Abend loben* – *je später der Abend, desto schöner die Gäste*; das **Abendblatt,** die ...blätter; das **Abendbrot;** die **Abenddämmerung;** das **Abendessen; abendfüllend;** das **Abendgebet;** das **Abendkleid;** der **Abendkurs;** das **Abendland; abendländisch;**

abendlich; das **Abendmahl,** die ...mahle: das Letzte Abendmahl; das **Abendrot; abends:** von morgens bis abends – um neun Uhr abends; aber: sonntagabends (jeden Sonntag am Abend) ausgehen; auch: sonntags abends – abends spät; aber: spätabends ist er müde – *abends wird der Faule fleißig*; der **Abendstern;** die **Abendzeitung**

Aben·teu·er, das: -s, -; ein Abenteuer bestehen – sich in Abenteuer stürzen; der **Abenteuerfilm; abenteuerlich;** die **Abenteuerlust; abenteuerlustig; abenteuern:** durch die Welt abenteuern; der **Abenteuerroman;** der **Abenteuerurlaub;** der **Abenteurer;** die **Abenteu(r)erin,** die Abenteu(r)erinnen

aber: er ist streng, aber (doch) gerecht – aber ja! – das war aber schön! – ich nicht, aber du! – aber und abermals; das **Aber:** das Wenn und Aber (Zweifel, Einwände) – die Sache hat ein Aber; **aberhundert;** auch: **Aberhundert; aberhunderte;** auch: **Aberhunderte; abermalig** (wiederholt); **abermals** (noch einmal); **abertausend** (viele tausend); auch: **Abertausend:** tausend und abertausend; auch: Tausend und Abertausend – tausende und abertausende; auch: Tausende und Abertausende

Aber·glau·be, der: -ns (verkehrter, irriger Glaube); auch: der **Aberglauben; abergläubig; abergläubisch**

Aber·witz, der: -es (Unverstand, völliger Unsinn); **aberwitzig**

ab·fah·ren: der Besuch fährt (reist) ab – das Holz wurde abgefahren (abtransportiert) – eine Strecke abfahren (prüfen) – jemandem ein Bein abfahren – die Reifen sind abgefahren – *jemanden abfahren lassen* (abweisen) – *auf etwas abfahren* (davon sehr angetan sein); die **Abfahrt** ⟨Abf.⟩; **abfahrbereit;** der **Abfahrtslauf;** die **Abfahrtspiste;** das **Abfahrtsrennen;** das **Abfahrt(s)signal;** die **Abfahrtsstrecke;** die **Abfahrt(s)zeit**

Ab·fall, der: -(e)s, Abfälle; der Abfall vom Gemüse – der Abfall (die Abkehr) vom Glauben; die **Abfallbeseitigung;** der **Abfalleimer; abfallen:** die Blätter fallen ab – das Gelände fällt ab (wird niedriger) – für uns fällt nichts ab (bleibt nichts übrig) – die Kunden fallen ab (werden untreu); der **Abfallhaufen; abfällig:** abfällig (abwertend) über jemanden reden; das **Abfallprodukt;** die **Abfallverwertung;** die **Abfallwirtschaft**

ab·fer·ti·gen: einen Kunden abfertigen (bedienen) – er hat den Gast kurz abgefertigt (unfreundlich behandelt) – das Gepäck abfertigen (befördern); die **Abfertigung;** der **Abfertigungsschalter**

ab·fin·den: seine Geschwister mit Geld abfinden (entschädigen) – sich mit seinem Schicksal abfinden (zufriedengeben); die **Abfindung;** die **Abfindungssumme**

ab·flau·en: der Wind flaut ab (wird schwächer) – sein Interesse flaute ab

ab·flie·gen: nach Berlin abfliegen; der **Abflug,** die Abflüge; **abflugbereit;** die **Abflugschneise;** das/der **Abflugterminal;** die **Abflugzeit**

ab·flie·ßen: Wasser fließt (läuft) ab; der **Abfluss,** die Abflüsse; das **Abflussrohr**

Ab·fuhr, die: -, -en; die Abfuhr (der Abtransport) des Holzes – *jemandem eine Abfuhr erteilen* (jemanden abweisen); **abführen:** er wird von der Polizei abgeführt (festgenommen) – seine Steuern abführen (bezahlen); das **Abführmittel;** die **Abführung**

Abg. = Abgeordnete(r)

Ab·gas, das: -es, -e; Abgase einatmen; **abgasarm; abgasfrei; abgasreduziert;** die **Abgasuntersuchung**

ab·ge·ben: einen Brief abgeben (abliefern) – jemandem etwas von seinem Gewinn abgeben (überlassen) – der Spieler gibt den Ball ab (spielt ihn einem Mitspieler zu) – seine Stimme abgeben (wählen) – sich viel mit Kindern abgeben (beschäftigen) – einen guten Soldaten abgeben (geeignet dafür sein) – etwas gegen Geld abgeben (verkaufen); die **Abgabe:** hohe Abgaben (Steuern) entrichten – er wartet auf die Abgabe (das Zuspiel) des Balles; **abgabenfrei; abgabenpflichtig;** der **Abgabetermin**

ab·ge·brannt: ein abgebrannter Wald – abgebrannt (ohne Geld) sein; → abbrennen

ab·ge·brüht (kaltschnäuzig, abgestumpft); die **Abgebrühtheit**

ab·ge·dro·schen: eine abgedroschene (oft gebrauchte, inhaltlich leere) Redensart; die **Abgedroschenheit**

ab·ge·feimt: ein abgefeimter (niederträchtiger, gerissener) Kerl; die **Abgefeimtheit**

ab·ge·hen: der Zug geht ab – von der Schule abgehen – vom rechten Weg abgehen (abweichen) – nicht von seiner Meinung abge-

A B C D E F

hen – der Weg geht nach rechts ab – er lässt sich nichts abgehen (lebt gut) – das ist noch einmal gut abgegangen (es ist nichts passiert) – einen Platz abgehen (abschreiten) – du gehst mir sehr ab (fehlst mir); der **Abgang,** die Abgänge: *sich einen guten Abgang verschaffen* (beim Weggehen einen guten Eindruck hinterlassen); der **Abgänger;** die **Abgängerin,** die Abgängerinnen; **abgängig** (unauffindbar); das **Abgangszeugnis,** die ...zeugnisse

ab·ge·kar·tet: ein abgekartetes (vorher heimlich besprochenes) Spiel

ab·ge·klärt: ein abgeklärter (besonnener, gereifter) Mensch; die **Abgeklärtheit**

ab·ge·le·gen: ein abgelegenes (abseits gelegenes) Haus; die **Abgelegenheit**

ab·ge·neigt: einer Sache nicht abgeneigt sein (sie nicht ablehnen); die **Abgeneigtheit;** → Abneigung

Ab·ge·ord·ne·te ⟨Abg.⟩, der/die: -n, -n (Mitglied eines Parlaments, Volksvertreter(in)); das **Abgeordnetenhaus;** ein **Abgeordneter; abordnen:** jemanden abordnen (mit etwas beauftragen) – für eine Aufgabe abgeordnet sein; die **Abordnung**

Ab·ge·sand·te, der/die: -n, -n (Beauftragte(r)); **abgesandt;** auch: abgesendet

ab·ge·schie·den: ein abgeschiedener (abseits gelegener, einsamer) Ort; die **Abgeschiedenheit**

ab·ge·schmackt: eine abgeschmackte (taktlose, törichte) Bemerkung machen – abgeschmackte Witze; die **Abgeschmacktheit**

ab·ge·se·hen: abgesehen von – abgesehen davon, dass... (wenn man das beiseitelässt, nicht berücksichtigt)

ab·ge·spannt: er macht einen abgespannten (müden, erschöpften) Eindruck; die **Abgespanntheit**

ab·ge·stan·den: ein abgestandenes (nicht mehr frisches) Bier – abgestandene Luft

ab·ge·stumpft: abgestumpft sein (keine Gefühle mehr aufbringen); die **Abgestumpftheit**

ab·ge·tra·gen: ein abgetragenes Kleid

ab·ge·wirt·schaf·tet: ein abgewirtschafteter (heruntergekommener) Betrieb

ab·ge·zehrt: ein abgezehrtes (abgemagertes, verfallenes) Gesicht haben

ab·gie·ßen: Wasser abgießen; der **Abguss:** ein Abguss (eine Nachbildung) in Gips

Ab·gott, der: -(e)s, Abgötter (falscher Gott); die **Abgötterei;** die **Abgöttin; abgöttisch:** jemanden abgöttisch (übertrieben) lieben

ab·gren·zen: sich (von etwas) abgrenzen – den Garten vom Nachbargrundstück abgrenzen – Rechte und Pflichten genau abgrenzen; die **Abgrenzung**

Ab·grund, der: -(e)s, Abgründe; am Rande des Abgrundes stehen – Abgründe tun sich auf; **abgründig** (tief, rätselhaft); **abgrundtief**

ab·half·tern: jemanden abhalftern (ihm seine Wirksamkeit nehmen)

ab·hal·ten: jemanden von der Arbeit abhalten (daran hindern) – eine Versammlung abhalten (durchführen) – der Mantel hält die Kälte ab; die **Abhaltung**

ab·han·deln: jemandem eine Ware abhandeln (abkaufen) – ein Thema abhandeln (erörtern); die **Abhandlung** (wissenschaftliche Arbeit)

ab·han·den·kom·men: meine Geldtasche ist mir abhandengekommen; das **Abhandenkommen**

Ab·hang, der: -(e)s, Abhänge; der schroffe Abhang eines Berges

ab·hän·gen: einen Wagen abhängen – es hängt ganz von den Umständen ab – seine Verfolger abhängen (abschütteln, ihnen entkommen); **abhängig:** von jemandem abhängig sein (auf jemanden angewiesen sein); die **Abhängigkeit;** das **Abhängigkeitsverhältnis,** die ...verhältnisse

ab·här·ten: seinen Körper abhärten (widerstandsfähig machen) – sich abhärten; die **Abhärtung**

ab·hau·en: einen Baum abhauen (abschlagen) – von zu Hause abhauen (fortlaufen)

ab·he·ben: Geld von der Bank abheben – Karten abheben – das Dach abheben (abdecken) – sich von jemandem durch sein Können abheben (unterscheiden) – das Flugzeug hebt ab – auf etwas abheben (hinweisen); die **Abhebung**

Ab·hil·fe, die: -; für Abhilfe sorgen – auf Abhilfe dringen; **abhelfen:** einem Mangel abhelfen (ihn beheben)

Ab·i·tur *lat.,* das: -s, -e (Reifeprüfung); das **Abi** (Kurzwort für Abitur); der **Abiturient;** die **Abiturientin,** die Abiturientinnen; das **Abiturzeugnis,** die ...zeugnisse

Abk. = Abkürzung
ab·kan·zeln: jemanden abkanzeln (zurechtweisen, scharf tadeln); die **Abkanzelung**
ab·kap·seln: sich von der Umwelt abkapseln (zurückziehen, abschließen); die **Abkaps(e)lung**
ab·keh·ren: das Fensterbrett abkehren – sich von jemandem abkehren (abwenden); die **Abkehr:** die Abkehr vom Glauben
Ab·klatsch, der: -(e)s, -e (Abdruck, minderwertige Nachahmung); **abklatschen**
Ab·kom·me, der: -n, -n (Nachfahre); **abkommen:** vom rechten Weg abkommen (sich verirren) – beim Start richtig abkommen – von seinem Plan abkommen (ihn aufgeben); die **Abkommenschaft; abkömmlich:** abkömmlich sein (überflüssig sein); der **Abkömmling** (Kind); → Abkunft
Ab·kom·men, das: -s, -; ein Abkommen (einen Vertrag, eine Übereinkunft) treffen/schließen
Ab·kunft, die: -; von niederer Abkunft (Abstammung, Herkunft) sein; → Abkomme
ab·kür·zen: den Weg abkürzen – ein Wort abkürzen; die **Abkürzung** ⟨Abk.⟩; das **Abkürzungsverzeichnis,** die ... verzeichnisse
ab·la·gern: Schutt ablagern – abgelagertes Holz verarbeiten; die **Ablagerung**
Ab·lass, der: -es, Ablässe (Nachlass der Sündenstrafen); der **Ablassbrief; ablassen:** den Dampf ablassen – von etwas ablassen (mit etwas aufhören) – einen Teich ablassen (leeren)
ab·lau·fen: alle Geschäfte ablaufen – das Wasser läuft ab – etwas läuft gut ab (endet günstig) – Schuhe ablaufen (abnützen) – die Frist läuft ab (endet) – jemandem den Rang ablaufen (jemanden übertreffen); der **Ablauf:** der Ablauf des Wassers – nach Ablauf der Frist; die **Ablaufrinne**
ab·le·gen: den Mantel ablegen – eine Prüfung ablegen (machen) – Rechenschaft ablegen – das Schiff hat abgelegt – seine Scheu ablegen – ein abgelegtes (nicht mehr getragenes) Kleid – ein Gelübde ablegen; die **Ablage;** der **Ableger** (Pflanzentrieb)
ab·leh·nen: einen Vorschlag ablehnen (zurückweisen) – eine Regierung ablehnen (missbilligen, nicht wollen); die **Ablehnung**
ab·lei·ten: das Wasser ableiten – ein Wort ableiten (auf ein anderes zurückführen); die **Ableitung** (abgeleitetes Wort)
ab·len·ken: jemanden von der Arbeit ablenken – vom Thema ablenken; die **Ablenkung;** das **Ablenkungsmanöver**
ab·lich·ten: (fotokopieren, fotografieren); die **Ablichtung**
ab·lie·fern: Waren abliefern; die **Ablieferung;** der **Ablieferungstermin**
ab·lö·sen: eine Briefmarke ablösen – die Wache wird abgelöst – die Kücheneinrichtung ablösen (beim Mieten einer Wohnung übernehmen und bezahlen); die **Ablöse** (für eine Ablösung zu zahlende Summe); die **Ablösesumme;** die **Ablösung;** die **Ablösungssumme**
ab·luch·sen: jemandem Geld abluchsen (mit List bzw. Täuschung abnehmen)
ABM = Arbeitsbeschaffungsmaßnahme; → Arbeit
ab·ma·chen: die Tapeten abmachen (entfernen) – wir haben das so abgemacht (vereinbart) – abgemacht!; die **Abmachung:** eine Abmachung (Vereinbarung) treffen
ab·ma·gern: er ist bis auf die Knochen abgemagert; die **Abmagerung;** die **Abmagerungskur**
ab·neh·men: ein Plakat abnehmen – er hat abgenommen (Gewicht verloren) – den Hörer abnehmen – jemandem ein Versprechen abnehmen – dem Vater eine Arbeit abnehmen (ihn entlasten) – *jemandem etwas nicht abnehmen* (nicht glauben); die **Abnahme; abnehmbar;** der **Abnehmer** (Kunde, Käufer); die **Abnehmerin,** die Abnehmerinnen; das **Abnehmerland**
Ab·nei·gung, die: -, -en; gegen etwas eine Abneigung (einen Widerwillen) haben; → abgeneigt
ab·norm: (vom Üblichen abweichend, nicht normal, krankhaft); **abnormal** (ungewöhnlich); die **Abnormität**
ab·nut·zen: ein abgenutztes Kleid tragen – das Leder hat sich schnell abgenutzt; auch: **abnützen;** die **Abnutzung;** auch: die **Abnützung;** die **Abnutzungsgebühr**
Abon·ne·ment *franz. [abonemã],* das: -s, -s (Dauerbezug von Zeitungen, Mittagessen o. Ä.); das **Abo** (Kurzwort für Abonnement); der **Abonnent;** die **Abonnentin,** die Abonnentinnen; **abonnieren:** eine Zeitschrift abonnieren

ab·ord·nen: zum Wachdienst abordnen; die **Abordnung**

Ab·ort, der: -(e)s, -e (Toilette)

Ab·ort *lat.*, der: -s, -e (Fehlgeburt, Schwangerschaftsabbruch)

ab·pfei·fen: ein Spiel abpfeifen; der **Abpfiff**

ab·pral·len: die Kugel prallt von der Wand ab; der **Abprall;** der **Abpraller**

ab·räu·men: er räumt den Tisch ab; der **Abraum** (Erdschicht über den Bodenschätzen, Schutt, Abfall); die **Abraumhalde**

ab·rech·nen: die Kasse abrechnen – mit seinem Feind abrechnen (ihn zur Rechenschaft ziehen, sich rächen); die **Abrechnung;** der **Abrechnungstermin**

Ab·re·de, die: etwas in Abrede stellen (abstreiten, ableugnen)

Ab·rei·se, die: -, -n; seine Abreise verschieben; **abreisen:** bald abreisen

ab·rei·ßen: ein Kalenderblatt abreißen – eine Brücke abreißen – die Arbeit reißt nicht ab (hört nicht auf) – abgerissene Kleidung tragen; der **Abreißblock;** der **Abreißkalender;** der **Abriss;** die **Abrissbirne** (beim Abreißen von Gebäuden verwendete Stahlkugel)

ab·ru·fen: von der Arbeit abrufen (wegholen) – Informationen abrufen (sich geben lassen); der **Abruf:** auf Abruf; **abrufbar; abrufbereit**

ab·run·den: eine Zahl auf- oder abrunden – seine Bildung abrunden (ergänzen) – eine Kante abrunden; die **Abrundung**

ab·rupt *lat.*: (jäh, plötzlich)

ab·rüs·ten: Atomwaffen abrüsten; die **Abrüstung;** die **Abrüstungskonferenz**

ABS = Antiblockiersystem (spezielle Bremsanlage bei Kraftfahrzeugen)

Abs. = Absender; Absatz

ab·sa·cken: das Flugzeug ist abgesackt – in seinen Leistungen absacken (nachlassen)

ab·sa·gen: einen Termin absagen; die **Absage:** jemandem eine Absage erteilen

Ab·satz, der: -es, Absätze; der Absatz eines Stiefels – ein neuer Absatz ⟨Abs.⟩ (Abschnitt) in einem Text – der Absatz (Verkauf) einer Ware – der Absatz einer Treppe; **absatzfähig** (gut verkäuflich); die **Absatzflaute;** das **Absatzgebiet;** das **Absatzplus; absatzweise;** → absetzen

ab·schaf·fen: einen alten Brauch abschaffen; die **Abschaffung**

ab·schal·ten: das Licht abschalten – er hat einfach abgeschaltet (war nicht aufmerksam, hat nicht mehr mitgemacht); die **Abschaltung**

ab·schät·zen: den Wert einer Ware abschätzen; **abschätzig:** von jemandem abschätzig (abfällig) reden; die **Abschätzung**

Ab·schaum, der: -(e)s; der Abschaum der Menschheit (schlechte, moralisch minderwertige Menschen)

Ab·scheu, der: -(e)s/die: -; Abscheu (Abneigung) gegen jemanden empfinden – jemandem Abscheu einflößen; **abscheuerregend;** auch: Abscheu erregend; **abscheulich:** eine abscheuliche (gemeine) Tat – abscheulich (ekelhaft) stinken; die **Abscheulichkeit**

ab·schie·ben: eine Schuld auf andere abschieben – jemanden in sein Heimatland abschieben; die **Abschiebehaft;** die **Abschiebung** (amtlich verfügte Ausweisung aus einem Staat)

Ab·schied, der: -(e)s, -e; Abschied von den Eltern nehmen – den Abschied (die Entlassung) erhalten; der **Abschiedsbrief;** die **Abschiedsfeier;** die **Abschiedsstunde;** die **Abschiedsszene;** das **Abschiedswort**

ab·schie·ßen: ein Flugzeug abschießen; → Abschuss

ab·schla·gen: einen Ast abschlagen – jemandem eine Bitte abschlagen (nicht erfüllen) – einen Angriff abschlagen (abwehren); der **Abschlag,** die Abschläge: der Abschlag des Torwarts – einen Abschlag (Teilbetrag) zahlen; **abschlägig:** eine abschlägige (ablehnende) Antwort; die **Abschlagszahlung**

ab·schlep·pen: sich mit einer schweren Last abschleppen (abmühen) – einen Wagen abschleppen (mittels eines Fahrzeugs wegbringen); der **Abschleppdienst;** das **Abschleppseil;** der **Abschleppwagen**

ab·schlie·ßen: die Türe abschließen – einen Vertrag abschließen (vereinbaren) – mit der Vergangenheit abschließen – eine Untersuchung abschließen; **abschließend;** der **Abschluss,** die Abschlüsse; das **Abschlussexamen;** die **Abschlussfeier;** die **Abschlussprüfung;** das **Abschlusstraining;** das **Abschlusszeugnis,** die …zeugnisse

ab·schnei·den: eine Scheibe Brot abschneiden – den Weg abschneiden (abkürzen) – *bei etwas gut abschneiden* (eine gute Leistung erzielen) – *jemandem das Wort abschneiden* (ihn nicht ausreden lassen) – *jemandem die Ehre abschneiden* (jemanden verleumden); der **Abschnitt** ⟨Abschn.⟩; **abschnitt(s)weise**

ab·schre·cken: vom Rauchen abschrecken; **abschreckend:** er ist abschreckend hässlich; das **Abschreckmittel;** die **Abschreckung;** die **Abschreckungsstrategie**

ab·schrei·ben: einen Text abschreiben – vom Banknachbarn abschreiben – Ausgaben abschreiben (steuerlich absetzen) – ich muss dir leider abschreiben (absagen); die **Abschreibung;** die **Abschrift; abschriftlich**

Ab·schuss, der: -es, Abschüsse; der Abschuss einer Rakete; die **Abschussbasis; abschüssig:** eine abschüssige (stark abfallende, steile) Straße; die **Abschussliste:** auf der Abschussliste stehen; die **Abschussrampe;** → abschießen

ab·schwä·chen: seine Behauptung abschwächen (abmildern) – das Tief über Deutschland hat sich abgeschwächt (verringert); die **Abschwächung**

ab·se·hen: von etwas absehen (auf etwas verzichten) – das Ende nicht absehen (erkennen) können – abgesehen von – *es auf etwas abgesehen haben* (als Ziel im Auge haben); **absehbar:** in absehbarer Zeit (bald)

ab·seits: das Dorf liegt abseits des Verkehrs – abseits der Straße; **abseitig:** abseitige (abwegige) Ideen haben; das **Abseits:** der Spieler steht im Abseits; die **Abseitsregel; abseitssitzen; abseitsstehen:** bei einem Fest abseitsstehen – in einem Fußballspiel abseitsstehen (in regelwidriger Stellung stehen); die **Abseitsstellung; abseitsverdächtig**

ab·sen·den: einen Brief absenden; der **Absender** ⟨Abs.⟩; die **Absenderin;** die **Absendung**

ab·set·zen: das Gepäck absetzen – einen König absetzen (ablösen, entlassen) – sich rechtzeitig absetzen (entfernen) – Waren absetzen (verkaufen) – ein Theaterstück absetzen (aus dem Spielplan nehmen) – beim Reden absetzen (eine Pause machen); **absetzbar;** die **Absetzung;** → Absatz

Ab·sicht, die: -, -en; ohne böse Absicht – *ernste Absichten haben* (heiraten wollen); **absichtlich;** die **Absichtserklärung; absichtslos; absichtsvoll**

ab·so·lut *lat.*: ein absoluter (unumschränkter) Herrscher – absolute (vollständige) Ruhe – die absolute Mehrheit – absolut (überhaupt) nichts arbeiten – ein absolutes Gehör haben; die **Absolutheit;** die **Absolution** (Freisprechung von Sünden); der **Absolutismus** (Alleinherrschaft, Willkürherrschaft); **absolutistisch**

ab·sol·vie·ren *lat.*: die Schule absolvieren (mit Erfolg abschließen) – einen Besuch absolvieren (hinter sich bringen); der **Absolvent;** die **Absolventin,** die Absolventinnen; die **Absolvierung**

ab·son·dern: er sondert sich von der Gruppe ab – der Baum hat Saft abgesondert; **absonderlich:** ein absonderlicher (merkwürdiger) Mensch; die **Absonderlichkeit;** die **Absonderung**

ab·sor·bie·ren *lat.*: (aufsaugen); der Stoff absorbiert Wasser – die Sonnenbrille absorbiert die UV-Strahlen; die **Absorption; absorptiv**

ab·spal·ten: ein Stück Holz abspalten; die **Abspaltung**

ab·spens·tig: *jemanden abspenstig machen* (abwerben, weglocken)

ab·sper·ren: das Haus absperren (abschließen) – die Straße ist abgesperrt (unzugänglich gemacht); die **Absperrkette;** das **Absperrkommando;** die **Absperrung**

Ab·spra·che, die: -, -n (Vereinbarung, Verabredung); **absprachegemäß; absprechen:** sich mit einem Freund absprechen (etwas vereinbaren) – jemandem eine Fähigkeit absprechen (aberkennen)

ab·sprin·gen: vom Zug abspringen – von einem Plan abspringen (zurücktreten); der **Absprung,** die Absprünge

ab·stam·men: er stammt von einer bekannten Familie ab – das Wort stammt vom Englischen ab; die **Abstammung**

Ab·stand, der: -(e)s, Abstände; die Autos halten einen großen Abstand – die Läufer starten in Abständen von zehn Minuten – mit Abstand (bei weitem) der Beste sein – *von etwas Abstand nehmen* (etwas nicht tun); die **Abstandssumme**

ab·stat·ten: seinen Dank abstatten – jemandem einen Besuch abstatten (ihn besuchen); die **Abstattung**

ab·stau·ben: die Möbel abstauben (abwischen, säubern) – etwas heimlich abstauben (wegnehmen, stehlen); auch: **abstäuben;** der **Abstauber;** das **Abstaubertor**

Ab·ste·cher, der: -s, -; einen Abstecher (kurzen Ausflug) nach Italien machen

ab·stei·gen: vom Pferd absteigen – im Gasthof absteigen (übernachten) – die Mannschaft ist abgestiegen (in eine niedrigere Klasse); die **Absteige** (billige Übernachtungsmöglichkeit); der **Absteiger;** die **Absteigerin,** die Absteigerinnen; der **Abstieg; abstiegsgefährdet;** der **Abstiegskampf**

ab·stel·len: das Radio abstellen (ausmachen) – sein Auto abstellen (parken) – Missstände abstellen (unterbinden); der **Abstellbahnhof,** die ... bahnhöfe; die **Abstellfläche;** das **Abstellgleis;** die **Abstellkammer;** der **Abstellraum;** die **Abstellung**

ab·stem·peln: Briefmarken abstempeln – jemanden zum/als Drückeberger abstempeln (erklären); **die Abstemp(e)lung**

ab·stim·men: über ein Gesetz abstimmen – Farben aufeinander abstimmen (in Einklang bringen) – sich mit jemandem abstimmen (absprechen); die **Abstimmung;** das **Abstimmungsergebnis,** die ... ergebnisse

abs·ti·nent (ab·sti·nent) *lat.*: (enthaltsam); die **Abstinenz;** der **Abstinenzler;** die **Abstinenzlerin,** die Abstinenzlerinnen; der **Abstinenztag**

Ab·stoß, der: -es, Abstöße; der Abstoß des Torwartes; **abstoßen:** das Boot vom Ufer abstoßen – den Ball vom Tor abstoßen – eine Ware billig abstoßen (verkaufen) – die Ecken abstoßen – *sich die Hörner abstoßen* (den jugendlichen Übermut ablegen); **abstoßend:** ein abstoßendes (widerliches) Verhalten; die **Abstoßung**

abs·trakt (ab·strakt) *lat.*: das ist mir zu abstrakt (nicht anschaulich genug) – die abstrakte (gegenstandslose) Kunst; **abstrahieren** (verallgemeinern); die **Abstraktheit;** die **Abstraktion;** das **Abstraktionsvermögen**

ab·strus (abs·trus, abst·rus) *lat.*: abstruse (verworrene, schwer verständliche) Vorstellungen

Ab·sturz, der: -es, Abstürze; der Absturz eines Flugzeugs; **abstürzen;** die **Absturzgefahr**

ab·surd *lat.*: ein absurder (unsinniger, unvernünftiger) Gedanke; die **Absurdität**

Abs·zess (Ab·szess) *lat.*, der: -es, -e (Geschwür)

Abs·zis·se (Ab·szis·se) *lat.*, die: -, -n (mathematischer Begriff); die **Abszissenachse**

Abt, der: -(e)s, Äbte (Vorsteher eines Klosters bzw. Stiftes); die **Abtei;** die **Äbtissin,** die Äbtissinnen; der **Abtsstab;** die **Abtwahl**

Abt. = Abteilung

Ab·teil, das: -(e)s, -e; das Abteil erster Klasse; **abteilen;** die **Abteilung** ⟨Abt.⟩; der **Abteilungsleiter;** die **Abteilungsleiterin**

ab·tra·gen: die Speisen abtragen – ein Gelände abtragen – eine Schuld abtragen (bezahlen) – Kleidungsstücke abtragen (abnutzen); **abträglich:** einer Sache abträglich (schädlich, nachteilig) sein; die **Abträglichkeit;** die **Abtragung**

ab·trei·ben: der Wind treibt das Boot ab – ein Kind abtreiben (eine Schwangerschaft abbrechen); die **Abtreibung;** der **Abtrieb** (Viehabtrieb von der Weide)

ab·tren·nen: (loslösen, ablösen, abteilen); **abtrennbar;** die **Abtrennung**

ab·tre·ten: abgetretene Absätze – von der Bühne abtreten – jemandem die Wohnung abtreten (überlassen); der **Abtreter** (Fußmatte); die **Abtretung;** der **Abtritt** (Toilette)

ab·trün·nig: ein abtrünniger (treuloser) Verbündeter; der/die **Abtrünnige;** die **Abtrünnigkeit**

ab·tun: einen Einwand einfach abtun (als unwichtig ansehen) – damit ist es nicht abgetan (nicht erledigt)!

ab·wä·gen: er hat alles kritisch abgewogen (geprüft); auch: abgewägt – Vorzüge und Nachteile abwägen; die **Abwägung**

ab·wan·deln: ein Thema abwandeln (abändern); die **Abwand(e)lung**

ab·wärts: abwärts (nach unten, hinab, hinunter) führt kein Weg – den Fluss abwärts; die **Abwärtsbewegung; abwärtsfahren; abwärtsgehen:** wir wollen den Berg abwärtsgehen (hinuntergehen) – mit seiner Gesundheit wird es abwärtsgehen (schlechter werden); aber: wir wollen abwärts gehen und nicht fahren; **abwärtslaufen; abwärtsrichten;** der **Abwärtstrend** (negative Entwicklung, Trend zum Schlechteren)

Ab·was·ser, das: -s, Abwässer (verschmutztes Wasser); die **Abwasserreinigung**

ab·wech·seln: sich bei der Arbeit abwechseln (ablösen); **abwechselnd;** die **Abwechs(e)lung:** *Abwechslung macht Appetit;* **abwechslungsreich**

ab·we·gig: ein abwegiger (irriger, ausgefallener) Gedanke; der **Abweg:** auf Abwege geraten; die **Abwegigkeit**

ab·weh·ren: seine Feinde abwehren – einen Schlag abwehren; die **Abwehr;** die **Abwehraktion;** der **Abwehrdienst;** der **Abwehrkampf,** die ... kämpfe; die **Abwehrkräfte** *Pl.*; der **Abwehrmechanismus;** die **Abwehrreaktion;** der **Abwehrspieler;** die **Abwehrspielerin,** die ... spielerinnen; der **Abwehrstoff**

ab·wei·chen: vom rechten Kurs abweichen (sich davon entfernen); der **Abweichler;** die **Abweichlerin,** die Abweichlerinnen; die **Abweichung**

ab·wer·ten: das Geld wurde abgewertet (in seinem Wert herabgesetzt) – eine abwertende (herabsetzende) Bemerkung machen; die **Abwertung**

ab·we·send: der abwesende Schüler – er war ganz abwesend (abgelenkt, geistesabwesend); der/die **Abwesende;** die **Abwesenheit:** in Abwesenheit – *durch Abwesenheit glänzen* (durch Fehlen auffallen)

ab·wi·ckeln: Garn abwickeln – ein Geschäft ordnungsgemäß abwickeln (erledigen); die **Abwick(e)lung**

ab·wie·geln: (beschwichtigen); die **Abwieg(e)lung**

ab·wim·meln: jemanden abwimmeln (mit Ausflüchten abweisen)

ab·zah·len: seine Schuld abzahlen; die **Abzahlung;** das **Abzahlungsgeschäft**

ab·zäh·len: die anwesenden Schüler abzählen – das Geld passend abzählen – *sich etwas an den Fingern abzählen* (ausrechnen) *können;* der **Abzählreim;** die **Abzählung;** der **Abzählvers**

Ab·zei·chen, das: -s, -; ein Abzeichen tragen; **abzeichnen:** einen Gegenstand abzeichnen – eine Entwicklung zeichnet sich ab (wird erkennbar); die **Abzeichnung**

ab·zie·hen: die Betten abziehen (die Bezüge abnehmen) – die Feinde ziehen ab (gehen weg) – drei Euro abziehen – Wein vom Fass abziehen – Bilder abziehen (kopieren); das **Abziehbild;** der **Abzug,** die Abzüge; **abzüglich:** abzüglich aller Unkosten – abzüglich Rabatt; **abzugsfähig; abzugsfrei;** der **Abzugsschacht,** die ... schächte

ab·zo·cken: jemanden abzocken (ihn um sein Geld bringen); die **Abzocke** (Übervorteilung); der **Abzocker;** die **Abzockerin,** die Abzockerinnen

ab·zwei·gen: die Straße zweigt (biegt) ab – vom Gehalt etwas abzweigen (sparen); die **Abzweigdose;** die **Abzweigung**

ach!: ach ja! – ach Gott! – ach so! – ach je!; das **Ach:** Ach und Weh (Kummer, Klagen) – Ach und Weh schreien (laut jammern); auch: ach und weh schreien – *mit Ach und Krach* (mit Mühe, gerade noch); der **Achlaut;** auch: der **Ach-Laut**

Achat *griech.,* der: -(e)s, -e (Halbedelstein)

a. Chr. n. = ante Christum natum (vor Christi Geburt); **a. Chr.** = ante Christum (vor Christus)

Ach·se, die: -, -n; der Wagen hat zwei Achsen – die Nord-Süd-Achse – die x-Achse – *auf Achse* (unterwegs) *sein*; der **Achsdruck,** die ... drücke; der **Achs(en)bruch,** die ... brüche; **...achsig:** vierachsig; das **Achslager;** die **Achslast;** der **Achsschenkel**

Ach·sel, die: -, -n; er zuckt mit den Achseln – *jemanden über die Achsel* (geringschätzig) *ansehen*; die **Achselhöhle;** die **Achselklappe;** das **Achselzucken; achselzuckend**

acht: acht Personen – um acht Uhr – in acht Wochen – acht zu sechs (8:6) – es schlägt acht (Uhr) – bis acht rechnen – acht mal drei – sie ist schon über acht (über acht Jahre alt) – sie sind zu acht – acht und zwei macht zehn – gegen acht – ein Viertel vor acht – Punkt acht; aber: der/die/das Achte – Heinrich der Achte; die **Acht:** die Zahl Acht – eine Acht schreiben – mit der Acht (Linie 8) fahren; **achtarmig;** auch: **8-armig; achtblättrig;** auch: **8-blättrig;** das **Achteck; achteckig;** auch: **8-eckig; achteinhalb; achtel:** ein achtel Pfund; das **Achtel:** ein Achtel Zucker – zwei Achtel des Ganzen; das **Achtelfinale;** der **Achtelliter; achtens;** der **Achter;** die **Achterbahn; achterlei; achtfach;** auch: **8fach** oder: **8-fach;** das **Achtfache;** auch: das **8fache** oder: das **8-Fache; achthundert; achtjährig;** auch: **8-jährig;** der/die **Achtjährige;** auch: der/die **8-Jährige; achtköpfig;** auch: **8-köpfig; achtmal;** auch: **8-mal;** auch: **acht Mal** (bei besonderer Betonung); auch: **8 Mal; achtprozentig;** auch: **8-prozentig** oder: **8%ig; achtseitig;** auch: **8-seitig; achtstellig;** auch: **8-stellig;** der **Achtstundentag; achtstündig;** auch: **8-stündig;**

A B C D E F

achttägig; auch: **8-tägig; achttausend;** der **Achttausender;** der **Achtuhrzug; achtzehn;** die **Achtzehn; achtzig:** in den achtziger Jahren – Mitte (der) achtzig – mit achtzig – ein Mensch über achtzig – in die achtzig kommen; die **Achtzig;** der **Achtziger;** die **Achtzigerin,** die Achtzigerinnen; die **Achtzigerjahre;** auch: die achtziger Jahre; auch: die **80er Jahre;** auch: die **80er-Jahre; achtzigjährig; achtzigstel;** das **Achtzigstel;** der **Achtzylindermotor**

Acht, die: -; mit der Acht belegen (ächten) – *jemanden in Acht und Bann tun* (in die Verbannung schicken); **ächten;** die **Ächtung**

ach·ten: er achtet seine Eltern – er hat nicht auf den Verkehr geachtet – jemanden achten lernen – *was man hat, das achtet man nicht*; die **Acht** (Aufmerksamkeit, Fürsorge): habt Acht! – etwas außer Acht lassen – sich in Acht nehmen; **achtbar:** er kommt aus einer achtbaren Familie – sie erzielte achtbare Leistungen; die **Achtbarkeit; achtenswert; achtgeben;** auch: Acht geben; aber nur: sehr achtgeben – allergrößte Acht geben; **achthaben;** auch: Acht haben; **achtlos;** die **Achtlosigkeit; achtsam;** die **Achtsamkeit;** die **Achtung; achtunggebietend;** auch: Achtung gebietend; der **Achtungserfolg; achtungsvoll**

ach·ter·aus: (hinter, nach hinten); das **Achterdeck; achtern** (hinten): nach achtern

äch·zen: er ächzt (stöhnt, seufzt) laut vor Schmerzen – du ächzt; der **Ächzer**

Acker, der: -s, Äcker; *wer den Acker sät, der mäht – wie der Acker, so die Frucht*; der **Ackerbau; ackerbautreibend;** auch: Ackerbau treibend; der **Ackerboden,** die ...böden; der **Ackergaul,** die ...gäule; die **Ackerkrume;** das **Ackerland; ackern;** der **Acker(s)mann,** die ...männer/...leute

Ac·tion *engl. [äkschn]*, die: - (spannende Handlung, lebhafter Betrieb) # Aktion

a. d. = an der: a. d. Donau

a. D. = außer Dienst

A. D. = Anno Domini (im Jahre des Herrn)

ADAC = Allgemeiner Deutscher Automobil-Club

ada·gio *ital. [adadscho]*: (langsam, sanft); das **Adagio** (Musikstück in langsamem Tempo)

Ad·ap·ter *engl.*, der: -s, - (Verbindungsstück); **adaptieren** (anpassen); die **Adaptation** (Anpassung); auch: die **Adaption**

ad·äquat *lat.*: (entsprechend, angemessen); die **Adäquatheit**

ad·die·ren *lat.*: Zahlen addieren (zusammenzählen); die **Addition; additiv** (hinzufügend)

ade!: Winter ade (lebe wohl)! das **Ade:** ein Ade zurufen – Ade sagen; auch: ade sagen

Adel, der: -s; er ist von altem Adel – *Tugend ist der beste Adel;* **ad(e)lig;** der/die **Ad(e)lige; adeln;** der **Adelsstand;** der **Adelstitel**

Ader, die: -, -n (Blutgefäß); das **Äderchen; ad(e)rig;** auch: **äd(e)rig;** der **Aderlass,** die ...lässe

Ad·hä·si·on *lat.*, die: -, -en (das Aneinanderhaften von Stoffen und Körpern)

adi·eu! *franz. [adjö]*: (lebe wohl!); das **Adieu:** jemandem Adieu sagen; auch: adieu sagen

Ad·jek·tiv *lat.*, das: -s, -e (Sprachlehre: Eigenschaftswort); **adjektivisch**

Ad·ju·tant *lat.*, der: -en, -en (beigeordneter Offizier)

Ad·ler, der: -s, - (Greifvogel); das **Adlerauge;** der **Adlerblick;** die **Adlernase**

Ad·mi·nis·tra·ti·on (Ad·mi·nist·ra·ti·on) *lat.*, die: -, -en (Verwaltung); **administrativ** (zur Verwaltung gehörend); der **Administrator;** die **Administratorin,** die Administratorinnen

Ad·mi·ral *franz.*, der: -s, -e/Admiräle (Seeoffizier, ein Schmetterling); die **Admiralität;** der **Admiralsrang;** der **Admiralstab**

ad·op·tie·ren *lat.*: er hat ein Kind adoptiert (an Kindes statt angenommen); die **Adoption;** die **Adoptiveltern** (Wahleltern); das **Adoptivkind** (Wahlkind)

Ad·re·na·lin *lat.*, das: -s (Stresshormon); der **Adrenalinspiegel;** der **Adrenalinstoß**

Ad·res·se ⟨Adr.⟩ *lat.*, die: -, -n (Anschrift); *sich an die richtige Adresse* (zuständige Stelle) *wenden – bei jemandem an die unrechte Adresse* (an den Unrechten) *kommen*; der **Adressat** (Empfänger); die **Adressatin,** die Adressatinnen; das **Adressbuch,** die ...bücher; das **Adressenverzeichnis; adressieren**

ad·rett *franz.*: (sauber, hübsch, geschmackvoll)

Ad·ria, die: - (Adriatisches Meer)

A-Dur, das: - (Tonart); die **A-Dur-Tonleiter**

Ad·vent *lat. [advent]*, der: -(e)s, -e (Zeit vor Weihnachten); **adventlich;** der **Adventskalender;** die **Adventskerze;** der **Adventskranz,** die ...kränze; der **Adventsstern;** die **Adventszeit**

Ad·verb *lat. [adwerb],* das: -s, Adverbien (Sprachlehre: Umstandswort); **adverbial:** die adverbiale Bestimmung; das **Adverbiale,** die Adverbialien (Umstandsbestimmung); der **Adverbialsatz,** die ...sätze

Ad·vo·kat *lat. [adwokat],* der: -en, -en (Anwalt, Rechtsbeistand); *Wahrheit ist der beste Advokat;* die **Advokatin**

ae·ro... *griech.:* **aerob** (Sauerstoff zum Leben brauchend); das/die **Aerobic** (Fitnesstraining durch tänzerische und gymnastische Übungen); die **Aerodynamik** (Lehre von der Bewegung gasförmiger Körper); **aerodynamisch**

Af·fä·re *franz.,* die: -, -n (Streitsache, peinlicher Vorfall); *sich aus der Affäre ziehen* (sich aus einer unangenehmen Situation herauswinden)

Af·fe, der: -n, -n; *einen Affen haben* (betrunken sein) – *seinem Affen Zucker geben* (seinen Schwächen nachgeben); das **Äffchen; affenartig;** die **Affenhitze** (sehr große Hitze); die **Affenliebe;** die **Affenschande;** das **Affentempo;** das **Affentheater;** der **Affenzahn** (hohe Geschwindigkeit); **affig** (eitel, geziert); die **Äffin,** die Äffinnen

Af·fekt *lat.,* der: -(e)s, -e; im Affekt (in heftiger Erregung) handeln; die **Affekthandlung; affektiert:** ein affektiertes (gekünsteltes, geziertes) Benehmen; die **Affektiertheit; affektiv** (gefühlsbetont)

Af·fi·ni·tät *lat.,* die: -, -en (Ähnlichkeit, Verwandtschaft)

Af·ri·ka: -s (Erdteil); der **Afrikaner;** die **Afrikanerin,** die Afrikanerinnen; **afrikanisch;** der **Afrolook** *[...luk]* (Frisur)

Af·ter, der: -s, - (Ausgang des Mastdarms)

Af·ter·shave *engl. [afterschef],* das: -(s), -s (Gesichtswasser nach der Rasur)

AG = Aktiengesellschaft; Arbeitsgemeinschaft

Aga·ve *griech.,* die: -, -n (eine südländische Pflanze)

Agen·da *lat.,* die: -, Agenden (Liste von Gesprächspunkten, Merkbuch)

Agent *lat.,* der: -en, -en (Spion, Vermittler); die **Agentin;** die **Agentur** (Geschäftsstelle, Vermittlungsbüro); **agieren** (handeln)

Ag·gre·gat *lat.,* das: -(e)s, -e (mehrgliedriges Ganzes, Maschinensatz, Koppelung zusammenarbeitender Maschinen); der **Aggregatzustand** (Erscheinungsform eines Stoffes: fest, flüssig, gasförmig)

Ag·gres·si·on *lat.,* die: -, -en (Angriff, Feindseligkeit); **aggressiv** (streitsüchtig, angriffslustig); die **Aggressivität;** der **Aggressor;** die **Aggressorin,** die Aggressorinnen

agil *lat.:* (wendig, beweglich); **agieren** (handeln, tätig sein); die **Agilität**

Agi·ta·ti·on *lat.,* die: -, -en (politische Hetze, Werbung); der **Agitator; agitatorisch; agitieren**

Ago·nie *griech.,* die: -, Agonien (Todeskampf); in Agonie verfallen – in Agonie liegen

ag·rar... *lat.:* die **Agrarbevölkerung;** der **Agrarier** (Landwirt); **agrarisch** (landwirtschaftlich); das **Agrarland;** der **Agrarmarkt;** die **Agrarpolitik;** das **Agrarprodukt;** die **Agrarreform;** der **Agrarstaat;** die **Agrarwirtschaft;** der **Agronom** (wissenschaftlich ausgebildeter Landwirt); die **Agronomin,** die Agronominnen; **agronomisch**

Ag·ree·ment *engl. [ägriment],* das: -s, -s (formloses Übereinkommen)

Ägyp·ten: -s (Land in Afrika); der **Ägypter;** die **Ägypterin; ägyptisch;** der **Ägyptologe;** die **Ägyptologie;** die **Ägyptologin**

ah!: ah so! – ah, so war das!; das **Ah** (Ausruf der Verwunderung)

aha!: aha, also so ist das!; das **Ahaerlebnis,** die ...erlebnisse; auch: das **Aha-Erlebnis**

Ah·le, die: -, -n (Werkzeug zum Bohren von Löchern, Schusterwerkzeug)

Ahn, der: -(e)s/-en, -en (Vorfahr); der/die **Ahne;** das **Ahnenbild;** die **Ahnengalerie;** der **Ahnenkult;** die **Ahnenreihe;** die **Ahnfrau;** der **Ahnherr;** die **Ahnin,** die Ahninnen

ahn·den: ein Vergehen ahnden (bestrafen, rächen); die **Ahndung**

ah·nen: er hat nichts Gutes geahnt (vermutet); die **Ahnung; ahnungslos;** die **Ahnungslosigkeit; ahnungsvoll**

ähn·lich: sich ähnlich sein; aber: und/oder Ähnliches ⟨u. Ä./o. Ä.⟩ – etwas/nichts/viel Ähnliches (Gleichartiges); **ähneln:** sie ähnelt ihrer Schwester; die **Ähnlichkeit; ähnlichsehen:** das sieht dir ähnlich (ist nicht anders von dir zu erwarten); aber: sich einander ähnlich sehen

ahoi!: ahoi, wir stechen in See! – Schiff ahoi!

Ahorn, der: -s, -e (ein Laubbaum)

Äh·re, die: -, -n (Blütenstand des Getreides) # Ehre; das **Ährenfeld;** der **Ährenkranz**

Aids (AIDS) *engl. [eds],* das: - (Krankheit, die

A B C D E F

zu schweren Störungen im Abwehrsystem des Körpers führt); **aidsinfiziert; aidskrank;** der **Aidstest** (HIV-Test); der **Aidsvirus**

Air·bag *engl. [ärbäg]*, der: -s, -s (Luftsack im Auto, der sich bei einem Aufprall aufbläst)

Air·bus *engl. [ärbus]*, der: -ses, -se (europäischer Flugzeugtyp)

Air·con·di·tio·ner *engl. [ärkondischener]*, der: -s, - (Klimaanlage); auch: die **Aircondition**

Air·port *engl. [ärport]*, der: -s, -s (Flughafen)

Aka·de·mie *griech.*, die: -, Akademien (Hochschule, gelehrte Gesellschaft); der **Akademiker;** die **Akademikerin,** die Akademikerinnen; **akademisch**

Aka·zie *griech. [akazje]*, die: -, -n (tropischer Laubbaum oder Strauch)

ak·kli·ma·ti·sie·ren, sich *lat:* (sich an veränderte Klima-, Umwelt- oder Lebensbedingungen anpassen); die **Akklimatisation;** auch: die **Akklimatisierung**

Ak·kord *lat.*, der: -(e)s, -e; einen Akkord spielen (Zusammenklang verschiedener Töne) – im Akkord arbeiten (nach Leistung); die **Akkordarbeit;** der **Akkordarbeiter;** die **Akkordarbeiterin,** die ... arbeiterinnen; der **Akkordlohn,** die ... löhne

Ak·kor·de·on *lat.*, das: -s, -s (Handharmonika); der **Akkordeonspieler**

Ak·ku *lat.*, der: -s, -s (Kurzwort für Akkumulator); der **Akkumulator** (Stromspeicher); **akkumulieren** (speichern, anhäufen)

ak·ku·rat *lat.*: (sorgfältig, genau); die **Akkuratesse**

Ak·ku·sa·tiv *lat.*, der: -s, -e (Sprachlehre: 4. Fall, Wenfall); das **Akkusativobjekt**

Ak·ne *griech.*, die: -, -n (Hautkrankheit)

Ak·ri·bie *griech.*, die: - (Sorgfalt, größte Genauigkeit); **akribisch**

Ak·ro·bat *griech.*, der: -en, -en (Seiltänzer, Turnkünstler); die **Akrobatik;** die **Akrobatin,** die Akrobatinnen; **akrobatisch**

Akt *lat.*, der: -(e)s, -e; ein feierlicher Akt (Vorgang) – ein Akt (eine Tat) der Menschlichkeit – die Szene im 3. Akt (Aufzug in einem Schauspiel) – einen Akt (Darstellung des nackten menschlichen Körpers) malen

Ak·te *lat.*, die: -, -n (Schriftstück, Urkunde); *etwas zu den Akten legen* (als erledigt betrachten); auch: der **Akt;** die **Aktei** (Aktensammlung); der **Aktendeckel; aktenkundig:** als Dieb aktenkundig (bekannt) sein; die **Aktenlage;** die **Aktenmappe;** die **Aktennotiz;** der **Aktenordner;** die **Aktentasche;** das **Aktenzeichen**

Ak·tie *niederl. [akzje]*, die: -, -n; sein Vermögen in Aktien (Wertpapieren) anlegen – *wie stehen die Aktien* (wie geht's)?; die **Aktiengesellschaft** ⟨AG⟩; das **Aktienkapital;** der **Aktionär** (Besitzer von Aktien); die **Aktionärin;** die **Aktionärsversammlung**

Ak·ti·on *lat.*, die: -, -en (Handlung, Unternehmung); eine Aktion planen – eine Aktion abblasen – in Aktion treten # Action; der **Aktionismus** (übertriebener Tätigkeitsdrang); **aktionistisch; aktionsfähig;** der **Aktionsradius** (Reichweite); die **Aktionswoche**

ak·tiv *lat.*: (tätig, eifrig); er ist im Verein sehr aktiv – sich aktiv für den Umweltschutz einsetzen; das **Aktiv** (Sprachlehre: Tatform, Gegensatz von Passiv); der/die **Aktive** (jemand, der aktiv in einem Sportverein ist); **aktivieren:** zur Mitarbeit aktivieren (anregen); der **Aktivismus** (zielstrebiges Handeln, Tätigkeitsdrang); der **Aktivist** (aktiver, zielstrebig handelnder Mensch); die **Aktivität** (Tätigkeit); der **Aktivposten;** der **Aktivurlaub**

ak·tu·ell *franz.*: (zeitgemäß, zeitnah); die aktuelle/Aktuelle Stunde (im Parlament); **aktualisieren;** die **Aktualisierung;** die **Aktualität** (Zeitnähe)

Aku·punk·tur *lat.*, die: -, -en (chinesische Heilmethode durch Stiche in bestimmte Körperstellen); **akupunktieren**

Akus·tik *griech.*, die: - (Lehre vom Schall, Klangwirkung); die Akustik eines Raumes; **akustisch**

akut *lat.*: (dringend, heftig, plötzlich auftretend); ein akutes Problem – eine akute Krankheit – eine akute Frage – akut werden; der/die **Akutkranke**

AKW = Atomkraftwerk

Ak·zent *lat.*, der: -(e)s, -e (Tonfall, Betonungszeichen); mit fremdem Akzent sprechen – den Akzent auf etwas setzen (etwas besonders herausheben); **akzentfrei; akzentlos; akzentuieren;** die **Akzentuierung**

ak·zep·tie·ren *lat.*: (annehmen, billigen); den Vorschlag akzeptieren; **akzeptabel** (annehmbar); die **Akzeptanz** (Bereitschaft, etwas anzunehmen); **akzeptierbar**

à la *franz. [a la]*: (nach Art von, im Stil); **à la**

A B C D E F

carte *[a la kart]* (nach der Speisekarte)

Ala·bas·ter *griech.*, der: -s (Gipsart); **alabastern** (aus, wie Alabaster)

Alarm *ital.*, der: -(e)s, -e; Alarm schlagen (die Aufmerksamkeit auf etwas lenken) – blinder Alarm (grundlose Aufregung); die **Alarmanlage; alarmbereit;** die **Alarmglocke; alarmieren;** die **Alarmierung;** das **Alarmsignal;** das **Alarmzeichen;** der **Alarmzustand**

Alb, der: -(e)s, -en (Elfe, gespenstisches Wesen, beklemmendes Gefühl); *wie ein Alb auf der Brust liegen* (bedrücken) # Alp; der **Albdruck,** die ... drücke; auch: der **Alpdruck;** das **Albdrücken;** auch: das **Alpdrücken;** der **Albtraum;** auch: der **Alptraum**

Alb, die: - (Gebirge); die Schwäbische Alb

Al·ba·ni·en: -s (Staat auf dem Balkan); der **Albaner;** die **Albanerin,** die Albanerinnen; **albanisch**

al·bern: ein albernes (kindisches, einfältiges) Betragen – sei nicht so albern! – albern daherreden; die **Alberei; albern** (sich kindisch benehmen): ich albere; die **Albernheit**

Al·bi·no *span.*, der: -s, -s (Mensch, Tier oder Pflanze mit fehlender Farbstoffbildung)

Al·bum *lat.*, das: -s, Alben (Sammelbuch, auch für Tonträger)

Ale·man·ne, der: -n, -n (Angehöriger eines germanischen Volksstammes); die **Alemannin; alemannisch;** das **Alemannische**

Al·ge *lat.*, die: -, -n (Wasserpflanze); die **Algenpest**

Al·ge·bra (Al·geb·ra) *arab.*, die: - (Buchstabenrechnung, Lehre von den mathematischen Gleichungen); **algebraisch**

ali·as *lat.*: Meier alias (auch genannt) Müller

Ali·bi *lat.*, das: -s, -s (Nachweis der Abwesenheit vom Tatort); kein Alibi haben

Ali·men·te *Pl. lat.*, die: -; Alimente (Unterhaltsbeiträge) zahlen; **alimentieren** (mit Geldmitteln unterstützen)

al·ka·lisch *arab.*: (laugenhaft); das **Alkali,** die Alkalien (eine chemische Verbindung)

Al·ko·hol *arab.*, der: -s, -e; Alkohol trinken; **alkoholarm; alkoholfrei; alkoholhaltig;** die **Alkoholika** *Pl.* (alkoholische Getränke); der **Alkoholiker;** die **Alkoholikerin,** die Alkoholikerinnen; **alkoholisch; alkoholisieren; alkoholisiert** (betrunken); der **Alkoholismus;** der **Alkoholmissbrauch;** der **Alkoholspiegel; alkoholsüchtig;** der **Alkoholtest**

all, al·le, al·les: all das Schöne – all mein Geld – alle Welt – alle neun – alle auf einmal – alle beide – alle paar Monate – alle anwesenden Personen – vor allem – trotz allem – in aller Frühe – ist das alles? – alles Gute – alles Mögliche (alle Möglichkeiten, viel, allerlei) – alles in allem – alles und jedes – alles Übrige – alles Beliebige – alles Einzelne – wer alles? – ein Mädchen für alles – da hört sich doch alles auf! – alles andere – *es ist nicht alles Gold, was glänzt;* aber: mein Ein und Alles; **allabendlich; allemal; allenfalls; allenthalben** (überall); der/die/das **Allerbeste;** am **allerbesten; allerdings;** der/die/das **Allergrößte; allerhand; allerhöchstens; allerlei;** das **Allerlei; allerletzt;** der/die/das **Allerletzte; allerliebst;** das **allermeiste;** auch: das **Allermeiste;** die **allermeisten;** auch: die **Allermeisten; allermeistens;** das **allermindeste;** auch: das **Allermindeste; allermindestens;** der/die/das **Allernächste; allerorten; allerorts; allerschlimmstenfalls; all(er)seits; allerspätestens;** das **allerwenigste;** auch: das **Allerwenigste;** am **allerwenigsten; allesamt;** der **Alleskleber;** der **Alleskönner;** die **Alleskönnerin,** die ... könnerinnen; **all(e)zeit; alljährlich; allmonatlich; allmorgendlich; allseitig;** der **Alltag; alltäglich; allumfassend; allwissend**

All, das: -s (Weltall, Weltraum)

Al·lah *arab.*: -s (arabischer Name für Gott)

Al·lee *franz.*, die: -, Alleen (mit Bäumen eingefasste Straße)

Al·le·go·rie *griech.*, die: -, Allegorien (Gleichnis, Sinnbild); **allegorisch; allegorisieren**

al·le·gro (al·leg·ro) *ital.*: (schnell, lebhaft); das **Allegro** (lebhaftes Musikstück)

al·lein: allein sein; aber: das Alleinsein – allein bleiben/gehen/sitzen/erziehen/leben – allein mit etwas fertig werden – allein du bist schuld – die Kirche allein ist schon sehenswert – ich bin oft so allein (einsam)! – von allein – ganz allein – *der Mensch lebt nicht vom Brot allein – ein Unglück kommt selten allein;* der **Alleinerbe; alleinerziehend;** auch: allein erziehend; der/die **Alleinerziehende;** auch: der/die allein Erziehende; der **Alleingang;** der **Alleinherrscher; alleinig; alleinlassen** (im Stich lassen); aber: jemanden allein im Zimmer lassen; die **Alleinschuld;** das **Alleinsein; alleinstehend:**

eine alleinstehende (ohne Partner lebende) Frau; aber: allein (ohne Hilfe) stehend; der/die **Alleinstehende;** der **Alleinunterhalter;** die **Alleinunterhalterin; alleinverbindlich;** auch: allein verbindlich

Al·ler·gie (All·er·gie) *griech.,* die: -, Allergien (besondere Empfindlichkeit gegenüber bestimmten Stoffen); eine Allergie haben; der **Allergiker;** die **Allergikerin; allergisch:** ich bin gegen Erdbeeren allergisch

Al·ler·hei·li·gen, das: - (katholisches Fest); das **Allerheiligste;** das **Allerseelen**

all·ge·mein: er ist allgemein bekannt – die allgemeine Meinung; aber: das Allgemeine – im Allgemeinen – die Allgemeine Ortskrankenkasse – Allgemeiner Deutscher Automobil-Club ⟨ADAC⟩; das **Allgemeinbefinden; allgemeinbildend:** allgemeinbildende Schulen; auch: allgemein bildend; die **Allgemeinbildung; allgemeingültig;** auch: allgemein gültig; aber: im Allgemeinen gültig; die **Allgemeinheit;** der **Allgemeinplatz** (abgegriffene Redensart); **allgemeinverständlich;** auch: allgemein verständlich; das **Allgemeinwissen;** das **Allgemeinwohl**

Al·li·anz *franz.,* die: -, -en (Bündnis); sich **alliieren** (verbünden); der/die **Alliierte;** die **Alliierten** (gegen Deutschland im 1. und 2. Weltkrieg Verbündete)

Al·li·ga·tor *lat.,* der: -s, Alligatoren (ein Reptil)

All·macht, die: -; die Allmacht Gottes; **allmächtig:** der allmächtige Herrscher; der **Allmächtige:** Gott, der Allmächtige

all·mäh·lich: allmählich verstehe ich es – ein allmählicher (langsam erfolgender) Anstieg

Al·lo·tria (Al·lot·ria) *griech.,* das: -(s); Allotria (Unfug) treiben

All·tag, der: -(e)s, -e (Werktag, ereignislose Zeit); **alltäglich:** die alltägliche Arbeit; aber: nichts Alltägliches; die **Alltäglichkeit; alltags:** alltags wie feiertags; aber: des Alltags; die **Alltagsbeschäftigung;** die **Alltagssorgen** *Pl.;* die **Alltagssprache;** der **Alltagstrott**

Al·lü·re *franz.,* die: -, -n (ein aus dem Rahmen fallendes, eigenwilliges Benehmen)

all·zu: die Last ist allzu schwer – allzu viele (viel zu viele) Fehler machen – allzu bald – allzu früh – allzu gern – allzu lang(e) – allzu oft – allzu sehr – allzu selten – allzu weit – das ist allzu menschlich; aber: **allzumal** (alle miteinander, immer)

Alm, die: -, -en (Bergweide); der **Alm(en)-rausch;** die **Almhütte;** die **Almwirtschaft**

Al·ma·nach *niederl.,* der: -s, -e (Kalender, Jahrbuch)

Al·mo·sen *griech.,* das: -s, - (mildtätige Gabe); der **Almosenempfänger**

Alp, die: -, -en (Alm, Hochweide); auch: die **Alpe** # Alb; die **Alpen** *Pl.;* das **Alpenglühen;** der **Alpenjäger; alpenländisch;** der **Alpenpass;** das **Alpenrot;** das **Alpenvorland;** das **Alphorn,** die ...hörner (ein Blasinstrument); **alpin:** ein alpines Klima – das alpine Rettungswesen; der **Alpinismus** (Bergsteigen im Hochgebirge); **der Alpinist;** die **Alpinistin,** die Alpinistinnen

Alp·druck, der: -(e)s, die Alpdrücke; auch: der **Albdruck;** das **Alpdrücken;** auch: das **Albdrücken;** der **Alptraum,** die ...träume; auch: der **Albtraum**

Al·pha·bet *griech.,* das: -(e)s, -e (Abc); **alphabetisch:** Wörter alphabetisch ordnen

als: als die Polizei eintraf – er ist größer als sein Freund – das ist alles andere als schön – sie tat, als wäre er nicht da – sowohl als auch – als ob – als Zeuge vor Gericht – ich empfinde es als unhöflich – als dass; **alsbald; alsbaldig; alsdann;** das **Als-ob**

al·so: das ist also dein Dank? – na also! – du kommst also mit?; **alsobald** (sogleich); **alsogleich** (sofort)

alt: älter, am ältesten; ein altes Haus – altes Brot essen – ein zwei Monate altes Kind – *man ist so alt, wie man sich fühlt – alte Bäume biegt man nicht;* aber: das Alte Testament ⟨A.T.⟩ – die Alte Welt (Afrika, Asien, Europa) – Alt und Jung (jedermann) – ganz der Alte sein – beim Alten bleiben – es beim Alten lassen – am Alten hängen – Alte und Junge – Altes und Neues – ihr Ältester; **altbacken** (nicht mehr frisch); der **Altbau; altbekannt; altbewährt; altdeutsch;** der/die/das **Alte; altehrwürdig; alteingesessen;** das **Alteisen;** die **Alten:** *wie die Alten sungen, so zwitschern die Jungen;* das **Altenheim;** die **Altenpflege;** das **Altenteil;** das **Altenwohnheim;** das **Alter; altern; alterprobt; alters:** von alters her – seit alters; **altersbedingt;** die **Altersbeschwerden** *Pl.;* **altersgerecht;** die **Altersgrenze;** das **Altersheim; altersmäßig;** die **Altersrente; altersschwach;** die **Altersschwäche;** der **Alters-**

sitz; das **Altertum;** die **Altertümer** *Pl.* (Gegenstände aus dem Altertum); **altertümlich;** die **Alterung;** der/die **Älteste; altgedient; altgewohnt; althergebracht; altklug** (naseweis, frühreif); die **Altlast(en); ältlich; altmachen;** auch: alt machen; das **Altmaterial; altmodisch;** das **Altpapier;** die **Altstadt;** die **Altstadtsanierung; altvertraut;** die **Altwaren** *Pl.;* das **Altwasser** (Flussarm mit stehendem Wasser); der **Altweibersommer** (sonnige, warme Nachsommertage)

Alt *lat.,* der: -s, -e (tiefe Frauen- oder Knabenstimme); die **Altstimme**

Al·tar *lat.,* der: -(e)s, Altäre; *jemanden zum Altar führen* (eine Frau heiraten); das **Altarbild;** das **Altar(s)sakrament**

Al·ter·na·ti·ve *lat.,* die: -, -n (Entscheidung zwischen zwei oder mehr Möglichkeiten); nach einer Alternative suchen – keine andere Alternative haben; **alternativ** (wahlweise); der/die **Alternative** (jemand, der einer Alternativbewegung angehört); das **Alternativprogramm; alternieren** (wechseln)

Alu·mi·ni·um *lat.,* das: -s (Leichtmetall); das **Alu** (Kurzwort für Aluminium); die **Alufolie**

am: (an dem); am nächsten Samstag – am Fuße des Berges – am besten – das ist am schönsten – am Ersten des Monats

Ama·teur *franz. [amatör],* der: -s, -e (Nichtfachmann; jemand, der eine Tätigkeit nicht berufsmäßig, sondern aus Liebhaberei ausübt); der **Amateurfotograf;** die **Amateurfotografin,** die ...fotografinnen; der **Amateurfußball; amateurhaft;** die **Amateurin,** die Amateurinnen; der **Amateursportler;** die **Amateursportlerin,** die ...sportlerinnen

Am·bi·en·te *ital.,* das: - (Umwelt, Atmosphäre)

Am·bi·ti·on *lat.,* die: -, -en (Ehrgeiz, Streben); Ambitionen haben; **ambitioniert** (ehrgeizig)

am·bi·va·lent *lat.*: (doppelwertig, zwiespältig); die **Ambivalenz**

Am·boss, der: -es, -e (Unterlage beim Hämmern)

am·bu·lant *lat.*: (herumziehend, ohne festen Sitz); sich ambulant behandeln lassen (sich vom Arzt in der Sprechstunde behandeln lassen, ohne im Krankenhaus zu bleiben) – ein ambulantes Gewerbe (Wandergewerbe); die **Ambulanz** (Krankenwagen, bewegliches Lazarett); **ambulatorisch**

Amei·se, die: -, -n (Insekt, das Staaten bildet); der **Ameisenhaufen;** die **Ameisensäure**

amen *hebr.*: in Ewigkeit, amen; das **Amen:** *zu allem Ja und Amen sagen* (mit allem einverstanden sein); auch: *zu allem ja und amen sagen – sein Amen* (Einverständnis) *geben – das ist so sicher wie das Amen in der Kirche* (ganz gewiss)

Ame·ri·ka: -s (Erdteil); der **Amerikaner;** die **Amerikanerin,** die Amerikanerinnen; **amerikanisch; amerikanisieren**

Ame·thyst *griech.,* der: -(e)s, -e (Halbedelstein)

Ami·no·säu·re, die: - (Eiweißbaustein)

Am·me, die: -, -n (Frau, die ein fremdes Kind stillt); das **Ammenmärchen** (eine erfundene, nicht glaubhafte Geschichte)

Am·mo·ni·ak *ägypt.,* das: -s (gasförmige Verbindung von Stickstoff und Wasserstoff)

Am·nes·tie *griech.,* die: -, Amnestien (Straferlass, Begnadigung); das **Amnestiegesetz; amnestieren**

Amö·be *griech.,* die: -, -n (Wechseltierchen, Einzeller)

Amok *malai.,* der: -s; Amok laufen (in krankhafter Verwirrung herumlaufen und blindwütig töten); der **Amokfahrer;** die **Amokfahrt;** der **Amokläufer;** der **Amokschütze**

a-Moll, das: - (Tonart); die **a-Moll-Tonleiter**

amor·ti·sie·ren *lat.*: (eine Schuld tilgen, sich bezahlt machen); die **Amortisation; amortisierbar;** die **Amortisierung**

Am·pel, die: -, -n (Verkehrssignal, Hängelampe); die **Ampelkoalition** (Koalition aus SPD, FDP und Grünen)

Am·pere ⟨A⟩ *franz. [ampär],* das: -(s), - (Maßeinheit der elektrischen Stromstärke); das **Amperemeter;** die **Amperestunde** ⟨Ah⟩ (Einheit der Elektrizitätsmenge)

Am·phi·bie *griech. [amfibje],* die: -, -n (Tier, das im Wasser und auf dem Land leben kann); das **Amphibienfahrzeug** (Land-Wasser-Fahrzeug); **amphibisch**

Amp·li·tu·de (Am·pli·tu·de) *lat.,* die: -, -n (Physik: Ausschlag, Schwingungsweite)

Am·pul·le *griech.,* die: -, -n (Glasröhrchen für Flüssigkeiten)

am·pu·tie·ren *lat.*: einen Arm amputieren (operativ entfernen); die **Amputation**

Am·sel, die: -, -n (Singvogel); der **Amselschlag** (Gesang der Amsel)

A B C D E F

Amt, das: -(e)s, Ämter; ein Amt (einen Beruf, Posten) ausüben – ein Amt (eine Behörde) aufsuchen – in Amt und Würden sein – von Amts wegen – das Amt (Fernamt) anrufen – das öffentliche Amt; aber: das Auswärtige Amt; **ämterübergreifend;** die **Amtfrau; amtieren; amtlich; amtlicherseits;** der **Amtmann;** die **Amtmännin;** die **Amtsanmaßung;** der **Amtsarzt;** die **Amtsärztin,** die ...ärztinnen; das **Amtsblatt;** der **Amtsbote;** das **Amtsdeutsch;** der **Amtsdiener;** der **Amtseid;** das **Amtsgebäude;** das **Amtsgeheimnis,** die ...geheimnisse; die **Amtsgeschäfte** *Pl.;* **amtshalber;** die **Amtshandlung;** die **Amtsmiene; amtsmüde;** die **Amtsperson;** der **Amtsrat;** der **Amtsrichter;** die **Amtsrichterin,** die ...richterinnen; der **Amtsschimmel** (übertriebene Einhaltung amtlicher Vorschriften); der **Amtssitz;** die **Amtssprache;** die **Amtstracht;** der **Amtsweg**

Amu·lett *lat.,* das: -(e)s, -e (am Körper getragenes Zaubermittel, Glücksbringer)

amü·sie·ren *franz.*: sich am Abend köstlich amüsieren (vergnügen) – das amüsiert mich; **amüsant;** das **Amüsement** *[amüsemã]*; der **Amüsierbetrieb**

an: an der Wand lehnen – an einem Mittwoch – an einer Krankheit leiden – an die Arbeit gehen – an sein – an gewesen – an die 50 Euro (nahezu, ungefähr) – ab und an – an und für sich – arm an Geld – jung an Jahren – es liegt an euch; **anbei**

Ana·chro·nis·mus *griech.,* der: -, Anachronismen (veraltete Sache, falsche zeitliche Einordnung); **anachronistisch** (nicht mehr zeitgemäß)

an·ae·rob *griech.*: (ohne Sauerstoff lebend)

ana·log *griech.*: (entsprechend, ähnlich); die **Analogie;** der **Analogieschluss**

An·alpha·bet *griech.,* der: -en, -en (jemand, der nicht schreiben und lesen kann); die **Analphabetin,** die Analphabetinnen; **analphabetisch;** der **Analphabetismus**

Ana·ly·se *griech.,* die: -, -n (Zerlegung, Zergliederung); **analysieren:** einen Text analysieren (genau untersuchen, prüfen); der **Analytiker;** die **Analytikerin,** die Analytikerinnen; **analytisch**

An·ä·mie *griech.,* die: -, Anämien (Blutarmut); **anämisch**

Ana·nas *indian.,* die: -, -/-se (tropische Frucht)

An·ar·chie *griech.,* die: -, Anarchien (Unordnung, Gesetzlosigkeit); **anarchisch;** der **Anarchismus;** der **Anarchist** (Staatsfeind); die **Anarchistin,** die Anarchistinnen; **anarchistisch**

Ana·to·mie *griech.,* die: -, Anatomien (Lehre von der Form und dem Aufbau des Körpers von Lebewesen); **anatomisch**

an·bän·deln: einen Streit anbändeln (anfangen) – *mit jemandem anbändeln* (eine Liebesbeziehung anknüpfen); *die* **Anbändelei**

An·be·tracht: in Anbetracht (angesichts) dessen, dass ... – in Anbetracht seiner Lage

an·bie·dern, sich: er biedert sich ihm an (will sich beliebt machen); die **Anbiederung**

An·blick, der: -(e)s, -e; beim Anblick des Feindes; **anblicken**

An·dacht, die: -, -en; in stiller Andacht (Versenkung) – etwas mit Andacht (Ehrfurcht) tun – eine Andacht (einen kurzen Gottesdienst) halten; **andächtig; andachtsvoll**

an·dan·te *ital.*: (mäßig langsam); das **Andante** (Musikstück in ruhigem Tempo)

An·den·ken, das: -s, -; dem Toten ein ehrendes Andenken bewahren – ein Andenken (Geschenk zur Erinnerung) mitbringen

an·der...: ein anderes Mal – eine andere Meinung haben – ein Wort gab das andere – *andere Länder, andere Sitten – eine Hand wäscht die andere – wer anderen eine Grube gräbt, fällt selbst hinein* – der/die/das andere; auch: der/die/das Andere – der eine kommt, der andere geht; auch: der Eine kommt, der Andere geht – sich eines anderen besinnen; auch: sich eines Anderen besinnen – einer nach dem anderen; auch: einer nach dem Anderen – etwas/nichts/viel anderes; auch: etwas/nichts/viel Anderes – alles andere; auch: alles Andere – wer/kein/jemand/niemand anderer; auch: wer/kein/jemand/niemand Anderer – unter anderem (u.a.); auch: unter Anderem (u.A.); **ander(e)nfalls; ander(e)norts; ander(e)ntags; ander(e)nteils; ander(er)seits;** ein **andermal;** aber: ein anderes Mal – andere Male; **anders:** jemand/niemand/wer anders – anders sein – anders als du – wo anders (wo sonst)?; aber: woanders (irgendwo sonst) ist es schöner; **andersartig; andersdenkend:** andersdenkende Personen; auch: anders denkend;

der/die **Andersdenkende;** auch: der/die anders Denkende; **andersfarbig; andersgeartet:** andersgeartete Menschen; auch: anders geartet; **andersgläubig; anders(he)-rum; anderslautend:** ein anderslautender Text; auch: anders lautend; das **Anderslautende;** auch: das anders Lautende; **anderswie; anderswo; anderswoher; anderswohin; anderwärts; anderweitig**

än·dern: er änderte seine Meinung – das Wetter ändert (wandelt) sich; die **Änderung;** der **Änderungsvorschlag,** die ... vorschläge

an·dert·halb: anderthalb (eineinhalb) Zentner – in anderthalb Stunden; **anderthalbfach;** das **Anderthalbfache; anderthalbmal**

an·deu·ten: mit ein paar Worten andeuten (erwähnen) – eine Besserung deutet (kündigt) sich an; die **Andeutung; andeutungsweise**

An·dor·ra: -s (Staat in den Pyrenäen); der **Andorraner;** die **Andorranerin; andorranisch**

An·drang, der: -(e)s; vor dem Geschäft war ein großer Andrang (Gedränge); **andrängen**

an·dro·hen: Strafe androhen; die **Androhung**

an·eig·nen: er eignete sich fremdes Gut an (nahm es weg) – sich gute Kenntnisse aneignen; die **Aneignung**

an·ei·nan·der (an·ein·an·der): aneinander vorbeireden – stets aneinander denken; **aneinanderfügen; aneinandergeraten** (in Streit geraten); **aneinandergrenzen; aneinanderhängen; aneinanderheften; aneinanderkleben; aneinanderlegen; aneinanderreihen; aneinanderstoßen**

An·ek·do·te *griech.,* die: -, -n (kurze, meist witzige Geschichte); **anekdotenhaft; anekdotisch**

Ane·mo·ne, die: -, -n (Windröschen)

An·er·bie·ten, das: -s, -; ein Anerbieten (Angebot) dankend ablehnen; sich **anerbieten**

an·er·ken·nen: die Leistung anerkennen (loben, würdigen); **anerkannt:** ein anerkannter (angesehener) Fachmann; **anerkanntermaßen; anerkennenswert;** die **Anerkennung**

an·fa·chen: die Glut anfachen (entzünden) – er hat den Aufstand angefacht (angezettelt)

an·fah·ren: der Zug fährt an – der Betrunkene fuhr die Fußgängerin an – jemanden barsch anfahren (grob anreden, zurechtweisen); die **Anfahrt;** der **Anfahrtsweg;** die **Anfahrtszeit;** die **Anfuhr** (Antransport)

An·fall, der: -(e)s, Anfälle; einen Anfall bekommen; **anfallartig; anfallen:** jemanden anfallen – die anfallenden (auftretenden) Arbeiten; **anfällig:** für eine Krankheit anfällig (empfindlich) sein; die **Anfälligkeit**

An·fang, der: -(e)s, Anfänge; von Anfang an – von Anfang bis Ende (vollständig) – zu Anfang – *aller Anfang ist schwer – Müßiggang ist aller Laster Anfang;* **anfangen:** was soll ich anfangen (machen)? – mit der Arbeit anfangen (beginnen); der **Anfänger;** die **Anfängerin; anfänglich; anfangs;** der **Anfangsbuchstabe;** das **Anfangsstadium**

an·fech·ten: das Testament anfechten – das ficht mich nicht an (kümmert mich nicht); **anfechtbar;** die **Anfechtbarkeit;** die **Anfechtung**

an·fer·ti·gen: einen Plan anfertigen (herstellen); die **Anfertigung**

an·feu·ern: die Spieler anfeuern (ermuntern); die **Anfeuerung;** der **Anfeuerungsruf**

an·for·dern: ein Gutachten anfordern (bestellen); die **Anforderung;** das **Anforderungsprofil** (Fähigkeiten bzw. Eigenschaften, die ein Stellenbewerber haben soll)

An·fra·ge, die: -, -n; eine Anfrage an jemanden richten – eine telefonische Anfrage; aber: die Kleine Anfrage (in einem Parlament); auch: die kleine Anfrage; **anfragen:** per E-Mail anfragen

an·füh·ren: eine Bande anführen (leiten) – ein Buch anführen (zitieren) – jemanden anführen (irreführen); der **Anführer;** die **Anführerin;** die **Anführung;** der **Anführungsstrich;** das **Anführungszeichen**

an·ge·ben: mit etwas angeben (prahlen) – er hat seinen Namen angegeben (mitgeteilt) – den Ton angeben (bestimmen) – *wer angibt, hat mehr vom Leben*; die **Angabe** (Prahlerei, Übertreibung); der **Angeber;** die **Angeberei;** die **Angeberin,** die Angeberinnen; **angeberisch; angeblich**

An·ge·bot, das: -(e)s, -e; ein Angebot machen/annehmen/ablehnen – Angebot und Nachfrage; **anbieten;** die **Angebotslücke**

an·ge·hen: die Sendung geht (fängt) an – er geht seinen Freund um Geld an (bittet ihn darum) – das geht mich nichts an – das Licht ist angegangen – gegen ein Urteil angehen (kämpfen) – das kann nicht angehen (ist nicht möglich); **angehend:** ein angehender (künftiger) Arzt

A B C D E F

An·ge·hö·ri·ge, der/die: -n, -n; seine Angehörigen benachrichtigen; **angehören:** einem Verein angehören; **angehörig;** die **Angehörigkeit**

An·ge·klag·te ⟨Angekl.⟩, der/die: -n, -n; den Angeklagten vernehmen; → Anklage

An·gel, die: -, -n; *etwas aus den Angeln heben* (grundlegend verändern); der **Angelhaken; angeln:** ich ang(e)le; der **Angelpunkt;** die **Angelrute;** der **Angler;** die **Anglerin,** die Anglerinnen

An·ge·le·gen·heit, die: -, -en; eine schwierige Angelegenheit; **angelegen:** ich lasse mir etwas angelegen sein (kümmere mich darum); **angelegentlich:** sich angelegentlich (nachdrücklich) erkundigen; aber: auf das/aufs Angelegentlichste; auch: auf das/aufs angelegentlichste

an·ge·mes·sen: eine angemessene Bezahlung – in angemessener (passender) Weise; die **Angemessenheit**

an·ge·nehm: eine angenehme Reise – angenehme Ruhe! – ein angenehmes Äußeres; aber: auf das Angenehmste; auch: auf das angenehmste – *das Angenehme mit dem Nützlichen verbinden*

an·ge·nom·men: angenommen, du kannst nicht kommen – ein angenommener Ort; → annehmen

An·ger, der: -s, - (Dorfplatz, Dorfwiese)

an·ge·regt: sich angeregt (munter, lebhaft) unterhalten

an·ge·se·hen: angesehen (geachtet) sein

An·ge·sicht, das: -(e)s, -e/-er; im Angesicht (Anblick) der Gefahr; **angesichts:** angesichts des Todes

An·ge·stell·te, der/die: -n, -n; er ist Angestellter in unserer Firma; **angestellt:** bei einer Behörde angestellt sein; → anstellen

an·ge·strengt: angestrengt (mit Eifer, konzentriert) arbeiten; die **Angestrengtheit**

an·ge·wöh·nen: sich das Rauchen angewöhnen; die **Angewohnheit;** die **Angewöhnung**

An·gi·na *lat.,* die: -, Anginen (Mandel- und Rachenentzündung); die **Angina Pectoris** (Erkrankung des Herzens mit Angstzuständen)

an·grei·fen: den Feind angreifen – die Vorräte angreifen (anbrechen) – eine Sache angreifen (beginnen) – fremde Gelder angreifen (veruntreuen) – die Säure greift den Stoff an – angegriffene (geschwächte) Nerven; **angreifbar;** der **Angreifer;** die **Angreiferin;** der **Angriff:** *etwas in Angriff nehmen* (beginnen); der **Angriffskrieg; angriffslustig;** der **Angriffsspieler;** die **Angriffswaffe**

an·gren·zen: der Garten grenzt an die Straße an; der **Angrenzer;** die **Angrenzung**

Angst, die: -, Ängste; Angst haben – in Angst sein – Angst einflößen – jemandem Angst (und Bange) machen (ihn in Angst versetzen) – *wer Angst hat, ist leicht zu fangen*; aber: mir wird angst – angst und bange sein; **angsterfüllt;** aber: von Angst erfüllt; **angstfrei;** das **Angstgefühl;** der **Angstgegner;** die **Angstgegnerin,** die ...gegnerinnen; der **Angsthase;** sich **ängstigen; ängstlich;** die **Ängstlichkeit;** der **Angstschweiß; angstverzerrt; angstvoll**

an·hal·ten: ein Auto anhalten (zum Stillstand bringen) – den Atem anhalten – das schöne Wetter hält (dauert) an – jemanden zur Arbeit anhalten (ermahnen, anleiten) – um ein Mädchen anhalten (werben); der **Anhalt; anhaltend:** eine anhaltende (dauernde) Hitze; der **Anhalter:** per Anhalter reisen; die **Anhalterin;** der **Anhaltspunkt**

an·hand: anhand (mithilfe) der Unterlagen

An·hang ⟨Anh.⟩, der: -(e)s, Anhänge; der Anhang (Nachtrag) zu einem Buch – keinen Anhang (keine Familie) haben; **anhängen:** einen Wagen anhängen – *jemandem etwas anhängen* (jemanden beschuldigen, verleumden); der **Anhänger;** die **Anhängerin,** die Anhängerinnen; die **Anhängerschaft; anhängig:** ein anhängiges (zur Entscheidung anstehendes) Verfahren; **anhänglich;** die **Anhänglichkeit;** das **Anhängsel**

an·heim...: anheimfallen: der Vergessenheit anheimfallen (in Vergessenheit geraten) – sein Vermögen fiel dem Staat anheim (fiel ihm zu); **anheimgeben** (übergeben, anvertrauen); **anheimstellen:** jemandem etwas anheimstellen (es ihm überlassen)

an·hei·schig: ich mache mich anheischig (biete mich an, verpflichte mich)

an·heu·ern: einen Seemann anheuern (einstellen) – auf einem Schiff anheuern

An·hieb: es klappte alles auf Anhieb (beim ersten Versuch, sofort)

an·hö·ren: einen Zeugen anhören – das hört sich gut an (klingt gut); die **Anhörung;** das **Anhörverfahren**

A B C D E F

Ani·lin *arab.*, das: -s (Ausgangsstoff für Farb- und Kunststoffe sowie Arzneimittel); die **Anilinfarbe**

ani·ma·lisch *lat.*: (tierisch, triebhaft)

ani·mie·ren *lat.*: jemanden zu etwas animieren (anregen); der **Animateur** *[...tör]*; die **Animateurin** *[...törin]*, die Animateurinnen; die **Animation;** das **Animierlokal**

Anis *griech.*, der: -es, -e (Heil- und Gewürzpflanze); der **Anisschnaps,** die ... schnäpse

An·ker, der: -s, -; den Anker lichten – *vor Anker gehen* – *den Anker werfen* (Rast machen, sesshaft werden); die **Ankerkette; ankern;** der **Ankerplatz;** die **Ankerwinde**

An·kla·ge, die: -, -n; unter Anklage stehen; die **Anklagebank; anklagen:** jemanden vor Gericht anklagen; der **Ankläger;** die **Anklägerin;** die **Anklageschrift;** → Angeklagte

An·klang, der: -(e)s, Anklänge; seine Rede fand Anklang (Zustimmung); **anklingen**

an·kli·cken: ein Feld am Bildschirm anklicken (auswählen)

an·knüp·fen: er konnte nicht mehr an seine früheren Erfolge anknüpfen; die **Anknüpfung;** der **Anknüpfungspunkt**

an·kom·men: in Berlin ankommen (eintreffen) – der Zug kommt um 8 Uhr an – es kommt ganz auf seine Gesundheit an (hängt davon ab) – *es drauf ankommen lassen* (etwas wagen) – *mit etwas gut ankommen* (großen Erfolg haben) – *wer langsam geht, kommt auch an;* der **Ankömmling;** → Ankunft

an·krei·den: *jemandem etwas ankreiden* (übelnehmen, zur Last legen)

An·kün·di·gung, die: -, -en (Bekanntmachung, Voraussage); **ankünden; ankündigen:** seinen Besuch ankündigen (anmelden) – der Herbst kündigt sich an

An·kunft ⟨Ank.⟩, die: -, Ankünfte; die Ankunft des Zuges; die **Ankunftszeit;** → ankommen

An·la·ge, die: -, -n; die Anlage eines Rasenplatzes – die Anlagen im Park – das Kind hat gute Anlagen (ist begabt) – die elektrischen Anlagen – etwas als Anlage (Beilage) mitsenden – die Anlage des Geldes; der **Anlageberater;** die **Anlageberaterin,** die ... beraterinnen; das **Anlagevermögen;** → anlegen

an·lan·den: etwas anlanden (an Land bringen) – am Ufer anlanden (anlegen); die **Anlandung**

An·lass, der: -es, Anlässe; ohne jeden Anlass – aus Anlass des Festes – ein Anlass zur Freude – Anlass geben/nehmen; **anlässlich:** anlässlich seines Geburtstages

an·las·sen: das Auto anlassen (starten) – das lässt sich gut an (erweist sich als gut); der **Anlasser** (Startvorrichtung, z. B. beim Auto)

An·lauf, der: -(e)s, Anläufe; einen Anlauf nehmen – sein erster Anlauf (Versuch) – *ein guter Anlauf ist der halbe Sprung;* **anlaufen:** das Silber läuft an (wird dunkel, verfärbt sich) – den Hafen anlaufen (ansteuern) – der Motor läuft an – ein neuer Film ist angelaufen; die **Anlaufschwierigkeiten** *Pl.*; die **Anlaufstelle;** die **Anlaufzeit**

an·le·gen: ein Schiff legt im Hafen an (ankert) – einen strengen Maßstab anlegen – Hand anlegen (mitarbeiten) – sein Geld auf der Bank, in Papieren anlegen – einen Verband anlegen – einen Garten anlegen (gestalten) – ein Kleid anlegen (anziehen) – das Gewehr anlegen (zielen) – *sich mit jemandem anlegen* (Streit suchen) – *es auf etwas anlegen* (ein bestimmtes Ziel verfolgen); der **Anlegeplatz,** die ... plätze; der **Anleger;** die **Anlegerin,** die Anlegerinnen; die **Anlegestelle;** → Anlage

an·leh·nen: die Türe anlehnen; die **Anlehnung;** das **Anlehnungsbedürfnis; anlehnungsbedürftig**

an·lei·ern: die Diskussion anleiern (anfangen, beginnen, in die Wege leiten)

An·lei·he, die: -, -n; bei jemandem eine Anleihe machen (Geld aufnehmen, sich von ihm Geld leihen); das **Anleihepapier**

an·lei·ten: zur Arbeit anleiten (anhalten); die **Anleitung**

An·lie·gen, das: -s, -; ein Anliegen (einen Wunsch) haben

An·lie·ger, der: -s, - (Anwohner); **anliegen:** ein eng am Körper anliegendes Kleid; **anliegend:** siehe anliegende (beigefügte) Kopie; die **Anliegerin;** der **Anliegerstaat** (angrenzender Staat); **der Anliegerverkehr**

Anm. = Anmerkung

an·ma·chen: das Licht anmachen – eine Frau anmachen (ansprechen) – das hat ihn angemacht (hat ihm gefallen); die **Anmache**

an·ma·ßen, sich: sich ein Urteil über jemanden anmaßen; **anmaßend:** ein anmaßender (überheblicher) Mensch – anmaßend auftreten; die **Anmaßung**

an·mel·den: sein Kommen anmelden (ankündigen) – Bedenken anmelden (vorbringen) – ein Kind zur Schule anmelden; das **Anmeldeformular;** die **Anmeldefrist; anmeldepflichtig;** die **Anmeldung**

An·mer·kung ⟨Anm.⟩, die: -, -en; eine kurze Anmerkung (Bemerkung) machen; **anmerken:** sich seine Enttäuschung nicht anmerken lassen – etwas anmerken (anführen) – etwas im Kalender anmerken (anstreichen)

An·mut, die: - (Liebreiz); **anmuten:** das mutet mich seltsam an (kommt mir seltsam vor); **anmutig; anmut(s)voll;** die **Anmutung** (bestimmte Wirkung, Eindruck)

an·nä·hern, sich: sich einem Vorbild annähern; **annähernd:** annähernd (fast, ungefähr) hundert Meter; die **Annäherung;** der **Annäherungsversuch; annäherungsweise**

An·na·len *Pl., lat.,* die: - (Jahrbücher, historische Aufzeichnungen)

an·neh·men: einen Antrag annehmen (billigen) – ich nehme an (vermute, meine), dass … – sich einer Sache/jemandes annehmen (sich darum kümmern); die **Annahme:** in der Annahme, dass … – die Annahme verweigern – die Annahme an Kindes statt; die **Annahmestelle;** die **Annahmeverweigerung; annehmbar;** → angenommen

an·nehm·lich: (angenehm, zufriedenstellend); die **Annehmlichkeit**

an·nek·tie·ren *lat.*: ein fremdes Land annektieren (es sich gewaltsam aneignen); die **Annektierung;** die **Annexion**

an·no *lat.*: (im Jahre); auch: **Anno:** anno dazumal (früher einmal) – anno 1615 – Anno Domini ⟨A.D.⟩ (im Jahre des Herrn)

An·non·ce *franz. [anõße],* die: -, -n (Zeitungsanzeige, Inserat); **annoncieren:** in der Zeitung annoncieren

an·nul·lie·ren *lat.*: ein Gesetz annullieren (für ungültig erklären); die **Annullierung**

Ano·de *griech.,* die: -, -n (Pluspol, positive Elektrode, Gegensatz zur Kathode)

an·o·mal (an·o·mal) *griech.*: (abweichend, regelwidrig); die **Anomalie**

an·o·nym *griech.*: (unbekannt, ungenannt); ein anonymer Brief (Brief mit ungenanntem Absender); die **Anonymität**

Ano·rak *eskim.,* der: -s, -s (Windjacke)

an·ord·nen: eine Untersuchung anordnen (befehlen, veranlassen) – Gegenstände anordnen (gruppieren); die **Anordnung**

an·or·ga·nisch *griech.*: die anorganischen (unbelebten) Stoffe der Natur

an·pas·sen: sich der Zeit anpassen (sich angleichen) – ein Kleid anpassen – der angepasste Mensch; die **Anpassung; anpassungsfähig;** die **Anpassungsfähigkeit**

an·pfei·fen: ein Spiel anpfeifen – angepfiffen (gescholten) werden; der **Anpfiff**

an·pflan·zen: Sträucher im Garten anpflanzen; die **Anpflanzung**

an·pran·gern: Missstände anprangern (öffentlich tadeln); die **Anprangerung**

An·pro·be, die: -, -n; zur Anprobe kommen; **anprobieren:** einen Mantel anprobieren

An·rai·ner, der: -s, - (Grenznachbar, Anlieger); **anrainen;** der **Anrainerstaat**

an·ra·ten: (raten, empfehlen); das **Anraten:** auf Anraten des Arztes

An·re·de, die: -, -n; eine höfliche Anrede; **anreden**

an·re·gen: zum Arbeiten anregen (ermuntern) – den Appetit anregen; **anregend;** die **Anregung;** das **Anregungsmittel**

An·rich·te, die: -, -n (halbhoher Geschirrschrank); **anrichten:** das Essen anrichten (servieren) – etwas Dummes anrichten (anstellen, machen)

an·rü·chig: ein anrüchiges (verrufenes) Stadtviertel; die **Anrüchigkeit**

an·ru·fen: per Telefon anrufen – ein Gericht anrufen; der **Anruf;** der **Anrufbeantworter;** der **Anrufer;** die **Anruferin;** die **Anrufung**

ans: (an das); ans Essen denken – ans Bett gefesselt sein – bis ans Ende

An·sa·ge, die: -, -n; die Ansage des Programms; **ansagen** (ankündigen, anmelden); der **Ansager;** die **Ansagerin,** die Ansagerinnen

an·säs·sig: in Berlin ansässig (wohnhaft) sein – sich ansässig machen; die **Ansässigkeit**

An·satz, der: -es, Ansätze; ein Ansatz zur Besserung; der **Ansatzpunkt; ansatzweise**

an·schaf·fen: viel anschaffen (erwerben, kaufen) – jemandem eine Arbeit anschaffen (befehlen); die **Anschaffung;** die **Anschaffungskosten** *Pl.*

an·schau·en: sich die Stadt anschauen – jemanden von oben herab (herablassend) anschauen; **anschaulich:** etwas anschaulich (verständlich, bildlich) erzählen; die **Anschaulichkeit;** die **Anschauung;** das **Anschauungsmaterial,** die ... materialien

An·schein, der: -(e)s; es hat den Anschein – allem Anschein nach; **anscheinend** (offenbar, offensichtlich)

An·schlag, der: -(e)s, Anschläge; der Anschlag am schwarzen/Schwarzen Brett – der Anschlag (die verbrecherische Tat) ist misslungen – der Anschlag einer Schreibmaschine; **anschlagen:** sich den Kopf anschlagen (verletzen) – einen Ton anschlagen (anstimmen) – das Plakat anschlagen (befestigen) – das Essen schlägt an (macht dick) – die Hunde schlagen an (bellen) – Geschirr anschlagen (beschädigen); die **Anschlagsäule**

an·schlie·ßen: ein Kabel anschließen – sich einer Gruppe anschließen – ich schließe mich deiner Meinung an; **anschließend;** der **Anschluss,** die Anschlüsse: keinen Anschluss (Anschlusszug) haben – Anschluss (Bekanntschaft) suchen – der Anschluss des Wassers; das **Anschlusskabel;** der **Anschlusstreffer;** der **Anschlusszug,** die ... züge

An·schrift, die: -, -en (Adresse); deine Anschrift ist mir nicht bekannt; **anschreiben:** ein Amt anschreiben – anschreiben lassen (Schulden machen) – beim Vorgesetzten gut angeschrieben sein (sein Wohlwollen genießen); die **Anschriftenliste**

an·schul·di·gen: jemanden vor Gericht anschuldigen; die **Anschuldigung**

an·schwel·len: der Fluss schwillt (steigt) an – der Lärm schwoll immer mehr an (wurde stärker) – die Hand ist angeschwollen (hat sich verdickt); die **Anschwellung**

an·se·hen: ein Bauwerk ansehen – einem sein Alter nicht ansehen – etwas als seine Pflicht ansehen – jemanden von oben herab (herablassend) ansehen – sich einen Patienten ansehen (ihn untersuchen) – *Ansehen kostet nichts*; das **Ansehen:** Ansehen in der Bevölkerung genießen – jemanden nur vom Ansehen kennen – ohne Ansehen der Person; **ansehnlich:** ein ansehnliches (großes) Vermögen haben; die **Ansicht:** meiner Ansicht (Meinung) nach; **ansichtig:** ich werde seiner ansichtig (erblicke ihn); die **Ansichtskarte;** die **Ansichtssache**

An·sied·lung, die: -, -en (Niederlassung); auch: die **Ansiedelung; ansiedeln** (sesshaft werden); der **Ansiedler;** die **Ansiedlerin**

An·sin·nen, das: -s, -; ein unverschämtes Ansinnen (eine Zumutung) – das Ansinnen ablehnen

an·sons·ten: (anderenfalls, im Übrigen)

an·span·nen: die Pferde anspannen – seine Kräfte anspannen – eine angespannte (schwierige) Situation; die **Anspannung** (Anstrengung, Konzentration)

an·spie·len: er spielte auf ihre Vergangenheit an (wies darauf versteckt hin) – den Verteidiger anspielen; das **Anspiel; anspielbar;** die **Anspielung** (versteckter Hinweis)

An·sporn, der: -(e)s (Antrieb, Anreiz); **anspornen;** die **Anspornung**

An·spra·che, die: -, -n; eine Ansprache (kurze Rede) halten; **ansprechbar; ansprechen:** jemanden auf der Straße ansprechen (anreden) – ein Thema ansprechen (zur Sprache bringen) – das Medikament spricht an (zeigt Wirkung); **ansprechend:** ein ansprechendes (reizvolles, angenehmes) Wesen haben; der **Ansprechpartner;** die **Ansprechpartnerin,** die ... partnerinnen

An·spruch, der: -(e)s, Ansprüche; auf etwas Anspruch (ein Anrecht) erheben – etwas in Anspruch nehmen (benutzen, gebrauchen); **anspruchslos;** die **Anspruchslosigkeit; anspruchsvoll**

An·stalt, die: -, -en; eine Anstalt (ein Heim) für schwer erziehbare Kinder – keine Anstalten (Vorbereitungen) machen/treffen; der **Anstaltsleiter;** die **Anstaltsleiterin**

An·stand, der: -s, Anstände; keinen Anstand (kein Benehmen) haben – Anstände (Schwierigkeiten) bekommen – auf dem Anstand (Hochsitz des Jägers) sitzen – *Anstand ziert und kostet nichts;* **anständig;** die **Anständigkeit; anstandshalber; anstandslos** (ohne weiteres, widerspruchslos); die **Anstandsregel;** der **Anstandswauwau**

an·statt: du solltest dich freuen anstatt zu jammern – anstatt (anstelle) der Schwester – anstatt dass; aber: an Kindes statt

an·ste·chen: eine Kartoffel anstechen – ein Fass anstechen (öffnen); der **Anstich**

an·ste·cken: sich einen Ring anstecken – er steckt (zündet) sich eine Zigarette an – ein Haus anstecken (in Brand setzen) – *Lachen steckt an;* **ansteckend:** eine sehr ansteckende Krankheit; die **Anstecknadel;** die

Ansteckung; die **Ansteckungsgefahr;** der **Ansteckungsherd**

an·ste·hen: sie standen vor der Kasse an (standen Schlange)

an·stei·gen: der Weg steigt an (führt aufwärts) – die Preise steigen ständig an (werden höher); der **Anstieg**

an·stel·le: anstelle des Bruders (stellvertretend für); auch: **an Stelle**

an·stel·len: eine Leiter anstellen (anlehnen) – eine Verkäuferin anstellen (einstellen) – eine Dummheit anstellen – Überlegungen anstellen – das Radio anstellen (einschalten) – sich vor dem Geschäft anstellen (in einer Reihe warten) – stell dich nicht so an (sei nicht so zimperlich, so empfindlich)!; **anstellig** (geschickt); die **Anstelligkeit;** die **Anstellung;** der **Anstellungsvertrag,** die ...verträge; → Angestellte

an·stif·ten: zu einem Verbrechen anstiften (verleiten); der **Anstifter;** die **Anstifterin,** die Anstifterinnen; die **Anstiftung**

an·sto·ßen: jemanden anstoßen (anrempeln) – auf gute Zusammenarbeit anstoßen (trinken) – beim Sprechen mit der Zunge anstoßen; der **Anstoß,** die Anstöße: Anstoß (Unwillen) erregen – den Anstoß (beim Fußball) ausführen; **anstößig:** sich anstößig benehmen; die **Anstößigkeit**

an·strei·chen: einen Fehler im Aufsatz anstreichen (anmerken) – Fenster anstreichen (anmalen); der **Anstreicher** (Tüncher); die **Anstreicherin;** der **Anstrich**

an·stren·gen: sich in der Schule anstrengen – einen Prozess anstrengen (veranlassen); **anstrengend;** die **Anstrengung**

An·sturm, der: -(e)s; einem Ansturm standhalten; **anstürmen**

Ant·ark·tis *griech.,* die: - (Gebiet um den Südpol); **antarktisch**

An·teil, der: -(e)s, -e; seinen Anteil von der Erbschaft bekommen – Anteil an einem Todesfall nehmen; **anteilig;** die **Anteilnahme;** der **Anteilseigner; anteil(s)mäßig**

An·ten·ne *lat.,* die: -, -n; eine Antenne auf dem Dach anbringen; der **Antennenmast**

An·thra·zit (Anth·ra·zit) *griech.,* der: -s, -e (glänzende Steinkohle); **anthrazitfarben** (schwarzgrau); auch: **anthrazitfarbig**

an·ti...: *griech.:* (gegen); der **Antialkoholiker** (Alkoholgegner); die **Antialkoholikerin,** die ...alkoholikerinnen; die **Antibabypille** *[...bebi...];* das **Antibiotikum** (Wirkstoff gegen Krankheitserreger); das **Antiblockiersystem** ⟨ABS⟩; der **Antichrist** (Gegner des Christentums); der **Antifaschist** (Gegner des Nationalsozialismus); die **Antipathie** (Abneigung); **antisemitisch** (judenfeindlich); das **Antiseptikum; antiseptisch:** ein antiseptisches (keimtötendes) Mittel; die **Antithese** (Gegenbehauptung)

an·tik *lat.:* (altertümlich); die **Antike** (das klassische Altertum und seine Kultur)

An·ti·lo·pe *franz.,* die: -, -n (ein dem Reh ähnliches Horntier)

An·ti·quar *lat.,* der: -s, -e (Händler mit alten bzw. gebrauchten Büchern); das **Antiquariat; antiquarisch** (gebraucht, alt); **antiquiert** (altmodisch, überholt); die **Antiquität** (wertvoller altertümlicher Gegenstand); der **Antiquitätenhändler**

Ant·litz, das: -es, -e (Angesicht, Gesicht)

An·trag, der: -(e)s, Anträge; einen Antrag stellen/ablehnen – einem Mädchen einen Antrag machen; **antragen:** einem das Du antragen (anbieten); das **Antragsformular; antragsgemäß;** der **Antragsteller;** die **Antragstellerin,** die ...stellerinnen

an·trei·ben: jemanden zur Arbeit antreiben – die Mühle wird vom Wind angetrieben (in Gang gesetzt); der **Antrieb;** die **Antriebskraft,** die ...kräfte; das **Antriebssystem**

an·tre·ten: eine Reise antreten – seinen Dienst pünktlich antreten – den Beweis antreten – zu etwas antreten (erscheinen) – der Größe nach antreten; der **Antritt;** der **Antrittsbesuch;** die **Antrittsrede**

an·tun: jemandem Böses antun – sich etwas antun (Selbstmord begehen)

Ant·wort ⟨Antw.⟩, die: -, -en; eine richtige Antwort geben – *jemandem Rede und Antwort stehen* (sich ihm gegenüber rechtfertigen) – *keine Antwort ist auch eine Antwort;* **antworten;** die **Antwortkarte**

An·walt, der: -(e)s, Anwälte (Rechtsanwalt, Fürsprecher); die **Anwältin;** das **Anwaltsbüro;** die **Anwaltschaft;** die **Anwaltskanzlei**

An·wand·lung, die: -, -en; eine Anwandlung (ein plötzlich auftretendes Gefühl) haben; auch: die **Anwandelung; anwandeln:** Lust wandelte mich an (kam über mich)

An·wär·ter, der: -s, -; er ist ein Anwärter auf

den Thron; die **Anwärterin,** die Anwärterinnen; die **Anwartschaft**

an·wei·sen: jemanden anweisen (beauftragen) – den Lehrling anweisen (anleiten) – Geld anweisen (überweisen) – einen Platz anweisen; die **Anweisung**

an·wen·den: eine List anwenden; **anwendbar;** die **Anwendbarkeit;** der **Anwender; anwenderfreundlich,** die **Anwenderin,** die Anwenderinnen; die **Anwendung**

An·we·sen, das: -s, - (Grundstück mit Gebäude)

an·we·send: er ist heute nicht anwesend; der/die **Anwesende;** die **Anwesenheit;** die **Anwesenheitsliste**

an·wi·dern: dein Benehmen widert (ekelt) mich an – angewidert sein

An·zahl, die: - ; eine große Anzahl Kinder; **anzahlen;** die **Anzahlung;** die **Anzahlungssumme**

An·zei·chen, das: -s, -; die ersten Anzeichen von Erschöpfung – die Anzeichen (Vorzeichen) eines Gewitters

An·zei·ge, die: -, -n; Anzeige erstatten – die Anzeige (Annonce) in der Zeitung; **anzeigen;** das **Anzeige(n)blatt; anzeigepflichtig;** der **Anzeiger;** die **Anzeigetafel**

an·zet·teln: eine Schlägerei anzetteln – eine Verschwörung anzetteln; die **Anzett(e)lung**

an·zie·hen: sich anziehen – einen Mantel anziehen – die Ausstellung zieht (lockt) viele Besucher an – ein Seil anziehen (straffen) – die Pferde ziehen an – die Preise ziehen kräftig an (steigen) – *wem der Schuh passt, der zieht ihn sich an;* **anziehend** (reizvoll); die **Anziehung;** die **Anziehungskraft;** der **Anzug,** die Anzüge; die **Anzugskraft**

an·züg·lich: er führt anzügliche (zweideutige, spöttische) Reden; die **Anzüglichkeit**

ao. (a. o.) = außerordentlich

AOK = Allgemeine Ortskrankenkasse

Aor·ta *griech.,* die: -, Aorten (Hauptschlagader)

Apa·che *[apache, apatsche],* der: -n, -n (Angehöriger eines Indianerstammes)

apart *franz.*: eine aparte (reizvolle) Erscheinung – ein apartes (geschmackvolles) Kleid tragen – etwas Apartes

Apart·heid *afrikaans,* die: - (früher: Trennung von Weißen und Schwarzen in der Republik Südafrika)

Apart·ment *engl. [epartment],* das: -s, -s (Kleinwohnung) # Appartement; das **Apartmenthaus**

apa·thisch *griech.*: (teilnahmslos, abgestumpft); die **Apathie**

Apen·nin, der: -s (Gebirge in Italien); die **Apenninenhalbinsel;** auch: die **Apenninen-Halbinsel**

aper: (schneefrei); apere Wiesen

Ape·ri·tif *franz.,* der: -s, -s/-e (alkoholisches Getränk, das den Appetit anregt)

Ap·fel, der: -s, Äpfel; *in den sauren Apfel beißen* (etwas Unbequemes notgedrungen tun) – *der Apfel fällt nicht weit vom Stamm – wenn der Apfel reif ist, fällt er ab;* das **Apfelgelee** *[...schele];* das **Apfelmus; äpfeln:** das Pferd äpfelt; der **Apfelsaft,** die ... säfte; der **Apfelschimmel** (Schimmel mit grauen Flecken); die **Apfelschorle;** die **Apfelsine**

Apho·ris·mus *griech.,* der: -, Aphorismen (treffend und knapp formulierter Gedanke, der eine Lebensweisheit enthält); **aphoristisch**

apl. = außerplanmäßig

Apo·ka·lyp·se *griech.,* die: -, -n (Offenbarung über das Ende der Welt); **apokalyptisch**

Apos·tel *griech.,* der: -s, - (Jünger Jesu, Glaubensbote); die **Apostelgeschichte; apostolisch:** der apostolische Segen; aber: das Apostolische Glaubensbekenntnis – der Apostolische Stuhl

Apos·troph (Apo·stroph, Apost·roph) *griech.,* der: -s, -e (Auslassungszeichen); **apostrophieren** (erklären, ansprechen, bezeichnen); die **Apostrophierung**

Apo·the·ke *griech.,* die: -, -n (Geschäft für Arzneien); die **Apothekenhelferin,** die ... helferinnen; **apothekenpflichtig;** der **Apotheker;** die **Apothekerin,** die Apothekerinnen

Ap·pa·rat *lat.,* der: -(e)s, -e (Vorrichtung technischer Art); die **Apparatur**

Ap·par·te·ment *franz. [apartemã],* das: -s, -s (komfortable Zimmerflucht in einem Hotel) # Apartment; das **Appartementhaus**

Ap·pell *franz.,* der: -s, -e (Aufruf, Aufforderung); die **Appellation; appellieren:** an jemandes Freigebigkeit appellieren

Ap·pe·tit *lat.,* der: -(e)s, -e; *der Appetit kommt beim Essen;* **appetitanregend;** der **Appetithappen; appetitlich; appetitlos;**

A B C D E F

die **Appetitlosigkeit;** der **Appetitzügler**

ap·plau·die·ren *lat.*: (Beifall spenden); der **Applaus**

Ap·pli·ka·ti·on *lat.*, die: -, -en (Anwendung, Verabreichung, aufgenähte Verzierung); **applizieren**

ap·por·tie·ren *franz.*: der Hund apportiert (bringt) den Hasen – apport (bring her)!; der **Apport;** der **Apportierhund**

Ap·po·si·ti·on *lat.*, die: -, -en (Sprachlehre: nähere Bestimmung eines Namenwortes)

Ap·pre·tur *lat.*, die: -, -en (besondere Bearbeitung von Geweben); **appretieren**

Ap·ri·ko·se *lat.*, die: -, -n (Steinobst); der **Aprikosenbaum,** die ...bäume

Ap·ril *lat.* ⟨Apr.⟩, der: -(s), -e; *jemanden in den April schicken* (am 1. April zum Narren halten); der **Aprilscherz;** das **Aprilwetter**

ap·ro·pos *franz. [apropo]*: (übrigens, nebenbei bemerkt)

Aquä·dukt *lat.*, der: -(e)s, -e (altrömische Wasserleitung)

Aqua·pla·ning *engl.*, das: -(s) (Rutschen der Reifen auf nasser Straße, Wasserglätte)

Aqua·rell *ital.*, das: -s, -e (mit Wasserfarben gemaltes Bild); die **Aquarellfarbe; aquarellieren;** die **Aquarelltechnik**

Aqua·ri·um *lat.*, das: -s, Aquarien (Glasbehälter für Wassertiere und -pflanzen)

Äqua·tor *lat.*, der: -s (größter Breitengrad); **äquatorial** (in der Nähe des Äquators befindlich, unter dem Äquator)

äqui·va·lent *lat.*, (gleichwertig); das **Äquivalent** (Gegenwert, gleichwertiger Ersatz); die **Äquivalenz** (Gleichwertigkeit)

Ar ⟨a⟩ *lat.*, das/der: -s, -e (Flächenmaß; 1 a = 100 m^2) # Aar

Ära *lat.*, die: -, Ären (Zeitalter, Epoche); die Ära Napoleon

Ara·ber, der: -s, - (Bewohner von Arabien, Pferderasse); die **Araberin,** die Araberinnen; **Arabien; arabisch;** das **Arabische:** auf Arabisch

Ar·beit, die: -, -en; *Arbeit ernährt, Müßiggang verzehrt – Arbeit schändet nicht – wie die Arbeit, so der Lohn;* **arbeiten;** der **Arbeiter;** die **Arbeiterin,** die Arbeiterinnen; die **Arbeiterschaft;** das **Arbeiterviertel;** der **Arbeitgeber;** die **Arbeitgeberin;** der **Arbeitnehmer;** die **Arbeitnehmerin;** die **Arbeitsagentur; arbeitsam;** die **Arbeitsbeschaffungsmaßnahme** ⟨ABM⟩; **arbeitsfähig; arbeitsfrei;** die **Arbeitsgemeinschaft** ⟨AG⟩; **arbeitsintensiv;** die **Arbeitskleidung;** das **Arbeitsklima;** die **Arbeitskraft,** die ...kräfte; der **Arbeitslohn; arbeitslos;** der/die **Arbeitslose;** die **Arbeitslosigkeit;** der **Arbeitsmarkt;** der **Arbeitsplatz,** die ...plätze; der **Arbeitsspeicher;** die **Arbeitsstelle; arbeitssuchend;** der/die **Arbeitssuchende;** die **Arbeitsteilung; arbeitsuchend;** auch: Arbeit suchend; der/die **Arbeitsuchende;** auch: der/die Arbeit Suchende; **arbeitsunfähig; arbeitswillig;** die **Arbeitszeit;** die **Arbeitszeitverkürzung;** das **Arbeitszimmer**

Ar·chäo·lo·ge *griech.*, der: -n, -n (Altertumsforscher); **archaisch** (altertümlich, aus sehr früher Zeit stammend); die **Archäologie;** die **Archäologin; archäologisch**

Ar·che *lat.*, die: -, -n; die Arche Noah

Ar·chi·tekt *griech.*, der: -en, -en (Baumeister); die **Architektin; architektonisch** (baulich); die **Architektur** (Baustil, Baukunst)

Ar·chiv *lat.*, das: -s, -e (Sammlung von Dokumenten, Urkunden); der **Archivar;** die **Archivarin;** das **Archivbild; archivieren**

ARD = Arbeitsgemeinschaft der öffentlich-rechtlichen Rundfunkanstalten der Bundesrepublik Deutschland

Are·al, das: -s, -e (Fläche, Bezirk, Gebiet)

Are·na *lat.*, die: -, Arenen (Zirkusmanege, Kampfplatz)

arg: ärger, am ärgsten; eine arge (schlimme) Enttäuschung erleben – das ist arg (sehr) teuer – jemandem arg mitspielen; aber: sich nichts Arges denken – das Ärgste verhüten – zum Ärgsten kommen – vor dem Ärgsten bewahren – Arges/das Ärgste befürchten – *im Argen liegen* (in Unordnung sein); das **Arg:** ohne Arg (Hinterlist); die **Arglist; arglistig; arglos;** die **Arglosigkeit;** der **Argwohn** (Misstrauen): *Argwohn ist ein böser Nachbar;* **argwöhnen; argwöhnisch**

Ar·gen·ti·ni·en: -s (Staat in Südamerika); der **Argentinier;** die **Argentinierin; argentinisch**

Är·ger, der: -s; seinen Ärger (Zorn, Unmut) verbergen; **ärgerlich; ärgern:** *wer krank ist, den ärgert die Fliege an der Wand;* das **Ärgernis,** die Ärgernisse

Ar·gu·ment *lat.*, das: -(e)s, -e (Grund, Beweisgrund); die **Argumentation** (Beweisführung); **argumentativ** (mit Argumenten); **argumen-**

tieren (Beweise, Begründungen anführen)

Arie *ital.,* die: -, -n (von Instrumenten begleitetes Sologesangstück)

Ari·er, der: -s, - (Angehöriger der indogermanischen Sprachfamilie); die **Arierin,** die Arierinnen; **arisch**

Aris·to·krat *griech.,* der: -en, -en (Angehöriger des Adels, vornehmer Mensch); die **Aristokratie** (der Adelsstand, Adelsherrschaft); die **Aristokratin,** die Aristokratinnen; **aristokratisch**

Arith·me·tik *griech.,* die: - (Zahlenlehre); **arithmetisch:** das arithmetische Mittel (Durchschnittswert)

Ar·ka·de *franz.,* die: -, -n (Bogengang)

Ark·tis *griech.,* die: - (Nordpolgebiet); **arktisch:** der arktische Winter

arm: ärmer, am ärmsten; arm sein – ein armer Kerl – arm an irdischen Gütern; aber: der Arme und der Reiche – Arm und Reich (jedermann) – Arme und Reiche – wir Armen – der Ärmste ist krank – du Arme(r)! – *dem Armen fehlt das Brot, dem Reichen der Appetit;* das **Armenviertel;** der **Armesünder; ärmlich;** die **Ärmlichkeit; armmachen;** auch: arm machen; **armselig;** die **Armut:** *Armut schändet nicht;* das **Armutszeugnis,** die ...zeugnisse

Arm, der: -(e)s, -e; Arm in Arm gehen – *jemanden auf den Arm nehmen* (necken, zum Narren halten) – *jemandem unter die Arme greifen* (ihn unterstützen) – *einen langen Arm haben* (einflussreich sein); das **Armband,** die ...bänder; die **Armbinde;** die **Armbrust,** die ...brüste/...bruste; **armdick;** der **Ärmel:** *etwas aus dem Ärmel schütteln* (mit Leichtigkeit schaffen); **...ärmelig:** kurzärmelig; **ärmellos; ...armig:** dreiarmig; **armlang:** ein armlanger Stock; aber: der Stock ist einen Arm lang; die **Armlänge:** um Armeslänge voraus sein; die **Armlehne;** der **Armleuchter;** der **Armreif; armstark;** der **Armvoll:** zwei Armvoll Reisig; auch: Arm voll

Ar·ma·tur *lat.,* die: -, -en (Kontroll- und Messgerät); das **Armaturenbrett**

Ar·mee *franz.,* die: -, Armeen (Heer); eine Armee (eine große Menge) von Reportern; die **Armeeeinheit;** auch: die **Armee-Einheit;** das **Armeefahrzeug;** das **Armeekorps** *[armekor];* **armieren** (ausrüsten); die **Armierung**

Ar·ni·ka *griech.,* die: -, -s (Heilpflanze)

Aro·ma *griech.,* das: -s, -s/Aromen/Aromata (Duft, Wohlgeruch); **aromatisch**

ar·ran·gie·ren *franz. [arãschiren]:* (verständigen, eine Lösung finden); etwas geschickt arrangieren – sich mit den Nachbarn arrangieren; das **Arrangement** *[arãschemã]*

Ar·rest *lat.:* -(e)s, -e (Haft); der **Arrestant;** die **Arrestzelle; arretieren:** einen Dieb arretieren (festnehmen); die **Arretierung**

ar·ro·gant *lat.:* (anmaßend, überheblich); die **Arroganz**

Ar·sen *griech.,* das: -s (chemischer Grundstoff, Gift); das **Arsenik; arsenikhaltig**

Ar·se·nal *arab.,* das: -s, -e (Lager für Waffen und Geräte)

Art, die: -, -en; seine Art gefällt mir – die Art und Weise – diese Art Leute – das ist keine Art (das ist unverschämt, dreist)! – Gemüse aller Art – *aus der Art schlagen* (anders geraten sein); aber: sie ist derart (so) böse, dass...; **arten:** nach seiner Mutter arten (geraten); die **Artenvielfalt; arterhaltend; artfremd;** der **Artgenosse; artgerecht; ...artig:** neuartig – fremdartig; **artverwandt**

Ar·te·rie *griech. [arterje],* die: -, -n (Schlagader); die **Arterienverkalkung**

ar·te·sisch: ein artesischer Brunnen (Brunnen, bei dem das Wasser durch Überdruck des Grundwassers selbstständig aufsteigt)

Ar·th·ri·tis *griech.,* die: -, Arthritiden (Gelenkentzündung); **arthritisch;** die **Arthrose**

ar·tig: (brav, gesittet); die **Artigkeit**

Ar·ti·kel ⟨Art.⟩ *lat.,* der: -s, -; einen Artikel (Beitrag) für die Zeitung schreiben – ein Artikel (Abschnitt) eines Textes – viele Artikel (Waren) im Geschäft führen – einen Artikel (ein Geschlechtswort) vor ein Namenwort setzen; die **Artikelserie**

ar·ti·ku·lie·ren *lat.:* (deutlich aussprechen); die **Artikulation** (Aussprache)

Ar·til·le·rie *franz.,* die: -, Artillerien (mit Geschützen bewaffnete Truppe); der **Artillerist**

Ar·ti·scho·cke *ital.,* die: -, -n (eine Zier- und Gemüsepflanze)

Ar·tist *franz.,* der: -en, -en (Zirkuskünstler); die **Artistik;** die **Artistin,** die Artistinnen; **artistisch**

Arz·nei, die: -, -en (Medizin, Heilmittel); das **Arzneimittel;** der **Arzt:** *die Zeit ist der beste*

Arzt; die **Ärzteschaft;** die **Arzthelferin,** die ...helferinnen; die **Ärztin,** die Ärztinnen; **ärztlich;** das **Arzt-Patienten-Verhältnis;** die **Arztpraxis,** die ... praxen

As·best *griech.,* der: -(e)s, -e (hitzefestes Material); der **Asbestanzug;** der **Asbeststaub**

Asche, die: -, -n (Verbrennungsreste); **aschblond;** die **Aschenbahn;** der **Aschenbecher;** das **Aschenbrödel;** das **Aschenputtel;** der **Ascher** (Kurzwort für: Aschenbecher); der **Aschermittwoch; aschfahl; aschfarben; aschfarbig; aschgrau; aschig**

äsen: das Reh äst (nimmt Nahrung auf); die **Äsung**

asep·tisch *griech.*: (keimfrei); die **Asepsis**

Asi·en: -s (Erdteil); der **Asiat;** die **Asiatin,** die Asiatinnen; **asiatisch**

As·ke·se *griech.,* die: - (enthaltsame Lebensweise); der **Asket;** die **Asketin,** die Asketinnen; **asketisch:** asketisch leben

aso·zi·al *lat.*: (gemeinschaftsschädigend); der/die **Asoziale**

As·pekt *lat.,* der: -(e)s, -e (Gesichtspunkt, Betrachtungsweise); etwas unter einem bestimmten Aspekt betrachten

As·phalt *griech.,* der: -(e)s, -e (Straßenbelag); **asphaltieren:** eine Straße asphaltieren; die **Asphaltstraße**

As·pik *franz.,* der/das: -s, -e (Fleisch- oder Fischsülze)

As·pi·rant *lat.,* der: -en, -en (Anwärter); die **Aspirantin,** die Aspirantinnen

Ass *franz.,* das: -es, -e; ein Ass (Spielkarte) ausspielen – *ein Ass* (hervorragend) *sein* # Aas

As·sel, die: -, -n (ein Krebstier)

As·ses·sor *lat.,* der: -s, Assessoren (Anwärter, Beisitzer); die **Assessorin,** die Assessorinnen

As·si·mi·la·ti·on *lat.,* die: -, -en (Angleichung); **assimilieren** (anpassen); die **Assimilierung**

As·sis·tent *lat.,* der: -en, -en (Helfer, Mitarbeiter); die **Assistentin;** die **Assistenz** (Beistand); der **Assistenzarzt;** die **Assistenzärztin,** die ...ärztinnen; **assistieren** (zur Hand gehen, helfen, mitwirken)

As·so·zi·a·ti·on *lat.,* die: -, -en (Vereinigung, Zusammenschluss); sich **assoziieren** (sich zusammenschließen); die **Assoziierung**

Ast, der: -e(s), Äste (stärkerer Zweig); *sich einen Ast lachen* (heftig lachen) – *sich auf einem absteigenden Ast befinden* (in seinen Fähigkeiten nachlassen) – *den Ast absägen, auf dem man sitzt* (sich selbst seiner Lebensgrundlage berauben); das **Ästchen; astfrei:** astfreies Holz; die **Astgabel;** das **Ästlein; astrein** (einwandfrei)

As·ter *griech.,* die: -, -n (eine Zierpflanze)

Äs·thet *griech.,* der: -en, -en (Freund alles Schönen); die **Ästhetik** (Lehre von der Schönheit); der **Ästhetiker;** die **Ästhetikerin; ästhetisch** (schön, geschmackvoll)

Asth·ma *griech.,* das: -s (Atemnot, Kurzatmigkeit); der **Asthmaanfall;** der **Asthmatiker;** die **Asthmatikerin; asthmatisch**

As·tro·lo·ge (Ast·ro·lo·ge) *griech.,* der: -n, -n (Sterndeuter); die **Astrologie;** die **Astrologin; astrologisch;** der **Astronaut** (Weltraumfahrer); die **Astronautin;** der **Astronom** (Stern-, Himmelsforscher); die **Astronomie;** die **Astronomin; astronomisch:** astronomische Bücher – eine astronomische (riesenhafte, sehr hohe) Summe

Asyl *griech.,* das: -s, -e (Heim, Zufluchtsstätte); er bittet um Asyl (Schutz vor politischer Verfolgung) – das politische Asyl; der **Asylant;** die **Asylantin,** die Asylantinnen; der **Asylantrag;** der **Asylbewerber;** der **Asylmissbrauch;** das **Asylrecht; asylsuchend;** auch: Asyl suchend

A.T. = Altes Testament

Ate·lier *franz. [atelje],* das: -s, -s (Arbeitsraum für Künstler, Fotografen oder Filmemacher; Modegeschäft); die **Atelieraufnahme;** die **Atelierwohnung**

Athe·ist *griech.,* der: -en, -en (Gottesleugner); der **Atheismus;** die **Atheistin; atheistisch**

Äther *griech.,* der: -s (Himmel, Betäubungsmittel); **ätherisch:** eine ätherische (engelhafte, vergeistigte) Erscheinung – ätherische (gut riechende, leicht verdunstende) Öle

Ath·let *griech.,* der: -en, -en (Kraftmensch, Wettkämpfer); die **Athletin,** die Athletinnen; **athletisch**

At·lan·tik *griech.,* der: -s (der Atlantische Ozean); **atlantisch:** atlantische Inseln

At·las, der: -/-ses, -se/Atlanten (Kartenwerk)

at·men: tief atmen (Luft holen); der **Atem:** Atem holen – er ist außer Atem – in einem Atem (schnell, ohne Pause) – *das verschlägt jemandem den Atem* (macht ihn sprachlos) – *einen langen Atem haben* (ausdauernd sein); **atemberaubend;** die **Atembeschwer-**

den *Pl.*; das **Atemholen; atemlos;** die **Atemnot;** die **Atempause; atemraubend;** der **Atemschutz;** der **Atemzug,** die ... züge; die **Atmung;** das **Atmungsorgan**

At·mo·sphä·re *griech.*, die: -, -n; die Atmosphäre (Gashülle) der Erde – eine angenehme Atmosphäre (Stimmung) schaffen – 2 Atmosphären (Druckmaß); der **Atmosphärenüberdruck,** die ... drücke ⟨atü⟩; **atmosphärisch**

Atoll, das: -s, -e (ringförmige Koralleninsel)

Atom *griech.*, das: -s, -e (Urstoffteilchen, kleinster Teil eines chemischen Grundstoffes); **atomar; atombetrieben;** die **Atombombe;** die **Atomenergie;** die **Atomerzeugung;** die **Atomexplosion; atomisieren** (in kleine Teilchen zertrümmern); die **Atomisierung;** der **Atomkern;** die **Atomkraft;** das **Atomkraftwerk** ⟨AKW⟩; die **Atommacht,** die ... mächte; der **Atommeiler;** der **Atommüll;** der **Atomreaktor;** der **Atomsprengkopf;** der **Atomstopp;** das **Atom-U-Boot;** die **Atomwaffe; atomwaffenfrei:** die atomwaffenfreie Zone; das **Atomzeitalter**

At·tach·ment *engl. [etätschment]*, das: -(s), -s (Anlage zum E-Mail); **attachen**

At·ta·cke *franz.*, die: -, -n (Angriff, heftige Kritik); *gegen jemanden eine Attacke reiten* (scharf vorgehen); **attackieren**

At·ten·tat *franz.*, das: -(e)s, -e (Anschlag, politischer Mordanschlag); der **Attentäter;** die **Attentäterin,** die Attentäterinnen

At·test *lat.*, das: -(e)s, -e (Zeugnis, Gutachten); ärztliches Attest; **attestieren** (bescheinigen)

At·trak·ti·on *lat.*, die: -, -en (Sehenswürdigkeit); **attraktiv:** eine attraktive (anziehende) Frau; die **Attraktivität** (Anziehungskraft)

At·trap·pe *franz.*, die: -, -n (Nachbildung)

At·tri·but *lat.*, das: -(e)s, -e (Eigenschaft, Kennzeichen, Beifügung); **attribuieren** (beifügen); **attributiv;** der **Attributsatz**

at·zen: die Meise atzt (füttert) ihre Jungen; die **Atzung**

ät·zen: (mit scharfer Flüssigkeit behandeln); **ätzend:** ätzender (beißender, verletzender) Spott – ätzende (unangenehme) Hausaufgaben (Jugendsprache); die **Ätzung**

au!: au Backe! – au ja!; **auweh!**

Au, die: -, -en (Wiesengrund, feuchte Niederung); auch: die **Aue;** die **Auenlandschaft**

Au·ber·gi·ne *franz. [oberschine]*, die: -, -n (eine Gemüsepflanze); **auberginefarben**

auch: ich bin auch (ebenfalls) müde – das war auch (außerdem) daran schuld – auch (sogar) der geringste Hinweis ist nützlich – stimmt das auch (wirklich)? – warum auch (schließlich) nicht? – wenn auch

Au·di·enz *lat.*, die: -, -en (feierlicher Empfang, Unterredung); eine Audienz gewähren

au·dio·vi·su·ell *lat.*: (hör- und sichtbar); audiovisuelle Medien – ein audiovisueller Unterricht; das **Audiobook** *[... buk]* (Hörbuch auf CD oder Kassette); die **Audivision** (Information durch Wort und Bild)

Au·er·hahn, der: -(e)s, Auerhähne (großes Waldhuhn); die **Auerhenne;** der **Auerochse**

auf: auf der Bank sitzen – auf ein Jahr verreisen – auf Raten kaufen – auf Seiten; auch: aufseiten – *auf Regen folgt Sonnenschein* – auf der Stelle – auf einmal – aufs Äußerste; auch: aufs äußerste – aufs Neue – aufs Beste; auch: aufs beste – aufs Genaueste; auch: aufs genaueste – auf Grund; auch: aufgrund – auf und davon – auf und ab gehen – auf sein – auf und nieder – von klein auf – auf Wiedersehen – auf Zeit (vorübergehend) – auf dass; aber: das Auf und Ab des Lebens – das Auf und Nieder; → aufs

auf·bah·ren: einen Toten aufbahren; die **Aufbahrung**

auf·bau·en: ein Haus wieder aufbauen – sich eine neue Existenz aufbauen (schaffen) – sich vor jemandem aufbauen (drohend hinstellen); der **Aufbau;** die **Aufbauarbeit;** die **Aufbauten** *Pl.* (z.B. bei Gebäuden oder Schiffen); das **Aufbautraining**

auf·bäu·men, sich: sich gegen sein Schicksal aufbäumen (auflehnen, wehren)

auf·bau·schen: etwas aufbauschen (übertrieben darstellen)

auf·be·rei·ten: Wasser aufbereiten (reinigen); die **Aufbereitung**

auf·bes·sern: das Gehalt aufbessern; die **Aufbess(e)rung**

auf·be·wah·ren: (aufheben, verwahren); die **Aufbewahrung;** der **Aufbewahrungsort**

auf·bie·ten: all sein Können aufbieten (aufwenden); die **Aufbietung:** unter Aufbietung aller Kräfte; → Aufgebot

auf·bre·chen: eine Tür aufbrechen – sehr früh aufbrechen (fortgehen); der **Aufbruch,** die Aufbrüche; die **Aufbruch(s)stimmung**

auf·brin·gen: Verständnis aufbringen – ein

Gerücht aufbringen (erfinden) – er war sehr aufgebracht (zornig) – ich bringe die Tür nicht auf (kann sie nicht öffnen); die **Aufbringung**

auf·bür·den: jemandem Verantwortung aufbürden (von ihm verlangen); die **Aufbürdung**

auf·dring·lich: ein aufdringlicher Vertreter; **aufdrängen:** jemandem etwas aufdrängen (aufnötigen) – sich jemandem aufdrängen (jemandem lästig fallen); die **Aufdringlichkeit**

auf·ei·nan·der (auf·ein·an·der): aufeinander (einer auf den anderen) angewiesen sein – aufeinander auffahren – aufeinander warten; die **Aufeinanderfolge; aufeinanderfolgen:** an zwei aufeinanderfolgenden Tagen; aber: kurz aufeinander folgen mehrere interessante Sendungen; **aufeinanderlegen; aufeinanderliegen;** aber: die Säcke sollen unbedingt aufeinander liegen, nicht aufeinander stehen; **aufeinanderprallen; aufeinanderreihen; aufeinanderstapeln; aufeinanderstoßen; aufeinandertreffen**

Auf·ent·halt, der: -(e)s, -e; ohne Aufenthalt fahren; die **Aufenthaltserlaubnis;** die **Aufenthaltsgenehmigung;** der **Aufenthaltsort;** der **Aufenthaltsraum;** sich **aufhalten**

auf·er·ste·hen: von den Toten auferstehen; die **Auferstehung;** die **Auferstehungsfeier**

auf·fah·ren: auf ein Auto auffahren – aus dem Schlaf auffahren – er fährt immer gleich auf (wird zornig); die **Auffahrt;** die **Auffahrtsstraße;** der **Auffahrunfall,** die ... unfälle

auf·fal·len: durch Fleiß auffallen; **auffallend:** ein auffallend großer Mann – ein auffallendes Betragen; **auffällig;** die **Auffälligkeit**

auf·fas·sen: etwas schnell auffassen (verstehen); die **Auffassung;** die **Auffassungsgabe; Auffassungssache:** das ist Auffassungssache

auf·for·dern: jemanden auffordern (nachdrücklich bitten) zu bleiben; die **Aufforderung;** der **Aufforderungssatz**

auf·fors·ten: einen Wald aufforsten (anpflanzen); die **Aufforstung**

auf·fri·schen: sein Gedächtnis auffrischen – der Wind frischt auf (wird stärker) – alte Bekanntschaften auffrischen (erneuern); die **Auffrischung**

auf·füh·ren: sich ordentlich aufführen (benehmen) – ein Schauspiel aufführen; **aufführbar;** die **Aufführung**

auf·ge·ben: ein Rätsel aufgeben (stellen) – einen Eilbrief aufgeben – die Hoffnung aufgeben – eine Bestellung aufgeben – den Geist aufgeben (sterben); die **Aufgabe;** der **Aufgabenbereich;** die **Aufgabenstellung**

auf·ge·bla·sen: ein aufgeblasener (eingebildeter) Mensch; die **Aufgeblasenheit**

Auf·ge·bot, das: -(e)s, -e; das Aufgebot bestellen (die beabsichtigte Eheschließung öffentlich bekanntgeben) – mit dem Aufgebot aller Kräfte – das Aufgebot an Menschen; → aufbieten

auf·ge·dun·sen: ein aufgedunsenes (geschwollenes) Gesicht

auf·ge·hen: die Sonne geht auf – die Saat geht auf – ihm geht ein Licht auf – die Aufgabe geht nicht auf (lässt sich nicht lösen) – er geht in seinem Beruf auf; der **Aufgang**

auf·ge·kratzt: er ist heute aufgekratzt (gut gelaunt)

auf·ge·schlos·sen: er ist für Anregungen aufgeschlossen; die **Aufgeschlossenheit**

auf·ge·weckt: ein aufgeweckter (kluger, geistig wacher) Schüler; die **Aufgewecktheit; aufwecken**

auf·gie·ßen: (mit heißer Flüssigkeit übergießen); der **Aufguss,** die Aufgüsse; der **Aufgussbeutel**

auf·glie·dern: (gliedern, einteilen); die **Aufgliederung**

auf·grund: aufgrund der Zeugenaussagen – aufgrund des schlechten Wetters; auch: **auf Grund**

auf·ha·ben: einen Hut aufhaben – der Laden hat noch auf – für die Schule viel aufhaben

auf·hän·gen: die Wäsche aufhängen; der **Aufhänger;** die **Aufhängevorrichtung;** die **Aufhängung**

auf·he·ben: einen Stein aufheben – ein Urteil aufheben (rückgängig machen) – die Tafel aufheben (das Mahl beenden) – sich etwas für später aufheben (zurücklegen) – gut bei jemandem aufgehoben (in guten Händen) sein; das **Aufheben:** *von etwas viel Aufheben(s) machen* (etwas sehr gewichtig nehmen); die **Aufhebung**

auf·klä·ren: jemanden aufklären (belehren) – die Sache hat sich aufgeklärt – das Wetter klärt sich auf (wird klar); **aufklaren** (klar werden, sich aufklären); der **Aufklärer;** die **Aufklärerin,** die Aufklärerinnen; **aufkläre-**

A B C D E F

risch; die **Aufklärung;** der **Aufklärungsfilm;** die **Aufklärungskampagne** *[... kampanje]*; die **Aufklärungsschrift**

auf·kle·ben: er klebt ein Plakat auf; der **Aufkleber**

auf·kom·men: eine neue Mode kommt auf – gegen jemanden nicht aufkommen – für den Schaden aufkommen – keine Zweifel aufkommen lassen; das **Aufkommen**

Aufl. = Auflage

auf·le·gen: eine neue Platte auflegen – ein Buch neu auflegen (veröffentlichen) – jemandem die Hand (zur Segnung) auflegen; die **Auflage** ⟨Aufl.⟩; **auflagenstark;** die **Auflegung**

auf·leh·nen: die Arme auflehnen – sich gegen jemanden auflehnen (empören); die **Auflehnung**

auf·lö·sen: die Tablette in Wasser auflösen – einen Verein auflösen – ein Rätsel auflösen; **auflösbar;** die **Auflösung; die Auflösungserscheinung;** der **Auflösungsprozess**

auf·ma·chen: ein Fenster aufmachen – ein Geschäft aufmachen (eröffnen) – sich frühzeitig aufmachen (aufbrechen) – sich auf und davon machen (fliehen, davonlaufen); der **Aufmacher** (wirkungsvolle Titelüberschrift in der Zeitung); die **Aufmachung**

auf·mer·ken: gut aufmerken (aufpassen); **aufmerksam;** die **Aufmerksamkeit**

auf·mun·tern: jemanden zum Weitermachen aufmuntern (ihm Mut machen); die **Aufmunterung**

auf·müp·fig: (trotzig, aufsässig); die **Aufmüpfigkeit**

Auf·nah·me, die: -, -n; die Aufnahme von Nahrung – die Aufnahme in einen Verein – die Aufnahme eines Musikstücks; **aufnahmebereit; aufnahmefähig;** die **Aufnahmefähigkeit;** die **Aufnahmegebühr;** die **Aufnahmeprüfung; aufnehmen:** eine Sendung aufnehmen – *es mit jemandem aufnehmen* (sich jemandem gewachsen fühlen)

auf·pas·sen: du musst im Unterricht besser aufpassen – aufgepasst!; der **Aufpasser;** die **Aufpasserin,** die Aufpasserinnen

auf·plus·tern, sich: sich aufplustern (sich hervortun) – ein Vogel plustert sich auf

auf·pral·len: das Auto ist auf die Wand aufgeprallt; der **Aufprall;** der **Aufprallschutz**

auf·raf·fen, sich: sich mühsam aufraffen (erheben) – sich zu einer Arbeit aufraffen (überwinden)

auf·räu·men: das Zimmer aufräumen – mit den Zuständen aufräumen (Ordnung schaffen) – in aufgeräumter (heiterer) Stimmung sein; die **Aufräumung;** die **Aufräumungsarbeiten** *Pl.*

auf·recht: er hat einen aufrechten Gang – ein aufrechter Mensch – aufrecht (gerade, in aufrechter Haltung) gehen/sitzen/stehen – sich aufrecht halten; aber: **aufrechterhalten:** seine Behauptung aufrechterhalten (bestehen lassen); die **Aufrechterhaltung**

auf·re·gen: jemanden aufregen – sich über etwas aufregen (empören); **aufgeregt;** die **Aufgeregtheit; aufregend:** ein aufregendes Erlebnis; die **Aufregung**

auf·rei·zen: zum Widerstand aufreizen; **aufreizend;** die **Aufreizung**

auf·rich·ten: einen Unglücklichen wieder aufrichten (trösten) – sich langsam aufrichten (erheben); **aufrichtig** (ehrlich, offen); die **Aufrichtigkeit;** die **Aufrichtung**

Auf·riss, der: -es, -e (Bauzeichnung, kurz gefasste Darstellung)

Auf·ruf, der: -(e)s, -e (Aufforderung, Mahnung); **aufrufen**

Auf·ruhr, der: -(e)s, -e; in Aufruhr (Empörung) geraten; **aufrühren;** der **Aufrührer;** die **Aufrührerin,** die Aufrührerinnen; **aufrührerisch**

auf·run·den: eine Zahl, Summe aufrunden (nach oben runden); die **Aufrundung**

aufs: (auf das); aufs Beste; auch: aufs beste – aufs Neue (wieder, erneut)

auf·säs·sig: (trotzig, widerspenstig); die **Aufsässigkeit**

Auf·satz, der: -es, Aufsätze; die **Aufsatzkorrektur;** das **Aufsatzthema; aufsetzen**

auf·schie·ben: ein Tor aufschieben (öffnen) – eine wichtige Arbeit aufschieben (verschieben) – *aufgeschoben ist nicht aufgehoben*; die **Aufschiebung;** der **Aufschub,** die Aufschübe

auf·schla·gen: hart am Boden aufschlagen – eine Nuss aufschlagen – der Kaufmann hat aufgeschlagen (den Preis erhöht) – im Tennis aufschlagen – eine Seite aufschlagen (aufblättern) – ein Zelt aufschlagen (aufrichten); der **Aufschlag,** die Aufschläge; der **Aufschläger;** die **Aufschlägerin**

auf·schlie·ßen: die Tür aufschließen – in der

Reihe aufschließen (aufrücken); der **Aufschluss,** die Aufschlüsse: Aufschluss (Auskunft) geben – Aufschluss erhalten; **aufschlüsseln** (nach einem System einteilen); die **Aufschlüss(e)lung; aufschlussreich**

auf·schnei·den: den Verband aufschneiden – mächtig aufschneiden (prahlen); der **Aufschneider;** die **Aufschneiderei; aufschneiderisch;** der **Aufschnitt**

auf·schrei·ben: sich etwas aufschreiben (notieren); die **Aufschrift**

auf·schrei·en: vor Schmerz aufschreien; der **Aufschrei**

auf·schüt·ten: Erde aufschütten; die **Aufschüttung**

Auf·schwung, der: -(e)s, Aufschwünge; die Wirtschaft erlebte einen Aufschwung (Aufstieg); sich **aufschwingen**

Auf·se·hen, das: -s (Beachtung); öffentliches Aufsehen erregen – etwas Aufsehen Erregendes; auch: etwas Aufsehenerregendes; **aufsehen:** zu jemandem aufsehen (ihn bewundern); **aufsehenerregend:** ein aufsehenerregendes Ereignis; auch: Aufsehen erregend; aber nur: großes Aufsehen erregend – äußerst aufsehenerregend – aufsehenerregender; der **Aufseher;** die **Aufseherin,** die Aufseherinnen; die **Aufsicht; aufsichtführend:** aufsichtführende Lehrer; auch: Aufsicht führend; der/die **Aufsichtführende;** auch: der/die Aufsicht Führende; das **Aufsichtspersonal;** die **Aufsichtspflicht;** der **Aufsichtsrat;** die **Aufsichtsratssitzung**

auf·sei·ten: aufseiten der Feinde kämpfen; auch: **auf Seiten**

auf·ste·hen: vom Boden aufstehen – gegen jemanden aufstehen (sich erheben) – *wer früh aufsteht, kann viel erfahren*; der **Aufstand,** die Aufstände: ein Aufstand (eine Erhebung) droht; **aufständisch;** der/die **Aufständische**

auf·stei·gen: Rauch steigt auf – auf das Rad aufsteigen – zum Vorgesetzten aufsteigen (befördert werden) – die Mannschaft steigt auf; der **Aufsteiger;** die **Aufsteigerin,** die Aufsteigerinnen; der **Aufstieg;** die **Aufstiegsmöglichkeit;** das **Aufstiegsspiel**

auf·stel·len: ein Zelt aufstellen – einen Kandidaten aufstellen (vorschlagen) – eine Behauptung aufstellen; die **Aufstellung**

auf·ta·keln: ein Schiff auftakeln (Segel setzen) – sich auftakeln (herausputzen); **aufgetakelt** (auffallend und geschmacklos gekleidet und frisiert); die **Auftak(e)lung**

Auf·takt, der: -(e)s, -e (Beginn, Eröffnung)

auf·tra·gen: das Essen auftragen (auf den Tisch bringen) – Farbe auftragen (aufstreichen) – das Kleid trägt auf (macht dick) – dick auftragen (übertreiben, angeben) – jemandem etwas auftragen (jemanden mit etwas beauftragen) – die Kleidung auftragen (abnutzen) – jemandem Grüße auftragen; der **Auftrag,** die Aufträge; der **Auftraggeber;** die **Auftraggeberin,** die ... geberinnen; **auftragsgemäß**

auf·tre·ten: mit dem Fuß auftreten – energisch auftreten – Schwierigkeiten treten auf – im Zirkus auftreten – gegen jemanden auftreten; das **Auftreten;** der **Auftritt;** das **Auftrittsverbot**

Auf·wand, der: -(e)s, Aufwände; der Aufwand an Geld – Aufwand mit etwas treiben (viel Geld für etwas ausgeben); **aufwändig:** aufwändig (kostspielig) leben; auch: **aufwendig;** die **Aufwandsentschädigung;** → aufwenden

auf·war·ten: den Gästen aufwarten (die Gäste bewirten); die **Aufwartefrau;** die **Aufwartung:** jemandem seine Aufwartung machen (einen Höflichkeitsbesuch abstatten)

auf·wärts: auf- und abwärts – hier führt der Weg aufwärts – von hundert Euro aufwärts; die **Aufwärtsentwicklung; aufwärtsfahren; aufwärtsfliegen; aufwärtsgehen:** wir wollen den Berg aufwärtsgehen (hinaufgehen) – mit seiner Gesundheit wird es aufwärtsgehen (besser werden); aber: wir wollen den Berg aufwärts gehen, aber abwärts fahren; der **Aufwärtshaken** (Faustschlag); **aufwärtsstreben;** der **Aufwärtstrend**

Auf·wasch, der: -(e)s; *etwas in einem Aufwasch* (alles zusammen, gleichzeitig) *erledigen*; **aufwaschen**

auf·wen·den: viel Mühe aufwenden (aufbieten); **aufwendig:** aufwendig (kostspielig) leben; auch: **aufwändig;** die **Aufwendungen** *Pl.* (Kosten); → Aufwand

auf·wer·ten: die Währung wird aufgewertet (im Wert erhöht); die **Aufwertung**

auf·wie·geln: die Arbeiter aufwiegeln (aufhetzen); die **Aufwieg(e)lung;** der **Aufwiegler;** die **Aufwieglerin; aufwieglerisch**

auf·zäh·len: er zählt seine Freunde auf; die **Aufzählung**

auf·zeich·nen: seine Gedanken aufzeichnen (schriftlich festhalten); die **Aufzeichnung**

auf·zie·hen: eine Fahne aufziehen – den Vorhang aufziehen (öffnen) – eine Uhr aufziehen – jemanden aufziehen (hänseln) – das Gewitter zieht auf (nähert sich) – ein Kind aufziehen – ein großes Fest aufziehen (veranstalten); die **Aufzucht; aufzüchten;** der **Aufzug,** die Aufzüge; der **Aufzugführer;** der **Aufzug(s)schacht,** die ...schächte

Au·ge, das: -s, -n; *ein Auge zudrücken* (etwas nachsichtig beurteilen) – *mit einem blauen Auge davonkommen* (nur geringfügigen Schaden nehmen) – *ein Auge riskieren* (heimlich schauen) – *ein Auge auf jemanden werfen* (an jemandem Gefallen finden) – *wie die Faust aufs Auge passen* (nicht zueinander passen; aber auch: genau passen); der **Augapfel; äugen;** der **Augenarzt;** die **Augenärztin,** die ...ärztinnen; der **Augenblick; augenblicklich; augenblicks** (sogleich, sofort); die **Augenbraue; augenfällig;** das **Augenlicht;** das **Augenlid;** das **Augenmaß;** das **Augenmerk;** der **Augenschein:** etwas in Augenschein nehmen (prüfen); **augenscheinlich** (offenbar, offensichtlich); die **Augenweide** (etwas, das schön aussieht); der **Augenzeuge;** die **Augenzeugin; ...äugig:** blauäugig; das **Äuglein**

Au·gust ⟨Aug.⟩ *lat.,* der: -/-(e)s, -e (Monatsname)

Auk·ti·on *lat.,* die: -, -en (Versteigerung); der **Auktionator;** die **Auktionatorin**

Au·la *lat.,* die: -, -s/Aulen (Festsaal, Versammlungssaal in Schulen)

Au·ra *lat.,* die: -, Auren (Ausstrahlung)

aus: aus dem Hause gehen – aus Sachsen stammen – ein Kleid aus Seide – aus Kummer trinken – weder aus noch ein wissen – von mir aus (meinetwegen) – er geht bei uns aus und ein (ist oft bei uns) – das Fest ist aus – aus sein – auf etwas aus (erpicht) sein – von München aus; das **Aus:** der Ball liegt im Aus (Raum außerhalb des Spielfeldes)

aus·ar·bei·ten: einen Vertrag ausarbeiten; die **Ausarbeitung**

aus·bal·do·wern: (herausbekommen, mit List erkunden, auskundschaften)

aus·bau·en: den Motor ausbauen (herausnehmen) – ein Geschäft ausbauen (vergrößern); der **Ausbau,** die Ausbauten; **ausbaufähig;** die **Ausbauwohnung**

aus·be·din·gen: er hat sich etwas ausbedungen (zur Bedingung gemacht)

aus·bes·sern: den Schaden ausbessern (reparieren); die **Ausbesserung;** die **Ausbesserungsarbeit; ausbesserungsbedürftig**

aus·beu·ten: (ausnutzen); die **Ausbeute;** der **Ausbeuter;** die **Ausbeuterei;** die **Ausbeuterin,** die Ausbeuterinnen; die **Ausbeutung**

aus·bil·den: einen Lehrling ausbilden; der **Ausbilder;** die **Ausbilderin,** die Ausbilderinnen; die **Ausbildung;** der **Ausbildungsplatz;** die **Ausbildungsstätte;** der **Ausbildungsvertrag;** der/die **Auszubildende** ⟨**Azubi**⟩

aus·boo·ten: einen Konkurrenten ausbooten (verdrängen)

aus·bre·chen: aus dem Gefängnis ausbrechen (fliehen) – Panik bricht aus (entsteht) – der Schweiß bricht aus – in Lachen ausbrechen – der Vulkan ist ausgebrochen; der **Ausbrecher;** der **Ausbruch,** die Ausbrüche; der **Ausbruchsversuch**

aus·brei·ten: die Zeitung ausbreiten (entfalten) – eine Krankheit hat sich ausgebreitet – eine Ebene breitete sich vor uns aus (lag vor uns); die **Ausbreitung**

Aus·bund, der: -(e)s (Muster); er ist ein Ausbund an Fleiß (überaus fleißig)

aus·bür·gern: jemanden ausbürgern (jemandem die Staatsangehörigkeit entziehen); die **Ausbürgerung**

Aus·dau·er, die: -; mit Ausdauer (zäher Geduld) arbeiten; **ausdauern; ausdauernd:** ausdauernd (beharrlich, geduldig) arbeiten; das **Ausdauertraining**

aus·deh·nen: Eisen dehnt (weitet) sich beim Erhitzen aus – die Feier dehnte sich bis zum Morgen aus; **ausdehnbar;** die **Ausdehnung**

Aus·druck, der: -(e)s, Ausdrücke; ein treffender Ausdruck (Begriff) – der Ausdruck im Gesicht – etwas zum Ausdruck bringen; aber: die Ausdrucke (beim Computer); **ausdrucken:** einen Text ausdrucken; **ausdrücken; ausdrücklich; ausdruckslos;** das **Ausdrucksmittel; ausdrucksstark; ausdrucksvoll;** die **Ausdrucksweise**

aus·ei·nan·der (aus·ein·an·der): weit auseinander wohnen – sie war ganz auseinan-

A B C D E F

der (verstört); **auseinanderbrechen; auseinanderbringen; auseinanderfallen; auseinandergehen; auseinanderklamüsern** (etwas entwirren, ordnen); **auseinanderlaufen;** sich **auseinanderleben; auseinandernehmen; auseinandersetzen:** jemandem seine Pläne auseinandersetzen (erklären) – sich mit Problemen auseinandersetzen (gedanklich beschäftigen); die **Auseinandersetzung**

aus·er·ko·ren: (auserwählt); für etwas Besonderes auserkoren sein

aus·fah·ren: mit dem Boot ausfahren – die Post ausfahren (liefern) – das Fahrgestell ausfahren – eine Kurve ausfahren (am äußeren Rand fahren) – ein ausgefahrener (beschädigter) Weg; **ausfahrbar;** der **Ausfahrer;** die **Ausfahrt;** das **Ausfahrtsschild**

aus·fal·len: die Haare fallen aus – der Arbeiter fällt aus (fehlt, bleibt weg) – eine Feier ausfallen lassen – das Zeugnis ist gut ausgefallen; der **Ausfall,** die Ausfälle; **ausfallend:** eine ausfallende (grobe, unangebrachte) Bemerkung machen – ausfallend werden; **ausfällig** (verletzend); die **Ausfall(s)erscheinung;** die **Ausfallstraße**

aus·fer·ti·gen: ein Schriftstück ausfertigen; die **Ausfertigung**

aus·fin·dig: ein Lokal ausfindig machen (auskundschaften); das **Ausfindigmachen**

aus·flip·pen: (die Beherrschung verlieren, sich durch Rauschgift süchtig machen)

Aus·flucht, die: -, Ausflüchte; Ausflüchte (Vorwände, Ausreden) erfinden

Aus·flug, der: -(e)s, Ausflüge; der Ausflug ins Grüne; der **Ausflügler;** die **Ausflüglerin,** die Ausflüglerinnen; der **Ausflugsort;** das **Ausflugsschiff;** der **Ausflugsverkehr;** das **Ausflugsziel**

Aus·fluss, der: -es, Ausflüsse; der Ausfluss eines Sees – ein eitriger Ausfluss

Aus·fuhr, die: -, -en (Warenverkauf ins Ausland); **ausführbar;** die **Ausführbarkeit; ausführen:** Waren ausführen – einen Hund ausführen – seine Gedanken ausführen (darstellen) – Reparaturen ausführen (erledigen); das **Ausfuhrland,** die ... länder; die **Ausführung;** die **Ausführungsbestimmung;** das **Ausfuhrverbot**

aus·führ·lich: (eingehend, breit, langatmig); die **Ausführlichkeit**

Aus·ga·be, die: -, -n; die Ausgabe des Essens – die Ausgabe ⟨Ausg.⟩ (der Druck) eines Buches – große Ausgaben (Zahlungen) haben; der **Ausgabetermin; ausgeben:** Geld ausgeben; aber: *Ausgeben ist leicht, Einnehmen ist schwer*

Aus·gang, der: -(e)s, Ausgänge; der Ausgang ins Freie – der Ausgang (das Ergebnis) der Wahl – keinen Ausgang (keine Erlaubnis zum Ausgehen) bekommen; **ausgangs:** ausgangs (am Ende) der Achtzigerjahre; die **Ausgangsbasis;** die **Ausgangslage;** der **Ausgangspunkt;** die **Ausgangssperre;** die **Ausgangsstellung; ausgehen:** aus- und eingehen; das **Ausgehverbot**

Aus·ge·burt, die: -, -en (Erzeugnis, etwas Hervorgebrachtes); eine Ausgeburt von Faulheit (besonders faul)

aus·ge·fal·len: ausgefallene (merkwürdige, ungewöhnliche) Ansichten haben; aber: etwas Ausgefallenes

aus·ge·kocht: ein ausgekochter (durchtriebener, alle Tricks kennender) Bursche

aus·ge·las·sen: ein ausgelassenes (übermütiges, lebhaftes) Kind; die **Ausgelassenheit**

aus·ge·macht: eine ausgemachte (vereinbarte) Sache – eine ausgemachte (sehr große) Frechheit

aus·ge·nom·men: (außer, bis auf); Anwesende ausgenommen – davon ausgenommen

aus·ge·picht: ausgepicht (gerissen) sein

aus·ge·prägt: ein ausgeprägtes (sehr gutes) Gedächtnis – ausgeprägte Gesichtszüge; die **Ausgeprägtheit**

aus·ge·rech·net: ausgerechnet (gerade) ich habe immer Pech! – musst du ausgerechnet jetzt kommen?

aus·ge·schlos·sen: etwas für ausgeschlossen (nicht möglich) halten – ausgeschlossen (das kommt nicht in Frage)!; → ausschließen

aus·ge·zeich·net: ausgezeichnete (hervorragende) Leistungen; **auszeichnen;** die **Auszeichnung**

aus·gie·big: ein ausgiebiges (reichliches) Essen; die **Ausgiebigkeit**

aus·gie·ßen: Wasser ausgießen – er goss aus; die **Ausgießung;** der **Ausguss,** die Ausgüsse; das **Ausgussbecken**

Aus·gleich, der: -(e)s, -e; einen Ausgleich (eine Einigung) suchen – im Spiel einen

A B C D E F

Ausgleich (Gleichstand an Toren) erzielen – einen Ausgleich (eine Entschädigung) bekommen; **ausgeglichen:** ein ausgeglichenes Wesen; **ausgleichen;** der **Ausgleichssport;** der **Ausgleichstreffer;** die **Ausgleichung**

aus·gra·ben: einen Stein ausgraben; die **Ausgrabung;** die **Ausgrabungsstätte**

aus·hal·ten: Schmerzen aushalten (ertragen); aber: es ist nicht zum Aushalten – jemanden aushalten (ihn ernähren, seinen Unterhalt bestreiten)

aus·hän·di·gen: eine Urkunde aushändigen (übergeben); die **Aushändigung**

Aus·hang, der: -(e)s, Aushänge; der Aushang (öffentliche Bekanntmachung) am schwarzen/Schwarzen Brett; **aushängen:** Waren im Schaufenster aushängen – eine Türe aushängen – der Anzug hängt sich aus (glättet sich wieder); das **Aushängeschild**

aus·he·ben: einen Graben ausheben – ein Diebesnest ausheben; die **Aushebung;** der **Aushub** (ausgehobenes Erdreich o. Ä.)

Aus·hil·fe, die: -, -n (Vertretung, Ersatz); **aushelfen;** der **Aushelfer;** die **Aushelferin,** die Aushelferinnen; die **Aushilfskraft; aushilfsweise**

aus·ixen: (ausstreichen, ungültig machen)

Aus·klang, der: -(e)s, Ausklänge; der Ausklang (Abschluss) der Feier; **ausklingen**

aus·klü·geln: ein gut ausgeklügelter Plan; die **Ausklüg(e)lung**

aus·kom·men: gut mit seinem Nachbarn auskommen (sich gut vertragen) – mit seinem Gehalt auskommen – sich nichts auskommen (entgehen) lassen; das **Auskommen:** ein gutes Auskommen haben; **auskömmlich:** eine auskömmliche (ausreichende) Rente haben

Aus·kunft, die: -, Auskünfte (Antwort, Information); die **Auskunftei** (Auskunftsbüro); der **Auskunftsbeamte;** die **Auskunftsstelle**

Aus·la·ge, die: -, -n, die Auslagen (Kosten) für Essen und Trinken – die Auslagen (die ausgestellten Waren im Schaufenster) eines Geschäftes; **auslegen:** in der Wohnung einen Teppich auslegen – Geld auslegen (für jemanden bezahlen) – Worte falsch auslegen (deuten); die **Auslegung** (Deutung)

Aus·land, das: -(e)s; ins Ausland reisen; der **Ausländer; ausländerfeindlich;** die **Ausländerfeindlichkeit; ausländerfreundlich;** die **Ausländerfreundlichkeit;** die **Ausländerin,** die Ausländerinnen; **ausländisch;** der **Auslandsaufenthalt;** die **Auslandsbeziehungen** *Pl.*; die **Auslandsdeutschen** *Pl.*; das **Auslandsgespräch;** der **Auslandskorrespondent;** die **Auslandskorrespondentin,** die ...korrespondentinnen; die **Auslandsreise**

aus·las·sen: einen Buchstaben auslassen – seinen Zorn an jemandem auslassen – Butter auslassen (zerlassen) – den Saum eines Kleides auslassen (herunterlassen); **ausgelassen:** ein ausgelassener (übermütiger) Junge; der **Auslass,** die Auslässe; die **Auslassung;** die **Auslassungspunkte** *Pl.*; das **Auslassungszeichen**

aus·lau·fen: das Wasser läuft aus – Schiffe laufen aus (verlassen den Hafen) – der Vertrag läuft aus (hört auf zu gelten) – die Farben sind beim Waschen ausgelaufen (ausgegangen); der **Auslauf,** die Ausläufe; der **Ausläufer:** die Ausläufer eines Hochdruckgebietes – die Ausläufer eines Gebirges; das **Auslaufmodell**

aus·lei·hen: sich Geld ausleihen; die **Ausleihe** (von Büchern); die **Ausleihung**

Aus·le·se, die: -, -n (Auswahl der Besten); **auserlesen** (von besonderer Güte); **auslesen:** einen Roman auslesen (zu Ende lesen) – faules Obst auslesen (aussortieren); der **Ausleseprozess**

aus·lie·fern: Brot ausliefern – einen Dieb der Polizei ausliefern (überlassen) – dem Unwetter völlig ausgeliefert (überlassen) sein; die **Auslieferung;** der **Auslieferungsvertrag**

aus·log·gen, sich: sich aus dem Netz ausloggen (die Verbindung damit abbrechen)

aus·lo·sen: (durch das Los bestimmen); die **Auslosung**

aus·lö·sen: jemanden auslösen (loskaufen) – Beifall auslösen (hervorrufen) – einen Mechanismus auslösen (in Gang setzen); **auslösbar;** der **Auslöser;** die **Auslösung**

Aus·maß, das: -es, -e; ein großes Ausmaß (einen großen Umfang) annehmen; **ausmessen**

aus·mer·zen: einen Fehler ausmerzen (beseitigen) – Ungeziefer ausmerzen (ausrotten, vertilgen); die **Ausmerzung**

Aus·nah·me, die: -, -n; eine Ausnahme machen – mit Ausnahme von dir und mir – *Ausnahmen bestätigen die Regel*; die **Ausnahmeerscheinung;** der **Ausnahmefall;** die

A B C D E F

Ausnahmegenehmigung; der **Ausnahmezustand; ausnahmslos; ausnahmsweise; ausnehmen; ausnehmend:** ausnehmend (überaus) nett

aus·nut·zen: eine Gelegenheit ausnutzen – die Gutmütigkeit von jemandem ausnutzen (rücksichtslos gebrauchen); die **Ausnutzung**

Aus·puff, der: -(e)s, -e (Vorrichtung zum Ablassen von Gasen); die **Auspuffflamme;** auch; die **Auspuff-Flamme;** die **Auspuffgase** *Pl.*; das **Auspuffrohr**

aus·ran·gie·ren *[...rangschieren]*: (aussortieren und wegwerfen)

aus·ras·ten: er hat sich ausgerastet (ausgeruht) – jemand rastet aus (verliert die Nerven)

Aus·re·de, die: -, -n; eine Ausrede erfinden; **ausreden:** jemanden ausreden (zu Ende reden) lassen – er wollte ihm den Plan ausreden (ihn von dem Plan abbringen)

aus·rei·chen: das Geld reicht nicht aus (genügt nicht); **ausreichend:** ausreichende Kenntnisse haben – mit „ausreichend" bestehen; aber: ein Ausreichend bekommen

Aus·rei·se, die: -, -n (Grenzübertritt); die **Ausreisegenehmigung; ausreisen;** das **Ausreisevisum,** die ... visen; **ausreisewillig**

aus·rei·ßen: Unkraut ausreißen – von zu Hause ausreißen (fortlaufen); der **Ausreißer;** die **Ausreißerin;** der **Ausreißversuch**

aus·rich·ten: Grüße ausrichten (mitteilen) – ein Fest ausrichten (veranstalten) – nichts ausrichten (erreichen) können; der **Ausrichter;** die **Ausrichterin,** die Ausrichterinnen; die **Ausrichtung**

aus·rot·ten: eine Pflanzenart ausrotten (vernichten); die **Ausrottung**

Aus·ruf, der: -(e)s, -e (Ruf, Schrei); **ausrufen;** der **Ausrufer;** der **Ausrufesatz;** das **Ausrufezeichen;** die **Ausrufung**

aus·rüs·ten: gut ausgerüstet (ausgestattet) sein; der **Ausrüster;** die **Ausrüsterin;** die **Ausrüstung;** der **Ausrüstungsgegenstand**

aus·rut·schen: auf dem Eis ausrutschen (ausgleiten); der **Ausrutscher:** seine Bemerkung war ein peinlicher Ausrutscher

Aus·saat, die: -, -en (Saat, das Säen); **aussäen**

aus·sa·gen: vor Gericht aussagen; die **Aussage; aussagekräftig;** der **Aussagesatz,** die ... sätze; die **Aussageweise;** der **Aussagewert**

Aus·satz, der: -es (eine Hautkrankheit); **aussätzig;** der/die **Aussätzige**

aus·schau·en: er schaut lustig aus – nach einer passenden Gelegenheit ausschauen; die **Ausschau:** Ausschau halten

aus·schei·den: einen Duftstoff ausscheiden (aussondern) – aus einem Wettkampf ausscheiden – diese Möglichkeit scheidet aus (entfällt); die **Ausscheidung;** der **Ausscheidungskampf;** das **Ausscheidungsspiel**

aus·schen·ken: Bier/Wein ausschenken; der **Ausschank** (Getränkeverkauf, einfache Gastwirtschaft)

aus·schla·gen: das Pferd schlägt aus – jemandem einen Zahn ausschlagen – die Bäume schlagen aus (treiben Knospen) – ein Angebot ausschlagen (ablehnen) – der Zeiger schlägt aus – den Schrank mit Papier ausschlagen (auslegen); der **Ausschlag,** die Ausschläge: der Ausschlag des Pendels – den Ausschlag (krankhafte Veränderung der Haut) behandeln – den Ausschlag geben (entscheidend sein); **ausschlaggebend;** aber: das **Ausschlaggebende**

aus·schlie·ßen: jemanden aus der Mannschaft ausschließen (entfernen) – diese Möglichkeit können wir nicht ausschließen (ausklammern); **ausschließlich;** die **Ausschließlichkeit;** der **Ausschluss,** die Ausschlüsse; → ausgeschlossen

Aus·schnitt, der: -(e)s, -e; ein Ausschnitt aus einem Film – der Ausschnitt eines Kleides; **ausschneiden; ausschnittweise**

aus·schrei·ben: seinen Vornamen ausschreiben – eine Rechnung ausschreiben (ausstellen) – eine freie Stelle (zur Bewerbung) ausschreiben; die **Ausschreibung**

Aus·schrei·tung, die: -, -en; gegen Ausschreitungen (Gewalttätigkeiten) vorgehen

Aus·schuss, der: -es, Ausschüsse; der Ausschuss (eine gewählte Gruppe von Personen) tagt – Ausschuss (fehlerhafte Ware) herstellen; das **Ausschussmitglied;** die **Ausschusssitzung;** auch: die **Ausschuss-Sitzung;** die **Ausschussware**

aus·schüt·ten: einen Sack ausschütten – jemandem sein Herz ausschütten – den Gewinn ausschütten (verteilen) – *man soll das Kind nicht mit dem Bade ausschütten* (nicht mit etwas Schlechtem auch das Gute beseitigen); die **Ausschüttung**

aus·schwei·fend: eine ausschweifende (das normale Maß überschreitende) Fantasie –

eine ausschweifende (weit ausholende) Bemerkung; **ausschweifen;** die **Ausschweifung**

Aus·se·hen, das: -s; das Aussehen (Äußere, Erscheinungsbild) eines Menschen – dem Aussehen nach; **aussehen**

au·ßen: innen und außen – nach außen hin – außen vor (unberücksichtigt) lassen; die **Außenarbeiten** *Pl.*; der **Außenbezirk;** der **Außendienst; außengelegen;** auch: außen gelegen; der **Außenhandel; außenliegend:** eine außenliegende Kabine; auch: außen liegend; der **Außenminister;** die **Außenministerin,** die ...ministerinnen; die **Außenpolitik;** die **Außenseite;** der **Außenseiter;** die **Außenseiterin;** die **Außenstände** *Pl.* (ausgeliehenes, noch nicht zurückgezahltes Geld); der/die **Außenstehende;** auch: der/die außen Stehende; der **Außenstürmer;** die **Außenstürmerin,** die ...stürmerinnen; die **Außentemperatur;** die **Außenwand,** die ...wände (die äußere Wand); die **Außenwelt;** die **Außenwirtschaft;** das **Äußere:** auf sein Äußeres achten; aber: der äußere Eindruck; **äußerlich;** die **Äußerlichkeit**

au·ßer: niemand außer mir – außer Rand und Band sein – außer Haus(e) sein – außer Dienst ⟨a. D.⟩ – außer Atem sein – außer dass – außer wenn – außer Betrieb – außer Gefahr – außer der Reihe – außer sich (in große Erregung) geraten – außer Zweifel stehen – ich bin außer mir (sehr zornig, empört) – etwas außer Acht lassen – er geht außer Landes – außer sich vor Freude sein (sich unbändig freuen); **außerberuflich, außerdem; außerehelich; außergewöhnlich; außerhalb; außerirdisch;** der/die **Außerirdische; außerordentlich; außerorts; außerplanmäßig; außerstand(e):** außerstande (unfähig) sein zu helfen; auch: **außer Stand(e)**

äu·ßern: seine Meinung frei äußern; die **Äußerung**

äu·ßerst: äußerst zornig sein – er lebt äußerst einfach – auf das/aufs äußerste (sehr, äußerst) erschrocken sein; auch: auf das/aufs Äußerste; aber: auf das/aufs Äußerste ankommen lassen – auf das/aufs Äußerste gefasst sein – das Äußerste (das Schlimmste) befürchten – bis zum Äußersten gehen; **äußerstenfalls**

aus·set·zen: eine Verhandlung aussetzen (aufschieben) – eine Belohnung aussetzen (in Aussicht stellen) – sich einer Gefahr aussetzen (sich in Gefahr begeben) – ein Tier aussetzen (hilflos im Freien zurücklassen); der **Aussetzer;** die **Aussetzung**

Aus·sicht, die: -, -en; eine gute Aussicht auf die Berge haben – etwas in Aussicht stellen (versprechen) – etwas in Aussicht haben (damit rechnen); **aussichtslos;** die **Aussichtslosigkeit;** der **Aussichtspunkt; aussichtsreich;** der **Aussichtsturm,** die ...türme; **aussichtsvoll**

Aus·sied·ler, der: -s, - (jemand, der ein Land für immer verlässt); **aussiedeln;** die **Aussied(e)lung;** der **Aussiedlerhof,** die ...höfe; die **Aussiedlerin,** die Aussiedlerinnen

aus·söh·nen: sich mit seinem Feind aussöhnen; die **Aussöhnung**

aus·son·dern: schlechte Ware aussondern; die **Aussonderung**

aus·sper·ren: jemanden aussperren (die Tür vor ihm zuschließen); die **Aussperrung:** die Aussperrung der streikenden Arbeiter (Ausschluss vom Arbeitsplatz)

Aus·spra·che, die: -, -n; die Aussprache eines Wortes – eine offene Aussprache (Unterredung); **aussprechbar; aussprechen;** der **Ausspruch,** die Aussprüche

aus·staf·fie·ren: wie eine Prinzessin ausstaffieren (ausstatten, herausputzen); die **Ausstaffierung**

Aus·stand, der: -(e)s; in den Ausstand (Streik) treten; **ausständig** (ausstehend)

aus·stat·ten: einen Raum mit Möbeln ausstatten (einrichten); die **Ausstattung;** das **Ausstattungsstück**

aus·ste·hen: die Zahlung steht noch aus (ist noch offen, nicht eingetroffen) – jemanden nicht ausstehen (leiden) können – die Gefahr ist noch nicht ausgestanden (vorbei)

aus·stei·gen: aus dem Auto steigen – aus einem Geschäft aussteigen (ausscheiden); der **Aussteiger:** zum Aussteiger werden (der Gesellschaft den Rücken kehren); die **Aussteigerin,** die ...steigerinnen; der **Ausstieg**

aus·stel·len: eine Quittung ausstellen (ausfertigen) – Waren im Schaufenster ausstellen (zur Ansicht); der **Aussteller;** die **Ausstellerin;** die **Ausstellung;** das **Ausstellungsgelände;** das **Ausstellungsstück**

Aus·steu·er, die: - (Heiratsgut, Brautausstattung); **aussteuern;** die **Aussteuerung**

Aus·stoß, der: -es, Ausstöße; der Ausstoß (die Produktion) an Waren; **ausstoßen;** die **Ausstoßung**

Aus·strah·lung, die: -, -en; die Ausstrahlung (Übertragung) des Tennisspiels im Fernsehen – auf andere eine besondere Ausstrahlung (Wirkung) haben; **ausstrahlen**

aus·stre·cken: die Füße ausstrecken

aus·tau·schen: einen Spieler austauschen (ersetzen) – Gedanken austauschen (mitteilen); der **Austausch; austauschbar;** die **Austauschbarkeit;** der **Austauschmotor;** der **Austauschschüler;** die **Austauschschülerin,** die ... schülerinnen; **austauschweise**

Aus·ter *niederl.,* die: -, -n (Meeresmuschel)

aus·tra·gen: einen Wettkampf austragen (veranstalten) – Zeitungen austragen (verteilen) – ein Kind austragen (bis zur Geburt im Leib tragen); der **Austräger;** die **Austrägerin;** die **Austragung;** der **Austragungsort**

Aus·tra·li·en (Aust·ra·li·en): -s (Erdteil); der **Australier;** die **Australierin,** die Australierinnen; **australisch**

aus·tre·ten: eine Zigarette austreten – aus einem Verein austreten (ausscheiden) – austreten gehen (die Toilette aufsuchen) – Gas tritt (strömt) aus – ausgetretene (abgenutzte) Schuhe; der **Austritt;** die **Austrittserklärung**

aus·üben: er übt keinen Beruf aus – Druck auf jemanden ausüben; die **Ausübung**

aus·wäh·len: ein Geschenk auswählen (aussuchen); die **Auswahl;** die **Auswahlwette**

Aus·wan·de·rer; der: -s, - (jemand, der sein Heimatland für immer verlässt); die **Auswanderin; auswandern;** die **Auswanderung;** die **Auswanderungswelle**

aus·wär·tig: ein auswärtiger Kunde; aber: das Auswärtige Amt ⟨AA⟩; der/die **Auswärtige; auswärts:** auswärts (außerhalb des Wohnortes) arbeiten – zu Mittag auswärts essen – ein Besuch von auswärts – von auswärts (nicht vom Ort) sein; das **Auswärtsspiel**

Aus·weg, der: -(e)s, -e; nach einem Ausweg (einer Lösung) suchen; **ausweglos;** die **Ausweglosigkeit**

aus·wei·den: ein Tier ausweiden (die Eingeweide herausnehmen)

Aus·weis, der: -es, -e; seinen Ausweis vorzeigen; **ausweisen:** jemanden ausweisen (des Landes verweisen); die **Ausweispapiere** *Pl.;* die **Ausweisung**

aus·wen·dig: ein Gedicht auswendig (aus dem Gedächtnis) aufsagen – etwas auswendig lernen; aber: das **Auswendiglernen**

aus·wir·ken, sich: (Folgen haben); die **Auswirkung**

aus·zah·len: den Lohn auszahlen – es zahlt sich nicht aus (lohnt sich nicht); die **Auszahlung**

aus·zäh·len: etwas auszählen (durch Zählen genau feststellen); die **Auszählung**

aus·zeh·ren: die Krankheit hat ihn ausgezehrt (der Kräfte beraubt); die **Auszehrung**

aus·zeich·nen: Waren auszeichnen (mit Preisangabe versehen) – sich durch Fleiß auszeichnen (hervortun) – jemanden wegen seiner Tapferkeit auszeichnen; **ausgezeichnet;** die **Auszeichnung**

aus·zie·hen: die Kleider ausziehen – aus der Wohnung ausziehen – die Antenne ausziehen – *einen Nackten kann man nicht ausziehen*; **ausziehbar;** der **Ausziehtisch;** der **Auszug; auszugsweise**

Aus·zu·bil·den·de, der/die: -n, -n (früher: Lehrling); → Azubi

au·tark (aut·ark) *griech.:* (unabhängig); die **Autarkie**

au·then·tisch *griech.:* eine authentische (zuverlässige, glaubwürdige) Auskunft; die **Authentizität** (Echtheit, Rechtsgültigkeit)

Au·to *griech.,* das: -s, -s; Auto fahren; aber: er verträgt das Autofahren nicht; der **Autoatlas;** die **Autobahn** ⟨A⟩; der **Autobus,** die ... busse; das **Autocross;** auch: das **Auto-Cross;** der **Autofahrer;** die **Autofahrerin;** das **Autokino;** das **Automobil;** das **Autoradio;** die **Autowerkstatt,** die ... werkstätten

Au·to·bio·gra·fie *griech.,* die: -, Autobiografien (Beschreibung des eigenen Lebens); auch: die **Autobiographie; autobiografisch;** auch: **autobiographisch**

Au·to·di·dakt *griech.,* der: -en, -en (jemand, der im Selbstunterricht Wissen erworben hat); die **Autodidaktin,** die ... didaktinnen; **autodidaktisch**

au·to·gen *griech.:* autogenes Training (Übungen zur Selbstentspannung)

Au·to·gramm *griech.,* das: -s, -e (eigenhändige Unterschrift); der **Autogrammjäger;** die **Autogrammjägerin,** die ... jägerinnen

Au·to·mat *griech.,* der: -en, -en (selbsttätiger

Apparat); die **Automatik;** die **Automation** (vollautomatischer Produktionsablauf); **automatisch; automatisieren;** die **Automatisierung;** der **Automatismus**

au·to·nom *griech.*: (unabhängig, selbstständig); ein autonomes Land; die **Autonomie**

Au·tor *lat.*, der: -s, Autoren (Verfasser); die **Autorin,** die Autorinnen; die **Autorschaft**

Au·to·ri·tät *lat.*, die: -, -en; Autorität (Ansehen) haben – eine Autorität (ein anerkannter Fachmann) sein; **autorisieren** (bevollmächtigen); **autorisiert** (berechtigt); **autoritär:** autoritäre (unbedingten Gehorsam fordernde) Erziehung – ein autoritärer Staat; **autoritätsgläubig**

autsch!

au·weh! (Ausruf); **auwei!; auweia!**

Aver·si·on *lat. [awersion]*, die: -, -en (Abneigung, Widerwille)

Avo·ca·do *span. [awokado]*, die: -, -s (eine birnenförmige Frucht)

Axi·om *griech.*, das: -s, -e (gültige Wahrheit, grundlegender Lehrsatz)

Axt, die: -, Äxte; *sich wie die Axt im Walde* (rüpelhaft) *benehmen*; der **Axthieb**

a. Z. = auf Zeit

Az·te·ke, der: -n, -n (mexikanischer Indianer)

Azu·bi, der: -s, -s (der Auszubildende; früher: Lehrling); die **Azubi;** → Auszubildende

Azur *pers.*, der: -s (Himmelsbläue); **azurblau**

B

B = Bundesstraße, z. B. B 15

Ba·by *engl. [bebi]*, das: -s, -s (Säugling); der **Babyboom** *[bebibum]* (plötzlicher Anstieg der Geburtenziffer); die **Babynahrung; babysitten;** der **Babysitter** (jemand, der Kleinkinder beaufsichtigt); die **Babysitterin,** die ...sitterinnen; die **Babyzelle** (kleine Batterie)

Bach, der: -(e)s, Bäche (kleines fließendes Gewässer); das **Bachbett;** das **Bächlein**

Ba·che, die: -, -n (weibliches Wildschwein)

Back·bord, das: -(e)s, -e (linke Schiffsseite); **backbord(s);** die **Backbordseite**

Ba·cke, die: -, -n (Wange, Gesäßhälfte); auch: der **Backen;** der **Backenbart;** der **Backenknochen;** der **Backenstreich** (Ohrfeige); der **Backenzahn; ...backig (...bäckig):** rotbackig; die **Backpfeife** (Ohrfeige)

ba·cken: du backst/bäckst, er backte/buk, sie hat gebacken, back(e)!; *kleine Brötchen backen* (in seinen Ansprüchen zurückstecken, sich bescheiden); der **Bäcker;** die **Bäckerei;** die **Bäckerin,** die Bäckerinnen; die **Bäcker(s)frau;** das **Backhähnchen;** die **Backhefe;** das **Backhendl;** das **Backhuhn;** das **Backobst;** der **Backofen;** das **Backpulver;** die **Backröhre;** der **Backstein** (Ziegelstein); die **Backstube;** die **Backware;** das **Backwerk**

Back·ground *engl. [bäkgraunt]*, der: -s, -s (Hintergrund, geistige Herkunft)

Bad, das: -(e)s, Bäder; ein heißes Bad nehmen – in ein Bad (einen Badeort) reisen – ins Bad (Schwimmbad) gehen – *man soll das Kind nicht mit dem Bade ausschütten* (im Übereifer das Gute mit dem Schlechten beseitigen); die **Badeanstalt;** der **Badeanzug;** der **Badearzt;** die **Badeärztin,** die ...ärztinnen; die **Badekappe;** der **Bademantel;** die **Badematte;** der **Bademeister;** die **Bademütze; baden:** baden gehen – *baden gehen* (scheitern, keinen Erfolg haben); der **Bader** (Dorfbarbier); die **Badesachen** *Pl.;* der **Badestrand;** die **Badewanne;** das **Badezeug;** das **Badezimmer**

Ba·den-Würt·tem·berg: -s (Land der Bundesrepublik Deutschland); der **Baden-Württemberger;** die **Baden-Württembergerin; baden-württembergisch**

Bad·min·ton *engl. [bädminten]*, das: - (Federballspiel)

baff: baff (sprachlos, verblüfft) sein

Ba·ga·ge *franz. [bagasche]*, die: - (Gepäck, Gesindel)

Ba·ga·tel·le *franz.*, die: -, -n (unbedeutende Kleinigkeit); der **Bagatellfall,** die ...fälle; **bagatellisieren** (als geringfügig hinstellen); die **Bagatellsache;** der **Bagatellschaden**

Bag·ger, der: -s, - (Maschine zum Heben und Ausschütten von Erdreich); der **Baggerführer; baggern;** der **Baggersee**

Ba·guette *franz., [baget]*, das: -s, -s (Stangenweißbrot)

bah!: (Ausruf der Geringschätzung)

Bahn, die: -, -en; sich eine Bahn durch den Schnee schaufeln – Bahn fahren – *freie Bahn haben* (alle Schwierigkeiten beseitigt haben) – *aus der Bahn geworfen werden* (im Leben, im Beruf scheitern) – *auf die* *schiefe Bahn geraten* (kein ordentliches Leben mehr führen); **bahnbrechend:** eine bahnbrechende (umwälzende, völlig neue) Erfindung; aber: sich Bahn brechen – eine sich Bahn brechende Erfindung; der **Bahnbrecher** (Wegweiser, Vorkämpfer); der **Bahndamm,** die ...dämme; **bahnen:** sich einen Weg bahnen; die **Bahnfahrt;** der **Bahnhof** ⟨Bf., Bhf.⟩; **bahnlagernd;** die **Bahnlinie;** die **Bahnschranke;** die **Bahnstation;** der **Bahnsteig;** der **Bahnwärter**

Bah·re, die: -, -n (Tragegestell für Kranke und Tote); das **Bahrtuch,** die ...tücher

Bai *niederl.,* die: -, -en (Meeresbucht)

Ba·jo·nett *franz.,* das: -(e)s, -e (Seitengewehr)

Bak·te·rie *griech. [bakterje],* die: -, -n (Seuchenpilz); **bakteriell;** der **Bakteriologe;** die **Bakteriologin,** die Bakteriologinnen

Ba·lan·ce *franz. [balãse],* die: -, -n (Gleichgewicht, Schwebe); der **Balanceakt; balancieren** (das Gleichgewicht halten): auf dem Seil balancieren; die **Balancierstange**

bald: eher, am ehesten; sehr bald – bis bald! – auf bald! – bald so, bald anders – bald darauf – allzu bald – so bald wie (als) möglich; aber: in Bälde; **baldig:** auf ein baldiges Wiedersehen – etwas baldigst erledigen; **baldmöglichst**

Bal·da·chin *ital.,* der: -s, -e (prunkvoller Traghimmel, Stoffdach); **baldachinartig**

Bal·dri·an (Bald·ri·an), der: -s, -e (Heilpflanze); die **Baldriantropfen** *Pl.*

Balg, der: -(e)s, Bälge (Fell, Tierhaut)

Balg, der/das: -(e)s, Bälger (unartiges Kind); sich **balgen:** sich mit anderen Kindern balgen (spielerisch raufen); die **Balgerei** (scherzhafte Rauferei)

Bal·kan, der: -s (Gebirge in Südosteuropa); die **Balkanhalbinsel;** auch: die **Balkan-Halbinsel**

Bal·ken, der: -s, -; *lügen, dass sich die Balken biegen* (maßlos lügen); die **Balkendecke;** die **Balkenüberschrift** (fett gedruckte Zeitungsüberschrift); die **Balkenwaage**

Bal·kon *franz.,* der: -s, -e (oben offener Vorbau); die **Balkonpflanze**

Ball, der: -(e)s, Bälle; auf einen Ball (eine Tanzveranstaltung) gehen – mit dem Ball spielen; aber: das Ballspielen – *am Ball bleiben* (etwas mit Eifer verfolgen); der **Ballabend;** das **Bällchen;** der **Balljunge;** das **Ballkleid;** das **Balllokal;** auch: das **Ball-Lokal;** das **Ballspiel**

Bal·la·de *griech.,* die: -, -n (Erzählgedicht); **balladenhaft; balladesk**

Bal·last, der: -(e)s, -e (schwere Last, Belastung); die **Ballaststoffe** *Pl.*

Bal·len, der: -s, -; der Ballen an der Hand – drei Ballen Stoff; **ballen:** die Faust ballen – die Wolken ballen sich zusammen – eine geballte Ladung; die **Ballung;** das **Ballungsgebiet;** der **Ballungsraum,** die ...räume

bal·lern: in die Luft ballern (knallen, schießen); die **Ballerei;** der **Ballermann** (Revolver)

Bal·lett *ital.,* das: -(e)s, -e (Bühnentanz, Tanzgruppe); die **Balletteuse** *[baletöse];* die **Ballettmusik;** der **Balletttänzer;** auch: der **Ballett-Tänzer;** die **Balletttänzerin,** die ...tänzerinnen; auch: die **Ballett-Tänzerin;** die **Balletttruppe;** auch: die **Ballett-Truppe**

Bal·lis·tik *griech.,* die: - (Lehre von der Flugbahn geschossener oder geworfener Körper); **ballistisch:** die ballistische Kurve

Bal·lon *franz.,* der: -s, -s/-e (mit Luft oder Gas gefüllter Behälter); der **Ballonfahrer;** der **Ballonreifen**

Bal·sam *hebr.,* der: -s, Balsame (Öl- und Harzgemisch); diese Worte sind Balsam (Linderung, Wohltat) für meine Seele; **balsamieren** (einsalben); die **Balsamierung; balsamisch** (wohltätig, lindernd)

Balz, die: -, -en (Paarungszeit von bestimmten Vögeln); **balzen;** der **Balzruf;** die **Balzzeit**

Bam·bus *malai.,* der: -/-ses, -se (in den Tropen vorkommendes Riesengras); die **Bambushütte;** das **Bambusrohr;** der **Bambusstab,** die ...stäbe

Bam·mel, der: -s; Bammel (Angst) haben

ba·nal *franz.:* (bedeutungslos, alltäglich, fade); **banalisieren;** die **Banalität**

Ba·na·ne *afrik.,* die: -, -n (tropische Pflanze mit Frucht); die **Bananenernte;** die **Bananenschale;** das **Bananensplit** (Eisspeise); der **Bananenstecker** (Elektrostecker)

Ba·nau·se *griech.,* der: -n, -n (Mensch ohne Sinn für Kunst und geistige Dinge)

Band, das: -(e)s, Bänder; Bänder aus Stoff – auf Band (Tonband) sprechen – *am laufenden Band* (in einem fort); die **Bandbreite;** das **Bandeisen;** der/das **Bändel** (schmales Band); der **Bänderriss;** die **Bänderzerrung;** das **Bandmaß;** die **Bandnudel;** die **Band-**

säge; die **Bandscheibe;** der **Bandwurm,** die ...würmer; → binden

Band, das: -(e)s, -e (Fessel, Bindung); das Band der Ehe – außer Rand und Band – in Banden liegen (gefangen sein) – *zarte Bande knüpfen* (eine Liebesbeziehung eingehen); **bändigen:** ein Raubtier bändigen (zähmen) – seinen Zorn bändigen; der **Bändiger;** die **Bändigung**

Band ⟨Bd.⟩, der: -(e)s, Bände ⟨Bde.⟩ (einzelnes Buch aus einer Reihe); ein Band Kurzgeschichten – *etwas spricht Bände* (sagt sehr viel aus); das **Bändchen; ...bändig:** einbändig – ein 20-bändiges Lexikon

Band *engl. [bäntl],* die: -, -s (Musikergruppe); der **Bandleader** *[bäntlider]* (Leiter einer Band); die **Bandleaderin** *[bäntliderin]*

Ban·da·ge *franz. [bandasche],* die: -, -n (Stütz- oder Schutzverband); **bandagieren:** den Arm bandagieren

Ban·de *franz.,* die: -, -n (Schar, organisierte Gruppe von Verbrechern); der Chef der Bande; der **Bandenführer;** die **Bandenführerin,** die ...führerinnen

Ban·de, die: -, -n; über die Bande (Einfassung einer Spielfläche) springen; die **Bandenwerbung**

Ban·de·ro·le *franz.,* die: -, -n (Klebe- oder Verschlussband, Streifen an Waren mit bestimmten Vermerken)

Ban·dit *ital.,* der: -en, -en (Verbrecher)

bang: banger/bänger, am bangsten/am bängsten (voll Angst, Furcht, Sorge); auch: **bange:** ihm ist angst und bang(e) – mir wird bange – bange sein – bange Minuten – *angst und bange werden* (Angst bekommen); aber: Bange machen gilt nicht – jemandem (Angst und) Bange machen; aber: das **Bangemachen;** die **Bange:** nur keine Bange!; **bangen:** um sein Leben bangen (fürchten); die **Bangigkeit**

Ban·jo *amerik. [bändscho],* das: -s, -s (amerikanisches Zupfinstrument)

Bank, die: -, Bänke (Sitzgelegenheit); *durch die Bank* (ohne Ausnahme) – *etwas auf die lange Bank schieben* (aufschieben); das **Bänkellied** (auf Jahrmärkten vorgetragenes Lied über ein schauriges Ereignis, Moritat); der **Bänkelsang;** der **Bänkelsänger;** der **Banknachbar;** die **Banknachbarin**

Bank *ital.,* die: -, -en (Geldinstitut); der **Bankbeamte;** der **Banker** *[bänker]* (Bankfachmann); die **Bankerin** *[bänkerin],* die Bankerinnen; das **Bankfach,** die ...fächer; das **Bankguthaben;** der **Bankier** *[bankje];* das **Bankkonto;** die **Bankleitzahl** ⟨BLZ⟩; die **Banknote;** der **Bankomat;** der **Bankraub;** der **Bankrott** (Zahlungsunfähigkeit): der Geschäftsmann machte Bankrott; **bankrott:** bankrott sein/werden – ein bankrottes Geschäft; **bankrottgehen;** die **Banküberweisung;** das **Bankwesen**

Ban·kett *ital.,* das: -(e)s, -e (Festmahl)

Ban·kett *franz.,* das: -(e)s, -e (Randstreifen neben einer Straße); auch: die **Bankette**

Bann, der: -(e)s, -e; den Bann (Ausschluss aus einer Gemeinschaft) aufheben – in Acht und Bann – *jemanden in seinen Bann ziehen* (stark beeindrucken, anziehen); die **Bannbulle** (päpstliche Urkunde über die Verhängung des Kirchenbannes); **bannen:** eine Gefahr bannen (abwenden) – jemanden wie gebannt anstarren – die Zuschauer bannen (begeistern); der **Bannfluch,** die ...flüche; der **Bannkreis;** die **Bannmeile;** der **Bannspruch,** die ...sprüche; der **Bannstrahl;** der **Bannwald,** die ...wälder

Ban·ner, das: -s, - (Fahne); der **Bannerträger**

bar: bar (mit Bargeld) bezahlen – in bar – gegen bar – bar jeglicher Vernunft (ohne jegliche Vernunft) – baren (reinen) Unsinn reden – *etwas für bare Münze nehmen* (nicht im Geringsten an etwas zweifeln); der **Barbetrag; barfuß:** barfuß gehen; **barfüßig;** das **Bargeld** (Münzen und Scheine); **bargeldlos; barhäuptig** (ohne Kopfbedeckung); die **Barschaft** (Besitz an Bargeld); der **Barscheck;** das **Barsortiment** (Verkaufslager von Büchern); die **Barzahlung**

Bar *engl.,* die: -, -s (kleines Lokal, Schanktisch); die **Bardame;** der **Barhocker;** der **Barkeeper** *[barkiper];* der **Barmixer**

Bär, der: -en, -en; stark wie ein Bär – der Große Bär (Sternbild) – *jemandem einen Bären aufbinden* (etwas vorlügen) – *auf der Bärenhaut liegen* (faul sein); **bärbeißig** (brummig, unfreundlich); die **Bärbeißigkeit;** der **Bärendienst:** *jemandem einen Bärendienst* (schlechten Dienst) *erweisen;* das **Bärenfell;** der **Bärenhunger; bärenstark; bärig** (stark); die **Bärin,** die Bärinnen

Ba·ra·cke *franz.,* die: -, -n (einfacher, meist

A B C D E F

A B C D E F

flacher Bau aus Holz oder Wellblech)

Bar·bar *lat.,* der: -en, -en (roher, ungesitteter Mensch); die **Barbarei;** die **Barbarin,** die Barbarinnen; **barbarisch** (roh)

Bar·bier *franz.,* der: -s, -e (Haarschneider)

Bar·de *franz.,* der: -n, -n (Sänger und Dichter)

Ba·rett *lat.,* das: -(e)s, -e/-s (flache Mütze)

Ba·ri·ton *ital.*: -s, -e (Männerstimme in mittlerer Lage); der **Baritonist** (Baritonsänger)

Bar·kas·se *span.,* die: -, -n (Motorboot, Beiboot); die **Bark** (Segelschiff); die **Barke** (kleines Boot ohne Mast)

barm·her·zig: barmherzige Menschen; aber: Barmherzige Brüder (geistlicher Orden) – Barmherzige Schwestern; die **Barmherzigkeit**

Ba·rock *franz.,* das/der: -s (Kunststil); **barock:** ein barocker Bau; der **Barockbau;** die **Barockkirche;** der **Barockstil;** die **Barockzeit**

Ba·ro·me·ter *griech.,* das: -s, - (Luftdruckmesser); das Barometer fällt/steigt

Ba·ron *franz.,* der: -s, -e (Freiherr); die **Baroness;** die **Baronesse;** die **Baronin**

Bar·ren, der: -s, -; am Barren (einem Turngerät) turnen – zwei Barren (Stangen) Gold

Bar·ri·e·re *franz. [barjere],* die: -, -n (Sperre, Hindernis, Schranke); eine Barriere errichten; die **Barrikade** (Straßensperre): *auf die Barrikaden gehen* (sich auflehnen)

barsch: einen barschen (groben, unfreundlichen) Ton anschlagen; die **Barschheit**

Barsch, der: -(e)s, -e (ein Süßwasserfisch)

Bart, der: -(e)s, Bärte; *in seinen Bart murmeln* (unverständlich vor sich hin sagen) – *jemandem um den Bart gehen* (jemanden umschmeicheln); das **Bärtchen; bärtig; bartlos;** die **Bartstoppel;** der **Bartwuchs**

Ba·salt *griech.,* der: -(e)s, -e (Vulkangestein)

Ba·sar *pers.,* der: -s, -e (Markt im Orient, Verkauf von Waren für einen wohltätigen Zweck); auch: der **Bazar**

Ba·se, die: -, -n (Kusine)

Ba·se, die: -, -n (chemische Verbindung: Lauge); **basisch** (laugenartig)

Base·ball *engl. [beßbol],* der: -s (amerikanisches Schlagballspiel)

BASIC *engl. [beßik],* das: -(s) (Fachbegriff aus der Datenverarbeitung, einfache Programmiersprache); das **Basic English** *[beßik inglisch]* (Grundenglisch)

Ba·si·li·ka *griech.,* die: -, Basiliken (Kirche in altchristlicher Bauweise, altrömische Halle)

Ba·sis *griech.,* die: -, Basen (Ausgangspunkt, Grundlage, Sockel); **basieren:** auf etwas basieren (beruhen); die **Basisdemokratie;** die **Basisgruppe;** der **Basiskurs**

Bas·ket·ball *engl.,* der: -(e)s, ...bälle (Ball, Korbballspiel)

bass: *bass* (äußerst) *erstaunt sein*

Bass *ital.,* der: Basses, Bässe (Musikinstrument, tiefe Männerstimme); die **Bassgeige;** der **Bassist; der Basssänger;** auch: der **Bass-Sänger;** der **Bassschlüssel;** auch: der **Bass-Schlüssel;** die **Bassstimme;** auch: die **Bass-Stimme**

Bas·sin *franz. [baßã],* das: -s, -s (künstlich angelegtes Wasserbecken)

Bast, der: -(e)s, -e (Pflanzenfaser)

bas·ta *ital.*: und damit basta (Schluss jetzt)!

Bas·tard *franz.,* der: -(e)s, -e (Pflanze oder Tier als Ergebnis von Kreuzungen, Schimpfwort)

Bas·tei *ital.,* die: -, -en (Teil einer Festung)

bas·teln: ich bast(e)le Sterne; die **Bastelarbeit;** die **Bastelei;** der **Bastler;** die **Bastlerin**

Bas·til·le *franz. [baßtije],* die: -, -n (befestigtes Schloss)

Bas·ti·on, die: -, -en (Bollwerk, Schutzwehr)

Ba·tail·lon ⟨Bat./Btl.⟩ *franz. [bataljon],* das: -s, -e (Truppenabteilung)

Ba·tik *malai.,* der: -s, -en/die: -, -en (Textilfärbeverfahren, Stoff mit Batikmuster); der **Batikdruck,** die ... drucke; **batiken**

Ba·tist *franz.,* der: -(e)s, -e (feines Gewebe)

Bat·te·rie ⟨Batt., Battr.⟩ *franz.,* die: -, Batterien (Stromquelle, Geschützabteilung); **batteriebetrieben;** das **Batteriegerät**

Bat·zen, der: -s, - (Haufen, Klumpen, alte Münze); einen Batzen Geld verdienen

Bauch, der: -(e)s, Bäuche; *Wut im Bauch haben* (sehr zornig sein) – *ein voller Bauch studiert nicht gern*; die **Bauchbinde;** die **Bauchdecke;** das **Bauchfell; bauchig; bäuchig;** der **Bauchladen;** die **Bauchlandung;** das **Bäuchlein; bäuchlings** (auf dem Bauch); der **Bauchnabel; bauchpinseln:** *sich gebauchpinselt* (geschmeichelt, geehrt) *fühlen;* **bauchreden;** der **Bauchredner;** die **Bauchschmerzen** *Pl.;* die **Bauchspeicheldrüse;** der **Bauchtanz; bauchtanzen;** das **Bauchweh**

bau·en: eine Straße bauen – auf jemanden bauen (jemandem vertrauen) – einen Unfall bauen (haben); der **Bau,** die Bauten

A B C D E F

(Bauwerke, Gebäude), die Baue (Höhlen als Tierwohnung); der **Bauarbeiter;** das **Baudenkmal; baufällig;** die **Baufälligkeit;** der **Bauherr;** der **Bauhof;** die **Bauhütte;** der **Baukasten;** der **Bauklotz;** die **Baukosten** *Pl.;* das **Bauland; baulich:** bauliche Veränderungen; das **Baumaterial;** der **Baumeister;** der **Bauplan;** der **Bauplatz; baureif; bausparen;** das **Bausparen;** die **Bausparkasse;** der **Baustil;** der **Baustoff;** der **Bauunternehmer;** die **Bauweise;** das **Bauwerk;** das **Bauwesen;** → Gebäude

Bau·er, der: -n/-s, -n (Landwirt); die **Bäuerin,** die Bäuerinnen; **bäu(e)risch; bäuerlich;** der **Bauernaufstand,** die ...aufstände; die **Bauernfängerei** (plumper Betrug); der **Bauernhof;** der **Bauernkrieg;** die **Bauernregel;** die **Bauernschaft;** die **Bauernschläue;** der **Bauernstand;** das **Bauerntum;** die **Bauersfrau;** die **Bauersleute** *Pl.*

Bau·er, das/der: -s, - (Vogelkäfig)

Baum, der: -(e)s, Bäume; auf einen Baum steigen; sich **bäumen:** das Pferd bäumt sich (steigt hoch); der **Baumfrevel; baumhoch;** die **Baumkrone; baumlang;** die **Baumschule** (Anlage zur Baumzucht); der **Baumstamm; baumstark;** das **Baumsterben;** der **Baumstrunk,** die ...strünke; der **Baumstumpf,** die stümpfe; die **Baumwolle; baumwollen**

bau·meln: ich baum(e)le mit den Füßen

Bausch, der: -(e)s, -e/Bäusche; ein Bausch Watte – *in Bausch und Bogen* (ganz und gar); **bauschen:** der Wind bauscht die Segel (bläht sie auf); **bauschig**

Bau·xit, der: -s, -e (ein Aluminiummineral)

Bay·ern: -s (Land der Bundesrepublik Deutschland); **bairisch** (die bayerische Mundart betreffend); das **Bairische;** der **Bayer;** die **Bayerin,** die Bayerinnen; **bay(e)risch:** das bayerische Land; aber: der Bayerische Wald; das **Bayerland**

Ba·zar *pers.,* der: -s, -e (Markt im Orient, Verkauf von Waren für einen wohltätigen Zweck); auch: der → **Basar**

Ba·zil·lus *lat.,* der: -, Bazillen (Krankheitserreger); der **Bazillenträger**

Bd. = Band (Buch); **Bde.** = Bände

be·ach·ten: die Vorschriften genau beachten (befolgen); **beachtenswert; beachtlich;** die **Beachtung**

Bea·mer *engl. [bimer],* der: -s, - (Gerät, mit dem eine Grafik vom Bildschirm eines Computers auf eine Leinwand projiziert wird; **beamen**

Be·am·te, der: -n, -n; (Inhaber eines öffentlichen Amtes); die **Beamtenschaft;** das **Beamtentum; beamtet;** die **Beamtin**

be·an·spru·chen: (auf etwas Anspruch erheben); die **Beanspruchung**

be·an·stan·den: eine Ware beanstanden (als mangelhaft bezeichnen); die **Beanstandung**

be·an·tra·gen: einen Urlaub beantragen; die **Beantragung**

be·ant·wor·ten: eine Frage, einen Brief beantworten; die **Beantwortung**

be·ar·bei·ten: ein Aufsatzthema bearbeiten – Holz bearbeiten – jemanden mit Fußtritten bearbeiten; der **Bearbeiter;** die **Bearbeiterin,** die ...arbeiterinnen; die **Bearbeitung**

Beat *engl. [bit],* der: -(s), -s (moderne Musik mit starkem Rhythmus); die **Beatgeneration;** auch: die **Beat-Generation;** die **Beatmusik;** der **Beatschuppen**

be·auf·sich·ti·gen: die Kinder beaufsichtigen; die **Beaufsichtigung**

be·auf·tra·gen: jemanden mit einer Arbeit beauftragen; der/die **Beauftragte;** die **Beauftragung**

be·ben: die Erde bebt (zittert) – vor Wut beben; das **Beben** (Erschütterung, Erdbeben)

Be·cher, der: -s, - (Trinkgefäß); *zu tief in den Becher geschaut haben* (angeheitert, betrunken sein); **bechern** (tüchtig trinken)

be·cir·cen: jemanden becircen (bezaubern); auch: **bezirzen**

Be·cken, das: -s, -; Wasser in ein Becken (in eine Schüssel, in einen Wasserbehälter) schütten – das Becken (Schlaginstrument) spielen – sich das Becken (Teil des Skeletts) brechen – die Stadt liegt am Eingang eines Beckens (Mulde, Kessel); der **Beckenbruch; beckenförmig;** der **Beckenrand**

Bec·que·rel *franz. [bekerel],* das: -s, - (Maßeinheit für ionisierende Strahlen)

be·dacht: bedacht (überlegt, besonnen) vorgehen – *auf etwas bedacht sein* (Wert darauf legen); der **Bedacht:** mit Bedacht (Überlegung) – auf etwas Bedacht nehmen (es beachten); **bedächtig;** die **Bedächtigkeit; bedachtsam;** die **Bedachtsamkeit;** → bedenken

Be·darf, der: -(e)s; Bedarf an Nahrungsmitteln haben – bei Bedarf; der **Bedarfsartikel;** der **Bedarfsfall; bedarfsgerecht;** die **Bedarfsgüter** *Pl.;* die **Bedarfshaltestelle;** → bedürfen

be·dau·ern: er bedauert (bemitleidet) ihn aufrichtig – ich bedauere (es tut mir leid); **bedauerlich; bedauerlicherweise;** das **Bedauern; bedauernswert**

be·den·ken: etwas bedenken (überlegen, erwägen); das **Bedenken:** Bedenken (Zweifel, Einwände) haben – ohne Bedenken; **bedenkenlos; bedenkenswert; bedenklich;** die **Bedenkzeit;** → bedacht

be·deu·ten: was bedeutet das? – sie bedeutete mir (gab mir zu verstehen) zu schweigen – das bedeutet mir alles (ist für mich sehr wichtig); **bedeutend:** sich bedeutend (merklich) verbessern – eine bedeutende (sehr berühmte) Frau; aber: etwas Bedeutendes vollbringen – um ein Bedeutendes größer; **bedeutsam;** die **Bedeutsamkeit;** die **Bedeutung:** die Bedeutung eines Wortes kennen; **bedeutungslos;** die **Bedeutungslosigkeit;** der **Bedeutungsunterschied; bedeutungsvoll;** der **Bedeutungswandel**

be·die·nen: die Gäste bedienen – eine Maschine bedienen – sich eines Werkzeugs bedienen – *bedient sein* (genug von etwas haben); der/die **Bedienstete;** die **Bedienung;** die **Bedienungsanleitung;** der **Bedienungsfehler;** die **Bedienungsvorschrift**

Be·din·gung, die: -, -en; etwas zur Bedingung (Voraussetzung) machen – die Bedingungen (Gegebenheiten) anerkennen; **bedingen:** das eine bedingt (erfordert) das andere; **bedingt:** nur bedingt (eingeschränkt) tauglich sein; **bedingungslos**

be·drän·gen: jemanden bedrängen (ihn unter Druck setzen); die **Bedrängnis,** die Bedrängnisse (Not, Ausweglosigkeit); die **Bedrängung**

be·dro·hen: jemanden mit einer Waffe bedrohen; **bedrohlich;** die **Bedrohlichkeit; bedroht** (gefährdet); die **Bedrohung**

be·drü·cken: es bedrückt mich (macht mich traurig); **bedrückt;** die **Bedrücktheit;** die **Bedrückung**

Be·du·i·ne *arab.,* der: -n, -n (arabischer Nomade, Wüstenbewohner)

be·dür·fen: der Ruhe bedürfen – eines Rates bedürfen; das **Bedürfnis,** die Bedürfnisse; die **Bedürfnisanstalt** (öffentliche Toilette); **bedürfnislos;** die **Bedürfnislosigkeit; bedürftig:** des Schutzes bedürftig – bedürftigen (Not leidenden) Menschen helfen; die **Bedürftigkeit;** → Bedarf

Beef·steak *engl. [bifßtek],* das: -s, -s (gebratene Rindslende bzw. gebratenes Fleischklößchen)

be·ei·len, sich: beeile dich!; die **Beeilung**

be·ein·dru·cken: das beeindruckt mich sehr (fesselt meine Aufmerksamkeit)

be·ein·flus·sen: jemanden beeinflussen (ihn lenken, leiten); **beeinflussbar;** die **Beeinflussbarkeit;** die **Beeinflussung**

be·ein·träch·ti·gen: es beeinträchtigt (mindert) den Wert; die **Beeinträchtigung**

Beel·ze·bub *hebr.,* der: - (der oberste Teufel)

be·en·den: (zu Ende bringen); **beendigen;** die **Beendigung;** die **Beendung**

be·en·gen: sehr beengt wohnen; die **Beengtheit;** die **Beengung**

be·er·di·gen: einen Toten beerdigen; die **Beerdigung;** das **Beerdigungsinstitut;** das **Beerdigungsunternehmen**

Bee·re, die: -, -n (Fruchtform); das **Beerenobst**

Beet, das: -(e)s, -e; das Beet umgraben

Bee·te, die: -, -n; Rote Beete; auch: rote Beete; auch: die **Bete:** Rote Bete, auch: rote Bete

be·fä·hi·gen: (in die Lage versetzen); **befähigt:** ein befähigtes (begabtes) Kind; die **Befähigung;** der **Befähigungsnachweis**

be·fal·len: von Panik befallen werden – ein von Ungeziefer befallener Baum; der **Befall**

be·fan·gen: (schüchtern, gehemmt); als Zeuge befangen (voreingenommen) sein; die **Befangenheit;** der **Befangenheitsantrag**

be·fas·sen, sich: er hat sich damit befasst (beschäftigt)

be·feh·len: du befiehlst, er befahl, sie hat befohlen, befiehl!; der **Befehl:** zu Befehl – *dein Wunsch ist mir Befehl* (ich tue das gerne); **befehligen;** der **Befehlsempfänger;** die **Befehlsform; befehlsgemäß;** der **Befehlshaber; befehlshaberisch;** der **Befehlssatz;** die **Befehlsverweigerung**

be·fes·ti·gen: das Gepäck auf dem Autodach befestigen – einen Damm befestigen (sicher machen); die **Befestigung**

be·fin·den: sich im Zimmer befinden – sich nicht wohl befinden – er befindet sich im Urlaub – etwas für richtig befinden (halten)

– sich in einem Irrtum befinden – der sich im Schrank befindende Anzug; das **Befinden:** das Befinden (der Krankheitszustand) des Patienten – nach meinem Befinden (Urteil); **befindlich:** die im Zimmer befindlichen (vorhandenen) Möbel; die **Befindlichkeit** (seelischer Zustand eines Menschen); → Befund

be·flei·ßi·gen, sich: (sich um etwas eifrig bemühen); **beflissen** (eifrig bemüht); die **Beflissenheit; beflissentlich** (absichtlich)

be·fol·gen: einen Befehl befolgen (danach handeln); die **Befolgung**

be·för·dern: Briefe befördern – ein Beamter wird befördert (rückt um einen Rang höher) – jemanden aus dem Raum befördern (entfernen); die **Beförderung;** die **Beförderungskosten** *Pl.*; das **Beförderungsmittel**

be·fra·gen: den Zeugen befragen; aber: auf Befragen des Richters; die **Befragung**

be·frei·en: einen Gefangenen befreien; der **Befreier;** die **Befreierin;** die **Befreiung;** die **Befreiungsbewegung;** der **Befreiungskampf,** die ... kämpfe; der **Befreiungsschlag**

be·frem·den: sein Benehmen befremdet mich (berührt mich unangenehm); das **Befremden; befremdlich:** eine befremdliche (verwunderliche) Äußerung; die **Befremdung**

be·frie·den: ein Land befrieden (Frieden in ihm herbeiführen); die **Befriedung**

be·frie·di·gen: (zufriedenstellen); er befriedigte seine Gläubiger; **befriedigend:** eine befriedigende Leistung; aber: ein befriedigend auf die Prüfung bekommen; die **Befriedigung**

be·fris·ten: ein befristetes (für eine bestimmte Zeit gültiges) Abkommen; die **Befristung**

be·fruch·ten: (fruchtbar machen); die **Befruchtung**

Be·fug·nis, die: -, -se (Berechtigung, Erlaubnis); **befugt:** er ist dazu befugt (berechtigt)

Be·fund, der: -es, -e (Feststellung); ohne Befund (o.B.); → befinden

be·fürch·ten: das Schlimmste befürchten; die **Befürchtung**

be·für·wor·ten: ich befürworte (unterstütze) deinen Plan; der **Befürworter;** die **Befürworterin;** die **Befürwortung**

Be·ga·bung, die: -, -en; eine Begabung für Sprachen haben; **begaben; begabt:** ein sehr begabter (talentierter) Schüler; der/die **Begabte;** die **Begabtenförderung**

be·ge·ben, sich: sich auf eine Reise begeben – es begab sich (trug sich zu) – sich heimbegeben – sich an die Arbeit begeben; die **Begebenheit:** eine seltsame Begebenheit (Vorfall, Ereignis)

be·geg·nen: ich begegne ihm auf der Straße – einer Gefahr begegnen – er begegnet mir feindlich; die **Begegnung;** die **Begegnungsstätte**

be·ge·hen: eine viel begangene Brücke – den Geburtstag begehen (feiern); **begehbar;** die **Begehung**

be·geh·ren: sie hat alles, was das Herz begehrt (sich wünschen kann) – Einlass begehren (erbitten); das/der **Begehr;** das **Begehren; begehrenswert; begehrlich:** ein begehrlicher (verlangender) Blick; die **Begehrlichkeit;** → Begierde

be·geis·tern: er ist hell begeistert – sie begeistert die Menschen mit ihrem Spiel; die **Begeisterung; begeisterungsfähig;** der **Begeisterungssturm,** die ... stürme

Be·gier·de, die: -, -n (leidenschaftliches Verlangen); auch: die **Begier; begierig;** → begehren

be·gin·nen: du beginnst, er begann, sie hat begonnen, beginn(e)!; der **Beginn:** zu Beginn – von Beginn an; das **Beginnen:** ein hoffnungsloses Beginnen (Vorhaben, Bemühen)

be·glau·bi·gen: (als echt bestätigen); der Beamte beglaubigt die Urkunde; die **Beglaubigung;** das **Beglaubigungsschreiben**

be·glei·chen: seine Schulden begleichen (bezahlen); die **Begleichung**

be·glei·ten: jemanden nach Hause begleiten; der **Begleiter;** die **Begleiterin;** die **Begleiterscheinung;** die **Begleitperson;** das **Begleitschreiben;** die **Begleitung**

be·glü·cken: beglückt (glücklich) aussehen; die **Beglückung; beglückwünschen**

be·gna·di·gen: der Verbrecher wird begnadigt; **begnadet:** eine begnadete (hoch begabte) Künstlerin; die **Begnadigung**

be·gnü·gen, sich: sich mit einem geringen Verdienst begnügen (zufriedengeben)

be·gra·ben: einen Toten begraben – seine Hoffnungen begraben (aufgeben) – *sich begraben lassen können* (versagt haben, aufgeben können); das **Begräbnis,** die Begräb-

A
B
C
D
E
F

nisse; die **Begräbnisfeier;** die **Begräbnisstätte**

be·gra·di·gen: die Straße begradigen (gerade ausrichten); die **Begradigung**

be·grei·fen: du begreifst, er begriff, sie hat begriffen, begreif(e)!; die Aufgabe begreifen (verstehen); **begreifbar; begreiflich; begreiflicherweise;** → Begriff

be·gren·zen: einen begrenzten Horizont haben; die **Begrenztheit** (Beschränkung); die **Begrenzung;** die **Begrenzungslinie**

Be·griff, der: -(e)s, -e; ein dehnbarer (nicht fest umrissener) Begriff – sich keinen Begriff machen können (keine Vorstellung haben) – *im Begriff(e) sein* (gerade anfangen wollen, etwas zu tun) – *schwer von Begriff sein* (lange brauchen, um etwas zu verstehen); **begriffen:** im Aussterben begriffen; **begrifflich;** die **Begriffsbestimmung; begriffsmäßig; begriffsstutzig;** das **Begriffsvermögen;** die **Begriffsverwirrung;** → begreifen

be·grün·den: sein Vorgehen begründen; der **Begründer; die Begründerin;** die **Begründung;** der **Begründungssatz,** die ... sätze

be·grü·ßen: Gäste begrüßen; **begrüßenswert;** die **Begrüßung;** der **Begrüßungskuss,** die ... küsse; der **Begrüßungstrunk,** die ... trünke

be·güns·ti·gen: eine Mannschaft begünstigen (bevorzugen) – das Wetter begünstigt (fördert) unseren Plan; die **Begünstigung**

be·gut·ach·ten: (fachmännisch beurteilen); der **Begutachter;** die **Begutachterin,** die ... achterinnen; die **Begutachtung**

be·hä·big: ein behäbiges (schwerfälliges) Wesen haben; die **Behäbigkeit**

be·ha·gen: dein Benehmen behagt (gefällt) mir nicht; das **Behagen:** er isst mit großem Behagen; **behaglich** (gemütlich, bequem); die **Behaglichkeit**

be·hal·ten: du behältst, er behielt, sie hat behalten, behalt(e)!; *etwas für sich behalten* (nicht weitererzählen); der **Behälter;** das **Behältnis,** die Behältnisse

be·hän·de: (schnell, flink, gewandt); auch: **behänd;** die **Behändigkeit;** → Hand

be·han·deln: ich behandle – jemanden wie einen dummen Jungen behandeln – einen Patienten behandeln (zu heilen versuchen) – ein Thema behandeln (bearbeiten); die **Behandlung;** die **Behandlungskosten** *Pl.;* der **Behandlungsstuhl,** die ... stühle; die **Behandlungsweise**

be·har·ren: auf seiner Meinung beharren (bestehen); **beharrlich;** die **Beharrlichkeit:** *Beharrlichkeit führt zum Ziel;* die **Beharrung;** das **Beharrungsvermögen**

be·haup·ten: das Gegenteil behaupten – seinen ersten Platz behaupten (erfolgreich verteidigen) – ich behaupte mich (setze mich durch); **behauptet;** die **Behauptung**

be·he·ben: einen Schaden beheben (beseitigen); die **Behebung**

be·hel·fen: sich in einer Notlage behelfen; der **Behelf** (Notlösung); der **Behelfsbau,** die ... bauten; das **Behelfsheim; behelfsmäßig;** die **Behelfsunterkunft; behelfsweise;** die **Behelfswohnung;** → behilflich

be·hel·li·gen: jemanden behelligen (belästigen, stören); die **Behelligung**

be·her·ber·gen: einen Fremden beherbergen (ihm Unterkunft geben); die **Beherbergung**

be·herr·schen: sich gut beherrschen – ein Land beherrschen – sein Handwerk beherrschen (etwas gut können); **beherrschbar;** die **Beherrschbarkeit;** der **Beherrscher;** die **Beherrscherin,** die Beherrscherinnen; die **Beherrschtheit** (Zurückhaltung); die **Beherrschung:** die Beherrschung verlieren (ungeduldig, zornig werden) – die Beherrschung der schönen Künste

be·her·zi·gen: einen guten Ratschlag beherzigen (befolgen); **beherzigenswert;** die **Beherzigung; beherzt** (mutig, unerschrocken); die **Beherztheit**

be·hilf·lich: behilflich sein (helfen); → behelfen

be·hin·dern: jemanden bei der Arbeit behindern; **behindert:** ein behindertes Kind; der/die **Behinderte; behindertengerecht;** die **Behinderung;** im **Behinderungsfall(e)**

Be·hör·de, die: -, -n (amtliche Stelle); **behördlich** (amtlich); **behördlicherseits**

be·hü·ten: (schützen, bewachen); Gott behüte (nein, auf keinen Fall)!; der **Behüter;** die **Behüterin,** die Behüterinnen; **behutsam:** behutsam (vorsichtig) mit etwas umgehen; die **Behutsamkeit;** die **Behütung**

bei: bei Leipzig – bei einem Verwandten wohnen – bei der Hand nehmen – bei der Hand sein – bei Tag und Nacht – bei der Ankunft des Busses – bei guter Gesundheit sein – bei sich haben – bei alledem – bei Gott – bei meiner Ehre – bei weitem; auch: bei Weitem – *nicht bei sich* (geistig abwesend) *sein*; aber: das **Beisein:** in seinem Beisein

bei·be·hal·ten: eine Gewohnheit beibehalten (an ihr festhalten); die **Beibehaltung**

bei·brin·gen: jemandem etwas beibringen (lehren, mitteilen) – Unterlagen beibringen (beschaffen)

beich·ten: die Sünden beichten (bekennen); die **Beichte;** das **Beichtgeheimnis,** die ...geheimnisse; das **Beichtkind;** das **Beichtsiegel;** der **Beichtstuhl;** der **Beichtvater**

bei·de: wir beide(n) – alle beide – für uns beide – einer von beiden – die beiden (die zwei) – keine von beiden – diese beiden – beides (zugleich) – alles beides – ihr beide(n) – beide Mal(e); **beidarmig; beidbeinig; beiderlei:** Menschen beiderlei Geschlechts; **beid(er)seitig:** im beiderseitigen Einvernehmen; **beid(er)seits:** beiderseits der Straße; **beidhändig** (mit beiden Händen)

bei·ei·nan·der (bei·ein·an·der): beieinander (beisammen) sein – beieinander aushalten – gut beieinander (gesund) sein; **beieinanderbleiben; beieinanderhaben:** seine Sachen beieinanderhaben – *nicht alle beieinanderhaben* (verrückt sein); **beieinanderliegen;** das **Beieinandersein; beieinandersitzen; beieinanderstehen**

Bei·fah·rer, der: -s, - (eine vorn neben dem Fahrer sitzende Person); der **Beifahrerairbag;** die **Beifahrerin;** der **Beifahrersitz**

Bei·fall, der: -(e)s; Beifall klatschen; **beifallheischend;** auch: Beifall heischend (erwartend); **beifällig:** beifällig (zustimmend) nicken; das **Beifall(s)klatschen;** der **Beifall(s)ruf;** der **Beifallssturm,** die ...stürme

beige *franz. [besch]*: ein beiges (sandfarbenes) Kleid; das **Beige; beigefarben; beigefarbig**

Bei·hil·fe, die: -, -n (Unterstützung); **beihilfefähig**

Beil, das: -(e)s, -e (Werkzeug)

Bei·la·ge, die: -, -n; die Beilage zu einer Zeitung – die Beilage (Zukost) zu einem Fleischgericht; **beilegen:** einen Streit beilegen (schlichten, beenden) – einen Brief beilegen (beifügen); die **Beilegung**

bei·läu·fig: (nebenbei); eine beiläufige (nebensächliche) Bemerkung machen; die **Beiläufigkeit** (Nebensächlichkeit)

bei·lei·be: beileibe (durchaus, bestimmt) nicht; aber: nicht gut bei Leibe (wohlgenährt) sein

Bei·leid, das: -(e)s; sein Beileid (seine Anteilnahme) aussprechen; die **Beileidsbezeigung;** auch: die **Beileidsbezeugung;** die **Beileidskarte;** das **Beileidsschreiben**

beim ⟨b.⟩: (bei dem); alles beim Alten lassen – beim besten Willen nicht

Bein, das: -(e)s, -e; *die Beine unter die Arme nehmen* (schnell weglaufen) – *mit einem Bein im Grabe stehen* (todkrank sein) – *jemandem Beine machen* (jemanden antreiben) – *wieder auf den Beinen* (gesund) *sein* – *auf eigenen Beinen stehen* (selbstständig sein) – *sich kein Bein ausreißen* (sich nicht besonders anstrengen); der **Beinbruch; beinern** (aus Knochen oder Elfenbein bestehend); **beinhart** (sehr hart); **...beinig:** breitbeinig – kurzbeinig; das **Beinkleid;** die **Beinschiene**

bei·nah: (fast, nahezu); auch: **beinahe;** der **Beinahezusammenstoß,** die ...stöße

bei·sam·men: fröhlich beisammen (miteinander) sein – gut beisammen (in guter Verfassung) sein; **beisammenbleiben; beisammenhaben:** *nicht alle beisammenhaben* (verrückt sein); das **Beisammensein; beisammensitzen; beisammenstehen**

Bei·sein, das: -s; in seinem Beisein

bei·sei·te...: **beiseitebringen** (für eigene Zwecke auf die Seite schaffen); **beiseitelassen** (außer Betracht, unerwähnt lassen); **beiseitelegen:** ein Buch beiseitelegen – *etwas beiseitelegen* (sparen); **beiseiteschaffen:** jemanden beiseiteschaffen (ihn beseitigen, ermorden); **beiseiteschieben:** einen Schrank beiseiteschieben; **beiseitetreten**

bei·set·zen: jemanden beisetzen (beerdigen); die **Beisetzung;** die **Beisetzungsfeierlichkeit**

Bei·spiel, das: -(e)s, -e; zum Beispiel ⟨z. B.⟩ – ein schlechtes Beispiel geben – anhand eines Beispiels; **beispielgebend;** aber: ein gutes Beispiel gebend; **beispielhaft; beispiellos; beispielsweise** ⟨bspw.⟩

bei·ßen: du beißt, er biss, sie hat gebissen, beiß(e)!; die Zähne aufeinanderbeißen – ein beißender Schmerz – sich das Weinen verbeißen – die Farben beißen sich (passen nicht zueinander) – *nichts zu beißen* (Hunger) *haben* – *ins Gras beißen* (sterben); der **Beißkorb,** die ...körbe; **beißwütig;** die **Beißzange;** → Biss

Bei·stand, der: -(e)s, Beistände; jemandem Beistand leisten; der **Beistandspakt;**

A B C D E F

A
B
C
D
E
F

beistehen: einander beistehen (helfen)
Bei·strich, der: -(e)s, -e (Komma)
Bei·trag, der: -(e)s, Beiträge; seinen Beitrag zahlen – einen Beitrag leisten (sich beteiligen, mitwirken) – einen Beitrag (Aufsatz, Artikel) für eine Zeitung schreiben; **beitragen; beitragspflichtig;** die **Beitragszahlung**
bei·zei·ten: beizeiten (frühzeitig) aufstehen – beizeiten (zur rechten Zeit) sparen
bei·zen: Holz oder Textilien beizen (färben); die **Beize** (Holzfarbe, Jagd mit abgerichteten Raubvögeln); der **Beizvogel**
be·ja·hen: eine Frage bejahen; die **Bejahung**
be·jam·mern: (beklagen, tief bedauern); **bejammernswert**
be·kämp·fen: den Feind bekämpfen – eine Krankheit bekämpfen; die **Bekämpfung**
be·kannt: eine bekannte Persönlichkeit – er ist überall bekannt – für etwas bekannt sein; aber: jemand/etwas Bekanntes; der/die **Bekannte;** der **Bekanntenkreis; bekanntermaßen** (wie man weiß); **bekannterweise;** aber: in bekannter Weise; die **Bekanntgabe; bekanntgeben** (öffentlich verbreiten, mitteilen); auch: bekannt geben; die **Bekanntheit; bekanntlich; bekanntmachen** (veröffentlichen, der Allgemeinheit mitteilen) – er hat mich mit ihm bekanntgemacht (mich ihm vorgestellt); auch: bekannt machen; die **Bekanntmachung;** die **Bekanntschaft:** *mit etwas Bekanntschaft machen* (unangenehm in Berührung kommen); **bekanntwerden:** das darf nicht bekanntwerden (an die Öffentlichkeit gelangen) – ich bin mit ihm bekanntgeworden; auch: bekannt werden
be·keh·ren: sich bekehren lassen; der/die **Bekehrte;** die **Bekehrung**
be·ken·nen: seine Sünden bekennen – sich zu seiner Meinung bekennen; der **Bekenner;** der **Bekennerbrief;** der **Bekennermut;** das **Bekenntnis,** die Bekenntnisse; **bekenntnislos; bekenntnismäßig**
be·kla·gen: sie beklagt sich über die schlimmen Zustände; **beklagenswert;** der/die **Beklagte**
be·klei·den: leicht bekleidet sein – ein wichtiges Amt bekleiden (innehaben); die **Bekleidung;** die **Bekleidungsindustrie**
be·klem·men: beklemmende (bedrückende) Gedanken; die **Beklemmung; beklommen** (gehemmt); die **Beklommenheit**
be·kom·men: ein Geschenk bekommen – das Essen ist ihm nicht bekommen – wir bekommen Regen; **bekömmlich:** ein leichtbekömmliches Mahl; auch: leicht bekömmlich; die **Bekömmlichkeit**
be·kös·ti·gen: (zu essen geben); die **Beköstigung**
be·kräf·ti·gen: er bekräftigte (bestätigte nachdrücklich) seine Aussagen; die **Bekräftigung;** → Kraft
be·krit·teln: (tadeln, kleinlich nörgeln); ich bekritt(e)le; die **Bekritt(e)lung**
be·küm·mern: etwas bekümmert mich (macht mir Sorgen) – ein bekümmertes (trauriges) Gesicht machen; die **Bekümmernis,** die Bekümmernisse (Kummer); die **Bekümmertheit;** die **Bekümmerung**
be·kun·den: Interesse bekunden (zeigen, öffentlich aussprechen); die **Bekundung**
Be·lag, der: -(e)s, Beläge (dünne Schicht); der Belag auf der Zunge – den Belag der Bremsen erneuern; → belegen
be·la·gern: eine Festung belagern – Reporter belagern das Hotel; der **Belagerer;** die **Belagerung;** der **Belagerungszustand**
be·läm·mert: belämmert (betreten, eingeschüchtert) schauen; → Lamm
Be·lang, der: -(e)s, -e; nicht von Belang (nicht wichtig) sein – die Belange (Interessen) eines anderen vertreten; **belangen:** was mich belangt (angeht) – jemanden wegen Raubes belangen (zur Rechenschaft ziehen); **belanglos** (unwichtig); die **Belanglosigkeit;** die **Belangung** (Anklage); **belangvoll**
be·las·ten: die Brücke belasten – den Angeklagten belasten – das Haus mit Hypotheken belasten; **belastbar;** die **Belastbarkeit;** die **Belastung;** die **Belastungsprobe;** der **Belastungszeuge;** die **Belastungszeugin**
be·läs·ti·gen: (lästig fallen); die **Belästigung**
be·le·ben: (anregen, Schwung in etwas bringen); **belebt:** belebte (verkehrsreiche) Straßen; die **Belebtheit;** die **Belebung**
be·le·gen: den Boden mit Teppichen belegen – einen Platz belegen (als besetzt kennzeichnen) – die Stimme ist belegt – mit Urkunden belegen (beweisen); der **Beleg** (Beweisstück, Quittung); **belegbar;** die **Belegschaft;** die **Belegung;** → Belag
be·leh·ren: jemanden eines Bess(e)ren beleh-

ren; **belehrbar;** die **Belehrung**

be·lei·di·gen: leicht beleidigt sein; die **Beleidigung;** die **Beleidigungsklage**

be·leuch·ten: der Raum ist gut beleuchtet – ein Problem von allen Seiten beleuchten (betrachten); der **Beleuchter;** die **Beleuchtung;** der **Beleuchtungskörper**

be·leum·den: gut beleumdet sein (in gutem Rufe stehen); **beleumundet**

bel·fern: (heftig bellen, keifen, schimpfen)

Bel·gi·en: -s (Staat in Europa); der **Belgier;** die **Belgierin,** die Belgierinnen; **belgisch**

be·lie·ben: wie es dir beliebt (gefällt) – er beliebt zu scherzen; das **Belieben:** es liegt in seinem Belieben (Ermessen) – *nach Belieben* (nach eigenem Wunsch); **beliebig:** x-beliebig; aber: jeder x-Beliebige – ein beliebiges Kleid aussuchen; aber: alles Beliebige (was auch immer) – jeder Beliebige – etwas Beliebiges; **beliebt;** die **Beliebtheit;** die **Beliebtheitsskala**

bel·len: der Hund bellt ihn an – *bellende Hunde beißen nicht*

be·lo·bi·gen: (loben, auszeichnen); die **Belobigung;** das **Belobigungsschreiben**

be·loh·nen: jemanden für seine Treue belohnen; die **Belohnung**

Belt, der: -(e)s, -e (Meerenge); der Große Belt

be·lus·ti·gen: die Zuschauer belustigen (erheitern) – sich belustigen (vergnügen) – belustigt sein; die **Belustigung**

Bem. = Bemerkung

be·mäch·ti·gen: sich des Geldes bemächtigen – die Angst bemächtigte sich ihrer; die **Bemächtigung**

be·män·geln: ich bemäng(e)le (beanstande, kritisiere) nichts; die **Bemäng(e)lung**

be·män·teln: ich bemänt(e)le (beschönige) meine Fehler nicht; die **Bemänt(e)lung**

be·mer·ken: nebenbei bemerkt (gesagt) – nichts bemerken (sehen); **bemerkbar:** sich bemerkbar machen (auf sich aufmerksam machen); **bemerkenswert; bemerkenswerterweise;** aber: in bemerkenswerter Weise; die **Bemerkung** ⟨Bem.⟩

be·mü·hen: er bemühte sich um eine gute Note – bemühe dich nicht! – jemanden bemühen (in Anspruch nehmen); das **Bemühen; bemüht** (eifrig); die **Bemühung**

be·mü·ßi·gen: sich bemüßigt (veranlasst) fühlen, etwas zu tun

be·nach·rich·ti·gen: (in Kenntnis setzen); die **Benachrichtigung**

be·nach·tei·li·gen: sich benachteiligt (zurückgesetzt) fühlen; der/die **Benachteiligte;** die **Benachteiligung**

be·neh·men, sich: sich ordentlich benehmen (betragen); das **Benehmen:** ein tadelloses Benehmen haben – sich mit jemandem ins Benehmen setzen (sich verständigen)

be·nei·den: jemanden beneiden (auf ihn neidisch sein); **beneidenswert**

Be·ne·lux, die: - (Kurzname für Belgien, Niederlande und Luxemburg); die **Beneluxstaaten** *Pl.;* auch: die **Benelux-Staaten**

ben·ga·lisch: bengalisches Feuer (Buntfeuer) – die bengalische Beleuchtung

Ben·gel, der: -s, -/-s (frecher Junge)

be·nom·men: von einem Schlag benommen (betäubt) sein; die **Benommenheit**

be·nö·ti·gen: jemanden benötigen (dringend brauchen); die **Benötigung**

be·nut·zen: Seife benutzen – den hinteren Eingang benutzen; auch: **benützen; benutzbar;** auch: **benützbar;** die **Benutzbarkeit;** auch: die **Benützbarkeit;** der **Benutzer;** auch: der **Benützer; benutzerfreundlich;** auch: **benützerfreundlich;** das **Benutzerkennwort;** auch: das **Benützerkennwort;** die **Benutzung** auch: die **Benützung;** die **Benutzungsgebühr;** auch: die **Benützungsgebühr**

Ben·zin *arab.*, das: -s, -e (Treibstoff); der **Benzinkanister;** der **Benzintank;** das **Benzol** (flüssiger Kohlenwasserstoff)

be·ob·ach·ten: nichts Besonderes beobachten (feststellen); der **Beobachter;** die **Beobachterin,** die Beobachterinnen; die **Beobachtung;** die **Beobachtungsgabe;** die **Beobachtungsstation**

be·quem: ein bequemes Leben – zum Arbeiten zu bequem sein – er schaffte es bequem (ohne Mühe); sich **bequemen** (bereit sein); **bequemlich;** die **Bequemlichkeit**

be·ra·ten: du berätst, er beriet, sie hat beraten, berate!; jemanden beraten – sich beraten (gemeinsam überlegen) – *schlecht beraten sein* (falsch handeln); der **Berater;** die **Beraterin; beratschlagen:** der Plan wurde beratschlagt (besprochen); die **Beratschlagung;** die **Beratung;** die **Beratungsstelle**

be·rech·nen: die Stromkosten berechnen; **berechenbar;** die **Berechenbarkeit;**

berechnend: eine berechnende (nur auf den eigenen Vorteil bedachte) Person; die **Berechnung;** die **Berechnungsgrundlage**

Be·rech·ti·gung, die: -, -en (Recht, Befugnis); **berechtigen:** zu etwas berechtigt sein (das Recht zu etwas haben); **berechtigt:** berechtigte (begründete) Zweifel; der/die **Berechtigte; berechtigterweise;** der **Berechtigungsschein**

be·re·den: etwas bereden (besprechen) – sich mit jemandem bereden (beraten); **beredsam;** die **Beredsamkeit; beredt:** beredt (redegewandt) sein – ein beredtes (vielsagendes) Schweigen; die **Beredtheit;** die **Beredung**

Be·reich, der: -(e)s, -e (Umgebung, Gebiet)

be·rei·chern: sich schamlos bereichern; die **Bereicherung;** der **Bereicherungsversuch**

be·rei·fen: ein Auto bereifen; die **Bereifung**

be·reift: (mit Reif bedeckt)

be·rei·ni·gen: eine Angelegenheit bereinigen (in Ordnung bringen); die **Bereinigung**

be·reit: bereit (fertig, gerüstet) sein; **bereiten:** ein Bad bereiten – jemandem eine Freude bereiten; sich **bereiterklären;** auch: sich bereit erklären; sich **bereitfinden; bereithaben; bereithalten:** sich für die Abreise bereithalten – das Geld abgezählt bereithalten; **bereitlegen:** ich habe das Buch bereitgelegt; **bereitliegen:** die Wäsche liegt bereit; (sich) **bereitmachen:** wir haben uns bereitgemacht (fertiggemacht); auch: bereit machen; die **Bereitschaft;** der **Bereitschaftsdienst;** die **Bereitschaftspolizei; bereitstehen:** das Essen steht bereit; **bereitstellen:** Geld für etwas bereitstellen; die **Bereitstellung;** die **Bereitung** (Herstellung); **bereitwillig;** die **Bereitwilligkeit**

be·reits: es ist bereits (schon) zwölf Uhr

Berg, der: -(e)s, -e; auf einen Berg steigen – ein Berg von Arbeit – *über alle Berge* (geflohen und schon sehr weit weg) *sein* – *mit etwas hinter dem Berg halten* (etwas verheimlichen) – *über den Berg sein* (eine Schwierigkeit, Krise überstanden haben); **bergab; bergabwärts;** aber: den Berg abwärts; **bergan;** der **Bergarbeiter; bergauf; bergaufwärts;** aber: den Berg aufwärts; die **Bergbahn;** der **Bergbau; bergeweise** (in großen Mengen); der **Bergfried** (Hauptturm einer Burg); der **Bergführer;** der **Berggipfel; bergig;** der **Bergkristall;** die **Bergkuppe;** die **Bergleute** *Pl.;* der **Bergmann;** das **Bergmassiv** (Gebirgsstock); die **Bergpredigt;** der **Bergrutsch;** die **Bergstation; bergsteigen;** aber: auf den Berg steigen; der **Bergsteiger;** die **Bergsteigerin;** der **Bergsturz;** die **Bergtour;** die **Berg-und-Tal-Bahn; bergunter;** die **Bergwacht; bergwärts;** das **Bergwerk**

ber·gen: du birgst, er barg, sie hat geborgen, birg!; den Verletzten bergen (in Sicherheit bringen) – sich geborgen fühlen – das Meer birgt (trägt in sich) viele Schätze; die **Bergung;** die **Bergungsmannschaft**

be·rich·ten: über eine Reise berichten; der **Bericht;** der **Berichterstatter;** die **Berichterstatterin,** die ...erstatterinnen; die **Berichterstattung;** der **Berichtszeitraum**

be·rich·ti·gen: einen Fehler berichtigen (beseitigen) – jemanden berichtigen (das, was er sagt, richtigstellen); die **Berichtigung**

Ber·lin: -s (Hauptstadt Deutschlands); ein Berliner Junge – der Berliner Bär (Wappen) – die Berliner Weiße (Getränk); der **Berliner;** die **Berlinerin,** die Berlinerinnen; **berlinerisch; berlinern** (berlinerisch sprechen)

Bern·stein, der: -s, -e (gelber bis brauner, durchsichtiger Stein); **bernsteine(r)n** (aus Bernstein); **bernsteinfarben;** die **Bernsteinkette**

Ber·ser·ker, der: -s, - (kampfeslustiger Mensch); wie ein Berserker toben; **berserkerhaft**

bers·ten: du birst, er barst, sie ist geborsten, birst!; der Balken barst (brach) unter der Belastung – *zum Bersten voll* (übervoll)

be·rüch·tigt: ein berüchtigtes (verrufenes) Lokal

be·rück·sich·ti·gen: seine Wünsche wurden berücksichtigt; die **Berücksichtigung**

Be·ruf, der: -(e)s, -e; einen Beruf ergreifen; **berufen:** in ein Amt berufen (einsetzen) – sich auf jemanden berufen (als Zeugen, Bürgen nennen); **berufen:** sich berufen (geeignet, befähigt) fühlen – aus berufenem Munde (aus sicherer Quelle); **beruflich; berufsbedingt; berufsbegleitend;** die **Berufsberatung; berufsbildend:** berufsbildende Schulen; **berufsblind:** berufsblind sein (durch Gewohnheit Fehler nicht mehr sehen); **berufserfahren; berufsfremd;** das **Berufsgeheimnis,** die ...geheimnisse; die **Berufsgenossenschaft;** das **Berufsleben; berufslos; berufsmäßig;** das **Berufsrisiko;** die **Be-**

rufsschule; aber: die berufsbildenden Schulen; der **Berufsspieler;** der **Berufssportler;** der **Berufsstand; berufstätig;** der/die **Berufstätige; berufsunfähig;** der **Berufsverkehr;** die **Berufswahl;** die **Berufung:** Berufung (Widerspruch) gegen ein Urteil einlegen – seine Berufung (Ernennung) zum Richter; das **Berufungsverfahren**

be·ru·hen: auf einem Irrtum beruhen – *etwas auf sich beruhen lassen* (nicht weiterverfolgen)

be·ru·hi·gen: beruhige dich (werde ruhiger)!; die **Beruhigung;** das **Beruhigungsmittel;** die **Beruhigungsspritze**

be·rühmt: eine berühmte Künstlerin; **berühmt-berüchtigt;** die **Berühmtheit:** zu Berühmtheit gelangen – eine Berühmtheit (bekannte Persönlichkeit) sein

be·rüh·ren: etwas vorsichtig berühren (anfassen) – die Nachricht berührte (traf) ihn tief – viele Fragen berühren (erwähnen); die **Berührung;** der **Berührungspunkt**

bes. = besonders

be·sa·gen: das besagt (bedeutet) nichts – seine Miene besagt (verrät) alles – besagter (erwähnter, genannter) Herr Müller; der/die **Besagte** (Genannte)

be·sänf·ti·gen: (beruhigen, beschwichtigen); die **Besänftigung**

Be·satz, der: -es, Besätze (Verzierung an einem Kleidungsstück); die **Besatzer** *Pl.* (Besatzungstruppen); die **Besatzung;** die **Besatzungsmacht,** die ...mächte; die **Besatzungszone;** → besetzen

be·schä·di·gen: fremdes Eigentum beschädigen (schadhaft machen); die **Beschädigung**

be·schaf·fen: sich Arbeit beschaffen (besorgen); **beschaffen:** so beschaffen (geartet, veranlagt) sein; die **Beschaffenheit;** die **Beschaffung;** die **Beschaffungskriminalität**

be·schäf·ti·gen: sich mit etwas beschäftigen – viele Arbeiter beschäftigen (angestellt haben); der/die **Beschäftigte;** die **Beschäftigung; beschäftigungslos**

be·schä·men: jemanden beschämen (Scham empfinden lassen) – ein beschämendes (demütigendes) Gefühl; die **Beschämung**

be·schat·ten: einen Dieb beschatten (überwachen); der **Beschatter;** die **Beschattung**

be·schau·en: (ruhig betrachten); die **Beschau** (amtliche Prüfung); der **Beschauer;** die **Beschauerin; beschaulich;** die **Beschaulichkeit**

Be·scheid, der: -(e)s, -e; jemandem Bescheid (Nachricht) geben – einen Bescheid (eine amtliche Entscheidung) ausstellen – Bescheid wissen (unterrichtet sein); **bescheiden:** sich mit etwas bescheiden (zufriedengeben) – ein Gesuch wurde abschlägig beschieden (abgelehnt); **bescheiden:** bescheiden (genügsam) leben – bescheidene (geringe) Leistungen; die **Bescheidenheit**

be·schei·ni·gen: (bestätigen); die **Bescheinigung**

be·sche·ren: beschert (beschenkt) werden – das Schicksal hat uns viel Gutes beschert (gebracht); die **Bescherung:** das ist ja eine schöne Bescherung (unangenehme Überraschung)! – die Bescherung der Kinder (Austeilung der Geschenke)

be·scheu·ert: (verrückt, dumm, lästig)

be·schie·ßen: eine Stadt beschießen; die **Beschießung;** der **Beschuss**

be·schimp·fen: jemanden mit groben Worten beschimpfen; die **Beschimpfung**

be·schla·gen: ein Pferd beschlagen – die Fenster sind beschlagen (angelaufen); der **Beschlag:** die Beschläge der Tür – *etwas/jemanden in Beschlag nehmen/mit Beschlag belegen* (für sich beanspruchen); **beschlagen:** *beschlagen sein* (gute Kenntnisse haben, erfahren sein); die **Beschlagenheit**

Be·schlag·nah·me, die: -, -n, eine Beschlagnahme (behördliche Wegnahme) anordnen; **beschlagnahmen;** die **Beschlagnahmung**

be·schleu·ni·gen: das Tempo beschleunigen – etwas beschleunigt (sehr schnell) erledigen; die **Beschleunigung**

be·schlie·ßen: das Fest beschließen (beenden) – ein neues Gesetz beschließen; **beschlossenermaßen;** der **Beschluss,** die Beschlüsse; **beschlussfähig;** die **Beschlussfähigkeit;** die **Beschlussfassung**

be·schö·ni·gen: einen Fehler beschönigen (als harmlos hinstellen); die **Beschönigung**

be·schrän·ken: sich auf das Wesentliche beschränken – die Freiheit eines anderen beschränken (einengen); **beschrankt:** ein beschrankter (mit Schranken geschützter) Bahnübergang; **beschränkt:** die Möglichkeiten sind sehr beschränkt (knapp) – beschränkt (dumm, einfältig) sein; die

A B C D E F

A B C D E F

Beschränktheit; die **Beschränkung**

be·schrei·ben: den Zettel beschreiben – einen Vorgang beschreiben (erzählen); **beschreibbar;** die **Beschreibung**

be·schrif·ten: Bilder beschriften; die **Beschriftung**

be·schul·di·gen: jemanden eines Verbrechens beschuldigen; der/die **Beschuldigte;** die **Beschuldigung**

Be·schwer·de, die: -, -n; eine Beschwerde (einen Einspruch) verfassen; **beschwerdefrei;** die **Beschwerdefrist;** der/die **Beschwerdeführende;** die **Beschwerden** *Pl.*: die Beschwerden (körperlichen Leiden) des Alters; der **Beschwerdeweg; beschweren:** sich beim Vorgesetzten beschweren (Klage führen) – einen Brief beschweren (mit etwas Schwerem belasten); **beschwerlich** (mühsam); die **Beschwerlichkeit;** die **Beschwernis,** die Beschwernisse (Last, Mühsal); die **Beschwerung**

be·schwich·ti·gen: (beruhigen, besänftigen); die **Beschwichtigung**

be·schwin·gen: die Musik beschwingt mich (macht mich fröhlich, heiter); **beschwingt** (heiter, voll Schwung); die **Beschwingtheit**

be·schwipst: beschwipst (leicht betrunken) sein; der/die **Beschwipste**

be·schwö·ren: etwas vor Gericht beschwören (durch Schwur bestätigen) – jemanden beschwören (anflehen) – Geister beschwören (herbeirufen); der **Beschwörer;** die **Beschwörerin;** die **Beschwörung**

be·sei·ti·gen: Abfall beseitigen (wegräumen) – jemanden beseitigen (ermorden); die **Beseitigung**

Be·sen, der: -s, -; *mit eisernem Besen kehren* (sehr hart durchgreifen) – *neue Besen kehren gut*; der **Besenbinder;** die **Besenbinderin; besenrein:** eine Wohnung besenrein (sauber gefegt) übergeben; der **Besenstiel**

be·ses·sen: von einer Idee besessen (ganz erfüllt) sein – wie besessen (wahnsinnig) toben; der/die **Besessene;** die **Besessenheit**

be·set·zen: eine Stadt besetzen – der Platz ist besetzt (belegt) – ein mit Pelz besetzter Mantel – einen Posten besetzen (vergeben); der **Besetzer; besetzt** (nicht mehr frei); das **Besetztzeichen;** die **Besetzung;** → Besatz

be·sich·ti·gen: eine Stadt besichtigen; die **Besichtigung**

be·sie·deln: ein Gebiet besiedeln; die **Besied(e)lung**

be·sie·geln: den Bund besiegeln (bekräftigen) – sein Schicksal ist besiegelt (steht unabwendbar fest); die **Besieg(e)lung**

be·sie·gen: einen Gegner besiegen – seine Wut besiegen (überwinden); der **Besieger;** der/die **Besiegte;** die **Besiegung**

be·sin·nen, sich: du besinnst dich, er besann sich, sie hat sich besonnen, besinn(e) dich!; sich auf etwas besinnen (an etwas erinnern) – sich eines ander(e)n besinnen (seine Meinung ändern) – sich eines Bess(e)ren besinnen; **besinnlich:** besinnliche (beschauliche) Stunden verleben; die **Besinnlichkeit;** die **Besinnung:** bei Besinnung (klarem Verstand) sein – jemanden zur Besinnung (zu einer vernünftigen Einsicht) bringen; **besinnungslos;** die **Besinnungslosigkeit;** → besonnen

Be·sitz, der: -es; etwas in seinen Besitz bringen (sich etwas aneignen) – im Besitze von etwas sein; der **Besitzanspruch; besitzanzeigend; besitzen;** der **Besitzer;** die **Besitzergreifung;** die **Besitzerin,** die Besitzerinnen; **besitzlos;** der/die **Besitzlose;** die **Besitzlosigkeit;** die **Besitznahme;** der **Besitzstand;** das **Besitztum,** die ...tümer; die **Besitzung;** die **Besitzverhältnisse** *Pl.*

be·sol·den: er ist sehr gut besoldet; die **Besoldung** (Gehalt; Lohn für Beamte, Soldaten)

be·son·der...: die besondere Verwendung – eine besondere Freude machen – insbesond(e)re – nur in besonderen (einzelnen) Fällen; aber: das Besond(e)re (Außergewöhnliche) – im Besonder(e)n – etwas/nichts Besond(e)res; die **Besonderheit; besonders:** das Spiel ist nicht besonders (nicht gut) – ich lebe besonders (sehr) gerne in Berlin – darauf müsst ihr besonders (nachdrücklich) achten

be·son·nen: ein besonnener (überlegt handelnder, umsichtiger) Mann; die **Besonnenheit;** → besinnen

be·sor·gen: Lebensmittel besorgen (beschaffen) – *es jemandem besorgen* (heimzahlen) – ein Geschäft besorgen; die **Besorgnis,** die Besorgnisse (Befürchtung); **besorgniserregend:** ein besorgniserregender Vorfall; auch: Besorgnis erregend; aber nur: ein große Besorgnis erregender Zustand – ein äußerst besorgniserregender Zustand; **besorgt;** die **Besorgtheit;** die **Besorgung** (Einkauf)

be·spre·chen: ein Problem besprechen – ein Buch besprechen (öffentlich beurteilen) – sich mit jemandem besprechen (beraten); die **Besprechung**

bes·ser: etwas besser wissen – besser sein – besser (treffender) gesagt – meine bessere Hälfte (Ehefrau); aber: der/die/das Bess(e)re – jemanden eines Besser(e)n (Bessren) belehren – er hat nichts Bess(e)res zu tun – eine Wendung zum Bess(e)ren – *sich eines Bess(e)ren besinnen* (seinen Entschluss ändern) – *besser einmal als nie – besser früh bedacht als spät bereut – Vorbeugen ist besser als Heilen;* **bessergehen:** dem Kranken wird es bald bessergehen; auch: besser gehen; aber: mit den alten Schuhen konnte sie besser gehen; **bessergestellt:** zu den bessergestellten Leuten gehören; der/die **Bessergestellte; bessern:** sich künftig bessern – das Wetter bessert sich; **besserstellen:** jemanden besserstellen (sozial verbessern); die **Besserstellung;** die **Bess(e)rung;** die **Besserungsanstalt; besserverdienend:** ein besserverdienender Angestellter; auch: besser verdienend; der/die **Besserverdienende;** auch: der/die besser Verdienende; der **Besserwisser;** die **Besserwisserei; besserwisserisch**

best...: am besten sein – etwas am besten machen – das beste Stück; aber: der/die/das Beste – das erste Beste – das Beste wollen – zu deinem Besten – das Beste vom Besten – sein Bestes tun – hoffen wir das Beste – jemanden zum Besten haben/halten – zum Besten stehen – aufs Beste (sehr gut) sein; auch: aufs beste – *etwas zum Besten geben* (etwas zur Unterhaltung beitragen); **bestbezahlt; bestenfalls; bestens;** die **Bestform; bestgehasst; bestinformiert;** die **Bestleistung; bestmöglich;** das **Bestmögliche; bestvorbereitet;** die **Bestzeit**

Be·stand, der: -(e)s, Bestände; die Freundschaft hat Bestand (ist von Dauer) – einen großen Bestand (Vorrat) an Waren haben; **beständig** (andauernd); die **Beständigkeit;** die **Bestandsaufnahme;** der **Bestandteil;** → bestehen

be·stä·ti·gen: die Nachricht bestätigen – jemanden in seiner Stellung bestätigen; die **Bestätigung**

be·stat·ten: einen Toten bestatten (beerdigen); die **Bestattung;** das **Bestattungsinstitut;** die **Bestattungskosten** *Pl.*

be·stäu·ben: mit Mehl bestäuben – die Blüten bestäuben (befruchten); die **Bestäubung**

be·stau·nen: ein Kunstwerk bestaunen

be·ste·chen: jemanden mit Geld bestechen – sein Charme besticht; **bestechend:** einen bestechenden (hervorragenden) Eindruck machen; **bestechlich;** die **Bestechlichkeit;** die **Bestechung;** der **Bestechungsskandal;** der **Bestechungsversuch**

Be·steck, das: -(e)s, -e (ein Satz Messer, Gabel, Löffel); der **Besteckkasten**

be·ste·hen: du bestehst, er bestand, sie hat bestanden, besteh(e)!; bestehen bleiben – etwas bestehen lassen – auf etwas nachdrücklich bestehen (beharren) – ein Examen bestehen – die Firma besteht (existiert) schon lange – aus Eisen bestehen (sein); das **Bestehen:** seit Bestehen der Firma; → Bestand

be·stel·len: eine Ware bestellen – den Acker bestellen (bearbeiten) – jemanden zu sich bestellen – Grüße bestellen – *nicht viel zu bestellen haben* (eine untergeordnete Rolle spielen); der **Besteller;** die **Bestellerin,** die Bestellerinnen; die **Bestellkarte;** die **Bestellliste;** auch: die **Bestell-Liste;** die **Bestellnummer;** der **Bestellschein;** die **Bestellung**

Bes·tie *lat. [bestje],* die: -, -n (wildes Tier, grausamer Mensch); eine Bestie in Menschengestalt; **bestialisch;** die **Bestialität**

be·stim·men: einen Zeitpunkt bestimmen (festlegen) – Pflanzen bestimmen – die Ware ist für mich bestimmt – etwas so bestimmen (anordnen); **bestimmbar; bestimmt:** ein bestimmter Zweck – etwas bestimmt (nachdrücklich) ablehnen – ganz bestimmt (gewiss) kommen – das bestimmte Geschlechtswort; die **Bestimmtheit:** etwas mit Bestimmtheit (Gewissheit) erkennen; die **Bestimmung:** eine Bestimmung (Verordnung) erlassen – seine Bestimmung (sein Ziel, seinen Zweck) erkennen; **bestimmungsgemäß;** der **Bestimmungsort**

be·stra·fen: ein Verbrechen/einen Verbrecher bestrafen; die **Bestrafung**

be·strah·len: (mit Strahlen behandeln); die

A
B
C
D
E
F

Bestrahlung; die **Bestrahlungsdosis**

be·stre·ben, sich: (sich anstrengen, bemühen); das **Bestreben; bestrebt:** bestrebt (bemüht) sein; die **Bestrebung**

be·strei·ten: die Schuld bestreiten (leugnen) – die Kosten bestreiten (bezahlen); die **Bestreitung:** die Bestreitung (Zahlung) der Kosten

be·stri·cken: jemanden bestricken (bezaubern); **bestrickend:** ein bestrickendes (gewinnendes, bezauberndes) Wesen haben

Best·sel·ler *engl.* , der: -s, - (besonders erfolgreiches Buch); der **Bestsellerautor;** die **Bestsellerautorin;** die **Bestsellerliste**

be·stürzt: bestürzt (fassungslos) sein; **bestürzen:** ein bestürzendes (erschreckendes) Ereignis; die **Bestürztheit;** die **Bestürzung**

Be·such, der: -(e)s, -e; zu Besuch – auf Besuch sein; **besuchen;** der **Besucher;** die **Besucherin,** die Besucherinnen; der **Besucherstrom;** der **Besuchstag;** die **Besuchszeit**

be·su·deln: seine Kleidung besudeln (verunreinigen) – die Ehre besudeln (beflecken); die **Besud(e)lung**

be·tagt: eine betagte (sehr alte) Frau; die **Betagtheit** (das Alter)

Be·ta·strah·len *Pl. griech.*, die: - (aus Elektronen bestehende radioaktive Strahlen); auch: die **β-Strahlen**

be·tä·ti·gen: die Bremse betätigen – sich gerne mit etwas betätigen (beschäftigen); die **Betätigung;** das **Betätigungsfeld**

be·täu·ben: (bewusstlos machen, die Empfindung nehmen); die **Betäubung;** das **Betäubungsmittel**

Be·te, die: -, -n (Wurzelgemüse); Rote Bete; auch: die **Beete:** Rote Beete

be·tei·li·gen, sich: sich am Gespräch beteiligen – er beteiligt sich an den Kosten (übernimmt einen Teil der Kosten); der/die **Beteiligte;** die **Beteiligung**

be·ten: zu Gott beten; der **Betbruder** (jemand, der sehr oft in die Kirche geht); der **Beter;** die **Beterin,** die Beterinnen; die **Betschwester**

be·teu·ern: seine Unschuld beteuern; die **Beteuerung**

Be·ton *franz., [betõ],* der -s, -s (Baustoff aus Zement, Sand und Wasser); der **Betonbau;** der **Betonblock,** die ...blöcke; die **Betondecke; betonieren;** die **Betonierung;** der **Betonklotz;** der **Betonkopf** (starrköpfiger Mensch); die **Betonmischmaschine**

be·to·nen: ein Wort betonen – seine Überlegenheit betonen (herausstellen); **betont:** sich betont (bewusst) einfach kleiden; **...betont:** leistungsbetont; die **Betonung;** das **Betonungszeichen**

be·tö·ren: ein betörender (bezaubernder, hinreißender) Blick; der **Betörer;** die **Betörerin;** die **Betörung**

betr. = betreffend, betreffs; **Betr.** = Betreff

be·trach·ten: sich im Spiegel betrachten – jemanden als seinen Freund betrachten (für seinen Freund halten); der **Betracht:** in Betracht (in Frage) kommen – jemanden/etwas in Betracht ziehen (berücksichtigen, beachten) – jemanden/etwas außer Betracht (unbeachtet) lassen; der **Betrachter;** die **Betrachterin,** die Betrachterinnen; **beträchtlich:** der Schaden ist beträchtlich (ziemlich groß); aber: um ein Beträchtliches größer; die **Betrachtung;** die **Betrachtungsweise**

Be·trag, der: -(e)s, Beträge (Geldsumme); **betragen:** sich gut betragen – der Gewinn beträgt zehntausend Euro; das **Betragen;** die **Betragensnote**

be·trau·en: jemanden mit einer Aufgabe betrauen (damit beauftragen)

be·tref·fen: es betrifft, es betraf, es hat betroffen; was mich betrifft (angeht); der **Betreff** ⟨Betr.⟩; **betreffend** ⟨betr.⟩; der/die **Betreffende; betreffs** ⟨betr.⟩; **betroffen:** sie sind vom Unglück betroffen – ein betroffenes (bestürztes) Gesicht machen; der/die **Betroffene;** die **Betroffenheit**

be·trei·ben: du betreibst, er betrieb, sie hat betrieben, betreib(e)!; Ackerbau betreiben – eine Sache betreiben (voranbringen); das **Betreiben:** auf mein Betreiben (meine Veranlassung); der **Betreiber;** die **Betreiberin,** die Betreiberinnen; die **Betreibung;** → Betrieb

be·tre·ten: du betrittst, er betrat, sie hat betreten, betritt!; das Haus betreten; aber: das Betreten der Wohnung; **betreten:** betreten (verlegen) schauen; die **Betretenheit** (peinliche Verlegenheit)

be·treu·en: seine Gäste betreuen (sich um sie kümmern) – betreutes Wohnen; der **Betreuer;** die **Betreuerin;** der/die **Betreute;** die **Betreuung;** die **Betreuungsstelle**

Be·trieb, der: -(e)s, -e; einen Betrieb leiten – eine Maschine in Betrieb setzen – außer Betrieb – auf der Straße herrscht ein reger Betrieb (lebhaftes Treiben); **betrieblich; betriebsam** (geschäftig, rührig); die **Betriebsamkeit;** der/die **Betriebsangehörige;** der **Betriebsausflug; betriebsbedingt:** betriebsbedingte Entlassungen; **betriebsbereit; betriebsblind** (durch Gewohnheit für Fehler oder Mängel blind geworden sein); **betriebsfähig;** die **Betriebsferien** *Pl.*; **betriebsfertig; betriebsfremd;** der **Betriebsführer; betriebsintern;** das **Betriebsklima;** der **Betriebsleiter;** der **Betriebsrat;** der/die **Betriebsratsvorsitzende;** der **Betriebsschluss; betriebssicher;** das **Betriebssystem;** der **Betriebsunfall,** die ... unfälle; die **Betriebsversammlung;** → betreiben

be·trü·ben: betrübt (still, traurig) sein – jemanden betrüben; **betrüblich; betrüblicherweise;** die **Betrübnis,** die Betrübnisse; **betrübt;** die **Betrübtheit**

be·trü·gen: du betrügst, er betrog, sie hat betrogen, betrüg(e)!; der **Betrug;** der **Betrüger;** die **Betrügerei;** die **Betrügerin,** die Betrügerinnen; **betrügerisch**

Bett, das: -(e)s, -en; zu Bett(e) gehen – das Bett hüten (krank sein) – das Bett des Flusses – *sich ins gemachte Bett legen* (eine Existenz ohne eigene Anstrengung gründen); die **Bettcouch** *[... kautsch]*; die **Bettdecke; betten:** *sich weich betten* (sich ein angenehmes Leben verschaffen) – *wie man sich bettet, so liegt man*; die **Bettfeder;** die **Bettlade** (Bettgestell); **bettlägerig;** das **Bettlaken;** das **Bettnässen;** die **Bettruhe;** die **Bettschwere;** die **Bettstatt,** die ... stätten (Schlafstelle); das **Betttuch;** auch: das **Bett-Tuch;** die **Bettwäsche;** das **Bettzeug**

bet·teln: ich bett(e)le um Almosen; der **Bettel** (Bettelei, Kleinkram); **bettelarm;** die **Bettelei;** der **Bettelmann,** die ... leute; der **Bettelmönch;** der **Bettelstab:** *jemanden an den Bettelstab bringen* (um all sein Geld bringen); der **Bettler;** die **Bettlerin**

be·tucht: ein betuchter (reicher) Kaufmann

be·tu·lich: eine betuliche (freundlich-besorgte) Art – betulich (gemächlich) arbeiten; die **Betulichkeit**

beu·gen: den Arm beugen – das Recht beugen (willkürlich auslegen) – er beugt (unterwirft) sich der Gewalt – ein Wort beugen (abwandeln, konjugieren); die **Beuge; beugsam;** die **Beugung**

Beu·le, die: -, -n; eine Beule an der Stirn haben; sich **beulen;** die **Beulenpest**

be·un·ru·hi·gen: diese Nachricht beunruhigt mich (macht mir Sorgen); die **Beunruhigung**

be·ur·lau·ben: jemanden beurlauben (jemandem Urlaub geben) – vom Dienst beurlauben (von seinen Amtspflichten entbinden); die **Beurlaubung**

be·ur·tei·len: das ist schwer zu beurteilen (zu bewerten); der **Beurteiler;** die **Beurteilerin;** die **Beurteilung;** der **Beurteilungsmaßstab**

Beu·te, die: -; jemandem die Beute abnehmen – auf Beute ausgehen – leichte Beute machen; **beutegierig;** das **Beutegut;** das **Beutetier;** der **Beutezug,** die ... züge

Beu·tel, der: -s, -; mit leerem Beutel (ohne Geld) – tief in den Beutel greifen (viel zahlen) müssen; **beuteln:** er wird vom Schicksal gebeutelt (geplagt) – jemanden beuteln (schütteln); der **Beutelschneider** (Taschendieb, Wucherer); das **Beuteltier**

Be·völ·ke·rung, die: -, -en (alle Bewohner eines bestimmten Gebietes); **bevölkern:** ein dicht bevölkertes Land – Urlauber bevölkern in Scharen den Ort; die **Bevölkerungsdichte;** die **Bevölkerungsexplosion; bevölkerungsreich;** die **Bevölkerungsschicht;** die **Bevölkerungsstatistik**

be·voll·mäch·ti·gen: jemanden bevollmächtigen (jemandem eine Vollmacht geben); der/die **Bevollmächtigte;** die **Bevollmächtigung**

be·vor: bevor (ehe) ich abreise; **bevormunden:** jemanden bevormunden (für ihn entscheiden); die **Bevormundung; bevorrechtigen;** die **Bevorrechtigung; bevorstehen; bevorteilen** (begünstigen); die **Bevorteilung; bevorzugen;** die **Bevorzugung**

be·wa·chen: einen Gefangenen bewachen; der **Bewacher;** die **Bewachung**

be·waff·nen: schwer bewaffnete Soldaten; der/die **Bewaffnete;** die **Bewaffnung**

be·wah·ren: jemanden vor Gefahren bewahren (behüten, beschützen) – etwas im Herzen bewahren – Stillschweigen bewahren – den Toten ein ehrendes Andenken bewahren – Gott bewahre uns!; der **Bewahrer;** die

A
B
C
D
E
F

Bewahrerin, die Bewahrerinnen; die **Bewahrung** (Aufbewahrung, Schutz)

be·wäh·ren, sich: sich in der Gefahr bewähren – das Mittel bewährt sich (erweist sich als geeignet); **bewährt:** ein bewährter (erprobter, tüchtiger) Mitarbeiter; die **Bewährung:** eine Strafe auf Bewährung (Probe) bekommen; die **Bewährungsfrist;** der **Bewährungshelfer;** die **Bewährungshelferin,** die ... helferinnen; die **Bewährungsprobe**

be·wahr·hei·ten, sich: (sich als wahr herausstellen); die **Bewahrheitung**

be·wäl·ti·gen: eine Aufgabe bewältigen (gut ausführen, meistern); die **Bewältigung**

be·wan·dert: (erfahren, gut informiert)

Be·wandt·nis, die: -, -se; damit hat es folgende Bewandtnis (es verhält sich so)

be·wäs·sern: ein trockenes Feld bewässern; die **Bewässerung;** das **Bewässerungssystem**

be·we·gen: du bewegst, er bewegte, sie hat bewegt, beweg(e)!; den Arm bewegen – sich langsam bewegen – das bewegt mich tief – der Preis bewegt sich zwischen 50 und 100 Euro; **bewegen** (veranlassen): du bewegst, er bewog, sie hat bewogen, beweg(e)! – was bewog dich zu dieser Tat?; **bewegend:** eine bewegende (ergreifende) Erzählung; der **Beweggrund,** die ... gründe; **beweglich;** die **Beweglichkeit; bewegt:** ein bewegtes (unstetes, unruhiges) Leben führen; die **Bewegung:** eine politische Bewegung – sich in Bewegung setzen (zu gehen, zu fahren beginnen); der **Bewegungsapparat;** die **Bewegungsfreiheit; bewegungslos; bewegungsunfähig**

Be·weis, der: -es, -e; den Beweis antreten – der Beweis seiner Schuld; die **Beweisaufnahme; beweisbar;** die **Beweisbarkeit; beweisen:** seine Unschuld beweisen; die **Beweisführung; beweiskräftig;** das **Beweismaterial;** das **Beweisstück**

Be·wen·den, das: -s; es hat dabei sein Bewenden (es bleibt dabei); **bewenden:** es damit bewenden (auf sich beruhen) lassen

be·wer·ben, sich: sich um eine freie Stelle bewerben; der **Bewerber,** die **Bewerberin,** die Bewerberinnen; die **Bewerbung;** das **Bewerbungsgespräch;** das **Bewerbungsschreiben;** die **Bewerbungsunterlagen** *Pl.*

be·werk·stel·li·gen: (ausführen, zustande bringen); die **Bewerkstelligung**

be·wer·ten: eine Arbeit bewerten (beurteilen); die **Bewertung;** der **Bewertungsmaßstab,** die ... maßstäbe

be·wil·li·gen: einen Urlaub bewilligen (gewähren); die **Bewilligung**

be·wir·ten: einen Gast bewirten (ihm zu essen und zu trinken geben); **bewirtschaften:** eine Gaststätte bewirtschaften (leiten); die **Bewirtschaftung;** die **Bewirtung**

be·woh·nen: eine bewohnte Insel; **bewohnbar;** der **Bewohner;** die **Bewohnerin,** die Bewohnerinnen; die **Bewohnerschaft**

be·wöl·ken, sich: der Himmel bewölkt sich – ihre Stirn bewölkte sich (ihre Miene verfinsterte sich); **bewölkt;** die **Bewölkung**

be·wun·dern: ein Gemälde bewundern; der **Bewund(e)rer;** die **Bewund(r)erin; bewundernswert;** die **Bewunderung; bewunderungswürdig**

be·wusst: er lügt bewusst (absichtlich) – an dem bewussten (bekannten) Tag – eine bewusste (absichtliche) Täuschung – sich einer Sache bewusst sein (sich über etwas im Klaren sein); die **Bewusstheit; bewusstlos:** jemanden bewusstlos schlagen; die **Bewusstlosigkeit; bewusstmachen:** sich etwas bewusstmachen (vergegenwärtigen) – jemandem etwas bewusstmachen (klarmachen); auch: bewusst machen; aber nur: etwas bewusst (absichtlich, gewollt) machen; die **Bewusstmachung;** das **Bewusstsein;** die **Bewusstseinserweiterung;** die **Bewusstseinstrübung; bewusstwerden;** auch: bewusst werden

bez. = bezahlt; bezüglich

Bez. = Bezeichnung; Bezirk

be·zah·len: mit Geld bezahlen – für etwas bezahlen (die Folgen tragen) müssen; **bezahlbar; bezahlt** ⟨bez.⟩: die Mühe macht sich bezahlt (lohnt sich); die **Bezahlung**

be·zäh·men: seinen Zorn bezähmen (bändigen, zügeln); **bezähmbar;** die **Bezähmung**

be·zeich·nen: jemanden als Lügner bezeichnen – bezeichnete (gekennzeichnete) Wege; **bezeichnend:** das ist bezeichnend (kennzeichnend) für ihn; **bezeichnenderweise;** die **Bezeichnung** ⟨Bez.⟩

be·zeu·gen: eine Aussage bezeugen (bestätigen, bekunden); die **Bezeugung**

be·zich·ti·gen: eines Verbrechens bezichtigen (beschuldigen); die **Bezichtigung**

be·zie·hen: den Stuhl mit Stoff beziehen – eine Zeitung beziehen – eine Rente beziehen – Prügel beziehen – ich beziehe mich auf unser letztes Gespräch – eine Wohnung beziehen – es bezieht (bewölkt) sich; **beziehbar;** der **Bezieher;** die **Bezieherin;** die **Beziehung:** etwas in Beziehung setzen – eine neue Beziehung (Freundschaft) eingehen – alle Beziehungen abbrechen – in dieser Beziehung (Hinsicht) kannst du beruhigt sein; **beziehungslos; beziehungsweise** ⟨bzw.⟩; der **Bezug,** die Bezüge: ein neuer Bezug (Überzug) – hohe Bezüge (ein hohes Gehalt) bekommen – Bezug nehmen (sich beziehen) auf – mit Bezug auf – in Bezug auf; **bezüglich** ⟨bez.⟩; die **Bezugnahme:** unter Bezugnahme; **bezugnehmend;** auch: Bezug nehmend; **bezugsfertig;** die **Bezugsquelle;** der **Bezug(s)schein**

Be·zirk ⟨Bez.⟩, der: -(e)s, -e (Gegend, abgegrenztes Gebiet); die **Bezirksgrenze;** die **Bezirksliga;** die **Bezirksregierung;** der **Bezirkstag; bezirksweise**

be·zir·zen: jemanden bezirzen (bezaubern); auch: **becircen**

BGB = Bürgerliches Gesetzbuch

Bhf. (Bf.) = Bahnhof

Bi·ath·lon *lat.,* der: -s, -s (Kombination aus Skilanglauf und Scheibenschießen)

bib·bern: vor Kälte bibbern (zittern)

Bi·bel *griech.,* die: -, -n (die Heilige Schrift); **bibelfest; biblisch:** ein biblisches (sehr hohes) Alter – biblische Geschichten

Bi·ber, der: -s, - (Nagetier); das **Biberfell;** der **Biberpelz;** der **Biberschwanz,** die ... schwänze (flacher Dachziegel)

Bib·lio·thek (Bi·blio·thek) *griech.,* die: -, -en (Bücherei); die **Bibliografie** (Verzeichnis aller Bücher zu einem Thema); auch: die **Bibliographie;** der **Bibliothekar** (Verwalter einer Bibliothek); die **Bibliothekarin**

bie·der: (einfach, rechtschaffen, brav); die **Biederkeit;** der **Biedermann;** das **Biedermeier** (Kunstrichtung im 19. Jahrhundert); **biedermeierlich;** der **Biedermeierstil**

bie·gen: du biegst, er bog, sie hat gebogen, bieg(e)!; um die Ecke biegen – einen Stab biegen; aber: *auf Biegen oder Brechen* (unter allen Umständen); **biegsam;** die **Biegsamkeit;** die **Biegung**

Bie·ne, die: -, -n (Insekt); der **Bienenfleiß;** die **Bienenkönigin;** der **Bienenkorb,** die ... körbe; der **Bienenschwarm,** die ... schwärme; der **Bienenstich;** der **Bienenstock,** die ... stöcke; das **Bienenvolk,** die ... völker; die **Bienenwabe;** der **Bienenzüchter**

Bier, das: -(e)s, -e (alkoholisches Getränk); der **Bierbrauer;** die **Bierleiche** (ein Betrunkener); **bierselig** (durch Biergenuss in fröhlicher Stimmung); das **Bierzelt**

Biest, das: -(e)s, -er; ein durchtriebenes Biest (Schimpfwort); die **Biesterei** (Gemeinheit)

bie·ten: du bietest, er bot, sie hat geboten, biet(e)!; dem Feind die Stirn bieten (sich widersetzen) – bei einer Versteigerung bieten (ein Angebot machen); **bietenlassen:** sich etwas nicht bietenlassen; auch: bieten lassen; der **Bieter;** die **Bieterin**

Bi·ga·mie *lat.,* die: -, Bigamien (Doppelehe)

Big·band *engl. [bigbänd],* die: -, -s (großes Tanzorchester); auch: die **Big Band**

Big Busi·ness *engl. [bigbißneß],* das: - (große geschäftliche Unternehmung, Geschäftswelt der Großunternehmer)

Bi·ki·ni, der: -s, -s (zweiteiliger Badeanzug für Damen)

Bi·lanz *ital.,* die: -, -en; *Bilanz machen* (seine Mittel überprüfen) – *Bilanz ziehen* (das Ergebnis von etwas feststellen); **bilanzieren;** die **Bilanzierung**

bi·la·te·ral *lat.*: bilaterale (zweiseitige) Verträge; auch: **bilateral**

Bild, das: -(e)s, -er; *im Bilde sein* (von etwas unterrichtet sein) – *sich ein Bild von etwas machen* (sich eine Meinung bilden); der **Bildausschnitt;** das **Bilderbuch;** die **Bildergeschichte;** der **Bilderrahmen;** das **Bilderrätsel;** die **Bildersprache;** die **Bildfläche; bildhaft;** der **Bildhaken;** der **Bildhauer; bildhübsch; bildlich** (anschaulich); das **Bildnis,** die Bildnisse; der **Bildschirm; bildschön;** die **Bildstörung;** der **Bildtext;** die **Bild-Ton-Kamera;** die **Bildwand**

bil·den: einen Kreis bilden – sich ein Urteil bilden – einen Satz bilden – sich bilden (sein Wissen bereichern) – der Fluss bildet die Grenze – es bildet sich (entsteht) Wasser – die bildenden/Bildenden Künste; **bildsam;** die **Bildsamkeit;** die **Bildung;** die **Bildungsanstalt;** die **Bildungschancen** *Pl.;* **bildungshungrig;** die **Bildungsstätte;** der **Bildungsurlaub;** der **Bildungsweg**

A B C D E F

Bil·lard *franz. [biljart],* das: -s, -e (Kugelspiel); die **Billardkugel;** der **Billardspieler;** die **Billardspielerin;** der **Billardtisch**

Bil·lett *franz. [biljet],* das -(e)s, -s/-e (Eintrittskarte, Ticket, Fahrschein)

Bil·li·ar·de *franz.,* die: -, -n (tausend Billionen)

bil·lig: billige Waren – eine billige (einfallslose) Ausrede – *das ist recht und billig* (angebracht); das **Billigangebot; billigen** (gutheißen); **billigerweise** (gerechterweise); der **Billigjob** *[...dschop]* (schlecht bezahlte Tätigkeit); die **Billigkeit; billigmachen** (verbilligen); auch: billig machen; aber: etwas Billiges machen; die **Billigung;** die **Billigware**

Bil·li·on *franz.,* die: -, -en (tausend Milliarden); das **Billion(s)tel**

bim·meln: die Glocke bimmelt (schellt, klingelt); die **Bimmel;** die **Bimmelbahn** (Kleinbahn); die **Bimmelei**

bin·den: du bindest, er band, sie hat gebunden, bind(e)!; einen Blumenstrauß binden – eine bindende (verpflichtende) Zusage geben – ein Buch binden – Hände und Füße binden; die **Binde;** das **Bindegewebe;** das **Bindeglied;** die **Bindehaut** (schützende Haut des Auges); die **Binderei;** der **Bindestrich;** das **Bindewort,** die ...wörter; der **Bindfaden:** *es regnet Bindfäden* (sehr stark); die **Bindung;** → Band, Bund

bin·nen: binnen kurzem; auch: binnen Kurzem – binnen (im Laufe von) einem Monat – binnen eines Monats – binnen (innerhalb von) fünf Minuten; das **Binnengewässer;** das **Binnenland;** der **Binnenmarkt,** die ...märkte; das **Binnenmeer;** die **Binnenschifffahrt;** der **Binnensee**

Bin·se, die: -, -n (grasähnliche Sumpfpflanze); *in die Binsen gehen* (verlorengehen, schiefgehen); die **Binsenwahrheit** (allgemein bekannte Wahrheit); die **Binsenweisheit**

Bio·che·mie *griech.,* die: - (Chemie der Organismen); der **Biochemiker;** die **Biochemikerin; biochemisch**

Bio·gra·fie *griech.,* die: -, Biografien (Lebensbeschreibung); auch: die **Biographie;** der **Biograf;** auch: der **Biograph;** die **Biografin,** die Biografinnen; auch: die **Biographin; biografisch;** auch: **biographisch**

Bio·la·den, der: -s, ...läden (Geschäft, in dem Lebensmittel ohne chemische Zusätze verkauft werden); die **Biokost**

Bio·lo·gie *griech.,* die: - (Wissenschaft von den Lebewesen); der **Biologe;** der **Biologieunterricht;** die **Biologin; biologisch**

Bio·top *griech.,* das/der: -s, -e (Lebensraum einer Tier- oder Pflanzenart)

Bir·ke, die: -, -n (Laubbaum); das **Birkenholz**

Bir·ne, die: -, -n (Obst); der **Birnbaum,** die ...bäume; **birn(en)förmig**

bis: bis hierher – bis heute – bis nächsten Mittwoch – bis Berlin – vier bis fünf Meter – zwei- bis dreimal; auch: 2- bis 3-mal – alle bis auf eine – bis auf gleich – bis ins Letzte (sehr genau) – bis auf weiteres; auch: bis auf Weiteres; **bisher; bisherig:** er ändert sein bisheriges Leben; aber: im Bisherigen; das **Bisherige; bislang; bisweilen**

Bi·sam *hebr.,* der: -s, -e/-s (Pelz der Bisamratte)

Bi·schof, der: -s, Bischöfe (hoher geistlicher Würdenträger); **bischöflich;** die **Bischofskonferenz;** die **Bischofsmütze;** der **Bischofssitz;** der **Bischofsstab**

Bis·kuit *franz. [biskwit],* das/der: -(e)s, -s/-e (leichtes, süßes Gebäck); der **Biskuitteig**

Bis·marck·he·ring, der: -s, -e (marinierte Fischspezialität)

Bi·son, der: -s, -s (nordamerikanischer Büffel); die **Bisonherde**

Biss, der: -es, -e; der Biss einer Schlange; das **Bisschen** (kleiner Bissen); der **Bissen:** *da bleibt einem der Bissen im Halse stecken* (ist man überrascht, empört); **bissig:** ein bissiger Hund – eine bissige (verletzende) Bemerkung; die **Bissigkeit;** die **Bisswunde;** → beißen

biss·chen: ein bisschen (ein wenig) – das bisschen (dies wenige) – mit ein bisschen Verständnis – ach du liebes bisschen! – ein klein bisschen – dieses kleine bisschen

Bis·tro (Bist·ro), das: -s, -s (kleine Gaststätte)

Bis·tum, das: -s, Bistümer (Amtsbereich eines katholischen Bischofs)

Bit *engl.,* das: -(s), -(s) (Kurzwort aus der Nachrichtentechnik: kleinste Informationseinheit); **bit** (Zeichen für Bit): 16 bit

bit·ten: du bittest, er bat, sie hat gebeten, bitt(e)!; der **Bittbrief;** die **Bitte:** ich habe eine Bitte an Sie; **bitte:** bitte schön! – bitte weitergehen! – bitte sehr! – wie bitte? – bitte wenden ⟨b.w.⟩ – bitte sagen; auch:

Bitte sagen; das **Bitteschön;** der **Bittgang;** die **Bittprozession;** das **Bittschreiben;** der **Bittsteller;** die **Bittstellerin,** die Bittstellerinnen; der **Bitttag;** auch: der **Bitt-Tag**

bit·ter: die Medizin schmeckt bitter (sehr herb) – die bittere Wahrheit – bittere Not leiden – bitter (schmerzlich) weinen; **bitterböse; bitterernst;** aber: mein bitt(e)rer Ernst; **bitterkalt:** ein bitterkalter Winter – es ist bitterkalt; die **Bitterkeit; bitterlich;** das **Bittermandelöl;** die **Bitternis,** die Bitternisse; das **Bittersalz; bittersüß**

Bi·wak *franz.,* das: -s, -s/-e (behelfsmäßiges Nachtlager im Freien); **biwakieren**

bi·zarr *franz.:* bizarre (wunderliche) Formen

Bi·zeps *lat.,* der: -(es), -e (Oberarmmuskel)

Black·box *engl. [bläkbokß],* die: -, -es (schwarzer Kasten des Zauberers, Flugschreiber); auch: die **Black Box**

Black-out *engl. [bläkaut],* das/der: -(s), -s (Aussetzen der Selbstbeherrschung, Bewusstseinslücke); auch: das/der **Blackout**

Black Po·w·er *engl. [bläk pauer],* die: - (Bewegung der Schwarzen Nordamerikas)

blaf·fen: (bellen, keifen); auch: **bläffen**

blä·hen: Wind bläht die Segel; die **Blähung**

Bla·ma·ge *franz. [blamasche],* die: -, -n (Schande, Bloßstellung); **blamabel:** eine blamable Niederlage; **blamieren:** sich bis auf die Knochen blamieren (lächerlich machen)

blank: blanker (reiner) Hohn – blanken Unsinn reden; aber: der Blanke Hans (Nordsee bei Sturm) – *blank sein* (kein Geld mehr haben); **blankliegen:** die Nerven liegen blank; auch: blank liegen; **blankpolieren;** auch: blank polieren; **blankputzen;** auch: blank putzen; **blankreiben;** auch: blank reiben; **blankziehen** (die blanke Waffe ziehen)

blan·ko *ital.:* (nicht ausgefüllt, leer); der **Blankoscheck;** die **Blankounterschrift** (Unterschrift unter einem Blankoscheck); die **Blankovollmacht** (unbeschränkte Vollmacht)

bla·sen: du bläst, er blies, sie hat geblasen, blas(e)!; die Trompete blasen (spielen) – der Wind bläst (weht) kräftig – *jemandem den Marsch blasen* (jemanden zurechtweisen); die **Blase;** der **Blasebalg,** die ...bälge; der **Bläser;** das **Blasinstrument;** die **Blaskapelle;** die **Blasmusik;** das **Blasrohr**

bla·siert *franz.:* ein blasierter (hochnäsiger, überheblicher) Mensch; die **Blasiertheit**

Blas·phe·mie *griech.,* die: -, Blasphemien (Gotteslästerung); **blasphemisch;** auch: **blasphemistisch**

blass: blasser/blässer, am blassesten/blässesten; eine blasse Gesichtsfarbe – blasser (reiner) Neid – blass sein/werden – *keinen blassen Schimmer haben* (nichts wissen) – eine blasse (schwache) Erinnerung haben; die **Blässe** # Blesse; die **Blassheit; blässlich** (ein wenig blass); **blassrosa**

Blatt ⟨Bl.⟩, das: -(e)s, Blätter; ein welkes Blatt – das Blatt Papier – *das Blatt hat sich gewendet* (die Lage ist verändert) – *kein Blatt vor den Mund nehmen* (sich ohne Scheu äußern) – *auf einem anderen Blatt stehen* (nicht hierher gehören); das **Blättchen; blätt(e)rig;** der **Blättermagen; blättern;** der **Blätterteig;** der **Blätterwald** (Vielzahl der Zeitungen); das **Blätterwerk;** das **Blattgold;** das **Blattgrün;** die **Blattlaus; blattlos; blattweise;** das **Blattwerk** (Laubwerk)

Blat·tern *Pl.,* die: - (Pocken, ansteckende Krankheit); die **Blatternarbe; blatternarbig**

blau: blauer, am blau(e)sten; das blaue Kleid – blau in blau – ein blauer Fleck – blauer Dunst (Schwindel) – blaue Jungs (Matrosen) – eine blaue Bohne (Gewehrkugel) – der blaue Montag – *sein blaues Wunder erleben* (sehr überrascht sein) – *mit einem blauen Auge* (glimpflich) *davonkommen* – *blau* (betrunken) *sein*; aber: ein leuchtendes Blau – die Farbe Blau – ins Blaue reden – eine Fahrt ins Blaue – der Blaue Planet (die Erde) – der Blaue Brief (Kündigungsschreiben, Mahnbrief an die Eltern); auch: der blaue Brief – ein Stoff in Blau – *das Blaue vom Himmel lügen* (ohne Hemmungen, maßlos lügen); das **Blau; blauäugig;** die **Blaubeere; blaublütig** (adelig); die **Bläue; blauen:** der Himmel blaut (wird blau); **bläuen** (blau machen, schlagen); **blaufärben;** auch: blau färben; **blaugefärbt:** ein blaugefärbter Stoff; auch: blau gefärbt; **blaugestreift:** ein blaugestreiftes Kleid; auch: blau gestreift; **blaugrau; blaugrün;** der **Blauhelm** (UNO-Soldat); das **Blaukraut; bläulich;** das **Blaulicht,** die ... lichter; **blaumachen** (nicht arbeiten); die **Blaumeise;** die **Blausäure** (Gift); der **Blauspecht;**

A
B
C
D
E
F

blaustreichen; auch: blau streichen; aber nur: etwas blau anstreichen; der **Blauwal**

Bla·zer *engl. [bleser],* der: -s, - (sportlich geschnittenes Jackett)

Blech, das: -(e)s, -e (dünn ausgewalztes Metall); die **Blechbüchse;** die **Blechdose; blechen** (bezahlen); **blechern** (aus Blech); das **Blechinstrument;** die **Blechlawine** (lange Autoschlange); die **Blechmusik;** der **Blechschaden,** die ...schäden

ble·cken: die Zähne blecken (zeigen)

Blei, das: -(e)s, -e; mit Pulver und Blei – *wie Blei im Magen liegen* (schwer verdaulich sein): **bleiern:** ein bleierner (schwerer) Schlaf; **bleifrei;** das **Bleikristall;** die **Bleikugel; bleischwer;** der **Bleistift**

blei·ben: du bleibst, er blieb, sie ist geblieben, bleib(e)!; zu Hause bleiben; auch: zuhause – wir bleiben Freunde – das bleibt abzuwarten – es bleibt alles beim Alten – ein bleibender (dauernder) Wert; die **Bleibe** (Unterkunft), **bleibenlassen:** das wirst du schön bleibenlassen! (nicht mehr tun); auch: bleiben lassen; aber nur: er hat mich hier nicht bleiben lassen/gelassen

bleich: bleich wie der Tod – ein bleiches (fahles) Gesicht haben – ein bleiches Licht; die **Bleiche** (Rasenplatz zum Bleichen der Wäsche); **bleichen:** die Wäsche bleichen; das **Bleichgesicht,** die ...gesichter; **bleichgesichtig;** die **Bleichsucht; bleichsüchtig**

blen·den: das Licht blendet mich – einen Menschen blenden (blind machen) – er blendet (täuscht) alle; die **Blende; blendend:** eine blendende (ausgezeichnete) Idee – ein blendender (großartiger) Redner – blendend aussehen – das Kleid ist blendend weiß; der **Blender;** die **Blenderin,** die Blenderinnen; der **Blendschutz;** die **Blendung;** das **Blendwerk** (Täuschung, Schein)

Bles·se, die: -, -n (weißer Stirnfleck bei Tieren) # Blässe

Bles·sur *franz.,* die: -, -en (Wunde, Verwundung); **blessieren** (verwunden, verletzen)

bli·cken: in den Spiegel blicken – *etwas lässt tief blicken* (verrät mancherlei); der **Blick:** *einen Blick hinter die Kulissen werfen* (die Hintergründe einer Sache erkennen); sich **blickenlassen;** auch: sich blicken lassen; der **Blickfang;** das **Blickfeld** (Gesichtsfeld); der **Blickpunkt;** der **Blickwinkel**

blind: ein blindes Kind – blind sein – jemandem blind (bedingungslos) vertrauen – sich blind stellen – blinder Alarm – der blinde (versteckte) Passagier – blindes (angelaufenes) Glas – blinder (maßloser) Hass – *sich blind* (hervorragend) *verstehen – blinder Eifer schadet nur;* der **Blinddarm;** der/die **Blinde; Blindekuh:** Blindekuh spielen; **blindfliegen** (ohne Sicht mit Hilfe der Bordinstrumente fliegen); der **Blindflug;** der **Blindgänger** (nicht explodiertes Geschoss, untauglicher Mensch); die **Blindheit:** *mit Blindheit geschlagen sein* (Wichtiges nicht erkennen); **blindlings** (unbesonnen); die **Blindschleiche; blindschreiben** (auf der Schreibmaschine, dem Computer o. Ä. schreiben bzw. tippen, ohne dabei auf die Tasten zu schauen); **blindwütig** (maßlos wütend)

blin·ken: mit der Lampe blinken – der Boden blinkt (funkelt) vor Sauberkeit; der **Blinker;** das **Blinkfeuer;** das **Blinklicht,** die ...lichter; das **Blinkzeichen**

blin·zeln: ich blinz(e)le in die Sonne – er blinzelt mir zu

Blitz, der: -es, -e; *schnell wie der Blitz* (sehr schnell) – *wie vom Blitz getroffen* (völlig überrascht) *sein – wie ein Blitz aus heiterem Himmel* (völlig unerwartet); der **Blitzableiter; blitzartig; blitzblank; blitzen;** die **Blitzesschnelle; blitzgescheit;** das **Blitzgespräch;** die **Blitzkarriere;** der **Blitzkrieg;** das **Blitzlicht,** die ...lichter; **blitzsauber;** der **Blitzschlag; blitzschnell;** der **Blitzsieg**

Bliz·zard *engl. [blißert],* der: -s, -s (Schneesturm in Nordamerika)

Block, der: -(e)s, -s/Blöcke; Blöcke von Marmor; die **Blockade** (Sperre, Absperrung); **blocken** (abfangen); die **Blockflöte; blockfrei;** das **Blockhaus,** die ...häuser; **blockieren:** den Verkehr blockieren (unterbrechen); die **Blockierung;** die **Blockpartei;** die **Blockschrift** (Großbuchstabenschrift)

blöd: ein blöder (törichter) Kerl – sich blöd (dumm) stellen; auch: **blöde;** die **Blödelei; blödeln** (Unsinn reden); die **Blödheit;** der **Blödian;** der **Blödkopf;** der **Blödmann,** die ...männer (Dummkopf); der **Blödsinn; blödsinnig;** die **Blödsinnigkeit**

blö·ken: das Schaf blökt (schreit)

blond *franz.:* blondes Haar; der/die **Blonde; blondfärben;** auch: blond färben; **blondge-**

A B C D E F

färbt: blondgefärbtes Haar; auch: blond gefärbt; **blondgelockt:** ein blondgelockter Jüngling; auch: blond gelockt; **blondhaarig; blondieren:** sein Haar blondieren (künstlich aufhellen); die **Blondine** (blonde Frau); der **Blondkopf**

bloß: schrei bloß (nur) nicht! – mit bloßem (unbedecktem) Kopf – mit bloßem Auge (ohne Fernglas, ohne Mikroskop) – auf der bloßen (nackten) Erde schlafen – bloß (unbedeckt) liegen – sich bloß strampeln – bloß (entblößt) sein; die **Blöße:** die Blöße (Lichtung) im Wald – *sich (k)eine Blöße* (Schwäche) *geben;* **bloßlegen:** Mauern bloßlegen; auch: bloß legen; aber nur: seine Vergangenheit bloßlegen; **bloßliegen:** die Nerven liegen bloß; auch: bloß liegen; **bloßstellen** (etwas sagen, was für jemanden peinlich ist); die **Bloßstellung**

Blou·son *franz. [blußõ]*, das/der: -(s), -s (über Rock oder Hose getragene Jacke mit Bund)

blub·bern: (glucksen, sprudeln)

Blue·jeans *amerik. [bludschins]*, die: -, - (blaue, feste Baumwollhose)

Blues *amerik. [blus]*, der: -, - (schwermütiges Tanzlied der Schwarzen in den USA)

Bluff *engl. [blöf]*, der: -s, -s (Täuschung, Verblüffung); **bluffen**

blü·hen: der Baum blüht – das Geschäft blüht (geht gut) – *mir blüht etwas* (steht etwas bevor); **blühend:** blühend (jung, frisch) aussehen – ein blühender Unsinn; → Blüte

Blu·me, die: -, -n; *etwas durch die Blume* (nur andeutungsweise) *sagen;* das **Blumenbeet;** das **Blumengeschäft; blumengeschmückt;** der **Blumenkohl;** der **Blumenstock,** die ...stöcke; der **Blumenstrauß,** die ...sträuße; der **Blumentopf,** die ...töpfe; **blumig:** eine blumige (wortreiche) Sprache

Blu·se *franz.*, die: -, -n (Kleidungsstück)

Blut, das: -(e)s; Blut spenden – *Blut lecken* (Gefallen an etwas finden) – *böses Blut machen* (Ärger erregen) – *Blut und Wasser schwitzen* (Angst haben) – *kaltes Blut* (Ruhe) *bewahren* – *nur ruhig Blut* (nur keine Aufregung)!; die **Blutader; blutarm;** die **Blutarmut;** das **Blutbad;** die **Blutbahn; blutbefleckt;** aber: mit Blut befleckt; **blutbeschmiert;** das **Blutbild; blutbildend:** ein blutbildendes Mittel; auch: Blut bildend; die **Blutbuche;** der **Blutdruck;** der **Blutegel;** **bluten:** die Wunde blutet – *dafür bluten* (zahlen) *müssen*; der **Bluter** (jemand, der an der Bluterkrankheit leidet); der **Bluterguss;** das **Blutgefäß;** die **Blutgruppe; blutig; ...blütig:** heißblütig; **blutjung** (sehr jung); die **Blutkonserve;** der **Blutkreislauf;** die **Blutlache; blutleer;** das **Blutplasma;** die **Blutprobe;** die **Blutrache; blutreinigend;** auch: Blut reinigend; **blutrot; blutrünstig** (mordgierig); **blutsaugend;** auch: Blut saugend; der **Blutsauger;** der **Blutsbruder;** die **Blutschande** (Geschlechtsverkehr zwischen Blutsverwandten); der **Blutspender;** die **Blutspenderin; blutstillend;** auch: Blut stillend; der **Blutstropfen;** der **Blutsturz** (starke Blutung); **blutsverwandt;** die **Bluttat;** die **Bluttransfusion; bluttriefend;** aber: von Blut triefend; **blutüberströmt;** die **Blutung; blutunterlaufen;** das **Blutvergießen;** die **Blutvergiftung**

Blü·te, die: -, -n; die Blüte der Bäume – in der Blüte der Jahre – Blüten (falsche Geldscheine) drucken; der **Blütenhonig;** der **Blütenkelch;** die **Blütenlese;** der **Blütenstand;** der **Blütenstaub; blütenweiß;** der **Blütenzweig;** die **Blütezeit;** → blühen

BLZ = Bankleitzahl

Bö, die: -, -en (heftiger Windstoß); auch: die **Böe; böig**

Bob *engl.*, der: -s, -s (steuerbarer Rodelschlitten); die **Bobbahn;** der **Bobfahrer;** die **Bobfahrerin,** die ...fahrerinnen

Bock, der: -(e)s, Böcke; auf dem Bock (Kutschbock) sitzen – Bock springen (Turngerät) – *einen Bock schießen* (Fehler machen) – *(einen) Bock* (Lust) *auf etwas haben* – *den Bock zum Gärtner machen* (den Ungeeignetsten mit einer Aufgabe betrauen); **bockbeinig;** das **Bockbier** (Starkbier); das **Böckchen; bocken** (nicht weitergehen, störrisch sein); **bockig;** der **Bockmist** (Fehler, Blödsinn); der **Bocksbeutel** (bauchige Flasche für Frankenwein); das **Bockshorn:** *jemanden ins Bockshorn jagen* (durch eine unsinnige Nachricht verwirren, erschrecken); das **Bockspringen;** der **Bocksprung,** die ...sprünge; **bocksteif;** die **Bockwurst**

Bo·den, der: -s, Böden; den Boden umgraben – Gerümpel vom Boden (Dachboden) tragen – auf dem Boden der Tatsachen bleiben – *festen Boden* (eine wirtschaftlich sichere Grundlage) *unter den Füßen haben – Handwerk hat goldenen Boden*; der **Bodenbelag,** die ...beläge; die **Bodenkammer; bodenlos:** eine bodenlose (unglaubliche) Frechheit; aber: ins Bodenlose fallen; die **Bodenreform;** der **Bodensatz;** die **Bodenschätze** *Pl.*; **bodenständig** (lange ansässig); das **Bodenturnen**

Bo·dy·buil·ding *engl. [bodibilding]*, das: -(s) (Muskeltraining zur Ausbildung guter Körperformen); der **Bodybuilder;** die **Bodybuilderin,** die ...builderinnen

Bo·gen, der: -s, -/Bögen; ein Bogen Papier – mit Pfeil und Bogen – der Fluss macht einen Bogen – *in Bausch und Bogen* (ganz und gar) – *den Bogen überspannen* (zu weit gehen) – *den Bogen heraushaben* (eine Sache ausgezeichnet verstehen); **bogenförmig;** der **Bogenschütze; bogig** (gekrümmt)

Bo·heme *franz. [boem, bohem]*, die: - (ungebundenes Künstlerleben)

Boh·le, die: -, -n (starkes Brett, Dielenbelag) # Bowle; der **Bohlenbelag,** die ...beläge

Boh·ne, die: -, -n (Gemüse); blaue Bohne (Gewehrkugel) – *nicht die Bohne* (überhaupt nicht); der **Bohnenkaffee;** die **Bohnenstange**

boh·nern: den Boden bohnern (glänzend machen); der **Bohnerbesen;** das **Bohnerwachs**

boh·ren: nach Öl bohren – einen bohrenden (durchdringenden) Blick haben – ein bohrender (quälender) Schmerz – bohrende Fragen; der **Bohrer;** die **Bohrinsel;** die **Bohrmaschine;** der **Bohrturm;** die **Bohrung**

Boi·ler *engl. [boiler]*, der: -s, - (Warmwasserbereiter und -speicher)

Bo·je, die: -, -n (verankertes Seezeichen)

Böl·ler, der: -s, - (Feuerwerkskörper); **böllern;** der **Böllerschuss,** die ...schüsse

Boll·werk, das: -(e)s, -e (Festung, Schutzwehr)

Bol·sche·wis·mus *russ.*, der: - (kommunistische Weltanschauung); der **Bolschewist;** die **Bolschewistin; bolschewistisch**

Bol·zen, der: -s, - (Metallstift, Verbindungsstift); **bolzen** (grob spielen); die **Bolzerei;** der **Bolzplatz,** die ...plätze

Bom·be *franz.*, die: -, -n (mit Sauerstoff gefüllter Hohlkörper); eine Bombe schlägt ein – eine Bombe (ein wuchtiger Schuss) auf das Tor; das **Bombardement** *[...mã]*; **bombardieren:** eine Stadt bombardieren – jemanden mit Fragen bombardieren (überschütten); **bombastisch** (prahlerisch, übertrieben); **bomben;** der **Bombenangriff;** der **Bombenanschlag;** der **Bombenerfolg** (großer Erfolg); **bombenfest:** ein bombenfester Keller – ein bombenfester (unumstößlicher) Beschluss; das **Bombengeschäft** (sehr gutes Geschäft); die **Bombenrolle;** der **Bombenschuss; bombensicher:** etwas bombensicher (ganz sicher) wissen; die **Bombenstimmung** (ausgelassene Stimmung); der **Bombentrichter;** der **Bomber; bombig** (hervorragend)

Bon *franz. [bõ]*, der: -s, -s (Gutschein, Kassenbeleg); der **Bonus** (Rabatt, Vergütung)

Bon·bon *franz. [bõbõ]*, das/der: -s, -s (Süßigkeit); die **Bonbonniere** *[bõbõjere]* (Pralinenpackung); auch: die **Bonboniere**

Bon·sai *jap.*, der: -(s), -s (ein japanischer Zwergbaum)

Bon·ze *jap.*, der: -n, -n (einflussreicher Funktionär); das **Bonzentum**

Boom *engl. [bum]*, der: -s, -s (Aufschwung in der Wirtschaft, Hochkonjunktur); **boomen**

Boot, das: -(e)s, -e; Boot fahren – *im gleichen Boot sitzen* (gemeinsam in der gleichen schwierigen Lage sein); der **Bootsbau;** die **Bootsfahrt;** der **Bootshaken;** der **Bootsmann;** die **Bootsleute** *Pl.*; der **Bootssteg**

Boot *engl. [but]*, der: -s, -s (über den Knöchel reichender Schnürschuh)

Bord, das: -(e)s, -e (Bücher-, Wandregal)

Bord, der: -(e)s, -e (Innenraum eines Flugzeugs, Schiffsrand, Schiffsdeck, Einfassung); an Bord gehen – Mann über Bord! – *etwas über Bord werfen* (endgültig aufgeben); das **Bordbuch;** das/der **Bordcase** *[...keis]* (kleiner Koffer für Flugreisen); der **Bordcomputer;** der **Borddienst;** die **Bordkante** (Rand des Gehweges); der **Bordstein**

Bör·de, die: -, -n (fruchtbare Ebene)

Bor·dell, das: -s, -e (Freudenhaus)

Bor·dü·re *franz.*, die: -, -n (Einfassung, Geweberand, Besatz)

bor·gen: sich Geld borgen (leihen); aber: *Borgen macht Sorgen* – auf Borg (leihweise)

Bor·ke, die: -, -n (Baumrinde); der **Borkenkäfer; borkig:** eine borkige (raue) Fläche

Born, der -(e)s, -e (Quelle, Brunnen)

bor·niert *franz.*: (eingebildet und dumm, geistig beschränkt); die **Borniertheit**

Bör·se *niederl.*, die: -, -n; seine Börse (seinen Geldbeutel) verlieren – an der Börse (Handelsort für Wertpapiere) spekulieren; der **Börsenmakler;** die **Börsenmaklerin,** die ...maklerinnen; der **Börsensturz**

Bor·ste, die: -, -n (steifes, kurzes Haar); das **Borstentier;** das **Borstenvieh; borstig** (struppig, rau); die **Borstigkeit**

Bor·te, die -, -n (Einrahmung, Stoffverzierung)

bös; auch: **böse:** ein böser Mensch – eine böse (schlimme) Zeit – auf jemanden böse (ärgerlich) sein; aber: etwas Böses tun – das Gute und das Böse – sich zum Bösen wenden – sich im Bösen trennen – jenseits von Gut und Böse – im Bösen wie im Guten; **bösartig;** die **Bösartigkeit;** der **Böse** (Teufel); der **Bösewicht,** die ...wichte(r); **boshaft;** die **Boshaftigkeit;** die **Bosheit; böswillig;** die **Böswilligkeit**

Bö·schung, die: -, -en (befestigter Abhang); **böschen** (abschrägen)

Bos·ni·en-Her·ze·go·wi·na -s (Staat in Südosteuropa); der **Bosnier;** die **Bosnierin,** die Bosnierinnen; **bosnisch; bosnisch-herzegowinisch**

Boss *amerik.*, der: -es, -e (Chef)

bos·seln: (kleinere handwerkliche Arbeiten mit Sorgfalt ausführen)

Bo·ta·nik *griech.*, die: - (Pflanzenkunde); der **Botaniker;** die **Botanikerin; botanisch:** botanische Bücher; aber: der Botanische Garten (z. B. in München)

Bo·te, der: -n, -n; eine Nachricht durch einen Boten schicken; der **Botendienst;** der **Botenlohn;** die **Botin,** die Botinnen; die **Botschaft:** eine Botschaft (Nachricht) überbringen – in die Botschaft (diplomatische Vertretung eines Landes) kommen – die Frohe Botschaft (Evangelium); der **Botschafter;** die **Botschafterin,** die Botschafterinnen

bot·mä·ßig: (untertan, gehorsam); die **Botmäßigkeit**

Bot·tich, der: -(e)s, -e (großes Gefäß aus Holz); der **Böttcher** (Fassbinder)

Bouil·lon *franz. [buljõ]*, die: -, -s (Fleischbrühe)

Bou·le·vard *franz. [bulewar]*, der: -s, -s (Prachtstraße); die **Boulevardpresse** (Sensationspresse, billige Zeitungen)

Bou·quet, *franz. [buke]*, das: -s, -s (Blumenstrauß; Duft, z. B. des Weines); auch: das **Bukett**

Bou·tique *franz. [butik]*, die: -, -n (kleiner Modeladen); auch: die **Butike**

Bow·le *engl. [bole]*, die: -, -n (alkoholisches Getränk aus Wein, Zucker und Früchten) # Bohle

Bow·ling *engl. [boling]*, das: -s, -s (Kegelspiel); die **Bowlingbahn**

Box *engl.*, die: -, -en (Fach, einfache Kamera, Pferdestand, Montageplatz bei Autorennen)

bo·xen *engl.*: in den Magen boxen; der **Boxer; boxerisch;** der **Boxkampf,** die ...kämpfe

Boy *engl. [beu]*, der: -s, -s (Laufjunge, Hoteldiener); der **Boyfriend** *[beufrend]* (Freund eines jungen Mädchens); die **Boygroup** *[beugrup]* (aus mehreren jungen Männern bestehende Band)

Boy·kott *engl. [beukot]*, der: -(e)s, -s/-e (Aussperrung, Sperre, Ächtung); **boykottieren;** die **Boykottierung;** die **Boykottmaßnahme**

brab·beln: (undeutlich vor sich hin reden)

brach: (unbestellt); die Felder liegen brach; die **Brache** (unbestelltes Land, Zeit des Brachliegens); das **Brachfeld; brachlegen; brachliegen;** der **Brachvogel**

bra·chi·al *griech.*: (mit roher Körpergewalt); die **Brachialgewalt**

bra·ckig: (mit Salzwasser vermischt, nicht trinkbar); das **Brackwasser**

Brain·stor·ming *engl. [brainstoaming]*, das: -s (gemeinsames Sammeln von Einfällen)

Bran·che *franz. [brãsche]*, die: -, -n (Fach, Geschäftszweig, Abteilung); die **Branchenerfahrung; branchenfremd; branchenüblich;** das **Branchenverzeichnis**

Brand, der: -(e)s, Brände; den Brand löschen – in Brand stecken (anzünden) – *einen Brand haben* (durstig sein); **brandaktuell;** die **Brandblase; brandeilig** (sehr eilig); das **Brandeisen; brandgefährlich** (sehr gefährlich); **brandheiß;** der **Brandherd; brandig** (brenzlig); die **Brandlegung;** das **Brandmal,** die ...male/...mäler; **brandmarken:** *jemanden brandmarken* (öffentlich bloßstellen); **brandneu; brandschatzen** (durch Raub und Plünderung schädigen); die **Brandstätte;** der **Brandstifter;** die **Brandwunde;** das **Brandzeichen;** → brennen

bran·den: die Wellen branden an die Küste (brechen sich); die **Brandung**

Bran·den·burg: -s (Land der Bundesrepublik Deutschland); der **Brandenburger;** die **Brandenburgerin; brandenburgisch**

A B C D E F

Brannt·wein, der: -(e)s, -e (alkoholisches Getränk); der **Brandy** *[brändi]* (Weinbrand)

bra·ten: du brätst, er briet, sie hat gebraten, brat(e)!; Kartoffeln braten – sich in der Sonne braten (bräunen) lassen; der **Bratapfel;** der **Braten:** *den Braten riechen* (etwas rechtzeitig spüren); die **Bratensoße;** auch: die **Bratensauce; bratfertig;** das **Brathähnchen;** das **Brathendel;** der **Brathering;** die **Bratkartoffeln** *Pl.*; die **Bratpfanne;** der **Bratrost;** der **Bratspieß;** die **Bratwurst**

Brat·sche *ital.*, die: -, -n (Streichinstrument); der **Bratschist;** die **Bratschistin**

Brauch, der: -(e)s, Bräuche; nach altem Brauch (alter Sitte); **brauchbar;** die **Brauchbarkeit; brauchen:** ich brauche dich – sie braucht nicht zu kommen; das **Brauchtum**

Braue, die: -, -n; sie zog die Brauen (Augenbrauen) hoch

brau·en: Bier brauen – es braut sich etwas zusammen (kündigt sich an); der **Brauer;** die **Brauerei;** die **Brauerin;** das **Brauhaus**

braun: eine braune Farbe; das **Braun; braunäugig;** der **Braune** (braunes Pferd); die **Bräune; bräunen; braungebrannt:** ein braungebranntes Gesicht; auch: braun gebrannt; die **Braunkohle; bräunlich;** die **Bräunung;** das **Bräunungsstudio**

Brau·se, die: -, -n; die Brause (Dusche) aufdrehen; das **Brausebad;** die **Brauselimonade; brausen:** sich brausen (duschen) – der Sturm braust – das Brausen des Meeres

Braut, die: -, Bräute (Verlobte); der **Bräutigam;** die **Brautjungfer;** die **Brautleute** *Pl.*; das **Brautpaar;** die **Brautschau**

brav *franz.*: ein braves Mädchen – sich brav (tapfer) schlagen; die **Bravheit; bravo!;** das **Bravo:** Bravo rufen; auch: bravo rufen; die **Bravour** *[brawur]* (Tapferkeit); auch: die **Bravur; bravourös** (meisterhaft); auch: **bravurös;** das **Bravourstück;** auch: das **Bravurstück**

BRD = Bundesrepublik Deutschland

bre·chen: du brichst, er brach, sie hat gebrochen, brich!; das Eis bricht – sich den Arm brechen – einen Vertrag brechen (nicht einhalten) – den Widerstand brechen – jemandem das Herz brechen (ihn sehr, tödlich kränken) – das Schweigen brechen (beenden) – Galle brechen (spucken); aber: *auf Biegen oder Brechen* (unter allen Umständen) – *zum Brechen voll* (überfüllt) *sein*; **brechbar;** die **Brechbohne** (ein Gemüse); das **Brecheisen;** der **Brecher** (sich überstürzende Welle); das **Brechmittel;** der **Brechreiz;** die **Brechstange;** die **Brechung;** → Bruch

Bre·douil·le *franz. [bredulje]*, die: -; in die Bredouille (in Verlegenheit, Bedrängnis) geraten – in der Bredouille sein

Brei, der: -(e)s, -e; *um den heißen Brei* (um etwas) *herumreden;* **breiig:** eine breiige (dickflüssige) Masse

breit: eine breite Straße – 3 Meter breit – weit und breit – etwas lang und breit (umständlich) erklären – die breite (große) Masse; aber: des Langen und Breiten (umständlich); **breitbeinig;** die **Breite:** in die Breite gehen; **breiten:** eine Decke über den Tisch breiten – die Wiesen breiten sich aus; der **Breitengrad; breitgefächert:** ein breitgefächertes Angebot; auch: breit gefächert; **breitmachen:** die Straße breitmachen; auch: breit machen; aber nur: er wollte sich breitmachen (ungebührlich viel Platz beanspruchen); **breitrandig; breitschlagen:** etwas breitschlagen; auch: breit schlagen; aber nur: *sich breitschlagen* (überreden) *lassen*; **breitschult(e)rig;** die **Breitseite;** die **Breitspur; breitspurig; breittreten** (ausgiebig erörtern); der **Breitwandfilm**

Bre·men: -s (Stadt und Land der Bundesrepublik Deutschland); der **Bremer;** die **Bremerin,** die Bremerinnen; **bremerisch**

brem·sen: er musste sehr scharf bremsen; der **Bremsbelag;** die **Bremse;** der **Bremser;** der **Bremsklotz,** die ... klötze; das **Bremslicht,** die ... lichter; die **Bremsspur;** der **Bremsweg**

bren·nen: du brennst, es brannte, sie hat gebrannt, brenn(e)!; das Holz brennt – die Sonne brennt vom Himmel – die Füße brennen (schmerzen) vom langen Wandern – sie brennt vor Neugier – auf Rache brennen (heftig danach streben) – eine brennende (wichtige) Frage haben – brennend (sehr) gern – *etwas brennt mir auf der Seele* (ist mir ein dringendes Anliegen); **brennbar;** die **Brennbarkeit;** das **Brennelement;** die **Brennerei;** das **Brennglas;** das **Brennholz;** das **Brennmaterial;** die **Brennnessel;** auch: die **Brenn-Nessel;** der **Brennpunkt:**

der Brennpunkt einer Linse – im Brennpunkt (Mittelpunkt) des Interesses stehen; der **Brennstoff;** die **Brennweite; brenzlich;** auch: **brenzlig:** eine brenzlige (gefährliche) Sache; → Brand

Bre·sche *franz.*, die: -, -n; eine Bresche (Lücke) schlagen – *für jemanden in die Bresche springen* (für ihn eintreten)

Brett, das: -(e)s, -er; das schwarze/Schwarze Brett – *ein Brett vor dem Kopf haben* (dumm, töricht sein); die **Bretterbude;** die **Bretterwand,** die ...wände; das **Brettl** (Kleinkunstbühne); das **Brettspiel**

Bre·vier *[brewir] lat.*, das: -s, -e (Gebetbuch der katholischen Geistlichen)

Bre·zel, die: -, -n (Backwerk); die **Brezen**

Bridge *engl. [bridsch]*, das: - (Kartenspiel); die **Bridgepartie**

Brief, der: -(e)s, -e; *jemandem Brief und Siegel auf etwas geben* (etwas fest versprechen); der **Briefbogen,** die ...bögen; der **Brieffreund;** die **Brieffreundin;** das **Briefgeheimnis,** die ...geheimnisse; der **Briefkasten,** die ...kästen; der **Briefkopf,** die ...köpfe; **brieflich;** die **Briefmarke;** der **Brieföffner;** der **Briefpartner;** die **Briefpartnerin,** die ...partnerinnen; die **Brieftasche;** die **Brieftaube;** der **Briefträger;** die **Briefträgerin,** die ...trägerinnen; der **Briefumschlag;** die **Briefwaage;** der **Briefwechsel**

brie·fen *engl.*: (informieren); das **Briefing**

Bries, das: -es, -e (Drüse bei Tieren)

Bri·ga·de *franz.* die: -, -n (Heeresabteilung, Arbeitstrupp); der **Brigadier** *[brigadje]*

Bri·kett *franz.*, das: -s, -s/-e (Presskohle)

bril·lant *franz. [briljant]*: (glänzend, großartig); der **Brillant** (geschliffener Edelstein); der **Brillantring;** die **Brillanz** (hohe Qualität); **brillieren** (glänzen, sich hervortun)

Bril·le, die: -, -n; eine Brille tragen; das **Brillenetui;** die **Brillenschlange;** der **Brillenträger;** die **Brillenträgerin,** die ...trägerinnen

Brim·bo·ri·um *franz.*, das: -s (unnützer Aufwand, Getue)

brin·gen: du bringst, er brachte, sie hat gebracht, bring(e)!; die Post bringen – jemanden nach Hause bringen – das Geschäft bringt viel Geld – die Zeitung bringt nichts Neues – etwas zur Sprache bringen – die Arbeit hinter sich bringen – es im Leben zu etwas bringen – *etwas nicht über sich bringen* (nicht dazu fähig sein)

bri·sant *franz.*: (höchst aktuell, hochexplosiv); die **Brisanz** (Sprengkraft)

Bri·se *franz.*, die: -, -n (sanfter Wind)

Bri·te, der: -n, -n (Einwohner Großbritanniens); die **Britin,** die Britinnen; **britisch:** die britische Bevölkerung; aber: die Britischen Inseln

Broc·co·li *ital.*, der: -s, -s (Abart des Blumenkohls); auch: der **Brokkoli**

Bro·cken, der: -s, -; ein Brocken Brot – ein paar Brocken Englisch; das **Bröckchen; bröck(e)lig; bröckeln:** der Putz bröckelt ab; **brocken:** Beeren brocken (pflücken) – Brot in die Milch brocken; **brockenweise**

bro·deln: ich brod(e)le – das Wasser brodelt (siedet hörbar) – in der Bevölkerung brodelt es (breitet sich Unruhe aus)

Bro·kat *ital.*, der: -(e)s, -e (schwerer Seidenstoff); **brockaten**

Brok·ko·li *ital.*, der: -s, -s (Abart des Blumenkohls); auch: der **Broccoli**

Brom·bee·re, die: -, -n (Strauchfrucht)

Bron·chie *griech. [bronchje]*, die: -, -n (Hauptast der Luftröhre); **bronchial;** der **Bronchialkatarrh;** auch: der **...katarr;** die **Bronchitis** (Entzündung der Bronchien)

Bron·ze *ital. [brõße]*, die: -, -n (Kupfer-Zinn-Legierung); **bronzefarben;** die **Bronzemedaille; bronzen;** die **Bronzezeit; bronzieren**

Bro·sa·me, die: -, -n (Brotkrümel); die **Brösel** *Pl.*; **brös(e)lig; bröseln** (krümeln)

Bro·sche *franz.*, die: -, -n (Spange, Anstecknadel)

Bro·schü·re *franz.*, die: -, -n (leicht geheftete Druckschrift, Flugschrift); **broschiert** ⟨brosch.⟩ (geheftet)

Brot, das: -(e)s, -e; Brot backen; das **Brötchen;** der **Brotgeber;** der **Brotkorb;** die **Brotkrume;** die **Brotkruste;** der **Brotlaib; brotlos:** eine brotlose (wenig einträgliche) Kunst; der **Brotneid;** die **Brotschnitte;** der **Brotteig;** die **Brotzeit** (kleine Mahlzeit)

Brow·ser *engl. [brauser]*, der: -s, - (Surfprogramm)

Bruch, das/der: -(e)s, Brüche (Moor, Sumpfland)

Bruch, der: -(e)s, Brüche; der Bruch des Dammes – der Bruch des Waffenstillstandes – gleichnamige Brüche – *in die Brüche gehen* (zerbrechen) – *sich einen Bruch* (sehr) *lachen*; die **Bruchbude** (baufälliges Haus);

A B C D E F

bruchfest; die **Bruchfestigkeit; brüchig:** eine brüchige (nicht mehr feste) Freundschaft; die **Brüchigkeit; bruchlanden;** die **Bruchlandung; bruchrechnen;** die **Bruchrechnung;** der **Bruchschaden,** die ...schäden; **bruchsicher;** der **Bruchstrich; bruchstückhaft;** der **Bruchteil;** die **Bruchzahl;** → brechen

Brü·cke, die: -, -n; eine Brücke über den Fluss – auf der Brücke (Kommandozentrale) eines Schiffes stehen – eine Brücke (einen Zahnersatz) bekommen – eine Brücke (Turnübung) machen – eine Brücke (einen kleinen Teppich) auf den Boden legen – *jemandem eine goldene Brücke bauen* (ihm bereitwillig entgegenkommen) – *alle Brücken hinter sich abbrechen* (alle bisherigen Bindungen auflösen); der **Brückenbau,** die ...bauten; das **Brückengeländer;** der **Brückenkopf,** die ...köpfe; der **Brückenschlag;** der **Brückenzoll**

Bru·der, der: -s, Brüder; *unter Brüdern gesprochen* (ehrlich gesagt); das **Brüderchen;** das **Bruderherz;** der **Bruderkrieg; brüderlich;** die **Brüderlichkeit;** die **Bruderschaft** (religiöse Vereinigung); die **Brüderschaft:** Brüderschaft (Duzfreundschaft) schließen; der **Bruderzwist**

Brü·he, die: -, n; ein Teller Brühe – eine schmutzige Brühe (schmutziges Wasser); **brühen; brühheiß; brühwarm;** der **Brühwürfel**

brül·len: vor Wut brüllen; der **Brüllaffe**

brum·men: ärgerlich brummen – mir brummt der Kopf – im Gefängnis brummen (sitzen); der **Brummbär;** der **Brummbass,** die ...bässe; **brummelig;** der **Brummer;** der **Brummi** (Lastkraftwagen); **brummig** (mürrisch, unfreundlich); der **Brummschädel**

Brunch *engl. [brantsch]*, der: -(e)s, -(e)s/-e (reichhaltiges Frühstück anstelle des Mittagessens); **brunchen**

brü·nett *franz.*: (braunhaarig); die **Brünette**

Brunft, die: -, Brünfte (Paarungszeit bei manchen Tieren); der **Brunfthirsch; brunftig;** der **Brunftschrei;** die **Brunftzeit**

Brun·nen, der: -s, -; Wasser vom Brunnen holen; das **Brünnlein**

Brunst, die: -, Brünste (Paarungszeit bei Säugetieren); **brünstig;** die **Brunstzeit**

brüsk *franz*: jemanden brüsk (schroff, unhöflich) behandeln; **brüskieren** (kränken); die **Brüskierung**

Brust, die: -, Brüste; *sich in die Brust werfen* (prahlen) – *schwach auf der Brust sein* (wenig Geld, geringe Kenntnisse haben); das **Brustbein;** das **Brustbild;** sich **brüsten** (prahlen); **brusthoch;** die **Brusthöhe; ...brüstig:** engbrüstig; der **Brustkasten;** der **Brustkorb; brustschwimmen;** auch: Brust schwimmen; aber nur: sie schwimmt Brust; das **Brustschwimmen;** die **Bruststimme; brusttief;** der **Brustton;** die **Brüstung** (Geländer, Schutzmauer); die **Brustwarze**

bru·tal *lat.*: (roh, rücksichtslos); die **Brutalität**

brü·ten: die Eier ausbrüten – über seiner Arbeit brüten (grübeln) – es ist brütend heiß; die **Brut;** der **Brüter** (Kernreaktor): der schnelle/Schnelle Brüter; die **Bruthitze;** der **Brutkasten,** die ...kästen; die **Brutstätte**

brut·to *ital.*: (mit Verpackung, ohne Abzüge); das **Bruttoeinkommen;** das **Bruttogewicht;** der **Bruttolohn,** die ...löhne; das **Bruttosozialprodukt** ⟨BSP⟩ (wirtschaftliche Gesamtleistung eines Volkes); der **Bruttoverdienst**

brut·zeln: (in zischendem Fett braten)

Btx = Bildschirmtext

Bub, der: -en, -en (Knabe, Junge); das **Bübchen;** der **Bube** (Spielkarte, gemeiner Mensch); **bubenhaft;** der **Bubenstreich**

Buch, das: -(e)s, Bücher; Bücher wälzen – *über etwas Buch führen* (sich Notizen machen) – *wie ein Buch* (ohne Unterbrechung) *reden*; der **Buchbinder;** der **Buchdrucker; buchen:** eine Reise buchen (sich für eine Reise anmelden, eintragen lassen) – etwas als Erfolg buchen (ansehen); das **Bücherbord;** die **Bücherei;** der **Bücherschrank,** die ...schränke; der **Bücherwurm; buchführend:** ein buchführender Angestellter; auch: Buch führend; die **Buchführung;** der **Buchhalter;** die **Buchhalterin;** der **Buchhandel;** der **Buchhändler;** die **Buchhändlerin;** die **Buchhandlung;** die **Buchung**

Bu·che, die: -, -n (ein Laubbaum); die **Buchecker; buchen** (aus Buchenholz); das **Buchenscheit;** der **Buchfink;** der **Buchweizen**

Buch·se, die: -, -n (Steckdose)

Büch·se, die: -, -n (Dose, Gewehr); das **Büchsenfleisch;** der **Büchsenmacher;** die **Büchsenmilch;** der **Büchsenöffner**

Buch·sta·be, der: -ns, -n; *nach dem Buchsta-*

ben des Gesetzes (peinlich genau nach den gesetzlichen Bestimmungen) – *sich auf seine vier Buchstaben setzen* (sich hinsetzen); **buchstabengetreu; buchstabieren; buchstäblich** (regelrecht)

Bucht, die: -, -en (in das Land hineinragender Teil eines Meeres oder Sees); **buchtig**

Bu·ckel, der: -s, - (Höcker, Rücken); *den Buckel für etwas hinhalten* (Verantwortung dafür tragen) – *viel auf dem Buckel* (viel Arbeit) *haben* – *einen breiten Buckel haben* (viel aushalten können); **buck(e)lig;** der/die **Bucklige; buckeln** (sich unterwürfig verhalten); sich **bücken;** der **Bückling** (Verbeugung)

bud·deln: ich budd(e)le (grabe) im Sand; die **Buddelei**

Bud·dha, der: - (indischer Religionsstifter); der **Buddhismus;** der **Buddhist;** die **Buddhistin,** die Buddhistinnen; **buddhistisch**

Bu·de, die: -, -n; *die Bude auf den Kopf stellen* (ausgelassen sein, feiern) – *jemandem die Bude einrennen* (jemanden ständig mit einem Anliegen belästigen); der **Budenzauber** (ausgelassenes Fest bei jemandem im Zimmer)

Bud·get *franz. [büdsche],* das: -s, -s (Haushaltsplan, Voranschlag); **budgetieren**

Bü·fett *franz.,* das: -(e)s, -s/-e (Anrichte, Geschirrschrank, Theke); das kalte Büfett; auch: das **Buffet** *[büfe]*

Büf·fel, der: -s, - (in Afrika und Asien wild lebendes Rind); die **Büffelei;** das **Büffelleder; büffeln** (angestrengt lernen)

Bug, der: -(e)s, -e (der vordere Teil des Schiffes); **bugsieren:** einen Dampfer bugsieren (ins Schlepptau nehmen) – jemanden zur Türe bugsieren (mühsam befördern); der **Bugspriet** (Segelstange); die **Bugwelle**

Bü·gel, der: -s, -; das Hemd auf den Bügel hängen; das **Bügelbrett;** das **Bügeleisen;** die **Bügelfalte; bügelfest; bügelfrei; bügeln:** ich büg(e)le; der **Bügler;** die **Büglerin**

Bug·gy *engl. [bagi],* der: -s, -s (zusammenklappbarer Kindersportwagen)

bu·hen: (durch Buhrufe sein Missfallen ausdrücken); **buh!** (Ausruf des Missfallens); das **Buh;** der **Buhmann** (Schreckgespenst, böser Mann); der **Buhruf**

buh·len: um eine Freundschaft buhlen (sich bemühen); der/die **Buhle** (Geliebter bzw. Geliebte); der **Buhler;** die **Buhlerin**

Buh·ne, die: -, -n (Uferschutzdamm)

Büh·ne, die: -, -n; zur Bühne (zum Theater) gehen – *von der Bühne abtreten* (sich von der Öffentlichkeit zurückziehen) – *etwas über die Bühne bringen* (erfolgreich durchführen); der **Bühnenarbeiter;** das **Bühnenbild; bühnenreif;** das **Bühnenstück**

Bu·kett *franz.,* das: -(e)s, -e/-s (Blumenstrauß; Duft, z. B. des Weines); auch: das **Bouquet** *[buke]*

Bu·let·te *franz.,* die: -, -n (gebratenes Fleischklößchen, Frikadelle)

Bul·ga·ri·en: -s (Staat in Osteuropa); der **Bulgare;** die **Bulgarin,** die Bulgarinnen; **bulgarisch**

Bu·li·mie *griech.,* die: - (Essbrechsucht)

Bull·au·ge, das: -s, -n (rundes Schiffsfenster)

Bull·dog *engl.,* der: -s, -s (Zugmaschine); die **Bulldogge** (eine Hunderasse); der **Bulldozer** *[buldoser]* (Planierraupe)

Bul·le, der: -n, -n (Stier); die **Bullenhitze; bullig** (stark und plump)

Bul·le *lat.,* die: -, -n (Urkunde, Kirchenerlass)

bul·lern: (kochen, klopfen, dröhnen, wallen); ein bullernder Ofen

Bul·le·tin *franz. [bültã],* das: -s, -s (amtliche Bekanntmachung, Krankenbericht)

Bu·me·rang *engl.,* der: -s, -e/-s (gekrümmtes Wurfholz)

bum·meln: (schlendern, spazieren gehen); der **Bummel** (kleiner Spaziergang); die **Bummelei; bumm(e)lig** (langsam, träge); die **Bumm(e)ligkeit;** das **Bummelleben;** der **Bummelstreik;** der **Bummelzug;** der **Bummler**

Bund, das: -(e)s, -e (Gebinde); viele Bund(e) Stroh – ein Bund Rosen; das **Bündel:** *sein Bündel schnüren* (sich zur Abreise fertigmachen); **bündeln; bündelweise; bündig:** kurz und bündig – ein bündiger (überzeugender) Beweis; die **Bündigkeit**

Bund, der: -(e)s, Bünde (Vereinigung); der Bund fürs Leben (Heirat) – *mit jemandem im Bunde* (verbündet) *sein;* die **Bundesautobahn; bundesdeutsch;** der/die **Bundesdeutsche; bundeseigen;** der **Bundesgenosse;** die **Bundesgenossin,** die ... genossinen; die **Bundeshauptstadt;** das **Bundeskabinett;** der **Bundeskanzler;** die **Bundeskanzlerin,** die ... kanzlerinnen; das **Bundesland;** die **Bundesliga;** der **Bundespartner;** der

Bundespräsident; der **Bundesrat;** die **Bundesregierung;** die **Bundesrepublik;** der **Bundesstaat;** die **Bundesstraße** ⟨B⟩; der **Bundestag;** die **Bundeswehr; bundesweit;** das **Bündnis,** die Bündnisse: Bündnis 90/Die Grünen (Partei); der **Bündnispartner**

BUND = Bund für Umwelt und Naturschutz Deutschland

Bun·ga·low *engl. [bungalo],* der: -s, -s (einstöckiges Wohnhaus)

Bun·gee·jum·ping *engl. [bandschidschamping],* das: -s (Springen aus großer Höhe am Gummiseil), auch: das **Bungee-Jumping**

Bun·ker, der: -s, - (Schutzunterkunft, sehr großer Behälter); **bunkern:** Getreide bunkern (einlagern)

bunt: ein buntes Tuch – ein bunter Abend – bunt bemalen – bunt (wirr) durcheinanderliegen – *wie ein bunter Hund bekannt sein* (sehr bekannt sein) – *es zu bunt treiben* (über das Maß des Erträglichen hinausgehen); **buntfärben;** auch bunt färben; **buntgefiedert:** buntgefiederte Vögel; auch: bunt gefiedert; die **Buntheit; buntkariert:** ein buntkariertes Hemd; auch: bunt kariert; **buntscheckig; buntschillernd:** buntschillernde Fische; auch: bunt schillernd; der **Buntspecht;** der **Buntstift**

Bür·de, die: -, -n (Last, Sorge)

Burg, die: -, -en; eine Burg bauen; der **Bürger;** die **Bürgerin,** die Bürgerinnen; die **Bürgerinitiative;** der **Bürgerkrieg; bürgerlich:** bürgerliches Leben; aber: das Bürgerliche Gesetzbuch ⟨BGB⟩; der **Bürgermeister:** der Erste Bürgermeister – der Regierende Bürgermeister; die **Bürgermeisterin; bürgernah;** das **Bürgerrecht;** die **Bürgerschaft;** der **Bürgersteig;** das **Bürgertum;** der **Burgfried** (Hauptturm einer Burg); der **Burgfrieden;** der **Burggraben,** die ...gräben; der **Burggraf;** die **Burgruine;** der **Burgstall;** das **Burgverlies;** der **Burgvogt,** die ...vögte

Bür·ge, der: -n, -n; du bist mein Bürge; **bürgen:** für einen Freund bürgen (einstehen); die **Bürgin;** die **Bürgschaft**

bur·lesk *franz.:* (possenhaft); die **Burleske** (Schwank, heiteres Musikstück)

Bü·ro *franz.,* das: -s, -s; in einem Büro arbeiten; das **Bürohaus; der Bürokrat;** die **Bürokratie; bürokratisch** (genau nach Vorschrift); der **Bürokratismus** (engstirniges Denken und Handeln); der **Büroschluss**

Bur·sche, der: -n, -n (Knabe, Junge); auch: der **Bursch;** das **Bürschchen; burschikos** (betont jungenhaft)

Bürs·te, die: -, -n; die Schuhe mit einer Bürste säubern; **bürsten;** der **Bürstenbinder**

Bür·zel, der: -s, - (Schwanzwurzel von Vögeln); die **Bürzeldrüse**

Bus, der: -ses, -se (Omnibus); der **Busbahnhof,** die ...bahnhöfe; der **Busfahrer;** die **Busfahrerin;** die **Bushaltestelle;** die **Buslinie**

Busch, der: -(e)s, Büsche; *auf den Busch klopfen* (etwas vorsichtig erkunden); das **Büschel; büschelweise; buschig;** das **Buschland;** der **Buschmann;** das **Buschmesser;** das **Buschwerk;** das **Buschwindröschen**

Bu·sen, der: -s, - (Brust); der **Busenfreund;** die **Busenfreundin,** die ...freundinnen; **busig**

Busi·ness *engl. [bisniß],* das: - (Geschäft, Geschäftsleben)

Bus·sard *franz.,* der: -s, -e (ein Greifvogel)

bü·ßen: für seinen Leichtsinn büßen (Strafe erleiden); die **Buße;** der **Büßer;** das **Büßerhemd;** die **Büßerin; bußfertig** (zur Reue bereit); das **Bußgebet;** die **Bußpredigt;** das **Bußsakrament;** der **Buß- und Bettag**

Büs·te *franz.,* die: -, -n (Brustbild, Oberkörper); der **Büstenhalter;** auch: der **BH**

Bu·ti·ke *franz.,* die: -, -n (kleiner Modeladen); auch: die **Boutique** *[butik]*

But·ler *engl. [batler],* der: -s, - (ranghöchster Diener in vornehmen Häusern)

Büt·te, die: -, -n (großes Gefäß aus Holz); das **Büttenpapier;** die **Büttenrede;** der **Büttenredner** (Karnevalssprecher)

But·ter, die: -; *es ist alles in Butter* (in Ordnung) – *sich nicht die Butter vom Brot nehmen lassen* (sich nicht benachteiligen lassen); die **Butterblume;** das **Butterbrot;** die **Buttercreme;** auch: die ... **krem(e);** die **Butterdose;** das **Butterfass;** die **Buttermilch; buttern** (Butter herstellen); **butterweich**

But·ton *engl. [batn],* der: -s, -s (Anstecker, Schalter)

b. w. = bitte wenden!

By·pass *[baipaß],* der: -es, Bypässe (Blutgefäßersatz); die **Bypassoperation**

Byte *engl. [bait],* das: -(s), -(s) (8 Bits)

bzw. = beziehungsweise

C

C = Celsius; römisches Zeichen für die Zahl 100

ca. = circa (etwa, ungefähr); auch: → **zirka**

Ca·ba·ret *franz. [kabare]*, das: -s, -s (Kleinkunstbühne); auch: → das **Kabarett**

Ca·brio (Cab·rio) *franz.*, das: -(s), -s (Pkw mit zurückklappbarem Verdeck); auch: das **Kabrio;** das **Cabriolet;** auch: das **Kabriolett**

Ca·fé *franz. [kafe]*, das: -s, -s (Kaffeehaus) # Kaffee; die **Cafeteria** (Café, Imbissstube)

Cal·ci·um *lat. [kaltßium]*, das: -s (chemisches Element); auch: das **Kalzium**

Call-by-Call *engl. [kolbeikol]*, das: -s (Auswahl einer Telefongesellschaft durch Vorwahl); das **Callcenter;** auch: das **Call-Center**

Cam·pag·ne (Cam·pa·gne) *franz. [kampanje]*, die: -, -n (Feldzug, Unternehmen, Vorgehen); auch: die **Kampagne**

Cam·ping *engl. [kämping]*, das: -s (das Leben im Zelt oder Wohnwagen); das **Camp** (Lager); **campen;** der **Camper;** die **Camperin,** die Camperinnen; der **Campingplatz**

Ca·nail·le *franz. [kanalje]*, die: -, -n (Schuft, Schurke); auch: die **Kanaille**

Ca·nas·ta *span.*, das: -s (Kartenspiel)

can·celn *engl. [känßln]*: (streichen, absagen)

Cape *engl. [kep]*, das: -s, -s (ärmelloser Umhang)

Ca·ra·van *engl. [karawan, karawan]*, der: -s, -s (Wohnwagen)

Ca·ri·tas *lat.*, die: - (Bezeichnung für: Deutscher Caritasverband) # Karitas

Car·toon *engl. [kartun]*, das/der: -(s), -s (Witzzeichnung, Karikatur); der **Cartoonist** (Witzzeichner); die **Cartoonistin**

cash *engl. [käsch]*: (bar); das **Cash** (Bargeld)

Cä·si·um ⟨Cs⟩ *lat. [tßäsium]*, das: -s (chemisches Element, Metall); auch: das **Zäsium**

CD, die: -, -s (Abk. für Compact Disk, Kompaktschallplatte); das **CD-Laufwerk;** der **CD-Player;** die **CD-ROM;** der **CD-Spieler**

CDU = Christlich-Demokratische Union

Cel·lo *ital. [tschälo]*, das: -s, -s/Celli (Kniegeige); der **Cellist;** die **Cellistin**

Cel·lo·phan *lat./griech. [tsälofan]*, das: -s (durchsichtige Folie); auch: das **Zellophan**

Cel·lu·loid *lat.*, das: -s (Kunststoff); auch: das **Zelluloid**

Cel·lu·lo·se *lat.*, die: -, -n (Bestandteil der pflanzlichen Zellwände); auch: die **Zellulose**

Cel·si·us ⟨C⟩: (Temperaturangabe); 8 Grad Celsius (8° C)

Cem·ba·lo *ital. [tschämbalo]*, das: -s, -s/Cembali (altes Tasteninstrument)

Cent ⟨c, ct⟩ *engl. [ßänt]*, der: -(s), -(s) (Münze, kleine Währungseinheit z. B. in den USA, Untereinheit des Euro); 5 Cent (5 cts)

Cen·ter *amerik. [ßänter]*, das: -s, - (großes Kaufhaus, Einkaufszentrum)

Cha·let *franz. [schale]*, das: -s, -s (Landhaus, Sennhütte)

Cha·mä·le·on *griech. [kamäleon]*, das: -s, -s (Echse, die ihre Farbe ändern kann)

Cham·pag·ner (Cham·pa·gner) *franz. [schampanjer]*, der: -s, - (Schaumwein)

Cham·pig·non (Cham·pi·gnon) *franz. [schampinjõ]*, der: -s, -s (Edelpilz)

Cham·pi·on *engl. [tschämpjen]*, der: -s, -s (Spitzensportler, Meister in einer Sportart)

Chan·ce *franz. [schãße]*, die: -, -n (günstige Gelegenheit); seine Chance nützen – bei jemandem Chancen (Aussichten auf Erfolg) haben; die **Chancengleichheit**

Chan·son *franz. [schãßõ]*, das: -s, -s; (Kabarettlied); der **Chansonsänger;** die **Chansonsängerin,** die ...sängerinnen

Cha·os *griech. [kaoß]*, das: - (völliges Durcheinander, Wirrwarr); **chaotisch**

Cha·rak·ter *griech. [karakter]*, der: -s, Charaktere (Wesensart, Veranlagung); der Charakter eines Menschen, einer Stadt – Charakter haben; **charakterisieren:** einen Menschen charakterisieren (kennzeichnen, beschreiben); die **Charakteristik** (treffende Schilderung); das **Charakteristikum** (auffälliges Merkmal); **charakteristisch** (typisch, kennzeichnend); **charakterlich; charakterlos;** die **Charakterlosigkeit;** der **Charakterzug**

Char·ge *franz. [scharsche]*, die: -, -n (Amt, Rang, Dienstgrad)

Cha·ris·ma *griech. [karißma]*, das: -, Charismen/Charismata (besondere Ausstrahlungskraft); **charismatisch**

char·mant *franz. [scharmant]*: eine charmante (reizende) Begleiterin – charmant (liebenswürdig) lächeln – eine charmante alte Dame; auch: **scharmant;** der **Charme;** auch: der **Scharm;** der **Charmeur** *[schar-*

A B C D E F

mör]; die **Charmeurin,** die Charmeurinnen

Char·ta *lat. [karta]*, die: -, -s (Urkunde, Verfassungsgesetz)

char·tern *engl. [(t)schartern]*: ein Flugzeug chartern (mieten); der **Charterflug**

Chas·sis *franz. [schaßi]*, das: -, - (Fahrgestell)

Chat *engl. [tschät]*, der: -s, -s (Verständigung im Internet); **chatten;** der **Chatroom** *[tschätrum]*; auch: der **Chat-Room**

Chauf·feur *franz. [schoför]*, der: -s, -e (Kraftfahrer); die **Chauffeurin,** die Chauffeurinnen; **chauffieren**

Chaus·see *franz. [schoße]*, die: -, Chausseen (Landstraße)

Check *engl. [schek]*, der: -s, -s (Anweisung zur Geldzahlung, bargeldloses Zahlungsmittel); auch: → der **Scheck**

che·cken *engl. [tschäken]*: (kontrollieren, prüfen); der **Check** # Scheck; die **Checkliste;** der **Checkpoint** (Kontrollpunkt an Grenzübergängen)

Chef *franz. [schäf]*, der: -s, -s (Vorgesetzter, Leiter); der **Chefarzt;** die **Chefärztin;** die **Chefin;** der **Chefpilot;** die **Chefsekretärin**

Che·mie *arab.*, die: - (Lehre von den Stoffen und ihren Verbindungen); die **Chemikalie;** der **Chemiker;** die **Chemikerin,** die Chemikerinnen; **chemisch;** die **Chemotherapie**

chic *franz. [schik]*: (elegant, gut aussehend, modisch); auch: → **schick**

Chif·fre (Chiff·re) *franz. [schifre, schifer]*, die: -, -n (Ziffer, Geheimschrift); **chiffrieren:** eine chiffrierte (verschlüsselte) Botschaft

Chi·le *[tschile]*: -s (Staat in Südamerika); der **Chilene;** die **Chilenin; chilenisch**

Chi·mä·re *griech.*, die: -, -n (Hirngespinst, Trugbild); auch: → die **Schimäre**

Chi·na: -s (Land in Ostasien); der **Chinese;** die **Chinesin; chinesisch:** die chinesische Sprache; aber: die Chinesische Mauer

Chi·nin *indian.*, das: -s (Mittel gegen Fieber)

Chip *engl. [tschip]*, der: -s, -s; einen Chip (eine Spielmarke) eintauschen – ein Chip (Computerteilchen) wird eingebaut – Chips (in Fett gebackene Kartoffelscheiben) essen

Chi·rurg (Chir·urg) *griech.*, der: -en, -en (Facharzt für Operationen), die **Chirurgie;** die **Chirurgin,** die Chirurginnen; **chirurgisch:** ein chirurgischer (operativer) Eingriff

Chlor *griech. [klor]*, das: -s (chemischer Grundstoff); **chloren:** gechlortes (mit Chlor behandeltes) Wasser; **chlorhaltig;** das **Chloroform** (Betäubungsmittel); **chloroformieren;** das **Chlorophyll** (Blattgrün)

Cho·le·ra *griech. [kolera]*, die: - (Infektionskrankheit); die **Choleraepidemie**

Cho·le·ri·ker *griech. [koleriker]*, der -s, - (reizbarer, leicht aufbrausender Mensch); die **Cholerikerin; cholerisch**

Chor *griech. [kor]*, der: -(e)s, Chöre (Sängerschar, mehrstimmiger Gesang, Kirchenraum mit Altar); der **Choral,** die Choräle (Kirchenlied); der **Chorgesang**

Cho·reo·gra·fie *griech.*, die: -, Choreografien (Tanzgestaltung); auch: die **Choreographie**

Cho·se *franz. [schoße]*, die: - (Angelegenheit, Sache); auch: die **Schose**

Christ *griech. [krist]*, der: -en, -en (Anhänger des Christentums); der **Christbaum;** die **Christenheit;** das **Christentum; christianisieren;** die **Christin;** das **Christkind; christlich:** ein christlicher Mensch; aber: die Christlich-Demokratische Union; der **Christus:** vor Christi Geburt (v. Chr. G.) – nach Christi Geburt (n. Chr. G.)

Chrom *griech. [krom]*, das: -s (glänzendes, schweres Metall)

Chro·mo·som *griech. [kromosom]*, das: -s, -en (Träger der Erbanlagen im Zellkern)

Chro·nik *griech. [kronik]*, die: -, -en (Aufzeichnung geschichtlicher Ereignisse); **chronisch:** ein chronisches (immer wiederkehrendes) Leiden; der **Chronist;** die **Chronologie** (zeitlicher Ablauf, Zeitrechnung); **chronologisch:** eine chronologische (zeitlich geordnete) Darstellung

Chry·san·the·me (Chrys·an·the·me) *griech.*, die: -, -n (Herbstblume, Zierpflanze)

ciao! *ital. [tschau]*: (Abschiedsgruß); auch: **tschau!**

cir·ca ⟨ca.⟩ *lat.*: (etwa, ungefähr); auch: **zirka**

Cir·cus *lat.*, der: -, -se (Unterhaltung in einer Manege mit Artisten, Tierdressuren usw.); auch: → der **Zirkus**

Ci·ty *engl. [ßiti]*, die: -, -s (Stadtzentrum, Geschäftsviertel in einer Großstadt)

Clan *[klan]*, *engl.*: *[klän]*, der: -s, -e, *engl.*: -s (Familiensippe); auch: der **Klan**

cle·ver *engl.*: ein cleverer (geschickter, geschäftstüchtiger) Mann; die **Cleverness**

Clinch *engl. [klin(t)sch]*, der: -(e)s (Umklammerung des Gegners beim Boxen, Streit)

Clip *engl.*, der: -s, -s (Ohrschmuck, Klemme); auch: der **Klipp;** der **Clips;** auch: der **Klips**

Cli·que *franz. [klike]*, die: -, -n (Bande, kleine Gruppe von Menschen, Freundeskreis); die **Cliquenwirtschaft**

Clou *franz. [klu]*, der: -s, -s; der Clou (Höhepunkt) des Abends

Clown *engl. [klaun]*, der: -s, -s (Spaßmacher); die **Clownin**

Club *engl.*, der: -s, -s (Verein); auch: → der **Klub**

Clus·ter *engl. [klaßter]*, der: -s, - (Sammlung von Einfällen um ein zentrales Thema)

Coach *engl. [kotsch]*, der: -(s), -s (Trainer, Betreuer eines Sportlers oder einer Mannschaft); **coachen** (trainieren, betreuen)

Cock·pit *engl. [kokpit]*, das: -s, -s (Pilotenkabine in Rennwägen oder Flugzeugen)

Cock·tail *engl. [koktel]*, der: -s, -s (Getränk aus Spirituosen, Säften und Früchten); das **Cocktailkleid;** die **Cocktailparty**

Code *franz. [kod]*, der: -s, -s (verabredetes Zeichensystem); auch: → der **Kode; codieren;** auch: **kodieren**

Co·dex *lat. [kodex]*, der: -es, -e/Codices (Handschriftensammlung, Gesetzbuch); auch: der **Kodex**

Cof·fe·in *arab.*, das: -s; (anregender Wirkstoff in Tee und Kaffee); auch: → das **Koffein**

Cog·nac (Co·gnac) *franz. [konjak]*, der: -s, -s (franz. Weinbrand) # Kognak

Coif·feur *franz. [koaför]*, der: -s, -e (Friseur); die **Coiffeuse** *[koaföse]*

Co·i·tus *lat.*, der: -, -/-se (Geschlechtsakt); auch: der **Koitus**

Col·la·ge *franz. [kolasche]*, die: -, -n (aus Papier oder anderem Material geklebtes Bild)

Col·lege *engl. [kolitsch]*, das: -(s), -s (Hochschule mit Internat) # Kollege

Col·lier *franz. [kolje]*, das: -s, -s (Halsschmuck); auch: → das **Kollier**

Come-back *engl. [kambäk]*, das: -(s), -s; ein gelungenes Come-back (Wiederauftritt eines bekannten Künstlers, Sportlers o. Ä. nach längerer Pause); auch: das **Comeback**

Co·mic *amerik.*, der: -s, -s (Kurzwort für Comicstrip, Bildergeschichte mit Kurztexten); das **Comicheft;** der **Comicstrip**

Com·pact Disc *engl. [kompäkt dißk]*, die: -, -s (CD-Platte); auch: die **Compact Disk**

Com·pu·ter *engl. [kompjuter]*, der: -s, - (elektronische Rechenanlage); **computern;** das **Computerspiel;** der **Computervirus**

Con·tai·ner *engl. [kontener]*, der: -s, - (genormter Großbehälter für den Gütertransport); das **Containerschiff**

con·tra (cont·ra) *lat.*: (wider, gegen); auch: → **kontra**

cool *engl.-amerik. [kul]*: (überlegen, kaltschnäuzig, ruhig, hervorragend)

Co·py·right ⟨©⟩ *engl. [kopirait]*, das: -s, -s (Urheberrecht) # Kopie

Cord *engl.*, der: -(e)s, -e/-s (gerippter Baumwollstoff); auch: der **Kord;** der **Cordanzug,** die ... anzüge; auch: der **Kordanzug**

Corn·flakes *Pl. engl. [...fleks]*, die: - (geröstete Maisflocken)

Couch *engl. [kautsch]*, die: -, -s/-en (gepolsterte Liege, Sofa); die **Couchgarnitur**

Count-down *engl. [kauntdaun]*, der/das: -(s), -s (Zeitzählung zur Einleitung eines Startkommandos); auch: der/das **Countdown**

Coup *franz. [ku]*, der: -s, -s (kühnes Unternehmen, Streich, Schlag); einen Coup landen (etwas erfolgreich ausführen)

Cou·pé *franz. [kupe]*, das: -s, -s (sportliches Auto, Zugabteil); auch: das **Kupee**

Cou·pon *franz. [kupõ]*, der: -s, -s (Abschnitt, Schein z. B. als Beleg); auch: der **Kupon**

Cou·ra·ge *franz. [kurasche]*, die: - (Unerschrockenheit); **couragiert** (beherzt)

Cou·sin *franz. [kusã]*, der: -s, -s (Vetter); die **Cousine** (Base); auch: die **Kusine**

Co·ver *engl. [kawer]*, das; -s, -(s) (Titelbild bzw. Titelseite; Umschlag, Hülle für ein Buch oder eine Schallplatte)

Cow·boy *engl. [kaubeu]*, der: -s, -s (nordamerikanischer Rinderhirt zu Pferde)

craw·len *engl. [kraulen]*: (Schwimmstil); auch: → **kraulen**

creme *franz. [krem]* (mattgelb); **cremefarben;** auch: **cremefarbig**

Creme *franz. [kräm, krem]*, die: -, -s (Hautsalbe, Süßspeise, etwas Erlesenes); auch: die **Krem(e); cremen:** die Schuhe cremen; auch: **kremen; cremig;** auch **kremig**

Crew *engl. [kru]*, die: -, -s; eine gute Crew (Besatzung, Mannschaft) an Bord haben

CSU = Christlich-Soziale Union

Cup *engl. [kap]*, der: -s, -s (Pokal, Ehrenpreis, Pokalwettbewerb); das **Cupfinale**

Cur·ry *engl. [köri]*, das/der: -s (scharfe Ge-

A B C D E F

würzmischung); die **Currywurst**

Cur·sor *engl. [körser]*, der: -s, -s (EDV: bewegliches Zeichen auf dem Bildschirm)

Cut·ter *engl. [kater]*, der: -s, - (Schnittmeister beim Film, Rundfunk); **cutten;** die **Cutterin**

D

da: da ist mein Haus – da sein; aber: das Dasein – hie(r) und da – von da an – da und dort – da hinten – da ja – das ist noch nicht da gewesen – da gehe ich lieber – da (weil) ich krank bin; **dabehalten** (hierbehalten); **dableiben** (nicht fortgehen); aber: du musst da (an diesem Ort) bleiben; **dalassen** (hierbehalten); aber: er kann den Koffer nicht da (an dieser Stelle) lassen; **daliegen** (ausgestreckt liegen); aber: da (dort) liegen; **dasitzen** (untätig herumsitzen); aber: er bleibt da (an diesem Ort) sitzen; **dastehen:** wie wirst du denn vor deinen Freunden dastehen?; aber: bleib da (an diesem Ort) stehen!

d. Ä. = der Ältere

da·bei: dabei sein – er ist wieder dabei – dabei schaut er doch ganz gesund aus – es ist nichts dabei; **dabeibleiben** (bei einer Tätigkeit bleiben); aber: der Zeuge wird dabei bleiben (seine Meinung nicht ändern); die **Dabeigewesenen** *Pl.*; auch: die dabei Gewesenen; **dabeihaben; dabeisitzen** (sitzend dabei sein); aber: sie möchte dabei (z. B. bei der Arbeit) sitzen; **dabeistehen** (stehend dabei sein); aber: dabei stehen (nicht liegen, sitzen)

da ca·po *ital.:* (Musik: noch einmal, von Anfang an); das **Dacapo**

Dach, das: -(e)s, Dächer; *eins aufs Dach bekommen* (einen Tadel erhalten) – *etwas unter Dach und Fach bringen* (abschließen) – *jemandem aufs Dach steigen* (ihn tadeln); der **Dachboden;** der **Dachdecker;** der **Dachfirst;** der **Dachgarten;** das **Dachgeschoss;** die **Dachluke;** die **Dachpappe;** die **Dachrinne;** der **Dachschaden;** die **Dachstube;** der **Dachstuhl;** der **Dachziegel**

Dachs, der: -es, -e (große Marderart)

Da·ckel, der: -s, - (kurzbeinige Hunderasse)

da·durch: dadurch, dass… – nur dadurch (durch diesen Umstand) konnte das passieren; aber: ich muss da durch

da·für: dafür sein (zustimmen) – er ist nicht reich, dafür (stattdessen) aber fleißig – alles spricht dafür, dass…; **dafürhalten:** wenn wir dafürhalten (glauben, meinen), dass…; aber: ich habe es dafür (z. B. für etwas anderes) gehalten (angesehen); das **Dafürhalten:** nach meinem Dafürhalten (nach meiner Meinung); **dafürkönnen:** nichts dafürkönnen (schuldlos sein); aber: dafür können wir nichts; **dafürsprechen:** weil alles dafürspricht; aber: dafür sprechen; **dafürstehen:** er will nicht dafürstehen (bürgen) – das steht nicht dafür (lohnt sich nicht)

da·ge·gen: dagegen sein – dagegen stimmen – niemand hat etwas dagegen – ich ging zu Fuß, sie dagegen (aber) fuhr mit der Bahn; **dagegenhalten** (eine andere Meinung äußern); **dagegensetzen** (eine andere Meinung vorbringen); sich **dagegenstellen** (sich widersetzen); **dagegenwirken**

da·heim: daheim (zuhause) ausruhen – sie war lange nicht mehr daheim – von daheim – bei euch daheim; das **Daheim:** unser Daheim; **daheimbleiben;** der/die **Daheimgebliebene; daheimsitzen**

da·her: er ist von daher (von dort) gekommen – daher (deshalb) kann ich nicht bleiben; **daherkommen:** ich sah ihn eilig daherkommen (herankommen, sich nähern); aber: daher (deswegen) kommen wir nicht; **daherreden** (etwas ohne Überlegung äußern)

da·hin: viele Jahre sind dahin (verloren, vorbei) – bis dahin – er raste dahin – da- und dorthin; **dahinab; dahinauf; dahinaus; dahinein; dahinfahren** (sterben); **dahinfliegen** (rasch vergehen); aber: er wird dahin (dorthin) fliegen und nicht nach Berlin; **dahingehen** (vergehen); aber: er wird morgen dahin (an diesen Ort) gehen und nicht auf die Zugspitze; **dahingehend:** er äußerte sich dahingehend; auch: dahin gehend; **dahingestellt:** es ist dahingestellt (fraglich), ob ich komme; aber: er hat sich dahin (an diesen Platz) gestellt; **dahinleben; dahinraffen:** die Seuche hat viele dahingerafft (getötet); **dahinschießen:** er sah sie dahinschießen (sich schnell bewegen); aber: dahin (dorthin) schießen; sich **dahinschleppen; dahinsiechen; dahinsterben; dahinunter**

da·hin·ten: dahinten (dort hinten) im Wald

A B C D E F

da·hin·ter: das Dorf liegt dahinter – es ist nichts weiter dahinter; **dahinterher:** dahinterher sein; sich **dahinterklemmen** (sich anstrengen); sich **dahinterknien** (etwas mit Ehrgeiz verfolgen); **dahinterkommen** (etwas erfahren, herausbekommen); aber: dahinter (hinter jemandem/etwas) kommen Leute; **dahinterstecken:** keiner weiß, was dahintersteckt (was die eigentliche Ursache ist); **dahinterstehen** (etwas als richtig erkennen und unterstützen); aber: dahinter (z. B. hinter einer Mauer) stehen Häuser

da·mals: (zu jener Zeit, einst); **damalig:** sein damaliger Lehrer

Da·mast, der: -(e)s, -e (Stoff mit einem gewebten Muster); der **Damastbezug; damasten**

Da·me, die: -, -n (vornehme Frau); **damenhaft;** die **Damenmannschaft;** der **Damensalon;** die **Damenwahl;** das **Damespiel** (Brettspiel)

Dam·hirsch, der: -(e)s, -e (rotbraune Hirschart mit weißen Flecken); das **Damwild**

da·mit: damit (mit dieser Sache) habe ich nichts zu tun – ich bleibe, damit du nicht alleine bist – und damit basta!

däm·lich: dämliche (dumme) Fragen – guck nicht so dämlich!; die **Dämlichkeit**

Damm, der: -(e)s, Dämme; einen Damm (Deich) bauen – *nicht auf dem Damm* (nicht gesund) *sein*; der **Dammbruch; dämmen** (abhalten, zurückhalten); das **Dämmmaterial;** auch: das **Dämm-Material;** der **Dämmstoff** (Isoliermittel); die **Dämmung**

Däm·me·rung, die: -, -en (Übergang vom Tag zur Nacht, von der Nacht zum Tag); **dämm(e)rig;** das **Dämmerlicht; dämmern:** der Morgen dämmert (es wird Tag) – es dämmert mir (ich begreife) – er dämmert vor sich hin (ist nicht richtig bei Bewusstsein); der **Dämmerschoppen;** die **Dämmerstunde;** der **Dämmerzustand**

Dä·mon *griech.,* der: -s, Dämonen; von einem Dämon (bösen Geist, dem Teufel) besessen sein; **dämonenhaft; dämonisch** (besessen, teuflisch, unheimlich)

Dampf, der: -(e)s, Dämpfe; *Dampf ablassen* (seinen Ärger abreagieren) – *jemandem Dampf machen* (ihn antreiben); das **Dampfbad; dampfen:** die Kartoffeln dampfen; der **Dampfer;** die **Dampfheizung;** der **Dampfkessel;** die **Dampflokomotive;** die **Dampfmaschine;** die **Dampfschifffahrt;** die **Dampfwalze**

dämp·fen: Gemüse dämpfen (dünsten) – seine Stimme dämpfen (abschwächen); der **Dämpfer:** *einen Dämpfer bekommen* (zurechtgewiesen werden)

da·nach: sich danach sehnen – bald danach – es sieht gar nicht danach aus – danach fragen – danach handeln – sich danach richten; auch: **darnach;** das **Danach**

Dan·dy *engl. [dändi],* der: -s, -s (Geck)

da·ne·ben: daneben liegt ein Buch – daneben (außerdem) hat er noch andere Arbeiten; sich **danebenbenehmen** (sich schlecht benehmen); **danebengehen** (misslingen); aber: sie ist daneben (z. B. neben der Mutter) gegangen; **danebengreifen** (sich vertun); **danebenhauen** (nicht treffen, etwas falsch machen); **danebenlegen; danebenliegen** (sich irren); aber: der Ball wird sicher daneben (neben anderen Sachen) liegen; **danebenschießen** (sich irren); **danebensetzen; danebensitzen; danebensitzend; danebenstehen** (sich nicht hineinversetzen können); aber: daneben (neben den Männern) stehen die Frauen; **danebenstehend:** danebenstehende Menschen; der/die **Danebenstehende; danebenstellen**

Dä·ne·mark: -s (Staat in Nordeuropa); der **Däne;** die **Dänin,** die Däninnen; **dänisch**

da·nie·der: die Wirtschaft des Landes liegt danieder – danieder sein; **daniederliegen;** auch: **darniederliegen**

dank: dank (wegen) seines Fleißes – dank seinem Fleiß – nein danke! – danke schön!; der **Dank:** tausend Dank! – habe Dank! – Gott sei Dank! – *jemandem Dank wissen* (dankbar sein); **dankbar:** dankbare Menschen – eine dankbare (lohnende) Aufgabe; die **Dankbarkeit; danke:** danke schön! – danke sagen; auch: Danke sagen; **danken; dankenswert; dankenswerterweise;** das **Dankeschön;** die **Dankesschuld;** die **Dankesworte** *Pl.*; das **Dankgebet; danksagen;** auch: Dank sagen: er sagt Dank; die **Danksagung;** das **Dankschreiben**

dann: bis dann – dann kam er – dann und wann (manchmal) – immer dann, wenn ..., **dannen:** von dannen (von da weg)

da·ran (dar·an): daran teilnehmen – ich erkenne ihn daran – er ist daran (an der

A B C D E F

Reihe) – ich war nahe daran zu weinen – gut daran tun – daran glauben; auch: → **dran; darangehen** (mit etwas beginnen); sich **daranhalten** (eifrig sein); aber: sich daran halten (Weisungen beachten); sich **daranmachen** (beginnen); aber: etwas daran (z. B. am Auto) machen; **daransetzen:** er will alles daransetzen (sich voll einsetzen)

da·rauf (dar·auf): am Tag darauf (hinterher) – darauf ausgehen – darauf bauen – darauf dringen – darauf eingehen – darauf folgen – darauf hinweisen – darauf warten – es kommt darauf an; auch: → **drauf; darauffolgend:** am darauffolgenden (nächsten) Tag; aber: am darauf folgenden Tag; **daraufhauen; daraufhin:** daraufhin (aus diesem Grunde, deshalb) schreibe ich dir; **daraufsetzen:** ich will mich daraufsetzen (z. B. auf einen Stuhl); aber: ich will mich nicht hierauf, sondern darauf setzen

da·raus (dar·aus): daraus folgt – daraus lernen – daraus schließen/folgern – sich nichts daraus machen; auch: → **draus**

dar·ben: (Mangel haben, Not leiden)

dar·bie·ten: Volkstänze darbieten; die **Darbietung:** eine musikalische Darbietung (Aufführung)

dar·brin·gen: ein Opfer darbringen – Glückwünsche darbringen; die **Darbringung**

da·rein (dar·ein): sich darein ergeben/schicken; auch: → **drein;** sich **dareinfinden;** sich **dareinmischen; dareinreden; dareinsetzen:** seinen Ehrgeiz dareinsetzen

da·rin (dar·in): was ist darin? – darin (in diesem Punkt) hat er Recht – darin wohnen – wir können alle darin (im Wagen) sitzen; auch: → **drin; darinnen**; auch: → **drinnen**

dar·le·gen: seine Meinung darlegen (darstellen, begründen); die **Darlegung**

Dar·le·hen, das -s, -; ein Darlehen aufnehmen (Geld leihen); auch: das **Darlehn**

Darm, der: -(e)s, Därme (Körperorgan); die **Darmflora;** die **Darmsaite;** der **Darmverschluss**

dar·nach: → danach; **darneben;** → daneben; **darnieder;** → danieder; **darob** (deswegen)

dar·stel·len: ein Erlebnis darstellen (mitteilen); **darstellbar;** der **Darsteller;** die **Darstellerin; darstellerisch;** die **Darstellung**

dar·tun: seine Gründe dartun (darlegen, erklären)

da·rü·ber (dar·ü·ber): darüber hängt ein Bild – darüber hinaus – darüber hinausgehen – darüber hinaus sein – darüber reden – darüber hinwegsehen – darüber (dabei) einschlafen; auch: → **drüber; darüberbreiten; darüberfahren:** mit dem Finger darüberfahren; sich **darübermachen** (mit etwas beginnen); **darüberstehen** (darüber erhaben sein); **darübersteigen; darüberstreuen**

da·rum (dar·um): darum (um dieses) bitten – darum herumreden – darum ist es mir nicht zu tun; auch: → **drum; darumbinden; darumkommen** (etwas nicht bekommen); aber: darum (aus diesem Grunde) kommen sie; **darumlegen; darumstehen**

da·run·ter (dar·un·ter): darunter (an etwas) leiden – sich nichts darunter vorstellen können; auch: → **drunter; darunterfallen** (betroffen sein); **darunterlegen; darunterliegen:** das Buch hat daruntergelegen; aber: es sollte nicht hierunter, sondern darunter liegen; **daruntersetzen** (z. B. seine Unterschrift unter ein Schriftstück); **darunterstellen**

das: das Bett – das heißt ⟨d. h.⟩ – das habe ich nicht gewusst – das ist ⟨d. i.⟩ (das bedeutet) – ein Kind, das (welches) nicht folgt # dass

das·je·ni·ge: → derjenige; **desjenigen; diejenigen**

dass: ich hoffe, dass … – dass du nur bald kommst! – sodass; auch: so dass – auf dass – ohne dass # das; der **Dasssatz;** auch: der **dass-Satz**

das·sel·be: ein und dasselbe – *wenn zwei das Gleiche tun, ist es nicht dasselbe*; **desselben; dieselben**

Da·ten *Pl. lat.*, die: - (Einzelheiten, Angaben): Daten verarbeiten; die **Datei** (Datensammlung); die **Datenautobahn;** die **Datenbank;** der **Datenschutz; datenverarbeitend:** datenverarbeitende Maschinen; auch: Daten verarbeitend; die **Datenverarbeitung:** die elektronische Datenverarbeitung ⟨EDV⟩

Da·tiv *lat.*, der: -s, -e (Sprachlehre: Wemfall, 3. Fall); das **Dativobjekt**

Dat·tel, die: -, -n (längliche, sehr süße Frucht); die **Dattelpalme**

Da·tum *lat.*, das: -s, Daten (Zeitpunkt, Tagesangabe); **datieren** (mit einer Zeitangabe versehen); die **Datumsangabe**

Dau·er, die: -; die Dauer (Zeitspanne) von einem Jahr – auf Dauer; **dauerhaft** (beständig, unveränderlich); die **Dauerkarte;** der **Dauerlauf,** die ... läufe; **dauern:** nicht lange dauern; **dauernd:** eine dauernde (ständige) Gefahr; die **Dauerstellung;** der **Dauerstress;** die **Dauerwelle** (künstliche Wellung der Haare); der **Dauerzustand**

dau·ern: er dauert mich (tut mir leid)

Dau·men, der: -s, -; *etwas über den Daumen peilen* (ungefähr schätzen) – *auf etwas den Daumen halten* (darauf aufpassen) – *jemandem den Daumen halten* (Erfolg wünschen); **daumenbreit;** aber: um Daumenbreite; **daumendick;** die **Daumenschraube:** *jemandem Daumenschrauben anlegen* (ihn unter Druck setzen); der **Däumling** (Märchenfigur)

Dau·ne, die: -, -n (Flaumfeder); das **Daunenbett;** die **Daunendecke; daunenweich**

da·von: auf und davon – davon abhängen – davon abgesehen – davon leben – nicht weit davon (entfernt) – nichts davon haben; **davonbleiben** (sich entfernt halten, nicht anfassen); aber: davon bleiben nur einige übrig; **davoneilen; davonfahren; davongehen; davonkommen** (überleben, entrinnen, Glück haben); aber: davon kommt alles Übel; **davonlaufen:** sie will davonlaufen; aber: *zum Davonlaufen* (unerträglich) *sein*; sich **davonmachen** (sich unauffällig entfernen); aber: davon macht sie sich ein Kleid; sich **davonstehlen** (sich unauffällig, heimlich entfernen); **davontragen:** einen Sieg davontragen

da·vor: lange davor (vorher) – davor bewahren – sich davor hüten – davor zurückschrecken – davor warnen; **davorhalten:** eine Hand davorhalten (z. B. vor den Mund); **davorhängen:** ein Tuch davorhängen; **davorlegen:** eine Schachtel war davorgelegen; **davorschieben:** einen Riegel davorschieben; **davorstehen:** kurz davorstehen (z. B. vor einem Examen); **davorstellen:** einen Schrank davorstellen; aber: davor stellen wir einen Schrank

da·wi·der: dawider (dagegen) sein; **dawiderreden** (dagegenreden, widersprechen)

da·zu: dazu (hierzu) etwas sagen – dazu schweigen; **dazubekommen** (hinzubekommen); **dazugeben; dazugehören:** er möchte auch dazugehören; aber: dazu gehört viel Mut; **dazugehörig; dazukommen:** er will später dazukommen; aber: wie konnte es nur dazu kommen?; **dazukönnen** (dafürkönnen); **dazulernen; dazumal** (damals); sich **dazusetzen;** das **Dazutun:** ohne sein Dazutun (ohne seine Unterstützung); **dazuverdienen**

da·zwi·schen: dazwischen essen – dazwischen liegt das Meer; **dazwischenfahren** (Ordnung schaffen, eingreifen); aber: dazwischen fahren auch Autos; **dazwischenfunken; dazwischenkommen:** es ist etwas dazwischengekommen; aber: dazwischen kommen wieder Häuser; **dazwischenreden; dazwischenrufen:** du sollst nicht dazwischenrufen; aber: dazwischen rufen immer wieder Kinder; **dazwischenschlagen; dazwischentreten**

DB = Deutsche Bahn

DDR: (frühere) Deutsche Demokratische Republik; der **DDR-Bürger;** die **DDR-Bürgerin**

Dea·ler *engl. [diler]*: -s, - (Rauschgifthändler); der **Deal** (Handel, Geschäft); **dealen**

De·ba·kel *franz.*, das: -s, - (Zusammenbruch, Niederlage)

De·bat·te *franz.*, die: -, -n (lange Aussprache, Erörterung); **debattieren**

de·bil *lat.*: (leicht schwachsinnig); die **Debilität**

De·büt *franz. [debü]*, das: -s, -s (erster Auftritt); der **Debütant;** die **Debütantin**

de·chiff·rie·ren (de·chif·frie·ren) *franz.*: (Geheimschriften, Nachrichten entschlüsseln)

Deck, das: -(e)s, -s/-e (Stockwerk auf einem Schiff); alle Mann an Deck!

De·cke, die: -, -n; *an die Decke gehen* (wütend werden) – *mit jemandem unter einer Decke stecken* (gemeinsame Sache machen) – *sich nach der Decke strecken* (sich den Verhältnissen anpassen); die **Deckadresse** (Scheinadresse); das **Deckblatt;** der **Deckel:** *eins auf den Deckel bekommen* (gerügt werden); **decken:** den Tisch decken – den Stürmer decken (bewachen) – den Bedarf an Lebensmitteln decken (befriedigen) – meine Meinung deckt sich mit deiner (stimmt damit überein) – Dreiecke decken (gleichen) sich – ein nicht gedeckter Scheck (Scheck, der nicht aus einem vorhandenen Guthaben bezahlt werden kann); die **Deckenbeleuchtung;** das **Deckengemälde;** die **Deckfarbe;** der **Deckmantel** (Vorwand); der **Deckname;** die **Deckung; deckungsgleich** (übereinstimmend flächengleich); das **Deckweiß**

De·co·der *engl.*, der: -s, - (Gerät zum Entschlüsseln von Daten); **decodieren**

de fac·to *lat.*: (faktisch, tatsächlich bestehend); die **De-facto-Anerkennung**

De·fekt *lat.*, der: -(e)s, -e (Schaden, Mangel, Panne); **defekt:** eine defekte (schadhafte, beschädigte) Leitung

De·fen·si·ve *lat.*, die: -, -n (Abwehr, Verteidigung); **defensiv** (abwehrend): defensives (rücksichtsvolles) Fahren; das **Defensivspiel**

de·fi·nie·ren *lat.*: einen Begriff definieren (bestimmen, erklären); **definierbar;** die **Definition; definitiv:** eine definitive (endgültige) Entscheidung

De·fi·zit *lat.*, das: -s, -e (Fehlbetrag, Verlust, Mangel); **defizitär**

De·fla·ti·on *lat.*, die: -, -en (Geldknappheit); **deflationär**

De·for·ma·ti·on *lat.*, die: -, -en (Verformung, Missbildung); **deformieren**

def·tig: (kräftig, nahrhaft, derb); die **Deftigkeit**

De·gen, der: -s, - (Hieb- und Stichwaffe); das **Degenfechten**

De·ge·ne·ra·ti·on *lat.*, die: -, -en (Entartung, Rückbildung); **degeneriert**

de·gra·die·ren *lat.*: einen Offizier degradieren (im Rang herabsetzen); die **Degradierung**

deh·nen: die Ebene dehnt sich aus (erstreckt sich) – das Band dehnen (weiten, strecken) # denen; **dehnbar:** ein dehnbarer (vieldeutiger) Begriff; die **Dehnbarkeit;** die **Dehnung;** die **Dehnungsfuge;** das **Dehnungs-h;** das **Dehnungszeichen**

Deich, der: -(e)s, -e (Schutzdamm gegen Überschwemmungen); der **Deichbruch,** die ... brüche; **deichen;** die **Deichkrone**

Deich·sel, die: -, -n (Wagenstange zum Anspannen von Zugtieren); **deichseln:** ich deichs(e)le das schon (meistere es, bringe es zustande)

dein: → du; dein Geld – das ist dein Haus – du musst das deine leisten; auch: das Deine – die deinen (deine Angehörigen); auch: die Deinen – Dein und Mein; **deinerseits; deinesgleichen; deinetwegen; deinetwillen:** um deinetwillen; das **Deinige:** rette das Deinige (deine Habe); auch: das deinige

de·ka...: *griech.* (zehn...): die **Dekade** (zehn Stück, Zeitraum von zehn Tagen, Jahren u. Ä.); **dekadisch** (zehnteilig)

de·ka·dent *lat.*: eine dekadente (im Verfall begriffene) Gesellschaft; die **Dekadenz**

De·kan *lat.*, der: -s, -e (geistlicher Würdenträger, Kirchenbeamter, Vorsteher eines Fachbereiches an einer Universität); das **Dekanat** (Amt des Dekans, katholischer Kirchenbezirk)

De·kla·ra·ti·on *lat.*, die: -, -en (Erklärung, Wert- oder Inhaltsangabe); **deklarieren:** Waren deklarieren; die **Deklarierung**

de·klas·sie·ren *lat.*: (herabsetzen); die **Deklassierung**

De·kli·na·ti·on *lat.*, die: -, -en (Sprachlehre: Beugung von Wörtern); **deklinierbar; deklinieren**

De·kolle·tee *franz. [dekolte]*, das: -s, -s (Kleidausschnitt); auch: das **Dekolleté; dekolletiert**

De·ko·ra·teur *franz. [dekoratör]*, der: -s, -e (Ausstatter von Räumen, Schaufenstern u. Ä.); das/der **Dekor** (Verzierung, Muster); die **Dekorateurin;** die **Dekoration; dekorativ** (schmückend); **dekorieren:** einen Tisch mit Blumen dekorieren (verschönern, schmücken) – einen Helden dekorieren (ihm einen Orden verleihen); die **Dekorierung**

De·kret *lat.*, das: -(e)s, -e (Verfügung, Beschluss); **dekretieren** (verordnen)

De·le·ga·ti·on *lat.*, die: -, -en (Abordnung); **delegieren:** jemandem eine Aufgabe delegieren (übertragen); der/die **Delegierte**

Del·fin *griech.*, der: -s, -e (Zahnwal, Meeressäugetier); auch: → der **Delphin**

de·li·kat *franz.*: ein delikates (köstliches) Essen – eine delikate (mit Feingefühl zu behandelnde) Frage; die **Delikatesse** (Leckerbissen); das **Delikatess(en)geschäft**

De·likt *lat.*, das: -(e)s, -e (Vergehen, Straftat); der **Delinquent** (Übeltäter, Verbrecher)

De·li·ri·um *lat.*, das: -s, Delirien (Fieber-, Rauschzustand)

de·li·zi·ös, *franz.*: (köstlich)

Del·le, die: -, -n (leichte Einbeulung, Bruchstelle)

Del·phin *griech.*, der: -s, -e (Zahnwal, Meeressäugetier); auch: der **Delfin;** das **Delphinarium;** auch: das **Delfinarium; delphinschwimmen;** auch: **delfinschwimmen;** auch: Delphin schwimmen; auch: Delfin schwimmen: sie schwimmt Delphin; auch: sie schwimmt Delfin

Del·ta *griech.*, das: -s, -s/Delten (verzweigte Mündung eines Flusses); **deltaförmig**

dem: → der; **dementsprechend** (dem angemessen); **demgegenüber** (im Vergleich); **demgemäß** (infolgedessen); **demnach** (folglich); **demnächst** (bald, später); **demselben:** mit ein und demselben Auto; **demzufolge** (deshalb)

De·ma·go·ge (Dem·a·go·ge) *griech.*, der: -n, -n (Volksaufhetzer, Scharfmacher); die **Demagogie;** die **Demagogin; demagogisch**

De·men·ti *lat.*, das: -s, -s (Berichtigung, Widerruf); **dementieren:** eine Meldung dementieren

De·mo·kra·tie *griech.*, die: -, Demokratien (eine Staatsform: Volksherrschaft); der **Demokrat;** die **Demokratin; demokratisch; demokratisieren;** die **Demokratisierung**

de·mo·lie·ren *franz.*: die Wohnung demolieren (mutwillig beschädigen, zerstören); die **Demolierung**

De·mons·tra·ti·on (De·monst·ra·ti·on) *lat.*, die: -, -en (Massenkundgebung, Beweisführung); die **Demo** (Protestkundgebung); der **Demonstrant;** die **Demonstrantin,** die Demonstrantinnen; **demonstrativ** (betont auffällig); das **Demonstrativpronomen** (Sprachlehre: hinweisendes Fürwort); **demonstrieren** (beweisen, vorführen, an einer Demonstration teilnehmen)

De·mon·ta·ge *franz. [demontasche]*, die: -, -n (Abbruch, Abbau); **demontieren**

De·mos·ko·pie (De·mo·sko·pie) *griech.*, die: -, Demoskopien (Meinungsforschung); der **Demoskop;** die **Demoskopin; demoskopisch:** eine demoskopische Umfrage

De·mut, die: - (Opferbereitschaft, Bescheidenheit); **demütig; demütigen** (beschämen, erniedrigen); die **Demütigung;** die **Demutshaltung; demut(s)voll**

den: → der; **denjenigen; denselben**

de·nen: → der; einer von denen # dehnen

den·geln: ich deng(e)le (schärfe) die Sense; der **Dengelhammer,** die ... hämmer

den·ken: du denkst, er dachte, sie hat gedacht, denk(e)!; die **Denkaufgabe; denkbar:** denkbar (sehr) ungünstig – ein denkbares (mögliches) Ergebnis; das **Denken;** der **Denker;** die **Denkerin,** die Denkerinnen; **denkfaul;** der **Denkfehler;** das **Denkmal,** die ... mäler (Ehrendenkmal); die **Denkschrift;** die **Denkweise; denkwürdig;** der **Denkzettel** (scharfe Rüge, Zurechtweisung)

denn: ich gehe, denn es ist spät – was kann ich denn (eigentlich) dafür – es sei denn – wer ist größer denn (als) Gott – mehr denn je

den·noch: (trotzdem)

Den·tist *lat.*, der: -en, -en (Zahnarzt); die **Dentistin,** die Dentistinnen

de·nun·zie·ren *lat.*: (anzeigen, verraten, anschwärzen); der **Denunziant;** die **Denunziantin;** die **Denunziation**

De·o·do·rant *engl.*, das: -s, -s/-e (Mittel gegen Körpergeruch); auch: das **Desodorant;** das **Deo;** der **Deoroller;** das **Deospray**

De·pe·sche *franz.*, die: -, -n (Eilnachricht, Telegramm); **depeschieren**

de·plat·ziert: sich deplatziert (fehl am Platz) fühlen – eine deplatzierte (unangebrachte) Bemerkung

De·po·nie *lat.*, die: -, Deponien (Müllabladeplatz); **deponieren** (zur Aufbewahrung geben, hinterlegen); die **Deponierung;** das **Depot** *[depo]* (Lager, Aufbewahrungsort)

de·por·tie·ren *lat.*: (verschleppen, verbannen); die **Deportation;** der/die **Deportierte**

De·pres·si·on *lat.* die: -, -en (Niedergeschlagenheit); **depressiv;** die **Depressivität**

de·pri·mie·ren *franz.*: ein deprimierendes (entmutigendes) Ereignis; **deprimiert** (niedergeschlagen, entmutigt)

der: der Vater – ausgerechnet der (dieser) – der Mann, der (welcher) lacht; **derart; derartig:** derartige Dinge mache ich nicht; aber: (etwas) Derartiges; **dereinst** (später, einst); **derenthalben; derentwegen; derentwillen:** um derentwillen; **dergestalt** (so, derart); **dergleichen** ⟨dgl.⟩; **derjenige; dermaßen** (so sehr, derart); **derselbe:** derselbe Mann – ein und derselbe; **derweil(en)** (unterdessen); **derzeit** (gegenwärtig); **derzeitig**

derb: derbes Leder – ein derber (grober) Kerl – ein derber (unfeiner) Witz; die **Derbheit**

Der·by *engl. [därbi]*, das: -(s), -s (Pferderennen); das **Derbyrennen**

de·ren: → der; die Frauen und deren Kinder

des: → der; des(sen) ungeachtet; **desgleichen** ⟨desgl.⟩; **deshalb; desselben; deswegen**

De·sas·ter *franz.*, das: -s, - (Zusammenbruch, großes Missgeschick)

De·ser·teur *franz. [desertör]*, der: -s, -e (Fah-

A B C D E F

A B C D E F

nenflüchtiger, Überläufer); **desertieren**

De·sign *engl. [disain]*, das: -s, -s (Muster, Entwurf, Plan); **designen:** sie designt; der **Designer;** die **Designerin,** die Designerinnen

Des·in·fek·ti·on *lat.*, die: -, -en (Entseuchung, Entkeimung); das **Desinfektionsmittel; desinfizieren:** eine Wunde desinfizieren

Des·in·te·res·se (Des·in·ter·es·se) *franz.*, das: -s (Gleichgültigkeit); **desinteressiert** (ohne Interesse)

Desk·top *engl. [desktop]*, der: -s, -s (Benutzeroberfläche eines Betriebssystems)

De·so·do·rant (Des·o·do·rant) *lat.*, das: -s, -s/-e (Mittel gegen Körpergeruch); auch: → das **Deodorant**

de·so·lat *lat.*: (traurig, trostlos)

Des·pot *griech.*, der: -en, -en (herrischer Mensch, Gewaltherrscher); die **Despotin; despotisch;** der **Despotismus**

des·sen: → der; mein Freund und dessen Vater – mit dessen Erlaubnis – statt dessen Rat zu folgen, kam er nicht; aber: er ging nicht zur Schule, stattdessen ging er spazieren – dessen ungeachtet – sich dessen erinnern; **dessenthalben; dessentwegen; dessentwillen:** um dessentwillen

Des·sert *franz. [deßär]*, das: -s, -s (Nachspeise)

Des·til·la·ti·on (De·stil·la·ti·on) *lat.*, die: -, -en (Trennung flüssiger Stoffe durch Verdampfen); das **Destillat; destillieren:** destilliertes (chemisch reines, gereinigtes) Wasser

des·to: je mehr, desto besser – desto mehr – desto weniger; aber: nichtsdestoweniger

de·struk·tiv (des·truk·tiv, dest·ruk·tiv) *lat.*: (zerstörend, zersetzend); **destruieren**

De·tail *franz. [detaj]*, das: -s, -s (Einzelheit, Einzelfall); **detailliert** *[detaijirt]*: detailliert (in allen Einzelheiten, ausführlich) erzählen

De·tek·tiv *lat.*, der: -s, -e (Ermittler); die **Detektei** (Ermittlungsbüro); die **Detektivin; detektivisch;** der **Detektivroman**

de·ter·mi·nie·ren *lat.*: Bedingungen determinieren (festlegen, bestimmen); die **Determinierung**

De·to·na·ti·on *lat.*, die: -, -en (Explosion, Knall); **detonieren**

Deut *niederl.*, der: - (früher: kleine Münze); *sich keinen Deut* (überhaupt nicht) *um etwas kümmern*

deu·teln: daran gibt es nichts zu deuteln (das steht fest)

deu·ten: mit dem Finger auf etwas deuten (zeigen) – Träume deuten (auslegen); **...deutig:** zweideutig – mehrdeutig; die **Deutung;** der **Deutungsversuch**

deut·lich: deutlich (verständlich) sprechen – etwas deutlich machen; die **Deutlichkeit**

deutsch ⟨dt.⟩: das deutsche Volk – die deutsche Einheit – die deutsche Staatsangehörigkeit – die deutsche Sprache – sich deutsch unterhalten – *deutsch mit jemandem reden* (jemandem die Meinung sagen); aber: der Tag der Deutschen Einheit – die Deutsche Bahn ⟨DB⟩ – die Deutsche Post ⟨DP⟩ – der Deutsche Bundestag – das Deutsche Reich – das Deutsche Rote Kreuz ⟨DRK⟩ – der Deutsche Gewerkschaftsbund ⟨DGB⟩ – der Deutsche Schäferhund; das **Deutsch:** sie lernt Deutsch – kein Wort Deutsch können – sie spricht gut Deutsch – auf gut Deutsch – ein Deutsch (die deutsche Sprache) beherrschender Engländer – ein akzentfreies Deutsch – ins Deutsche übersetzen – auf/zu Deutsch – in Deutsch – im Deutschen; der/die **Deutsche:** alle Deutschen – wir Deutsche(n); **deutschfeindlich; deutschfreundlich;** das **Deutschland:** die Bundesrepublik Deutschland ⟨BRD⟩; das **Deutschlandlied; deutschsprachig** (in deutscher Sprache); **deutschsprechend;** auch: deutsch/Deutsch sprechend; **deutschstämmig;** der **Deutschunterricht**

De·vi·se *franz. [dewise]*, die: -, -n (Zahlungsmittel, Wahlspruch); die **Devisen** *Pl.* (Zahlungsmittel in ausländischer Währung); der **Devisenkurs**

de·vot *lat. [dewot]:* (unterwürfig, ergeben); die **Devotionalien** *Pl.* (Gegenstände, die zur religiösen Andacht dienen)

De·zem·ber ⟨Dez.⟩ *lat.*, der: -(s), - (Monatsname)

de·zent *lat.*: dezent (unaufdringlich, taktvoll) auf etwas hinweisen

de·zen·tral (de·zent·ral) *lat.:* (vom Mittelpunkt entfernt); die **Dezentralisation; dezentralisieren;** die **Dezentralisierung**

de·zi·diert *lat.*: auf etwas dezidiert (bestimmt, entschieden) hinweisen

de·zi·mal *lat.*: (auf der Zahl 10 beruhend); das **Dezibel** ⟨dB⟩ (Maßeinheit für die Messung der Lautstärke); der **Dezimalbruch;** die **Dezimalrechnung;** das **Dezimalsystem;** die

A B C D E F

Dezimalwaage; die **Dezimalzahl;** der **Dezimeter** ⟨dm⟩; **dezimieren** (stark vermindern); die **Dezimierung**

DFB = Deutscher Fußball-Bund

DGB = Deutscher Gewerkschaftsbund

dgl. = dergleichen

d. Gr. = der/die Große

d. h. = das heißt

d. i. = das ist

Dia *lat.*, das: -s, -s (durchsichtiges Lichtbild); → Diapositiv

Di·a·be·tes *griech.*, der: - (Zuckerkrankheit); der **Diabetiker;** die **Diabetikerin; diabetisch**

di·a·bo·lisch *griech.*: (teuflisch, wild)

Di·a·dem *griech.*, das: -s, -e (kostbarer Reif)

Di·ag·no·se (Di·a·gno·se) *griech.*, die: -, -n (Bestimmung einer Krankheit); die **Diagnostik; diagnostizieren**

Dia·go·na·le *griech.*, die: -, -n (Verbindung zwischen zwei nicht benachbarten Ecken); **diagonal** (schräg laufend)

Dia·gramm *griech.*, das: -s, -e (Schaubild)

Di·a·kon *griech.*, der: -s/-en, -e(n) (Kirchendiener, Pfarrhelfer); die **Diakonie** (Pflegedienst); die **Diakonin,** die Diakoninnen; **diakonisch;** die **Diakonisse** (evang. Kranken- und Gemeindeschwester); auch: die **Diakonissin;** die Diakonissinnen

Di·a·lekt *griech.*, der: -(e)s, -e (Mundart); **dialektal** (mundartlich)

Di·a·log *griech.*, der: -(e)s, -e; einen Dialog (ein Zwiegespräch) führen; die **Dialogbereitschaft; dialogisch**

Dia·ly·se *griech.*, die: -, -n (Blutwäsche mit Hilfe einer künstlichen Niere)

Di·a·mant *franz.*, der: -en, -en (ungeschliffener Edelstein); **diamanten;** der **Diamantring**

Dia·po·si·tiv *lat.*, das: -s, -e (durchsichtiges Lichtbild); auch: das **Dia;** der **Diaprojektor**

Di·a·spo·ra (Di·as·po·ra) *griech.*, die: - (zerstreute Kirchengemeinde)

Di·ät *griech.*, die: -, -en (Krankenkost, Schonkost); Diät kochen – Diät halten – jemanden auf Diät setzen – Diät leben; die **Diätkost;** der **Diätplan**

Di·ä·ten *Pl. lat.*, die: - (Tagegelder für Abgeordnete, Aufwandsentschädigung)

dich; → du; ohne dich – ich rufe dich an

dicht: ein dichter Nebel – die Fenster schließen dicht – er fährt dicht (nahe) vorbei; **dichtauf; dichtbehaart:** eine dichtbehaarte Brust; auch: dicht behaart; **dichtbesiedelt:** ein dichtbesiedeltes Land; auch: dicht besiedelt; **dichtbevölkert;** auch: dicht bevölkert; die **Dichte; dichten** (undurchlässig machen); **dichtgedrängt:** dichtgedrängt stehen; auch: dicht gedrängt; **dichthalten:** er hält dicht (verrät nichts); aber: etwas dicht (undurchlässig) halten; **dichtmachen:** eine Wasserleitung dichtmachen; auch: dicht machen; aber nur: seinen Laden dichtmachen (schließen); **dichtmaschig;** die **Dichtung** (Abdichtung); die **Dichtungsmasse;** der **Dichtungsring**

dich·ten: (ein sprachliches Kunstwerk verfassen); der **Dichter;** die **Dichterin,** die Dichterinnen; **dichterisch;** die **Dichtkunst;** die **Dichtung** (Sprachkunstwerk)

dick: dickes Glas – dick (fett) sein – eine dicke (geschwollene) Lippe – ein dickes (dichtes) Fell – eine dicke (starke) Freundschaft – dicke Luft (Gefahr) – *mit jemandem durch dick und dünn gehen* (jemandem in jeder Lebenslage beistehen) – *dick auftragen* (übertreiben); **dickbauchig:** eine dickbauchige (gewölbte) Flasche; aber: **dickbäuchig:** ein dickbäuchiger Mann (Mann mit dickem Bauch); der **Dickdarm;** die **Dicke:** die Dicke der Bretter; die **Dicken** *Pl.*; sich **dick(e)tun** (sich wichtig machen); **dickfellig;** der **Dickhäuter;** das **Dickicht** (dichtes Unterholz); der **Dickkopf; dickköpfig; dickleibig; dicklich; dickmachen;** auch: dick machen; der **Dickschädel;** der **Dickwanst**

die: → der; **diejenige; dieselbe:** ein und dieselbe

Dieb, der: -(e)s, -e; einen Dieb erwischen; die **Dieberei;** die **Diebesbande;** das **Diebesgut; diebessicher;** die **Diebestour;** die **Diebin,** die Diebinnen; **diebisch:** diebisches Gesindel – ein diebisches Vergnügen – *sich diebisch* (sehr) *freuen*; der **Diebstahl**

Die·le, die: -, -n (Fußbodenbrett, Flur, Vorraum)

die·nen: bei reichen Leuten dienen (tätig sein) – *niemand kann zwei Herren dienen*; der **Diener** # Diner, Dinner; die **Dienerin; dienerisch; dienern** (sich kriecherisch verhalten); **dienlich:** als Vorwand dienlich (nützlich) sein; der **Dienst:** außer Dienst ⟨a. D.⟩ – in Diensten sein – etwas in Dienst stellen (in Betrieb nehmen) – *jemandem zu Diensten* (behilflich) *sein*; **dienstbeflissen** (übereifrig); **dienstbereit;** der **Dienstbote;** der

Diensteid; diensteifrig; dienstfrei; das **Dienstgeheimnis,** die ...geheimnisse; der **Dienstgrad; diensthabend:** ein diensthabender Beamter; auch: Dienst habend; der **Dienstherr;** die **Dienstherrin;** die **Dienstleistung; dienstlich** (amtlich); das **Dienstmädchen;** der **Dienstmann;** die **Dienstreise;** die **Dienststelle; diensttauglich; diensttuend;** auch: Dienst tuend; **dienstunfähig;** der **Dienstweg;** die **Dienstwohnung**

Diens·tag ⟨Di.⟩, der: -(e)s, -e (Wochentag); am Dienstag – eines Dienstags; der **Dienstagabend:** sie kommt Dienstagabend – am Dienstagabend – jeden Dienstagabend – eines Dienstagabends; aber: **dienstagabends;** auch: dienstags abends; der **Dienstagmittag;** der **Dienstagmorgen; dienstags:** dienstags (jeden Dienstag) früh – dienstags nachts

dies: dies und das; **diese; dieser:** dieser und jener; **dieses:** dieses Jahres ⟨d. J.⟩ – dieses Monats ⟨d. M.⟩; **diesbezüglich; diesjährig; diesmal;** aber: dieses (eine) Mal; **diesseitig:** das diesseitige Ufer; **diesseits:** diesseits des Flusses – diesseits liegen; aber: das **Diesseits** (die irdische Welt): im Diesseits

Die·sel, der: -(s); Diesel fahren; der **Dieselmotor;** das **Dieselöl**

die·sig: ein diesiger (dunstiger, trüber) Morgen – diesiges (nasskaltes) Wetter

Diet·rich, der: -s, -e (Nachschlüssel, Werkzeug zum Öffnen von Schlössern)

dif·fa·mie·ren *lat.*: (verleumden); die **Diffamierung**

Dif·fe·renz *lat.*, die: -, -en (Unterschied, Meinungsverschiedenheit, Fehlbetrag); der **Differenzbetrag; differenzieren** (genau unterscheiden, verfeinern); die **Differenzierung; differieren** (von etwas abweichen)

Dif·fe·ren·zi·al *lat.*, das: -s, -e (Getriebe, z. B. in einem Auto); auch: das **Differential;** das **Differenzialgetriebe;** auch: das **Differentialgetriebe;** die **Differenzialrechnung;** auch: die **Differentialrechnung**

dif·fi·zil *franz.*: (mühsam, schwierig)

dif·fus *lat.*: ein diffuses (verschwommenes, unklares) Licht – diffuse (ungeordnete) Gedanken; die **Diffusion**

di·gi·tal *lat.*: (mit dem Finger, mittels Ziffern); die digitale Datenübertragung; die **Digitalkamera;** der **Digitalrechner;** die **Digitaluhr**

Dik·tat *lat.*, das: -(e)s, -e; ein Diktat schreiben – das Diktat (der Zwang) der Mode; das **Diktaphon;** auch: das **Diktafon** (Diktiergerät); der **Diktator** (unumschränkter Machthaber); **diktatorisch;** die **Diktatur** (Alleinherrschaft); **diktieren:** einen Brief diktieren – jemandem seinen Willen diktieren (aufnötigen); die **Diktion** (Ausdrucksweise)

Di·lem·ma *griech.*, das: -s, -s/Dilemmata (Zwangslage, Wahl zwischen zwei gleich unangenehmen Dingen)

Di·let·tant *ital.*, der: -en, -en (Pfuscher, Nichtfachmann); **dilettantisch:** eine dilettantische (laienhafte, unsachgemäße) Arbeit

Dill, der: -s, -e (Gewürzkraut)

Di·men·si·on *lat.*, die: -, -en (Ausdehnung, Bereich); **dimensional**

DIN = Deutsche Industrienorm(en); das **DIN-Format:** DIN A4 – ein DIN-A4-Blatt

Di·ner *franz. [dine]*, das: -s, -s (Festessen) # Diener, Dinner; **dinieren**

Ding, das: -(e)s, -e/-er; der Lauf der Dinge – *guter Dinge* (gut gelaunt) *sein – nicht mit rechten Dingen* (auf nicht natürliche Weise) *zugehen – ein Ding drehen* (etwas Unrechtes tun) # Thing; **dingen:** einen Mörder dingen (in Dienst nehmen); **dingfest:** einen Mörder dingfest machen (verhaften); der/die/das **Dingsda** (Name für eine unbekannte bzw. unbenannte Sache); das **Dingwort** (Nomen, Namenwort, Hauptwort)

Din·ner *engl.*, das: -s, -(s) (Hauptmahlzeit in England) # Diener, Diner

Di·no·sau·ri·er *griech.*, der: -s, - (ausgestorbene Riesenechse); der **Dinosaurus**

Di·oxid *griech.*, das: -s, -e (Verbindung mit zwei Sauerstoffatomen); auch: das **Dioxyd;** das **Dioxin** (giftige Verbindung von Chlor und Kohlenwasserstoff)

Di·ö·ze·se *griech.*, die: -, -n (Amtsbezirk eines katholischen Bischofs)

Diph·the·rie *griech.*, die: -, Diphtherien (Infektionskrankheit)

Diph·thong (Di·phthong) *griech.*, der: -s, -e (Zwielaut, z. B. au, ei)

Di·plom (Dip·lom) ⟨Dipl.⟩ *griech.*, das: -(e)s, -e (Urkunde, amtliches Schriftstück, eine Prüfung); die **Diplomarbeit;** der **Diplomat** (Staatsmann, Beamter des auswärtigen Dienstes); die **Diplomatie;** die **Diplomatin; diplomatisch:** die diplomatische Vertretung – eine diplomatische (kluge) Antwort; der

Diplomingenieur ⟨Dipl.-Ing.⟩; der **Diplomkaufmann** ⟨Dipl.-Kfm.⟩

dir: → du; dir bringe ich ein Geschenk

di·rekt *lat.*: (unmittelbar, gerade); ein direkter Freistoß – die direkte (wörtliche) Rede; der **Direktflug,** die ... flüge; die **Direktheit;** das **Direktmandat;** die **Direktübertragung**

Di·rek·tor ⟨Dir.⟩ *lat.*, der: -s, Direktoren (Leiter, Vorstand); die **Direktion;** das **Direktorat;** die **Direktorin;** das **Direktorium;** die **Direktrice** *[direktriße]* (leitende Angestellte)

Di·ri·gent *lat.*, der: -en, -en (Leiter eines Orchesters oder Chors); die **Dirigentin,** die Dirigentinnen; **dirigieren;** der **Dirigismus** (Lenkung der Wirtschaft durch den Staat); **dirigistisch:** dirigistische Maßnahmen

Dirndl, das: -s, -n (Trachtenkleid)

Dis·co *engl.*, die: -, -s (Tanzlokal, Tanzveranstaltung); auch: die **Disko;** der **Discjockey** (jemand, der Musiktitel vorstellt); auch: der **Diskjockey;** die **Disc;** auch: die **Disk**

Dis·count... *engl. [dißkaunt]*: das **Discountgeschäft** (Geschäft mit billigen Waren); der **Discountladen;** der **Discountpreis**

Dis·ket·te *engl.*, die: -, -n (Datenspeicher)

Dis·ko *engl.*, die: -, -s (Tanzlokal, Tanzveranstaltung); auch: → die **Disco;** die **Diskothek** (Schallplattensammlung, Tanzlokal)

Dis·kont *ital.*, der: -s, -e (Zinsabzug)

Dis·kre·panz *lat.*, die: -, -en (Missverhältnis, Unstimmigkeit)

dis·kret *lat.*: (verschwiegen, rücksichtsvoll); die **Diskretion**

dis·kri·mi·nie·ren *lat.*: (in Verruf bringen, ungerecht behandeln); die **Diskriminierung**

Dis·kurs *lat.*, der: -es, -e (Erörterung)

Dis·kus *griech.*, der: -/-ses, -se/Disken (Wurfscheibe); das **Diskuswerfen**

Dis·kus·si·on *lat.*, die: -, -en (Aussprache); der **Diskussionsbeitrag; diskussionsfreudig;** der **Diskussionsredner;** der **Diskussionsteilnehmer;** die **Diskussionsteilnehmerin,** die ... teilnehmerinnen; das **Diskussionsthema; diskutabel; diskutierbar; diskutieren** (erörtern, Meinungen austauschen)

dis·pen·sie·ren *lat.*: (von einer Verpflichtung oder Vorschrift befreien); der **Dispens**

Dis·play *engl. [disple]*, das: -s, -s (Anzeige an elektronischen Geräten, werbewirksames Ausstellen von Waren)

dis·po·nie·ren *lat.*: (planen, einteilen); **disponibel** (verfügbar); **disponiert** (aufgelegt); die **Disposition** (Verfügbarkeit); der **Dispositionskredit** (Überziehungskredit)

Dis·put *lat.*, der: -(e)s, -e (Wortstreit)

dis·qua·li·fi·zie·ren *lat.*: (von einem Wettkampf ausschließen, für untauglich erklären); die **Disqualifikation;** die **Disqualifizierung**

Dis·ser·ta·ti·on *lat.*, die: -, -en (Doktorarbeit)

Dis·si·dent *lat.*, der: -en, -en (Andersdenkender, Abweichler); die **Dissidentin**

Dis·so·nanz *lat.*, die: -, -en (Unstimmigkeit, Missklang)

Dis·tanz (Di·stanz) *lat.*, die: -, -en (Abstand, Entfernung); **distanzieren:** jemanden distanzieren (hinter sich lassen) – sich von jemandem distanzieren (von ihm abrücken); **distanziert:** distanziert (zurückhaltend) sein

Dis·tel, die: -, -n (eine stachelige Pflanze); der **Distelfink**

Dis·trikt (Dist·rikt), (Di·strikt) *lat.*, der: -(e)s, -e (Bezirk, Bereich)

Dis·zi·plin (Dis·zip·lin) *lat.*, die: -, -en; für Disziplin (Ordnung) sorgen – eine Disziplin (ein Teilbereich) im Sport; **disziplinarisch;** das **Disziplinarverfahren; disziplinieren; diszipliniert** (an Ordnung gewöhnt, beherrscht); **disziplinlos**

di·to ⟨do., dto.⟩ *lat.*: (ebenfalls, dasselbe)

Di·va *ital. [diwa]*, die: -, -s/Diven (gefeierte Sängerin oder Schauspielerin)

di·ver·gie·ren *lat. [diwergiren]*: (auseinandergehen, in entgegengesetzter Richtung verlaufen); **divergent;** die **Divergenz**

di·vers *lat. [diwers]*: diverse (verschiedene) Gegenstände – Diverses (Vermischtes); das **Diverse;** die **Diversität** (Vielfalt)

di·vi·die·ren *lat. [diwidiren]*: (teilen); der **Dividend** (die zu teilende Zahl); die **Dividende** (Gewinnanteil an Aktien); die **Division** (Teilung, Teil eines Heeres); der **Divisor** (teilende Zahl)

Di·wan *pers.*, der: -s, -e (Liegesofa)

d. J. = dieses Jahres; der Jüngere

DJH = Deutsches Jugendherbergswerk

DLRG = Deutsche Lebens-Rettungs-Gesellschaft

DM = Deutsche Mark (frühere Währungseinheit in Deutschland)

d. M. = dieses Monats

DNA, die: - (genetischer „Fingerabdruck");

auch: die **DNS;** der **DNA-Fingerabdruck**

doch: das ist doch wahr! – ja doch! – nicht doch! – jetzt bin ich doch (dennoch) gekommen – wir sind arm, doch wir hungern nicht

Docht, der: -(e)s, -e (Faden einer Kerze oder Lampe)

Dock *engl.*, das: -s, -s/-e (Anlage für Schiffsarbeiten); der **Dockarbeiter**

Dog·ge *engl.*, die: -, -n (eine Hunderasse)

Dog·ma *griech.*, das: -s, Dogmen (Kirchenlehre, Glaubenssatz, Lehrmeinung); der **Dogmatiker;** die **Dogmatikerin; dogmatisch** (an ein Dogma gebunden, lehrhaft)

Doh·le, die: -, -n (ein Rabenvogel)

do it your·self *engl. [du it jurßälf]* (mach es selbst); die **Do-it-yourself-Bewegung**

Dok·tor *lat.*, der: -s, Doktoren (akademischer Titel); sehr geehrter Herr Doktor; aber: sehr geehrter Herr Dr. Meier; die **Doktorin; Dr. jur.** (Doktor der Rechte); **Dr. med.** (Doktor der Medizin)

Dok·trin (Dokt·rin) *griech.*, die: -, -en (Lehrmeinung, Lehrsatz); **doktrinär:** doktrinäre (starre, einseitige) Ansichten haben

Do·ku·ment *lat.*, das: -(e)s, -e (Urkunde, amtliches Schriftstück, Beweisstück); der **Dokumentarbericht;** der **Dokumentarfilm; dokumentarisch;** die **Dokumentation** (Zusammenstellung und Ordnung von Dokumenten und Materialien); **dokumentieren** (beurkunden, belegen, aufzeigen)

Dolch, der: -(e)s, -e (kurze Stichwaffe); der **Dolchstoß,** die ...stöße

Dol·de, die: -, -n (Blütenstand); **doldenförmig**

Dol·lar *amerik.*, der: -(s), -s (amerikanische Währungseinheit); 100 Dollar

Dol·met·scher *türk.*, der: -s, - (Übersetzer); **dolmetschen;** die **Dolmetscherin**

Dom *lat.*, der: -(e)s, -e (Hauptkirche, Bischofskirche); der **Domherr;** das **Domkapitel** (Mitarbeiter des Bischofs); der **Dompfaff** (ein Singvogel)

Do·mä·ne *franz.*, die: -, -n (besonderes Arbeitsgebiet, Staatsgut); die **Domain** *[domen]* (Internetadresse)

do·mi·nie·ren *lat.*: (vorherrschen, überwiegen); **dominant:** eine dominante (beherrschende) Rolle spielen; die **Dominanz**

Do·mi·ni·ka·ner *lat.*, der: -s, - (Angehöriger eines Mönchsordens); der **Dominikanerorden**

Do·mi·no, das: -s, -s (Spiel); der **Dominostein**

Do·mi·zil *lat.*, das; -s, -e (Wohnsitz)

Domp·teur *franz. [domptör]*, der: -s, -e (Tierbändiger); die **Dompteuse** *[domptöse]*

Do·nau, die: - (Strom in Europa)

Don·ner, der: -s, -; *wie vom Donner gerührt* (wie gebannt, regungslos); **donnern:** es donnert und blitzt – der Zug donnert vorbei; der **Donnerschlag;** das **Donnerwetter**

Don·ners·tag ⟨Do.⟩, der: -(e)s, -e (Wochentag); der **Donnerstagabend; donnerstags** (an Donnerstagen); **donnerstagabends;** auch: donnerstags abends

doof: (dumm, einfältig); die **Doofheit**

Do·ping *engl.*, das: -s, -s (Gebrauch verbotener Anregungsmittel); **dopen** (aufputschen): gedopt sein; die **Dopingkontrolle**

Dop·pel, das: -s, -; ein Doppel spielen (im Tennis) – das Doppel (die Zweitschrift) einer Urkunde; der **Doppeldecker** (Flugzeugtyp); **doppeldeutig;** der **Doppelgänger;** das **Doppelkinn;** der **Doppelklick** (EDV: zweifaches Anklicken eines Feldes am Bildschirm); **doppeln;** der **Doppelpass,** die ...pässe; der **Doppelpunkt; doppelseitig; doppelsinnig; doppelt:** doppelt so groß – doppelt so viel – doppelt wirken; aber: ums Doppelte; der **Doppelverdienst;** der **Doppelzentner** ⟨dz⟩; das **Doppelzimmer; doppelzüngig** (unaufrichtig, zweideutig)

Dorf, das: -(e)s, Dörfer (ländliche Ortschaft); der **Dorfbewohner;** die **Dorfbewohnerin,** die ...bewohnerinnen; das **Dörfchen; dörflich:** das dörfliche Leben

Dorn, der: - (e)s, -en; die Dornen einer Rose – *jemandem ein Dorn im Auge* (ein Ärgernis) *sein*; der **Dornbusch;** die **Dornenhecke;** die **Dornenkrone; dornenreich; dornenvoll:** ein dornenvoller (mühevoller) Weg; das **Dorngestrüpp; dornig;** das **Dornröschen**

dor·ren: (dürr werden); **dörren** (dürr machen, trocknen); das **Dörrfleisch;** das **Dörrobst**

Dorsch, der: -(e)s, -e (ein Fisch)

dort: dort draußen – dort drin – dort drüben – da und dort – dort wohnen – dort hinten – von dort aus; **dortbehalten** (dabehalten); **dortbleiben** (dableiben); **dorther; dorthin:** da- und dorthin; **dorthinauf; dorthinein; dorthinüber; dorthinunter; dortig; dortzulande;** auch: **dort zu Lande**

Do·se, die: -, -n (kleine Büchse); **dosenfertig;**

die **Dosenmilch;** der **Dosenöffner**
dö·sen: (wachend träumen, halb schlafen)
Do·sis *franz.*, die: -, Dosen (abgemessene, festgelegte Menge); **dosieren** (genau abmessen, einteilen); die **Dosierung**
Dos·sier *franz. [doßje]*, das: -s, -s (Akte, Zusammenstellung von Dokumenten)
do·tie·ren *lat.*: ein gut dotierter (gut bezahlter) Job
Dot·ter, das/der: -s, - (Eigelb); die **Dotterblume; dottergelb; dotterweich**
Doub·le (Dou·ble) *franz. [dubel]*, das: -s, -s (Ersatzperson für einen Darsteller im Film, z. B. bei gefährlichen Situationen); **doubeln**
down *engl. [daun]*; down (niedergeschlagen) sein; **downloaden** (Daten herunterladen)
Do·zent *lat.*, der: -en, -en (Hochschullehrer); die **Dozentin; dozieren** (vortragen, lehren)
DP = Deutsche Post
dpa = Deutsche Presse-Agentur
Dr. = Doktor (akademischer Grad); → Doktor
Dra·che, der: -n, -n (Märchen- bzw. Sagentier); der **Drachen** (Kinderspielzeug, Fluggerät); das **Drachenfliegen** (Sportart)
Dra·gee *franz. [drasche]*, das: -s, -s (überzuckerte Süßigkeit, Arzneipille); auch: das **Dragée**
Draht, der: -(e)s, Drähte; einen Draht spannen – *auf Draht* (flink und umsichtig) *sein*; **drahten** (telegrafieren); **drahthaarig; drahtig** (forsch, gut trainiert, sehnig); **...drähtig:** dreidrähtig; auch: 3-drähtig; **drahtlos** (durch Funk); die **Drahtschere;** die **Drahtseilbahn;** die **Drahtzange;** der **Drahtzieher** (Anstifter)
Drai·na·ge *franz. [dränasche]*, die: -, -n (Entwässerung des Bodens); auch: → die **Dränage**
Drall, der: -(e)s, -e (Drehung, Windung, Richtung); **drall** (derb, stramm)
Dra·lon, das: -(s) (synthetisches Gewebe)
Dra·ma *griech.*, das: -s, Dramen (Schauspiel, trauriger Vorfall); die **Dramatik; dramatisch** (erregend, spannend); **dramatisieren:** einen Vorfall dramatisieren (als besonders aufregend darstellen, aufbauschen); die **Dramaturgie; dramaturgisch**
dran: → daran; drauf und dran; aber: das Drum und Dran – *dran* ⟨an der Reihe⟩ *sein* – *dran glauben müssen* (dem Tod oder einer Gefahr nicht entgehen); **dranbleiben; drangeben;** sich **dranhalten; drankommen**
Drä·na·ge *franz. [dränasche]*, die: -, -n (Entwässerung des Bodens); auch: die **Drainage; dränieren;** auch: **drainieren**
Drang, der: -(e)s (Bedürfnis, Neigung); die **Drängelei; drängen:** zum Ausgang drängen (schieben) – jemanden zu einer Tat drängen (zu bewegen suchen) – gedrängt voll; **drängeln;** die **Drangsal** (große Not); **drangsalieren:** jemanden drangsalieren (plagen, quälen); **drangvoll:** eine drangvolle (drückende) Enge
dras·tisch *griech.*: eine drastische (deutliche, wirksame) Preiserhöhung
drauf: → darauf; drauf und dran (nahe daran) sein – *gut drauf sein*; **draufbekommen:** etwas draufbekommen (z. B. einen Schlag); die **Draufgabe** (etwas Zusätzliches); der **Draufgänger;** die **Draufgängerin; draufgängerisch;** das **Draufgängertum; draufgeben:** eine Belohnung draufgeben (als Zugabe geben) – *jemandem eins draufgeben* (einen Schlag versetzen); **draufgehen** (sterben, verbraucht werden); **draufhaben:** *etwas gut draufhaben* (verstehen, beherrschen); **draufhauen; draufkommen** (einfallen, herausbekommen); **draufkriegen** (scharf getadelt bzw. streng bestraft werden); **drauflegen** (dazubezahlen); **drauflos:** er fährt drauflos; **drauflosgehen; drauflosreden; drauflosschießen; draufloswirtschaften; draufmachen:** einen draufmachen (ausgiebig feiern); **draufsatteln** (freiwillig gewähren); **draufschlagen** (den Preis erhöhen); die **Draufsicht; draufstehen** (darauf zu lesen sein); **draufzahlen**
draus: → daraus; draus (daraus) trinken; **drausbringen** (verwirren, aus der Fassung bringen; **drauskommen** (aus dem Takt kommen, steckenbleiben)
drau·ßen: draußen sein – dort draußen
drech·seln: ich drechs(e)le einen Leuchter; der **Drechsler**
Dreck, der: -(e)s; *etwas in den Dreck ziehen* (verächtlich machen) – *die Karre aus dem Dreck ziehen* (etwas in Ordnung bringen) – *sich um jeden Dreck* (jede Kleinigkeit) *kümmern* – *jemanden wie den letzten Dreck* (entwürdigend) *behandeln*; der **Dreckfink; dreckig:** ein dreckiges (schmutziges) Hemd – es geht ihm dreckig (schlecht) – ein dreckiges (gemeines, fre-

A B C D E F

ches) Lachen; die **Dreck(s)arbeit;** das **Dreckschwein;** der **Dreckspatz**

dre·hen: das Rad drehen – sich im Kreise drehen – mit dem Auto drehen (umkehren) – es dreht (handelt) sich darum – einen Film drehen – *sich drehen und wenden* (sträuben); der **Dreh** (Kunstgriff, Trick): *den richtigen Dreh heraushaben* (wissen, wie man etwas machen muss); die **Drehbank; drehbar;** das **Drehbuch;** der **Dreher;** die **Dreherin;** die **Drehorgel;** die **Drehscheibe;** der **Drehstrom;** der **Drehstuhl;** die **Drehung**

drei: drei Minuten – wir drei – nun kommen die drei – niemand von uns dreien – um drei viertel acht; aber: drei Viertel davon – *nicht bis drei zählen können* (sehr dumm sein) – *aller guten Dinge sind drei*; die **Drei:** eine Drei würfeln – in der Prüfung eine Drei schreiben – die Note „Drei"; **dreiarmig; dreiblätt(e)rig;** das **Dreieck; dreieckig; dreieinhalb;** die **Dreieinigkeit; dreierlei; dreifach;** auch: **3fach** oder: **3-fach;** das **Dreifache;** auch: das **3fache** oder: das **3-Fache;** die **Dreifaltigkeit; dreihundert; dreijährig;** auch: **3-jährig;** der **Dreikäsehoch;** der **Dreiklang; dreimal:** dreimal kommen; auch: **3-mal;** aber: die ersten drei Male; **dreimalig;** der **Dreimaster;** das **Dreirad,** die ... räder; der **Dreisatz;** der **Dreisprung; dreißig:** eine dreißigjährige Frau; aber: der Dreißigjährige Krieg; **dreistellig; dreistimmig; dreistöckig; dreitausend; dreiteilig;** die **Dreiviertelliterflasche;** die **Dreiviertelstunde;** der **Dreivierteltakt; dreizehn; dreizehnhundert;** die **Dreizimmerwohnung;** auch: die **3-Zimmer-Wohnung**

drein: → darein; **dreinblicken:** finster dreinblicken; **dreinfahren** (dazwischenfahren); **dreinschlagen**

dreist: (frech, anmaßend); die **Dreistigkeit**

dre·schen: du drischst, er drosch, sie hat gedroschen, drisch!; den Ball ins Aus dreschen – Korn dreschen – Phrasen dreschen (Nichtssagendes äußern) – *leeres Stroh dreschen* (unnützes Zeug reden); die **Dresche:** Dresche (Prügel) bekommen; der **Drescher;** die **Drescherin;** der **Dreschflegel;** die **Dreschmaschine**

Dress *engl.,* der: -es, -e (Sportkleidung); der **Dressman** *[... män]* (männliche Person, die Herrenkleidung vorführt, Fotomodell)

dres·sie·ren *franz.*: (abrichten, zähmen); die **Dressur;** die **Dressurnummer**

Dres·sing *engl.,* das: -s, -s (Salatsoße)

drib·beln *engl.*: ich dribb(e)le mit dem Ball # trippeln; das **Dribbling**

Drift, die: -, -en (Meeresströmung); **driften** (mit der Strömung treiben)

dril·len: (einüben, exerzieren, schinden); der **Drill;** der **Drilling**

Dril·lich, der: -s, -e (festes Gewebe); die **Drillichhose;** das **Drillichzeug**

drin: → darin; *drin sein* (möglich sein); **drinsitzen; drinstecken; drinstehen**

drin·gen: du dringst, er drang, sie hat gedrungen, dring(e)!; Wasser dringt in das Haus – auf Neuerungen dringen (hartnäckig bestehen); **dringend:** eine dringende (unaufschiebbare) Arbeit; aber: auf das/aufs Dringendste; auch: auf das/aufs dringendste; **dringlich;** die **Dringlichkeit**

Drink *engl.,* der: -(s), -s (alkoholisches Mischgetränk) # trinken

drin·nen: → darinnen; drinnen im Haus

dritt: zu dritt sein – jede dritte Seite – der dritte Mann von rechts – zum dritten Male – aus dritter Hand – das dritte Gebot; aber: der/die/das Dritte – der Dritte im Bunde – der lachende Dritte – ein Dritter – jeder Dritte – das Dritte Reich – die Dritte Welt – *wenn sich zwei streiten, freut sich der Dritte*; **drittel;** das **Drittel; drittens;** der/die **Drittletzte**

DRK = Deutsches Rotes Kreuz

dro·ben: droben (da oben) auf dem Berg

Dro·ge *franz.,* die: -, -n (Rauschgift, Medikament); **drogenabhängig;** der **Drogenmissbrauch; drogensüchtig;** die **Drogerie;** der **Drogist;** die **Drogistin,** die Drogistinnen

dro·hen: mit dem Finger drohen – drohende Gefahren; der **Drohbrief;** die **Drohgebärde;** die **Drohung**

Droh·ne, die: -, -n (männliche Biene, unbemanntes Aufklärungsflugzeug)

dröh·nen: mir dröhnt der Kopf

drol·lig: (spaßig, lustig); die **Drolligkeit**

Dro·me·dar *griech.,* das: -s, -e (einhöckeriges Kamel)

Drops *engl.,* der/das: -, - (säuerlich schmeckendes Fruchtbonbon)

Drosch·ke *russ.,* die: -, -n (Mietfahrzeug); der **Droschkengaul;** der **Droschkenkutscher**

drö·seln: Fäden dröseln (drehen)
Dros·sel, die: -, -n (ein Singvogel)
dros·seln: ich drossele den Motor (verringere seine Leistung) – die Einfuhr drosseln (herabsetzen); die **Dross(e)lung**
drü·ben: (auf der anderen Seite, jenseits); dort drüben – hüben und drüben
drü·ber: → darüber; *drunter und drüber gehen* (in Unordnung sein); aber: ein/das Drunter und Drüber; **drüberfahren; drübergehen;** sich **drübermachen; drüberstehen**
Druck, der: -(e)s, -e/Drücke; Druck auf jemanden ausüben – jemanden unter Druck setzen – in Druck (Bedrängnis) geraten – etwas in Druck geben (drucken lassen); der **Druckbuchstabe;** der **Drückeberger;** die **Drückebergerin; druckempfindlich; drucken:** Bücher drucken; **drücken:** jemanden zur Seite drücken – die Sorgen drücken – sich vor der Arbeit drücken; **drückend:** ein drückend heißes Wetter; der **Drucker;** der **Drücker:** *am Drücker sein/sitzen* (die Entscheidung in der Hand haben) – *auf den letzten Drücker* (fast zu spät); die **Druckerei;** der **Druckfehler; druckfrisch;** der **Druckknopf;** das **Druckmittel; druckreif;** die **Drucksache;** die **Druckschrift**
druck·sen: er druckste lange herum (zögerte)
drum: → darum; drum streiten – sei's drum – drum herumreden – nicht drum herumkommen; aber: das Drum und Dran; das **Drumherum**
drun·ten: (da unten); drunten im Tal
drun·ter: → darunter; *es/alles geht drunter und drüber* (geht ohne eine bestimmte Ordnung vor sich); aber: ein/das Drunter und Drüber (ungeordnete Verhältnisse); **drunterfallen; drunterliegen; drunterstellen**
Drü·se, die: -, -n (Körperorgan)
Dschun·gel, der: -s, - (tropischer Urwald); der **Dschungelkrieg;** der **Dschungelpfad**
dt. = deutsch
Dtzd. = Dutzend
du: du bist hier; aber: Jemandem das Du anbieten – auf Du und Du sein – Du zueinander sagen; auch: du – per Du sein; auch: du
du·al *lat.*: (eine Zweiheit bildend); der **Dualismus** (Gegensätzlichkeit, Zweiheit)
dü·beln: ich düb(e)le; der **Dübel**
du·bi·os *lat.*: dubiose (zweifelhafte, unsichere) Geschäfte machen; auch: **dubiös**
Dub·let·te (Du·blet·te) *franz.*, die: -, -n (ein doppelt vorhandenes Stück)
du·cken: sich ducken (sich beugen, klein machen); der **Duckmäuser** (unterwürfiger, feiger Mensch); **duckmäuserisch**
du·deln: ich dud(e)le – er dudelt immer wieder das gleiche Lied; der **Dudelsack**
Du·ell *franz.* das: -s, -e (Zweikampf, Wettkampf); der **Duellant;** sich **duellieren**
Du·ett *ital.*, das: -(e)s, -e (Zwiegesang, Musikstück für zwei Stimmen oder zwei gleiche Instrumente); → Duo
duf·ten: die Rosen duften stark; der **Duft;** das **Düftchen; dufte:** das ist dufte (gut, fein); **duftig;** der **Duftstoff;** die **Duftwolke**
Du·ka·ten *ital.*, der: -s, - (frühere Goldmünze)
dul·den: er hat viel geduldet – keinen Widerspruch dulden; der **Dulder;** die **Dulderin; duldsam;** die **Duldsamkeit;** die **Duldung**
Dult, die: -, -en (Jahrmarkt, Messe)
dumm: dümmer, am dümmsten; eine dumme (unerfreuliche) Geschichte – dummes (albernes) Zeug reden – sich dumm stellen – *sich nicht für dumm verkaufen* (täuschen) *lassen* – *jemandem wird etwas zu dumm* (er verliert die Geduld); aber: wir sind die Dummen – er ist der Dümmste von allen – so was Dummes!; **dummdreist;** der **Dummejungenstreich; dummerweise; dummfrech;** die **Dummheit:** *Dummheit und Stolz wachsen auf einem Holz;* der **Dummian; dummkommen:** jemandem dummkommen (frechkommen); auch: dumm kommen; der **Dummkopf,** die ... köpfe; **dümmlich**
Dum·my *engl. [dami]*, der: -s, -s (Unfallpuppe, Attrappe)
düm·peln: (leicht schlingern)
dumpf: ein dumpfes Gefühl – dumpfe (abgestandene) Luft; die **Dumpfheit; dumpfig**
Dum·ping *engl. [damping]*, das: -s (Unterbieten der Preise); der **Dumpingpreis**
Dü·ne, die: -, -n (durch den Wind aufgeschütteter Sandhügel); das **Dünengras;** die **Dünung** (Seegang nach dem Sturm)
dün·gen: den Boden düngen; der **Dung;** das **Düngemittel;** der **Dünger;** die **Düngung**
dun·kel: dunkler, am dunkelsten; eine dunkle (finstere) Nacht – dunkle (zweifelhafte) Geschäfte machen – dunkel gefärbt – eine dunkle Vergangenheit haben; aber: im Dunkeln (in der Finsternis) tappen – *jeman-*

den im Dunkeln (Ungewissen) *lassen;* das **Dunkel:** im Dunkel der Nacht; **dunkeläugig; dunkelblau; dunkelblond; dunkelfärben;** auch: dunkel färben; **dunkelhaarig; dunkelhäutig;** die **Dunkelheit;** die **Dunkelkammer; dunkeln:** es dunkelt (wird Nacht); **dunkelrot;** die **Dunkelziffer** (eine öffentlich nicht bekannte Anzahl)

dün·ken: (glauben, sich einbilden); mich/mir dünkt, du bist schuld; der **Dünkel** (Einbildung, Hochmut); **dünkelhaft** (eingebildet)

dünn: ein dünnes Buch – dünne Beine haben – eine Farbe dünn auftragen – durch dick und dünn; **dünnbesiedelt:** ein dünnbesiedeltes Land; auch: dünn besiedelt; **dünnbevölkert;** auch: dünn bevölkert; der **Dünndarm;** sich **dünnmachen** (sich unauffällig heimlich entfernen); **dünnflüssig; dünngesät;** auch: dünn gesät; **dünnwandig**

Dunst, der: -(e)s, Dünste; *keinen blassen Dunst* (keine Ahnung) *haben – jemandem blauen Dunst vormachen* (etwas vorschwindeln); **dunsten** (Dunst verbreiten); **dünsten:** Gemüse dünsten (in wenig Wasser oder Fett garen); **dunstig;** der **Dunstkreis** (Wirkungsbereich); die **Dunstwolke**

Duo *ital.*: -s, -s (zwei Personen, Musikstück für zwei verschiedene Instrumente); → Duett

Du·pli·kat *lat.,* das: -(e)s, -e (Abschrift, Zweitausfertigung); **duplizieren** (verdoppeln); die **Duplizität** (doppeltes Vorkommen)

Dur *lat.,* das: - (Tongeschlecht); in A-Dur; die **A-Dur-Tonleiter**

durch: durch ihn – durch die Wiese laufen – durch und durch (völlig) – der Zug ist schon durch (vorbei); **durchaus** (völlig, ganz); **durchweg(s)** (meist)

durch·bläu·en: jemanden durchbläuen (verprügeln)

durch·bli·cken: ich blicke nicht durch (verstehe nicht) – *etwas durchblicken lassen* (andeuten); der **Durchblick**

durch·blu·ten: gut durchblutet; die **Durchblutung;** die **Durchblutungsstörung**

durch·bre·chen: einen Stab durchbrechen; aber: eine Barriere durchbrechen; die **Durchbrechung;** der **Durchbruch:** *den Durchbruch schaffen* (Erfolg haben)

durch·bren·nen: mit dem Geld durchbrennen (sich davonmachen) – die Sicherung ist durchgebrannt (durchgeglüht)

durch·brin·gen: einen Patienten durchbringen (heilen) – seine Familie durchbringen (ernähren) – seinen Besitz durchbringen (verschwenden)

durch·dre·hen: Fleisch durchdrehen – vor der Prüfung durchdrehen (kopflos werden)

durch·drin·gen: mit seiner Meinung nicht durchdringen; aber: ein Gebüsch durchdringen; **durchdringend:** jemanden durchdringend (scharf) ansehen; die **Durchdringung; durchdrungen** (erfüllt)

durch·ei·nan·der (durch·ein·an·der): durcheinander (verwirrt, kopflos) sein – alles durcheinander (wahllos) essen; das **Durcheinander** (Unordnung, Wirwarr); **durcheinanderbringen** (in Unordnung bringen, verwechseln); **durcheinandergehen** (ungeordnet vor sich gehen); **durcheinandergeraten; durcheinanderkommen; durcheinanderlaufen; durcheinanderreden; durcheinanderschreien; durcheinandertrinken**

durch·fah·ren: die ganze Nacht durchfahren – ein Land durchfahren – ein Schrecken durchfährt mich; die **Durchfahrt;** die **Durchfahrtsstraße**

durch·fal·len: *mit Pauken und Trompeten durchfallen* (völlig versagen); der **Durchfall**

durch·füh·ren: eine Aufgabe durchführen (ausführen); die **Durchfuhr; durchführbar;** die **Durchführbarkeit;** die **Durchführung**

durch·ge·hen: einen Plan Punkt für Punkt durchgehen (besprechen) – Pferde gehen durch (scheuen) – ein Antrag geht durch (wird angenommen); der **Durchgang,** die ...gänge; **durchgängig;** die **Durchgangsstraße;** der **Durchgangsverkehr; durchgehend:** die Geschäfte sind durchgehend (ohne Unterbrechung) geöffnet

durch·hal·ten: (aushalten, durchstehen); die **Durchhalteparole;** das **Durchhaltevermögen**

durch·hän·gen: ein durchhängendes Seil; der **Durchhänger:** einen Durchhänger (ein Tief, eine Ermüdungserscheinung) haben

durch·las·sen: der Schuh lässt kein Wasser durch; der **Durchlass,** die ...lässe; **durchlässig** (nicht dicht); die **Durchlässigkeit**

Durch·laucht, die: -, -en (Titel und Anrede für einen Fürsten); **durchlauchtig**

Durch·lauf, der: -(e)s, ...läufe; ein Rennen mit zwei Durchläufen; **durchlaufen:** die

Schule durchlaufen (hinter sich bringen); der **Durchlauferhitzer**

durch·leuch·ten: einen Kranken durchleuchten – die Akten durchleuchten (überprüfen); die **Durchleuchtung**

durch·ma·chen: schlimme Zeiten durchmachen (erleben) – eine Nacht durchmachen (eine Nacht hindurch feiern)

durch·mes·sen: einen Raum mit großen Schritten durchmessen (durchschreiten); der **Durchmesser** (Gerade, die durch den Mittelpunkt eines Kreises geht)

durch·neh·men: etwas im Unterricht durchnehmen (behandeln); die **Durchnahme**

durch·que·ren: das Land durchqueren; die **Durchquerung**

Durch·rei·se, die: -, -n; auf Durchreise sein; **durchreisen;** der/die **Durchreisende**

durchs: (durch das); durchs Fenster schauen

durch·sa·gen: über Rundfunk eine Nachricht durchsagen; die **Durchsage**

durch·schau·en: sie schaut die Hefte durch (prüft sie) – einen Sachverhalt durchschauen (begreifen)

durch·schla·gen: einen Nagel durchschlagen – das mütterliche Erbe schlägt durch (kommt zum Vorschein) – sich in die Heimat durchschlagen (sie mit Mühe erreichen); der **Durchschlag,** die ...schläge; **durchschlagend:** ein durchschlagender (entscheidender) Erfolg; das **Durchschlagpapier;** die **Durchschlagskraft**

Durch·schnitt, der: -(e)s, -e; im Durchschnitt – die Leistungen liegen über dem Durchschnitt; **durchschnittlich:** eine durchschnittliche (mittlere) Qualität; das **Durchschnittsalter;** das **Durchschnittseinkommen**

durch·set·zen: sich durchsetzen (behaupten) können; das **Durchsetzungsvermögen**

durch·sich·tig: durchsichtiges Papier – ein durchsichtiger (durchschaubarer) Plan; die **Durchsicht;** die **Durchsichtigkeit**

durch·su·chen: das Haus durchsuchen; die **Durchsuchung;** der **Durchsuchungsbefehl**

durch·trie·ben: durchtrieben (schlau, gerissen) sein; die **Durchtriebenheit**

durch·wäh·len: nach Amerika durchwählen (direkt in das öffentliche Netz wählen); die **Durchwahl;** die **Durchwahlnummer**

durch·weg(s): (meist, fast ohne Ausnahme)

dür·fen: du darfst, er durfte, sie hat gedurft; du darfst Tiere nicht quälen – das darf doch nicht wahr sein! – darf ich Sie bitten?

dürf·tig: (ärmlich); die **Dürftigkeit**

dürr: dürres Holz – ein dürrer (sehr magerer) Mensch; die **Dürre** (Trockenheit); die **Dürrekatastrophe;** die **Dürreperiode**

Durst, der: -(e)s; seinen Durst löschen – Durst (ein heftiges Verlangen) nach Freiheit haben; **dursten** (Durst haben); **dürsten:** ich dürste – mich dürstet; **durstig; durstlöschend;** aber: den Durst löschend; **durststillend;** aber: den Durst stillend; die **Durststrecke** (Zeit voller Entbehrungen)

Du·sche *franz.,* die: -, -n (Brause) # Tusche; **duschen;** die **Duschkabine**

Dü·se, die: -, -n (Austrittsöffnung); **düsen:** er düst (saust) nach Hause; das **Düsenflugzeug;** der **Düsenjäger**

Du·sel, der: -s; Dusel (Glück) haben; **duseln** (leicht schlafen, schlummern)

Dus·sel, der: -s, - (Dummkopf, Schlafmütze); **duss(e)lig;** die **Duss(e)ligkeit**

düs·ter: (finster, unklar); auch: **duster;** die **Düsternis,** die Düsternisse

Du·ty-free-Shop *engl. [djutifrischop],* der: -s, -s (Geschäft mit zollfreien Waren)

Dut·zend ⟨Dtzd.⟩ *franz.,* das: -s, -e; ein Dutzend (12 Stück) Eier – drei Dutzend – (ein paar, viele) Dutzend(e) Mal(e); auch: dutzend(e) Mal(e) – Dutzende von Menschen; auch: dutzende – zu Dutzenden; auch: zu dutzenden; **dutzendfach; dutzendmal;** aber: ein Dutzend Mal; die **Dutzendware; dutzendweise**

du·zen: jemanden duzen (mit Du anreden) – sie duzen sich; der **Duzbruder;** der **Duzfreund;** die **Duzfreundin,** die ...freundinnen

DVD *engl. [devaude],* die: -, -s (ein der CD ähnlicher Datenträger mit großem Speicherplatz); das **DVD-Laufwerk**

Dy·na·mik *griech.,* die: - (Lehre von der Bewegung der Körper, Schwung, Lebendigkeit); **dynamisch:** eine dynamische (energiegeladene) Persönlichkeit

Dy·na·mit *griech.,* das: -s (Sprengstoff)

Dy·na·mo *griech.,* der: -s, -s (Generator)

Dy·nas·tie *griech.,* die: -, Dynastien (Herrschergeschlecht, Fürstenhaus)

dz = Doppelzentner

D-Zug, der: -(e)s, D-Züge (Durchgangszug, Schnellzug); der **D-Zug-Wagen**

A B C D E F

E

E = Eilzug; Europastraße
E-Ban·king *engl. [ibänking]*, das: -s (Bankgeschäfte übers Internet)
Eb·be, die: -, -n (niedriger Wasserstand beim Gezeitenwechsel); **ebben:** der Sturm ebbt ab
ebd. = ebenda
eben: eben (soeben, gerade) war er noch da
eben: ein ebenes (flaches) Gelände – zu ebener Erde; die **Ebene:** *auf die schiefe Ebene* (auf Abwege) *geraten;* die **Ebenheit; ebnen:** den Weg ebnen
eben...: (gleich); das **Ebenbild; ebenbürtig:** ein ebenbürtiger Gegner; die **Ebenbürtigkeit; ebenerdig** (zu ebener Erde); **ebenfalls;** das **Ebenmaß; ebenmäßig**
eben: eben (genau) das möchte ich nicht – das ist eben anders – eben (gerade vorhin) war er noch da – das ist eben (einfach) so; **ebenda** ⟨ebd.⟩; **ebendaher; ebendann; ebendarum; ebendas; ebender; ebendeshalb; ebendeswegen; ebendieser; ebendort; ebenjener; ebenso:** ich hätte ebenso gut zu Hause bleiben können – sie weiß das ebenso (genauso) gut wie ich – ebenso gern – ebenso sehr – ebenso viel – ebenso oft – ebenso wenig – ebenso weit – ebenso lange; **ebensovielmal;** auch: ebenso viel Mal
Eben·holz, das: -es, Ebenhölzer (sehr dunkles Holz)
Eber, der: -s, - (männliches Schwein)
Eber·esche, die: -, -n (ein Laubbaum)
EC = Eurocityzug
E-Cash *engl. [ikäsch]*, das: - (elektronisches Bargeld)
Echo *griech.,* das: -s, -s (Widerhall); seine Worte fanden kein Echo (keinen Anklang); **echoen:** es echot; das **Echolot**
Ech·se, die: -, -n (ein Schuppenkriechtier)
echt: echtes (reines) Gold – echte Zähne – eine echte (wahre) Freundschaft – *von echtem Schrot und Korn* (redlich und tüchtig) *sein;* **...echt:** waschecht; **echtgolden;** auch: echt golden; die **Echtheit**
Ecke, die: -, -n; *an allen Ecken und Enden* (überall) – *jemanden um die Ecke bringen* (töten, aus dem Weg räumen); auch: das **Eck;** der **Eckball;** die **Eckdaten** *Pl.;* die **Eckfahne;** das **Eckhaus; eckig;** der **Eckzahn**
E-Com·merce *engl. [ikomös]*, der: - (Handel übers Internet)
edel: edler, am edelsten; eine edle (vornehme) Gesinnung – ein edles (reinrassiges) Tier; der **Edelmann,** die ... leute; das **Edelmetall;** der **Edelmut; edelmütig;** der **Edelstahl;** der **Edelstein;** das **Edelweiß**
Edikt *lat.,* das: -(e)s, -e (Verordnung, Erlass)
Edi·ti·on *lat.,* die: -, -en (Herausgabe von Büchern o. Ä.); **edieren** (herausgeben)
EDV = elektronische Datenverarbeitung
Efeu, der: -s (Kletterpflanze); **efeubewachsen**
Eff·eff: aus dem Effeff (gründlich) können
Ef·fekt *lat.,* der: -(e)s, -e (Wirkung, Leistung, Ergebnis); die **Effekten** *Pl.* (Wertpapiere); die **Effekthascherei; effektiv** (tatsächlich, wirkungsvoll); die **Effektivität; effektvoll** (wirkungsvoll); die **Effizienz** (Wirksamkeit)
Ef·fet *franz. [effe]*, der: -s, -s (Drall eines Balles, einer Kugel)
EG = Europäische Gemeinschaft; die **EG-Mitglieder**
egal *franz.*: das ist mir egal (gleichgültig, einerlei); **egalisieren** (gleichmachen); die **Egalität** (Gleichberechtigung)
Egel, der: -s, - (ein Blut saugender Wurm)
Eg·ge, die: -, -n (Gerät zum Lockern des Bodens); **eggen**
Ego·is·mus *lat.,* der: -, Egoismen (Selbstsucht); der **Egoist** (selbstsüchtiger Mensch); die **Egoistin,** die Egoistinnen; **egoistisch**
eh: seit eh und je; **ehe:** (bevor); eher, am ehesten; **ehedem** (einstmals); **ehemalig; ehemals** (früher, damals); **eher:** je eher du gehst, desto besser – je eher, je lieber
Ehe, die: -, -n; eine glückliche Ehe führen; **ehebrechen;** aber: die Ehe brechen; der **Ehebruch;** die **Ehefrau;** die **Eheleute** *Pl.;* **ehelich; ehelichen** (heiraten); **ehelos;** der **Ehemann;** das **Ehepaar;** die **Ehescheidung;** die **Eheschließung;** der **Ehestand**
ehern: ein eherner (aus Eisen gemachter) Helm – sein eherner (eiserner) Wille
eh·ren: das ehrt ihn (verdient Anerkennung); der **Ehrabschneider; ehrbar;** die **Ehrbarkeit;** die **Ehre:** Ehre machen – ihm zu Ehren – auf Ehre und Gewissen – bei meiner Ehre! – *jemandem die Ehre abschneiden* (jemanden herabsetzen) – *mit jemandem keine Ehre einlegen* (keinen großen Eindruck ma-

chen) – *keine Ehre im Leib haben* (kein Ehrgefühl besitzen) # Ähre; **ehrenamtlich;** der **Ehrenbürger; ehrenhaft;** die **Ehrenhaftigkeit; ehrenhalber;** aber: der Ehre halber; das **Ehrenmal,** die ...male/...mäler; der **Ehrenmann; ehrenrührig; ehrenvoll; ehrenwert;** das **Ehrenwort; ehrerbietig;** die **Ehrerbietung;** die **Ehrfurcht; ehrfurchtgebietend;** auch: Ehrfurcht gebietend; **ehrfürchtig; ehrfurchtsvoll;** das **Ehrgefühl;** der **Ehrgeiz; ehrgeizig; ehrlich:** *ehrlich währt am längsten*; die **Ehrlichkeit; ehrlos; ehrsam;** die **Ehrsamkeit;** die **Ehrung; ehrverletzend; ehrwürdig**

Ei, das: -(e)s, -er; Eier kochen – das Ei des Kolumbus (die einfachste Lösung in einem bestimmten Fall) – *einen wie ein rohes Ei* (äußerst vorsichtig) *behandeln – wie auf Eiern* (äußerst vorsichtig) *gehen*; das/der **Eidotter;** der **Eierbecher; eierlegend:** eierlegende Hühner; auch: Eier legend; die **Eierspeise;** der **Eierstock,** die ...stöcke (weibliche Keimdrüse); das **Eigelb;** das **Eiweiß; eiweißarm:** eiweißarme Nahrung

Ei·che, die: -, -n (ein Laubbaum); die **Eichel;** der **Eichelhäher; eichen:** eine eichene Truhe; das **Eichenlaub;** das **Eichhörnchen**

ei·chen: Waagen eichen (ihre Maße festlegen und mit der Norm in Übereinstimmung bringen); das **Eichamt;** die **Eichung**

Eid, der: -(e)s, -e; einen Eid leisten – unter Eid aussagen; der **Eidbruch; eidbrüchig; eidesstattlich:** die eidesstattliche Versicherung; aber: an Eides statt versichern

Ei·dech·se, die: -, -n (ein Kriechtier)

Ei·fer, der: -s; sein Eifer (Fleiß) erlahmt – *im Eifer des Gefechts* (in Eile) – *blinder Eifer schadet nur*; der **Eiferer** (Fanatiker); **eifern;** die **Eifersucht; eifersüchtig; eifrig**

ei·gen: jemandem eigen sein (ihm gehören) – ein eigenes Heim – mein eigen Fleisch und Blut – sie ist sehr eigen (gewissenhaft, eigensinnig) – *sich etwas zu eigen machen* (sich etwas aneignen) – *eigener Herd ist Goldes wert*; aber: das ist mein Eigen – etwas sein Eigen nennen; die **Eigenart; eigenartig;** der **Eigenbrötler** (Sonderling); **eigenhändig;** das **Eigenheim;** die **Eigenheit;** das **Eigenlob; eigenmächtig;** die **Eigenmächtigkeit;** der **Eigenname;** der **Eigennutz; eigennützig; eigens;** die **Eigenschaft;** das **Eigenschaftswort;** der **Eigensinn; eigensinnig; eigenständig;** die **Eigenständigkeit;** das **Eigentor;** das **Eigentum; eigentümlich** (seltsam); **eigenverantwortlich; eigenwillig**

ei·gent·lich ⟨eigtl.⟩: die eigentliche (ursprüngliche) Bedeutung des Wortes – eigentlich (in Wirklichkeit) bin ich nicht so – was meinst du eigentlich?

eig·nen, sich: sich für einen Beruf eignen; die **Eignung;** die **Eignungsprüfung;** der **Eignungstest**

Ei·land, das: -(e)s, -e (Insel)

ei·len: das eilt sehr (ist dringend) – nach Hause eilen – *eile mit Weile*; der **Eilbote:** per Eilboten; der **Eilbrief;** die **Eile; eilends; eilfertig; eilig:** eiligst – nichts Eiliges (Wichtiges) zu tun haben; der **Eilzug** ⟨E⟩

Ei·mer: -s, -; *im Eimer* (verdorben, verloren) *sein;* **eimerweise**

ein: ein Baum – ein anderer; auch: ein Anderer – ein jeder – ein für alle Mal – ein oder mehrmals – ein und derselbe – er ist ein guter Arzt – ein Knabe und zwei Mädchen – der/die/das eine; auch: der/die/das Eine – die einen und die anderen; auch: die Einen und die Anderen – *nicht mehr ein und aus wissen* (keinen Rat mehr wissen); aber: mein Ein und Alles

ei·nạn·der (ein·ạn·der): einander (einer dem andern) beistehen

ein·äschern: ein Haus einäschern; die **Einäscherung;** die **Einäscherungshalle**

Ein·bahn·stra·ße, die: -, -n (Straße, die nur in einer Richtung befahren werden darf)

Ein·band, der: -(e)s, Einbände; der Einband eines Buches; **einbändig; einbinden**

ein·bil·den, sich: er bildet sich ein (meint irrtümlich), krank zu sein – sich auf sein Aussehen etwas einbilden (stolz darauf sein); die **Einbildung;** die **Einbildungskraft; eingebildet:** auf seine Schönheit eingebildet sein

ein·bläu·en: Gehorsam einbläuen (beibringen)

ein·bre·chen: in ein Haus einbrechen (gewaltsam eindringen) – sie ist auf dem Eis eingebrochen; der **Einbrecher;** der **Einbruch,** die Einbrüche; der **Einbruch(s)diebstahl; einbruch(s)sicher**

ein·brin·gen: das Getreide einbringen (ernten) – ein Gesetz zur Abstimmung einbringen (vorschlagen) – die Arbeit bringt nichts ein (ist nicht einträglich); **einbringlich**

A
B
C
D
E
F

ein·bür·gern: jemanden einbürgern (ihm die Staatsangehörigkeit verleihen) – die Sitte hat sich eingebürgert (ist zur Gewohnheit geworden); die **Einbürgerung**

ein·bü·ßen: seinen guten Ruf einbüßen (verlieren); die **Einbuße**

ein·deu·tig: ein eindeutiger (klarer, unmissverständlicher) Befehl; die **Eindeutigkeit**

ein·drin·gen: ich dringe ein, du drangst ein, sie ist eingedrungen, dring(e) ein!; Wasser dringt in das Haus ein – in ein Geheimnis eindringen (es erforschen); **eindringlich:** jemanden eindringlich (nachdrücklich) ermahnen; aber: aufs Eindringlichste; auch: aufs eindringlichste; der **Eindringling**

Ein·druck, der: -(e)s, Eindrücke; einen schlechten Eindruck machen – einen guten Eindruck von etwas haben – bei jemandem Eindruck schinden – *der erste Eindruck ist der beste;* **eindrucksvoll**

ei·ne: der eine (und der andere); auch: der Eine (und der Andere); **einer; eines;** → ein

ein·ein·halb: eineinhalb (auch: anderthalb) Stunden; aber: eine und eine halbe Stunde; **eineinhalbmal; einundeinhalb**

Ei·ner, der: -s, -; in einem Einer (Sportboot für eine Person) fahren – Einer (einstellige Zahlen) zusammenzählen; die **Einerstelle**

ei·ner·lei: (gleichgültig, egal); das **Einerlei:** das Einerlei des Alltags

ei·ner·seits: einerseits ... and(e)rerseits

ei·nes·teils: einesteils ... ander(e)nteils

ein·fach: ein einfaches (schlichtes) Kleid – einfach (verständlich) reden – eine einfache Fahrkarte (ohne Rückfahrt) – das ist einfach nicht wahr!; aber: etwas Einfaches – etwas auf das Einfachste lösen; auch: auf das einfachste; die **Einfachheit:** der Einfachheit halber; **einfachheitshalber**

ein·fä·deln: einen Faden einfädeln – etwas klug einfädeln (einrichten) – sich in den Verkehr einfädeln (einordnen)

ein·fah·ren: in den Bahnhof einfahren – Heu einfahren; die **Einfahrt**

Ein·fall, der: -(e)s, Einfälle; einen guten Einfall (Gedanken) haben – den Einfall (das Eindringen) der Feinde abwehren; **einfallen:** sich etwas einfallen lassen (eine Lösung finden) – das Haus fällt ein; **einfallslos; einfall(s)reich;** der **Einfall(s)reichtum**

ein·fäl·tig: (schlicht, beschränkt); die **Einfalt;** die **Einfältigkeit;** der **Einfaltspinsel**

ein·fas·sen: (begrenzen, einschließen, umranden); die **Einfassung**

ein·flö·ßen: Medizin einflößen – jemandem Angst einflößen (einjagen); die **Einflößung**

Ein·fluss, der: -es, Einflüsse; Einfluss (Geltung) haben – einen schlechten Einfluss ausüben; die **Einflussnahme; einflussreich**

ein·frie·den: ein Gebäude einfrieden (mit einer Mauer, Hecke o. Ä. umgeben, schützen); die **Einfriedung**

ein·füh·len, sich: sich in eine Situation einfühlen (hineinversetzen); **einfühlsam;** die **Einfühlung;** das **Einfühlungsvermögen**

ein·füh·ren: Waren einführen – neue Bestimmungen einführen; die **Einfuhr;** die **Einfuhrbesimmungen** *Pl.*; die **Einführung;** der **Einführungspreis;** der **Einfuhrzoll**

Ein·gang: -(e)s, Eingänge; das Haus hat zwei Eingänge – der Eingang (das Eintreffen) der Post – der Ein- und Ausgang; **eingangs**: wie eingangs (am Anfang) erwähnt

ein·ge·ben: der Kranken eine Medizin eingeben – er gibt Daten in den Computer ein – ein Gesuch eingeben (einreichen); die **Eingabe** (Gesuch); die **Eingebung:** eine Eingebung (einen plötzlich auftauchenden Gedanken, Gedankenblitz) haben

ein·ge·bo·ren: die eingeborene Bevölkerung – Gottes eingeborener (einziger) Sohn; der/die **Eingeborene** (Ureinwohner)

ein·ge·denk: eingedenk seiner Worte (seine Worte nicht vergessend)

ein·ge·hen: ein Tier geht ein (verendet) – eine Ehe eingehen (heiraten) – auf einen Vorschlag eingehen (ihn annehmen) – es geht wenig Post ein – eine Wette eingehen – die Hose geht beim Waschen ein (wird kleiner) – auf eine Frage eingehen (dazu Stellung nehmen); **eingehend:** sich eingehend (ausführlich) mit etwas beschäftigen; aber: aufs Eingehendste; auch: aufs eingehendste

ein·ge·ste·hen: du gestehst ein, er gestand ein, sie hat eingestanden, gesteh(e) ein!; seine Schuld eingestehen; **eingestand(e)nermaßen;** das **Eingeständnis,** die Eingeständnisse

Ein·ge·wei·de, das: -s, -; die Eingeweide (inneren Organe) eines Tieres

ein·grei·fen: in einen Streit eingreifen (sich einmischen); die **Eingreiftruppe;** der **Ein-**

griff: einen Eingriff (eine Operation) vornehmen – der Eingriff in die Rechte des anderen

ein·hal·ten: eine Bestimmung einhalten (befolgen) – in der Arbeit einhalten (damit aufhören); der **Einhalt:** *jemandem Einhalt gebieten* (energisch entgegentreten); die **Einhaltung**

ein·he·ben: Steuern einheben (eintreiben); die **Einhebung**

ein·hei·misch: die einheimische Bevölkerung; der/die **Einheimische**

ein·heim·sen: viel Lob einheimsen (gewinnen, erlangen)

Ein·heit, die: -, -en; der Tag der Deutschen Einheit – *Einheit macht stark;* **einheitlich:** eine einheitliche (für alle geltende) Regelung; die **Einheitlichkeit;** der **Einheitspreis**

ein·hel·lig: einhellig (einstimmig) etwas wollen; die **Einhelligkeit**

ein·her·ge·hen: die Krankheit geht mit Fieber einher

ein·ho·len: eine Auskunft einholen (sich geben lassen) – die Fahne einholen – von seiner Vergangenheit eingeholt werden

Ein·horn, das: -(e)s, ... hörner (ein Fabeltier)

ei·nig: einig sein – einig werden; sich **einigen; einiggehen:** mit jemandem einiggehen; die **Einigkeit:** *Einigkeit macht stark*; die **Einigung;** der **Einigungsvertrag**

ei·ni·ge: einige (mehrere) Tage – einige wenige – mit einigem Fleiß – einige Mal(e) – einige Millionen; **einigermaßen** (halbwegs, annähernd); **einiges:** einiges mehr – einiges (manches) wissen – einiges, was ...

ein·kau·fen: Lebensmittel einkaufen; der **Einkauf;** der **Einkäufer;** die **Einkäuferin;** die **Einkaufstasche;** das **Einkaufszentrum**

ein·keh·ren: in einem Gasthaus einkehren; die **Einkehr**

Ein·klang, der: -(e)s; mit jemandem in Einklang sein (übereinstimmen)

Ein·kom·men, das: -s, - (Einnahmen, Gehalt); die **Einkommen(s)steuer**

Ein·künf·te *Pl.*, die: -; keine Einkünfte (Einnahmen) haben

ein·la·den: du lädst ein, er lud ein, sie hat eingeladen, lad(e) ein; Kisten einladen – sich Gäste einladen (zu sich bitten); **einladend;** die **Einladung;** das **Einladungsschreiben**

ein·las·sen: du lässt ein, er ließ ein, sie hat eingelassen, lass(e) ein!; die Besucher einlassen (eintreten lassen) – sich mit jemandem einlassen (Umgang haben, verkehren); der **Einlass,** die Einlässe

ein·lei·ten: eine Feier mit Musik einleiten (eröffnen) – gegen jemanden ein Verfahren einleiten (in Gang setzen); die **Einleitung**

ein·len·ken: in eine Nebenstraße einlenken (abbiegen) – in einem Gespräch einlenken (nachgeben); die **Einlenkung**

ein·leuch·ten: das leuchtet mir ein (überzeugt mich) – eine einleuchtende Antwort

ein·log·gen, sich: sich mit einem Kennwort einloggen (die Verbindung aufbauen)

ein·ma·chen: Obst einmachen (einkochen); das **Eingemachte;** das **Einmachglas**

ein·mal: auf einmal – einmal (eines Tages) wirst du an mich denken – nicht einmal – noch einmal – ein- bis zweimal; auch: 1- bis 2-mal – *besser einmal als nie*; auch: ein Mal (bei besonderer Betonung); das **Einmaleins; einmalig:** eine einmalige Gelegenheit – ein einmaliges (außergewöhnliches) Bild; die **Einmaligkeit**

Ein·mann·be·trieb, der: -(e)s, -e; etwas im Einmannbetrieb herstellen

ein·mün·den: der Fluss mündet in das Meer ein; die **Einmündung**

ein·mü·tig: (einträchtig); die **Einmütigkeit**

ein·neh·men: du nimmst ein, er nahm ein, sie hat eingenommen, nimm ein!; Geld einnehmen – seine Medizin einnehmen – einen festen Standpunkt einnehmen – viel Platz einnehmen – jemanden für sich einnehmen (gewinnen) – ein einnehmendes Wesen haben – eine Festung einnehmen – *von sich eingenommen* (eingebildet) *sein*; die **Einnahme;** die **Einnahmequelle**

Ein·öde, die: -, -n (einsame Gegend); der **Einödbauer;** der **Einödhof**

ein·prä·gen: sich eine Zahl einprägen; **einprägsam;** die **Einprägung**

ein·quar·tie·ren: Flüchtlinge einquartieren (ihnen eine Wohnung verschaffen); die **Einquartierung** (Unterbringung)

ein·räu·men: ein Zimmer einräumen – jemandem bestimmte Rechte einräumen (zugestehen) – einen Kredit einräumen (gewähren); die **Einräumung**

ein·rei·sen: in ein Land einreisen; die **Einreise;** die **Einreiseerlaubnis**

ein·rei·ßen: ein Haus einreißen – eine eingerissene Heftseite – das darf nicht einreißen (zur Gewohnheit werden)!; der **Einriss**

ein·ren·ken: die Schulter einrenken – eine Angelegenheit einrenken (in Ordnung bringen); die **Einrenkung**

ein·rich·ten: ein Büro einrichten – sich auf schlimme Zeiten einrichten (einstellen); die **Einrichtung;** der **Einrichtungsgegenstand**

eins: er kam um eins (ein Uhr) nach Hause – halb eins – um (ein) Viertel vor eins; aber: um drei viertel eins – es steht eins zu eins – ihm ist alles eins (gleichgültig) – das ist ja eins a (prima) – *mit jemandem eins* (einig) *sein*; die **Eins:** eine Eins in der Prüfung bekommen – die Zahl Eins; der **Einser**

ein·sam: einsam (allein) leben – eine einsame (abgelegene) Gegend; die **Einsamkeit**

Ein·satz, der: -es, Einsätze; der Einsatz der Wette war niedrig – der Einsatz von Flugzeugen – der Einsatz des Spielers ist noch fraglich – der Beruf verlangt vollen Einsatz – er ist an der Front im Einsatz; **einsatzbereit; einsatzfreudig;** das **Einsatzkommando; einsetzen:** sich für jemanden einsetzen (energisch für jemanden etwas tun)

ein·schär·fen: jemandem Verhaltensregeln einschärfen (dazu eindringlich anhalten)

ein·schla·gen: einen Nagel einschlagen – ein Fenster einschlagen – auf sein Opfer einschlagen – der Blitz schlug ein – eine andere Richtung einschlagen – das Kleid einschlagen (kürzen) – der Film hat eingeschlagen (hat Erfolg); der **Einschlag,** die Einschläge; **einschlägig:** einschlägige (entsprechende) Erfahrungen haben

ein·schlie·ßen: sich in ein Zimmer einschließen (einsperren) – im Preis eingeschlossen (darin enthalten); **einschließlich:** einschließlich (mitsamt) der Steuern – einschließlich Porto; der **Einschluss:** unter Einschluss (unter Mitberücksichtigung)

ein·schnei·dend: einschneidende (wirksame) Maßnahmen treffen; **einschneiden;** der **Einschnitt** (Bruch, Unterbrechung)

ein·schrän·ken: seine Ausgaben einschränken (verringern) – sich einschränken (sparen, kürzertreten) müssen; die **Einschränkung**

ein·schrei·ben: Namen in eine Liste einschreiben; der **Einschreib(e)brief;** das **Einschreiben** (eingeschriebene Postsendung); die **Einschreib(e)sendung;** die **Einschreibung**

ein·schüch·tern: sich nicht einschüchtern (entmutigen) lassen; die **Einschüchterung;** der **Einschüchterungsversuch**

ein·se·hen: seine Fehler einsehen – Dokumente einsehen (darin lesen); das **Einsehen:** *(k)ein Einsehen* (Verständnis) *haben*; die **Einsicht; einsichtig;** die **Einsichtigkeit**

ein·sei·tig: das Papier nur einseitig bedrucken – ein einseitiger Beschluss – einseitig (parteiisch) sein; die **Einseitigkeit**

ein·sen·den: die Unterlagen einsenden (schicken); der **Einsender;** die **Einsenderin;** der **Einsendeschluss;** die **Einsendung**

Ein·sied·ler, der: -s, - (ein einsam lebender, weltabgewandter Mensch); die **Einsiedelei;** **die Einsiedlerin;** der **Einsiedlerkrebs**

ein·sil·big: ein sehr einsilbiger (wortkarger) Mensch; die **Einsilbigkeit**

Ein·sit·zer: -s, - (Fahrzeug mit nur einem Sitz); **einsitzig**

Ein·spruch, der: -(e)s, Einsprüche; Einspruch (Widerspruch, Beschwerde) erheben

einst: (vor langer Zeit); einst und jetzt; aber: das Einst und Jetzt; **einstens; einstig; einstmals; einstweilen** (zunächst einmal, inzwischen); **einstweilig:** einstweilige (vorläufig geltende) Verfügung

Ein·stand, der: -(e)s, ...stände (Dienstantritt, Punkteausgleich)

ein·stel·len: Arbeiter einstellen (beschäftigen) – das Rauchen einstellen (beenden) – sich um 12 Uhr einstellen (einfinden) – sich auf seine Zuhörer einstellen (auf sie eingehen); die **Einstellung;** das **Einstellungsgespräch**

ein·stim·mig: (ohne Gegenstimme); die **Einstimmigkeit**

ein·stür·zen: (zusammenbrechen); der **Einsturz;** die **Einsturzgefahr**

ein·tei·len: sich die Arbeit einteilen; **einteilig;** die **Einteilung**

ein·tö·nig: (langweilig); die **Eintönigkeit**

Ein·topf, der: -(e)s, Eintöpfe (eine Speise)

Ein·tracht, die: - (Einigkeit, Einvernehmen); *Eintracht ernährt, Zwietracht verzehrt;* **einträchtig;** die **Einträchtigkeit**

ein·tra·gen: in eine Liste eintragen (schreiben) – seine Arbeit trägt nicht viel ein (bringt nicht viel Geld); der **Eintrag,** die Einträge; **einträglich;** die **Einträglichkeit**

ein·tre·ten: in ein Zimmer eintreten – in ein Gespräch eintreten – in einen Verein eintreten (Mitglied werden) – eine Glastüre eintreten – der Tod tritt ein – für seinen Freund eintreten (zu ihm halten); der **Eintritt;** die **Eintrittskarte;** der **Eintrittspreis**

Ein·ver·nah·me, die: -, -n (Verhör); **einvernehmen;** das **Einvernehmen** (Übereinstimmung, Billigung); **einvernehmlich**

ein·ver·stan·den: er ist mit allem einverstanden; das **Einverständnis:** mit ihrem Einverständnis (ihrer Zustimmung) rechnen

Ein·wand, der: -(e)s, Einwände (Einspruch, Widerspruch); **einwandfrei** (eindeutig, ohne Beanstandung); **einwenden**

Ein·wan·de·rer, der: -s, - (jemand, der in ein Land einwandert); die **Einwanderin; einwandern;** die **Einwanderung**

ein·wärts: (nach innen); **einwärtsbiegen:** einwärtsgebogene Stäbe

ein·we·cken: (einkochen); das **Einweckglas**

Ein·weg·fla·sche, die: -, -n (Flasche, die man nicht zurückzugeben braucht); das **Einwegglas,** die ...gläser; die **Einwegspritze**

ein·wei·hen: eine Kirche einweihen – jemanden in ein Geheimnis einweihen (davon in Kenntnis setzen); die **Einweihung**

ein·wei·sen: in ein Krankenhaus einweisen (einliefern); die **Einweisung**

ein·wer·fen: einen Brief einwerfen – ein Fenster einwerfen – eine kurze Bemerkung in das Gespräch einwerfen; der **Einwurf,** die Einwürfe

Ein·woh·ner, der: -s, - (jemand, der an einem Ort seinen ständigen Wohnsitz hat); die **Einwohnerin;** das **Einwohnermeldeamt**

Ein·zahl, die: - (Sprachlehre: Singular)

ein·zah·len: Geld einzahlen; die **Einzahl;** die **Einzahlung;** der **Einzahlungsschalter**

Ein·zel·ler, der: -s, - (einzelliges Lebewesen); **einzellig**

ein·zeln: (für sich allein); einzeln kommen – einzeln stehen; aber: der/die/das Einzelne – als Einzelne(r) – jede(r) Einzelne – bis ins Einzelne – im Einzelnen – Einzelnes – vom Einzelnen zum Ganzen; das **Einzel** (Spiel zwischen zwei Gegnern); der **Einzelgänger;** die **Einzelhaft;** der **Einzelhandel;** die **Einzelheit; einzelnstehend:** ein einzelnstehendes Haus; auch: einzeln stehend; der/die **Einzelstehende;** das **Einzelzimmer**

ein·zie·hen: in das neue Haus einziehen – die Netze einziehen (einholen) – Gebühren einziehen (kassieren) – zum Militärdienst einziehen (einberufen) – die Salbe zieht (wirkt) in die Haut ein; der **Einzug,** die Einzüge; das **Einzugsgebiet**

ein·zig: sein einziger Sohn – er steht einzig (einmalig) da – einzig und allein (nur) er ist schuld; aber: der/die/das Einzige – als Einziges – (k)ein Einziger – unsere Einzige (unsere einzige Tochter); **einzigartig;** aber: etwas Einzigartiges; die **Einzigartigkeit**

Eis, das: -es; Eis schlecken – auf dem Eis ausrutschen – *etwas auf Eis legen* (aufschieben) – *jemanden aufs Glatteis führen* (täuschen, hintergehen); die **Eisbahn;** der **Eisbär;** das **Eisbein** (gekochtes Bein vom Schwein); die **Eiscreme;** auch: die ... **krem(e); eisfrei:** ein eisfreier Hafen; **eisgekühlt; eisglatt;** das **Eishockey; eisig:** ein eisiger (sehr kalter) Wind – eisiges Schweigen; **eiskalt;** der **Eiskunstlauf;** der **Eislauf; eislaufen:** sie läuft gern eis; das **Eismeer;** das **Eisschießen;** der **Eisschnelllauf;** auch: der **Eisschnell-Lauf;** der **Eisschrank,** die ...schränke; der **Eiszapfen;** die **Eiszeit**

Ei·sen, das: -s, -; Eisen verarbeiten – *ein heißes Eisen* (eine bedenkliche, gefährliche Sache) *anpacken* – *zum alten Eisen gehören* (alt, untauglich geworden sein) – *mehrere Eisen im Feuer haben* (mehrere Möglichkeiten, Auswege haben); die **Eisenbahn:** *es ist höchste Eisenbahn* (es ist höchste Zeit); **eisenhaltig; eisenhart; eisenverarbeitend:** eisenverarbeitende Industrie; auch: Eisen verarbeitend; die **Eisenwaren** *Pl.*; **eisern:** eine eiserne Bank – die eiserne Lunge – die eiserne Ration – ein eiserner (fester) Wille – die eiserne Hochzeit – eisern zusammenhalten – *mit eisernem Besen kehren* (durchgreifen) – der eiserne Vorhang (feuersicherer Abschluss der Bühne); aber: der Eiserne Vorhang (früher: sowjetische Grenze) – das Eiserne Kreuz (Orden)

ei·tel: eitler, am eitelsten; eine eitle (selbstgefällige) Person; die **Eitelkeit**

Ei·ter, der: -s (Flüssigkeitsabsonderung bei Entzündungen); die **Eiterbeule; eit(e)rig; eitern:** die Wunde eitert; die **Eiterung**

EKD = Evangelische Kirche in Deutschland

Ekel, der: -s (Abscheu, Widerwille); ein Ekel

A B C D E F

packt mich; das **Ekel** (unerträglicher Mensch); **ekelerregend:** eine ekelerregende Tat; auch: Ekel erregend; **ekelhaft** (abscheulich, widerlich); **ek(e)lig;** sich **ekeln:** sie ekelt sich vor dem Essen – es ekelt mich/mir

EKG (Ekg) = Elektrokardiogramm (Aufzeichnung der Herzmuskelströme)

Ek·lat *franz. [ekla]*, der: -s, -s (Skandal, Aufsehen erregendes Ereignis); **eklatant** (Aufsehen erregend, offenkundig)

Eks·ta·se (Ek·sta·se) *griech.*, die: -, -n (Verzückung, Begeisterung); **ekstatisch**

Ek·zem *griech.*, das: -s, -e (eine Entzündung der Haut)

Elan *franz. [elã, elan]*, der: -s (Schwung, Begeisterung)

elas·tisch *griech.*: (dehnbar, anpassungsfähig); die **Elastizität**

Elch, der: -(e)s, -e (Hirschart)

El·do·ra·do *span.*, das: -s, -s (Paradies, Traumland)

Ele·fant *griech.*, der: -en, -en; *sich wie ein Elefant im Porzellanladen* (ungeschickt, taktlos) *benehmen*

ele·gant *franz.*: (vornehm, geschmackvoll); die **Eleganz**

Ele·gie *lat.*: die: -, Elegien (Klagelied); **elegisch** (wehmütig)

Elek·tri·zi·tät (Elekt·ri·zi·tät) *griech.*, die: - (elektrischer Strom); eine Stadt mit Elektrizität versorgen; **elektrifizieren** (auf elektrischen Betrieb umstellen); der **Elektriker; elektrisch; elektrisieren;** das **Elektrizitätswerk** (E-Werk); der **Elektroherd;** der **Elektroingenieur;** das **Elektrokardiogramm** ⟨EKG, Ekg⟩; **elektromagnetisch;** der **Elektromotor;** die **Elektrotechnik**

Elek·tron (Elekt·ron) *griech.*, das: -s, Elektronen (Physik: negativ geladenes Teilchen); die **Elektrode;** die **Elektronik; elektronisch**

Ele·ment *lat.*, das: -(e)s, -e (Urstoff, chemischer Grundstoff, Naturgewalt); *in seinem Element sein* (sich wohlfühlen, entfalten können); **elementar:** ein elementarer (grundlegender) Begriff; die **Elementargewalt**

Elend, das: -(e)s; im Elend sein – *das heulende Elend haben/kriegen* (sich zutiefst unglücklich fühlen); **elend:** eine elende (ärmliche) Wohnung – mir ist elend – ein elender (gemeiner) Kerl – sich elend (erschöpft) fühlen; **elendig; elendiglich;** die **Elendsgestalt;** das **Elendsviertel**

Ele·ve *franz.*, der: -n, -n (Schüler einer Schauspiel- oder Ballettschule); die **Elevin**

elf: elffach – elfmal – elftens; die **Elf** (Fußball- oder Handballmannschaft); **elfeinhalb;** der **Elfer** (Strafstoß im Fußball); der **Elferrat** (Karnevalsgesellschaft); der **Elfmeter**

El·fe, die: -, -n (Naturgeist in Märchen und Sagen); auch: der **Elf; elfenhaft**

El·fen·bein, das: -(e)s (Material aus den Stoßzähnen eines Elefanten); **elfenbeinern; elfenbeinfarben;** die **Elfenbeinküste;** der **Elfenbeinturm:** im Elfenbeinturm (abgekapselt) sitzen

eli·mi·nie·ren *lat.*: (auswählen, beseitigen); die **Elimination;** die **Eliminierung**

Eli·te *franz.*, die: -, -n (Auswahl der Besten); **elitär;** die **Elitetruppe**

Eli·xier *griech.*, das: -s, -e (Zaubertrank)

El·le, die: -, -n (Unterarmknochen, altes Längenmaß); fünf Ellen Stoff; der **Ell(en)bogen:** *seine Ellenbogen gebrauchen* (rücksichtslos vorgehen); **ellenlang**

El·lip·se *griech.*, die: -, -n (Kegelschnitt); **ellipsenförmig; elliptisch**

elo·quent *lat.*: (beredt); die **Eloquenz**

Els·ter, die: -, -n (ein Rabenvogel); das **Elsternnest**

El·tern *Pl.*, die: -; *seinen Eltern über den Kopf wachsen* (nicht mehr auf sie hören) – *nicht von schlechten Eltern sein* (es in sich haben, gar nicht so schlecht sein); **elterlich;** das **Elternhaus; elternlos;** das **Elternpaar;** die **Elternschaft;** die **Elternvertretung**

E-Mail *engl. [imel]*, die: -, -s (elektronische Post); auch: das **E-Mail:** -s, -s; die **E-Mail-Adresse; emailen;** auch: **e-mailen;** der **E-Mail-Wurm** (Computervirus)

Email *franz. [emaj]*, das: -s, -s (glasartiger Überzug auf Metallgegenständen); auch: die **Emaille** *[emalje]*; **emaillieren**

Eman·zi·pa·ti·on *lat.*, die: - (Gleichstellung); sich **emanzipieren; emanzipiert:** eine emanzipierte (freie, selbstständige) Frau

Em·bar·go *span.*, das: -s, -s (Ausfuhrverbot)

Em·blem (Emb·lem) *franz.*, das: -s, -e (Kennzeichen, Hoheitszeichen)

Em·bo·lie *griech.*, die: -, Embolien (Verstopfung eines Blutgefäßes)

Em·bryo (Emb·ryo) *griech.*, der: -s, -s/Embryonen (noch nicht geborenes Lebewesen)

Emi·gra·ti·on (Emig·ra·ti·on) *lat.,* die: -, -en (Auswanderung); der **Emigrant;** die **Emigrantin,** die Emigrantinnen; **emigrieren**

emi·nent *lat.*: (hervorragend, herausragend); die **Eminenz** (Titel für Kardinäle)

Emis·si·on *lat.,* die: -, -en (Aussendung, Ausgabe, Ausstellung); **emitieren** (ausgeben)

Emo·ti·on *lat.,* die: -, -en (Gemütsbewegung); **emotional** (gefühlsmäßig, gefühlsbetont)

emp·fan·gen: du empfängst, er empfing, sie hat empfangen, empfang(e)!; Geschenke empfangen (entgegennehmen) – einen Freund empfangen (bei sich begrüßen); der **Empfang,** die Empfänge; der **Empfänger;** die **Empfängerin; empfänglich;** die **Empfänglichkeit;** die **Empfängnis,** die Empfängnisse

emp·feh·len: du empfiehlst, er empfahl, sie hat empfohlen, empfiehl!; es empfiehlt sich (ist ratsam); **empfehlenswert;** die **Empfehlung;** das **Empfehlungsschreiben**

emp·fin·den: du empfindest, er empfand, sie hat empfunden, empfind(e)!; das **Empfinden; empfindlich:** eine empfindliche (leicht verletzbare) Frau – empfindlich (spürbar) strafen; die **Empfindlichkeit; empfindsam;** die **Empfindsamkeit;** die **Empfindung**

Em·pha·se *griech.,* die: -, n; etwas mit Emphase (Nachdruck) sagen; **emphatisch** (eindringlich, mit Nachdruck)

Em·pi·rie *griech.,* die: - (Erfahrung, Erfahrungswissen); **empirisch**

em·por: (hinauf); sich **emporarbeiten;** die **Empore** (Galerie in Kirchen); **emporkommen;** der **Emporkömmling; emporragen**

em·pö·ren, sich: er empörte sich über etwas; **empört** (verärgert, entrüstet); die **Empörung**

em·sig: (fleißig, eifrig); die **Emsigkeit**

En·de, das: -s, -n; am Ende – Ende nächsten Jahres – ein Mann Ende achtzig – letzten Endes (schließlich, im Grunde) – zu Ende gehen / sein – *mit etwas am Ende sein* (nicht mehr weiterkönnen) – *Ende gut, alles gut*; der **Endeffekt; enden;** das **Endergebnis,** die ...ergebnisse; **endgültig; endigen;** der **Endlauf,** die ...läufe; **endlich; endlos:** endlos warten müssen; aber: bis ins Endlose; der **Endspurt;** die **Endung**

Ener·gie *griech.,* die: -, Energien; die elektrische Energie – große Energie (Ausdauer, Tatkraft) besitzen; **energiearm;** der **Energiebedarf; energiebewusst; energiegeladen;** die **Energiequelle; energiesparend:** ein energiesparendes Gerät; auch: Energie sparend; **energisch** (entschlossen, tatkräftig)

eng: enge Straßen – ein enges Kleid – auf das/aufs engste befreundet sein; auch: auf das/aufs Engste befreundet sein – eng verbinden; **enganliegend:** ein enganliegendes Kleid, auch: eng anliegend; **engbedruckt:** ein engbedrucktes Blatt Papier, auch: eng bedruckt; **engbefreundet:** engbefreundete Nachbarn; auch: eng befreundet; **engbrüstig** (schmal gebaut, schwächlich); die **Enge:** *jemanden in die Enge* (in eine ausweglose Situation) *treiben;* **engherzig; engmachen;** auch: eng machen; der **Engpass,** die ...pässe; **engstirnig** (kurzsichtig); **engumgrenzt;** auch: eng umgrenzt; **engverwandt;** auch: eng verwandt

en·ga·gie·ren *franz. [ãgaschiren]*: sich für etwas engagieren (einsetzen) – jemanden engagieren (verpflichten); das **Engagement** *[ãgaschemã];* **engagiert;** die **Engagiertheit**

En·gel, der: -s, - (überirdisches Wesen); mein guter Engel – *nicht gerade ein Engel sein* (sich nicht immer mustergültig verhalten); **engelhaft;** die **Engelsgeduld;** die **Engelszungen** *Pl.: mit Engelszungen* (eindringlich) *reden*

En·ger·ling, der: -s, -e (Larve des Maikäfers)

eng·lisch: die englische Sprache; aber: das Englische – auf Englisch – ins Englische übersetzen – im Englischen – sie spricht gut Englisch; aber: sie spricht mit ihm englisch (in englischer Sprache); das **England;** der **Engländer;** die **Engländerin,** die Engländerinnen

en gros *franz. [ãgro]*: en gros (im Großen) einkaufen; der **Engrospreis**

En·kel, der; -s, - (Kind des Sohnes oder der Tochter); die **Enkelin;** das **Enkelkind**

En·kla·ve *franz. [enklawe],* die: -, -n (fremdes Staatsgebiet, das vom eigenen Staatsgebiet eingeschlossen ist)

en masse *franz. [ãmass]*: (massenhaft)

enorm *franz.*: enorm (außerordentlich) groß – ein enorm preiswertes Auto – ein enormes (sehr großes) Wissen

En·sem·ble (En·semb·le) *franz. [ãsãbl],* das: -s, -s (Gruppe, kleines Orchester, gutes Zusammenspiel)

A B C D E F

ent·beh·ren: viel entbehren (auf vieles verzichten) müssen; **entbehrlich;** die **Entbehrung:** sich Entbehrungen auferlegen
ent·bin·den: von einem Kind entbunden werden (ein Kind zur Welt bringen); die **Entbindung;** die **Entbindungsstation**
ent·blö·den: sich nicht entblöden (sich nicht schämen), etwas zu tun
ent·blö·ßen: seinen Körper entblößen; die **Entblößung**
ent·de·cken: Fehler entdecken (finden, feststellen); der **Entdecker;** die **Entdeckerin;** die **Entdeckung;** der/die **Entdeckungsreisende**
En·te, die: -, -n; die Enten im Wasser – die Zeitungsente (Falschmeldung); der **Enterich** (männliche Ente)
ent·eh·ren: jemanden entehren (jemandem seine Ehre nehmen); die **Entehrung**
ent·eig·nen: das Grundstück enteignen (wegnehmen); die **Enteignung**
ent·ei·sen: (vom Eis befreien) # enteisenen
ent·ei·se·nen: (Eisen entziehen); enteisentes Wasser # enteisen
En·tente *franz. [ãtãt]*, die: -, -n (Staatenbündnis)
ent·er·ben: (vom Erbe ausschließen); die **Enterbung**
en·tern *niederl.*: ein Schiff entern (erstürmen)
En·ter·tai·ner *engl. [entertener]*, der: -s, - (Unterhalter); die **Entertainerin**
ent·fa·chen: ein Feuer entfachen (anzünden) – einen Streit entfachen (beginnen)
ent·fer·nen: einen Fleck entfernen (beseitigen) – sich heimlich entfernen (weggehen); **entfernt:** entfernte Verwandte; aber: nicht im Entferntesten (ganz und gar nicht); die **Entfernung** (Abstand, Beseitigung)
ent·frem·den: sich einander entfremden (fremd werden); die **Entfremdung**
ent·füh·ren: ein Kind entführen; der **Entführer;** die **Entführerin;** die **Entführung**
ent·ge·gen: er ging dem Freund entgegen – entgegen (zuwider) seiner Weisung; **entgegenbringen; entgegeneilen; entgegenfiebern; entgegengehen; entgegengesetzt; entgegenhalten; entgegenkommen;** das **Entgegenkommen; entgegennehmen; entgegensehen; entgegensetzen:** die entgegengesetzte Seite; **entgegenstehen; entgegenstellen; entgegentreten; entgegenwirken**
ent·geg·nen: (erwidern); die **Entgegnung**
ent·ge·hen: einer Gefahr entgehen (entrinnen) – sich etwas entgehen lassen
ent·geis·tert: (bestürzt, wie vor den Kopf geschlagen)
ent·gel·ten: (belohnen, vergüten); du entgiltst, er entgalt, sie hat entgolten, entgelte!; das **Entgelt:** ohne Entgelt (ohne Vergütung, Lohn); **entgeltlich**
ent·glei·sen: der Zug entgleiste – er entgleist (benimmt sich unpassend); die **Entgleisung**
ent·hal·ten: der Brief enthält nichts Wichtiges – sich der Stimme enthalten (seine Stimme nicht abgeben) – im Preis enthalten (bereits eingerechnet) sein; **enthaltsam;** die **Enthaltsamkeit;** die **Enthaltung**
ent·haup·ten: (den Kopf abschlagen); die **Enthauptung**
ent·hül·len: ein Denkmal enthüllen – seine Pläne enthüllen (verraten); die **Enthüllung**
En·thu·si·as·mus *griech.*, der: - (Begeisterung); der **Enthusiast;** die **Enthusiastin; enthusiastisch**
ent·lang: den Weg entlang/entlang dem Weg; **entlangfahren; entlangführen; entlanggehen; entlangkommen**
ent·lar·ven: einen Spion entlarven; die **Entlarvung**
ent·las·sen: du entlässt, er entließ, sie hat entlassen, entlass(e)!; einen Arbeiter entlassen; die **Entlassung;** die **Entlassungspapiere** *Pl.*
ent·lau·fen: die Katze ist entlaufen
ent·le·di·gen: sich seiner Feinde entledigen (sie loswerden); die **Entledigung**
ent·le·gen: ein entlegenes (weit abseits gelegenes) Dorf; die **Entlegenheit**
ent·leh·nen: ein Wort aus einer anderen Sprache entlehnen (entleihen); die **Entlehnung**
ent·mün·di·gen: (für unzurechnungsfähig erklären); die **Entmündigung**
ent·pup·pen, sich: sich als Verbrecher entpuppen (erweisen); die **Entpuppung**
ent·rich·ten: eine Gebühr entrichten (bezahlen); die **Entrichtung**
ent·rückt: (abwesend, in Gedanken versunken)
ent·rüs·ten, sich: (sich aufregen, empören); **entrüstet:** entrüstet sein; die **Entrüstung**
ent·sa·gen: den Freuden des Lebens entsagen (freiwillig darauf verzichten); die **Entsagung**
ent·schä·di·gen: jemanden entschädigen (ihm einen Schaden ersetzen); die **Entschädigung;** die **Entschädigungssumme**

ent·schär·fen: eine Bombe entschärfen; die **Entschärfung**

ent·schei·den: du entscheidest, er entschied, sie hat entschieden, entscheide!; ich kann mich nur schwer entscheiden (festlegen) – das Gericht entscheidet; der **Entscheid; entscheidend;** das **Entscheidungsspiel; entschieden:** auf das/aufs Entschiedenste (sehr klar, eindeutig); auch: auf das/aufs entschiedenste; die **Entschiedenheit:** mit Entschiedenheit für etwas eintreten

ent·schlie·ßen, sich: du entschließt dich, er entschloss sich, sie hat sich entschlossen, entschließ(e) dich!; sich rasch entschließen; die **Entschließung; entschlossen:** zu allem entschlossen (bereit) sein – entschlossen (energisch) handeln; die **Entschlossenheit;** der **Entschluss,** die Entschlüsse; **entschlussfähig; entschlussfreudig;** die **Entschlussfreudigkeit; entschlusslos**

ent·schul·di·gen: einen Fehler entschuldigen (verzeihen) – sich entschuldigen; die **Entschuldigung;** das **Entschuldigungsschreiben**

Ent·set·zen, das: -s; lähmendes Entsetzen (Grauen) befiel sie - bleich vor Entsetzen; sich **entsetzen; entsetzenerregend:** ein entsetzenerregender Anblick; auch: Entsetzen erregend; **entsetzlich:** ein entsetzliches (sehr großes) Unglück – entsetzlich (sehr) faul; die **Entsetzlichkeit; entsetzt:** entsetzt über etwas sein

ent·sin·nen, sich: du entsinnst dich, er entsann sich, sie hat sich entsonnen, entsinn(e) dich!; sich nicht mehr entsinnen (erinnern) können

ent·sor·gen: Sondermüll entsorgen; die **Entsorgung**

ent·span·nen: Muskeln entspannen (lockern) – sich im Urlaub entspannen (erholen) – die Lage entspannt (beruhigt) sich; die **Entspannung;** die **Entspannungsübung**

ent·spre·chen: es entspricht meinen Vorstellungen – einer Bitte entsprechen (sie erfüllen); **entsprechend:** entsprechend (gemäß) seinem Plan; aber: Entsprechendes veranlassen; die **Entsprechung**

ent·sprin·gen: der Fluss entspringt in den Bergen – aus der Haft entspringen (entfliehen)

ent·ste·hen: große Aufregung entsteht – es entstehen (erwachsen) keine Kosten; die **Entstehung;** die **Entstehungsgeschichte**

ent·stel·len: (verunstalten, verfälschen); die **Entstellung**

ent·täu·schen: enttäusche mich nicht!; die **Enttäuschung; enttäuschungsreich**

ent·wäs·sern: eine Wiese entwässern (trockenlegen); die **Entwäss(e)rung**

ent·we·der: entweder – oder; aber: das **Entweder-oder**

ent·wen·den: Geld entwenden (stehlen); die **Entwendung** (Diebstahl)

ent·wer·fen: einen Plan entwerfen; der **Entwurf,** die Entwürfe

ent·wer·ten: eine Fahrkarte entwerten (ungültig machen); die **Entwertung**

ent·wi·ckeln: sich zu einer Persönlichkeit entwickeln (entfalten) – ein neues Gerät entwickeln (erfinden) – die Stadt entwickelt sich schnell – der Motor entwickelt Wärme – einen Film entwickeln – Pläne entwickeln; die **Entwicklung;** der **Entwicklungsdienst; entwicklungsfähig;** die **Entwicklungshilfe;** das **Entwicklungsland**

ent·wi·schen: der Polizei entwischen (entkommen)

ent·wöh·nen: einer geregelten Arbeit entwöhnt sein (sie nicht mehr gewöhnt sein); die **Entwöhnung**

ent·zie·hen: jemandem seine Gunst entziehen (verweigern) – das Wort entziehen (wegnehmen) – sich der Verhaftung entziehen – er entzog sich den Blicken der Zuschauer – das entzieht sich meiner Kenntnis (das weiß ich nicht); die **Entziehung;** die **Entziehungskur;** der **Entzug;** die **Entzugserscheinungen** *Pl.*

ent·zif·fern: eine Handschrift entziffern (entschlüsseln); **entzifferbar;** die **Entzifferung**

ent·zü·cken: (begeistern); das **Entzücken; entzückend** (hübsch, anziehend)

ent·zün·den: das Heu entzündet sich (fängt Feuer) – entzündete Augen – Streit entzündet sich (entsteht); **entzündbar; entzündlich;** die **Entzündung;** der **Entzündungsherd**

ent·zwei: entzwei (kaputt) sein; **entzweibrechen;** sich **entzweien; entzweigehen;** die **Entzweiung**

En·zi·an *lat.,* der: -, -e (eine Alpenpflanze); **enzianblau**

En·zyk·li·ka (En·zy·kli·ka) *lat.,* die: -, Enzykliken (päpstliches Rundschreiben)

En·zyk·lo·pä·die (En·zy·klo·pä·die) *griech.,* die: -, Enzyklopädien (großes Nachschlagewerk); **enzyklopädisch** (umfassend)

Epi·de·mie *griech.,* die: -, Epidemien (Seuche); **epidemisch** (als Seuche auftretend)

Epi·gramm *lat.,* das: -s, -e (Sinnspruch, Spottgedicht)

Epik *griech.,* die: - (erzählende Dichtung); der **Epiker;** die **Epikerin; episch**

Epi·lep·sie, die: -, Epilepsien (Fallsucht); der **Epileptiker;** die **Epileptikerin; epileptisch**

Epi·log *lat.,* der: -s, -e (Nachwort, Schlussrede)

Epis·kop (Epi·skop), das: -s, -e (Gerät zum Abbilden, Bildwerfer)

Epi·so·de *griech.,* die: -, -n (nebensächliches Ereignis); **episodenhaft**

Epis·tel (Epi·stel) *griech.,* die: -, -n (Brief, Strafpredigt)

Epi·taph *lat.,* das: -s, -e (Grabinschrift, Gedenktafel für Verstorbene)

Epo·che *griech.,* die: -, -n (Zeitabschnitt); **epochal:** ein epochales (bedeutendes) Ereignis; **epochemachend;** auch: Epoche machend

Epos, das: -, Epen (erzählende Versdichtung)

er: er kommt; aber: ein Er (Mensch oder Tier männlichen Geschlechts) – ein Er und eine Sie

er·bar·men: sie erbarmt mich (tut mir leid) – sich des Elends erbarmen; das **Erbarmen; erbarmenswert; erbärmlich:** erbärmliche (armselige) Verhältnisse; **erbarmungslos;** die **Erbarmungslosigkeit**

er·bau·en: ein Haus erbauen (errichten) – sich an schönen Dingen erbauen (erfreuen) – *von etwas erbaut* (begeistert, entzückt) *sein*; der **Erbauer;** die **Erbauerin,** die Erbauerinnen; **erbaulich;** die **Erbauung**

er·ben: ein Vermögen erben; das **Erbe;** der **Erbe;** der **Erbfeind;** die **Erbfolge;** die **Erbin,** die Erbinnen; der **Erblasser** (jemand, der ein Erbe hinterlässt); die **Erblasserin; erblich;** die **Erbpacht;** das **Erbrecht;** die **Erbschaft;** die **Erbsünde;** das **Erbteil**

er·bit·tert: ein erbitterter (sehr großer) Feind; die **Erbitterung**

er·blas·sen: vor Neid erblassen (bleich werden); **erblasst**

er·bo·sen: über etwas erbost (verärgert) sein

Erb·se, die: -, -n (Hülsenfrucht); **erbsengroß;** die **Erbsensuppe**

Er·de, die: -, -n; eine fruchtbare Erde – die Erde bebt – die Freuden dieser Erde genießen – *auf der Erde bleiben* (sich keine Illusionen machen); die **Erdachse;** der **Erdapfel,** die ...äpfel; die **Erdatmosphäre;** das **Erdbeben;** die **Erdbeere;** die **Erddrehung; erden** (mit der Erde verbinden, z. B. eine Stromleitung); der **Erdenbürger;** die **Erdenbürgerin,** die ...bürgerinnen; **erdfarben;** das **Erdgas;** das **Erdgeschoss; erdig;** die **Erdkunde; erdnah;** die **Erdnuss,** die ...nüsse; das **Erdöl; erdölexportierend;** auch: Erdöl exportierend; der **Erdrutsch;** der **Erdteil**

er·denk·lich: sich alle erdenkliche (mögliche) Mühe geben – alles erdenklich Gute

er·dreis·ten, sich: er erdreistet sich (er ist so frech)

er·dros·seln: jemanden mit bloßen Händen erdrosseln (erwürgen); die **Erdross(e)lung**

er·drü·cken: die Arbeit erdrückt mich; **erdrückend:** eine erdrückende (sehr große) Übermacht – erdrückende (schwer belastende) Beweise

er·ei·fern, sich: sich über eine Sache ereifern (aufregen); die **Ereiferung**

er·eig·nen, sich: ein Unfall ereignete sich (geschah); das **Ereignis,** die Ereignisse; **ereignislos; ereignisreich**

Ere·mit *griech.,* der: -en, -en (Einsiedler)

er·fah·ren: eine Neuigkeit erfahren – Leid erfahren (erleben); **erfahren:** ein erfahrener Lehrer; die **Erfahrung:** *Erfahrung macht klug;* **erfahrungsgemäß**

er·fas·sen: ihn erfasst Freude – etwas nicht erfassen (verstehen) können – etwas in einer Liste erfassen (in eine Liste aufnehmen); **erfassbar;** die **Erfassung**

er·fin·den: eine Ausrede erfinden (sich ausdenken) – ein neues Gerät erfinden (entwickeln); der **Erfinder;** die **Erfinderin,** die Erfinderinnen; **erfinderisch:** *Not macht erfinderisch*; die **Erfindung; erfindungsreich**

Er·folg; der: -(e)s, -e; keinen Erfolg haben; **erfolgen; erfolggekrönt; erfolglos;** die **Erfolglosigkeit; erfolgreich;** die **Erfolgsaussicht;** das **Erfolgserlebnis,** die ...erlebnisse; **erfolgsorientiert;** die **Erfolgsserie; erfolgssicher;** die **Erfolgsstory;** das **Erfolgsstück; erfolgsverwöhnt; erfolgversprechend:** ein erfolgversprechender Plan; auch: Erfolg versprechend

er·for·dern: das erfordert (kostet, verlangt) viel Mühe; **erforderlich; erforderlichen-**

falls; das **Erfordernis,** die Erfordernisse

er·for·schen: sein Gewissen erforschen (prüfen); die **Erforschung**

er·freu·en: etwas erfreut mich – sich großer Beliebtheit erfreuen; **erfreulich:** viel Erfreuliches; **erfreulicherweise**

er·fri·schen: ein erfrischendes Getränk; die **Erfrischung;** das **Erfrischungsgetränk**

er·fül·len: eine Bitte erfüllen – Lärm erfüllt den Raum – es erfüllt mich mit Freude; **erfüllbar;** die **Erfüllung**

er·gän·zen: einen Bericht ergänzen (vervollständigen); die **Ergänzung**

er·gat·tern: einen Sitzplatz ergattern (erwischen)

er·ge·ben: sich dem Willen der Eltern ergeben (fügen) – die Untersuchung ergab, dass ... – sich dem Feind ergeben – das ergibt (bringt) nicht viel; **ergeben:** ein ergebener (gehorsamer) Diener – jemandem blind ergeben sein; die **Ergebenheit;** das **Ergebnis,** die Ergebnisse; **ergebnislos;** die **Ergebnislosigkeit; ergebnisorientiert;** die **Ergebung; ergiebig;** die **Ergiebigkeit**

er·ge·hen: eine Anordnung ergeht – sie erging sich (spazierte) im Park – es ergeht ihm schlecht – *etwas über sich ergehen lassen* (geduldig ertragen) – *Gnade für/vor Recht ergehen lassen* (nachsichtig sein); das **Ergehen** (Befinden)

er·go *lat.:* (also, folglich)

er·göt·zen: ihn ergötzte (erfreute) der Anblick; das **Ergötzen; ergötzlich;** die **Ergötzung**

er·grei·fen: eine Hand ergreifen – einen Beruf ergreifen – Freude ergreift mich – die Flucht ergreifen (fliehen) – das Wort ergreifen (zu sprechen beginnen) – den Täter ergreifen (fassen); **ergreifend:** eine ergreifende (zu Herzen gehende) Rede halten; die **Ergreifung; ergriffen:** tief ergriffen (bewegt) sein; die **Ergriffenheit;** das **Ergriffensein**

er·ha·ben: er ist über alles erhaben (fühlt sich überlegen) – ein erhabener (großartiger) Gedanke – eine erhabene (erhöhte) Stelle; die **Erhabenheit**

er·hal·ten: einen Brief erhalten – jemanden am Leben erhalten – das Gebäude ist gut erhalten; der **Erhalt** (Empfang); **erhaltenswert; erhältlich;** die **Erhaltung**

er·här·ten: der Verdacht erhärtet (bestätigt) sich; die **Erhärtung**

er·he·ben: die Hand erheben – Anklage erheben – in der Ebene erhebt sich ein Hügel – das Volk erhebt sich (macht einen Aufstand) – einen Beitrag erheben (verlangen); **erhebend:** eine erhebende (feierliche) Stunde; die **Erhebung**

er·heb·lich: erhebliche (beträchtliche) Schulden haben

er·ho·len, sich: sich im Urlaub gut erholen; **erholsam;** die **Erholung; erholungsuchend;** auch: Erholung suchend; der/die **Erholungsuchende;** auch: der/die Erholung Suchende; der **Erholungsurlaub**

er·hö·ren: eine Bitte erhören (erfüllen); die **Erhörung**

er·in·nern: sich an früher erinnern – jemanden an seine Pflichten erinnern; **erinnerlich:** es ist mir nicht erinnerlich; die **Erinnerung;** das **Erinnerungsvermögen**

er·käl·ten, sich: er hat sich bei dem Regen erkältet; die **Erkältung;** die **Erkältungsgefahr**

er·ken·nen: nichts erkennen (wahrnehmen) können – jemanden an seiner Kleidung erkennen; **erkennbar; erkenntlich:** *sich erkenntlich zeigen* (seinen Dank durch ein Geschenk o. Ä. ausdrücken); die **Erkenntlichkeit;** die **Erkenntnis,** die Erkenntnisse; die **Erkennung;** das **Erkennungszeichen**

Er·ker, der: -s, - (Vorbau an Gebäuden); das **Erkerfenster**

er·klä·ren: ein Wort erklären – sich bereit erklären – etwas für ungültig erklären – einem Staat den Krieg erklären; **erklärbar; erklärlich; erklärt:** ein erklärter Gegner des Krieges; die **Erklärung**

er·kleck·lich: ein erkleckliches (reichliches, beachtliches) Einkommen haben; aber: um ein Erkleckliches größer

er·ko·ren: er wurde zum Begleiter erkoren (auserwählt)

er·kun·di·gen, sich: sich nach dem Weg erkundigen; **erkunden;** die **Erkundigung;** die **Erkundung;** der **Erkundungsflug**

er·lah·men: die Kräfte erlahmen (lassen nach)

er·lan·gen: (erreichen); die **Erlangung**

er·las·sen: einen Befehl erlassen – jemandem die Strafe erlassen; der **Erlass,** die Erlasse

er·lau·ben: das Rauchen nicht erlauben – sich nichts erlauben (leisten) können; die **Erlaubnis;** der **Erlaubnisschein**

er·laucht: erlauchte (vornehme) Herrschaften

A B C D E F

er·läu·tern: den Plan erläutern (erklären); die **Erläuterung**
Er·le, die: -, -n (ein Laubbaum)
er·le·ben: eine Enttäuschung erleben – dann kannst du was erleben!; das **Erlebnis,** die Erlebnisse; die **Erlebniserzählung**
er·le·di·gen: die Arbeit erledigen (ausführen); **erledigt** (erschöpft); die **Erledigung**
er·le·gen: ein Wild erlegen (erschießen); die **Erlegung**
er·leich·tern: jemandem die Arbeit erleichtern (leichter machen) – das Gewissen erleichtern (von einer seelischen Last befreien) – *jemanden erleichtern* (bestehlen); **erleichtert;** die **Erleichterung**
er·le·sen: erlesene (ausgesuchte, vorzügliche) Speisen; die **Erlesenheit**
er·leuch·ten: (erhellen); die **Erleuchtung**
er·lie·gen: einer Krankheit erliegen (sterben) – dem Feind erliegen (unterliegen) – *zum Erliegen* (Stillstand) *kommen*
er·lö·schen: du erlischst, es erlosch, sie ist erloschen, erlösch(e)/erlisch!; das Feuer erlischt; das **Erlöschen**
er·lö·sen: jemanden von den Schmerzen erlösen (befreien); der **Erlös:** er lebte vom Erlös (Gewinn) seiner Bilder; der **Erlöser** (Messias); die **Erlösung**
er·mäch·ti·gen: jemanden ermächtigen (ihm eine Vollmacht erteilen); die **Ermächtigung**
er·mah·nen: zur Vorsicht ermahnen; die **Ermahnung**
er·man·geln: es ermangelte jeglichen Sachverstands; die **Ermang(e)lung:** in Ermangelung (mangels) besserer Vorschläge
er·mä·ßi·gen: den Fahrpreis ermäßigen; die **Ermäßigung**
er·mes·sen: (begreifen, beurteilen); **ermessbar;** das **Ermessen:** nach seinem Ermessen (seiner Einschätzung) – es liegt im Ermessen jedes Einzelnen – nach menschlichem Ermessen (mit größter Wahrscheinlichkeit)
er·mit·teln: die Anschrift ermitteln (herausfinden); die **Ermittlung**
er·mög·li·chen: (befähigen); die **Ermöglichung**
er·mun·tern: (ermutigen); die **Ermunterung**
er·mu·ti·gen: ermutigende (bestärkende) Worte sprechen; die **Ermutigung**
er·näh·ren: Hungernde ernähren – sich kaum ernähren können; der **Ernährer;** die **Ernährerin,** die Ernährerinnen; die **Ernährung;** die **Ernährungswissenschaft**
er·neu·ern: einen Vertrag erneuern; die **Erneuerung; erneut** (abermals, wiederholt)
ernst: ein ernster Mensch – ernst sein/werden – eine ernste (bedrohliche) Situation – jemanden/etwas ernst nehmen – etwas ernst meinen; der **Ernst:** im Ernst – ihr ist damit Ernst – allen Ernstes – *mit einer Sache Ernst machen* (sie in die Tat umsetzen); der **Ernstfall; ernstgemeint:** ein ernstgemeinter Vorschlag; auch: ernst gemeint; **ernsthaft; ernstlich; ernstzunehmend:** eine ernstzunehmende Sache; auch: ernst zu nehmend
Ern·te, die: -, -n; bei der Ernte mithelfen; das **Erntedankfest; ernten:** Kartoffeln ernten – *wer ernten will, muss säen*
er·nüch·tern: ein ernüchterndes (enttäuschendes) Erlebnis; die **Ernüchterung**
er·obern: eine Stadt erobern (einnehmen) – ein Herz im Sturm erobern (gewinnen); der **Eroberer;** die **Eroberin;** die **Eroberung**
er·öff·nen: ein Geschäft eröffnen (aufmachen, gründen) – ein Testament eröffnen (bekanntgeben) – den Ball eröffnen (beginnen); die **Eröffnung;** die **Eröffnungsfeier**
er·ör·tern: das Für und Wider erörtern (darüber sprechen); die **Erörterung**
Ero·si·on *lat.*: -, -en (Abtragung der Erdoberfläche); **erosiv**
Ero·tik *griech.*: - (Sinnlichkeit, Liebesleben); **erotisch; erotisieren**
Er·pel, der: -s, - (männliche Ente)
er·picht: auf Bonbons erpicht (versessen) sein
er·pres·sen: Geld erpressen (durch Androhung von Gewalt verlangen); **erpressbar;** der **Erpresser;** die **Erpresserin,** die Erpresserinnen; **erpresserisch;** die **Erpressung**
er·pro·ben: seine Kräfte erproben; **erprobt;** die **Erprobung;** die **Erprobungsphase**
er·qui·cken: (beleben, erfrischen, stärken); **erquicklich;** die **Erquickung**
er·re·gen: ihn erregt Freude – Anstoß erregen – böses Blut erregen (Ärger hervorrufen) – sich wegen einer Kleinigkeit erregen; **erregbar;** der **Erreger;** die **Erregtheit;** die **Erregung;** der **Erregungszustand**
er·rei·chen: er war nicht zu erreichen (finden) – seine Ziele erreichen (verwirklichen); aber: das bisher Erreichte; **erreichbar**
er·rich·ten: ein Gebäude errichten – das Lot

auf einer Geraden errichten; die **Errichtung**

er·rin·gen: einen Sieg erringen (erkämpfen); die **Errungenschaft**

er·rö·ten: vor Scham erröten (rot werden)

Er·satz, der: -es (Vergleich, Entschädigung, Abfindung); der **Ersatzdienst; ersatzdienstpflichtig; ersatzgeschwächt; ersatzlos;** der **Ersatzmann,** die ... leute/... männer; der **Ersatzspieler;** die **Ersatzspielerin;** das **Ersatzteil; ersetzbar; ersetzen;** die **Ersetzung**

er·schaf·fen: (entstehen lassen, ins Leben rufen); die **Erschaffung**

er·schei·nen: zur Arbeit erscheinen – ein Geist erscheint – ihr neuer Roman erscheint bald – das erscheint mir nicht glaubwürdig; die **Erscheinung**

er·schlie·ßen: neue Gebiete erschließen (zugänglich machen) – einen Text erschließen; die **Erschließung**

er·schöp·fen: sie war völlig erschöpft (kraftlos, abgespannt) – die Vorräte sind erschöpft (zu Ende); die **Erschöpfung**

er·schre·cken: du erschrickst, er erschrak, sie ist erschrocken, erschrick!; das **Erschrecken; erschreckend:** erschreckende Nachrichten; die **Erschrockenheit**

er·schüt·tern: die schlechte Nachricht erschüttert (berührt, schockiert) ihn – eine Explosion erschüttert das Haus (lässt es schwanken); **erschütternd:** eine erschütternde Botschaft; die **Erschütterung**

er·schwe·ren: das erschwert (behindert) meine Arbeit; die **Erschwernis,** die Erschwernisse; die **Erschwerung**

er·schwing·lich: ein erschwinglicher (nicht zu hoher) Preis; die **Erschwinglichkeit**

er·spa·ren: sich Geld ersparen – diesen Ärger kannst du dir ersparen; die **Ersparnis,** die Ersparnisse; die **Ersparung**

er·sprieß·lich: (vorteilhaft, günstig, nutzbringend); die **Ersprießlichkeit**

erst: erst (zunächst) komme ich – erst einmal – erst richtig – erst morgen – erst recht – es ist erst (nicht mehr als) einige Tage her

er·stat·ten: Unkosten erstatten (bezahlen, ersetzen) – Bericht erstatten (berichten); die **Erstattung; erstattungsfähig**

er·stau·nen: ich bin erstaunt (verwundert); das **Erstaunen; erstaunlich**

ers·te: das erste Mal – die ersten Tage im Monat – das erste Programm (im Fernsehen) – *der erste Schritt ist der schwerste* – die ersten beiden; aber: die beiden Ersten – der/die/das Erste – fürs Erste – als Erster/Erste/Erstes – am Ersten (des Monats) – zum Ersten, zum Zweiten, zum Dritten – die Erste Hilfe; auch: die erste Hilfe – Erstes Deutsches Fernsehen (für ARD) – der Erste Weltkrieg – *die Ersten werden die Letzten sein*; die **Erstaufführung;** die **Erstausgabe; erstbeste:** die erstbeste Gelegenheit; der/die/das **Erstbeste:** das Erstbeste kaufen; der **Erste-Hilfe-Lehrgang; erstens; erstere:** der erstere Vorschlag; aber: Ersteres ist noch offen; der/die **Erstgeborene; erstklassig;** der **Erstklässler;** die **Erstkommunion; erstmalig; erstmals** (zum ersten Mal); der/die **Erstplatzierte; erstrangig**

er·ste·hen: ein Haus erstehen (erwerben)

er·sti·cken: eine Gefahr im Keim ersticken (unterdrücken); die **Erstickung;** die **Erstickungsgefahr;** der **Erstickungstod**

er·stre·ben: Reichtum erstreben (zu erreichen suchen); **erstrebenswert**

er·su·chen: (bitten, auffordern); das **Ersuchen:** auf sein Ersuchen hin

er·tap·pen: beim Stehlen ertappen (erwischen)

er·tei·len: einen Auftrag erteilen – jemandem eine Abfuhr erteilen (ihn schroff abweisen)

Er·trag, der: -(e)s, Erträge (Einnahmen, Gewinn); **ertragen** (aushalten, erdulden); **erträglich:** erträgliche Schmerzen; **ertragreich:** ein ertragreicher Acker; die **Ertragsaussichten** *Pl.*; die **Ertrag(s)steigerung**

er·trän·ken: Sorgen in Alkohol ertränken

er·trin·ken: sie ist beim Baden ertrunken; der/die **Ertrinkende;** der/die **Ertrunkene**

er·tüch·ti·gen: (leistungsfähig machen, kräftigen); die **Ertüchtigung**

eru·ie·ren *lat.*: den Absender eruieren (ausfindig machen); die **Eruierung**

Erup·ti·on *lat.*: -, -en (Vulkanausbruch)

Er·wach·se·ne, der/die: -n, -n; **erwachsen:** ein erwachsener Mensch – erwachsen sein – es können Zweifel erwachsen (auftreten)

er·wä·gen: du erwägst, er erwog, sie hat erwogen, erwäg(e)!; einen Plan erwägen (bedenken); **erwägenswert;** die **Erwägung:** etwas in Erwägung ziehen

er·wäh·nen: (anführen, nennen); **erwähnenswert;** die **Erwähnung**

er·war·ten: ich erwarte dich um 8 Uhr – er

erwartet (hofft auf) eine gute Nachricht; die **Erwartung; erwartungsgemäß;** die **Erwartungshaltung; erwartungsvoll**

er·wei·sen: etwas erweist sich als wahr – jemandem eine Gefälligkeit erweisen (tun); der **Erweis:** einen Erweis erbringen; die **Erweisung; erwiesenermaßen**

er·wei·tern: den Betrieb erweitern (vergrößern, ausbauen); die **Erweiterung**

er·wer·ben: du erwirbst, er erwarb, sie hat erworben, erwirb!; (verdienen, sich aneignen, kaufen); der **Erwerb;** das **Erwerbsleben; erwerbslos;** die **Erwerbslosigkeit; erwerbsmindernd; erwerbstätig;** der/die **Erwerbstätige;** die **Erwerbung**

er·wi·dern: (antworten); die **Erwiderung**

er·wi·schen: einen Ausbrecher erwischen – seinen Zug noch erwischen – beim Diebstahl erwischt werden

Erz, das: -es, -e (metallhaltiges Gestein); der **Erzabbau;** die **Erzader; erzhaltig**

erz...: die **Erzabtei,** die ...abteien; der **Erzbischof;** das **Erzbistum,** die ...bistümer; der **Erzengel; erzfaul** (sehr faul); der **Erzfeind;** die **Erzfeindin,** die ...feindinnen; der **Erzherzog,** die ...herzöge; **erzkonservativ** (sehr konservativ)

er·zäh·len: eine Geschichte erzählen; der **Erzähler;** die **Erzählerin;** die **Erzählkunst;** die **Erzählperspektive;** die **Erzählung**

er·zeu·gen: Wärme erzeugen (herstellen); der **Erzeuger;** das **Erzeugerland;** das **Erzeugnis,** die Erzeugnisse; die **Erzeugung**

er·zie·hen: du erziehst, er erzog, sie hat erzogen, erzieh(e)!; ein Kind erziehen; **erziehbar;** der **Erzieher;** die **Erzieherin; erzieherisch; erziehlich;** die **Erziehung;** der/die **Erziehungsberechtigte;** das **Erziehungsheim**

es: was gibt es Neues?; das **Es:** ein unbekanntes Es

Es·cape·tas·te *engl. [ißkeip...]*, die: -, -n (EDV: Taste zum Beenden eines Programms)

Esche, die: -, -n (ein Laubbaum)

Esel, der: -s, -; dumm wie ein Esel – *wenn es dem Esel zu wohl ist, geht er aufs Eis*; die **Eselei;** die **Eselin;** die **Eselsbrücke**

es·ka·lie·ren *franz.*: die Gewalt eskaliert (wächst an, nimmt zu, steigert sich); die **Eskalation;** die **Eskalierung**

Es·ka·pa·de *franz.*, die: -, -n (mutwilliger Streich)

Es·ki·mo, der: -(s), -(s) (Bewohner der Arktis)

Es·pe, die: -, -n (ein Laubbaum); das **Espenlaub:** *wie Espenlaub* (sehr) *zittern*

Es·pres·so *ital.*, der: -(s), -s/Espressi (sehr starker Kaffee); das **Espresso** (kleines Café)

Es·prit (Esp·rit) *franz. [eßpri]*, der: -s (Geist, Witz)

Es·say *engl. [eße]*, der/das: -s, -s (kürzere Abhandlung); der **Essayist;** die **Essayistin**

Es·se, die: -, -n (Schornstein, Fabrikschlot)

es·sen: du isst, sie aß, er hat gegessen, iss!; mit Messer und Gabel essen; **essbar;** das **Essbesteck;** die **Essecke;** das **Essen;** der **Essensrest;** die **Essenszeit;** der **Esser;** die **Esserin;** das **Essgeschirr;** die **Essgewohnheit;** der **Esslöffel;** die **Essstörung;** auch: die **Ess-Störung;** der **Esstisch;** das **Esszimmer**

Es·senz *lat.*, die: -, -en (Auszug aus pflanzlichen oder tierischen Stoffen); **essenziell** (wesentlich); auch: **essentiell**

Es·sig, der: -s, -e (Flüssigkeit zum Würzen); die **Essigessenz;** die **Essiggurke; essigsauer;** die **Essigsäure**

Es·ta·blish·ment (Es·tab·lish·ment) *engl. [eßtäblischment]*, das: -s, -s (die Einflussreichen, Herrschenden in einer Gesellschaft)

Est·land: -s (baltischer Staat); der **Este;** auch: der **Estländer;** die **Estin,** die Estinnen; auch: die **Estländerin,** die Estländerinnen; **estländisch**

Est·rich, der: -s, -e (fugenloser Fußboden)

etab·lie·ren (eta·blie·ren) *franz.*: sich etablieren (sich niederlassen, einen sicheren Platz gewinnen); **etabliert:** eine etablierte (angesehene, einflussreiche) Partei; die **Etablierung**

Eta·ge *franz. [etasche]*, die: -, -n (Stockwerk); die **Etagenwohnung**

Etap·pe *franz.*, die: -, -n (Abschnitt, Gebiet hinter der Kampflinie); **etappenweise**

Etat *franz. [eta]*, der: -s, -s (Haushaltsplan)

etc. = et cetera (und so weiter)

Ethik *griech.*, die: - (Sittenlehre, Moral); **ethisch** (sittlich)

eth·nisch *griech.*, eine ethnische Gruppe (Volksgruppe)

Ethos *griech.*, das: - (sittliche Gesinnung)

Eti·kett *franz.*, das: -(e)s, -e(n)/-s (Schildchen, z. B. zur Preisangabe von Waren); die **Etikette** (gesellschaftliche Umgangsformen); **etikettieren;** die **Etikettierung**

et·li·che: etliche (einige) Stunden – etliche Mal(e) – er weiß etliches

Etui *franz. [ätwi]*, das: -s, -s (kleiner Behälter)

et·wa: in etwa (ungefähr) zwei Stunden; **etwaig:** ein etwaiges (eventuelles) Unwetter

et·was: etwas anderes; auch: Anderes – etwas Derartiges – etwas Neues – noch etwas – etwas gelten; das **Etwas:** das gewisse Etwas

EU = Europäische Union; der **EU-Bürger;** die **EU-Bürgerin,** die ...-bürgerinnen

euch: ich besuche euch morgen

eu·er: euer Paket ist da – die euren; auch: die Euren – die eurigen; auch: die Eurigen – das eure; auch: das Eure – das eurige; auch: das Eurige; **eu(r)erseits; euresgleichen; eurethalben; euretwegen; euretwillen**

Eu·le, die: -, -n (Nachtvogel); **Eulenspiegel**

Eu·pho·rie *griech.*, die: - (Zustand des Wohlbefindens); **euphorisch**

Eu·ro ⟨€, EUR⟩ der: -(s), -s (europäische Währungseinheit); 10 Euro; der **Eurocent** (Untereinheit des Euro); der **Eurocheque** *[euroschäk]*; auch: der **Euroscheck;** das **Euroland**

Eu·ro·pa, das: -s (Erdteil); der **Europäer;** die **Europäerin,** die Europäerinnen; **europäisch:** europäische Völker; aber: die Europäische Gemeinschaft ⟨EG⟩ – die Europäische Union ⟨EU⟩ – das Europäische Parlament; der **Europarat;** die **Eurovision** (Zusammenschluss europäischer Rundfunk- und Fernsehanstalten)

Eu·ter, das: -s, - (Milch gebendes Organ mancher Säugetiere)

Eu·tha·na·sie *griech.*, die: - (Sterbehilfe bei unheilbar Kranken

ev. = evangelisch; **Ev.** = Evangelium

e. V. = eingetragener Verein

eva·ku·ie·ren *lat. [ewakuiren]*: ein Gebiet evakuieren (räumen) – die Bevölkerung evakuieren (aussiedeln); die **Evakuierung**

Evan·ge·li·um ⟨Ev.⟩ *lat. [ewangelium]*, das: -s, Evangelien (christliche Heilsbotschaft, Schrift über das Leben Christi); **evangelisch** ⟨ev.⟩; der **Evangelist**

even·tu·ell ⟨evtl.⟩ *franz. [ewentuel]*: eventuell (vielleicht, möglicherweise) kommen; der **Eventualfall;** die **Eventualität**

Ever·green *engl. [äwergrin]*, der/das: -s, -s (Schlager, der längere Zeit beliebt ist)

evi·dent *lat. [ewident]*: (offenbar, einleuchtend); die **Evidenz**

Evo·lu·ti·on *lat. [ewolutsion]*, die: -, -en (allmähliche Entwicklung); **evolutionär**

E-Werk = Elektrizitätswerk

EWG = Europäische Wirtschaftsgemeinschaft

ewig: das ewige Leben – das ewige Einerlei; aber: die Ewige Stadt (Rom) – das Ewige Licht; auch: das ewige Licht – das Ewige (Unvergängliche); der/die **Ewiggestrige;** die **Ewigkeit; ewiglich**

ex·akt *lat.*: (genau); die **Exaktheit**

Ex·a·men *lat.*, das: -s, -/Examina (Prüfung); **examinieren** (ausfragen, prüfen)

ex·e·ku·tie·ren *lat.*: (vollziehen, hinrichten); die **Exekution;** die **Exekutive** (vollziehende Gewalt); die **Exekutivgewalt**

Ex·em·pel *lat.*, das: -s, -; *ein Exempel statuieren* (ein abschreckendes Beispiel geben) – *die Probe aufs Exempel machen* (etwas auf seine Richtigkeit überprüfen)

Ex·em·plar (Ex·emp·lar) ⟨Expl.⟩ *lat.*, das: -s, -e; 10 Exemplare (Stück); **exemplarisch** (vorbildlich, abschreckend)

ex·er·zie·ren *lat.*: (üben, militärisch ausbilden); der **Exerzierplatz,** die ...plätze

ex·hu·mie·ren *lat.*: eine Leiche exhumieren (ausgraben); die **Exhumierung**

Exil *lat.*, das: -s, -e (Verbannung)

exis·tie·ren *lat.*: (bestehen, auskommen, da sein); **existent** (vorhanden); die **Existenz:** die Existenz (das Bestehen) eines Staates – eine verkrachte Existenz (gescheiterte Person) – sich eine Existenz (Grundlage für den Lebensunterhalt) aufbauen; die **Existenzgrundlage; existenziell;** auch: **existentiell**

Ex·kla·ve *lat. [exklawe]*, die: -, -n (von fremden Staaten umschlossenes Staatsgebiet)

ex·klu·siv *lat.*: (nicht allen zugänglich, vornehm); **exklusive** (mit Ausnahme von)

ex·kom·mu·ni·zie·ren *lat.*: (aus der kirchlichen Gemeinschaft ausschließen); die **Exkommunikation**

Ex·kur·si·on *lat.*, die: -, -en (Ausflug zu wissenschaftlichen Zwecken); der **Exkurs** (Abschweifung)

ex·or·bi·tant *lat.*: exorbitante (ungeheure) Preise – eine exorbitante (außergewöhnliche) Leistung

exo·tisch *griech.*: (fremdländisch, fremdartig); der **Exot;** die **Exotik;** die **Exotin**

Ex·pan·si·on *lat.*, die: -, -en (Ausdehnung des Machtbereichs); der **Expander** (Trainings-

A
B
C
D
E
F

gerät); **expandieren** (ausweiten, sich vergrößern); **expansiv;** die **Expansivkraft**

Ex·pe·di·ti·on *lat.*, die: -, -en; an einer Expedition (Forschungsreise) teilnehmen; **expedieren:** Waren expedieren (wegschicken)

Ex·pe·ri·ment *lat.*, das: -(e)s, -e (wissenschaftlicher Versuch, Wagnis); **experimentell; experimentieren; experimentierfreudig**

Ex·per·te *lat.*, der: -n, -n (Sachverständiger, Fachmann); die **Expertin,** die Expertinnen

Ex·pli·ka·ti·on *lat.*: die: -, -en (Definition, Erklärung); **explizieren** (erklären); **explizit** (ausdrücklich, ausführlich)

ex·plo·die·ren *lat.*: eine Mine explodiert (platzt) – vor Wut explodieren (in Zorn ausbrechen); die **Explosion; explosionsartig;** die **Explosionsgefahr; explosiv**

Ex·plo·ra·ti·on *lat.*, die: -, -en (Untersuchung)

Ex·po·nat *russ.*, das: -(e)s, -e (Ausstellungsstück)

Ex·port *lat.*, der: -(e)s, -e (Waren- und Güterausfuhr); Export und Import; der **Exporteur** *[...tör]*; die **Exporteurin** *[...törin]*; **exportieren;** die **Exportwirtschaft**

Ex·po·see *franz.*, das: -s, -s (Übersicht, Plan, Bericht); auch: das **Esposé**

Ex·press *lat.*, der: -es, -e (Schnellzug); mit dem Express fahren; **express:** ein Paket express (mit Eilpost) abschicken; das **Expressgut**

Ex·pres·si·o·nis·mus *lat.*, der: - (Kunstrichtung); der **Expressionist;** die **Expressionistin; expressionistisch; expressiv** (ausdrucksstark)

ex·qui·sit *lat.*: exquisite (auserlesene, ausgesuchte) Speisen

ex·ten·siv *lat.*: (ausgedehnt, umfassend)

ex·tern *lat.*: (außerhalb); der/die **Externe**

ex·tra (ex·tra) *lat.*: ein extra (zusätzliches) Trinkgeld – extra (eigens) für dich; das **Extrablatt; extrafein; extragroß; extrahart;** die **Extras** *Pl.;* **extravagant** (überspannt); **extravertiert;** auch: **extrovertiert;** die **Extrawurst**

ex·trem (ext·rem) *lat.*: (übertrieben, äußerst); das **Extrem;** der **Extremismus;** der **Extremist;** die **Extremistin;** die **Extremitäten** (Gliedmaßen) *Pl.*

ex·zel·lent *lat.*: (ausgezeichnet, hervorragend); die **Exzellenz** (hoher Titel)

ex·zen·trisch (ex·zent·risch) *lat.*: (überspannt, ohne gemeinsamen Mittelpunkt); der **Exzentriker** (ein ungewöhnlicher, völlig überspannter Mensch); die **Exzentrikerin**

ex·zer·pie·ren *lat.*: ein Buch exzerpieren (das Wichtigste herausschreiben); das **Exzerpt**

Ex·zess *lat.*, der: -es, -e (Unmäßigkeit, Ausschreitung); **exzessiv** (maßlos)

F

f = forte

f. = folgende (Seite); für

Fa. = Firma

Fa·bel *franz.*, die: -, -n (kurze Erzählung mit belehrendem Inhalt); **fabelhaft:** eine fabelhafte (wunderbare) Reise – ein fabelhafter (sehr großer, außergewöhnlicher) Reichtum; das **Fabeltier;** das **Fabelwesen** (erfundenes Lebewesen); **fabulieren** (fantasievoll erzählen, schwindeln)

Fa·brik (Fab·rik) *franz.*, die: -, -en (Industriebetrieb); der **Fabrikant;** die **Fabrikantin,** die Fabrikantinnen; das **Fabrikat** (Erzeugnis, Ware); die **Fabrikation;** der **Fabrikbesitzer;** die **Fabrikbesitzerin; fabrikmäßig; fabrikneu; fabrizieren** (herstellen, anfertigen)

Fa·cet·te *franz. [faßäte]*, die: -, -n (geschliffene Fläche an Edelsteinen, eine von mehreren Eigenschaften einer Sache); auch: die **Fassette; facettenreich;** auch: **fassettenreich; facettieren** (mit Facetten versehen); auch: **fassettieren**

Fach, das: -(e)s, Fächer; ein leeres Fach im Schrank – das Fach Musik – vom Fach (ein Fachmann) sein; **...fach:** zehnfach; auch: 10fach oder: 10-fach – n-fach – das Vierfache; auch: das 4fache oder: das 4-Fache; der **Facharbeiter;** die **Facharbeiterin,** die ...arbeiterinnen; der **Facharzt,** die ...ärzte; die **Fachärztin,** die ...ärztinnen; der **Fachausdruck,** die ...ausdrücke; die **Fachfrau;** das **Fachgebiet; fachgerecht;** das **Fachgeschäft; fachkundig;** die **Fachleute** *Pl.;* **fachlich;** der **Fachmann; fachmännisch** (sachverständig); **fachsimpeln** (Fachgespräche führen); die **Fachsprache; fachübergreifend;** das **Fachwerk;** das **Fachwerkhaus,** die ...häuser; die **Fachzeitschrift**

Fä·cher, der: -s, - (Luftwedel); **fächeln; fächerförmig; fächerig;** die **Fächerung**

Fa·ckel *lat.*; die: -, -n; mit einer Fackel leuchten; **fackeln:** *nicht lange fackeln* (zögern, zaudern); der **Fackelschein;** der **Fackelzug**
fa·de *franz.*: ein fades (geschmackloses, ungewürztes) Essen – eine fade (langweilige) Rede; auch: **fad;** die **Fadheit**
Fa·den, der: -s, Fäden; ein seidener Faden – keinen trockenen Faden am Körper haben (völlig durchnässt sein) – *den Faden verlieren* (nicht mehr weiter wissen) – *alle Fäden fest in der Hand halten* (alles lenken, entscheidend beeinflussen); das **Fadenkreuz; fadenscheinig:** eine fadenscheinige (nicht sehr glaubwürdige) Erklärung
Fa·gott, das: -(e)s, -e (Holzblasinstrument)
fä·hig: zu allem fähig (imstande) sein – ein fähiger (tüchtiger) Arbeiter; **...fähig:** strapazierfähig – vernehmungsfähig; die **Fähigkeit**
fahl: ein fahles (bleiches, farbloses) Gesicht
fahn·den: nach dem Täter fahnden (polizeilich suchen); die **Fahndung**
Fah·ne, die: -, -n; die Fahne einholen – *eine Fahne haben* (stark nach Alkohol riechen) – *seine Fahne nach dem Wind drehen* (je nach Bedarf seine Ansicht ändern); der **Fahneneid;** die **Fahnenflucht; fahnenflüchtig;** der **Fahnenmast;** die **Fahnenweihe;** das **Fähnlein;** der **Fähnrich** (Offiziersanwärter)
fah·ren: du fährst, er fuhr, sie ist gefahren, fahr(e)!; schnell fahren – in die Stadt fahren – zur See fahren – in die Höhe fahren (wütend werden) – der Schreck fährt ihm in die Glieder – aufs Land fahren – mit etwas schlecht fahren (schlechte Erfahrungen machen) – sich über die Augen fahren – mit dem Auto fahren – Rad fahren – spazieren fahren – fahren lernen; der **Fahrausweis;** die **Fahrbahn; fahrbar; fahrbereit;** die **Fähre** (Wasserfahrzeug); **fahrenlassen** (aufgeben, verzichten, nicht mehr festhalten): alle Hoffnungen fahrenlassen; auch: fahren lassen; aber nur: jemanden mit seinem Auto fahren lassen; der **Fahrer;** die **Fahrerei;** die **Fahrerflucht;** die **Fahrerin,** die Fahrerinnen; der **Fahrgast,** die ...gäste; das **Fahrgeld; fahrig** (zerstreut, unausgeglichen); die **Fahrkarte; fahrlässig** (sorglos, unvorsichtig); die **Fahrlässigkeit;** der **Fährmann,** die ...männer/...leute; der **Fahrplan,** die ...pläne; **fahrplanmäßig;** das **Fahrrad,** die ...räder; der **Fahrschein;** das **Fährschiff;** die **Fahrschule;** der **Fahrstuhl,** die ...stühle; die **Fahrt:** auf große Fahrt gehen; die **Fährte** (Spur); das **Fahrwasser;** das **Fahrwerk;** das **Fahrzeug;** → Fuhre
Faib·le (Fai·ble) *franz. [febl]*, das: -s, -s (Vorliebe, Schwäche, Neigung)
fair *engl. [fär]*: jemanden fair (ehrlich, gerecht) behandeln; die **Fairness** (ehrlicher Umgang mit anderen); das **Fairplay** *[...ple]* (faires, anständiges Spiel); auch: das **Fair Play**
Fä·ka·li·en *Pl. lat.*, die: - (Kot, Ausscheidungen); **fäkal** (kotig)
Fa·kir *arab.*, der: -s, -e (Büßer, Zauberkünstler)
Fakt *lat.*, der/das: -(e)s, -en/-s (Ereignis, Tatsache); auch: das **Faktum;** das **Faktenwissen; faktisch** (wirklich, tatsächlich)
Fak·tor *lat.*: -s, Faktoren (Bestandteil, Grund, Vervielfältigungszahl)
Fa·kul·tät *lat.*, die: -, -en (Hochschulabteilung); **fakultativ** (wahlfrei, freigestellt)
Fal·ke: -n, -n (Greifvogel); der **Falkner;** die **Falknerei;** die **Falknerin,** die Falknerinnen
fal·len: du fällst, er fiel, sie ist gefallen, fall(e)!; auf den Boden fallen – die Temperatur fällt (sinkt) – er fällt in der Schlacht (verliert sein Leben) – jemandem in die Rede fallen (ihn unterbrechen) – aus der Rolle fallen (ausfällig werden) – die Preise fallen (sinken) – die Stadt fällt (wird erobert) – böse Worte fallen (werden gesagt) – die Entscheidung ist gefallen (getroffen) – in Ohnmacht fallen – durch die Prüfung fallen; der **Fall,** die Fälle: auf jeden Fall – von Fall zu Fall – für alle Fälle – in keinem Fall – im Falle, dass... (falls, wenn) – ein schwieriger Fall – Knall und Fall – der Fall (Niedergang) einer Familie – *jemanden zu Fall bringen* (scheitern, stürzen lassen); das **Fallbeil;** die **Falle; fallenlassen:** seine Pläne fallenlassen (aufgeben) – eine Bemerkung fallenlassen; auch: fallen lassen; aber nur: etwas auf den Boden fallen lassen; die **Falllinie;** auch: die **Fall-Linie;** das **Fallobst;** der **Fallschirm;** die **Falltür; fallweise** (gelegentlich)
fäl·len: einen Baum fällen (umschlagen) – eine Entscheidung fällen (treffen)
fäl·lig: eine fällige Rechnung – ein fälliger Termin – fällig (an der Reihe) sein; **fälliggeworden;** auch: fällig geworden; die **Fälligkeit**
falls: falls (wenn) es regnet; **...falls:** ander(e)nfalls – äußerstenfalls – bestenfalls – gegebe-

A B C D E F

nenfalls – jedenfalls – keinesfalls – nötigenfalls – schlimmstenfalls

falsch: falsch schwören – ein falscher (hinterlistiger) Mensch – etwas falsch (nicht richtig) machen – etwas falsch (fehlerhaft) schreiben – in den falschen Zug steigen – ich bin hier falsch (am falschen Platz) – ein falscher (unechter) Schmuck – falsche (künstliche) Zähne; aber: ohne Falsch – Falsch und Richtig unterscheiden; **fälschen:** Geld fälschen; der **Fälscher;** die **Fälscherin;** das **Falschgeld;** die **Falschheit; fälschlich** (irrtümlich); **fälschlicherweise; falschliegen:** mit seiner Vorstellung falschliegen (irren) – er hat mit seiner Meinung falschgelegen; aber: falsch (auf falsche Weise) liegen; der **Falschparker; falschspielen** (beim Spielen betrügen); aber: falsch (z. B. auf der Geige) spielen; die **Fälschung; fälschungssicher**

fal·ten: Papier falten (zusammenlegen) – die Hände falten (ineinanderlegen); das **Faltboot;** die **Falte;** das **Faltengebirge; faltenlos;** der **Faltenwurf; faltig:** ein faltiges Gesicht; **...fältig:** vielfältig; die **Faltung**

Fal·ter, der: -s, - (Schmetterling)

Falz, der: -es, -e (Faltlinie); **falzen:** du falzt – gefalztes Blech; die **Falzung**

Fa·mi·lie ⟨Fam.⟩ *lat.*: -, -n; eine kinderreiche Familie – die Heilige Familie (Maria, Joseph und Jesuskind) – *in der Familie liegen* (sich vererben); **familiär:** eine familiäre Angelegenheit – familiär (vertraulich) miteinander verkehren; der/die **Familienangehörige;** das **Familienleben;** der **Familienname**

fa·mos *lat.*: ein famoser (prachtvoller) Kerl

Fan *engl. [fän],* der: -s, -s (begeisterter Anhänger); der **Fanklub;** auch: der **Fanclub**

fa·na·tisch *lat.*: (besessen); der **Fanatiker;** die **Fanatikerin,** die Fanatikerinnen; **fanatisieren** (aufhetzen); der **Fanatismus**

Fan·fa·re *franz.,* die: -, -n (Blasinstrument)

fan·gen: du fängst, er fing, sie hat gefangen, fang(e)!; einen Dieb fangen – er fängt den Ball – Feuer fangen (zu brennen beginnen) – sich fangen (das Gleichgewicht wiederfinden); der **Fang,** die Fänge: der Fang (das Maul) eines Raubtieres – *einen guten Fang machen* (erfolgreich sein); der **Fänger;** die **Fängerin,** die Fängerinnen; das **Fanggerät;** die **Fangprämie;** die **Fangquote; fangsicher:** der fangsichere Torwart

Fan·go *ital.,* der: -s (heilkräftiger Mineralschlamm); die **Fangopackung**

Fan·ta·sie *griech.,* die: -, Fantasien; keine Fantasie haben – der Fantasie freien Lauf lassen; auch: die **Phantasie; fantasiebegabt;** auch: **phantasiebegabt;** das **Fantasiegebilde;** auch: **Phantasiegebilde; fantasieren:** du fantasierst (redest Unsinn); auch: **phantasieren; fantasievoll;** auch: **phantasievoll;** die **Fantasievorstellung;** auch: **Phantasievorstellung; fantastisch;** auch: **phantastisch**

Far·be, die: -, -n; die Farbe des Stoffes – in Farbe (bunt, farbig) – *Farbe bekennen* (seine Einstellung offen zeigen); das **Farbband; farbecht; färben; ... farben:** goldfarben; **farbenblind; farbenfreudig; farbenfroh; farbenprächtig;** die **Färberei;** das **Farbfernsehen;** der **Farbfernseher;** der **Farbfilm;** das **Farbfoto; farbig:** eine farbige (bunte) Zeichnung – farbig (lebendig) erzählen; der/die **Farbige;** die **Farbigkeit;** der **Farbkontrast; farblich; farblos;** die **Farblosigkeit;** der **Farbstift;** der **Farbstoff;** der **Farbton;** der **Farbtupfen;** die **Färbung**

Far·ce *franz. [farße],* die: -, -n (Verhöhnung eines Geschehens; lächerliche, aber als wichtig dargestellte Angelegenheit)

Farm *engl.,* die: -, -en (landwirtschaftlicher Betrieb); der **Farmer;** die **Farmersfrau**

Farn, der: -(e)s, -e (Pflanze); das **Farnkraut**

Fär·se, die: -, -n (junge Kuh) # Ferse

Fa·san, der: -(e)s, -e(n) (ein Hühnervogel)

Fa·sching, der: -s, -e/-s (Zeit des Karnevals); der **Faschingsball;** das **Faschingskostüm;** der **Faschingsscherz;** der **Faschingszug**

Fa·schis·mus *ital.,* der: - (antidemokratische, nationalistische Staatsauffassung); der **Faschist;** die **Faschistin,** die Faschistinnen; **faschistisch; faschistoid**

fa·seln: (dumm daherreden); die **Faselei**

Fa·ser, die: -, -n (feiner, dünner Faden); **fas(e)rig; fasern; fasernackt** (völlig nackt); der **Faserschreiber;** die **Faserung**

Fa·shion *engl. [fäschn],* die: - (Mode, Vornehmheit)

Fass, das: -es, Fässer; ein Fass Wasser – *das schlägt dem Fass den Boden aus* (das ist die Höhe)!; das **Fassbier;** der **Fassbinder;** das **Fässchen;** die **Fassdaube; fassweise**

Fas·sa·de *franz.,* die: -, -n (Vorderseite, Außenansicht); der **Fassadenkletterer**

fas·sen: du fasst, er fasste, sie hat gefasst, fass(e)!; an der Hand fassen (nehmen) – einen Entschluss fassen (sich entschließen) – der Eimer fasst 10 Liter – Essen fassen – jemanden zu fassen kriegen (erwischen) – es ist nicht zu fassen (zu verstehen) – sich fassen (zusammennehmen) – sich in Geduld fassen (sich gedulden); **fassbar** (begreiflich, verständlich); **fasslich:** sich leicht fasslich (verständlich) ausdrücken; die **Fassung;** die **Fassungskraft; fassungslos;** die **Fassungslosigkeit;** das **Fassungsvermögen**

Fas·set·te *franz.*, die: -, -n (geschliffene Fläche an Edelsteinen, eine von mehreren Eigenschaften einer Sache); auch: → die **Facette**

fast: fast (beinahe) am Ziel sein # er fasst

fas·ten: (wenig oder nichts essen); das **Fasten;** die **Fastenkur;** die **Fastenzeit;** die **Fastnacht;** auch: die **Fasnacht;** der **Fasttag**

Fast·food *engl. [faßtfud]*, das: -(s) (schnell verzehrbares Essen); auch: das **Fast Food**

fas·zi·nie·ren *lat.*: fasziniert (bezaubert, gefesselt) sein – ein faszinierender Plan; die **Faszination**

fa·tal *lat.*: eine fatale (verhängnisvolle, unangenehme) Lage; der **Fatalismus**

Fa·ta Mor·ga·na *ital.*, die: -, -s/ Morganen (durch Luftspiegelung verursachte Täuschung)

fau·chen: ein fauchender Tiger – die Lokomotive faucht

faul: ein fauler (träger) Arbeiter – faules (verdorbenes) Fleisch essen – faule (fragwürdige) Geschäfte machen – faule (unglaubwürdige) Ausreden – ein fauler Zauber (Schwindel) – *auf der faulen Haut liegen* (faulenzen) – *am Abend wird der Faule fleißig* # foul; die **Fäule; faulen** (verderben) # foulen; **faulenzen;** der **Faulenzer;** die **Faulenzerin,** die Faulenzerinnen; die **Faulheit; faulig;** die **Fäulnis** (das Faulen, Verwesung); der **Faulpelz;** der **Faulschlamm**

Fau·na, *lat.*, die: -, Faunen (Tierwelt)

Faust, die: -, Fäuste; *auf eigene Faust* (selbstständig) – *mit eiserner Faust* (gewaltsam) – *wie die Faust aufs Auge* (überhaupt nicht) *passen*; der **Faustball;** das **Fäustchen; faustdick:** *es faustdick hinter den Ohren haben* (durchtrieben sein); **fausten:** den Ball über das Tor fausten; **faustgroß;** der **Fausthandschuh;** der **Faustkampf,** die ... kämpfe; der **Faustkeil;** der **Fäustling** (Fausthandschuh); das **Faustpfand;** das **Faustrecht;** die **Faustregel** (einfache, nicht ganz genaue Regel); die **Faustskizze** (einfache Skizze)

fa·vo·ri·sie·ren *franz.*: (vorziehen, begünstigen); der **Favorit;** die **Favoritin,** die Favoritinnen

Fax, das: -, -e (Telefax); **faxen** (telefaxen)

Fa·xen *Pl.*, die: - (Dummheiten, Späße); der **Faxenmacher**

Fa·zit *lat.*, das: -s, -e/-s (Endsumme, Ergebnis); *das Fazit aus etwas ziehen* (das Ergebnis von etwas feststellen)

FCKW = Fluorchlorkohlenwasserstoff

F.D.P. (FDP) = Freie Demokratische Partei

Fea·ture *engl. [fitscher]*, das: -s, -s (Dokumentarbericht)

Fe·bru·ar (Feb·ru·ar) ⟨Febr.⟩ *lat.*, der: -(s), -e (Monatsname)

fech·ten: du fichtst, er focht, sie hat gefochten, ficht!; mit dem Degen fechten (kämpfen) – fechten gehen (betteln); der **Fechter;** die **Fechterin,** die Fechterinnen; der **Fechtkampf,** die ... kämpfe

Fe·der, die: -, -n; mit einer spitzen Feder schreiben – ein mit Federn (Daunen) gefülltes Kissen – *Federn lassen* (Schaden erleiden) *müssen*; der **Federball;** das **Federbett;** der **Federfuchser** (Pedant); **federführend** (verantwortlich, maßgeblich); der **Federhalter;** der **Federkiel; federleicht;** das **Federlesen:** *nicht viel Federlesen(s) machen* (energisch vorgehen, keine Umstände machen), **federn** (bei Druck nachgeben); der **Federstiel;** der **Federstrich;** die **Federung;** das **Federvieh;** die **Federwaage**

Fee *franz.*, die: -, Feen (eine weibliche Märchen- bzw. Sagengestalt); **feenhaft**

Feed-back *engl. [fidbäk]*, das: -s, -s (Rückmeldung); auch: das **Feedback**

Fee·ling *engl. [filing]*, das: -s, -s (Gefühl)

fe·gen: (mit dem Besen säubern, kehren); etwas vom Tisch fegen (entfernen) – der Wind fegt (rast) durch die Straßen; das **Feg(e)feuer;** der **Feger** (Besen)

Feh·de, die: -, -n (Feindschaft, Unfriede); der **Fehdehandschuh:** *jemandem den Fehdehandschuh hinwerfen* (ihm die Feindschaft erklären) # Fete

feh·len: was fehlt dir? – in der Schule fehlen (abwesend sein) – den Hasen fehlen (nicht treffen) – an mir soll es nicht fehlen (liegen) – es fehlt (mangelt) ihr an Fleiß – weit gefehlt (Irrtum)!; **fehl:** fehl am Platz(e) sein (nicht passen); aber: ohne Fehl (makellos); die **Fehlanzeige; fehlbar;** der **Fehlbetrag,** die ...beträge; der **Fehler; fehlerfrei; fehlerhaft; fehlerlos;** die **Fehlerquelle;** die **Fehlerquote;** die **Fehlgeburt; fehlgehen;** der **Fehlgriff;** die **Fehlleistung;** der **Fehlpass,** die ...pässe (im Sport); der **Fehlschlag,** die ...schläge; **fehlschlagen** (scheitern); der **Fehlschuss,** die ...schüsse; der **Fehlstart; fehltreten;** der **Fehltritt;** die **Fehlzündung**

fei·ern: ein Fest feiern – jemanden als Helden feiern; die **Feier;** der **Feierabend; feierlich** (festlich, würdevoll); die **Feierlichkeit;** die **Feierschicht** (arbeitsfreie Zeit); der **Feiertag; feiertäglich; feiertags** (an Feiertagen)

fei·ge: (mutlos, ängstlich, hinterhältig); auch: **feig;** die **Feigheit;** der **Feigling**

Fei·ge, die: -, -n (Südfrucht); das **Feigenblatt**

feil: feile (verkäufliche) Waren; **feilbieten** (zum Verkauf anbieten); die **Feilbietung**

Fei·le, die: -, -n (Werkzeug zum Glätten von Holz, Metall); **feilen;** der **Feilspan,** die ...späne

feil·schen: (einen Preis hartnäckig herunterhandeln)

fein: feine (dünne) Schnüre – ein feines Sieb – ein feines (zierliches) Gesicht – ein feiner (vornehmer) Mensch – ein feines (empfindliches) Gehör – eine feine (erfreuliche) Sache – ein Gerät fein (exakt) einstellen – *fein (he)raus* (in einer glücklichen Lage) *sein*; **feinfühlig** (taktvoll); die **Feinfühligkeit;** das **Feingefühl; feingemahlen:** feingemahlenes Mehl; auch: fein gemahlen; **feingeschnitten:** ein feingeschnittenes Gesicht; auch: fein geschnitten; **feinglied(e)rig;** das **Feingold;** die **Feinheit; feinkörnig;** die **Feinkost;** (sich) **feinmachen** ((sich) gut anziehen, fein zurechtmachen); auch: (sich) fein machen; **feinmahlen;** auch: fein mahlen; **feinmaschig;** der **Feinmechaniker;** die **Feinmechanikerin; feinporig;** der **Feinschmecker;** die **Feinschmeckerin; feinsinnig** (fein empfindend)

Feind, der: -(e)s, -e; viele Feinde (Gegner) haben – der böse Feind (Teufel); **feind:** jemandem feind (feindlich gesinnt) sein/bleiben/werden; aber: jemandes Feind sein/werden/bleiben; die **Feindeshand:** in Feindeshand geraten; das **Feindesland;** die **Feindin,** die Feindinnen; **feindlich;** die **Feindlichkeit;** die **Feindschaft; feindschaftlich; feindselig;** die **Feindseligkeit**

feist: ein feister (dicker, fetter) Kerl; die **Feistheit;** die **Feistigkeit**

fei·xen: (schadenfroh lachen); du feixt

Feld, das: -(e)s, -er; das Feld ackern – auf dem Feld (Gebiet) der Wissenschaft – im Feld (an der Front) sein – *etwas ins Feld führen* (Gründe für etwas angeben) – *das Feld räumen* (sich zurückziehen, aufgeben) – *gegen jemanden zu Felde ziehen* (kämpfen) – *das Feld behaupten* (sich durchsetzen) – *nicht jedes Feld trägt jede Frucht*; die **Feldarbeit;** das **Feldbett; ... feldein:** querfeldein; die **Feldfrucht,** die ...früchte; der **Feldherr;** der **Feldjäger;** der **Feldmarschall,** die ...marschälle; der **Feldspat** (ein Mineral); der **Feldspieler;** die **Feldspielerin;** der **Feldstecher** (Fernglas); der **Feldverweis;** der **Feldwebel** (Unteroffizier); der **Feldweg;** der **Feldzug,** die ...züge

Fel·ge, die: -, -n; einen Reifen auf die Felge montieren – eine Felge (einen Reckumschwung) vorführen; der **Felgaufschwung** (Reckübung); die **Felgenbremse;** der **Felgumschwung** (Reckübung)

Fell, das: -(e)s, -e (behaarte Tierhaut); *jemandem das Fell gerben* (ihn durchprügeln) – *ein dickes Fell haben* (wenig empfindlich sein) – *jemandem das Fell über die Ohren ziehen* (ihn betrügen, übervorteilen); die **Fellmütze**

Fel·sen, der: -s, - (festes Gestein); auch: der **Fels;** der **Felsblock,** die ...blöcke; **felsenfest** (unerschütterlich); das **Felsenriff;** die **Fels(en)schlucht;** die **Fels(en)wand,** die ...wände; **felsig:** felsiges Gelände; das **Felsmassiv**

Fe·me, die: -, -n (heimliches Gericht); das **Femegericht;** der **Fememord**

fe·mi·nin *lat.*: ein feminines (weibliches) Aussehen; das **Femininum** (weibliches Substantiv); die **Feministin,** die Feministinnen (Frauenrechtlerin); **feministisch**

Fens·ter, das: -s, -; *weg vom Fenster sein* (nichts mehr zu bestimmen haben, nicht mehr gefragt sein); das **Fensterbrett;** das **Fensterleder; fensterlos;** die **Fensternische;** der **Fensterplatz;** der **Fensterputzer;** der

Fensterrahmen; die **Fensterscheibe**

Fe·ri·en *Pl. lat.,* die: - (Arbeitspause, Ruhetage); der **Ferienjob;** die **Ferienwohnung**

Fer·kel, das: -s, - (Jungschwein); die **Ferkelei** (Unanständigkeit); **ferkeln**

Fer·ment *lat.,* das: -s, -e (Gärstoff); **fermentieren:** Tee fermentieren (verfeinern)

fern: ferne (weit entfernte) Länder – aus fernen (weit zurückliegenden) Tagen – in ferner (weiter) Zukunft – fern sein – von fern und nah (von überall) – von fern; aber: der Ferne Osten (Ostasien); auch: **ferne; fernab;** die **Fernbedienung; fernbleiben** (nicht teilnehmen); das **Fernbleiben;** die **Ferne:** aus der Ferne; **ferner** (außerdem); **fernerhin;** der **Fernfahrer;** das **Ferngespräch;** das **Fernglas; fernhalten:** sich von schlechten Menschen fernhalten; die **Fernheizung;** das **Fernlicht; fernliegen** (nicht in Betracht kommen): es liegt mir fern, dies zu tun; **fernmündlich; fernöstlich;** das **Fernrohr;** der **Fernschreiber;** der **Fernsehapparat; fernsehen:** sie sieht fern; aber: in die Ferne sehen; das **Fernsehen;** der **Fernseher; fernsehmüde;** der **Fernsprecher; fernstehen:** einem Plan fernstehen (ihn nicht wollen); der **Fernverkehr;** das **Fernweh**

Fer·se, die: -, -n (hinterer Teil des Fußes); *jemandem auf den Fersen sein* (ihn verfolgen) # Färse; das **Fersengeld:** *Fersengeld geben* (sich davonmachen)

fer·tig: die Arbeit ist fertig (vollendet) – ein fertiges Essen – fertig (bereit) zur Abfahrt – ein Kleid fertig kaufen – das Zimmer ist für den Gast fertig – fertig (erschöpft) sein – fix und fertig – *mit jemandem fertig sein* (mit ihm nichts mehr zu tun haben wollen); **...fertig:** ausgehfertig – reisefertig; der **Fertigbau;** die **Fertigbauweise; fertigbekommen:** eine Arbeit fertigbekommen; auch: fertig bekommen; aber nur: etwas nicht fertigbekommen (nicht schaffen); **fertigbringen:** eine Arbeit fertigbringen; auch: fertig bringen; aber nur: es nicht fertigbringen (schaffen), die Wahrheit zu sagen; **fertigen;** das **Fertigerzeugnis;** das **Fertiggericht;** das **Fertighaus;** die **Fertigkeit** (Geschicklichkeit); die **Fertigkleidung; fertigmachen:** ein Werk fertigmachen (abschließen); auch: fertig machen, aber nur: *jemanden fertigmachen* (ihn zermürben, erledigen); das **Fertigprodukt; fertigstellen;** auch: fertig stellen; die **Fertigstellung;** die **Fertigung;** die **Fertigware; fertigwerden;** auch: fertig werden

fesch: eine fesche (hübsche, schicke) Kleidung

fes·seln: ich fess(e)le seine Hände – seine Zuhörer fesseln (begeistern) – ein fesselnder (interessanter, spannender) Film; die **Fessel;** der **Fesselballon;** die **Fess(e)lung**

fest: fest anbinden – jemanden fest anstellen – etwas fest verschrauben – ein festes (hartes) Material – feste (haltbare) Kleidung – eine feste (beständige) Freundschaft – fest (unerschütterlich) an etwas glauben – ein festes Einkommen – feste (nicht flüssige) Nahrung – eine feste (geregelte) Arbeitszeit – feste (unabänderliche) Grundsätze haben – in festen Händen (verlobt oder verheiratet) sein; das **Festangebot; festangestellt:** festangestellte Mitarbeiter; auch: fest angestellt; der/die **Festangestellte;** auch: der/die fest Angestellte; sich **festbeißen; festbesoldet:** ein festbesoldeter Beamter; auch: fest besoldet; **festbinden** (anbinden); **festbleiben** (nicht nachgeben); die **Feste** (Festung); sich **festfahren** (in eine Sackgasse geraten); sich **festfressen** (sich verklemmen); **festgefügt:** ein festgefügter Staat; auch: fest gefügt; **festhalten:** etwas im Notizbuch festhalten (schriftlich notieren) – sich am Geländer festhalten – an seinen Plänen festhalten; aber: etwas fest (kräftig) halten; **festigen;** die **Festigkeit;** die **Festigung;** sich **festklammern; festkleben;** sich **festkrallen;** das **Festland; festländisch;** sich **festlegen** (sich bindend äußern); **festliegen** (nicht mehr weiterkommen, festgelegt sein); **festmachen:** Termine festmachen (vereinbaren) – den Kahn festmachen (anbinden); der/das **Festmeter** (Holzmaß); **festnageln:** jemanden festnageln (festlegen); die **Festnahme** (Gefangennahme); **festnehmen** (verhaften); die **Festplatte;** der **Festpreis;** sich **festrennen; festschrauben; festsetzen** (anordnen, verhaften); **festsitzen** (nicht mehr weiterkommen); **feststehen:** es muss feststehen (sicher sein), dass ...; **feststellen** (bemerken, erkennen); die **Feststellung; festtreten; festumrissen:** ein festumrissenes Konzept; auch: fest umrissen; die **Festung** (befestigter Platz); **festverwurzelt:** festverwurzelte Anschauungen; auch: fest verwur-

A B C D E F

A B C D E F

zelt; **festziehen:** einen Knoten festziehen; aber: an einem Seil fest (kräftig) ziehen

Fest, das: -(e)s, -e; ein Fest geben – *man muss die Feste feiern, wie sie fallen*; der **Festakt;** das **Festbankett** (Festessen); das **Festessen;** die **Festivität,** die Festivitäten (Fest); das **Festkleid;** das **Festkomitee; festlich;** die **Festlichkeit;** das **Festmahl,** die ... mähler/ ... male; der **Festsaal,** die ... säle; das **Festspiel;** der **Festtag; festtäglich; festtags;** der **Festzug,** die ... züge

Fes·ti·val *engl. [feßtiwel]*, das: -s, -s (Musikfest)

Fe·te *franz.,* die: -, -n (Fest) # Fehde

Fe·tisch *franz.,* der: -(e)s, -e (Gegenstand mit magischer Kraft, Götzenbild)

fett: fett kochen – ein fetter (fruchtbarer) Boden; das **Fett:** *sein Fett bekommen* (gescholten werden); **fettarm;** das **Fettauge;** der **Fettdruck; fetten:** die Salbe fettet; der **Fettfleck; fettgedruckt:** ein fettgedrucktes Wort; auch: fett gedruckt; **fetthaltig; fettig;** die **Fettigkeit;** der **Fettkloß** (dicker Mensch); die **Fettleibigkeit;** das **Fettnäpfchen:** *ins Fettnäpfchen treten* (jemanden kränken); die **Fettsucht;** der **Fetttropfen;** auch: der **Fett-Tropfen;** der **Fettwanst** (fetter Mensch)

Fe·tus *lat.,* der: -/-ses, -se/Feten (Leibesfrucht vom dritten Monat an); auch: der **Fötus**

Fet·zen, der: -s, - (abgerissenes Stück); **fetzen; fetzig:** eine fetzige (begeisternde) Musik

feucht: feuchte Luft; das **Feuchtbiotop; feuchtfröhlich;** die **Feuchtigkeit; feuchtkalt; feuchtwarm**

feu·dal *lat.*: (prunkvoll, vornehm); die **Feudalherrschaft** (Vorherrschaft des Adels); der **Feudalismus; feudalistisch;** der **Feudalstaat**

Feu·er, das: -s, -; Feuer im Herd – das Feuer (die Glut, das Funkeln) in den Augen – das Feuer eröffnen (zu schießen beginnen) – Feuer fangen – *Feuer und Flamme* (hellauf begeistert) *sein – für jemanden die Hand ins Feuer legen* (für jemanden einstehen) – *mit dem Feuer spielen* (unvorsichtig sein) – *etwas aus dem Feuer reißen* (etwas noch zu einem guten Ende bringen); der **Feueralarm; feuerbeständig;** die **Feuerbestattung;** der **Feuereifer; feuerfest; feuergefährlich;** der **Feuerhaken;** der **Feuerlöscher;** der **Feuermelder; feuern; feuerrot;** die **Feuersbrunst,** die ... brünste; der **Feuerschutz; feuersicher; feuerspeiend:** ein feuerspeiender Berg; auch: Feuer speiend; die **Feuerstätte;** der **Feuerstrahl;** der **Feuerstuhl** (Motorrad); die **Feuerung;** die **Feuerwehr;** die **Feuerwehrleute** *Pl.*; das **Feuerwerk;** das **Feuerzeug; feurig:** feurige (funkelnde) Diamanten – feurige (leidenschaftliche) Blicke

Feuil·le·ton *franz. [föjetõ]*, das: -s, -s (kultureller Teil der Zeitung

Fez *franz.,* der: -es (Vergnügen, Spaß, Unsinn)

ff = fortissimo

ff. = folgende (Seiten)

Fi·as·ko *ital.,* das: -s, -s (Misserfolg)

Fi·bel *griech.,* die: -, -n (Kinderlesebuch)

Fi·ber *lat.,* die: -, -n (Faser) # Fieber

Fich·te, die: -, -n (ein Nadelbaum); **fichten** (aus Fichtenholz); der **Fichtenzapfen**

fi·del *lat.*: eine fidele (vergnügte) Gesellschaft

Fie·ber *lat.,* das: -s, - (erhöhte Körpertemperatur) # Fiber; **fieberfrei; fieberhaft** (hastig, erregt); **fieb(e)rig;** die **Fieberkurve; fiebern** (Fieber haben): nach etwas fiebern (etwas heiß verlangen); das **Fieberthermometer**

fie·deln: auf der Geige fiedeln (spielen); die **Fiedel** (Geige); die **Fidelei**

fies: ein fieser (gemeiner, schlechter, ekelhafter) Kerl; der **Fiesling**

Fight *engl. [fait]*, der: -s, -s (Kampf); **fighten**

Fi·gur, die: -, -en; eine schlanke Figur (Gestalt) – *eine gute Figur* (einen guten Eindruck) *machen;* **figürlich** (bildlich, anschaulich)

Fik·ti·on *lat.,* die: -, -en (Erdachtes, Einbildung); **fiktional** (auf einer Fiktion beruhend); **fiktiv** (erdichtet, angenommen)

Fi·let *franz. [file]*, das: -s, -s (Lenden- bzw. Rückenstück); **filetieren**

Fi·li·a·le *lat.,* die: -, -n (Zweigstelle); die **Filialkirche** (Tochterkirche); der **Filialleiter;** die **Filialleiterin,** die ... leiterinnen

Fi·li·gran (Fi·lig·ran) *ital.,* das: -s, -e (Zierarbeit aus feinem Draht); die **Filigranarbeit**

Film *engl.,* der: -(e)s, -e; sich einen Film ansehen – ein öliger Film (eine dünne Schicht aus Öl); der **Filmapparat;** das **Filmatelier** *[... atelje]*; **filmen;** das **Filmfestival** (Filmfestspiel); **filmisch;** die **Filmkamera;** der **Filmschauspieler;** die **Filmschauspielerin,** die ... spielerinnen; der **Filmstar;** die **Filmszene;** die **Filmvorführung**

Fil·ter *lat.,* das/der: -s, - (Vorrichtung zur Trennung fester Stoffe von Flüssigkeit); der **Filterkaffee; filtern;** das **Filterpapier;** die

Filterung; die **Filterzigarette; filtrieren**

Filz, der: -es, -e (Stoff aus Fasern oder wolligen Haaren); die **Filzdecke; filzen** (durchsuchen); der **Filzhut,** die ...hüte; **filzig;** der **Filzpantoffel;** der **Filzschreiber;** der **Filzstift**

Fim·mel, der: -s, -; einen Fimmel (ein übertriebenes Interesse) für den Sport haben

Fi·na·le *lat.,* das: -s, - (Schlussteil, Schlusssatz, Schlussrunde); **final** (abschließend); der **Finalist** (Endkampfteilnehmer); die **Finalistin**

Fi·nanz *franz.,* die: - (Geldwesen, Geldgeschäft); das **Finanzamt,** die ...ämter; die **Finanzen** *Pl.* (Vermögenslage); **finanziell; finanzierbar; finanzieren** (Geld zur Verfügung stellen); die **Finanzierung;** das **Finanzwesen;** die **Finanzwirtschaft**

fin·den: du findest, er fand, sie hat gefunden, find(e)!; den Weg finden – ich finde (meine), dass... – *das wird sich finden* (herausstellen, aufklären); das **Findelkind;** der **Finder;** die **Finderin;** der **Finderlohn;** der **Findling** (Findelkind); → Fund

fin·dig: ein findiger (kluger, pfiffiger) Kopf; die **Findigkeit**

Fi·nes·se *franz.,* die: -, -n (Feinheit, Trick)

Fin·ger, der: -s, -; die fünf Finger einer Hand – einen bösen/schlimmen Finger haben – *keinen Finger rühren* (nicht helfen) – *sich etwas an den Fingern abzählen* (leicht voraussehen) *können* – *die Finger von etwas lassen* (sich nicht mit etwas abgeben) – *jemanden um den Finger wickeln* (ihn lenken, beeinflussen) – *sich die Finger verbrennen* (bei etwas Schaden erleiden) – *jemandem auf die Finger sehen* (ihn scharf beobachten) – *sich in den Finger schneiden* (zum eigenen Schaden verrechnen) – *wenn man einem den kleinen Finger reicht, so nimmt er die ganze Hand*; der **Fingerabdruck,** die ...abdrücke; **fingerbreit:** ein fingerbreiter Rand; der **Fingerbreit:** keinen Fingerbreit nachgeben (beharrlich sein); auch: keinen Finger breit nachgeben; **fingerdick;** aber: zwei Finger dick; **fingerfertig** (geschickt); das **Fingerhakeln;** der **Fingerhut,** die ...hüte; **fingern:** an etwas fingern (herumtasten, herumspielen); der **Fingernagel,** die ...nägel; der **Fingerring;** das **Fingerspitzengefühl;** der **Fingerzeig**

fin·gie·ren *lat.*: eine fingierte (mit Absicht vorgetäuschte, frei erfundene) Botschaft

Fi·nish *engl. [finisch],* das: -s, -s (Endphase, Endkampf)

Fink, der: -en, -en (ein Singvogel); der **Finkenschlag** (das Zwitschern des Finken)

Finn·land: -s (Staat in Nordeuropa); der **Finne;** die **Finnin,** die Finninnen; **finnisch**

fins·ter: eine finst(e)re Nacht – finster (drohend) schauen – ein finsterer (unheimlicher) Bursche – finstere (böse) Gedanken hegen; aber: im Finst(e)ren (in der Dunkelheit) arbeiten – *im Finstern tappen* (im Ungewissen sein); der **Finsterling** (mürrischer Mensch); die **Finsternis,** die Finsternisse

Fin·te *ital.,* die: -, -n (Täuschung, List)

Fir·le·fanz, der: -es (überflüssiges, wertloses Zeug)

firm *lat.*: firm (sicher, bewandert) in Mathematik sein; **firmen;** der **Firmling;** der **Firmpate;** die **Firmpatin,** die ...patinnen; die **Firmung**

Fir·ma ⟨Fa.⟩ *ital.,* die: -, Firmen (Geschäft, Betrieb); der **Firmenchef;** die **Firmenchefin,** die ...chefinnen

Fir·ma·ment *lat.,* das: -(e)s (Himmelsgewölbe)

Firn, der: -(e)s, -e (Altschnee); der **Firnschnee**

Fir·nis *franz.,* der: -ses, -se (Schutzanstrich)

First, der: -(e)s, -e (oberste Kante des Daches); der **Firstbalken**

first class *engl. [förßt klaß]*: (zur Spitzenklasse gehörig); das **First-Class-Hotel**

Fisch, der: -(e)s, -e; Fische fangen – kleine Fische (Kleinigkeiten); **fischen;** der **Fischer;** das **Fischerboot;** die **Fischerei;** die **Fischerin,** die Fischerinnen; der **Fischfang,** die ...fänge; der **Fischkutter;** das **Fischnetz;** der **Fischotter; fischreich;** die **Fischreuse** (Netz für den Fischfang); der **Fischteich; fischverarbeitend:** fischverarbeitende Industrie; auch: Fisch verarbeitend; der **Fischweiher;** die **Fischzucht**

Fis·kus *lat.,* der: -, -se/Fisken (Staatskasse); **fiskalisch** (dem Fiskus gehörend)

Fis·tel *lat.,* die: -, -n (Geschwür); die **Fistelstimme** (hohe, feine Stimme)

fit *engl.*: fitter, am fittesten; (in guter Form, sportlich trainiert, gesund); die **Fitness; das Fitnesscenter;** das **Fitnesstraining**

Fit·tich, der: -(e)s, -e (Flügel eines Vogels); *jemanden unter seine Fittiche nehmen* (ihn betreuen, ihm helfen)

fix *lat.*: ein fixer (gewandter) Bursche – fixe

(feststehende) Kosten – eine fixe (törichte) Idee – *fix und fertig* (ganz fertig, völlig erschöpft) *sein;* **fixieren;** die **Fixkosten** *Pl.*; der **Fixstern;** das **Fixum** (festes Gehalt)

fi·xen *engl.*: (sich Drogen spritzen); der **Fixer;** die **Fixerin,** die Fixerinnen; die **Fixerstube**

Fjord *skand.,* der: -(e)s, -e (Meeresarm in Skandinavien, schmale Meeresbucht)

flach: ein flaches (ebenes) Gelände – ein flaches (nicht tiefes) Gewässer – auf dem flachen Lande (außerhalb der Stadt) wohnen; das **Flachdach,** die ...dächer; die **Fläche; flächendeckend; flächenhaft;** der **Flächeninhalt;** das **Flächenmaß; flachfallen** (nicht eintreten, ausfallen); **flächig;** die **Flachküste;** das **Flachland;** sich **flachlegen:** sich nach dem Essen flachlegen (für kurze Zeit ausruhen bzw. schlafen) – jemanden flachlegen (niederschlagen); aber: sich flach auf den Boden legen; **flachliegen** (krank sein); aber: flach (z. B. am Boden) liegen; der **Flachmann** (kleine Schnapsflasche zum Einstecken); die **Flachzange**

Flachs, der: -es (Faserpflanze, Scherz); **flachsblond; flachsen** (scherzen, sich necken)

fla·ckern: ein flackerndes (unruhig zuckendes) Feuer; **flack(e)rig**

Fla·den, der: -s, - (flaches Brot; breiige, flache, runde Masse); das **Fladenbrot**

Flag·ge, die: -, -n (viereckige Fahne); *Flagge zeigen* (seine Meinung deutlich zu erkennen geben); **flaggen** (eine Fahne aufziehen); der **Flaggenmast;** die **Flaggenparade;** das **Flaggensignal;** das **Flaggschiff** (größtes Schiff einer Flotte)

Flair *franz. [flär],* das: -s (die persönliche Note, Atmosphäre)

Flak, die: -, -(s) (Flugzeugabwehrkanone); das **Flakgeschütz; der Flakhelfer**

flam·bie·ren *franz.*: (mit Alkohol übergießen und brennend servieren)

Fla·min·go *span.,* der: -s, -s (ein Wasservogel)

Flam·me, die: -, -n; die Flammen der Hölle – die Flammen der Begeisterung – den Flammen übergeben (einäschern); das **Flämmchen; flammen; flammend:** eine flammende (zündende) Ansprache halten; das **Flammenmeer;** der **Flammenwerfer**

Fla·nell *engl.,* der: -s, -e (weicher Wollstoff, angerautes Gewebe); das **Flanellhemd;** der **Flanelllappen;** auch: der **Flanell-Lappen**

fla·nie·ren *franz.*: (umherschlendern)

Flan·ke *franz.,* die: -, -n; eine Flanke (ein seitlicher Sprung) über den Barren – dem Gegner in die Flanke (Seite) fallen – eine weite Flanke schlagen (den Ball quer über das Spielfeld spielen) – die Flanken (Hüften) des Pferdes; **flanken;** der **Flankenangriff;** der **Flankenschutz; flankieren:** jemanden flankieren (links und rechts von ihm gehen) – flankierende (unterstützende) Maßnahmen

flap·sig: eine flapsige (unreife, vorlaute) Bemerkung machen

Fla·sche, die: -, -n; eine Flasche Wein – eine Flasche (ein Versager) im Sport sein – oft zur Flasche greifen (viel Alkohol trinken); das **Fläschchen;** das **Flaschenbier;** der **Flaschenöffner;** die **Flaschenpost;** der **Flaschenzug,** die ...züge (Hebevorrichtung)

flat·tern: mit den Flügeln flattern – die Fahnen flattern (wehen heftig) im Wind; **flatterhaft** (wankelmütig, unzuverlässig); die **Flatterhaftigkeit; flatt(e)rig** (aufgeregt)

flau: flauer, am flau(e)sten; ihm wird flau (schwach, übel) vor Hunger – der Wind wird flauer (lässt nach) – die Geschäfte gehen flau (nicht gut); die **Flauheit;** die **Flaute** (Windstille, Ruhe im Geschäftsleben)

Flaum, der: -(e)s (zarter Haar- bzw. Federwuchs); die **Flaumfeder; flaumig** (weich wie Flaum, zart); **flaumweich**

flau·schig: ein flauschiges (weiches) Tuch; der **Flausch** (weiches Gewebe)

Flau·se, die: -, -n; nur Flausen (dumme Gedanken, Unsinn) im Kopf haben – jemandem die Flausen austreiben

flech·ten: du flichtst, er flocht, sie hat geflochten, flicht!; das Haar zu Zöpfen flechten (binden); die **Flechte** (Hautausschlag, niedere Pflanze, Zopf); das **Flechtwerk**

Fleck, der: -(e)s, -e; auch: der **Flecken;** einen Fleck auf die Hose nähen – einen Fleck aus einem Kleidungsstück entfernen – ein weißer Fleck auf der Landkarte (ein noch unerforschtes Gebiet) – *vom Fleck weg* (sofort, auf der Stelle) – *einen Fleck auf seiner weißen Weste haben* (etwas Ungesetzliches, Unrechtes getan haben) – *nicht vom Fleck kommen* (nicht vorwärtskommen); **fleckenlos;** das **Fleckenwasser;** das **Fleckfieber; fleckig**

Fle·der·maus, die: -, ...mäuse (sehr kleines,

fliegendes Säugetier); der **Flederwisch**

Fleet, das: -(e)s, -e (Kanal, Graben)

Fle·gel, der: -s, - (ungezogener Mensch, Lümmel); die **Flegelei; flegelhaft;** die **Flegelhaftigkeit;** die **Flegeljahre** *Pl.*; sich **flegeln:** sich in den Sessel flegeln (lümmeln)

fle·hen: zu Gott flehen (Gott inständig bitten); **flehentlich** (eindringlich)

Fleisch, das: -(e)s; Fleisch essen – *vom Fleisch fallen* (abmagern) – *sein eigenes Fleisch und Blut* (die eigenen Kinder) – *jemandem in Fleisch und Blut übergehen* (selbstverständlich werden) – *sich ins eigene Fleisch schneiden* (sich selbst schaden) – *der Geist ist willig, aber das Fleisch ist schwach*; der **Fleischer** (Metzger); die **Fleischerei;** die **Fleischerin; fleischfarben; fleischfarbig; fleischfressend:** fleischfressende Insekten; auch: Fleisch fressend; der **Fleischfresser; fleischig; fleischlich; fleischlos;** die **Fleischwaren** *Pl.*; der **Fleischwolf** (Gerät zum Zerkleinern von Fleisch)

Fleiß, der: -es; Fleiß (Eifer) zeigen – etwas mit Fleiß (Absicht) machen – *ohne Fleiß kein Preis*; die **Fleißarbeit; fleißig:** der fleißige Schüler; aber: das Fleißige Lieschen (Blume) – *abends wird der Faule fleißig*

flek·tie·ren *lat.*: ein Wort flektieren (beugen); **flektierbar;** die **Flexion** (die Beugung)

flen·nen: (weinen, heulen); die **Flennerei**

flet·schen: die Zähne fletschen (blecken)

fle·xi·bel *lat.*: (biegsam, anpassungsfähig); **flexibilisieren;** die **Flexibilisierung;** die **Flexibilität**

fli·cken: Wäsche flicken – *jemandem etwas am Zeug flicken* (nachteilig über ihn reden); die **Flickarbeit;** der **Flicken** (Stück Stoff, Leder o. Ä. zum Ausbessern); die **Flickerei;** der **Flickschuster;** die **Flickschusterin,** die ...schusterinnen; das **Flickwerk** (stümperhafte Arbeit); das **Flickzeug**

Flie·der, der: -s, - (Strauch mit stark duftenden Blüten); der **Fliederbusch,** die ...büsche; **fliederfarben; fliederfarbig;** der **Fliederstrauch,** die ...sträuche

flie·gen: du fliegst, er flog, sie ist geflogen, flieg(e)!; durch die Luft fliegen – fliegende Untertasse; aber: Fliegende Fische – auf den Boden fliegen (fallen) – von der Schule fliegen (verwiesen werden) – durch eine Prüfung fliegen (nicht bestehen) – *auf etwas fliegen* (von etwas angezogen werden); die **Fliege:** *keiner Fliege etwas zuleide tun* (gutmütig sein); das **Fliegengewicht;** der **Flieger;** die **Fliegerei;** die **Fliegerin,** die Fliegerinnen; → Flug

flie·hen: du fliehst, er floh, sie ist geflohen, flieh(e)!; aus dem Gefängnis fliehen – zu jemandem fliehen (bei jemandem Schutz suchen); die **Fliehkraft;** → Flucht

Flie·se, die: -, -n (Wand- oder Bodenbelag); **fliesen:** ein gefliester Boden; der **Fliesenleger;** die **Fliesenlegerin,** die ...legerinnen

flie·ßen: du fließt, er floss, sie ist geflossen, fließ(e)!; der Bach fließt langsam – fließende (weich fallende) Seide – der fließende Verkehr; die **Fließarbeit;** das **Fließband,** die ...bänder; **fließend:** eine Sprache fließend (geläufig) sprechen; das **Fließheck;** das **Fließpapier;** → Fluss

flim·mern: die Luft flimmert (funkelt, glänzt) vor Hitze; die **Flimmerkiste** (Fernsehapparat)

flink: flinker, am flink(e)sten; ein flinker Bursche – ein flinkes Mundwerk haben; die **Flinkheit**

Flin·te, die: -, -n (Jagdgewehr); *die Flinte ins Korn werfen* (aufgeben, den Mut verlieren)

Flirt *engl. [flört]*, der: -(e)s, -s (Liebelei); **flirten:** mit jemandem flirten (ihm schöne Augen machen)

Flit·ter, der: -s, - (glänzender Schmuck, unechter Glanz); das **Flittchen;** der **Flitterkram; flittern** (glänzen); die **Flitterwochen** *Pl.* (erste Wochen nach der Hochzeit)

flit·zen: um die Ecke flitzen (rennen, sausen); der **Flitzer** (kleines, schnelles Fahrzeug)

Flo·cke, die: -, -n; der Schnee fällt in dicken Flocken; **flocken** (Flocken bilden); **flockig**

Floh, der: -(e)s, Flöhe (kleines, Blut saugendes Insekt); *jemandem einen Floh ins Ohr setzen* (ihm etwas sagen, was ihn nicht mehr in Ruhe lässt); der **Flohbiss;** der **Flohmarkt,** die ...märkte (Trödelmarkt); der **Flohzirkus,** die ...zirkusse; auch: der **Flohcircus**

Flop *engl.*, der: -s, -s; (Fehlschlag, Misserfolg)

Flor *lat.*, der: -s, -e (dünnes Gewebe, Blumenfülle); die **Flora** (Pflanzenwelt); **florieren:** das Geschäft floriert (gedeiht); der **Florist** (Blumenzüchter, -binder); die **Floristin**

Flo·rett *franz.*, das: -(e)s, -e (Fechtwaffe); das **Florettfechten**

A B C D E F

Flos·kel *lat.,* die: -, -n (abgenutzte, leere Redensart); **floskelhaft**
Floß, das: -es, Flöße (Wasserfahrzeug aus Baumstämmen); **flößen;** der **Flößer;** die **Flößerei;** die **Flößerin,** die Flößerinnen; die **Floßfahrt**
Flos·se, die: -, -n (Fortbewegungsorgan der Fische)
Flö·te, die: -, -n (Blasinstrument); Flöte spielen; **flöten** (Flöte spielen); sie flötete ihm etwas ins Ohr – das Geld ist flöten gegangen (verloren gegangen); das **Flötenspiel;** der **Flötist;** die **Flötistin,** die Flötistinnen
flott: flott (rasch, ohne Unterbrechung) arbeiten – flott (unbekümmert) leben – ein flotter (eleganter) Mann; **flottmachen:** ein Schiff flottmachen (fahrtüchtig machen); aber: etwas flott (flink, zügig) machen
Flot·te, die: -, -n (Schiffsverband, Seemacht)
Flöz, das: -es, -e (Kohleablagerung, abbaubare Schicht)
flu·chen: laut fluchen (schelten); der **Fluch,** die Flüche; **fluchbeladen**
Flucht, die: -, -en; die Flucht (der Rückzug) vor dem Feind – eine Flucht (Reihe) von Häusern – *die Flucht ergreifen* (fliehen); **fluchtartig; flüchten** (fliehen); **flüchtig:** ein flüchtiges (vergängliches) Glück – ein flüchtiger (entflohener) Dieb – flüchtig (nachlässig) arbeiten; die **Flüchtigkeit;** der **Flüchtigkeitsfehler;** der **Flüchtling; fluchtverdächtig;** der **Fluchtversuch;** → fliehen
Flug, der: -(e)s, Flüge; auf dem Flug nach Paris – die Zeit vergeht wie im Flug (sehr schnell); die **Flugbahn;** das **Flugblatt,** die ...blätter; der **Fluggast,** die ...gäste; die **Fluggesellschaft;** der **Flughafen,** die ...häfen; der **Flugkapitän;** der **Fluglotse;** der **Flugplatz,** die ...plätze; **flugs** (schnell, sofort); die **Flugstrecke;** der **Flugverkehr;** das **Flugzeug;** der **Flugzeugträger;** → fliegen
Flü·gel, der: -s, -; mit den Flügeln schlagen – auf dem Flügel (Klavier) spielen – der rechte Flügel (Anbau) des Hauses – *die Flügel hängen lassen* (mutlos sein); **flügellahm;** der **Flügelschlag,** die ...schläge; die **Flügeltür**
flüg·ge: flügge (flugfähig, heiratsfähig) sein
Flu·i·dum *lat.,* das: -s, Fluida; das Fluidum (die Atmosphäre) von Florenz – das Fluidum (die Ausstrahlung) einer Frau

fluk·tu·ie·ren *lat.:* fluktuierende (schwankende) Preise; die **Fluktuation**
Flun·der, die: -, -n (ein Fisch)
flun·kern: (schwindeln, aufschneiden); die **Flunkerei;** der **Flunkerer;** die **Flunkerin**
Flur, der: -(e)s, -e (Vorraum eines Hauses, Diele)
Flur, die: -, -en (nutzbare Landfläche, Wiesen, Felder); in Wald und Flur; die **Flurbereinigung;** der **Flurschaden,** die ...schäden
Fluss, der: -es, Flüsse; im Fluss baden – der Fluss (Lauf) der Rede – eine Sache in Fluss (Bewegung) bringen; **flussab(wärts); flussauf(wärts):** flussaufwärts fahren; aber: den Fluss aufwärts; das **Flussbett;** das **Flussdiagramm** (grafische Darstellung von Abläufen); die **Flussmündung;** das **Flusspferd;** der **Flusssand;** auch: der **Fluss-Sand;** die **Flussschifffahrt;** auch: die **Fluss-Schifffahrt;** das **Flussufer;** → fließen
flüs·sig: flüssig (fließend) lesen/schreiben – flüssige Nahrung – flüssiges (geschmolzenes) Eisen; das **Flüssiggas;** die **Flüssigkeit;** die **Flüssigkeitsmenge; flüssigmachen:** Wachs flüssigmachen; auch: flüssig machen; aber nur: Gelder flüssigmachen (verfügbar machen, bereitstellen); → Fluss
flüs·tern: ins Ohr flüstern (leise sagen) – *jemandem etwas flüstern* (die Meinung sagen); der **Flüsterer;** die **Flüsterin;** die **Flüsterpropaganda;** die **Flüsterstimme**
Flut, die: -, -en (ansteigender Wasserstand bei Gezeitenwechsel); die Fluten des Meeres – eine Flut (große Menge) von Briefen; **fluten:** das Wasser flutet über die Deiche – die Menge flutet (strömt) in den Saal; die **Flutkatastrophe;** das **Flutlicht;** die **Flutwelle**
flut·schen: es flutscht (geht gut voran)
Fö·de·ra·lis·mus *lat.,* der: - (Streben der Länder eines Staates nach Selbstständigkeit); **föderal; föderalistisch;** die **Föderation; föderativ; föderiert** (verbündet)
Foh·len, das: -s, - (junges Pferd); **fohlen**
Föhn, der: -(e)s, -e (trockener, warmer Fallwind; elektrischer Haartrockner); **föhnen:** das Haar föhnen; **föhnig:** ein föhniges Wetter
Föh·re, die: -, -n (Kiefer); der **Föhrenwald**
Fo·kus *lat.,* der: -, -se (Brennpunkt); **fokussieren** (auf einen Punkt vereinigen, bündeln)
Fol·ge, die: -, -n; die Folge (Auswirkung) einer Krankheit – die Folgen von etwas tragen –

einem Befehl Folge leisten – die nächste Folge einer Sendung – in rascher Folge; **...folge:** infolge – infolgedessen – demzufolge – zufolge; die **Folgeerscheinung;** die **Folgekosten** *Pl.*; **folgen:** den Eltern folgen (gehorchen) – kannst du mir folgen (mich verstehen)? – Fortsetzung folgt – jemandem heimlich folgen – daraus folgt (ergibt sich); **folgend:** die folgende Seite ⟨f.⟩; aber: das Folgende (das später Geschehende) – Folgendes – im Folgenden – vom Folgenden – durch Folgendes; **folgendermaßen** (so, auf folgende Art); **folgenschwer; folgerichtig; folgern** (zu einem Schluss kommen, einen Schluss ziehen); die **Folgerung;** die **Folgezeit; folglich** (also); **folgsam** (gehorsam)

Fo·lie *lat. [folje],* die: -, -n (dünnes Blatt, Metall- bzw. Plastikhaut); der **Foliant,** die Folianten (ein großes Buch); **folienverpackt**

Folk·lo·re *engl.,* die: - (volkstümliches Brauchtum); **folkloristisch;** der **Folksong**

Fol·ter, die: -, -n (Peinigung, Misshandlung); *jemanden auf die Folter spannen* (hinhalten, im Unklaren lassen); die **Folterkammer; foltern;** die **Folterqual;** die **Folterung**

Fon *griech.,* das: -s, -(s) (Maßeinheit für die Lautstärke); auch: → das **Phon**

Fond *franz. [fõ],* der: -s, -s (Hintergrund, Autorücksitz, ausgebratener Fleischsaft)

Fonds *franz. [fõ],* der: -, - (Geldmittel, Geldreserve)

Fon·due *franz. [fõdü],* das: -s, -s (Gericht aus geschmolzenem Käse oder gebratenen Fleischstückchen); die **Fonduegabel**

Fon·tä·ne *franz.,* die: -, -n (Springbrunnen)

fop·pen: (zum Narren halten, necken); der **Fopper;** die **Fopperei**

for·cie·ren *franz.:* (erzwingen, verstärken)

För·de, die: -, -n (tiefe, schmale Meeresbucht)

for·dern: jemanden zum Kampf fordern – Gehorsam fordern (verlangen); die **Forderung**

för·dern: Bodenschätze fördern (abbauen) – einen Künstler fördern (unterstützen) – etwas zutage fördern (ans Licht bringen); das **Förderband;** der **Förderer;** die **Förderin;** der **Förderkurs; förderlich;** die **Fördermaßnahme;** der **Förderschacht;** die **Förderstufe;** der **Förderturm;** die **Förderung**

Fo·rel·le, die: -, -n (ein Fisch); die **Forellenzucht**

For·ke, die: -, -n (Heu-, Mistgabel)

Form, die: -, -en; die Form eines Autos – die Form(en) wahren (Anstand bewahren) – in guter Form (Verfassung) sein – in Form kommen; **formbar; formbeständig;** das **Formblatt,** die ...blätter; **formen** (gestalten, anfertigen); **formenreich;** der **Formfehler; formieren; ...förmig:** kugelförmig; **förmlich;** die **Förmlichkeit; formlos;** die **Formsache; formschön; formulieren:** einen Satz formulieren (bilden); die **Formulierung;** die **Formung; formvollendet**

for·mal *lat.:* (die äußeren Formen betreffend, nur der Form nach); die **Formalie** *[formalje];* der **Formalismus,** die Formalismen (Überbetonung der Form); der **Formalist;** die **Formalistin; formalistisch;** die **Formalität** (die Formsache, Äußerlichkeit)

For·mat *lat.,* das: -(e)s, -e; das Format (die Größe) DIN-A 4 – ein Mann von Format (Ansehen, Niveau); **formatieren:** Disketten formatieren (EDV: beschreibbar machen); die **Formation** (Anordnung, bestimmte Aufstellung)

For·mel *lat.,* die: -, -n; eine mathematische Formel; **formelhaft;** die **Formelhaftigkeit; formell** (höflich, rein äußerlich)

For·mu·lar *lat.,* das: -s, -e (Vordruck)

forsch *lat.:* forsch (schneidig, mutig) auftreten; die **Forschheit**

for·schen: nach dem Täter forschen (suchen); der **Forscher;** die **Forscherin,** die Forscherinnen; die **Forschung;** das **Forschungslabor;** die **Forschungsreise;** die **Forschungsstation**

Forst, der: -(e)s, -e(n) (Wald); das **Forstamt,** die ...ämter; der **Förster;** die **Försterin,** die Försterinnen; **forstlich;** der **Forstmann,** die ...männer/...leute; das **Forstrevier**

fort: fort (weg, abwesend) sein – schnell fort! – in einem fort (immerzu) – und so fort ⟨usf.⟩; **fortan; forthin; fortwährend** (unaufhörlich)

Fort *franz. [for],* das: -s, -s (Festungswerk)

fort·be·we·gen: sich auf Rädern fortbewegen; die **Fortbewegung**

fort·bil·den: sich in einem Kurs fortbilden; die **Fortbildung;** die **Fortbildungsmaßnahme**

fort·brin·gen: Waren fortbringen (wegschaffen) – sich mühsam fortbringen (ernähren)

fort·dau·ern: (weiter bestehen, andauern); die **Fortdauer; fortdauernd**

for·te ⟨f⟩ *ital.:* (laut); **fortissimo** ⟨ff⟩ (sehr laut)

A B C D E F

fort·ent·wi·ckeln: eine Erfindung fortentwickeln; die **Fortentwicklung**

fort·fah·ren: im Auto fortfahren – in der Arbeit fortfahren (weitermachen)

fort·füh·ren: einen Gefangenen fortführen – er führte das Geschäft seines Vaters fort; die **Fortführung**

fort·ge·hen: (weggehen, andauern); der **Fortgang:** die Sache nimmt ihren Fortgang (Lauf)

fort·kom·men: in seinem Beruf fortkommen (Erfolg haben); das **Fortkommen:** sein Fortkommen finden (seinen Lebensunterhalt verdienen)

fort·lau·fen: von zu Hause fortlaufen; **fortlaufend:** die Seiten sind fortlaufend (aufeinanderfolgend) nummeriert

fort·pflan·zen, sich: (Nachkommen hervorbringen); die **Fortpflanzung**

Fort·schritt, der: -(e)s, -e; gute Fortschritte machen; **fortgeschritten;** der/die **Fortgeschrittene; fortschreiten; fortschrittlich; fortschrittsgläubig**

fort·set·zen: die Arbeit fortsetzen (weiterführen); **fortgesetzt** (unaufhörlich); die **Fortsetzung** ⟨Forts.⟩; der **Fortsetzungsroman**

Fo·rum *lat.,* das: -s, Foren/Fora; das Forum (die Personen) der Öffentlichkeit – ein Forum (eine öffentliche Diskussion) veranstalten

Fos·sil *lat.,* das: -s, Fossilien (versteinerter Rest von Pflanzen oder Tieren); **fossil**

Fo·to, das: -s, -s; ein Foto von jemandem machen; das **Fotoalbum;** der **Fotoamateur;** die **Fotoamateurin;** der **Fotoapparat;** der **Fotoartikel;** das **Fotoatelier** *[...atelje]*; das **Fotofinish** *[...finisch]* (Zieleinlauf, bei dem der Sieger durch ein Zielfoto ermittelt wird); **fotogen** (bildwirksam); auch: **photogen;** der **Fotograf;** auch: der **Photograph;** die **Fotografie;** auch: die **Photographie; fotografieren;** die **Fotografin;** auch: die **Photographin; fotografisch;** auch: **photographisch;** das **Fotohandy** *[...händi]* (Handy mit integrierter Fotokamera); die **Fotokopie; fotokopieren;** das **Fotomodell;** die **Fotomontage** *[...montasche]*; der **Fotoreporter;** die **Fotoreporterin;** die **Fotosafari;** das **Fotoshooting** *[...schuting]* (Aufnahme von Werbefotos); die **Fotosynthese;** auch: die **Photosynthese;** die **Fotothek** (Fotosammlung); die **Fotovoltaik** (Lehre von der Energiegewinnung aus Sonnenenergie); auch: die **Photovoltaik;** die **Fotozeitschrift;** die **Fotozelle;** auch: die **Photozelle**

Fö·tus *lat.,* der: -/ses, -se/Föten (Leibesfrucht vom dritten Monat an); auch: der **Fetus**

Foul *engl. [faul],* das: -s, -s (unfaires, regelwidriges Verhalten im Sport); **foul** (regelwidrig) # faul; der **Foulelfmeter; foulen** # faulen; das **Foulspiel**

Foy·er (Fo·yer) *franz. [foaje],* das: -s, -s (Wandelhalle im Theater, Vorraum)

Fracht, die: -, -en (Ladung, zu befördernde Ware); der **Frachtbrief;** der **Frachter** (Frachtschiff); **frachtfrei** (ohne Frachtkosten); das **Frachtgut,** die ...güter; der **Frachtraum;** der **Frachtverkehr**

Frack *engl.,* der: -(e)s, -s/Fräcke (Männeranzug für ein Fest); das **Frackhemd**

fra·gen: den Lehrer fragen – eine gefragte (begehrte) Ware; aber: *Fragen kostet nichts*; die **Frage:** *in Frage kommen* (in Betracht gezogen werden); auch: infrage – *außer Frage* (ganz gewiss) *sein*; der **Fragebogen,** die ...bögen; das **Fragefürwort,** die ...wörter; die **Fragerei;** der **Fragesatz,** die ...sätze; das **Frage-und-Antwort-Spiel;** das **Fragewort,** die ...wörter; das **Fragezeichen; fraglich** (ungewiss, zweifelhaft); **fraglos** (ohne Frage); **fragwürdig** (zweifelhaft, verdächtig); die **Fragwürdigkeit**

fra·gil *lat.*: (zart, zerbrechlich)

Frag·ment *lat.,* das: -(e)s, -e (Bruchstück, etwas Unvollendetes); **fragmentarisch** (nicht vollständig)

Frak·ti·on *franz.*: -, -en (die Abgeordneten einer Partei im Parlament); **fraktionell;** der **Fraktionsausschuss;** das **Fraktionsmitglied;** der **Fraktionszwang**

Frak·tur *lat.,* die: -, -en (alte deutsche Schrift, Knochenbruch); *mit jemandem Fraktur reden* (ihm deutlich seine Meinung sagen)

frank *franz.*: (frei); frank und frei (offen, aufrichtig) seine Meinung sagen

Fran·ken, das: -s (Land der Franken); der **Franke;** die **Fränkin,** die Fränkinnen; **fränkisch**

Fran·ken ⟨Fr., sFr., sfr.⟩, der: -s, - (schweizerische Währungseinheit)

fran·kie·ren *ital.*: einen Brief frankieren (mit Briefmarke(n) versehen); **franko** (portofrei)

Frank·reich: -s (Staat in Westeuropa); der

Franzose; die **Französin,** die Französinnen; **französisch:** der französische Wein; aber: die Französische Revolution – die Französische Republik – das Französische – auf Französisch

Fran·se, die: -, -n (Fadenbündel); **fransen; fransig:** *sich den Mund fransig reden* (viel, doch vergeblich reden)

frap·pant *franz.*: eine frappante (verblüffende) Ähnlichkeit; **frappieren** (überraschen)

frä·sen: ein Gewinde fräsen; die **Fräse** (Werkzeug); die **Fräsmaschine**

Fraß, der: -es, -e (Futter für Tiere, schlechtes Essen); → fressen

Frat·ze, die: -, -n (verzerrtes Gesicht); der **Fratz** (ungezogenes Kind); **fratzenhaft**

Frau ⟨Fr.⟩, die: -, -en; eine kluge Frau – meine Frau (Ehefrau) – Frau Müller; **frauenhaft;** das **Fräulein** ⟨Frl.⟩; **fraulich** (weiblich)

Freak *amerik. [frik]*, der: -s, -s (jemand, der sich für etwas fanatisch begeistert)

frech: *frech wie Oskar* (sehr frech); der **Frechdachs;** die **Frechheit:** *Frechheit siegt*

Fre·gat·te *franz.*, die: -, -n (Kriegsschiff)

frei: freier, am frei(e)sten; frei (selbstständig) sein – frei (unabhängig) bleiben – frei werden – der Platz ist frei – er reitet über das freie (leere) Feld – freie Fahrt haben – frei (ohne Hilfe) laufen – frei von Schuld – eine Ware frei Haus liefern; aber: ins Freie gehen – im Freien – Freie Hansestadt Bremen; **...frei:** portofrei – schulfrei; die **Freiarbeit;** das **Freibad,** die ...bäder; **freibekommen:** Geiseln freibekommen; auch: frei bekommen; **freiberuflich;** der **Freibeuter** (Seeräuber); der **Freibrief:** *einen Freibrief* (eine besondere Erlaubnis) *haben;* das **Freie;** das **Freiexemplar;** die **Freifrau;** die **Freigabe; freigeben;** auch: frei geben; **freigebig** (großzügig); **freihaben** (freie Zeit haben); auch: frei haben; der **Freihafen,** die ...häfen; **freihalten:** jemanden freihalten (für ihn bezahlen); aber: jemandem den Rücken freihalten; auch: frei halten; aber nur: kannst du den Apparat frei (ohne Stütze) halten? – eine Rede frei halten; **freihändig;** die **Freiheit; freiheitlich;** der **Freiheitsdrang; freiheitsliebend; freiheraus** (offen, geradeheraus); der **Freiherr;** die **Freiherrin;** die **Freikarte; freikommen** (loskommen); die **Freikörperkultur** ⟨FKK⟩ (Baden oder Bewegung im Freien mit nacktem Körper); **freilassen** (freigeben); auch: frei lassen; **freilaufend:** freilaufende Hühner; auch: frei laufend; **freilebend:** freilebendes Wild; auch: frei lebend; **freilegen:** die Wurzeln freilegen; auch: frei legen; **freilich; freimachen:** den Weg freimachen; auch: frei machen; aber nur: einen Brief freimachen; der **Freimut; freimütig** (offen); **freinehmen;** auch: frei nehmen; **freipressen** (durch Erpressung aus der Haft befreien); **freischaffend** (ohne feste Anstellung); der **Freischwimmer;** die **Freischwimmerin; freisetzen:** Energie freisetzen; **freisprechen** (für nicht schuldig erklären); aber: frei (ohne Vorlage) sprechen; der **Freispruch;** der **Freistaat; freistehen:** das soll euch freistehen (gestattet sein); **freistehend:** ein freistehendes (für sich stehendes) Haus; auch: frei stehend; **freistellen:** jemandem etwas freistellen (erlauben); der **Freistil;** der **Freistoß;** der **Freitod; freitragend:** eine freitragende Brücke; **freiweg:** freiweg (unbekümmert) seine Meinung sagen; **freiwillig;** der/die **Freiwillige;** die **Freiwilligkeit;** der **Freiwurf;** die **Freizeit; freizügig;** die **Freizügigkeit**

frei·en: (heiraten wollen, werben); der **Freier:** *auf Freiersfüßen gehen* (heiraten wollen)

Frei·tag ⟨Fr.⟩, der: -(e)s, -e (Wochentag); der **Freitagabend; freitagabends; freitags** (an Freitagen): freitags abends

fremd: ein fremder (unbekannter) Mann – fremdes (einem anderen gehörendes) Eigentum; der **Fremdarbeiter;** die **Fremdarbeiterin; fremdartig;** der/die **Fremde;** die **Fremde:** in der Fremde (im Ausland); der **Fremdenführer;** der **Fremdenverkehr; fremdgehen** (untreu sein); die **Fremdherrschaft;** der **Fremdkörper; fremdländisch;** der **Fremdling;** die **Fremdsprache; fremdsprachig; fremdsprachlich;** das **Fremdwort**

fre·ne·tisch *franz.*: ein frenetischer (stürmischer) Beifall

Fre·quenz *lat.*, die: -, -en (Schwingungszahl in einer bestimmten Zeit, Häufigkeit); **frequentieren** (häufig besuchen)

Fres·ke *franz.*, die: -, -n (Wandmalerei); auch: das **Fresko,** die Fresken

fres·sen: du frisst, er fraß, sie hat gefressen, friss!; viel fressen – der Ärger frisst in mir – das Auto frisst viel Benzin – *an jemandem* *einen Narren gefressen haben* (in jemanden vernarrt sein) – *etwas ausgefressen* (angestellt) *haben* – *etwas in sich hineinfressen* (Ärger schweigend hinnehmen); die **Fressalien** *Pl.* (Lebensmittel); das **Fressen;** die **Fresserei;** der **Fressnapf,** die ...näpfe; die **Fresssucht;** auch: die **Fress-Sucht**

Freu·de, die: -, -n; Freud und Leid – *auf Freud folgt Leid*; der **Freudensprung,** die ...sprünge; der **Freudentaumel; freudestrahlend;** aber: vor Freude strahlend; **freudig; freudlos; freuen:** es freut ihn – er freut sich

Freund, der: -(e)s, -e; ein guter Freund – ein Freund (Anhänger) des Sports – jemandes Freund sein/bleiben/werden; **freund:** jemandem freund (freundschaftlich gesinnt) sein/bleiben/werden; aber: *mit jemandem gut Freund sein* (gut mit ihm auskommen); der **Freundeskreis;** das **Freund-Feind-Denken;** die **Freundin,** die Freundinnen; **freundlich; freundlicherweise;** die **Freundlichkeit;** die **Freundschaft; freundschaftlich;** der **Freundschaftsdienst**

Fre·vel, der: -s, - (Versündigung, Verbrechen); **frevelhaft;** die **Frevelhaftigkeit; freveln;** die **Freveltat;** der **Frevler; frevlerisch**

Frie·den, der: -s; mit jemandem in Frieden (Einigkeit) leben – *dem Frieden nicht trauen* (vorsichtig sein); auch: der **Friede;** die **Friedensbewegung;** die **Friedensinitiative;** die **Friedensliebe;** der **Friedensnobelpreis;** die **Friedenspfeife;** der **Friedensschluss,** die ...schlüsse; der **Frieden(s)stifter;** die **Friedenstaube;** der **Friedensvertrag,** die ...verträge; **friedfertig;** die **Friedfertigkeit;** der **Friedhof,** die ...höfe; **friedlich; friedliebend; friedlos; friedsam; friedvoll**

frie·ren: du frierst, er fror, sie hat gefroren, frier(e)!; an den Füßen frieren

Fries *franz.*, der: -es, -e (Gesimsstreifen)

Frie·se, der: -n, -n (Angehöriger eines Volksstammes an der Nordseeküste); der **Friesennerz** (Öljacke); die **Friesin,** die Friesinnen; **friesisch**

fri·gid *lat.*: er ist frigid (sexuell nicht erregbar); auch: **frigide;** die **Frigidität**

Fri·ka·del·le *ital.*, die: -, -n (gebratenes Fleischklößchen); das **Frikassee** (Gericht aus klein geschnittenem Fleisch)

frisch: Gemüse frisch halten – ein frisches Gemüse – einen frischen Eindruck machen – eine frische Spur – mit frischem Mut – jemanden auf frischer Tat erwischen – *frisch gewagt ist halb gewonnen;* **frischbacken;** die **Frische;** das **Frischfleisch; frisch-fröhlich; frischgebacken:** frischgebackenes Brot; auch: frisch gebacken; aber nur: ein frischgebackenes Ehepaar; **frischgestrichen;** auch: frisch gestrichen; der **Frischhaltebeutel;** der **Frischling** (junges Wildschwein); die **Frischluft;** sich **frischmachen;** auch: sich frisch machen; das **Frischobst;** die **Frischverliebten** *Pl.*; auch: die frisch Verliebten; **frischweg;** die **Frischzelle**

Fri·seur *franz. [frisör]*, der: -s, -e (jemand, der anderen die Haare schneidet); auch: der **Frisör;** die **Friseuse** *[frisöse]*; auch: die **Frisöse; frisieren;** die **Frisur**

Frist, die: -, -en; eine Frist (ein festgelegter Zeitraum) von zwei Jahren – die Frist (der Termin) läuft ab; **fristen:** sein Dasein fristen (mühsam verbringen); die **Fristenregelung; fristgemäß; fristgerecht; fristlos** (mit sofortiger Wirkung)

Frit·teu·se *franz. [fritöse]*, die: -, -n (Haushaltsgerät zum Braten); die **Fritten** *Pl.*; auch: → **Pommes frites;** die **Frittenbude** (Imbissstube); **frittieren**

fri·vol *franz. [friwol]*: (leichtfertig, frech, zweideutig); die **Frivolität,** die Frivolitäten

froh: froher, am froh(e)sten; ein frohes Fest wünschen – die frohe Botschaft; die **Frohbotschaft; frohgelaunt:** eine frohgelaunte Runde; auch: froh gelaunt; **frohgemut; fröhlich; die Fröhlichkeit; frohlocken** (jubeln); die **Frohnatur;** der **Frohsinn**

fromm: frommer/frömmer, am frommsten/am frömmsten (gläubig, gottesfürchtig); die **Frömmelei; frommen:** es frommt (nützt) mir; die **Frömmigkeit; frömmlerisch**

Fron, die: -, -en (Plage, Pflichtarbeit, Dienst für einen Herrn); die **Fronarbeit;** der **Frondienst; frönen:** einem Laster frönen (sich ihm hingeben); der **Fronherr;** der **Fronleichnam** (katholischer Feiertag)

Front *franz.*, die: -, -en; die Front (Vorderseite des Hauses) – die Front (geschlossene Einheit) der Streikenden – an die Front (in das Kampfgebiet) kommen – *die Fronten wechseln* (zur Gegenpartei übergehen) – *gegen etwas Front machen* (sich dagegen wehren); **frontal** (vorn, von vorn); der **Frontal-**

angriff; der **Frontantrieb;** der **Frontkämpfer;** der **Frontlader;** der **Frontsoldat**

Frosch, der: -(e)s, Frösche; sei kein Frosch (zier dich nicht)!; der **Froschlaich** (abgelegte Eier der Frösche); der **Froschmann,** die ... männer (Taucher); die **Froschperspektive**

Frost, der: -(e)s, Fröste (Temperatur unter dem Gefrierpunkt); **frostbeständig;** die **Frostbeule; frösteln** (leicht frieren); der **Froster** (Tiefkühlfach); **frostig:** frostiges (kaltes) Wetter – eine frostige (kühle, unfreundliche) Begrüßung; das **Frostschutzmittel**

Frot·tee *franz.*, das/der: -(s), -s (Stoff mit gekräuselter Oberfläche); auch: das/der **Frotté;** das **Frotteehandtuch,** die ... tücher; auch: das **Frottéhandtuch; frottieren** (mit Tüchern abreiben); das **Frottiertuch**

frot·zeln: (necken); die **Frotzelei**

Frucht, die: -, Früchte; eine unreife Frucht – die Frucht (Folge) der Erziehung; **fruchtbringend;** auch: Frucht bringend; **fruchtbar;** die **Fruchtbarkeit;** das **Früchtchen** (Taugenichts); **fruchten:** es fruchtet (hilft, nützt) nichts; das **Fruchtfleisch; fruchtig;** der **Fruchtknoten; fruchtlos** (nutzlos); die **Fruchtlosigkeit;** der **Fruchtsaft,** die ... säfte; das **Fruchtwasser**

fru·gal *lat.*: ein frugales (bescheidenes) Essen

früh: früher, am früh(e)sten; ein früher Sommer – früh am Morgen – um acht Uhr früh – früh (zeitig) kommen – früh (in jungen Jahren) sterben – heute/gestern/morgen(s) früh; auch: morgen Früh – von früh auf – von früh bis spät – allzu früh – Montag früh; der **Frühaufsteher;** die **Frühe:** in aller Früh(e); **früher** (einst); **früh(e)stens; frühestmöglich;** die **Frühgeburt;** das **Frühjahr;** der **Frühling; frühmorgens;** aber: morgens früh; das **Frühobst; frühreif;** der **Frührentner;** die **Frührentnerin;** der **Frühschoppen;** der **Frühstart;** das **Frühstück; frühstücken; frühverstorben:** ein frühverstorbenes Kind; auch: früh verstorben; **frühvollendet:** ein frühvollendetes Werk; auch: früh vollendet; **frühzeitig**

frus·trie·ren (frust·rie·ren) *lat.*: jemanden frustrieren (seine Erwartungen enttäuschen); der **Frust;** die **Frustration; frustriert:** frustrierte (in ihren Erwartungen enttäuschte) Lehrer; die **Frustrierung**

Fuchs, der: -es, Füchse; er ist ein schlauer Fuchs (listiger Mensch); **fuchsen:** jemanden fuchsen (ärgern); **fuchsig** (fuchsrot, fuchswild); die **Füchsin;** der **Fuchsschwanz** (kurze Holzsäge); **fuchsteufelswild**

Fuch·sie *[fukßje]*, die: -, -n (eine Zierpflanze)

fuch·teln: mit den Armen fuchteln (heftige Bewegungen in der Luft machen); die **Fuchtel:** unter jemandes Fuchtel (unter strenger Aufsicht) stehen; **fuchtig:** fuchtig (ärgerlich, zornig) werden

Fu·der, das: -s, -; ein Fuder (eine Wagenladung, Fuhre) Heu; **fuderweise**

Fu·ge, die: -, -n (Spalte, Verbindungsstelle); *mit Fug und Recht* (mit vollem Recht) – *aus den Fugen* (in Unordnung) *geraten*; **fugen** (Bauteile verbinden); **fugenlos**

fü·gen: Stein auf Stein fügen – das Schicksal hat es so gefügt (gewollt) – sich fügen (etwas hinnehmen); **füglich** (mit Recht); **fügsam** (gehorsam); die **Fügsamkeit;** die **Fügung**

füh·len: sich krank fühlen – Schmerz fühlen – jemandem den Puls fühlen – *sich wie ein Fisch im Wasser fühlen* (sich sehr wohl fühlen) – *jemandem auf den Zahn fühlen* (etwas herauszubekommen versuchen); **fühlbar;** der **Fühler:** *seine Fühler ausstrecken* (sich vorsichtig erkundigen); **fühllos;** die **Fühlung;** die **Fühlungnahme**

Fuh·re, die: -, -n; eine Fuhre (Wagenladung) Holz; die **Fuhrleute** *Pl.;* der **Fuhrlohn;** der **Fuhrmann,** die ... männer; der **Fuhrpark;** das **Fuhrunternehmen;** das **Fuhrwerk; fuhrwerken** (rasch und heftig hantieren); → fahren

füh·ren: jemanden über die Straße führen – jemanden spazieren führen – einen Betrieb führen (leiten) – in einem Wettkampf führen – die Straße führt nach Berlin – es führt zu nichts (bringt nichts) – er führt (beträgt) sich gut – Krieg führen – ein Fahrzeug führen (steuern) – *jemanden hinters Licht führen* (täuschen); der **Führer;** die **Führerin,** die Führerinnen; **führerlos;** der **Führerschein;** der **Führersitz;** die **Führung**

fül·len: ein Glas füllen; die **Fülle:** in Hülle und Fülle (reichlich); der **Füller;** der **Füllfederhalter;** das **Füllhorn,** die ... hörner; **füllig** (dicklich); das **Füllsel;** die **Füllung**

Fül·len, das: -s, - (junges Pferd, Fohlen)

ful·mi·nant *lat.*: ein fulminanter (großartiger, glänzender) Erfolg

fum·meln: an etwas herumfummeln (sich zu

schaffen machen); die **Fummelei**

Fund, der: -(e)s, -e; ein kostbarer Fund; das **Fundamt,** die ...ämter; das **Fundbüro;** die **Fundgrube; fündig:** fündig werden (etwas Gesuchtes finden); der **Fundort;** die **Fundstätte;** → finden

Fun·da·ment *lat.,* das: -(e)s, -e; das Fundament (die Grundmauern) eines Hauses – ein gutes Fundament (eine Grundlage) für den Beruf; **fundamental:** fundamentale (grundlegende) Erkenntnisse; **fundieren:** ein fundiertes (vertieftes) Wissen; der **Fundus** (Grundstock, Grundlage)

fünf: bis fünf zählen – zu fünfen – zu fünft – wir fünf – in fünf viertel Stunden; auch: in fünf Viertelstunden; die **Fünf:** eine Fünf in Deutsch haben – eine Fünf würfeln; **fünfarmig;** auch: **5-armig;** das **Fünfcentstück;** auch: das **5-Cent-Stück;** das **Fünfeck;** der **Fünfer; fünferlei;** der **Fünfeuroschein;** auch: der **5-Euro-Schein; fünffach;** auch: **5fach** oder: **5-fach;** das **Fünffache;** auch: das **5fache** oder: das **5-Fache; fünfhundert; fünfjährig;** auch: **5-jährig;** der **Fünfkampf; fünfmal;** auch: **5-mal; fünfstellig;** auch: **5-stellig; fünfstimmig;** auch: **5-stimmig; fünfstöckig;** auch: **5-stöckig;** die **Fünftagewoche; fünftausend; fünftel;** das **Fünftel; fünftens; fünfzehn; fünfzig;** der **Fünfziger;** die **Fünfzimmerwohnung**

fun·gie·ren *lat.*: (ein Amt verrichten)

Funk, der: -s (drahtlose Übertragung); der **Funkamateur** *[... amatör]*; **funken:** SOS funken; der **Funker;** die **Funkerin,** die Funkerinnen; das **Funkgerät;** das **Funksprechgerät;** der **Funkspruch,** die ... sprüche; der **Funkstreifenwagen;** der **Funkturm,** die ... türme

Fun·ke, der: -n/-ns, -n; auch: der **Funken:** Funken aus dem Stein schlagen – er hat keinen Funken (kein bisschen) Verstand; **funkeln** (glitzern, strahlen); **funkelnagelneu;** der **Funkenflug; funkensprühend:** eine funkensprühende Wunderkerze; auch: Funken sprühend

Funk·ti·on *lat.,* die: -, -en; die Funktion (Tätigkeit) des Herzens – eine Funktion (ein Amt, eine Aufgabe) ausüben – in Funktion (in Betrieb) sein; der **Funktionär** (Beauftragter einer Organisation); die **Funktionärin,** die Funktionärinnen; **funktionell** (wirksam); **funktionieren; funktionsfähig**

Fun·zel, die: -, -n (schwach brennende Lichtquelle); auch: die **Funsel**

für: für seine Kinder sorgen – für sein Hobby Geld ausgeben – für zwei Monate verreisen – für alle Zeit – Tag für Tag – ein für alle Mal – für und wider; aber: das Für und Wider; **füreinander:** füreinander da sein – füreinander einstehen; das **Fürwort**

Fur·che, die: -, -n; eine Furche (lange, schmale Vertiefung) auf dem Feld ziehen – Furchen (Falten, Runzeln) im Gesicht; **furchen** (Furchen ziehen); **furchig**

Furcht, die: -; die Furcht (Angst) vor dem Tode; **furchtbar:** ein furchtbares (gewaltiges) Geschrei – furchtbar (sehr) hässlich sein – ein furchtbarer (schrecklicher) Anblick; **furchteinflößend:** ein furchteinflößendes Gespenst; auch: Furcht einflößend; **fürchten; fürchterlich; furchterregend:** ein furchterregendes Aussehen; auch: Furcht erregend; **furchtlos;** die **Furchtlosigkeit; furchtsam**

Fu·rie *lat. [furje],* die: -, -n (römische Rachegöttin, böses Weib); wie eine Furie; **furios** (wütend, hitzig)

für·lieb·neh·men: mit etwas fürliebnehmen (damit zufrieden sein, vorliebnehmen)

Fur·nier *franz.,* das: -s, -e (dünne Holzauflage); **furnieren;** das **Furnierholz**

fürs: (für das); fürs Erste bin ich zufrieden

Für·sor·ge, die: -; eine liebevolle Fürsorge (Betreuung) – Fürsorge (Unterstützung vom Staat) bekommen; der **Fürsorgeempfänger;** der **Fürsorger;** die **Fürsorgerin; fürsorglich**

Für·spra·che, die: -, -n; bei jemandem/für jemanden Fürsprache einlegen; der **Fürsprecher;** die **Fürsprecherin,** die ... sprecherinnen

Fürst, der: -en, -en (hoher Adeliger); der **Fürstbischof,** die ... bischöfe; das **Fürstentum;** die **Fürstin,** die Fürstinnen; **fürstlich:** ein fürstliches (sehr hohes) Gehalt – fürstlich (verschwenderisch) essen

Furt, die: -, -en (seichte Stelle eines Flusses)

Fu·run·kel *lat.,* das/der: -s, - (eitriges Geschwür)

Fu·sel, der: -s, - (minderwertiger Schnaps)

Fu·si·on *lat.,* die: -, -en; (Verschmelzung, Vereinigung); **fusionieren** (sich zusammenschließen); die **Fusionierung**

Fuß, der: -es, Füße; zu Fuß gehen – gut zu Fuß

sein – zu Fuß kommen – sich den Fuß brechen – stehenden Fußes (sofort) – *jemanden auf freien Fuß setzen* (freilassen) – *auf eigenen Füßen stehen* (selbstständig sein) – *jemandes Gefühle mit Füßen treten* (missachten, verletzen) – *kalte Füße kriegen* (Bedenken haben) – *festen Fuß fassen* (sich einen festen Platz schaffen und sich durchsetzen) – *auf großem Fuß* (aufwendig) *leben* – *auf freiem Fuße* (frei) *sein*; der **Fußball;** der **Fußboden,** die ... böden; **fußbreit:** ein fußbreiter Streifen; der **Fußbreit:** keinen Fußbreit zurückweichen; auch: keinen Fuß breit; die **Fußbremse; fußen:** auf etwas fußen (zur Grundlage haben); der **Fußgänger;** die **Fußgängerin,** die ... gängerinnen; die **Fußgängerzone; fußhoch;** aber: fünf Fuß hoch; **... füßig:** leichtfüßig; die **Fußmatte;** die **Fußnote** (Anmerkung zu einem Text unten auf der Seite); die **Fußsohle;** die **Fußstapfe;** der **Fußstapfen; fußtief;** aber: zwei Fuß tief; der **Fußtritt;** der **Fußweg**

Fus·sel, die/der: -, -n (Faserstückchen); **fuss(e)lig; fusseln:** der Stoff fusselt

Fut·ter, das: -s; Tieren Futter geben; die **Futterkrippe; futtern** (essen); **füttern:** Tiere füttern; der **Futtertrog;** die **Fütterung**

Fut·ter, das: -s, -; das Futter des Mantels (schützender Stoff auf der Innenseite)

Fut·te·ral *lat.*, das: -s, -e (Schutzhülle)

Fu·tur *lat.*, das: -s (Sprachlehre: Zukunft)

G

g = Gramm

Ga·be, die: -, -n; um eine milde Gabe (eine Spende) bitten – große Gaben (Anlagen, Fähigkeiten) haben; → geben

Ga·bel, die: -, -n; mit Messer und Gabel essen – den Telefonhörer auf die Gabel legen (auflegen); sich **gabeln:** der Weg gabelt sich; der **Gabelstapler;** die **Gab(e)lung**

ga·ckern: gackernde Hühner

gaf·fen: (neugierig starren); der **Gaffer**

Gag *engl. [gäg]*, der: -s, -s (witziger Einfall)

Ga·ge *franz. [gasche]*, die: -, -n (Bezahlung für einen Künstler)

gäh·nen: müde gähnen – eine gähnende (fast völlige) Leere; die **Gähnerei**

Ga·la *span.*, die: - (Festkleidung); *sich in Gala werfen* (sich für einen besonderen Anlass gut anziehen); der **Galaabend;** der **Galaempfang;** das **Galakonzert;** die **Galauniform**

ga·lant *franz.*: galant (höflich, ritterlich) sein; die **Galanterie;** die **Galanteriewaren** *Pl.* (Schmuckwaren)

Ga·la·xie *griech.*, die: -, Galaxien (großes Sternsystem); die **Galaxis** (die Milchstraße); **galaktisch** (zu den großen Sternsystemen gehörend)

Ga·lee·re *ital.*, die: -, -n (mittelalterliches Ruderschiff); der **Galeerensklave;** der **Galeerensträfling**

Ga·le·rie *ital.*, die: -, Galerien (Kunstausstellung, Brüstung, Laufgang in Gebäuden)

Gal·gen, der: -s, -; am Galgen hängen; die **Galgenfrist:** *jemandem eine Galgenfrist geben* (noch etwas Zeit lassen); der **Galgenhumor;** der **Galgenstrick;** der **Galgenvogel,** die ... vögel (Taugenichts)

Gal·le, die: -, -n (Absonderung der Leber); der **Gallapfel; galle(n)bitter;** die **Gallenblase;** der **Gallenstein; gallig** (scharf, bitter)

Gal·lert *lat.*, das: -(e)s, -e (durchsichtige, steife Masse aus eingedickten Säften); auch: die **Gallerte; gallertartig; gallertig**

Gal·lo·ne *engl.*, die: -, -n (amerikanisches Hohlmaß)

Ga·lopp *ital.*, der: -s, -s/-e (schnelle Gangart des Pferdes); im Galopp davonreiten; **galoppieren;** das **Galopprennen**

gal·va·ni·sie·ren: (mit Metall überziehen); die **Galvanisation; galvanisch**

Ga·ma·sche *arab.*, die: -, -n (Schutzkleidung für das Bein)

Game·boy *engl. [gembeu]*, der: -(s), -s (elektronisches Spielgerät)

Gam·ma·strah·len *Pl. griech.*, die: - (radioaktive Strahlen); auch: die **γ-Strahlen**

gam·meln: er gammelt (tut nichts); das **Gammelfleisch** (verdorbenes Fleisch); der **Gammler;** die **Gammlerin;** das **Gammlertum**

Gäm·se, die: -, -n (Bergtier); auch: der/die **Gams;** der **Gämsbock,** die ... böcke; auch: der **Gamsbock;** das **Gamswild**

Gang, der: -(e)s, Gänge; einen Gang machen – etwas in Gang (Bewegung) bringen/halten – der Gang (Verlauf) der Geschichte – das Essen hat mehrere Gänge – auf dem Gang (Flur) – mit dem dritten Gang fahren

– im Gang(e) sein – in Gang setzen; aber: *es ist gang und gäbe* (allgemein üblich); die **Gangart; gangbar; gängig:** eine gängige (gebräuchliche) Redensart – gängige (gefragte) Waren; die **Gangschaltung;** → gehen

gän·geln: (bevormunden); das **Gängelband:** *jemanden am Gängelband führen* (ihn bevormunden); die **Gängelei**

Gangs·ter *amerik. [gängßter],* der: -s, - (Mitglied einer Bande, Verbrecher); die **Gang** *[gäng]* (Verbrecherbande)

Gang·way *engl. [gängwe],* die: -, -s (Laufsteg eines Schiffes oder Flugzeugs)

Ga·no·ve *hebr.*, der: -n, -n (Gauner, Dieb)

Gans, die: -, Gänse (ein Schwimmvogel); das **Gänseblümchen;** die **Gänsehaut;** der **Gänsemarsch;** der **Gänserich** (männliche Gans); auch: der **Ganter**

ganz: die ganze Familie – die ganze Wahrheit – ganze Zahlen – ganz Europa – das ganze Jahr – ganz und gar – ganz ruhig – voll und ganz – ganz groß; aber: im Ganzen – im Großen und Ganzen – im großen Ganzen; das **Ganze:** als Ganzes – das große Ganze – fürs Ganze – *aufs Ganze gehen* (entschlossen auf ein Ziel losgehen) – *es geht ums Ganze* (um Sieg oder Niederlage); die **Gänze:** zur Gänze (vollständig, ganz); die **Ganzheit; ganzheitlich; ganzleinen; gänzlich** (ganz, völlig); **ganzmachen** (reparieren); auch: ganz machen; **ganztägig; ganztags;** die **Ganztagsschule**

gar: das Essen ist gar (fertiggekocht) – gar sein; **garen** (braten, sieden); **garkochen:** gargekochtes Fleisch; auch: gar kochen; die **Garküche;** → gären

gar: ganz und gar (sehr) – gar nicht – gar sehr – gar wohl – gar nichts – gar (überhaupt) kein Interesse – er nimmt es gar zu leicht

Ga·ra·ge *franz. [garasche],* die: -, -n (Unterstellraum für Autos); das **Garagentor**

Ga·ran·tie *franz.*, die: -, Garantien (Versicherung, Gewissheit); der **Garant** (Bürge); **garantieren;** der **Garantieschein;** die **Garantin,** die Garantinnen

Ga·raus (Gar·aus), der: *jemandem den Garaus machen* (ihn umbringen, vernichten)

Gar·be, die: -, -n (Bündel)

Gar·de *franz.*, die: -, -n (Leibwache)

Gar·de·ro·be *franz.*, die: -, -n (Kleidung, Kleiderablage, Umkleideraum); die **Garderobenfrau;** auch: die **Garderobiere** *[garderobjere];* der **Garderobenschrank**

Gar·di·ne *niederl.*, die: -, -n; Gardinen (Fenstervorhänge) aufhängen – *hinter schwedischen Gardinen* (im Gefängnis) *sitzen;* die **Gardinenpredigt;** die **Gardinenstange**

gä·ren: du gärst, er gor / gärte, sie hat gegoren / gegärt; gär(e)!; der Most gärt – die Wut gärt in ihm; die **Gärung;** → gar

Garn, das: -(e)s, -e (Faden); *einem ins Garn* (in die Falle) *gehen;* das **Garnknäuel**

Gar·ne·le, die: -, -n (Krebstier)

gar·nie·ren *franz.*: (ausschmücken, verzieren); die **Garnierung;** die **Garnitur** (Ausstattung, Besatz, Besteck)

Gar·ni·son *franz.*, die: -, -en (Standort für Truppen); die **Garnison(s)kirche**

gars·tig: (hässlich, böse); die **Garstigkeit**

Gar·ten, der: -s, Gärten; im Garten arbeiten; das **Gartenbeet;** die **Gartenlaube;** der **Gärtner;** die **Gärtnerei;** die **Gärtnerin,** die Gärtnerinnen; **gärtnern**

Gas, das: -es, -e; Gas geben – mit Gas heizen; **gasförmig;** der **Gashahn;** die **Gasheizung;** der **Gasherd;** der **Gasmann,** die ... männer; die **Gasmaske;** der **Gasometer;** das **Gaspedal;** die **Gaspistole;** das **Gaswerk**

Gas·se: -, -n (schmale Straße); das **Gässchen;** der **Gassenhauer** (bekanntes Lied); der **Gassenjunge; Gassi:** mit dem Hund Gassi (auf die Straße) gehen; das **Gässlein**

Gast, der; -(e)s, Gäste; zu Gast sein – sich Gäste einladen; der **Gastarbeiter;** die **Gastarbeiterin,** die ... arbeiterinnen; das **Gästehaus; gastfreundlich;** die **Gastfreundschaft;** der **Gastgeber;** die **Gastgeberin;** die ... geberinnen; der **Gasthof,** die ... höfe; **gastieren; gastlich** (gemütlich, behaglich); die **Gastlichkeit;** das **Gastmahl,** die ... mähler / ... mahle; das **Gastspiel;** die **Gaststätte;** der **Gastwirt;** die **Gastwirtin;** die **Gastwirtschaft**

Gas·tro·nom (Gast·ro·nom) *griech.*, der: -en, -en (Gastwirt); die **Gastronomie** (Kochkunst); die **Gastronomin,** die Gastronominnen; **gastronomisch**

Gat·te, der: -n, -n (Ehemann); die **Gattin,** die Gattinnen

Gat·ter, das: -s, - (Zaun, Gitter)

Gat·tung, die: -, -en (Gruppe, Sorte, Art)

Gau, der: -(e)s, -e (Gebiet, Landschaft)

GAU, der: -s, -s (der größte anzunehmende

Unfall, z. B. in einem Atomkraftwerk)

Gauk·ler, der: -s, - (Zauberkünstler); die **Gaukelei; gaukelhaft; gaukeln:** durch die Luft gaukeln (flattern); die **Gauklerin,** die Gauklerinnen

Gaul, der: -(e)s, Gäule (altes Pferd); *einem geschenkten Gaul schaut man nicht ins Maul*

Gau·men, der: -s, - (Wand zwischen Mund- und Nasenhöhle); die **Gaumenfreude;** der **Gaumenkitzel;** der **Gaumenschmaus**

Gau·ner, der: -s, - (Schwindler, Betrüger); die **Gaunerbande;** die **Gaunerei; gaunerhaft;** die **Gaunerin,** die Gaunerinnen; **gaunern**

Ga·ze *pers. [gase],* die: -, -n (Netzgewebe, Verbandsmull)

Ga·zel·le *ital.*, die: -, -n (Antilopenart)

Ga·zet·te *franz.*, die: -, -n (Zeitung, Zeitschrift)

geb. = geboren(e); gebunden (bei Büchern)

Ge·bäck, das: -(e)s, -e (Backware); das **Gebackene**

Ge·bälk, das: -(e)s, -e (Balkenwerk)

ge·bär·den, sich: sich wild gebärden (benehmen); die **Gebärde** (Bewegung, die etwas ausdrückt); die **Gebärdensprache;** sich **gebaren** (verhalten, betragen); das **Gebaren**

ge·bä·ren: du gebärst, sie gebar, sie hat geboren, gebär(e)!; ein Kind gebären (zur Welt bringen); die **Gebärmutter** (Organ, in dem sich das Kind bis zur Geburt entwickelt)

Ge·bäu·de, das: -s, - (großer Bau, Bauwerk); der **Gebäudekomplex;** der **Gebäudeteil; gebaut:** stark gebaut (gewachsen) sein; auch: starkgebaut; → bauen

ge·ben: du gibst, er gab, sie hat gegeben, gib!; jemandem die Hand geben – sich gelassen geben (benehmen) – es gibt kein Wasser – ein Fest geben (veranstalten); aber: das Gegebene – *Geben/geben ist seliger denn Nehmen/nehmen;* **gebefreudig;** der **Geber;** die **Geberin;** → Gabe

Ge·bet, das: -(e)s, -e; ein Gebet zu Gott – *jemanden ins Gebet nehmen* (ihm ins Gewissen reden); das **Gebetbuch,** die ... bücher

Ge·biet, das: -(e)s, -e; ein fruchtbares Gebiet

ge·bie·ten: du gebietest, er gebot, sie hat geboten, gebiete!; das gebietet (verlangt) der Anstand; der **Gebieter** (Herr, Herrscher); die **Gebieterin,** die Gebieterinnen; **gebieterisch;** → Gebot

Ge·bil·de, das: -s, -; ein Gebilde (etwas Geformtes) von Menschenhand

ge·bil·det: ein gebildeter (belesener, gelehrter) Mann; der/die **Gebildete**

Ge·bir·ge, das: -s, - (Gruppe von hohen Bergen); ins Gebirge fahren; **gebirgig;** die **Gebirgslandschaft;** das **Gebirgsmassiv;** der **Gebirgsstock;** der **Gebirgszug**

Ge·biss, das: -es, -e; das Gebiss des Hundes – ein Gebiss (einen Zahnersatz) haben

ge·bo·ren ⟨geb.⟩: sie ist eine geborene Müller – Frau Bauer(,) geb. Müller; → Geburt

ge·bor·gen: sie fühlt sich geborgen (gut aufgehoben, beschützt); die **Geborgenheit**

Ge·bot, das: -(e)s, -e; ein Gebot (eine Weisung) befolgen – zu Gebote stehen – die göttlichen Gebote; das **Gebotsschild;** → gebieten

ge·brand·markt: (gezeichnet)

ge·brau·chen: (benutzen, verwenden); der **Gebrauch;** die **Gebräuche** *Pl.*; **gebräuchlich;** die **Gebräuchlichkeit;** die **Gebrauchsanweisung; gebrauchsfertig;** der **Gebrauchsgegenstand; gebraucht;** der **Gebrauchtwagen**

Ge·bre·chen, das: -s, - (Leiden, körperlicher Schaden); **gebrechen:** es gebricht (fehlt) ihm an Ausdauer; **gebrechlich;** die **Gebrechlichkeit; gebrochen:** völlig gebrochen (niedergeschlagen) sein

Ge·brü·der *Pl.* ⟨Gebr.⟩, die: - (mehrere Brüder)

Ge·bühr, die: -, -en; seine Gebühren (Abgaben) entrichten – über Gebühr (zu sehr) – nach Gebühr (angemessen); **gebühren:** ihm gebührt Anerkennung (er verdient Anerkennung); **gebührend:** jemandem die gebührende (entsprechende, angemessene) Achtung entgegenbringen; **gebührenfrei; gebührenpflichtig; gebührlich**

Ge·burt, die: -, -en; die Geburt eines Kindes; die **Geburtenkontrolle; geburtenschwach; gebürtig:** ein gebürtiger Deutscher; der **Geburtstag;** die **Geburtstagsparty;** → geboren

Ge·büsch, das: -(e)s, -e; sich im Gebüsch (Buschwerk) verstecken

Geck, der: -en, -en (eitler Mensch); **geckenhaft;** die **Geckenhaftigkeit**

Ge·dächt·nis, das: -ses, -se; ein schlechtes Gedächtnis (Erinnerungsvermögen) haben – zum Gedächtnis (Andenken); die **Gedächtnisfeier;** der **Gedächtnisschwund;** die **Gedächtnisstörung;** die **Gedächtnisstütze**

Ge·dan·ke, der: -ns, -n; auch: der **Gedanken;** ein guter Gedanke (Einfall) – *die Gedanken*

G H I J K L M

sind frei; der **Gedankengang; gedankenlos;** die **Gedankenlosigkeit;** der **Gedankenstrich; gedankenvoll; gedanklich**

Ge·dẹck, das: -(e)s, -e; ein Gedeck (zum Essen) auflegen; **gedeckt**

ge·dei·hen: du gedeihst, er gedieh, sie ist gediehen, gedeih(e)!; die Pflanzen gedeihen (entfalten sich) gut; das **Gedeihen:** auf Gedeih und Verderb; **gedeihlich** (fruchtbar, nützlich); die **Gedeihlichkeit**

ge·dẹn·ken: der Toten gedenken (sich ihrer erinnern) – ich gedenke (beabsichtige) zu verreisen; das **Gedenken;** die **Gedenkfeier;** die **Gedenkstätte;** der **Gedenktag**

G H I J K L M

Ge·dịcht, das: -(e)s, -e; ein Gedicht aufsagen

ge·die·gen: gediegene (solide) Kenntnisse – ein gediegener (reiner) Charakter – gediegenes (reines) Gold; die **Gediegenheit**

Ge·drän·ge, das: -s (dichte Menschenmenge); auch: das **Gedrängel; gedrängt** (knapp, kurz); die **Gedrängtheit**

ge·drụn·gen: von einer gedrungenen (untersetzten) Gestalt; die **Gedrungenheit**

Ge·dụld, die: -; *sich in Geduld fassen* (geduldig abwarten); sich **gedulden; geduldig;** die **Geduldsarbeit;** der **Geduldsfaden;** die **Geduldsprobe;** das **Geduld(s)spiel**

ge·dụn·gen: gedungene (bestellte) Mörder

ge·dụn·sen: ein gedunsenes (aufgequollenes, schwammiges) Gesicht; die **Gedunsenheit**

ge·eig·net: ein geeigneter (passender) Zeitpunkt; die **Geeignetheit**

Geest, die: -, -en (hoch gelegenes Küstenland); das **Geestland**

Ge·fahr, die: -, -en; eine Gefahr (ein Unheil) droht – sich in Gefahr begeben – Gefahr laufen (in Gefahr kommen); **gefahrbringend;** auch: Gefahr bringend; **gefährden:** er ist gefährdet (einer bestimmten Gefahr ausgesetzt); die **Gefährdung;** das **Gefahrenmoment;** die **Gefahrenquelle; gefährlich;** die **Gefährlichkeit; gefahrlos;** die **Gefahrlosigkeit; gefahrvoll**

Ge·fährt, das: -(e)s, -e (Fahrzeug); der **Gefährte** (Begleiter, Kamerad); die **Gefährtin**

Ge·fäl·le, das: -s, - (Höhenunterschied); die **Gefällstrecke**

ge·fạl·len: du gefällst, er gefiel, sie hat gefallen, gefall(e)!; der Film gefällt mir – er lässt sich nichts gefallen; der **Gefallen:** Gefallen an etwas finden – jemandem einen Gefallen erweisen; **gefällig;** die **Gefälligkeit; gefälligst;** die **Gefallsucht**

Ge·fal·le·ne, der/die: -n; -n; **gefallen** ⟨gef.⟩ (im Krieg, im Kampf gestorben); → fallen

Ge·fạn·ge·ne, der/die: -n, -n; Gefangene austauschen; **gefangen:** jemanden gefangen halten/nehmen/setzen – er ist gefangen zu nehmen; aber: ein gefangenzunehmender Verbrecher – ein gefangengenommener Dieb; auch: gefangen genommen; die **Gefangennahme;** die **Gefangenschaft;** das **Gefängnis,** die Gefängnisse; die **Gefängnisstrafe;** die **Gefängniszelle**

Ge·fäß, das: -es, -e (Behälter)

ge·fạsst: gefasst (äußerlich ruhig) sein – sich auf etwas gefasst machen (vorbereitet sein); die **Gefasstheit**

Ge·fẹcht, das: -(e)s, -e; im Eifer des Gefechts – *jemanden außer Gefecht setzen* (kampfunfähig machen); **gefechtsbereit;** die **Gefechtspause;** der **Gefechtsstand**

ge·feit: gegen etwas gefeit (geschützt) sein

Ge·fie·der, das: -s, - (Federkleid eines Vogels); **gefiedert**

Ge·fịl·de, das: -s, - (Landschaft, Gegend)

Ge·flẹcht, das: -(e)s, -e (Flechtwerk)

ge·flịs·sent·lich: jemanden geflissentlich (absichtlich) übersehen; → beflissentlich

Ge·flü·gel, das: -s (Vögel wie Ente, Gans, Huhn); die **Geflügelfarm; geflügelt:** eine geflügelte (oft gebrauchte) Redensart

Ge·fọl·ge, das: -s, - (Begleitung); die **Gefolgschaft;** der **Gefolgsmann,** die ...männer/ ...leute

ge·frä·ßig: ein gefräßiger (beim Essen unmäßiger) Mensch; die **Gefräßigkeit**

Ge·frei·te ⟨Gefr.⟩, der: -n, -n (Soldat)

ge·frie·ren: (durch Kälte zu Eis erstarren); das **Gefrierfleisch;** der **Gefrierschrank;** die **Gefriertruhe;** die **Gefrierware;** das **Gefrorene**

Ge·fü·ge, das: -s, - (Aufbau, Anordnung); **gefügig:** jemanden gefügig (willig, nachgiebig) machen; die **Gefügigkeit**

Ge·fühl, das: -(e)s, -e; kein Gefühl (keine Empfindung) in den Füßen haben – das Gefühl der Trauer; **gefühllos;** die **Gefühllosigkeit; gefühlsarm;** die **Gefühlsduselei** (übertriebenes Gefühl); **gefühlsecht; gefühlsmäßig;** die **Gefühlssache; gefühlvoll**

Ge·ge·ben·heit, die: -, -en (Tatsache); **gegeben:** das ist gegeben; aber: es ist das Gegebene (Richtige); **gegebenenfalls** ⟨ggf.⟩

ge·gen: gegen einen Feind kämpfen – gegen einen Antrag stimmen – gegen jemanden etwas haben – gegen Mittag – gegen Barbezahlung; die **Gegenfahrbahn;** die **Gegenleistung; gegenlenken;** der **Gegensatz,** die ...sätze; **gegensätzlich; gegenseitig;** der **Gegenspieler;** die **Gegenspielerin,** die ...spielerinnen; die **Gegenstimme;** der **Gegenstoß;** das **Gegenteil; gegenüber:** gegenüber der Schule; auch: der Schule gegenüber; das **Gegenüber;** sich **gegenüberliegen;** sich **gegenüberstehen:** sich feindlich gegenüberstehen; **gegenüberstellen;** aber: gegenüber stellen sie ein Zelt auf; der **Gegenverkehr;** die **Gegenwehr;** der **Gegenwind**

Ge·gend, die: -, -en; eine schöne Gegend (Landschaft) – die Gegend (das Gebiet) um Berlin – eine rein katholische Gegend

ge·gen·ei·nan·der (ge·gen·ein·an·der): gegeneinander kämpfen – gegeneinander antreten – sie haben etwas gegeneinander (mögen sich nicht); **gegeneinanderdrücken; gegeneinanderprallen; gegeneinanderpressen; gegeneinanderstellen** (vergleichen)

Ge·gen·stand, der: -(e)s, Gegenstände (Ding, Sache); **gegenständlich** (wirklich, anschaulich); die **Gegenständlichkeit; gegenstandslos:** eine gegenstandslose (überflüssige, hinfällige) Frage

Ge·gen·wart, die: - (Jetztzeit); **gegenwartig;** die **Gegenwartsform; gegenwartsnah(e)**

Geg·ner, der: -s, - (Feind, Gegenspieler); die **Gegnerin; gegnerisch;** die **Gegnerschaft**

Ge·halt, das: -(e)s, Gehälter (Lohn, Besoldung); der **Gehaltsempfänger;** die **Gehaltsempfängerin;** das **Gehaltskonto**

Ge·halt, der: -(e)s, -e; der Gehalt (gedankliche Inhalt) der Rede; **gehaltarm; gehaltlich; gehaltlos;** die **Gehaltlosigkeit; gehaltvoll**

ge·han·di·kapt *engl. [...händikäpt]:* (behindert, benachteiligt); auch: **gehandicapt**

ge·häs·sig: gehässige (bösartige, hasserfüllte) Worte; die **Gehässigkeit**

Ge·he·ge, das: -s, - (Revier, großer Käfig); *jemandem ins Gehege* (in die Quere) *kommen*

ge·heim: geheim (öffentlich nicht bekannt) bleiben – etwas geheim halten – sich geheim treffen – geheime (rätselvolle) Kräfte; aber: im Geheimen (heimlich); der **Geheimdienst;** das **Geheimnis,** die Geheimnisse; **die Geheimniskrämerei;** der **Geheimnistuer;** die **Geheimnistuerin; geheimnisvoll;** die **Geheimnummer;** die **Geheimschrift; geheimtun:** mit etwas geheimtun (so tun, als gäbe es ein Geheimnis); aber: etwas geheim (im Geheimen) tun

Ge·heiß, das: -es; auf Geheiß (Befehl, Aufforderung) des Vorgesetzten

ge·hen: du gehst, er ging, sie ist gegangen, geh(e)!; auf der Straße gehen – spazieren gehen – zur Arbeit gehen – die Uhr geht vor – das geht nicht – der Zug geht (fährt ab) – die Ware geht gut (ist leicht zu verkaufen) – ins Wasser gehen (sich ertränken) – nach Amerika gehen (auswandern) – vor sich gehen – wie geht es dir? – *mit jemandem durch dick und dünn gehen* (zu ihm stehen) – *in sich gehen* (nachdenken); **gehenlassen:** sich gehenlassen (unbeherrscht, nachlässig sein) – jemanden gehenlassen (in Ruhe lassen); auch: gehen lassen; aber nur: das Kind in die Schule gehen lassen; der **Gehsteig;** der **Gehweg;** → Gang

ge·heu·er: nicht geheuer (unheimlich) sein

Ge·hil·fe, der: -n, -n (Helfer); die **Gehilfin**

Ge·hirn, das; -(e)s, -e; sein Gehirn (seinen Verstand) anstrengen; die **Gehirnerschütterung**

ge·ho·ben: eine gehobene (bessere, höhere) Stellung – die gehobene Sprache

Ge·höft, das: -(e)s, -e (bäuerliches Anwesen)

Ge·hölz, das: -es, -e (Bäume und Sträucher)

Ge·hör, das: -(e)s; ein schlechtes Gehör – *kein Gehör* (keine Beachtung) *finden*; der **Gehörgang; gehörlos;** der **Gehörsinn**

ge·hor·chen: den Eltern gehorchen (folgen); **gehorsam;** der **Gehorsam;** die **Gehorsamkeit;** die **Gehorsamsverweigerung**

ge·hö·ren: das Haus gehört mir – das gehört (ziemt) sich nicht; **gehörig:** eine gehörige (ordentliche, nicht zu knappe) Strafe

Gei·er, der: -s, - (ein Greifvogel)

gei·fern: (speien, keifen); der **Geifer** (aus dem Mund fließender Speichel)

Gei·ge, die: -, -n (Streichinstrument); *die erste Geige spielen* (den Ton angeben); **geigen;** der **Geigenbauer;** die **Geigenbauerin;** die **Geigensaite;** der **Geiger;** die **Geigerin**

geil: eine geile (tolle) Musik – ein geiler (wunderbarer) Urlaub; die **Geilheit**

Gei·sel, die: -, -n (Gefangene(r)) # Geißel; das

Geiseldrama; die **Geiselnahme**

Geiß, die: -, -en (Ziege); der **Geißbart;** der **Geißbock,** die ... böcke; das **Geißlein**

Gei·ßel, die: -, -n; mit der Geißel (Peitsche) schlagen – eine Geißel (Plage) der Menschheit # Geisel; **geißeln;** die **Geiß(e)lung**

Geist, der: -(e)s, -er; seinen Geist (Verstand) gebrauchen – der Geist (die Idee) der Freiheit – der Geist eines Toten (Gespenst) – ein unruhiger Geist (Mensch) – im Geiste (in Gedanken) – der Heilige Geist – *den Geist aufgeben* (sterben) – *von allen guten Geistern verlassen sein* (etwas völlig Unvernünftiges tun); die **Geisterbahn;** der **Geisterfahrer; geisterhaft; geistern** (spuken); die **Geisterstunde; geistesabwesend; geistesgegenwärtig; geistesgestört; geisteskrank;** der **Geisteszustand; geistig** (gedanklich, mit dem Verstand); **geistlich** (religiös); der/die **Geistliche;** die **Geistlichkeit; geistlos; geistreich; geisttötend; geistvoll**

Geiz, der: -es, -e (übertriebene Sparsamkeit); **geizen;** der **Geizhals,** die ... hälse; **geizig;** der **Geizkragen**

ge·konnt: eine gekonnte (fachmännische) Arbeit; die **Gekonntheit**

Gel, das: -s, -e/-s (gallertartige Masse)

Ge·läch·ter, das: -s, - (lautes Lachen)

Ge·la·ge, das: -s, - (Mahl mit Zecherei)

ge·lähmt: an beiden Beinen gelähmt (bewegungsunfähig) sein; der/die **Gelähmte**

Ge·län·de, das: -s, -; ein bergiges Gelände (Gegend, Landschaft) – das Gelände (Grundstück) um den Bahnhof; die **Geländefahrt; geländegängig;** der **Geländelauf;** der **Geländemarsch;** der **Geländewagen**

Ge·län·der, das: -s, -; das Geländer der Treppe

ge·lan·gen: an das Ziel gelangen (kommen)

Ge·lass, das: -es, -e (Zimmer, enger Raum)

ge·las·sen: (ruhig, beherrscht); die **Gelassenheit**

Ge·la·ti·ne *franz. [schelatine],* die: - (Knochenleim); **gelatineartig; gelatinös**

ge·läu·fig: geläufig (fließend) Englisch sprechen – eine geläufige (vertraute, bekannte) Redensart; die **Geläufigkeit**

gelb: eine gelbe Farbe; aber: die Gelbe Karte; auch: die gelbe Karte – Gelbe Rüben (Möhren); das **Gelb;** das **Gelbe; gelbgrün; gelblich:** gelblich grün; **gelbrot;** aber: der Spieler sah Gelbrot; auch: Gelb-Rot; die **Gelbsucht**

Geld, das: -(e)s, -er; viel Geld kosten – *Geld wie Heu haben* (sehr reich sein) – *Geld stinkt nicht*; der **Geldbeutel;** die **Geldbörse;** die **Geldbuße; geldgierig;** das **Geldstück**

Ge·lee *franz. [schele],* das/der: -s, -s (Frucht- oder Fleischsaft); **gelieren**

Ge·le·gen·heit, die: -, -en; eine günstige Gelegenheit (Möglichkeit); **gelegen:** das kommt sehr gelegen (zur rechten Zeit) – am Walde gelegen (liegend); der **Gelegenheitskauf,** die ... käufe; **gelegentlich** (manchmal)

ge·lehrt: (gebildet); **gelehrig;** die **Gelehrigkeit; gelehrsam;** die **Gelehrsamkeit;** der/die **Gelehrte;** die **Gelehrtheit**

Ge·lei·se, das: -s, - (aus Schienen bestehender Fahrweg für Eisenbahnzüge, Fahrspur); auch: → das **Gleis**

ge·lei·ten: jemanden geleiten (begleiten, führen); das **Geleit(e);** der **Geleitschutz;** das **Geleitwort;** der **Geleitzug,** die ... züge

Ge·lenk, das: -(e)s, -e (bewegliche Verbindung zwischen Knochen); **gelenkig** (wendig, beweglich); die **Gelenkigkeit**

Ge·lieb·te, der/die: -n, -n (geliebter Mensch)

ge·lind: (sanft, mild, weich); auch: **gelinde:** gelinde gesagt (vorsichtig ausgedrückt)

ge·lin·gen: es gelang, es ist gelungen, geling(e)!; das gelingt gut; das **Gelingen**

gel·len: (laut tönen); ein gellendes Gelächter; **gell** (hell tönend)

ge·lo·ben: etwas geloben (feierlich versprechen); aber: das Gelobte Land; das **Gelöbnis,** die Gelöbnisse

gel·ten: du giltst, er galt, sie hat gegolten, gilt!; etwas nicht gelten lassen – er gilt (wird betrachtet) als ein Feigling; **gelt?** (nicht wahr?); die **Geltung;** das **Geltungsbedürfnis;** die **Geltungssucht;** → gültig

Ge·lüb·de, das: -s, -; ein Gelübde (feierliches Versprechen) ablegen

ge·lüs·ten: es gelüstet mich auf ein Eis (ich habe Lust darauf); das **Gelüst(e)**

ge·mach: (gemächlich, langsam, ruhig)

Ge·mach, das: -(e)s, Gemächer (Zimmer, Raum)

ge·mäch·lich: (bedächtig, ohne Eile); die **Gemächlichkeit**

Ge·mahl, der: -(e)s, -e (Ehemann); die **Gemahlin,** die Gemahlinnen (Ehefrau)

Ge·mäl·de, das: -s, - (gemaltes Bild); die

G H I J K L M

Gemäldegalerie; die **Gemäldesammlung**

ge·mäß: den Vorschriften gemäß (entsprechend); die **Gemäßheit; gemäßigt:** gemäßigte (maßvolle) Preise

Ge·mäu·er, das: -s, - (Mauerwerk, Ruine)

ge·mein: der gemeine (gewöhnliche) Soldat – der gemeine (niederträchtige) Verbrecher; aber: die Gemeine Stubenfliege – etwas mit jemandem gemein (gemeinsam) haben; die **Gemeinde; gemeingefährlich;** die **Gemeinheit;** sich **gemeinmachen:** sich mit jemandem gemeinmachen (auf die gleiche Stufe stellen); **gemeinnützig;** die **Gemeinnützigkeit;** der **Gemeinplatz** (nichts sagende Redensart); **gemeinsam:** gemeinsam (vereint) marschieren; aber: der Gemeinsame Markt (in der EG); die **Gemeinschaft; gemeinschaftlich; gemeinverständlich;** das **Gemeinwohl**

ge·mes·sen: gemessenen Schrittes (würdevoll)

Ge·met·zel, das: -s, - (grausamer Kampf)

ge·mischt: gemischtes Eis; das **Gemisch** (Mischung aus verschiedenen Bestandteilen); die **Gemischtwarenhandlung**

Ge·mü·se, das: -s, - (essbare Pflanzen); das **Gemüsebeet;** der **Gemüseeintopf;** der **Gemüsegarten;** die **Gemüsesuppe**

Ge·müt, das: -(e)s, -er; viel Gemüt (Gefühl) haben – zu Gemüte führen – erregte Gemüter (Menschen); **gemüthaft; gemütlich;** die **Gemütlichkeit; gemütsarm; gemütskrank;** die **Gemütsruhe; gemütvoll**

gen: gen (in Richtung, nach) Norden

Gen, das: -s, -e (Träger der Erbanlage); die **Genetik** (Vererbungslehre); **genetisch;** die **Genforschung;** die **Genmanipulation; genmanipuliert;** die **Gentechnik**

ge·nau: genau (pünktlich) um 12 Uhr – er nimmt es nicht so genau; aber: auf das/aufs Genau(e)ste; auch: auf das/aufs genau(e)ste – nichts Genaues – des Genaueren; **genaugenommen:** genaugenommene Vorschriften; auch: genau genommen; aber nur: das ist(,) genau genommen(,) falsch; die **Genauigkeit; genauso** (ebenso): genauso gut – genauso lange – genauso viel – genauso wenig; **genausovielmal;** auch: genauso viel Mal; **genauunterrichtet;** auch: genau unterrichtet

Gen·darm *franz. [schandarm],* der: -en, -en (Polizist); die **Gendarmerie**

Ge·neh·mi·gung, die: -, -en; eine Genehmigung (Erlaubnis) erhalten; **genehm** (angenehm, passend); **genehmigen; genehmigungspflichtig**

ge·neigt: er ist geneigt (gewillt) – das Gelände ist geneigt (abschüssig); die **Geneigtheit**

Ge·ne·ral *lat.,* der: -s, -e/Generäle (hoher Offizier); der **Generalangriff;** der/die **Generalbevollmächtigte;** der **Generaldirektor; generalisieren** (verallgemeinern); die **Generalprobe; generalüberholen** (z. B. eine Maschine); die **Generalversammlung; generell** (allgemein, allgemein gültig)

Ge·ne·ra·ti·on *lat.,* die: -, -en; die junge Generation – von Generation zu Generation; der **Generationenvertrag;** der **Generationskonflikt; der Generationswechsel**

Ge·ne·ra·tor *lat.,* der: -s, Generatoren (Stromerzeuger); **generieren** (hervorbringen)

ge·ne·rös *franz.:* (freigebig); die **Generosität**

Ge·ne·se *griech.,* die: -, -n (Entwicklung)

ge·ne·sen: du genest, er genas, sie ist genesen, genese!; von der Krankheit genesen (gesund werden); der/die **Genesende;** die **Genesung;** der **Genesungsurlaub**

ge·ni·al *lat.:* (hoch begabt, schöpferisch); die **Genialität;** das **Genie** *[scheni],* die Genies

Ge·nick, das: -(e)s, -e (Nacken); der **Genickschuss,** die ...schüsse; die **Genickstarre**

ge·nie·ren, sich *franz. [scheniren]:* (sich schämen, sich zieren); **genant;** auch: **genierlich** (peinlich, schüchtern)

ge·nie·ßen: du genießt, er genoss, sie hat genossen, genieß(e)!; die Ruhe genießen – er genießt (hat) Vertrauen; **genießbar:** genießbare (essbare) Pilze – er ist heute nicht genießbar (nicht gut gelaunt); die **Genießbarkeit;** der **Genießer;** die **Genießerin; genießerisch** (genussfreudig); der **Genuss:** der Genuss (Verzehr) von Fleisch – mit Genuss (Vergnügen) ein Buch lesen; **genüsslich;** das **Genussmittel;** die **Genusssucht;** auch: die **Genuss-Sucht; genusssüchtig; genussvoll**

Ge·ni·ta·li·en *Pl. lat.,* die: - (Geschlechtsorgane); **genital** (die Genitalien betreffend)

Ge·ni·tiv *lat.,* der: -s, -e (Sprachlehre: 2. Fall, Wesfall); das **Genitivobjekt** (Sprachlehre: Ergänzung im 2. Fall)

Ge·nos·se, der: -n, -n; ein treuer Genosse (Anhänger, Gefährte); die **Genossenschaft; genossenschaftlich;** die **Genossin**

Gen·tle·man (Gent·le·man) *engl. [dschäntlmän],* der: -s, Gentlemen (Mann mit vornehmer Lebensart und Gesinnung); **gentlemanlike** *[...laik]* (vornehm, höflich)

ge·nug: genug Geld – genug Gutes – genug des Guten – genug von etwas haben; die **Genüge:** zur Genüge (soviel wie nötig ist) – Genüge tun; **genügen** (ausreichen); **genügend; genügsam** (anspruchslos, bescheiden); die **Genügsamkeit;** die **Genugtuung** (Wiedergutmachung)

Ge·nus *lat.,* das: -, Genera (Gattung; Sprachlehre: Geschlecht); **genuin** (angeboren)

Geo·gra·fie *griech.,* die: - (Erdkunde); auch: die **Geographie;** der **Geograf;** auch: der **Geograph;** die **Geografin;** auch: die **Geographin; geografisch;** auch: **geographisch**

Geo·lo·gie *griech.,* die: - (Erdgeschichte); der **Geologe;** die **Geologin; geologisch**

Geo·me·trie (Geo·met·rie) *griech.,* die: - (Raumlehre); der **Geometer** (Landvermesser); die **Geometerin; geometrisch**

Ge·päck, das: -(e)s; das Gepäck aufgeben; die **Gepäckannahme;** die **Gepäckaufbewahrung;** das **Gepäckstück;** der **Gepäckträger**

Ge·pard *franz.,* der: -s/-en, -e/-en (Raubtier)

ge·pflegt: ein gepflegter Rasen; die **Gepflegtheit;** die **Gepflogenheit** (Gewohnheit)

Ge·plän·kel, das: -s, - (leichtes Gefecht)

ge·ra·de: eine gerade Wand – der Weg ist gerade (ändert seine Richtung nicht) – eine gerade (durch 2 teilbare) Zahl – ein gerader (aufrichtiger) Mensch – gerade (aufrecht) gehen/sitzen – gerade das wollte ich ja vermeiden – sich gerade halten (eine aufrechte Haltung annehmen) – gerade (direkt) gegenüber – gerade (jetzt, soeben, genau) in diesem Augenblick – gerade darum – gerade noch (ganz knapp) – gerade so – sie blieb gerade so lange, bis er kam; aber: geradeso gut; auch: **grade;** die **Gerade** (gerade Linie, Boxschlag); **geradeaus:** geradeaus laufen; aber: sie geht gerade (soeben) aus; **geradebiegen:** einen Stab geradebiegen; auch: gerade biegen; aber nur: etwas wieder geradebiegen (in Ordnung bringen, klären); **geradegewachsen:** ein geradegewachsener Baum; auch: gerade gewachsen; **geradeheraus** (freimütig, aufrichtig); **geraderichten;** auch: gerade richten; **geradeso** (ebenso); aber: er kommt gerade so rechtzeitig, dass ...; **geradestehen:** für jemanden geradestehen (für ihn einstehen, verantwortlich sein); aber: gerade (aufrecht) stehen; **geradestellen;** auch: gerade stellen; **gerade(n)wegs** (unmittelbar); **geradezu:** das ist geradezu dumm!; die **Geradheit** (gerader Charakter); **geradlinig;** die **Geradlinigkeit**

Ge·ra·nie, die: -, -n (eine Zierpflanze)

Ge·rät, das: -(e)s, -e; Geräte bedienen – an einem Gerät turnen; der **Geräteschuppen;** das **Gerät(e)turnen;** die **Gerätschaften** *Pl.*

ge·ra·ten: du gerätst, er geriet, sie ist geraten, gerate!; ich gerate außer mir/mich vor Freude – in Gefahr geraten (kommen) – das Essen ist gut geraten (gut gelungen) – nach der Mutter geraten (ihr ähnlich werden); **geraten:** etwas für geraten (angebracht, ratsam) halten; **Geratewohl:** aufs Geratewohl (ohne Überlegung, auf gut Glück)

ge·raum: nach geraumer (längerer) Zeit

ge·räu·mig: ein geräumiges (großes, großflächiges) Haus; die **Geräumigkeit**

Ge·räusch, das: -(e)s, -e (Laut, Ton, Schall); **geräuscharm; geräuschempfindlich;** die **Geräuschkulisse; geräuschlos;** die **Geräuschlosigkeit;** der **Geräuschpegel; geräuschvoll**

ger·ben: (zu Leder verarbeiten); der **Gerber;** die **Gerberei;** die **Gerberin;** die **Gerberlohe**

Ger·be·ra, die: -, -(s) (eine Blume)

ge·recht: etwas gerecht (ausgewogen) verteilen – ein gerechtes (dem Gesetz entsprechendes) Urteil – eine gerechte (angemessene) Note; der/die **Gerechte;** die **Gerechtigkeit;** der **Gerechtigkeitssinn**

Ge·richt, das: -(e)s, -e; vor Gericht klagen – das Jüngste Gericht (das göttliche Gericht über die Menschheit) – ein Gericht (Essen) auftragen; **gerichtlich;** die **Gerichtsbarkeit** (Befugnis, Recht zu sprechen); der **Gerichtssaal;** das **Gerichtsurteil;** die **Gerichtsverhandlung;** der **Gerichtsvollzieher**

ge·ring: ein geringer (niedriger) Verdienst – hier sind, gering geschätzt, über hundert Personen; aber: nicht im Geringsten (gar nicht) – nicht das Geringste (gar nichts) – kein Geringerer als – nichts Geringeres als – um ein Geringes weniger; **geringachten:** eine Gefahr geringachten (wenig oder gar nicht achten); auch: gering achten; **geringfügig** (unbedeutend); **geringschätzen:** jemanden geringschätzen (keine hohe Mei-

G H I J K L M

nung von ihm haben); auch: gering schätzen; **geringschätzig;** die **Geringschätzigkeit;** die **Geringschätzung; geringstenfalls** (wenigstens)

ge·rin·nen: (dickflüssig, fest werden); **gerinnbar;** das **Gerinnsel;** die **Gerinnung**

Ge·rip·pe, das: -s, -; das Gerippe (Skelett) des toten Tieres; **gerippt**

ge·ris·sen: ein gerissener (durchtriebener, erfahrener) Geschäftsmann; die **Gerissenheit**

Ger·ma·ne; der: -n, -n (Angehöriger einer Völkergruppe); das **Germanentum;** die **Germanin,** die Germaninnen; **germanisch;** der **Germanist;** die **Germanistik** (deutsche Sprach- und Literaturwissenschaft); die **Germanistin,** die Germanistinnen

ger·ne: lieber, am liebsten; auch: **gern:** etwas gerne (mit Vorliebe) mögen – gerne (bereitwillig) helfen – allzu gern; der **Gernegroß** (Wichtigtuer); **gerngesehen:** ein gerngesehener Gast; auch: gern gesehen; **gernhaben:** jemanden gernhaben

Ge·röll, das: -(e)s, -e (Gesteinsbruchstücke); die **Geröllhalde;** der **Geröllschutt**

Gers·te, die: - (Getreidepflanze); das **Gerstenkorn;** der **Gerstensaft** (Bier)

Ger·te, die: -, -n (Stock, Rute); **gertenschlank** (sehr schlank)

Ge·ruch, der: -(e)s, Gerüche; ein scharfer Geruch – *im Geruch stehen* (den Ruf haben); **geruchlos; die Geruchlosigkeit;** die **Geruchsbelästigung; geruch(s)frei;** das **Geruchsorgan;** der **Geruchssinn; geruchtilgend**

Ge·rücht, das: -(e)s, -e; ein Gerücht (eine unbelegbare Nachricht) verbreiten; die **Gerüchteküche; gerüchtweise**

ge·ru·hen: er geruht (findet sich bereit); **geruhsam** (gemütlich); die **Geruhsamkeit**

Ge·rüm·pel, das: -s (Kram, Unbrauchbares); altes Gerümpel wegwerfen

Ge·rüst, das: -(e)s, -e (Trag- bzw. Stützgestell); ein Gerüst aufstellen; der **Gerüstbau**

ge·samt: die gesamte (ganze) Bevölkerung; aber: das Gesamte – im Gesamten (insgesamt); die **Gesamtansicht;** der **Gesamtbetrag; gesamtdeutsch;** der **Gesamteindruck;** das **Gesamtergebnis,** die ... ergebnisse; die **Gesamtheit** (das Ganze); die **Gesamtnote;** die **Gesamtschule;** die **Gesamtsumme**

Ge·sand·te, der/die: -n, -n (Vertreter eines Staates); die **Gesandtin,** die Gesandtinnen; die **Gesandtschaft**

Ge·sang, der: -(e)s, Gesänge; der Gesang der Kinder – ein fröhlicher Gesang; das **Gesangbuch; gesanglich;** das **Gesang(s)stück;** die **Gesang(s)stunde;** der **Gesangverein**

Ge·säß, das: -es, -e (Sitzfläche des Menschen); die **Gesäßtasche**

Ge·schä·dig·te, der/die: -n, -n; ein durch Hochwasser Geschädigter

Ge·schäft, das: -(e)s, -e; ein Geschäft (Unternehmen) eröffnen – in einem Geschäft (Laden) einkaufen – ein gutes Geschäft (einen guten Handel) machen – er hat viele Geschäfte (Arbeiten) zu erledigen; **geschäftehalber;** die **Geschäftemacherei; geschäftig** (fleißig, betriebsam); die **Geschäftigkeit;** der **G(e)schaftlhuber** (wichtigtuerischer Mensch); **geschäftlich** (dienstlich); der **Geschäftsbeginn;** der **Geschäftsbrief;** die **Geschäftsfrau;** der **Geschäftsfreund;** die **Geschäftsfreundin,** die ... freundinnen; die **Geschäftsführung;** das **Geschäftsgebaren** (Art der Geschäftsführung); der **Geschäftsmann;** der **Geschäftspartner;** die **Geschäftspartnerin,** die ... partnerinnen; **geschäftsschädigend;** der **Geschäftsschluss;** die **Geschäftsstelle; geschäftstüchtig;** der **Geschäftsverkehr;** die **Geschäftszeit**

ge·sche·hen: es geschieht, es geschah, es ist geschehen; es muss etwas geschehen (passieren, sich ereignen) – ihr geschieht (widerfährt) Unrecht; das **Geschehen;** das **Geschehnis,** die Geschehnisse

ge·scheit: ein gescheiter (kluger) Mensch; die **Gescheitheit**

Ge·schenk, das: -(e)s, -e; Geschenke (Gaben) austeilen – *kleine Geschenke erhalten die Freundschaft*; der **Geschenkartikel;** die **Geschenkpackung;** das **Geschenkpapier; geschenkt:** etwas geschenkt bekommen

Ge·schich·te, die: -, -n; das Fach Geschichte – die Geschichte (Vergangenheit) eines Landes – eine Geschichte erzählen – in eine dumme Geschichte (Angelegenheit) verwickelt sein; das **Geschichtenbuch; geschichtlich;** das **Geschichtsbewusstsein;** das **Geschichtsbuch;** der **Geschichtsschreiber; geschichtsträchtig;** der **Geschichtsunterricht**

Ge·schick, das: -(e)s, -e; kein Geschick (keine Eignung) haben – er fügt sich in sein Geschick (Schicksal); die **Geschicklichkeit** (Gewandtheit); **geschickt** (gewandt); die **Geschicktheit**

ge·schie·den ⟨gesch.⟩: sie ist geschieden; der/die **Geschiedene;** → scheiden

Ge·schirr, das: -(e)s, -e; das Geschirr abspülen – dem Pferd das Geschirr (Zaumzeug) anlegen – *sich ins Geschirr legen* (sehr anstrengen); der **Geschirrreiniger;** auch: der **Geschirr-Reiniger;** die **Geschirrspülmaschine;** das **Geschirrtuch**

Ge·schlecht, das: -(e)s, -er; das weibliche Geschlecht – ein adeliges Geschlecht – das schöne Geschlecht (die Frauen); **geschlechtlich:** eine geschlechtliche Fortpflanzung; die **Geschlechtskrankheit; geschlecht(s)los;** das **Geschlechtsorgan; geschlechtsreif;** der **Geschlechtstrieb;** der **Geschlechtsverkehr;** das **Geschlechtswort,** die ...wörter (Sprachlehre: Artikel)

Ge·schmack, der: -(e)s, Geschmäcke/Geschmäcker; der Geschmack (die Würze) der Suppe – einen guten Geschmack (ein gutes Urteil) haben – *auf den Geschmack kommen* (das Angenehme an etwas herausfinden) – *die Geschmäcker sind verschieden*; **geschmacklich; geschmacklos:** das Essen ist geschmacklos (ohne Würze) – ein geschmackloser (taktloser) Witz; die **Geschmacklosigkeit; geschmacksbildend;** die **Geschmacksrichtung;** die **Geschmack(s)sache;** der **Geschmackssinn; geschmackvoll** (gefällig, flott, schick)

Ge·schmei·de, das: -s, - (sehr wertvoller Schmuck); **geschmeidig** (biegsam, anpassungsfähig, gewandt); die **Geschmeidigkeit**

Ge·schmeiß, das: -es (Gesindel, Ungeziefer)

ge·schnie·gelt: *geschniegelt und gebügelt* (tadellos angezogen und gepflegt)

Ge·schöpf, das: -(e)s, -e (Lebewesen); ein Geschöpf Gottes

Ge·schoss, das: -es, -e; ein tödliches Geschoss – im vierten Geschoss (Stockwerk) wohnen; ...**geschossig:** dreigeschossig

Ge·schütz, das: -es, -e; mit dem Geschütz (Feuerwaffe) feuern – *schweres Geschütz auffahren* (scharf entgegentreten)

Ge·schwa·der, das: -s, - (Verband von Kriegsschiffen oder Kampfflugzeugen)

Ge·schwa·fel, das: -s (leeres Gerede)

Ge·schwätz, das: -es (Gerede, Klatsch); **geschwätzig;** die **Geschwätzigkeit**

ge·schwei·ge: geschweige denn (noch viel weniger) – geschweige (denn), dass

ge·schwind: geschwind (schnell) weglaufen; die **Geschwindigkeit;** die **Geschwindigkeitsbegrenzung; die Geschwindigkeitsbeschränkung;** die **Geschwindigkeitskontrolle**

Ge·schwis·ter *Pl.*, die: - (Kinder derselben Eltern); **geschwisterlich;** das **Geschwisterpaar**

ge·schwol·len: ein geschwollener Fuß – geschwollen (gekünstelt) reden; → schwellen

Ge·schwo·re·ne, der/die: -n, -n (Laienrichter)

Ge·schwulst, die: -, Geschwülste (Schwellung); **geschwulstartig;** die **Geschwulstbildung; geschwulstig**

Ge·schwür, das: -(e)s, -e (Entzündung); die **Geschwürbildung**

Ge·sel·le, der: -n, -n (Gehilfe, Gefährte); auch: der **Gesell;** sich **gesellen** (hinzukommen, sich anschließen); der **Gesellenbrief; gesellig:** ein geselliger (umgänglicher) Mensch – ein geselliger (unterhaltsamer) Abend; die **Geselligkeit;** die **Gesellin,** die Gesellinnen

Ge·sell·schaft, die: -, -en (Vereinigung von Menschen); in schlechte Gesellschaft geraten (schlechten Umgang haben) – eine festliche Gesellschaft (Runde) – zur Gesellschaft (oberen Schicht) gehören; **gesellschaftlich; gesellschaftsfähig;** die **Gesellschaftsordnung;** die **Gesellschaftsschicht;** das **Gesellschaftsspiel**

Ge·setz, das: -es, -e; gegen ein Gesetz verstoßen – die Gesetze der Mathematik; der **Gesetzestext; gesetzgebend:** die gesetzgebende Gewalt; der **Gesetzgeber; gesetzlich:** gesetzlich geschützt ⟨ges. gesch.⟩; die **Gesetzlichkeit; gesetzlos;** die **Gesetzlosigkeit; gesetzmäßig;** die **Gesetzmäßigkeit; gesetzwidrig;** die **Gesetzwidrigkeit**

ge·setzt: ein Mann im gesetzten (reifen) Alter – gesetzt den Fall, dass; die **Gesetztheit**

Ge·sicht, das: -(e)s, -er (Antlitz); ein freundliches Gesicht machen – jemandem/jemanden ins Gesicht schlagen – Gesichter (Grimassen) schneiden; aber: Gesichte (Erscheinungen) haben – *ein langes Gesicht machen* (enttäuscht sein) – *das Gesicht wahren* (sein Ansehen wahren) – *jemandem etwas ins Gesicht sagen* (etwas ohne

Scheu sagen); der **Gesichtsausdruck;** die **Gesichtscreme;** auch: die ... **krem(e);** der **Gesichtspunkt;** der **Gesichtszug,** die ... züge

Ge·sims, das: -es, -e (waagrechter Mauerstreifen)

Ge·sin·de, das: -s (Dienstboten); das **Gesindel** (schlechte Menschen); die **Gesindestube**

Ge·sin·nung, die: -, -en; eine anständige Gesinnung (Denkart) haben; **gesinnt:** er ist mir freundlich gesinnt; **gesinnungslos** (ohne innere Grundsätze); die **Gesinnungslosigkeit;** der **Gesinnungswandel; gesonnen:** ich bin nicht gesonnen (gewillt) zu schweigen

ge·son·dert: etwas gesondert verpacken

Ge·spann, das: -(e)s, -e (Zugtiere, Fuhrwerk mit Zugtieren)

ge·spannt: gespannt (neugierig) zusehen – ein gespanntes (spannungsgeladenes) Verhältnis; die **Gespanntheit**

Ge·spenst, das: -(e)s, -er (Geist, Spuk); *Gespenster sehen* (grundlos Angst haben); der **Gespensterglaube(n); gespensterhaft;** die **Gespensterstunde; gespenstig;** auch: **gespenstisch** (geisterhaft, unheimlich)

Ge·spinst, das: -(e)s, -e (Gewebe)

Ge·spött, das: -(e)s; *jemanden zum Gespött machen* (dafür sorgen, dass er verspottet wird)

Ge·spräch, das: -(e)s, -e; ein Gespräch führen; **gesprächig** (geschwätzig, mitteilsam); die **Gesprächigkeit; gesprächsbereit;** das **Gesprächsergebnis,** die ... ergebnisse; der **Gesprächspartner;** die **Gesprächspartnerin,** die ... partnerinnen; der **Gesprächsstoff;** der **Gesprächsteilnehmer;** die **Gesprächsteilnehmerin,** die ... teilnehmerinnen; das **Gesprächsthema;** der **Gesprächsverlauf,** die ... verläufe; **gesprächsweise**

ge·spren·kelt: ein gesprenkeltes (getupftes) Fell

Ge·sta·de, das: -s, - (Küste, Ufer)

Ge·stalt, die: -, -en; eine wuchtige Gestalt (Erscheinung) – eine große Gestalt (Persönlichkeit) der Geschichte; aber: dergestalt (so); **gestalten; gestalterisch; gestalthaft; gestaltlos;** die **Gestaltung**

Ge·ständ·nis, das: -ses, -se; ein Geständnis machen (seine Schuld zugeben); **geständig;** → gestehen

Ge·stank, der: -(e)s; ein abscheulicher Gestank (übler Geruch); → stinken

ge·stat·ten: er gestattet (erlaubt) mir alles – gestatten Sie? (Höflichkeitsformel)

Ges·te *lat.*, die: -, -n (Gebärde); eine Geste der Höflichkeit; die **Gestik;** die **Gestikulation** (Gebärdensprache); **gestikulieren; gestisch**

ge·ste·hen: du gestehst, er gestand, sie hat gestanden, gesteh(e)!; seine Schuld gestehen (bekennen) – ich gestehe (gebe zu), dass ich Angst habe; → Geständnis

Ge·stein, das: -(e)s, -e (Felsen); die **Gesteinsart;** die **Gesteinsprobe;** die **Gesteinsschicht**

Ge·stell, das: -(e)s, -e (Regal, Ablage, Bord)

ges·tern: bis/seit gestern – gestern früh; auch: Früh – zwischen gestern und morgen; aber: zwischen dem Gestern und dem Morgen – gestern Abend – gestern Nacht – *nicht von gestern sein* (aufgeweckt sein); das **Gestern** (die Vergangenheit); **gestrig** (von gestern)

Ge·stirn, das: -(e)s, -e (Himmelskörper); **gestirnt:** ein gestirnter (mit Sternen übersäter) Himmel

Ge·stö·ber, das: -s, - (Niederschläge bei heftigem Wind)

ge·streift: ein gestreiftes Kleid tragen

Ge·strüpp, das: -(e)s, -e; durch ein Gestrüpp (dichtes Gebüsch) schlüpfen

Ge·stühl, das: -(e)s, -e (Stühle eines Raumes)

Ge·stüt, das: -(e)s, -e (Pferdezuchtstätte)

Ge·such, das: -(e)s, -e; ein Gesuch (eine Bittschrift, eine Anfrage) einreichen

ge·sund: gesunder/gesünder, am gesundesten /gesündesten; jemanden für gesund erklären – gesund sein – gesund werden – gesund bleiben – eine gesunde Luft; **gesundbeten;** der/die **Gesunde; gesunden;** die **Gesundheit:** *Gesundheit ist der größte Reichtum*; **gesundheitlich;** das **Gesundheitsamt; gesundheitsbewusst; gesundheitshalber; gesundheitsschädigend; gesundheitsschädlich;** das **Gesundheitszeugnis,** die ... zeugnisse; der **Gesundheitszustand; gesundmachen:** einen Kranken gesundmachen; auch: gesund machen; **gesundpflegen;** auch: gesund pflegen; **gesundschreiben:** einen Patienten gesundschreiben; **gesundschrumpfen:** die Firma hat sich gesundgeschrumpft (die Produktion eingeschränkt); sich **gesundstoßen** (sich bereichern); die **Gesundung**

Ge·tö·se, das: -s (großer Lärm); das **Getose:** das Getose (das Tosen) des Wasserfalls

Ge·tränk, das: -(e)s, -e; ein erfrischendes Getränk; der **Getränkeautomat;** die **Getränkekarte;** die **Getränkesteuer**

ge·trau·en, sich: er getraut sich (er hat den Mut) zu springen – sich nichts getrauen

Ge·trei·de, das: -s, - (Feldfrucht); der **Getreideanbau;** die **Getreideausfuhr;** die **Getreideeinfuhr;** die **Getreideernte;** das **Getreidefeld;** der **Getreidespeicher**

ge·trennt: getrennt leben/sein – etwas getrennt schreiben; **getrenntgeschrieben:** ein getrenntgeschriebener Ausdruck; auch: getrennt geschrieben; **getrenntlebend:** ein getrenntlebendes Paar; auch: getrennt lebend; die **Getrenntschreibung**

ge·treu: (zuverlässig); getreu (gemäß) meinen Grundsätzen; der/die **Getreue; getreulich**

Ge·trie·be, das: -s, -; das Getriebe (das rege Treiben) einer Großstadt – das Getriebe eines Motors; das **Getriebeöl;** der **Getriebeschaden**

ge·trost: das kannst du getrost (unbesorgt) machen

Get·to *ital.*, das: -s, -s (abgetrennter Stadtbezirk für einen bestimmten Bevölkerungsteil, Judenviertel); auch: das **Ghetto; gettoisieren** (absondern); auch: **ghettoisieren**

Ge·tue, das: -s; ein vornehmes Getue (Gehabe, geziertes Benehmen)

Ge·tüm·mel, das: -s; sich ins Getümmel (in eine Menschenmenge) stürzen

Ge·viert, das: -(e)s, -e (Viereck im Quadrat); das Geviert des Hofes – hundert Meter im Geviert

Ge·wächs, das: -es, -e (Pflanze); das **Gewächshaus,** die ... häuser

ge·wählt: (vornehm, gepflegt)

Ge·währ, die: -; für etwas Gewähr (Sicherheit, Bürgschaft) bieten – ohne Gewähr # Gewehr; **gewähren** (bewilligen, erfüllen): *jemanden gewähren lassen* (ihn nicht hindern); **gewährleisten:** die Sicherheit gewährleisten; auch: Gewähr leisten: sie leistet Gewähr; die **Gewährleistung;** die **Gewährsfrau;** der **Gewährsmann,** die ... männer; die **Gewährung**

ge·wah·ren: (bemerken, erkennen); **gewahr:** gewahr werden

Ge·wahr·sam, der: -s, -e; in Gewahrsam nehmen (aufbewahren) – in Gewahrsam (Haft) sein; das **Gewahrsam** (Gefängnis)

Ge·walt, die: -, -en; die Türe mit Gewalt öffnen – höhere Gewalt – die staatliche Gewalt (Macht) – *sich in der Gewalt haben* (sich beherrschen); der **Gewaltakt;** die **Gewaltanwendung;** die **Gewaltenteilung; gewaltfrei;** der **Gewaltherrscher; gewaltig:** sich gewaltig (mächtig, enorm) anstrengen – einen gewaltigen (sehr großen) Hunger haben; die **Gewaltigkeit; gewaltlos;** die **Gewaltlosigkeit;** die **Gewaltmaßnahme; gewaltsam;** die **Gewaltsamkeit;** die **Gewalttat; gewalttätig** (handgreiflich); die **Gewalttätigkeit;** das **Gewaltverbrechen;** der **Gewaltverzicht**

Ge·wand, das: -(e)s, Gewänder; prächtige Gewänder (Kleidungsstücke)

ge·wandt: ein gewandter (wendiger) Spieler – sich gewandt (sicher und geschickt) benehmen; die **Gewandtheit**

ge·wär·tig: einer Sache gewärtig sein (darauf gefasst sein, damit rechnen); **gewärtigen:** etwas zu gewärtigen (erwarten) haben

Ge·wäsch, das: -(e)s (leeres Gerede)

Ge·wäs·ser, das: -s, - (Ansammlung von Wasser); der **Gewässerschutz; gewässert**

Ge·we·be, das: -s, - (Stoff, Gespinst); ein feines Gewebe – das Gewebe (Gefüge) seiner Lügen

Ge·wehr, das: -(e)s, -e; das Gewehr laden – *Gewehr bei Fuß stehen* (zum Einsatz bereit sein) # Gewähr; der **Gewehrkolben;** der **Gewehrlauf**

Ge·weih, das: -(e)s, -e; der Hirsch trägt ein prächtiges Geweih

Ge·wer·be, das: -s, -; ein Gewerbe (eine berufsmäßige Tätigkeit) ausüben; die **Gewerbeschule;** die **Gewerbesteuer; gewerbetreibend;** der/die **Gewerbetreibende; gewerblich; gewerbsmäßig**

Ge·werk·schaft, die: -, -en (Organisation der Arbeitnehmer zur Durchsetzung ihrer Interessen); der **Gewerkschafter;** die **Gewerkschafterin;** der **Gewerkschaftler;** die **Gewerkschaftlerin; gewerkschaftlich;** das **Gewerkschaftsmitglied;** die **Gewerkschaftsversammlung**

Ge·wicht, das: -(e)s, -e; das Gewicht (die Last, die Schwere) des Körpers – das ist ohne Gewicht (ohne Bedeutung) – *Gewicht auf etwas legen* (etwas für sehr wichtig halten); **gewichten;** der **Gewichtheber;** die

Gewichtheberin, die ...heberinnen; **gewichtig;** die **Gewichtigkeit;** der **Gewichtsverlust;** die **Gewichtung**

ge·wieft: ein gewiefter (gerissener) Bursche

ge·wiegt: (schlau, durchtrieben)

Ge·wim·mel, das: -s (Massengewühl)

Ge·win·de, das: -s, - (Rillen einer Schraube)

ge·win·nen: du gewinnst, er gewann, sie hat gewonnen, gewinn(e)!; jemanden für eine Idee gewinnen (dazu überreden) – im Kampf gewinnen (siegen) – an Ansehen gewinnen (zunehmen) – *wie gewonnen, so zerronnen*; der **Gewinn:** einen Gewinn erwirtschaften; **gewinnbringend;** auch: Gewinn bringend; die **Gewinnchance; gewinnend** (liebenswürdig); der **Gewinner;** die **Gewinnerin,** die Gewinnerinnen; die **Gewinnspanne;** das **Gewinnstreben;** die **Gewinnsucht; gewinnsüchtig; gewinnträchtig;** die **Gewinn-und-Verlust-Rechnung;** die **Gewinnung;** die **Gewinnzahl**

Ge·wirr, das: -(e)s (undurchdringlicher Knäuel); ein Gewirr von Fäden

ge·wiss: gewisser, am gewissesten; er ist sich seines Erfolges gewiss (sicher) – sie wird gewiss (sicherlich) bald kommen – ganz gewiss! – in gewissen (nicht näher bezeichneten) Kreisen – ein gewisser anderer; aber: etwas Gewisses – nichts Gewisses; **gewissermaßen** (sozusagen); die **Gewissheit; gewisslich** (ganz sicher)

Ge·wis·sen, das: -s, - (innere Stimme, moralisches Bewusstsein); ein schlechtes Gewissen haben – *jemandem ins Gewissen reden* (ihm Vorhaltungen machen) – *ein gutes Gewissen ist ein sanftes Ruhekissen*; **gewissenhaft** (gründlich, sorgfältig); die **Gewissenhaftigkeit; gewissenlos;** die **Gewissenlosigkeit;** die **Gewissensbisse** *Pl.* (Reue, Selbstvorwürfe); die **Gewissensentscheidung;** die **Gewissensfreiheit;** der **Gewissenskonflikt**

Ge·wit·ter, das: -s, - (Unwetter mit Donner und Blitz); die **Gewitterfront; gewitt(e)rig; gewittern;** der **Gewitterregen**

ge·witzt: (schlau); **gewitzigt:** durch Schaden gewitzigt (klug, erfahren); die **Gewitztheit**

ge·wo·gen: sie ist mir gewogen (zugetan, freundlich gesinnt); die **Gewogenheit**

ge·wöh·nen: jemanden an Sauberkeit gewöhnen; die **Gewohnheit; gewohnheitsgemäß; gewohnheitsmäßig;** der **Gewohnheitsmensch; gewöhnlich** (alltäglich, meist); **gewohnt:** eine gewohnte (vertraute) Umgebung – das bin ich so gewohnt – mit dem gewohnten (bekannten) Fleiß; **gewöhnt:** an eine Arbeit gewöhnt sein; die **Gewöhnung**

Ge·wöl·be, das: -s, -; das Gewölbe (die Kuppel) eines Domes – ein finsteres Gewölbe; der **Gewölbepfeiler; gewölbt**

Ge·würz, das: -es, -e (Mittel zum Würzen von Speisen); ein scharfes Gewürz; die **Gewürzgurke; gewürzt**

gez. = gezeichnet (unterschrieben)

Ge·zei·ten *Pl.*, die: - (Wechsel von Ebbe und Flut); der **Gezeitenwechsel**

ge·zie·men: es geziemt (gehört) sich nicht; **geziemend:** eine geziemende Antwort

GG = das Grundgesetz (die Verfassung der Bundesrepublik Deutschland)

ggf. = gegebenenfalls

ggT (g.g.T.) = größter gemeinsamer Teiler

Ghet·to *ital.*, das: -s, -s (abgesperrter Stadtbezirk für einen bestimmten Bevölkerungsteil, Judenviertel); auch: → das **Getto**

Gicht, die: - (Krankheit); **gichtig; gichtisch; gichtkrank;** die **Gichtkrankheit**

Gie·bel, der: -s, - (senkrechter Dachabschluss); das Haus hat keine Giebel; das **Giebelfenster; gieb(e)lig**

gie·rig: (unersättlich, hemmungslos); die **Gier; gieren:** nach etwas gieren (heftig begehren)

gie·ßen: du gießt, er goss, sie hat gegossen, gieß(e)!; Kaffee in die Tasse gießen – eine Glocke wird gegossen – es gießt in Strömen; die **Gießerei;** die **Gießkanne;** → Guss

Gift, das: -(e)s, -e (ein für den Körper schädlicher Stoff); ein schnell wirkendes Gift – das ist Gift für dich – *sein Gift verspritzen* (sich boshaft äußern); die **Giftdeponie; giften** (gehässig reden): *sich giften* (sich ärgern); das **Giftgas; giftig:** giftige Pilze – ein giftiger (hasserfüllter, böser) Blick – ein giftiges (grelles) Grün; die **Giftigkeit;** der **Giftmischer;** die **Giftmischerin,** die ... mischerinnen, der **Giftmord;** der **Giftmüll;** die **Giftpflanze;** die **Giftschlange;** der **Giftstoff;** der **Giftzahn,** die ... zähne

Gi·ga·byte ⟨GB⟩, *griech./engl. [gigabait]*, das: -(s), -(s) (1 073 741 824 Byte)

Gi·gant *griech.*, der: -en, -en (Riese); **gigantisch** (riesig, gewaltig, außerordentlich); die

Gigantomanie (Sucht zur Übertreibung)
Gil·de, die: -, -n (Vereinigung von Kaufleuten oder Handwerkern, Zunft, Innung)
Gim·pel, der: -s, - (Singvogel, einfältiger Mensch)
Gin *engl. [dschin]*, der: -s, -s (Branntwein); der **Ginfizz** (Mixgetränk mit Gin); auch: der **Gin-Fizz**
Gins·ter, der: -s, - (ein Strauch)
Gip·fel, der: -s, -; der Gipfel (die Spitze) des Berges – das ist doch der Gipfel (eine Unverschämtheit)! – er steht auf dem Gipfel des Ruhms; die **Gipfelkonferenz;** das **Gipfelkreuz; gipf(e)lig; gipfeln;** der **Gipfelpunkt;** das **Gipfeltreffen**
Gips, der: -es, -e (Kalkart); der **Gipsabdruck,** die ... abdrücke; **gipsen;** der **Gipsverband,** die ... verbände
Gi·raf·fe *arab.*, die: -, -n (langhalsiges Säugetier)
Girl *engl. [görl]*, das: -s, -s (Mädchen)
Gir·lan·de *franz.*, die: -, -n (Blumengewinde)
Gi·ro *ital. [schiro]*, das: -s, -s (bargeldloser Zahlungsverkehr); die **Girobank;** das **Girokonto;** der **Giroverkehr**
Gischt, der: -(e)s, -e (Wellenschaum); auch: die **Gischt,** die Gischten; **gischtsprühend:** gischtsprühendes Meer; auch: Gischt sprühend
Gi·tar·re *span.*, die: -, -n (ein Saiteninstrument); die **Gitarrensaite;** der **Gitarrist;** die **Gitarristin,** die Gitaristinnen
Git·ter, das: -s, - (zaunartige Abgrenzung); ein Fenster mit Gitter; das **Gitterfenster**
Gla·di·a·tor, *lat.*, der: -s, Gladiatoren (Schwertkämpfer bei altrömischen Kampfspielen)
Gla·di·o·le, die: -, -n (Schwertliliengewächs)
Gla·mour *engl. [glämer]*, der/das: -s (Glanz)
Glanz, der: -es; der Glanz der Sterne – mit Glanz (sehr gut) bestehen; **glänzen:** der Boden glänzt – durch seine Leistungen glänzen (auffallen); **glänzend:** glänzend schwarz; die **Glanzleistung; glanzlos;** die **Glanznummer;** der **Glanzpunkt;** das **Glanzstück; glanzvoll;** die **Glanzzeit**
Glas, das: -es, Gläser; farbiges Glas – sein Glas leeren; der **Glasbläser;** der **Glaser;** die **Glaserei;** die **Glaserin,** die Glaserinnen; **gläsern** (aus Glas); das **Glashaus:** *wer selbst im Glashaus sitzt, soll nicht mit Steinen werfen*; die **Glashütte; glasieren** (mit Glasur versehen); **glasig** (starr, ausdruckslos); **glasklar;** die **Glasmalerei;** die **Glasscheibe;** die **Glasur** (glänzender Überzug); die **Glaswolle**
glatt: glatter/glätter, am glattesten/glättesten; eine glatte Fläche – die Straße ist glatt (rutschig) – eine glatte (eindeutige) Lüge – eine glatte Eins bekommen – ein glatter (höflich wirkender) Mensch – glatt ablaufen – etwas glatt vergessen; **glattbügeln;** auch: glatt bügeln; die **Glätte;** das **Glatteis:** *jemanden aufs Glatteis führen* (hereinlegen); **glätten; glattgehen** (ohne Hindernis ablaufen); **glatthobeln;** auch: glatt hobeln; **glattmachen** (glätten); auch: glatt machen; aber nur: eine Rechnung glattmachen (bezahlen); **glattpolieren;** auch: glatt polieren; **glattschleifen;** auch: glatt schleifen; **glattstreichen;** auch: glatt streichen; die **Glättung; glattweg** (ohne weiteres); **glattzüngig**
Glat·ze, die: -, -n; eine Glatze (kahle Stelle auf dem Kopf) haben; **glatzköpfig**
Glau·be, der: -ns; auch: der **Glauben;** den Glauben verlieren – jemandem Glauben schenken – *der Glaube kann Berge versetzen*; **glauben;** das **Glaubensbekenntnis;** der **Glaubensstreit; glaubhaft;** die **Glaubhaftigkeit; gläubig;** der/die **Gläubige;** der **Gläubiger** (ein zu einer Schuldforderung Berechtigter); die **Gläubigerin,** die Gläubigerinnen; die **Gläubigkeit; glaubwürdig;** die **Glaubwürdigkeit**
gleich: gleich sein – gleich (unverändert, in gleicher Weise) bleiben – gleich (sofort) bleiben – gleich gut – gleich groß – gleich viel – gleich werden – das gleiche Kleid – ihm ist alles gleich (egal) – gleich (unmittelbar) hinter dem Haus; aber: der/die/das Gleiche – aufs Gleiche hinauslaufen – Gleiches mit Gleichem vergelten – *Gleich und Gleich gesellt sich gern* – ein Gleicher unter Gleichen; **gleichalt(e)rig; gleichartig; gleichauf; gleichbedeutend** (Gleiches bedeutend); **gleichberechtigt;** die **Gleichberechtigung; gleichbleibend;** auch: gleich bleibend; **gleichen** (ähneln); **gleichermaßen** (ebenso, auch); **gleicherweise; gleichfalls; gleichförmig** (langweilig, eintönig); die **Gleichförmigkeit; gleichgeartet:** gleichgeartete Lebensverhältnisse; auch gleich geartet; **gleichgeschlechtlich; gleichgesinnt:** gleichgesinnte Freunde; auch: gleich gesinnt; der/die **Gleichgesinnte;** auch: der/die gleich Ge-

G H I J K L M

sinnte; das **Gleichgewicht; gleichgewichtig; gleichgültig** (teilnahmslos, ungerührt); aber: gleich (in gleicher Weise) gültig; die **Gleichgültigkeit;** die **Gleichheit;** das **Gleichheitszeichen** ⟨=⟩; **gleichkommen** (entsprechen); aber: gleich (sofort) kommen; **gleichlautend:** gleichlautende Namen; auch: gleich lautend; **gleichmachen** (angleichen, Unterschiede beseitigen): dem Erdboden gleichmachen; aber: ich werde das gleich (sofort) machen; die **Gleichmacherei;** das **Gleichmaß; gleichmäßig;** der **Gleichmut** (Gelassenheit, Beherrschtheit); **gleichmütig; gleichnamig;** das **Gleichnis,** die Gleichnisse (Sinnbild); **gleichsam** (gewissermaßen); **gleichschenk(e)lig;** der **Gleichschritt;** sich **gleichsehen** (gleich aussehen); aber: das wirst du gleich (sofort) sehen; **gleichseitig; gleichsetzen** (als gleich ansehen); aber: ihr könnt euch gleich (sofort) setzen; **gleichstellen** (auf die gleiche Stufe stellen, gleiche Rechte zugestehen); der **Gleichstrom; gleichtun** (nacheifern); aber: das musst du gleich (sofort) tun; die **Gleichung; gleichviel** (einerlei); aber: alle bekommen gleich viel; **gleichwertig; gleichwie; gleichwink(e)lig; gleichwohl** (trotzdem); **gleichzeitig; gleichziehen** (aufholen)

Gleis, das: -es, -e; auch: das **Geleise;** die Gleise (Schienen) überqueren – *etwas ins rechte Gleis* (in Ordnung) *bringen*

glei·ßen: du gleißt, er gleißte, sie hat gegleißt, gleiß(e)!; (glitzern, glänzen)

glei·ten: du gleitest, er glitt, sie ist geglitten, gleit(e)!; der Vogel gleitet (schwebt) – über das Eis gleiten (sich sanft bewegen) – gleitende Arbeitszeit; die **Gleitfläche;** der **Gleitflug; gleitsicher;** die **Gleitzeit**

Glet·scher, der: -s, - (Eisfeld im Gebirge); das **Gletscherfeld;** die **Gletscherspalte**

Glied, das: -(e)s, -er (Teil eines Ganzen); das Glied einer Kette – gesunde Glieder haben – in Reih und Glied stehen; **...glied(e)rig:** zweigliederig; auch: 2-gliederig; **gliedern:** den Aufsatz gliedern; die **Gliederung;** die **Gliedmaßen** *Pl.* (beim Menschen Arme und Beine); der **Gliedsatz; gliedweise**

glim·men: du glimmst, er glimmte/glomm, sie hat geglimmt/geglommen; das Holz glimmt (brennt noch schwach) – in ihren Augen glimmt Hass; der **Glimmer; glimmern;** der **Glimmstängel** (Zigarette)

glimpf·lich: (ungeschädigt, unversehrt)

glit·schig: ein glitschiger (schlüpfriger, rutschiger, glatter) Boden; **glitsch(e)rig**

glit·zern: glitzernde (funkelnde) Sterne – der Schnee glitzert; der **Glitzer; glitz(e)rig**

Glo·bus *lat.*, der: -/-ses, -se/Globen (Modell der Erdkugel); **global** (weltumfassend, gesamt); die **Globalisierung;** der **Globetrotter** (Weltenbummler); die **Globetrotterin,** die Globetrotterinnen

Glo·cke, die: -, -n; die Glocken läuten – Käse unter einer Glocke (einem Glassturz) – *etwas an die große Glocke hängen* (es überall herumerzählen); das **Glöckchen;** das **Glockengeläute;** der **Glockengießer;** der **Glockenklang;** das **Glockenläuten;** das **Glockenspiel;** der **Glockenturm,** die ...türme; **glockig** (glockenförmig); der **Glöckner**

Glo·rie *[glorje]*, die: -, -n (Ruhm, Glanz); das **Gloria:** *mit Glanz und Gloria* (ganz und gar); **glorifizieren** (verherrlichen); **glorios** (ruhmvoll); **glorreich** (ruhmreich)

Glos·se *griech.*, die: -, -n (Randbemerkung, spöttische Anmerkung, kurzer Kommentar); das **Glossar; glossieren**

glot·zen: blöde glotzen (starr, mit großen Augen schauen); das **Glotzauge; glotzäugig;** die **Glotze** (Fernsehgerät)

Glück, das: -(e)s; Glück wünschen – das war dein Glück – Glück auf! (Bergmannsgruß) – auf gut Glück – *Glück und Glas, wie leicht bricht das*; **glückbringend:** ein glückbringender Tag; auch: Glück bringend; **glücken; glückhaft; glücklich:** eine glückliche Zeit – etwas verläuft glücklich (günstig) – ein glücklicher (günstiger) Zufall – *dem Glücklichen schlägt keine Stunde*; **glücklicherweise; glücklos; der Glücksbringer; glückselig;** die **Glückseligkeit;** der **Glücksfall,** die ...fälle; das **Glückskind;** der **Glückspfennig;** die **Glück(s)sache;** das **Glücksschwein;** das **Glücksspiel; glückstrahlend** (glücklich aussehend); die **Glückssträhne;** der **Glückstreffer; glückverheißend;** auch: Glück verheißend; der **Glückwunsch**

glu·ckern: das Wasser gluckert (plätschert) im Brunnen; die **Glucke** (Henne); **glucken;** die **Gluckhenne; glucksen**

glü·hen: das Eisen glüht (leuchtet rot) im Feuer – vor Hitze glühen; die **Glühbirne;**

G H I J K L M

glühend: ein glühender Verehrer – ein glühend heißes Eisen – die Straße ist glühend heiß; aber: **glühheiß;** die **Glühlampe;** der **Glühwein;** das **Glühwürmchen;** → Glut

Glut, die: -, -en; über den Straßen liegt eine furchtbare Glut (Hitze); **glutäugig;** die **Gluthitze; glutrot;** → glühen

Gly·ze·rin *griech.*, das: -s (dreiwertiger Alkohol); auch: das **Glycerin** (in der Chemie)

GmbH = Gesellschaft mit beschränkter Haftung

Gna·de, die: -, -n; um Gnade (Milde, Straferlass) bitten – von Gottes Gnaden – *Gnade für Recht ergehen lassen* (sehr nachsichtig sein); aber: gnade dir Gott!; **gnadenbringend;** das **Gnadenbrot;** der **Gnadenerlass;** die **Gnadenfrist; gnadenlos;** der **Gnadenstoß; gnädig:** gnädig sein (Nachsicht zeigen) – die gnädige (hochverehrte) Frau

Gneis, der: -es, -e (eine Gesteinsart)

Gnom, der: -en, -en (Kobold); **gnomenhaft**

Gnu, das: -s, -s (Antilopenart)

Go·be·lin *franz. [gobelã̄]*, der: -s, -s (Wandbehang)

Go·ckel, der: -s, - (Hahn); auch: der **Gickel**

Gold, das: -(e)s (Edelmetall); der **Goldbarren; goldblond; golden:** die goldene Hochzeit – das goldene Zeitalter; auch: das Goldene Zeitalter (als geschichtliche Epoche) – der Goldene Schnitt; auch: der goldene Schnitt – das Goldene Kalb; **goldfarben;** der **Goldfisch; goldgelb;** der **Goldgräber;** die **Goldgräberin,** die ... gräberinnen; die **Goldgrube; goldhaltig;** der **Goldhamster; goldig:** ein goldiges (niedliches, hübsches) Kind; die **Goldmedaille; goldrichtig;** der **Goldschmied;** die **Goldschmiedin,** die ... schmiedinnen; das **Goldstück;** die **Goldwaage;** die **Goldwährung;** der **Goldzahn**

Golf *engl.*, das: -s (Rasenspiel); Golf spielen; der **Golfer** (Golfspieler); die **Golferin,** die Golferinnen; der **Golfplatz;** der **Golfschläger**

Golf *griech.*, der -(e)s, -e (Meeresbucht); der **Golfstrom** (Meeresströmung im Nordatlantik)

Gon·del *ital.*, die: -, -n (langes Ruderboot, Ballonkorb, Seilbahnkabine); **gondeln:** durch halb Deutschland gondeln (ohne festes Ziel fahren); der **Gondoliere** (Gondelführer)

Gong *malai.*, der: -s, -s (asiatisches Musikinstrument); der Gong ertönt; **gongen;** der **Gongschlag,** die ... schläge

gön·nen: jemandem sein Glück gönnen – sich einen Tag Ruhe gönnen (erlauben); der **Gönner** (hilfsbereiter Freund, Förderer, Geldgeber); **gönnerhaft; die Gönnerhaftigkeit;** die **Gönnerin,** die Gönnerinnen; die **Gönnermiene** (freundlich herablassender Gesichtsausdruck)

Gör, das: -(e)s, -en (ungezogenes kleines Kind); auch: die **Göre**

Go·ril·la *afrik.*, der: -s, -s (Menschenaffe)

Gos·se, die: -, -n (Rinnstein)

Go·tik *franz.*, die: - (Kunststil); **gotisch:** gotische Dome; das **Gotische**

Gott, der: -es, Götter; um Gottes willen – in Gottes Namen – Gott sei Dank! – Gott behüte! – Gott der Allmächtige – weiß Gott! – – grüß Gott! – *bei Gott ist kein Ding unmöglich*; **gottbewahre!;** zum **Gotterbarmen;** der **Gottesacker** (Friedhof); der **Gottesdienst; gottesfürchtig; gotteslästerlich;** die **Gotteslästerung; gottgefällig; gottgewollt; göttlich:** die göttliche Gerechtigkeit – eine göttliche (himmlische) Stimme haben; **gottlob!; gottlos;** der/die **Gottlose;** die **Gottlosigkeit; gottserbärmlich; gottsjämmerlich; gottverlassen;** das **Gottvertrauen**

Göt·ze, der: -n, -n (falscher Gott); das **Götzenbild;** der **Götzendiener;** die **Götzendienerin,** die ... dienerinnen; der **Götzendienst**

Gou·ver·neur *franz. [guwernör]*, der: -s, -e (Statthalter); die **Gouverneurin**

gra·ben: du gräbst, er grub, sie hat gegraben, grab(e)!; ein Loch graben – nach Gold graben; das **Grab,** die Gräber: zu Grabe tragen – *etwas mit ins Grab nehmen* (ein Geheimnis nicht preisgeben); der **Graben,** die Gräben; die **Grabesstille;** das **Grabmal,** die ... mäler/... male; die **Grabstätte;** der **Grabstein;** die **Grabung;** → Grube

grab·schen; auch: → **grapschen**

Grad ⟨°⟩ *lat.*, der: -(e)s, -e (Maßeinheit); 20 Grad Celsius – ein Winkel von 45 Grad – der Längengrad – er ist in hohem Grade (sehr) erkältet # Grat; der **Gradmesser; graduell** (stufenweise); **gradweise**

Graf, der: -en, -en (Adelstitel); der **Grafentitel;** die **Gräfin; gräflich;** die **Grafschaft**

Gra·fik *griech.*, die: -, -en (Schaubild, Illustration, Sammelbezeichnung für künstlerische

G H I J K L M

Techniken); auch: die **Graphik;** der **Grafiker;** auch: der **Graphiker;** die **Grafikerin,** die Grafikerinnen; auch: die **Graphikerin;** die **Grafikkarte;** auch: die **Graphikkarte;** **grafisch;** auch: **graphisch;** der **Grafit** (ein Mineral); auch: der **Graphit;** die **Grafologie** (Lehre von der Deutung der Handschriften); auch: die **Graphologie**

Gral *franz.*, der: -s (Wunder wirkende Schale in der Sage); die **Gralsburg;** der **Gralshüter;** der **Gralsritter;** die **Gralssage**

Gram, der: -(e)s (Kummer); **gram:** jemandem gram (böse) sein/bleiben; sich **grämen** (sehr bekümmert sein, trauern); **gramerfüllt; gramgebeugt; grämlich; gramvoll**

Gramm ⟨g⟩ *griech.*, das, -s, -(e) (Gewichtseinheit); ein Kilogramm hat 1000 Gramm

Gram·ma·tik, die: -, -en (Sprachlehre); **grammatikalisch; grammatisch:** das grammatische Geschlecht

Gram·mo·phon *griech.*, das: -s, -e (Gerät zum Abspielen von Schallplatten); auch: das **Grammofon**

Gra·nat *lat.*, der: -e(s), -e (Schmuckstein); der **Granatapfel;** der **Granatschmuck**

Gra·na·te *ital.*, die: -, -n (mit Sprengstoff gefülltes Geschoss); der **Granatsplitter;** der **Granatwerfer** (Geschütz)

gran·di·os *ital.*: eine grandiose (großartige, überwältigende) Leistung

Gra·nit *ital.*, der: -s, -e (Gesteinsart); **granitartig;** der **Granitblock; graniten** (aus Granit)

gran·tig: grantig (missmutig, mürrisch) sein

Grape·fruit *engl. [grepfrut]*, die: -, -s (eine Zitrusfrucht)

Gra·phik *griech.*, die: -, -en; auch: → die **Grafik;** der **Graphit** (ein Mineral); auch: der **Grafit**

Gra·pho·lo·gie *griech.*, die: - (Lehre der Handschriftendeutung); auch: die **Grafologie**

grap·schen: (schnell nach etwas greifen); auch: **grabschen**

Gras, das: -es, Gräser; Gras mähen – *das Gras wachsen hören* (sich sehr schlau vorkommen); die **Grasdecke; grasen;** die **Grasfläche; grasfressend:** grasfressende Tiere; auch: Gras fressend; **grasgrün;** das **Gräslein;** die **Grasmücke** (ein Singvogel); die **Grasnarbe;** die **Grassteppe**

gras·sie·ren *lat.*: eine Krankheit grassiert (greift um sich, wütet)

gräss·lich: ein grässliches (abscheuliches) Wetter – ein grässlicher (schrecklicher) Unfall; die **Grässlichkeit**

Grat, der: -(es), -e (Bergkamm, Kante) # Grad

Grä·te, die: -, -n (Fischknochen); **grätenlos; grätig**

gra·tis *lat.*: (kostenlos); die **Gratifikation;** die **Gratisprobe;** die **Gratisvorstellung**

Grät·sche, die: -, -n (eine Turnübung); **grätschen** (die Beine zur Seite spreizen); die **Grätschstellung**

gra·tu·lie·ren: (Glück wünschen); **der Gratulant;** die **Gratulantin,** die Gratulantinnen; die **Gratulation** (Glückwunsch); die **Gratulationscour** *[...kur]* (Beglückwünschungen durch viele Gratulanten)

grau: eine graue Farbe – alles grau in grau – ein grauer Anzug – der graue (öde) Alltag – in grauer Vorzeit – eine graue Maus – der graue Star (Augenkrankheit) – *sich keine grauen Haare wachsen lassen* (sich keine Sorgen machen); aber: die Grauen Panther (Organisation für Senioren); das **Grau; graublau; grauen:** es graut (dämmert) schon; **grauhaarig; graulich:** auch: **gräulich; graumeliert:** graumeliertes Haar; auch: grau meliert; der **Grauschleier;** die **Grauzone**

grau·en: mir/mich graut (ich habe Angst) vor dem morgigen Tag – es graut (dämmert) schon – der Morgen graut; der **Gräuel:** dieser Mensch ist mir ein Gräuel (ich empfinde Abscheu gegen ihn) – die Gräuel (Schrecken) des Krieges; das **Gräuelmärchen;** die **Gräuelpropaganda;** die **Gräueltat;** das **Grauen:** mich überkommt Grauen (Entsetzen, Furcht) – die Grauen (Schrecken) des Krieges; **grauenerregend;** auch: Grauen erregend; **grauenhaft; grauenvoll; gräulich** (grässlich)

Grau·pe, die: -, -n (Getreidekorn); *Graupen* (hochfliegende Pläne) *im Kopf haben,* die **Graupel** (Hagelkorn); **graupeln;** der **Graupelschauer;** die **Graupensuppe**

grau·sam: sich grausam (unbarmherzig) rächen – eine grausame (schlimme) Kälte; der **Graus** (Schrecken): o(h) Graus!; die **Grausamkeit; grausen:** mir graust (ekelt) vor dem Essen – sich vor nichts grausen (fürchten); das **Grausen; grausig**

gra·vie·ren *lat. [grawiren]*: (etwas in harte Stoffe einritzen); der **Graveur** *[grawör]*; die

Graveurin *[grawörin];* **gravierend** (belastend); die **Gravierung;** die **Gravitation** (Schwerkraft); **gravitätisch:** gravitätisch (würdevoll) schreiten; die **Gravur**

Gra·zie *lat. [gratßje],* die: - (Anmut); **grazil** (geschmeidig, zierlich); **graziös** (anmutig)

Green·peace *engl. [grinpiß],* (internationale Organisation zum Schutz der Umwelt)

grei·fen: du greifst, er griff, sie hat gegriffen, greif(e)!; etwas mit der Hand greifen (erfassen) – den Ausbrecher greifen (fangen); aber: zum Greifen nahe; **greifbar:** greifbare (deutlich sichtbare) Ergebnisse – die Ware ist nicht greifbar (nicht verfügbar); der **Greifvogel;** die **Greifzange;** → Griff

grei·nen: (weinen)

Greis, der: -es, -e (alter Mann); **greis:** ein greiser (sehr alter) Mann; das **Greisenalter; greisenhaft;** die **Greisenhaftigkeit;** die **Greisin,** die Greisinnen

grell: ein grelles (sehr helles) Licht – ein greller (durchdringender) Schrei – grelle (unangenehm auffallende) Farben; **grellbeleuchtet:** ein grellbeleuchteter Raum; auch: grell beleuchtet; die **Grelle; grellrot**

Gre·mi·um *lat.,* das: -s, Gremien (Ausschuss, Körperschaft)

Gren·ze, die: -, -n; eine Grenze zwischen Ländern – die Grenze (Trennungslinie) zwischen Gut und Böse – keine Grenzen kennen; der **Grenzbewohner; grenzen:** das Grundstück grenzt an das Meer – das grenzt an Frechheit; **grenzenlos;** die **Grenzenlosigkeit;** der **Grenzfall;** der **Grenzgänger; grenznah;** der **Grenzschutz;** die **Grenzsituation;** der **Grenzstein;** die **Grenztruppen** *Pl.;* **grenzüberschreitend;** der **Grenzverkehr;** der **Grenzzwischenfall**

Grie·chen·land: -s (Staat in Südeuropa); der **Grieche;** die **Griechin,** die Griechinnen; **griechisch**

Gries·gram, der: -(e)s, -e (mürrischer Mensch); **griesgrämig;** auch: **griesgrämisch; griesgrämlich**

Grieß, der: -es, -e (Getreideprodukt); der **Grießbrei;** das **Grießmehl;** die **Grießsuppe**

Griff, der: -(e)s, -e; der Griff des Koffers – der Griff nach der Geldbörse – *etwas im Griff haben* (etwas gut beherrschen); **griffbereit;** das **Griffbrett; grifffest; griffig;** die **Griffigkeit; grifflos;** die **Grifftechnik;** → greifen

Grif·fel, der: -s, - (Schreibstift aus Schiefer)

Grill *engl.,* der: -s, -s (Bratrost); **grillen;** das **Grillfest;** das **Grillgericht;** der **Grillplatz**

Gril·le, die: -, -n; Grillen (Heuschrecken) zirpen – Grillen (schrullige, sonderbare Einfälle) im Kopf haben; **grillenhaft** (launenhaft)

Gri·mas·se *franz.,* die: -, -n (Verzerrung des Gesichts, Fratze)

grim·mig: grimmig (missmutig, ärgerlich) sein – ein grimmiger (sehr schlimmer) Winter; der **Grimm** (Ärger); das **Grimmen** (Bauchweh); die **Grimmigkeit**

Grind, der: -(e)s, -e (Wundschorf); **grindig**

grin·sen: (breit, höhnisch, boshaft lächeln); das **Grinsen**

Grip·pe *franz.,* die: -, -n (eine Infektionskrankheit); **grippal:** ein grippaler Infekt; auch: **grippös;** der **Grippevirus,** die ... viren; die **Grippewelle**

Grips, der: -es, -e (Verstand, Auffassungsgabe)

grob: gröber, am gröbsten; ein grober (nicht sehr feiner) Sand – grobe (schlimme) Fehler – ein grober (derber) Kerl – grob fahrlässig; aber: aufs Gröbste; auch: aufs gröbste – aus dem Gröbsten heraus sein; **grobfaserig; grobgemahlen:** grobgemahlenes Mehl; auch: grob gemahlen; **grobgestrickt:** ein grobgestrickter Pullover; auch: grob gestrickt; die **Grobheit;** der **Grobian** (grober Mensch); **grobknochig; gröblich** (ziemlich, stark); **grobmahlen;** auch: grob mahlen; **grobmaschig; grobschlächtig** (plump, unfein)

Grog, der: -s, -s (heißes Getränk aus Rum, Zucker und Wasser); **groggy** (schwer angeschlagen, erschöpft)

grö·len: die Betrunkenen grölen (lärmen, schreien, singen laut); die **Grölerei**

grol·len: jemandem grollen (zürnen) – das Grollen (Krachen) des Donners; der **Groll**

Gros *franz. [gro],* das: -, - (Masse, Mehrzahl)

Gros *niederl. [groß],* das: -es, -e (12 Dutzend); drei Gros Eier

Gro·schen *lat.,* der: -s, -; nur ein paar Groschen kosten; das **Groschenblatt,** die ... blätter; das **Groschenheft;** der **Groschenroman**

groß: größer, am größten; der große Garten – die großen Ferien – das große Einmaleins – ein großer (bedeutender) Dichter – große Angst haben – zwei Meter groß – die große Welt – auf großer Fahrt – die große Pause – groß herauskommen – *das große Geld ma-*

chen (viel verdienen) – *große Töne spucken* (angeben); aber: im Großen und Ganzen (im Allgemeinen) – im großen Ganzen – Groß und Klein (jedermann) – im Großen einkaufen – die Großen und die Kleinen – Große und Kleine – der Große ⟨d.Gr.⟩ – im Großen wie im Kleinen – Karl der Große – der Große Ozean – der Große Teich (Atlantik) – die Große Strafkammer – er ist der Größte (unübertroffen) – etwas/nichts/viel/wenig Großes; der **Großalarm; großangelegt:** ein großangelegter Plan; auch: groß angelegt; **großartig;** die **Größe;** die **Großeltern** *Pl.;* die **Größenordnung; großenteils;** der **Größenwahn; großflächig; großgewachsen:** großgewachsene Bäume; auch: groß gewachsen; der **Großhandel; großherzig; großjährig; großkariert:** ein großkariertes Muster; auch: groß kariert; sich **großmachen** (großtun); die **Großmacht,** die ... mächte; **großmächtig;** der **Großmarkt,** die ... märkte; das **Großmaul;** die **Großmut; großmütig; großräumig;** das **Großrein(e)machen; großschreiben:** Wörter großschreiben (mit großen Anfangsbuchstaben schreiben) – Teamwork wollen wir bei uns großschreiben (für wichtig erachten); aber: einen Text groß (in großer Schrift) schreiben; die **Großschreibung; großspurig;** die **Großstadt,** die ... städte; **großstädtisch;** der **Großteil; größtenteils;** die **Großtuerei; großtun:** vor seinen Freunden großtun (prahlen, sich rühmen, sich wichtigtun); **großziehen** (aufziehen); **großzügig:** großzügig (nicht kleinlich) sein; die **Großzügigkeit**

Groß·bri·tan·ni·en, das: -s (Staat in Nordwesteuropa); **großbritannisch**

gro·tesk *franz.:* (komisch, verzerrt); die **Groteske** (derb-komische Erzählung); **groteskerweise**

Grot·te *ital.,* die: -, -n (Felsenhöhle)

Gru·be, die: -, -n; in eine tiefe Grube (ein tiefes Erdloch) fallen – in die Grube (das Bergwerk) einfahren – *wer anderen eine Grube gräbt, fällt selbst hinein;* das **Grübchen;** der **Grubenarbeiter;** → graben

grü·beln: über eine Aufgabe grübeln (lange nachdenken, brüten); die **Grübelei;** der **Grübler;** die **Grüblerin; grüblerisch**

Gruft, die: -, Grüfte (Grabgewölbe); der **Grufti** (älterer Mensch)

grün: die grüne Wiese – die grüne Welle (im Straßenverkehr) – die grüne Minna (Polizeiauto) – am grünen Tisch (Verhandlungstisch) – der grüne Star (Augenkrankheit) – die grüne Lunge (Grünfläche) einer Stadt; auch: die Grüne Lunge – die grüne (unbewachte) Grenze; auch: die Grüne Grenze – der grüne (unerfahrene) Junge – *einem nicht grün* (nicht gewogen) *sein;* aber: Grün steht ihr nicht – die Grüne Woche – die Ampel steht auf Grün – ins Grüne fahren – dasselbe in Grün (genau dasselbe); das **Grün;** die **Grünanlage; grünblau;** der **Gründonnerstag;** das **Grüne:** die Fahrt ins Grüne; der/die **Grüne** (Mitglied einer Umweltschutzpartei); **grünen;** die **Grünen** (Umweltschutzpartei) *Pl.;* die **Grünfläche;** das **Grünfutter; grünlich;** der **Grünschnabel** (unerfahrener Mensch); der **Grünspan** (Belag auf Kupfer oder Messing); **grünstreichen;** auch: grün streichen; aber: grün anstreichen; das **Grünzeug**

Grund, der: -(e)s, Gründe; der Grund und Boden – bis auf den Grund (Boden) des Wassers sehen – ein vernünftiger Grund (Anlass) – aus diesem Grunde (deshalb) – im Grunde – auf Grund dessen; auch: aufgrund – von Grund auf (ganz und gar) – im Grunde genommen (eigentlich) – auf Grund laufen – einer Sache auf den Grund gehen – zu Grunde gehen; auch: zugrunde – zu Grunde richten; auch: zugrunde – zu Grunde liegen; auch: zugrunde – *festen Grund* (eine sichere Grundlage) *unter den Füßen haben;* **grundanständig;** der **Grundbegriff;** der **Grundbesitz; grundehrlich; gründen;** der **Gründer;** die **Gründerin,** die Gründerinnen; der **Grunderwerb; grundfalsch;** die **Grundfarbe;** die **Grundfläche;** die **Grundform;** die **Grundgebühr;** der **Grundgedanke;** das **Grundgesetz** ⟨GG⟩; **grundhässlich; grundieren** (Grundfarbe auftragen); die **Grundlage; grundlegend; gründlich:** gründlich (sorgfältig) säubern; die **Gründlichkeit;** die **Grundlinie; grundlos;** das **Grundrecht;** der **Grundriss;** der **Grundsatz,** die ... sätze; **grundsätzlich; grundschlecht;** die **Grundschule;** der **Grundstock;** das **Grundstück;** die **Grundstufe;** die **Gründung; grundverkehrt; grundverschieden;** das **Grundwasser;** der **Grundwortschatz**

G H I J K L M

grụn·zen: grunzen wie ein Schwein
Grụp·pe, die: -, -n; eine Gruppe (mehrere, eine Schar) von Menschen; das **Grüppchen;** die **Gruppenarbeit;** die **Gruppentherapie;** der **Gruppenunterricht; gruppenweise; gruppieren;** die **Gruppierung**
gru·seln: mich/mir gruselt (schaudert); der **Gruselfilm; grus(e)lig** (unheimlich, schaurig); das **Gruselmärchen**
grü·ßen: grüß Gott sagen – du grüßt; der **Gruß:** zum Gruß; die **Grußadresse; grußlos;** das **Grußwort,** die ...worte
Grụ̈t·ze, die: -, -n; Grütze (Brei) essen – *viel Grütze im Kopf haben* (sehr klug sein)
gụ·cken: (blicken, sehen); auch: **kucken;** das **Guckfenster;** der **Guckkasten,** die ...kästen; das **Guckloch,** die ...löcher
Gue·ril·la *span. [gerilja],* die: -, -s (Partisanenkrieg); der **Guerilla** (Partisan); der **Guerillakämpfer;** die **Guerillakämpferin;** die **Guerillas** *Pl.* (Untergrundkämpfer)
Guil·lo·ti·ne *franz. [giljotine],* die: -, -n (Fallbeil zur Hinrichtung); **guillotinieren**
Gu·lasch, das/der: -(e)s, -e (scharf gewürztes Fleischgericht); die **Gulaschsuppe**
Gul·ly *engl. [guli],* der/das: -s, -s (Einlaufstelle für Straßenabwässer)
gụ̈l·tig: ein gültiger (anerkannter) Ausweis; die **Gültigkeit;** die **Gültigkeitsdauer;** → gelten
Gụm·mi, der: -s, -s (Rohstoff, Klebstoff); der **Gummiball,** die ...bälle; das **Gummiband,** die ...bänder; **gummieren** (mit Gummi bestreichen); der **Gummireifen;** der **Gummistiefel;** die **Gummizelle**
Gụnst, die: - (Gnade, Achtung, Vorteil); in der Gunst eines anderen stehen – jemandem eine Gunst erweisen – die Gunst der Stunde – zu seinen Gunsten – zu Gunsten eines anderen; auch: zugunsten; der **Gunstbeweis;** die **Gunstbezeigung; günstig; günstigenfalls; günstigstenfalls;** der **Günstling** (Bevorzugter); die **Günstlingswirtschaft**
Gụr·gel, die: -, -n (Rachen); **gurgeln**
Gụr·ke, die: -, -n (Frucht); **gurken:** durch die Gegend gurken (fahren); der **Gurkensalat**
gụr·ren: gurrende Tauben
Gụ̈r·tel, der: -s, - (festes Band); der **Gurt;** die **Gürtellinie;** der **Gürtelreifen; gurten** (anschnallen); sich **gürten; der Gurtmuffel**
GỤS = Gemeinschaft Unabhängiger Staaten
Gụss, der: -es, Güsse; der Guss einer Glocke – ein kalter Guss (heftiger Regenschauer) – Torte mit süßem Guss; das **Gusseisen; gusseisern;** der **Gussstahl;** auch: der **Guss-Stahl;** → gießen
gut: besser, am besten; gute Noten – gute Manieren – eine gute Tat – gutes Wetter – ein guter Bekannter – eine gute Stunde – er ist guter Dinge – der gute Ton – so gut wie – es gut sein lassen – er ist mir gut – gut und gern (mindestens) – der Weg ist gut zu gehen – guten Abend wünschen; auch: Guten Abend wünschen; aber: im Guten wie im Bösen (allezeit) – es im Guten versuchen – Guten Tag sagen; auch: guten Tag sagen – jemandem etwas Gutes tun – nichts/viel Gutes – alles Gute – zu viel des Guten – jenseits von Gut und Böse – sein Gutes haben – vom Guten das Beste – zum Guten lenken – der Gute Hirte (Christus); das **Gutachten** (fachmännisches Urteil); **gutartig; gutaussehend:** ein gutaussehendes Mädchen; auch: gut aussehend; **gutbezahlt:** eine gutbezahlte Stelle; auch: gut bezahlt; **gutbụ̈rgerlich; gutdotiert;** auch: gut dotiert; das **Gutdünken;** die **Güte:** ein Mensch voller Güte (Gutherzigkeit) – die Güte (Qualität) der Ware prüfen; der **Gutenạchtgruß;** das **Gütezeichen; gutgehen:** ich lass es mir mal gutgehen – das ist noch einmal gutgegangen; auch: gut gehen/gut gegangen; **gutgehend:** ein gutgehendes (gewinnbringendes) Geschäft; auch: gut gehend; **gutgekleidet:** gutgekleidete Frauen; auch: gut gekleidet; **gutgelaunt:** gutgelaunte Gäste; auch: gut gelaunt; **gutgepflegt:** ein gutgepflegter Rasen; auch: gut gepflegt; **gutgesinnt:** ein gutgesinnter Vorgesetzter; der/die **Gutgesinnte; gutgläubig** (leichtgläubig, arglos); die **Gutgläubigkeit; guthaben:** er hat noch 20 Euro gut (er kann sie fordern); das **Guthaben; gutheißen** (billigen); **gutherzig; gütig; gütlich:** sich an etwas gütlich tun; **gutmachen:** ein Unrecht (wieder) gutmachen (in Ordnung bringen) – viel gutzumachen haben; aber: etwas gut (ordentlich) machen; **gutmütig** (gütig); die **Gutmütigkeit; gutnạchbarlich; gutschreiben:** einen Betrag auf dem Konto gutschreiben (anrechnen); aber: gut (lesbar, verständlich) schreiben; die **Gutschrift; gutstehen:** für jemanden gutstehen (bürgen) – sich gutste-

G H I J K L M

hen (wohlhabend sein); aber: das Kleid wird dir gut stehen; **guttun:** das Bad hat mir gutgetan; **gutunterrichtet:** gutunterrichtete Kreise; auch: gut unterrichtet; **gutverdienend;** auch: gut verdienend; **gutwillig;** die **Gutwilligkeit**

Gut, das: -(e)s, Güter; all sein Hab und Gut (Besitz) – auf einem großen Gut (Bauernhof) arbeiten; die **Güterabfertigung;** der **Güterbahnhof;** der **Güterverkehr;** der **Güterzug;** der **Gutsbesitzer;** der **Gutschein;** die **Gutschrift;** das **Gutshaus,** die ... häuser; der **Gutshof;** der **Gutsverwalter**

Gym·na·si·um *griech.*, das: -s, Gymnasien (höhere Schule); **gymnasial;** der **Gymnasiast;** die **Gymnasiastin,** die Gymnasiastinnen

Gym·nas·tik *griech.*, die: - (Körperübungen); der **Gymnastikunterricht; gymnastisch**

Gy·ros *griech.*, das: -, - (griechisches Gericht)

H

ha = Hektar (10 000 m²)

Haar, das: -(e)s, -e; sich das Haar/die Haare kämmen – um ein Haar (beinahe) – aufs Haar (genau) – *kein gutes Haar an jemandem lassen* (nur Schlechtes über jemanden sagen) – *Haare auf den Zähnen haben* (sich nichts gefallen lassen, bissig sein) – *ein Haar in der Suppe finden* (an einer Sache etwas auszusetzen haben) – *etwas an den Haaren herbeiziehen* (etwas anführen, was nur entfernt zur Sache gehört) – *sich keine grauen Haare wachsen lassen* (sich keine unnötigen Sorgen machen); **haarbreit;** das **Haarbreit:** nicht um ein Haarbreit weichen; auch: Haar breit; die **Haarbürste; (**sich) **haaren** (Haare verlieren); die **Haaresbreite:** um Haaresbreite dem Tod entgehen; aber: nur um eines Haares Breite; die **Haarfarbe; haarfein; haargenau** (ganz genau); **haarig:** haarige Beine – eine haarige (schwierige, heikle) Geschichte; **haarklein** (ganz klein, in allen Einzelheiten); **haarscharf:** haarscharf (dicht) an jemandem vorbeifahren – haarscharf (ganz genau) beobachten; der **Haarschnitt;** der **Haarschopf;** die **Haarspalterei** (Spitzfindigkeit); das **Haarspray; haarsträubend** (unglaublich, unerhört); der **Haarwuchs;** aber: das **Härchen;** das **Härlein**

ha·ben: du hast, er hatte, sie hat gehabt, hab(e)!; kein Geld haben (besitzen) – Hunger haben (verspüren) – ein Meter hat hundert Zentimeter – nichts zu sagen haben – es hat nichts auf sich – wir haben ihn! (gefangen) – recht/Recht haben – habt Acht! – *etwas gegen jemanden haben* (gegen ihn voreingenommen sein) – *noch zu haben sein* (ledig, frei sein) – *für etwas zu haben sein* (sich gewinnen lassen, etwas gerne mögen); die **Habe:** seine ganze Habe (seinen Besitz) verlieren – das Hab und Gut; das **Haben** (Guthaben); der **Habenichts** (völlig mittelloser Mensch); die **Habgier** (Geiz, Geldgier); **habgierig; habhaft:** des Verbrechers habhaft werden (ihn festnehmen); die **Habseligkeiten** *Pl.* (Besitztümer); die **Habsucht; habsüchtig;** die **Habt-Acht-Stellung;** auch: die **Habtachtstellung**

Ha·bicht, der: -s, -e (ein Greifvogel); die **Habichtsnase** (gebogene Nase)

Hach·se, die: -, n (unteres Bein von Kalb oder Schwein); auch: → die **Haxe**

Ha·cke, die: -, -n (ein Werkzeug); der **Hackbraten;** das **Hackbrett;** das **Hack(e)beil; hacken:** Holz hacken; das **Hackfleisch;** die **Hackfrucht,** die ... früchte; das/der **Häcksel** (gehacktes Stroh als Viehfutter); das **Hacksteak** *[hakstek]*

Ha·cke, die: -, -n (Ferse); auch: der **Hacken;** der **Hackentrick** (Trick im Fußballspiel)

Ha·cker *engl. [häker]*, der: -s, - (jemand, der unerlaubt in fremde Computersysteme eindringt); **hacken;** die **Hackerin**

ha·dern: mit sich und der Welt hadern (in Streit liegen, grollen) – mit seinem Schicksal hadern (unzufrieden sein); der **Hader** (Zwist, Streit)

Ha·fen, der: -s, Häfen; in einen Hafen (Liegeplatz für Schiffe) einlaufen – *den Hafen der Ehe ansteuern* (heiraten wollen); die **Hafenkneipe;** die **Hafenstadt,** die ... städte; das **Hafenviertel**

Ha·fer, der: -s (Getreideart); Hafer fressen – *jemanden sticht der Hafer* (er ist übermütig); der **Haferbrei;** die **Haferflocken** *Pl.;* **die Hafergrütze;** der **Haferschleim**

Haff, das: -(e)s, -e/-s (eine vom Meer abgetrennte Bucht); das Kurische Haff; der **Hafffischer;** auch: der **Haff-Fischer**

G H I J K L M

Haf·ner, der: -s, - (Töpfer, Ofensetzer); auch: der **Häfner;** der **Hafen** (Gefäß, Topf)

haf·ten: die Fliesen haften (kleben) fest – die Eltern haften (bürgen, sind verantwortlich) für ihre Kinder – für jemanden haften (einstehen); die **Haft:** sich in Haft (im Gefängnis, in Gewahrsam) befinden – seine Haft (Freiheitsstrafe) verbüßen; **haftbar** (verantwortlich, zu Ersatz verpflichtet); die **Haftbarkeit;** der **Haftbefehl;** die **Haftdauer; haftenbleiben:** im Gedächtnis haftenbleiben) auch: haften bleiben; aber nur: an etwas haften bleiben; die **Haftentlassung; haftfähig;** der **Häftling** (Gefangener); die **Haftpflicht; haftpflichtig; haftpflichtversichert;** die **Haftschale** (Kontaktlinse); die **Haftstrafe;** die **Haftung:** keine Haftung (Verantwortung) übernehmen; die **Haftverschonung**

Ha·ge·but·te, die: -, -n (Frucht der Heckenrose); der **Hag** (Hecke, Waldgrundstück); der **Hagebuttentee;** der **Hagestolz** (Junggeselle)

Ha·gel, der: -s (Niederschlag von Eiskörnern); das **Hagelkorn,** die ...körner; **hageln:** es hagelt stark – es hagelte Ohrfeigen; der **Hagelschaden,** die ...schäden; der **Hagelschauer;** der **Hagelschlag;** die **Hagelschloße** (großes Hagelkorn)

ha·ger: (knochig, mager); die **Hagerkeit**

Hä·her, der: -s, - (ein Rabenvogel)

Hahn, der: -(e)s, Hähne (männl. Huhn); der Hahn kräht am Morgen – den Hahn (z.B. einer Wasserleitung) aufdrehen – *nach ihm kräht kein Hahn* (fragt niemand) – *der Hahn im Korb* (einziger Mann unter mehreren Frauen) *sein* – *jemandem den roten Hahn aufs Dach setzen* (das Haus anzünden); das **Hähnchen;** der **Hahnenfuß** (Wiesenblume); der **Hahnenschrei:** beim ersten Hahnenschrei (früh am Morgen)

Hai *niederl.,* der: -(e)s, -e (ein Raubfisch); der **Haifisch;** die **Haifischflossensuppe**

Hain, der: -(e)s, -e (kleiner Wald); die **Hainbuche** (Laubbaum)

Hair·sty·list *engl. [härstailist],* der: -en, -en (Friseur); das **Hairstyling;** die **Hairstylistin,** die ...stylistinnen;

hä·keln: ich häk(e)le einen Topflappen; die **Häkelei;** das **Häkelgarn;** die **Häkelnadel**

Ha·ken, der: -s, - (gebogenes Stück Holz oder Metall); der Hase schlägt einen Haken (ändert die Richtung) – einen Haken in die Wand einschlagen – ein linker Haken (Schlag beim Boxen) – die Sache hat einen Haken (eine Schwierigkeit, einen Nachteil) – *mit Haken und Ösen* (mit allen möglichen Mitteln); das **Häkchen** (kleiner Haken); **haken:** das Seil hakt (klemmt); **hakenförmig;** das **Hakenkreuz;** die **Hakennase; hakig**

halb: halb totschlagen – halb vollmachen – ein halber Meter – halb und halb – halb vier Uhr – es ist halb – eine halbe Stunde – der Zeiger steht auf halb (acht) – anderthalb Stunden – ein halb(es) Dutzend – ein halbes Dutzend Mal – auf halber Höhe – mit halber Kraft – nur halb (nicht richtig) bei der Sache sein – drei(und)einhalb Pfund – halb so viel – halb so viele – mit jemandem halbe-halbe machen (teilen); aber: ein Halbes – nichts Halbes und nichts Ganzes; **halbamtlich:** ein halbamtliches Schreiben; aber: halb amtlich, halb privat; **halbangezogen;** auch: halb angezogen; **halbautomatisch;** auch: halb automatisch; **halbbitter:** halbbittere Schokolade; **halbblind;** auch: halb blind; das **Halbblut;** der **Halbbruder; halbdunkel:** ein halbdunkler Raum; aber: halb dunkel, halb hell; das **Halbdunkel** (Zwielicht); der/die/das **Halbe; halberwachsen;** auch: halb erwachsen; **halbfertig;** auch: halb fertig; **halbfest;** das **Halbfinale; halbgar;** auch: halb gar; **halbgebildet;** der **Halbgott;** die **Halbgöttin;** die **Halbheit** (Unvollkommenes); **halbherzig; halbhoch:** ein halbhoher Zaun; **halbieren** (in zwei gleiche Teile teilen); die **Halbinsel; halbjährig** (ein halbes Jahr alt); **halbjährlich** (alle halben Jahre); der **Halbkreis;** die **Halbkugel; halblang:** eine halblange Hose; aber: halb lang, halb kurz; **halblaut:** halblaute Schreie; aber: halb laut, halb leise; das **Halbleder; halbleer;** auch: halb leer; **halbleinen:** ein halbleinenes Kleid; der **Halbleiter** (leitfähiger Stoff); **halblinks;** auch: halb links; **halbmast:** die Fahne steht auf halbmast; der **Halbmesser** (Radius); der **Halbmond; halbnackt;** auch: halb nackt; die **Halbpension; halbrechts;** auch: halb rechts; **halbreif;** auch: halb reif; **halbrund:** ein halbrunder Tisch; aber: halb rund, halb eckig; der **Halbschlaf; halbseiden:** ein halbseidener Schal; **halbseitig; halbstaatlich;** aber: halb staatlich, halb privat; der **Halbstarke;** der **Halbstiefel; halbstündig** (eine halbe Stunde dauernd); **halbstündlich** (jede halbe Stunde); **halbtags;** die **Halbtagsarbeit; halbtot;** auch: halb tot; **halbtrocken:** ein halbtrockener Wein; **halbverdaut;** auch: halb verdaut; **halbverhungert:** auch: halb verhungert; **halbvoll** auch: halb voll; **halbwach;** auch: halb wach; die **Halbwahrheit;** die **Halbwaise; halbwegs** (einigermaßen); **halbwild:** halbwild lebende Tiere; **halbwüchsig;** der/die **Halbwüchsige** (ein noch nicht ganz erwachsener Mensch); die **Halbzeit;** → Hälfte

hal·ber: der Ordnung halber (wegen); **...halber:** anstandshalber – ehrenhalber – ordnungshalber – umständehalber

Hal·de, die: -, -n (Abhang, Aufschüttung); auf Halde liegen (vorrätig sein)

Hälf·te, die: -, -n; die Hälfte des Geldes – zur Hälfte – meine bessere Hälfte (meine Ehefrau, mein Ehemann); **hälften** (halbieren)

Half·ter, das/der: -s, - (Pferdegeschirr, Zaum); **halftern;** der **Halfterriemen**

Half·ter, die: -, -n/das: -s, - (Pistolentasche)

Hall, der: -(e)s, -e (Schall); **hallen:** die Stimme hallt durch den leeren Raum

Hal·le, die: -, -n (großer, hoher Raum); das **Hallenbad;** der **Hallenfußball**

hal·le·lu·ja! *hebr.* (Gebetsruf); das **Halleluja**

Hal·lig, die: -, -en (kleine Nordseeinsel im Wattenmeer); die **Halligleute** *Pl.*

hal·lo!: hallo rufen; das **Hallo:** mit Hallo

Hal·lu·zi·na·ti·on *lat.*, die: -, -en (Sinnestäuschung, Trugbild); **halluzinieren**

Halm, der: -(e)s, -e (biegsamer Stängel); das **Hälmchen**

Ha·lo·gen·lam·pe, die: -, -n (sehr helle Lampe); der **Halogenscheinwerfer**

Hals, der: -es, Hälse; der Hals ist entzündet – den Hals des Pferdes klopfen – der Hals einer Flasche – *Hals und Beinbruch* (alles Gute)! – *Hals über Kopf* (überstürzt) – *bis an den Hals in Schulden stecken* (sehr verschuldet sein) – *sich jemandem an den Hals werfen* (sich ihm aufdrängen) – *sich etwas vom Halse schaffen* (etwas loswerden); der **Halsabschneider** (Wucherer); das **Halsband,** die ...bänder; **halsbrecherisch** (lebensgefährlich); die **Halsentzündung;** die **Halskette;** die **Halskrause;** der **Hals-Nasen-Ohren-Arzt** ⟨HNO-Arzt⟩; die **Halsschmerzen** *Pl.*; **halsstarrig** (eigensinnig, stur); die **Halsstarrigkeit;** das **Halstuch,** die ...tücher; das **Halsweh**

halt: du bist halt (eben, wohl) zu jung

hal·ten: du hältst, er hält, sie hielt, sie hat gehalten, halt(e)!; etwas in Händen halten – mit dem Auto halten (anhalten) – die Stellung halten (verteidigen) – sein Wort halten – Ordnung halten (befolgen) – eine Rede halten – Hochzeit halten – sich Tiere halten (anschaffen und pflegen) – den Mund halten – seine Kinder streng halten (erziehen) – die Schuhe halten lange (bleiben lange ganz) – jemanden für ehrlich halten (ansehen) – den Rekord halten (innehaben) – der Nagel hält (sitzt) – im Tor den Ball halten (abwehren) – zu jemandem halten (ihm beistehen) – sich im Beruf halten (mit Erfolg behaupten) können – etwas auf sich halten (sich sorgfältig pflegen) – von jemandem viel halten (ihn schätzen) – an sich halten (sich beherrschen); **Halt!:** laut Halt rufen; auch: halt rufen; der **Halt:** einen Halt (eine Stütze) suchen – Halt geben; **haltbar:** haltbare (feste) Schuhe – eine haltbare (glaubhafte) Behauptung – der Ball war haltbar; die **Haltbarkeit;** der **Haltegriff;** der **Haltegurt;** der **Haltepunkt;** der **Halter;** die **Halterin,** die Halterinnen; die **Halterung** (Haltevorrichtung); die **Haltestelle;** das **Halt(e)verbot; ...haltig:** erzhaltig – säurehaltig; **haltlos:** ein haltloser (nicht gefestigter Mensch – eine haltlose (unbegründete) Behauptung; die **Haltlosigkeit; haltmachen:** er macht halt; auch: Halt machen: er macht Halt; die **Haltung:** eine aufrechte Haltung (Gesinnung) – die Haltung (das Halten) von Tieren

Ha·lun·ke *tschech.*, der: -n, -n (Schuft, Betrüger); der **Halunkenstreich**

Ham·bur·ger *engl. [hämbörger]*, der: -s, -s (Brötchen mit gebratenem Rinderhackfleisch und Zutaten)

hä·misch: ein hämisches (schadenfrohes, boshaftes) Grinsen; die **Häme** (Gehässigkeit)

Ham·mel, der: -s, -/Hämmel (kastriertes männliches Schaf); **Hammelbein:** *jemandem die Hammelbeine lang ziehen* (ihn scharf zurechtweisen, hart herannehmen); der **Hammelbraten;** die **Hammelkeule;** der

Hammelsprung (parlamentarisches Abstimmungsverfahren)
Hạm·mer, der: -s, Hämmer (Werkzeug); *unter den Hammer kommen* (versteigert werden); **hämmern:** Blech hämmern – mit den Fäusten gegen die Tür hämmern – sein Blut hämmert in den Adern; das **Hammerwerfen**
Hä·mor·rho·i·den *Pl. griech.*, die: - (knotenförmige Erweiterung der Mastdarmvenen am After); auch: die **Hämorriden**
Hạm·pel·mann, der: -(e)s, ... männer (schwacher, willenloser Mensch); **hampeln** (zappeln)
Hạms·ter, der: -s, - (ein Nagetier); die **Hamsterbacke;** der **Hamsterer;** der **Hamsterkauf,** die ... käufe; **hamstern:** Lebensmittel hamstern (sammeln, anhäufen, horten)
Hạnd, die: -, Hände; die rechte Hand – jemandem die Hand geben – etwas an/bei der Hand haben – Hand in Hand – von Hand zu Hand – aus zweiter Hand – Hand anlegen – linker/rechter Hand – zu Händen von; auch: zuhanden von – die Arbeit geht schnell von der Hand – von langer Hand vorbereitet – unter der Hand – *freie Hand haben* (nach eigenem Willen handeln können) – *seine Hände in Unschuld waschen* (seine Unschuld beteuern) – *jemandem an die Hand gehen* (helfen) – *eine unglückliche Hand haben* (nicht geschickt sein in etwas) – *alle Hände voll zu tun haben* (sehr beschäftigt sein); **...hand:** allerhand – kurzerhand – überhandnehmen – vorderhand (vorläufig); **handarbeiten;** der **Handball,** die ... bälle; **handbreit:** ein handbreiter Rand; aber: die **Handbreit:** zwei Handbreit Stoff; auch: Hand breit; die **Handbremse;** das **Händchenhalten; händchenhaltend:** ein händchenhaltendes Pärchen; auch Händchen haltend; die **Handcreme;** auch: die **...krem(e);** der **Händedruck; händeringend:** händeringend (verzweifelt) um etwas bitten; die **Handfertigkeit** (Geschicklichkeit); **handfest** (stark, sehr deutlich); die **Handfläche; handgearbeitet; handgefertigt; handgeknüpft;** das **Handgelenk; handgemacht;** das **Handgemenge;** das **Handgepäck; handgerecht; handgeschrieben; handgestrickt; handgreiflich;** der **Handgriff; handgroß; handhabbar;** die **Handhabe:** jemandem eine Handhabe (eine Möglichkeit, einen Vorwand) bieten; **handhaben:** ein Gerät handhaben (bedienen); **...händig:** einhändig – freihändig; das **Hand-in-Hand-Arbeiten; handlang;** der **Handlanger** (Helfer); **handlangern; handlich** (bequem, zweckmäßig, leicht zu benutzen); der **Handschlag;** die **Handschrift;** der **Handschuh;** der **Handstand,** die ... stände; die **Handtasche;** das **Handtuch,** die ... tücher; im **Handumdrehen; handverlesen** (sorgfältig ausgewählt); die **Handvoll:** eine Handvoll Körner; auch: eine Hand voll; **handwarm;** das **Handwerk:** *einem ins Handwerk pfuschen* (sich einmischen) – *jemandem das Handwerk legen* (seinem Treiben ein Ende setzen) – *Handwerk hat goldenen Boden*
Hạ̈n·del *Pl.*, die: -; Händel (Streit) suchen; **händelsüchtig**
hạn·deln: falsch handeln – er handelt (treibt Handel) mit Waren – sofort handeln (tätig werden) – es handelt sich nicht darum (davon ist nicht die Rede) – auf dem Markt handeln (um den Preis feilschen) – das Buch handelt von ... (hat zum Inhalt); der **Handel:** Handel treiben (Geschäfte machen) – ein schlechter Handel – Handel und Wandel; **handelseinig; handelseins;** die **Handelsfirma;** die **Handelsflotte;** der/die **Handelsreisende;** das **Handelsschiff; handelsüblich;** der **Handelsvertrag,** die ... verträge; der **Handelsvertreter; handeltreibend:** ein handeltreibendes Volk; auch: Handel treibend; der/die **Handeltreibende;** auch: der/die Handel Treibende; der **Händler;** die **Händlerin,** die Händlerinnen; die **Handlung; handlungsfähig;** die **Handlungsfreiheit;** die **Handlungsvollmacht;** die **Handlungsweise**
Han·di·kap *engl. [hạ̈ndikäp]*, das: -s, -s (Behinderung, Benachteiligung); auch: das **Handicap**
Hand·ling *engl. [hạ̈ndling]*, das: -(s); das Handling (der Gebrauch, die Handhabung) eines Gerätes
Han·dy *engl. [hạ̈ndi]*, das: -s, -s (schnurloses Telefon); die **Handynummer**
ha̱·ne·bü·chen: (unverschämt, unglaublich)
Hạnf, der: -(e)s (eine Faserpflanze); das **Hanfgarn;** der **Hänfling** (Vogel); das **Hanfseil**
Hạng, der: -(e)s, Hänge; den Hang (Abhang) hinaufklettern – einen Hang (eine Vorliebe) zum Naschen haben; die **Hangabfahrt;**

hangabwärts; die **Hanglage;** der **Hangwind**

Han·gar *franz.*, der: -s, -s (Halle für Flugzeuge)

hän·gen: du hängst, er hängte, sie hat gehängt, häng(e)!; den Mantel in den Schrank hängen – einen Mörder hängen; **hängen:** du hängst, er hing, sie hat gehangen, häng(e)!; an der Decke hängen – an seinen Eltern hängen – der Baum hängt voller Früchte – sie ließ die Beine ins Wasser hängen; aber: *mit Hängen und Würgen* (ganz knapp, mit großer Mühe) – *etwas bleibt immer hängen* # henken; die **Hängebacken** *Pl.*; die **Hängebrücke;** die **Hängematte; hängenbleiben:** vom Unterricht ist nicht viel hängengeblieben (behalten worden) – an einem Nagel hängenbleiben; auch: hängen bleiben; aber nur: das Bild soll hier hängen bleiben; **hängenlassen:** seinen Freund hängenlassen (im Stich lassen) – sich hängenlassen (lustlos sein); auch: hängen lassen; aber nur: die Ohren hängen lassen – *den Kopf hängen lassen* (mutlos sein); der **Hängeschrank**

Han·se, die: - (norddeutscher Städtebund im Mittelalter); der **Hanseat** (Bewohner einer Hansestadt); die **Hanseatin,** die Hanseatinnen; **hanseatisch;** die **Hansestadt; hansisch**

hän·seln: jemanden hänseln (ärgern, verspotten); die **Hänselei**

Han·tel, die: -, -n (Handturngerät); **hanteln**

han·tie·ren: mit der Zange hantieren (arbeiten, umgehen) – in der Küche hantieren (emsig beschäftigt sein); die **Hantierung**

han·tig: (unwillig, bitter, scharf)

ha·pern: es hapert (es ist Mangel) an allem – bei ihr hapert es (sie ist schlecht) in Englisch

Hap·pen, der: -s, -; einen Happen (eine Kleinigkeit) essen – ein fetter Happen (ein großer Gewinn); das **Häppchen; happig:** happige (übertriebene, sehr hohe) Preise

Hap·pe·ning *engl. [häpening]*, das: -s, -s (Ereignis, Kunstveranstaltung)

hap·py *engl. [häpi]* (zufrieden, glücklich); das **Happyend** *[häpiend]*; auch: das **Happy End** (glücklicher Ausgang)

Hard·ware *engl. [hadwär]*, die: -, -s (die Maschinenteile einer datenverarbeitenden Anlage); der **Hardcover** *[hadkawer]* (Buch mit festem Einband); der **Hardrock** (Rockmusik); auch: der **Hard Rock**

Ha·rem *arab.*, der: -s, -s (Frauengemach in Ländern des Islams); der **Haremswächter**

Har·fe, die: -, -n (Saiteninstrument); der **Harfenist;** die **Harfenistin;** das **Harfenspiel**

Har·ke, die: -, -n (Gartengerät, Rechen); *jemandem zeigen, was eine Harke ist* (ihn nachdrücklich belehren); **harken:** den Boden harken (rechen)

Har·le·kin *franz.*, der: -s, -e (Spaßmacher)

Harm, der: -(e)s (Kummer, Kränkung); sich **härmen** (grämen, sorgen); **harmlos:** harmlose (ungefährliche, arglose) Absichten haben; die **Harmlosigkeit**

Har·mo·nie *griech.*, die: -, Harmonien (Eintracht, Einklang); **harmonieren:** gut miteinander harmonieren (zusammenpassen); **harmonisch; harmonisieren** (in Einklang bringen); die **Harmonisierung**

Har·mo·ni·ka, die: -, -s/Harmoniken (Musikinstrument); das **Harmonium** (Instrument)

Harn, der: -(e)s, -e (Urin); die **Harnblase;** der **Harndrang; harnen;** die **Harnröhre**

Har·nisch, der: -(e)s, -e (Rüstung); *jemanden in Harnisch bringen* (ihn zornig machen)

Har·pu·ne *niederl.*, die: -, -n (Wurfgerät mit Widerhaken und Leine); **harpunieren;** der **Harpunier;** der **Harpunierer**

har·ren: (sehnsüchtig warten); wir harren der kommenden Dinge

Harsch, der: -(e)s (Schnee mit Eiskruste); **harsch** (rau, barsch); **harschig**

hart: härter, am härtesten; hartes (festes) Holz – eine harte (schwere) Arbeit – harte (strenge) Strafen – hart sein – ein harter (sehr kalter) Winter – hart (unbarmherzig) durchgreifen – eine harte (stabile) Währung – ein hartes Herz haben – ein harter (schmerzlicher) Schlag – ein hartes (schweres) Los – hart (ganz nahe) am Abgrund – ein harter (verbissener) Kampf – ein hartes (kalkreiches) Wasser – hart auf hart – *hart im Nehmen sein* (viel ertragen können); die **Härte:** die Härte (Festigkeit) des Gesteins – die Härte (Strenge) des Gesetzes – im Spiel war viel Härte (Rohheit); der **Härtefall; härten** (hart machen); die **Hartfaserplatte; hartgefroren:** hartgefrorener Boden; auch: hart gefroren; **hartgekocht:** hartgekochte Eier; auch: hart gekocht; das **Hartgeld** (Münzen); **hartgesotten:** ein hartgesottener (unbelehrbarer) Verbrecher; **hartherzig** (mitleidlos); die

Hartherzigkeit; das **Hartholz,** die ...hölzer; **hartkochen;** auch: hart kochen; **hartlöten; hartmachen;** auch: hart machen; **hartnäckig** (beharrlich, stur); die **Hartnäckigkeit;** sich **harttun** (schwertun)

Harz, das: -es, -e (klebrige Absonderung von Nadelbäumen); **harzen** (Harz absondern); **harzig**

Ha·sar·deur *franz. [haßardör],* der: -s, -e (Glücksspieler); die **Hasardeurin,** die Hasardeurinnen; das **Hasardspiel** (Glücksspiel)

Ha·schee *franz.,* das: -s, -s (fein gehacktes Fleisch)

ha·schen: (fangen, jagen); das **Haschen:** Haschen spielen; der **Häscher** (Verfolger, Gerichtsdiener)

Ha·schisch *arab.,* das/der: -(s) (ein Rauschgift); auch: das **Hasch; haschen** (Haschisch rauchen); der **Hascher;** die **Hascherin**

Ha·se, der: -n, -n (Nagetier); falscher Hase (Hackbraten) – *ein alter Hase* (erfahren) *sein* – *wissen, wie der Hase läuft* (eine Sache durchschauen) – *da liegt der Hase im Pfeffer* (das ist der entscheidende Punkt) – *das Hasenpanier ergreifen* (fliehen); der **Hasenbraten;** der **Hasenfuß** (Feigling); **hasenrein:** die Sache ist nicht ganz hasenrein (sie ist verdächtig, nicht in Ordnung); die **Häsin**

Ha·sel, die: -, -n (ein Strauch); der **Haselbusch,** die ...büsche; die **Haselmaus,** die ...mäuse; die **Haselnuss,** die ...nüsse; der **Haselnussstrauch,** die ...sträucher; auch: der **Haselnuss-Strauch**

Has·pel, die: -, -n (Winde); **haspeln** (hastig sprechen bzw. arbeiten)

has·sen: du hasst, er hasste, sie hat gehasst, hass(e)!; seine Feinde hassen (anfeinden, nicht ausstehen können); der **Hass; hassenswert; hasserfüllt:** ein hasserfüllter Blick; aber: von Hass erfüllt sein; die **Hassgefühle** *Pl.;* die **Hassliebe; hassverzerrt**

häss·lich: eine hässliche (unschöne, abstoßende) Tat – hässlich (gemein) von jemandem sprechen – ein hässliches (unfreundliches) Wetter; die **Hässlichkeit**

has·ten: (eilen); die **Hast; hastig:** hastig (sehr schnell) sprechen – hastig (in großer Eile) essen; die **Hastigkeit**

hät·scheln: (liebevoll pflegen, verwöhnen); die **Hätschelei;** das **Hätschelkind**

Hat·trick *engl. [hätrik],* der: -s, -s (dreimaliger Torerfolg hintereinander in einer Halbzeit durch denselben Spieler beim Fußball)

Hau·be, die: -, -n (Kopfbedeckung für Frauen); *unter die Haube kommen* (geheiratet werden); das **Häubchen;** die **Haubenlerche**

Hau·bit·ze *tschech.,* die: -, -n (Geschütz)

Hauch, der: -(e)s, -e; ein sanfter Hauch (Luftzug) – der Hauch (die Andeutung) eines Lächelns; **hauchdünn; hauchen; hauchfein; hauchzart**

hau·en: du haust, er haute/hieb, sie hat gehauen, hau(e)!; einen Jungen hauen (prügeln) – Holz hauen (Bäume fällen) – einen Nagel in die Wand hauen (schlagen) – *jemanden übers Ohr hauen* (ihn betrügen); der **Haudegen** (Draufgänger); die **Haue:** mit einer Haue (Hacke) arbeiten – Haue (Schläge) bekommen; der **Hauer** (Bergmann, Eckzahn des männlichen Schweins)

Hau·fen, der: -s, -; auch: der **Haufe** (nur für Menschen); ein Haufen (eine Gruppe) Menschen – ein Haufen Steine – ein wilder Haufen (Bande) – jemanden über den Haufen rennen – etwas über den Haufen werfen (umstoßen, vereiteln); das **Häufchen:** ein Häufchen Elend; **häufeln** (Häufchen machen); sich **häufen** (zunehmen, überhandnehmen); **haufenweise; häufig;** die **Häufigkeit;** die **Häufung**

Haupt, das: -(e)s, Häupter; das Haupt (den Kopf) bedecken – das Haupt (die wichtigste Person) der Familie; **hauptamtlich;** das **Hauptaugenmerk** (besondere Aufmerksamkeit); der **Hauptbahnhof,** die ...bahnhöfe ⟨Hbf.⟩; **hauptberuflich;** der **Hauptdarsteller;** die **Hauptdarstellerin,** die ...darstellerinnen; um **Haupteslänge;** das **Hauptgebäude;** der **Hauptgewinn;** der **Häuptling;** der **Hauptmann,** die ...leute; der **Hauptnenner;** die **Hauptperson;** die **Hauptsache; hauptsächlich** (vor allem, besonders); die **Hauptsaison;** der **Hauptsatz,** die ...sätze; die **Hauptschule** ⟨HS⟩; die **Hauptstadt,** die ...städte; die **Hauptstraße;** die **Hauptversammlung;** das **Hauptwort,** die ...wörter (Substantiv, Nomen); der **Hauptzeuge**

Haus, das: -es, Häuser; zu Haus(e); auch: zuhaus(e); aber: das Zuhause – außer Haus sein – nach Haus(e); auch: nachhaus(e) – von Haus aus – von zu Haus(e); auch: von zuhaus(e) – *Häuser auf jemanden bauen*

G H I J K L M

(ihm fest vertrauen) – *jemandem das Haus einrennen* (ihn ständig wegen einer Sache aufsuchen); der **Hausarrest;** die **Hausaufgabe; hausbacken** (einfältig, altmodisch); der **Hausbewohner;** die **Hausbewohnerin,** die, ... bewohnerinnen; das **Häuschen:** *aus dem Häuschen geraten* (außer sich geraten); der **Hausdrachen** (herrschsüchtige Frau); **hauseigen; hausen:** in einer Dachstube hausen (ärmlich leben) – wie die Wilden hausen (wüten); das **Häusermeer;** der **Hausflur** (Vorraum zum Haus); die **Hausfrau;** der **Hausfriedensbruch;** zum **Hausgebrauch; hausgemacht;** der **Hausgenosse;** die **Hausgenossin,** die ... genossinnen; der **Haushalt:** den Haushalt (das Hauswesen) versorgen – über den Haushalt (die Ausgaben und Einnahmen) beraten; **haushalten** (wirtschaften); auch: Haus halten; die **Haushälterin,** die ... hälterinnen; **haushälterisch** (sparsam); das **Haushaltsgerät;** der **Haushaltsplan;** die **Haushalt(s)waren** *Pl.*; der **Hausherr;** die **Hausherrin; haushoch; hausieren** (von Haus zu Haus Waren anbieten); der **Hausierer;** die **Hausiererin;** die **Hausleute** *Pl.*; **häuslich;** die **Hausmacherart;** der **Hausmann,** die ... männer; die **Hausmannskost** (gutbürgerliches Essen); der **Hausmeister;** die **Hausmeisterin,** die ... meisterinnen; der **Hausrat** (Möbel und Geräte eines Haushalts); **hausschlachten;** der **Hausschlüssel;** der **Hausschuh;** der **Haussegen;** der **Hausstand** (der Haushalt und die Hausbewohner); das **Haustier;** der **Hausverwalter;** die **Hausverwalterin,** die ... verwalterinnen; die **Hauswirtschaft**

Haut, die: -, Häute; eine zarte Haut haben – die Haut der Wurst – *mit Haut und Haar* (ganz und gar) – *sich seiner Haut wehren* (sich verteidigen) – *auf der faulen Haut liegen* (faulenzen) – *aus der Haut fahren* (wütend werden) – *mit heiler Haut* (ohne Schaden) *davonkommen* – *nicht aus seiner Haut herauskönnen* (sich nicht ändern können); der **Hautarzt,** die ... ärzte; die **Hautärztin,** die ... ärztinnen; der **Hautausschlag;** die **Hautcreme;** auch: die **Hautkrem(e); häuten:** ein Tier häuten (das Fell abziehen) – die Schlange häutet sich; **hauteng** (sehr eng); die **Hautfarbe;** das **Hautjucken;** der **Hautkrebs; hautnah;** die **Hautpflege;** die **Hautsalbe; hautschonend;** die **Häutung**

Ha·va·rie *arab.*, die: -, Havarien (Schiffs- oder Flugzeugschaden); **havarieren**

Ha·xe, die: -, -n (unteres Bein von Kalb oder Schwein); auch: die **Hachse**

Hbf. = Hauptbahnhof

he!: heda!

Hea·ring *engl. [hiring]*, das: -(s), -s (öffentliche Anhörung)

Heb·am·me, die: -, -n (Geburtshelferin)

He·bel, der: -s, -; der Hebel zum Einschalten – *alle Hebel in Bewegung setzen* (alle möglichen Maßnahmen ergreifen) – *am längeren Hebel sitzen* (mächtiger sein als der Gegner); der **Hebelarm;** das **Hebelgesetz;** der **Hebelgriff;** die **Hebelwirkung**

he·ben: du hebst, er hob, sie hat gehoben, heb(e)!; einen Stein heben – Schätze heben (zutage fördern) – der Wasserspiegel hebt sich (wird höher) – den Umsatz der Waren heben (steigern); die **Hebebühne;** der **Hebekran;** die **Hebung;** → Hub

he·cheln: der Hund hechelt in der Hitze

Hecht, der: -(e)s, -e (ein Raubfisch); **hechten** (einen Hechtsprung machen); die **Hechtrolle** (Rolle vorwärts); der **Hechtsprung** (Sprung mit dem Kopf voran)

Heck, das: -(e)s, -e/-s (hinterer Teil eines Schiffes, Autos, Flugzeugs); der **Heckantrieb;** das **Heckfenster;** die **Heckflosse;** die **Heckklappe; hecklastig** (mit dem Heck zu tief nach unten sinkend); der **Heckmotor;** die **Heckscheibe**

He·cke, die: -, -n (Umzäunung aus Sträuchern und Büschen); die **Heckenrose;** die **Heckenschere;** der **Heckenschütze** (jemand, der aus dem Hinterhalt schießt)

Heck·meck, der: -s; mach keinen Heckmeck (keine unnötigen Umstände)!

Heer, das: -(e)s, -e; das Heer (die Armee) eines Landes – ein Heer (eine große Menge) von Urlaubern; die **Heeresleitung;** der **Heer(es)zug;** der **Heerführer;** das **Heerlager;** die **Heerschar;** die **Heerschau;** die **Heerstraße**

He·fe, die: -, -n (Backmittel); der **Hefekuchen;** der **Hefeteig; hefig**

Heft, das: -(e)s, -e; in ein Heft schreiben – das Heft (der Griff) des Messers – *das Heft in der Hand haben* (die Lage beherrschen); **heften:** Akten heften (zusammenfügen) – einen Zettel an die Tür heften – die Augen auf jemanden heften (richten); der **Hefter;** der **Heftfaden,** die ... fäden; die **Heftklammer;** die **Heftmaschine;** das **Heftpflaster;** die **Heftzwecke** (Reißzwecke)

hef·tig: ein heftiger (gewaltiger, harter) Schlag – heftig (unwillig, unbeherrscht) reagieren; die **Heftigkeit**

He·ge·mo·nie *griech.*, die: -, Hegemonien (Vorherrschaft); **hegemonial; hegemonisch**

he·gen: (pflegen, behüten); hegen und pflegen; die **Hege** (Pflege des Wildes); der **Heger;** die **Hegerin,** die Hegerinnen

Hehl, das/der: -s (Geheimnis); *kein(en) Hehl aus etwas machen* (etwas nicht verheimlichen); **hehlen** (ein Unrecht begünstigen): *Hehlen ist schlimmer als Stehlen*; der **Hehler** (Händler von Diebesgut); die **Hehlerei;** die **Hehlerin,** die Hehlerinnen

hehr: (heilig, erhaben) # her

Hei·de, der: -n, -n (Ungläubiger, Nichtchrist); **Heiden...:** die Heidenangst – die Heidenarbeit – ein Heidengeld – der Heidenlärm – der Heidenspaß; **heidenmäßig:** ein heidenmäßiger (sehr großer) Lärm; das **Heidentum;** die **Heidin,** die Heidinnen; **heidnisch:** heidnische (vorchristliche) Bräuche

Hei·de, die: -, -n (sandiges Land); das **Heidekraut;** das **Heideland;** die **Heidelbeere;** das **Heide(n)röschen;** die **Heidschnucke** (Schafrasse der Lüneburger Heide)

hei·kel: eine heikle (recht schwierige) Sache – heikel (wählerisch, empfindlich) sein

Heil, das: -(e)s; zum Heil – Ski Heil – *sein Heil in der Flucht suchen* (davonlaufen, fliehen); **heil:** einen Unfall heil (unverletzt) überstehen – der Arm ist wieder heil (geheilt) – *mit heiler Haut* (ungeschoren) *davonkommen*; der **Heiland** (Retter, Erlöser); **heilbar; heilbringend:** eine heilbringende Wirkung haben; auch: Heil bringend; **heilen:** einen Kranken heilen (gesund machen) – die Wunde heilt (verheilt) rasch – *die Zeit heilt alle Wunden*; **heilfroh;** die **Heilgymnastik; heilkräftig** (gesundheitsfördernd); das **Heilkraut; heilkundig;** der/die **Heilkundige; heillos:** heillos (sehr) zerstritten sein; das **Heilmittel** (Medikament); die **Heilpflanze;** der **Heilpraktiker;** die **Heilpraktikerin,** die ... praktikerinnen; die **Heilquelle; heilsam:** eine heilsame (nützliche) Lehre; die **Heilsarmee;** die **Heilsbotschaft;** der **Heilschlaf;** die **Heilstätte;** die **Heilung;** der **Heilungsprozess;** das **Heilverfahren**

hei·lig ⟨hl.⟩: die heilige Messe – das heilige Abendmahl – das heilige Weihnachtsfest – der heilige Krieg; auch: der Heilige Krieg (des Islam); aber: der Heilige Abend (24. Dezember) – der Heilige Vater (Papst) – die Heiligen Drei Könige – der Heilige Geist – das Heilige Land – die Heilige Nacht (Weihnachten) – die Heilige Familie – das Heilige Grab – das Heilige Römische Reich Deutscher Nation – die Heilige Schrift (Bibel) – der Heilige Stuhl (päpstliche Regierung); der **Heiligabend;** der/die **Heilige; heiligen;** der **Heiligenschein; heilighalten:** den Sonntag heilighalten (als heilig achten); aber: jemanden für heilig halten; die **Heiligkeit; heiligsprechen:** jemanden heiligsprechen (unter die Heiligen aufnehmen); das **Heiligtum,** die Heiligtümer

heim: (nach Hause); das **Heim:** ein gemütliches Heim (Zuhause) haben – in einem Heim (z. B. Altersheim) leben; sich **heimbegeben; heimbegleiten; heimbringen;** der **Heimcomputer; heimelig** (vertraut, gemütlich); **heimfahren; heimführen;** der **Heimgang** (Tod); **heimgehen; heimholen; heimisch:** heimische (inländische) Bräuche; die **Heimkehr; heimkehren; heimleuchten:** *jemandem heimleuchten* (die Meinung sagen); **heimlich;** die **Heimlichkeit;** die **Heimlichtuerei; heimlichtun** (geheimnisvoll tun); aber: etwas heimlich (im Geheimen) tun; die **Heimmannschaft;** die **Heimniederlage;** die **Heimreise; heimreisen;** der **Heimsieg;** das **Heimspiel;** die **Heimstatt;** auch: die **Heimstätte** (Heim, Wohnstätte); **heimsuchen:** von einem Unglück heimgesucht werden; die **Heimsuchung** (schweres Unglück); **heimwärts;** der **Heimweg;** das **Heimweh;** der **Heimwerker;** die **Heimwerkerin; heimzahlen:** jemandem etwas heimzahlen (vergelten); **heimzu** (heimwärts)

Hei·mat, die: - (Geburtsort, Herkunftsland); der **Heimatdichter;** die **Heimatdichterin;** der **Heimatforscher;** die **Heimatkunde;** das **Heimatland; heimatlich; heimatlos** (ohne Heimat); das **Heimatmuseum;** der **Heimatort;** die **Heimatstadt,** die ... städte; **heimatverbunden;** der/die **Heimatvertriebene**

Heim·tü·cke, die: - (Hinterlist, Unaufrichtigkeit); **heimtückisch:** eine heimtückische Art

Hei·rat, die: -, -en (Eheschließung); **heiraten;** die **Heiratsannonce;** der **Heiratsantrag;** die **Heiratsanzeige; heiratsfähig;** der **Heiratsschwindler;** die **Heiratsurkunde**

hei·schen: Aufmerksamkeit heischen (fordern)

hei·ser: eine heisere (belegte, raue) Stimme haben; die **Heiserkeit**

heiß: etwas heiß begehren – der Motor ist heiß gelaufen – heißes (sehr warmes) Wasser – ein heißes (sehnliches) Verlangen – ein heißer (sehr heftiger) Kampf – ein heißes (heikles) Thema – ein heißes (inniges, inbrünstiges) Gebet – ein heißer Draht (eine direkte Verbindung) – ein heißer Ofen (Sportwagen, schweres Motorrad) – ein heißer (umwerfender) Typ – *nicht heiß und nicht kalt* (nichts Halbes und nichts Ganzes) – *was ich nicht weiß, macht mich nicht heiß;* **heißbegehrt:** eine heißbegehrte Trophäe; auch: heiß begehrt; **heißblütig** (temperamentvoll); **heißersehnt:** ein heißersehnter Brief; auch: heiß ersehnt; **heißgeliebt:** ein heißgeliebter Mensch; auch: heiß geliebt; der **Heißhunger; heißhungrig;** die **Heißluft; heißmachen:** Wasser heißmachen; auch: heiß machen; aber nur: jemandem die Hölle heißmachen (ihm heftig zusetzen) – jemanden heißmachen (anspornen); **heißreden:** sich die Köpfe heißreden; der **Heißsporn,** die ...sporne (hitziger Mensch); **heißumkämpft:** eine heißumkämpfte Stadt; auch: heiß umkämpft; **heißumstritten:** eine heißumstrittene Sache; auch: heiß umstritten; → Hitze

hei·ßen: du heißt, er hieß, sie hat geheißen, heiß(e)!; sie heißt Birgit – jemanden einen Faulpelz heißen (nennen) – was soll das heißen (bedeuten)? – ich habe dich das nicht geheißen (befohlen zu tun)

hei·ter: heit(e)rer, am heitersten; eine heitere (lustige) Geschichte – heiter (sonnig, klar) bis wolkig; die **Heiterkeit;** der **Heiterkeitserfolg**

hei·zen: den Ofen heizen; **heizbar;** die **Heizdecke;** der **Heizer;** die **Heizerin,** die Heizerinnen; das **Heizgas;** der **Heizkessel;** das **Heizkissen;** der **Heizkörper;** das **Heizmaterial,** die ...materialien; das **Heizöl;** der **Heiztank;** die **Heizung**

Hek·tar (Hekt·ar) ⟨ha⟩ *lat.*, das/der: -s, -e (Flächenmaß: 100 Ar); fünf Hektar Land

hek·tisch *griech.*: (eilig, erregt, fieberhaft, sprunghaft); die **Hektik**

Hek·to·li·ter ⟨hl⟩, das/der: -s, - (Hohlmaß: 100 Liter); ein Hektoliter Wasser

Held, der: -en, -en; wie ein Held kämpfen – der Held (die Hauptperson) der Geschichte; **heldenhaft; der Heldenmut** (Unerschrockenheit); **heldenmütig;** die **Heldentat;** der **Heldentod** (Tod auf dem Schlachtfeld); das **Heldentum;** die **Heldin,** die Heldinnen; **heldisch**

hel·fen: du hilfst, er half, sie hat geholfen, hilf!; den Armen helfen – diese Medizin hilft sofort – sich zu helfen wissen – *hilf dir selbst, dann hilft dir Gott;* der **Helfer;** die **Helferin,** die Helferinnen; der **Helfershelfer** (Komplize, Mittäter); → Hilfe

He·li·kop·ter (He·li·ko·pter) *engl.*, der: -s, - (Hubschrauber)

He·li·um *griech.*, das: -s (Edelgas)

hell: eine helle Farbe – ein heller Raum – ein heller (gescheiter) Kopf – in hellen (lauten, starken) Jubel ausbrechen – ein heller (klarer, reiner) Ton – *seine helle Freude an jemandem haben* (von ihm begeistert sein); **hellauf:** hellauf (laut) lachen; aber: hell auflachen; **helläugig; hellblau; hellblond; helldunkel;** das **Helldunkel;** die **Helle** (Lichtfülle); das **Helle** (ein Glas helles Bier); **hellgrün; hellhäutig; hellhörig:** hellhörige (schalldurchlässige) Räume – *jemanden hellhörig* (stutzig) *machen;* die **Helligkeit** (Licht); **hellleuchtend:** hellleuchtende Sterne; auch: hell leuchtend; **helllicht:** es ist schon helllichter Tag; **hellodernd:** hellodernde Flammen, auch: hell lodernd; **hellmachen;** auch: hell machen; **hellrot; hellsehen;** der **Hellseher;** die **Hellseherei** (das Erahnen von Vorgängen); die **Hellseherin,** die Hellseherinnen; **hellseherisch; hellsichtig** (scharfsinnig); **hellstrahlend:** eine hellstrahlende Kerze; auch: hell strahlend; **hellwach**

Hel·le·bar·de, die: -, -n (alte Hieb- und Stichwaffe)

Hel·ler, der: -s, - (ehemalige Münze, kleines Geldstück); *keinen roten Heller* (kein Geld) *haben*

Helm, der: -(e)s, -e (Kopfschutz)

Hemd, das: -(e)s, -en (Kleidungsstück); *jemanden bis aufs Hemd ausziehen* (ihn restlos ausplündern) – *sein letztes Hemd* (alles) *hergeben;* der **Hemd(en)knopf,** die ... knöpfe; der **Hemdkragen;** der **Hemdsärmel:** in Hemdsärmeln (ohne Jacke); **hemdsärmelig**

He·mi·sphä·re *griech.*, die: -, -n (Erdhälfte); **hemisphärisch**

hem·men: den Fortschritt hemmen (aufhalten); das **Hemmnis,** die Hemmnisse (Hindernis); der **Hemmschuh;** die **Hemmschwelle;** die **Hemmung:** an Hemmungen leiden (innerlich unfrei sein); **hemmungslos** (zügellos, leidenschaftlich); die **Hemmungslosigkeit**

Hengst, der: -es, -e (männliches Tier, meist beim Pferd oder beim Esel)

Hen·kel, der: -s, -; der Henkel (Tragegriff) einer Vase; der **Henkelkrug,** die ... krüge; der **Henkeltopf,** die ... töpfe

Hen·ker, der: -s, - (Vollstrecker einer Todesstrafe); **henken** (am Galgen aufhängen); das **Henkersbeil;** die **Henkersfrist;** der **Henkersknecht;** die **Henkersmahlzeit** (letztes Mahl vor der Hinrichtung); → hängen

Hen·ne, die: -, -n (weibliches Haushuhn)

her: komm her! – her damit! – hin und her; aber: das Hin und Her – von alters her – das ist schon lange her – her sein – es ist mit ihm nicht weit her (er ist nur mittelmäßig) # hehr; **herbringen; herfallen:** über jemanden herfallen (ihn angreifen); der **Hergang:** der Hergang (Ablauf) des Unfalls; **hergeben:** sein ganzes Geld hergeben (opfern) – dafür will er sich nicht hergeben – das gibt nicht viel her (ist unergiebig); **hergebracht** (üblich); **herhalten:** für etwas herhalten (geradestehen); **herkommen;** das **Herkommen** (Brauch, Überlieferung); **herkömmlich; herkömmlicherweise;** die **Herkunft** (Abstammung); **herlaufen; herrichten; hersehen; herstellen:** Möbel herstellen (anfertigen) – Frieden herstellen (schaffen); die **Herstellung**

he·rab (her·ab): (nach unten); **herabblicken; herabfallen; herabhängen; herablassen:** den Vorhang herablassen – sich dazu nicht herablassen (nicht bereitfinden); **herablassend** (hochmütig, von oben herab); **herabsehen; herabsetzen;** die **Herabsetzung** (Missachtung); **herabsteigen; herabstürzen; herabtragen; herabwürdigen;** die **Herabwürdigung** (Demütigung)

he·ran (her·an): (nach hier); heran sein; **heranbrausen; heranbringen; heranfahren; heranführen; herangehen; herankommen; heranlassen;** sich **heranmachen:** sich an jemanden heranmachen (mit einer bestimmten Absicht nähern); **heranreichen; heranreifen; heranschaffen; herantragen; herantreten; heranwachsen;** der/die **Heranwachsende; heranzüchten**

he·rauf (her·auf): (nach hier oben); **heraufbemühen; heraufbeschwören; heraufbringen; heraufholen; herauflaufen; heraufschauen; heraufsteigen; heraufziehen**

he·raus (her·aus): (nach hier draußen); **herausbekommen; herausbilden; herausbringen; herausdrehen; herausfordern:** jemanden zum Kampf herausfordern; **herausfordernd** (anmaßend); **herausführen;** die **Herausgabe** (Auslieferung); **herausgeben; herausgehen; heraushalten; heraushängen; heraushauen; herausholen; herauskommen; herauskriegen; herauslassen;** sich **herausmachen** (gut entwickeln); sich **herausmogeln; herausnehmen:** sich viel herausnehmen (erlauben); **herausragen; herausreißen; herausrücken; herausschaffen; herausschauen; herausschneiden;** sich **herausstellen** (offenbar werden); **herausstreichen:** etwas herausstreichen (hervorheben); **herausströmen; heraustragen; heraustrennen;** sich **herauswagen;** sich **herauswinden; herausziehen**

he·rau·ßen (her·au·ßen): (hier außen)

herb: ein herber (bitterer, nicht süßer) Wein – eine herbe (schmerzliche) Enttäuschung – herbe (strenge, harte) Worte; die **Herbheit**

her·bei: (nach hier, hierher); **herbeibringen; herbeieilen; herbeiführen; herbeiholen;** sich **herbeilassen** (so gnädig sein); **herbeirufen; herbeischaffen; herbeisehnen; herbeiwünschen; herbeizaubern**

Her·ber·ge, die: -, -n (Unterkunft, Bleibe); die **Herbergseltern** *Pl.*; die **Herbergsmutter;** der **Herbergsvater** (Leiter einer Herberge)

Her·bi·zid *lat.*, das: -(e)s, -e (Unkrautbekämpfungsmittel)

Herbst, der: -(e)s, -e (Jahreszeit); ein sonniger Herbst; der **Herbstanfang;** die **Herbstblume;** die **Herbstferien** *Pl.*; **herbstlich;** der **Herbsttag;** die **Herbstzeitlose** (Blume)

Herd, der: -(e)s, -e; auf dem Herd kochen –

G H I J K L M

der Herd (das Zentrum) der Krankheit – *eigener Herd ist Goldes wert;* das **Herdfeuer;** die **Herdplatte**

Her·de, die: -, -n; eine Herde Schafe – eine Herde (große Menge) von Touristen – *mit der Herde laufen* (sich der Mehrheit anschließen); der **Herdenmensch;** das **Herdentier;** der **Herdentrieb; herdenweise**

he·rein (her·ein): (nach hier drinnen); sich **hereinbemühen; hereinbrechen; hereinbringen; hereindürfen; hereinfallen; hereinholen; hereinkommen; hereinlassen; hereinlegen:** jemanden hereinlegen (betrügen); **hereinnehmen; hereinplatzen** (unerwartet erscheinen); **hereinrufen; hereinschicken; hereinschneien** (unerwartet hereinkommen); **hereinspazieren; hereinstürmen; hereintragen;** sich **hereinwagen**

He·ring, der: -s, -e (Meeresfisch); der **Heringsfang;** das **Heringsfilet;** der **Heringssalat**

he·rin·nen (her·in·nen): im Saal herinnen

her·me·tisch *griech.*: hermetisch (luft- und wasserdicht) verpacken – ein Gebiet hermetisch (völlig) absperren

her·nach: (nachher, dann)

her·nie·der: (herab, herunter); **herniederfallen**

he·ro·ben (her·oben): (hier oben)

He·ro·in *griech.*, das: -s (Rauschgift); **heroinsüchtig;** der/die **Heroinsüchtige**

he·ro·isch, *griech.*: (heldenmütig), die **Heroin,** die Heroinnen (Heldin); der **Heros,** die Heroen (Held); auch: der **Heroe**

He·rold, der: -(e)s, -e (Ausrufer, Verkündiger, fürstlicher Bote)

Herr ⟨Hr.⟩, der: -n, -en; ein älterer Herr – der Herr (Gebieter) des Landes – Herr Müller – mein Herr! – meine Herren! – seines Zornes Herr werden – aus aller Herren Länder – *nicht mehr Herr seiner Sinne sein* (nicht mehr wissen, was man tut); das **Herrchen;** die **Herrenbegleitung;** die **Herrenbekleidung;** das **Herrenfahrrad; herrenlos** (ohne Besitzer); der **Herrgott;** in aller **Herrgottsfrühe;** die **Herrin,** die Herrinnen; **herrisch** (gebieterisch); **herrlich** (wunderbar, prächtig); die **Herrlichkeit;** die **Herrschaft; herrschaftlich;** die **Herrschaftsordnung; herrschen:** über ein Land herrschen (gebieten) – es herrscht (ist) völlige Stille; der **Herrscher;** die **Herrscherin,** die Herrscherinnen; die **Herrschsucht; herrschsüchtig**

Hertz ⟨Hz⟩, das: -, - (Maßeinheit der Frequenz); 500 Hertz # Herz

he·rü·ber (her·ü·ber): (von drüben nach hier); **herüberkommen; herüberziehen**

he·rum (her·um): (um etwas); um das Haus herum – herum sein – um 10 Uhr herum (ungefähr, etwa); **herumalbern;** sich **herumärgern; herumbalgen; herumdrehen;** sich **herumdrücken; herumdrucksen; herumerzählen; herumexperimentieren; herumfuchteln; herumfuhrwerken; herumkommen; herumliegen; herumlungern:** in der Stadt herumlungern; **herumreißen; herumscharwenzeln; herumschleppen; herumschreien; herumsprechen; herumstehen;** sich **herumtreiben; herumziehen**

he·run·ten (her·un·ten): (hier unten)

he·run·ter (her·un·ter): (nach hier unten); herunter sein; **herunterbringen; herunterdürfen; herunterfallen; heruntergehen; heruntergekommen** (verwahrlost); **herunterhandeln; herunterhängen; herunterholen; herunterladen** (EDV); **heruntermüssen; herunterreißen; herunterrutschen; heruntersteigen; herunterwirtschaften; herunterziehen**

her·vor: (nach hier vorn); **hervorbringen; hervorgehen; hervorheben; hervorholen; hervorkehren; hervorkramen; hervorragen; hervorragend** (ausgezeichnet); **hervorrufen; hervorstehen;** sich **hervortrauen; hervortreten;** sich **hervortun; hervorziehen**

Herz, das: -ens, -en; das Herz schlägt langsam – ein gutes Herz haben – mit Herz und Hand – zu Herzen gehen – von Herzen kommen – *sich ein Herz fassen* (all seinen Mut zusammennehmen) – *seinem Herzen Luft machen* (seinen Ärger aussprechen) – *jemandem sein Herz ausschütten* (ihm sein Leid klagen) – *das Herz auf der Zunge haben* (frei über alles reden) # Hertz; **herzallerliebst;** der/die **Herzallerliebste; herzbeklemmend;** die **Herzbeschwerden** *Pl.*; **herzbewegend;** das **Herzblatt** (innerstes Blatt einer Pflanze, Liebling); das **Herzblut:** sein Herzblut geben; das **Herzeleid** (tiefes Leid); **herzen** (liebkosen); die **Herzensangst; herzensgut;** die **Herzensgüte;** die **Herzenslust;** der **Herzenswunsch,** die ...wünsche; **herzerfrischend; herzergreifend;**

G H I J K L M

herzerquickend (innerlich froh machend); der **Herzfehler; herzförmig;** die **Herzfrequenz; herzhaft:** herzhaft (kräftig) lachen – ein herzhaftes Essen; die **Herzhaftigkeit; herzig** (niedlich); der **Herzinfarkt;** der **Herzkatheder** (medizinisches Gerät); die **Herzklappe;** das **Herzklopfen; herzlich:** auf das/aufs Herzlichste; auch: auf das/aufs herzlichste – eine herzliche Begrüßung – herzlich (sehr) wenig; **herzlos** (unbarmherzig); der **Herzrhythmus;** der **Herzschlag;** die **Herzschwäche;** das **Herzstück** (Kernstück); die **Herztropfen** *Pl.;* das **Herzversagen; herzzerreißend**

Her·zog, der: -(e)s, -e/Herzöge (Heerführer, Stammesfürst, Adelstitel); die **Herzogin,** die Herzoginnen; **herzoglich;** das **Herzogtum**

her·zu: sie kommt herzu (gesellt sich dazu); aber: her zu mir!; **herzukommen**

Hes·sen, das: -s (Land der Bundesrepublik Deutschland); der **Hesse;** das **Hessenland;** die **Hessin,** die Hessinnen; **hessisch**

he·te·ro·gen *griech.*: (anders geartet, ungleichartig); die **Heterogenität**

het·zen: einen Menschen hetzen (verfolgen, jagen) – gegen jemanden hetzen (zum Hass aufreizen) – sich nicht hetzen lassen (sich nicht übermäßig beeilen); die **Hetze;** der **Hetzer; hetzerisch;** die **Hetzjagd;** die **Hetzkampagne** *[...kampanje]*; die **Hetzrede**

Heu, das: -(e)s (getrocknetes Gras); der **Heuboden;** das **Heubündel; heuen** (Heu machen); die **Heuernte;** die **Heugabel;** der **Heuhüpfer;** das **Heupferd** (Heuschrecke); der **Heuschnupfen** (allergische Erkrankung); der **Heuschober;** die **Heuschrecke;** der **Heustadel**

heu·cheln: Liebe heucheln (vortäuschen); die **Heuchelei;** der **Heuchler;** die **Heuchlerin,** die Heuchlerinnen; **heuchlerisch;** die **Heuchlermiene**

heu·er: (in diesem Jahr); **heurig** (diesjährig); der **Heurige** (Wein der letzten Ernte)

Heu·er: die: -, -n (Seemannslohn); **heuern** (einen Seemann anwerben)

heu·len: zu heulen (weinen) beginnen – der Wind heult um das Haus; aber: das Heulen und Zähneklappern bekommen – das ist zum Heulen; die **Heulboje;** der **Heulkrampf,** die ...krämpfe; die **Heulsuse;** der **Heulton**

heu·te: heute (an diesem Tag) früh; auch: heute Früh – heute Morgen – heute Mittag – heute Abend – heute Nacht – bis heute (jetzt) – hier und heute – die Jugend von heute; auch: **heut;** das **Heute** (die Gegenwart); **heutig:** das heutige Wetter – der heutige (augenblickliche) Stand; **heutigentags; heutzutage** (in der Gegenwart)

He·xe, die: -, -n (Zauberin; hässliches, altes Weib); **hexen;** der **Hexenbesen;** die **Hexenjagd;** der **Hexenkessel** (lärmendes Durcheinander); der **Hexenschuss,** ...schüsse (Schmerzanfall in der Wirbelsäule); die **Hexenverbrennung;** der **Hexer;** die **Hexerei**

hg. = herausgegeben

Hg. / Hrsg. = Herausgeber

Hick·hack, der/das: -s, -s (nutzlose Streiterei)

hie: hie und da (an manchen Stellen, von Zeit zu Zeit); **hiefür; hiemit; hienach**

Hieb, der: -(e)s, -e (heftiger Schlag); auf einen Hieb (auf einmal) – *auf einen Hieb fällt kein Baum;* **hiebfest:** *hieb- und stichfest* (unwiderlegbar) *sein*

hier: hier wohnen – hier (an dieser Stelle) bin ich – hier sein – hier unten – hier entlang – hier und da – von hier an – von hier aus – nicht von hier sein – hier und jetzt; aber: das Hier und Jetzt; **hieran; hierauf** (danach); **hieraus:** hieraus ergibt sich, dass ...; aber: von hier aus; **hierbehalten:** kann ich dein Rad hierbehalten (bei mir behalten)?; **hierbei; hierbleiben:** du sollst noch eine Woche hierbleiben (nicht weggehen); **hierdurch; hierein; hierfür; hiergegen; hierhin:** bald hierhin, bald dorthin gehen; **hierin:** hierin (darin) irrt sie; **hierlassen:** er soll das Buch hierlassen (bei mir lassen); **hiermit** (dadurch); **hiernach; hierüber; hierum; hierunter; hiervon; hierzu** (dazu); **hierzulande** (hier bei uns); auch: **hier zu Lande**

Hi·e·rar·chie (Hi·er·ar·chie) *griech.*, die: -, Hierarchien (Rangordnung); **hierarchisch**

hier·her: bis hierher – auf dem Weg hierher – die hierher gehörigen Bücher; sich **hierherbemühen; hierherbringen; hierherfahren; hierherführen; hierhergehörend;** auch: hierher gehörend; **hierherkommen; hierherschicken; hierhertragen**

Hi·e·ro·gly·phe, die: -, -n (Zeichen der ägyptischen Bilderschrift); **hieroglyphisch**

hie·sig: hiesige (aus dieser Gegend stammende) Sitten; der/die **Hiesige**

G H I J K L M

hie·ven: (heben, hochziehen)
Hi-Fi *engl. [haifi, haifai]* (originalgetreue Klangwiedergabe); die **Hi-Fi-Anlage;** der **Hi-Fi-Turm**
High·life *engl. [hailaif],* das: -(s) (glanzvolles Leben der reichen Gesellschaftsschicht); auch: das **High Life; high:** high (in gehobener Stimmung) sein; das **Highlight** *[hailait]* (Höhepunkt); die **High Society** *[hai ßoßaieti]* (vornehme Gesellschaft)
High·tech *engl. [haitek],* das: -(s)/die: - (Spitzentechnologie)
Hil·fe, die: -, -n; Hilfe leisten – mit Hilfe; auch: mithilfe – zu Hilfe kommen/eilen – eine Hilfe (Helferin) für die Küche suchen – die Erste Hilfe; auch: die erste Hilfe; das **Hilfeersuchen;** die **Hilfeleistung;** der **Hilferuf; hilferufend;** aber: um Hilfe rufend; die **Hilfestellung; hilfesuchend:** sich hilfesuchend umschauen; auch: Hilfe suchend; der/die **Hilfesuchende;** auch: der/die Hilfe Suchende; **hilflos:** hilflos (machtlos) auf dem Boden liegen – einen hilflosen (verwirrten, unbeholfenen) Eindruck machen – hilflos (ungeschickt) wirken; die **Hilflosigkeit; hilfreich;** die **Hilfsaktion; hilfsbedürftig** (Not leidend, unselbstständig); die **Hilfsbedürftigkeit; hilfsbereit;** die **Hilfsbereitschaft;** die **Hilfsgelder** *Pl.*; die **Hilfskraft,** die ...kräfte; das **Hilfsmittel; hilfsweise** (ersatzweise); das **Hilfswerk; hilfswillig;** das **Hilfszeitwort,** die ...wörter (Hilfsverb); → helfen
Him·bee·re, die: -, -n (Beerenfrucht); **himbeerfarben; himbeerfarbig;** der **Himbeersaft**
Him·mel, der: -s, -; der blaue Himmel – in den Himmel kommen – unter freiem Himmel – um Himmels willen – *aus heiterem Himmel* (völlig unerwartet) – *im siebten Himmel* (überaus glücklich) *sein – Himmel und Erde in Bewegung setzen* (alles versuchen, um etwas zu erreichen) – *den Himmel auf Erden haben* (es sehr gut haben); **himmelangst:** mir wird himmelangst (ich bekomme große Angst); das **Himmelbett; himmelblau;** die **Himmelfahrt;** das **Himmelfahrtskommando** (lebensgefährlicher Auftrag); **himmelhoch;** das **Himmelreich; himmelschreiend:** eine himmelschreiende (sehr schlimme) Ungerechtigkeit; die **Himmelsrichtung;** das **Himmelszelt** (Sternenhimmel); **himmelwärts; himmelweit;** ein himmelweiter (sehr großer) Unterschied; **himmlisch:** eine himmlische (göttliche) Gabe – ein himmlischer (herrlicher) Urlaub
hin: zur Schule hin – hin und zurück – hin und wieder (zuweilen) – über Wochen hin – auf eine Krankheit hin untersuchen – hin (kaputt, tot) sein – hin und her; aber: das Hin und Her – hin und her laufen (planlos, ohne ein bestimmtes Ziel umherlaufen); aber: hin- und herlaufen (hin- und wieder zurücklaufen); **hinbekommen; hinbiegen;** der **Hinblick:** im Hinblick auf (angesichts); **hinbringen; hindeuten; hinfahren;** die **Hinfahrt; hinfallen; hinfällig** (schwach, elend); der **Hinflug:** der Hin- und Rückflug; **hinführen;** die **Hingabe:** mit Hingabe (Eifer) lernen; **hingeben:** sein Leben hingeben (opfern) – sich dem Trunk hingeben (überlassen); die **Hingebung; hingebungsvoll** (voller Hingabe); **hingegen** (dagegen); **hingehen; hingerissen:** ganz hingerissen (begeistert) sein; **hingezogen:** sich hingezogen fühlen; **hingucken; hinhalten:** die Hand hinhalten – jemanden lange hinhalten (warten lassen); die **Hinhaltetaktik; hinhauen:** das haute hin (war in Ordnung) – sich schnell hinhauen (schlafen legen); **hinlänglich:** es ist hinlänglich (genügend) bekannt; **hinlaufen; hinnehmen; hinreichend** (ausreichend, genug); die **Hinreise; hinreißen:** sich hinreißen (verleiten) lassen – hin- und hergerissen sein (sich nicht entscheiden können); **hinreißend** (entzuckend); die **Hinrichtung; hinscheiden** (sterben); sich **hinschleppen; hinschmeißen;** die **Hinsicht:** in Hinsicht auf; **hinsichtlich** (unter diesem Gesichtspunkt); das **Hinspiel; hintan...:** hintansetzen – hintanstellen; **hintun;** der **Hinweis; hinweisen;** sich **hinwenden;** sich **hinziehen:** die Vorführung hat sich lange hingezogen (hat lange gedauert)
hi·nab (hin·ab): den Berg hinab (hinunter); **hinabfahren; hinabfallen; hinabsteigen; hinabstürzen; hinabtauchen**
hi·nan (hin·an): etwas näher hinan – den Hügel hinan; **hinangehen**
hi·nauf (hin·auf): den Fluss hinauf; sich **hinaufarbeiten; hinaufbitten; hinaufbringen; hinaufklettern; hinaufsteigen; hinaufwollen:** hoch hinaufwollen; **hinaufziehen**

G H I J K L M

hi·naus (hin·aus): hinaus auf das Meer – hinaus in die frische Luft! – über den Mittag hinaus – worauf läuft das hinaus? – über etwas hinaus sein; **hinausbegleiten; hinausblicken hinausdürfen; hinausfahren; hinausgehen; hinauslassen; hinausragen; hinausschmeißen; hinausschwimmen; hinausstellen;** die **Hinausstellung, hinauswerfen;** der **Hinauswurf; hinausziehen; hinauszögern;** die **Hinauszögerung**

hin·dern: am Stehlen hindern (davon abhalten); **hinderlich** (nachteilig, lästig); das **Hindernis,** die Hindernisse: alle Hindernisse (Schwierigkeiten, Widerstände) überwinden; der **Hindernislauf,** die ... läufe; das **Hindernisrennen;** die **Hinderung;** der **Hinderungsgrund,** die ... gründe

hin·durch: den Sommer hindurch – durch den Wald hindurch – all die Jahre hindurch; **hindurchfließen; hindurchgehen; hindurchmüssen; hindurchschauen;** sich **hindurchzwängen**

hi·nein (hin·ein): in die Stadt hinein – bis ins Innerste hinein; sich **hineinbegeben; hineinbeißen; hineinblicken; hineinbuttern;** sich **hineindenken; hineindürfen; hineingeboren; hineingeheimnissen; hineingehen; hineininterpretieren; hineinlassen;** sich **hineinleben; hineinpfuschen; hineinreden; hineinsehen; hineinstecken;** sich **hineinsteigern; hineinströmen; hineinwachsen; hineinziehen**

hin·ken: auf einem Fuß hinken (humpeln, lahmen) – der Vergleich hinkt (trifft nicht zu)

hin·nen: von hinnen (von hier fort) gehen

hint·an: (hintenan); **hintansetzen:** seine Wünsche hintansetzen; die **Hintansetzung; hintanstellen;** die **Hintanstellung:** unter Hintanstellung aller Bedenken

hin·ten: (am Ende, an letzter Stelle); hinten und vorne – nach hinten – ganz hinten (in der letzten Reihe) sitzen – *jemanden von hinten ansehen* (ihm Verachtung zeigen); **hintendrauf; hintenherum; hintenhin; hintennach; hintenüber; hintenüberfallen** (nach rückwärts fallen)

hin·ter: hinter der Tür stehen – hinter das Haus laufen – hinter einer Sache stehen; der/die **Hinterbliebene; hinterbringen** (heimlich Bescheid geben); **hinterdrein** (nachträglich); **hinterdreinlaufen;** aber: hinterdrein laufen noch einige Mädchen; der **Hintereingang; hinterfotzig** (heimtückisch, hinterlistig); **hinterfragen** (nach den Hintergründen fragen); der **Hintergedanke** (heimliche Absicht); **hintergehen** (täuschen, betrügen); der **Hintergrund:** *im Hintergrund stehen* (wenig beachtet werden); **hintergründig** (schwer durchschaubar); der **Hinterhalt** (Falle, Versteck): aus dem Hinterhalt schießen; **hinterhältig** (unaufrichtig, hinterlistig); die **Hinterhältigkeit; hinterher:** hinterher (später, anschließend) gehe ich essen – die anderen gingen voran, er ging hinterher – hinterher sein (sich kümmern, zurückgeblieben sein); **hinterhergehen** (als Letzter gehen); **hinterherkommen** (später ankommen); **hinterherlaufen** (nachlaufen); der **Hinterlader** (Feuerwaffe); das **Hinterland; hinterlassen** (zurücklassen, vererben); die **Hinterlassenschaft; hinterlegen** (als Pfand geben); der **Hinterleib;** die **Hinterlist; hinterlistig** (unaufrichtig); **hinterm** (hinter dem); der **Hintermann;** der **Hintern** (Gesäß): *sich vor Wut in den Hintern beißen können* (sich sehr ärgern können); das **Hinterrad; hinterrücks** (heimtückisch, von hinten); **hinters** (hinter das); **hinterst:** der hinterste Schüler; aber: der Hinterste darf gehen; das **Hintertreffen:** *ins Hintertreffen geraten* (überflügelt werden); **hintertreiben:** einen Plan hintertreiben (es darauf anlegen, dass er nicht zur Ausführung gelangt); die **Hintertür; hinterziehen** (unterschlagen); die **Hinterziehung**

hin·ter·ei·nan·der (hin·ter·ein·an·der): sich hintereinander (einer hinter dem anderen) aufstellen – acht Tage hintereinander (aufeinanderfolgend); **hintereinanderfahren; hintereinandergehen; hintereinanderlegen; hintereinanderschalten; hintereinanderstehen:** die Schüler sollen hintereinanderstehen (in einer Reihe stehen); aber: hintereinander stehen (nicht sitzen)

hi·nü·ber (hin·ü·ber): (auf die andere Seite); **hinüberbringen; hinüberdürfen; hinüberfahren; hinübergelangen; hinüberschauen; hinüberschwimmen; hinüberziehen**

hi·nun·ter (hin·un·ter): (nach unten); **hinunterblicken;** sich **hinunterbeugen; hinunterfließen; hinuntersteigen; hinunterstürzen; hinunterwerfen; hinunterwürgen;** → nunter

hin·weg: (weg von hier, fort); **hinwegfegen; hinweggehen; hinweghelfen; hinwegraffen; hinwegschaffen; hinwegsehen; hinwegtäuschen; hinwegtrösten**

hin·zu: (zu etwas anderem); **hinzuerwerben; hinzufügen; hinzukommen; hinzulernen; hinzurechnen; hinzutreten; hinzutun;** das **Hinzutun; hinzuverdienen**

Hi·obs·bot·schaft, die: -, -en (Schreckensnachricht)

Hirn, das: -(e)s, -e (Gehirn); die **Hirnerschütterung;** das **Hirngespinst** (abwegiger, absurder Gedanke); **hirnrissig** (verrückt, sehr unwahrscheinlich); **hirnverbrannt** (dumm)

Hirsch, der: -(e)s, -e (in Wäldern lebendes Säugetier); der **Hirschfänger** (Jagdmesser); das **Hirschgeweih;** der **Hirschkäfer;** die **Hirschkuh,** die ... kühe; **hirschledern**

Hir·se; die: - (Getreideart); der **Hirsebrei**

Hirt, der: -en -en (Viehhüter); auch: der **Hirte;** der Gute Hirte (Christus); das **Hirtenamt;** der **Hirtenbrief** (bischöfliches Rundschreiben); das **Hirtenvolk;** die **Hirtin,** die Hirtinnen

his·sen: du hisst, er hisste, sie hat gehisst, hiss(e)!; Fahnen hissen (in die Höhe ziehen)

his·to·risch *griech.*: ein historisches (geschichtliches, bedeutsames) Ereignis; die **Historie** *[historje]* (Geschichte, Erzählung); der **Historiker** (Geschichtsforscher)

Hit *engl.*, der: -(s), -s (erfolgreicher Schlager, Verkaufsschlager); die **Hitliste;** die **Hitparade**

Hit·ze, die: - (große Wärme); in der Hitze (im Eifer) des Gefechts; **hitzeabweisend;** auch: Hitze abweisend; **hitzebeständig; hitzefrei:** hitzefrei haben; auch: Hitzefrei haben; die **Hitzeperiode;** die **Hitzewelle; hitzig:** eine hitzige (erregte) Debatte; der **Hitzkopf,** die ... köpfe; **hitzköpfig;** der **Hitzschlag,** die ... schläge

HIV, das: -(s) (Aidserreger); **HIV-infiziert**

hl = Hektoliter (100 Liter)

hl. = heilig

Hob·by *engl.*, das: -s, -s (Freizeitbeschäftigung, Steckenpferd); der **Hobbybastler;** der **Hobbykeller;** der **Hobbyraum,** die ... räume

ho·beln: Bretter hobeln – *wo gehobelt wird, da fallen Späne;* der **Hobel** (Werkzeug des Tischlers); die **Hobelbank,** die ... bänke; der **Hobelspan,** die ... späne

hoch: höher, am höchsten; das Wasser steigt zwei Meter hoch – jemandem etwas hoch anrechnen – ein Einkommen hoch besteuern – vier Mann hoch (zu viert) – das ist mir zu hoch (unverständlich) – hoch gewinnen – den Kopf hoch tragen – *hoch hinauswollen* (nach Hohem streben) – *etwas hoch und heilig* (fest, feierlich) *versprechen;* aber: Hoch und Nieder (jedermann) – Hoch und Niedrig (jedermann); das **Hoch:** ein Hoch (Hochdruckgebiet) zieht näher – ein dreifaches Hoch (einen Hochruf) ausbringen; **hochachten;** auch: hoch achten; die **Hochachtung; hochachtungsvoll; hochaktuell; hochanständig;** sich **hocharbeiten; hochbegabt;** auch: hoch begabt; **hochbeinig; hochbekommen; hochberühmt; hochbetagt** (sehr alt); der **Hochbetrieb; hochbezahlt:** ein hochbezahlter Arbeiter; auch: hoch bezahlt; **hochbrisant; hochdeutsch:** hochdeutsch sprechen; das **Hochdeutsch(e);** sich **hochdienen; hochdotiert:** eine hochdotierte Stelle; auch: hoch dotiert; der **Hochdruck:** mit Hochdruck (in großer Eile) arbeiten; die **Hochebene; hochempfindlich; hochentwickelt:** ein hochentwickeltes Land; auch: hoch entwickelt; **hocherfreut; hochfahren:** aus dem Schlaf hochfahren; **hochfahrend** (hochmütig aufbrausend); **hochfliegen** (in die Höhe, nach oben fliegen); aber: sehr hoch fliegen (oben, in der Höhe fliegen); **hochfliegend:** hochfliegende (ehrgeizige) Pläne haben; die **Hochform;** das **Hochformat; hochgebildet:** ein hochgebildeter Gelehrter; das **Hochgebirge; hochgeboren; hochgeehrt:** eine hochgeehrte Persönlichkeit; auch: hoch geehrt; **hochgehen** (zornig werden); **hochgelehrt:** eine hochgelehrte Abhandlung; **hochgemut;** der **Hochgenuss; hochgeschlossen; hochgeschossen; hochgesinnt; hochgespannt:** hochgespannte Erwartungen; auch: hoch gespannt; **hochgesteckt:** hochgesteckte Ziele – hochgesteckte Haare; **hochgestochen; hochgewachsen:** hochgewachsen sein; **hochgezüchtet; hochgiftig;** der **Hochglanz:** *etwas auf Hochglanz bringen* (sehr gründlich sauber machen); **hochglänzend; hochgradig; hochhalten:** alte Bräuche hochhalten (bewahren, pflegen); das **Hochhaus; hochheben:** die Hände hochhe-

G H I J K L M

ben; **hochherzig** (großmütig); **hochindustrialisiert;** auch: hoch industrialisiert; **hochintelligent; hochinteressant; hochkant:** etwas hochkant (auf die schmale Seite) stellen – *jemanden hochkant* (grob) *hinauswerfen;* **hochkarätig; hochklettern; hochkochen:** die Milch kocht hoch; **hochkommen** (emporkommen); **hochkompliziert:** eine hochkomplizierte Maschine; auch: hoch kompliziert; **hochkonzentriert:** hochkonzentriert arbeiten; auch: hoch konzentriert; aber nur: eine hochkonzentrierte Säure; der **Hochleistungssport; hochmodern;** das **Hochmoor; hochmotiviert:** hochmotivierte Mitarbeiter; auch: hoch motiviert; der **Hochmut; hochmütig** (stolz, herablassend); **hochnäsig** (dumm und stolz); **hochnehmen:** jemanden hochnehmen (ihn auf lustige Weise verspotten); der **Hochofen; hochoffiziell; hochprozentig; hochrangig; hochrechnen;** die **Hochrechnung; hochreißen:** die Arme hochreißen; **hochrot;** der **Hochruf;** die **Hochsaison; hochschlagen:** den Kragen hochschlagen; **hochschrecken;** die **Hochschule; hochschwanger;** die **Hochsee** (hohe See); der **Hochsommer;** die **Hochspannung; hochspielen:** einen Vorfall hochspielen (ihn wichtiger darstellen, als er ist); aber: hoch (mit hohem Einsatz) spielen; die **Hochsprache; hochsprachlich; hochspringen:** vom Platz hochspringen – wir wollen heute hochspringen (im Sportunterricht); der **Hochsprung; höchst:** höchst (sehr) seltsam – ein höchst langweiliger Film; aber: der/die/das Höchste; **hochstapeln:** sie hat hochgestapelt (angegeben, etwas vorgetäuscht); der **Hochstapler;** die **Hochstaplerin; hochstehend:** ein hochstehendes Wasser; auch: hoch stehend; aber nur: eine hochstehende Persönlichkeit; **höchstens;** die **Höchstgeschwindigkeit;** das **Höchstmaß; höchstpersönlich:** er kam höchstpersönlich (in eigener Person); aber: das ist seine höchst (im höchsten Grade) persönliche Angelegenheit; die **Höchststufe** (Superlativ); **höchstwahrscheinlich; höchstzulässig; hochtechnisiert:** ein hochtechnisierter Betrieb; auch: hoch technisiert; **hochtourig; hochtrabend:** hochtrabende (übertrieben gewählte) Ausdrucksweise; **hochtreiben:** die Preise hochtreiben (in die Höhe treiben); **hochverehrt;** der **Hochverrat; hochverschuldet;** auch: hoch verschuldet; **hochwertig; Hochwürden** (Anrede für katholische Geistliche); die **Hochzeit:** *auf allen Hochzeiten tanzen* (überall dabei sein); **hochziehen; hochzüchten; hochzufrieden;** → hohe

ho·cken: sich auf den Boden hocken (sich auf die Fersen setzen, in tiefe Kniebeuge gehen); die **Hocke** (Turnübung); der **Hocker:** *jemanden vom Hocker hauen* (überraschen)

Hö·cker, der: -s, - (Buckel); **höckerig**

Ho·ckey *engl. [hoke, hoki],* das: -s (Rasenspiel); der **Hockeyschläger**

Ho·den, der: -s, - (Samendrüse des Mannes); auch: der/die **Hode**

Hof, der: -(e)s, Höfe; im Hof spielen – einen Hof (ein bäuerliches Anwesen) kaufen – am Hofe des Fürsten – Hof halten – einer Dame den Hof machen (um sie werben); die **Hofdame; hofieren** (den Hof machen); **höfisch;** der **Hofnarr;** der **Hofstaat**

Hof·fart, die: - (Überheblichkeit, Anmaßung); **hoffärtig;** die **Hoffärtigkeit**

hof·fen: ich hoffe (erwarte), dass du kommst; **hoffentlich;** die **Hoffnung; hoffnungsfroh; hoffnungslos;** die **Hoffnungslosigkeit;** der **Hoffnungsschimmer; hoffnungsvoll**

höf·lich: höflich (aufmerksam) grüßen – ein höfliches (artiges, zuvorkommendes) Mädchen; die **Höflichkeit; höflichkeitshalber**

ho·he . . .: ein hoher Berg – ein hoher Gewinn – eine hohe Stimme haben – sie hat hohes (starkes) Fieber – ein hoher Festtag – auf hoher See sein – die hohe Schule (des Reitens); auch: Hohe Schule; aber: die Hohen und die Niederen/Niedrigen – das Hohe Haus (Parlament) – der Hohe Priester; auch: der Hohepriester – das Hohe Lied; auch: das Hohelied; die **Höhe:** die Höhe des Zimmers – *auf der Höhe sein* (voll leistungsfähig sein); die **Höhenkrankheit;** der **Höhenrücken;** die **Höhensonne;** der **Höhenzug,** die . . . züge; der **Höhepunkt:** der Höhepunkt (schönste Augenblick) des Abends; **höher:** höhere Gewalt – die höhere Schule – die Treppe höher steigen; **höhergestellt:** höhergestellte Personen; **höhergruppieren; höherstufen:** jemanden höherstufen (ihn auf eine höhere Stufe stellen, ihn befördern); die **Höherstufung;** → hoch

G
H
I
J
K
L
M

Ho·heit, die: -, -en (die oberste Staatsgewalt, fürstliche Person); **hoheitlich;** das **Hoheitsgebiet;** die **Hoheitsgewässer** *Pl.*; **hoheitsvoll;** das **Hoheitszeichen**

hohl: ein hohler (innen leerer) Baum – hohle (eingefallene) Wangen haben – ein hohles (inhaltlich leeres) Gerede); **hohläugig;** die **Höhle;** das **Hohlmaß;** der **Hohlspiegel;** die **Höhlung; hohlwangig;** der **Hohlweg**

Hohn, der: -(e)s; mit Hohn (verletzendem Spott) überschüttet werden – Hohn und Spott ernten; **höhnen;** das **Hohngelächter; höhnisch; hohnlachen** (höhnisch, schadenfroh lachen); auch: Hohn lachen; **hohnsprechen;** auch: Hohn sprechen

Ho·kus·po·kus, der: - (Zauberei, Unfug)

hold: ein holdes (liebliches, anmutiges) Mädchen – jemandem hold (zugetan) sein; **holdselig;** die **Holdseligkeit**

ho·len: einen Arzt holen (herbeirufen) – sich bei jemandem Rat holen (suchen) – sich eine Krankheit holen (erkranken)

Hol·land: -s (europäischer Staat: die Niederlande); der **Holländer;** die **Holländerin,** die Holländerinnen; **holländisch**

Höl·le, die: -, -n; in die Hölle kommen – *jemandem die Hölle heiß machen* (ihm sehr zusetzen, ihn bedrängen) – *die Hölle auf Erden haben* (ein unerträgliches Leben führen); die **Höllenangst;** der **Höllenlärm;** die **Höllenqual; höllisch:** höllische (sehr starke) Schmerzen ertragen

Holm, der: -(e)s, -e (Querstange)

Ho·lo·caust *griech. [holokaust]*, der: -(s), -s (Massenvernichtung von Menschen, vor allem durch Verbrennen)

Ho·lo·gra·fie *griech.*, die: -, Holografien (dreidimensionale Bildspeicherung und -wiedergabe); auch: die **Holographie; holografisch;** auch: **holographisch**

hol·pern: der Wagen holpert (rattert, rumpelt) über das Pflaster – holpernd (stockend) lesen; **holp(e)rig** (uneben); die **Holp(e)rigkeit**

Ho·lun·der, der: -s, - (Beeren tragender Baum oder Strauch); auch: der **Holler;** der **Hollerbaum,** die ...bäume; die **Holunderbeere**

Holz, das: -es, Hölzer; ein Stuhl aus Holz – gut Holz! (Keglerwunsch); **holzen** (Bäume schlagen); **hölzern:** ein hölzernes (aus Holz gefertigtes) Spielzeug – ein hölzerner (langweiliger, steifer) Mensch; der **Holzfäller; holzig:** holziges Gemüse; die **Holzindustrie;** die **Holzkohle; holzverarbeitend:** holzverarbeitende Betriebe; auch: Holz verarbeitend; der **Holzweg:** *auf dem Holzweg* (im Irrtum) *sein;* die **Holzwolle**

Home·ban·king *engl. [hombänking]*, das: -s (Abwicklung von Bankgeschäften mittels EDV von zu Hause aus); auch: das **Home-Banking;** die **Homepage** *[... peidsch]*, (Internetseite mit Informationen, Angeboten ...)

ho·mo·fon *griech.*: (gleichklingend, übereinstimmend); auch: → **homophon**

ho·mo·gen *griech.*: (gleichmäßig zusammengesetzt, gleichartig); die **Homogenität**

ho·mo·phon (gleichklingend, übereinstimmend); auch: **homofon;** die **Homophonie;** auch: die **Homofonie**

Ho·mo·se·xu·a·li·tät *griech.*, die: - (gleichgeschlechtliche Liebe); **homosexuell;** der/die **Homosexuelle**

Ho·nig, der: -s (von Bienen verarbeiteter Blütensaft); *jemandem Honig um den Mund schmieren* (ihm schmeicheln); **honiggelb;** das **Honigglas,** die ...gläser; **honigsüß;** die **Honigwabe**

Ho·no·rar *lat.*, das: -s, -e (Bezahlung, Vergütung); **honorieren:** eine Leistung honorieren (anerkennen, bezahlen); die **Honorierung; honorig** (anständig, ehrenhaft)

Hop·fen, der: -s, - (eine Schlingpflanze, Bierwürze); die **Hopfenstange**

hop·peln: der Hase hoppelt (hüpft); **hopp!; hoppla!; hops!; hopsasa!; hopsen** (springen); der **Hopser; hopsgehen:** alles Geld ist hopsgegangen (verloren gegangen); **hoppnehmen** (festnehmen); auch: **hopsnehmen**

hor·chen: an der Tür horchen; **horch!;** das **Horchgerät;** der **Horchposten**

Hor·de, die: -, -n (Schar); **hordenweise**

hö·ren: Stimmen hören (wahrnehmen) – etwas Neues hören (erfahren) – auf seine Eltern hören (ihnen gehorchen) – lass hören (sprich)! – *etwas von sich hören lassen* (Nachricht geben) – *wer nicht hören will, muss fühlen;* der **Hörapparat; hörbar;** das **Hörensagen:** *etwas vom Hörensagen* (nur nach der Erzählung anderer, gerüchteweise) *kennen;* der **Hörer;** die **Hörerin;** der **Hörfehler;** der **Hörfunk;** das **Hörgerät; hörgeschädigt;** das **Hörrohr;** der **Hörsaal;** das **Hörspiel;** der **Hörsturz;** die **Hörweite**

hö·rig: sie ist ihm hörig (ihm ergeben, von ihm abhängig); der/die **Hörige** (Leibeigener, Leibeigene); die **Hörigkeit**

Ho·ri·zont *griech.*, der: -(e)s, -e (Grenzlinie zwischen Himmel und Erde); seinen Horizont (Gesichtskreis) erweitern – einen Silberstreif am Horizont erblicken (eine leise Hoffnung haben); **horizontal** (waagrecht); die **Horizontale**

Hor·mon *griech.*, das: -s, -e (Drüsenstoff); das **Hormonpräparat;** die **Hormonspritze**

Horn, das: -(e)s, Hörner; die Hörner des Stieres – das Horn (ein Musikinstrument) blasen – *sich die Hörner abstoßen* (durch Erfahrung besonnener werden) – *jemanden auf die Hörner nehmen* (ihn hart angreifen); die **Hornbrille;** die **Hörnchen** *Pl.* (Teigwaren); **hörnern** (aus Horn); die **Hornhaut;** der **Hornist** (Hornbläser); die **Hornistin,** die Hornistinnen; der **Hornochse** (Dummkopf)

Hor·nis·se, die: -, -n (große Wespenart)

Ho·ros·kop (Ho·ro·skop) *griech.*, das: -s, -e (Stellung der Gestirne bei der Geburt, aus der das Schicksal gedeutet wird)

Hor·ror *lat.*, der: -s (Angst, Entsetzen); **horrend:** horrende (übermäßige) Preise; der **Horrorfilm;** der **Horrortrip** (ein schreckliches Erlebnis mit Angst- und Panikgefühlen)

Horst, der: -(e)s, -e (großes Vogelnest, militärischer Flugplatz)

Hort, der: -(e)s, -e; in einem Hort (einem Heim, einer Kinderheimstätte) wohnen – ein Hort (eine Stätte) der Besinnung; **horten** (Schätze sammeln, anhäufen)

Hor·ten·sie *[hortensje]* die: -, -n (ein Zierstrauch)

Ho·se, die: -, -n (Kleidungsstück); *die Hosen anhaben* (Herr im Hause sein) – *sich auf die Hosen setzen* (fleißig lernen); das **Höschen;** der **Hosenbund,** die ...bünde; der **Hosenmatz** (kleines Kind im Höschen); die **Hosennaht,** die ...nähte; der **Hosenrock,** die ...röcke; der **Hosenträger**

Hos·pi·tal *lat.*, das: -s, -e/Hospitäler (Krankenhaus); der **Hospitant;** die **Hospitantin,** die Hospitantinnen; **hospitieren** (als ein Gast zuhören)

Hos·piz *lat.*, das: -es, -e (Herberge, Hotel)

Hos·tess *engl. [hoßtäß, hoßtäß]*, die: -, -en (Führerin, Betreuerin)

Hos·tie *lat. [hoßtje]*, die: -, -n (Abendmahlsbrot, Leib Christi)

Hot·dog *amerik.*, das/der: -s, -s (heißes Würstchen in einem Brötchen); auch: das/der **Hot Dog**

Ho·tel *franz.*, das: -s, -s (Übernachtungsstätte); das **Hotel garni** (Hotel für Übernachtung und Frühstück); der **Hotelier** *[hotälje]*

Hot·line *engl. [hotlain]*, die: -, -s (Telefonanschluss für rasche Serviceleistungen)

Hr. = Herr

hrsg. = herausgegeben; **Hrsg.** = Herausgeber

HTML: (Beschreibungssprache für Internetseiten)

Hub, der: -(e)s, Hübe (Hebung); die **Hubbrücke;** der **Hubraum;** der **Hubschrauber**

hü·ben: (auf dieser Seite); hüben und drüben

hübsch: hübscher, am hübschesten; ein hübsches (reizendes) Mädchen – eine hübsche (große) Summe Geld; die **Hübschheit**

hu·cke·pack: huckepack (auf dem Rücken) tragen; der **Huckepackverkehr**

hu·deln: (nachlässig sein oder handeln)

Huf, der: -(e)s, -e; der Huf des Pferdes; das **Hufeisen; hufeisenförmig;** der **Hufnagel,** die ...nägel; der **Hufschlag,** die ...schläge; der **Hufschmied**

Huf·lat·tich, der: -s, -e (Unkraut, Heilpflanze)

Hüf·te, die: -, -n (Gegend des Hüftgelenks); das **Hüftgelenk;** der **Hüfthalter; hüfthoch**

Hü·gel, der: -s, - (Bodenerhebung); **hüg(e)lig;** die **Hügelkette;** das **Hügelland**

Huhn, das: -(e)s, Hühner (Henne); *mit den Hühnern* (sehr früh) *aufstehen – ein blindes Huhn findet auch einmal ein Korn;* das **Hühnchen:** *mit jemandem ein Hühnchen zu rupfen* (etwas zu bereinigen) *haben;* das **Hühnerauge;** die **Hühnerbrust;** das **Hühnerfrikasee;** der **Hühnerstall**

hui!: aber: in einem Hui (blitzschnell)

Huld, die: - (Gnade, Güte); **huldigen:** einem Herrscher huldigen (ihn feierlich anerkennen) – einer Leidenschaft huldigen (ihr verfallen sein); die **Huldigung; huldreich** (gnädig); auch: **huldvoll**

Hül·le, die: -, -n (Kapsel); die Hülle entfernen – die sterbliche Hülle (Leichnam) – *alles in Hülle und Fülle haben* (im Überfluss leben); **hüllen:** sich in seinen Mantel hüllen – sich in Schweigen hüllen; **hüllenlos**

Hül·se, die: -, -n (Behälter); die **Hülsenfrucht**

hu·man *lat.*: eine humane (menschliche)

G H I J K L M

Handlung; der **Humanismus** (von der Kultur des Abendlandes beeinflusste Lebensauffassung); der **Humanist;** die **Humanistin; humanistisch; humanitär** (menschenfreundlich); die **Humanität** (hohe Gesinnung)

Hum·bug *engl.*, der: -s (dummes Zeug)

Hum·mel, die: -, -n (große Bienenart)

Hum·mer, der: -s, - (große Krebsart); die **Hummersuppe**

Hu·mor *engl.*, der: -s (Heiterkeit, gute Laune, Gelassenheit); keinen Humor haben; die **Humoreske** (humorvolle, kurze Erzählung); **humorig** (launig); der **Humorist; humoristisch; humorlos; humorvoll**

hum·peln: (hinken); die **Humpelei**

Hum·pen, der: -s, - (großes Trinkgefäß)

Hu·mus *lat.*, der: - (fruchtbarer Boden); der **Humusboden,** die ...böden; **humusreich**

Hund, der: -(e)s, -e (ein Haustier); *auf den Hund gekommen* (sehr heruntergekommen) *sein – vor die Hunde* (zugrunde) *gehen – viele Hunde sind des Hasen Tod;* **hundeelend;** die **Hundehütte; hundekalt** (sehr kalt); die **Hundekälte; hundemüde** (sehr müde); auch: **hundsmüde;** die **Hunderasse;** das **Hundewetter;** die **Hündin,** die Hündinnen; **hündisch:** ein hündischer (unterwürfiger) Gehorsam; der **Hundsfott,** die ...fotte/...fötter; (Schurke); **hundsmiserabel;** die **Hundstage** *Pl.* (heiße Zeit im Sommer)

hun·dert: hundert Stück – einige/mehrere/ein paar hundert Menschen; auch: einige/mehrere/ein paar Hundert Menschen – hunderte von Menschen; auch: Hunderte von Menschen – der hundertste Besucher – Tempo hundert – ein halbes Hundert – hunderte und aberhunderte; auch: Hunderte und Aberhunderte – *vom Hundertsten ins Tausendste kommen* (fortwährend vom Thema abweichen); das **Hundert;** der **Hunderter** (Hunderteuroschein); **hunderterlei;** der **Hunderteuroschein;** auch: der **Hundert-Euro-Schein;** auch der **100-Euro-Schein; hundertfach;** auch: **100fach** oder: **100-fach;** aber: das **Hundertfache;** auch: das **100fache** oder: das **100-Fache;** um das Hundertfache größer; **hundertjährig;** auch: **100-jährig; hundertmal;** auch: **100-mal;** aber: viele hundert/Hundert Mal(e); der **Hundertmeterlauf;** auch: der **Hundert-Meter-Lauf;** auch: der **100-m-Lauf;** auch: der **100-Meter-Lauf; hundertprozentig;** auch: **100%ig;** auch: **100-prozentig;** der **Hundertsatz;** die **Hundertschaft;** das **Hundertstel;** die **Hundertstelsekunde;** auch: die **100stel-Sekunde;** auch: die hundertstel Sekunde

Hü·ne, der: -n, -n (sehr großer Mensch, Riese); das **Hünengrab; hünenhaft**

hun·gern: die Bevölkerung hungert (hat nichts zu essen) – er hungert (verlangt, sehnt sich) nach Liebe – mich hungert; der **Hunger:** Hunger haben – *Hunger ist der beste Koch;* aber: **hungers:** hungers (vor Hunger) sterben; die **Hungersnot,** die ...nöte; der **Hungerstreik;** das **Hungertuch:** *am Hungertuch nagen* (hungern); **hungrig**

hu·pen: (ein Signal ertönen lassen); der Fahrer hupte beim Abbiegen; die **Hupe;** die **Huperei;** das **Hupkonzert**

hüp·fen: vor Freude hüpfen (in die Luft springen); der **Hüpfer**

Hür·de, die: -, -n; jede Hürde (jedes Hindernis) nehmen; der **Hürdenlauf;** der **Hürdenläufer;** die **Hürdenläuferin,** die ...läuferinnen; das **Hürdenrennen**

Hu·re, die: -, -n (Dirne, käufliches Mädchen)

hur·ra!: (Ausruf der Begeisterung); das **Hurra:** Hurra schreien; auch: hurra schreien; der **Hurrapatriotismus;** der **Hurraruf**

Hur·ri·kan *engl. [hariken]*, der: -, -e/-s (Wirbelsturm, Orkan)

hur·tig: (schnell, lebhaft); die **Hurtigkeit**

hu·schen: (sich schnell und lautlos fortbewegen); über die Straße huschen; **husch!:** husch, weg war er!; der **Husch:** auf einen Husch (ganz schnell)

Hus·ky *engl. [haßki]*, der: -s, -s (Eskimohund)

hus·ten: der Kranke hustet schwer – *jemandem etwas husten* (einem Wunsch nicht entsprechen); **hüsteln** (sich räuspern); der **Husten;** das **Hustenbonbon;** der **Hustenreiz;** der **Hustensaft**

Hut, der: -(e)s, Hüte (Kopfbedeckung); einen Hut aufsetzen – *den Hut nehmen* (zurücktreten, aus dem Amt scheiden) – *alle unter einen Hut* (in Einklang) *bringen*

Hut, die: - (Aufsicht, Schutz); *auf der Hut sein* (vorsichtig sein); **hüten:** Kinder hüten (beaufsichtigen) – *sich vor jemandem hüten* (sich in Acht nehmen); der **Hütejunge;** der **Hüter;** die **Hüterin,** die Hüterinnen

Hüt·te, die: -, -n (kleines, einfaches Haus; In-

G H I J K L M

dustrieanlage); das **Hüttenwerk;** der **Hüttenwirt;** die **Hüttenwirtin,** die ... wirtinnen

hut·ze·lig: (alt, dürr, welk); auch: **hutzlig**

Hy·ä·ne *griech.*, die: -, -n (ein Raubtier)

Hy·a·zin·the, die: -, -n (eine Zwiebelpflanze)

Hy·drant (Hyd·rant) *griech.*, der: -en, -en (Wasseranschluss, Zapfstelle); die **Hydraulik; hydraulisch:** hydraulische (durch Flüssigkeitsdruck bewegte) Bremsen; die **Hydrokultur** (Pflanzenzucht in Wasser)

Hy·gi·e·ne *griech. [hygjene]*, die: - (Lehre von der Gesundheitspflege); **hygienisch:** etwas hygienisch (sauber) verpacken

Hym·ne *griech.*, die: -, -n (feierliches Gedicht, Lobgesang); **hymnisch**

hy·per... *griech.*: (über...); **hyperaktiv** (extrem aktiv); die **Hyperbel** (Übertreibung des Ausdrucks; Mathematik: Kegelschnitt); die **Hyperfunktion** (Überfunktion); **hyperkorrekt** (überkorrekt); **hypernervös** (extrem nervös); **hypersensibel** (überaus sensibel); die **Hyperventilation** (übersteigerte Atmung)

Hy·per·link *engl. [haiperlink]*, der: -(s), -s (Stelle auf dem Bildschirm, die durch Anklicken zu neuen Informationen führt)

Hy·per·text *griech./engl. [haipertext]*, der: -s, -e (EDV: Text, der im Internet vernetzt ist)

Hyp·no·se *griech.*, die: -, -n; jemanden in Hypnose (Halbschlaf) versetzen; **hypnotisch; hypnotisieren** (willenlos machen)

Hy·po·te·nu·se *griech.*, die: -, -n (Seite gegenüber dem rechten Winkel im rechtwinkligen Dreieck)

Hy·po·thek *griech.*, die: -, -en (Belastung von Grundstücken, Häusern)

Hy·po·the·se *griech.*, die: -, -n (unbewiesene Annahme); **hypothetisch:** eine hypothetische (unbewiesene) Behauptung

hys·te·risch *griech.*: eine hysterische (aufgeregte, leicht erregbare) Frau; die **Hysterie** (nervöse Aufgeregtheit, Überspanntheit, Erregung); der **Hysteriker;** die **Hysterikerin**

Hz = Hertz (Maßeinheit der Wellenfrequenz)

I

i. A. = im Auftrag(e)

i. Allg. = im Allgemeinen

IC = der Intercity (Intercityzug)

ich: ich arbeite; aber: sein zweites Ich – das andere Ich; **ichbezogen** (sich selbst in den Mittelpunkt stellend); der **Icherzähler;** auch: der **Ich-Erzähler;** die **Icherzählerin;** auch: die **Ich-Erzählerin;** die **Ichform** (Erzählform in der 1. Person); auch: die **Ich-Form;** das **Ichgefühl;** auch: das **Ich-Gefühl;** der **Ichlaut;** auch: der **Ich-Laut;** die **Ichsucht** (Eigenliebe); auch: die **Ich-Sucht; ichsüchtig**

i. d. = in der (bei Ortsnamen)

ide·al *griech.*: eine ideale (bestmögliche) Lösung – ideale (günstige) Bedingungen – eine ideale (vollkommene) Frau; das **Ideal** (Vorbild, Wunschvorstellung, Vollkommenes); der **Idealfall; idealisieren** (verklären); der **Idealismus** (Glaube an Ideale); der **Idealist** (uneigennütziger Mensch); die **Idealistin,** die Idealistinnen; **idealistisch;** die **Ideallösung**

Idee *griech.*, die: -, Ideen (Gedanke, Einfall); eine gute Idee haben; **ideell:** ideelle (nur gedachte, in der Vorstellung vorhandene) Ziele haben; **ideenarm;** die **Ideenarmut; ideenlos;** die **Ideenlosigkeit; ideenreich;** der **Ideenreichtum**

iden·tisch *lat.*: identische (völlig gleiche, übereinstimmende) Vorstellungen haben; die **Identifikation** (Gleichsetzung); **identifizieren:** einen Dieb identifizieren (erkennen) – sich mit etwas identifizieren (sich dahinterstellen, dafür eintreten); die **Identifizierung;** die **Identität** (Übereinstimmung); der **Identitätsverlust**

Ideo·lo·gie *griech.*, die: -, Ideologien (bestimmte Vorstellungswelt, Weltanschauung); der **Ideologe** (Vertreter einer bestimmten, meist politischen Richtung); **ideologisch**

Idi·ot *griech.*, der: -en, -en (Geisteskranker, Dummkopf); **idiotenhaft; idiotensicher** (völlig sicher); die **Idiotie** (Schwachsinn, Dummheit); die **Idiotin; idiotisch** (geistesschwach, unsinnig); der **Idiotismus**

Idol *griech.*, das: -s -e (Vorbild, Schwarm)

Idyll *griech.*, das: -s, -e (friedlicher, beglückender Zustand); auch: die **Idylle; idyllisch** (beschaulich, harmonisch, ländlich)

Igel, der: -s, - (ein stacheliges Säugetier)

Ig·lu *eskim.*, der/das: -s, -s (Schneehütte der Eskimos)

ig·no·rie·ren *lat.*: jemanden/etwas ignorieren (nicht zur Kenntnis nehmen, nicht be-

G H I J K L M

achten); **ignorant;** der **Ignorant** (Nichtwisser, Dummkopf); das **Ignorantentum;** die **Ignorantin;** die **Ignoranz**

IHK = Industrie- und Handelskammer

ihm: (Wemfall von er); er begegnet ihm

ihn: (Wenfall von er); er hat ihn auf der Straße gesehen; **ihnen**

ihr: ihr arbeitet – das ist ihr Haus; aber: die Ihrigen; auch: die ihrigen – das Ihre; auch: das ihre – Ihre Majestät; **ihrerseits; ihresgleichen; ihretwegen;** um **ihretwillen**

i. J. = im Jahr(e)

il·le·gal *lat.*: (ungesetzlich); der/die **Illegale;** die **Illegalität; illegitim:** auf eine illegitime (unrechtmäßige) Art; die **Illegitimität**

il·loy·al (il·lo·yal) *franz. [iloajal]*: (gesetzeswidrig, unehrlich, untreu); die **Illoyalität**

Il·lu·mi·na·ti·on *lat.*, die: -, -en (festliche Beleuchtung); **illuminieren**

Il·lu·si·on *lat.*, die: -, -en; sich keine Illusionen (falschen Hoffnungen, Wunschvorstellungen) machen; **illusionär;** der **Illusionist** (Schwärmer); die **Illusionistin; illusionslos; illusorisch** (trügerisch, vergeblich)

Il·lus·tra·ti·on (Il·lust·ra·ti·on) *lat.*, die: -, -en (Bebilderung, bildliche Erklärung); der **Illustrator;** die **Illustratorin; illustrieren** (bebildern); die **Illustrierte** (bebilderte Zeitschrift); die **Illustrierung**

Il·tis, der: -ses, -se (Marderart)

im: im (in dem) Garten – im Großen und Ganzen – im Übrigen – im Allgemeinen ⟨i. Allg.⟩ – im Einzelnen – im Besonderen – im Argen liegen – im Grunde genommen – im Auftrag(e) ⟨i. A.⟩ – im Begriff(e) sein – im Fall(e), dass – im Jahre ⟨i. J.⟩ – im Nachhinein – im Ruhestand ⟨i. R.⟩ – im Stande; auch: imstande

Image *engl. [imidsch]*, das: -(s), -s; sein Image (Persönlichkeitsbild, Ansehen) in der Öffentlichkeit; die **Imagepflege**

ima·gi·när *lat.* (nicht wirklich, nur eingebildet); die **Imagination** (Einbildungskraft)

Im·biss, der: -es, -e (kleine Zwischenmahlzeit); die **Imbisshalle;** der **Imbissstand;** auch: der **Imbiss-Stand;** die **Imbissstube;** auch: die **Imbiss-Stube**

Imi·ta·ti·on *lat.*, die: -, -en (Nachahmung); der **Imitator;** die **Imitatorin; imitieren:** Vogelstimmen imitieren; **imitiert** (unecht)

Im·ker, der: -s, - (Bienenzüchter); die **Imkerei;** die **Imkerin; imkern;** die **Imme** (Biene)

im·ma·nent *lat.*: (innewohnend, darin enthalten); die **Immanenz**

im·ma·tri·ku·lie·ren *lat.*: sich an einer Hochschule immatrikulieren (einschreiben); die **Immatrikulation**

im·mens *lat.*: ein immenser (unermesslicher) Reichtum – ein immenses Glück

im·mer: (stets, jederzeit, jedes Mal); immer mehr – nicht immer – immer noch – immer wieder – immer und ewig – was auch immer; **immerdar:** ewig und immerdar – auf immerdar (ewig); **immerfort** (ununterbrochen); **immergrün:** immergrüne Blätter; aber: immer grün bleiben; das **Immergrün** (eine Pflanze); **immerhin:** immerhin (wenigstens) gibt er sich Mühe; **immerwährend:** der immerwährende Kalender; auch: immer während; **immerzu** (ständig)

Im·mi·grant (Im·mig·rant) *lat.*, der: -en, -en (Einwanderer); die **Immigrantin,** die Immigrantinnen; die **Immigration; immigrieren**

Im·mis·si·on *lat.*, die: -, -en (Einwirkung auf Lebewesen z. B. durch Luftverunreinigungen); der **Immissionsschutz**

Im·mo·bi·li·en *Pl. lat.*, die: - (Grundstücke, Häuser); **immobil** (unbeweglich); der **Immobilienhandel;** die **Immobilität**

im·mun *lat.*: immun (nicht empfindlich, empfänglich) gegen Krankheiten sein; **immunisieren** (unempfänglich machen); die **Immunisierung;** die **Immunität:** Immunität genießen (unter Rechtsschutz stehen); die **Immunschwäche;** das **Immunsystem**

Im·pe·ra·tiv *lat.*, der: -s, -e (Sprachlehre: Befehlsform); der **Imperativsatz;** der **Imperator** (Feldherr im alten Rom)

Im·per·fekt *lat.*, das: -s, -e (Sprachlehre: Vergangenheitsform, Präteritum)

Im·pe·ri·a·lis·mus *lat.*, der: - (Machtstreben, Herrschaftsstreben); **imperialistisch;** der **Imperialist;** das **Imperium** (Weltreich)

im·per·ti·nent: *lat.*: (aufdringlich, frech); die **Impertinenz**

imp·fen: (einen Schutzstoff verabreichen); der **Impfpass;** der **Impfschein;** der **Impfstoff;** die **Impfung**

Im·plan·ta·ti·on: *lat.*, die: -, -en (Einpflanzung von Organen, Gewebe oder anderen Materialien in den Körper); das **Implantat; implantieren**

G H I J K L M

im·plo·di̲e̲·ren *lat.*: (durch äußeren Druck zerstört werden); die **Implosio̲n**

im·po·ni̲e̲·ren *lat.*: er imponiert allen (macht Eindruck) – eine imponierende (beeindruckende) Leistung; das **Imponiergehabe; imposạnt:** ein imposantes (großartiges, beeindruckendes) Bauwerk – ein imposanter Anblick

Im·pọrt *engl.* der: -(e)s, -e (Einfuhr von Gütern); der Im- und Export; die **Importbeschränkung;** der **Importeur** *[importö̲r]*; die **Importeurin;** der **Importhandel;** das **Importgeschäft; importi̲e̲ren:** Waren importieren (vom Ausland ins Inland bringen)

ịm·po·tent *lat.*: (nicht zeugungsfähig, nicht tüchtig); die **Impotenz**

im·präg·ni̲e̲·ren (im·prä·gni̲e̲·ren) *lat.*: einen Stoff imprägnieren (wasserdicht machen); die **Imprägnierung**

Im·pres·si·o̲n *lat.*, die: -, -en (Eindruck, Empfindung); der **Impressionịsmus** (Kunstrichtung); der **Impressionịst;** die **Impressionịstin; impressionịstisch;** das **Imprẹssum** (Erscheinungsvermerk eines Buches)

im·pro·vi·si̲e̲·ren *ital.*: (etwas ohne Vorbereitung tun); die **Improvisatio̲n;** das **Improvisatio̲nstalent**

Im·pụls *lat.*, der: -es, -e (Anstoß, innerer Antrieb); **impulsị̈v:** impulsiv (spontan) handeln – impulsiv (leicht erregbar) sein; die **Impulsivitä̲t**

im·stạn·de: zu einer großen Leistung imstande (fähig) sein – er ist nicht imstande, flüssig zu lesen – er ist imstande und springt (ist dazu dumm genug); auch: **imstand;** auch: **im Stand(e)**

ịn: in die Schule gehen – in der Bahnhofshalle – in die Stadt fahren – in drei Tagen – in Sorge sein – in puncto (hinsichtlich, betreffend) – in spe (zukünftig) – in Bezug auf – in Anbetracht – in natura (in Wirklichkeit) – *etwas in petto haben* (in Bereitschaft haben)

ịn *engl.*: es ist in (modern, zeitgemäß, in Mode)

ịn·ad·äquat *lat.*: (nicht passend, nicht entsprechend); die **Inadäquatheit**

ịn·ak·zep·ta·bel: (unannehmbar)

Ịn·be·griff, der: -(e)s, -e; der Inbegriff (die Verkörperung, ein Musterbeispiel) von Fleiß; **inbegriffen:** im Preis inbegriffen (eingerechnet)

Ịn·brunst, die: -; mit Inbrunst (Innigkeit, starker Leidenschaft) lieben; **inbrünstig**

in·de̲m: er half ihr, indem er ihr die Hand reichte; aber: der Raum, in dem (welchem) er saß

in·dẹs: (aber, immerhin, allerdings); **indessen:** indessen (inzwischen) begann er zu singen – er kam an, sie indessen (jedoch) reiste ab

Ịn·dex *lat.*, der: -(es), -e/Indizes/Indices (alphabetisches Namen- und Sachverzeichnis, Liste verbotener Bücher)

In·di·a̲·ner, der: -s, - (Ureinwohner von Amerika); die **Indianerin,** die Indianerinnen; der **Indianerhäuptling;** der **Indianerstamm,** die ...stämme; der **Ịndio** (mittel- und südamerikanischer Indianer); die **Ịndiofrau**

Ịn·di·en: -s (Staat in Südostasien); der **Inder;** die **Inderin,** die Inderinnen; **indisch:** die indischen Einwohner; aber: der Indische Ozean

Ịn·di·go *span.*, der/das: -s (ein blauer Farbstoff); **indigoblau;** das **Indigoblau**

Ịn·di·ka·tiv *lat.*, der: -s, -e (Sprachlehre: Wirklichkeitsform); **indikativisch**

In·di·ka̲·tor *lat.*, der: -s, Indikato̲ren (Stoff, der die Anwesenheit von bestimmten chemischen Substanzen anzeigt; Anzeichen)

ịn·di·rekt *lat.*: indirekt (nicht unmittelbar) wählen – er kam indirekt (auf Umwegen) darauf zu sprechen – die indirekte (nicht wörtliche) Rede; die **Indirektheit**

ịn·dis·kret *franz.*: sie ist indiskret (nicht verschwiegen) – eine indiskrete (aufdringliche, taktlose) Person; die **Indiskretio̲n**

ịn·dis·ku·ta·bel *franz.*: ein indiskutabler (nicht in Frage kommender) Vorschlag

ịn·dis·po·niert *lat.*: indisponiert (in keiner guten Verfassung, unpässlich) sein

In·di·vi̲·du·um *lat.*, das: -s, Individuen (Einzelwesen; verächtlich: Lump); der **Individualịsmus;** der **Individualịst;** die **Individualịstin,** die Individualistinnen; **individualịstisch** (das Besondere betonend); die **Individualitä̲t** (Eigenart, Persönlichkeit); **individuẹll** (rein persönlich)

In·di̲z *lat.*, das: -es, -ien (Merkmal, Anzeichen, Hinweis); der **Indizienbeweis** (Beweis, der lediglich auf Verdachtsmomenten beruht); der **Indizienprozess**

In·duk·ti·o̲n *lat.*, die: -, -en (Schlussfolgerung vom Besonderen auf das Allgemeine; Erzeugung einer elektrischen Spannung durch bewegte Magnetfelder); **induktiv**

In·dus·trie (In·dust·rie) *franz.*, die: -, Industrien (Unternehmen, die Produkte entwickeln und herstellen); **industrialisieren;** die **Industrialisierung;** die **Industrieanlage;** das **Industriegebiet;** die **Industriegewerkschaft** ⟨IG⟩; **industriell;** der **Industrielle** (Industrieunternehmer); der **Industriestaat**

in·ef·fek·tiv *lat.*: eine ineffektive (nutzlose, unwirksame) Arbeit; die **Ineffektivität**

in·ei·nan·der (in·ein·an·der): ineinander (einer in den anderen) verliebt sein – sie sind ineinander verschlungen – ganz ineinander aufgehen; **ineinanderfließen; ineinanderfügen; ineinandergreifen; ineinanderlaufen; ineinanderstecken**

in·fam *lat.*: eine infame (gemeine, abscheuliche) Lüge; die **Infamie**

In·fan·te·rie *franz.*, die: -, Infanterien (zu Fuß kämpfende Truppeneinheit); das **Infanterieregiment;** der **Infanterist** (Fußsoldat)

in·fan·til *lat.*: (unreif, kindlich)

In·farkt *lat.*, der: -(e)s, -e (Verstopfung einer Arterie)

In·fek·ti·on *lat.*, die: -, -en (Ansteckung durch Krankheitserreger); auch: der **Infekt;** die **Infektionsgefahr;** die **Infektionskrankheit; infektiös** (ansteckend); **infizieren**

In·fer·no *ital.*, das: -s (entsetzliches Geschehen); **infernalisch:** ein infernalisches (teuflisches, höllisches) Gelächter

in·fil·trie·ren (in·filt·rie·ren) *lat.*: (einflößen, durchdringen); das **Infiltrat;** die **Infiltration;** die **Infiltrierung**

In·fi·ni·tiv *lat.*, der: -s, -e (Sprachlehre: Grundform des Verbs); der **Infinitivsatz**

In·fla·ti·on *lat.*, die: -, -en (Entwertung des Geldes); **inflationär;** die **Inflationsrate; inflationistisch; inflatorisch**

in·fol·ge: infolge (wegen) der hohen Preise – infolge von Hunger; **infolgedessen** (daher)

in·for·mie·ren *lat.*: jemanden informieren (in Kenntnis setzen, benachrichtigen); das **Info** (*kurz für* Informationsblatt); die **Info** (kurz für: Information); die **Infoline** *[... lain]* (telefonischer Auskunftsdienst); der **Informand** (jemand, der informiert wird); der **Informant** (jemand, der Informationen liefert); die **Informantin,** die Informantinnen; die **Informatik** (Wissenschaft von der Informationsverarbeitung); die **Information** (Auskunft, Mitteilung, Nachricht); der **Informationsfluss; informativ:** ein informatives (aufschlussreiches) Buch; **informell:** ein informeller (mitteilender, informierender) Mitarbeiter (vor allem in der früheren DDR); das **Infotainment** (unterhaltende Informationen)

in·fra·ge: *etwas infrage stellen* (an einer Sache zweifeln); auch: **in Frage** stellen; das **Infragestellen;** auch: das **In-Frage-Stellen**

In·fra·struk·tur *lat.*, die: -, -en (alle wirtschaftlichen und organisatorischen Einrichtungen einer hoch entwickelten Wirtschaft)

In·fu·si·on *lat.*, die: -, -en (Zufuhr von Flüssigkeit in den Körper mittels einer Hohlnadel)

In·ge·ni·eur ⟨Ing.⟩ *franz. [inschenjör]*, der: -s, -e (Techniker); das **Ingenieurbüro;** die **Ingenieurin,** die Ingenieurinnen

In·ha·ber, der: -s, -; der Inhaber (Besitzer) der Fabrik; die **Inhaberin,** die Inhaberinnen

in·haf·tie·ren: einen Verbrecher inhaftieren (festnehmen, einsperren); der/die **Inhaftierte;** die **Inhaftierung**

in·ha·lie·ren *lat.*: Dämpfe inhalieren (einatmen); die **Inhalation**

In·halt, der: -(e)s, -e: der Inhalt der Tasche – der Inhalt (Handlung, Gehalt) eines Buches; die **Inhaltsangabe; inhaltslos; inhaltsreich; inhaltsschwer;** das **Inhaltsverzeichnis; inhalt(s)voll** (von wichtigem Inhalt)

in·hu·man *lat.*: eine inhumane (unmenschliche) Gesellschaft; die **Inhumanität**

In·i·ti·a·le *lat. [initsjale]*, die: -, -n (Anfangsbuchstabe)

In·i·ti·a·ti·ve *franz. [initsjative]*, die: -, -n; keine Initiative (keine Entschlusskraft, keinen Unternehmungsgeist) zeigen – die Initiative ergreifen (den Anfang machen, den Anstoß geben); **initiativ:** initiativ (tätig) werden; der **Initiator** (Urheber, Anstifter); die **Initiatorin; initiieren:** etwas initiieren (beginnen, anstoßen)

In·jek·ti·on *lat.*, die: -, -en (Einspritzung); die **Injektionsspritze; injizieren**

In·kar·na·ti·on *lat.*, die: -, -en; die Inkarnation (Menschwerdung) Christi – die Inkarnation (Verkörperung) des Bösen

in·klu·si·ve ⟨inkl., incl.⟩ *lat.*: inklusive (einschließlich) der Bedienung – inklusive Übernachtung – inklusive Porto

In·kog·ni·to (In·ko·gni·to) *ital.*, das: -s, -s (fremder Name, Deckname); **inkognito:** inkognito (unter fremdem Namen) reisen

in·kom·pe·tent *lat.*: für eine Aufgabe inkompetent (nicht zuständig, nicht befugt) sein; die **Inkompetenz**

in·kon·se·quent *lat.*: inkonsequent (nicht folgerichtig, widersprüchlich) handeln – ein inkonsequentes (wankelmütiges) Verhalten; die **Inkonsequenz**

in·kor·rekt *lat.*: ein inkorrektes (unrichtiges, unzulässiges) Benehmen – eine inkorrekte (ungenaue) Aussprache; die **Inkorrektheit**

In·land, das: -(e)s (Gebiet eines Landes, in dem man sich befindet); der **Inländer;** die **Inländerin,** die Inländerinnen; **inländisch;** der **Inlandsbrief;** das **Inlandsgespräch;** der **Inlandsmarkt;** das **Inlandsporto;** die **Inlandsreise**

In·lett, das: -(e)s, -e/-s (Bezugsstoff für Federbetten)

In·line·skate *engl. [inlainsket]*, der: -s, -s (Rollschuh mit hintereinander in einer Linie angeordneten Rädern); **inlineskaten**

in·mit·ten: inmitten der Feinde (mitten drin) – inmitten (in der Mitte) des Flusses

in·ne: inne sein (bewusst sein); **innehaben:** ein Amt innehaben; **innehalten:** mitten in der Rede innehalten (für kurze Zeit unterbrechen); **innewerden; innewohnen**

in·nen: ein Haus innen (im Innern) renovieren – innen und außen – von/nach innen; der **Innenarchitekt;** die **Innenarchitektin,** die ...architektinnen; die **Innenausstattung;** der **Innendienst;** der **Innenhof;** das **Innenleben;** der **Innenminister;** die **Innenpolitik; innenpolitisch;** der **Innenrist** (innere Seite des Fußrückens); die **Innenseite;** die **Innenstadt,** die ...städte; (Zentrum einer Stadt); die **Innentemperatur**

in·ner...: die innere Medizin – die innere (geistige) Führung – innere Krankheiten – innere Organe; aber: das Innere – im Inner(e)n des Hofes – das Ministerium des Innern – im innersten Afrika; aber: das Innerste eines Landes – im Innersten – bis ins Innerste – die Innere Mission (Organisation der evangelischen Kirche); **innerbetrieblich; innerdeutsch; innerdienstlich;** die **Innereien** *Pl.* (Tiereingeweide); **innereuropäisch; innerfamiliär; innerhalb:** innerhalb (während) eines Tages – innerhalb fünf Jahren – innerhalb von London; **innerlich:** ein innerlicher (empfindsamer, gefühlvoller) Mensch – innerlich (im Innern) war er froh; die **Innerlichkeit; innerorts; innerparteilich; innerstaatlich; innerstädtisch**

in·nig: ein inniges (tiefes, herzliches) Gefühl – eine innige Freundschaft; die **Innigkeit; inniglich; innigst**

In·no·va·ti·on *lat.*, die: -, -en (Neuerung, Erneuerung); **innovationsfreudig;** der **Innovationsprozess; innovativ**

In·nung, die: -, -en (Zusammenschluss von Handwerkern); der **Innungsmeister**

in·of·fi·zi·ell *franz.*: ein inoffizielles (nicht amtliches, außerdienstliches) Schreiben – inoffiziell (vertraulich) informiert werden

in pet·to *ital.*: noch etwas in petto (in Reserve, bereit) haben; **in pleno** (vollzählig; in, vor der Vollversammlung); **in puncto:** in puncto (hinsichtlich der) Bezahlung

In·put *engl.* der/das: -s, -s (Eingabe bei der Datenverarbeitung)

In·qui·si·ti·on *lat.*, die: -, -en (Kirchenbehörde zur Bekämpfung der Ketzerei, strenges Verhör); das **Inquisitionsgericht;** der **Inquisitor; inquisitorisch**

I.N.R.I. = Jesus Nazarenus Rex Judaeorum (Jesus von Nazareth, König der Juden)

ins: ins (in das) Café gehen – eins ins andere – ins Gerede kommen

In·sas·se, der: -n, -n (Person, die sich in einem Fahrzeug, einem Heim, einer Anstalt o. Ä. befindet); alle Insassen des Busses winkten; die **Insassenversicherung;** die **Insassin,** die Insassinnen

ins·be·son·de·re: insbesondere (vor allem, besonders) du musst aufpassen; aber: im Besonderen; auch: **insbesondre**

In·schrift, die: -, -en (eingeritzte, eingemeißelte Schrift; Text auf Holz, Metall, Stein)

In·sekt *lat.*, das: -(e)s, -en (Kerbtier); die **Insektenbekämpfung; insektenfressend:** insektenfressende Pflanzen; auch: Insekten fressend; das **Insektengift;** die **Insektenplage;** das **Insektenpulver;** der **Insektenstich;** das **Insektizid** (Insektenvertilgungsmittel)

In·sel *lat.*, die: -, -n (ringsum von Wasser umgebenes Land); der **Inselbewohner;** die **Inselbewohnerin,** die ...bewohnerinnen; der **Inselstaat**

In·se·rat *lat.*, das: -(e)s, -e; ein Inserat (eine

Anzeige, Annonce) in der Zeitung aufgeben; der **Inseratenteil; inserieren**

ins·ge·heim: insgeheim (heimlich) lachte er über sie

ins·ge·samt: (im Ganzen, alle(s) zusammengenommen); insgesamt vier Wochen

In·si·der *engl. [insaider]*, der: -s, - (Eingeweihter); die **Insiderin;** das **Insiderwissen**

In·sig·ni·en (In·si·gni·en) *Pl. lat.*, die: - (Kennzeichen der Macht und Würde)

in·so·fern: insofern (in dieser Hinsicht, was das betrifft) hast du Recht – insofern (wenn) ihr nichts dagegen habt – insofern du zustimmst; auch: **insoweit:** insoweit hat er Recht

In·spek·tor *lat.*, der: -s, Inspektoren (Verwaltungsbeamter); der **Inspekteur** *[inspektör]*; die **Inspektion** (Besichtigung, Aufsicht); die **Inspektorin,** die Inspektorinnen; **inspizieren** (prüfen)

Ins·pi·ra·ti·on (In·spi·ra·ti·on) *lat.*, die: -, -en (Eingebung); **inspirieren:** jemanden zu etwas inspirieren (anregen)

in·sta·bil *lat.*: instabile (unbeständige) Zeiten; die **Instabilität**

in·stal·lie·ren *franz.*: (einrichten, einbauen, anschließen); der **Installateur** *[instalatör]*; die **Installateurin;** die **Installation**

in·stand: etwas instand setzen (richten, reparieren); aber: das Instandsetzen – instand halten (in einem brauchbaren Zustand halten); auch: **in Stand;** die **Instandhaltung;** die **Instandhaltungskosten** *Pl.*; die **Instandsetzung**

in·stän·dig: inständig (sehr dringlich) bitten; die **Inständigkeit**

in·stant (ins·tant) *engl. [instent]* (sofort löslich); das **Instantgetränk;** der **Instantkaffee**

In·stanz (Ins·tanz) *lat.*, die: -, -en (die zuständige behördliche Stelle); der **Instanzenweg**

Ins·tinkt (In·stinkt) *lat.*, der: -(e)s, -e (Naturtrieb, angeborene Verhaltensweise); **instinkthaft;** die **Instinkthandlung; instinktiv:** instinktiv (gefühlsmäßig) etwas beurteilen – instinktiv (unwillkürlich) kehrte er um; **instinktlos;** die **Instinktlosigkeit; instinktmäßig; instinktsicher**

In·sti·tut (Ins·ti·tut) *lat.*, das: -(e)s, -e (Einrichtung, Anstalt, Unternehmen); die **Institution** (öffentliche Einrichtung); **institutionalisieren;** der **Institutsleiter;** die **Institutsleiterin,** die ... leiterinnen

in·stru·ie·ren (ins·tru·ie·ren, inst·ru·ie·ren) *lat.*: (in Kenntnis setzen); der **Instrukteur** *[instruktör]*; die **Instrukteurin;** die **Instruktion** (Anleitung, Anweisung); **instruktiv:** ein instruktiver (lehrreicher) Vortrag

In·stru·ment (Ins·tru·ment, Inst·ru·ment) *lat.*, das: -(e)s, -e; ein Instrument (Musikinstrument) spielen – die Instrumente (Geräte) des Arztes; **instrumental;** die **Instrumentalmusik;** das **Instrumentarium,** die Instrumentarien (alle zur Verfügung stehenden Instrumente); **instrumentell**

In·su·la·ner *lat.*, der: -s, - (Inselbewohner); die **Insulanerin; insular** (inselartig)

In·su·lin, das: -s (Heilmittel für Zuckerkranke); das **Insulinpräparat**

in·sze·nie·ren *lat.*: (ins Werk setzen); die **Inszenierung:** die Inszenierung (Vorbereitung) einer Bühnenaufführung

in·takt *lat.*: eine intakte (unversehrte, unberührte) Umwelt – die Maschine ist intakt (in Ordnung); die **Intaktheit;** das **Intaktsein**

in·te·ger *lat.*: ein integrer (unbescholtener, redlicher) Mann – ein integrer Charakter; die **Integrität** (Unverletzlichkeit, Unbescholtenheit)

In·te·gra·ti·on (In·teg·ra·ti·on) *lat.*, die: -, -en (Zusammenschluss, Vereinigung, Einbeziehung); **integrativ; integrieren:** jemanden in die Gemeinschaft integrieren (einbeziehen); **integrierend:** ein integrierender (notwendiger) Bestandteil; die **Integrierung**

In·tel·lekt *lat.*, der: -(e)s (Verstand, Denkvermögen); **intellektuell** (verstandesmäßig, geistig); der/die **Intellektuelle; intelligent:** ein intelligentes (kluges, gescheites) Kind; die **Intelligenz** (Begabung); der **Intelligenzgrad;** der **Intelligenzquotient** (Maß für die geistige Leistungsfähigkeit)

In·ten·dant *franz.*, der: -en, -en (Leiter eines Theaters, Rundfunksenders oder einer Fernsehanstalt); die **Intendantin**

in·ten·siv *lat.*: jemanden intensiv (nachdrücklich) ermahnen – eine intensive (gründliche) Nachforschung – ein intensives (starkes) Licht; die **Intension** (Anspannung, Eifer) # Intention; die **Intensität** (Wirksamkeit, Stärke); **intensivieren** (verstärken); die **Intensivierung;** die **Intensivstation**

In·ten·ti·on *lat.*, die: -, -en (Absicht, Plan) # Intension; **intendieren** (beabsichtigen, wollen, anstreben); **intentional** (zielgerichtet)

In·ter·ci·ty ⟨IC⟩ *amerik. [interßiti]*, der: -s, -s (Intercityzug); der **Intercityexpresszug** ⟨ICE⟩; der **Intercityzug**

in·te·res·sant (in·ter·es·sant) *franz.*: ein interessantes (anregendes, packendes) Buch – ein interessantes (ansprechendes, bemerkenswertes) Angebot; das **Interesse:** an etwas Interesse haben – es liegt ganz in meinem Interesse – etwas mit Interesse (Anteilnahme, Neugier) verfolgen – die Interessen (Belange) eines Betriebes; **interessehalber; interesselos;** die **Interesselosigkeit;** die **Interessengemeinschaft;** der **Interessent;** die **Interessentin,** die Interessentinnen; **interessieren:** sich für ein Geschäft interessieren; **interessiert** (beteiligt, Anteil nehmend)

In·te·rim *lat.*, das: -s, -s (Übergangszeit, vorläufige Vereinbarung); **interimistisch** (vorläufig); die **Interimslösung;** die **Interimsregelung;** die **Interimszeit**

In·ter·jek·ti·on *lat.*, die: -, -en (Sprachlehre: Ausrufewort, z. B. „ach!“)

In·ter·mez·zo *ital.*, das: -s, -s/Intermezzi (Zwischenspiel, Zwischenfall)

in·tern *lat.*: interne (nur für einen besonderen Kreis bestimmte, vertrauliche) Informationen; das **Internat** (Schülerheim); die **Internatsschule; internieren** (in Haft, in Gewahrsam nehmen); der/die **Internierte;** die **Internierung;** das **Internierungslager;** der **Internist** (Arzt für innere Krankheiten); die **Internistin,** die Internistinnen

in·ter·na·ti·o·nal *lat.*: eine internationale (mehrere Staaten betreffende) Vereinbarung; aber: das Internationale Olympische Komitee ⟨IOK⟩ – das Internationale Rote Kreuz ⟨IRK⟩; die **Internationale** (internationale Vereinigung der Arbeiterbewegungen, Kampflied der Arbeiterbewegung)

In·ter·net *engl.*, das: -s (Computernetzwerk); die **Internetadresse;** der **Internetanbieter;** der **Internetauftritt;** das **Internetcafé;** der **Internetnutzer;** das **Internetportal;** das **Internetprotokoll** ⟨IP⟩; der **Internetzugang**

in·ter·pre·tie·ren *lat.*: ein Gedicht interpretieren (deuten, auslegen) – ein Musikstück interpretieren (vortragen); der **Interpret;** die **Interpretation;** die **Interpretin**

In·ter·punk·ti·on *lat.*, die: -, -en (Setzung von Satzzeichen, Zeichensetzung)

In·ter·re·gio, der: -s, -s (Zug der Deutschen Bahn); der **Interregiozug** ⟨IR⟩

In·ter·vall *lat. [interwal]*, das: -s, -e (Zwischenraum, Zeitabschnitt, Tonabstand in der Musik); das **Intervalltraining** (im Sport)

in·ter·ve·nie·ren *lat. [interweniren]*: (eingreifen, sich vermittelnd einmischen); die **Intervention**

In·ter·view *engl. [interwju]*, das: -s, -s (Befragung durch Reporter); **interviewen:** einen Sportler interviewen; der **Interviewer;** die **Interviewerin,** die Interviewerinnen

in·tim *lat.*: intime (sehr genaue, gründliche) Kenntnisse – eine intime (innige) Beziehung – intime (vertrauliche) Gespräche führen; die **Intima** (vertraute Freundin); der **Intimbereich;** die **Intimität** (Vertraulichkeit); die **Intimsphäre;** der **Intimus** (enger Freund)

in·to·le·rant *lat.*: intolerante (unduldsame) Menschen; die **Intoleranz**

in·to·nie·ren *lat.*: ein Lied intonieren (anstimmen); die **Intonation**

In·tri·ge (Int·ri·ge) *franz.*, die: -, -n (hinterlistiger Plan, hinterhältige Machenschaften); **intrigant** (hinterhältig); der **Intrigant;** die **Intrigantin,** die Intrigantinnen; das **Intrigenspiel; intrigieren**

In·tu·i·ti·on *lat.*, die: -, -en (Eingebung, unmittelbares Erfassen); **intuitiv**

in·tus *lat.*: etwas intus (gegessen, getrunken, verstanden) haben

In·va·li·de *franz. [inwalide]*, der/die: -n, -n (Körperbehinderte(r)); **invalid(e);** die **Invalidenrente;** die **Invalidität** (Erwerbs-, Arbeitsunfähigkeit)

In·va·si·on *franz. [inwasion]*, die: -, -en (Einfall feindlicher Truppen); der **Invasor**

In·ven·tar *lat. [inwentar]*, das: -s, -e (Einrichtung, Besitzverzeichnis); die **Inventarisation** (Bestandsaufnahme); **inventarisieren;** die **Inventarisierung;** das **Inventarverzeichnis;** die **Inventur** (Bestandsaufnahme)

in·ves·tie·ren *lat. [inweßtiren]*: (Geld anlegen); die **Investierung;** die **Investition** (Kapitalanlage); auch: das **Investment;** der **Investmentfonds** *[…fõ]* (Bestand an Wertpapieren); die **Investitur** (Amtseinweisung)

in·wen·dig: der Apfel ist inwendig (innen)

G H I J K L M

faul – *etwas in- und auswendig* (sehr gründlich) *kennen*

in·wie·fern: ich weiß nicht, inwiefern (in welchem Maße) er beteiligt war – inwiefern (wieso) ist sie schuldig?; auch: **inwieweit**

In·zest *lat.*, der: -(e)s, -e (Geschlechtsverkehr zwischen engen Blutsverwandten)

In·zucht, die: -, -en (Fortpflanzung unter nahe verwandten Lebewesen)

in·zwi·schen: inzwischen (mittlerweile, unterdessen) ist er wieder gesund

IOK = Internationales Olympisches Komitee

Ion *griech.*, das: -s, -en (elektrisch geladenes Atom oder Molekül); die **Ionenstrahlen** *Pl.*

i-Punkt, der: -(e)s, -e

IQ = Intelligenzquotient

i. R. = im Ruhestand

ir·den: irdene (aus Ton gebrannte) Krüge; **irdisch:** das irdische (zur Erde gehörende) Leben – irdische (vergängliche) Güter

ir·gend: wenn irgend (irgendwie) möglich – irgend so ein Gauner; **irgendein:** irgendein Mann – irgendeine – irgendeiner; **irgendetwas**; aber: irgend so etwas; **irgendjemand**; **irgendwann; irgendwas; irgendwer; irgendwie; irgendwo:** irgendwo anders; **irgendwoher; irgendwohin**

Iris *griech.*, die: -, - (Regenbogenhaut des Auges, Zierpflanze)

IRK = Internationales Rotes Kreuz

Ir·land: -s (nordeuropäischer Staat); der **Irländer;** die **Irländerin,** die Irländerinnen; **irländisch**

Iro·nie *griech.*, die: -, Ironien (versteckter Spott); **ironisch:** eine ironische (spöttische) Bemerkung machen

irr: irr sein; auch: **irre:** irre (verwirrt, geistesgestört) sein – irre (riesig) nett sein – ein irrer (ausgefallener) Typ; die **Irre:** in die Irre führen – *in die Irre gehen* (sich verirren); der/die **Irre** (geisteskranker Mensch); **irreführen;** die **Irreführung; irregehen; irreleiten; irremachen;** sich **irren** (fehlgehen, sich vertun, falsch beurteilen): ich irre durch die Straßen – *Irren ist menschlich*; auch: irren ist menschlich; die **Irrenanstalt;** ein **Irrer; irrereden; irrewerden:** an jemandem irrewerden (den Glauben verlieren); aber: das **Irrewerden;** die **Irrfahrt;** der **Irrgarten; irrgläubig; irrig:** eine irrige (falsche, abwegige) Meinung; **irrigerweise;** der **Irrläufer** (falsch beförderte Sache); die **Irrlehre** (falsche Lehre); das **Irrlicht;** der **Irrsinn** (Dummheit, Unsinn, Wahnsinn); **irrsinnig:** irrsinnig (geistesgestört) sein – irrsinnige (unerträgliche) Schmerzen haben – ein irrsinniger (kaum vorstellbarer) Lärm; der **Irrtum,** die Irrtümer: im Irrtum sein; **irrtümlich** (versehentlich); **irrtümlicherweise;** der **Irrweg; irrwerden;** aber: das **Irrwerden;** der **Irrwisch** (ein äußerst lebhafter Mensch); **irrwitzig**

ir·ra·ti·o·nal *lat.*: (verstandesmäßig nicht begreifbar, gefühlsbedingt); irrationale Pläne – irrationales Denken; die **Irrationalität**

ir·re·al *lat.*: irreale (unwirkliche) Wünsche haben; die **Irrealität**

ir·re·gu·lär *lat.*: irreguläre (ungesetzliche, regelwidrige) Handlungen; die **Irregularität**

ir·re·le·vant *lat. [irelewant]* (belanglos, unerheblich); die **Irrelevanz**

ir·re·pa·ra·bel *lat.*: irreparable (nicht rückgängig zu machende) Schäden anrichten

ir·re·ver·si·bel *lat. [irewersibel]*: (nicht umkehrbar)

Ir·ri·ta·ti·on *lat.*, die: -, -en (Reiz, Erregung); **irritieren:** jemanden irritieren (verwirren)

Ischi·as (Is·chi·as) *griech.*, der/die/das: - (Hüftschmerzen); der **Ischiasnerv**

ISDN: (Netz für digitale Datenübertragung)

Is·lam *arab. [islam, islam]*, der: -(s) (von Mohammed gestiftete Religion); **islamisch;** der **Islami(s)t;** die **Islami(s)tin; islami(s)tisch**

Is·land: -s (Staat in Nordeuropa) der **Isländer;** die **Isländerin,** die Isländerinnen; **isländisch**

iso·lie·ren *franz.*: die Gesunden von den Kranken isolieren (schützen, trennen) – eine Leitung isolieren (z. B. undurchlässig machen); die **Isolation** (Absonderung, Abkapselung); der **Isolationismus** (Bestreben sich vom Ausland abzuschließen); die **Isolationshaft;** der **Isolator** (Stoff, der Elektrizität nicht bzw. nur schwach leitet); das **Isolierband;** das **Isoliermaterial;** die **Isolierstation; isoliert;** die **Isolierung**

Is·ra·el: -s (Volk der Juden im Alten Testament, Staat in Vorderasien); der/die **Israeli; israelisch;** die **Israeliten; israelitisch**

ist: → sein; er ist krank # isst; der **Istzustand;** auch: der **Ist-Zustand**

Ita·li·en: -s (Staat in Südeuropa); der/die **Italiener;** die **Italienerin,** die Italienerinnen;

G H I J K L M

italienisch: das italienische Volk; aber: auf Italienisch
i-Tüp·fel·chen, das: -s, -
i.V. = in Vertretung; in Vollmacht

J

ja: komm ja nicht! – ja natürlich – ja freilich – oh ja – ach ja – na ja – ja doch – du kennst ihn ja (doch); aber: Ja sagen; auch: ja sagen – mit Ja antworten – mit Ja stimmen – sein Ja geben – *zu allem Ja und Amen sagen* (mit allem einverstanden sein); auch: *ja und amen sagen;* das **Ja;** der **Jasager; jawohl;** das **Jawort:** sein Jawort geben
Jacht *niederl.*, die: -, -en (Sport- und Vergnügungsboot); auch: die **Yacht;** der **Jachthafen;** auch: der **Yachthafen;** der **Jachtklub;** auch: der **Jachtclub;** auch: der **Yachtklub;** auch: der **Yachtclub**
Ja·cke *franz.*, die: -, -n (Kleidungsstück); seine Jacke zuknöpfen – *Jacke wie Hose* (ganz egal) *sein;* das **Jäckchen;** das **Jackenkleid;** das **Jackett** *[schakẹt]* (Jacke, Sakko); die **Jacketttasche;** auch: die **Jackett-Tasche**
Jacket·kro·ne *engl. [dschạ̈kit...]*, die: -, -n (Zahnkronenersatz)
Jack·pot *engl. [dschạ̈kpot]*, der: -s, -s (gemeinsamer Spieleinsatz)
Ja·de *franz.*, der: -(s)/die: - (blassgrüner Schmuckstein); **jadegrün**
Jagd, die: -, -en (Weidwerk); auf die Jagd gehen (jagen) – Jagd auf den Dieb machen (ihn verfolgen) – die Jagd nach dem Glück; **jagdbar;** die **Jagdbeute;** der **Jagdbomber;** das **Jagdfieber;** der **Jagdflieger;** der **Jagdfrevel** (Vergehen gegen die Jagdgesetze); das **Jagdgewehr;** das **Jagdglück;** der **Jagdhund; jagdlich;** das **Jagdrevier;** das **Jagdspringen;** die **Jagdtrophäe;** die **Jagdwurst;** die **Jagdzeit; jagen:** gerne jagen (das Weidwerk ausüben) – Verbrecher jagen (verfolgen) – jagen (streben) nach Geld; der **Jäger;** die **Jägerei;** die **Jägerin;** das **Jägerlatein** (Erzählungen von übertriebenen Jagderlebnissen); der **Jägersmann;** die **Jägersprache**
Ja·gu·ar *indian.*, der: -s, -e (große Raubkatze)
jäh: jäher, am jäh(e)sten; jäh (plötzlich) halten – ein jäher (steiler) Abgrund; die **Jähheit; jählings** (unvermittelt); der **Jähzorn** (unbeherrschte Wut); **jähzornig** (unbeherrscht)
Jahr, das: -(e)s, -e; im nächsten Jahr – Jahr für Jahr – von Jahr zu Jahr – dieses Jahres ⟨d. J.⟩ – laufenden Jahres (lfd. J./l. J.) nach Jahr und Tag (nach langer Zeit) – zehn Jahre alt – bis zu 20 Jahren – im Jahr(e) ⟨i. J.⟩ 1945 – ein gutes neues Jahr wünschen – viele Jahre lang – *in die Jahre kommen* (älter werden); **jahraus, jahrein** (immerzu, Jahr für Jahr); **jahrelang:** jahrelang krank sein; aber: fünf Jahre lang; sich **jähren:** morgen jährt sich seine Heimkehr; das **Jahresabonnement** *[...abonemã]*; die **Jahresfrist;** der **Jahrestag;** der **Jahresurlaub;** der **Jahreswechsel;** die **Jahreswende;** die **Jahreszeit; jahreszeitlich;** der **Jahrgang,** die ...gänge ⟨Jg.⟩; das **Jahrhundert** ⟨Jh.⟩; **jahrhundertealt:** eine jahrhundertealte Tradition; aber: fünf Jahrhunderte alt; ... **jährig:** volljährig – fünfjährig; auch: 5-jährig; **jährlich** (jedes Jahr wiederkehrend); der **Jährling** (einjähriges Tier); der **Jahrmarkt,** die ...märkte; das **Jahrtausend;** das **Jahrzehnt; jahrzehntelang**
Ja·lou·sie *franz. [schalusi]*, die: -, Jalousien (Rollladen, Sonnenblende)
Jam·mer, der: -s (Elend, Kummer); die **Jammergestalt** (traurige Erscheinung); der **Jammerlappen** (ängstlicher Mensch, Schwächling); **jämmerlich:** jämmerlich (bitterlich) weinen – ein jämmerliches (armseliges) Zuhause – ein jämmerliches (enttäuschendes) Ergebnis; die **Jammermiene; jammern** (laut klagen); **jammerschade** (sehr schade); das **Jammertal** (unsere Erde); **jammervoll**
Jan·ker, der: -s, - (Trachtenjacke)
Ja·nu·ar *lat.* ⟨Jan.⟩, der: -(s), -e (Monatsname); auch: der **Jänner**
Ja·pan: -s (Inselstaat in Ostasien); der **Japaner;** die **Japanerin,** die Japanerinnen; **japanisch:** das japanische Volk; aber: auf Japanisch
jap·sen: (nach Luft ringen, schnappen)
Jar·gon *franz. [schargõ]*, der: -s, -s (Ausdrucksweise, Sondersprache einer Berufsgruppe oder Gesellschaftsschicht)
Jas·min *span.*, der: -s, -e (Zierstrauch)
jä·ten: Unkraut jäten (aus dem Boden ziehen)
Jau·che, die: -, -n (flüssiger Stalldünger); das **Jauche(n)fass;** die **Jauche(n)grube**
jauch·zen: vor Freude jauchzen (jubeln, freudig aufschreien); auch: **juchzen;** der **Jauch-**

G H I J K L M

zer (Freudenschrei); auch: der **Juchzer**
jau·len: der Hund jault (winselt, heult)
Jazz *amerik. [dschäß, jatß]* der: - (Musikstil aus den USA); die **Jazzband** *[... bänd]*; **jazzen;** der **Jazzfan** *[... fän]*; das **Jazzfestival;** die **Jazzkapelle;** die **Jazzmusik;** der **Jazztrompeter;** die **Jazztrompeterin,** die ... trompeterinnen
je: je (jeweils) fünf Mann – je mehr, desto – je größer, desto besser – seit eh und je (schon immer) – je nachdem – je nach Lust und Laune – das Schönste, was ich je (jemals) erlebt habe – je (pro) 20 Personen
Jeans *amerik. [dschins]*, die: -, - (Hose aus Baumwollstoff); der **Jeansanzug;** das **Jeanskleid**
je·den·falls: (unter allen Umständen); aber: auf jeden Fall
je·der: jeder andere – ein jeder – eine jede – jeder Beliebige – jeder Einzelne; **jede; jederart; jederlei** (von jeder Art); **jedermann** (jeder); **jederzeit** (immer); aber: zu jeder Zeit; **jedes:** alles und jedes – jedes Kind – (ein) jedes Mal
je·doch: er jedoch (aber, indessen) ist nicht da
Jeep *amerik. [dschip]*, der: -s, -s (Geländefahrzeug)
jeg·lich: frei von jeglichem (jedem) Neid
je·her: von jeher (schon immer)
je·mals: das Schönste, was ich jemals (irgendwann) erlebte
je·mand: (eine Person, ein Mensch); sonst jemand – mit jemand anders; auch: mit jemand anderem; aber: ein gewisser Jemand
je·ner: (der dort); in jener Gegend; **jene; jenes**
jen·seits: jenseits (auf der anderen Seite) der Grenze – jenseits von Gut und Böse; **jenseitig;** das **Jenseits:** *jemanden ins Jenseits befördern* (ihn ohne Skrupel umbringen)
Jer·sey *engl. [dschörsi]*, der: -(s), -s (ein Kleiderstoff); das **Jersey** (Sportlertrikot)
Je·sus: - (Urheber des Christentums), der **Jesuit** (Mitglied eines katholischen Ordens); **Jesus Christus;** das **Jesuskind**
Jet *engl. [dschät]*, der: -(s), -s (Düsenflugzeug); **jetten** (mit dem Jet fliegen); der **Jetliner** *[dschätlainer]* (Düsenverkehrsflugzeug); der **Jetset** *[dschätset]* (reiche, ständig reisende Leute)
Je·ton *franz. [schetõ]*, der: -s, -s (Spielmarke)
jetzt: jetzt (in diesem Augenblick) möchte ich gehen – bis jetzt – von jetzt an – jetzt und hier; aber: das Jetzt und Hier; **jetzig** (zum jetzigen Zeitpunkt); das **Jetzt** (Gegenwart); der **Jetztmensch;** die **Jetztzeit**
je·weils: jeweils (immer) am Montag; **jeweilig**
Jg. = Jahrgang
Jh. = Jahrhundert
Jin·gle *engl. [dschingl]*, der: -(s), -(s) (kurze Melodie eines Werbespots)
Jiu-Jit·su *jap. [dschiu-dschizu]*, das: -(s) (waffenlose Selbstverteidigung)
Job *engl. [dschob]*, der: -s, -s (Stellung, Beruf, Arbeitsplatz); einen guten Job haben; **jobben** (Geld verdienen); das **Jobsharing** *[dschobschering]* (Aufteilung des Arbeitsplatzes auf mehrere Personen)
Joch, das: -(e)s, -e; ein drückendes Joch (hartes Los); das **Jochbein** (Backenknochen)
Jo·ckei *engl. [dschoke, dschokei]*, der: -s, -s (berufsmäßiger Rennreiter); auch: der **Jockey**
Jod *griech.*, das: -(e)s (chemisches Element); **jodhaltig;** die **Jodtinktur** (Arzneimittel)
jo·deln: (in schnellem Wechsel von Kopf- und Bruststimme singen); der **Jodler;** die **Jodlerin,** die Jodlerinnen
Jo·ga, der/das: -(s) (Übungsprogramm zur vollkommenen Entspannung von Körper und Geist); auch: der/das **Yoga;** die **Jogaübung;** auch: die **Yogaübung**
Jog·ging *engl. [dschoging]*, das: -s (lockeres Laufen, Fitnesstraining); **joggen;** der **Jogger;** die **Joggerin,** die Joggerinnen; der **Jogginganzug**
Jo·ghurt *türk.*, der/das: -(s), -(s) (saure Milch); auch: der/das **Jogurt**
Jo·han·nis·bee·re, die: -, -n; die Schwarze/Rote Johannisbeere; das **Johannisfeuer;** der **Johanniskäfer;** die **Johannisnacht**
joh·len: auf der Straße johlen (wild lärmen)
Joint *engl. [dschoint]*, der: -s, -s (Zigarette, deren Tabak mit Rauschgift vermischt ist)
Joint Ven·ture *engl. [dschoint wäntscher]*, das: -(s), -s (Gemeinschaftsunternehmen)
Jo·ker *engl. [dschoker]*, der: -s, - (Spielkarte)
Jol·le, die: -, -n (kleines Boot)
Jong·leur (Jon·gleur) *franz. [schõglör]*, der: -s, -e (Geschicklichkeitskünstler); die **Jongleurin; jonglieren:** mit Bällen jonglieren
Jop·pe, die: -, -n (Jacke)
Joule ⟨J⟩ *[dschul]*, das: -(s), - (Maßeinheit für Energie)
Jour·na·list *franz. [schurnalißt]*, der: -en, -en

(Berichterstatter, Reporter); das **Journal** *[schurnal]* (Zeitung, Zeitschrift, Tagebuch); der **Journalismus;** die **Journalistik** (Pressewesen); die **Journalistin; journalistisch**

jo·vi·al *lat. [jowial]*: (gutmütig, leutselig); die **Jovialität**

Joy·stick *engl. [dschoistik]*, der: -s, -s (Steuerhebel für den Computer)

jr. / jun. = junior

ju·beln: vor Freude jubeln (seine Freude laut äußern); der **Jubel;** das **Jubeljahr;** das **Jubelpaar;** der **Jubelschrei;** der **Jubilar;** die **Jubilarin,** die Jubilarinnen; das **Jubiläum** (Gedenkfeier, Gedenktag); **jubilieren** (jubeln)

juch·he!: (Jubelruf); juchheisa! – juchheißa! – juhe! – juhu!; **juchzen;** auch: **jauchzen**

ju·cken: es juckt (brennt, beißt) mich / mir – es juckt mich/mir in den Fingern; das **Jucken;** das **Juckpulver;** der **Juckreiz**

Ju·de, der: -n, -n (Angehöriger eines semitischen Volkes); das **Judentum;** die **Judenverfolgung;** die **Jüdin,** die Jüdinnen; **jüdisch**

Ju·do *jap.*, das: -(s) (Kampfsportart); der/die **Judoka** (Judosportler(in)); der **Judogriff;** der **Judokämpfer**

Ju·gend, die: -; an seine Jugend (die Zeit des Jungseins) zurückdenken – die Jugend (die jungen Leute) von heute; das **Jugendamt;** die **Jugenderinnerung; jugendfrei** (für Jugendliche zugelassen); der **Jugendfreund;** die **Jugendfreundin,** die ... freundinnen; die **Jugendfreundschaft;** die **Jugendfürsorge; jugendgefährdend;** die **Jugendgruppe;** das **Jugendheim;** die **Jugendherberge** ⟨JH⟩; der **Jugendklub;** auch: der **Jugendclub; jugendlich;** der / die **Jugendliche;** die **Jugendlichkeit;** der **Jugendschutz;** der **Jugendstil** (Kunstrichtung um 1900); das **Jugendzentrum** (Treffpunkt für Jugendliche)

Ju·gos·la·wi·en (Ju·go·sla·wi·en:): -s (Staat in Europa); der **Jugoslawe;** die **Jugoslawin,** die Jugoslawinnen; **jugoslawisch**

Ju·li *lat.*, der: -(s), -s (Monatsname); auch: der **Julei;** das **Julfest**

Jum·bo *amerik.* der: -s, -s (Großraumflugzeug); der **Jumbojet** *[... dschät]*; auch: der **Jumbo-Jet**

jum·pen *engl. [dschampen]*: (springen)

Jum·per *engl. [dschamper]*, der: -s, - (Pullover, Strickjacke)

jung: jünger, am jüngsten; ein junger Mann – von jung auf – jung (in jungen Jahren) gefreit – sie ist von beiden Schwestern die jüngere; aber: er ist unser Jüngster – sie ist nicht mehr die Jüngste – Jung und Alt (jedermann) – Junge und Alte – das Jüngste Gericht; der **Junge** (Knabe); das **Junge** (Tierkind); **jungenhaft;** der **Jungenstreich;** der **Jünger** (Schüler, Anhänger); die **Jüngerin;** die **Jungfer** (Jungfrau); die **Jungfernfahrt;** die **Jungfrau; jungfräulich;** der **Junggeselle** (noch nicht verheirateter Mann); die **Junggesellin,** die ... gesellinnen; der **Jüngling;** das **Jünglingsalter; jüngling(s)haft; jüngst** (vor kurzer Zeit); der / die **Jüngste;** die **Jungsteinzeit;** der **Jungunternehmer;** die **Jungunternehmerin; jungverheiratet** (in jungen Jahren verheiratet); auch: jung verheiratet; aber nur: jungverheiratet (seit kurzer Zeit verheiratet) sein; **jungvermählt** (in jungen Jahren vermählt); auch: jung vermählt; aber nur: jungvermählt (seit kurzer Zeit vermählt) sein; der / die **Jungvermählte;** das **Jungvieh**

Ju·ni *lat.*, der: -(s), -s (Monatsname); auch: der **Juno;** der **Junikäfer**

Ju·ni·or ⟨jr., jun.⟩ *lat.*, der: -s, Junioren (Sohn, der Jüngere); **junior:** Müller junior – Karl Burger jun.; der **Juniorchef;** die **Juniorenmannschaft;** die **Juniorin,** die Juniorinnen; der **Juniorpartner**

Jun·ker, der: -s, - (junger Adeliger, adliger Gutsbesitzer); **junkerhaft;** das **Junkertum**

Jun·kie *amerik. [dschanki]*, der: -s, -s (Drogenabhängiger, Rauschgiftsüchtiger)

Jun·ta *[junta, chunta]*, die: -, Junten (Regierungsausschuss, eine an die Macht gekommene Offiziersgruppe)

Ju·pi·ter der: -s (ein Planet); **Jupiter** (höchster römischer Gott)

Ju·rist *lat.*, der: -en, -en (Rechtskundiger); **Jura** (Rechtswissenschaft); die **Juristin,** die Juristinnen; **juristisch** (rechtskundlich); die **Justiz** (Gerechtigkeit, staatliche Rechtspflege); der **Justizbeamte;** die **Justizbeamtin,** die ... beamtinnen; die **Justizbehörde;** der **Justizirrtum** (falsche Entscheidung eines Gerichts); der **Justizmord;** der **Justizpalast,** die ... paläste

Ju·ry *franz. [schüri, schüri]*, die: -, -s (Preisgericht); der **Juror** (Mitglied einer Jury); die **Jurorin,** die Jurorinnen

just *lat.* just (eben, genau) an dieser Stelle; **justieren** (genau einstellen); die **Justierung**

Ju·te *engl.*, die: - (Bastfaser); die **Jutefaser**
Ju·wel *niederl.*, das/der: -s, -en (Schmuckstück, Edelstein); der **Juwelier** (Schmuckhändler); das **Juweliergeschäft**
Jux, der: -es, -e; es war alles nur Jux (Spaß, Scherz) – *aus lauter Jux und Tollerei* (nur so zum Spaß); **juxen** (scherzen, Spaß machen)

K

Ka·ba·rett *franz.*, das: -s, -e/-s (Kleinkunstbühne); auch: das **Cabaret** *[... re]*; der **Kabarettist;** die **Kabarettistin; kabarettistisch**
Ka·bel *franz.*, das: -s, - (Stahlseil, elektrische Leitung, Überseetelegramm); der **Kabelanschluss,** die ... anschlüsse; das **Kabelfernsehen;** die **Kabellänge; kabeln** (nach Übersee telefonieren); das **Kabel-TV** (Kabelfernsehen)
Ka·bel·jau *niederl.*, der: -s, -e/-s (Speisefisch)
Ka·bi·ne *franz.*, die: -, -n (kleiner Raum, Umkleideraum, Wohn- bzw. Schlafraum auf Schiffen); das **Kabinett** (Ministerrat, kleines Zimmer); der **Kabinettsbeschluss;** die **Kabinettssitzung;** das **Kabinettstück** (Kunststück, besonders gelungene Tat)
Ka·bri·o·lett (Kab·ri·o·lett) *franz.*, das: -s, -s (Auto mit aufklappbarem Verdeck); auch: das **Cabriolet;** das **Kabrio** (kurz für: Kabriolett); auch: das **Cabrio**
Ka·chel, die: -, -n (Fliese); **kacheln:** einen Raum kacheln (mit Fliesen auslegen); der **Kachelofen**
Ka·da·ver *lat.*, der: -s, - (toter Tierkörper, Aas); der **Kadavergehorsam** (blinder Gehorsam)
Ka·denz *ital.*, die: -, -en (Schluss eines Musikstückes, eines Verses)
Ka·der *franz.*, der: -s, - (Stammtruppe, Führungspersonal); die **Kaderschmiede**
Ka·dett *franz.*, der: -en, -en (Offiziersanwärter); die **Kadettenanstalt;** die **Kadettenschule**
Ka·di *arab.*, der: -s, -s (Richter)
Kad·mi·um ⟨Cd⟩ *griech.*, das: -s (chemisches Element); auch: das **Cadmium**
Kä·fer, der: -s, - (ein Insekt)
Kaff, das: -s, -e/-s (abgelegener, armseliger Ort)
Kaf·fee *arab.*, der: -s, -s (Getränk) # Café; die **Kaffeebohne; kaffeebraun;** die **Kaffeeernte;** auch: die **Kaffee-Ernte;** der **Kaffeeersatz;** auch: der **Kaffee-Ersatz;** der **Kaffeefilter;** die **Kaffeekanne;** der **Kaffeeklatsch;** das **Kaffeekränzchen;** die **Kaffeemaschine;** die **Kaffeemühle;** das **Kaffeeservice**
Kä·fig, der: -s, -e (mit Gittern versehener Raum für Tiere); die **Käfighaltung**
kahl: kahle (entlaubte) Bäume – eine kahle (baumlose) Landschaft – ein kahler (leerer, schmuckloser) Raum – kahl sein/werden/bleiben; der **Kahlfraß; kahlfressen:** kahlgefressene Sträucher; auch: kahl fressen; der **Kahlkopf; kahlköpfig; kahlscheren:** den Kopf kahlscheren; auch: kahl scheren; der **Kahlschlag,** die ... schläge; (baumlose Waldfläche); **kahlschlagen:** den Wald kahlschlagen; auch: kahl schlagen
Kahn, der: -(e)s, Kähne (Ruderboot, kleines Schiff zur Beförderung von Lasten); Kahn fahren; das **Kähnchen;** die **Kahnfahrt**
Kai *niederl.*, der/das: -s, -s (befestigte Schiffsanlegestelle, Uferstraße); auch: der/das **Quai;** die **Kaimauer;** auch: die **Quaimauer**
Kai·ser, der: -s, - (oberster Herrscher); *sich um des Kaisers Bart* (um Nichtigkeiten) *streiten;* die **Kaiserin,** die Kaiserinnen; die **Kaiserkrone; kaiserlich; kaiserlich-königlich** ⟨k.k.⟩; das **Kaiserreich;** der **Kaiserschnitt** (Entbindung durch einen operativen Eingriff); das **Kaisertum**
Ka·jak *eskim.*, der/das: -s, -s (einsitziges Boot der Eskimos, Sportpaddelboot)
Ka·jü·te, die: -, -n (Wohn- und Schlafraum auf Schiffen); das **Kajütdeck**
Ka·ka·du *malai.*, der: -s, -s (ein Papagei)
Ka·kao *span. [kakau, kakao]*, der: -s (tropische Frucht, Getränk); *jemanden durch den Kakao ziehen* (ihn lächerlich machen); die **Kakaobohne;** das **Kakaopulver**
Ka·ker·lak, der: -s/-en, -en (Küchenschabe); auch: die **Kakerlake**
Ka·ki *pers.-engl.*, das: -(s) (Erdfarbe, Erdbraun); auch: → das **Khaki**
Ka·ki *pers.-engl.*, der: -(s) (gelbbrauner Stoff); auch: → der **Khaki**
Kak·tus *griech.*, der: -/-ses, Kakteen/Kaktusse (stachelige Pflanze); auch: die **Kaktee**
Ka·la·mi·tät *lat.*, die: -, -en; in Kalamitäten (in eine schlimme Lage) geraten
Ka·lau·er *franz.*, der: -s, - (alberner Witz); **kalauern**

Kalb, das: -(e)s, Kälber (Jungrind); das Goldene Kalb; das **Kälbchen; kalben** (ein Kalb zur Welt bringen); das **Kalbfleisch;** der **Kalbsbraten;** das **Kalb(s)fell;** die **Kalbshachse;** auch: die **Kalbshaxe;** die **Kalbsleber**

Ka·len·der *lat.*, der: -s, - (Verzeichnis der Tage, Wochen und Monate eines Jahres); **kalendarisch;** das **Kalenderblatt;** die **Kalendergeschichte;** das **Kalenderjahr**

Ka·le·sche *poln.*, die: -, -n (leichte Kutsche)

Ka·li *arab.*, das: -s (Düngesalz); auch: das **Kalium** ⟨K⟩; der **Kalidünger;** das **Kalisalz**

Ka·li·ber *griech.*, das: -s, - (Durchmesser von Rohren, Größe von Geschossen); ein Mann von diesem Kaliber (von dieser Art, von diesem Format); das **Kalibermaß; ...kalibrig:** großkalibrig

Ka·lif *arab.*, der: -en, -en (alter Herrschertitel im Orient); das **Kalifat;** das **Kalifentum**

Kalk, der: -(e)s, -e (eine Gesteinsart); **kalken;** das **Kalkgestein; kalkhaltig; kalkig** (kalkhaltig); der **Kalkstein; kalkweiß**

kal·ku·lie·ren *franz.*: den Preis kalkulieren (im Voraus berechnen, veranschlagen) ; das/der **Kalkül,** die Kalküle (Berechnung, Schätzung); die **Kalkulation** (Berechnung, Vorausberechnung, Schätzung)

Ka·lo·rie ⟨cal⟩ *lat.*, die: -, Kalorien (Maßeinheit der Wärmemenge); **kalorienarm; kalorienbewusst; kalorienreich**

kalt: kälter, am kältesten; die Suppe ist kalt – ein kaltes Zimmer – die kalte Miete (ohne Heizung) – der kalte Krieg (ohne Waffengewalt ausgetragene Feindseligkeiten); aber: der Kalte Krieg (zwischen West und Ost in der Nachkriegszeit) – kalte Farben (Farben mit Weiß und Blau) – auf kalt und warm reagieren; **kaltbleiben** (sich nicht aufregen); aber: das Wetter wird kalt bleiben; **kaltblütig:** ein kaltblütiger Verbrecher – in einer Gefahr kaltblütig (beherrscht) bleiben; die **Kälte;** der **Kälteeinbruch;** die **Kältefront;** der **Kältegrad; kaltgepresst:** kaltgepresstes Öl; auch: kalt gepresst; **kaltherzig;** die **Kaltherzigkeit; kaltlächelnd:** jemanden kaltlächelnd (ohne Mitgefühl) bloßstellen; auch: kalt lächelnd; **kaltlassen:** seine Drohung lässt mich kalt (beeindruckt mich nicht); **kaltmachen** (ermorden); **kaltschnäuzig** (ohne Mitgefühl); die **Kaltschnäuzigkeit; kaltschweißen;** der **Kaltstart; kaltstellen:** den Wein kaltstellen; auch: kalt stellen; aber nur: *jemanden kaltstellen* (ihn einflusslos machen, ausschalten); **kaltwalzen**

Kal·zi·um ⟨Ca⟩ *lat.*, das: -s (chemisches Element); auch: das **Calcium**

Ka·mel *griech.*, das: -(e)s, -e (ein Wüstentier); das **Kamelhaar**

Ka·me·ra *lat.*, die: -, -s (Fotoapparat); die **Kamerafrau;** die **Kameraleute** *Pl.*; der **Kameramann,** die ...männer/...leute; das **Kamerateam** *[... tim]*

Ka·me·rad *franz.*, der: -en, -en (Freund, Gefährte); die **Kameradin,** die Kameradinnen; die **Kameradschaft; kameradschaftlich;** die **Kameradschaftlichkeit;** der **Kameradschaftsgeist**

Ka·mil·le *griech.*, die: -, -n (eine Arzneipflanze); das **Kamillenbad;** der **Kamillentee**

Ka·min *griech.*, der: -s, -e (Schornstein, Rauchabzug); der **Kaminfeger;** die **Kaminfegerin,** die ...fegerinnen; das **Kaminfeuer;** der **Kaminkehrer;** die **Kaminkehrerin,** die ...kehrerinnen

Kamm, der: -(e)s, Kämme; sich mit einem Kamm frisieren – über den Kamm (Grat) eines Berges wandern – *alles über einen Kamm scheren* (alles ohne Beachtung der Unterschiede gleich behandeln); **kämmen:** sich die Haare kämmen (frisieren)

Kam·mer, die: -, -n (kleiner Raum); das **Kämmerchen;** der **Kammerdiener;** die **Kämmerei** (Finanzverwaltung); der **Kämmerer** (Finanzverwalter einer Gemeinde); der **Kammerjäger** (jemand, der Ungeziefer in Häusern vernichtet); die **Kammermusik;** das **Kammerorchester** (kleines Orchester); der **Kammersänger;** die **Kammersängerin;** das **Kammerspiel** (kleines Theater); der **Kammerton** (Ton, nach dem Musikinstrumente gestimmt werden); die **Kammerzofe**

Kam·pag·ne (Kam·pa·gne) *franz. [kampanje]*, die: -, -n (Feldzug, Unternehmen, Vorgehen); auch: die **Campagne**

kämp·fen: für eine gute Sache kämpfen (sich dafür einsetzen); der **Kampf:** *einer Sache den Kampf ansagen* (energisch dagegen vorgehen); **kampfbereit; kampfbetont;** der **Kämpfer;** die **Kämpferin,** die Kämpferinnen; **kämpferisch;** die **Kämpfernatur;** die **Kampf(es)lust;** die **Kampfhandlung; kampflos;** der **Kampfrichter;** die **Kampfrichterin,**

die ... richterinnen; der **Kampfsport; kampfunfähig;** die **Kampfunfähigkeit**

kam·pie·ren *franz.*: (im Freien lagern, wohnen, hausen)

Ka·nail·le *franz. [kanalje]*, die: -, -n (Schuft, Schurke); auch: die **Canaille**

Ka·nal, der: -s, Kanäle; den Kanal (Wasserweg) befahren – einen Kanal (Sender des Rundfunks bzw. Fernsehens) einstellen – *den Kanal voll haben* (genug getrunken haben, es satt haben); die **Kanalgebühr;** die **Kanalisation** (unterirdisches Kanalsystem); **kanalisieren;** der **Kanalschacht,** die ... schächte

Ka·na·pee *franz.*, das: -s, -s (Sofa, pikant belegte Weißbrotscheibe)

Ka·na·ri·en·vo·gel, der: -s, ... vögel (ein Singvogel); **kanariengelb**

Kan·da·re *ungar.*, die: -, -n (Gebissstange des Pferdezaums); *jemanden an die Kandare nehmen* (ihn kontrollieren, überwachen)

Kan·de·la·ber *franz.*, der: -s, - (Kerzen-, Lampenständer)

Kan·di·dat *lat.*, der: -en, -en (Bewerber, Prüfling, Anwärter); die **Kandidatin,** die Kandidatinnen; die **Kandidatur** (Bewerbung um ein Amt); **kandidieren** (sich bewerben)

Kan·dis *arab.*, der: - (großkristalliger Zucker); **kandieren** (durch Zuckern haltbar machen, überzuckern); der **Kandiszucker**

Kän·gu·ru *austral.*, das: -s, -s (ein Beuteltier)

Ka·nin·chen, das: -s, - (ein Nagetier); auch: das **Karnickel**

Ka·nis·ter *ital.*, der: -s, - (tragbarer Flüssigkeitsbehälter)

Kan·ne, die: -, -n (Gefäß für Flüssigkeiten); das **Kännchen; kannenweise**

Kan·ni·ba·le *span.*, der: -n, -n (Menschenfresser, Angehöriger eines primitiven Volkes, grober Mensch); **kannibalisch;** der **Kannibalismus**

Ka·non *lat.*, der: -s, -s (Richtschnur, Norm, Verzeichnis, Musikstück)

Ka·no·ne *ital.*, die: -, -n; eine Kanone (ein schweres Geschütz) abfeuern – *unter aller Kanone* (sehr schlecht) *sein – mit Kanonen auf Spatzen schießen* (übertrieben auf Belanglosigkeiten reagieren); die **Kanonade** (Beschießung, Geschützfeuer); das **Kanonenboot;** der **Kanonendonner;** das **Kanonenrohr;** der **Kanonenschlag;** der **Kanonier** (Soldat, der eine Kanone bedient)

Kan·ta·te *lat.*, die: -, -n (mit Instrumenten begleitetes Gesangsstück)

Kan·te, die: -, -n; eine scharfe Kante (Rand einer Fläche) – *etwas auf die hohe Kante legen* (sparen); **kanten;** das **Kantholz,** die ... hölzer; **kantig**

Kan·ti·ne *franz.*, die: -, -n (Essraum in Fabriken, Kasernen); das **Kantinenessen**

Kan·ton *franz.*, der: -s, -e (Bundesland der Schweiz, Bezirk); **kantonal**

Kan·tor *lat.*, der: -s, Kantoren (Leiter eines Kirchenchores, Organist); das **Kantorenamt**

Ka·nu *karib.*, das: -s, -s (ausgehöhlter Baumstamm als Boot, Paddelboot); der **Kanute** (Kanufahrer); die **Kanutin,** die Kanutinnen

Ka·nü·le *franz.*, die: -, -n (Röhrchen, hohle Nadel für Einspritzungen)

Kan·zel *lat.*, die: -, -n (Rednerpult, besonders in der Kirche); die **Kanzlei,** die Kanzleien (Büro, Schreibstube); der **Kanzler;** die **Kanzlerin,** die Kanzlerinnen

Kap *niederl.*, das: -s, -s (Vorgebirge); das Kap der Guten Hoffnung (Südspitze Afrikas)

Kap. = Kapitel (Abschnitt)

Ka·pa·zi·tät *lat.*, die: -, -en; er ist eine Kapazität (ein Fachmann) auf diesem Gebiet – die Kapazität (maximale Leistung) eines Betriebes – das übersteigt seine Kapazität (Fähigkeit); die **Kapazitätsauslastung**

Ka·pel·le *lat.*, die: -, -n; in einer Kapelle (kleinen Kirche) beten – eine Kapelle (ein Orchester) leiten; der **Kapellmeister**

ka·pern *niederl.*: ein Schiff kapern (erstürmen, erbeuten); die **Kaperung**

ka·pie·ren *lat.*: (verstehen, begreifen)

Ka·pil·la·re *lat.*, die: -, -n (kleinstes Blutgefäß, Haarröhrchen); **kapillar** (haarfein)

Ka·pi·tal *lat.*, das: -s, -ien/-e; kein Kapital (Geldbesitz, Vermögen) haben – *Kapital* (Gewinn, Vorteil) *aus etwas schlagen;* **kapital:** ein kapitaler (gewaltiger, großer) Fehler; die **Kapitalanlage;** der **Kapitalfehler** (besonders schwerer Fehler); die **Kapitalgesellschaft;** der **Kapitalismus** (ein Wirtschaftssystem); der **Kapitalist** (Mensch, der Kapital besitzt); **kapitalistisch;** das **Kapitalverbrechen** (schwere Straftat); der **Kapitalzins**

Ka·pi·tän *ital.*, der: -s, -e (Kommandant eines Schiffes, Mannschaftsführer)

Ka·pi·tel ⟨Kap.⟩ *lat.*, das: -s, -; ein Kapitel (einen Textabschnitt) lesen; der **Kapitelsaal,** die ...säle (Sitzungssaal im Kloster); die **Kapitelüberschrift**

Ka·pi·tell *lat.*, das: -s, -e (oberer Abschluss einer Säule); auch: das **Kapitäl**

Ka·pi·tu·la·ti·on *franz.*, die: -, -en (Übergabe, Unterwerfung); **kapitulieren:** freiwillig kapitulieren (aufgeben, sich ergeben)

Ka·plan (Kap·lan) *lat.*, der: -s, Kapläne (katholischer Hilfsgeistlicher)

Ka·po *franz.*, der: -s, -s (Leiter eines Arbeitskommandos)

Kap·pe *lat.*, die: -, -n; eine Kappe (Kopfbedeckung) aufsetzen – *etwas auf seine eigene Kappe nehmen* (die Verantwortung für etwas tragen); das **Käppchen;** das **Käppi**

kap·pen: ein Seil kappen (durchschneiden)

Ka·pri·o·le (Kap·ri·o·le) *ital.*, die: -, -n (Sprung, toller Einfall, Streich)

ka·pri·zi·ös (kap·ri·zi·ös) *franz.*: eine kapriziöse (eigenwillige, launenhafte) Person; sich **kaprizieren** (eigensinnig auf etwas bestehen)

Kap·sel, die: -, -n (kleiner Behälter, Hülle); **kapselförmig;** der **Kapselriss**

ka·putt *franz.*: kaputt (entzwei, zerstört) sein – einen kaputten (erschöpften) Eindruck machen; **kaputtdrücken;** auch: kaputt drücken; **kaputtgehen:** eine Tasse ist im Haushalt kaputtgegangen – durch die Kälte gingen viele Pflanzen kaputt – meine Geschäfte sind kaputtgegangen (sind ruiniert); sich **kaputtlachen; kaputtmachen:** er hat mein Fahrrad kaputtgemacht; auch: kaputt machen; aber nur: er hat zu hart gearbeitet und sich dabei kaputtgemacht; **kaputtschlagen:** den Stuhl kaputtschlagen; auch: kaputt schlagen; **kaputttreten;** auch: kaputt treten

Ka·pu·ze *ital.*, die: -, -n (Kopfbedeckung); der **Kapuziner** (Angehöriger eines katholischen Ordens); der **Kapuzinerorden**

Kar, das: -(e)s, -e (Mulde vor Gebirgshängen)

Ka·ra·bi·ner *franz.*, der: -s, - (Gewehr); der **Karabinerhaken** (Verschlusshaken); der **Karabiniere** (italienischer Polizist); auch: der **Carabiniere**

Ka·raf·fe *arab.*, die: -, -n (bauchiges Glasgefäß)

Ka·ram·bo·la·ge *franz. [...lasche]*, die: -, -n (Zusammenstoß)

Ka·ra·mell *franz.*, der: -s (gebrannter Zucker); die **Karamelle** (Bonbon); **karamellisieren;** der **Karamellpudding**

Ka·rat *griech.*, das: -(e)s, -e (Edelsteingewicht, Einheit zur Bestimmung des Goldgewichtes); 24 Karat; **...karätig:** hochkarätig – zehnkarätig; auch: 10-karätig

Ka·ra·te *jap.*, das: -(s) (japanischer Kampfsport); der **Karatekämpfer**

Ka·ra·vel·le *niederl. [karawelle]*, die: -, -n (mittelalterliches Segelschiff)

Ka·ra·wa·ne *pers.*, die: -, -n (Reisegesellschaft im Orient); die **Karawanenstraße;** die **Karawanserei** (Raststätte für Karawanen)

Kar·di·nal *lat.*, der: -s, Kardinäle (hoher katholischer Würdenträger); der **Kardinalfehler** (Hauptfehler); die **Kardinalfrage** (Hauptfrage); das **Kardinalproblem** (Hauptproblem); die **Kardinalzahl** (Grundzahl)

Kar·dio·gramm, das: -s, -e (Aufzeichnung der Herzbewegungen); der **Kardiologe** (Herzspezialist); **kardiologisch**

Ka·renz *lat.*, die: -, -en (Wartezeit, Sperrfrist); der **Karenztag;** die **Karenzzeit**

Kar·frei·tag, der: -(e)s, -e (Freitag vor Ostern); die **Karwoche**

Kar·fun·kel *lat.*, der: -s, - (roter Edelstein)

karg: karger/kärger, am kargsten/kärgsten (mager, ärmlich, dürftig); **kargen:** mit etwas kargen (sehr sparsam sein, geizen); die **Kargheit; kärglich:** ein kärglicher (dürftiger, geringer) Lohn; die **Kärglichkeit**

ka·riert: ein kariertes Hemd (mit Würfelmuster)

Ka·ri·es *lat.*, die: - (Zahnfäule, Knochenfraß); **kariös:** kariöse (angefaulte) Zähne

Ka·ri·ka·tur *ital.*, die: -, -en (Spottzeichnung); der **Karikaturist;** die **Karikaturistin,** die Karikaturistinnen; **karikieren** (verzerrt darstellen, lächerlich machen)

Ka·ri·tas *lat.*, die: - (Nächstenliebe, Wohltätigkeit) # Caritas; **karitativ:** eine karitative (wohltätige) Arbeit

Kar·ne·val *ital. [karnewal]*, der: -s, -e/-s (Fasching); der **Karnevalist;** die **Karnevalistin,** die Karnevalistinnen; **karnevalistisch;** die **Karnevalsgesellschaft;** der **Karnevalszug**

Kar·ni·ckel, das: -s, - (Kaninchen)

Ka·ro *franz.*, das: -s, -s (Viereck, Farbe im Kartenspiel); das **Karoass** (Spielkarte); auch: das **Karo-Ass;** das **Karomuster**

Ka·ros·se *franz.*, die: -, -n (Prunkkutsche); die **Karosserie** (Oberbau eines Wagens)

Ka·ro·tin *lat.*, das: -s (roter Farbstoff)

Ka·rot·te *niederl.*, die: -, -n (Mohrrübenart)
Karp·fen, der: -s, - (Fisch); der **Karpfenteich**
Kar·re, die: -, -n (kleiner Wagen); auch: der **Karren:** *die Karre aus dem Dreck ziehen* (eine verfahrene Sache wieder bereinigen) – *jemanden vor seinen Karren spannen* (ihn für seine Interessen einsetzen); **karren** (etwas mit einer Karre befördern)
Kar·ree *franz.*, das: -s, -s (Viereck)
Kar·ri·e·re *franz. [karjäre]*, die: -, -n (Laufbahn, beruflicher Aufstieg); Karriere machen; der **Karriereberater;** die **Karrierefrau;** der **Karrieremacher; karrieresüchtig**
Karst, der: -(e)s, -e (ausgelaugte, meist unbewachsene Gebirgslandschaft aus Kalkstein); die **Karsthöhle; karstig;** die **Karstlandschaft**
Kar·te, die: -, -n; Karten spielen – eine Karte (Postkarte) schreiben – die Karte (Landkarte) lesen – die Gelbe/Rote Karte (im Fußball); auch: die gelbe/rote Karte – *alles auf eine Karte setzen* (alles wagen) – *sich nicht in die Karten sehen lassen* (seine Absichten geheim halten); das **Kärtchen;** die **Kartei** (Zettelkasten, Sammlung von Karten); der **Karteikasten;** das **Kartenhaus;** das **Kartenspiel;** die **Kartographie** (Anfertigung von Landkarten); auch: die **Kartografie; kartographisch;** auch: **kartografisch;** die **Kartothek** (Zettelkasten)
Kar·tell *franz.*, das; -s, -e (Interessenverband in der Industrie); das **Kartellamt;** das **Kartellgesetz;** der **Kartellverband**
Kar·tof·fel, die: -, -n (Knollenpflanze); der **Kartoffelacker;** der **Kartoffelbrei;** der **Kartoffelchip;** der **Kartoffelkäfer;** der **Kartoffelpuffer;** das **Kartoffelpüree;** der **Kartoffelsalat;** die **Kartoffelsuppe**
Kar·ton *franz.*, der: -s, -s (Pappe, Schachtel aus leichter Pappe); die **Kartonage** *[kartonasche]* (feste Verpackung, Einband); die **Kartonagenfabrik; kartonieren** (mit Pappe verpacken); **kartoniert** ⟨kart.⟩: kartonierte Bücher
Ka·rus·sell *franz.*, das: -s, -s/-e (Drehgestell mit Sitzen auf Rummelplätzen); *mit jemandem Karussell fahren* (ihn scharf zurechtweisen); das **Karusselpferd**
Kar·zi·nom *griech.*, das: -s, -e (Krebsgeschwulst)
Ka·sack *türk.*, der: -s, -s (über dem Rock getragene Bluse mit Gürtel)
Kä·scher, der: -s, - (Fangnetz); auch: der **Kescher**
ka·schie·ren *franz.*: einen Fehler kaschieren (verschleiern, verheimlichen); die **Kaschierung**
Kä·se *lat.*, der: -s, - (aus Milch hergestelltes Nahrungsmittel); der **Käsekuchen;** die **Käserei; käseweiß; käsig** (bleich, blass)
Ka·se·mat·te *franz.*, die: -, -n (Geschützstand, sicherer Raum in einer Befestigungsanlage)
Ka·ser·ne *franz.*, die: -, -n (Unterkunft für Soldaten); der **Kasernenhof; kasernieren** (in Kasernen unterbringen); die **Kasernierung**
Ka·si·no *ital.*, das: -s, -s (Klub, Offiziersraum, Spielbank); auch: das **Casino**
Kas·ka·de *franz.*, die: -, -n (stufenförmiger Wasserfall); **kaskadenförmig**
Kas·ko·ver·si·che·rung, die: - (Versicherung eines Fahrzeugs); **kaskoversichert**
Kas·per, der: -s, -; auch: der **Kasperl;** *sich wie ein Kasper* (alberner Mensch) *benehmen;* das/der **Kasperle;** das **Kasper(le)theater**
Kas·se *ital.*, die: -, -n (Geldkasten, Zahlungsraum); *tief in die Kasse greifen* (viel zahlen) *müssen* – *jemanden zur Kasse bitten* (von ihm Geld fordern) – *schlecht bei Kasse sein* (wenig Geld haben); der **Kassenarzt;** die **Kassenärztin;** der **Kassenbon** *[...bõ]* (Kassenzettel); der **Kassenpatient;** die **Kassenpatientin;** der **Kassenschalter;** der **Kassensturz** (Feststellung des Kassenstandes); der **Kassenzettel; kassieren** (Geld einnehmen); der **Kassierer;** die **Kassiererin**
Kas·se·rol·le, die: -, -n (flacher Brattopf mit Stiel)
Kas·set·te *franz.*, die: -, -n (Kästchen für Wertsachen, Behälter, Schutzhülle); der **Kassettenrekorder;** auch: der **Kasettenrecorder**
Kas·ta·nie *griech.*, die: -, -n (ein Laubbaum); *die Kastanien aus dem Feuer holen* (unter Gefahr eine unangenehme Sache erledigen); der **Kastanienbaum; kastanienbraun**
Kas·te *franz.*, die: -, -n (Gesellschaftsschicht, die sich streng gegen andere absondert); der **Kastengeist**
kas·tei·en, sich: (sich züchtigen, Entbehrungen auf sich nehmen); die **Kasteiung**
Kas·tell *lat.*, das: -s, -e (Festung, Burg)
Kas·ten, der: -s, Kästen (Behälter, Kiste); *etwas auf dem Kasten haben* (viel können, befähigt sein); das **Kästchen;** der **Kastendeckel**

kas·trie·ren (kast·rie·ren) *lat.*: (zeugungsunfähig machen); die **Kastration;** auch: die **Kastrierung**
Ka·sus *lat.*, der: -, - (Sprachlehre: der Fall)
Ka·ta·kom·be *ital.*, die: -, -n (unterirdische Grabanlage der ersten Christen)
Ka·ta·log *griech.*, der: -(e)s, -e (Verzeichnis von Waren, Büchern u. Ä.); **katalogisieren** (zusammenfassen, ein Verzeichnis anlegen)
Ka·ta·ly·sa·tor *griech.*, der: -s, Katalysatoren (Gerät zur Abgasreinigung in Autos); auch: der **Kat;** das **Katalysatorauto**
Ka·ta·pult *griech.*, das/der: -(e)s, -e (Schleudermaschine, Startvorrichtung für Flugzeuge); **katapultieren** (schleudern)
Ka·ta·rakt *griech.*, der: -(e)s, -e (Wasserfall, Stromschnelle)
Ka·tarrh *griech.*, der: -s, -e (Schleimhautentzündung); auch: der **Katarr**
Ka·tas·ter *ital.*, der: -s, - (amtliches Grundstückverzeichnis); das **Katasteramt;** der **Katasterauszug**
Ka·tas·tro·phe (Ka·ta·stro·phe, Ka·tast·rophe) *griech.*, die: -, -n (schweres Unglück, Verhängnis); **katastrophal:** eine katastrophale (sehr schlimme, schreckliche) Dürre; der **Katastrophenalarm; katastrophenartig;** der **Katastropheneinsatz;** das **Katastrophengebiet;** der **Katastrophenschutz**
Ka·te, die: -, -n (ärmliches Bauernhaus)
Ka·te·chis·mus *griech.*, der: -, Katechismen (kurzes religiöses Lehrbuch); die **Katechese** (Religionsunterricht); der **Katechet** (Religionslehrer); die **Katechetin**
Ka·te·go·rie *griech.*, die: -, Kategorien (Gattung, Art, Klasse); **kategorisch** (unbedingt, ohne Widerspruch): etwas kategorisch (nachdrücklich) abstreiten; **kategorisieren**
Ka·ter, der: -s, - (männliche Katze)
kath. = katholisch
Ka·the·der *griech.*, das/der: -s, - (erhöhtes Pult, Kanzel) # Katheter; die **Kathedrale** (Bischofskirche)
Ka·the·te *griech.*, die: -, -n (Seite im rechtwinkligen Dreieck)
Ka·the·ter, *griech.*, der: -s, - (medizinisches Röhrchen) # Katheder
Ka·tho·de *griech.*, die: -, -n (Minuspol einer elektrischen Leitung); auch: die **Katode**
Ka·tho·lik *griech.*, der: -en, -en (Angehöriger der katholischen Kirche); die **Katholikin,** die Katholikinnen; **katholisch** ⟨kath.⟩; der **Katholizismus**
Ka·to·de *griech.*, die: -, -n (Minuspol einer elektronischen Leitung); auch: die **Kathode**
Kat·ze, die: -, -n (Haustier); *die Katze im Sack* (etwas ungeprüft, unüberlegt) *kaufen – die Katze aus dem Sack lassen* (seine wahren Absichten zu erkennen geben) – *die Katze lässt das Mausen nicht;* **katzbuckeln** (sich unterwürfig zeigen); **katzenfreundlich; katzenhaft;** der **Katzenjammer** (Niedergeschlagenheit); der **Katzensprung** (kleine Entfernung); die **Kätzin,** die Kätzinnen
Kau·der·welsch, das: -(s); ein Kauderwelsch (verworrenes Deutsch, schwer verstehbares Gerede) sprechen; **kauderwelschen**
kau·en: Brot kauen (mit den Zähnen zerkleinern) – *gut gekaut ist halb verdaut;* der **Kaugummi;** der **Kautabak**
kau·ern: am Boden kauern (hocken)
kau·fen: sich ein Haus kaufen (für Geld erwerben) – *sich jemanden kaufen* (ihn zur Rede stellen); der **Kauf:** *etwas in Kauf nehmen* (sich mit Nachteilen abfinden, etwas Unangenehmes hinnehmen); der **Käufer;** die **Käuferin,** die Käuferinnen; die **Kauffrau;** das **Kaufhaus;** die **Kaufkraft; kaufkräftig** (zahlungsfähig, wohlhabend); die **Kaufleute** *Pl.;* **käuflich:** etwas käuflich (für Geld) erwerben – er ist nicht käuflich (bestechlich); die **Käuflichkeit;** die **Kauflust;** der **Kaufmann,** die ... männer/... leute; **kaufmännisch:** eine kaufmännische Lehre – kaufmännisch (geschäftstüchtig) handeln; der **Kaufpreis;** die **Kaufsumme;** der **Kaufvertrag,** die ... verträge; der **Kaufzwang**
Kaul·quap·pe, die: -, -n (Froschlarve)
kaum: es ist kaum (fast nicht mehr) auszuhalten – ich werde kaum (wahrscheinlich nicht) kommen – man sieht ihn kaum (selten) – kaum glaublich
kau·sal *lat.*: (ursächlich zusammenhängend); der **Kausalsatz** (Sprachlehre: Umstandssatz des Grundes)
Kau·ti·on *lat.*, die: -, -en; eine Kaution (Bürgschaft, Sicherheit) hinterlegen
Kaut·schuk (Kau·tschuk) *indian.*, der: -s, -e (Rohstoff für die Gummiherstellung); der **Kautschukbaum;** die **Kautschukplantage**
Kauz, der: -es, Käuze (Eulenart); ein komischer Kauz (ein Sonderling, Eigenbrötler);

das **Käuzchen; kauzig:** ein kauziger (seltsamer, wunderlicher) Mensch

Ka·va·lier *franz. [kawalir]*, der: -s, -e (höflicher, ritterlicher Herr); das **Kavaliersdelikt** (strafbare Tat, die als nicht sehr schlimm angesehen wird); der **Kavalier(s)start** (geräuschvolles, schnelles Anfahren eines Autos)

Ka·val·le·rie *ital. [kawaleri]* die: -, Kavallerien (Reiterei, berittene Truppe); der **Kavallerist**

Ka·vi·ar *türk. [kawiar]*, der: -s, -e (Rogen des Störs); das **Kaviarbrötchen**

Ke·bab *türk.*, der: -(s), -s (am Spieß gebratene Fleischstückchen)

keck: keck (dreist, munter) daherreden; die **Keckheit**

Ke·gel, der: -s, -; Kegel schieben – einen Kegel (geometrische Figur) zeichnen – *mit Kind und Kegel* (mit der gesamten Familie); die **Kegelbahn; kegelförmig; kegelig;** der **Kegelklub;** auch: der **Kegelclub; kegeln;** der **Kegelstumpf,** die ...stümpfe

Keh·le, die: -, -n; jemanden an der Kehle (Gurgel) packen – *etwas in die falsche Kehle bekommen* (etwas missverstehen und ärgerlich werden) – *aus voller Kehle* (mit lauter Stimme) *singen;* **kehlig;** der **Kehlkopf;** der **Kehllaut**

Keh·re, die: -, -n (Biegung, Kurve, Turnübung); **kehren:** die Augen zum Himmel kehren (wenden); der **Kehrreim;** die **Kehrseite** (Rückseite); **kehrt!; kehrtmachen** (umkehren); die **Kehrtwendung;** der **Kehrwert**

keh·ren: die Straße kehren (fegen, vom Schmutz befreien); der **Kehraus** (Schluss einer Tanzveranstaltung); der **Kehrbesen;** der/das **Kehricht** (zusammengekehrter Abfall): *das geht dich einen feuchten Kehricht* (überhaupt nichts) *an;* die **Kehrichtschaufel;** die **Kehrmaschine**

kei·fen: (mit schriller Stimme schimpfen)

Keil, der: -(e)s, -e (Werkzeug zum Spalten); *auf einen groben Klotz gehört ein grober Keil;* die **Keile** (Prügel); **keilen:** jemanden keilen (anwerben); sich **keilen** (prügeln); die **Keilerei; keilförmig;** das **Keilkissen;** der **Keilriemen;** die **Keilschrift**

Kei·ler, der: -s, - (männliches Wildschwein)

Keim, der: -(e)s, -e (Trieb einer Pflanze); *etwas im Keim* (schon im Entstehen) *ersticken;* das **Keimblatt;** die **Keimdrüse; keimen** (zu wachsen beginnen); **keimfrei; keimhaft;** der **Keimling;** die **Keimung;** die **Keimzelle**

kein: kein schlechter Gedanke – keine Zeit haben – in keinem Falle – keinen Tag länger bleiben – zu keiner Zeit – keiner/keine/keines – kein(e)s von beiden – keiner (niemand) sorgt sich um mich – *keiner kann aus seiner Haut heraus;* **keinerlei:** keinerlei (nicht die geringste) Verantwortung übernehmen; **keinesfalls** (sicher nicht); **keineswegs** (durchaus nicht); **keinmal** (nie); aber: kein einziges Mal

Keks *engl.*, der/das: -/-es, -e (Kleingebäck)

Kelch, der: -(e)s, -e (Trinkgefäß); das **Kelchblatt,** die ...blätter; **kelchförmig;** das **Kelchglas,** die ...gläser

Kel·le, die: -, -n (Schöpfgerät, Maurerwerkzeug)

Kel·ler, der: -s, - (unter der Erde liegendes Geschoss des Hauses); die **Kellerassel;** die **Kellerei** (Lagerräume einer Weinhandlung); der **Kellermeister;** die **Kellerwohnung**

Kell·ner, der: -s, - (männliche Bedienung in einer Gaststätte); die **Kellnerin**

Kel·te, der: -n, -n (Angehöriger eines indogermanischen Volkes); **keltisch**

kel·tern: (Obst oder Trauben auspressen); die **Kelter** (Fruchtpresse); die **Kelterei**

Ke·me·na·te, die: -, -n (Frauengemach einer Burg)

ken·nen: du kennst, er kannte, sie hat gekannt, kenn(e)!; jemanden flüchtig kennen – *sich nicht mehr kennen* (außer sich sein); **kennenlernen:** eine fremde Stadt kennenlernen (Kenntnisse von ihr erlangen) – wir wollen uns näher kennenlernen (Bekanntschaft miteinander machen) – du wirst mich noch von einer ganz anderen Seite kennenlernen!; auch: kennen lernen; der **Kenner;** der **Kennerblick;** die **Kennermiene;** die **Kennkarte; kenntlich:** etwas kenntlich (leicht erkennbar) machen; die **Kennnummer;** auch: die **Kenn-Nummer;** die **Kenntnis,** die Kenntnisse: Kenntnis von dem Unfall haben – ohne meine Kenntnis (ohne mein Wissen) – Kenntnisse (Fachwissen) in Mathematik; die **Kenntnisnahme; kenntnisreich;** das **Kennwort;** die **Kennzahl;** das **Kennzeichen:** keine besonderen Kennzeichen (Merkmale) – das Kennzeichen am Auto; **kennzeichnen; kennzeichnend** (typisch); die **Kennzeichnung;** die **Kennziffer**

ken·tern: das Schiff kentert (kippt um)
Ke·ra·mik *griech.*, die: -, -en (Kunsttöpferei, Getöpfertes); der **Keramiker;** die **Keramikerin,** die Keramikerinnen; **keramisch**
Ker·be, die: -, -n (Einschnitt); *in die gleiche Kerbe schlagen* (die gleiche Auffassung vertreten); das **Kerbholz:** *etwas auf dem Kerbholz haben* (ein Vergehen begangen haben); das **Kerbtier** (Insekt); die **Kerbung**
Ker·ker *lat.*, der: -s, -; jemanden in den Kerker (das Gefängnis) werfen; der **Kerkermeister**
Kerl, der: -(e)s, -e; ein grober Kerl (Mensch)
Kern, der: -(e)s, -e; die Kerne des Apfels – der Kern (das Wesentliche) einer Sache – in ihm steckt ein guter Kern (stecken gute Eigenschaften); die **Kernenergie;** die **Kernexplosion; kerngesund; kernig;** das **Kernkraftwerk; kernlos;** das **Kernobst;** die **Kernphysik;** der **Kernpunkt;** der **Kernreaktor;** die **Kernseife;** die **Kernspaltung;** das **Kernstück;** die **Kernwaffen** *Pl.*
Ke·ro·sin *griech.*, das: -s (Treibstoff)
Ker·ze, die: -, -n; eine Kerze anzünden – eine Kerze (Turnübung) machen; **kerzeng(e)rade;** das **Kerzenlicht,** die ... lichter; der **Kerzenschein;** der **Kerzenständer**
Ke·scher, der: -s, - (Fangnetz); auch: der **Käscher**
kess: kesser, am kessesten; ein kesses (flottes, ein wenig freches) Mädchen; die **Kessheit**
Kes·sel, der: -s, - (Behälter); das **Kesseltreiben**
Ket·schup (Ketsch·up) *engl. [kätschap]*, der/das: -(s), -s (Würztunke, Tomatensoße); auch: der/das **Ketchup**
Ket·te, die: -, -n; eine goldene Kette tragen – die Demonstranten durchbrachen die Kette der Polizisten – *jemanden an die Kette legen* (ihn in seiner Bewegungsfreiheit einschränken); **ketten;** die **Kettenreaktion**
Ket·zer *griech.*, der: -s, - (Glaubensabtrünniger); die **Ketzerei;** die **Ketzerin,** die Ketzerinnen; **ketzerisch:** ketzerische Ansichten haben
keu·chen: unter einer schweren Last keuchen (schwer, mühsam atmen); der **Keuchhusten** (ansteckende Kinderkrankheit)
Keu·le, die: -, -n; die Keule (ein Schlaggerät) schwingen – eine Keule (der hintere Oberschenkel) eines Rindes; **keulenförmig**
keusch: ein keusches (unschuldiges, unberührtes) Mädchen – keusche (reine) Gedanken; die **Keuschheit** (Enthaltsamkeit)
Key·board *engl. [kibord]*, das: -s, -s (Tasteninstrument); der **Keyboarder**
Kfm. = Kaufmann; **Kfr., Kffr.** = Kauffrau
Kfz = Kraftfahrzeug; die **Kfz-Werkstatt**
kg = Kilogramm (1000 Gramm)
k.g.V. (kgV) = kleinstes gemeinsames Vielfaches
Kha·ki *pers.-engl.*, das: -(s) (Erdfarbe, Erdbraun); auch: das **Kaki; khakifarben;** auch: **kakifarben**
Kha·ki *pers.-engl.*, der: -(s) (gelbbrauner Stoff); auch: der **Kaki;** die **Khakiuniform;** auch: die **Kakiuniform**
Kib·buz *hebr.*, der: -, -e/Kibuzzim (israelische Gemeinschaftssiedlung)
ki·chern: (leise, mit hoher Stimme lachen); ein kicherndes Mädchen
ki·cken *engl.*: den Ball ins Tor kicken (schießen); der **Kick;** das **Kickboard** *[kikbort]* (Tretroller); der **Kicker** (Fußballspieler)
Kids *Pl. engl.*, die: - (Kinder, Jugendliche); **kidnappen** *[kidnäpen]* (entführen); der **Kidnapper** (Entführer); das **Kidnapping**
Kie·bitz, der: -es, -e (ein Sumpfvogel); **kiebitzen** (zuschauen)
Kie·fer, der: -s, - (Kieferknochen); der **Kieferbruch;** die **Kieferhöhlenentzündung**
Kie·fer, die: -, -n (Nadelbaum); der **Kiefernwald;** der **Kiefernzapfen**
Kiel, der: -(e)s, -e (Grundbalken von Wasserfahrzeugen, harter Teil einer Vogelfeder); **kielholen;** die **Kiellinie; kieloben** (umgedreht, mit der Unterseite nach oben); der **Kielraum;** das **Kielwasser**
Kie·me, die: -, -n (Atmungsorgan bei Wassertieren); die **Kiemenatmung**
Kien, der: -(e)s (harzreiches Holz); das **Kienholz; kienig;** der **Kienspan,** die ... späne
Kies, der: -es (kleine Steine, Schotter); der **Kiesel;** der **Kieselstein;** die **Kiesgrube**
kif·fen *amerik.*: (Haschisch oder Marihuana rauchen): der **Kiffer;** die **Kifferin**
kil·len *engl.*: (töten); der **Killer** (Mörder, Totschläger in fremdem Auftrag); die **Killerin**
Ki·lo, das: -s, -(s) (Gewichtseinheit: 1000 g); das **Kilobyte** *[... bait)* ⟨KB⟩; das **Kilogramm** ⟨kg⟩; das **Kilohertz** ⟨kHz⟩ (Maßeinheit für Frequenz); das **Kilojoule** *[... dschul]* ⟨kJ⟩ (Maßeinheit für Kraft); der **Kilometer** ⟨km⟩ (Längeneinheit: 1000 m); **kilometerlang;** aber: fünf Kilometer lang; das **Kilopond** ⟨kp⟩ (frühere Maßeinheit für Kraft); das **Kilowatt**

G H I J K L M

⟨kW⟩ (Maßeinheit für elektrische Leistung)

Kim·me, die: -, -n (Kerbe, Visiereinrichtung beim Gewehr)

Ki·mo·no *[kimono, kimono] jap.*, der: -s, -s (langes, weitärmeliges Gewand)

Kind, das: -(e)s, -er; von Kind auf – an Kindes statt – *das Kind mit dem Bade ausschütten* (im Übereifer handeln) – *sich bei jemandem lieb Kind machen* (einschmeicheln) – *jemanden an Kindes statt annehmen* (adoptieren) – *aus Kindern werden Leute – ein gebranntes Kind scheut das Feuer;* das **Kindbett;** die **Kinderei** (unreife Handlung); **kinderfeindlich; kinderfreundlich;** der **Kindergarten;** die **Kindergärtnerin,** die ... gärtnerinnen; das **Kindergeld;** der **Kinderhort** (Kindergarten); das **Kinderkriegen; kinderleicht** (sehr leicht); **kinderlieb; kinderlos** (ohne Kinder); **kinderreich;** das **Kinderspiel:** das ist kein Kinderspiel (keine Kleinigkeit); die **Kindertagesstätte; kindertümlich;** das **Kindesalter;** die **Kindesmisshandlung; kindgemäß;** die **Kindheit** (Kinderzeit); **kindisch:** kindische (alberne, unreife) Reden; **kindlich:** ein kindliches Gesicht – sehr kindlich (unbefangen) sein; der **Kindskopf,** die ... köpfe (kindischer Mensch); **kindsköpfig;** die **Kindtaufe**

Ki·ne·tik *griech.*, die: - (Lehre von den Bewegungen); **kinetisch:** kinetische Energie (Bewegungsenergie)

Kin·ker·litz·chen *Pl.*, die: - (Albernheiten, unnötige Kleinigkeiten)

Kinn, das: -(e)s, -e (unterster Teil des Unterkiefers); ein spitzes Kinn haben; der **Kinnhaken;** die **Kinnlade** (Kinnbacke)

Ki·no, das: -s, -s (Lichtspielhaus)

Ki·osk *pers. [kioßk, kioßk]*, der: -(e)s, -e (Zeitungs-, Verkaufsstand)

kip·pen: Sand vom Wagen kippen (schütten) – ein Gläschen kippen (in einem Zug leer trinken) – das Boot ist gekippt (gekentert) – eine Entscheidung kippen (unmöglich machen); die **Kippe:** eine Kippe (einen Zigarettenstummel) wegwerfen – die Kippe (Turnübung) vorführen; der **Kipper** (Ladefahrzeug mit Kippvorrichtung)

Kir·che, die: -, -n; eine Kirche (ein Gotteshaus) betreten – zur Kirche (in den Gottesdienst) gehen – *die Kirche im Dorf lassen* (eine Sache nicht übertreiben); der **Kirchenchor;** der **Kirch(en)gänger;** die **Kirch(en)gängerin;** das **Kirchenjahr;** die **Kirchensteuer; kirchlich:** sich kirchlich (christlich) trauen lassen; der **Kirchturm;** die **Kirchweih** (Jahresfeier der Einweihung)

Kir·mes, die: -, Kirmessen (Jahrmarkt, Kirchweih); das **Kirmesessen**

Kir·sche, die: -, -n (eine Steinfrucht); der **Kirschbaum; kirschrot;** das **Kirschwasser**

Kis·met *arab.*, das: -s (Los, unabwendbares Schicksal im Islam)

Kis·sen, das: -s, - (Polster)

Kis·te, die: -, -n; eine schwere Kiste tragen – eine alte Kiste (ein altes Auto) fahren; der **Kistendeckel; kistenweise**

Kitsch, der: -(e)s (Schund, Geschmacklosigkeit); **kitschig**

Kitt, der: -(e)s, -e (Dichtungsmasse); **kitten:** Scherben kitten (zusammenkleben)

Kit·tel, der: -s, - (mantelartiges Kleidungsstück); die **Kittelschürze**

Kitz, das: -es, -e (Junges von Reh, Ziege oder Gämse); auch: das **Kitze;** das **Kitzchen**

kit·zeln: jemanden an den Fußsohlen kitzeln; der **Kitzel** (Reiz, Verlangen); **kitz(e)lig**

Ki·wi, die: -, -s (eine exotische Frucht)

kJ = Kilojoule

KKW = Kernkraftwerk

Kl. = Klasse

Kla·bau·ter·mann, der: -(e)s, ... männer (Kobold in alten Seemannserzählungen)

Klacks, der: -es, -e (kleine Menge); **klacks!**

Klad·de, die: -, -n (Schmierheft, Buch für Eintragungen)

klaf·fen: Risse klaffen in der Mauer – eine klaffende (weit offen stehende) Wunde

kläf·fen: ein kläffender Hund; der **Kläffer**

Klaf·ter, der/das: -s, - (Raummaß für Holz); das **Klafterholz; klaftertief**

kla·gen: über Schmerzen klagen (Schmerzen äußern) – vor Gericht klagen (prozessieren); die **Klage;** die **Klagemauer;** der **Kläger:** *wo kein Kläger ist, da ist auch kein Richter;* die **Klägerin,** die Klägerinnen; der **Klageschrei; kläglich:** ein klägliches (elendes, jammervolles) Ergebnis; **klaglos** (ohne zu klagen)

Kla·mauk der: -s (Krach, Geschrei)

klamm: klamme (durch Kälte steife) Finger – die Wäsche ist noch klamm (feuchtkalt); die **Klamm,** die Klammen (enge, tiefe Fels-

G H I J K L M

schlucht); **klammheimlich** (ganz heimlich)

Klam·mer, die: -, -n; Wäsche mit Klammern befestigen; der **Klammeraffe** ⟨@⟩; sich **klammern:** sich an etwas klammern (festhalten)

Kla·mot·te, die: -, -n; nimm deine Klamotten (Sachen) weg!

Klamp·fe, die: -, -n (Gitarre)

Klan *engl.*, der: -s, -e (Familiensippe); auch: der **Clan**

kla·mü·sern: (nachsinnen, austüfteln)

Klang, der: -(e)s, Klänge (Schall, Ton); das Instrument hat einen schönen Klang; die **Klangfarbe;** der **Klangkörper; klanglich; klanglos:** sang- und klanglos; **klangrein**; **klangvoll:** ein klangvoller (bedeutender) Name; → klingen

Klap·pe, die: -, -n; die Klappe (den Deckel) schließen – *seine Klappe* (den Mund) *halten;* **klappen:** es hat geklappt (es ist gelungen) – *wie am Schnürchen klappen* (reibungslos ablaufen); der **Klappentext** (Werbetext für ein Buch auf der Umschlagseite); das **Klappfahrrad;** das **Klappmesser;** das **Klapprad;** der **Klappstuhl,** die ... stühle

klap·pern: die Fensterläden klappern (scheppern) – der Storch klappert mit dem Schnabel – vor Kälte mit den Zähnen klappern; die **Klapper; klapp(e)rig:** ein klappriges (nicht mehr sehr stabiles) Auto fahren – schon sehr klapprig (hinfällig) geworden sein; der **Klapperkasten;** die **Klapperkiste**

Klaps, der: -es, -e (leichter Schlag); die **Klapsmühle** (Nervenheilanstalt)

klar: ein klares (ungetrübtes, reines) Wasser trinken – der Himmel ist klar (unbewölkt) – sich klar (verständlich) ausdrücken – einen klaren (nüchternen) Verstand haben – für klare Verhältnisse sorgen – na klar! – klar sein; aber: ins Klare kommen – *sich über etwas im Klaren sein* (erkennen, welche Folgen etwas haben wird); die **Kläranlage; klardenkend:** eine klardenkende (vernünftige) Person; auch: klar denkend; der **Klare** (Schnaps); **klären** (Missverständnisse beseitigen); **klargehen** (wunschgemäß ablaufen); die **Klarheit; klarkommen** (zurechtkommen); **klarlegen** (erklären); **klarmachen:** ein Schiff klarmachen (fahrbereit machen) – sich etwas klarmachen – jemandem etwas klarmachen (deutlich machen); **klarsehen** (verstehen); aber: etwas klar (deutlich) sehen; die **Klarsichtfolie;** die **Klarsichtpackung; klarstellen** (richtigstellen); die **Klarstellung;** die **Klärung;** sich **klarwerden:** sich über seine Fehler klarwerden (sie einsehen); auch: klar werden; das **Klärwerk**

Kla·ri·net·te *ital.*, die : -, -n (ein Blasinstrument) der **Klarinettist;** die **Klarinettistin**

Klas·se *lat.*, die: -, -n; die Klasse (Gattung) der Säugetiere – Klasse haben – die Klasse (Bevölkerungsgruppe) der Arbeiter – die vierte Klasse (Schulklasse) besuchen; **klasse:** ein klasse (sehenswerter, sehr guter) Film – das ist klasse (großartig) – dein Auto finde ich klasse; die **Klassenarbeit;** der **Klassenaufsatz;** das **Klassenbuch;** der **Klassenhass;** der **Klassenkamerad;** die **Klassenkameradin,** die ... kameradinnen; der **Klassenlehrer;** die **Klassenlehrerin;** der **Klassensprecher;** die **Klassensprecherin;** das **Klassentreffen;** der **Klassenunterschied;** das **Klassenziel; klassifizieren** (einstufen); die **Klassifizierung**

Klas·sik *lat.*, die: - (Kunstepoche); der **Klassiker;** die **Klassikerin; klassisch:** klassische Musik – ein klassisches (kennzeichnendes, typisches) Beispiel; der **Klassizismus** (sich an die Antike orientierende Stilrichtung)

klat·schen: in die Hände klatschen – alle klatschen Beifall – sie klatscht (redet abfällig, tratscht) über ihre Freundinnen – *jemandem eine klatschen* (eine Ohrfeige geben); **klatsch!;** der **Klatsch:** mit einem Klatsch ins Wasser fallen – ein böser Klatsch (ein hässliches Gerede); die **Klatschbase** (geschwätzige Frau); die **Klatscherei; klatschhaft;** die **Klatschhaftigkeit;** das **Klatschmaul,** die ... mäuler; **klatschnass** (völlig durchnässt); die **Klatschspalte** (in einer Zeitung); **klatschsüchtig;** die **Klatschtante;** das **Klatschweib**

klau·ben: Kartoffeln klauben (sammeln)

Klaue, die: -, -n; eine scharfe Klaue (Zehe, Kralle) – jemanden nicht aus seinen Klauen lassen – eine fürchterliche Klaue (schlechte Handschrift) haben; die **Klauenseuche**

klau·en: jemandem Geld klauen (stehlen)

Klau·se *lat.*, die: -, -n (Klosterzelle, enger Raum); der **Klausner** (Einsiedler); die **Klausur:** eine Klausur (beaufsichtigte Prüfungsarbeit) schreiben – in Klausur (in Abgeschiedenheit) tagen; die **Klausurarbeit**

Klau·sel *lat.*, die: -, -n; eine Klausel (Nebenbestimmung) in den Vertrag einbauen

Kla·vier *franz. [klawir]*, das: -s, -e (ein Tasteninstrument); auf dem Klavier spielen; das **Klavierkonzert;** das **Klavierspiel**

kle·ben: die Kleider kleben am Leibe – den Riss kleben (kitten, leimen) – eine Briefmarke auf den Brief kleben – die Zunge klebt am Gaumen – er klebt fest an seinem Posten (will nicht zurücktreten) – *jemandem eine kleben* (eine Ohrfeige geben); das **Kleb(e)mittel; klebenbleiben** (aufgehalten werden, nicht versetzt werden); auch: kleben bleiben; aber nur: auf dem Leim kleben bleiben; der **Kleber;** der **Kleb(e)streifen; klebrig** (schmierig, pappig); der **Klebstift;** der **Klebstoff;** die **Klebung**

Klecks, der: -es, -e; Kleckse (Flecke) in das Heft machen; **kleckern:** beim Essen kleckern; **klecksen:** (Flecke machen, etwas verschütten); die **Kleckserei; klecksig**

Klee, der: -s (eine Futterpflanze); *jemanden über den grünen Klee* (übermäßig) *loben;* das **Kleeblatt,** die ... blätter; die **Kleeernte;** auch: die **Klee-Ernte;** das **Kleegras**

Kleid, das: -(e)s, -er (Kleidungsstück für Frauen und Mädchen); *Kleider machen Leute;* **kleiden:** sich nach der neuesten Mode kleiden – seine Gedanken in Worte kleiden; der **Kleiderbügel;** die **Kleiderbürste;** der **Kleiderhaken;** der **Kleiderschrank,** die ... schränke; der **Kleiderständer;** der **Kleiderstoff; kleidsam:** ein kleidsamer Mantel; die **Kleidung;** das **Kleidungsstück**

Kleie, die: -, -n (Abfall beim Mahlen von Getreide); **kleiig**

klein: ein kleiner Fehler – die kleinen (unbedeutenden) Leute – ein klein wenig – von klein auf – klein sein – in kleinen (bescheidenen) Verhältnissen leben – er wurde ganz klein (unterwürfig, demütig) – *klein beigeben* (ohne Widerstand nachgeben); aber: Kleine und Große – Groß und Klein (jedermann) – die Großen und die Kleinen – der Kleinste der Familie – im Kleinen wie im Großen – bis ins Kleinste (bis in die Einzelheiten) – etwas/nichts/viel/wenig Kleines – um ein Kleines irren – die Kleine Anfrage (im Parlament); auch: die kleine Anfrage – der Kleine Bär – der Kleine Wagen (Sternbilder); **kleinbekommen** (kleinkriegen); der **Kleinbuchstabe; kleinbürgerlich; kleindenkend;** das **Kleine** (Baby); der/die **Kleine** (Kind); die **Kleinfamilie;** das **Kleinformat; kleingedruckt:** kleingedruckte Fußnoten; auch: klein gedruckt; das **Kleingedruckte;** auch: das klein Gedruckte; das **Kleingeld** (Geld in Münzen); **kleingemustert:** eine kleingemusterte Tapete; auch: klein gemustert; **kleingeschnitten;** auch: klein geschnitten; **kleingläubig; kleinhacken:** Holz kleinhacken; auch: klein hacken; die **Kleinheit** (geringe Größe); **kleinherzig;** das **Kleinholz:** *aus etwas Kleinholz machen* (etwas zertrümmern, zerstören); die **Kleinigkeit** (Sache von geringer Bedeutung); **kleinkariert** (kleinlich, engstirnig); aber: ein klein karierter Stoff; auch: kleinkariert; das **Kleinkind;** der **Kleinkram** (nicht wichtige, jedoch täglich anfallende Arbeiten); **kleinkriegen:** sich nicht kleinkriegen (zum Nachgeben zwingen) lassen; **kleinlaut** (niedergeschlagen, verlegen); **kleinlich** (engherzig); die **Kleinlichkeit; kleinmachen:** Holz kleinmachen; auch: klein machen; aber nur: einen Geldschein kleinmachen (wechseln) – jemanden kleinmachen (demütigen); **kleinmütig; kleinreden:** etwas kleinreden; **kleinschneiden:** Gemüse kleinschneiden; auch: klein schneiden; **kleinschreiben:** Wörter kleinschreiben (mit kleinen Anfangsbuchstaben schreiben) – bei diesen Leuten wird Fairness kleingeschrieben (nicht wichtig genommen); aber: einen Text klein (in kleiner Schrift) schreiben; die **Kleinschreibung;** der **Kleinstaat;** die **Kleinstadt,** die ... städte; der **Kleinstädter; kleinstädtisch;** das **Kleintier** (kleines Haustier); das **Kleinvieh;** der **Kleinwagen; kleinwüchsig**

Klein·od, das; -es, -e/Kleinodien (Kostbarkeit, Schmuckstück, etwas Wertvolles)

Kleis·ter, der: -s, - (Kleber, Leim); **kleistern**

klem·men: die Türe klemmt – die Zeitung unter den Arm klemmen (pressen) – *sich hinter etwas klemmen* (sich eifrig darum bemühen); die **Klemme:** *in der Klemme sitzen* (in Schwierigkeiten sein)

Klemp·ner, der: -s, - (Handwerker für Installationen); **klempnern;** die **Klempnerwerkstatt,** die ... werkstätten

Klep·per, der: -s, - (ausgemergeltes Pferd)

Klep·to·ma·nie *griech.*, die: - (krankhafter Trieb zum Stehlen); der **Kleptomane;** die **Kleptomanin; kleptomanisch**

Kle·rus *griech.*, der: - (kath. Priesterschaft); **klerikal;** der **Kleriker** (kath. Geistlicher)
Klet·te, die: -, -n (Unkraut); wie eine Klette an jemandem hängen; der **Klett(en)verschluss**
klet·tern: auf die Mauer klettern (steigen) – aus dem Auto klettern – in den Bergen klettern (bergsteigen); der **Kletterer;** das **Klettergerüst;** die **Kletterin;** die **Kletterpartie;** die **Kletterpflanze;** die **Kletterstange;** die **Klettertour;** die **Kletterwand,** die ... wände
Klick, der: -s, -s (kurzer, metallisch klingender Ton); **klicken:** der Fotoapparat klickte
Kli·ent *lat.*, der: -en, -en (Kunde, Auftraggeber); die **Klientel** (Kundschaft); die **Klientin,** die Klientinnen
Kli·ma *griech.*, das: -s, -s/Klimate; ein mildes Klima (Wetter) – das Klima (die Stimmung unter den Kollegen) am Arbeitsplatz; die **Klimaanlage; klimatisch; klimatisieren:** ein klimatisierter Bus (Bus, bei dem Temperatur und Luftfeuchtigkeit automatisch geregelt sind); die **Klimatisierung;** die **Klimaveränderung;** der **Klimawechsel;** die **Klimazone**
Kli·max *lat.*, die: -, -e (Höhepunkt)
Klim·bim, der: -s (unwichtiges Beiwerk, lächerliches Getue)
klim·men: du klimmst, er klomm/klimmte, er ist geklommen/geklimmt, klimm(e)!; sie ist auf den Berg geklommen (geklettert); der **Klimmzug** (Turnübung)
klim·pern: auf der Gitarre klimpern (gedankenlos spielen) – mit Geldstücken in der Hosentasche klimpern; die **Klimperei;** der **Klimperkasten,** die ... kästen (Klavier)
Klin·ge, die: -, -n (scharfer Teil eines Schneidwerkzeuges); die Klinge des Messers – *jemanden über die Klinge springen lassen* (töten, vernichten)
klin·gen: du klingst, er klang, sie hat geklungen, kling(e)!; der Ton klingt (tönt) hell – das klingt nicht schlecht (hört sich nicht schlecht an); der **Klang;** die **Klingel** (Glocke); der **Klingelbeutel;** die **Klingelei;** der **Klingelknopf,** die ... knöpfe; **klingeln:** es hat laut geklingelt (geläutet) – *es klingelt bei jemandem* (er begreift); das **Klingelzeichen;** → Klang
Kli·nik *griech.*, die: -, -en; Klinik für Herzkrankheiten; das **Klinikum** (Zusammenschluss mehrerer Kliniken); **klinisch:** klinisch tot sein – eine klinische Behandlung
Klin·ke, die: -, -n (Griff, Türdrücker); **klinken:** die Türe ins Schloss klinken
Klin·ker, der: -s, - (hart gebrannter Ziegelstein); der **Klinkerbau;** der **Klinkerstein**
klipp: klipp und klar (unmissverständlich)
Klipp *engl.*, der: -s, -s (Ohrschmuck, Klemme); auch: der **Clip;** der **Klips;** auch: der **Clips**
Klip·pe, die: -, -n (aus dem Meer ragender Fels); um eine Klippe segeln – an einer Klippe (einem Hindernis) scheitern
Klips *engl.*, der: -es, -e (Ohrschmuck, Klemme); auch: der **Clips;** der **Klipp;** auch: der **Clip**
klir·ren: die Fensterscheibe klirrt – eine klirrende (eisige) Kälte
Kli·schee *franz.*, das: -s, -s (weit verbreitete Meinung, abgedroschene Redensart); **klischeehaft;** die **Klischeevorstellung**
Klis·tier *griech.*, das: -s, -e (Einlauf); die **Klistierspritze**
klit·schig: eine klitschige (lehmige, feuchte) Masse; der **Klitsch;** die **Klitsche** (ärmlicher Betrieb); **klitsch(e)nass** (völlig durchnässt)
Klo, das: -s, -s (Toilette); → Klosett
Klo·a·ke *lat.*, die: -, -n (Abwasserkanal)
klo·big: (plump, grob); der **Kloben** (grober Holzklotz)
klo·nen *engl.* (genetisch identische Kopien von Lebewesen herstellen); der **Klon**
klö·nen: (gemütlich plaudern)
klop·fen: an die Tür klopfen – Teppiche klopfen (reinigen) – mein Herz klopft; aber: ein starkes Klopfen; der **Klopfer; klopffest;** die **Klopffestigkeit;** das **Klopfzeichen**
Klop·pe, die: -; Kloppe (Prügel) bekommen; **kloppen;** die **Klopperei**
klöp·peln: (Spitzen anfertigen); der **Klöppel** (Knüppel, Glockenschwengel, Spule zum Klöppeln); die **Klöppelarbeit;** die **Klöppelei;** die **Klöppelspitze;** die **Klöpplerin**
Klops, der: -es, -e (Fleischkloß)
Klo·sett *engl.*, das: -s, -s/-e (Toilette); die **Klosettbrille;** das **Klosettpapier;** die **Klosetttür;** auch: die **Klosett-Tür;** → Klo
Kloß, der: -es, Klöße (Knödel); das **Klößchen**
Klos·ter, das: -s, Klöster (Gemeinschaft von Mönchen oder Nonnen); ins Kloster gehen (Mönch bzw. Nonne werden); die **Klosterbibliothek;** der **Klosterbruder,** die ... brüder; die **Klosterfrau;** der **Klostergarten;** die **Klosterkirche; klösterlich;** die **Klosterzelle**

Klotz, der: -es, Klötze (grobes Stück Holz); *jemandem ein Klotz am Bein* (eine Last) *sein;* das **Klötzchen; klotzen:** *klotzen, nicht kleckern* (sich nicht mit Kleinigkeiten abgeben) # glotzen; **klotzig** (unförmig, plump)

Klub *engl.*, der: -s, -s; einen Klub (eine Vereinigung) gründen; auch: der **Club;** das **Klubhaus;** der **Klubkamerad;** das **Klublokal;** der **Klubraum,** die ... räume; der **Klubsessel**

Kluft, die: -, Klüfte; über eine Kluft (Spalte) springen – zwischen den streitenden Parteien besteht eine tiefe Kluft (Meinungsverschiedenheit)

Kluft, die: -, -en; seine nasse Kluft (Kleidung) ausziehen

klug: klüger, am klügsten; klug (gescheit, intelligent) sein – klug handeln – ein kluger (vernünftiger) Gedanke – *aus jemandem nicht klug werden* (ihn nicht verstehen können); aber: es ist das Klügste zu schweigen – die Klügste in der Klasse – *der Klügere gibt nach;* **klugerweise;** aber: in kluger Weise; die **Klugheit; klugreden** (besser wissen); aber: klug (sehr schlau) reden; **klugscheißen** (klugreden, besser wissen); der **Klugscheißer** (Besserwisser)

Klum·pen, der: -s, -; ein Klumpen (Batzen, Brocken) Lehm; das **Klümpchen; klumpen:** der Brei klumpt (er bildet Klumpen); der **Klumpfuß** (Missbildung des Fußes); **klumpig:** ein klumpiger Reis

Klün·gel, der: -s, - (Vetternwirtschaft, Sippschaft, Clique); die **Klüngelei; klüngeln**

km = Kilometer (1000 m)

knab·bern: Nüsse knabbern (mit den Vorderzähnen kauen) – *an etwas zu knabbern haben* (sich mit etwas schwer tun)

Kna·be, der: -n, -n (Junge); das **Knabenalter; knabenhaft;** das **Knäblein**

kna·cken: Nüsse knacken (öffnen) – knackende Geräusche im Telefon; der **Knack** (kurzes, helles Geräusch); das **Knäckebrot** (knusprig gebackenes Vollkornbrot); der **Knacker** (alter Mann); **knackfrisch;** der **Knacki** (Vorbestrafter); **knackig:** knackige (frische) Semmeln; der **Knackpunkt** (der entscheidende Punkt); **knacks!;** der **Knacks:** die Tasse hat einen Knacks (Riss) – einen Knacks (seelischen oder körperlichen Schaden) haben; **knacksen;** die **Knackwurst**

knal·len: mit der Peitsche knallen – in die Luft knallen (schießen) – das Spielzeug in die Ecke knallen (werfen) – mit dem Kopf auf den Boden knallen (schlagen) – die Sonne knallt (brennt heiß) vom Himmel – knallende (grelle) Farben – *jemandem eine knallen* (eine Ohrfeige geben); der **Knall:** *Knall und/auf Fall* (völlig unerwartet, sofort, plötzlich); der **Knalleffekt** (große Überraschung, verblüffende Wirkung); die **Knallerei; knallhart** (sehr hart); **knallig:** knallige (auffallende, grelle) Farben; der **Knallkopf,** die ... köpfe (verrückter Kerl); der **Knallkörper; knallrot** (grellrot); **knallvoll:** ein knallvoller (prall gefüllter) Sack

knapp: knapper, am knappsten; knapp (sehr nahe) am Tor vorbei – ein knappes (fast zu geringes) Taschengeld – mit knappen (kurzen) Worten – ein knappes (gerade noch ausreichendes) Ergebnis – sie ist knapp (nicht ganz) vierzig – mit knapper Not (gerade noch); **knapphalten:** jemanden knapphalten (ihm wenig geben); die **Knappheit; knappsitzend:** ein knappsitzendes Kleid; auch: knapp sitzend

Knap·pe, der: -n, -n (Bergarbeiter, Edelknabe); die **Knappschaft** (alle Bergarbeiter eines Bergwerks)

knar·ren: die Tür knarrt (ächzt, knarzt) laut; die **Knarre** (Kinderspielzeug, Gewehr)

Knast, der: -(e)s, -e/Knäste (Gefängnis, Freiheitsstrafe); *Knast schieben* (eine Freiheitsstrafe verbüßen); der **Knastbruder,** die ... brüder

Knatsch, der: -(e)s; das gibt einen schönen Knatsch (Ärger, Zwist); **knatschen** (eine weiche Masse kneten; weinerlich, mürrisch reden); **knatschig**

knat·tern: (hintereinander kurz knallen); mit dem Motorrad durch die Stadt knattern

Knäu·el, das/der: -s, -; ein Knäuel (zu einer Kugel aufgewickelte) Wolle; **knäueln**

Knauf, der: -(e)s, Knäufe (runder Griff)

knau·sern: mit dem Geld knausern (übertrieben sparsam umgehen); die **Knauserei; knaus(e)rig:** sehr knauserig (geizig, sparsam) sein; die **Knauserigkeit**

knaut·schen: (drücken, quetschen); **knautschig** (zerknittert); der **Knautschlack;** die **Knautschzone**

kne·beln: (mit einem Knebel den Mund verstopfen); er war gefesselt und geknebelt;

der **Knebel;** die **Kneb(e)lung**

Knecht, der: -(e)s, -e (Feld-, Landarbeiter); **Knecht Ruprecht** (Begleiter des hl. Nikolaus); **knechten:** ein Land knechten (unterdrücken); **knechtisch** (unterwürfig); die **Knechtschaft;** die **Knechtung**

knei·fen: du kneifst, er kniff, sie hat gekniffen, kneif(e)!; jemanden ins Bein kneifen (zwicken) – aus Angst vor einer Gefahr kneifen (sich davor drücken); der **Kneifer** (eine Brille ohne Bügel); die **Kneifzange** (Beißzange); auch: die **Kneipzange;** → Kniff

Knei·pe, die: -, -n; in eine Kneipe (Schenke, einfache Gaststätte) gehen; **kneipen** (zechen) # kneippen; der **Kneipenwirt;** die **Kneipenwirtin,** die ... wirtinnen

kneip·pen: (eine Wasserkur machen) # kneipen; die **Kneippkur**

kne·ten: den Teig kneten (mit den Händen bearbeiten); **knetbar;** die **Knete** (Knetmasse, Geld); die **Knetmaschine;** die **Knetmasse**

kni·cken: das Papier knicken (falten, umbiegen, falzen) – einen Ast knicken (brechen); der **Knick;** der **Knicks:** einen Knicks machen (zum Gruß das Knie beugen); **knicksen;** die **Knickung**

kni·ckern: (übertrieben sparsam sein); **knick(e)rig** (geizig); die **Knickerigkeit**

Knie, das: -s, - (Gelenk zwischen Ober- und Unterschenkel); *weiche Knie* (Angst) *haben* – *jemanden in die Knie zwingen* (besiegen, unterwerfen) – *etwas übers Knie brechen* (etwas übereilt erledigen); die **Kniebeuge;** der **Kniefall,** die ... fälle (Niederfallen auf das Knie); **kniefällig:** kniefällig um etwas bitten; **kniefrei;** das **Kniegelenk; kniehoch;** die **Kniehose;** die **Kniekehle; knielang; knien:** vor dem Altar knien – sich in eine Arbeit knien; der **Knieriemen;** die **Kniescheibe; knietief:** knietiefes Wasser

Kniff, der: -(e)s, -e (Falte, umgebogene Stelle, Trick); **kniff(e)lig:** eine knifflige (schwierige) Frage; **kniffen** (falten); → kneifen

Knilch, der: -s, -e (unangenehmer Mensch); auch: der **Knülch**

knip·sen: die Umgebung knipsen (fotografieren) – Fahrkarten knipsen (lochen); der **Knipser;** die **Knipserin**

Knirps, der: -es, -e (kleiner Junge, zusammenschiebbarer Regenschirm)

knir·schen: vor Wut mit den Zähnen knirschen – der Schnee knirscht unter den Schuhen

knis·tern: das Holz knistert im Feuer – eine knisternde (spannungsgeladene) Atmosphäre – *es knistert im Gebälk* (es droht Gefahr)

knit·tern: der Stoff knittert nicht (bekommt keine Falten); **knitterarm;** die **Knitterfalte; knitterfest; knitterfrei; knitt(e)rig**

kno·beln: eine Runde knobeln (würfeln) – über ein Problem lange knobeln (nachdenken); der **Knobelbecher**

Knob·lauch, der: -(e)s (eine Gewürz- und Heilpflanze); die **Knoblauchzehe**

Kno·chen, der: -s, - (Teil des Skeletts); ihm tun alle Knochen (Gliedmaßen) weh – *für etwas seine Knochen hinhalten* (sich für etwas opfern); der **Knöchel:** sich den Knöchel brechen; **knöchellang; knöcheltief;** die **Knochenarbeit** (sehr anstrengende Arbeit); der **Knochenbau;** der **Knochenbruch; knochendürr** (sehr dürr); der **Knochenfraß;** das **Knochengerüst; knochenhart;** der **Knochenmann** (Tod); das **Knochenmark; knochentrocken** (ganz trocken); **knöch(e)rig; knöchern** (aus Knochen); **knochig** (mit starken Knochen): eine knochige Gestalt

Knock-out ⟨K.o.⟩ *engl. [nokaut]*, der: -(s), -s (Niederschlag beim Boxen, Vernichtung); auch: der **Knockout; knock-out** ⟨k.o.⟩: jemanden k.o. (kampfunfähig) schlagen; auch: **knockout;** der **K.-o.-Schlag**

Knö·del, der: -s, - (Kloß)

Knol·le, die: -, -n (unter der Erde liegender, verdickter Teil einer Pflanze); auch: der **Knollen;** der **Knollenblätterpilz; knollenförmig;** die **Knollennase; knollig**

Knopf, der: -(e)s, Knöpfe; Knöpfe annähen – auf den Knopf (Klingel-, Schaltknopf) drücken – *jemandem geht der Knopf auf* (er begreift plötzlich); das **Knöpfchen;** der **Knopfdruck; knöpfen;** das **Knopfloch,** die ... löcher

Knor·pel, der: -s, - (festes Bindegewebe, das Knochen verbindet und stützt); **knorp(e)lig**

knor·rig: ein knorriger (verwachsener) Ast; auch: **knorzig;** der **Knorren** (Knoten, Verwachsung)

Knos·pe, die: -, -n (noch geschlossene Blüte); **knospen**

Kno·ten, der: -s, -; den Knoten (die Verschlingung) des Seils lösen – Knoten (verdickte Stellen) an den Fingern haben – fünf Knoten in der Stunde fahren (Maßeinheit für Schiffsgeschwindigkeit) – *bei jemandem ist der Knoten geplatzt* (er hat es endlich begriffen); **knoten:** seine Schnürsenkel knoten; **knotenförmig;** der **Knotenpunkt** (Vereinigung mehrerer Linien); **knotig**

Know-how *engl. [nouhau]*, das: -(s) (das Wissen, wie man etwas praktisch verwirklichen kann); auch: das **Knowhow**

knül·len: Papier knüllen (zerknittern, zusammendrücken)

Knül·ler, der: -s, - (tolle Sache, Schlager)

knüp·fen: Fäden knüpfen (zusammenknoten) – enge Beziehungen knüpfen (herstellen); die **Knüpfarbeit;** der **Knüpfteppich;** die **Knüpfung**

Knüp·pel, der: -s, - (kurzer Stock, Prügel); *jemandem Knüppel zwischen die Beine werfen* (Schwierigkeiten machen); **knüppeldick:** es kommt plötzlich knüppeldick (sehr schlimm); **knüppeln;** die **Knüppelschaltung**

knur·ren: (brummen, murren); knurrende Hunde – mir knurrt der Magen; **knurrig:** ein knurriger (schlecht gelaunter, mürrischer) Mensch; der **Knurrlaut**

knus·pern: (geräuschvoll knabbern); das **Knusperhäuschen; knusp(e)rig:** knusprige (frisch gebackene) Brötchen – knusprig (anziehend) aussehen

Knu·te, die: -, -n (Peitsche; Gerte); **knuten** (knechten, unterdrücken)

knut·schen: (küssen, liebkosen); die **Knutscherei**

k.o.: → knock-out

Ko·a·li·ti·on *franz.*, die: -, -en (Vereinigung, Bündnis von Parteien oder Staaten); **koalieren** (sich verbünden); der **Koalitionär;** die **Koalitionspartei;** der **Koalitionspartner;** die **Koalitionsregierung**

Ko·balt, das: -s (ein Metall); **kobaltblau**

Ko·bel, der: -s, - (kleiner Stall, Verschlag, Nest des Eichhörnchens); der **Koben** (Käfig, Stall)

Ko·bold, der: -(e)s, -e (Erd- und Hausgeist, Zwerg); **koboldhaft**

Ko·bra (Kob·ra) *port.*, die: -, -s (Brillenschlange)

ko·chen: ein gutes Essen kochen (zubereiten) – vor Wut, Zorn kochen – das Wasser kocht (siedet) – kochend heißes Wasser; der **Koch:** *viele Köche verderben den Brei;* das **Kochbuch; köcheln** (leicht kochen); der **Kocher; kochfertig; kochfest** (waschfest); das **Kochgeschirr;** die **Köchin;** die **Kochkunst,** die ...künste; der **Kochlöffel;** die **Kochnische;** das **Kochrezept;** der **Kochtopf,** die ...töpfe; die **Kochwäsche**

Kö·cher, der: -s, - (Futteral, Behälter für Pfeile)

Kode *engl. [kot]*, der: -s, -s (Schlüssel, Geheimzeichen); auch: der **Code; kodieren;** auch: **codieren;** die **Kodierung;** auch: die **Codierung**

Kö·der, der: -s, -; jemanden als Köder (Lockvogel) benutzen; **ködern:** Fische ködern (anlocken)

Ko·dex *lat.*, der: -es/-, -e/Kodizes (Handschriftensammlung, Gesetzbuch); auch: der **Codex**

Ko·edu·ka·ti·on *engl.*, die: - (gemeinsame schulische Erziehung von Knaben und Mädchen); **koedukativ**

Ko·exis·tenz *lat.*, die: - (friedliches Nebeneinanderleben): **koexistieren**

Kof·fe·in *arab.*, das: -s (anregender Wirkstoff in Tee und Kaffee); auch: das **Coffein; koffeinfrei;** auch: **coffeinfrei; koffeinhaltig;** auch: **coffeinhaltig**

Kof·fer *franz.*, der: -s, -; den Koffer packen; das **Kofferradio;** der **Kofferraum** (Gepäckraum im Auto); der **Kofferschlüssel**

Kog, der: -(e)s, Köge (dem Meer abgerungenes und durch Deiche geschütztes Land); auch: der **Koog**

Kog·ge, die: -, -n (Handelsschiff der Hanse)

Kog·nak (Ko·gnak) *franz. [konjak]*, der: -s, -s (Weinbrand); aber: der **Cognac** (französischer Weinbrand); die **Kognakbohne;** das **Kognakglas;** die **Kognakkirsche**

Kohl, der: -(e)s (Gemüse); *Kohl reden* (Unsinn reden); der **Kohldampf:** *Kohldampf schieben* (Hunger haben); der **Kohlrabi** (Gartenkohl); die **Kohlrübe;** die **Kohlsuppe;** der **Kohlweißling** (Schmetterling)

Koh·le, die: -, -n (Brennstoff); Kohle fördern – *wie auf glühenden Kohlen sitzen* (voller Unruhe sein); **kohleführend:** kohleführende Schichten (Schichten mit Kohlevorkommen); auch: Kohle führend; **kohlen;** das **Kohlendioxid** (farb- und geruchloses Gas); auch: das **Kohlendioxyd;** die **Kohlenheizung;** das **Kohle(n)hydrat** (Verbindung aus

G H I J K L M

Kohlenstoff, Sauerstoff und Wasserstoff); die **Kohlensäure;** der **Kohlenstoff** (chemisches Element); der **Kohlenwasserstoff;** das **Kohlepapier** (Durchschlagpapier); der **Köhler;** die **Kohlezeichnung; kohlrabenschwarz; kohlschwarz**

ko·i·tie·ren *lat.* (Geschlechtsverkehr ausüben); der **Koitus** (Geschlechtsakt); auch: der **Coitus**

Ko·je *niederl.*, die: -, -n (Schlafkabine, Ausstellungsstand)

Ko·ka·in *indian.*, das: -s (Betäubungsmittel, Rauschgift); auch: der/das **Koks; koksen** (Kokain nehmen)

ko·keln: (mit Feuer spielen)

ko·kett *franz.*: (gefallsüchtig, eitel, selbstgefällig); die **Koketterie; kokettieren** (sich interessant machen, seine Reize spielen lassen)

Ko·ko·lo·res, der: -; Kokolores (Unsinn) reden

Ko·kon *franz. [kokõ]*, der: -s, -s (Hülle der Insektenpuppen)

Ko·kos·nuss, die: -, ...nüsse (eine Frucht); die **Kokosmatte;** die **Kokospalme**

Koks *engl.*, der: -es, -e (Brennstoff aus Kohle); die **Kokerei;** die **Koksheizung;** der **Koksofen,** die ...öfen

Kol·ben, der: -s, -; der Kolben (ein Teil) des Motors – die Kolben (dicken Enden) des Maises; der **Kolbenmotor;** der **Kolbenring**

Kol·cho·se *russ.*, die: -, -n (landwirtschaftliches Staatsgut in östlichen Ländern); der **Kolchosbauer;** die **Kolchosbäuerin**

Ko·li·bri (Ko·lib·ri) *franz.*, der: -s, -s (kleiner Vogel)

Ko·lik *griech.*, die: -, -en (heftige, krampfartige Leibschmerzen)

Kolk·ra·be, der: -n, -n (Rabenvogel); auch: der **Kohlrabe**

kol·la·bo·rie·ren *franz.*: (mit dem Feind zusammenarbeiten); der **Kollaborateur** *[kolaboratör]*; die **Kollaborateurin,** die Kollaborateurinnen; die **Kollaboration**

Kol·laps *lat.*, der: -es, -e (Schwächeanfall); **kollabieren** (einen Kollaps erleiden)

Kol·le·ge *lat.*, der: -n, -n (Mitarbeiter, Berufsgenosse); das **Kolleg** (die Hochschulvorlesung); die **Kollegenschaft; kollegial:** kollegial (kameradschaftlich) mit jemandem verkehren – kollegial (hilfsbereit) sein; die **Kollegialität;** die **Kollegin;** das **Kollegium**

Kol·lek·te *lat.*, die: -, -n (Spendensammlung in der Kirche); die **Kollektion** (Mustersammlung, Zusammenstellung); **kollektiv** (gemeinschaftlich); das **Kollektiv** (Arbeitsgemeinschaft, Team); das **Kollektivbewusstsein; kollektivieren** (enteignen); die **Kollektivschuld** (Schuld einer Gemeinschaft)

Kol·ler, der: -s, - (Wutausbruch)

kol·lern: der Ball kollert (rollt) in die Ecke

kol·li·die·ren *lat.*: mit einem Auto kollidieren (zusammenstoßen); die **Kollision** (Zusammenstoß, Streit); der **Kollisionskurs**

Kol·lier *franz. [kolje]*, das: -s, -s (ein Halsschmuck); auch: das **Collier**

Kol·lo·qui·um *lat.*, das: -s, Kolloquien (Fachgespräch, Meinungsaustausch)

Ko·lo·nie *lat.*, die: -, Kolonien (auswärtige Ansiedlung eines Staates, Niederlassung, Siedlung); die **Kolonialherrschaft;** der **Kolonialismus;** die **Kolonialmacht,** die ...mächte; die **Kolonialwaren** *Pl.* (aus den Kolonien eingeführte Waren); die **Kolonisation** (wirtschaftliche Erschließung und Ausbeutung eines Landes); der **Kolonisator; kolonisieren:** ein Land kolonisieren (besiedeln); die **Kolonisierung;** der **Kolonist**

Ko·lon·ne *franz.*, die: -, -n; eine Kolonne (Gruppe, lange Reihe) Soldaten; das **Kolonnenfahren;** der **Kolonnenspringer**

Ko·lo·ra·tur *ital.*, die: -, -en (gesangliche Verzierung); der **Koloratursopran**

Ko·lo·rit *ital.*, das: -(e)s, -e/-s (Farbgebung, farbliche Gestaltung, Klangfarbe); **kolorieren:** ein Bild kolorieren (ausmalen, färben)

Ko·loss *griech.*, der: -es, -e (Ungetüm, Riesenstandbild); **kolossal:** ein kolossales (riesiges) Standbild – ein kolossales (gewaltiges) Glück haben; das **Kolossalgemälde**

kol·por·tie·ren *franz.*: (Gerüchte verbreiten, ausplaudern); die **Kolportage** *[kolportasche]*; der **Kolportageroman** (literarisch wertloser Roman); der **Kolporteur** *[...tör]*

Ko·lum·ne *lat.*, die: -, -n (Zeitungsspalte, Abschnitt); der **Kolumnentitel;** der **Kolumnist** (Zeitungsschreiber); die **Kolumnistin**

Ko·ma *griech.*, das: -s, -s/-ta (schwere Bewusstlosigkeit)

kom·bi·nie·ren *lat.*: (miteinander verbinden, berechnen); der **Kombi** (kombiniertes Liefer- und Personenauto); das **Kombinat** (Zusammenschluss von Betrieben in östlichen Ländern); die **Kombination:** eine richtige

Kombination (gedankliche Folgerung) – eine Kombination im Fußballspiel (planvolles Zusammenspiel); **kombinatorisch;** der **Kombiwagen;** die **Kombizange**

Kom·bü·se, die: -, -n (Schiffsküche)

Ko·met *griech.*, der: -en, -en (Schweifstern); **kometenhaft:** ein kometenhafter (steiler, schneller) Aufstieg

Kom·fort *engl. [komfor]*, der: -s (Luxus, Bequemlichkeit); **komfortabel:** sich komfortabel (wohnlich, gemütlich) einrichten

ko·misch *griech.*: sich komisch (sonderbar) benehmen – komisch (erheiternd, spaßig) wirken; die **Komik** # Comic; der **Komiker** (Spaßmacher); die **Komikerin,** die Komikerinnen; **komischerweise**

Ko·mi·tee *franz.*, das: -s, -s (leitender Ausschuss, Gruppe mit bestimmten Aufgaben); ein Komitee für den Frieden

Kom·ma *griech.*, das: -s, -s/-ta (Beistrich); der **Kommafehler;** die **Kommasetzung**

Kom·man·dant *franz.*, der: -en, -en (militärischer Befehlshaber, Leiter einer Einsatzgruppe); der **Kommandeur** *[komandör]*; **kommandieren:** Soldaten kommandieren (befehligen) – sich nicht kommandieren (sich nichts befehlen) lassen; das **Kommando** (Weisung, Befehl)

kom·men: du kommst, er kam, sie ist gekommen, komm(e)!; der Zug kommt mit Verspätung – wie komme (gelange) ich zum Bahnhof? – ins Gefängnis kommen – zu Reichtum kommen (gelangen) – das kommt (geschieht) überraschend – um sein Vermögen kommen (es verlieren) – er kommt (begegnet) mir frech – das Auto kommt auf viel Geld (kostet viel) – hinter etwas kommen (etwas aufdecken) – am kommenden (nächsten) Sonntag; das **Kommen:** ein ständiges Kommen und Gehen; **kommenlassen:** die Kupplung kommenlassen – den Gegner kommenlassen; auch: kommen lassen; aber nur: sich ein Getränk kommen lassen (bestellen)

Kom·men·tar *lat.*, der: -s, -e (Erläuterung, kritische Stellungnahme, Deutung); **kommentarlos** (ohne Stellungnahme); der **Kommentator; kommentieren;** die **Kommentierung**

kom·mer·zi·ell *lat.*: kommerzielle (geschäftliche) Interessen – kommerziell (auf Gewinn bedacht) handeln; der **Kommerz** (Wirtschaft, Handel und Verkehr); **kommerzialisieren** (wirtschaftlichen Interessen unterordnen); die **Kommerzialisierung**

Kom·miss *lat.*, der: -es (Militärdienst)

Kom·mis·sar *lat.*, der: -s, -e (Beauftragter, Kriminalbeamter); das **Kommissariat** (Amts- bzw. Polizeidienststelle); die **Kommissarin,** die Kommissarinnen; **kommissarisch:** ein Amt kommissarisch (vorübergehend, stellvertretend) ausüben; die **Kommission:** einer Kommission (einem Ausschuss) angehören – eine Ware in Kommission (zum Verkauf) geben; die **Kommissionsware**

Kom·mo·de *franz.*, die: -, -n (kastenförmiges Möbelstück mit Schubfächern)

Kom·mu·ne *lat.*, die: -, -n (Gemeinschaft Gleichgesinnter, Gemeinde); **kommunal:** eine kommunale (die Gemeinde betreffende) Angelegenheit; der **Kommunismus** (politische Richtung, die sich gegen den Kapitalismus wendet); der **Kommunist;** die **Kommunistin,** die Kommunistinnen; **kommunistisch**

Kom·mu·ni·ka·ti·on *lat.*, die: -, -en (Verbindung, Verständigung, Informationsaustausch); das **Kommunikationsmittel; kommunikativ;** das **Kommuniqué** (amtliche Mitteilung); auch: das **Kommunikee;** die **Kommunion** (Empfang des heiligen Abendmahls in der katholischen Kirche); **kommunizieren** (sich verständigen, das Abendmahl empfangen)

Ko·mö·die *griech.*, die: -, -n (Lustspiel); *Komödie spielen* (etwas vortäuschen); der **Komödiant** (Darsteller einer lustigen Rolle, Schauspieler); die **Komödiantin,** die Komödiantinnen; **kommödiantisch**

kom·pakt *franz.*: (dicht, fest, eng); die **Kompaktanlage;** die **Kompaktbauweise;** die **Kompaktheit;** die **Kompaktschallplatte** ⟨CD⟩

Kom·pa·nie ⟨Komp.⟩ *franz.*, die: -, Kompanien (Truppeneinheit, Handelsgesellschaft); der **Kompagnon** *[kompanjõ]* (Geschäftsteilhaber, Partner); der **Kompanieführer**

Kom·pa·ra·tiv *lat.*, der: -s, -e (Sprachlehre: zweite Steigerungsstufe)

Kom·pass *ital.*, der: -es, -e (Gerät zur Bestimmung der Himmelsrichtung); die **Kompassnadel**

kom·pa·ti·bel *engl.*: (vereinbar, kombinierbar, austauschbar); die **Kompatibilität**

Kom·pen·di·um *lat.*, das: -s, Kompendien (Lehrwerk, Nachschlagewerk)

kom·pen·sie·ren: (ausgleichen); die **Kompensation** (Entschädigung, Abfindung, Ausgleich); das **Kompensationsgeschäft; kompensatorisch** (ausgleichend); die **Kompensierung**

kom·pe·tent *lat.*: in einer Sache kompetent (zuständig) sein – ein kompetentes (sachverständiges) Urteil – nicht kompetent (zuständig) sein; die **Kompetenz**

kom·ple·men·tär *franz.*: (ergänzend); das **Komplement** (Ergänzung) # Kompliment; die **Komplementärfarbe** (Ergänzungsfarbe)

kom·plett *franz.*: eine komplette (vollständige) Sammlung; **komplettieren** (ergänzen)

Kom·plex *lat.*, der: -es, -e; ein Komplex (eine Einheit) von Gebäuden – Komplexe (Wunsch- oder Furchtvorstellungen) haben; **komplex:** ein komplexer (vielschichtiger, verwickelter) Sachverhalt

Kom·pli·ce *franz.*, der: -n, -n; auch: → der **Komplize**

Kom·pli·ment *franz.*, das: -(e)s, -e; jemandem ein Kompliment (eine Höflichkeitsbezeigung) machen # Komplement; **komplimentieren**

Kom·pli·ze *franz.*, der: -n, -n (Mittäter, Helfer); auch: der **Komplice;** die **Komplizenschaft;** die **Komplizin,** die Komplizinnen

kom·pli·ziert *lat.*: eine komplizierte (schwierige, verwickelte) Lage; die **Komplikation:** unerwartet treten Komplikationen (Schwierigkeiten, Verwicklungen) auf; **komplizieren:** das kompliziert (erschwert) alles; die **Kompliziertheit;** die **Komplizierung**

Kom·plott *franz.*, das/der: -(e)s, -e (Verschwörung, Überfall); *ein Komplott schmieden* (heimlich einen Anschlag vorbereiten)

Kom·po·nen·te *lat.*, die: -, -n (Bestandteil, Teil eines Ganzen); **komponieren:** ein Lied komponieren (vertonen) – eine geschickt komponierte (gestaltete) Erzählung; der **Komponist** (Tonkünstler), die **Komponistin,** die Komponistinnen; die **Komposition** (Aufbau, Zusammensetzung, Gliederung)

Kom·post *franz.*, der: -(e)s, -e (Naturdünger); die **Komposterde;** der **Komposthaufen; kompostierbar; kompostieren**

Kom·pott *franz.*, das: -(e)s, -e (gekochtes Obst)

kom·pri·mie·ren *franz.*: (zusammenpressen, kürzen); die **Kompresse** (feuchter Umschlag); die **Kompression;** der **Kompressor** (Gerät zum Verdichten von Gasen); **komprimiert:** komprimierte (zusammengepresste) Luft – ein komprimierter (kurzer) Bericht; die **Komprimierung**

Kom·pro·miss *lat.*, der: -es, -e; einen Kompromiss (einen Vergleich, eine Übereinkunft) schließen; **kompromissbereit; kompromisslos;** die **Kompromisslösung**

kom·pro·mit·tie·ren *franz.*: (in Verlegenheit bringen, blamieren)

kon·den·sie·ren *lat.*: Wasserdampf kondensiert (verflüssigt sich) – kondensierte (verdichtete) Milch; das **Kondensat** (Niederschlag, entstandene Flüssigkeit); die **Kondensation** (Verdichtung, Verflüssigung); der **Kondensator;** die **Kondensierung;** die **Kondensmilch;** der **Kondensstreifen;** das **Kondenswasser**

Kon·di·ti·on *lat.*, die: -, -en; eine gute Kondition (körperliche Verfassung) haben – gute Konditionen (Bedingungen) aushandeln; **konditionsschwach;** die **Konditionsschwäche; konditionsstark;** das **Konditionstraining**

Kon·di·tor *lat.*, der: -s, Konditoren (Feinbäcker); die **Konditorei;** die **Konditorin,** die Konditorinnen

kon·do·lie·ren *lat.*: (Beileid aussprechen); die **Kondolenzkarte;** das **Kondolenzschreiben**

Kon·dom *engl.*, das/der: -s, -e/-s (Mittel zur Empfängnisverhütung, Präservativ)

Kon·fekt *lat.*, das: -(e)s, -e (Zuckerwerk)

Kon·fek·ti·on *franz.*, die: -, -en (Fertigkleidung); der **Konfektionsanzug**

Kon·fe·renz *lat.*, die: -, -en (Beratung, Sitzung); der **Konferenzbeschluss,** die ...beschlüsse; der **Konferenzsaal,** die ...säle; das **Konferenzzimmer; konferieren** (Verhandlungen führen, sich beraten)

Kon·fes·si·on *lat.*, die: -, -en (religiöses Bekenntnis, Glaube); **konfessionell** (zu einer Konfession gehörend); **konfessionslos;** der **Konfessionswechsel**

Kon·fet·ti *ital.*, das: -(s) (bunte Papierblättchen); die **Konfettiparade**

Kon·fi·gu·ra·ti·on *lat.*, die: -, -en (Stellung von Gestirnen, Anordnung); **konfigurieren** (Hardware und Software zusammenstellen)

Kon·fir·ma·ti·on *lat.*, die: -, -en (feierliche

Aufnahme evangelischer Jugendlicher in die Kirchengemeinde); der **Konfirmand;** die **Konfirmandin; konfirmieren**

kon·fis·zie·ren *lat.*: (beschlagnahmen); die **Konfiszierung**

Kon·fi·tü·re *franz.*, die: -, -n (Fruchtmus, Marmelade)

Kon·flikt *lat.*, der: -(e)s, -e; sich in einem Konflikt (Zwiespalt) befinden – einen Konflikt (Streit) heraufbeschwören – mit den Gesetzen in Konflikt geraten (Gesetze übertreten); **konfliktfrei; konfliktgeladen;** der **Konfliktherd; konfliktlos;** die **Konfliktlösung; konfliktscheu;** die **Konfliktsituation**

Kon·fö·de·ra·ti·on *lat.*, die: -, -en (Staatenbund); **konföderativ; konföderieren** (sich verbinden); der/die **Konföderierte**

kon·form *lat.*: konform sein (einer Meinung sein, übereinstimmen) – konforme Ansichten haben; **konformgehen:** mit jemandem konformgehen (völlig übereinstimmen); auch: konform gehen; der **Konformismus** (Haltung, die um Anpassung an die bestehenden Verhältnisse, an die herrschende Meinung bemüht ist); der **Konformist;** die **Konformistin,** die Konformistinnen; **konformistisch;** die **Konformität** (Übereinstimmung)

kon·fron·tie·ren *lat.*: (gegenüberstellen); die **Konfrontation** (Auseinandersetzung, Gegenüberstellung); der **Konfrontationskurs;** die **Konfrontierung**

kon·fus *lat.*: konfuse (verworrene, unklare) Gedanken – konfus (kopflos, fahrig) wirken; die **Konfusion** (Verwirrung, Unordnung)

Kon·glo·me·rat *lat.*, das: -(e)s, -e (Gemisch, Zusammenballung)

Kon·gress *lat.*, der: -es, -e (Tagung, Zusammenkunft); die **Kongresshalle;** der **Kongresssaal;** auch: der **Kongress-Saal;** der **Kongressteilnehmer;** das **Kongresszentrum**

kon·gru·ent *lat.*: eine kongruente (übereinstimmende, völlig gleiche) Meinung haben – kongruente (deckungsgleiche) Dreiecke; die **Kongruenz** (Deckungsgleichheit)

Kö·nig, der: -s, -e; jemanden zum König krönen – den König (eine Spielkarte) ausspielen – den König (eine Schachfigur) ziehen – die Heiligen Drei Könige; die **Königin,** die Königinnen; die **Königinpastete; königlich:** ein königliches (kostbares) Geschenk; aber: die Königliche Hoheit; das **Königreich;** das **Königspaar;** das **Königsschloss,** die ...schlösser; der **Königssohn,** die ...söhne; die **Königstochter,** die ...töchter; **königstreu;** der **Königsweg** (beste Lösung); das **Königtum**

ko·nisch *griech.*: (kegelförmig); der **Konus,** die Konusse (Kegel, Kegelstumpf)

Kon·ju·ga·ti·on *lat.*, die: -, -en (Sprachlehre: die Beugung des Zeitwortes); **konjugierbar; konjugieren** (beugen)

Kon·junk·ti·on *lat.*, die: -, -en (Sprachlehre: Bindewort)

Kon·junk·tiv *lat.*, der: -s, -e (Sprachlehre: Möglichkeitsform); **konjunktivisch**

Kon·junk·tur *lat.*, die: -, -en (Wirtschaftslage); **konjunkturabhängig; konjunkturbedingt; konjunkturell:** die konjunkturelle Lage; das **Konjunkturprogramm**

kon·kav *lat.*: (nach innen gekrümmt); der **Konkavspiegel**

Kon·kla·ve *lat. [konklawe]*, das: -s, -n (Versammlung der Kardinäle zur Papstwahl)

Kon·kor·dat *lat.*, das: -(e)s, -e (Vertrag zwischen einem Staat und der Kirche)

kon·kret *lat.*: etwas konkret (anschaulich, deutlich) zeigen – ein konkreter (wirklicher, sichtbarer, greifbarer) Gegenstand – die konkrete Malerei; die **Konkretheit; konkretisieren** (veranschaulichen, verdeutlichen); die **Konkretisierung**

Kon·kur·renz *lat.*, die: -, -en; mit jemandem in Konkurrenz (im Wettstreit) liegen – zur Konkurrenz (zu anderen Konkurrenten) gehen – er startet außer Konkurrenz; der **Konkurrent** (Mitbewerber, Gegner); die **Konkurrentin,** die Konkurrentinnen; **konkurrenzfähig;** der **Konkurrenzkampf,** die ...kämpfe; **konkurrenzlos;** der **Konkurrenzneid; konkurrieren** (wetteifern)

Kon·kurs *lat.*, der: -es, -e; in Konkurs gehen (zahlungsunfähig werden); die **Konkursmasse;** das **Konkursverfahren**

kön·nen: du kannst, er konnte, sie hat gekonnt; er kann nicht schwimmen – etwas nicht leiden können – man kann (darf) hier nicht parken – *es mit jemandem gut können* (mit jemandem gut auskommen); das **Können** (Fertigkeit); der **Könner** (Fachmann); die **Könnerin;** die **Könnerschaft**

Kon·nex *lat.*, der: -es, -e (Zusammenhang, Verbindung)

Kon·rek·tor *lat.*, der: -s, Konrektoren (stellvertretender Rektor); die **Konrektorin,** die Konrektorinnen

Kon·sens *lat.*, der: -es, -e; einen Konsens (Einigkeit, Übereinstimmung) erzielen; **konsensfähig**

Kon·se·quenz *lat.*, die: -, -en; die Konsequenzen (Folgerungen) ziehen – er hat die Konsequenzen (Folgen) zu tragen; **konsequent:** konsequent (beharrlich) an seiner Meinung festhalten – konsequent (folgerichtig) handeln – etwas konsequent (zielstrebig) zu Ende führen; **konsequenterweise**

kon·ser·va·tiv *lat.*: (am Hergebrachten, Überlieferten festhaltend); konservative (altmodische, rückständige) Ansichten haben; der/die **Konservative;** der **Konservativismus**

Kon·ser·ve *lat.*, die: -, -n (Dauerware); die **Konservenbüchse;** die **Konservendose;** die **Konservenfabrik;** der **Konservenöffner; konservierbar; konservieren** (aufbewahren, erhalten, haltbar machen); die **Konservierung;** das **Konservierungsmittel;** der **Konservierungsstoff**

kon·sis·tent *lat.*: (fest, beständig, dickflüssig); die **Konsistenz** (Beschaffenheit, Dichte)

Kon·so·le *franz.*, die: -, -n (Wandbrett, Mauervorsprung); der **Konsoltisch**

kon·so·li·die·ren *lat.*: einen Betrieb konsolidieren (in seinem Bestand sichern) – die Lage hat sich konsolidiert; die **Konsolidierung**

Kon·so·nant *lat.*, der: -en, -en (Mitlaut)

Kon·sor·te *lat.*, der: -n, -n (Gefährte, Mittäter); das **Konsortium** (Vereinigung von Unternehmen)

Kon·spi·ra·ti·on (Kons·pi·ra·ti·on) *lat.*, die: -, -en (Verschwörung); **konspirativ:** ein konspiratives Treffen; **konspirieren** (sich verschwören)

kon·stant (kons·tant) *lat.*: konstante (gleichbleibende) Leistungen bringen – sich konstant (beharrlich) weigern; die **Konstante** (unveränderliche Größe); die **Konstanz** (Unveränderlichkeit, Beharrlichkeit); **konstatieren** (feststellen); die **Konstatierung**

Kons·tel·la·ti·on (Kon·stel·la·ti·on) *lat.*, die: -, -en (Sachlage, Umstände)

kons·ter·niert (kon·ster·niert) *lat.*: (bestürzt, betroffen, fassungslos)

Kon·sti·tu·ti·on (Kons·ti·tu·ti·on) *lat.*, die: -, -en; eine gute Konstitution (körperlich-geistige Verfassung) haben; **konstituieren:** einen Verein konstituieren (gründen) – sich konstituieren (zusammentreten, sich zusammensetzen); **konstitutionell** (verfassungsgemäß)

kon·stru·ie·ren (kons·tru·ie·ren, konst·ru·ie·ren) *lat.*: (bauen, entwerfen, zusammenfügen); der **Konstrukteur** *[konstruktör]*; die **Konstrukteurin;** die **Konstruktion** (Entwurf, Bauwerk, Herstellung); **konstruktiv:** konstruktive (aufbauende) Arbeit leisten

Kon·sul *lat.*, der: -s, -n (Vertreter eines Staates im Ausland); **konsularisch;** das **Konsulat** (Gesandtschaft); die **Konsulin,** die Konsulinnen

kon·sul·tie·ren *lat.*: jemanden konsultieren (ein fachliches Urteil bei jemandem einholen, ihn um Rat fragen); die **Konsultation** (fachliche Beratung und Untersuchung); die **Konsultierung**

Kon·sum *ital.*, der: -s (Verbrauch, Genuss); der **Konsumartikel;** der **Konsument** (Verbraucher, Käufer); die **Konsumentin,** die Konsumentinnen; die **Konsumgenossenschaft;** die **Konsumgesellschaft** (Wohlstandsgesellschaft); die **Konsumgüter** *Pl.;* **konsumieren:** viel Tabak konsumieren (verbrauchen); die **Konsumierung**

Kon·takt *lat.*, der: -(e)s, -e (Berührung, Verbindung, Fühlungnahme); die **Kontaktadresse; kontaktarm;** die **Kontaktarmut;** die **Kontaktaufnahme; kontaktfähig; kontaktfreudig** (gesellig); das **Kontaktgespräch; kontaktieren** (Verbindung aufnehmen); die **Kontaktlinse** (auf der Hornhaut getragenes Augenglas); **kontaktlos;** die **Kontaktlosigkeit;** der **Kontaktmann,** die ...männer/...leute; die **Kontaktnahme;** die **Kontaktperson; kontaktscheu;** die **Kontaktschwäche**

kon·tern *engl.*: (widersprechen, abwehren, zurückschlagen); der **Konter;** der **Konterangriff;** das **Konterfei** (Bildnis); **konterkarieren** (hintertreiben) die **Konterrevolution** (Gegenrevolution); der **Konterschlag,** die ...schläge (abwehrender Schlag)

Kon·text *lat.*, der: -(e)s, -e (Zusammenhang, Umgebung, umgebender Text)

Kon·ti·nent *lat.*, der: -(e)s, -e (Erdteil, Festland); **kontinental;** das **Kontinentalklima;** die **Kontinentalmacht,** die ...mächte

Kon·tin·gent *lat.*, das: -(e)s, -e (begrenzte Menge, festgesetzter Anteil); **kontingen-**

tieren; die **Kontingentierung**

kon·ti·nu·ier·lich *lat.*: (unaufhörlich, ununterbrochen); die **Kontinuität** (Beständigkeit); das **Kontinuum** (etwas lückenlos Zusammenhängendes)

Kon·to ⟨Kto.⟩ *ital.*, das: -s, Konten/Konti/Kontos (Aufstellung über Forderungen und Schulden); ein Konto eröffnen – sein Konto überziehen; der **Kontoauszug;** der **Kontoinhaber;** die **Kontonummer;** das **Kontor** (Büro, Handelsniederlassung); der **Kontostand**

kon·tra (kont·ra) *lat.*: (wider, gegen); auch: **contra;** das **Kontra:** *jemandem Kontra geben* (heftig widersprechen); der **Kontrabass,** die ...bässe (ein großes Streichinstrument); der **Kontrahent** (Gegner, Vertragspartner); die **Kontrahentin,** die Kontrahentinnen

Kon·trakt *lat.*, der: -(e)s, -e (Abmachung, Vertrag); **kontraktbrüchig**

kon·trär (kont·rär) *franz.*: eine konträre (gegensätzliche) Meinung haben

Kon·trast (Kont·rast) *franz.*, der: -(e)s, -e (Gegensatz, Unterschied); **kontrastarm;** die **Kontrastfarbe; kontrastieren** (sich unterscheiden, sich abheben, gegenüberstehen); **kontrastiv;** das **Kontrastmittel;** das **Kontrastprogramm; kontrastreich:** ein kontrastreiches (abwechslungsreiches) Programm

kon·trol·lie·ren (kont·rol·lie·ren) *franz.*: die Arbeit kontrollieren (überwachen) – sich nicht mehr kontrollieren (beherrschen) können; die **Kontrolle;** der **Kontrolleur** *[kontrolör]*; die **Kontrolleurin,** die Kontrolleurinnen; der **Kontrollgang,** die ...gänge; **kontrollierbar;** die **Kontrolllampe;** auch: die **Kontroll-Lampe;** die **Kontrolluhr**

Kon·tro·ver·se (Kont·ro·ver·se) *lat. [kontrowerse]*, die: -, -n (Streit, Meinungsverschiedenheit); **kontrovers:** kontrovers (gegensätzlich) diskutieren – eine kontroverse (strittige) Frage

Kon·tur *franz.*, die: -, -en (Umriss, äußere Körperlinie); **kontur(en)los; konturenreich; konturieren** (Umrisse ziehen, andeuten)

Kon·vent *lat. [konwent]*, der: -(e)s, -e (Kloster, Tagung, Zusammenkunft)

kon·ven·ti·o·nell *franz. [konwentsionel]*: (üblich, gebräuchlich); die **Konvention:** gegen die Konventionen (Umgangsregeln) verstoßen – eine Konvention (ein Abkommen) nicht halten; die **Konventionalstrafe** (Vertragsstrafe)

kon·ver·gie·ren *lat. [konwergiren]*: (sich annähern, sich überschneiden); **konvergent** (übereinstimmend); die **Konvergenz** (Übereinstimmung, Annäherung)

Kon·ver·sa·ti·on *franz. [konwersatßion]*, die: -, -en (Unterhaltung); das **Konversationslexikon,** die ...lexiken/...lexika (Nachschlagewerk für das Allgemeinwissen)

kon·ver·tie·ren *lat. [konwertiren]*: (den Glauben wechseln); **konvertierbar** (austauschbar); die **Konvertierbarkeit**

kon·vex *lat. [konwekß]*: eine konvexe (nach außen gekrümmte) Linse

Kon·voi *engl. [konwoi]*, der: -s, -s (Geleitzug)

kon·ze·die·ren *lat.*: (zugestehen, einräumen)

kon·zen·trie·ren (kon·zent·rie·ren) *lat.*: Truppen konzentrieren (zusammenziehen) – sich nicht konzentrieren (geistig sammeln) können; das **Konzentrat:** ein Konzentrat (eine hochprozentige Lösung) aus Pflanzensäften – das Konzentrat (die Zusammenfassung) eines Vortrages; die **Konzentration:** die Konzentration (geistige Sammlung) lässt nach – die Konzentration (Vereinigung, Zusammenlegung) der Streitkräfte; die **Konzentrationsfähigkeit;** das **Konzentrationslager** ⟨KZ⟩; der **Konzentrationsmangel;** die **Konzentrationsschwäche; konzentriert:** konzentriert (aufmerksam) zuhören – ein konzentrierter (kurzer, das Wichtigste zusammenfassender) Bericht – konzentrierte (gehaltreiche) Nahrung; die **Konzentriertheit;** die **Konzentrierung; konzentrisch:** konzentrische Kreise (Kreise mit einem gemeinsamen Mittelpunkt)

Kon·zept *lat.*, das: -(e)s, -e (Entwurf, Rohfassung, Plan); *aus dem Konzept geraten* (unsicher werden) – *jemanden aus dem Konzept bringen* (verwirren); die **Konzeption** (Leitidee, Programm); **konzeptionslos;** die **Konzeptionslosigkeit;** → konzipieren

Kon·zern *engl.*, der: -(e)s, -e (Zusammenschluss von mehreren Unternehmen); die **Konzernleitung**

Kon·zert *ital.*, das: -(e)s, -e (eine öffentliche musikalische Aufführung); der **Konzertabend; konzertant** (konzertmäßig); **konzertieren** (gemeinsam musizieren); der **Konzertsaal,** die ...säle; der **Konzertsänger;**

G H I J K L M

die **Konzertsängerin,** die ...sängerinnen

Kon·zes·si·on *lat.*, die: -, -en; eine Konzession (Erlaubnis) für ein Geschäft bekommen – keine Konzessionen (Zugeständnisse) machen; **konzessioniert:** ein konzessionierter (behördlich genehmigter) Betrieb; **konzessionsbereit**

Kon·zil *lat.*, das: -s, -e/-ien (Kirchentagung, Versammlung katholischer Bischöfe); **konziliant:** eine konziliante (umgängliche, freundliche) Art haben; die **Konzilianz**

kon·zi·pie·ren: (entwerfen, verfassen); die **Konzipierung;** → Konzept

Koog, der: -(e)s, Köge (dem Meer abgerungenes und durch Deiche geschützes Land); auch: der **Kog**

ko·ope·rie·ren *lat.*: (zusammenarbeiten); die **Kooperation;** das **Kooperationsabkommen; kooperationsbereit; kooperativ** (zur Zusammenarbeit bereit); die **Kooperative** (Arbeitsgemeinschaft); der **Kooperator** (katholischer Hilfsgeistlicher)

ko·or·di·nie·ren *lat.*: Maßnahmen koordinieren (aufeinander abstimmen); die **Koordinate** (Lageangabe); die **Koordination;** der **Koordinator;** die **Koordinatorin;** die **Koordinierung**

Kopf, der: -(e)s, Köpfe; den Kopf schütteln – einen roten Kopf bekommen – Kopf an Kopf stehen – von Kopf bis Fuß – Kopf hoch (den Mut nicht verlieren)! – den Kopf des Briefes schreiben – der Kopf (Anführer) der Bande – *sich den Kopf zerbrechen* (sehr angestrengt über etwas nachdenken) – *mit dem Kopf durch die Wand wollen* (Unmögliches erzwingen wollen) – *den Kopf aus der Schlinge ziehen* (einer Gefahr gerade noch entkommen) – *den Kopf hängen lassen* (mutlos sein) – *seinen Kopf hinhalten* (für etwas geradestehen) – *den Kopf verlieren* (kopflos handeln) – *jemandem den Kopf waschen* (ihm die Meinung sagen) – *nicht mehr wissen, wo einem der Kopf steht* (überlastet sein) – *nicht auf den Kopf gefallen sein* (aufgeweckt, gescheit sein); das **Kopf-an-Kopf-Rennen;** der **Kopfball,** die ...bälle; die **Kopfbedeckung;** das **Köpfchen; köpfen:** den Ball ins Tor köpfen – einen Verbrecher köpfen (ihm den Kopf abschlagen); der **Kopfhörer;** das **Kopfkissen; kopflastig** (vorn zu stark belastet); die **Kopflastigkeit; kopflos** (unüberlegt, übereilt, verstört); die **Kopflosigkeit; kopfrechnen;** das **Kopfrechnen;** der **Kopfsalat; kopfscheu** (ängstlich); *jemanden kopfscheu machen* (verunsichern); der **Kopfschmerz;** die **Kopfschmerzen** *Pl.*; der **Kopfschuss,** die ...schüsse; das **Kopfschütteln;** der **Kopfschutz;** der **Kopfstand; kopfstehen** (völlig überrascht, verwirrt sein): sie steht kopf; **kopfüber** (mit dem Kopf voran); **kopfunter;** das **Kopfweh;** das **Kopfzerbrechen**

Ko·pie *lat.*, die: -, Kopien (Abzug, Abschrift, Nachbildung); **kopieren** (vervielfältigen, wiedergeben); der **Kopierer;** das **Kopiergerät;** der **Kopierstift**

Kop·pel, die: -, -n (eingezäunte Weide); das **Koppel** (Gurt, Leibriemen); **koppeln** (miteinander verbinden); das **Koppelschloss,** die ...schlösser; die **Kopp(e)lung;** das **Kopp(e)lungsmanöver**

Ko·ral·le *griech.*, die: -, -n (ein Meerestier); der **Korallenfischer;** die **Koralleninsel;** das **Korallenriff;** der **Korallenschmuck**

Ko·ran *arab.*, der: -s, -e (heilige Schrift des Islam); die **Koransure** (Korankapitel)

Korb, der: -(e)s, Körbe (geflochtener Behälter); ein Korb Kartoffeln – *jemandem einen Korb geben* (seine Heiratsabsichten, seine Bitte ablehnen); der **Korbball;** der **Korbblütler; körbeweise;** der **Korbsessel**

Kord *engl.*, der: -(e)s, -e/-s (gerippter Baumwollstoff); auch: → der **Cord**

Kor·del *franz.*, die: -, -n (gedrehte Schnur)

Ko·rin·the, die: -, -n (kleine Rosine)

Kork *span.*, der: -(e)s, -e (Korkeichenrinde); die **Korkeiche;** der **Korken** (Stöpsel, Verschluss für Flaschen); der **Korkenzieher**

Korn, das: -(e)s (Teil der Visiereinrichtung auf dem Lauf einer Feuerwaffe); über Kimme und Korn zielen – *jemanden aufs Korn nehmen* (es auf ihn abgesehen haben)

Korn, das: -(e)s, Körner; das Korn (Getreide) steht gut auf dem Feld; der **Korn** (Getreideschnaps); die **Kornähre;** die **Kornblume; kornblumenblau;** das **Körnerfutter;** das **Kornfeld; körnig:** ein körniger Reis; die **Kornkammer;** der **Kornspeicher**

Kör·per *lat.*, der: -s, -; der menschliche Körper – der Körper eines Würfels; der **Körperbau; körperbehindert;** der/die **Körperbehinderte; körpereigen;** die **Körperfülle;** das

Körpergewicht; die **Körpergröße;** die **Körperhaltung;** die **Körperkraft,** die ... kräfte; **körperlich:** eine körperliche Anstrengung; das **Körperorgan;** die **Körperpflege;** die **Körperschaft** (Verband, Vereinigung); das **Körperspray;** die **Körperverletzung**

kor·pu·lent *lat.*: (beleibt, dick); die **Korpulenz**

kor·rekt *lat.*: ein korrektes (einwandfreies) Benehmen – korrekt (fehlerfrei) arbeiten; **korrekterweise;** die **Korrektheit;** die **Korrektur** (Berichtigung, Verbesserung); das **Korrekturzeichen; korrigieren:** einen Fehler korrigieren (berichtigen)

Kor·re·la·ti·on *lat.*, die: -, -en (Wechselbeziehung, Verbindung); das **Korrelat** (Ergänzung, Entsprechung); **korrelieren**

Kor·res·pon·dent (Kor·re·spon·dent) *lat.*, der: -en, -en (Mitarbeiter für Zeitung, Rundfunk, Fernsehen); die **Korrespondentin,** die Korrespondentinnen; die **Korrespondenz** (Schriftverkehr); **korrespondieren:** mit der Freundin korrespondieren (Briefe wechseln) – mit einer Meinung nicht korrespondieren (übereinstimmen)

Kor·ri·dor *ital.*, der: -s, -e (Flur, Gang)

Kor·ro·si·on *lat.*, die: -, -en (Zerstörung von Oberflächen, Zersetzung); **korrodieren** (zersetzen); **korrosionsbeständig; korrosionsfest;** der **Korrosionsschutz; korrosiv**

Kor·rup·ti·on *lat.*, die: -, -en (Bestechlichkeit); **korrumpieren** (bestechen); die **Korrumpierung; korrupt:** ein korrupter (bestechlicher) Mitarbeiter – eine korrupte (verdorbene) Gesellschaft; der **Korruptionsskandal**

Kor·sett *franz.*, das: -s, -e/-s (Mieder)

Kor·so *ital.*, der: -s, -s (Umzug, Schaufahrt)

Ko·ry·phäe *griech.*, die: -, -n (bedeutende Persönlichkeit, Gelehrter)

K.-o.-Schlag, der: -(e)s, ...-Schläge (Niederschlag beim Boxen);das **K.-o.-System**

ko·sen: (Zärtlichkeiten tauschen); der **Kosename;** das **Kosewort,** die ...wörter/...worte

Ko·si·nus ⟨cos⟩ *lat.*, der: -, -/-se (Winkelfunktion im rechtwinkligen Dreieck)

Kos·me·tik *griech.*, die: - (Schönheitspflege); die **Kosmetikerin,** die Kosmetikerinnen; der **Kosmetikkoffer;** der **Kosmetiksalon;** das **Kosmetikum,** die Kosmetika (Schönheitsmittel); **kosmetisch**

Kos·mos *griech.*, der: - (Welt, Weltall); **kosmisch:** kosmische Strahlen; der **Kosmonaut** (Weltraumfahrer); die **Kosmonautin;** der **Kosmopolit** (Weltbürger)

kos·ten: Speisen kosten (probieren); die **Kost** (Nahrung, Essen); das **Kostgeld; köstlich:** eine köstliche (schmackhafte) Speise – sich köstlich (mit Vergnügen) unterhalten; die **Köstlichkeit;** die **Kostprobe;** der **Kostverächter:** *kein Kostverächter* (ein Feinschmecker) *sein*

Kos·ten *Pl.*, die: - (Geld, Ausgaben, Gebühren); auf Kosten von – *auf seine Kosten kommen* (zufriedengestellt werden); **kostbar:** ein kostbarer (wertvoller) Schmuck; die **Kostbarkeit; kosten:** was kostet das Haus? – das kann mich meine Stellung kosten – das kostet (erfordert) viel Zeit und Geld; **kostendeckend;** auch: Kosten deckend; die **Kostenerstattung;** die **Kostenexplosion;** die **Kostenfrage; kostenfrei; kostengünstig; kostenlos; kostenpflichtig;** der **Kostenpunkt; kostensenkend:** kostensenkende Maßnahmen; auch: Kosten senkend; die **Kostensenkung; kostensparend;** auch: Kosten sparend; der **Kostenvoranschlag,** die ...voranschläge (Kostenberechnung); **kostspielig** (teuer); die **Kostspieligkeit**

Kos·tüm *franz.*, das: -s, -e (zweiteiliges Kleidungsstück aus Rock und Jacke für Frauen); der **Kostümball;** das **Kostümfest;** sich **kostümieren** (verkleiden); die **Kostümierung**

Kot, der: -(e)s (Schmutz); das **Kotblech** (Verkleidung von Rädern); der **Kotflügel; kotig**

Ko·te·lett *franz.*, das: -s, -s (Rippenstück); die **Koteletten** *Pl.* (Backenbart)

Kö·ter, der: -s, - (abwertend für: Hund)

kot·zen: (sich übergeben); *zum Kotzen* (äußerst widerlich) *sein;* **kotzübel**

Kr. (Krs.) = Kreis

krab·beln: auf dem Boden krabbeln (auf Händen und Füßen kriechen); die **Krabbe** (Krebsart); das **Krabbelalter;** der **Krabbenfischer**

Krach, der: -(e)s, Kräche; Krach (Lärm) machen – mit jemandem Krach (Streit) haben – *mit Ach und Krach* – *Krach schlagen* (sich beschweren); **krachen:** Schüsse krachen (knallen) – gegen einen Baum krachen (prallen) – sich mit jemandem krachen (streiten); **krachenlassen** (ausgelassen feiern); auch: krachen lassen; der **Kracher** (Knallkörper)

G H I J K L M

krạ̈ch·zen: (mit heiserer Stimme sprechen); du krächzt wie ein Rabe; der **Krächzer**

Kraft, die: -, Kräfte; mit allen Kräften – in Kraft (gültig) – ein Gesetz in Kraft setzen (gültig werden lassen) – in Kraft treten – das Inkrafttreten – außer Kraft setzen – die Kraft (Macht) des Wortes; **kraft:** kraft (aufgrund) seines Amtes; der **Kraftakt;** die **Kraftanstrengung;** der **Kraftaufwand;** die **Kraftbrühe;** das **Kräftemessen; kräftesparend:** ein kräftesparendes Rennen; auch: Kräfte sparend; **kräftezehrend** (anstrengend); der **Kraftfahrer;** die **Kraftfahrerin;** das **Kraftfahrzeug** ⟨Kfz⟩; das **Kraftfutter; kräftig:** ein kräftiger (starker) Stoß – einen kräftigen (ordentlichen) Schluck nehmen – eine kräftige (nahrhafte) Suppe; **kräftigen;** die **Kräftigung; kraftlos;** die **Kraftlosigkeit;** der **Kraftmensch;** die **Kraftprobe;** das **Kraftrad,** die ...räder; **kraftraubend;** auch: Kraft raubend; **kraftsparend;** auch: Kraft sparend; der **Kraftstoff; kraftstrotzend;** aber: vor Kraft strotzend; der **Kraftverbrauch;** der **Kraftverkehr; kraftvoll** (stark, wuchtig); der **Kraftwagen;** das **Kraftwerk;** der **Kraftwerkbetreiber;** die **Kraftwerkbetreiberin**

Kra·gen, der: -s, -/Krägen; jemanden am Kragen (Hals) packen – der Kragen des Mantels; der **Kragenknopf;** die **Kragenweite**

krä·hen: der Hahn kräht am frühen Morgen; die **Krähe** (Rabenvogel): *eine Krähe hackt der anderen kein Auge aus;* das **Krähennest**

Kra·kau·er, die: -, - (eine Wurstsorte)

Kra·ke *norw.*, der: -n, -n (Riesentintenfisch)

kra·kee·len: auf den Straßen krakeelen (schreien, lärmen); der **Krakeel** (Unruhe, Streit); der **Krakeeler;** die **Krakelerei**

Kra·kel, der: -s, - (schwer lesbares Schriftzeichen); **krak(e)lig; krakeln**

kral·len: sich an etwas krallen (mit den Händen festhalten); die **Kralle:** *die Krallen zeigen* (sich nicht alles gefallen lassen)

Kram, der: -(e)s; auf dem Speicher liegt allerlei Kram (Gerümpel, Zeug, Ramsch) – *den ganzen Kram hinschmeißen* (nicht weitermachen wollen); **kramen:** in der Tasche kramen (herumwühlen) – alte Fotos aus dem Fach kramen (hervorholen); der **Krämer** (Kaufmann); die **Krämerseele** (kleinlicher Mensch); der **Kramladen,** die ...läden

Krampf, der: -(e)s, Krämpfe; einen Krampf in der Wade bekommen – lauter Krampf (Unsinn, Fehler) machen; die **Krampfader; krampfartig; krampfhaft:** krampfhaft (verbissen, beharrlich) an etwas festhalten – krampfhaft (gequält) lächeln; **krampfstillend;** aber: den Krampf stillend

Kran, der: -(e)s, -e/Kräne (Hebevorrichtung); der **Kranführer**

Kra·nich, der: -s, -e (Stelzvogel)

krank: kränker, am kränksten; krank im Bett liegen – krank sein – sich krank (leidend) fühlen – krank werden – sich krank stellen; sich **krankärgern;** der/die **Kranke; kränkeln** (längere Zeit ein wenig krank sein); **kranken:** an etwas kranken (leiden, Mangel haben); die **Krankengymnastik;** das **Krankenhaus;** die **Krankenkasse;** der **Krankenpfleger;** die **Krankenpflegerin,** die ...pflegerinnen; die **Krankenschwester;** der **Krankentransport; krankenversichert;** der **Krankenwagen; krankfeiern** (der Arbeit fernbleiben, ohne krank zu sein); **krankhaft:** eine krankhafte (nicht mehr normale) Eifersucht; die **Krankhaftigkeit;** die **Krankheit; krankheitserregend; krankheitshalber;** sich **kranklachen** (heftig lachen); **kränklich:** ein kränkliches Aussehen haben; die **Kränklichkeit; krankmachen:** er hat mehrere Tage krankgemacht (krankgefeiert); aber: der Stress hat sie krankgemacht; auch: krank gemacht; sich **krankmelden; krankschreiben**: den Patienten krankschreiben

krän·ken: deine Worte kränken (beleidigen, verletzen) mich; **kränkend:** kränkende (beleidigende) Worte; die **Kränkung**

Kranz, der: -es, Kränze (Gewinde); Kränze binden; das **Kränzchen** (Zusammenkunft von mehreren weiblichen Personen zur Unterhaltung); **kränzen;** die **Kranzspende**

Krap·fen, der: -s, - (Gebäck aus Hefeteig)

krass: krasser, am krassesten; krasse (sehr große) Fehler machen – ein krasser (extremer) Außenseiter; die **Krassheit**

Kra·ter *griech.*, der: -s, - (trichterförmige Öffnung im Boden); die **Kraterlandschaft;** der **Kratersee**

Krät·ze, die: - (Hautkrankheit); **krätzig** (von Krätze befallen)

krat·zen: die Katze kratzte und biss – sich im Gesicht kratzen – die Feder kratzt auf dem Papier beim Schreiben – der Pullover kratzt (juckt, beißt) fürchterlich; die **Kratzbürste** (harte Bürste, widerspenstige Person); **kratzbürstig:** ein kratzbürstiges (widerspenstiges, bockiges) Mädchen; die **Kratzbürstigkeit;** der **Kratzer** (Schramme); der **Kratzfuß:** einen Kratzfuß (eine tiefe Verbeugung) machen; **kratzig:** eine kratzige Wolle; die **Kratzspur;** die **Kratzwunde**

krau·len: das Fell des Hundes kraulen (leicht kratzen)

krau·len: *engl.*: im Wasser kraulen (im Kraulstil schwimmen); auch: **crawlen** *[krolen]* – das Fell eines Hundes kraulen (fein, leicht kratzen); das **Kraul** (Schwimmstil); auch: das **Crawl;** der **Krauler;** auch: der **Crawler;** die **Kraulerin;** auch: die **Crawlerin; kraulschwimmen;** auch: Kraul schwimmen; aber nur: sie schwimmt Kraul; das **Kraulschwimmen;** auch: das **Crawlschwimmen;** der **Kraulstil;** auch: der **Crawlstil**

kräu·seln: die Haare kräuseln (ringeln) sich – der Wind kräuselt die Wasserfläche; **kraus:** krauses (stark gewelltes, gelocktes) Haar haben – krause (verworrene) Gedanken; die **Krause;** das **Kraushaar; kraushaarig;** der **Krauskopf; krausköpfig**

Kraut, das: -(e)s, Kräuter (Pflanze, Gemüse); wie Kraut und Rüben (durcheinander, unordentlich) – *ins Kraut schießen* (sich übermäßig ausbreiten); die **Kräuterbutter;** der **Kräutertee; krautig;** der **Krautwickel** (Krautroulade)

Kra·wall, der: -s, -e (Aufruhr, Streit, Lärm); *Krawall machen* (sich energisch beschweren); der **Krawallmacher**

Kra·wat·te *franz.*, die: -, -n (Schlips, Binder); die **Krawattennadel;** der **Krawattenzwang**

kra·xeln: auf einen Berg kraxeln (klettern); die **Kraxe** (Tragegestell); die **Kraxelei;** der **Kraxler** (Kletterer); die **Kraxlerin**

kre·a·tiv *lat.*: (erfinderisch, einfallsreich, schöpferisch); die **Kreation** (Modeschöpfung); die **Kreativität;** der **Kreativurlaub;** → kreieren

Kre·a·tur *lat.*, die: -, -en (Lebewesen, Geschöpf); **kreatürlich;** die **Kreatürlichkeit**

Krebs, der: -es, -e; Krebse fangen – an Krebs (einer bösartigen Geschwulst) leiden; **krebsartig; krebsen:** das Unternehmen krebst (bewegt sich mühsam) am Rande des Ruins; **krebserregend:** krebserregende Substanzen; auch: Krebs erregend; die **Krebsfrüherkennung;** die **Krebsgeschwulst,** die ...geschwülste; das **Krebsgeschwür; krebskrank;** der/die **Krebskranke; krebsrot;** die **Krebssuppe;** das **Krebstier;** die **Krebsvorsorge;** die **Krebszelle**

kre·den·zen *ital.*: dem Gast Wein kredenzen (anbieten, einschenken)

Kre·dit *lat.*, der: -(e)s, -e; einen Kredit (ein befristetes Darlehen) aufnehmen – bei jemandem Kredit haben (Vertrauen genießen); die **Kreditanstalt;** der **Kreditantrag;** die **Kreditbank;** der **Kreditbrief;** der **Kreditgeber;** das **Kreditinstitut;** die **Kreditkarte; kreditwürdig;** die **Kreditwürdigkeit**

Kre·do *lat.*, das: -s, -s (Glaubensbekenntnis); auch: das **Credo**

Krei·de, die: -, -n; mit Kreide an die Tafel schreiben – *bei jemandem in der Kreide stehen* (Schulden haben); **kreidebleich** (sehr bleich); der **Kreidefelsen; kreideweiß** (blass); die **Kreidezeichnung;** die **Kreidezeit** (vorgeschichtliches Zeitalter); **kreidig**

kre·ie·ren *franz.*: (neu schaffen, erstmals herausbringen); die **Kreierung;** → kreativ

Kreis ⟨Kr., Krs.⟩, der: -es, -e: einen Kreis bilden – im Kreise der Familie – den Umfang des Kreises berechnen – *sich im Kreise bewegen* (nicht vorwärtskommen); der **Kreisabschnitt;** der **Kreisausschnitt;** die **Kreisbahn;** die **Kreisbewegung;** der **Kreisdurchmesser;** der **Kreisel** (Spielzeug); **kreisen:** die Erde kreist um die Sonne – mit dem Flugzeug über der Stadt kreisen – meine Gedanken kreisen (drehen sich) nur um dich # kreißen; die **Kreisfläche; kreisförmig; kreisfrei:** eine kreisfreie Stadt; der **Kreisinhalt;** der **Kreislauf;** der **Kreislaufkollaps;** die **Kreislinie; kreisrund;** die **Kreissäge;** die **Kreisstadt,** die ...städte; der **Kreistag;** der **Kreisumfang;** der **Kreisverkehr**

krei·schen: kreischende (laut, schrill schreiende) Kinder – das Tor kreischt beim Aufmachen – kreischende Bremsen

krei·ßen: (in Geburtswehen liegen, gebären) # kreisen; der **Kreißsaal,** die ...säle (Entbindungszimmer in einem Krankenhaus)

Krem, die: -, -s (Hautsalbe, Süßspeise); auch: die **Kreme;** auch: → die **Creme; kremen;** auch: **cremen; kremig;** auch: **cremig**

Kre·ma·to·ri·um *lat.*, das: -s, Krematorien (Einäscherungsanlage)

Krẹm·pe, die: -, -n (Hutrand); **krempeln** (umschlagen)

Krẹm·pel, der: -s (Abfall, Trödel, Ramsch)

kre·pie·ren *ital.*: elend krepieren (verenden) – eine Granate krepiert (zerplatzt)

Krẹpp *franz.*, der: -s, -s/-e (Kräuselstoff, raues Gewebe); auch: der **Crêpe** *[krẹp]*; **kreppartig;** das **Kreppapier;** auch: das **Krepp-Papier;** die **Kreppsohle**

Krẹpp *franz.*, die: -, -s (dünner Eierkuchen); auch: die **Crêpe** *[krẹp]*

Krẹs·se, die: -, -n (Salat- und Gewürzpflanze)

Kreuz *lat.*, das: -es, -e; zum Kreuz (Kruzifix) aufschauen – einen Stoß in das Kreuz (den Rücken) bekommen – ein schweres Kreuz (Leid) zu tragen haben – das Rote Kreuz – das Eiserne Kreuz (eine Kriegsauszeichnung) – *zu Kreuze kriechen* (klein beigeben) – *mit jemandem über(s) Kreuz* (zerstritten, böse) *sein;* aber: kreuz und quer; **kreuzbrav** (sehr brav); **kreuzehrlich** (sehr ehrlich); **kreuzen:** die Arme kreuzen – die Wege haben sich gekreuzt – das Schiff kreuzt vor dem Hafen (fährt hin und her); der **Kreuzer** (Kriegsschiff, alte Münze); der **Kreuzestod;** das **Kreuz(es)zeichen;** die **Kreuzfahrt;** das **Kreuzfeuer:** *ins Kreuzfeuer geraten* (von allen Seiten angegriffen werden); **kreuzfidel** (sehr lustig); **kreuzförmig;** der **Kreuzgang; kreuzigen;** die **Kreuzigung; kreuzlahm;** die **Kreuzotter** (giftige Schlange); der **Kreuzreim;** der **Kreuzritter;** die **Kreuzspinne;** die **Kreuzung:** an einer Kreuzung halten – eine Kreuzung (Mischung) von zwei Tieren; **kreuzunglücklich; kreuzungsfrei;** das **Kreuzverhör** (Vernehmung einer/eines Angeklagten); der **Kreuzverkehr;** der **Kreuzweg;** das **Kreuzweh; kreuzweise** (über Kreuz); das **Kreuzworträtsel;** das **Kreuzzeichen;** der **Kreuzzug,** die ... züge (Krieg gegen Ungläubige)

krịb·beln: es kribbelt (juckt) in den Fingern; **kribb(e)lig:** ganz kribbelig (gereizt, ungeduldig) sein; das **Kribbeln**

krie·chen: du kriechst, er kroch, sie ist gekrochen, kriech(e)!; vor dem Chef kriechen (sich unterwürfig zeigen); der **Kriecher;** die **Kriecherei;** die **Kriecherin; kriecherisch** (unterwürfig); die **Kriechspur;** das **Kriechtempo;** das **Kriechtier**

Krieg, der: -(e)s, -e; einen Krieg (eine bewaffnete Auseinandersetzung) führen; der **Krieger;** die **Kriegerin; kriegerisch** (kämpferisch); **kriegführend:** kriegführende Staaten; auch: Krieg führend; der **Kriegsausbruch;** der **Kriegsbeginn;** das **Kriegsbeil:** *das Kriegsbeil ausgraben* (einen Streit beginnen); **kriegsbeschädigt;** der **Kriegsdienst** (Wehrdienst); der **Kriegsdienstverweigerer;** das **Kriegsende;** die **Kriegsentschädigung;** die **Kriegserklärung;** der **Kriegsfall;** die **Krieg(s)führung; Kriegsfuß:** *mit jemandem auf Kriegsfuß* (in ständigem Streit, Zwist) *stehen;* der **Kriegsgefangene;** der **Kriegsgegner; kriegsgeschädigt;** die **Kriegsgräberfürsorge;** das **Kriegshandwerk;** der **Kriegsinvalide;** das **Kriegsopfer;** das **Kriegsrecht** (Ausnahmezustand); der **Kriegsschauplatz,** die ... plätze; das **Kriegsschiff;** der **Kriegsteilnehmer;** das **Kriegsverbrechen; kriegsversehrt;** der **Kriegsversehrte;** der **Kriegsveteran** (alter oder ehemaliger Soldat, der an einem Krieg teilgenommen hat); die **Kriegswaise;** die **Kriegswirren** *Pl.*; der **Kriegszug;** der **Kriegszustand**

krie·gen: sie kriegt (bekommt) Heimweh – ein Kind kriegen (schwanger sein) – den Ausbrecher nicht kriegen (fassen) können

kri·mi·nẹll: eine kriminelle (verbrecherische, strafbare) Tat; der **Krịmi** (Kriminalfilm, -roman); der **Kriminalbeamte;** oder: der **Kriminaler;** auch: der **Kriminalịst; kriminalịstisch;** die **Kriminalität** (Verbrechen, Straffälligkeit); der **Kriminalkommissar;** die **Kriminalpolizei** ⟨Kripo⟩; der/die **Kriminelle**

Krịms·krams, der: -(es) (wertloses Zeug)

Krịn·gel, der: -s, -; Kringel (kleine Kreise) in das Heft zeichnen – einen Kringel (Gebäck) essen; **kringelig; kringeln**

Krịp·pe, die: -, -n; Futter in die Krippe (den Futtertrog) werfen – von der Krippe (der Kindertagesstätte) abholen; die **Krippenfigur;** das **Krippenspiel** (Weihnachtsspiel)

Kri·se *griech.*, die: -, -n (Höhepunkt einer schlimmen Lage, Störung); **kriseln:** in ihrer Ehe kriselt es; **krisenanfällig; krisenfest; krisenhaft;** der **Krisenherd** (Gefahrengebiet); der **Krisenstab,** die ... stäbe; die **Krisis** (Höhepunkt, Wendepunkt einer Krankheit)

Kris·tạll *griech.*, das: -s, -e (Mineral, geschliffenes Glas); der **Kristall** (Kristallkörper); **kristallen** (aus Kristall); das **Kristall-**

glas; die **Kristallisation** (Bildung von Kristallen); **kristallisieren; kristallklar** (klar und durchsichtig); die **Kristallkugel;** der **Kristallleuchter;** auch: der **Kristall-Leuchter;** die **Kristallvase;** der **Kristallzucker**

Kri·te·ri·um *griech.*, das: -s, Kriterien (Kennzeichen, unterscheidendes Merkmal)

Kri·tik *griech.*, die: -, -en (Stellungnahme, Beanstandung, Tadel); eine sachliche Kritik – *unter aller Kritik* (sehr schlecht) *sein;* der **Kritikaster** (kleinlicher Nörgler); der **Kritiker;** die **Kritikerin,** die Kritikerinnen; **kritikfähig;** die **Kritikfähigkeit; kritiklos** (leichtgläubig, bedenkenlos); die **Kritiklosigkeit; kritisch:** sich in einer kritischen (ernsten) Lage befinden – sich kritisch (ablehnend, herabsetzend) äußern – ein kritischer (wachsamer, urteilsfähiger) Kopf; **kritisieren;** die **Kritisierung**

krit·teln: (tadeln, beanstanden); er hat immer etwas zu kritteln; die **Krittelei**

krit·zeln: in das Heft kritzeln (unleserlich schreiben); die **Kritzelei** (Schmiererei)

Kro·a·ti·en: -s (Staat in Südosteuropa); der **Kroate;** die **Kroatin,** die Kroatinnen; **kroatisch**

Kro·ko·dil *griech.*, das: -s, -e (Reptil, Panzerechse); das **Krokodilleder;** die **Krokodilsträne** (unechte, scheinheilige Träne)

Kro·kus *griech.*, der: -, - / -se (Frühlingsblüher)

Kro·ne *griech.*, die: -, -n; eine Krone auf dem Haupt tragen – die Krone (der Wipfel; der obere, Laub oder Nadel tragende Teil) eines Baumes – die Krone (das Höchste) der Schöpfung – *einer Sache die Krone aufsetzen* (an Unverschämtheit nicht mehr zu überbieten sein); das **Krönchen; krönen;** der **Kron(en)korken** (Flaschenverschluss); der **Kronleuchter;** der **Kronprinz;** die **Kronprinzessin;** der **Kronschatz;** die **Krönung;** der **Kronzeuge** (Hauptzeuge vor Gericht); die **Kronzeugin,** die ... zeuginnen

Kropf, der: -(e)s, Kröpfe (krankhafte Wucherung am Hals, der Schlund eines Vogels); *überflüssig wie ein Kropf sein* (ganz und gar nicht notwendig sein); das **Kröpfchen**

kross: krosse (knusprige) Brötchen

Krö·te, die: -, -n (Froschlurch); diese kleine Kröte! (freches, kleines Mädchen) – seine letzten Kröten (das letzte Geld) ausgeben; die **Krötenwanderung**

Krü·cke, die: -, -n (Stütze); der **Krückstock**

Krug, der: -(e)s, Krüge (Gefäß); *der Krug geht so lange zum Brunnen, bis er bricht;* das **Krügelchen;** das **Krüglein**

Kru·me die: -, -n (Brotbröckelchen, Ackerboden); auch: der **Krümel;** das **Krümelchen; krüm(e)lig; krümeln**

krumm: krummer, am krummsten; krumm (nicht gerade) sitzen – eine krumme Nase – krumme Beine haben – ein krummer (gebeugter, buckeliger) Rücken – er geht krumm (gekrümmt) – *krumme* (unredliche) *Geschäfte machen;* **krummbeinig; krummbiegen:** das Eisen krummbiegen; auch: krumm biegen; **krümmen:** sich am Boden krümmen; **krummgehen:** es wird schon krummgehen (misslingen); sich **krummlachen:** *sich krumm- und schieflachen* (heftig lachen); sich **krummlegen** (sich sehr einschränken müssen); **krummmachen:** keinen Finger krummmachen; auch: krumm machen; **krummnehmen:** eine Bemerkung krummnehmen (übelnehmen); das **Krummschwert;** der **Krummstab,** die ... stäbe (Bischofsstab); die **Krümmung**

Krüp·pel, der: -s, - (Körperbehinderter); **krüppelhaft; krüpp(e)lig**

Krus·te *lat.*, die: -, -n; die Kruste (harte äußere Schicht, Rinde) des Brotes – auf der Wunde bildet sich eine Kruste; **krustig**

Kru·zi·fix *lat.*, das: -es, -e (Kreuz, Darstellung des gekreuzigten Christus)

Kryp·ta *griech.*, die: -, Krypten (unterirdischer Kirchenraum, Gruft); **kryptisch** (unklar); die **Kryptographie** (Lehre von der Nachrichtenverschlüsselung); auch: die **Kryptografie**

Kto.-Nr. = Kontonummer

Kü·bel, der: -s, -; Wasser in einen Kübel (Eimer) schütten – *wie aus Kübeln gießen* (heftig regnen); der **Kübelwagen** (Militärauto)

Ku·bus *griech.*, der: -, Kuben (Würfel); der/das **Kubikmeter** ⟨m^3⟩ (Maßeinheit des Raumes); der **Kubikwürfel;** die **Kubikzahl; kubisch** (würfelförmig); der **Kubismus** (Kunstrichtung im 20. Jahrhundert)

Kü·che, die: -, -n (Kochraum); das Essen in der Küche zubereiten – den ganzen Tag in der Küche stehen; der **Küchenabfall,** die ... abfälle; das **Küchenbüfett** (Küchenschrank); auch: das **Küchenbuffet;** der **Küchenchef;** die **Küchenchefin,** die ... chefinnen; der **Küchendienst;** der **Küchenherd;** die **Küchenhilfe;** der **Küchenjunge;** das **Küchenpersonal;** der **Küchenschrank,** die ...schränke; der **Küchenstuhl,** die ...stühle; die **Küchenwaage;** die **Küchenzeile;** der **Küchenzettel**

Ku·chen, der: -s, - (ein Gebäck); das **Kuchenblech;** die **Kuchenform;** die **Kuchengabel;** der **Kuchenteig**

Ku·ckuck, der: -s, -e (ein Vogel); **kuckuck!;** das **Kuckucksei;** die **Kuckucksuhr**

Kud·del·mud·del, das/der: -s (Durcheinander, Wirrwarr)

Ku·fe, die: -, -n (Gleitschiene)

Kü·fer, der: -s, - (Hersteller von Weinfässern)

Ku·gel, die: -, -n (runder Körper); die Kugel rollt unter den Tisch – von einer Kugel (einem Geschoss) getroffen werden – *eine ruhige Kugel schieben* (sich nicht sehr anstrengen müssen); das **Kügelchen; kugelfest; kugelförmig;** das **Kugelgelenk;** der **Kugelhagel; kug(e)lig** (dick); das **Kugellager; kugeln:** sich kugeln (krümmen) vor Lachen; **kugelrund;** der **Kugelschreiber;** auch: der **Kuli; kugelsicher; kugelstoßen;** das **Kugelstoßen;** der **Kugelwechsel**

Kuh, die: -, Kühe (weibliches Rind); Kühe melken; der **Kuhdung;** das **Kuheuter;** der **Kuhfladen;** der **Kuhhandel** (unsauberes Geschäft); die **Kuhhaut,** die ...häute: *das geht auf keine Kuhhaut* (das ist unglaublich); der **Kuhhirt;** die **Kuhmilch;** der **Kuhmist;** der **Kuhstall,** die ...ställe; **kuhwarm:** kuhwarme Milch

kühl: ein kühler (frischer) Abend – jemandem kühl (abweisend) begegnen – etwas kühl lagern – *einen kühlen Kopf bewahren* (besonnen, überlegen bleiben); aber: im Kühlen sitzen; die **Kühle; kühlen** (kaltstellen); der **Kühler;** die **Kühlerhaube;** das **Kühlhaus,** die ...häuser; das **Kühlmittel;** der **Kühlraum;** der **Kühlschrank; kühlstellen;** auch: kühl stellen; die **Kühltasche;** die **Kühltruhe;** die **Kühlung;** das **Kühlwasser**

Kuh·le, die: -, -n (Grube, Loch, Mulde)

kühn: ein kühner (mutiger, verwegener) Fahrer – eine kühne Idee; die **Kühnheit**

k.u.k. = kaiserlich und königlich; die **k.u.k. Monarchie** (im ehemaligen Österreich-Ungarn)

Kü·ken, das: -s, - (junges Huhn)

ku·lant *franz.*: sich kulant (entgegenkommend, verbindlich) zeigen; die **Kulanz**

Ku·li, der: -s, -s (Kugelschreiber, Gelegenheitsarbeiter in Südostasien)

ku·li·na·risch *lat.*: (die Kochkunst betreffend); kulinarische Genüsse

Ku·lis·se *franz.*, die: -, -n (Bühnenwand, Dekoration); hinter den Kulissen (im Hintergrund, heimlich); der **Kulissenschieber** (Bühnenarbeiter); der **Kulissenwechsel**

kul·lern: die Äpfel kullern (rollen) auf den Boden; die **Kulleraugen** *Pl.* (erstaunte, große Augen)

kul·mi·nie·ren *lat.*: (gipfeln); die **Kulmination** (Höhepunkt einer Entwicklung); der **Kulminationspunkt**

Kult *lat.*, der: -(e)s, -e (Verehrung, Gottesdienst); die **Kulthandlung; kultisch; kultivieren:** das Land kultivieren (bearbeiten); **kultiviert:** sich kultiviert (wohlerzogen) benehmen – eine kultivierte (gepflegte) Sprache; die **Kultstätte;** die **Kultur:** die Kultur (die künstlerischen und geistigen Errungenschaften) eines Landes – ein Mann mit Kultur (Benehmen, Bildung); der **Kulturbanause** (Person ohne Kunstverständnis); der **Kulturbetrieb;** das **Kulturdenkmal; kulturell;** das **Kulturgut,** die ...güter; die **Kulturlandschaft; kulturlos;** die **Kulturnation;** die **Kulturpolitik;** die **Kulturstätte;** das **Kulturvolk;** das **Kultusministerium**

Küm·mel, der: -s, - (Gewürz, Schnaps); das **Kümmelbrot**

Kum·mer, der: -s; viel Kummer (Sorgen) haben; der **Kummerkasten** (Kasten, in den man Beschwerden schriftlich niederlegen kann); **kümmerlich:** kümmerlich (dürftig) leben – eine kümmerliche (schwächliche) Gestalt; sich **kümmern:** sich um die Armen und Kranken kümmern (für sie sorgen); die **Kümmernis,** die Kümmernisse (Leid); **kummervoll** (betrübt)

Kum·pan, der: -s, -e (Helfer, Gefährte); die **Kumpanei;** die **Kumpanin**

Kum·pel, der: -s, - (Arbeitskamerad, Bergmann); **kumpelhaft**

ku·mu·lie·ren *lat.*: (anhäufen, verstärken); die **Kumulation;** die **Kumulierung;** der **Kumulus,** die Kumuli (Haufenwolke)

Kun·de, der: -n, -n; seine Kunden (Käufer, Auftraggeber) besuchen – ein alter Kunde;

die **Kundenberatung;** der **Kundenbesuch;** der **Kundendienst;** die **Kundenkartei;** der **Kundenkredit;** der **Kundenkreis;** der **Kundenstamm;** die **Kundenwerbung;** die **Kundin;** die **Kundschaft** (Kundenkreis)

Kụn·de, die: -, -n (Botschaft, Nachricht); jemandem Kunde (Nachricht) geben; **künden** (bekanntgeben, anzeigen); die **Kundgabe** (Bekanntmachung); **kundgeben** (mitteilen); die **Kundgebung:** eine öffentliche Kundgebung (Demonstration); **kundig:** ein kundiger (erfahrener, sachverständiger) Führer; **kundmachen** (etwas veröffentlichen); **kundschaften** (zu erfahren suchen); der **Kundschafter** (Späher, Agent); **kundtun** (kundgeben); **kundwerden** (bekanntwerden)

kụ̈n·di·gen: die Wohnung kündigen (das Mietverhältnis für beendet erklären) – einem Arbeiter kündigen (ihn entlassen); **kündbar:** ein kündbarer Vertrag; die **Kündigung;** das **Kündigungsschreiben;** der **Kündigungsschutz;** der **Kündigungstermin**

kụ̈nf·tig: (in Zukunft, später); in künftigen Jahren – meine künftige Frau

kụn·geln: (etwas in geheimer Absprache entscheiden); die **Kungel<u>ei</u>**

Kụnst, die: -, Künste; die Kunst (Fertigkeit) des Schreibens – die bildenden Künste (Malerei, Bildhauerei, Grafik); auch: die Bildenden Künste – *mit seiner Kunst am Ende sein* (nicht mehr weiterwissen); die **Kunstausstellung;** das **Kunstdenkmal,** die ...mäler/ ...male; der **Kunstdruck,** die ...drucke; der **Kunstdünger;** das **Kunsteis;** die **Kunsterziehung;** die **Kunstfaser;** der **Kunstfehler** (ärztlicher Fehleingriff); **kunstfertig** (geschickt); die **Kunstfertigkeit;** der **Kunstflug,** die ...flüge; **kunstgerecht** (fachmännisch); das **Kunstgewerbe;** der **Kunstgriff** (List, Kniff); das **Kunsthandwerk;** der **Künstler;** die **Künstlerin,** die Künstlerinnen; **künstlerisch;** das **Künstlerpech** (kleines Missgeschick); das **Künstlertum; künstlich:** künstliche (unechte) Blumen – die künstliche Atmung – sein Lachen klang sehr künstlich (gezwungen); die **Künstlichkeit; kunstlos** (einfach, schlicht); die **Kunstpause;** der **Kunststoff;** das **Kunststück;** das **Kunstturnen; kunstvoll;** das **Kunstwerk**

kụn·ter·bunt: (durcheinander, gemischt); das **Kunterbunt**

Ku·p<u>ee</u> *franz.,* das: -s, -s (sportliches Auto, Zugabteil); auch: das **Coupé**

Kụp·fer ⟨Cu⟩, das: -s (Schwermetall); das **Kupferbergwerk;** der **Kupferdraht,** die ...drähte; der **Kupferdruck;** der **Kupferkessel;** die **Kupfermünze; kupfern** (aus Kupfer); **kupferrot;** der **Kupferschmied;** der **Kupferstich**

Ku·pon *franz. [kupõ],* der: -s, -s (Abschnitt, z. B. als Beleg, Gutschein); auch: der **Coupon**

Kụp·pe, die: -, -n; die Kuppe (Gipfel) des Berges – die Kuppe des Fingers; die **Kuppel** (Gewölbe, Wölbung); der **Kuppelbau**

kụp·peln: (zusammenfügen, verbinden); die **Kuppel<u>ei</u>** (Vermittlung einer Heirat); die **Kupplerin,** die Kupplerinnen; die **Kupplung** (Verbindung zweier beweglicher Teile)

K<u>u</u>r *lat.,* die: -, -en (Pflege, Heilbehandlung); *jemanden in die Kur nehmen* (ihm ernst die Meinung sagen); der **Kuraufenthalt; kuren** (eine Kur machen); der **Kurgast,** die ...gäste; das **Kurhaus,** die ...häuser; **kur<u>ie</u>ren** (heilen, ärztlich behandeln); das **Kurkonzert;** der **Kurort;** der **Kurpfuscher** (Nichtskönner); die **Kurtaxe** (Gebühr)

K<u>ü</u>r, die: -, -en (Übung im Sport nach freier Wahl); Kür laufen; **küren:** jemanden zum Sportler des Jahres küren (auswählen); der **Kurfürst; kurfürstlich;** der **Kürlauf;** das **Kürlaufen;** die **Kürübung**

K<u>ü</u>·rass *franz.,* der: -es, -e (Brustpanzer); der **Küras<u>sie</u>r** (Soldat der schweren Reiterei)

Ku·ra·t<u>o</u>·ri·um *lat.,* das: -s, Kuratorien (Aufsichtsbehörde)

Kụr·bel, die: -, -n (Griff, Hebel); die **Kurbel<u>ei</u>; kurbeln;** die **Kurbelwelle**

Kụ̈r·bis, der: -ses, -se (eine Pflanze, Frucht); der **Kürbiskern**

Ku·rie *lat. [k<u>u</u>rje],* die: - (päpstliche Verwaltungsbehörde); der **Kurienkardinal,** die ...kardinäle

Ku·r<u>ie</u>r *franz.,* der: -s, -e (Eilbote); der **Kurierdienst;** das **Kuriergepäck;** die **Kurierin**

ku·r<u>ie</u>·ren *lat.:* (heilen)

ku·ri·<u>o</u>s *lat.:* ein kurioser (seltsamer, sonderbarer) Vorfall; die **Kuriosit<u>ä</u>t;** das **Kuriosum,** die Kuriosa (seltsamer Vorfall, seltsames Stück)

Kụrs, der: -es, -e; der Kurs (die Fahrtrichtung) eines Flugzeuges – ein schneller Kurs (Rennstrecke) – einen Kurs (Lehrgang) im

Maschineschreiben besuchen – der Kurs (Wert der Währung) fällt – *etwas außer Kurs setzen* (für ungültig erklären) – *hoch im Kurs stehen* (viel wert sein); die **Kursänderung;** das **Kursangebot;** das **Kursbuch;** der **Kursgewinn; kursieren** (im Umlauf sein); die **Kurskorrektur; kursorisch:** nur einen kursorischen (ungenauen, oberflächlichen) Überblick haben; der **Kurssturz,** die ...stürze; der **Kursteilnehmer;** die **Kursteilnehmerin,** die ...teilnehmerinnen; der **Kursus:** einen Kursus (Lehrgang) besuchen; der **Kurswagen;** der **Kurswert**

Kürsch·ner, der: -s, - (Pelzbearbeiter); die **Kürschnerei;** die **Kürschnerin**

kur·siv *lat.*: eine kursive (schräg gestellte) Schrift; der **Kursivdruck;** die **Kursivschrift**

Kur·ve *lat.*, die: -, -n; in eine Kurve (Biegung, Schleife, Kehre) fahren – aus der Kurve getragen werden – *die Kurve kratzen* (sich davonmachen) – *die Kurve kriegen* (etwas erreichen, nicht scheitern); **kurven:** um die Ecke kurven (schnell fahren) – durch die Gegend kurven (ziellos umherfahren); die **Kurvenlage; kurvenreich;** die **Kurverei; kurvig:** eine kurvige Strecke

kurz: kürzer, am kürzesten; eine kurze Hose – ein kurzer Aufenthalt – kurz entschlossen sein – kurz unterbrechen – kurz ausruhen – binnen/seit/vor kurzem; auch: binnen/seit/vor Kurzem – über kurz oder lang – kurz und bündig (ohne Umschweife) – kurz und gut – kurz gesagt – *kurz angebunden* (unfreundlich) *sein – zu kurz kommen* (benachteiligt sein) – *alles kurz und klein schlagen* (zertrümmern); aber: den Kürzeren ziehen (im Nachteil sein); die **Kurzarbeit; kurzarbeiten** (Kurzarbeit machen); aber: nur kurz (nicht lange) arbeiten; **kurzärm(e)lig; kurzatmig; kurzbeinig;** die **Kürze:** in Kürze; **das Kürzel** (Abkürzungszeichen); **kürzen; kurzentschlossen:** kurzentschlossen in den Urlaub fahren; auch: kurz entschlossen; **kurzerhand** (ohne viel zu überlegen); **kürzertreten** (sich einschränken); sich **kurzfassen** (wenige Worte machen); **kurzfristig:** etwas kurzfristig (kurz vorher) ankündigen; **kurzgefasst:** eine kurzgefasste Erklärung; auch: kurz gefasst; die **Kurzgeschichte; kurzgeschnitten:** kurzgeschnittene Haare; auch: kurz geschnitten; **kurzhaarig; kurzhalten:** *jemanden kurzhalten* (ihm wenig zum Leben geben); **kurzlebig; kürzlich** (neulich, unlängst); **kurzmachen;** auch: kurz machen; das **Kurzreferat; kurzschließen** (den Stromkreis schließen); der **Kurzschluss,** die ...schlüsse; die **Kurzschlusshandlung** (unüberlegte Handlung); **kurzschneiden;** auch: kurz schneiden; die **Kurzschrift; kurzsichtig:** kurzsichtig (sehbehindert) sein – sehr kurzsichtig (engstirnig) handeln; die **Kurzsichtigkeit;** der **Kurzstreckenläufer; kurztreten:** aus gesundheitlichen Gründen kurztreten (sich zurückhalten, einschränken); die **Kurzwaren** *Pl.* (kleinere, zum Nähen benötigte Gegenstände); die **Kurzweil** (Unterhaltung, Zeitvertreib); **kurzweilig; kurzum** (um es kurz zu sagen); die **Kürzung;** die **Kurzwelle;** das **Kurzwort,** die ...wörter; **kurzzeitig** (kurz)

ku·scheln: (sich anschmiegen); die **Kuschelecke; kusch(e)lig;** das **Kuscheltier; kuschelweich**

ku·schen: er hat nicht gekuscht (nicht gehorcht, sich nicht gefügt)

Ku·si·ne *franz.*, die: -, -n (Base); auch: die **Cousine**

Kuss, der: -es, Küsse; einen Kuss auf die Wange geben; das **Küsschen; kussecht; küssen;** die **Kusshand,** die ...hände

Küs·te, die: -, -n (an das Meer angrenzendes Land); der **Küstenbewohner;** die **Küstenbewohnerin,** die ...bewohnerinnen; die **Küstennähe;** die **Küstenschifffahrt;** der **Küstenstreifen;** der **Küstenstrich;** die **Küstenwacht**

Küs·ter, der: -s, - (Kirchendiener); die **Küsterin**

Kut·sche, die: -, -n (Pferdewagen mit Verdeck); der **Kutschbock;** der **Kutscher; kutschieren:** durch die Stadt kutschieren (fahren)

Kut·te, die: -, -n (Mönchsgewand)

Kut·teln *Pl.*, die: - (Stück vom Rindermagen)

Kut·ter *engl.*, der: -s, - (motorisiertes Fischerboot)

Ku·vert *franz. [kuwär]*, das: -s, -s (Briefumschlag, Tischgedeck für eine Person)

kW = Kilowatt

kWh = Kilowattstunde

Ky·ber·ne·tik *griech.*, die: - (Wissenschaftsrichtung, die technische und biologische Regelungs- und Steuervorgänge erforscht); **kybernetisch**

KZ = Konzentrationslager

L

l = Liter

la·ben, sich: sich an etwas laben (erfrischen, erquicken); das **Labsal** (etwas Erfrischendes, Trost); die **Labung** (Erfrischung)

la·bern: (dummes Zeug reden, schwafeln)

la·bil *lat.*: eine labile (anfällige) Gesundheit – ein labiler (schwankender, nicht zuverlässiger) Charakter; die **Labilität**

La·bor *lat.*, das: -s, -s/-e (Forschungsraum, naturwissenschaftliche Arbeitsstätte); auch: das **Laboratorium;** der **Laborant;** die **Laborantin;** der **Laborbefund; laborieren:** an einer Krankheit laborieren (leiden, sich damit herumplagen); der **Laborversuch**

La·by·rinth *griech.*, das: -(e)s, -e (Irrgarten, Wirrwarr); **labyrinthisch** (unentwirrbar)

La·che, die: -, -n (Pfütze)

la·chen: über einen Witz lachen – *sich ins Fäustchen lachen* (heimlich schadenfroh sein) – *nichts zu lachen haben* (es nicht leicht haben) – *wer zuletzt lacht, lacht am besten;* aber: *am Lachen erkennt man den Narren* – es ist zum Lachen; die **Lache** (Gelächter): eine laute Lache haben; **lächeln:** freundlich lächeln (strahlen) – mir lächelt heute das Glück (es ist mir gewogen); das **Lachen;** der **Lacher; lächerlich:** etwas lächerlich (dumm, unsinnig) finden – sich lächerlich (albern, komisch, überspannt) benehmen – lächerlich (sehr) wenig Geld verdienen; aber: etwas Lächerliches – etwas ins Lächerliche ziehen; die **Lächerlichkeit;** die **Lachfältchen** *Pl.*; das **Lachgas** (ein Betäubungsmittel); **lachhaft:** das ist ja lachhaft! (nicht ernst zu nehmen); die **Lachhaftigkeit;** der **Lachkrampf,** die ...krämpfe; die **Lachsalve**

Lachs, der: -es, -e (ein Raubfisch); das **Lachsbrötchen;** der **Lachsfang; lachsfarben;** der **Lachsschinken** (feiner Schinken)

Lack *ital.*, der: -(e)s, -e (glänzender Anstrich); der **Lackaffe** (eitler Mann); **lackieren:** das Auto lackieren (mit Lack besprühen); der **Lackierer;** die **Lackiererei;** die **Lackiererin,** die Lackiererinnen; die **Lackierung;** das **Lackleder;** der **Lackschaden,** die ...schäden; der **Lackschuh;** der **Lackstiefel**

La·de, die: -, -n (Schublade, Truhe)

la·den: du lädst/ladest; er lud, sie hat geladen, lad(e)!; Kohlen auf den Wagen laden (aufladen) – jemanden zur Hochzeit laden (einladen) – vor Gericht laden (kommen lassen) – das Gewehr ist geladen – eine Batterie laden – *geladen* (wütend) *sein;* die **Ladefläche;** das **Ladegerät;** die **Ladehemmung;** die **Ladeklappe;** die **Ladeluke;** die **Laderampe** (Verladefläche); der **Laderaum;** die **Ladung:** eine Ladung (Fracht, Fuhre) Getreide – die elektrische Ladung – er erhält eine Ladung (Vorladung) vom Gericht

La·den, der: -s, Läden; in einem Laden (Geschäft) einkaufen – alle Läden (Fensterläden) schließen – *den Laden schmeißen* (dafür sorgen, dass etwas gut funktioniert); das **Lädchen;** der **Ladenbesitzer;** der **Ladendieb;** die **Ladendiebin;** der **Ladendiebstahl;** der **Ladenhüter** (schwer verkäufliche Ware); die **Ladenkette;** die **Ladenpassage** *[...pasasche]*; der **Ladenpreis;** der **Ladenschluss;** der **Ladentisch**

lä·die·ren *lat.*: (beschädigen, verletzen); die **Lädierung**

La·dy *engl. [ledi]*, die: -, -s (vornehme Dame); **ladylike** *[ledilaik]* (vornehm, damenhaft)

La·ge, die: -, -n; eine unbequeme Lage (Stellung) einnehmen – die Lage (der Standort, die Umgebung) des Hauses – er ist in einer unangenehmen Lage (Situation) – eine Lage (Schicht) Sand – eine Lage (Runde) Bier zahlen – *in der Lage* (fähig, imstande) *sein* – *die Lage peilen* (etwas auskundschaften) – *nach Lage der Dinge* (unter den gegebenen Umständen); der **Lagebericht;** die **Lagebesprechung;** das **Lagenschwimmen** (Wettkampfart im Schwimmen); die **Lagenstaffel; lagenweise** (in Lagen); der **Lageplan,** die ...pläne; → legen, liegen

La·ger, das: -s, -/Läger; das Lager (die Lagerstelle) abbrechen – ein Lager (eine Schlafstelle) aus Stroh – im Lager (Vorratsraum, Speicher) aufräumen – das feindliche Lager (die feindliche Seite) – *etwas auf Lager* (vorrätig) *haben;* der **Lagerbestand; lagerfähig;** das **Lagerfeuer;** die **Lagerhalle;** die **Lagerhaltung;** das **Lagerhaus,** die ...häuser; der **Lagerist** (Lagerverwalter); die **Lageristin,** die Lageristinnen; der **Lagerleiter;** die **Lagerleiterin; lagern:** die Vorräte kühl lagern (aufbewahren) – die Feinde lagern in der Nähe; der **Lagerplatz,** die ... plätze; der **Lagerraum,** die ... räume; die **Lagerstatt,** die ... stätten (Bett, Schlafstelle); die **Lagerstätte;** die **Lagerung**

La·gu·ne *ital.*, die: -, -n (vom Meer abgeschlossener Meeresteil, seichter Strandsee)

lahm: lahm gehen – ein lahmes (gelähmtes) Bein – eine lahme (langweilige) Diskussion – er ist ganz lahm (müde, matt, erschöpft); der/die **Lahme; lahmen** (hinken, humpeln): das Pferd lahmt; **lähmen:** vor Angst wie gelähmt sein; die **Lahmheit; lahmlegen:** den Verkehr lahmlegen (zum Stillstand bringen); die **Lahmlegung;** die **Lähmung;** die **Lähmungserscheinung**

Laib, der: -(e)s, -e; ein Laib Brot # Leib

Laich, der: -(e)s, -e (abgelegte Eier von Wassertieren) # Leiche; **laichen;** der **Laichplatz,** die ... plätze; die **Laichzeit**

Laie *griech.*, der: -n, -n (Nichtfachmann, Nichtgeistlicher); die **Laienbühne; laienhaft** (unzulänglich, stümperhaft); der **Laienpriester;** der **Laienrichter;** die **Laienrichterin,** die ... richterinnen; das **Laienspiel;** das **Laientheater**

La·kai *franz.*, der: -en, -en (Diener, unterwürfiger Mensch); **lakaienhaft** (unterwürfig)

La·ke, die: -, -n (Salzlösung zum Einlegen von Fisch, Fleisch)

La·ken, das: -s, - (Betttuch, Tuch)

la·ko·nisch *griech.*: eine lakonische (kurze, treffende) Antwort

La·kri·ze (Lak·rit·ze) *griech.*, die: -, -n (schwarze Masse aus Süßholzsaft); der **Lakritzensaft,** die ... säfte; die **Lakritz(en)stange**

lal·len: wie ein Betrunkener lallen (undeutlich, unverständlich) sprechen

La·ma *peruan.*, das: -s, -s (kleine Kamelart)

La·mé *franz. [lame]*, der: -s, -s (Gewebe); auch: der **Lamee**

La·mel·le *franz.*, die: -, -n (dünnes Plättchen, Metall- oder Papierstreifen)

la·men·tie·ren *lat.*: (klagen, jammern); das **Lamento** (Klagelied, Jammer)

La·met·ta *ital.*, das: -s (glänzende Streifen aus Metall, Christbaumschmuck)

La·mi·nat, das: -(e)s, -e (ein Schichtpressstoff, z. B. für Bodenbeläge) **laminieren**

Lamm, das: -(e)s, Lämmer (junges Schaf, junge Ziege); der **Lammbraten;** das **Lämmchen; lammen** (ein Lamm werfen); die **Lamm(e)sgeduld;** das **Lammfell;** das **Lammfleisch; lammfromm:** ein lammfrommes (sehr gehorsames) Pferd

Lam·pe *franz.*, die: -, -n; die Lampe (Leuchte) einschalten; das **Lämpchen;** das **Lampenfieber** (Angst, Herzklopfen, Aufregung vor einem öffentlichen Auftritt); der **Lampenschirm**

Lam·pe: Meister Lampe (Name des Hasen in der Fabel)

Lam·pi·on *franz. [lampiõ]*, der/das: -s, -s (bunte Papierlaterne)

lan·cie·ren *franz. [lãsiren]*: jemanden in eine gute Stellung lancieren (bringen)

Land, das: -(e)s, Länder; ein Stück Land (ein Grundstück) kaufen – das Land Bayern – in ein fremdes Land reisen – vom Land (vom Dorf) sein – an Land (auf das Festland) gehen – außer Landes sein – aus aller Herren Länder(n) – ins Land gehen/ziehen (verstreichen) – zu Wasser und zu Lande – bei uns zu Lande – „Land unter" (Überflutung) – Land und Leute – das Heilige Land (Palästina) – *etwas an Land ziehen* (für sich gewinnen) – *wieder im Lande* (wieder zurückgekehrt) *sein – bleibe im Lande und nähre dich redlich – andere Länder, andere Sitten;* aber: dortzulande; auch: dort zu Lande – hierzulande; auch: hier zu Lande; der **Landarbeiter;** die **Landarbeiterin,** die ... arbeiterinnen; **landauf, landab** (im Lande umher); **landaus, landein** (überall); die **Landbevölkerung;** die **Lande**: durch die Lande (Gegend, Landschaft) ziehen (reisen); die **Lände** (Landungsplatz); **landeinwärts;** die **Landenge;** die **Ländereien** *Pl.* (großer Grundbesitz); der **Länderkampf,** die ... kämpfe; das **Länderspiel;** die **Landeshymne; landeskundig;** die **Landesregierung;** die **Landessprache; landesüblich;** der **Landesvater;** der **Landesverrat;** die **Landflucht;** die **Landfrau; landfremd;** der **Landfriedensbruch;** das **Landgericht;** der **Landjäger** (Gendarm); die **Landkarte;** der **Landkreis; landläufig** (üblich, bekannt); **ländlich** (bäuerlich, dörflich); die **Landluft;** der **Landmann** (Bauer); die **Landmaschine;** die **Landnahme;** die **Landpartie** (Ausflug); die **Landplage;** der **Landrat,** die ... räte; das **Landratsamt;** die **Landratte** (Nichtseemann); die **Landschaft; landschaftlich;** der **Landser**

G H I J K L M

(Soldat); der **Landsitz** (Landgut, Ferienhaus); der **Landsknecht** (früher: zu Fuß kämpfender Soldat); die **Landsleute** *Pl.*; der **Landsmann** (Heimatgenosse); die **Landsmännin;** die **Landstraße;** der **Landstreicher** (Heimatloser, Penner); der **Landstrich** (Gebiet, Gegend); der **Landsturm** (Aufgebot aller waffenfähigen Männer); der **Landtag** (Volksvertretung der deutschen Bundesländer); der/die **Landtagsabgeordnete;** der **Landwirt** (Bauer); die **Landwirtin,** die ... wirtinnen; die **Landwirtschaft; landwirtschaftlich;** die **Landzunge** (schmale Halbinsel)

lan·den: das Flugzeug landet pünktlich (setzt auf, kommt an) – bei dem Gegner einen Kinnhaken landen (anbringen) – im Gefängnis landen (sich wiederfinden) – *bei jemandem nicht landen können* (keinen Erfolg haben, keinen Anklang finden); die **Landebahn** (Piste); das **Landeboot;** die **Landebrücke;** das **Landemanöver;** der **Landeplatz,** die ... plätze; die **Landung** (Ankunft eines Flugzeugs, Schiffes); der **Landungssteg**

lang: länger, am längsten; auch: **lange:** lange Haare tragen – eine lange (ausführliche) Rede halten – den Teig lang ausrollen – ein langes Leben haben – vor langem; auch: vor Langem – seit längerem; auch: seit Längerem – vor längerem; auch: vor Längerem – seit langem; auch: seit Langem (seit langer Zeit) – es ist lange her – sein Leben lang – über kurz oder lang – lang und breit; aber: des Langen und Breiten – lange vorher – das ist noch lange (längst) nicht alles – was fragst du noch lange (noch viel)? – *was lange währt, wird endlich gut;* **langärm(e)lig; langatmig** (weitschweifig); **langbeinig;** die **Länge:** der Länge nach – eine Schnur von fünf Meter Länge – *um Längen gewinnen* (eindeutig Sieger sein) – *sich in die Länge ziehen* (länger dauern als gedacht); der **Längengrad;** das **Längenmaß; längerfristig; langersehnt;** auch: lang ersehnt; die **Lang(e)weile** (Eintönigkeit); aber: aus langer Weile; der **Langfinger** (Dieb); **langfristig** (längere Zeit); **langgehegt:** sich langgehegte Wünsche erfüllen; auch: lang gehegt; **langgehen** (entlanggehen); **langgestreckt:** ein langgestrecktes Gebäude; auch: lang gestreckt; **langgezogen:** eine langgezogene Kurve; auch: lang gezogen; **langhaarig; langjährig;** der **Langlauf; langlaufen:** ich gehe langlaufen – ich bin langgelaufen; aber: ich bin lange (lange Zeit) gelaufen; der **Langläufer;** die **Langläuferin,** die ... läuferinnen; sich **langlegen** (zum Ausruhen hinlegen); **länglich** (lang gestreckt): länglich rund; sich **langmachen;** die **Langmut** (Geduld); **langmütig; längs:** längs (entlang) der Straße; die **Längsachse; langsam:** ein langsames Tempo – langsam (allmählich) muss ich aufbrechen – *langsam, aber sicher;* die **Langsamkeit;** der **Langschläfer;** die **Langschläferin,** die ... schläferinnen; **längsgestreift:** ein längsgestreifter Pullover; auch: längs gestreift; die **Langspielplatte** ⟨LP⟩; der **Längsschnitt; längsseits:** längsseits des Schiffes; **längst** (seit langer Zeit): er ist längst (bei weitem) nicht so groß wie du; **längstens** (spätestens); **langstielig;** der **Langstreckenlauf,** die ... läufe; **langweilen; langweilig; langwierig** (Zeit raubend); **langziehen;** auch: lang ziehen

lan·gen: er langt (greift) nach mir – in die Tasche langen (fassen) – der Mantel langt (reicht) bis zum Boden – lang (gib) mir das Buch vom Regal – das langt (reicht) mir nicht – jetzt langt's mir aber! – *jemandem eine langen* (ihn ohrfeigen)

Lan·gus·te *franz.*, die: -, -n (eine Krebsart)

Lan·ze *franz.*, die: -, -n (lange Stoßwaffe, Spieß); *für jemanden eine Lanze brechen* (für ihn eintreten); die **Lanzenspitze**

la·pi·dar *lat.*: ein lapidares (gewichtiges) Wort – etwas lapidar (kurz und bündig) sagen

Lap·pa·lie *[lapalje]*, die: -, -n (Kleinigkeit, Nebensächlichkeit)

Lap·pen, der: -s, - (Stück Stoff, Fetzen, Lumpen); *jemandem durch die Lappen gehen* (ihm entwischen, entgehen); das **Läppchen; lappig** (weich)

läp·pern, sich: es läppert sich zusammen (es häuft sich aus Kleinigkeiten an)

läp·pisch: eine läppische (kindliche, alberne) Bemerkung machen

Lap·sus *lat.*, der: -, - (kleiner Fehler, Versehen)

Lap·top *engl. [läptop]*, der: -s, -s (kleiner, tragbarer Computer)

Lär·che, die: -, -n (ein Nadelbaum) # Lerche

La·ri·fa·ri, das: -s (Unsinn, Gerede)

Lärm, der: -(e)s (Krach, lautes Geräusch); ein ohrenbetäubender Lärm – *Lärm schlagen*

(sehr laut auf etwas aufmerksam machen); die **Lärmbekämpfung;** die **Lärmbelästigung; lärmempfindlich; lärmen;** der **Lärmmacher;** die **Lärmminderung;** der **Lärmpegel** (Lärmstärke); der **Lärmschutz**

Lar·ve *lat.*, die: -, -n (Entwicklungsstadium von manchen Tieren, Gesichtsmaske)

La·sa·gne (La·sag·ne) *ital. [lasanje]*, die: -, -n (ein italienisches Nudelgericht)

lasch: lascher, am laschesten (schwunglos, matt); die **Laschheit**

La·sche, die: -, -n (Gürtelschleife, schmales Metallband, Verbindungsstelle)

La·ser *engl. [leser]*, der: -s, - (Gerät zur Lichtverstärkung); der **Laserstrahl** (intensiver Lichtstrahl); die **Lasertechnik**

la·sie·ren: *pers.:* (eine durchsichtige Farbe auftragen); die **Lasierung;** die **Lasur**

las·sen: du lässt, er ließ, sie hat gelassen, lass(e)!; sich Zeit lassen – er kann das Rauchen nicht lassen – lass sie in Ruhe! – er lässt sich gehen (er beherrscht sich nicht) – sie lässt sich nichts gefallen – lass das! – die Tür lässt sich nicht schließen – *es nicht lassen können* (unverbesserlich sein); **lässlich:** lässliche (kleinere, verzeihliche) Sünden

läs·sig: sich lässig (ungezwungen, zwanglos) geben; die **Lässigkeit**

Las·so *span.*, das/der: -s, -s (Seil mit Fangschlinge, Wurfleine)

Last, die: -, -en; schwere Lasten (schweres Gewicht) tragen – das geht zu deinen Lasten (auf deine Rechnung); auch: zulasten – Lasten (schwere Güter) befördern – ihr ist eine Last (Sorge) genommen – die Last (die Mühen) des Amtes – *jemandem zur Last fallen* (ihm Mühe bereiten) – *jemandem etwas zur Last legen* (die Schuld an etwas geben); das **Lastauto; lasten:** auf ihm lastet (liegt) eine schwere Schuld – eine große Hitze lastet auf der Stadt; der **Laster** (Lastkraftwagen); der **Lastesel;** der **Lastfahrer; lästig:** eine lästige (unangenehme, beschwerliche) Arbeit – lästig werden; **lästigfallen;** auch: lästig fallen; die **Lästigkeit;** der **Lastkahn,** die ...kähne; der **Last(kraft)wagen** ⟨*LKW, Lkw*⟩; das **Lastschiff;** das **Lasttier;** der **Lastzug,** die ...züge

Las·ter, das: -s, -; keine Laster (Untugenden, schlechten Angewohnheiten) haben; **lasterhaft** (verkommen, liederlich); die **Lasterhaftigkeit;** die **Lasterhöhle;** das **Lasterleben; lästerlich;** das **Lästermaul,** die ...mäuler (jemand, der ständig lästert); **lästern** (spotten); die **Lästerung;** die **Lästerzunge**

Last-Mi·nute-Flug *engl. [lastminit...]*, der: -(e)s, ...-Flüge (kurzfristiger Billigflug)

La·tein *lat.*, das: -s (Sprache der alten Römer); *mit seinem Latein am Ende sein* (nicht mehr weiterwissen); **lateinisch:** die lateinische Schrift; das **Lateinisch(e)**

la·tent *lat.*: eine latente (verborgene, unsichtbare) Gefahr; die **Latenz**

La·ter·ne *griech.*, die: -, -n (Lampe); das **Laternenlicht;** der **Laternenpfahl,** die ...pfähle

La·tri·ne (Lat·ri·ne) *lat.*, die: -, -n (primitive Toilette); die **Latrinenparole** (heimlich verbreitetes Gerücht mit fragwürdigem Inhalt)

Lat·sche, die: -, -n (niedrig wachsende Bergkiefer)

lat·schen: (schlurfen, nachlässig gehen); der **Latschen** (alter Schuh): *aus den Latschen kippen* (ohnmächtig werden); auch: die **Latsche**

Lat·te, die: -, -n (schmales Brett, Leiste); *jemanden auf der Latte haben* (ihn nicht leiden können); das **Lattenholz;** das **Lattenkreuz;** der **Lattenschuss,** die ...schüsse; der **Lattenzaun,** die ... zäune

Lat·tich, der: -s, -e (eine Zierpflanze)

Latz, der: -es, Lätze (Bruststück an Kleid und Schürze); *jemandem eine vor den Latz knallen* (ihm einen kräftigen Schlag versetzen); das **Lätzchen** (Kindermundtuch); die **Latzhose**

lau: lauer, am lau(e)sten; ein laues (mäßig warmes) Wasser – laue (milde) Winde; die **Lauheit; lauwarm**

Laub, das: -(e)s (Blätter der Bäume); Laub tragen; der **Laubbaum,** die ...bäume; die **Laube** (Gartenhäuschen); die **Laubenkolonie;** der **Laubfall;** der **Laubfrosch,** die ...frösche; die **Laubsäge** (feine Handsäge); **laubtragend:** laubtragende Bäume; auch: Laub tragend; der **Laubwald;** das **Laubwerk** (Zweige mit Laub)

Lauch, der: -(e)s, -e (eine Gemüsepflanze)

lau·ern: hinter einer Hecke lauern (versteckt liegen und auf etwas warten) – ein lauernder Blick; die **Lauer:** *auf der Lauer liegen* (auf einen bestimmten Augenblick warten)

lau·fen: du läufst, er lief, sie ist gelaufen, lauf(e)!; 100 Meter laufen – das Kind läuft (geht) schon – laufen lernen – über die Straße laufen – Schlittschuh laufen – Ski laufen – Gefahr laufen – auf Grund laufen – das Auto läuft gut – die Sache ist gut gelaufen (verlaufen) – ein Film läuft im Fernsehen – der Vertrag läuft (gilt) noch ein Jahr – das Wasser läuft (fließt) aus dem Wasserhahn – das Geschäft könnte besser laufen (gehen) – der Motor läuft heiß (erhitzt sich) – *wie am Schnürchen laufen* (reibungslos funktionieren); aber: es ist zum Auf-und-davon-Laufen; der **Lauf,** die Läufe: im dritten Lauf siegen – der Lauf eines Flusses – im Laufe der Zeit (allmählich) – den Lauf eines Gewehrs reinigen – die hinteren Läufe (Füße) des Hasen – *einer Sache ihren freien Lauf lassen* (etwas nicht behindern) – *seinen Lauf nehmen* (sich ereignen, unaufhaltsam ablaufen); die **Laufbahn;** der **Laufbursche; laufend** ⟨lfd.⟩: im laufenden Jahr – am laufenden Band arbeiten – jemanden laufend (ständig) belästigen; aber: *auf dem Laufenden sein/bleiben* (ständig über das Neueste informiert sein); **laufenlassen:** einen Täter laufenlassen (freilassen); auch: laufen lassen; aber nur: einen Hund im Freien laufen lassen; der **Läufer:** der Läufer kommt ins Ziel – einen Läufer (kleinen, schmalen Teppich) auf den Boden legen – den Läufer (eine Schachfigur) ziehen; die **Lauferei;** die **Läuferin; läuferisch;** das **Lauffeuer:** die Nachricht verbreitet sich wie ein Lauffeuer (sehr schnell); die **Lauffläche; lauffreudig; läufig** (brünstig); die **Laufkundschaft;** die **Laufmasche;** der **Laufpass:** *jemandem den Laufpass geben* (sich von ihm trennen); der **Laufschritt;** der **Laufsteg;** das **Laufwerk;** die **Laufzeit;** der **Laufzettel**

Lau·ge, die: -, -n (Alkalienlösung); **laugen** (mit Lauge bearbeiten); **laugenartig;** das **Laugenbad**

Lau·ne *lat.*, die: -, -n (Stimmung, Gemütszustand); schlechte Laune haben – eine Laune (ein Einfall) des Augenblicks – *jemanden bei Laune* (guter Stimmung) *halten;* **launenhaft;** die **Launenhaftigkeit; launig** (witzig, gut aufgelegt); **launisch** (unberechenbar, wankelmütig)

Laus, die: -, Läuse (kleines, Blut saugendes Insekt); *jemandem ist eine Laus über die Leber gelaufen* (er ist schlecht gelaunt); der **Lausbub(e);** der **Lausbubenstreich;** die **Lausbüberei** (Streich); **lausbübisch;** der **Lausebengel;** der **Lausejunge; lausen;** der **Lauser** (Lausbub); **lausig:** eine lausige (üble, erbärmliche) Arbeit – es ist lausig (sehr) kalt

lau·schen: (horchen auf, zuhören); die **Lauschaktion;** der **Lauschangriff** (heimliches Anbringen von Abhörgeräten); der **Lauscher;** die **Lauscher** *Pl.* (Ohren des Hasen); die **Lauscherin; lauschig:** ein lauschiges (stilles, gemütliches) Plätzchen

laut: lauter, am lautesten; laut aufschreien – eine laute Musik; der **Laut; lauten:** wie lautet (heißt) dein Name? – das Gesetz lautet so; **lauthals** (aus voller Kehle); die **Lautheit; lautieren** (Laut für Laut sprechen); **lautlich:** ein lautlicher Unterschied; **lautlos** (still, unhörbar); die **Lautlosigkeit;** die **Lautmalerei;** der **Lautsprecher; lautstark;** die **Lautstärke; lauttreu;** auch: **lautgetreu;** die **Lautung; lautwerden** (schimpfen); auch: laut werden

laut: laut (gemäß) Vorschrift – laut ärztlichem Befund – laut diesem Übereinkommen

Lau·te, die: -, -n (altes Zupfinstrument); das **Lautenspiel**

läu·ten: die Glocken läuten (ertönen, klingen) – an der Haustüre läuten (klingeln) – *etwas läuten hören* (andeutungsweise erfahren); das **Läut(e)werk**

lau·ter: die lautere (reine) Wahrheit – einen lauteren (aufrichtigen) Charakter haben; die **Lauterkeit** (Ehrlichkeit); **läutern:** das Schicksal hat ihn geläutert (reifer gemacht); die **Läuterung**

lau·ter: lauter (lediglich, nur, nichts als) Unsinn reden – vor lauter Freude – aus lauter Güte

La·va *ital. [lawa]*, die: -, Laven (fließendes, glühendes Gestein bei einem Vulkanausbruch); der **Lavastrom**

La·ven·del *ital. [lawendel]*, der: -s, - (wohlriechende Heil- und Gewürzpflanze); das **Lavendelöl;** das **Lavendelwasser**

la·vie·ren *niederl. [lawiren]*: (sich durchwinden, klug vorgehen)

La·wi·ne *lat.*, die: -, -n (Schneerutsch); **...lawine:** Kostenlawine – Prozesslawine – Schuldenlawine; **lawinenartig;** die **Lawinengefahr;** der **Lawinenhund;** die **Lawinenkatastrophe; lawinensicher**

lax *lat.*: eine laxe (nachlässige, lasche) Haltung; die **Laxheit**

Lay-out *engl. [leaut]*, das: -s, -s (Text- und Bildgestaltung); auch: das **Layout; layouten**

La·za·rett *franz.*, das: -(e)s, -e (Militärkrankenhaus); der **Lazarettzug**

Lea·der *engl. [lider]*, der: -s, - (Bandleader)

lea·sen *engl. [lisen]*: ein Auto leasen (mieten); das **Leasing;** die **Leasingfirma**

Le·ben, das: -s, -; sein Leben lang – ein erfülltes Leben – das Leben in Hamburg – das Leben und Treiben in einer Stadt – ums Leben kommen – sich das Leben nehmen – am Leben bleiben – *jemandem das Leben zur Hölle* (unerträglich) *machen* – das In-den-Tag-hinein-Leben*;* das **Lebehoch;** der **Lebemann,** die ... männer; **leben:** in einer Stadt leben (wohnen) – allein leben (sein Leben verbringen) – für seine Arbeit leben (sich ihr ganz widmen); **lebendig:** noch lebendig (am Leben) sein – bei lebendigem Leibe – lebendig (lebhaft) erzählen; die **Lebendigkeit;** der **Lebensabend;** die **Lebensart;** die **Lebensbedingungen** *Pl.*; **lebensbedrohend; lebensbejahend;** die **Lebensdauer; lebensecht;** das **Lebensende;** die **Lebenserfahrung;** die **Lebenserinnerungen** *Pl.*; die **Lebenserwartung; lebensfähig; lebensfremd; lebensfroh;** die **Lebensgefahr; lebensgefährlich;** der **Lebensgefährte;** die **Lebensgefährtin,** die ... gefährtinnen; **lebensgroß;** die **Lebenshaltungskosten** *Pl.*; die **Lebenshilfe;** der **Lebenshunger;** der **Lebenskampf;** der **Lebenskünstler; lebenslang; lebenslänglich;** der **Lebenslauf,** die ... läufe; **lebenslustig;** die **Lebensmittel** *Pl.* (Esswaren); **lebensmüde; lebensnah;** die **Lebensnähe; lebensnotwendig; lebenspendend** (das Leben ermöglichend); auch: Leben spendend; die **Lebensqualität;** der **Lebensstandard;** die **Lebensversicherung;** der **Lebenswandel;** der **Lebensweg;** die **Lebensweise;** das **Lebenszeichen;** die **Lebenszeit; lebenzerstörend;** auch: Leben zerstörend; das **Lebewesen** (Mensch, Tier, Pflanze); das **Lebewohl:** ein herzliches Lebewohl sagen; aber: leb(e) wohl!; **lebhaft;** die **Lebhaftigkeit; leblos** (tot); die **Leblosigkeit;** der **Lebtag:** er denkt sein Lebtag (sein ganzes Leben) daran; **Lebzeiten** *Pl.*: zu Lebzeiten seines Vaters

Le·ber, die: -, -n (Organ von Menschen und Tieren): *frisch/frei von der Leber weg reden* (ungehemmt sagen, was man denkt); der **Leberfleck;** der **Leberkäse** (Fleischgericht); der **Lebertran;** die **Leberwurst,** die ... würste

Leb·ku·chen, der: -s, - (Pfefferkuchen)

lech·zen: nach Wasser lechzen (dringend verlangen)

Leck, das: -(e)s, -s (undichte, schadhafte Stelle); **leck:** ein leckes Schiff – leck sein; **lecken:** das Boot leckt (ist undicht); **leckschlagen;** auch: leck schlagen

le·cken: Eis lecken (schlecken, lutschen) – die Katze leckt Milch; **lecker:** lecker (appetitlich) aussehen – eine leckere (schmackhafte) Mahlzeit; der **Leckerbissen** (etwas Köstliches zu essen); die **Leckerei;** das **Leckermaul,** die ... mäuler (Feinschmecker)

Le·der, das: -s; Schuhe aus Leder – *vom Leder ziehen* (heftig schimpfen) – *jemandem ans Leder* (ihn angreifen) *wollen;* der **Lederball,** die ... bälle; der **Ledergurt;** die **Lederhaut;** die **Lederhose; led(e)rig** (lederartig); die **Lederjacke;** die **Ledermappe; ledern** (mit einem Ledertuch polieren); **ledern:** lederne (aus Leder gemachte) Schuhe; der **Lederranzen;** der **Lederriemen;** der **Ledersessel;** die **Ledertasche; lederverarbeitend:** lederverarbeitende Industrie; auch: Leder verarbeitend; die **Lederwaren** *Pl.*

le·dig ⟨led.⟩: noch ledig (unverheiratet) sein – aller Sorgen ledig (sorgenfrei) sein – ein lediges (uneheliches) Kind; der/die **Ledige**

le·dig·lich: er hat lediglich (nur, bloß) Dummheiten im Kopf

Lee, die: -/das: -s (die dem Wind abgekehrte Seite eines Schiffs); die **Leeseite; leewärts**

leer: (ohne Inhalt); ein leeres Fass – leer stehen – ein leeres (unbedrucktes) Blatt – ein leeres (geistloses) Geschwätz – leere Versprechungen – *mit leeren Händen* (ohne alles) *dastehen* – *leer ausgehen* (nichts abbekommen); die **Leere:** ins Leere starren; **leeren:** den Eimer leeren – der Saal leert sich allmählich # lehren; **leeressen:** seinen Teller leeressen; auch: leer essen; das **Leergewicht;** das **Leergut** (Behälter, die man zurückgeben kann, z. B. Flaschen); der **Leerlauf; leerlaufen:** ein Fass leerlaufen lassen – den Motor leerlaufen lassen (im Leerlauf);

GHIJKLM

leerräumen; auch: leer räumen; **leerstehend:** eine leerstehende Wohnung; auch: leer stehend; die **Leerstelle; leertrinken;** auch: leer trinken; die **Leerung**

Lef·ze, die: -, -n (Lippe bei Tieren)

le·gal *lat.*: der legale (rechtmäßige) Erbe – legal (gesetzlich) gegen jemanden vorgehen; **legalisieren** (rechtskräftig machen, zum Gesetz erheben); die **Legalisierung;** die **Legalität** (Gesetzlichkeit)

Le·gas·the·nie (Leg·as·the·nie) ⟨LRS⟩ *griech.*, die: -, Legasthenien (angeborene Lese- und Rechtschreibschwäche); der **Legastheniker;** die **Legasthenikerin,** die Legasthenikerinnen; **legasthenisch**

le·gen: das Messer auf den Tisch legen – er legt sich auf die Couch – sich schlafen legen – die Hühner legen Eier – der Wind legt sich wieder (flaut ab) – Rohre legen (verlegen) – der Zorn hat sich gelegt (beruhigt) – *sich ins Zeug legen* (anstrengen) – *jemandem das Handwerk legen* (seinem Treiben ein Ende setzen); → Lage

Le·gen·de *lat.*, die: -, -n (Heiligenerzählung); **legendär:** ein legendärer (sagenhafter, unwahrscheinlicher) Held; **legendenhaft**

le·ger *franz. [leschär]*: sich leger (ungezwungen, lässig) benehmen

Leg·gings *engl., Pl.* (eng anliegende, knöchel- oder wadenlange Frauenhose); auch: **Leggins**

Le·gie·rung *ital.*, die: -, -en (Verschmelzung mehrerer Metalle); **legieren**

Le·gi·on *lat.*, die: -, -en (altrömische Heereseinheit, eine große Menge); der **Legionär** (Soldat)

le·gi·tim *lat.*: ein legitimer (rechtmäßiger) Erbe – ein legitimes (begründetes) Anrecht haben; die **Legislative** (gesetzgebende Gewalt); die **Legislaturperiode** (Amtsdauer eines Parlamentes); die **Legitimation** (Berechtigungsausweis, Beglaubigung); sich **legitimieren:** sich nicht legitimieren (ausweisen) können; die **Legitimierung**

Le·gu·an *karib.*, der: -s, -e (Baumeidechse)

Le·hen, das: -s, - (verliehenes, erbliches Nutzrecht im Mittelalter); der **Lehnsherr;** der **Lehnsmann,** die ...männer/...leute; (Gefolgsmann, Abhängiger); das **Leh(e)nswesen;** das **Lehnwort,** die ...wörter (aus einer fremden Sprache stammendes Wort, das man nicht mehr als Fremdwort erkennt)

Lehm, der: -(e)s, -e (Schlamm, Erde); der **Lehmboden; lehmgelb; lehmig**

Leh·ne, die: -, -n (Stütze, Halt); sich **lehnen:** sich an die Wand lehnen – sie lehnt (beugt) sich aus dem Fenster – an die Mauer lehnen; der **Lehnsessel;** der **Lehnstuhl**

leh·ren: an der Universität Mathematik lehren – sie lehrt ihn lesen; aber: sie lehrt ihn/ihm das Lesen – die Erfahrung lehrt (zeigt) – ich will dich lehren (dir Gehorsam beibringen) # leeren; die **Lehranstalt** (Schule); **lehrbar;** die **Lehrbefähigung;** der **Lehrberuf;** das **Lehrbuch;** die **Lehre:** eine dreijährige Lehre (Lehrzeit) – das wird ihm eine Lehre (Belehrung) sein – seine Lehre (Lehrmeinung) wird sich durchsetzen # Leere; der **Lehrer;** die **Lehrerin,** die Lehrerinnen; die **Lehrerkonferenz;** die **Lehrerschaft;** der **Lehrgang,** die ...gänge (Unterricht); das **Lehrgeld:** *Lehrgeld zahlen müssen* (durch Schaden Erfahrungen sammeln); **lehrhaft** (belehrend); der **Lehrherr;** das **Lehrjahr:** *Lehrjahre sind keine Herrenjahre;* der **Lehrjunge;** der **Lehrkörper;** die **Lehrkraft,** die ...kräfte; der **Lehrling;** die **Lehrmethode;** das **Lehrmittel;** der **Lehrplan; lehrreich** (aufschlussreich); die **Lehrstelle;** der **Lehrstoff;** der **Lehrstuhl,** die ...stühle (Professorenstelle); der **Lehrvertrag,** die ...verträge; die **Lehrwerkstatt,** die ...werkstätten; die **Lehrzeit**

Leib, der: -(e)s, -er; am ganzen Leibe (Körper) zittern – mit Leib und Seele – nichts im Leibe haben (hungrig sein) – der Leib des Herrn (Abendmahl) – gut bei Leibe (wohlgenährt) sein; aber: beileibe nicht # Laib; der **Leibarzt; leibeigen** (unfrei, unterdrückt); der/die **Leibeigene;** die **Leibeigenschaft** (völlige Abhängigkeit von einem Grundherrn); die **Leibeserziehung;** die **Leibesfülle;** die **Leibeskraft:** aus/nach Leibeskräften; die **Leibesübungen** *Pl.*; die **Leibesvisitation** (körperliche Durchsuchung); die **Leibgarde** (Leibwache); das **Leibgericht** (Lieblingsessen); **leibhaftig:** der Teufel leibhaftig (selbst, in eigener Person); der **Leibhaftige** (Teufel); die **Leibhaftigkeit; leiblich** (körperlich); die **Leibrente;** die **Leibschmerzen** *Pl.*; die **Leibspeise;** die **Leibwache;** der **Leibwächter;** die **Leibwäsche** (Unterwäsche)

G H I J K **L** M

Lei·che, die: -, -n (toter menschlicher Körper); *über Leichen gehen* (rücksichtslos handeln) # Laich; der **Leichenacker,** die ...äcker; das **Leichenbegängnis,** die ...begängnisse (Beerdigung); die **Leichenbittermiene** (trauriger Gesichtsausdruck); **leichenblass;** die **Leichenfledderei** (Ausplünderung toter Menschen); die **Leichenhalle;** der **Leichenschmaus,** die ...schmäuse (Totenmahl); die **Leichenstarre;** der **Leichenzug;** der **Leichnam,** die Leichname (toter Körper)

leicht: ein leichtes Paket – eine leichte Kleidung – die leichte (nicht zu schwierige) Aufgabe – ein leichter (kleiner) Fehler – eine leichte (unbedeutende) Krankheit – leichte (unterhaltsame) Musik hören – leicht lernen – sie wird leicht (schnell) müde – leichten Herzens (ohne Bedenken) – ein leichtes (leichtfertiges) Mädchen – leichtes (müheloses) Spiel haben – mit etwas leicht (mühelos) fertig werden – sie wird leicht (beim geringsten Anlass) krank – *etwas auf die leichte Schulter* (nicht ernst) *nehmen;* aber: ein/nichts Leichtes – es ist mir ein Leichtes (fällt mir nicht schwer); der **Leichtathlet;** die **Leichtathletik** (sportliche Übungen: Laufen, Springen, Werfen); die **Leichtathletin,** die ...athletinnen; **leichtbehindert;** auch: leicht behindert; der/die **Leichtbehinderte;** auch: der/die leicht Behinderte; **leichtbekleidet;** auch: leicht bekleidet; **leichtbeschwingt;** auch: leicht beschwingt; **leichtbewaffnet;** auch: leicht bewaffnet; **leichtentzündlich;** auch: leicht entzündlich; **leichtfallen** (keine Anstrengung erfordern, keine Mühe machen); aber: er ist nur leicht gefallen (gestürzt); **leichtfertig** (unüberlegt, oberflächlich); die **Leichtfertigkeit;** der **Leichtfuß:** Bruder Leichtfuß (unbekümmerter Mensch); **leichtfüßig** (gewandt, flink); die **Leichtfüßigkeit;** das **Leichtgewicht; leichtgläubig** (arglos); **leichtherzig** (sorglos); **leichthin:** etwas leichthin (nebenbei, ohne viel zu denken) machen; die **Leichtigkeit** (Mühelosigkeit); **leichtlebig** (lebenslustig, unbekümmert); **leichtmachen:** sich eine Entscheidung leichtmachen (sich wenig Mühe geben) – du musst dich leichtmachen; auch: leicht machen; aber nur: etwas leicht (ohne Mühe) machen; **leichtnehmen:** eine Arbeit leichtnehmen (nicht ernst nehmen); der **Leichtmatrose;** das **Leichtmetall;** der **Leichtsinn; leichtsinnig;** die **Leichtsinnigkeit;** der **Leichtsinnsfehler;** sich **leichttun:** sich beim Lernen leichttun (keine Schwierigkeiten haben); **leichtverdaulich;** auch: leicht verdaulich; **leichtverletzt;** auch: leicht verletzt; der/die **Leichtverletzte;** auch: der/die leicht Verletzte; **leichtverständlich:** ein leichtverständlicher Vortrag; auch: leicht verständlich; **leichtverwundet;** auch: leicht verwundet; der/die **Leichtverwundete;** auch: der/die leicht Verwundete

lei·den: du leidest, er litt, sie hat gelitten, leide!; an einer Krankheit leiden (krank sein) – Not leiden – jemanden nicht leiden können (nicht mögen) – ich leide (dulde) das nicht; **leid:** ich bin es leid (mag es nicht mehr dulden) – etwas zuleid(e) tun; auch: zu Leid(e) tun; das **Leid:** er trägt sein Leid (seinen Schmerz, Kummer) gefasst – sich ein Leid antun – *geteiltes Leid ist halbes Leid;* die **Leideform** (Sprachlehre: Passiv); das **Leiden** (Leid, Krankheit); **leidend;** die **Leidenschaft** (Begehren, Verlangen); **leidenschaftlich; leidenschaftslos** (gleichgültig, beherrscht); der **Leidensgefährte;** die **Leidensgefährtin;** der **Leidensgenosse;** die **Leidensgenossin,** die ...genossinen; der **Leidensweg; leider:** leider Gottes – ich habe leider (bedauerlicherweise) kein Geld; **leiderfüllt; leidgeprüft** (vom Schicksal heimgesucht); **leidig:** eine leidige (lästige, unangenehme) Sache; **leidlich:** er spricht die deutsche Sprache leidlich (einigermaßen gut, ausreichend); **leidtragend;** der/die **Leidtragende; leidtun:** sie kann einem leidtun – es tut mir leid (ich bedauere es); **leidvoll:** leidvolle Erfahrungen machen; das **Leidwesen:** zu meinem Leidwesen (Bedauern)

Lei·er *griech.,* die: -, -n (altes Saiteninstrument, Drehorgel); immer diese alte Leier (immer dasselbe)!; der **Leierkasten** (Drehorgel); der **Leierkastenmann; leiern:** ein Gedicht leiern (ohne Betonung aufsagen)

lei·hen: du leihst, er lieh, sie hat geliehen, leih(e)!; er leiht (borgt) ihm 50 Euro – sich Geld leihen; das **Leihamt,** die ...ämter; der **Leiharbeiter;** die **Leihbibliothek;** die **Leihbücherei;** die **Leihgabe;** die **Leihgebühr;** das **Leihhaus,** die ...häuser; die **Leihmutter,** die ...mütter; die **Leihstimme;** der **Leih-**

wagen; leihweise (auf Kredit, auf Pump)

Leim, der: -(e)s, -e (Klebstoff); *jemandem auf den Leim gehen* (auf seine List hereinfallen) – *aus dem Leim gehen* (entzweigehen); **leimen:** einen Stuhl leimen (kleben, reparieren) – jemanden leimen (hereinlegen); die **Leimfarbe;** die **Leimrute;** der **Leimsieder** (langweiliger Mensch); der **Leimtopf**

Lein, der: -(e)s, -e (Flachs)

Lei·ne, die: -, -n (kräftige Schnur); die Wäsche hängt auf der Leine – den Hund an der Leine führen – *Leine ziehen* (sich vorsichtig, heimlich entfernen) – *jemanden an die Leine legen* (über ihn bestimmen)

Lei·nen, das: -s, - (Gewebeart); auch: das **Linnen; leinen** (aus Leinen); der **Leineneinband,** die ... einbände; das **Leinenkleid;** der **Lein(en)weber;** die **Lein(en)weberin;** das **Leinöl;** der **Leinsamen** (Samen aus Flachskapseln); das **Leinsamenbrot;** das **Leintuch,** die ... tücher (Betttuch); die **Leinwand,** die ... wände; die **Leinwandgröße** (Filmstar)

lei·se: leise (nicht laut) reden – ein leiser (schwacher) Wind – nicht die leiseste (überhaupt keine) Ahnung haben – eine leise (schwache) Hoffnung – auf leisen Sohlen (heimlich); aber: nicht im Leisesten (gar nicht) daran denken; auch: **leis; leisetreten;** der **Leisetreter** (hinterhältiger Mensch, Schmeichler); **leisetreterisch**

Leis·te, die: -, -n (schmale Holzlatte, Randeinfassung); der **Leistenbruch,** die ... brüche (Bruch der Eingeweide); die **Leistengegend;** die **Leistenzerrung**

leis·ten: gute Arbeit leisten (vollbringen) – einen Eid leisten (schwören) – sich nicht viel leisten (erlauben) können – eine Anzahlung leisten (einen Betrag anzahlen) – jemandem Gesellschaft leisten – er leistet ihm keinen Gehorsam (gehorcht ihm nicht) – jemandem einen guten Dienst leisten (ihm helfen) – leiste dir ja keine Fehler mehr!; die **Leistung;** der **Leistungsabfall;** die **Leistungsbilanz;** der **Leistungsdruck; leistungsfähig;** die **Leistungsfähigkeit; leistungsgerecht;** die **Leistungsgesellschaft;** die **Leistungskontrolle; leistungsschwach;** der **Leistungssport; leistungsstark;** die **Leistungssteigerung;** der **Leistungstest;** das **Leistungsvermögen;** die **Leistungszulage**

Leis·ten, der: -s, - (Schuhspanner); *alles über einen Leisten schlagen* (keinen Unterschied machen, alles gleich behandeln)

lei·ten: Wasser in den Kanal leiten (lenken) – einen Betrieb leiten (führen) – eine Diskussion leiten – ein leitender Angestellter – sich von Grundsätzen leiten lassen; der **Leitartikel** (wichtiger Zeitungskommentar); **leitbar;** das **Leitbild** (Vorbild); der/die **Leitende;** der **Leiter;** die **Leiterin,** die Leiterinnen; der **Leitfaden** (kurze Anleitung); **leitfähig;** die **Leitfigur;** der **Leitgedanke;** der **Leithammel** (Anführer); die **Leitlinie;** das **Leitmotiv** (Leitgedanke); der **Leitpfosten;** die **Leitplanke;** der **Leitsatz,** die ... sätze (Grundsatz, Richtschnur); der **Leitspruch;** der **Leitstern;** das **Leittier;** die **Leitung:** die Leitung (Führung) übernehmen – aus der Leitung (dem Leitungsrohr) fließt kein Wasser – eine elektrische Leitung – *eine lange Leitung haben* (schwer begreifen) – *auf der Leitung stehen* (begriffsstutzig sein); der **Leitungsdraht,** die ... drähte; der **Leitungsmast,** die ... maste/... masten; das **Leitungsnetz;** das **Leitungsrohr;** das **Leitungswasser;** das **Leitwerk** (Steuerfläche am Flugzeug); das **Leitwort,** die ... wörter

Lei·ter, die: -, -n (Steiggerät mit Sprossen); die **Leitersprosse;** der **Leiterwagen**

Lek·ti·on *lat.*, die: -, -en (Unterrichtsstunde, Abschnitt, Aufgabe); *seine Lektion gelernt haben* (aus Erfahrung klug geworden sein) – *jemandem eine Lektion* (Lehre) *erteilen*

Lek·tü·re *franz.*, die: -, -n; in die Lektüre (das Lesen) eines Buches vertieft sein – sich eine Lektüre (einen Lesestoff) besorgen

Len·de, die: -, -n (Hüftgegend); die **Lendengegend; lendenlahm;** der **Lendenschurz,** die ... schürze (Kleidungsstück); das **Lendenstück;** der **Lendenwirbel**

len·ken: ein Auto lenken (steuern) – seine Schritte nach Hause lenken – die Aufmerksamkeit auf sich lenken – die Geschicke eines Staates lenken (den Staat leiten); die **Lenkachse; lenkbar;** die **Lenkbarkeit;** der **Lenker;** die **Lenkerin,** die Lenkerinnen; das **Lenkrad;** die **Lenkstange;** die **Lenkung**

Lenz, der: -es, -e (Frühling); *einen sonnigen Lenz* (ein angenehmes Leben) *haben;* der **Lenzmonat**

Le·o·pard *lat.*, der: -en, -en (große Raubkatze, Panther); das **Leopardenfell**

Le·pra (Lep·ra) *griech.*, die: - (Aussatz); **leprakrank; leprös** (aussätzig)

Ler·che, die: -, -n (ein Singvogel) # Lärche

ler·nen: lesen lernen; auch: Lesen (das Lesen) lernen – Klavier spielen lernen – ein gelernter Maler – *was Hänschen nicht lernt, lernt Hans nimmermehr;* **lernbar;** die **Lernbegierde; lernbegierig; lernbehindert;** der/die **Lernbehinderte;** der **Lerneifer; lerneifrig;** der/die **Lernende; lernfähig;** das **Lernmittel;** der **Lernprozess;** der **Lernschritt;** der **Lernstoff;** das **Lernziel**

les·bisch: eine lesbische (das gleiche Geschlecht liebende) Frau; die **Lesbierin**

le·sen: du liest, er las, sie hat gelesen, lies!; die Zeitung lesen – zwischen den Zeilen lesen – Trauben lesen (ernten) – Gedanken lesen (erraten) – lesen üben – *jemandem die Leviten lesen* (eine Strafpredigt halten); **lesbar;** die **Lese** (Weinlese); die **Lesebrille;** das **Lesebuch,** die ...bücher; die **Leselampe; lesenswert;** das **Lesepult;** der **Leser;** die **Leseratte** (Büchernarr); der **Leserbrief;** die **Lese-Rechtschreib-Schwäche** ⟨LRS⟩; die **Leserin,** die Leserinnen; **leserlich;** die **Leserlichkeit;** die **Leserschaft;** der **Lesesaal,** die ...säle; der **Lesestoff;** die **Lesung:** eine Lesung aus dem Alten Testament

Le·thar·gie *griech.*, die: - (geistige Trägheit, Abgestumpftheit); **lethargisch** (teilnahmslos, träge)

Let·ter *lat.*, die: -, -n (gedruckter Buchstabe, Drucktype)

Lett·land: -s (Staat in Osteuropa); der **Lette;** die **Lettin,** die Lettinnen; **lettisch**

letzt...: der letzte Mann – das letzte Stündlein – letzten Endes – das letzte Mal – zum letzten Mal(e) – letzter Hand – der letzte Wille; auch: der Letzte Wille; aber: der/die/das Letzte – bis ins Letzte (ganz genau, sehr) – der/die/das Letztere – Letzterer – das Letzte Gericht – der Letzte des Monats – bis zum Letzten (Äußersten) gehen – es geht ums Letzte – sie ist die Letzte (der Leistung nach) in der Klasse – das Erste und das Letzte (Anfang und Ende) – sein Letztes geben – die Letzte Ölung – *die Letzten werden die Ersten sein;* die **Letzt:** zu guter Letzt (am Schluss); **letztendlich** (schließlich); **letztens** (kürzlich); **letztgenannt;** der/die **Letztgenannte; letzthin; letztjährig; letztlich; letztmalig; letztmals; letztmöglich**

leuch·ten: die Sterne leuchten (glänzen, strahlen) in der Nacht – seine Augen leuchten; die **Leuchte** (Beleuchtungskörper): *keine große Leuchte* (nicht besonders gescheit) *sein;* **leuchtend:** leuchtende Augen – ein leuchtendes (hohes) Vorbild – leuchtend rote Farben; der **Leuchter** (Kerzenständer); die **Leuchtfarbe;** das **Leuchtfeuer;** der **Leuchtkäfer;** die **Leuchtkraft;** die **Leuchtkugel;** die **Leuchtreklame;** das **Leuchtsignal;** der **Leuchtturm;** die **Leuchtziffer**

leug·nen: die Tat leugnen (abstreiten) – Gott leugnen (seine Existenz nicht anerkennen); aber: es hilft kein Leugnen; die **Leugnung**

Leu·kä·mie (Leuk·ä·mie) *griech.*, die: -, Leukämien (schwere Blutkrankheit); der **Leukozyt** (weißes Blutkörperchen)

Leu·mund, der: -(e)s; er hat einen guten Leumund (Ruf); das **Leumundszeugnis,** die ...zeugnisse

Leu·te *Pl.*, die: -; viele Leute (Menschen) kennen – Land und Leute kennen lernen – meine Leute (Verwandte, Mitarbeiter) – die feinen Leute (bessere Gesellschaft) – *etwas unter die Leute bringen* (etwas verbreiten); **leutescheu;** der **Leuteschinder** (jemand, der mit Untergebenen roh umgeht); **leutselig:** sich leutselig (freundlich, wohlwollend) geben; die **Leutseligkeit**

Leut·nant *franz.*, der: -s, -e/-s (Offiziersrang)

Le·vel *engl. [lewel]*, das/der: -s, -(s) (Rang, Qualitätsstufe)

Le·xi·kon *griech.*, das: -s, Lexika/Lexiken; ein Lexikon (Nachschlagewerk) benutzen – *ein wandelndes Lexikon sein* (ein sehr großes Wissen haben); **lexikalisch**

lfd. = laufend

Li·ai·son *franz. [liäsõ]*, die: -, -s (Liebesverhältnis)

Li·a·ne *franz.*, die: -, -n (eine Kletterpflanze)

Li·bel·le *lat.*, die: -, -n (Insekt, das am Wasser lebt)

li·be·ral *lat.*: liberal (freiheitlich gesinnt, aufgeschlossen) sein – eine liberale Partei; der/die **Liberale; liberalisieren** (von Einschränkungen frei machen); der **Liberalismus** (Denkrichtung, die für jeden Menschen eine größtmögliche Freiheit fordert); **liberalistisch;** die **Liberalität** (freiheitliche Gesinnung); der **Libero** (freier Verteidiger beim

Fußballspiel, der sich auch in den Angriff einschalten kann)

Licht, das: -(e)s, -er; das Licht (die Helligkeit) der Sonne – das Licht (die Beleuchtung) anmachen – *das Licht der Welt erblicken* (geboren werden) – *jemanden hinters Licht führen* (täuschen, betrügen) – *grünes Licht geben* (die Genehmigung erteilen, etwas in Angriff zu nehmen) – *kein großes Licht* (nicht sehr klug) *sein* – *Licht in etwas bringen* (etwas aufklären) – *jemandem ein Licht aufstecken* (ihn aufklären) – *wo viel Licht ist, ist auch viel Schatten;* **licht:** lichte (helle) Farben – er hat schon lichte (spärliche) Haare – der lichte (leuchtende, helle) Morgen – die lichte Weite (gemessen von Innenseite zu Innenseite); **lichtarm;** das **Lichtbild** (Fotografie); der **Lichtblick** (erfreulicher Ausblick, freudiger Moment); **lichtdurchlässig; lichtempfindlich; lichten:** den Anker lichten (hochziehen) – der Wald lichtet sich (wird heller); der **Lichterbaum,** die ...bäume (Weihnachtsbaum); **lichterfüllt:** ein lichterfüllter Raum; der **Lichterglanz; lichterloh:** das Haus brennt lichterloh (völlig, ganz und gar); das **Lichtermeer;** die **Lichtgeschwindigkeit;** die **Lichthupe;** die **Lichtleitung;** die **Lichtmaschine;** der **Lichtmast; Lichtmess** (katholischer Feiertag); die **Lichtpause** (Fotokopie); die **Lichtquelle;** die **Lichtreklame;** der **Lichtschacht,** die ...schächte; **lichtscheu:** ein lichtscheues (berüchtigtes, verrufenes) Gesindel; der **Lichtschimmer;** die **Lichtschranke;** das **Lichtspiel;** der **Lichtstrahl;** die **Lichtung** (eine gerodete Stelle im Wald); das **Lichtzeichen;** → leuchten

Lid, das: -(e)s, -er (Augendeckel) # Lied; der **Lidschatten;** der **Lidstrich**

lie·ben: seinen Nächsten lieben – eine liebende Mutter – er liebt (mag) gutes Essen – lieben lernen; **lieb:** ein liebes (folgsames, nettes) Kind – liebe (willkommene) Gäste – sei lieb (freundlich) zu ihm! – ein lieber (teurer, geschätzter) Kamerad – am liebsten – der liebe Gott – *sich bei jemandem lieb Kind machen* (einschmeicheln); aber: mein Lieber – er ist mir der Liebste – mein Liebes – meine Liebe; **liebäugeln:** mit einem neuen Auto liebäugeln (es gerne wollen); **liebbehalten:** ich werde ihn immer liebbehalten; auch: lieb behalten; das **Liebchen;** die **Liebe:** die Liebe (innige Zuneigung) der Eltern – mit Liebe (großer Sorgfalt) kochen; aber: dir zuliebe – jemandem etwas zuliebe tun – *Liebe macht blind* – *Liebe geht durch den Magen* – *alte Liebe rostet nicht;* **liebebedürftig; liebedienerisch** (unterwürfig); die **Liebelei;** der/die **Liebende; liebenswert** (reizend); **liebenswürdig** (entgegenkommend, lieb, reizend); **liebenswürdigerweise;** die **Liebenswürdigkeit;** der **Liebesbrief;** der **Liebesdienst** (Gefälligkeit); der **Liebeskummer; Liebesmüh(e):** das ist verlorene Liebesmüh (vergeblich); das **Liebespaar;** der **Liebesroman; liebestrunken;** das **Liebesverhältnis,** die ...verhältnisse; **liebevoll; liebgewinnen:** jemanden liebgewinnen; auch: lieb gewinnen; **liebhaben** (sehr gern haben); auch: lieb haben; der **Liebhaber;** die **Liebhaberei** (Hobby); **liebkosen** (zärtlich streicheln, umarmen); die **Liebkosung; lieblich** (hübch, reizvoll); die **Lieblichkeit** (Anmut); der **Liebling;** die **Lieblingsspeise** (Leibgericht); **lieblos;** die **Lieblosigkeit;** der **Liebreiz; liebreizend;** die **Liebschaft** (Liebesverhältnis); die/der **Liebste**

Lied, das: -(e)s, -er; laut ein Lied singen – *von etwas ein Lied singen können* (aus eigener, unangenehmer Erfahrung berichten können) # Lid; das **Liederbuch,** die ...bücher; der **Liedermacher** (jemand, der Lieder dichtet, komponiert und selbst vorträgt); die **Liedermacherin;** der **Lied(er)sänger;** das **Liedgut**

lie·der·lich: ein liederliches (faules, unordentliches) Kind – ein liederliches (anstößiges) Leben führen; die **Liederlichkeit**

lie·fern: eine Ware liefern (bringen) – den Beweis für etwas liefern (erbringen) – sich eine Schlacht liefern (miteinander kämpfen) – *jemanden ans Messer liefern* (durch Verrat ausliefern) – *geliefert* (verloren) *sein;* der **Lieferant** (Zulieferer); die **Lieferantin,** die Lieferantinnen; **lieferbar** (vorrätig); die **Lieferbedingungen** *Pl.*; die **Lieferfirma,** die ...firmen; die **Lieferfrist;** der **Lieferschein;** der **Lieferstopp;** der **Liefertermin;** die **Lieferung;** der **Liefervertrag,** die ...verträge; der **Lieferwagen;** die **Lieferzeit**

lie·gen: du liegst, er lag, sie hat gelegen, lieg(e)!; München liegt an der Isar – das

G H I J K L M

liegt mir am Herzen – die Arbeit liegt ihr nicht (ist ihr nicht angenehm) – an mir liegt es nicht – er liegt noch gut im Rennen; die **Liege** (Couch, Sofa); **liegenbleiben:** die Akten sind liegengeblieben (unerledigt geblieben); auch: liegen bleiben; aber nur: liegen bleiben (z. B. im Bett); **liegenlassen:** eine Arbeit liegenlassen (unerledigt lassen) – *jemanden links liegenlassen* (nicht beachten); auch: liegen lassen; aber nur: jemanden (z. B. auf dem Boden) liegen lassen; die **Liegenschaften** *Pl.* (Grundbesitz); der **Liegeplatz,** die ... plätze; der **Liegesitz;** die **Liegestatt,** die ... stätten; der **Liegestuhl,** die ... stühle; der **Liegestütz** (Turnübung); die **Liegewiese;** → Lage

Life·style *engl. [laifßtail],* der: -s (Lebensstil)

Lift *engl.,* der: -(e)s, -e/-s (Fahrstuhl, Aufzug); der **Liftboy** *[... boi]* (Fahrstuhlführer); **liften:** sich die Haut liften (straffen) lassen; das **Lifting** (Operation zur Straffung der Haut)

Li·ga *span.,* die: -, Ligen; eine Liga (Vereinigung) gründen – die Liga für Menschenrechte – zweite Liga (Spielklasse)

light *engl. [lait]:* (leicht, von unerwünschten Stoffen wenig belastet); Bier light

Light·show *engl. [laitscho],* die: -, -s (Show mit besonderen Lichteffekten)

li·ie·ren, sich *lat.:* (sich verbinden, zusammentun); die **Liierung**

Li·kör *franz.,* der: -s, -e (süßes alkoholisches Getränk); das **Likörglas,** die ... gläser

li·la *arab.:* ein lila (fliederfarbenes) Kleid; das **Lila; lilafarben;** auch: **lilafarbig**

Li·lie *lat.,* die: -, -n (Zwiebelpflanze); **lilienweiß**

Li·li·pu·ta·ner *engl.,* der: -s, - (Zwerg); die **Liliputanerin,** die Liliputanerinnen

Li·me·rick *engl.,* der: -(s), -s (Scherzgedicht)

Li·mes *lat.,* der: - (römischer Grenzwall vom Rhein zur Donau)

Li·mit *engl.,* das: -s, -s/-e (Grenze, Preisgrenze); **limitieren** (beschränken, begrenzen)

Li·mo·na·de *franz.,* die: -, -n (alkoholfreies Erfrischungsgetränk); die **Limo;** die **Limone** (eine Zitronenart)

Li·mou·si·ne *franz. [limusine],* die: -, -n (geschlossener Personenkraftwagen)

Lin·de, die: -, -n (ein Laubbaum); die **Lindenallee;** der **Lindenblütentee; lindgrün**

lin·dern: die Schmerzen lindern (mildern, erträglicher machen); **lind:** linde (milde, sanfte) Winde; die **Linderung**

Lind·wurm, der: -(e)s, ... würmer (drachenähnliches Fabeltier)

Li·nie *lat.,* die: -, -n; eine Linie (einen Strich) ziehen – eine gerade Linie (Gerade) – sich in einer Linie (Reihe) aufstellen – auf seine schlanke Linie (Körperform) achten – sich auf eine Linie (Richtung) einigen – hinter den Linien (hinter der Front) – eine ausgestorbene Linie (Abstammungsreihe) – die Linie (Strecke) Hamburg-Bremen – in erster Linie (zuerst) – auf der ganzen Linie (völlig, in jeder Beziehung); das **Lineal; linear** (linienförmig, zeichnerisch); die **Lineatur** (Liniensystem, z. B. im Schulheft); das **Linienblatt,** die ... blätter; der **Linienbus,** die ... busse; der **Linienflug,** die ... flüge; die **Linienführung;** das **Linienpapier;** der **Linienrichter;** das **Linienschiff; linientreu** (ergeben, zuverlässig); **linieren** (Linien ziehen); auch: **liniieren;** die **Lin(i)ierung**

Link *engl.,* der: -(s), -s (elektronische Verbindung, feste Kabelverbindung)

links: von links kommen – links stehen – rechts vor links – von links nach rechts – links der Straße – links um! – links abbiegen – sich links halten – links außen spielen – *etwas mit links* (nebenbei) *erledigen* – *etwas links liegen lassen* (nicht beachten); **link:** ein linker (hinterhältiger) Mensch) – linke (anrüchige) Geschäfte machen – linker Hand – der linke Schuh – auf der linken Seite; die **Linke:** zur Linken (zur linken Hand) – in meiner Linken – *die Linke kommt von Herzen;* **linkerseits; linkisch:** sich linkisch (ungeschickt) benehmen; **linksabbiegend;** auch: links abbiegend; der **Linksabbieger;** der **Linksaußen:** er spielt (den) Linksaußen; aber: er spielt links außen; der **Linksdrall; linksextrem;** der **Linksextremismus** (politische Richtung); **linksgerichtet;** der **Linkshänder;** die **Linkshänderin; linkshändig;** die **Linkshändigkeit; linksherum;** die **Linkskurve; linkslastig;** die **Linkspartei; linksrheinisch:** das linksrheinische Ufer; der **Linksruck; linksseitig; linksstehend:** politisch linksstehende Personen; auch: links stehend; der **Linksverkehr**

Lin·nen, das: -s, - (Leinen); **linnen** (aus Leinen)

Li·no·le·um (Lin·o·le·um) *lat.,* das: -s (Bo-

G H I J K L M

denbelag); der **Linolschnitt** (ein aus einer Linoleumplatte herausgeschnittenes Bild)

Lin·se, die: -, -n; Linsen (Hülsenfrüchte) kochen – durch eine Linse (einen Glaskörper in optischen Geräten) schauen; **linsen:** durch das Schlüsselloch linsen (blicken); **linsenförmig;** das **Linsengericht** (Speise)

Lip·pe, die: -, -n; sich in die Lippe beißen – *eine Lippe riskieren* (vorlaut sein) – *an jemandes Lippen hängen* (sehr aufmerksam zuhören) – *etwas nicht über die Lippen bringen* (es sich nicht zu sagen trauen); das **Lippenbekenntnis,** die ... bekenntnisse (ein Bekenntnis ohne echte Überzeugung); der **Lippenblütler** (Pflanzenfamilie); der **Lippenstift**

li·qui·die·ren *lat.*: er liquidiert (tötet) den Gefangenen – sein Geschäft liquidieren (auflösen); **liquid(e)** (flüssig, verfügbar): ein liquides (zahlungsfähiges) Unternehmen; die **Liquidation** (Abrechnung von Kosten, Auflösung, Tötung); die **Liquidität**

lis·peln: (mit der Zunge beim Sprechen anstoßen); das **Lispeln**

List, die: -, -en (Geschick, Tücke, Täuschung); **listenreich; listig** (durchtrieben, schlau); **listigerweise;** die **Listigkeit**

Lis·te, die: -, -n; eine Liste (Aufstellung, Verzeichnis) schreiben – die schwarze Liste; der **Listenplatz,** die ... plätze; die **Listenwahl**

Li·ta·nei *griech.*, die: -, -en (religiöses Bittgebet, eintöniges Gerede)

Li·tau·en: -s (Staat in Osteuropa); der **Litauer;** die **Litauerin,** die Litauerinnen; **litauisch**

Li·ter ⟨l⟩ *griech.*, der/das: -s, - (Maß für Flüssigkeiten); zwei Liter Milch – ein halber (halbes) Liter; die **Literflasche; literweise**

Li·te·ra·tur *lat.*, die: -, -en (Schrifttum, Dichtung); **literarisch:** literarisch (schriftstellerisch) tätig sein; der **Literat** (Schriftsteller); die **Literatin;** die **Literaturgeschichte**

Lit·faß·säu·le, die: -, -n (runde Anschlagsäule)

Li·tho·gra·phie *griech.*, die: -, Lithographien (Steindruck); auch: die **Lithografie**

Lit·schi *chin.*, die: -, -s (tropische Frucht)

Li·tur·gie *griech.*, die: -, Liturgien (Gottesdienstordnung); **liturgisch**

Lit·ze *lat.*, die: -, -n (flache Schnur zum Verzieren von Stoffen, Borte, Zierband)

live *engl. [laif]*: live (unmittelbar) ein Spiel übertragen; die **Livesendung** (Originalübertragung); auch: die **Live-Sendung;** die **Liveshow;** auch: die **Live-Show**

Liv·ree (Li·vree) *franz. [liwre]*, die: -, Livreen (uniformartige Kleidung eines Dieners)

Li·zenz *lat.*, die: -, -en (amtliche Genehmigung, Zulassung), die **Lizenzgebühr; lizenzieren** (eine Genehmigung erteilen); der **Lizenzspieler** (ein von einem Verein angestellter Spieler); der **Lizenzvertrag,** die ... verträge

l. J. = laufenden Jahres

Lkw (LKW) = Lastkraftwagen

Lob·by *engl. [lobi]*, die: -, -s (Halle im Parlament, Interessengruppe); der **Lobbyist** (jemand, der Abgeordnete für seine Interessen gewinnen will); die **Lobbyistin**

lo·ben: er lobt den fleißigen Schüler; das **Lob:** *des Lobes voll sein* (sich sehr lobend äußern); **lobenswert;** die **Lobeshymne;** der **Lobgesang,** die ... gesänge; **lobhudeln** (schmeicheln); die **Lobhudelei; löblich** (anerkennenswert); das **Loblied** (Lobrede): *ein Loblied auf jemanden anstimmen* (ihn übermäßig in Gegenwart anderer loben); **lobpreisen** (verherrlichen, ehren); die **Lobpreisung;** die **Lobrede**

Loch, das: -(e)s, Löcher; ein tiefes Loch graben – ein Loch (eine schadhafte Stelle) in der Hose haben – in einem Loch (einer kleinen, dunklen Wohnung) leben – im Loch (Gefängnis) sitzen – *aus dem letzten Loch pfeifen* (am Ende sein) – *jemandem ein Loch in den Bauch fragen* (ihm pausenlos Fragen stellen); **lochen:** einen Papierbogen lochen; der **Locher; löch(e)rig** (undicht); **löchern:** der Reporter löcherte ihn mit Fragen; die **Lochkarte;** der **Lochstreifen;** die **Lochung;** die **Lochzange**

Lo·cke, die: -, -n; Locken im Haar haben; das **Löckchen;** der **Lockenkopf;** die **Lockenpracht;** der **Lockenwickler; lockig**

lo·cken: den Hund locken (heranrufen, ködern) – diese Aufgabe lockt (reizt) ihn; das **Lockmittel;** der **Lockruf;** die **Lockung;** der **Lockvogel** (Köder, Anreiz)

lö·cken: wider den Stachel löcken (sich widersetzen)

lo·cker: ein lockeres (loses) Brett – ein lockerer Boden – lockere (zwanglose) Sitten – sich locker (ungezwungen) geben – locker sitzen – etwas locker sagen; die **Lockerheit; lockerlassen:** nicht lockerlassen (nachgeben); aber: die Zügel locker lassen; **lockermachen:** den Gürtel lockermachen – Schrauben lockermachen; auch: locker machen; aber nur: Geld lockermachen (hergeben); **lockern:** Schrauben lockern – sich nach einer Anstrengung lockern (entspannen); die **Lockerung;** die **Lockerungsübung**

Lo·den, der: -s, - (filziger Wollstoff); der **Lodenmantel;** der **Lodenstoff**

lo·dern: ein loderndes (heftig brennendes) Feuer – lodernde Flammen

Löf·fel, der: -s, -; die Suppe mit dem Löffel essen – die Löffel (Ohren) des Hasen – *die Löffel spitzen* (aufmerksam zuhören) – *ein paar hinter die Löffel bekommen/kriegen* (geohrfeigt werden) – *sich etwas hinter die Löffel schreiben* (gut merken); **löffeln:** seine Suppe löffeln; **löffelweise**

Lo·ga·rith·mus (Log·a·rith·mus) ⟨log⟩ *griech.*, der: -, Logarithmen (mathematische Größe); die **Logarithmentafel; logarithmisch**

Log·buch, das: -(e)s, ... bücher (Schiffstagebuch)

Lo·ge *franz. [losche]*, die: -, -n (kleiner, abgeteilter Raum im Zuschauerraum; Pförtnerraum; Geheimbund); **logieren** *[loschiren]*: in einem Hotel logieren (für eine bestimmte Zeit wohnen); der **Logiergast;** der **Logierplatz;** das **Logis** *[loschi]* (einfache Unterkunft)

Log·ger *niederl.*, der: -s, - (Küstenfahrzeug)

Log·gia *ital. [lodscha]*, die: -, Loggien (nach einer Seite offener, überdeckter Raum)

Lo·gik *griech.*, die: - (Denklehre, Folgerichtigkeit); **logisch:** ein logischer (folgerichtiger) Schluss – das ist doch logisch (selbstverständlich); **logischerweise** (folglich); die **Logistik** (mathematische Denkart, militärisches Nachschubwesen); **logo:** das ist doch logo (logisch)

Lo·go *engl.*, der/das: -s, -s (Firmenzeichen)

Lo·go·pä·die *griech.*, die: - (Sprachheilkunde); der **Logopäde;** die **Logopädin,** die Logopädinnen; **logopädisch**

lo·hen: (hell brennen, lodern); die **Lohe** (Flamme, Glut)

Lohn, der: -(e)s, Löhne; keinen Lohn (keine Anerkennung) ernten – einen hohen Lohn (ein großes Gehalt) bekommen – um Gottes Lohn (umsonst) arbeiten – *Undank ist der Welt Lohn;* der **Lohnabzug;** die **Lohnarbeit;** der **Lohnausfall;** der **Lohnbuchhalter;** die **Lohnbuchhalterin,** die ... halterinnen; der **Lohnempfänger;** die **Lohnempfängerin,** die ... empfängerinnen; sich **lohnen:** die Mühe hat sich gelohnt (bezahlt gemacht) – er hat mir meine Mühe übel gelohnt (vergolten); **löhnen** (auszahlen); **lohnend:** eine lohnende Aufgabe; **lohnenswert;** die **Lohnforderung; lohnintensiv;** der **Lohnkampf;** die **Lohnkosten** *Pl.*; die **Lohnpfändung;** die **Lohnsteuer;** der **Lohnstopp;** der **Lohntag;** die **Lohntüte;** die **Löhnung;** der **Lohnverzicht;** der **Lohnzettel**

Loi·pe *norw.*, die: -, -n (Spur für den Skilanglauf)

Lo·kal *franz.*, das: -(e)s, -e (Gastwirtschaft); **lokal:** lokale (örtliche) Nachrichten; die **Lokalbahn;** das **Lokalblatt;** die **Lokalisation** (Ortsbestimmung); **lokalisieren** (abgrenzen, beschränken): ich kann die Stelle nicht lokalisieren (bestimmen); die **Lokalisierung;** die **Lokalität,** die Lokalitäten (Raum, Örtlichkeit); die **Lokalnachrichten** *Pl.;* die **Lokalpresse;** der **Lokaltermin** (Gerichtstermin am Tatort); die **Lokalzeitung**

Lo·ko·mo·ti·ve *engl.*, die: -, -n; kurz: die **Lok;** der **Lok(omotiv)führer;** die **Lok(omotiv)-führerin,** die ... führerinnen

Lo·kus *lat.*, der: -/-ses, -/-se (Toilette, Abort)

Long·drink *engl.*, der: -(s), -s (alkoholisches Mixgetränk); auch: der **Long Drink**

Lon·ge *franz. [lõsche]*, die: -, -n (Laufleine für Pferde, Sicherheitsleine); **longieren** (ein Pferd an der Leine laufen lassen)

Look *engl. [luk]*, der: -s, -s (Äußeres, Aussehen nach der Mode); ein sportlicher Look

Loo·ping *engl. [luping]*, der/das: -s, -s (Kunstflugfigur, Schleifenflug, Überschlagrolle)

Lor·beer *lat.*, der: -s, -en (Gewürzstrauch); *sich auf seinen Lorbeeren ausruhen* (sich nach seinen Erfolgen nicht mehr anstrengen) – *Lorbeeren ernten* (Erfolg haben); der **Lorbeerbaum;** das **Lorbeerblatt;** der **Lorbeerkranz,** die ... kränze (Auszeichnung)

Lord *engl.*, der: -s, -s (engl. Adelstitel)

Lo·re *engl.*, die: -, -n (offener Güterwagen)

Lo·re·ley, die: - (Rheinnixe, Felsen am Rhein); auch: die **Lorelei**

los: der Hund ist los (frei) – bei uns ist nichts

los (es passiert nichts) – er ist sein Vermögen los – eine Sorge los sein – jetzt geht's los! – los!; **...los:** ausweglos – baumlos – kinderlos; **losballern** (plötzlich zu schießen anfangen); **losbekommen; losbinden; losbrausen; losbrechen:** ein Unwetter wird bald losbrechen; **lose:** ein loses (lockeres) Brett – ein Knopf ist lose – ein loser (leichtfertiger) Bursche – ein loses (freizügiges, liederliches) Leben führen – *eine lose Zunge haben* (leichtfertig reden); die **Loseblattsammlung; loseisen** (befreien); **losfahren; losgehen; loshaben:** in seinem Beruf viel loshaben (können); **loskaufen; loslassen; loslaufen; loslegen** (sich ins Zeug legen); **loslösen;** die **Loslösung; losmachen; losmarschieren; loßreißen;** sich **lossagen; losschicken; losschlagen; lossprechen; lossteuern:** auf eine Bekannte lossteuern; **loswerden; losziehen**

Los, das: -es, -e; sich ein Los (einen Lotterieschein) kaufen – mit seinem Los (Schicksal) nicht zufrieden sein – das große Los (Hauptgewinn) – *das große Los ziehen* (sehr viel Glück haben); **losen** (ein Los ziehen); der **Losentscheid;** die **Losnummer;** die **Lostrommel;** der **Losverkäufer;** die **Losverkäuferin,** die ... verkäuferinnen

lö·schen: das Feuer löschen (ausmachen) – seinen Durst löschen (stillen) – ein Konto löschen (auflösen) – er löscht (tilgt) seine Schuld; die **Löscharbeit;** das **Löschblatt** (Saugpapier); der **Löscheimer;** der **Löscher;** das **Löschfahrzeug;** das **Löschgerät;** das **Löschpapier;** die **Löschtaste;** der **Löschteich;** die **Löschung;** das **Löschwasser**

lö·schen: ein Schiff löschen (ausladen)

lö·sen: die Tapeten von der Wand lösen – sie löst einen Knoten – eine Fahrkarte lösen (kaufen) – er kann die Aufgaben nicht lösen (bewältigen) – einen Vertrag lösen (aufheben) – er löst (lockert) eine Schraube – jemandem die Zunge lösen (ihn zum Sprechen bringen); **lösbar;** die **Lösbarkeit;** das **Lösegeld; löslich;** die **Lösung;** das **Lösungsmittel;** der **Lösungsversuch;** der **Lösungsweg;** das **Lösungswort,** die ... worte

Löss, der: -es, -e (Bodenart); auch: der **Löß;** der **Lössboden,** die ... böden; die **Lössschicht;** auch: die **Löss-Schicht**

Lo·sung, die: -, -en (Kennwort, Wahlspruch); das **Losungswort,** die ... wörter

Lot, das: -(e)s, -e; das Lot (Gerät zum Feststellen der Wassertiefe) einholen – ein Lot (eine senkrechte Gerade) fällen – eine Mauer mit dem Lot (Senkblei) ausrichten – *etwas ins rechte Lot* (in Ordnung) *bringen* – *ins Lot* (in Ordnung) *kommen*; **loten** (die senkrechte Lage bzw. die Wassertiefe bestimmen); **lotrecht** (senkrecht); die **Lotung**

lö·ten: (Metallteile mit Lötzinn verbinden); ein Rohr löten; der **Lötapparat,** der **Lötkolben;** die **Lötlampe;** die **Lötnaht,** die ... nähte; die **Lötstelle;** die **Lötung;** das **Lötzinn**

Lo·ti·on *engl.,* die: -, -en (Hautpflegemittel); auch: die **Lotion,** die Lotions *[loschen]*

Lo·tos, der: -, - (eine Seerose); auch: der **Lotus**

Lot·se *engl.,* der: -n, -n (ortskundiger Seemann); **lotsen:** ein Schiff in den Hafen lotsen (leiten, führen) – jemanden durch die Stadt lotsen; der **Lotsendienst**

Lot·te·rie *niederl.* die: -, Lotterien (Glücksspiel); das **Lotterielos;** das **Lotteriespiel;** das **Lotto;** der **Lottogewinn;** die **Lottozahlen** *Pl.*

lot·te·rig: lotterig (nachlässig, schlampig) sein; auch: **lottrig;** der **Lotterbube** (Taugenichts); **lotterhaft;** die **Lotterigkeit;** das **Lotterleben;** die **Lotterwirtschaft** (Unordnung)

Lounge *engl. [laundsch],* die: -, -s (Hotelhalle)

Love·sto·ry *engl. [laßtori],* die: -, -s (Liebesgeschichte)

Lö·we *griech.,* der: -n, -n (Raubkatze); der **Löwenanteil** (größter Anteil); der **Löwenbändiger;** der **Löwenkäfig;** der **Löwenmut; löwenstark;** der **Löwenzahn** (Blume); die **Löwin,** die Löwinnen

lo·yal (loy·al) *franz. [loajal]*: (redlich, gesetzestreu); die **Loyalität**

LP = Langspielplatte

LSD, das: -(s) (ein Rauschgift)

lt. = laut, z. B. lt. Plan

Luchs, der: -es, -e (katzenartiges Raubtier); *wie ein Luchs* (ganz genau) *aufpassen* # Lux; **luchsen** (aufmerksam schauen)

Lü·cke, die: -, -n; eine Lücke (ein Zwischenraum, Abstand) im Gebiss – in Mathematik hat sie große Lücken (Mängel); der **Lückenbüßer** (Ersatzmann, Aushilfe); **lückenhaft** (unvollständig); die **Lückenhaftigkeit; lückenlos** (ganz); die **Lückenlosigkeit**

Lu·der, das: -s, - (ein Schimpfwort); ein raffiniertes Luder – ein armes Luder; **luderig**

(schlampig); das **Luderleben; ludern** (ausschweifend leben); die **Luderwirtschaft**

Luft, die: -, Lüfte (gasförmiger Stoff); die Lerche steigt in die Lüfte – Luft holen – in der frischen Luft sein – *jemanden an die Luft setzen* (ihn hinauswerfen) – *in der Luft hängen* (im Ungewissen sein) – *sich in Luft auflösen* (spurlos verschwinden) – *es herrscht/ist dicke Luft* (es droht etwas Unangenehmes) – *jemanden wie Luft behandeln* (ihn absichtlich übersehen); der **Luftalarm;** der **Luftangriff;** die **Luftaufnahme;** der **Luftballon;** das **Luftbild;** das **Lüftchen; luftdicht;** der **Luftdruck; luftdurchlässig; lüften:** das Zimmer lüften (die Luft erneuern) – seinen Hut lüften (hochheben); die **Luftfahrt** (Fliegerei); die **Luftfeuchtigkeit; luftgekühlt; luftgetrocknet;** das **Luftgewehr;** die **Lufthansa** (deutsche Luftverkehrsgesellschaft); die **Lufthülle; luftig:** in luftiger (windiger) Höhe – ein luftiges (leichtes) Kleid; der **Luftikus** (Leichtfuß); das **Luftkissen;** der **Luftkurort; luftleer;** die **Luftlinie;** die **Luftmatratze;** der **Luftpirat** (Flugzeugentführer); die **Luftpost;** die **Luftpumpe;** die **Luftröhre;** das **Luftschiff;** das **Luftschloss,** die ...schlösser (Wunschvorstellung, Einbildung); der **Luftschutz;** der **Luftsprung;** die **Lüftung** (Luftzufuhr); die **Luftveränderung;** der **Luftverkehr** (Luftfahrt); die **Luftverschmutzung;** die **Luftwaffe;** der **Luftwiderstand;** der **Luftzug**

lu·gen: um die Ecke lugen (ausschauen, spähen); der **Luginsland** (Aussichtsturm)

lü·gen: du lügst, er log, sie hat gelogen, lüg(e)! (die Unwahrheit sagen); *lügen, dass sich die Balken biegen* (hemmungslos lügen); der **Lug:** es ist alles Lug und Trug (Lüge und Täuschung); die **Lüge:** eine faustdicke Lüge – *jemanden Lügen strafen* (ihn der Unwahrheit überführen) – *Lügen haben kurze Beine*; der **Lügenbold** (gewohnheitsmäßiger Lügner); das **Lügengespinst** (Lügengewebe); **lügenhaft;** die **Lügenhaftigkeit;** die **Lügenkampagne** *[...kampanje]* (Lügenfeldzug); das **Lügenmärchen** (Lügengeschichte); das **Lügenmaul** (Lügner); die **Lügerei;** der **Lügner;** die **Lügnerin,** die Lügnerinnen; **lügnerisch**

Lu·ke, die: -, -n (kleine Öffnung, Dachfenster)

lu·kra·tiv (luk·ra·tiv) *lat.*: ein lukratives (Gewinn bringendes, einträgliches) Geschäft

lu·kul·lisch: ein lukullisches (üppiges) Mahl

Lu·latsch, der: -(e)s, -e (schlaksiger, langer Mann)

lul·len: (in den Schlaf singen)

Lüm·mel, der: -s, - (Flegel, frecher Mensch); die **Lümmelei; lümmelhaft;** sich **lümmeln:** sich in den Stuhl lümmeln (sich betont nachlässig hinsetzen)

Lump, der: -en, -en (gewissenloser Mensch, Strolch); **lumpen:** die ganze Nacht lumpen (sich vergnügen) – *sich nicht lumpen lassen* (großzügig zeigen); der **Lumpen** (Lappen, zerrissene Kleidung); das **Lumpengesindel;** das **Lumpenpack** (Gesindel); der **Lumpensammler;** die **Lumperei; lumpig** (gemein, kläglich): nicht einmal lumpige fünf Euro

Lunch *engl. [lantsch]*, der: -/-(e)s, -(e)s/-e (Mittagsmahl); **lunchen;** das **Lunchpaket**

Lun·ge, die: -, -n (Atmungsorgan von Menschen und Tieren); die grüne Lunge (Grünanlage); auch: die Grüne Lunge – *sich die Lunge aus dem Hals schreien* (laut schreien); die **Lungenembolie;** die **Lungenentzündung; lungenkrank;** der/die **Lungenkranke;** die **Lungen-Tbc**

lun·gern: auf den Straßen lungern (sich herumtreiben)

Lun·te, die: -, -n (Zündschnur); *Lunte riechen* (Gefahr wittern); die **Luntenschnur**

Lu·pe *franz.*, die: -, -n (Vergrößerungsglas); *jemanden unter die Lupe nehmen* (genau beobachten, überprüfen); **lupenrein** (sehr sauber, mustergültig)

lup·fen: (lüften, hochheben); auch: **lüpfen**

Lu·pi·ne *lat.*, die: -, -n (Futterpflanze)

Lurch, der: -(e)s, -e (Amphibie; Tier, das sowohl im Wasser als auch auf dem Lande lebt)

Lust, die: -, Lüste; zu/auf etwas Lust (Verlangen) haben – etwas mit Lust (Freude, Vergnügen) betreiben – nach Lust und Laune (wie es beliebt); die **Lustbarkeit** (Feier, Vergnügen); **lustbetont; lüstern** (voll Gier, triebhaft); die **Lüsternheit** (Begierde); das **Lustgefühl; lustig:** eine lustige (vergnügte) Gesellschaft – eine lustige (humorvolle, unterhaltsame) Geschichte – *sich über jemanden lustig machen* (ihn verspotten); aber: Bruder Lustig; die **Lustigkeit;** der **Lüstling** (Wüstling, triebhafter Mensch); auch: der

Lustmolch; lustlos; die **Lustlosigkeit** (Unlust); der **Lustmörder;** das **Lustschloss,** die ...schlösser; das **Lustspiel** (Komödie); **lustvoll; lustwandeln** (gemächlich spazieren gehen)

Lüs·ter *franz.*, der: -s, - (Kronleuchter)

Lu·the·ra·ner, der: -s, - (Anhänger Luthers, Protestant); die **Lutheranerin; lutherisch:** die lutherische Kirche; das **Luthertum**

lut·schen: am Daumen lutschen (saugen) – Eis lutschen (schlecken, auf der Zunge zergehen lassen); der **Lutscher**

Luv, die: -/das: -s (dem Wind zugekehrte Seite eines Schiffes); die **Luvseite; luvwärts**

Lux *lat.*, das: -, - (Maßeinheit für die Beleuchtungsstärke) # Luchs

Lu·xem·burg: -s (Großherzogtum in Westeuropa); der **Luxemburger;** die **Luxemburgerin,** die Luxemburgerinnen; **luxemburgisch**

Lu·xus *lat.*, der: - (großer Aufwand, Verschwendung, Prunk); **luxuriös;** der **Luxusartikel;** der **Luxusdampfer;** das **Luxusgut,** die ...güter; das **Luxushotel;** die **Luxusjacht;** auch: die **Luxusyacht;** die **Luxuslimousine;** die **Luxussteuer;** der **Luxuswagen;** die **Luxuswohnung**

Lu·zer·ne *franz.*, die: -, -n (eine Futterpflanze)

Lu·zi·fer *lat.*, der: -s (Teufel)

LW = Langwelle

Lym·phe *griech.*, die: -, -n (hellgelbe Körperflüssigkeit); das **Lymphgefäß;** der **Lymphknoten;** das **Lymphsystem**

lyn·chen *engl.*: (ohne Richterurteil hinrichten); die **Lynchjustiz**

Ly·rik *griech.*, die: - (Dichtkunst, Poesie); der **Lyriker;** die **Lyrikerin,** die Lyrikerinnen; **lyrisch** (dichterisch)

Ly·ze·um *griech.*, das: -s, Lyzeen (höhere Mädchenschule)

M

m = Meter

m² = Quadratmeter

m³ = Kubikmeter

MA. = Mittelalter

Mä·an·der, der: -s, - (geschlängelter Flusslauf)

Maar, das: -(e)s, -e (Kratersee)

Maat, der: -(e)s, -e/-en (Unteroffizier bei der Marine) # die Mahd

ma·chen: die Hausaufgaben machen (anfertigen) – was soll ich machen (tun)? – er macht sich gut in seiner neuen Stellung (er bewährt sich) – ein gemachter (wohlhabender) Mann sein – *sich nichts aus jemandem machen* (ihn nicht mögen) – *etwas aus sich machen* (etwas im Leben erreichen); die **Machart** (Ausführung, Beschaffenheit); **machbar;** die **Machbarkeit;** die **Mache** (Gehabe, Angabe, Vortäuschung); die **Machenschaften** *Pl.* (Quertreiberei, ungesetzliche Handlungen); der **Macher** (durchsetzungsfähiger Mensch, Manager); das **Machwerk** (minderwertiges Erzeugnis)

Ma·che·te *span.*, die: -, -n (Buschmesser)

Ma·cho *span. [matscho]*, der: -s, -s (ein sich betont männlich gebender Mann)

Macht, die: -, Mächte; Macht (Herrschaft, Gewalt) ausüben – die Macht (Kraft) der Gewohnheit – mit aller Macht (Gewalt) – die bösen Mächte – die verbündeten Mächte (Staaten); die **Machtbefugnis,** die ...befugnisse; die **Machtgier** (Machtstreben); der **Machthaber** (Herrscher); **machthungrig; mächtig:** ein mächtiger Baum – *seiner Sinne nicht mehr mächtig sein* (völlig außer sich sein); die **Mächtigkeit;** der **Machtkampf; machtlos;** die **Machtlosigkeit;** der **Machtmissbrauch,** die ...missbräuche; die **Machtprobe** (Kraftprobe); die **Machtstellung** (Einfluss); das **Machtstreben; machtvoll;** die **Machtvollkommenheit** (uneingeschränkte Macht); der **Machtwechsel;** das **Machtwort,** die ...worte: *ein Machtwort sprechen* (eine Entscheidung treffen)

Ma·cke *hebr.*, die: -, -n (Tick, Fehler); *eine Macke haben* (leicht verrückt sein)

Mäd·chen, das: -s, -; ein Mädchen für alles; **mädchenhaft;** das **Mädel**

Ma·de, die: -, -n (Insektenlarve), *wie die Made im Speck* (im Überfluss) *leben;* **madig:** ein madiger Apfel; **madigmachen:** etwas madigmachen (schlechtmachen) – jemandem etwas madigmachen (es ihm verleiden)

made in Ger·ma·ny *engl. [med in dschörmeni]* (ein Stempel auf Waren: hergestellt in Deutschland)

Ma·don·na *ital.*, die: -, Madonnen (Mutter Jesu); das **Madonnenbild;** das **Madonnengesicht; madonnenhaft**

Ma·fia *ital.*, die: -, -s (verbrecherische Geheimorganisation, Unterwelt); auch: die **Maffia;** der **Mafioso,** die Mafiosi (Mitglied der Mafia)

Ma·ga·zin *ital.*, das: -s, -e; Waren im Magazin (Lager) stapeln – in einem Magazin (einer Zeitschrift) lesen – das Magazin (den Patronenbehälter) leer schießen

Magd, die: -, Mägde (Dienerin); das **Mägd(e)lein**

Ma·gen, der: -s, -/Mägen (ein Körperorgan); mit leerem Magen arbeiten – *im Magen liegen* (bedrücken) – *die Liebe geht durch den Magen;* die **Magenbeschwerden** *Pl.*; das **Magengeschwür; magenleidend;** aber: am Magen leidend; der **Magensaft,** die ... säfte; die **Magensäure;** die **Magenschmerzen** *Pl.*

ma·ger: mageres Fleisch – das Ergebnis ist mager (dürftig) – ein magerer (nährstoffarmer) Boden; die **Magerkeit;** die **Magermilch;** der **Magerquark;** die **Magersucht**

Ma·gie *pers.*, die: - (Zauberkunst, geheimnisvolle Kraft); der **Magier** (Zauberer); **magisch:** magische (übernatürliche) Kräfte haben – eine magische (geheimnisvolle) Zahl

Ma·gis·ter ⟨Mag.⟩ *lat.*, der: -s, - (akademischer Titel, Lehrer); der **Magistrat** (Stadtverwaltung)

Mag·ma *griech.*, das: -s, Magmen (flüssiges Gestein im Erdinneren)

Mag·nat (Ma·gnat) *lat.*, der: -en, -en (Großindustrieller, Finanzgröße)

Ma·gne·si·um (Mag·ne·si·um) ⟨Mg⟩ *lat.*, das: -s (chemisches Element)

Mag·net (Ma·gnet) *griech.*, der: -(e)s/-en, -e(n) (Eisen- oder Stahlstück mit Anziehungskraft); der Clown ist der Magnet (Anziehungspunkt) des Zirkus; die **Magnetaufzeichnung** ⟨MAZ⟩; das **Magnetfeld; magnetisch; magnetisieren;** die **Magnetisierung;** der **Magnetismus** (Anziehungskraft)

Ma·ha·go·ni *indian.*, das: -s (edles ausländisches Holz); die **Mahagonimöbel** *Pl.*

mä·hen: Gras mähen (abschneiden); die **Mahd** (abgemähtes Gras) # Maat; der **Mähdrescher;** der **Mäher;** die **Mähmaschine**

Mahl, das: -(e)s, -e/Mähler (Essen, Gastmahl) # Mal; die **Mahlzeit:** gesegnete Mahlzeit!

mah·len: du mahlst, er mahlte, sie hat gemahlen, mahle!; Getreide mahlen (zerkleinern) – gemahlener Pfeffer – *wer zuerst kommt, mahlt zuerst* # malen; der **Mahlstein**

Mäh·ne, die: -, -n (dichtes, langes Haar am Kopf, Hals und Nacken)

mah·nen: wegen einer Schuld mahnen – zur Eile mahnen; der **Mahnbescheid;** der **Mahner;** die **Mahnerin;** die **Mahngebühr;** das **Mahnmal,** die ... male/... mäler; das **Mahnschreiben;** die **Mahnung**

Mäh·re, die: -, -n (altes, abgemagertes Pferd) # Märe

Mai *lat.*, der: -/-(e)s, -e (ein Monatsname); der Erste Mai (Feiertag); der **Maibaum; maienhaft;** die **Maiennacht;** auch: die **Mainacht;** das **Maiglöckchen** (eine Frühlingsblume); der **Maikäfer;** das **Maikätzchen**

Maid, die: -, -en (junges Mädchen)

mai·len *engl. [melen]:* (ein E-Mail senden); die **Mailbox;** das **Mailing;** die **Mailorder** (Bestellung, Verkauf von Waren durch Prospektversand u. Ä.)

Mais *indian.*, der: -es (eine Getreideart); das **Maisbrot; maisgelb;** der **Maiskolben**

Mai·sche, die: -, -n (Gemisch zur Bier- und Weinherstellung); der **Maischebottich**

Ma·jes·tät *lat.*, die: -, -en (Hoheit, Anrede für Könige und Kaiser); **majestätisch:** ein majestätischer (hoheitsvoller, würdevoller) Gang; die **Majestätsbeleidigung**

Ma·jo·nä·se, die: -, -n (Soße aus Eigelb und Öl); auch: die **Mayonnaise**

Ma·jor *lat.*, der: -s, -e (Offiziersrang); **majorisieren** (überstimmen); die **Majorität,** die Majoritäten (Stimmenmehrheit)

Ma·jo·ran, der: -s, -e (eine Gewürzpflanze); auch: der **Meiran**

ma·ka·ber *franz.*: eine makab(e)re (unheimliche) Geschichte

Ma·ke·do·ni·en: -s (Staat in Südosteuropa); auch: **Mazedonien;** der **Makedonier;** die **Makedonierin,** die Makedonierinnen; **makedonisch**

Ma·kel, der: -s, - (Schandfleck, Fehler); die **Mäkelei** (Nörgelei, Kritik); **makelhaft; makellos;** die **Makellosigkeit; mäkeln** (nörgeln, etwas auszusetzen haben)

Make-up *engl. [mekạp]*, das: -s, -s (Kosmetikmittel zur Gesichtsverschönerung, Tönungscreme); **Make-up-frei**

Mak·ka·ro·ni *Pl. ital.*, die: - (röhrenförmige, lange Nudeln)

Mak·ler, der: -s, - (Zwischenhändler, Vermittler); die **Maklergebühr;** die **Maklerin,** die Maklerinnen

Ma·kre·le (Mak·re·le) *niederl.*, die: -, -n (ein Speisefisch)

ma·kro... (mak·ro...) *griech.*: (groß); der **Makrokosmos** (Weltall, Universum)

Ma·ku·la·tur *lat.*, die: -, -en (Altpapier, wertloses Papier, Fehldruck)

mal: vier mal drei (4 x 3) – 20-mal – 1- bis 2-mal – ich bin nun mal so – mal so, mal so – mal wieder – öfter mal – schon mal; **...mal:** allemal; aber: alle Male – ein für alle Mal(e) – ein andermal; aber: ein anderes Mal – diesmal; aber: dieses Mal – dreimal so viel – eineinhalbmal so viel – auf einmal – hundertmal – keinmal – noch mal; auch: nochmal – manchmal; aber: manches Mal – ein paarmal; aber: ein paar Mal(e) (bei besonderer Betonung) – soundsovielmal – sovielmal; aber: so viele Male – tausendmal – vielhundertmal; aber: viele hundert Mal(e) – x-mal; aber: das x-te Mal – zigmal – zweimal so viel; das **Mal:** das allererste Mal – zum allerersten Mal(e) – ein anderes Mal – manches Mal – ein paar Male – ein ums andere Mal – beide Mal(e) – das dritte Mal – dutzendmal; aber: (viele) Dutzend Mal(e); auch: dutzend Mal(e) – mit einem Mal(e) – einige Mal(e) – das einzige Mal – (ein) jedes Mal – zu wiederholten Malen – zum letzten Mal(e) – Mal für Mal – von Mal zu Mal – (einige) Millionen Mal(e) – nächstes Mal – das nächste Mal – das soundsovielte Mal – unzählige Male – das vorige Mal # Mahl; **...malig:** dreimalig – einmalig; **malnehmen; ...mals:** abermals – damals – ehemals – letztmals – mehrmals – niemals – nochmals – oftmals – vielmals; das **Malzeichen**

Mal, das: -(e)s, -e/Mäler; ein Mal (Zeichen) an der Wange haben – einer berühmten Frau ein Mal (Denkmal) setzen # Mahl

ma·la·de *franz.*: sehr malade (krank, erschöpft) sein; auch: **malad**

Ma·lai·se *franz. [maläse]*, die: -, -n (Unbehagen, Unglück); auch: die **Maläse**

Ma·la·ria *ital.*, die: - (tropische Infektionskrankheit, Sumpffieber); **malariakrank**

Ma·lä·se *franz.*, die: -, -n (Unbehagen, Unglück); auch: die **Malaise**

ma·len: ein Bild malen # mahlen; das **Malbuch,** die ...bücher; der **Maler;** die **Malerei;** die **Malerin,** die Malerinnen; **malerisch:** eine malerische (schöne) Landschaft; der **Malermeister; malern** (Malerarbeiten ausführen); die **Maltechnik;** die **Malutensilien** *Pl.* (zum Malen benötigte Gegenstände)

Mal·heur *franz. [malör]*, das: -s, -e/-s (Pech, Unglück)

ma·li·zi·ös *franz.*: (boshaft, arglistig)

ma·lo·chen *hebr.*: (schuften, schwer arbeiten); die **Maloche**

Mal·ta: -s (Insel und Staat im Mittelmeer); der **Malteser;** die **Malteserin,** die Malteserinnen; **maltesisch**

Mal·ve *ital.*, die: -, -n (eine Heilpflanze)

Malz, das: -es (angekeimte Gerste); *an jemandem ist Hopfen und Malz verloren* (bei ihm ist alles umsonst); das **Malzbier;** das **Malzbonbon; mälzen;** die **Mälzerei;** der **Malzkaffee;** der **Malzzucker**

Ma·ma, die: -, -s (Mutter); auch: die **Mami;** das **Mamachen**

Mam·ba, die: -, -s (eine afrikanische Giftschlange)

Mam·mon *griech.*, der: -s (abwertend für Geld, Reichtum); dem Mammon nachjagen

Mam·mut *franz.*, das: -s, -e/-s (ausgestorbene Elefantenart); der **Mammutprozess;** die **Mammutschau;** das **Mammutunternehmen** (sehr großes Unternehmen); die **Mammutveranstaltung**

mamp·fen: (mit vollen Backen kauen, essen)

man: wie kommt man hier in die Stadt – das tut man nicht – man kann nicht wissen

Ma·na·ger *engl. [mänädscher]*, der: -s, - (Organisator, Leiter, Geschäftsführer); das **Management** (Leitung); **managen;** die **Managerin,** die Managerinnen; die **Managerkrankheit**

manch: manch einer – manch böses Wort – manche (einige, mehrere) meinen – manche jüngere(n) Leute – in manchem – an manchen (einzelnen) Stellen – so mancher Tag – in mancher Beziehung – manches Interessante; **mancherlei** (allerlei); **mancherorten; mancherorts; manchmal** (gelegentlich, ab und zu); aber: manches Mal

Man·da·ri·ne, die: -, -n (eine Zitrusfrucht)

Man·dat *lat.*, das: -(e)s, -e (Auftrag, Erteilung einer Vollmacht, Strafbefehl); der **Mandant** (Auftraggeber, Kunde); die **Mandantin,** die

Mandantinnen; das **Mandatsgebiet; der Mandatsträger;** die **Mandatsträgerin**

Man·del *griech.*, die: -, -n; entzündete Mandeln (eine Krankheit) haben – sich Mandeln (Früchte) kaufen; **mandeläugig;** der **Mandelbaum;** die **Mandelblüte;** die **Mandelentzündung;** die **Mandeloperation**

Man·do·li·ne *franz.*, die: -, -n (ein Saiteninstrument)

Ma·ne·ge *franz. [manesche]*, die: -, -n (Reitbahn, Zirkusarena)

Man·gan ⟨Mn⟩ *griech.*, das: -s (Metall, chemisches Element)

Man·gel, der: -s, Mängel; Mangel (Not) leiden – charakterliche Mängel (Fehler, Schäden) haben; **mängelfrei; mangelhaft** (schlecht, unzulänglich); die **Mangelhaftigkeit; mangeln:** es mangelt (fehlt) uns an nichts; die **Mängelrüge** (Beschwerde über eine mangelhafte Ware); **mangels:** mangels (aus Mangel an) Beweisen; die **Mangelware**

man·geln: Wäsche mangeln (bügeln); die **Mangel** (Bügelmaschine): *jemanden in die Mangel nehmen* (ihm sehr zusetzen); die **Mangelwäsche**

Man·go *port.*, die: -, -s/Mangonen (eine tropische Frucht); der **Mangobaum**

Ma·nie *griech.*, die: -, Manien (Sucht, Besessenheit); **manisch** (an einer Manie erkrankt); **manisch-depressiv**

Ma·nier *franz.*, die: -; in bewährter Manier (Art und Weise); die **Manieren** *Pl.*: schlechte/gute Manieren (ein schlechtes/gutes Benehmen) haben; **manierlich:** recht manierlich (artig, gut erzogen) sein; **manieriert** (gekünstelt, unecht); die **Manieriertheit**

Ma·ni·fest *lat.*, das: -es, -e (Programm, öffentliche Erklärung); **manifest** (offenbar, deutlich); die **Manifestation** (Offenlegung, Bekundung); **manifestieren** (offenbar werden, sich zeigen, darlegen)

Ma·ni·kü·re *franz.*, die: -, -n (Hand- und Nagelpflege); **maniküren**

Ma·ni·pu·la·ti·on *lat.*, die: -, -en (Beeinflussung, Machenschaften, Betrug); **manipulierbar;** die **Manipulierbarkeit; manipulieren;** die **Manipulierung**

Man·ko *ital.*, das: -s, -s (Mangel, Fehlbetrag)

Mann, der: -(e)s, Männer; fünf Mann hoch – von Mann zu Mann (offen und ehrlich) – ein Mann von Welt – ein Mann Gottes – der schwarze Mann (Schreckensgestalt für Kinder) – Mann für Mann – *den starken Mann spielen* (vortäuschen) – *Manns genug sein* (tüchtig sein) – *seinen Mann stehen* (sich bewähren); **mannbar;** die **Mannbarkeit;** das **Männchen;** die **Mannen** *Pl.*: mit seinen Mannen (Anhängern) kommen; die **Männerbekanntschaft;** die **Männersache;** die **Manneskraft;** das **Manneswort,** die ... worte; **mannhaft** (mutig); die **Mannhaftigkeit; männlich;** die **Männlichkeit;** das **Mannsbild;** die **Mannschaft;** der **Mannschaftskapitän;** das **Mannschaftsspiel; mannshoch;** die **Mannsleute** *Pl.; mannstoll;* das **Mannweib** (männlich wirkende Frau)

Man·ne·quin *franz. [manekã]*, das: -s, -s (Vorführdame in Modenschauen)

man·nig·fach: (vielfältig, abwechslungsreich, reichhaltig); auch: **mannigfaltig;** die **Mannigfaltigkeit**

Ma·no·me·ter *griech.*, das: -s, - (Druckmesser)

Ma·nö·ver *franz. [manöwer]*, das: -s, -; in das Manöver (eine Truppenübung) ziehen – undurchschaubare Manöver (Machenschaften) – ein taktisches Manöver; der **Manöverschaden,** die ... schäden; **manövrieren** (geschickt steuern, lenken); die **Manövriermasse; manövrierunfähig**

Man·sar·de *franz.*, die: -, -n (Dachzimmer, -wohnung); die **Mansardenwohnung;** das **Mansardenzimmer**

man·schen: (mischen); der **Mansch** (Schneewasser, breiige Masse); die **Manscherei**

Man·schet·te *franz.*, die: -, -n; die Manschette (den Ärmelaufschlag) säubern – eine Manschette (einen Dichtungsring) in den Motor einbauen – *vor jemandem Manschetten* (Angst) *haben;* der **Manschettenknopf,** die ... knöpfe

Man·tel, der: -s, Mäntel; sich einen warmen Mantel anziehen – *den Mantel nach dem Wind hängen* (sich der jeweiligen Lage anpassen); das **Mäntelchen;** der **Mantelkragen;** der **Manteltarif** (Tarif, in dem die Arbeitsbedingungen geregelt sind)

ma·nu·ell *lat.*: manuell (mit der Hand) arbeiten – manuelle Fertigkeiten; die **Manufaktur** (Herstellung von Hand, Handfertigung); das **Manuskript** ⟨Ms., Mskr.⟩ (eigenhändig geschriebener Text, Niederschrift)

Map·pe, die: -, -n (flache Tasche); das **Mäppchen**

Ma·ra·cu·ja *indian.*, die: -, -s (eine Frucht)

Ma·ra·thon, der: -s, -s (Langstreckenlauf über eine Strecke von 42,2 km); auch: der **Marathonlauf; marathonlaufen;** auch: Marathon laufen; sie läuft Marathon; der **Marathonläufer;** die **Marathonläuferin,** die ...läuferinnen; die **Marathonsitzung**

Mär·chen, das: -s, - (Erzählung, in der Wunder möglich sind); die **Mär** (Sage, Kunde); auch: die **Märe** # Mähre; das **Märchenbuch; märchenhaft:** eine märchenhafte (traumhafte, zauberhafte) Erscheinung; der **Märchenprinz;** die **Märchenprinzessin**

Mar·der, der: -s, - (kleines Raubtier); das **Marderfell**

Mar·ga·ri·ne *franz.*, die: - (ein Speisefett)

Mar·ge *franz. [marsche]*, die: -, -n (Spielraum, Spanne zwischen zwei Preisen)

Mar·ge·ri·te *franz.*, die: -, -n (eine Wiesenblume)

mar·gi·nal *lat.*: eine marginale (beiläufige) Anmerkung; die **Marginalie** *[marginalje]* (Randbemerkung, Vermerk)

Ma·ri·hu·a·na *mexik.*, das: -s (aus Hanf gewonnenes Rauschgift)

Ma·ri·na·de *franz.*, die: -, -n (Tunke zum Einlegen von Fleisch oder Fisch); **marinieren:** ein marinierter (eingelegter) Hering

Ma·ri·ne *franz.*, die: -, -n (Seewesen, Flotte); **marineblau** (dunkelblau); der **Marineoffizier;** der **Marinestützpunkt;** die **Marineuniform; maritim:** eine maritime (das Meer betreffende) Angelegenheit – ein maritimes Klima

Ma·ri·o·net·te *franz.*, die: -, -n (Gliederpuppe, unselbstständiger Mensch); **marionettenhaft;** das **Marionettentheater**

Mark, das: -(e)s (Gewebe im Inneren des Knochens); *jemanden bis ins Mark* (zutiefst) *treffen – durch Mark und Bein gehen* (durchdringen); **markdurchdringend; markerschütternd:** markerschütternd (sehr laut) schreien; **markig:** markige (kraftvolle, kernige) Sprüche

Mark ⟨DM⟩, die: -, - (ehemalige Einheit der deutschen Währung); die Deutsche Mark – *keine müde Mark mehr haben* (pleite sein) – *die schnelle Mark machen*

Mark, die: -, -en (Grenzgebiet); die **Mark Brandenburg;** der **Markgraf;** die **Markgräfin,** ...gräfinnen; **märkisch;** die **Markschaft;** der **Markstein:** ein Markstein (wichtiger Einschnitt) in meinem Leben

mar·kant *franz.*: eine markante (ausgeprägte) Persönlichkeit – markante (hervorstechende) Eigenschaften – ein markantes (scharf ausgeprägtes, auffallendes) Gesicht

Mar·ke, die: -, -n; die Marke (das Fabrikat) eines Autos – eine Marke (das Porto) auf den Brief kleben – der Hund trägt eine Marke (ein Erkennungszeichen) am Hals – eine komische Marke (seltsamer Mensch); der **Markenartikel;** die **Markenbutter;** das **Markenerzeugnis;** das **Markenfabrikat;** die **Markenware;** das **Markenzeichen**

Mar·ke·ting *engl.*, das: -s (Marktforschung, Verkaufsstrategie)

mar·kie·ren *franz.*: einen Wanderweg markieren (kennzeichnen) – den Dummen markieren (vortäuschen); der **Marker** (Stift zum Markieren); die **Markierung;** die **Markierungslinie;** der **Markierungspunkt**

Mar·ki·se *franz.*, die: -, -n (Schutzdach, Sonnenschutz); der **Markisenstoff**

Markt, der: -(e)s, Märkte; auf dem Markt (Marktplatz) stehen – auf den Markt (Wochenmarkt) gehen – ein neues Fabrikat auf den Markt (in den Handel) bringen – der schwarze Markt (ungesetzlicher Handel); die **Marktforschung;** die **Markthalle;** die **Marktlage;** die **Marktlücke;** der **Marktplatz,** die ...plätze; **marktschreierisch** (aufdringlich, lautstark); **marktüblich;** die **Marktwirtschaft**

Mar·me·la·de *port.*, die: -, -n (ein Früchteaufstrich); das **Marmeladenglas**

Mar·mor *lat.*, der: -s, -e (eine Gesteinsart); der **Marmorblock,** die ...blöcke; die **Marmorbüste;** der **Marmorkuchen; marmorn** (aus Marmor); die **Marmorplatte;** die **Marmorstatue**

ma·ro·de *franz.*: ein maroder (erschöpfter) Soldat; auch: **marod;** der **Marodeur** *[...dör]* (Plünderer); **marodieren** (plündern)

Ma·ro·ne *franz.*, die: -, -n (essbare Kastanie, ein Pilz); der **Maronenpilz**

Ma·rot·te *franz.*, die: -, -n; Marotten (seltsame Angewohnheiten, komische Eigenheiten) haben

Mars, der: - (ein Planet)
Marsch, die: -, -en (vor Küsten angeschwemmter fruchtbarer Boden)
Mar·schall, der: -s, Marschälle (hoher militärischer Rang, Haushofmeister); der **Marschall(s)stab;** die **Marschall(s)würde**
mar·schie·ren: durch die Straßen marschieren; der **Marsch,** die Märsche; der **Marschbefehl; marschbereit; marschfertig;** das **Marschgepäck;** der **Marschierer;** die **Marschiererin;** die **Marschkolonne; marschmäßig;** die **Marschmusik;** die **Marschrichtung;** die **Marschverpflegung**
Mar·stall, der: -(e)s, ...ställe (Pferde und Ställe an einem Fürstenhof)
mar·tern: jemanden zu Tode martern (quälen, foltern); die **Marter** (Qual, Folter); das **Marterinstrument;** der **Marterpfahl,** die ...pfähle; der **Martertod;** die **Marterung; martervoll** (qualvoll); das **Marterwerkzeug**
mar·ti·a·lisch *lat. [martsjalisch]*: (kriegerisch, verwegen)
Mär·ty·rer *griech.*, der: -s, - (Mensch, der wegen seines Glaubens Qualen oder Tod auf sich nimmt); die **Märtyrerin,** die Martyrerinnen; der **Märtyrertod;** das **Märtyrertum;** das **Martyrium** (Opfertod, schweres Leiden)
Mar·xis·mus, der: - (Lehre des Sozialismus, benannt nach dem Begründer Karl Marx); der **Marxist;** die **Marxistin; marxistisch**
März *lat.*, der: -(es)/-en, -e (Monatsname); der **Märzenbecher** (eine Frühlingsblume); das **Märzenbier;** die **Märzensonne**
Mar·zi·pan *arab.*, der/das: -s, -e (Süßigkeit aus Mandeln und Zucker)
Ma·sche, die: -, -n; eine Masche (Schlinge) binden – er durchschaut die Masche (den Trick) – *auf eine Masche reisen* (mit einem bestimmten Trick vorgehen) – *durch die Maschen des Gesetzes schlüpfen* (einer Bestrafung durch Gerichte entgehen); der **Maschendraht,** die ...drähte; das **Maschenwerk; ...maschig:** engmaschig
Ma·schi·ne *franz.*, die: -, -n; an einer Maschine arbeiten – die Maschine (das Flugzeug) nach Berlin besteigen – Maschine schreiben – einen Brief mit der Maschine schreiben; aber: ein maschine(n)geschriebener Brief; **maschinell:** etwas maschinell (serienmäßig) herstellen; die **Maschinenarbeit;** der **Maschinenbau;** die **Maschinenfabrik;** das **Maschinengewehr** ⟨MG⟩; der **Maschinenraum;** der **Maschinenschaden;** die **Maschinerie** (Räderwerk, Getriebe); der **Maschinist** (Maschinenarbeiter); die **Maschinistin,** die Maschinistinnen
Ma·sern *Pl.*, die: - (eine ansteckende Kinderkrankheit)
Ma·se·rung, die: -, -en (Musterung im Holz); die **Maser;** das **Maserholz; maserig; masern** (Holzmaserung nachahmen)
Mas·ke *franz.*, die: -, -n; eine Maske vor dem Gesicht tragen – *seine Maske fallen lassen* (sein wahres Gesicht zeigen); der **Maskenball,** die ...bälle; der **Maskenbildner;** die **Maskenbildnerin; maskenhaft** (starr, unbeweglich); die **Maskerade** (Verkleidung, Kostümfest); sich **maskieren:** sich als Hexe maskieren (verkleiden); die **Maskierung**
Mas·kott·chen *franz.*, das: -s, - (Glücksbringer, Talisman); auch: die **Maskotte**
mas·ku·lin *lat.*: das maskuline (männliche) Geschlecht; das **Maskulinum** (Sprachlehre: männliches Substantiv)
Ma·so·chis·mus, der: - (Lust am Erleiden von Misshandlungen); der **Masochist;** die **Masochistin,** die Masochistinnen; **masochistisch**
Maß, das: -es, -e; die Maße (Abmessung) des Zimmers – ein hohes Maß an Verantwortung tragen – ein gerüttelt Maß (sehr viel von etwas) – das rechte Maß finden – über alle Maßen (außerordentlich) – das Maß ist voll – ein Anzug nach Maß – in/mit Maßen (maßvoll) – ohne Maß und Ziel (unüberlegt) – Maß nehmen; aber: das Maßnehmen – *mit zweierlei Maß messen* (unterschiedliche Maßstäbe anlegen) – *das Maß vollmachen* (über die erlaubten Grenzen hinausgehen); die **Maßarbeit;** das **Maßband,** die ...bänder; die **Maßeinheit;** die **Maßgabe:** nach Maßgabe (entsprechend); **maßgebend; maßgeblich** (wichtig); **maßgerecht; maßgeschneidert; maßhalten:** wir halten maß; auch: Maß halten: wir halten Maß; **maßlos** (übertrieben, extrem); die **Maßlosigkeit;** die **Maßnahme; maßregeln** (tadeln, bestrafen); die **Maßreg(e)lung;** der **Maßstab,** die ...stäbe; **maßstab(s)gerecht; maßstab(s)getreu; maßvoll** (mäßig, beherrscht)
Maß, die: -, -(e) (Flüssigkeitsmaß, ein Liter); auch: die **Mass** (nach bayerischem Sprachgebrauch); der **Maßkrug,** die ...krüge

G H I J K L M

Mas·sa·ge *franz. [maßasche],* die: -, -n (Behandlung der Muskeln); der **Masseur** *[maßör]*; die **Masseurin,** die Masseurinnen; *[maßörin]*; die **Masseuse** *[maßöse]*; **massieren** (die Muskeln kneten, lockern)

Mas·sa·ker *franz.*, das: -s, - (Blutbad, Gemetzel); **massakrieren:** die Feinde massakrieren (niedermetzeln); die **Massakrierung**

Mas·se, die: -, -n; eine zähe Masse (Material) – eine Masse (Menge) Menschen – die breite Masse; die **Massenabfertigung;** der **Massenandrang;** die **Massenarbeitslosigkeit;** der **Massenartikel;** die **Massenfabrikation;** das **Massengrab,** die ... gräber; **massenhaft** (sehr viel); die **Massenkundgebung;** die **Massenmedien** (Presse, Rundfunk, Fernsehen); der **Massenmord;** die **Massenproduktion;** der **Massentourismus;** die **Massenversammlung; massenweise; massieren:** die Truppen an einer Stelle massieren (zusammenziehen); die **Massierung; massig:** ein massiger (breiter, wuchtiger) Körper

Mas·sel *hebr.*, der: -s; großen Massel (Glück) haben

mä·ßig: mäßige (nicht zu hohe) Preise verlangen – mäßige (schwache) Leistungen bringen; **...mäßig:** gesetzmäßig – planmäßig – rechtmäßig; sich **mäßigen:** sein Temperament mäßigen (zügeln) – der Regen hat sich gemäßigt (ist zurückgegangen) – sich im Essen mäßigen (zurückhalten, beherrschen); die **Mäßigkeit** (Enthaltsamkeit); die **Mäßigung** (Selbstbeherrschung)

mas·siv *franz.*: ein massiver (fester, stabiler) Stuhl – jemandem massiv (nachdrücklich) drohen – massives (echtes) Silber – ein massiver (gewaltiger) Angriff; das **Massiv** (Gebirgszug); die **Massivbauweise; massivwerden** (deutlich drohen); auch: massiv werden

Mast, der: -(e)s, -e/-en (hohe Holz- oder Metallstange); der **Mastbaum;** der **Mastkorb**

Mast, die: -, -en (Fütterungsverfahren); der **Mastdarm; mästen:** eine Gans mästen; das **Mastfutter;** die **Mästung;** das **Mastvieh**

mas·tur·bie·ren: *lat.*: (sich selbst befriedigen); die **Masturbation**

Ma·ta·dor *span.*, der: -s/-en, -e/-en; (Stierkämpfer, Held)

Match *engl. [mätsch],* das: -(e)s, -e/-s (Wettkampf); der **Matchbeutel;** der **Matchsack,** die ... säcke; der **Matchwinner** (Gewinner eines Matchs); die **Matchwinnerin**

Ma·te·ri·al *lat.*, das: -s, -ien; Material (Rohstoffe, Werkstoffe) für den Hausbau kaufen – Material (Geräte, Hilfsmittel) für den Unterricht – Material (Unterlagen, Beweismittel) gegen jemanden sammeln; der **Materialfehler;** die **Materialkosten** *Pl.*

Ma·te·ri·a·lis·mus *lat.*, der: - (Auffassung, dass die Materie die Grundlage der Welt sei; auf Besitz, Gewinn ausgerichtete Haltung); der **Materialist;** die **Materialistin,** die Materialistinnen; **materialistisch**

Ma·te·rie *lat. [materje],* die: -, -n (Stoff, Sache, das Gegenständliche); mit der Materie vertraut sein (Bescheid wissen); **materiell:** materiell (wirtschaftlich, finanziell) geht es gut

Ma·the·ma·tik ⟨Math.⟩ *griech.*, die: - (Wissenschaft von den Zahlen und Größen); der **Mathematiker;** die **Mathematikerin,** die Mathematikerinnen; **mathematisch**

Ma·ti·nee *franz.*, die: -, Matineen (Vormittagsvorstellung)

Mat·jes·he·ring *niederl.*, der: -s, -e (junger gesalzener Hering)

Ma·trat·ze (Mat·rat·ze) die: -, -n (gepolsterter Betteinsatz); *an der Matratze horchen* (schlafen); das **Matratzenlager**

Mä·tres·se (Mät·res·se) *franz.*, die: -, -n (Geliebte eines Fürsten)

Ma·tri·ze (Mat·ri·ze) *franz.*, die: -, -n (Form für Vervielfältigung)

Ma·tro·se (Mat·ro·se) der: -n, -n (Seemann)

Matsch, der: -(e)s (aufgeweichter Boden, Dreck); **matschig** (weich, breiig); das **Matschwetter;** die **Matsch-und-Schnee-Reifen** *Pl.*; auch: die **M-und-S-Reifen**

matt *arab.*: vor Hunger und Durst ganz matt (schlapp, schwach) sein – eine matte (glanzlose) Farbe; das **Matt;** das **Mattgold; mattgolden;** die **Mattheit;** die **Mattigkeit;** die **Mattscheibe:** vor der Mattscheibe (dem Fernsehgerät) sitzen – *Mattscheibe haben* (nicht mehr klar denken können); **mattsetzen:** den Gegner mattsetzen (im Schach); auch: matt setzen; aber nur: jemanden mattsetzen (ihn handlungsunfähig machen)

Mat·te, die: -, -n; auf einer Matte (Unterlage) turnen – die Kühe auf die Matten (Bergweiden) treiben – *jemanden auf die Matte legen* (ihn täuschen)

Mätz·chen *Pl.*, die: -; mach nicht solche

G H I J K L M

Mätzchen (solchen Unsinn, Unfug)!

mau: mir ist ganz mau (flau) im Magen – ein maues (dürftiges, mäßiges) Ergebnis

Mau·er, die: -, -n; eine Mauer errichten – *wie eine Mauer* (geschlossen) *hinter jemandem stehen;* das **Mauerblümchen** (ein unbeachtetes Mädchen); der **Mauerhaken; mauern:** er mauert (errichtet) ein Haus – die Spieler mauerten (verteidigten das eigene Tor mit allen zur Verfügung stehenden Spielern); das **Mauerwerk;** der **Maurer** (Handwerker im Bauwesen); der **Maurermeister**

Maul, das: -(e)s, Mäuler (Mund); *ein ungewaschenes Maul haben* (sehr frech sein) – *das Maul hängen lassen* (enttäuscht, beleidigt sein) – *jemandem aufs Maul schauen* (genau beobachten, was er sagt) – *sich das Maul zerreißen* (bösartig klatschen); die **Maulaffen** *Pl.*: *Maulaffen feilhalten* (untätig dastehen und zuschauen); das **Mäulchen; maulen** (murren); der **Maulesel** (Kreuzung aus Pferdehengst und Eselstute); **maulfaul** (einsilbig, wortkarg); der **Maulheld** (Angeber); der **Maulkorb,** die ...körbe: *jemandem einen Maulkorb umlegen* (ihn hindern, frei seine Meinung zu sagen); die **Maulschelle** (Ohrfeige); die **Maulsperre;** das **Maultier** (Kreuzung aus Eselhengst und Pferdestute); das **Maulwerk;** der **Maulwurf,** die ...würfe

Maus, die: -, Mäuse (Nagetier, Eingabegerät für den Computer); *weiße Mäuse sehen* (Wahnvorstellungen haben); das **Mäuschen; mäuschenstill;** der **Mäusebussard;** die **Mausefalle;** das **Mauseloch; mausen** (stehlen); *die Katze lässt das Mausen nicht;* die **Mäuseplage;** der **Mäuserich; mausetot; mausgrau;** der **Mausklick** (Anklicken mit der Maustaste am Computer); die **Maustaste** (Teil der Computerbedienung)

mau·scheln: (Geschäfte machen und dabei Vorteile aushandeln); die **Mauschelei**

mau·sern, sich: der Vogel mausert sich (wechselt sein Federkleid) – *sich recht gut mausern* (sich herausmachen, entwickeln); die **Mauser;** die **Mauserung; mausig:** sich mausig machen (vorlaut sein)

Mau·so·le·um *griech.*, das: -s, Mausoleen (Grabmal)

Maut, die: -, -en (Straßen- oder Brückengebühr); **mautfrei;** die **Mautgebühr;** die **Mautstelle;** die **Mautstraße**

m.a.W. = mit anderen Worten

ma·xi *lat.*: (in der Mode: lang); maxi gehen; das **Maxi**

Ma·xi·me *lat.*, die: -, -n (Grundsatz, Lebensregel, Prinzip); **maximal** (höchstens); die **Maximalforderung;** die **Maximalstrafe;** das **Maximum** (Höchstmaß, Höchststand)

Ma·yon·nai·se *franz.* *[majonäse]*, die: -, -n (Soße aus Eigelb und Öl); auch: die **Majonäse**

Ma·ze·do·ni·en: - (Staat in Südosteuropa); auch: → **Makedonien**

Mä·zen *lat.*, der: -s, -e (Kunstfreund, Gönner); das **Mäzenatentum** (Förderung von Künstlern); die **Mäzenin,** die Mäzeninnen

mb = Millibar; **MB** = Megabyte

MdB (M.d.B.) = Mitglied des Bundestages

MdL (M.d.L.) = Mitglied des Landtages

m. E. = meines Erachtens

Me·cha·nik *griech.*, die: -, -en (Wissenschaft von der Bewegung der Körper); der **Mechaniker;** die **Mechanikerin,** die Mechanikerinnen; **mechanisch:** mechanisch (mithilfe einer Maschine) etwas herstellen – er antwortet mechanisch (ohne viel zu überlegen); **mechanisieren;** die **Mechanisierung;** der **Mechanisierungsprozess;** der **Mechanismus,** die Mechanismen; **mechanistisch**

me·ckern: wie eine Ziege meckern – ständig meckern (nörgeln, kritisieren); der **Meckerer** (Nörgler); die **Meckerei**

Meck·len·burg-Vor·pom·mern: -s (Land der Bundesrepublik Deutschland); **mecklenburg-vorpommerisch**

Me·dail·le *franz.* *[medalje]*: die: -, -n (Gedenkmünze, Orden, Auszeichnung); der **Medaillengewinner;** die **Medaillengewinnerin;** das **Medaillon** *[medaljõ]*: sie trägt ein Medaillon (einen Anhänger mit einem Bildchen) – Medaillons (runde Fleischstücke vom Filet) essen

Me·di·ka·ment *lat.*, das: -(e)s, -e (Arznei, Heilmittel); **medikamentös:** medikamentös (mithilfe von Medikamenten) heilen; die **Medizin** (ärztliche Wissenschaft, Arznei); der **Medizinball;** der **Mediziner;** die **Medizinerin,** die Medizinerinnen; **medizinisch;** der **Medizinmann,** die ...männer; das **Medizinstudium**

Me·di·ta·ti·on *lat.*, die: -, -en (tiefes Nach-

G H I J K L M

denken, Versenkung); die **Meditationsübung; meditativ; meditieren**

me·di·ter·ran *lat.*: die mediterrane (mittelländische) Pflanzenwelt

Me·di·um *lat.*, das: -s, Medien (Kommunikationsmittel wie Buch, Zeitung, Fernsehen)

Meer, das: -(e)s, -e; auf dem Meer (Ozean) segeln – ein Meer (eine gewaltige Anzahl) von Häusern; der **Meerbusen** (Meeresbucht); die **Meerenge;** der **Meeresarm;** der **Meeresgrund;** der **Meeresspiegel;** der **Meeresstrand;** die **Meeresstraße;** die **Meeresströmung;** die **Meerestiefe;** die **Meerjungfrau** (Nixe); **meerwärts;** das **Meerwasser**

Meer·ret·tich, der: -s, -e (Gewürzpflanze, Kren); die **Meerrettichsoße**

Mee·ting *engl. [miting]*, das: -s, -s (Treffen, Verabredung, öffentliche Versammlung)

me·ga... *griech.*: (groß); das **Megabyte** ⟨MB⟩ *[megabait]*; das **Megahertz** ⟨MHz⟩; das **Megajoule** ⟨MJ⟩ *[megadschul]*; das **Megaphon** (Sprachrohr, Schallverstärker); auch: das **Megafon;** das **Megawatt** ⟨MW⟩

Mehl, das: -(e)s (Nahrungsmittel); **mehlartig; mehlig** (pulverförmig, zerrieben); der **Mehlpapp;** der **Mehlsack,** die ... säcke; die **Mehlspeise;** der **Mehltau** (Pflanzenkrankheit)

mehr: er weiß mehr, als er zugibt – du musst mehr auf deine Gesundheit achten – nichts mehr – niemand mehr – mehr und mehr (immer mehr) – weit mehr als – je mehr, desto besser – umso mehr – mehr oder weniger (fast ohne Ausnahme); das **Mehr:** das Mehr an Kosten; die **Mehrarbeit;** der **Mehrbedarf; mehrdeutig;** die **Mehrdeutigkeit;** die **Mehreinnahme; mehren:** seinen Reichtum mehren (vergrößern); **mehrere:** mehrere Besucher; **mehrerlei; mehrfach;** das **Mehrfache;** das **Mehrfamilienhaus; mehrfarbig** (bunt); die **Mehrheit; mehrheitlich;** der **Mehrheitsbeschluss; mehrheitsfähig; mehrjährig;** die **Mehrkosten** *Pl.*; **mehrmalig; mehrmals** (mehrere, einige Male); **mehrsprachig; mehrstellig; mehrstimmig; mehrstündig; mehrtägig;** die **Mehrwegflasche;** die **Mehrwertsteuer** ⟨MwSt., Mw.-St.⟩; die **Mehrzahl;** das **Mehrzweckgerät**

mei·den: du meidest, er mied, sie hat gemieden, meid(e)!; unangenehme Dinge meiden (ihnen aus dem Wege gehen)

Mei·e·rei, die: -, -en (Landgut, Pachthof)

Mei·le *lat.*, die: -, -n (Längenmaß); der **Meilenstein** (Merkstein, bedeutendes Ereignis); **meilenweit:** meilenweit gehen; aber: mehrere Meilen weit

Mei·ler, der: -s, - (Holzstoß eines Köhlers, Atommeiler)

mein: mein Haus – meiner Ansicht nach – an meiner statt – mein Ein und Alles – meines Erachtens ⟨m. E.⟩ – meines Wissens ⟨m. W.⟩; aber: das Meine; auch: das meine – die Meinen; auch: die meinen – das Meinige; auch: das meinige – Mein und Dein nicht unterscheiden können; **meinerseits; meinesgleichen; meinethalben; meinetwegen; meinetwillen;** die **Meinigen** *Pl.* (meine Angehörigen); auch: die meinigen

Mein·eid, der: -(e)s, -e (falscher Eid); einen Meineid schwören; **meineidig**

mei·nen: was meinst du dazu? – das will ich meinen (selbstverständlich)!; die **Meinung:** meine Meinung (Ansicht) – *jemandem die Meinung sagen* (seinen Unmut ausdrücken); die **Meinungsäußerung;** der **Meinungsaustausch;** die **Meinungsbildung;** die **Meinungsforschung;** die **Meinungsfreiheit;** der **Meinungsstreit;** die **Meinungsumfrage;** der **Meinungsunterschied;** die **Meinungsverschiedenheit;** die **Meinungsvielfalt**

Mei·ran, der: -s, -e (eine Gewürzpflanze); auch: der **Majoran**

Mei·se, die: -, -n (ein Singvogel); sie hat eine Meise (ist verrückt); das **Meisennest**

Mei·ßel, der: -s, - (ein Werkzeug); **meißeln:** ich meiß(e)le (forme, arbeite heraus)

meist: am meisten – meist (fast immer) siegen – am allermeisten – das meiste weiß ich; auch: das Meiste – die meisten glauben das nicht; auch: die Meisten; **meistbietend:** etwas meistbietend verkaufen; aber: der/die **Meistbietende; meistenfalls; meistens; meistenteils; meistgefragt; meistgekauft; meistgelesen; meistgenannt; meistverbreitet**

Meis·ter, der: -s, -; ein Meister (Könner) seines Faches – er ist Meister in seinem Betrieb – Meister Lampe (Name des Hasen in der Fabel) – *es ist noch kein Meister vom Himmel gefallen – früh übt sich, was ein Meister werden will;* **meisterhaft** (großartig); die **Meisterin,** die Meisterinnen; die **Meisterleistung; meisterlich** (vorbildlich, vollkommen); **meistern:** sein Schicksal meistern (bewältigen); die **Meisterprüfung;** der **Meistersänger;** die **Meisterschaft;** der **Meistersinger;** das **Meisterstück;** der **Meistertitel;** das **Meisterwerk**

Me·lan·cho·lie *griech. [melankoli],* die: - (Schwermut, Niedergeschlagenheit); der **Melancholiker; melancholisch**

mel·den: den Unfall der Polizei melden – morgen melde ich mich bei dir wieder – du musst dich im Unterricht öfter melden! – *nichts zu melden* (nichts zu entscheiden) *haben;* die **Meldefrist;** die **Meldepflicht; meldepflichtig;** der **Melder;** der **Meldeschluss;** der **Meldetermin;** die **Meldung**

me·lie·ren *franz.:* (mischen); **meliert:** graumeliertes (fast ergrautes) Haar; auch: grau meliert

Me·lis·se *griech.,* die: -, -n (eine Gewürz- und Heilpflanze)

mel·ken: du melkst, er melkte, sie hat gemolken, melk(e)!; frisch gemolkene Milch; der **Melkeimer;** der **Melker;** die **Melkerin;** der **Melkkübel;** die **Melkmaschine;** → Molkerei

Me·lo·die *griech.,* die: -, Melodien (Tonfolge, Lied); die Melodie eines Liedes – eine Melodie pfeifen; **melodisch** (wohlklingend)

Me·lo·ne *griech.,* die: -, -n; eine Melone (Kürbisfrucht) essen – die Melone (runder Hut) steht ihm gut

Mem·bran (Memb·ran) *lat.,* die: -, -en (dünnes Häutchen oder Blättchen); auch: die **Membrane**

Mem·me, die: -, -n (Feigling); **memmenhaft**

Me·moi·ren *Pl. franz. [memoaren],* die: - (Lebenserinnerungen)

Me·mo·ran·dum *lat.,* das: -s, Memoranden (Denkschrift); **memorieren:** ein Gedicht memorieren (auswendig lernen)

Me·na·ge·rie *franz. [menascheri],* die: -, Menagerien (Tierschau, Tiergehege)

Me·ne·te·kel *aram.,* das: -s, - (Anzeichen eines bevorstehenden Unheils)

Men·ge, die: -, -n; eine Menge (viel) Geld – jede Menge (sehr viel) – in rauen Mengen (in großer Zahl) – eine kleine Menge (Dosis) einnehmen – die auf dem Platz versammelte Menge (das Volk); **mengen** (mischen); die **Mengenangabe;** die **Mengenlehre; mengenmäßig;** der **Mengenrabatt** (Preisnachlass bei großen Warenmengen)

Me·nis·kus *griech.,* der: -s, Menisken (Knorpel im Kniegelenk); die **Meniskusoperation;** die **Meniskusverletzung**

Men·ni·ge, die: - (rote Rostschutzfarbe)

Men·sa *lat.,* die: -, -s/Mensen (Mittagstisch für Studenten); das **Mensaessen**

Mensch, der: -en, -en; kein Mensch (niemand) – von Mensch zu Mensch (vertraulich) – *ein neuer Mensch werden* (sich zu seinem Vorteil verändern) – *der Mensch denkt, Gott lenkt – des Menschen Wille ist sein Himmelreich;* das **Mensch** (verächtlich: niederträchtige Person); der **Menschenaffe;** das **Menschenalter; menschenarm; menschenfreundlich;** seit **Menschengedenken;** das **Menschengeschlecht;** die **Menschengestalt:** in Menschengestalt; die **Menschenhand:** von Menschenhand; die **Menschenkenntnis;** das **Menschenkind;** das **Menschenleben; menschenleer;** die **Menschenmenge; menschenmöglich:** das ist menschenmöglich; aber: sie hat das Menschenmögliche (alles) versucht; die **Menschenrechte** *Pl.;* **menschenscheu;** die **Menschenseele:** keine Menschenseele (niemand); das **Menschentum; menschenverachtend;** auch: Menschen verachtend; die **Menschenwürde; menschenwürdig;** die **Menschheit;** der **Menschheitstraum; menschlich:** menschlich (wohlwollend, barmherzig) handeln – nach menschlichem Ermessen (aller Wahrscheinlichkeit nach) – *Irren ist menschlich;* die **Menschlichkeit**

Mens·tru·a·ti·on (Menst·ru·a·ti·on) *lat.,* die: -, -en (Monatsblutung, Regel); **menstruieren**

Men·ta·li·tät *lat.,* die: -, -en (Denkweise, Sinnesart); **mental** (gedanklich, geistig)

Men·thol *lat.,* das: -s (stark riechender Stoff aus Pfefferminzöl)

Men·tor *griech.,* der: -s, Mentoren (Ratgeber, Erzieher, Förderer); die **Mentorin**

Me·nü *franz.,* das: -s, -s (Speisenfolge, auf dem Bildschirm angebotene Programmauswahl)

Me·nu·ett *franz.,* das: -(e)s, -e/-s (Tanz)

Mer·gel, der: -s, - (eine Gesteinsart); der **Mergelboden; merg(e)lig**

Me·ri·di·an *lat.,* der: -s, -e (Längengrad)

Me·ri·ten *Pl. lat.,* die: - (Verdienste)

mer·kan·til *lat.:* (kaufmännisch); der **Merkantilismus** (Wirtschaftspolitik in der Zeit des Absolutismus); **merkantilistisch**

mer·ken: sich nichts mehr merken (im Gedächtnis behalten) können – nicht merken (wahrnehmen), dass eine Gefahr droht; **merkbar;** das **Merkblatt,** die ... blätter; das **Merkheft;** die **Merkhilfe; merklich** (sichtbar, spürbar); das **Merkmal,** die ... male (Kennzeichen); der **Merksatz,** die ... sätze; der **Merkspruch,** die ... sprüche; das **Merkwort,** die ... wörter; **merkwürdig:** eine merkwürdige (seltsame) Erscheinung; **merkwürdigerweise;** die **Merkwürdigkeit;** der **Merkzettel**

Mer·kur, der: -s (ein Planet)

me·schug·ge *hebr.*: völlig meschugge (verrückt) sein

Mes·ner *lat.*, der: -s, - (Kirchendiener); auch: der **Messner;** die **Mesnerin,** die Mesnerinnen; auch: die **Messnerin**

Mes·sage *engl. [messitsch]* , die: -, -s (Nachricht, Information; Gehalt oder Aussage eines Kunstwerks)

Mes·se *lat.*, die: -, -n; die Messe (den Gottesdienst) feiern – zu einer Messe (Industrieausstellung) reisen; der **Messdiener;** die **Messdienerin,** die ... dienerinnen; der **Messebesucher** (Besucher einer Ausstellung); die **Messebesucherin,** die ... besucherinnen; das **Messegelände;** das **Messgewand,** die ... gewänder; das **Messopfer** (katholische Abendmahlsfeier)

Mes·se *engl.*, die: -, -n (Speise- und Aufenthaltsraum auf Schiffen)

mes·sen: du misst, er maß, sie hat gemessen, miss!; eine Länge messen – Fieber messen – sich mit jemandem messen (vergleichen); das **Messband; messbar;** die **Messbarkeit;** das **Messgerät;** die **Messung;** der **Messwert**

Mes·ser, das: -s, -; ein scharfes Messer – *bis aufs Messer* (mit allen Mitteln) *kämpfen* – *jemanden ans Messer liefern* (ihn ausliefern, verraten) – *jemandem das Messer an die Kehle setzen* (ihn unter Druck setzen) – *unters Messer kommen* (operiert werden); der **Messerheld** (Raufbold); der **Messerrücken; messerscharf:** einen messerscharfen (scharfsinnigen) Verstand haben; die **Messerspitze;** der **Messerstich**

Mes·si·as *hebr.*, der: -, -se (Erlöser, Christus)

Mes·sing *griech.*, das: -s (Legierung aus Zink und Kupfer); der **Messinggriff;** das **Messingschild**

MESZ = mitteleuropäische Sommerzeit

Met, der: -(e)s (alkoholisches Getränk aus gegorenem Honig)

Me·tall *griech.*, das: -s, -e; Gold ist ein edles Metall; der **Metallarbeiter;** die **Metallarbeiterin,** die ... arbeiterinnen; **metallen** (aus Metall); **metallic** (metallisch schimmernd lackiert); die **Metallindustrie; metallisch** (wie Metall); die **Metalllegierung;** auch: die **Metall-Legierung; metallverarbeitend:** ein metallverarbeitender Betrieb; auch: Metall verarbeitend

Me·ta·mor·pho·se *griech.*, die: -, -n (Umgestaltung, Verwandlung); **metamorphisch**

Me·ta·pher *griech.*, die: -, -n (bildlicher Ausdruck, Bild, Vergleich); die **Metaphorik; metaphorisch:** etwas metaphorisch (bildlich) sagen

me·ta·phy·sisch *griech.*: (übersinnlich, übernatürlich); die **Metaphysik** (Lehre von den letzten Zusammenhängen des Seins)

Me·tas·ta·se (Me·ta·sta·se) *griech.*, die: -, -n (Tochtergeschwulst); **metastatisch**

Me·te·or *griech.*, der/das: -s, -e (Himmelskörper, Sternschnuppe); der **Meteorit** (Meteorstein); der **Meteorologe;** die **Meteorologie** (Wetterkunde); die **Meteorologin,** die Meteorologinnen; **meteorologisch**

Me·ter ⟨m⟩ *griech.*, der/das: -s, - (Längenmaß); zwei Meter hoch – eine Länge von fünf Meter(n) – der laufende Meter ⟨lfd. M.⟩ – der 100-Meter-Lauf; **meterdick; meterhoch; meterlang;** aber: zwei Meter lang; das **Metermaß;** die **Meterware; meterweise; meterweit;** aber: drei Meter weit

Me·than *griech.*, das: -s (Grubengas); das **Methangas**

Me·tho·de *griech.*, die: -, -n (Art und Weise der Durchführung, Verfahrensweise, Weg); die **Methodik** (Lehre von wissenschaftlichen Methoden); **methodisch** (überlegt, planmäßig)

Me·tier *franz. [metje]*, das: -s, -s (Gewerbe, Beruf, Fachgebiet)

Me·tro·po·le (Met·ro·po·le) *griech.*, die: -, -n (Hauptstadt, Zentrum); der **Metropolit** (Erzbischof)

Me·trum (Met·rum) *lat.*, das: -s, Metren (Versmaß); die **Metrik** (Verslehre); das **Metronom** (Taktmesser)

Mett, das: -(e)s (gehacktes Schweinefleisch); die **Mettwurst**

Met·te *lat.*, die: -, -n (nächtlicher Gottesdienst)

Metz·ger, der: -s, - (Fleischer); die **Metzelei; metzeln** (töten, abschlachten, niederhauen); die **Metzgerei; metzgern**

Meu·chel·mord, der: -(e)s, -e (Mord aus dem Hinterhalt); der **Meuchelmörder;** die **Meuchelmörderin,** die ...mörderinnen; **meucheln; meuchlerisch** (heimtückisch, hinterrücks); auch: **meuchlings**

meu·tern: die Soldaten meutern (gehorchen nicht, lehnen sich auf); die **Meute** (Hunderudel, wilde Schar, Bande); die **Meuterei** (Aufstand); der **Meuterer;** die **Meuterin**

MEZ = mitteleuropäische Zeit

mg = Milligramm

mi·au·en: die Katze miaut; **miau!**

mich: (Wenfall von: ich); sie kennt mich nicht

mick·rig: ein mickriger (kümmerlicher, armseliger) Kerl; auch: **mickerig;** die **Mickerigkeit;** auch: die **Mickrigkeit**

Mi·cky·maus, die: -, ...mäuse (Comic- und Trickfilmfigur)

Mid·life·cri·sis *engl. [midlaifkraisis]*, die: - (Krise um die Lebensmitte); auch: die **Midlife-Crisis**

Mie·der, das: -s, - (Oberteil eines Trachtenkleides, Korsett); die **Miederwaren** *Pl.*

Mief, der: -(e)s (Gestank); **miefen:** es mieft (riecht schlecht); **miefig**

Mie·ne, die: -, -n (Gesichtsausdruck) # Mine; das **Mienenspiel**

mies *hebr.*: ein mieser (minderwertiger) Charakter – ihr geht es ziemlich mies (schlecht) – miese Laune haben; aber: *in den Miesen sein* (sein Guthaben überzogen haben); der **Miesepeter** (unzufriedener Mensch); **miesepet(e)rig; miesmachen:** jemanden miesmachen (schlechtmachen, nur Nachteiliges über ihn sagen) – jemandem etwas miesmachen (verleiden); der **Miesmacher;** die **Miesmacherin;** die **Miesmacherei**

Mies·mu·schel, die: -, -n (eine Meeresmuschel)

Mie·te *lat.*, die: -, -n (frostsichere Grube)

Mie·te, die: -, -n (Wohngeld); das **Mietauto; mieten:** sich ein Zimmer mieten; der **Mieter;** die **Mieterhöhung;** die **Mieterin,** die Mieterinnen; der **Mieterschutz;** der **Mieterlrag; mietfrei;** das **Mietrecht;** das **Mietshaus;** der **Mietvertrag,** die ...verträge; die **Mietwohnung;** der **Mietzins**

Mie·ze, die: -, -n (Katze); die **Miezekatze**

Mi·grä·ne (Mig·rä·ne) *griech.*, die: -, -n (periodisch auftretende Kopfschmerzen)

mi·kro... (mik·ro...) *griech.*: (ein Millionstel); die **Mikrobe** (Kleinstlebewesen); der **Mikrochip** *[mikrotschip]* (winzige elektronische Speichereinheit); der **Mikrofilm;** das **Mikrofon;** auch: das **Mikrophon;** der **Mikrokosmos** (Welt der Kleinstlebewesen); das **Mikroskop** (Vergrößerungsgerät); **mikroskopieren; mikroskopisch:** mikroskopisch klein; die **Mikrowelle**

Mi·lan *franz.*, der: -s, -e (ein Greifvogel)

Mil·be, die: -, -n (ein Spinnentier)

Milch, die: -; frische Milch trinken; der **Milchbart** (Milchgesicht, unreifer Bursche); die **Milchflasche; milchgebend;** auch: Milch gebend; das **Milchglas,** die ...gläser; **milchig** (weißlich, trübe); der **Milchkaffee;** die **Milchkanne;** die **Milchmädchenrechnung** (eine auf Fehlern beruhende Rechnung); der **Milchnapf,** die ...näpfe; die **Milchstraße;** das **Milchvieh;** die **Milchwirtschaft;** der **Milchzahn,** die ...zähne

mild: ein mildes Klima – der Richter fällt ein mildes Urteil; auch: **milde;** die **Milde; mildern** (mäßigen, lindern): er bekommt mildernde Umstände; die **Milderung; mildtätig** (freigebig, wohltätig); die **Mildtätigkeit**

Mi·li·eu *franz. [miljö]*, das: -s, -s (Umwelt, Lebensbereich eines Menschen); **milieubedingt; milieugeschädigt;** der **Milieuwechsel**

Mi·li·tär *franz.*, das: -s (Streitkräfte eines Landes, Armee); **militant** (kämpferisch); das **Militärbündnis;** der **Militärdienst; militärisch;** der **Militarismus** (übersteigerte militärische Gesinnung); der **Militarist; militaristisch;** die **Militärregierung;** die **Militärzeit;** die **Miliz** (Volksheer, Bürgerwehr)

Mil·li... *lat.* (ein Tausendstel); das **Mille** ⟨M⟩ (Tausend); das kostet ein paar Mille; das **Milliampere** ⟨mA⟩ (Maßeinheit für kleine elektrische Stromstärken); das **Millibar** ⟨mb, mbar⟩ (Maßeinheit für den Luftdruck); das **Milligramm** ⟨mg⟩ (ein tausendstel Gramm); der **Millimeter** ⟨mm⟩ (ein tausendstel Meter); das **Millimeterpapier**

Mil·li·ar·de ⟨Md., Mrd., Mia.⟩ *franz.*, die: -, -n (tausend Millionen); der **Milliardär;** die **Milliardärin,** die Milliardärinnen

Mil·li·on ⟨Mill., Mio.⟩ *ital.*, die: -, -en; (acht) Millionen Mal; der **Millionär;** die **Millionärin,** die Millionärinnen; der **Millionenauftrag,** die ... aufträge; **millionenfach;** die **Millionenstadt,** die ... städte; das **Millionstel**

Milz, die: -, -en (inneres Organ); der **Milzbrand** (Infektionskrankheit)

Mi·mik *griech.*, die: - (wechselnder Gesichtsausdruck, Mienenspiel); der **Mime** (Schauspieler); **mimen:** den starken Mann mimen (vortäuschen); **mimisch**

Mi·mi·kry (Mi·mik·ry) *engl. [mimikri]* die: - (Nachahmung unter Tieren, Farbanpassung)

Mi·mo·se *griech.*, die: -, -n (empfindliche Pflanzenart); wie eine Mimose (überempfindlich) sein; **mimosenhaft**

Min. (min) = Minute

Mi·na·rett *arab.*, das: -s, -e/-s (Turm einer Moschee)

min·der: eine nicht minder (nicht weniger) große Bedeutung – mehr oder minder – minder gut – minder wichtig – eine mindere (schlechtere) Ware liefern; **minderbegabt; minderbemittelt** (arm); die **Minderheit; minderjährig** (unmündig); der/die **Minderjährige; mindern** (verringern, beeinträchtigen); die **Minderung; minderwertig:** eine minderwertige (mangelhafte) Ware kaufen; die **Minderwertigkeit;** das **Minderwertigkeitsgefühl;** der **Minderwertigkeitskomplex;** die **Minderzahl**

min·des·te: das mindeste; auch: das Mindeste – nicht im mindesten; auch: nicht im Mindesten; **mindestens:** ich bleibe mindestens (wenigstens) eine Stunde; die **Mindestforderung;** das **Mindestgebot;** die **Mindestgeschwindigkeit;** der **Mindestlohn,** die ... löhne; das **Mindestmaß;** die **Mindeststrafe**

Mi·ne *franz.*, die: -, -n; auf eine Mine (einen Sprengkörper) treten – er arbeitet in einer Mine (Bergwerk) – die Mine (Schreibeinlage) des Kugelschreibers auswechseln # Miene; der **Minenarbeiter;** das **Minenfeld**

Mi·ne·ral *franz.*, das: -s, -e/-ien (Sammelname für alle in der Natur vorkommenden anorganischen Stoffe und Körper); das **Mineralbad;** der **Mineraldünger; mineralisch;** die **Mineralogie** (Wissenschaft von den Mineralien); das **Mineralöl;** die **Mineralquelle;** das **Mineralwasser**

mi·ni ... : (sehr klein, winzig); **mini:** mini (kurze Kleider, kurze Röcke) tragen – mini gehen; das **Mini** (sehr kurze Kleidung); die **Miniatur** (kleines Bild, Illustration in alten Handschriften); die **Miniaturausgabe** (kleinformatige Ausgabe); das **Miniauto;** der **Minibikini;** das **Minigolf;** das **Minikleid; minimal** (sehr klein, unbedeutend); das **Minimum** (Kleinste, Geringste, Mindestwert); der **Minipreis;** der **Minirock;** auch: der **Mini**

Mi·nis·ter *lat.*, der: -s, - (Mitglied der Regierung); **ministeriell;** die **Ministerin,** die Ministerinnen; das **Ministerium** (oberste Verwaltungsbehörde eines Staates); der **Ministerpräsident;** die **Ministerpräsidentin,** die ... präsidentinnen

Mi·nis·trant (Mi·nist·rant) *lat.*, der: -en, -en (katholischer Messdiener); die **Ministrantin,** die Ministrantinnen; **ministrieren**

Min·ne, die: - (Verehrung einer Dame der höfischen Gesellschaft im Mittelalter); der **Minnegesang;** der **Minnesänger**

Mi·no·ri·tät *lat.*, die: -, -en (Minderheit)

mi·nus *lat.*: sechs minus (weniger) zwei – minus 10 Grad; auch: 10 Grad minus; der **Minuend** (Zahl, von der eine andere abgezogen werden soll); das **Minus** (Fehlbetrag, Verlust); der **Minuspol;** das **Minuszeichen**

Mi·nu·te ⟨Min., min⟩ *lat.*, die: -, -n; in letzter Minute; **minutenlang;** aber: zwei Minuten lang; der **Minutenzeiger; ... minütig:** fünfminütig; auch: 5-minütig; auch: **... minutig; minütlich** (jede Minute); **minutiös** (sehr genau, gewissenhaft); auch: **minuziös**

Min·ze, die: -, -n (eine Heilpflanze)

mir: → ich; er gefällt mir – mir nichts, dir nichts (ganz einfach so)

Mi·ra·bel·le *franz.*, die: -, -n (Pflaumenart)

Mi·ra·kel *lat.*, das: -s, - (Wunder); **mirakulös**

mi·schen: Flüssigkeiten mischen – er mischt Farben – gemischter Salat – Spielkarten mischen – sich in einen Streit mischen – mit gemischten Gefühlen; die **Mischehe;** die **Mischfarbe;** der **Mischling** (Halbblut); der **Mischmasch** (Mischung, Unordnung); die **Mischung;** der **Mischwald,** die ... wälder

mi·se·ra·bel *franz.*: er spielt miserabel (sehr schlecht) Fußball – ein miserables (klägliches) Ergebnis; die **Misere** (Not, Elend)

miss ... : missachten: die Gesetze missachten (nicht befolgen); die **Missachtung** (Geringschätzung, Verletzung); das **Missbehagen** (unangenehmes Gefühl); die **Missbildung; missbilligen** (ablehnen); die **Missbilligung** (Tadel); der **Missbrauch; missbrauchen** (ausnutzen); **missbräuchlich; missdeuten;** der **Misserfolg** (Fehlschlag); die **Missernte; missfallen** (nicht zusagen); das **Missfallen;** die **Missgeburt; missgelaunt** (mürrisch); das **Missgeschick; missgestaltet; missgestimmt; missglücken** (scheitern); **missgönnen;** der **Missgriff** (Fehler); die **Missgunst** (Neid); **missgünstig; misshandeln** (quälen); die **Misshandlung;** die **Misshelligkeit** (Streit); der **Missklang;** der **Misskredit:** *jemanden in Misskredit* (in schlechten Ruf) *bringen;* **misslich:** eine missliche (ärgerliche) Lage; **missliebig** (unbeliebt); **misslingen:** eine misslungene Probearbeit; der **Missmut** (Ärger); **missmutig** (ärgerlich); **missraten** (misslingen); der **Missstand** (schlimmer Zustand); auch: der **Miss-Stand;** die **Missstimmung** (Unmut); auch: die **Miss-Stimmung;** der **Misston,** die ... töne; **misstrauen** (kein Vertrauen haben); das **Misstrauen; misstrauisch;** das **Missvergnügen; missvergnügt; missverständlich;** das **Missverständnis,** die ... verständnisse; **missverstehen** (falsch deuten); die **Misswirtschaft** (Unordnung)

Miss *engl.*, die: -, -es (Fräulein); Miss Germany; die **Misswahl**

mis·sen: du misst, sie hat gemisst, miss(e)!; er will seine Freiheit nicht mehr missen (entbehren)

Mis·se·tat, die: -, -en (Vergehen); der **Missetäter;** die **Missetäterin,** die Missetäterinnen

Mis·si·on *lat.*, die: -, -en; in geheimer Mission (Sendung) – jemanden mit einer besonderen Mission (mit einem besonderen Auftrag) betrauen – die Innere Mission (Organisation der evangelischen Kirche); der **Missionar;** die **Missionarin; missionieren** (den Glauben verbreiten); die **Missionierung;** die **Missionsstation**

Mist, der: -(e)s; Mist (Dünger, Kompost) auf das Feld fahren – Mist (Unsinn) verzapfen; das **Mistbeet; misten;** der **Mistfink;** die **Mistgabel;** der **Misthaufen; mistig** (schmutzig); der **Mistkäfer;** der **Mistkerl;** das **Miststück** (Scheusal)

Mis·tel, die: -, -n (ständig grün blühende Pflanze); der **Mistelzweig**

mit: ich gehe mit dir – mit anderen Worten ⟨m.a.W.⟩ – er fährt mit seinem Auto – etwas mit (auch, ebenso) ansehen – sich mit (auch) beteiligen – etwas mit (ebenso) einbeziehen – mit (auch) übernehmen – sie stellte mit Erschrecken fest – mit Unterstützung seiner Freunde – ich freue mich mit dir – das ist mit der beste Vorschlag; **miteinander:** miteinander (gemeinsam) nach Hause gehen; das **Miteinander; mithilfe;** auch: mit Hilfe; die **Mithilfe; mithin** (also, somit); **mitnichten** (keineswegs); **mitsamt** (gemeinsam mit); **mitunter** (manchmal)

mit·ar·bei·ten: im Unterricht fleißig mitarbeiten; die **Mitarbeit;** der **Mitarbeiter;** die **Mitarbeiterin,** die ... arbeiterinnen; der **Mitarbeiterstab,** die ... stäbe

mit·be·rück·sich·ti·gen: sein Alter solltest du mitberücksichtigen; auch: mit berücksichtigen

mit·be·stim·men: im Betrieb mitbestimmen; die **Mitbestimmung;** das **Mitbestimmungsrecht**

mit·brin·gen: ein Geschenk von der Reise mitbringen; das **Mitbringsel** (Geschenk)

mit·füh·len: (Verständnis haben); **mitfühlend;** das **Mitgefühl**

Mit·gift, die: -, -en (Aussteuer); der **Mitgiftjäger**

Mit·glied, das: -(e)s, -er; Mitglied (Angehöriger) eines Vereins – Mitglied werden (beitreten, sich anschließen); die **Mitgliederliste;** die **Mitgliederversammlung;** der **Mitgliedsausweis;** der **Mitgliedsbeitrag,** die ... beiträge; die **Mitgliedschaft;** die **Mitgliedskarte;** der **Mitglied(s)staat**

mit·lau·fen: mit den anderen mitlaufen; der **Mitläufer** (Jasager); die **Mitläuferin,** die ... läuferinnen

Mit·laut, der: -(e)s, -e (Konsonant)

Mit·leid, das: -(e)s (Mitgefühl); Mitleid haben; **mitleiden;** die **Mitleidenschaft:** *jemanden in Mitleidenschaft ziehen* (ihn schädigen); **mitleiderregend:** ein mitleiderregender Film; auch: Mitleid erregend; **mitleidig; mitleid(s)los; mitleid(s)voll**

Mit·mensch, der: -en, -en (der andere Mensch, Nächster); **mitmenschlich;** die **Mitmenschlichkeit**

mit·neh·men: einen Anhalter mitnehmen; die **Mitnahme;** der **Mitnahmepreis**

Mi·tra (Mi·tra) *griech.*, die: -, Mitren (Bischofsmütze)

Mit·schuld, die: -; eine Mitschuld haben; **mitschuldig;** der/die **Mitschuldige**

Mit·schü·ler, der: -s, - (Schüler, der die gleiche Klasse oder Schule besucht); die **Mitschülerin,** die ...schülerinnen

Mit·tag, der: -s, -e; gestern/heute/morgen Mittag – es ist Mittag – wir machen Mittag – jeden Mittag – zu Mittag – gegen Mittag – am Mittag – über Mittag; das **Mittagessen;** aber: zu Mittag essen; **mittäglich; mittags:** mittags um zwölf; aber: eines Mittags; die **Mittagshitze;** die **Mittagspause;** die **Mittagsruhe;** der **Mittagsschlaf;** die **Mittagsstunde;** der **Mittagstisch;** die **Mittagszeit**

Mit·tä·ter, der: -s, - (jemand, der mit anderen eine Straftat begeht); die **Mittäterschaft**

Mit·te, die: -, -n; in der Mitte der Straße – der Gast in unserer Mitte (Runde) – er ist Mitte (der) vierzig – die goldene Mitte (den rechten Mittelweg) finden – Mitte Juni; **mitten:** mitten am Vormittag – mitten im Zimmer – mitten in der Nacht – mitten entzwei – mitten durch die Stadt; aber: inmitten; **mittendrein; mittendrin; mittendurch**

mit·tei·len: etwas schriftlich mitteilen – sich einer Freundin mitteilen (anvertrauen); **mitteilsam** (gesprächig); die **Mitteilsamkeit;** die **Mitteilung;** der **Mitteilungsdrang**

Mit·tel, das: -s, -; mit allen Mitteln kämpfen – dem Kranken ein gutes Mittel (Heilmittel) verschreiben – das Mittel (den Mittelwert) ausrechnen – keine Mittel (kein Geld) mehr haben – *Mittel und Wege* (Möglichkeiten) *finden;* das **Mittelalter** ⟨MA.⟩; **mittelalterlich; mittelbar** (nicht direkt); **mitteldeutsch;** das **Mittelding; Mitteleuropa;** das **Mittelfeld;** der **Mittelfinger; mittelfristig;** das **Mittelgebirge; mittelgroß;** die **Mittelklasse;** die **Mittellinie; mittellos** (arm); die **Mittellosigkeit;** das **Mittelmaß** (Durchschnitt); **mittelmäßig** (durchschnittlich); die **Mittelmäßigkeit;** das **Mittelmeer;** der **Mittelpunkt;** die **Mittelschicht;** der **Mittelstand** (kleinere Unternehmer); der **Mittelständler;** die **Mittelstufe;** der **Mittelweg;** der **Mittelwert;** das **Mittelwort,** die ...wörter (Sprachlehre: Partizip)

mit·tels: mittels (mithilfe von) Geld; der **Mittelsmann** (Vermittler); die **Mittelsperson**

Mit·ter·nacht, die: -, ...nächte; um Mitternacht – heute Mitternacht; **mitternächtlich; mitternachts;** aber: des Mitternachts; die **Mitternachtssonne;** die **Mitternachtsstunde**

Mitt·ler, der: -s, - (Vermittler); die **Mittlerin,** die Mittlerinnen; die **Mittlerrolle**

mitt·le·re: das mittlere Afrika – die mittlere Reife – von mittlerer Größe; aber: der/die/das Mittlere – der Mittlere Osten; **mittlerweile** (unterdessen)

mit·wir·ken: (mitarbeiten, mitmachen); der/die **Mitwirkende;** die **Mitwirkung**

Mitt·woch ⟨Mi.⟩, der: -(e)s, -e (Wochentag); der **Mittwochabend; mittwochabends; mittwochs** (jeden Mittwoch): mittwochs abends

Mit·wis·ser, der: -s, -; jemanden zum Mitwisser haben; die **Mitwisserin,** die Mitwisserinnen; die **Mitwisserschaft**

mit·wol·len: du hast mitgewollt

mi·xen *engl.*: ein Getränk mixen (mischen); der **Mixbecher;** der **Mixedgrill** *[mikst...]* (Gericht aus gegrillten Fleischstückchen und Würstchen); auch: der **Mixed Grill; Mix(ed)pickles** *Pl.* (in gewürzten Essig roh eingelegtes gemischtes Gemüse); auch: **Mixed Pickles;** der **Mixer** (Küchengerät); das **Mixgetränk;** die **Mixtur** (Mischung)

Mob *engl.*, der: -s (Gesindel, Pöbel) # Mopp

mob·ben *engl.*: (Arbeitskolleg(inn)en ständig schikanieren bzw. belästigen) # moppen; das **Mobbing**

Mö·bel *lat.*, das: -s, - (Einrichtungsgegenstand); neue Möbel kaufen; die **Möbelfabrik;** das **Möbelgeschäft;** das **Möbellager;** die **Möbelpolitur;** der **Möbelspediteur** *[...schpeditör]*; das **Möbelstück;** der **Möbelwagen; möblieren** (einrichten); **möbliert:** ein möbliertes Zimmer; die **Möblierung**

mo·bil *lat.*: (beweglich); das **Mobile;** das **Mobiliar** (Wohnungseinrichtung); die **Mobilien** *Pl.* (bewegliche Güter); **mobilisieren:** alle Kräfte mobilisieren (aufbieten) – die Streitkräfte mobilisieren (einsetzen, kampfbereit machen); die **Mobilisierung;** die **Mobilität** (Beweglichkeit); **mobilmachen:** die Truppen mobilmachen; aber: einen Kranken wieder mobil machen; die **Mobilmachung;** das **Mobiltelefon**

Mo·de *franz.*, die: -, -n (Geschmack einer Zeit); sich nach der neuesten Mode kleiden; der **Modeartikel; modebewusst;** die

Modekrankheit; die **Mode(n)schau; modern:** ein modernes (neuartiges) Gerät – sich modern einrichten; die **Moderne; modernisieren;** die **Modernisierung;** die **Modernität** (Neues, Neuheit); der **Modesalon;** der **Modetrend,** die ... trends; **modisch**

Mo·del *engl.*, das: -s, -s (Fotomodell)

Mo·del *lat.*, der: -s, - (Hohlform); **modeln** (Form geben, gestalten)

Mo·dell *ital.*, das: -s, -e; das Modell (der plastische Entwurf) des neuen Flughafens – ihr Auto ist das neueste Modell (Typ, Bauart) – einem Maler Modell stehen (als Vorlage dienen); der **Modellbau; modellhaft; modellieren** (formen, nachbilden); das **Modellkleid**

Mo·dem *engl.*, das: -s, -s (Gerät zur Datenübertragung über Fernsprechleitungen)

Mo·der, der: -s (Fäulnis, Verwesung); der **Modergeruch; mod(e)rig; modern** (faulen)

mo·de·rie·ren *lat.*: (eine Diskussion leiten, eine Sendung im Rundfunk oder Fernsehen kommentieren); **moderat** (gemäßigt); die **Moderation;** der **Moderator;** die **Moderatorin,** die Moderatorinnen

Mo·dul *engl.*, das: -s, -e (Baueinheit in der Elektroindustrie)

Mo·dus *lat.*, der: -, Modi (Art und Weise); die **Modifikation** (Abänderung, Umstellung); **modifizieren** (ändern); die **Modifizierung**

Mo·fa, das: -s, -s (Motorfahrrad)

mo·geln: ich mog(e)le (schwindle) beim Kartenspiel; die **Mogelei;** die **Mogelpackung**

mö·gen: du magst, er mochte, sie hat gemocht; er mag nicht arbeiten – sie mag (liebt) ihre Eltern – sie mag keine Krabben (isst sie nicht gerne) – wo mag er sein? – das hätte er nicht hören mögen – mag sein – es mochten fast hundert gewesen sein – ich möchte gern; aber: der **Möchtegern**

mög·lich: so viel wie/als möglich – etwas nicht für möglich halten – wo möglich (bei jeder Gelegenheit); aber: womöglich (vielleicht) kommt er nicht – es ist mir nicht möglich; aber: das Mögliche – Mögliches und Unmögliches probieren – alles Mögliche (alle Möglichkeiten) erwägen – im Rahmen des Möglichen; **möglichenfalls; möglicherweise** (vielleicht); die **Möglichkeit;** die **Möglichkeitsform; möglichst:** möglichst schnell – möglichst bald; auch: baldmöglichst; aber: sein Möglichstes tun

Mo·hair *arab.-engl. [mohär]*, der: -s, -e (Wolle oder Stoff aus dem Haar der Angoraziege); auch: der **Mohär**

Mo·ham·me·da·ner, der: -s, - (Anhänger der Lehre Mohammeds, Moslem bzw. Muslim); **mohammedanisch**

Mo·här *arab.*, der: -s, -e (Wolle oder Stoff aus dem Haar der Angoraziege); auch: der **Mohair**

Mohn, der: -(e)s (eine Pflanze); die **Mohnblume;** der **Mohnkuchen;** der **Mohnsamen**

Mohr, der: -en, -en (früher für: Schwarzer) # Moor; der **Mohrenkopf** (ein Gebäck); die **Mohrin**

Möh·re, die: -, -n (eine Gemüsepflanze); auch: die **Mohrrübe**

Mo·kas·sin *indian.*, der: -s, -s/-e (leichter Lederschuh)

Mo·kick das: -s, -s (kleines Motorrad)

mo·kie·ren, sich *franz.*: sich über alles mokieren (lustig machen); **mokant** (spöttisch)

Mok·ka *arab.*, der: -s, -s (starker Kaffee); die **Mokkatasse**

Molch, der: -(e)s, -e (ein Schwanzlurch)

Mo·le *ital.*, die: -, -n (Hafendamm)

Mo·le·kül *franz.*, das: -s, -e (kleinster Teil einer chemischen Verbindung); **molekular;** das **Molekulargewicht**

Mol·ke·rei, die: -, -en (Milch verarbeitender Betrieb); die **Molke** (Käsewasser); → melken

Moll *lat.*, das: - (eins der beiden Tongeschlechter); a-Moll; der **Mollakkord;** der **Mollklang;** die **Molltonart**

mol·lig: ein molliges (weiches) Kleid – eine mollige (behagliche) Wärme – sie ist ziemlich mollig (dicklich, beleibt)

Mo·loch, der: -s, -e (alles zerstörende Macht, Ungeheuer)

Mo·ment *lat.*, das: -(e)s, -e; ein wichtiges Moment (einen Umstand) übersehen – das Moment der Spannung in einer Erzählung

Mo·ment *lat.*, der: -(e)s, -e; der richtige Moment (Augenblick) – im Moment (jetzt) – sie kann jeden Moment (gleich) kommen; **momentan:** momentan (zur Zeit, jetzt) ist sie gesund – momentan (vorübergehend) arbeitet sie nicht; die **Momentaufnahme**

Mo·nar·chie (Mon·ar·chie) *griech.*, die: -, Monarchien (Alleinherrschaft); der **Monarch;** die **Monarchin,** die Monarchinnen; der **Monarchist** (Königstreuer); die **Monar-**

chistin; monarchistisch

Mo·nat, der: -(e)s, -e; dieses Monats ⟨d.M.⟩ – laufenden Monats ⟨lfd. M.⟩ – vorigen Monats – von Monat zu Monat; **monatelang:** monatelang war sie verreist; aber: viele Monate lang; **…monatig:** dreimonatig; auch: 3-monatig; **monatlich** (jeden Monat): die monatliche Zahlung; das **Monatseinkommen;** der **Monatserste;** die **Monatsfrist;** das **Monatsgehalt,** die … gehälter; die **Monatskarte;** der **Monatsletzte;** die **Monatsmiete**

Mönch *griech.*, der: -(e)s, -e (Angehöriger eines Männerordens); **mönchisch:** mönchisch (zurückgezogen) leben; das **Mönchskloster;** die **Mönchskutte;** der **Mönchsorden;** das **Mönch(s)tum;** die **Mönchszelle**

Mond, der: -(e)s, -e (Himmelskörper); *hinter dem Mond leben* (nicht wissen, was vorgeht) – *in den Mond gucken* (das Nachsehen haben) – *vom Mond kommen* (nicht Bescheid wissen); der **Mondaufgang;** die **Mondbahn;** der **Mond(en)schein;** die **Mondfähre;** die **Mondfinsternis; mondhell;** die **Mondlandschaft;** die **Mondlandung;** das **Mondlicht;** der **Mondschein; mondsüchtig**

mon·dän *franz.*: eine mondäne (betont elegante) Frau; die **Mondänität**

Mo·ne·ten *Pl. lat.*, die: - (Geld); **monetär:** monetäre (das Geld betreffende) Angelegenheiten

mo·nie·ren *lat.*: (beanstanden, bemängeln)

Mo·ni·tor *engl.*, der: -s, -e/Monitoren (Kontrollbildschirm)

Mo·no·gramm *griech.*, das: -s, -e (Namenszeichen)

Mo·no·gra·phie *griech.*, die: -, Monographien (Einzeldarstellung); auch: die **Monografie; monographisch;** auch: **monografisch**

Mo·no·kel (Mon·o·kel) *franz.*, das: -s, - (Augenglas für nur ein Auge)

Mo·no·kul·tur *lat.*, die: -, -en (einseitiger Anbau einer bestimmten Pflanzenart)

Mo·no·log *griech.*, der: -s, -e (Selbstgespräch); **monologisch; monologisieren**

Mo·no·pol *griech.*, das: -s, -e (Vorrecht für die alleinige Herstellung einer Ware bzw. Recht auf Alleinverkauf, alleiniger Anspruch); der **Monopolist;** die **Monopolistin**

mo·no·ton *griech.*: (langweilig, eintönig); die **Monotonie**

Mons·ter *engl.*, das: -s, - (Riese, Ungeheuer); der **Monsterbau;** der **Monsterfilm;** das **Monsterprogramm;** die **Monsterschau; monströs** (riesig, ungeheuerlich); das **Monstrum,** die Monstren (Ungeheuer, Scheusal)

Mons·tranz (Monst·ranz) *lat.*, die: -, -en (Gefäß für geweihte Hostien)

Mon·sun *arab.*, der: -s, -e (Wind in Südasien); der **Monsunregen** (lang anhaltender Regen, durch den Monsun verursacht)

Mon·tag ⟨Mo.⟩, der: -(e)s, -e (Wochentag); einen blauen Montag machen; der **Montagabend; montagabends; montägig** (am Montag); **montäglich** (jeden Montag); **montags** (an Montagen): montags abends; die **Montagsausgabe**

Mon·ta·ge *franz. [montasche]*, die: -, -n (Aufbau, Zusammenstellung von technischen Anlagen); das **Montageband;** die **Montagehalle;** der **Monteur** *[montör]*; **montieren:** ein Werk montieren (zusammenbauen) – er montiert (befestigt) das Schloss an der Tür; der **Montierer;** die **Montierung**

mon·tan *lat.*: (den Bergbau betreffend)

Mon·tur *franz.*, die: -, -en (Dienst- bzw. Arbeitskleidung)

Mo·nu·ment *lat.*, das: -(e)s, -e (großes Denkmal); **monumental** (wuchtig, riesig); der **Monumentalbau,** die …bauten; der **Monumentalfilm;** das **Monumentalgemälde**

Moon·boot *engl. [munbut]*, der: -s, -s (gefütterter Stiefel aus Kunststoff)

Moor, das: -(e)s, -e (sumpfige Landschaft) # Mohr; das **Moorbad,** die … bäder; **moorig;** die **Moorpackung** (Moorerde für eine medizinische Behandlung)

Moos, das: -es, -e (Polster aus kleinen, immergrünen Pflanzen); *Moos ansetzen* (alt werden); **moosbedeckt;** die **Moosflechte; moosgrün; moosig;** das **Moospolster; moosüberwachsen**

Mo·ped, das: -s, -s (leichtes Kleinkraftrad)

Mopp *engl.*, der: -s, -s (Staubbesen) # Mob; **moppen:** den Flur moppen # mobben

Mops, der: -es, Möpse (Hunderasse); das **Möpschen; mopsen** (stehlen); das **Mopsgesicht; mopsig** (klein und dick)

Mo·ral *lat.*, die: -; keine Moral (sittlichen Grundsätze) haben – die Moral (das Selbstbewusstsein, die Disziplin) der Mannschaft ist gut – die Moral (Lehre) einer Fabel;

der **Moralbegriff; moralisch:** einen moralischen Lebenswandel führen; aber: *den Moralischen* (Gewissensbisse) *haben;* **moralisieren;** der **Moralist;** die **Moralistin;** die **Moralpredigt** (eindringliche Ermahnung)

Mo·rä·ne *franz.*, die: -, -n (Geröll von einem Gletscher); die **Moränenlandschaft**

Mo·rast, der: -(e)s, -e /Moräste (Sumpfboden, Schlamm); **morastig**

Mo·ra·to·ri·um *lat.*, das: -s, Moratorien (Aufschub, Zahlungsaufschub)

mor·bid *lat.*: morbid (krank) aussehen – eine morbide (vom Verfall bedrohte) Gesellschaft

Mor·chel, die: -, -n (ein Speisepilz)

Mord, der: -(e)s, -e (vorsätzliche Tötung); die **Mordanklage;** der **Mordanschlag,** die ...anschläge; die **Morddrohung; morden;** der **Mörder;** die **Mörderbande;** die **Mörderin,** die Mörderinnen; **mörderisch:** eine mörderische (sehr starke, fürchterliche) Hitze; der **Mordfall;** die **Mordgier;** der **Mordprozess;** die **Mordsarbeit;** das **Mordsglück:** ein Mordsglück (großes Glück) haben; die **Mordshitze;** der **Mordshunger;** der **Mordskrach,** die ...kräche; **mordsmäßig:** er hat einen mordsmäßigen (gewaltigen) Durst; der **Mordsspaß;** die **Mordswut;** die **Mordtat;** der **Mordversuch;** die **Mordwaffe**

mor·gen: ich schlafe bis morgen – morgen früh; auch: morgen Früh – morgen Nachmittag – morgen Abend – für morgen – morgen in einer Woche – die Mode von morgen – *morgen ist auch noch ein Tag;* der **Morgen:** heute/gestern Morgen – vom Morgen bis Abend – eines Morgens – am nächsten Morgen – gegen Morgen – den ganzen Morgen über; das **Morgen** (Zukunft): das Heute und Morgen – was wird das Morgen bringen?; die **Morgendämmerung; morgendlich:** die morgendliche Stille; das **Morgengrauen;** die **Morgengymnastik;** das **Morgenland** (Orient); das **Morgenlicht;** die **Morgenluft:** *Morgenluft wittern* (einen Vorteil für sich erkennen); der **Morgenmuffel; morgens:** morgens um sechs – sonntags morgens; aber: eines Morgens; der **Morgenspaziergang;** der **Morgenstern;** die **Morgenstunde:** *Morgenstund hat Gold im Mund;* die **Morgenzeitung; morgig:** der morgige Tag

Mor·gen, der: -s, - (altes Feldmaß = ein viertel Hektar); fünf Morgen Land besitzen

Mo·ri·tat, die: -, -en (Bänkelgesang, Schauergeschichte); der **Moritatensänger**

Mor·phi·um *griech.*, das: -s (Rauschgift, Betäubungsmittel); die **Morphiumspritze;** die **Morphiumsucht; morphiumsüchtig**

morsch: eine morsche (baufällige, brüchige) Hütte; die **Morschheit**

mor·sen: (funken); das **Morsealphabet;** auch: das **Morse-Alphabet;** der **Morseapparat;** auch: der **Morse-Apparat;** das **Morsezeichen**

Mör·ser, der: -s, - (Gefäß zum Zerreiben harter Stoffe, ein schweres Geschütz)

Mör·tel, der: -s (Bindemittel für Bausteine); der **Mörtelkasten; mörteln**

Mo·sa·ik *franz.*, das: -s, -e/-en (aus Steinchen zusammengesetztes Bildwerk); die **Mosaikarbeit; mosaikartig;** das **Mosaikbild;** das **Mosaiksteinchen**

Mo·schee *arab.*, die: -, Moscheen (islamisches Gotteshaus)

mo·sern *hebr.*: (nörgeln, meckern)

Mos·ki·to *span.*, der: -s, -s (eine tropische Stechfliege); das **Moskitonetz**

Mos·lem *arab.*, der: -s, -s (Anhänger des Islams); **moslemisch;** → Muslim

Most, der: -(e)s, -e (unvergorener Obstsaft); **mosten;** die **Mosterei;** der **Mostrich** (Senf)

Mo·tel *amerik.*, das: -s, -s (Hotel für Autoreisende)

Mo·tiv *lat.*, das: -s, -e; das Motiv (der Beweggrund) für eine Tat – das Motiv (Thema) eines Kunstwerkes; die **Motivation; motivieren** (zu etwas anregen); die **Motivierung**

Mo·to·cross *engl.*, das: -, e (Motorradrennen auf einer abgesteckten Strecke im Gelände); auch: das **Moto-Cross**

Mo·tor *lat.*, der: -s, Motoren; den Motor laufen lassen – er ist der Motor (die treibende Kraft) des Betriebes; das **Motorboot;** die **Motorik** (alle Bewegungsabläufe des Körpers); **motorisch; motorisieren;** die **Motorisierung;** die **Motorjacht;** auch: die **Motoryacht;** der **Motorlärm;** das **Motorrad**

Mot·te, die: -, -n (kleiner Schmetterling); die **Mottenkugel;** das **Mottenpulver**

Mot·to *ital.*, das: -s, -s (Leitspruch, Kennwort)

mot·zen: (schimpfen, nörgeln); **motzig**

Moun·tain·bike *engl. [mauntinbaik]*, das: -s, -s (Fahrrad für Geländefahrten); auch: das **Mountain-Bike**

Mö·we, die: -, -n (am Wasser lebender Vogel); die **Möwenkolonie;** der **Möwenschrei**

Moz·za·rel·la *ital.*, der: -s, -s (ein italienischer Käse)

Mü·cke, die: -, -n (kleines, Blut saugendes Insekt); *aus einer Mücke einen Elefanten machen* (maßlos übertreiben); die **Mückenplage;** der **Mückenschwarm,** die ...schwärme; der **Mückenstich**

mu·cken: (aufbegehren, widersprechen); die **Mucken** (Launen): *seine Mucken haben* (launisch sein)

muck·sen: sich nicht mucksen (sich nicht rühren, keinen Laut von sich geben); der **Mucks:** keinen Mucks machen (keinen Ton sagen); auch: der **Muckser; mucksmäuschenstill** (ganz still)

mü·de: sich müde schlafen legen – noch müde (unausgeschlafen) sein – er ist einer Sache müde (überdrüssig); die **Müdigkeit**

Mu·ez·zin *arab.*, der: -s, -s (Ausrufer der Gebetszeiten im Islam)

Muff *niederl.*, der: -(e)s, -e; die Hände im Muff (Händewärmer) haben

Muff, der: -(e)s; der Muff (fauler, moderiger Geruch) im Raum; **muffeln;** auch: **müffeln; muffen** (dumpf riechen); **muffig:** ein muffiges (schlecht riechendes) Zimmer

Muf·fe, die: -, -n (Rohrverbindungsstück)

Muf·fel, der: -s, - (unfreundlicher Mensch, Langweiler); **muff(e)lig:** er benimmt sich muffelig (mürrisch, unfreundlich); **muffeln** (beleidigt, in schlechter Stimmung sein)

Muff·lon (Muf·flon) *franz.*, der: -s, -s (ein Wildschaf)

Mü·he, die: -, -n; alle Mühe (Anstrengung) war umsonst – mit Müh und Not (gerade noch) – sie gibt sich redlich Mühe; **mühelos;** die **Mühelosigkeit;** sich **mühen** (anstrengen); **mühevoll;** die **Mühsal; mühsam** (beschwerlich); **mühselig;** die **Mühseligkeit**

mu·hen: (muh schreien); die Kuh muht; **muh!**

Müh·le, die: -, -n (Anlage zum Mahlen, z.B. von Getreide); *Gottes Mühlen mahlen langsam;* das **Mühl(en)rad,** die ...räder; das **Mühlespiel;** der **Mühlstein;** das **Mühlwerk**

Mu·lat·te *span.*, der: -n, -n (Sohn eines weißen und eines schwarzen Elternteils); die **Mulattin,** die Mulatinnen

Mulch, der: -(e)s, -e (Schicht aus zerkleinerten Pflanzen, eine Humusform); **mulchen** (mit Mulch bedecken)

Mul·de, die: -, -n (leichte Bodenvertiefung); **muldenförmig**

Mu·li *lat.*, das: -s, -(s) (Maulesel)

Mull *engl.*, der: -(e)s, -e (feines Baumwollgewebe); die **Mullbinde**

Mull, der: -(e)s, -e (lockerer Humusboden)

Müll, der: -(e)s (Abfälle); die **Müllabfuhr;** der **Müllabladeplatz;** das **Müllauto;** der **Müllcontainer;** die **Mülldeponie;** der **Mülleimer;** die **Müllhalde;** die **Müllkippe;** der **Müllschlucker;** die **Mülltonne;** die **Müllverbrennung;** die **Müllverwertung**

Mül·ler *lat.*, der: -s, - (Handwerker im Mühlengewerbe); die **Müllerin;** → Mühle

mul·mig: mir ist mulmig (unbehaglich) zumute – eine mulmige (gefährliche) Sache

mul·ti·kul·tu·rell *lat.*: eine multikulturelle (viele Kulturen umfassende) Gesellschaft

mul·ti·la·te·ral *lat.*: multilaterale (mehrseitige) Verträge abschließen

Mul·ti·me·dia, das: -(s) (Zusammenwirken verschiedener Medien: Text, Bild, Ton u.Ä.); **multimedial** (viele Medien betreffend)

Mul·tip·le-Choice-Ver·fah·ren (Mul·ti·ple...) *engl. [maltipeltschoiß...]*, das: -s, - (Testverfahren mit Auswahlantworten)

Mul·ti·pli·ka·ti·on *lat.*, die: -, -en (das Malnehmen, Vervielfachen); der **Multiplikand** (die zu vervielfachende Zahl); der **Multiplikator** (Zahl, mit der vervielfacht wird); **multiplizieren** (malnehmen, vervielfachen)

Mu·mie *arab. [mumje]*, die: -, -n (durch besondere Mittel haltbar gemachte Leiche); **mumienhaft; mumifizieren;** die **Mumifizierung** (Einbalsamierung)

Mumm, der: -s; viel Mumm (Mut) haben

Mum·pitz, der: -es (Unfug, Unsinn)

Mumps *engl.*, der/die: - (Krankheit, Ziegenpeter)

Mund, der: -(e)s, Münder; den Mund halten – das Gerücht geht von Mund zu Mund – ein paar Mund voll Kirschen – *sich den Mund verbrennen* (sich durch unüberlegtes Reden schaden) – *den Mund voll nehmen* (angeben); die **Mundart; mundartlich;** das **Mündchen; munden:** es hat gut gemundet (geschmeckt); **mundfaul; mundgerecht; mündlich;** die **Mundpropaganda;** der **Mundraub;** das **Mundstück; mundtot:** *jemanden mundtot machen* (zum Schweigen bringen); der **Mundvoll:** ein paar Mundvoll Kirschen;

auch: Mund voll; aber: *den Mund voll nehmen*; der **Mundvorrat;** das **Mundwerk:** *ein großes Mundwerk haben* (großsprecherisch reden); die **Mund-zu-Mund-Beatmung**

Mün·del, der/das: -s, - (unter Vormundschaft stehendes Kind); **mündig:** mündig (volljährig, erwachsen) sein; die **Mündigkeit; mündigsprechen;** auch: mündig sprechen

mün·den: der Fluss mündet in das Meer; die **Mündung**

Mu·ni·ti·on *franz.*, die: -, -en (Schießmaterial); **munitionieren** (mit Munition versorgen); die **Munitionsfabrik;** das **Munitionslager**

mun·keln: (heimlich erzählen); die **Munkelei**

Müns·ter, das: -s, - (Dom-, Klosterkirche)

mun·ter: (wach, lebhaft); die **Munterkeit; muntermachen;** auch: munter machen

Mün·ze *lat.*, die: -, -n (Geldstück); *etwas für bare Münze nehmen* (etwas ernsthaft glauben) – *etwas mit gleicher Münze heimzahlen* (auf die gleiche Weise vergelten); die **Münzanstalt;** der **Münzautomat; münzen:** das ist auf dich gemünzt (zielt auf dich, spielt auf dich an); die **Münzensammlung;** der **Münzfernsprecher;** die **Münztankstelle**

Mu·rä·ne *griech.*, die: -, -n (aalartiger Fisch)

mür·be: der Kuchen ist sehr mürbe (locker); auch: **mürb; mürbemachen:** den Teig mürbemachen; auch: mürbe machen; aber nur: *jemanden mürbemachen* (ihn entnerven); der **Mürb(e)teig;** die **Mürbheit**

Mu·re, die: -, -n (Gesteins- oder Schlammstrom im Gebirge)

mur·ksen: (pfuschen); der **Murks** (schlechte Arbeit); der **Murkser;** die **Murkeserin**

Mur·mel, die: -, -n (kleine Spielkugel)

mur·meln: (leise, undeutlich sprechen)

Mur·mel·tier, das: -(e)s, -e (im Gebirge lebendes Nagetier)

mur·ren: (sich beklagen, aufbegehren); **mürrisch:** ein mürrischer (unhöflicher) Mensch – er macht ein mürrisches Gesicht; **murrköpfig;** auch: **murrköpfisch**

Mus, das: -es, -e; ein Mus (einen Brei) kochen

Mu·schel, die: -, -n (im Wasser lebendes Weichtier); **muschelförmig;** der **Muschelkalk;** das **Muschelwerk** (Ornament)

Mu·se *griech.*, die: -, -n (Göttin der schönen Künste und der Wissenschaften); die leichte Muse (heitere, unterhaltende Kunst); **musisch** (künstlerisch begabt, schöpferisch)

Mu·se·um *griech.*, das: -s, Museen (Sammlung kostbarer Gegenstände); **museal;** der **Museumsführer;** die **Museumsführerin;** das **Museumsstück;** der **Museumswärter**

Mu·si·cal *amerik. [mjusikl]*, das: -s, -s (modernes Sing- und Tanzspiel)

Mu·sik *griech.*, die: -, -en (Tonkunst); die **Musikalien** *Pl.* (Notenbücher und -hefte); die **Musikalienhandlung; musikalisch;** die **Musikalität** (musikalische Begabung); der **Musikant;** die **Musikantin;** die **Musikbox;** auch: die **Musicbox** *[mjusik…]*; der **Musiker;** die **Musikerin;** das **Musikinstrument;** die **Musikkapelle;** die **Musikkassette; musikliebend;** auch: Musik liebend; das **Musikstück; musikverständig;** das **Musikwerk; musizieren**

Mus·kat *franz.*, der: -(e)s, -e (Gewürz); der **Muskateller** (süßer Wein); die **Muskatnuss**

Mus·kel *lat.*, der: -s, -n; *seine Muskeln spielen lassen* (seine Kraft zeigen); die **Muskelfaser;** der **Muskelkater;** die **Muskelkraft,** die …kräfte; der **Muskelkrampf,** die …krämpfe; das **Muskelpaket;** der **Muskelprotz;** der **Muskelriss;** der **Muskelschwund;** die **Muskelzerrung;** die **Muskulatur** (Gesamtheit der Muskeln); **muskulös** (äußerst kräftig)

Mus·ke·te *franz.*: -, -n (früher: schwere Handfeuerwaffe)

Müs·li *schweiz.*, das: -s, - (Rohkostgericht)

Mus·lim, der: -(s), -s/Muslime (Anhänger des Islams, Moslem); die **Muslime** (weiblicher Muslim); die **Muslimin,** die Musliminnen; **muslimisch;** auch: **moslemisch**

Mu·ße, die: - (Ruhezeit, freie Zeit); die **Mußestunde; müßig** (untätig, überflüssig); der **Müßiggang:** *Müßiggang ist aller Laster Anfang;* der **Müßiggänger** (Faulenzer); die **Müßiggängerin,** die Müßiggängerinnen; **müßiggängerisch; müßiggehen**

müs·sen: du musst, er musste, sie hat gemusst; sie muss um 8 Uhr in der Schule sein – ich habe das sagen müssen – die Arbeit muss heute noch getan werden – sie muss gleich kommen; das **Muss**

Mus·ter, das: -s, - (Vorlage, Modell, Vorbild); das **Musterbeispiel;** die **Musterehe;** der **Musterfall,** die …fälle; **mustergültig;** die **Mustergültigkeit; musterhaft;** die **Musterhaftigkeit;** der **Musterknabe;** die **Musterkollektion; mustern:** jemanden scharf mustern (ansehen) – die Soldaten mustern (auf ihre Wehrtauglichkeit untersuchen); der **Musterpass,** die ...pässe; der **Musterprozess;** der **Musterschüler;** die **Musterschülerin,** die ...schülerinnen; die **Musterung**

Mut, der: -(e)s; mit Mut (Kühnheit) kämpfen – guten Mutes (guter Stimmung) sein – jemandem Mut machen – nur Mut! – mir ist elend zu Mute; auch: zumute; das **Mütchen:** *an jemandem sein Mütchen kühlen* (seinen Zorn auslassen); **mutig; mutlos;** die **Mutlosigkeit;** die **Mutprobe;** der **Mutwille; mutwillig** (absichtlich, bewusst); die **Mutwilligkeit**

Mu·ta·ti·on *lat.*, die: -, -en (Wandlung, Veränderung von Erbanlagen); **mutieren**

mut·ma·ßen: (vermuten); **mutmaßlich** (vermutlich, angeblich); die **Mutmaßung**

Mut·ter, die: -, Mütter; Mutter von zwei Söhnen – die Mutter Gottes; auch: die Gottesmutter; der **Mutterboden;** das **Mütterchen;** die **Muttererde;** das **Müttergenesungsheim;** die **Muttergottes; mütterlich** (fürsorglich); **mütterlicherseits;** die **Mütterlichkeit;** die **Mutterliebe; mutterlos;** das **Muttermal;** die **Mutterschaft; mutterseelenallein** (einsam); das **Muttersöhnchen;** die **Muttersprache;** der **Muttertag;** der **Mutterwitz** (angeborener, gesunder Witz)

Mut·ter, die: -, -n (der die Schraube umschließende Ring mit Gewinde)

Müt·ze, die: -, -n (eine Kopfbedeckung)

m. W. = meines Wissens

MwSt. (Mw.-St.) = Mehrwertsteuer

My·om, das: -s, -e (gutartige Geschwulst)

My·ri·a·de *griech.*, die: -, -n (ungeheuer große Menge)

Myr·rhe *griech.*, die: -, -n (wohlriechendes Harz); auch: die **Myrre**

Myr·te *griech.*, die: -, -n (immergrüner Strauch, Baum); der **Myrtenkranz,** die ...kränze (Brautschmuck); der **Myrtenzweig**

mys·te·ri·ös *franz.*: ein mysteriöser (geheimnisvoller, unerklärlicher) Mord; das **Mysterium** (unerklärliches Geheimnis); die **Mystifikation** (Täuschung); **mystifizieren;** die **Mystik** (Suche Gottes, Geheimlehre); der **Mystiker; mystisch** (dunkel, geheimnisvoll)

My·thos *griech.*, der: -, Mythen (Erzählung aus der Vorzeit, Helden- und Göttersage); auch: die **Mythe;** auch: der **Mythus; mythenhaft; mythisch** (sagenhaft); die **Mythologie** (Sagenkunde, Götterlehre); **mythologisch**

N

N = Nord(en)

na: na ja! – na und? – na, wird's bald? – na, was meinst du? – na, wie wär's? – na bitte! – na warte! – na gut! – na, so was!

Na·be, die: -, -n (Mittelteil eines Rades)

Na·bel, der: -s, - (Bauchnabel); der Nabel (Mittelpunkt, das Wichtigste) der Welt; der **Nabelbruch,** die ...brüche; **nabelfrei;** die **Nabelschau;** die **Nabelschnur,** die ...schnüre

nach: nach der Mahlzeit – nach Bremen fahren – nach Hause; auch: nachhause – nach Maß – nach wie vor (noch immer) – nach und nach (allmählich) – frei nach Goethe – nach Christus ⟨n. Chr.⟩; auch: nach Christi Geburt; **nachdem:** je nachdem – kurz nachdem er gegangen war; **nacheinander:** nacheinander (der Reihe nach) gehen – nacheinander kommen – nacheinander eintreten; **nachher; nachhinein;** das **Nachhinein:** im Nachhinein (nachträglich)

nach·äf·fen: einen Schauspieler nachäffen (nachahmen); die **Nachäfferei**

nach·ah·men: Lehrer nachahmen (nachmachen); **nachahmenswert** (ausgezeichnet); der **Nachahmer;** die **Nachahmerin,** die Nachahmerinnen; die **Nachahmung;** der **Nachahmungstrieb; nachahmungswürdig**

Nach·bar, der: -n/-s, -n; ein ruhiger Nachbar (Anwohner) – sein Nachbar (Nebenmann) am Tisch; das **Nachbarhaus;** die **Nachbarin,** die Nachbarinnen; **nachbarlich:** nachbarliche Beziehungen; der **Nachbarort;** die **Nachbarschaft;** die **Nachbarschaftshilfe;** das **Nachbarskind;** die **Nachbarsleute** *Pl.*; der **Nachbarstaat,** die ...staaten

nach·be·stel·len: Fotos nachbestellen; die **Nachbestellung**

nach·bil·den: (nachahmen); die **Nachbildung**

nach·den·ken: über ein Problem nachdenken (sich Gedanken machen); **nachdenklich** (in Gedanken versunken); die **Nachdenklichkeit**

Nach·druck, der: -(e)s, -e (Druckwerke); etwas mit Nachdruck (eindringlich) anordnen – der Nachdruck (Abdruck) eines Bildes – *einer Sache Nachdruck verleihen* (etwas verstärken); **nachdrücklich;** die **Nachdrücklichkeit; nachdrucksvoll**

nach·ei·fern: einem Vorbild nacheifern (es nachahmen); **nacheifernswert;** die **Nacheiferung**

Na·chen, der: -s, - (kleines Boot, Kahn)

nach·er·zäh·len: eine interessante Geschichte nacherzählen (mit eigenen Worten wiedergeben); die **Nacherzählung**

Nach·fah·re, der: -n, -n (Nachkomme, Spross); auch: der **Nachfahr**

nach·fol·gen: sie folgte ihrem Mann in den Tod nach; die **Nachfolge:** die Nachfolge antreten; **nachfolgend:** die nachfolgenden Jahre; aber: im Nachfolgenden (weiter unten) – das Nachfolgende – Nachfolgendes; der **Nachfolger** ⟨Nachf.⟩; die **Nachfolgerin,** die Nachfolgerinnen

nach·for·schen: (versuchen, etwas herauszubekommen; untersuchen); die **Nachforschung**

nach·fra·gen: beim Fundbüro nachfragen (sich erkundigen) – um Urlaub nachfragen (ersuchen); die **Nachfrage:** eine starke Nachfrage (ein großer Bedarf) nach Waren

nach·ge·ben: den Forderungen des Vorgesetzten nachgeben (zustimmen) – *der Klügere gibt nach;* **nachgiebig:** ein nachgiebiger Mensch; die **Nachgiebigkeit**

Nach·ge·bühr, die: -, -en (Strafporto)

Nach·ge·schmack, der: -(e)s; der Vorfall hinterließ einen bitteren Nachgeschmack (eine unangenehme Erinnerung)

nach·hal·tig: einen nachhaltigen (dauernden, starken) Eindruck hinterlassen; die **Nachhaltigkeit** (Nutzen für die zukünftige Generation)

nach·hau·se: wir gehen nachhause; auch: **nach Hause;** der **Nachhauseweg** (Heimweg)

nach·hel·fen: (behilflich sein); die **Nachhilfe;** der **Nachhilfeschüler;** die **Nachhilfeschülerin,** die ...schülerinnen; die **Nachhilfestunde;** der **Nachhilfeunterricht**

nach·ho·len: den versäumten Unterricht nachholen; der **Nachholbedarf;** das **Nachholspiel**

nach·kom·men: in den Urlaub nachkommen (später kommen) – ihren Bitten nachkommen (sie erfüllen); der **Nachkomme** (Nachfahre); die **Nachkommenschaft;** der **Nachkömmling** (Nachzügler)

nach·las·sen: sein Fleiß lässt nach (flaut ab) – der Regen lässt nach – jemandem etwas vom Preis nachlassen; der **Nachlass,** die ...lässe (Hinterlassenschaft, Preisnachlass); **nachlässig:** nachlässig (unordentlich, flüchtig) arbeiten; **nachlässigerweise;** die **Nachlässigkeit;** der **Nachlassverwalter**

nach·ma·chen: Tierstimmen nachmachen (nachahmen) – Geld nachmachen (fälschen) – Hausaufgaben nachmachen

Nach·mit·tag: der: -(e)s, -e; am späten Nachmittag – am Sonntag Nachmittag – heute Nachmittag fahre ich; **nachmittägig** (am Nachmittag): der nachmittägige Schlaf; **nachmittäglich** (jeden Nachmittag); **nachmittags** ⟨nachm.⟩: nachmittags (an Nachmittagen) muss ich arbeiten; die **Nachmittagsstunde;** die **Nachmittagsvorstellung**

Nach·nah·me, die: -, -n (Bezahlung einer Postsendung bei ihrer Aushändigung); das Paket kommt per Nachnahme # Nachname; die **Nachnahmegebühr**

Nach·na·me, der: -ns, -n (Familienname) # Nachnahme

nach·prü·fen: (kontrollieren); **nachprüfbar;** die **Nachprüfbarkeit;** die **Nachprüfung**

Nach·re·de, die: -, -n; eine üble Nachrede (Verleumdung)

Nach·richt, die: -, -en; keine Nachricht (Benachrichtigung) haben – Nachricht geben (informieren) – die Nachrichten (Meldungen) im Fernsehen verfolgen; die **Nachrichtenagentur;** der **Nachrichtendienst;** das **Nachrichtenmagazin;** der **Nachrichtensatellit;** die **Nachrichtensendung;** die **Nachrichtenübermittlung**

Nach·ruf, der: -(e)s, -e (Worte für Verstorbene, Gedenkrede); **nachrufen**

nach·schla·gen: in einem Lexikon nachschlagen (nachsehen) – er schlägt seinem Vater nach (ähnelt ihm); der **Nachschlag,** die ...schläge; das **Nachschlagewerk** (Lexikon, Wörterbuch)

Nach·schrift, die: -, -en (Niederschrift nach Ansage); **nachschreiben**

Nach·schub, der: -(e)s, Nachschübe (Versorgung der kämpfenden Truppe)

nach·se·hen: nachsehen (prüfen), ob die Türe geschlossen ist – im Wörterbuch nachsehen (nachschlagen) – sie sieht ihm den Fehler nach (verzeiht ihn); das **Nachsehen:** *das Nachsehen haben* (im Nachteil sein, nichts mehr bekommen); die **Nachsicht:** um Nachsicht (Verständnis) bitten – *Vorsicht ist besser als Nachsicht;* **nachsichtig**

nach·sen·den: die Post wurde nachgesendet; auch: nachgesandt; die **Nachsendung**

Nach·sil·be, die: -, -n (an ein Wort angehängte Silbe, z. B. -bar, -lich; Suffix)

Nach·spei·se, die: -, -n (Nachtisch)

Nach·spiel, das: -(e)s, -e; die Angelegenheit hat noch ein Nachspiel (sie ist noch nicht erledigt, hat Folgen)

nächst: nächst dem Bahnhof (ganz in der Nähe) – nächst der Kirche wohnen; **nächst ...:** am nächsten – vom nächsten Ersten (des Monats) an – nächstes Jahr – aus nächster Nähe – das nächste Mal – nächsten Jahres; aber: der/die Nächste, bitte! – als Nächstes – fürs Nächste; **nächstbeste:** die nächstbeste Stadt; aber: der/die **Nächstbeste;** der **Nächste** (der Mitmensch): mein Nächster – *jeder ist sich selbst der Nächste;* die **Nächstenliebe; nächstens** (in naher Zukunft, bald); **nächstfolgend; nächstgelegen; nächstliegend:** der nächstliegende Gedanke; das **Nächstliegende; nächstmöglich**

nach·ste·hen: sie will ihrer Schwester nicht nachstehen (ihr ebenbürtig sein) – im nachstehenden (folgenden) Kapitel; aber: im Nachstehenden (weiter unten)

nach·stel·len: eine Uhr nachstellen – er hat ihr nachgestellt (sie verfolgt); die **Nachstellung**

Nacht, die: -, Nächte; eine kalte Nacht – in dunkler Nacht – es ist Nacht – gestern/heute/morgen Nacht – gute Nacht sagen; auch: Gute Nacht sagen – bei Nacht – über Nacht (plötzlich) – die Nacht über – zu Nacht essen – bei Nacht und Nebel (heimlich) – die Heilige Nacht (Nacht zum 1. Weihnachtstag) – *jemandem schlaflose Nächte bereiten* (ihn sehr beunruhigen) – *in der Nacht sind alle Katzen grau;* die **Nachtarbeit; nachtblind;** der **Nachtdienst; nächtelang;** aber: fünf Nächte lang; **nächtens** (in der Nacht); das **Nachtessen;** die **Nachteule;** der **Nachtfrost;** das **Nachtgebet;** das **Nachthemd; nächtigen:** im Freien nächtigen (übernachten); die **Nächtigung; nächtlich** (zur Nachtzeit); das **Nachtlokal;** das **Nachtmahl,** die ...mahle/...mähler; die **Nachtmütze** (Schlafmütze); das **Nachtquartier;** die **Nachtruhe; nachts:** sonntags nachts (jede Sonntagnacht); auch: sonntagnachts; aber: eines Nachts – des Nachts; das **Nachtschattengewächs;** die **Nachtschicht; nachtschlafend:** zu nachtschlafender Stunde (spät nachts); **nachtsüber;** der **Nachttarif;** die **Nachttischlampe;** der **Nachttopf,** die ...töpfe; die **Nacht-und-Nebel-Aktion;** der **Nachtwächter; nachtwandeln** (schlafend umhergehen); der **Nachtwandler;** die **Nachtwandlerin; nachtwandlerisch**

Nach·teil, der: -(e)s, -e; im Nachteil (benachteiligt) sein – der Handel brachte ihm nur Nachteile (Schaden, Verluste); **nachteilig:** das wirkt sich nachteilig aus; aber: mir ist nichts Nachteiliges bekannt

Nach·ti·gall, die: -, -en (ein Singvogel)

Nach·tisch, der: -(e)s; als Nachtisch (Nachspeise) gibt es Eis

nach·tra·gen: dem Gast den vergessenen Koffer nachtragen – sie trägt in der Liste die neuesten Zahlen nach – jemandem etwas nachtragen (verübeln); der **Nachtrag,** die ...träge (Ergänzung); **nachtragend:** ein nachtragender Mensch; **nachträglich** (später, hinterher); der **Nachtragshaushalt**

nach·tun: es jemandem nachtun (ihn nachahmen, ihm nacheifern)

nach·wei·sen: jemandem einen Fehler nachweisen (aufzeigen); **nachgewiesenermaßen;** der **Nachweis; nachweisbar; nachweislich:** ein nachweislicher Irrtum

Nach·welt, die: - (spätere Generationen)

Nach·wort, das: -(e)s, -e; das Nachwort (Schlusswort) zu einem Buch

Nach·wuchs, der: -es; wir haben Nachwuchs (ein Kind) bekommen – das Handwerk klagt über Mangel an Nachwuchs (junge Menschen in der Ausbildung); die **Nachwuchskraft;** der **Nachwuchsmangel;** der **Nachwuchsspieler;** die **Nachwuchsspielerin**

nach·zah·len: (nachträglich etwas zahlen); **nachzählen;** die **Nachzahlung**

Nach·züg·ler, der: -s, - (der Letzte, Nachkömmling); die **Nachzüglerin**

Na·cken, der: -s, - (hintere Halsgegend, Genick); *jemandem den Nacken stärken* (ihn unterstützen) – *jemandem auf dem Nacken* *sitzen* (ihn hart bedrängen); der **Nackenschlag,** die ... schläge (schweres Schicksal); die **Nackenstütze;** der **Nackenwirbel**

nackt: nackt (ohne Bekleidung) herumlaufen – nackend sein (nur bei Personen) – auf dem nackten (bloßen) Boden stehen – eine nackte (schmucklose) Wand – *jemandem die nackte* (reine) *Wahrheit sagen;* der **Nackedei** (nacktes Kind); **nackig;** das **Nacktbaden;** die **Nacktheit;** die **Nacktkultur**

Na·del, die: -, -n; die Nadeln des Tannenbaumes fallen ab – eine Nadel einfädeln – sie steckte das Kleid mit Nadeln zusammen – *wie auf Nadeln sitzen* (ungeduldig warten); der **Nadelbaum;** das **Nadelkissen; nadeln** (Nadeln verlieren); das **Nadelöhr;** der **Nadelstich;** der **Nadelwald,** die ... wälder

Na·gel, der: -s, Nägel; einen Nagel (Metallstift) in die Wand schlagen – *den Nagel auf den Kopf treffen* (den Kern einer Sache erfassen) – *Nägel mit Köpfen machen* (etwas richtig durchführen) – *etwas an den Nagel hängen* (etwas aufgeben) – *sich etwas unter den Nagel reißen* (sich etwas aneignen); das **Nagelbett;** die **Nagelfeile; nagelfest:** niet- und nagelfest; der **Nagellack; nageln; nagelneu;** die **Nagelpflege;** die **Nagelprobe;** die **Nagelschere**

na·gen: der Hund nagt an einem Knochen – *nichts zu nagen und zu beißen haben* (Hunger leiden); der **Nager;** das **Nagetier;** die **Nagezähne** *Pl.*

na·he: näher, am nächsten; auch: **nah:** nahe am Fenster stehen – nahe wohnen – ein naher (enger) Verwandter – in naher Zukunft – nahe der Stadt – von nah und fern (von überall her) – von nahem (aus der Nähe); auch: von Nahem – er darf nicht zu nahe kommen – er will ganz nahe sein – du darfst nicht so nahe treten (nah herantreten) – nahe daran sein – die nahe Umgebung – er ist nahe daran (er steht kurz davor); aber: der Nahe Osten; die **Nahaufnahme;** die **Nähe; nahebei; nahebringen:** jemandem etwas nahebringen (Verständnis dafür wecken); **nahegehen:** das ist ihr nahegegangen (hat sie innerlich ergriffen); **nahekommen:** jemandem nahekommen (mit ihm vertraut werden) – das kommt meinen Vorstellungen nahe; **nahelegen:** jemandem etwas nahelegen (empfehlen); **naheliegen:** dieser Gedanke liegt nahe – naheliegende (einleuchtende, überzeugende) Gründe; aber: nahe (in der Nähe) liegen; **nahen:** der Abschied naht; das **Naherholungsgebiet;** der **Naherholungsraum;** sich **nähern:** wir nähern uns jetzt der Stadt; **nahestehen:** einer Partei nahestehen (in enger Beziehung zu ihr stehen) – nahestehende Verwandte; **nahetreten** (nahekommen, vertraut werden); aber: jemandem zu nahe treten (ihn beleidigen, verletzen); **nahezu** (beinahe, fast); der **Nahkampf; Nahost** (der Nahe Osten); der **Nahschnellverkehr;** das **Nahverkehrsmittel;** das **Nahziel**

nä·hen: ein Kleid nähen (schneidern) – *doppelt genäht hält besser;* die **Näharbeit;** die **Näherei;** die **Näherin,** die Näherinnen; das **Nähgarn;** das **Nähkästchen:** *aus dem Nähkästchen plaudern* (etwas verraten); der **Nähkorb;** die **Nähmaschine;** die **Nähnadel;** die **Nähseide;** der **Nähtisch;** das **Nähzeug**

nä·her ...: sie soll langsam näher kommen – er ist näher gestanden – sie forderte ihn auf, einige Schritte näher zu treten; aber: sich des Näheren entsinnen – des Näheren erläutern; **näherbringen:** jemandem etwas näherbringen (ihn damit vertraut machen); **näherkommen:** jemandem menschlich näherkommen; **näherliegen:** es liegt näher zu fahren, als zu Fuß zu gehen; **näherstehen:** er ist ihr damals nähergestanden als ich; **nähertreten:** ich will dir nicht nähertreten (dir nicht mein Interesse zuwenden)

näh·ren: ein Kind mit Milch nähren (ernähren) – er nährt immer wieder die Hoffnung auf Rettung (hält aufrecht); der **Nährboden** (Grundlage); **nahrhaft:** eine nahrhafte Speise; das **Nährmittel;** der **Nährstoff; nährstoffarm;** die **Nahrung;** das **Nahrungsmittel;** die **Nahrungssuche;** der **Nährwert** (Energiewert von Nährstoffen)

Naht, die: -, Nähte; die Naht auftrennen – *aus allen Nähten platzen* (zu dick, umfangreich werden); **nahtlos;** die **Nahtstelle**

na·iv *franz.*: eine naive (kindliche, lebensfremde, arglose) Frage; die **Naivität;** der **Naivling** (gutgläubiger Mensch)

Na·me, der: -ns, -n (Bezeichnung); wie ist der Name der Stadt? – im Namen (Auftrag) des Volkes – *sich einen Namen machen* (berühmt werden) – *Name ist Schall und*

Rauch; auch: der **Namen;** das **Namengedächtnis; namenlos:** eine namenlose (unsagbare) Angst; **namens:** ein Land namens (mit dem Namen) Fantasia – namens (im Namen) der Regierung; die **Namensänderung;** die **Namen(s)gebung;** die **Namensnennung;** der **Namenspatron,** die ...patrone; das **Namensregister;** das **Namensschild;** der **Namenstag;** der **Namensvetter** (Person mit gleichem Vor- oder Familiennamen); das **Namensverzeichnis;** der **Namenszug; namentlich** (mit Namen, ausdrücklich); **namhaft:** ein namhafter (bekannter) Musiker – eine namhafte (große, stattliche) Spende – können Sie jemanden namhaft machen (nennen)?; die **Namhaftmachung**

näm·lich: die nämliche (dieselbe) Stadt – ich fahre nämlich fort; aber: der/die/das Nämliche

Napf, der: -(e)s, Näpfe (kleine Schüssel); das **Näpfchen;** der **Napfkuchen**

Nap·pa·le·der, das: -s (Lamm- oder Ziegenleder); auch: das **Nappa**

Nar·be, die: -, -n (Schramme, Spur einer verheilten Wunde); **narbig:** ein narbiges Gesicht; die **Narbung** (äußere Zeichnung eines Leders)

Nar·ko·se *griech.*, die: -, -n (Betäubung); der **Narkosearzt,** die ...ärzte; die **Narkoseärztin,** die ...ärztinnen; das **Narkotikum** (schmerzlinderndes Mittel); **narkotisch; narkotisieren:** der Arzt narkotisiert (betäubt) den Kranken; die **Narkotisierung**

Narr, der: -en, -en (Dummkopf, Tölpel); *an jemandem einen Narren gefressen haben* (ihn sehr mögen) – *jemanden zum Narren halten* (täuschen, irreführen); **narren:** er hat alle genarrt (getäuscht); die **Narrenfreiheit;** das **Narrenhaus; narrensicher;** der **Narrenstreich;** die **Narretei;** der **Narrhallamarsch;** die **Närrin,** die Närrinnen; **närrisch:** eine närrische (unvernünftige, ausgefallene) Idee

Nar·ziss *griech.*, der: -/-es, -e (Mensch, der sich selbst bewundert); der **Narzissmus;** der **Narzisst;** die **Narzisstin; narzisstisch**

Nar·zis·se *griech.*, die: -, -n (eine Frühlingsblume)

NASA = Nationale Luft- und Raumfahrtbehörde der USA

na·sal *lat.*: nasal (durch die Nase) sprechen; der **Nasallaut**

na·schen: Süßigkeiten naschen (heimlich essen, schlecken); die **Nascherei;** auch: **Näscherei; naschhaft;** die **Naschhaftigkeit;** die **Naschkatze** (Leckermaul); die **Naschsucht;** das **Naschwerk** (Süßigkeiten)

Na·se, die: -, -n; sich die Nase putzen – *jemanden an der Nase herumführen* (täuschen) – *seine Nase in etwas stecken* (sich um etwas kümmern, was einen nichts angeht) – *jemandem etwas auf die Nase binden* (etwas erzählen) – *die Nase voll haben* (genug haben) – *auf die Nase fallen* (Misserfolg haben) – *die Nase hoch tragen* (eingebildet sein); **näseln** (durch die Nase sprechen); das **Nasenbluten;** der **Nasenflügel;** die **Nasenlänge:** eine Nasenlänge voraus sein; die **Nasenspitze;** der **Nasenstüber** (leichter Stoß gegen die Nase); der **Nasentropfen;** das **Naserümpfen** (Ausdruck der Ablehnung); **naseweis** (frech, vorlaut); der **Naseweis; nasführen** (täuschen); das **Nashorn; naslang:** alle naslang (in kurzen Abständen); auch: **nase(n)lang;** das **Näslein**

nass: nässer/nasser, am nässesten/nassesten; nasse Kleider bekommen – nass wischen – nass werden; das **Nass;** die **Nässe; nässen; nassfest; nassgeschwitzt:** ein nassgeschwitztes Hemd; auch: nass geschwitzt; **nasskalt; nassmachen:** jemanden nassmachen; auch: nass machen; die **Nassrasur;** der **Nassschnee;** auch: der **Nass-Schnee; nassschwitzen;** auch: nass schwitzen; **nassspritzen;** auch: nass spritzen; die **Nasszelle**

Na·ti·on *lat.*, die: -, -en (Staatsvolk, Gemeinschaft von Menschen in einem Staatsverband); **national:** eine nationale (staatliche) Angelegenheit – national (vaterlandsliebend) gesinnt sein; **nationalbewusst;** der **Nationaldress;** die **Nationalelf;** der **Nationalfeiertag;** die **Nationalflagge;** der **Nationalheld;** die **Nationalhymne;** der **Nationalismus** (übertriebenes Nationalbewusstsein); der **Nationalist;** die **Nationalistin; nationalistisch;** die **Nationalität** (Staatsangehörigkeit); die **Nationalmannschaft;** der **Nationalpark;** der **Nationalsozialismus; nationalsozialistisch;** der **Nationalstaat;** der **Nationalstolz;** die **Nationaltrauer**

NATO (Na·to) = Nordatlantisches Bündnis zur Verteidigung Westeuropas

Na·tri·um (Nat·ri·um) ⟨Na⟩ *ägypt.*, das: -s

N O P Q R S

(chemisches Element); das **Natron**

Nat·ter, die: -, -n (Schlange); die **Natternbrut** (üble Gesellschaft); das **Natterngezücht**

Na·tur *lat.*, die: -, -en (unberührte Landschaft); die Kräfte der Natur – in freier Natur (Wald und Feld) – die weibliche Natur (Art, Eigenart) – es liegt in der Natur (im Wesen) der Sache; die **Naturalien** *Pl.* (Bodenerzeugnisse); der **Naturalismus** (eine Kunstrichtung); das **Naturell** (Wesensart, Veranlagung); das **Naturereignis;** die **Naturerscheinung;** der **Naturforscher;** die **Naturforscherin;** der **Naturfreund;** die **Naturfreundin; naturgemäß;** das **Naturgesetz; naturgetreu;** die **Naturkatastrophe;** die **Naturkunde; natürlich:** die natürlichen Kräfte des Wassers – sich ganz natürlich (ungezwungen) geben – das ist doch ganz natürlich (selbstverständlich); **natürlicherweise;** die **Natürlichkeit; naturrein** (echt, unverfälscht); der **Naturschutz;** der **Naturschutzpark;** das **Naturtalent; naturwidrig;** die **Naturwissenschaft;** das **Naturwunder**

Nau·tik *griech.*, die: - (Schifffahrtskunde); der **Nautiker; nautisch**

Na·vi·ga·ti·on *lat. [nawigatsion]*, die: - (Kursbestimmung von Wasser-, Luft- und Raumfahrzeugen); der **Navigationsfehler; navigatorisch; navigieren**

Na·zi, der: -s, -s (Kurzbezeichnung für Nationalsozialist); das **Naziregime** *[... reschim]*; **nazistisch;** die **Nazizeit**

n. Chr. = nach Christus

Ne·an·der·ta·ler, der: -s, - (vorgeschichtlicher Mensch)

Ne·bel, der: -s, - (Wasserdampf); bei Nacht und Nebel – ein dichter Nebel liegt über dem Tal; die **Nebelbank,** die ... bänke; die **Nebeldecke;** der **Nebelfetzen; nebelhaft;** das **Nebelhorn,** die ... hörner; **neb(e)lig;** die **Nebellampe;** der **Nebelscheinwerfer;** der **Nebelschleier;** die **Nebelschwaden** *Pl.*; die **Nebelwand,** die ... wände; **nebulös** (anrüchig, unklar); auch: **nebulos**

ne·ben: er steht neben dir – den Korb neben die Bank stellen – neben ihrem Beruf (zusätzlich) ist sie noch Hausfrau; **nebenan** (im Nachbarhaus oder -zimmer); der **Nebenausgang,** die ... ausgänge; **nebenbei:** nebenbei (außerdem) ist er auch noch reich – nebenbei (nebenher) etwas erwähnen; der **Nebenberuf; nebenberuflich;** die **Nebenbeschäftigung;** der **Nebenbuhler** (Mitbewerber, Konkurrent); die **Nebenbuhlerin,** die ... buhlerinnen; der **Nebeneingang,** die ... eingänge; die **Nebenerscheinung;** der **Nebenfluss,** die ... flüsse; **nebenher:** etwas nebenher (beiläufig) erwähnen – nebenher erledigen; **nebenherfahren; nebenhergehen;** die **Nebenkosten** *Pl.*; der **Nebenmann,** die ... männer/... leute (Nachbar); das **Nebenprodukt;** der **Nebenraum,** die ... räume; die **Nebenrolle;** die **Nebensache; nebensächlich** (unwichtig); die **Nebensächlichkeit;** der **Nebensatz,** die ... sätze; **nebenstehend;** der/die/das **Nebenstehende:** Nebenstehendes – im Nebenstehenden; die **Nebenstraße;** die **Nebentätigkeit;** der **Nebenverdienst;** die **Nebenwirkung;** das **Nebenzimmer**

ne·ben·ei·nan·der (ne·ben·ein·an·der): friedlich nebeneinander leben – nebeneinander knien, nicht stehen – sich nebeneinander aufstellen; das **Nebeneinander; nebeneinanderhalten:** zwei Bilder nebeneinanderhalten; **nebeneinanderher; nebeneinanderlegen:** wir wollen die Stifte nebeneinanderlegen; **nebeneinandersetzen:** die Lehrerin will die Schüler nebeneinandersetzen; **nebeneinandersitzen:** sie wollten nebeneinandersitzen; **nebeneinanderstellen:** Fahrräder nebeneinanderstellen

nebst: nebst (zusammen mit) seiner Familie

Ne·ces·saire *franz. [neßäßär]*, das: -s, -s (Toilettentasche); auch: das **Nessessär**

ne·cken: jemanden necken (foppen) – *was sich liebt, das neckt sich;* die **Neckerei; neckisch** (übermütig, drollig, affig)

Nef·fe, der: -n, -n (Sohn des Bruders oder der Schwester)

ne·ga·tiv *lat.*: eine negative (ablehnende, ungünstige) Antwort erhalten – negative (nachteilige) Folgen – ein negativer (ungünstiger) Befund; die **Negation** (Ablehnung, Verneinung); das **Negativ** (Kehrbild einer Fotografie); das **Negativbeispiel; negieren** (verneinen, bestreiten)

Ne·ger *lat.*, der: -s, - (früher Bezeichnung für: Schwarzer, Farbiger); die **Negerin,** die Negerinnen; der **Negerkuss** (Schaumgebäck); der **Negersklave;** der **Negerstamm**

Ne·gli·gee (Neg·li·gee) *franz. [neglische]*,

N O P Q R S

das: -s, -s (Morgenrock, Morgenmantel); auch: das **Negligé**

neh·men: du nimmst, er nahm, sie hat genommen, nimm!; etwas in Empfang nehmen – sie nimmt Pillen – seinen Abschied nehmen – Unterricht in Englisch nehmen – er darf Einblick in die Akten nehmen – Anstoß an etwas nehmen (sich über etwas ärgern) – jemanden ins Verhör nehmen

Neh·rung, die: -, -en (Landzunge)

Neid, der: -(e)s; von Neid (Missgunst) erfüllt sein – *vor Neid erblassen* (sehr neidisch werden) – *das muss ihm der Neid lassen* (das muss man anerkennen); **neiden** (nicht gönnen); der **Neider; neiderfüllt;** das **Neidgefühl;** der **Neidhammel** (neidischer Mensch); **neidisch; neidlos;** die **Neidlosigkeit; neidvoll**

nei·gen: sich über den Tisch neigen (beugen) – der Tag neigt sich (geht zu Ende, es wird dunkel) – ich neige zu einer anderen Meinung; die **Neige** (letzter Rest, Überbleibsel): ein Glas bis zur Neige (ganz) leeren – *zur Neige* (zu Ende) *gehen;* die **Neigung:** die Neigung (das Gefälle) der Straße – er hat eine Neigung (Vorliebe) für den Sport; die **Neigungsgruppe;** der **Neigungswinkel**

nein: nein danke – ja oder nein – o(h) nein – ach nein! – *nicht nein sagen können* (zu gutmütig sein, um etwas abzulehnen); das **Nein:** das Ja und das Nein – mit Nein stimmen – mit einem Nein erwidern – Nein sagen; auch: nein sagen; der **Neinsager;** die **Neinsagerin;** die **Neinstimme**

Ne·kro·log (Nek·ro·log) *griech.*, der: -(e)s, -e (Nachruf)

Nek·tar *griech.*, der: -s, -e (zuckerhaltiger Saft der Pflanzen, Göttertrank); die **Nektarine** (Pfirsichart)

Nel·ke, die: -, -n (eine Zierpflanze, Gewürz); der **Nelkenstrauß**

nen·nen: du nennst, er nannte, sie hat genannt, nenn(e)!; jemanden einen Dieb nennen (heißen) – er nannte seinen Namen; **nennenswert** (beachtlich); der **Nenner** (Zahl unter dem Bruchstrich) – einen gemeinsamen Nenner finden – *etwas auf einen Nenner* (in Übereinstimmung) *bringen;* die **Nennform** (Sprachlehre: Grundform, Infinitiv); die **Nennung;** der **Nennwert**

Ne·on ⟨Ne⟩ *griech.*, das: -s (Edelgas); die **Neonlampe;** das **Neonlicht;** die **Neonreklame;** die **Neonröhre**

nep·pen: den Gast neppen (prellen, einen zu hohen Preis von ihm verlangen); der **Nepp** (Übervorteilung); die **Nepperei;** das **Copplokal**

Nep·tun, der: -s (ein Planet)

Nerv *lat.*, der: -s, -en; er geht mir auf die Nerven (er ist mir lästig) – Nerven wie Drahtseile haben – *die Nerven behalten* (ruhig bleiben) – *Nerven zeigen* (nervös werden); **nerven:** sie nervt mich ständig (regt mich auf); der **Nervenarzt;** die **Nervenärztin,** die ...ärztinnen; **nervenaufreibend; nervenberuhigend;** das **Nervenbündel;** der **Nervenkitzel; nervenkrank;** der/die **Nervenkranke;** der **Nervenkrieg;** die **Nervenlähmung;** die **Nervenprobe** (Geduldsprobe); die **Nervensäge** (lästige Person); **nervenschwach;** das **Nervensystem;** der **Nervenzusammenbruch; nervig** (kraftvoll); **nervlich; nervös** (reizbar, erregt): jemanden nervös machen; die **Nervosität; nervtötend** (unerträglich)

Nerz, der: -es, -e (Pelztier, wertvoller Pelz); die **Nerzfarm;** das **Nerzfell;** der **Nerzmantel**

Nes·sel, die: -, -n (Kraut mit Brennhaaren); *sich in die Nesseln setzen* (sich Unannehmlichkeiten bereiten); das **Nesselfieber;** die **Nesselsucht;** das **Nesseltier**

Nes·ses·sär *franz.*, das: -s, -s (Toilettentasche); auch: das **Necessaire**

Nest, das: -(e)s, -er; die Vögel brüten im Nest – ein verschlafenes Nest (abgelegener Ort) – früh ins Nest gehen (sich früh schlafen legen) – *sich ins warme/gemachte Nest setzen* (in gute Verhältnisse einheiraten); der **Nestbau;** der **Nestbeschmutzer;** der **Nestflüchter;** das **Nesthäkchen** (jüngstes, kleinstes Kind in der Familie); der **Nesthocker;** die **Nestwärme** (Geborgenheit); → nisten

nes·teln: ich nest(e)le (knüpfe auf, fingere an etwas herum); die **Nestel** (Band, Schnur)

nett *franz.*: ein nettes (freundliches, liebenswürdiges) Kind – einen netten (angenehmen) Abend verbringen – eine nette (beträchtliche) Summe – das kann ja nett werden!; **netterweise;** die **Nettigkeit**

net·to *ital.*: (ohne Verpackung, Steuern, Unkosten u. Ä.); das **Nettoeinkommen;** der **Nettoertrag,** die ...erträge; das **Nettogewicht;** der **Nettogewinn;** der **Nettolohn,**

N O P Q R S

die … löhne; der **Nettopreis**

Nẹtz, das: -es, -e; der Ball geht nicht ins Netz – ein Netz von Lügen – das Netz der Deutschen Bahn – *jemandem ins Netz gehen* (von ihm überlistet werden); der **Netzanschluss; netzartig;** das **Netzauge;** der **Netzball; netzförmig;** das **Netzgerät;** die **Netzhaut;** der **Netzstecker;** das **Netzwerk**

nẹt·zen: (nassmachen, anfeuchten)

neu: neuer, am neu(e)sten; das neue Jahr – seit neuem; auch: seit Neuem – seit neuestem (kurzem); auch: seit Neuestem – aus alt wird neu – die neuen Bundesländer – auf neu trimmen – etwas neu gestalten – den Laden neu einrichten – von neuem (nochmals); auch: von Neuem – ein neues Kleid tragen – ein neuer Tag – die neue Linke – eine neue Mode – die neue Schülerin – ein neuer Mensch werden; aber: das Alte und das Neue – aufs Neue – auf ein Neues – das Neu(e)ste vom Neuen – etwas/nichts/allerlei Neues – das Neue Testament ⟨N. T.⟩ – die Neue Welt (Amerika); der **Neuanfang;** die **Neuanschaffung; neuartig;** die **Neuauflage;** der **Neubau,** die …bauten; die **Neueinstellung; neuerdings** (in letzter Zeit); **neuerlich** (aufs Neue, wieder); **neueröffnet:** ein neueröffnetes Geschäft; auch: neu eröffnet; die **Neueröffnung;** die **Neuerscheinung;** die **Neuerung;** der **Neuerwerb; neu(e)stens;** die **Neufassung; neugeboren:** sich wie neugeboren fühlen; das **Neugeborene** (Säugling); **neugeschaffen:** ein neugeschaffenes Gesetz; auch: neu geschaffen; **neugriechisch;** die **Neuheit;** die **Neuigkeit;** das **Neujahr;** das **Neujahrsfest;** das **Neuland; neulich** (kürzlich); der **Neuling** (Anfänger); **neumodisch;** der **Neumond;** die **Neuordnung;** die **Neuorientierung;** die **Neuregelung; neureich;** der/die **Neureiche** (Emporkömmling); der **Neuschnee; neuvermählt** (gerade, eben erst verheiratet); aber: neu (wieder erneut) vermählt; der/die **Neuvermählte;** auch: der/die neu Vermählte; der **Neuwagen;** die **Neuwahl;** der **Neuwert** (Anschaffungswert); die **Neuzeit; neuzeitlich;** die **Neuzulassung**

neu·gie·rig: neugierig sein; die **Neugier:** vor Neugier sterben; auch: die **Neugierde**

neun: alle neun(e) – wir sind zu neunt; auch: wir sind zu neunen; die **Neun; neunbändig;** auch: **9-bändig; neuneckig;** auch: **9-eckig; neuneinhalb; neunerlei; neunfach;** auch: **9fach** oder: **9-fach;** das **Neunfache;** auch: das **9fache** oder: das **9-Fache; neunhundert; neunjährig;** auch: **9-jährig; neunmal;** auch: **9-mal; neunmalklug** (überklug): so ein Neunmalkluger!; **neunstellig;** auch: **9-stellig; neuntägig;** auch: **9-tägig; neuntausend;** das **Neuntel; neuntens;** der **Neuntöter** (Singvogel); **neunzehn; neunzig**

Neu·ral·gie (Neur·al·gie) *griech.*, die: -, Neuralgien (Nervenschmerz); **neurạlgisch:** neuralgische Schmerzen – der neuralgische (kritische) Punkt; der **Neurologe;** die **Neurologie;** die **Neurologin; neurologisch**

Neu·ro·se *griech.*, die: -, -n (psychische Störung); der **Neurotiker;** die **Neurotikerin; neurotisch** (nervenkrank)

neu·tral (neut·ral) *lat.*: sich neutral (unparteiisch) verhalten – eine neutrale (unauffällige) Farbe – sie treffen sich an einem neutralen Ort; **neutralisieren** (wirkungslos machen, ausgleichen, ausschalten); die **Neutralität** (Nichteinmischung)

Neu·tron (Neut·ron) *lat.*, das: -s, Neutronen (Baustein des Atomkernes); die **Neutronenbombe;** die **Neutronenwaffe**

Neu·trum (Neut·rum) *lat.*, das: -s, Neutra/Neutren (Sprachlehre: sächliches Substantiv)

New·co·mer *engl. [njukamer]*, der: -s, - (Neuling, Aufsteiger); die **Newcomerin**

New Eco·no·my *engl. [nju ikọnomi]*, die: - (Wirtschaftsbereich mit Unternehmen aus Zukunftsbranchen)

News *Pl. engl. [njuß]*, die: - (Nachrichten); die **Newsgroup** *[njußgrup]* (öffentliche Diskussionsrunde im Internet)

New·ton ⟨N⟩ *[njuten]*, das: -s, - (Maßeinheit der Kraft)

nịcht: ich komme nicht – gar nicht – ganz und gar nicht – nicht einmal – nicht mehr – nicht mehr und nicht weniger – nicht nur – noch nicht – nicht wahr? – ist das nicht fein? – nicht selten – nicht auffällig – eine nicht zumutbare Wohnung; die **Nichtachtung; nichtamtlich;** auch: nicht amtlich; die **Nichtanerkennung;** der **Nichtạngriffspakt;** die **Nichtbefolgung; nichtberufstätig;** auch: nicht berufstätig; **nichtehelich;** auch: nicht ehelich; die **Nichteinmischung;** der **Nicht-**

fachmann; das **Nichtgefallen:** bei Nichtgefallen; das **Nicht-helfen-Können; nichtleitend:** ein nichtleitender Stoff; auch: nicht leitend; der **Nichtleiter;** das **Nichtmitglied; nichtöffentlich:** die nichtöffentliche Sitzung; auch: nicht öffentlich; **nichtorganisiert:** nichtorganisierte Arbeitnehmer; auch: nicht organisiert; der **Nichtraucher;** die **Nichtraucherin; nichtrostend:** nichtrostender Stahl; auch: nicht rostend; der **Nichtschwimmer;** die **Nichtschwimmerin;** der/die **Nichtsesshafte;** auch: der/die nicht Sesshafte; **nichtzutreffend;** auch: nicht zutreffend; das **Nichtzutreffende:** Nichtzutreffendes; auch: das nicht Zutreffende

Nich·te, die: -, -n (Tochter des Bruders oder der Schwester)

nich·tig: nichtige (unbedeutende) Dinge – etwas für null und nichtig (ungültig) erklären; die **Nichtigkeit** (Kleinigkeit)

nichts: nichts hören – für nichts – mir nichts, dir nichts (ohne weiteres, ganz einfach so) – zu nichts – gar nichts – um nichts und wieder nichts (völlig nutzlos) – nichts and(e)res – alles oder nichts – nichts für ungut (nehmen Sie mir's nicht übel)! – nichts da (kommt nicht in Frage)! – sich in nichts auflösen – viel Lärm um nichts – wie nichts (blitzschnell) – nichts tun; aber: das Nichtstun – nichts Neues; das **Nichts:** *vor dem Nichts stehen* (plötzlich sämtlichen Besitz verloren haben); **nichtsahnend:** nichtsahnende Zuschauer; auch: nichts ahnend; **nichtsdestotrotz** (dennoch); auch: **nichtsdestoweniger;** der **Nichtskönner** (Stümper); die **Nichtskönnerin;** der **Nichtsnutz** (Taugenichts, fauler Mensch); **nichtsnutzig; nichtssagend:** nichtssagende Antworten, auch: nichts sagend; der **Nichtstuer;** die **Nichtstuerin; nichtstuerisch;** das **Nichtstun; nichtswürdig** (gemein); die **Nichtswürdigkeit**

Ni·ckel ⟨Ni⟩ das: -s (chem. Grundstoff, Metall); die **Nickelbrille**

ni·cken: dazu mit dem Kopf nicken (etwas bejahen); das **Nickerchen** (kurzer Schlaf)

Ni·cki, der: -s, -s (samtartiger Pullover); der **Nickipullover**

nie: nie wieder (zu keiner Zeit) – nie und nimmer (auf keinen Fall) – nie mehr – jetzt oder nie; **niemals; niemand:** niemanden (keinen Menschen) gesehen haben – niemand anders; der **Niemand;** das **Niemandsland**

nie·der: der Stuhl ist zu nieder (von zu geringer Höhe) – auf und nieder; aber: das Auf und Nieder – nieder mit ihm! – das niedere Volk; aber: Hoch und Nieder (jedermann); **niederbrennen; niederdrückend;** der **Niedergang; niedergehen; niedergeschlagen:** sie ist sehr niedergeschlagen (traurig, mutlos); die **Niedergeschlagenheit; niederknien; niederkommen** (ein Kind gebären); die **Niederkunft,** die ...künfte (Entbindung); die **Niederlage;** sich **niederlassen** (sich ansiedeln): *sich häuslich niederlassen* (längere Zeit bleiben); die **Niederlassung; niederlegen:** sich zum Schlafen niederlegen – sein Amt niederlegen; die **Niederlegung; niederreißen; niederschießen;** der **Niederschlag; niederschlagen; niederschreien;** die **Niederschrift;** sich **niedersetzen; niedersinken; niederstürzen;** die **Niedertracht** (Falschheit); **niederträchtig;** die **Niederträchtigkeit;** die **Niederung:** die Niederungen (Alltäglichkeiten) des Lebens; **niederwerfen;** die **Niederwerfung**

Nie·der·lan·de *Pl.*, die: - (Staat in Europa); der **Niederländer;** die **Niederländerin,** die Niederländerinnen; **niederländisch**

Nie·der·sach·sen: -s (Land der Bundesrepublik Deutschland); der **Niedersachse;** die **Niedersächsin; niedersächsisch**

nied·lich: ein niedliches (hübsches) Kätzchen; die **Niedlichkeit**

nied·rig: ein niedriger (nicht hoher) Raum – ein niedriger (geringer) Preis – eine niedrige (gemeine) Gesinnung; aber: Hoch und Niedrig (jedermann) – Hohe und Niedrige; **niedrigerhängen** (weniger wichtig nehmen); **niedriggesinnt:** niedriggesinnte Menschen; auch: niedrig gesinnt; **niedrighängen:** ein Problem niedrighängen (als nicht sehr wichtig ansehen); aber: ein Bild niedrig hängen; die **Niedrigkeit; niedrigstehend;** auch: niedrig stehend; das **Niedrigwasser**

Nie·re, die: -, -n (inneres Organ von Menschen und Tieren); *jemandem an die Nieren gehen* (ihn sehr aufregen); der **Nierenbraten;** die **Nierenentzündung; nierenförmig; nierenkrank;** der **Nierenstein**

nie·seln: (leise regnen); der **Nieselregen**

nie·sen: heftig niesen müssen; das **Niespulver**

Nieß·brauch, der: -(e)s (Nutzungsrecht);

auch: der **Nießnutz;** der **Nießnutzer;** die **Nießnutzerin,** die Nießnutzerinnen

Niet, der/das: -(e)s, -e (Metallbolzen); auch: die **Niete; nieten;** der **Nietnagel,** die ...nägel; **niet- und nagelfest** (sehr fest)

Nie·te *niederl.*, die: -, -n; nur Nieten (Fehllose) ziehen – er ist eine Niete (ein Versager)

Nig·ger *amerik.*, der: -s, - (abwertend für: Schwarzer)

Ni·hi·lis·mus *lat.*, der: - (Verneinung jeglicher Ordnungen und Werte); der **Nihilist;** die **Nihilistin,** die Nihilistinnen; **nihilistisch**

Ni·ko·laus, der: -, Nikolause/Nikoläuse; der **Nikolausabend;** der **Nikolaustag**

Ni·ko·tin *franz.*, das: -s (giftiger Stoff im Tabak); **nikotinarm; nikotinfrei;** der **Nikotingehalt; nikotinhaltig;** die **Nikotinvergiftung**

Nil·pferd, das: -(e)s, -e (großes Flusspferd)

Nim·bus *lat.*, der: -, -se (Heiligenschein, Ansehen, Ruf)

nim·mer: nie und nimmer (niemals); **nimmermehr; nimmermüde** (fleißig); der **Nimmersatt;** das **Nimmerwiedersehen**

Nip·pel, der: -s, - (Stück Rohr mit Gewinde)

nip·pen: (einen kleinen Schluck nehmen)

Nip·pes *Pl. franz.*, die: (kleine Ziergegenstände); die **Nippsachen** *Pl.*

nir·gend(s): nirgends (an keinem Ort) finde ich ihn; **nirgend(s)hin; nirgend(s)wo; nirgend(s)woher; nirgend(s)wohin**

Ni·sche *franz.*, die: -, -n (Mauervertiefung)

Nis·se, die: -, -n (Ei der Laus); **nissig** (voller Lauseier)

nis·ten: auf dem Baum nisten (ein Nest bauen); die **Nisthöhle;** der **Nistkasten,** die ...kästen; der **Nistplatz,** die ...plätze; die **Niststätte;** → Nest

Ni·trat (Nit·rat) *ägypt.*, das: -(e)s, -e (Salz der Salpetersäure)

Ni·veau *franz. [niwo]*, das: -s, -s (Ebene, Rangstufe, Bildungsstand); **niveaulos;** der **Niveauunterschied; niveauvoll:** ein niveauvoller (anspruchsvoller) Vortrag; **nivellieren** (gleichmachen); die **Nivellierung**

Ni·xe, die: -, -n (weiblicher Wassergeist); das **Nixchen; nixenhaft**

n. J. = nächsten Jahres

no·bel *franz.*: nobler, am nobelsten; eine noble (vornehme, elegante) Frau – noble (großzügige) Geschenke machen – ein nobles (luxuriöses) Hotel – einen noblen (edlen, hochherzigen) Charakter haben; die **Nobelherberge;** das **Nobelhotel**

No·bel·preis, der: -es, -e (jährlich verliehener Preis für verdiente Wissenschaftler und Künstler); der **Nobelpreisträger;** die **Nobelpreisträgerin,** die ...trägerinnen

noch: noch einmal – noch nicht fertig – er kommt noch – noch und noch (sehr viel) – noch nicht – noch immer – immer noch mehr – noch einmal so viel – weder Gut noch Geld – noch mal; auch: **nochmal; nochmalig; nochmals** (ein weiteres Mal)

No·cken, der: -s, - (Vorsprung an einer Welle oder Scheibe); die **Nockenwelle**

No-Fu·ture-Ge·ne·ra·ti·on *engl. [nofjutscher...]*, die: - (Jugend ohne Berufschancen)

NOK = Nationales Olympisches Komitee

No·ma·de *griech.*, der: -n, -n (Angehöriger eines Wandervolkes); das **Nomadendasein; nomadenhaft;** das **Nomadenleben;** das **Nomadenvolk,** die ...völker; die **Nomadin,** die Nomadinnen; **nomadisch**

No·men *lat.*, das: -s, -/Nomina (Name; Sprachlehre: Hauptwort); **nominell** (dem Namen nach); **nominieren:** einen Kandidaten nominieren (benennen, wählen); die **Nominierung**

No·mi·na·tiv *lat.*, der: -s, -e (Sprachlehre: Werfall, 1. Fall)

Non·ne, die: -, -n (Angehörige eines Frauenordens, Ordensfrau); das **Nonnenkloster**

Non·sens *engl.*, der: -/-es (etwas Unsinniges, dummes Geschwätz)

non·stop *engl.*: nonstop (ohne Halt) fliegen; der **Nonstopflug** (Flug ohne Zwischenlandung); auch: der **Nonstop-Flug;** das **Nonstopkino;** auch: das **Nonstop-Kino**

Nop·pe, die: -, -n (Gewebeknoten)

Nord ⟨N⟩: (Himmelsrichtung); Nord und Süd – der Wind aus Nord – München-Nord; auch: München Nord; **Nordamerika; norddeutsch; Norddeutschland;** der **Norden:** im hohen Norden; **Nordeuropa;** der **Nordflügel;** der **Nordhang; nordisch;** das **Nordkap;** das **Nordland; nördlich:** nördlich des Flusses; aber: das Nördliche Eismeer; das **Nordlicht;** der **Nordosten** ⟨NO⟩; **nordöstlich;** der **Nordpol;** die **Nordsee;** die **Nordwand; nordwärts;** der **Nordwesten** ⟨NW⟩; **nordwestlich;** der **Nordwind**

Nord·rhein-West·fa·len ⟨NRW⟩: -s (Land der

Bundesrepublik Deutschland); **nordrhein-westfälisch**

nör·geln: ständig nörgeln (Kritik üben) – sie hat an allem etwas zu nörgeln (zu beanstanden); die **Nörgelei;** der **Nörgler;** die **Nörglerin,** die Nörglerinnen

nor·mal *lat.*: normale (übliche, durchschnittliche) Leistungen bringen – er ist geistig völlig normal (gesund): die **Norm** (Regel, festgesetztes Maß, der Durchschnitt); das **Normalbenzin; normalerweise;** der **Normalfall;** das **Normalgewicht; normalisieren:** nach dem Erdbeben hat sich das Leben wieder normalisiert; die **Normalisierung;** die **Normalität;** das **Normalmaß;** der **Normalverbraucher;** die **Normalzeit;** der **Normalzustand; normativ** (verbindlich, verpflichtend); das **Normblatt; normen** (einheitlich festlegen); auch: **normieren;** der **Normenausschuss;** die **Normierung**

Nor·ne die: -, -n (Schicksalsgöttin)

Nor·we·gen: -s (Staat in Nordeuropa); der **Norweger;** die **Norwegerin,** die Norwegerinnen; **norwegisch**

Nos·tal·gie (Nost·al·gie) *griech.*, die: -, Nostalgien (Sehnsucht nach Vergangenem); die **Nostalgiewelle; nostalgisch**

Not, die: -, Nöte; in Not (Armut, Elend) leben – ohne Not (ohne zwingenden Grund) – aus Not – in Not (Nöten) sein; aber: not sein – zur Not – mit Müh und Not (gerade noch) – mit knapper Not – Not leiden/lindern – es ist Not am Mann – *seine liebe Not* (große Schwierigkeiten) *mit jemandem haben – Not macht erfinderisch;* der **Notarzt;** die **Notärztin,** die ...ärztinnen; der **Notausgang;** der **Notbehelf;** die **Notbremse:** die Notbremse ziehen; die **Notdurft** (Ausscheidung von Kot oder Harn); **notdürftig:** etwas notdürftig (behelfsmäßig) reparieren; der **Notfall,** die ...fälle; **notfalls; notgedrungen** (wohl oder übel); der **Notgroschen** (Ersparnis); der **Nothelfer; nötig:** etwas für nötig (notwendig, erforderlich) halten – sie hat das Geld nicht nötig – das ist am nötigsten; aber: es fehlt das Nötigste/am Nötigsten; **nötigen:** sie nötigt (veranlasst, zwingt) ihn zu gehen; **nötigenfalls;** die **Nötigung;** die **Notlage; notlanden;** die **Notlandung; notleidend:** die notleidende Bevölkerung; auch: Not leidend; aber nur: große Not leidend – äußerst notleidend; der/die **Notleidende;** auch: der/die Not Leidende; die **Notlösung;** die **Notlüge;** die **Notmaßnahme;** der **Notnagel** (Ersatz, Aushilfe); die **Notoperation;** das **Notopfer;** der **Notruf;** die **Notrufsäule; notschlachten;** das **Notsignal;** die **Notsituation;** der **Notstand;** das **Notstandsgebiet;** die **Nottaufe; nottun:** Hilfe tut not; die **Notunterkunft;** die **Notwehr; notwendig:** notwendig sein; aber: nur das Notwendigste antworten; die **Notwendigkeit;** die **Notzucht** (Vergewaltigung); der **Notzustand**

No·tar *lat.*, der: -s, -e (amtliche Person zur Beurkundung von Rechtsgeschäften); das **Notariat** (Amt, Büro des Notars); **notariell:** ein Schriftstück notariell beglaubigen lassen; die **Notarin,** die Notarinnen

No·te *lat.*, die: -, -n; nach Noten (Tonzeichen) singen – Noten (Geldscheine) umtauschen – gute Noten (Zensuren) haben – eine Note (Anmerkung) zu einem Vertrag schreiben – die Regierungen beider Staaten tauschen Noten (Mitteilungen) aus; das **Notenheft;** die **Notenlinie;** das **Notenpult;** der **Notenständer;** das **Notensystem**

Note·book *engl. [notbuk]*, das: -s, -s (Mini-PC)

no·tie·ren *lat.*: sich die wichtigsten Punkte notieren (aufschreiben); die **Notierung;** die **Notiz:** sich Notizen (Aufzeichnungen) machen – *Notiz von jemandem nehmen* (ihm seine Aufmerksamkeit schenken); der **Notizblock,** die ...blöcke; das **Notizbuch,** die ...bücher; der **Notizzettel**

no·to·risch *lat.*: ein notorischer (ständiger, gewohnheitsmäßiger) Trinker

Nou·gat *franz. [nugat]*, der/das: -s, -s (Konfekt; Süßigkeit aus Mandeln, Kakao und Zucker); auch: der/das **Nugat**

No·vel·le *lat. [nowele]*, die: -, -n; eine Novelle (kurze Erzählung) lesen – eine Novelle (ein Nachtraggesetz) im Bundestag beraten; **novellieren** (ein Gesetz ändern, ergänzen)

No·vem·ber ⟨Nov.⟩ *lat. [nowember]*, der: -(s), - (Monatsname)

No·vi·tät *lat. [nowität]*, die: -, -en (Neuheit, Neuerscheinung); der **Novize** (Mönch in der Probezeit); die **Novizin,** die Novizinnen; das **Novum** (etwas Neues)

Nr. = Nummer; **Nrn.** = Nummern

N. T. = Neues Testament

N O P Q R S

Nu, der: im Nu (sofort, in kürzester Zeit) zur Stelle sein – in einem Nu (sofort)
Nu·an·ce *franz. [nüãße],* die: -, -n (Feinheit, eine Kleinigkeit); **nuancenreich; nuancieren** (fein abstimmen); die **Nuancierung**
nü·ber: (hinüber)
nüch·tern: nicht mehr nüchtern (leicht betrunken) sein – nüchtern (sachlich) antworten – auf nüchternen (leeren) Magen trinken – ein nüchterner (einfacher) Bericht; die **Nüchternheit**
Nu·ckel, der: -s, - (Schnuller); **nuckeln** (saugen)
Nu·del, die: -, -n (Teigware); gerne Nudeln essen – eine ulkige Nudel (lustiger Mensch); das **Nudelbrett; nudeldick** (sehr dick); das **Nudelholz,** die ... hölzer; die **Nudelsuppe**
Nu·dist *lat.,* der: -en, -en (Anhänger der Freikörperkultur); der **Nudismus;** die **Nudistin,** die Nudistinnen
Nu·gat *franz.,* der/das: -s, -s (Konfekt; Süßigkeit aus Mandeln, Kakao und Zucker); auch: der/das **Nougat**
Nug·get *engl. [nagit],* der: -(s), -s (Goldklumpen)
nuk·le·ar (nu·kle·ar) *lat.:* nukleare Waffen (Atomwaffen) – nukleare Streitkräfte; die **Nuklearmacht,** die ... mächte (Atommacht)
null *lat.:* null Fehler machen – zwei zu null – null Grad – null Uhr dreißig – null und nichtig (ungültig) – gleich null sein – durch null teilen – in null Komma nichts – unter null sinken – auf null stehen – *null Bock* (keine Lust) *auf etwas haben;* die **Null:** eine Zahl mit einer Null – er ist eine Null (ein bedeutungsloser Mensch, Versager); **nullachtfünfzehn;** die **Nullbockgeneration;** auch: die **Null-Bock-Generation;** die **Nulldiät;** die **Nulllinie;** auch: die **Null-Linie;** die **Nulllösung;** auch: die **Null-Lösung;** der **Nullpunkt** (Tiefstand, Gefrierpunkt); das **Nullsummenspiel** (Gewinn und Verluste sind hier gleich null); auch: das **Null-Summen-Spiel;** der **Nulltarif;** das **Nullwachstum**
Nu·me·ra·le *lat.,* das: -s, Numeralien/Numeralia (Sprachlehre: Zahlwort); **numerisch** (zahlenmäßig); der **Numerus clausus** (zahlenmäßige Begrenzung der Studienbewerber an Hochschulen)
Num·mer ⟨Nr.⟩ *lat.,* die: -, -n (Zahl, die eine Rangfolge angibt); die Nummer acht – die laufende Nummer ⟨lfd. Nr.⟩ – eine Nummer zu klein – *auf Nummer sicher gehen* (sich gut absichern) – *bei jemandem eine gute Nummer haben* (sehr angesehen sein) – *eine Nummer abziehen* (sich aufspielen); **nummerieren** (beziffern); die **Nummerierung; nummern** (nummerieren); das **Nummernkonto;** das **Nummernschild**
nun: nun gut – nun und nimmer – von nun an – was nun? – nun geht's los!; **nunmehr**
nun·ter: (hinunter)
Nun·ti·us *lat. [nuntßjus]* der: -, Nuntien (päpstlicher Gesandter)
nur: nur eine kurze Zeit – da kann man nur noch staunen – nicht nur, sondern auch
nu·scheln: (undeutlich sprechen)
Nuss, die: -, Nüsse; Nüsse essen – eine harte Nuss (ein schwieriges Problem) knacken; der **Nussbaum; nussbraun;** das **Nüsschen;** der **Nussknacker;** der **Nusskuchen;** die **Nussschale** (Schale der Nuss, sehr kleines Boot); auch: die **Nuss-Schale;** die **Nusstorte**
Nüs·ter, die: -, -n (Nasenloch beim Pferd)
Nu·te, die: -, -n (Rinne, Furche, Vertiefung); auch: die **Nut; nuten**
Nut·ria (Nu·tria) *span.,* die: -, -s (Biberratte); der **Nutria** (Pelz aus Nutriafellen)
Nut·te, die: -, -n (leichtes Mädchen, Prostituierte); **nuttenhaft**
nut·zen: jede Gelegenheit nutzen; auch: **nützen:** das Mittel nützt mir nichts; die **Nutzanwendung; nutzbar** (brauchbar, geeignet); die **Nutzbarkeit;** die **Nutzbarmachung; nutzbringend; nütze:** sie ist zu nichts nütze (brauchbar) – sich etwas zunutze machen; auch: zu Nutze; der **Nutzeffekt;** der **Nutzen** (Vorteil, Gewinn): von Nutzen sein; das **Nutzfahrzeug;** die **Nutzfläche;** die **Nutzlast; nützlich:** sich nützlich machen (mithelfen); die **Nützlichkeit; nutzlos:** eine nutzlose (entbehrliche, überflüssige) Arbeit; die **Nutzlosigkeit; nutznießen** (den Vorteil von etwas haben); der **Nutznießer;** die **Nutznießerin,** die Nutznießerinnen; die **Nutzpflanze;** die **Nutzung;** das **Nutzungsrecht;** der **Nutzwert**
Ny·lon *engl. [nailon],* das: -(s) (Kunstfaser); der **Nylonstrumpf,** die ... strümpfe
Nym·phe *griech.,* die: -, -n (Naturgöttin, Nixe); **nymphenhaft**

O

o: o ja! – o nein! – o doch! – o wie schön! – o weh!; auch: **oh**
O = Ost(en); chemisches Zeichen für Sauerstoff
o. a. = oben angegeben, oben angeführt
o. Ä. = oder Ähnliche(s)
Oa·se *ägypt.*, die: -, -n (Wasserstelle in der Wüste) – eine Oase (ein Ort) der Stille
ob: ob er wohl kommt? – ob Arm, ob Reich – und ob ich das weiß! – er fragt mich, ob ich komme – so tun, als ob (wie wenn); aber: das Ob und Wann; **obgleich** (wenn auch); **obschon;** auch: **obwohl; obzwar**
OB (OBM) = Oberbürgermeister(in)
o. B. = ohne Befund (z. B. nach einer ärztlichen Untersuchung)
Ob·acht, die: -; *auf etwas Obacht geben/haben* (achten, aufpassen)
Ob·dach, das: -(e)s (Unterkunft); **obdachlos** (ohne Wohnung); der/die **Obdachlose;** das **Obdachlosenheim;** die **Obdachlosigkeit**
Ob·duk·ti·on *lat.*, die: -, -en (Öffnung einer Leiche); der **Obduktionsbefund; obduzieren:** das Mordopfer obduzieren
O-Bei·ne *Pl.*, die: - (nach außen gebogene Beine); **o-beinig;** auch: **O-beinig**
Obe·lisk *griech.*, der: -en, -en (vierkantiger, sich nach oben verjüngender Steinpfeiler)
oben: oben bleiben/liegen/stehen – bis/nach/von oben – oben auf dem Dach – von unten bis oben – siehe oben ⟨s. o.⟩ – oben ohne (busenfrei) – *jemanden von oben herab* (hochmütig) *ansehen* – *sich oben halten* (sich behaupten) – *nicht wissen, was oben und unten ist* (völlig verwirrt sein) – *alles Gute kommt von oben;* **obenan; obenauf:** obenauf liegt das Buch; **obendrauf; obendrein** (außerdem); **obenerwähnt:** der obenerwähnte Grund; auch: oben erwähnt; das **Obenerwähnte;** auch: das oben Erwähnte; **obengenannt:** obengenannte Behauptungen; auch: oben genannt; das **Obengenannte;** auch: das oben Genannte; **obenhin** (oberflächlich, leichthin); **obenstehend:** obenstehender Satz; auch: oben stehend; **Obenstehendes;** auch: oben Stehendes; **obenzitiert;** auch: oben zitiert
ober...: das obere Stockwerk – das oberste Buch im Regal – das oberste (wichtigste) Gebot – die oberen Zehntausend; aber: *das Oberste zuunterst kehren* (alles durchsuchen) – der Oberste Gerichtshof; der **Ober:** sich vom Ober (Kellner) bedienen lassen – einen Ober (eine Spielkarte) ausspielen; der **Oberarm;** der **Oberarzt,** die ...ärzte; die **Oberärztin,** die ...ärztinnen; **Oberbayern;** der **Oberbefehl;** der **Obere** (Vorgesetzte); die **Oberfläche; oberflächlich;** die **Oberflächlichkeit; Oberfranken;** das **Obergeschoss;** die **Obergrenze; oberhalb;** die **Oberhand:** *die Oberhand behalten* (der Stärkere bleiben); das **Oberhaupt,** die ...häupter (Herrscher); das **Oberhemd;** die **Oberherrschaft;** die **Oberhoheit;** die **Oberin** (Leiterin eines Nonnenklosters, Oberschwester in einem Krankenhaus); **oberirdisch** (über der Erdoberfläche); die **Oberkante;** das **Oberkommando;** der **Oberkörper;** die **Oberrealschule;** der **Oberschenkel;** die **Oberschicht;** der **Oberst** (hoher Offizier); der/die **Oberste** (Vorgesetzte); die **Oberstufe;** das **Oberwasser:** *Oberwasser haben* (im Vorteil sein); die **Oberweite**
Ob·hut, die: -; sie steht unter meiner Obhut (meinem Schutz)
obig: im obigen (weiter oben stehenden) Text; aber: im Obigen – Obiges gilt auch weiterhin; der/die/das **Obige**
Ob·jekt *lat.*, das: -(e)s, -e; das Objekt (der Gegenstand) der Forschung – das Objekt des Satzes (Satzergänzung); **objektiv** (sachlich); das **Objektiv** (optische Linse); **objektivieren** (versachlichen); die **Objektivierung;** die **Objektivität** (Sachlichkeit)
Ob·la·te *lat.*, die: -, -n (Waffelgebäck, Hostie)
ob·lie·gen: diese Aufgabe obliegt ihm (ist seine Pflicht); die **Obliegenheit:** es gehört zu deinen Obliegenheiten (Pflichten)
ob·li·gat *lat.*: (unerlässlich, üblich); **obligatorisch** (verpflichtend, bindend); das **Obligo,** die Obligos: ohne Obligo (ohne Gewähr, unverbindlich)
Ob·mann, der: -s, Obmänner/Obleute (Vertrauensmann); der Obmann (Vorsitzende) eines Vereins; die **Obfrau**
Oboe *ital.*, die: -, -n (ein Holzblasinstrument); der **Oboist;** die **Oboistin,** die Oboistinnen
Obo·lus *griech.*, der: -, -/-se (Spende, finanzieller Beitrag); seinen Obolus entrichten

Ob·rig·keit, die: -, -en (vorgesetzte Behörde, Staat); von Obrigkeits wegen; das **Obrigkeitsdenken; obrigkeitsgläubig; obrigkeitshörig;** der **Obrigkeitsstaat**

Ob·ser·va·to·ri·um *lat.*, das: -s, Observatorien (Beobachtungsstation, Sternwarte); die **Observation** (Beobachtung); **observieren** (überwachen); die **Observierung**

Ob·ses·si·on *lat.*, die: -, -en (Zwangsvorstellung)

obs·kur (ob·skur) *lat.*: obskure (dunkle, unklare) Geschäfte – eine obskure (fragwürdige) Person

ob·so·let *lat.*: (veraltet, nicht mehr üblich)

Obst, das: -(e)s (essbare Früchte); frisches Obst kaufen; der **Obstbaum;** die **Obsternte;** der **Obstgarten;** der **Obstkuchen;** die **Obstplantage** *[...tasche]*; die **Obstsorte**

obs·zön (ob·szön) *lat.*: (unanständig, schamlos); die **Obszönität**

Och·se, der: -n, -n (ein Rind); *den Ochsen hinter den Pflug spannen* (eine Sache verkehrt anpacken); auch: der **Ochs; ochsen:** für das Examen ochsen (angestrengt arbeiten); das **Ochsenauge** (Spiegelei); das **Ochsengespann;** der **Ochsenkarren;** die **Ochsentour** *[...tur]* (mühevolle Arbeit, langsamer beruflicher Aufstieg); der **Ochsenziemer**

Ocker *griech.*, der/das: -s, - (eine Tonerde, gelbbraune Malerfarbe); **ocker** (gelbbraun); **ockerfarben; ockergelb**

Ode *griech.*, die: -, -n (feierliches Gedicht)

öde: öder, am ödesten; auch: **öd:** eine öde (verlassene, einsame) Gegend – öd und leer – ein ödes (langweiliges) Dasein; die **Öde;** die **Ödheit;** das **Ödland** (landwirtschaftlich ungenutztes Land); die **Ödnis**

Odem, der: -s (Atem)

Ödem *griech.*, das: -s, -e (angesammelte Flüssigkeit im Gewebe)

oder ⟨od.⟩: weiß oder schwarz – entweder ... oder; aber: das Entweder-oder – ja oder nein – er oder ich – jetzt oder nie – oder so

Odi·um *lat.*, das: -s (übler Beigeschmack, Makel)

Odys·see *griech.*, die: -, Odysseen (Irrfahrt)

OECD = Organisation für wirtschaftliche Zusammenarbeit

Ofen, der: -s, Öfen; den Ofen heizen; das **Öfchen;** die **Ofenbank; ofenfertig; ofenfrisch;** die **Ofenheizung;** die **Ofenplatte;** die **Ofenröhre;** die **Ofentür; ofenwarm**

of·fen: ein offenes (nicht geschlossenes) Fenster – das offene (freie) Feld – ein offenes (ehrliches) Wort sagen – die Ausstellung ist offen (kann besichtigt werden) – auf offener Straße – das Haar offen tragen – offen (aufrichtig) reden – offen gestanden – offen gesagt – eine Rechnung ist noch offen (nicht bezahlt) – für Vorschläge offen (aufgeschlossen) sein – es ist noch alles offen (nichts entschieden) – offene Stellen (freie Arbeitsplätze) – Tag der offenen Tür – *mit offenen Karten spielen* (ohne Hintergedanken sein) – *eine offene Hand haben* (freigebig sein); **offenbar:** offenbar (anscheinend) ist er krank – seine Absicht ist offenbar (sichtbar); **offenbaren:** sich seiner Freundin offenbaren (anvertrauen); die **Offenbarung;** der **Offenbarungseid; offenbleiben:** Fragen sind offengeblieben (wurden nicht gelöst); aber: das Fenster muss offen bleiben; **offengeblieben:** die offengebliebene Türe; auch: offen geblieben; **offenhalten:** eine Entscheidung offenhalten (nicht treffen); die **Offenheit** (Aufrichtigkeit); **offenherzig** (ehrlich, aufrichtig); die **Offenherzigkeit; offenkundig** (offenbar); **offenlassen:** eine Frage offenlassen (nicht klären); aber: er hat das Tor offen gelassen; **offenlegen:** Zusammenhänge offenlegen (einsichtig machen, klar und deutlich darlegen); die **Offenlegung; offensichtlich;** die **Offensichtlichkeit; offenstehen:** eine offenstehende (ungeklärte) Frage; aber: eine offen stehende Tür; auch: offenstehende Tür

Of·fen·si·ve *lat.*, die: -, -n (Angriff); **offensiv** (angriffslustig, kämpferisch); das **Offensivspiel;** die **Offensivtaktik;** der **Offensivverteidiger;** die **Offensivwaffe**

Öf·fent·lich·keit, die: - (Leute, Volk, alle Welt); unter Ausschluss der Öffentlichkeit (Allgemeinheit); **öffentlich:** die öffentliche Meinung – der öffentliche Dienst; auch: der Öffentliche Dienst – die öffentliche Hand (der Staat, die Gemeinden); die **Öffentlichkeitsarbeit; öffentlich-rechtlich**

of·fe·rie·ren *lat.*: (anbieten); die **Offerte** (Angebot, Vorschlag): eine Offerte unterbreiten

of·fi·zi·ell *franz.*: ein offizieller (amtlicher, feierlicher) Empfang; **offiziös:** eine offiziöse (halbamtliche, nicht verbürgte) Nachricht

Of·fi·zier *franz.*, der: -s, -e (militärischer Rang); der **Offiziersanwärter;** das **Offizierskasino;** der **Offiziersrang**

off·line *engl. [oflain]* (getrennt von der Datenverarbeitungsanlage arbeitend, außerhalb des Datennetzes); der **Offlinebetrieb**

öff·nen: das Tor öffnen (aufmachen) – sie öffnet die Dose – bis 12 Uhr ist geöffnet – sich einem Menschen öffnen (anvertrauen); der **Öffner;** die **Öffnung;** die **Öffnungszeit**

Off·set·druck *engl.*, der: -(e)s, -e (Flachdruckverfahren); die **Offsetdruckmaschine**

o-för·mig: o-förmige Beine; auch: **O-förmig**

oft: öfter, am öftesten; so oft – wie oft – öfter als; aber: des Öfter(e)n; **öfters; oftmalig; oftmals**

oh!: oh, wie schade! – oh ja! – oh nein! – oh weh!; auch: o ja! – o nein! – o weh!; aber: ihr freudiges Oh

Oheim, der: -s, -e (veraltet für: Onkel)

Ohm ⟨Ω⟩, das: -(s), - (Maßeinheit für den elektrischen Widerstand); das ohmsche Gesetz; auch: das Ohm'sche Gesetz

oh·ne: ohne Geld – ohne weiteres (ohne Schwierigkeiten); auch: ohne Weiteres – ohne lange zu warten – ohne Befund ⟨o. B.⟩ – ohne Jahr ⟨o. J.⟩ – ohne dass; **ohnedem; ohnedies** (sowieso); **ohneeinander:** ohneeinander auskommen; **ohnegleichen; ohnehin:** er kommt ohnehin (sowieso) nicht

Ohn·macht, die: -, -en (Bewusstlosigkeit); *von einer Ohnmacht in die andere fallen* (sich ständig aufregen); **ohnmächtig:** ohnmächtig (bewusstlos) zu Boden sinken – er muss ohnmächtig (machtlos) einem Verbrechen zuschauen; der **Ohnmachtsanfall,** die ...anfälle

oho!: (Ausruf der Überraschung, des Erstaunens); klein, aber oho! (klein, aber kräftig; klein, aber schlau)

Ohr, das: -(e)s, -en; sich die Ohren zuhalten – rote Ohren bekommen – zu Ohren kommen – *die Ohren spitzen* (aufmerksam lauschen) – *jemandem in den Ohren liegen* (ihm ständig zusetzen) – *nicht trocken hinter den Ohren sein* (noch jung, unerfahren sein) – *sich etwas hinter die Ohren schreiben* (sich etwas gut merken) – *ganz Ohr sein* (gut zuhören) – *die Ohren steif halten* (nicht den Mut verlieren); das **Öhrchen;** der **Ohrenarzt,** die ...ärzte; die **Ohrenärztin,** die ...ärztinnen; **ohrenbetäubend** (sehr laut); der **Ohr(en)klipp;** das **Ohrensausen;** der **Ohrenschmaus** (etwas, dem man gerne zuhört); der **Ohrenschmerz;** der **Ohrenzeuge;** die **Ohrenzeugin,** die ...zeuginnen; die **Ohrfeige; ohrfeigen;** das **Ohrläppchen;** die **Ohrmuschel;** der **Ohrring;** der **Ohrschmuck;** der **Ohrwurm,** die ...würmer (leicht eingängige Melodie, Schlager)

Öhr, das: -(e)s, -e (Nadelöffnung)

okay ⟨o. k., O. K.⟩ *amerik. [oke]*: (in Ordnung)

ok·kult *lat.*: (verborgen); okkulte (übersinnliche) Kräfte; **okkultisch;** der **Okkultismus** (Lehre vom Übersinnlichen)

Ok·ku·pa·ti·on *lat.*, die: -, -en (Besetzung, Einnahme); der **Okkupant;** die **Okkupationsmacht,** die ...mächte; **okkupieren;** die **Okkupierung**

Öko·lo·gie *griech.*, die: - (Wissenschaft von den Beziehungen der Lebewesen zu ihrer Umwelt); der **Ökoladen;** die ...läden; **ökologisch;** die **Ökosteuer;** das **Ökosystem**

Öko·no·mie *griech.*, die: -, Ökonomien (Wirtschaftswissenschaft, Wirtschaftlichkeit); der **Ökonom** (Landwirt); die **Ökonomin,** die Ökonominnen; **ökonomisch:** ökonomisch (sparsam, wirtschaftlich) planen – ökonomisch (überlegt) vorgehen

Ok·ta·eder *griech.*, der: -s, - (geometrischer Körper mit acht Flächen)

Ok·ta·ve *lat.*, die: -, -n (achter Ton der Tonleiter, ein Intervall); eine Oktave höher singen; auch: die **Oktav**

Ok·to·ber ⟨Okt.⟩ *lat.*, der: -(s), - (Monatsname); das **Oktoberfest** (Fest in München)

Oku·lar *lat.*, das: -s, -e (die dem Auge zugewandte Linse eines optischen Gerätes)

Öku·me·ne *griech.*, die: - (der bewohnte Teil der Erde, Gesamtheit der Christen); **ökumenisch:** der ökumenische Gottesdienst

Ok·zi·dent *lat.*, der: -s (das Abendland, der Westen); **okzidental**

Öl, das: -(e)s, -e; in Öl (mit Ölfarben) malen – mit Öl (flüssigem Speisefett) kochen – *Öl ins Feuer gießen* (etwas noch schlimmer machen); der **Ölbaum** (Olivenbaum); der **Öldruck; ölen:** den Motor ölen (schmieren); die **Ölfarbe;** der **Ölfilm;** das **Ölgemälde;** der **Ölgötze:** wie ein Ölgötze (steif, stumm, unbeteiligt) dasitzen; die **Ölheizung; ölig:** ölig glänzen; die **Ölindustrie;**

N O P Q R S

die **Ölkrise;** die **Öllampe;** die **Ölleitung;** die **Ölpest;** die **Ölquelle;** die **Ölraffinerie;** der **Ölscheich** (ein durch Erdöl reich gewordener Scheich); der **Öltank;** der **Ölteppich;** die **Ölung:** die Letzte Ölung (Salbung vor dem Tod); der **Ölwechsel;** das **Ölzeug** (wasserfeste Kleidung); der **Ölzweig**

Old·ti·mer *engl. [oldtaimer],* der: -s, - (Fahrzeug von alter Bauart); der **Oldie** *[oldi]* (beliebter alter Schlager, alter Mensch)

olé! *span.*: (los!, hurra!, auf!)

Ole·an·der *ital.*, der: -s, - (ein Zierstrauch)

Oli·gar·chie *griech.*, die: -, Obligarchien (Herrschaft durch eine Gruppe)

oliv *griech.*: (olivfarben); das **Oliv;** die **Olive** (Ölbaumfrucht); der **Olivenbaum; olivenfarben;** das **Olivenöl; olivgrün**

Olym·pi·a·de *griech.*, die: -, -n (alle vier Jahre stattfindender sportlicher Wettkampf); der **Olymp** (Berg in Griechenland, Wohnsitz der Götter); die **Olympiamannschaft;** die **Olympiamedaille;** der **Olympiasieg;** das **Olympiastadion;** der **Olympiateilnehmer;** die **Olympiateilnehmerin,** die …teilnehmerinnen; **olympisch:** der olympische Gedanke – das olympische Feuer – das olympische Dorf; aber: die Olympischen Spiele

Oma, die: -, -s (Großmutter); auch: die **Omi**

Ome·lett *franz. [omlät],* das: -(e)s, -e/-s (Eierkuchen); auch: die **Omelette**

Omen *lat.*, das: -s, -/Omina; ein böses, gutes Omen (Vorzeichen); **ominös:** dieser ominöse (seltsame) Unfall

Om·ni·bus *lat.*, der: -ses, -se (Autobus); die **Omnibusfahrt;** die **Omnibuslinie**

Ona·nie, die: - (geschlechtliche Selbstbefriedigung); **onanieren**

On·kel *lat.* der: -s, - (Bruder oder Schwager der Mutter oder des Vaters); **onkelhaft**

on·line *engl. [onlain]:* (direkt mit einer EDV-Anlage verbunden); das **Onlinebanking** *[…bänking]* (Bankgeschäfte, die über das Internet abgewickelt werden)

OP = Operationssaal

Opa, der: -s, -s (Großvater)

Open-Air-Fes·ti·val *engl. [openärfäßtiwel],* das: -s, -s (Musikveranstaltung im Freien)

Oper *ital.*, die: -, -n (musikalisches Bühnenwerk, Gebäude für Musiktheater); die **Operette** (heiteres Bühnenstück mit Musik und gesprochenen Dialogen); die **Opernarie;** der **Opernball,** die …bälle (gesellschaftliches Ereignis in Wien); der **Opernführer;** das **Opernglas,** die …gläser; das **Opernhaus,** die …häuser; die **Opernmusik;** der **Opernsänger;** die **Opernsängerin,** die …sängerinnen

ope·rie·ren *lat.*: (einen ärztlichen Eingriff vornehmen); sehr geschickt operieren (vorgehen); **operabel** (operierbar); die **Operation:** sich einer Operation unterziehen – die Operation (Unternehmung) ist gut vorbereitet; der **Operationssaal,** die …säle ⟨OP⟩; **operativ:** ein operativer Eingriff

Op·fer, das: -s, -; dem Gott ein Opfer (eine Gabe) bringen – der Krieg fordert viele Opfer (Menschenleben) – das Opfer eines Unfalls – der Kranke wird mit vielen Opfern (Verzicht, Aufopferung) gepflegt; **opferbereit;** die **Opferbereitschaft; opferfreudig;** die **Opferfreudigkeit;** die **Opfergabe;** der **Opfergang;** das **Opferlamm;** der **Opfermut; opfern:** sich opfern (zur Verfügung stellen) – sein Leben opfern (hingeben); der **Opfersinn;** der **Opferstock,** die …stöcke; der **Opfertod;** die **Opferung; opferwillig;** die **Opferwilligkeit**

Opi·um *griech.*, das: -s (ein Rauschgift); der **Opiumhandel;** der **Opiumschmuggel**

op·po·nie·ren *lat.*: (dagegen sein, sich widersetzen); die **Opposition** (Widerstand, Gegenpartei); **oppositionell:** eine oppositionelle (gegnerische, Widerstand leistende) Gruppe; die **Oppositionspartei**

op·por·tun *lat.*: ein opportunes (angebrachtes, angepasstes, auf den eigenen Vorteil bedachtes) Verhalten; der **Opportunismus** (Handeln um der eigenen Vorteile willen); der **Opportunist** (jemand, der sich um persönlicher Vorteile willen anpasst); die **Opportunistin,** die Opportunistinnen; **opportunistisch** (angepasst); **die Opportunität** (Vorteil, Zweckmäßigkeit)

Op·tik *griech.*, die: -, -en (Lehre vom Licht, Linsen eines Gerätes); der **Optiker;** die **Optikerin,** die Optikerinnen; **optisch**

Op·ti·mis·mus *lat.*, der: - (bejahende Einstellung, Zuversicht); **optimal** (bestmöglich); **optimieren** (verbessern); die **Optimierung;** der **Optimist;** die **Optimistin,** die Optimistinnen; **optimistisch** (zuversichtlich); das **Optimum** (das Beste, Höchstmaß)

Op·ti·on *lat.*, die: -, -en (Entscheidungsmöglichkeit, Wahl, Vorkaufsrecht)

opu·lent *lat.*: ein opulentes (üppiges) Mahl

Ora·kel *lat.*, das: -s, - (rätselhafte, verschlüsselte Weissagung); **orakelhaft** (rätselhaft); **orakeln** (weissagen, in Andeutungen sprechen); der **Orakelspruch,** die ... sprüche

oral *lat.*: (in der Mundgegend, zum Mund gehörig, durch den Mund)

Oran·ge *franz. [orãsche]*, die: -, -n (Apfelsine); **orange** (goldgelb); die **Orangeade** *[orãschade]* (Erfrischungsgetränk); der **Orangenbaum,** die ... bäume; der **Orangensaft,** die ... säfte; die **Orangerie** (Gewächshaus in Parkanlagen)

Orang-Utan *malai.*, der: -s, -s (ein Menschenaffe)

Or·bit *engl.*, der: -s, -s (Umlaufbahn, Kreisbahn eines Satelliten); **orbital;** die **Orbitalbahn;** die **Orbitalstation** (Raumstation)

Or·ches·ter *griech. [orkäster]*, das: -s, - (Musikkapelle, Musikerraum vor der Bühne); der **Orchesterleiter**

Or·chi·dee *griech.*, die: -, Orchideen (eine exotische Zierblume); die **Orchideenart**

Or·den *lat.*, der: -s, -; einen Orden (eine Auszeichnung) erhalten – in einen Orden (eine religiöse Gemeinschaft) eintreten; **ordengeschmückt;** das **Ordensband,** die ... bänder; der **Ordensbruder** (Mönch); die **Ordensfrau;** der **Ordensmann,** die ... männer/ ... leute; die **Ordensregel;** die **Ordensschwester** (Nonne); die **Ordenstracht**

or·dent·lich: eine ordentliche (saubere) Handschrift – ein ordentliches (anständiges) Leben führen – ordentlich (ganz gut) arbeiten – sie hat ordentlich (sehr) geschwitzt; die **Ordentlichkeit**

Or·der *franz.*, die: -, -n/-s (Anweisung, Befehl); **ordern:** Waren ordern (bestellen); die **Ordinalzahl** (Ordnungszahl)

or·di·när *franz.*: eine ordinäre (gemeine, unfeine) Sprache – ein ordinärer (unanständiger) Witz

Or·di·na·ri·at *lat.*, das: -(e)s, -e (eine kirchliche Behörde)

ord·nen: seine Kleider ordnen – in geordneten Verhältnissen leben; der **Ordner;** die **Ordnung:** *etwas in Ordnung finden* (für richtig halten); der **Ordnungsdienst; ordnungsgemäß; ordnungshalber;** der **Ordnungshüter;** die **Ordnungsliebe; ordnungsliebend;** der **Ordnungssinn;** die **Ordnungsstrafe; ordnungswidrig** (gesetzwidrig); die **Ordnungswidrigkeit;** die **Ordnungszahl**

Or·don·nanz *franz.*, die: -, -en (abkommandierter Soldat); auch: die **Ordonanz**

Or·gan *griech.*, das: -s, -e; die inneren Organe (Körperteile) – ein lautes Organ (eine laute Stimme) haben – die Organe (Behörden, Einrichtungen) des Staates; die **Organentnahme; organisch:** organisch (körperlich) gesund sein – eine organische (gewachsene) Einheit; der **Organismus:** ein gesunder Organismus (Körper); der **Organspender;** die **Organspenderin,** die ... spenderinnen; die **Organtransplantation;** die **Organverpflanzung**

Or·ga·ni·sa·ti·on *franz.*, die: -, -en; die Organisation (Planung, Gestaltung) des Festes – in der Organisation (Gruppe) der Widerstandskämpfer sein; der **Organisationsfehler;** das **Organisationstalent;** der **Organisator;** die **Organisatorin,** die Organisatorinnen; **organisatorisch; organisieren:** etwas zu essen organisieren (beschaffen) – er organisiert (plant, leitet) das Schulfest – sich politisch organisieren (zusammenschließen); die **Organisierung**

Or·gas·mus *griech.*, der: -, Orgasmen (Höhepunkt der geschlechtlichen Erregung)

Or·gel *griech.*, die: -, -n (großes Tasteninstrument); der **Organist;** die **Organistin,** die Organistinnen; das **Orgelkonzert; orgeln;** die **Orgelpfeife:** wie Orgelpfeifen (der Größe nach); das **Orgelspiel**

Or·gie *griech. [orgje]*, die: -, Orgien (ausschweifendes Fest); **orgiastisch** (zügellos)

Ori·ent *lat.*, der: -s (Morgenland; Länder des Nahen, Mittleren und Fernen Ostens); der **Orientale;** die **Orientalin,** die Orientalinnen; **orientalisch:** eine orientalische Sprache; der **Orientexpress;** auch: der **Orient-Express;** der **Orientteppich**

ori·en·tie·ren *lat.*: sich an den Wegweisern orientieren (zurechtfinden) – jemanden schlecht orientieren (in Kenntnis setzen); die **Orientierung; orientierungslos;** der **Orientierungssinn;** die **Orientierungsstufe;** das **Orientierungszeichen**

Ori·gi·nal *lat.*, das: -s, -e; das ist eine Kopie des Originals (der Urfassung) – er ist ein

Original (Mensch mit Eigenheiten, Sonderling); **original** (ursprünglich, urschriftlich); die **Originalaufnahme;** der **Originaldruck,** die ...drucke; die **Originalfassung; originalgetreu;** die **Originalität** (Ursprünglichkeit, Einfallsreichtum); der **Originaltext;** die **Originalübertragung;** die **Originalzeichnung; originär** (eigenständig, grundlegend neu); **originell;** ein origineller (einzigartiger) Gedanke – ein origineller (einfallsreicher) Künstler

Or·kan *karib.*, der: -(e)s, -e (heftiger Sturm); **orkanartig;** die **Orkanstärke**

Or·kus, der: - (Unterwelt, Totenreich)

Or·na·ment *lat.*, das: -(e)s, -e (Verzierung, Schmuck); **ornamental** (mit Ornamenten versehen); **ornamentartig;** die **Ornamentik**

Or·nat *lat.*, das: -(e)s, -e (feierliche Amtstracht, kirchliches Festgewand)

Ort, der: -(e)s, -e; ein herrlich gelegener Ort – der Ort des Verbrechens – das Buch liegt an seinem Ort (Platz) – vor Ort – an Ort und Stelle – von Ort zu Ort – höheren Ortes – an allen Orten; aber: allerorten – allerorts; das **Örtchen; orten** (aufspüren, die Lage bestimmen); **örtlich:** die örtlichen Verhältnisse; die **Örtlichkeit;** die **Ortsangabe; ortsansässig;** die **Ortschaft; ortsfremd;** das **Ortsgespräch;** die **Ortskrankenkasse; ortskundig;** der **Ortsname;** das **Ortsnetz;** der **Ortssinn;** der **Ortsteil; ortsüblich;** die **Ortszeit;** der **Ortszuschlag,** die ...zuschläge; die **Ortung** (das Orten)

or·tho·dox *griech.*: (recht-, strenggläubig); die orthodoxe Kirche; die **Orthodoxie**

Or·tho·gra·phie *griech.*, die: -, Orthographien (Rechtschreibung); auch: die **Orthografie; orthographisch:** ein orthographischer Fehler; auch: **orthografisch**

Or·tho·pä·de *griech.*, der: -n, -n (Facharzt zur Behandlung der Bewegungsorgane und Knochenmissbildungen); die **Orthopädie;** die **Orthopädin; orthopädisch**

Öse, die: -, -n (Schlinge, kleine Öffnung)

Os·si, der: -s, -s (Ostdeutscher); die **Ossi**

Os·ten ⟨O⟩, der: -s; im Osten geht die Sonne auf – gen Osten – der Nahe Osten (Vorderasien) – der Ferne Osten; auch: **Ost:** der Wind kommt aus Ost – Ost und West; der **Ostblock; ostdeutsch; Ostdeutschland; Osteuropa; östlich:** östlich dieser Stadt – östlich von Hamburg; auch: östlich Hamburgs; die **Ostsee;** die **Ostseite;** der **Ostteil; ostwärts;** der **Ost-West-Konflikt;** der **Ostwind**

Os·tern, das: -, - (Fest der Auferstehung Christi); an/zu Ostern; der **Osterbrauch,** die ...bräuche; das **Osterei;** das **Osterfest;** die **Osterglocke;** der **Osterhase;** das **Osterlamm,** die ...lämmer; **österlich;** der **Ostermarsch,** die ...märsche; der **Ostersonntag;** die **Osterwoche;** die **Osterzeit**

Ös·ter·reich: -s (Staat in Europa); der **Österreicher;** die **Österreicherin,** die Österreicherinnen; **österreichisch**

Ot·ter, der: -s, - (im Wasser lebende Marderart)

Ot·ter, die: -, -n (Giftschlange); die **Otternbrut**

out *engl. [aut]*: diese Mode ist längst out (unmodern) – *out sein* (nicht mehr gefragt sein); das **Out; outen:** sich outen (sich öffentlich zu etwas bekennen); das **Outfit** (äußere Aufmachung); der **Outlaw** *[autlo]* (Geächteter, Verbrecher); der **Output** (Ergebnis bei der elektronischen Datenverarbeitung, Ausstoß); der **Outsider** *[autßaider]* (Außenseiter)

Ou·ver·tü·re *franz. [uwertüre]*, die: -, -n (musikalisches Vorspiel, Eröffnungsstück)

oval *lat. [owal]*: (eiförmig, länglich rund); eine ovale Gesichtsform; das **Oval**

Ova·ti·on *lat. [owatsion]*, die: -, -en (Beifall, Huldigung); Ovationen darbringen

Over·all (Ove·rall) *engl. [owerol]*, der: -s, -s (einteiliger Schutzanzug, Überanzug)

Oxer *engl.*, der: -s, - (Hindernis beim Pferderennen bzw. Springreiten)

Oxid *griech.*, das: -(e)s, -e (chemische Verbindung mit Sauerstoff); auch: das **Oxyd;** die **Oxidation;** auch: die **Oxydation; oxidieren;** auch: **oxydieren;** die **Oxidierung;** auch: die **Oxydierung**

Oze·an *griech.*, der: -s, -e (Weltmeer); der große (endlose) Ozean; aber: der Große (Pazifische) Ozean – der Stille Ozean; der **Ozeandampfer; ozeanisch;** der **Ozeanriese**

Oze·lot *aztek.*, das: -s, -e/-s (kleines, katzenartiges Raubtier)

Ozon *griech.*, der/das: -s (besondere Form des Sauerstoffes); der **Ozonalarm;** der **Ozongehalt; ozonhaltig;** das **Ozonloch** (Zerstörung der oberen Schichten der Erdatmosphäre); **ozonreich;** die **Ozonschicht**

P

paar: ein paar (einige, mehrere) Leute – ein paar Cent – ein paar hundert Tiere; auch: ein paar Hundert Tiere – ein paar Dutzend Mal(e); auch: ein paar dutzend Mal(e); das **Paar:** ein junges Paar (Brautpaar, Ehepaar) – ein Paar (zwei zusammengehörende) Strümpfe; aber: das **Pärchen;** sich **paaren:** die Enten haben sich gepaart (geschlechtlich vereinigt) – bei ihr paaren (vereinigen) sich Klugheit und gutes Aussehen; der **Paarhufer; paarig** (paarweise); **der Paarlauf,** die ...läufe; **paarlaufen;** (ein) **paarmal;** auch: (ein) paar Mal (bei besonderer Betonung); der **Paarreim;** die **Paarung; paarweise;** der **Paarzeher**

pach·ten: ein Lokal pachten – sie tut so, als habe sie die Klugheit für sich gepachtet; die **Pacht:** etwas in Pacht nehmen – die Pacht (der Pachtvertrag) läuft ab; der **Pächter;** die **Pächterin,** die Pächterinnen; das **Pachtgeld;** die **Pachtung;** der **Pachtzins**

Pack, das: -(e)s (Gesindel, Pöbel); ein freches Pack – *Pack schlägt sich, Pack verträgt sich*

Pack, der: -(e)s, -e/Päcke; ein Pack (Bündel, Paket) Bücher; auch: der **Packen;** das **Päckchen:** *sein Päckchen zu tragen haben* (seine Sorgen haben); das **Packeis; packen:** die Koffer packen – jemanden an der Hand packen (fassen) – das packen (schaffen) wir leicht – sich packen (fortscheren); **packend:** eine packende (spannende) Erzählung; der **Packer;** die **Packerei;** die **Packerin,** die Packerinnen; der **Packesel** (jemand, dem alles aufgeladen wird); das **Packpapier;** das **Packpferd;** die **Packung:** eine Packung (Schachtel) Pralinen

Pä·da·go·ge (Päd·a·go·ge) *griech.,* der: -n, -n (Erzieher, Lehrer); die **Pädagogik** (Erziehungswissenschaft); die **Pädagogin,** die Pädagoginnen; **pädagogisch** (erzieherisch)

Pad·del *engl.,* das: -s, -; das Paddel ins Wasser tauchen; das **Paddelboot; paddeln:** über den See paddeln (mit dem Paddelboot fahren); der **Paddler;** die **Paddlerin**

paf·fen: Zigarren paffen (stoßweise rauchen)

Pa·ge *franz. [pasche],* der: -n, -n (früher: Edelknabe; heute: Diener, Laufbursche); der **Pagenkopf** (kurze, glatte Frisur)

pa·gi·nie·ren *lat.* (mit Seitenzahlen versehen); die **Pagina** (Buchseite, Seitenzahl)

Pa·go·de *port.,* die: -, -n (buddhistischer turmartiger Tempel)

Pa·ket, das: -(e)s, -e; ein Paket (Bündel, Packen) Zeitschriften; die **Paketannahme;** die **Paketausgabe;** der **Paketdienst;** die **Paketpost;** die **Paketzustellung**

Pakt *lat.,* der: -(e)s, -e; er trat einem Pakt (Bündnis) bei – einen Pakt (Vertrag) schließen; **paktieren:** mit dem Feind paktieren (gemeinsame Sache machen, sich verbünden); der **Paktierer;** die **Paktiererin**

Pa·lais *franz. [palä],* das: -, - (Schloss, Palast)

Pa·last *lat.,* der: -(e)s, Paläste; in einem Palast (Prachtbau, Schloss) wohnen; **palastartig**

Pa·la·ver *port. [palawer],* das: -s, - (endloses Gerede); **palavern** (schwatzen)

Pa·le·tot *franz. [paleto],* der: -s, -s (doppelreihiger Herrenmantel)

Pa·let·te *franz.,* die: -, -n (Mischbrett für Malerfarben, hölzerner Ladeuntersatz für Transporte); eine breite Palette (eine große Auswahl, ein großes Angebot) von Gütern

Pa·li·sa·de *franz.,* die: -, -n (Hindernis mit spitzen Pfählen); der **Palisadenzaun,** die ...zäune

Pa·li·san·der *franz.,* der: -s, - (Edelholz); das **Palisanderholz,** die ...hölzer

Pal·me *lat.,* die: -, -n (tropischer Baum); *jemanden auf die Palme bringen* (ihn sehr wütend machen); **palmartig;** der **Palmenhain;** der **Palm(en)zweig;** das **Palmkätzchen;** das **Palmöl;** der **Palmsonntag** (Sonntag vor Ostern); der **Palmwedel**

Pam·pel·mu·se *niederl.,* die: -, -n (eine Zitrusfrucht)

Pampf, der: -(e)s (Brei)

Pamph·let (Pam·phlet) *franz.,* das: -(e)s, -e (Streit-, Schmähschrift)

pam·pig: das Essen ist pampig (breiig) – pampig (frech, patzig) werden

Pa·neel *niederl.,* das: -s, -e (Holzvertäfelung)

Pa·nier *franz.,* das: -s, -e (Fahne, Banner, Wahlspruch)

pa·nie·ren *franz.:* ein Schnitzel panieren (in Semmelbrösel und Ei wälzen); die **Panade;** das **Paniermehl;** die **Panierung**

Pa·nik *franz.,* die: -, -en; der Brand löste eine Panik (allgemeine Verwirrung, plötzliche übermäßige Angst) aus; **panikartig;** die

Panikmache; der **Panikmacher;** die **Panikreaktion;** die **Panikstimmung; panisch:** eine panische (lähmende) Angst haben

Pan·ne *franz.*, die: -, -n (Unfall, Störung); der **Pannendienst; pannenfrei**

Pa·nop·ti·kum (Pan·op·ti·kum) *griech.*, das: -s, Panoptiken (Sammlung von Sehenswürdigkeiten, Wachsfigurenkabinett)

Pa·no·ra·ma (Pan·o·ra·ma) *griech.*, das: -s, Panoramen (Ausblick, Rundblick); der **Panoramabus,** die ...busse

pan·schen: Wein panschen (mit Wasser verdünnen) – im Wasser panschen (mit Wasser spielen); auch: **pantschen;** der **Panscher;** auch: der **Pantscher;** die **Panscherei;** auch: die **Pantscherei;** die **Panscherin,** die Panscherinnen; auch: die **Pantscherin**

Pan·sen, der: -s, - (erster Magenabschnitt der Wiederkäuer)

Pan·ther *griech.*, der: -s, - (Leopard); auch: der **Panter;** das **Pantherfell;** auch: das **Panterfell**

Pan·ti·ne *niederl.*, die: -, -n (Holzschuh)

Pan·tof·fel *franz.*, der: -s, -n (Schuh ohne Fersenteil, Hausschuh); *unter dem Pantoffel stehen* (von seiner Ehefrau völlig beherrscht werden); das **Pantöffelchen;** der **Pantoffelheld** (Ehemann, der zu Hause nicht viel zu sagen hat); das **Pantoffeltierchen**

Pan·to·let·te, die: -, -n (leichter Sommerschuh ohne Fersenteil)

Pan·to·mi·me *griech.*, die: -, -n (stummes Gebärden- und Mienenspiel); auch: die **Pantomimik;** der **Pantomime; pantomimisch**

pant·schen: (mischen, verfälschen); auch: → **panschen**

Pan·zer, der: -s, -; mit Panzern (Kampffahrzeugen) kämpfen – der Panzer (harte Schutzschicht) der Schildkröte – seinen Panzer (die Rüstung) anlegen; die **Panzerabwehr;** die **Panzerfaust,** die ...fäuste; das **Panzerglas;** der **Panzerkreuzer; panzern:** ein gepanzertes Auto – sich gegen Vorwürfe panzern (wappnen); der **Panzerschrank,** die ...schränke (Geldschrank); die **Panzersperre;** die **Panzerung;** der **Panzerwagen**

Pa·pa *franz.*, der: -s, -s (Vater); auch: der **Papi** (Koseform von Papa); das **Papachen**

Pa·pa·gei *franz.*, der: -s/-en, -en (tropischer Vogel); **papageienhaft**

Pa·pa·ya *span.*, die: -, -s (tropische Frucht)

Pa·per *engl. [peper]*, das: -s, -s (Schriftstück, schriftliche Unterlage); das **Paperback** *[peperbäk]* (kartoniertes Taschenbuch)

Pa·pier *griech.*, das: -s, -e; auf Papier schreiben – in Papier einwickeln – etwas zu Papier bringen (aufschreiben) – gefälschte Papiere (Ausweise) haben – *nur auf dem Papier* (nur der Form nach) *bestehen*; der **Papierblock,** die ...blocks/...blöcke; **papieren** (aus Papier); die **Papierfabrik;** das **Papierformat;** das **Papiergeld;** der **Papierkorb,** die ...körbe; der **Papierkrieg;** das **Papiermaschee;** auch: das **Papiermaché** (Masse aus eingeweichtem Papier, Stärke und Leim); die **Papierschere;** der/das **Papierschnipsel;** der/das **Papierschnitzel;** die **Papierserviette** *[...servjete]*; das **Papiertaschentuch,** die ...tücher; der **Papiertiger** (nur scheinbar mächtiger, starker Mensch); das **Papiertuch,** die ...tücher; **papierverarbeitend:** ein papierverarbeitender Betrieb; auch: Papier verarbeitend; die **Papierverarbeitung;** die **Papierwaren** *Pl.*

Pap·pe, die: -, -n (festes Papier, Karton); *nicht von Pappe* (nicht zu unterschätzen) *sein*; der **Pappband** (Buch mit festem Pappeinband); **pappen:** ein Kaugummi pappt (klebt) am Boden; der **Papp(en)deckel;** der **Pappenstiel** (Kleinigkeit, etwas Wertloses): *keinen Pappenstiel* (gar nichts) *wert sein*; **pappig:** pappiger Schnee; das **Pappmaschee;** auch: das **Pappmaché;** das **Pappplakat;** auch: das **Papp-Plakat;** die **Pappschachtel;** der **Pappschnee;** der **Pappteller**

Pap·pel *lat.*, die: -, -n (ein Laubbaum); die **Pappelallee;** das **Pappelholz**

päp·peln: einen Säugling päppeln (liebevoll pflegen und ernähren)

Pap·ri·ka (Pa·pri·ka) *ungar.*, der: -s, -(s) (Gewürz- und Gemüsepflanze); die **Paprikaschote**

Papst *lat.*, der: -(e)s, Päpste (Oberhaupt der katholischen Kirche); **päpstlich:** *päpstlicher als der Papst sein* (genauer als nötig sein); das **Papsttum;** die **Papstwahl**

Pa·py·rus *griech.*, der: -, Papyri (Papyrusstaude, Schreibmaterial); die **Papyrusrolle**

Pa·ra·bel *griech.*, die: -, -n (lehrhafte Erzählung, Vergleich, Gleichnis, Kegelschnitt)

Pa·ra·de *franz.*, die: -, -n; eine Parade (Heerschau) abhalten – eine schnelle Parade

(Abwehr) des Gegners – *jemandem in die Parade fahren* (ihm energisch entgegentreten); das **Paradebeispiel** (besonders anschauliches Beispiel); der **Parademarsch,** die ... märsche; das **Paradepferd;** der **Paradeschritt;** das **Paradestück;** die **Paradeuniform; paradieren** (auf-, vorbeimarschieren)

Pa·ra·den·to·se *griech.*, die: -, -n (Erkrankung des Zahnbettes); auch: die **Parodontose**

Pa·ra·dies *pers.*, das: -es, -e; im Paradies leben – *das Paradies auf Erden haben* (sehr angenehm leben); der **Paradiesapfel,** die ... äpfel (Tomate); **paradiesisch:** paradiesische (herrliche, beglückende) Zustände

Pa·ra·dig·ma *griech.*, das: -s, Paradigmen/ Paradigmata (Beispiel, Muster); **paradigmatisch** (beispielhaft)

pa·ra·dox *griech.*: paradoxe (widersinnige) Ansichten haben; **paradoxerweise**

Pa·raf·fin *lat.*, das: -s, -e (weiche Masse für die Kerzenherstellung)

Pa·ra·gli·der *engl. [paraglaider]*, der: -s, - (Gleitschirm); auch: der **Paragleiter;** das **Paragliding** (Gleitschirmfliegen); auch: das **Paragleiten**

Pa·ra·graph ⟨§⟩ *griech.*, der: -en, -en (Textabsatz eines Gesetzes, Abschnitt); auch: der **Paragraf;** der **Paragraphenreiter** (jemand, der sich genau nach Vorschriften richtet); auch: der **Paragrafenreiter**

pa·ral·lel (par·al·lel) *griech.*: (in gleichem Abstand neben etwas anderem verlaufend); parallel zur Straße – der Film läuft parallel zu dieser Veranstaltung (gleichzeitig); die **Parallele;** der **Parallelfall; parallelgeschaltet:** parallelgeschaltete Widerstände; auch: parallel geschaltet; die **Parallelität;** die **Parallelklasse; parallellaufend:** parallellaufende Leitungen; auch: parallel laufend; das **Parallelogramm** (Viereck mit zwei je gleich langen Seiten); die **Parallelschaltung;** die **Parallelschnittstelle;** der **Parallelslalom;** die **Parallelstraße**

pa·ra·ly·sie·ren *griech.*: (lähmen, unwirksam machen); die **Paralyse:** eine Paralyse (Lähmung) der Beine

Pa·ra·me·ter *griech.*, der: -s, - (Bestimmungsgröße, Vergleichswert)

Pa·ra·noia *griech.*, die: - (Geistesgestörtheit); der **Paranoiker;** die **Paranoikerin**

pa·ra·phie·ren *griech.*: (vorläufig unterzeichnen); die **Paraphierung**

Pa·ra·sit *griech.*, der: -en, -en (Schmarotzer, Schädling); **parasitär** (schmarotzerhaft); das **Parasitentum;** der **Parasitismus**

pa·rat *lat.*: etwas schon parat (fertig, bereit) haben – eine Ausrede parat haben

Pär·chen, das: -s, -; → Paar

Par·cours *franz. [parkur]*, der: -, - (Rennstrecke mit Hindernissen)

par·dauz!: (Ausruf); pardauz!, da lag er

Par·don *franz. [pardõ]*, der/das: -s; um Pardon (Gnade, Verzeihung) bitten – Pardon! (Entschuldigung!)

Par·füm *franz.*, das: -s, -e/-s (Riechmittel, Duftstoff); die **Parfümerie** (Geschäft für Parfüme); die **Parfümflasche; parfümieren**

pa·ri *ital.*: pari (gleich, unentschieden) sein – unter pari (unter dem Nennwert); die **Parität,** die Paritäten (Gleichheit, Gleichwertigkeit); **paritätisch** (gleichgestellt)

pa·rie·ren *franz.*: einen Schlag parieren (abwehren) – nicht parieren (gehorchen) wollen – ein Pferd parieren (zum Stehen bringen)

Park *franz.*, der: -s, -e/-s (weiträumige Grünanlage); das **Park-and-ride-System** *[...raid...]*; die **Parkanlage;** die **Parkbank,** die ... bänke; die **Parkdauer;** das **Parkdeck; parken:** das Auto am Straßenrand parken (abstellen); der **Parker;** die **Parkerin,** die Parkerinnen; das **Parkhaus,** die ... häuser; die **Parkkralle** (Vorrichtung zum Blockieren der Autoräder); die **Parkleuchte;** die **Parklücke;** der **Parkplatz,** die ... plätze; die **Parkscheibe;** der **Parksünder;** die **Parksünderin,** die ... sünderinnen; die **Parkuhr;** das **Parkverbotsschild;** der **Parkwächter;** die **Parkwächterin,** die ... wächterinnen

Par·ka *eskim.*, der: -s, -s (anorakähnlicher, knielanger Mantel mit Kapuze)

Par·kett *franz.*, das: -(e)s, -s/-e; Parkett (getäfelten Fußboden) legen – im Parkett (ebenerdiger Teil des Zuschauerraumes im Theater) sitzen; der **Parkettboden,** die ... böden; **parkettieren** (Parkettboden verlegen); der **Parkettsitz**

Par·la·ment *engl.*, das: -(e)s, -e (gewählte Volksvertretung); in das Parlament gewählt werden – vor dem Parlament (Abgeordnetenhaus) stehen; der **Parlamentär** (Unterhändler); der **Parlamentarier** (Abgeordneter); die **Parlamentarierin,** die Parlamentarierinnen; **parlamentarisch:** eine parlamentarische Anfrage; der **Parlamentarismus; Parlamentsbeschluss,** die ... beschlüsse; die **Parlamentsdebatte**

Par·me·san, der: -(s) (eine Käseart)

Pa·ro·die (Par·o·die) *griech.*, die: -, Parodien (scherzhafte, übertrieben wirkende Nachahmung); **parodieren;** der **Parodist;** die **Parodistin,** die Parodistinnen; **parodistisch**

Pa·ro·don·to·se (Par·o·don·to·se) *griech.*, die: -, -n (Erkrankung des Zahnbettes); auch: die **Paradentose**

Pa·ro·le *franz.*, die: -, -n (Kennwort, Losung, Wahlspruch)

Part *franz.*, der: -s, -s/-e; seinen Part (seine Rolle in einem Bühnenstück) einstudieren

Par·tei *franz.*, die: -, -en; einer Partei (politischen Organisation) beitreten – zwei streitende Parteien (Gruppen) – in dem Mietshaus wohnen fünf Parteien (Mieter) – *für jemanden Partei ergreifen* (ihn verteidigen, seine Interessen vertreten); das **Parteiamt,** die ... ämter; das **Parteiensystem;** der **Parteifreund;** die **Parteifreundin,** die ... freundinnen; die **Parteiführung;** der **Parteifunktionär;** die **Parteifunktionärin,** die ... funktionärinnen; der **Parteigenosse;** die **Parteigenossin; parteiintern; parteiisch** (für eine Partei eingenommen, unsachlich); **parteilich;** die **Parteilichkeit; parteilos;** die **Parteilosigkeit;** das **Parteimitglied;** die **Parteinahme;** das **Parteiprogramm;** der **Parteitag**

Par·terre ⟨Part.⟩ *franz. [partär]*, das: -s, -s; im Parterre (Erdgeschoß) wohnen; **parterre** (zu ebener Erde); die **Parterrewohnung**

Par·tie *franz.*, die: -, Partien; die obere Partie (der obere Teil) des Gesichts – eine Partie (ein Spiel) Schach verlieren – er macht eine Partie (einen Ausflug) aufs Land – eine Partie (größere Menge) Hosen kaufen – *mit von der Partie sein* (sich an etwas beteiligen) – *eine gute Partie machen* (reich heiraten); **partiell** *[partsjel]* (teilweise, anteilig)

Par·ti·kel *lat.*, das: -s, -/die: -, -n (Teilchen); **partikular** (einzeln); auch: **partikulär;** der **Partikularismus** (Streben von Teilstaaten nach Selbstständigkeit)

Par·ti·san *franz.*, der: -s/-en, -en (Widerstandskämpfer im feindlich besetzten Hinterland); der **Partisanenkrieg;** die **Partisanin,** die Partisaninnen

Par·ti·tur *ital.*, die: -, -en (Zusammenstellung aller zu einem Musikstück gehörenden Stimmen)

Par·ti·zip *lat.*, das: -s, -ien (Sprachlehre: Mittelwort); die **Partizipation** (das Teilhaben); **partizipieren** (teilnehmen, Anteil nehmen)

Part·ner *engl.*, der: -s, -; mein Partner (Teilhaber) in der Firma – den richtigen Partner (Ehepartner) gefunden haben; die **Partnerin,** die Partnerinnen; der **Partnerlook** *[... luk]*: im Partnerlook gehen (Kleidung mit gleicher Farbe und gleicher Form tragen); die **Partnerschaft; partnerschaftlich;** die **Partnerstadt,** die ... städte; die **Partnerwahl;** der **Partnerwechsel**

par·tout *franz. [partu]*: (unbedingt, durchaus)

Par·ty *engl. [pati]*, die: -, -s (kleine Feier)

Par·zel·le *lat.*, die: -, -n (kleines Grundstück); **parzellieren** (unterteilen)

Pass *lat.*, der: -es, Pässe; seinen Pass (Ausweis) vorzeigen – einen guten Pass (Ballweitergabe beim Fußball) spielen – über den Pass (Bergübergang) marschieren; das **Passamt,** die ... ämter; das **Passbild;** das **Passfoto;** die **Passhöhe;** die **Passkontrolle;** die **Passstelle;** auch: die **Pass-Stelle;** die **Passstraße;** auch: die **Pass-Straße;** das **Passwort,** die ... wörter (Kennwort); **passwortgeschützt**

pas·sa·bel *franz.*: eine passable (annehmbare, erträgliche) Lösung – das klingt passabel

Pas·sa·gier *franz. [paßaschir]*, der: -s, -e (Fahrgast, Reisender); die **Passage** *[paßasche]*: die Passage (der überdachte Durchgang) in der Fußgängerzone – eine Passage (Schiffsreise) nach Übersee buchen – diese Passage (Stelle) in dem Buch verstehe ich nicht; der **Passagierdampfer;** das **Passagierflugzeug;** die **Passagierin,** die Passagierinnen; der **Passant** (Fußgänger); die **Passantin,** die Passantinnen

Pas·sat *niederl.*, der: - (e)s, -e (Tropenwind)

pas·see *franz.*: passee (vorbei, abgetan) sein; auch: **passé**

pas·sen: ich passe, er passte, sie hat gepasst, pass(e)!; der Anzug passt gut – dein Freund passt (gefällt) mir nicht – jetzt muss ich passen (aufgeben); **passend:** eine passende (angemessene) Antwort geben; aber: nichts Passendes finden; die **Passform:** der Mantel hat eine gute Passform (einen maßgerechten Sitz); **passgenau; passgerecht**

N O P Q R S

pas·sie·ren *franz.*: eine Ortschaft passieren (daran vorbeifahren) – die Grenze passieren (überschreiten) – ein Unglück passiert (geschieht) – ihr ist nichts passiert (zugestoßen); **passierbar;** der **Passierschein;** der **Passierschlag,** die ... schläge (im Tennis)

Pas·si·on *lat.*, die: -, -en; er hat eine Passion (Vorliebe, Leidenschaft) für die Jagd – die Passion (Leidensgeschichte Christi); **passioniert:** ein passionierter (begeisterter) Jäger sein; das **Passionsspiel;** die **Passionswoche** (Woche vor Ostern); die **Passionszeit**

pas·siv *lat.*: sich völlig passiv (untätig, uninteressiert) verhalten – das passive Wahlrecht (das Recht, gewählt zu werden); das **Passiv** (Sprachlehre: Leideform); die **Passiva** (Schulden, Verbindlichkeiten); die **Passivität** (teilnahmsloses Verhalten); das **Passivrauchen**

Pas·sus *lat.*, der: -, -; einen Passus (eine Stelle, einen Absatz) im Text unterstreichen

Pas·te *ital.*, die: -, -n (weiche, streichbare Masse); das **Pastell** (mit Pastellfarben gemaltes Bild); die **Pastellfarbe; pastellfarben**

Pas·te·te *lat.*, die: -, -n (Fleisch- oder Fischgericht in Blätterteig)

pas·teu·ri·sie·ren *franz. [paßtörisiren]*: pasteurisierte (durch Erhitzen entkeimte und haltbar gemachte) Milch

Pas·til·le *lat.*, die: -, -n (Kügelchen, Pille)

Pas·tor *lat.*, der: -s, Pastoren (Geistlicher); **pastoral:** pastoral (salbungsvoll, übertrieben feierlich) predigen; das **Pastorat** (Pfarramt); die **Pastorin,** die Pastorinnen

Pa·te *lat.*, der: -n, -n (Zeuge bei der Taufe oder Firmung, Maffiaboss); das **Patengeschenk;** das **Patenkind;** der **Patenonkel;** die **Patenschaft;** die **Patenstadt,** die ... städte; die **Patentante;** die **Patin,** die Patinnen

Pa·tent *lat.*, das: -(e)s, -e; ein Patent (Schutzrecht für eine Erfindung) haben – das Patent (Urkunde über die berufliche Eignung) als Kapitän erwerben; **patent:** ein patenter (tüchtiger, brauchbarer) Kerl; das **Patentamt; patentieren:** eine Erfindung patentieren (schützen) lassen; die **Patentlösung;** das **Patentrecht;** das **Patentrezept**

Pa·ter ⟨P.⟩ *lat.*, der: -s, -/Patres (katholischer Ordensgeistlicher); das **Paternoster** (das Vaterunser); der **Paternoster** (offener, ständig fahrender Aufzug)

Pa·thos *griech.*, das: - (Gefühlsausbruch, Leidenschaftlichkeit); die **Pathetik** (übertriebene Feierlichkeit); **pathetisch:** eine pathetische (allzu gefühlvolle) Rede halten – ein Gedicht pathetisch (übertrieben feierlich) aufsagen; **pathologisch** (krankhaft)

Pa·ti·ence *franz. [paßiäß]*, die: -, -n (Geduldsspiel mit Karten); das **Patiencespiel**

Pa·ti·ent *lat. [patsjent]*, der: -en, -en (Kranker in ärztlicher Behandlung); die **Patientin**

Pa·ti·na *ital.*, die: - (grünlicher Überzug auf Kupfer, Edelrost); **patinieren**

Pa·tri·arch (Pat·ri·arch) *griech.*, der: -en, -en (Titel von Erzbischöfen, Familienältester); **patriarchalisch** (väterlich, altehrwürdig, selbstherrlich); das **Patriarchat** (Amtsbereich eines Patriarchen, Vaterherrschaft)

Pa·tri·ot (Pat·ri·ot) *griech.*, der: -en, -en (Vaterlandsfreund); die **Patriotin; patriotisch;** der **Patriotismus** (Vaterlandsliebe)

Pa·tri·zi·er (Pat·ri·zi·er) *lat.*, der: -s, - (vornehmer Bürger); das **Patriziergeschlecht;** das **Patrizierhaus,** die ... häuser; die **Patrizierin,** die Patrizierinnen

Pa·tron (Pat·ron) *lat.*, der: -s, -e (Schutzheiliger, Schutzherr, Gönner); das **Patronat** (Schirmherrschaft); die **Patronin;** das **Patrozinium** (Schutzherrschaft eines Heiligen über eine Kirche, Fest des Schutzheiligen); das **Patroziniumsfest**

Pa·tro·ne (Pat·ro·ne) *franz.*, die: -, -n; alle Patronen (Kugeln) verschossen haben – Patronen (Tintenbehälter) für den Füller kaufen; der **Patronengurt;** die **Patronenhülse;** die **Patronentasche**

Pa·trouil·le (Pat·rouil·le) *franz. [patrulje]*, die: -, -n; der Polizist ist auf Patrouille (Streife, Erkundungsgang) – eine Patrouille (einen Spähtrupp) losschicken; das **Patrouillenboot;** der **Patrouillengang; patrouillieren** (Streife gehen, etwas bewachen)

Pat·sche, die: -, -n; *in der Patsche sitzen* (in Bedrängnis sein) – *jemandem aus der Patsche helfen* (ihn aus einer Notlage befreien); der **Patsch** (klatschendes Geräusch, Schlag); **patschen:** sich auf die Schenkel patschen (mit den Händen schlagen); **patsch(e)nass** (sehr nass); das **Patschhändchen**

Patt *franz.*, das: -s, -s (unentschiedener Ausgang bei einem Spiel); **patt:** patt (unentschieden, punktgleich) sein; **pattsetzen;** auch: patt setzen

pat·zen: (einen kleinen Fehler machen); der **Patzer** (Fehler); die **Patzerei; patzig:** eine patzige (freche, unverschämte) Antwort geben; die **Patzigkeit**

Pau·ke, die: -, -n (ein Musikinstrument); die Pauke schlagen – *mit Pauken und Trompeten durchfallen* (bei einer Prüfung völlig versagen) – *auf die Pauke hauen* (feiern, ausgelassen sein, angeben); **pauken:** für eine Prüfung pauken (fleißig lernen, sich anstrengen); der **Paukenschlag;** der **Pauker** (Lehrer, sehr fleißiger Schüler); die **Paukerei;** die **Paukerin,** die Paukerinnen

paus·ba·ckig: ein pausbackiges Gesicht (Gesicht mit roten, runden Wangen) haben; auch: **pausbäckig;** die **Pausbacken** *Pl.*

pau·schal: die Anschaffung kostet pauschal (rund, alles in allem) 100 Euro – er kann nur einen pauschalen (ungefähren) Preis nennen; der **Pausch(al)betrag;** die **Pauschale,** die Pauschalen (geschätzter Gesamtbetrag); **pauschalieren** (abrunden, sehr stark verallgemeinern); der **Pauschalpreis;** die **Pauschalreise;** das **Pauschalurteil**

Pau·se *griech.,* die: -, -n (Ruhezeit); die große Pause (zwischen den Unterrichtsstunden); das **Pausenbrot;** die **Pausenhalle; pausenlos;** der **Pausenpfiff;** das **Pausenzeichen; pausieren** (ausruhen, zeitweise aufhören)

pau·sen: eine Skizze pausen (durchzeichnen); die **Pause** (Durchzeichnung); das **Pauspapier;** die **Pauszeichnung**

Pa·vi·an *niederl. [pawian],* der: -s, -e (Affenart)

Pa·vil·lon *franz. [pawiljõ],* der: -s, -s (Rundbau, Gartenhäuschen)

Pay-TV *engl. [petiwi],* das: -(s) (gegen Gebühr empfangbares Fernsehen)

Pa·zi·fik *engl.,* der: -s (der Große Ozean); **pazifisch:** die pazifischen Inseln; aber: der Pazifische Ozean

Pa·zi·fis·mus *lat.,* der: - (Friedensliebe, Ablehnung des Krieges); der **Pazifist** (Kriegsgegner); die **Pazifistin; pazifistisch**

PC = Personal Computer

p. Chr. n. = post Christum natum (nach Christi Geburt); **p. Chr.** = post Christum (nach Christus)

Pea·nuts *Pl. engl. [pinatß]* (Kleinigkeiten)

Pech, das: -(e)s, -e; Pech (zähflüssigen Teerstoff) an den Füßen haben – das klebt wie Pech – vom Pech (Missgeschick, Unglück) verfolgt sein – *wie Pech und Schwefel* (sehr fest) *zusammenhalten;* die **Pechfackel;** die **Pechnase;** die **Pechnelke** (purpurfarbene Blume); **pechrabenschwarz; pechschwarz;** die **Pechsträhne** (Reihe von unglücklichen Zufällen); der **Pechvogel** (Unglücksmensch)

Pe·dal *lat.,* das: -s, -e (Tretkurbel, Fußhebel)

Pe·dant *griech.,* der: -en, -en (kleinlicher Mensch) # Pendant; die **Pedanterie** (übertriebene Genauigkeit, Haarspalterei); die **Pedantin; pedantisch** (übertrieben genau)

Pe·dell, der: -s, -e (Diener, Hausmeister an einer Schule)

Pe·di·kü·re *franz.,* die: -, -n (Fußpflege); **pediküren**

Pe·gel, der: -s, - (Wasserspiegel, Wasserstandsmesser); die **Pegelhöhe;** der **Pegelstand**

pei·len: (die Richtung, Entfernung bestimmen); die Lage peilen (auskundschaften) – über den Daumen peilen (ungefähr schätzen); die **Peilung**

Pein, die: - (Schmerz, Qual); **peinigen** (quälen, plagen); der **Peiniger;** die **Peinigerin;** die **Peinigung; peinlich:** sich in einer peinlichen (unangenehmen) Lage befinden – das ist mir aber peinlich! – peinlich genau (ganz genau) aufpassen; die **Peinlichkeit; peinsam; peinvoll**

Peit·sche, die: -, -n; er knallt mit der Peitsche (Geißel, Gerte); **peitschen:** du peitschst – der Sturm peitscht ihm den Regen ins Gesicht – Schüsse peitschen durch die Nacht; der **Peitschenhieb;** der **Peitschenknall;** der **Peitschenstiel**

Pe·ki·ne·se, der: -n, -n (eine Hunderasse)

pe·ku·ni·är, *lat.*: (geldlich, in Geld bestehend)

Pe·le·ri·ne *franz.,* die: -, -n (Umhang, Cape)

Pe·li·kan *griech.,* der: -s, -e (ein großer Schwimmvogel)

Pel·le *lat.,* die: -, -n (dünne Schale, Haut); *jemandem auf die Pelle rücken* (ihn bedrängen); **pellen:** Kartoffeln pellen (schälen) – *wie aus dem Ei gepellt* (sorgfältig gekleidet) *sein;* die **Pellkartoffel**

Pelz, der: -es, -e (Fell eines Tieres); *jemandem auf den Pelz rücken* (ihn bedrängen); **pelzbesetzt; pelzgefüttert; pelzig:** ein pelziges (raues, trockenes) Gefühl auf der Zunge haben; die **Pelzjacke;** der **Pelzkragen;** der **Pelzmantel;** die **Pelzmütze;** die **Pelztierfarm**

Pen·dant *franz. [pãndã],* das: -s, -s (ergänzendes Gegenstück) # Pedant

Pen·del *lat.*, das: -s, - (Gegenstand, der um einen Aufhängepunkt hin- und herschwingt); **pendeln:** mit den Füßen pendeln (gleichmäßig hin- und herschwingen) – er muss ständig zwischen Berlin und Frankfurt pendeln (hin- und herfahren) – an einem Fallschirm pendeln; die **Pendeltür;** die **Pendeluhr;** der **Pendelverkehr;** der **Pendelzug;** der **Pendler;** die **Pendlerin,** die Pendlerinnen

pe·ne·trant (pe·net·rant) *franz.*: ein penetranter (aufdringlicher, hartnäckiger) Verkäufer – penetrant riechen – penetrant (durchdringend) kreischen; die **Penetranz**

pe·ni·bel *franz.*: (peinlich genau, äußerst sorgfältig); die **Penibilität** (Genauigkeit)

Pe·ni·cil·lin *lat.*, das : -s, -e (Arzneimittel gegen Infektionskrankheiten); auch: → das **Penizillin**

Pe·nis *lat.*, der: -, -se/Penes (männliches Glied)

Pe·ni·zil·lin *lat.*, das: -s, -e (Arzneimittel gegen Infektionskrankheiten); auch: das **Penicillin;** die **Penizillinspritze;** auch: die **Penicilinspritze**

Pen·ne *lat.*, die: -, -n (Schule); der **Pennäler** (Schüler einer höheren Schule)

pen·nen: unter einer Brücke pennen (schlafen); der **Pennbruder** (Landstreicher); auch: der **Penner;** die **Pennerin,** die Pennerinnen

Pen·si·on *franz. [pãsion]*, die: -, -en; in Pension (in Ruhestand) gehen – eine kleine Pension (ein kleines Ruhegehalt) bekommen – in einer hübschen Pension (einem Gästehaus, Hotel) wohnen; der **Pensionär** (Ruheständler); die **Pensionärin,** die Pensionärinnen; das **Pensionat** (Schulheim für Mädchen); **pensionieren** (in den Ruhestand versetzen); der **Pensionist;** das **Pensionsalter; pensionsberechtigt; pensionsreif**

Pen·sum *lat.*, das: -s, Pensen/Pensa (festgelegte Aufgabe, zugewiesene Arbeit)

Pep *amerik.*, der: -(s) (Schwung, besonderer Reiz); **peppig** (schwungvoll)

Pe·pe·ro·ni *Pl. ital.*, die: - (kleine Paprikaschote); auch: der **Peperone**

per *lat.*: per (mittels) Einschreiben – per (mit der) Post – per (durch) Eilboten – per (zum) 1. Januar – per (ab) sofort – per pedes (zu Fuß) – mit jemandem per Du sein; auch: per du

per·fekt *lat.*: eine perfekte (mustergültige) Sekretärin – perfekt (fließend) Englisch sprechen – der Vertrag ist endlich perfekt (gültig, abgemacht); das **Perfekt** (Zeitform: vollendete Gegenwart); die **Perfektion; perfektionieren** (vervollkommnen, vollenden); der **Perfektionismus** (übertriebenes Streben nach Vollkommenheit); der **Perfektionist;** die **Perfektionistin; perfektionistisch**

per·fid *franz.*: auch: **perfide:** eine perfide (gemeine) Lüge – ein perfider (heimtückischer) Plan; die **Perfidie** (Niedertracht)

per·fo·rie·ren *lat.*: ein perforiertes (durchlöchertes) Trommelfell haben; die **Perforation** (Durchbohrung, Lochung)

Per·ga·ment *griech.*, das: -(e)s, -e (Schreibmaterial aus Tierhaut); das **Pergamentpapier** (fettundurchlässiges Papier)

Per·go·la *ital.*, die: -, Pergolen (offener Laubengang)

Pe·ri·o·de *griech.*, die -, -n (Zeitabschnitt, Menstruation); **periodisch:** in periodischen (regelmäßig wiederkehrenden) Abschnitten

pe·ri·pher *griech.*: eine periphere (nebensächliche) Frage; die **Peripherie:** an der Peripherie (am Rand) der Stadt wohnen

Per·le *lat.*, die: -, -n; eine Kette aus Perlen – nach Perlen tauchen – *Perlen vor die Säue werfen* (etwas Wertvolles Leuten geben, die es nicht verdienen); **perlen:** Schweiß perlt (tropft) von der Stirn – ein perlender (spritziger) Sekt; **perlenbesetzt;** die **Perlenkette;** die/das **Perlmutter** (schimmernde Innenschicht von Perlmuscheln); auch: das **Perlmutt;** der **Perlmutt(er)knopf; perlweiß**

Per·lon, das: -s (eine Kunstfaser); der **Perlonstrumpf; perlonverstärkt**

per·ma·nent *lat.*: permanent (dauernd, ohne Unterbrechung) im Spiel verlieren; die **Permanenz**

per·plex *lat.*: völlig perplex (verblüfft) sein

Per·si·fla·ge (Per·sif·la·ge) *franz. [persiflasche]*, die: -, -n (Verspottung); **persiflieren**

Per·son *lat.*, die: -, -en (Mensch, Wesen); das **Personal** (Beschäftigte, Belegschaft); der **Personalabbau;** die **Personalakte;** der **Personalausweis;** die **Personalien** *Pl.* (Angaben einer Person über Name, Wohnort, Beruf o.Ä.); die **Personalkosten** *Pl.*; das **Personalpronomen** (Sprachlehre: persönliches Fürwort); **personell** (persönlich, das Personal betreffend); die **Personenbeschreibung;**

der **Personenkraftwagen** ⟨Pkw, PKW⟩; der **Personenzug,** die ... züge; **personifizieren; persönlich:** ich komme persönlich (selbst) – eine persönliche (private) Angelegenheit – er wurde sehr persönlich (beleidigend); die **Persönlichkeit** (bedeutender Mensch, Respektsperson); das **Persönlichkeitsbild**

Per·so·nal Com·pu·ter ⟨PC⟩ *engl. [pörsonal kompjuter]*, der: -s, -

Per·spek·ti·ve *lat.*, die: -, -n; das Gebäude aus einer anderen Perspektive (einem anderen Blickwinkel) betrachten – es ergibt sich eine neue Perspektive (Möglichkeit, Aussicht für die Zukunft); **perspektivlos;** die **Perspektivlosigkeit; perspektivisch**

Pe·rü·cke *franz.*, die: -, -n (falsche Haare, Haarersatz)

per·vers *lat. [perwärß]*; pervers (krankhaft) veranlagt sein; die **Perversion;** die **Perversität** (perverse Verhaltensweise); **pervertieren** (von der Norm abweichen); die **Pervertierung**

Pes·si·mis·mus *lat.*, der: - (Neigung, alles düster zu sehen); der **Pessimist** (Schwarzseher); die **Pessimistin,** die Pessimistinnen; **pessimistisch:** die Lage pessimistisch (düster) beurteilen

Pest *lat.*, die: - (eine Seuche); *jemanden wie die Pest* (sehr) *hassen;* auch: die **Pestilenz;** die **Pestbeule;** das **Pestizid** (chemisches Gift gegen Schädlinge); **pestkrank**

Pe·ter·si·lie *griech. [petersilje]*, die: -, -n (eine Gewürzpflanze)

Pe·ti·ti·on *lat.*, die: -, -en (Eingabe, Bittgesuch); der **Petitionsausschuss,** die ... ausschüsse

Pe·tro·le·um (Pet·ro·le·um) *lat.*, das: -s (Erdölerzeugnis); die **Petroleumlampe**

Pet·ting *amerik.*, das: -(s), -s (sexuelle Berührung ohne Geschlechtsverkehr)

pet·zen: (etwas verraten); du petzt gerne; die **Petze;** der **Petzer;** die **Petzerin,** die Petzerinnen

Pfad der: -(e)s, -e; ein schmaler Pfad (Weg) führt am Fluss entlang; der **Pfadfinder**

Pfaf·fe, der: -n, -n (abwertend für einen Geistlichen); das **Pfaffentum; pfäffisch**

Pfahl, der: -(e)s, Pfähle (dicke Stange, Pfosten); der **Pfahlbau; pfählen** (auf einem Pfahl aufspießen); das **Pfahlwerk;** die **Pfahlwurzel**

Pfalz *lat.*, die: -, -en (Gebiet, auch Burg eines Pfalzgrafen); die **Pfalz** (Gebiet des Bundeslandes Rheinland-Pfalz); der **Pfälzer;** die **Pfälzerin,** die Pfälzerinnen; der **Pfalzgraf;** die **Pfalzgräfin,** die ... gräfinnen; **pfälzisch**

Pfand *lat.*, das: -(e)s, Pfänder; etwas als Pfand (zur Sicherheit) behalten – ein Pfand (eine Gebühr) bezahlen müssen; **pfändbar;** der **Pfandbrief; pfänden** (beschlagnahmen); das **Pfänderspiel;** die **Pfandflasche;** das **Pfandhaus;** die **Pfandleihe;** der **Pfandschein;** die **Pfändung**

Pfan·ne, die: -, -n (Gerät zum Backen, Schmelzen); Eier in die Pfanne schlagen – *jemanden in die Pfanne hauen* (ihn erledigen, hereinlegen); das **Pfannengericht;** der **Pfannkuchen** (Eierkuchen)

Pfar·rer *griech.*, der: -s, - (Geistlicher); das **Pfarramt,** die ... ämter; die **Pfarrei;** auch: die **Pfarre;** die **Pfarrerin,** die Pfarrerinnen; die **Pfarrersköchin,** die ... köchinnen; das **Pfarrhaus,** die ... häuser; der **Pfarrhelfer;** die **Pfarrhelferin,** die ... helferinnen; der **Pfarrherr;** das **Pfarrkind;** die **Pfarrkirche**

Pfau, der: -(e)s, -e(n) (ein Fasanenvogel); das **Pfauenauge** (ein Schmetterling)

Pfd. = Pfund

Pfef·fer *lat.*, der: -s (scharfes Gewürz); der **Pfefferkuchen;** das **Pfefferminz** (Bonbon, Plätzchen); die **Pfefferminze** (Heil- und Gewürzpflanze); der **Pfefferminztee; pfeffern:** das Essen pfeffern (würzen) – eine gepfefferte (gehörige) Strafe – gepfefferte (hohe) Preise bezahlen; das **Pfeffersteak** *[... stek]*; das **Pfeffer-und-Salz-Muster**

pfei·fen: du pfeifst, er pfiff, sie hat gepfiffen, pfeif(e)!; die Vögel pfeifen (singen) am Morgen – ein Spiel (als Schiedsrichter) pfeifen – der Wind pfiff ihm um die Ohren; die **Pfeife:** eine Pfeife rauchen – *nach jemandes Pfeife tanzen* (ihm gehorchen); der **Pfeifenraucher;** der **Pfeifentabak;** der **Pfeifer;** das **Pfeifkonzert;** der **Pfeifton;** → Pfiff

Pfeil, der: -(e)s, -e (ein Geschoss); mit Pfeil und Bogen; **pfeilgerade; pfeilgeschwind;** das **Pfeilgift; pfeilschnell**

Pfei·ler, der: -s, - (Stütze, Säule); der **Pfeilerbau;** die **Pfeilerbrücke**

Pfen·nig ⟨Pf.⟩, der: -s, -e (Pfennigstück, Münze, ehemalige Untereinheit der deutschen Mark); er hat keinen Pfennig (überhaupt kein Geld) mehr – *mit dem Pfennig rech-*

nen (sehr sparsam sein) *müssen – wer den Pfennig nicht ehrt, ist des Talers nicht wert;* der **Pfennigfuchser** (Geizhals)

Pferch, der: -(e)s, -e (eingezäunte Fläche für das Vieh); **pferchen** (zusammendrängen, hineinzwängen)

Pferd, das: -(e)s, -e (Reit- und Zugtier); sein Pferd satteln – zu Pferde – eine Grätsche über das Pferd (Turngerät) machen – *die Pferde scheu machen* (Aufregung verursachen) – *auf das falsche Pferd setzen* (etwas falsch einschätzen); der **Pferdeapfel;** das **Pferdefleisch;** der **Pferdefuß:** die Sache hat einen Pferdefuß (Haken, Nachteil); die **Pferdekoppel;** die **Pferdekur** (sehr starke, anstrengende Kur, Rosskur); der **Pferdemist;** das **Pferderennen;** die **Pferdestärke** ⟨PS⟩ (frühere Maßeinheit); die **Pferdezucht**

Pfiff, der: -(e)s, -e; der Pfiff des Schiedsrichters – die Krawatte gibt dem Anzug erst den richtigen Pfiff; **pfiffig:** ein pfiffiger (schlauer, listiger) Bursche; die **Pfiffigkeit;** der **Pfiffikus,** die Pfiffikusse (Schlaukopf); → pfeifen

Pfif·fer·ling, der: -s, -e (essbarer Pilz); keinen Pfifferling (nichts, kein bisschen) wert sein

Pfings·ten *griech.*, das: -, - (christliches Fest); an/zu Pfingsten; das **Pfingstfest; pfingstlich;** der **Pfingstmontag;** die **Pfingstrose;** der **Pfingstsonntag;** die **Pfingstwoche**

Pfir·sich *lat.*, der: -s, -e (Steinfrucht); der **Pfirsichbaum,** die ...bäume; die **Pfirsichhaut**

Pflan·ze *lat.*, die: -, -n (Gewächs); eine kesse Pflanze (Person); das **Pflänzchen; pflanzen:** Blumen pflanzen – er kommt und pflanzt sich (setzt sich breit) in den Sessel; der **Pflanzenfresser;** das **Pflanzengift;** die **Pflanzenkunde;** die **Pflanzenwelt;** der **Pflanzer;** die **Pflanzerin;** das **Pflänzlein; pflanzlich;** der **Pflänzling;** die **Pflanzung**

Pflas·ter *griech.*, das: -s, -; ein Pflaster (einen Wundverband) auf die Wunde legen – auf einem holprigen Pflaster (Straßenbelag) fahren; der **Pflasterer; pflastern;** der **Pflasterstein;** die **Pflasterung**

Pflau·me, die: -, -n (eine Steinfrucht); Pflaumen pflücken – du bist vielleicht eine Pflaume (ein Versager) # Flaum; das **Pflaumenmus; pflaumenweich** (sehr weich)

pfle·gen: sie pflegt (betreut) ihren kranken Vater – Freundschaften pflegen (haben) – sie pflegt (hat die Gewohnheit) am Nachmittag zu ruhen – sich pflegen (sich schonen, viel auf sein Äußeres geben); die **Pflege; pflegebedürftig;** die **Pflegeeltern** *Pl.;* der **Pflegefall,** die ...fälle; das **Pflegekind; pflegeleicht;** die **Pflegemutter,** die ...mütter; das **Pflegepersonal;** der **Pfleger;** die **Pflegerin,** die Pflegerinnen; der **Pflegevater,** die ...väter; die **Pflegeversicherung; pfleglich:** pfleglich (schonend, sorgsam) mit etwas umgehen; die **Pflegschaft** (Vormundschaft)

Pflicht, die: -, -en; seine Pflicht erfüllen – es ist seine Pflicht (Aufgabe) zu kommen – seine Pflicht und Schuldigkeit tun; **pflichtbewusst;** das **Pflichtbewusstsein;** der **Pflichteifer; pflichteifrig;** die **Pflichterfüllung;** das **Pflichtgefühl; pflichtgemäß; pflichtgetreu; ...pflichtig:** meldepflichtig – schulpflichtig; die **Pflichtlektüre; pflichtschuldig;** das **Pflichtteil;** die **Pflichtübung; pflichtvergessen;** die **Pflichtvergessenheit;** die **Pflichtverletzung;** die **Pflichtversicherung; pflichtwidrig:** ein pflichtwidriges Verhalten

Pflock, der: -(e)s, Pflöcke (Pfahl, Pfosten)

pflü·cken: Blumen pflücken; der **Pflücker;** die **Pflückerin,** die Pflückerinnen; das **Pflückobst; pflückreif**

Pflug, der: -(e)s, Pflüge (ein Ackergerät); hinter dem Pflug hergehen; **pflügen:** den Boden pflügen (ackern); die **Pflugschar** (Schneideblatt des Pfluges)

Pfor·te *lat.*, die: -, -n (Eingang, kleine Tür); sich an der Pforte anmelden – die Pforte zum Garten schließen – *seine Pforten schließen* (den Betrieb einstellen); der **Pförtner** (Türsteher); die **Pförtnerin,** die Pförtnerinnen; die **Pförtnerloge** *[...losche]*

Pfos·ten *lat.*, der -s, - (Pfahl, Pfeiler); sie spannte die Schnur von Pfosten zu Pfosten; der **Pfostenschuss** (Schuss an den Pfosten)

Pfo·te, die: -, -n; die rechte Pfote der Katze – wasch dir deine dreckigen Pfoten (Hände)! – *sich die Pfoten verbrennen* (Schaden erleiden) – *sich etwas aus den Pfoten saugen* (etwas frei erfinden); das **Pfötchen**

Pfrop·fen, der: -s, - (Stöpsel, Korken); der **Pfropf:** in der Vene hat sich ein Pfropf gebildet; **pfropfen:** die Bücher in die Tasche pfropfen (hineindrücken) – Obstbäume pfropfen (veredeln)

Pfrün·de, die: -, -n (Einnahmen aus einem

Kirchenamt, müheloses Einkommen)

Pfuhl, der: -(e)s, -e (kleiner, schmutziger Teich; Sumpf)

pfui!: (Ausruf des Missfallens); pfui/Pfui rufen – pfui Teufel!; das **Pfui;** der **Pfuiruf**

Pfund ⟨Pfd.⟩ *lat.*, das: -(e)s, -e (Gewichtseinheit: 500 g); *mit seinen Pfunden wuchern* (seine Fähigkeiten klug nutzen); das **Pfündchen; pfundig** (großartig, toll); ein **Pfundskerl;** der **Pfundsspaß; pfundweise**

pfu·schen: (schlecht, fehlerhaft arbeiten); *jemandem ins Handwerk pfuschen* (sich in fremde Angelegenheiten einmischen); der **Pfusch** (schlecht ausgeführte Arbeit); der **Pfuscher;** die **Pfuscherei** (Flickwerk); **pfuscherhaft;** die **Pfuscherin**

Pfüt·ze, die: -, -n (Wasserlache)

Phä·no·men *griech.*, das: -s, -e (Erscheinung, Naturereignis, Wunder); er ist in seinem Fach ein Phänomen (Meister, Genie); **phänomenal** (außergewöhnlich, fabelhaft)

Phan·ta·sie *griech.*, die: -, Phantasien (Fähigkeit, sich in Gedanken etwas auszumalen, zu erfinden); auch: → die **Fantasie**

Phan·tom *griech.*, das: -s, -e: einem Phantom (einer Einbildung, einem Trugbild) nachjagen; das **Phantombild** (ein nach Zeugenaussagen gezeichnetes Bild eines Täters)

Pha·rao, der: -(s), Pharaonen (Titel der ägyptischen Könige im Altertum); das **Pharaonengrab,** die …gräber; das **Pharaonenreich**

Pha·ri·sä·er *hebr.*, der: -s, - (selbstgerechter Heuchler); **pharisäerhaft;** das **Pharisäertum; pharisäisch**

Phar·ma·zeut *griech.*, der: -en, -en (Apotheker); die **Pharmaindustrie;** die **Pharmazeutik** (Arzneimittelkunde); auch: die **Pharmazie;** die **Pharmazeutin,** die Pharmazeutinnen; **pharmazeutisch**

Pha·se *griech.*, die: -, -n (Abschnitt, Entwicklungsstufe); **phasenweise; …phasig:** einphasig

Phil·har·mo·nie *griech.*, die: -, Philharmonien (großes Orchester, Gebäude mit Konzertsaal); der **Philharmoniker;** die **Philharmonikerin,** die Philharmonikerinnen; **philharmonisch**

Phi·lis·ter, der: -s, - (engstirniger Mensch)

Phi·lo·den·dron (Phi·lo·dend·ron) *griech.*, der/das: -s, Philodendren (Kletterpflanze)

Phi·lo·lo·ge *griech.*, der: -n, -n (Sprach- und Literaturwissenschaftler); die **Philologie;** die **Philologin,** die Philologinnen; **philologisch**

Phi·lo·soph *griech.*, der: -en, -en (Weiser, Denker); die **Philosophie** (Wissenschaft, die sich um Welterkenntnis bemüht); **philosophieren;** die **Philosophin,** die Philosophinnen; **philosophisch**

Phi·o·le *griech.*, die: -, -n (bauchige Glasflasche mit langem Hals)

Phleg·ma *griech.*, das: -s (Trägheit, Schwerfälligkeit); der **Phlegmatiker;** die **Phlegmatikerin,** die Phlegmatikerinnen; **phlegmatisch** (träge, schwerfällig)

Pho·bie *griech.*, die: -, Phobien (krankhafte Angst)

Phon *griech.*, das: -s, -(s) (Maßeinheit für die Lautstärke); auch: das **Fon**; die **Phonetik** (Lautbildungslehre); auch: die **Fonetik; phonetisch;** auch: **fonetisch;** das **Phonometer** (Lautstärkemesser); auch: das **Fonometer;** die **Phonzahl;** auch: die **Fonzahl**

Phos·phat *griech.*, das: -(e)s, -e (Salz der Phosphorsäure); **phosphathaltig;** der **Phosphor** (chemisches Element); **phosphoreszieren** (bei Lichtbestrahlung leuchten)

Pho·to *griech.*, das: -s, -s (Lichtbildaufnahme); auch: → das **Foto**

Phra·se *griech.*, die: -, -n (Redewendung, Gerede, nichts sagende Redensart); *Phrasen dreschen* (nichts sagende Reden führen); der **Phrasendrescher** (Schwätzer); die **Phrasendrescherin; phrasenhaft** (inhaltslos)

pH-Wert, der: -(e)s, -e (Zahl, die angibt, wie stark eine Lösung ist)

Phy·sik *griech.*, die: - (Lehre von den Vorgängen in der unbelebten Natur); **physikalisch:** physikalische Gesetze; der **Physiker;** die **Physikerin,** die Physikerinnen; der **Physikraum;** der **Physikunterricht; physisch:** physische (körperliche) Schmerzen haben

pi·a·no ⟨p⟩ *ital.*: piano (leise) spielen; **pianissimo** ⟨pp⟩ (sehr leise); der **Pianist** (Klavierspieler); die **Pianistin;** das **Pianoforte**

Pic·co·lo *ital.*, der: -s, -s (Kellnerlehrling); auch: der **Pikkolo**

Pic·co·lo *ital.*, das: -s, -s (kleine Flöte); auch: das **Pikkolo**

Pi·ckel, der: -s, -; Pickel (einen Hautausschlag) haben – mit dem Pickel (der Spitzhacke) arbeiten; die **Pickelhaube** (früherer Infante-

N O P Q R S

riehelm); **pick(e)lig:** eine pickelige Haut; **pickeln** (mit einer Spitzhacke arbeiten)

pi·cken: (mit dem Schnabel schlagen oder aufnehmen); das Huhn pickt Körner auf

Pick·nick *franz.*, das: -s, -s/-e (Mahlzeit im Freien); **picknicken;** der **Picknickkorb**

Pief·ke, der: -s, -s (eingebildeter, unsympathischer Mensch, Angeber)

pie·ken: (ein Gefühl unangenehmen Druckes bzw. Schmerzes auslösen); **piekfein** (elegant); **pieksauber** (sehr sauber)

pie·pen: der Vogel piept (pfeift, zwitschert) leise; **piepe; piepegal:** das ist mir piepegal (ganz und gar gleichgültig); der **Piepmatz** (kleiner Vogel); der **Piep(s):** *keinen Piep mehr machen* (tot sein); **piepsen** (mit feiner, hoher Stimme sprechen); der **Piepser**

Pier *engl.*, der/die: -s, -e/-s (Hafendamm, Anlegestelle)

pier·cen *engl. [pirßen]:* (die Haut zum Anbringen von Körperschmuck durchstechen); das **Piercing**

pie·sa·cken: (quälen, ärgern)

Pi·e·tät *lat. [piätät]*, die: - (Rücksicht, Frömmigkeit, Ehrfurcht); die **Pietà** (Darstellung der trauernden Maria mit dem Leichnam Christi); **pietätlos;** die **Pietätlosigkeit; pietätvoll** (ehrfürchtig)

Pig·ment *lat.*, das: -(e)s, -e (Farbstoff, Farbkörper); der **Pigmentfleck;** das **Pigmentmal,** die ...male (Muttermal)

Pik *franz.* das: -(s) (Spielkartenfarbe); Pik ausspielen – Pik ist Trumpf; das **Pikass;** auch: das **Pik-Ass**

pi·kant *franz.*: eine pikante (schmackhafte, stark gewürzte) Soße – eine pikante (gewagte, zweideutige) Bemerkung machen; die **Pikanterie; pikanterweise**

pi·ken *franz.*: (stechen); auch: **piksen;** die **Pike** (Spieß): von der Pike auf (von Grund auf); **pikiert:** pikiert (beleidigt, gekränkt) sein

Pik·ko·lo *ital.*, der: -s, -s; den Pikkolo (Kellnerlehrling) rufen – einen Pikkolo (kleine Flasche Sekt) trinken; auch: der **Piccolo**

Pik·ko·lo *ital.*, das: -s, -s (kleine Flöte); auch: das **Piccolo;** die **Pikkoloflöte;** auch: die **Piccoloflöte**

pik·sen (stechen); auch: **piken**

Pik·to·gramm *lat.*, das: -s, -e (Bildzeichen)

Pil·ger lat., der: -s, - (Wallfahrer); die **Pilgerfahrt** (Wallfahrt); die **Pilgerin,** die Pilgerinnen; **pilgern** (eine Pilgerfahrt unternehmen); die **Pilgerreise;** der **Pilgerstab,** die ...stäbe

Pil·le *lat.*, die: -, -n (Arzneimittel in Form eines Kügelchens); *eine bittere Pille schlucken* (etwas Unangenehmes hinnehmen); der **Pillendreher** (scherzhafte Bezeichnung für Apotheker); der **Pillenknick** (durch die Antibabypille entstandener Geburtenrückgang); die **Pillenschachtel**

Pi·lot *franz.*, der: -en, -en (Flugzeugführer, Rennfahrer); die **Pilotanlage** (Versuchsanlage); der **Pilotenschein;** der **Pilotfilm** (Testfilm für eine geplante Fernsehserie); die **Pilotin,** die Pilotinnen; das **Pilotprojekt** (Vorhaben, bei dem neuartige Verfahrensweisen o. Ä. angewendet werden); die **Pilotsendung;** die **Pilotstudie** (vorläufige Untersuchung)

Pils, das: -, - (Biersorte) # Pilz

Pilz, der: -es, -e; Pilze (Schwammerl) sammeln – *wie Pilze aus dem Boden schießen* (plötzlich in großer Zahl da sein) # Pils; der **Pilzsammler;** die **Pilzsammlerin,** die ...sammlerinnen; die **Pilzvergiftung**

Pi·na·ko·thek *griech.;* die: -, -en (Gemäldesammlung)

pin·ge·lig: (sehr gewissenhaft, kleinlich); die **Pingeligkeit**

Ping·pong *engl.*, das: -s (Tischtennis); der **Pingpongschläger**

Pin·gu·in, der: -s, -e (ein Tauchvogel)

Pi·nie *lat. [pinje]*, die: -, -n (in den Mittelmeerländern vorkommende Kiefernart); der **Pinienwald,** die ...wälder; der **Pinienzapfen**

pink *engl.*: (rosa); das **Pink; pinkfarben**

Pin·ne, die: -, -n (Teil des Steuerruders, Reißzwecke); **pinnen** (etwas mit Reißzwecken befestigen); die **Pinnnadel;** auch: die **Pinn-Nadel;** die **Pinnwand,** die ...wände (Tafel, auf der man Merkzettel befestigen kann)

Pin·scher, der: -s, - (eine Hunderasse)

Pin·sel *lat.*, der: -s, -; mit einem dicken Pinsel malen; die **Pinselei; pinseln** (malen, schmieren); der **Pinselstrich**

Pin-up-Girl *engl. [pinapgörl]*, das: -s, -s (leicht bekleidetes Mädchen auf Bildern, die man an die Wand heften kann)

Pin·zet·te *franz.*, die: -, -n (kleine Greifzange)

Pi·o·nier *franz.*, der: -s, -e (Soldat der technischen Heeresgruppe, Wegbereiter, Vorkämpfer); die **Pionierarbeit;** der **Pioniergeist;** die **Pionierzeit**

Pipe·line *engl. [paiplain],* die: -, -s (Rohrleitung für Erdöl und Erdgas)

Pi·pet·te *franz,* die: -, -n (Saugröhrchen)

Pi·rat *griech.,* der: -en, -en (Seeräuber); das **Piratenschiff;** der **Piratensender** (privater Fernseh- oder Rundfunksender, der ohne Genehmigung Sendungen ausstrahlt); das **Piratentum;** die **Piraterie**

Pi·rou·et·te *franz. [pirue̩te],* die: -, -n (Drehung um die eigene Achse)

pir·schen: (sich an das Wild heranschleichen, jagen); die **Pirsch:** auf die Pirsch (Schleichjagd) gehen; der **Pirschgang,** die ... gänge

pis·sen: (urinieren); der **Piss;** die **Pisse** (Harn); das **Pissoir** *[pisoar]* (Herrentoilette)

Pis·te *franz.,* die: -, -n (Ski- oder Rodelstrecke, Start- und Landebahn von Flugzeugen)

Pis·to·le *tschech.,* die: -, -n (Handfeuerwaffe); *jemandem die Pistole auf die Brust setzen* (ihn zu einer Entscheidung zwingen) – *wie aus der Pistole geschossen* (spontan, sofort); die **Pistolenkugel;** der **Pistolenschuss**

pitsch·nass: er ist pitschnass (nass bis auf die Haut) geworden; auch: **pitschenass**

pit·to·resk *franz.:* (malerisch)

Pi·xel *engl.,* das: -(s), - (Bildpunkt)

Piz·za *ital.,* die: -, -s/Pizzen (Hefefladen, belegt mit Käse, Tomaten, Sardellen o.Ä.); der **Pizzabäcker;** die **Pizzabäckerin,** die ... bäckerinnen; der **Pizzateig;** die **Pizzeria,** die Pizzerias/Pizzerien

Pkt. = Punkt

Pkw (PKW) = Personenkraftwagen

pla·cken, sich: (sich plagen, abmühen); die **Plackerei;** → plagen

plä·die·ren *franz.:* (sich einsetzen für); das **Plädoyer** *[plädoaje]* (zusammenfassende Rede des Staatsanwalts oder Verteidigers vor Gericht)

pla·gen: sich bei der Arbeit sehr plagen (mühen); die **Plage;** der **Plagegeist** (lästiger Mensch); die **Plagerei;** → placken

Pla·gi·at *lat.,* das: -(e)s, -e (Diebstahl geistigen Eigentums); der **Plagiator;** die **Plagiatorin; plagiieren** (widerrechtlich abschreiben)

Plaid *engl. [plet],* das: -s, -s (kariertes Umhangtuch, Reisedecke)

Pla·kat *franz.,* das: -(e)s, -e; ein Plakat (einen Anschlag) ankleben; **plakatieren** (ein Plakat ankleben); die **Plakatierung; plakativ:** plakative (auffällige) Farben; die **Plakatsäule;** die **Plakatwand,** die ... wände; die **Plakatwerbung;** die **Plakette** (Gedenktafel, Abzeichen zur Erinnerung)

plan *lat.:* ein planes (ebenes, flaches) Gelände; **planieren:** einen Platz planieren (einebnen); die **Planierraupe;** die **Planierung; planschleifen;** auch: plan schleifen

Plan, der: -(e)s, Pläne; große Pläne (Absichten, Einfälle) haben – einen Plan (Entwurf) für ein Haus machen – *Pläne schmieden* (sich etwas ausdenken, was man tun will) – *auf dem Plan stehen* (geplant sein); **planbar; planen:** eine Reise planen; der **Planer;** die **Planerin; plangemäß; planlos;** die **Planlosigkeit; planmäßig;** das **Planquadrat;** das **Planspiel;** die **Planung; planvoll:** planvoll (überlegt) vorgehen; die **Planwirtschaft**

Pla·ne, die: -, -n (Schutz-, Wagendecke); der **Planwagen**

Pla·net *griech.,* der: -en, -en (Himmelskörper, der sich um die Sonne bewegt und nicht selbst leuchtet); **planetarisch;** das **Planetarium** (Gerät zur Bestimmung der Bewegung, Größe und Lage von Gestirnen; Gebäude mit einem Planetarium); das **Planetensystem;** der **Planetoid** (kleiner Planet)

Plan·ke *griech.,* die: -, -n (Bohle, festes Brett)

plän·keln: (im Scherz streiten); die **Plänkelei** (Wortgefecht)

Plank·ton *griech.,* das: -s (im Wasser schwebende, niedere Lebewesen)

plan·schen: (sich im Wasser tummeln, spritzen); du planschst; auch: **plantschen;** das **Plan(t)schbecken;** die **Plan(t)scherei**

Plan·ta·ge *franz. [plantasche],* die: -, -n (größere Anpflanzung, z.B. Kaffeeplantage); der **Plantagenarbeiter;** die **Plantagenarbeiterin;** der **Plantagenbesitzer;** die **Plantagenbesitzerin;** die **Plantagenwirtschaft**

plant·schen: (sich im Wasser tummeln, spritzen); auch: → **planschen**

plap·pern: (gerne viel reden, schwatzen); die **Plapperei;** der **Plapperer;** die **Plapperin;** das **Plappermaul;** das **Plappermäulchen**

plär·ren: (schreien, laut weinen); der **Plärrer**

Plä·sier *franz.,* das: -s, -e (Vergnügen, Spaß)

Plas·ma *griech.,* das: -s, Plasmen (flüssiger Bestandteil des Blutes bzw. einer Zelle)

Plas·tik *engl.,* das: -s; Geschirr aus Plastik

(Kunststoff); der **Plastikbeutel;** der **Plastikeinband,** die ... einbände; die **Plastikfolie;** der **Plastiksack,** die ... säcke; die **Plastiktüte**

Plas·tik *griech.*, die: -, -en (Werk eines Bildhauers, Standbild, Figur); das **Plastilin** (Knetmasse); **plastisch:** plastisch (bildhaft) erzählen – ein plastisches (lebensnahes) Beispiel bringen – eine plastische (formbare) Masse; die **Plastizität** (Formbarkeit)

Pla·ta·ne *griech.*, die: -, -n (ein Laubbaum)

Pla·teau *franz. [plato]*, das: -s, -s (Hochfläche, Hochebene); **plateauförmig**

Pla·tin ⟨Pt⟩ *span.*, das: -s (Edelmetall); **platinblond** (weißblond); die **Platinhochzeit** (70. Hochzeitstag)

Pla·ti·tu·de *franz. [platitüde]*, die: -, -n (Plattheit, Seichtheit); auch: die **Plattitüde**

plat·schen: im Wasser platschen – Regen platscht auf die Straße – du platschst; **platsch!; plätschern:** die Unterhaltung plätschert (fließt) so dahin; aber: das Plätschern des Baches; **platschnass**

platt: platter, am plattesten; platt (ganz flach) auf der Erde liegen – platt wie ein Brett – da bin ich aber platt (überrascht, sprachlos)! – platte (geistlose) Redensarten; das **Platt** (die plattdeutsche Sprache, das Niederdeutsche); **plattdeutsch;** das **Plattdeutsche; plattdrücken;** auch: platt drücken; die **Platte:** eine Platte aus Stein – eine Platte (Schallplatte) spielen – eine kalte Platte (Teller mit Wurst und Käse) bestellen – *eine andere Platte auflegen* (von etwas anderem sprechen); das **Plätteisen** (Bügeleisen); **plätten:** Hemden plätten (bügeln); der **Plattenspieler;** der **Plattfisch;** die **Plattform;** der **Plattfuß,** die ... füße; **plattfüßig;** die **Plattheit; plattmachen** (zerstören)

Platz, der: -es, Plätze; Platz finden/machen/nehmen – der große Platz vor dem Rathaus – der Platz (das Spielfeld) ist nicht bespielbar – den 1. Platz (Rang) belegen – *am Platze* (angebracht) *sein* – *jemanden auf die Plätze verweisen* (ihn in einem Wettkampf besiegen); die **Platzangst;** das **Plätzchen:** ein ruhiges Plätzchen (einen ruhigen Ort) suchen; die **Platzkarte;** das **Platzkonzert;** der **Platzmangel;** die **Platzmiete;** der **Platzordner;** die **Platzrunde; platzsparend:** platzsparend bauen; auch: Platz sparend; der **Platzverweis;** der **Platzwart;** der **Platzwechsel;** die **Platzziffer;** → platzieren

Plätz·chen, das: -s, - (ein Kleingebäck)

plat·zen: du platzt – der Autoreifen platzt – mein Plan ist leider geplatzt (gescheitert) – vor Neid platzen – er platzte mitten in die Feier; **platzenlassen:** eine Versammlung platzenlassen; auch: platzen lassen; die **Platzpatrone;** der **Platzregen** (Regenschauer); die **Platzwunde**

plat·zie·ren: jemanden vorne platzieren (hinstellen) – einen Schuss ins Ziel platzieren – die Läuferin konnte sich platzieren (einen bestimmten Platz erreichen); **platziert** (genau gezielt); die **Platzierung;** → Platz

plau·dern: (sich unterhalten); die **Plauderei** (Gespräch); der **Plaud(e)rer;** die **Plaud(e)rerin;** das **Plauderstündchen;** die **Plauderstunde;** die **Plaudertasche;** der **Plauderton**

Plausch, der: -(e)s, -e (gemütliche Unterhaltung); **plauschen**

plau·si·bel *lat.*: eine plausible (einleuchtende, stichhaltige) Erklärung; die **Plausibilität**

Play-back *engl. [plebäk]*, das: -, -s (tontechnisches Verfahren); auch: das **Playback**

Play·boy *engl. [plebeu]*, der: -s, -s (nur dem Vergnügen lebender, reicher Mann; Lebemann); das **Playgirl** *[plegörl]*

plei·te *hebr.*: pleite (zahlungsunfähig) sein/werden; die **Pleite:** das war eine Pleite (ein Misserfolg) – Pleite machen; **pleitegehen**

Ple·num *lat.*, das: -s, Plenen (Vollversammlung); der **Plenarsaal,** die ... säle; die **Plenarsitzung;** die **Plenarversammlung** (Sitzung aller Mitglieder)

Pleu·el, der: -s, - (Schubstange); die **Pleuelstange**

Ple·xi·glas, das: -es (glasartiger Kunststoff)

Plom·be *franz.*, die: -, -n (Bleiverschluss, Zahnfüllung); **plombieren** (versiegeln); die Zähne plombieren (ausbessern, füllen); die **Plombierung**

plötz·lich: plötzlich (unerwartet) stand sie da – eine plötzliche Wende; die **Plötzlichkeit**

plu·dern: die Hose pludert (bauscht sich); die **Pluderhose; plud(e)rig**

plump: plumper, am plump(e)sten; sich plump (ungeschickt) benehmen – er hat einen plumpen (unförmigen) Körper – ein plumper (geistloser) Witz – eine plumpe (leicht zu durchschauende) Falle – er zeigt eine plumpe (aufdringliche) Vertraulichkeit; die

Plumpheit; plumps!: plumps!, da liegt er am Boden; der **Plumps** (Fall, Sturz); **plumpsen:** auf den Boden plumpsen (dumpf fallen); **plumpvertraulich;** auch: **plump-vertraulich**

Plum·pud·ding *engl. [plạm...]*, der: -s, -s (englische Süßspeise)

Plụn·der, der: -s (altes Zeug, Ramsch)

plụ̈n·dern: die Geschäfte plündern (ausrauben); die **Plünderei;** der **Plünd(e)rer;** die **Plünderin;** auch: die **Plündrerin;** die **Plünderung**

Plu·ral ⟨Pl., Plur.⟩ *lat.*, der: -s, -e (Sprachlehre: Mehrzahl); der **Pluralịsmus** (Nebeneinander verschiedener Meinungen); **pluralịstisch:** eine pluralistische (vielgestaltige) Gesellschaft; die **Pluralität** (Mehrheit, Vielfältigkeit)

plụs *lat.*: zwei plus (und) drei ist fünf – plus 10 Grad (+ 10°) – 15 Grad plus – plus (zuzüglich) Zinsen – der Strom fließt von plus nach minus; das **Plus:** ein Plus (einen Gewinn) im Betrieb machen – ihr Plus (Vorteil) ist ihre Jugend; der **Pluspol** (positiv geladener Pol); der **Pluspunkt;** das **Plusquamperfekt** (Sprachlehre: vollendete Vergangenheit); das **Pluszeichen** ⟨+⟩

Plüsch *franz.*, der: -(e)s, -e (Samtgewebe); die **Plüschdecke;** der **Plüschsessel;** das **Plüschsofa;** das **Plüschtier**

plus·tern: die Vögel plustern sich auf (ihre Federn richten sich auf)

Plu·to, der: - (ein Planet)

Plu·to·ni·um ⟨Pu⟩ *griech.*, das: -s (chemisches Element, radioaktives Schwermetall)

PLZ = Postleitzahl

p.m. = pro mille (vom Tausend)

pneu·ma·tisch *griech.*: (durch Luftdruck bewegt); eine pneumatische Bremse

Po, der: -s, -s (Gesäß); auch: der **Popo**

Pö·bel *franz.*, der: -s (niedriges Volk, Gesindel); die **Pöbelei; pöbelhaft:** ein pöbelhaftes (rohes, flegelhaftes) Betragen; die **Pöbelhaftigkeit; pöbeln:** ich pöb(e)le – hör auf zu pöbeln!

pọ·chen: an das Tor pochen (klopfen) – ihr Herz pocht (schlägt) vor Aufregung – auf seine Rechte pochen (darauf bestehen)

Pọ·cke, die: -, -n (Pickel, Eiterbläschen); die **Pocken** *Pl.* (schwere Infektionskrankheit, Blattern); die **Pockennarbe; pockennarbig;** die **Pockenschutzimpfung**

Po·dẹst *lat.*, das/der: -(e)s, -e (erhöhter Platz, Treppenabsatz); das **Podium,** die Podien (kleine Bühne, Erhöhung); die **Podiumsdiskussion;** das **Podiumsgespräch**

Po·e·sie *griech.*, die: -, Poesien (Dichtung, Dichtkunst); das **Poesiealbum,** die ...alben; der **Poet** (Dichter, Schriftsteller); die **Poetik** (Lehre von der Dichtkunst); die **Poetin; poetisch:** poetisch (dichterisch) veranlagt

Po·grom (Pog·rom) *russ.*, der/das: -s, -e (Ausschreitung gegen Minderheiten in einem Land); die **Pogromnacht**

Poin·te *franz. [poãte]*, die: -, -n (überraschende Lösung eines Witzes oder einer Erzählung, Hauptsache); **pointiert:** etwas pointiert (betont) vortragen – eine pointierte (gezielte) Bemerkung

Po·kal *griech.*, der: -s, -e (Trinkbecher, Siegespreis); das **Pokalendspiel;** der **Pokalsieger;** das **Pokalspiel;** der **Pokalwettbewerb**

pö·keln: (mit Salz haltbar machen); der **Pökel** (Salzbrühe); das **Pökelfleisch**

Po·ker *amerik.*, das: -s (ein Kartenglücksspiel); das **Pokerface** *[...fes]* (Pokermiene); die **Pokermiene; pokern;** das **Pokerspiel**

Pol *griech.*, der: -s, -e (Endpunkt der Erdachse, Ende eines Magneten, Drehpunkt); **polar:** die polare (arktische) Kälte – eine polare (gegensätzliche) Haltung einnehmen; das **Polareis;** die **Polarexpedition;** der **Polarforscher;** das **Polargebiet; polarisieren:** der Streit polarisiert sich immer mehr (entwickelt sich zu größerer Gegensätzlichkeit); die **Polarität** (Gegensätzlichkeit); der **Polarkreis** (Breitengrad, der die Polarzone von der gemäßigten Zone trennt); das **Polarlicht;** das **Polarmeer;** der **Polarstern; polen** (an einen elektrischen Pol anschließen)

Pọl·der *niederl.*, der: -s, - (eingedeichtes Marschland); der **Polderdeich**

Po·le·mik *griech.*, die: -, -en (Auseinandersetzung, Redestreit); **polemisieren:** gegen jemanden polemisieren (dessen Ansichten unsachlich bekämpfen); **polemisch:** eine polemische (feindselige) Äußerung

Po·len: -s (Staat in Europa); der **Pole;** die **Polin,** die Polinnen; **polnisch**

Po·lẹn·ta *ital.*, die: -, -s/Polenten (ein Maisgericht)

Po·li·ce *franz. [polisse]*, die: -, -n (Urkunde, Versicherungsschein)

Po·lier *franz.*, der: -s, -e (Bauführer, Vorarbeiter von Maurern und Zimmerleuten)
po·lie·ren *franz.*: (glänzend machen, blank reiben); die **Polierbürste;** der **Polierer;** die **Poliererin;** das **Poliermittel;** das **Poliertuch;** die **Politur,** die Polituren (Glanzmittel, Glanzschicht)
Po·li·kli·nik, die: -, -en (Krankenabteilung für ambulante Patienten); **poliklinisch**
Po·lio, die: - (Kinderlähmung); die **Polioimpfung**
Po·li·tik *griech.*, die: - (Staatsführung); der **Politiker;** die **Politikerin,** die Politikerinnen; das **Politikum** (Ereignis von politischer Bedeutung); **politisch:** eine politische Entscheidung; **politisieren;** die **Politisierung**
Po·li·zei *griech.*, die: -, -en (Sicherheitsbehörde); die Polizei regelt den Verkehr – sich der Polizei stellen; die **Politesse** (Hilfspolizistin); die **Polizeiaktion;** der **Polizeiapparat;** der **Polizeibeamte;** die **Polizeibeamtin,** die ...beamtinnen; die **Polizeieskorte** (Polizeigeleit); die **Polizeikontrolle; polizeilich;** das **Polizeirevier;** der **Polizeistaat;** die **Polizeistreife;** die **Polizeistunde** (Sperrzeit für Lokale); **polizeiwidrig;** der **Polizist;** die **Polizistin,** die Polizistinnen
Pol·ka *poln.*, die: -, -s (ein Tanz)
Pol·len *lat.*, der: -s, - (Blütenstaub); die **Pollenallergie;** das **Pollenkorn,** die ... körner
Po·lo *engl.*, das: -s (Ballspiel für Reiter); das **Polohemd**
Po·lo·nä·se *franz.*, die: -, -n (ein Reihentanz); auch: die **Polonaise**
Pols·ter, das: -s, - (Kissen); das **Pölsterchen;** der **Polsterer;** die **Polstergarnitur;** die **Polstermöbel** *Pl.*; **polstern;** der **Polstersessel;** der **Polsterstuhl,** die ... stühle; die **Polsterung**
pol·tern: Kinder poltern (lärmen) auf der Treppe – die Steine poltern (fallen geräuschvoll) auf den Boden – er kam ins Haus gepoltert – gegen die neuen Gesetze poltern (schimpfen); der **Polterabend** (Vorabend einer Hochzeit); der **Polterer** (jemand, der gerne schimpft); der **Poltergeist** (Klopfgeist); **polt(e)rig**
Po·lyp *griech.*, der: -en, -en (Nesseltier mit Greifarmen); die **Polypen** *Pl.*: Polypen (Wucherungen) in der Nase haben
po·ly·phon *griech.*: (mehrstimmig); auch: **polyfon;** die **Polyphonie;** auch: die **Polyfonie**
po·ly·tech·nisch *griech.*: (mehrere Zweige der Technik umfassend); das **Polytechnikum** (technische Hochschule)
Po·ma·de *franz.*, die: -, -n (Haarfett); **pomadig:** sie hat ein pomadiges (anmaßendes) Benehmen – pomadig (langsam, träge) spielen – pomadige (fettige) Haare
Pommes frites *Pl. franz. [pom frit]*, die: - (in Fett gebackene Kartoffelstäbchen)
Pomp *franz.*, der: -(e)s; mit gewaltigem Pomp (Aufwand, Prunk); **pomphaft;** die **Pomphaftigkeit; pompös:** ein pompöses (aufwendiges, prunkvolles) Fest feiern
Pon·cho *indian. [pontscho]*, der: -s, -s (ärmelloser Umhang, Indiomantel)
Pond ⟨p⟩ *lat.*, das: -s, - (frühere physikalische Einheit der Kraft); 100 Pond
Pon·ti·fex *lat.*, der: -, Pontifizes/Pontifices (Oberpriester im alten Rom); der **Pontifex maximus** (Titel des Papstes); das **Pontifikalamt** (von einem Bischof oder Abt gehaltenes Hochamt); das **Pontifikat** (Amtszeit des Papstes oder eines Bischofs)
Pon·ton *franz. [põtõ]*, der: -s -s (schwimmende Behelfsbrücke); die **Pontonbrücke**
Po·ny *engl.*, das: -s, -s (Kleinpferd); der **Pony** (in die Stirn fallende, waagrecht abgeschnittene Haare); die **Ponyfrisur**
Pool *engl. [pul]*, der: -s, -s (Schwimmbecken)
Po·panz *tschech.*, der: -es, -e (Schreckgespenst, willenloser Mensch)
Pop-Art *amerik.*, die: - (eine moderne Kunstrichtung); die **Popfarbe; popfarben;** das **Popfestival** *[...wal]*; das **Popidol;** auch: das **Pop-Idol;** die **Popmusik** (moderne Unterhaltungsmusik); auch: der **Pop;** aber: **poppig;** der **Popsänger;** die **Popsängerin,** die ...sängerinnen; der **Popstar;** die **Popszene**
Pop·corn *engl.*, das: -s (gerösteter Mais, Puffmais)
Po·pe·lin *franz.*, der: -s, -e (feinrippiges Gewebe); auch: die **Popeline**
po·peln: (in der Nase bohren); der **Popel** (verhärteter Nasenschleim)
po·pu·lär *lat.*: eine populäre (beim Volk beliebte, volkstümliche) Sendung – populäre (gern gesehene) Maßnahmen treffen; **popularisieren** (verbreiten, bekannt machen); die **Popularität** (Beliebtheit, Volkstümlichkeit); der **Populist;** die **Populistin**

Po·re *griech.*, die: -, -n (feine Hautöffnung); aus allen Poren schwitzen; **porentief; porig; porös** (undicht, durchlässig)

Por·no, der: -s, -s (pornografischer Film, Roman o.Ä.); die **Pornografie** (aufreizende Darstellung des sexuellen Lebens); auch: die **Pornographie; pornografisch:** pornografische Bilder ansehen; auch: **pornographisch;** das **Pornoheft**

Por·ree *franz.*, der: -s, -s (ein Gemüse)

Por·tal *lat.*, das: -s, -e (Haupteingang, Tor; Website, die als Einstieg ins Internet dient)

Por·tier *franz. [portje]*, der: -s, -s (Pförtner); die **Portiere,** die Portieren *[portjere]* (Türvorhang); die **Portiersfrau**

Por·ti·on *lat. [porzjon]*, die: -, -en (Anteil, zugewiesene Menge); eine Portion Eis – er ist nur eine halbe Portion (ein schmächtiger Mensch) – dazu gehört eine gehörige Portion Mut; **portionenweise;** auch: **portionsweise; portionieren** (in bestimmte Mengen einteilen); die **Portionierung**

Port·mo·nee *franz. [portmone]*, das: -s, -s (Geldbörse); auch: das **Portemonnaie**

Por·to *ital.*, das: -s, -s/Porti (Postgebühr); **portofrei** (franko); die **Portokasse; portopflichtig** (gebührenpflichtig)

Por·trät (Port·rät) *franz. [porträ]*, das: -s, -s (Bildnis eines Menschen); die **Porträtaufnahme; porträtieren;** der **Porträtist;** der **Porträtmaler;** die **Porträtzeichnung**

Por·tu·gal: -s (europäischer Staat); der **Portugiese;** die **Portugiesin,** die Portugiesinnen; **portugiesisch**

Por·zel·lan *ital.*, das: -s, -e (gebrannter Ton); chinesisches Porzellan – *Porzellan zerschlagen* (Schaden, Unheil anrichten); **porzellanen** (aus Porzellan); die **Porzellanfigur;** der **Porzellanladen,** die ... läden

Po·sau·ne *franz.*, die: -, -n (ein Blasinstrument); **posaunen:** *etwas in die Welt posaunen* (überall herumerzählen); **der Posaunenbläser;** der **Posaunist;** die **Posaunistin**

Po·se *franz.*, die: -, -n (Körperhaltung, gekünstelte Stellung); **posieren;** die **Position:** die Position (der Standort) eines Schiffes – eine hohe Position (Stellung) einnehmen; **positionell; positionieren;** das **Positionslicht;** die **Positur,** die Posituren: *sich in Positur werfen* (eine auffällige Haltung einnehmen)

po·si·tiv *lat.*: eine positive (bejahende) Antwort erhalten – das Ergebnis ist für dich sehr positiv (gut, günstig) – das behauptet er positiv (sicher, bestimmt) – eine positive Zahl; das **Positiv** (fertige Fotografie); der **Positiv** (Sprachlehre: Grundstufe des Eigenschaftswortes, nicht gesteigerte Form)

Pos·se *franz.*, die: -, -n (Schwank, derb-komisches Bühnenspiel); eine Posse aufführen; die **Possen** *Pl.*: Possen reißen (Witze machen); **possenhaft** (spaßig); der **Possenreißer** (Spaßmacher); **possierlich:** ein possierliches (drolliges) Tier; die **Possierlichkeit**

pos·ses·siv *lat.*: (besitzanzeigend); das **Possessivpronomen** (Sprachlehre: besitzanzeigendes Fürwort)

Post *ital.*, die: -; einen Brief mit der Post schicken – viel Post bekommen – auf die Post (das Postamt) gehen – ab die Post (los)!; **postalisch:** auf postalischem Wege (durch die Post); das **Postamt,** die ... ämter; die **Postanschrift;** der **Postbote;** die **Postbotin,** die ... botinnen; der **Postdienst;** das **Postfach,** die ... fächer; die **Postgebühr;** das **Postgeheimnis,** die ... geheimnisse; das **Postgirokonto;** der **Postillion** *[postiljon]* (Fahrer einer Postkutsche); die **Postkarte;** der **Postkasten,** die ... kästen; die **Postkutsche; postlagernd;** die **Postleitzahl** ⟨PLZ⟩; der **Postler;** die **Postlerin,** die Postlerinnen; das **Postpaket;** der **Postscheck;** der **Poststempel; postwendend** (sofort); das **Postwertzeichen;** die **Postwurfsendung**

Pos·ten *ital.*, der: -s, -; er hat einen guten Posten (eine gute Stellung) – Posten (Wache) stehen – die Posten (Beträge) einer Rechnung zusammenzählen – einen Posten (eine bestimmte Menge) Schuhe bekommen – *auf verlorenem Posten kämpfen* (in einer aussichtslosen Lage sein) – *auf dem Posten* (bereit, in guter Verfassung) *sein;* **postieren:** den Polizisten vor dem Eingang postieren (aufstellen); die **Postierung**

Pos·ter *engl. [poßter]*, das/der: -s, -(s) (Plakat, Wandbild)

post·hum *lat.* (nach jemandes Tod, nachgelassen); auch: **postum**

Post·skrip·tum ⟨PS⟩ *lat.*, das: -s, Postskripta (Nachsatz, z.B. in einem Brief); auch: das **Postskript,** die Postskripte

po·tent *lat.*: (reich, mächtig, zeugungsfähig);

N O P Q R S

der **Potentat,** die Potentaten (Herrscher, Machthaber); das **Potenzial** (Kraftreserve, Leistungsfähigkeit); auch: das **Potential;** die **Potenz** (Zeugungsfähigkeit, Leistungsvermögen); **potenziell** (möglich, denkbar); auch: **potentiell; potenzieren** (steigern, verstärken)

Pot·pour·ri *franz. [potpuri],* das: -s, -s (Zusammenstellung, bunte Mischung, Vielfalt)

Pott, der: -(e)s, Pötte (Topf, altes Schiff); **potthässlich;** der **Pottwal** (ein Zahnwal)

potz Blitz!: (Ausruf der Überraschung); **potztausend!**

Pou·lar·de *franz. [pularde],* die: -, -n (junges, kastriertes Masthuhn)

Po·wer (Pow·er) *engl. [pauer],* die: - (Kraft, Wucht, Leistung); die **Powerfrau; powern** (mit großem Einsatz etwas tun, Wucht haben); das **Powerplay**

pp = pianissimo (sehr leise)

PR = **Public Relations** (Öffentlichkeitsarbeit, Kontaktpflege)

Prä·am·bel *lat.,* die: -, -n (Vorwort, Vorrede)

Pracht, die: - (Prunk, Herrlichkeit, Glanz); *eine wahre Pracht* (großartig) *sein;* der **Prachtbau,** die ... bauten; das **Prachtexemplar; prächtig:** ein prächtiger (sehr schöner) Raum – er ist ein prächtiger (tüchtiger) Mensch – eine prächtige (meisterhafte) Arbeit; der **Prachtjunge;** der **Prachtkerl; prachtliebend;** auch: Pracht liebend; die **Prachtstraße;** das **Prachtstück; prachtvoll;** das **Prachtwerk**

prä·des·ti·niert *lat.:* (wie geschaffen für etwas)

Prä·di·kat *lat.,* das: -(e)s, -e; das Prädikat (Sprachlehre: Satzaussage) des Satzes bestimmen – das Prädikat (die Note) „sehr gut" – mit Prädikat (Auszeichnung) bestehen

Prä·fekt *lat.,* der: -en, -en (hoher katholischer Geistlicher, Aufsichtsperson in einem Internat); die **Präfektin;** die **Präfektur** (Amt, Amtsbezirk eines Präfekten)

Prä·fe·renz *lat.,* die: -, -en (Vorrang, Vorzug, Vergünstigung); **präferenziell;** auch: **präferentiell;** die **Präferenzstellung**

Prä·fix *lat.,* das: -es, -e (Sprachlehre: Vorsilbe)

prä·gen: eine Münze prägen (formen) – das Elternhaus hat sie nachhaltig geprägt (geformt, beeinflusst); **prägbar;** die **Prägbarkeit;** die **Prägung**

prag·ma·tisch *griech.:* eine pragmatische (sachbezogene) Antwort geben; die **Pragmatik** (Sachbezogenheit, Besinnung auf das Nützliche); der **Pragmatiker;** die **Pragmatikerin,** die Pragmatikerinnen

präg·nant (prä·gnant) *lat.:* etwas prägnant (treffend, kurz) darstellen; die **Prägnanz**

prah·len: mit seinem Reichtum prahlen (angeben, sich brüsten); der **Prahler;** die **Prahlerei** (Angabe); die **Prahlerin; prahlerisch;** der **Prahlhans** (Angeber); die **Prahlsucht**

prak·tisch *griech.:* ein praktischer (handwerklicher) Beruf – er weiß praktisch (so gut wie) alles – eine praktische (brauchbare) Erfindung – ein praktischer Arzt; die **Praktik** (Verfahrensweise, Handhabung); **praktikabel:** eine praktikable (brauchbare) Lösung; die **Praktikabilität;** der **Praktikant** (praktisch Auszubildender); die **Praktikantin,** die Praktikantinnen; der **Praktiker;** die **Praktikerin;** das **Praktikum,** die Praktika (die praktische Arbeit während einer beruflichen Ausbildung); **praktizieren:** als Ärztin praktizieren (tätig sein)

Prä·lat *lat.* der: -en, -en (hoher kirchlicher Würdenträger)

Pra·li·ne *franz.,* die: -, -n (mit Schokolade überzogene Süßigkeit); auch: das **Pralinee;** die **Pralinenschachtel**

pral·len: mit dem Auto gegen eine Mauer prallen; **prall:** in der prallen Sonne sitzen; der **Prall** (kräftiger Stoß); **prallfüllen;** auch: prall füllen; **prallvoll** (ganz voll)

Prä·lu·di·um *lat.,* das: -s, Präludien (musikalisches Vorspiel)

Prä·mie *lat.,* die: -, -n (Geldpreis, Belohnung, regelmäßiger Versicherungsbeitrag); **prämienfrei;** das **Prämiensparen; prämieren** (auszeichnen, belohnen); auch: **prämiieren;** die **Prämierung;** auch: die **Prämiierung**

Prä·mis·se *lat.,* die: -, -n (Voraussetzung, Bedingung)

pran·gen: über dem Eingang prangt (hängt weithin sichtbar) ein großes Schild

Pran·ger, der: -s, - (Schandpfahl); *jemanden an den Pranger stellen* (ihn öffentlich anklagen, bloßstellen)

Pran·ke, die: -, -n (große Raubtiertatze)

Prä·pa·rat *lat.,* das -(e)s, -e (Arzneimittel, Schaustück für Lehrzwecke); die **Präparation;** der **Präparator** (Tierausstopfer); **präparieren:** ein präparierter (ausgestopfter) Vogel – gut für den Unterricht präpariert (vorbereitet) sein; die **Präparierung**

Prä·po·si·ti·on *lat.*, die: -, -en (Sprachlehre: Verhältniswort); das **Präpositionalobjekt**

Prä·rie *franz.*, die: -, Prärien (Grassteppe Nordamerikas); der **Präriehund**

Prä·sens *lat.*, das: - (Sprachlehre: Zeitform der Gegenwart); **präsent:** präsent (anwesend, gegenwärtig) sein; aber: die **Präsenz** (Anwesenheit); die **Präsenzpflicht;** die **Präsenzstärke** (augenblickliche Personalstärke)

prä·sen·tie·ren *franz.*: eine Rechnung präsentieren (vorlegen) – sich präsentieren (zeigen, vorstellen) – ein Gewehr präsentieren (eine militärische Ehrenbezeigung machen); das **Präsent** (Geschenk); die **Präsentation** (öffentliche Vorstellung); **Präsentierteller:** *auf dem Präsentierteller sitzen* (allen Blicken ausgesetzt sein); die **Präsentierung;** der **Präsentkorb,** die ... körbe

Prä·ser·va·tiv *lat. [präserwatif]*, das: -s, -e (Verhütungsmittel, Kondom)

Prä·si·dent *lat.*, der: -en, -en (Staatsoberhaupt, Vorsitzender); der **Präses** (Vorsitzender einer Einrichtung); die **Präsidentin,** die Präsidentinnen; die **Präsidentschaft; präsidial; präsidieren** (den Vorsitz führen); das **Präsidium,** die Präsidien (Vorsitz, Leitung)

pras·seln: der Regen prasselt (klatscht, trommelt) auf die Straße – Feuer prasselt im Ofen

pras·sen: (im Überfluss leben, schlemmen); der **Prasser;** die **Prasserei;** die **Prasserin**

prä·ten·ti·ös *franz.*: (anmaßend, anspruchsvoll)

Prä·te·ri·tum (Prä·ter·i·tum): *lat.*, das: -s (Sprachlehre: Zeitform der Vergangenheit)

prä·ven·tiv *lat.*: präventive (vorbeugende, verhütende) Maßnahmen; die **Prävention** (Abschreckung, das Zuvorkommen); der **Präventivkrieg;** der **Präventivschlag**

Pra·xis *griech.*, die: -, Praxen; die Praxis (die Räume) eines Arztes aufsuchen – er hat eine große, gut gehende Praxis – keinerlei Praxis (Berufserfahrung) haben – das ist längst Praxis (Brauch, Gepflogenheit) – in der Praxis (Wirklichkeit) sieht alles anders aus; **praxisbezogen;** der **Praxisbezug; praxisfern; praxisfremd; praxisgerecht; praxisnah; praxisorientiert**

Prä·ze·denz·fall *lat.*, der: -(e)s, ... fälle (beispielhafter, ähnlicher Fall)

prä·zi·se *lat.*: (genau, gewissenhaft, exakt); auch: **präzis; präzisieren** (verdeutlichen, genauer angeben); die **Präzision** (Genauigkeit); die **Präzisionsarbeit**

pre·di·gen *lat.*: auf der Kanzel predigen (das Wort Gottes verkünden) – er predigt ständig den Schülern (er ermahnt sie) fleißig zu sein; der **Prediger;** die **Predigerin,** die Predigerinnen; die **Predigt;** der **Predigttext**

Prei·sel·bee·re, die: -, -n (ein Waldstrauch mit essbaren Beeren)

prei·sen: du preist, er pries, sie hat gepriesen, preis(e)!; er preist (lobt, rühmt) deine Tüchtigkeit; der **Preis:** der Sieger erhält einen wertvollen Preis (eine Auszeichnung) – um jeden Preis (koste es, was es wolle) – die Preise werden gesenkt – er verlangt einen hohen Preis (eine hohe Summe) – *hoch im Preis stehen* (guten Gewinn bringen) – *ohne Fleiß kein Preis;* der **Preisanstieg;** das **Preisausschreiben; preisbewusst;** die **Preisbindung;** die **Preiserhöhung;** die **Preisfrage;** die **Preisgabe; preisgeben:** seine Grundsätze preisgeben (aufgeben) – sie hat ihr Geheimnis nicht preisgegeben (nicht mitgeteilt); das **Preisgefälle; preisgekrönt;** das **Preisgericht; preisgünstig;** die **Preisklasse;** die **Preiskontrolle;** die **Preislage; preislich;** das **Preislied** (Lobrede); der **Preisnachlass,** die ... nachlasse/... nachlässe (Rabatt); der **Preisrichter;** die **Preisrichterin;** der **Preisrückgang;** der **Preisschlager;** die **Preissenkung;** die **Preissteigerung;** der **Preisstopp;** der **Preissturz;** der **Preisträger;** die **Preisträgerin,** die ... trägerinnen; die **Preistreiberei; preiswert; preiswürdig**

pre·kär *franz.*: sich in einer prekären (schwierigen, bedenklichen) Lage befinden

prel·len: er hat sich den Arm geprellt (gestoßen, verletzt) – die Zeche prellen (schuldig bleiben) – jemanden um sein Geld prellen (betrügen); der **Prellbock,** die ... böcke; die **Prellerei** (Betrug); die **Prellung**

Pre·mie·re *franz. [premjere]*, die: -, -n (Erst-, Uraufführung); der **Premierenabend;** der **Premierminister** *[premje ...]* (Ministerpräsident); die **Premierministerin**

pre·schen: du preschst – durch das Tor preschen (jagen, eilen)

pres·sen: du presst, er presste, sie hat gepresst, press(e)!; Saft aus der Orange pressen (drücken) – frisch von Hand gepresst – sie wurde an die Wand gepresst; die **Presse:** an der Presse (Maschine zum Drucken, Formen o. Ä.) arbeiten – von der Presse (von der Zeitung, ein Journalist) sein – die gesamte Presse (alle Zeitungen) berichtete darüber – eine gute Presse (Kritik) bekommen; die **Presseagentur;** der **Pressebericht;** die **Pressefreiheit;** der **Pressekommentar;** die **Pressekonferenz;** die **Pressemeldung;** die **Pressenotiz;** die **Pressestimme;** die **Pressezensur;** die **Pressluft;** der **Pressluftbohrer;** der **Presslufthammer;** die **Pressung**

pres·sie·ren *franz.*: es pressiert ihr (sie ist in Eile); **pressant** (eilig, dringlich)

Pres·ti·ge *franz. [preßtisch]*, das: -s (Ansehen, Geltung); die **Prestigefrage;** der **Prestigegewinn;** die **Prestigesache; prestigeträchtig;** der **Prestigeverlust**

Preu·ßen: -s (früheres Land des Deutschen Reiches); der **Preuße;** die **Preußin,** die Preußinnen; **preußisch;** das **Preußischblau**

pri·ckeln: ein prickelndes (erregendes) Gefühl – der Sekt prickelt (perlt) im Glas; der **Prickel** (Reiz); **prick(e)lig;** das **Prickeln**

Priel, der: -(e)s, -e (Wasserrinne im Wattenmeer)

Priem *niederl.*, der: -(e)s, -e (Kautabak); **priemen;** der **Priemtabak**

Pries·ter *griech.*, der: -s, - (Geistlicher); das **Priesteramt,** die ...ämter; die **Priesterin,** die Priesterinnen; **priesterlich;** das **Priestertum;** die **Priesterweihe**

pri·ma *lat.*: das macht er prima (ausgezeichnet, vorzüglich) – ein prima (großartiger) Bursche; die **Primaballerina,** die ...ballerinen (erste Tänzerin eines Balletts); die **Primadonna,** die ...donnen (gefeierte Opernsängerin); der **Primaner** (Schüler der obersten Schulstufe); die **Primanerin,** die Primanerinnen; **primär** (in erster Linie); die **Primarschule** (Grundschule); der **Primas,** die Primasse/Primaten (kirchliches Oberhaupt); der/das **Primat,** die Primate (Vorzug, Vorrang); die **Primaten** *Pl.* (oberste Säugetiere); der **Primus,** die Primi/Primusse (Klassenbester); die **Primzahl** (nur durch 1 oder durch sich selbst teilbare Zahl)

Pri·mel *lat.*, die: -, -n (eine Frühlingsblume)

pri·mi·tiv *lat.*: ein primitiver (geistig wenig entwickelter, gewöhnlicher) Mensch – in primitiven (einfachen) Verhältnissen leben; die **Primitivität;** der **Primitivling**

Pri·mi·zi·ant *lat.*, der: -en, -en (neu geweihter katholischer Priester); die **Primiz** (erste Messe eines Primizianten); die **Primizfeier**

Prinz *lat.*, der: -en, -en (Sohn aus einem regierenden Fürstenhaus); die **Prinzengarde** (Garde eines Karnevalsprinzen); das **Prinzesschen;** die **Prinzessin,** die Prinzessinnen; der **Prinzgemahl** (Ehemann einer regierenden Königin); der **Prinzregent**

Prin·zip *lat.*, das: -s, Prinzipien (Grundsatz, Regel); etwas aus Prinzip tun; **prinzipiell** (grundsätzlich); **prinzipienfest; prinzipienlos;** die **Prinzipienreiterei** (kleinliches Festhalten an bestimmten Grundsätzen); der **Prinzipienstreit; prinzipientreu**

Pri·or *lat.*, der: -s, Prioren (Klostervorsteher, Stellvertreter eines Abtes); die **Priorin,** die Priorinnen; die **Priorität** (Vorrang, Erstrecht)

Pri·se *franz.*, die -, -n; eine Prise (kleine Menge) Salz

Pris·ma *griech.*, das: -s, Prismen (Kantensäule, Licht brechender Körper); **prismenförmig**

Prit·sche, die: -, -n (einfache Liege, Ladefläche eines Kraftwagens, Schlaggerät); der **Pritschenwagen**

pri·vat *lat. [priwat]*: ein privater (persönlicher) Brief – ein privates (nicht öffentliches) Grundstück – ein privates (vertrauliches) Gespräch führen – an/von privat; die **Privatadresse;** die **Privatangelegenheit;** die **Privataudienz;** der **Privatdetektiv;** die **Privatdetektivin;** das **Privateigentum;** das **Privatfernsehen;** das **Privatinteresse; privatisieren:** einen Staatsbetrieb privatisieren (in Privateigentum überführen); die **Privatisierung;** die **Privatklage;** das **Privatleben;** der **Privatlehrer;** die **Privatlehrerin;** der **Privatmann;** der **Privatpatient;** die **Privatpatientin;** die **Privatperson;** das **Privatrecht;** die **Privatsache;** die **Privatschule; privatversichert:** privatversicherte Patienten; auch: privat versichert; die **Privatwirtschaft;** die **Privatwohnung**

Pri·vi·leg *lat. [priwileg]*, das: -(e)s, -e/-ien (Sonderrecht, Sonderstellung); **privilegieren** (bevorzugen): ein privilegierter Berufsstand

pro *lat.*: pro (je) Kopf – pro Mann – pro Jahr – pro anno (jährlich) – pro domo (in eigener

Sache) – pro forma (nur zum Schein); aber: das Pro und Kontra (das Für und Wider)

pro·bat *lat.*: ein probates (bewährtes) Mittel

Pro·be *lat.*, die: -, -n; jemanden auf die Probe stellen – eine Probe (einen kleinen Teil) des Gifts untersuchen – eine Probe (vorbereitende Arbeit) für ein Theaterstück – Probe fahren/laufen – Probe singen – auf Probe (versuchsweise) – *die Probe aufs Exempel machen* (etwas nachprüfen); der **Proband** (Testperson); die **Probandin;** der **Probealarm;** die **Probearbeit;** die **Probebohrung;** das **Probeexemplar;** die **Probefahrt; probehalber; proben:** ein Theaterstück proben (einüben); der **Probelauf;** die **Probenummer;** die **Probesendung; probeweise** (versuchsweise); die **Probezeit; probieren** (prüfen, versuchen): einen Wein probieren; aber: *Probieren geht über Studieren;* auch: probieren geht über studieren

Pro·blem (Prob·lem) *griech.*, das: -s, -e; seinen Eltern Probleme (Schwierigkeiten) machen – das ist ein schwieriges Problem (eine nicht leicht zu lösende Aufgabe) – *Probleme wälzen* (über ungelöste Aufgaben nachdenken); die **Problematik; problematisch:** eine problematische (schwierige) Angelegenheit; **problematisieren;** der **Problembereich; problembewusst;** das **Problembewusstsein;** der **Problemfall,** die ... fälle; **problemlos;** der **Problemmüll; problemorientiert;** die **Problemstellung**

Pro·dukt *lat.*, das: -(e)s, -e (Ergebnis, Erzeugnis, Ertrag); der **Producer** *[prodjuser]* (Hersteller, Produzent); die **Produktion** (Herstellung, Erzeugung von Waren o. Ä.); **produktiv** (ergiebig, schöpferisch, fruchtbar); die **Produktivität;** der **Produzent** (Erzeuger, Hersteller); die **Produzentin,** die Produzentinnen; **produzieren:** Maschinen produzieren (herstellen) – sich gerne produzieren (sich darstellen, sich in auffälliger Weise benehmen)

Prof. = Professor(in)

pro·fan *lat.*: (weltlich, nicht kirchlich); eine ganz profane (alltägliche) Angelegenheit; der **Profanbau** (nichtkirchliches Bauwerk)

pro·fes·si·o·nell *franz.*: professionell (wie ein Fachmann) arbeiten; die **Professionalität;** der **Profi** (Berufssportler, Fachmann); der **Profifußball;** das **Profigeschäft; profihaft;** das **Profilager:** der Sportler wechselt ins Profilager; die **Profimannschaft;** der **Profisport**

Pro·fes·sor ⟨Prof.⟩ *lat.*, der: -s, Professoren (Lehrer an einer Universität); **professoral** (würdevoll); die **Professorin;** die **Professur,** die Professuren (Lehramt, Lehrstuhl)

Pro·fil *ital.*, das: -s, -e; etwas im Profil (in Seitenansicht) zeichnen – an Profil (an Ansehen, Persönlichkeit) gewinnen – das abgefahrene Profil (die Lauffläche) eines Autoreifens; sich **profilieren** (sich hervortun): ein profilierter Fachmann; die **Profilierung; profillos;** die **Profilzeichnung**

Pro·fit *franz.*, der: -(e)s, -e; Profit (Gewinn) bringen; **profitabel:** ein profitables (Gewinn bringendes) Geschäft; **profitbringend:** etwas profitbringend verkaufen; auch: Profit bringend; die **Profitgier; profitieren** (Nutzen ziehen, gewinnen); der **Profitmacher;** das **Profitstreben**

pro·fund *lat.*: profunde (gründliche, umfassende) Kenntnisse haben

Prog·no·se (Pro·gno·se) *griech.*, die: -, -n; eine Prognose (Vorhersage) über den Verlauf der Krankheit erstellen; **prognostisch; prognostizieren**

Pro·gramm *griech.*, das: -s, -e; diese Partei hat ein fortschrittliches Programm (Grundsätze) – das Programm (der vorgesehene Ablauf) einer Feier – das Programm eines Computers – alles verläuft nach Programm (wunschgemäß) – auf ein anderes Programm (im Fernsehen) umschalten; der **Programmablauf;** die **Programmänderung; programmatisch:** eine programmatische (richtungsweisende) Rede halten; die **Programmfolge; programmgemäß** (wie vorgesehen); **programmieren** (einen Computer mit einem Programm versehen); der **Programmierer;** die **Programmiererin;** die **Programmiersprache;** die **Programmierung; programmmäßig;** die **Programmmusik;** auch: die **Programm-Musik;** die **Programmvorschau;** die **Programmzeitschrift**

Pro·gress *franz.*, der: -es, -e (Fortschritt); **progressiv:** progressive (fortschrittliche) Ansichten haben; die **Progression,** die Progressionen (Steigerung, Zunahme)

Pro·jekt *lat.;* das: -(e)s, -e (Plan, Vorhaben); die **Projektgruppe; projektieren:** eine Anlage projektieren (entwerfen, planen); die **Projektierung;** die **Projektion** (Übertragung eines Bildes auf eine Fläche); der **Projektionsapparat;** der **Projektor,** die Projektoren (Lichtbildwerfer); die **Projektwoche; projizieren** (ein Bild mit dem Projektor an eine Wand werfen); die **Projizierung**

Pro·jek·til *franz.*, das: -s, -e (Geschoss)

Pro·kla·ma·ti·on *lat.*, die: -, -en (amtliche Verlautbarung, Kundgebung); **proklamieren** (erklären, feierlich verkünden); die **Proklamierung**

Pro-Kopf-Ver·brauch, der: -(e)s (auf jede einzelne Person umgerechneter Verbrauch)

Pro·ku·rist *ital.*, der: -en, -en (Bevollmächtigter); die **Prokura,** die Prokuren (Geschäftsvollmacht); die **Prokuristin**

Pro·let *lat.*, der: -en, -en (ungebildeter, roher Mensch); das **Proletariat** (Arbeiterklasse); der **Proletarier** (Arbeiter, Werktätiger); die **Proletarierin,** die Proletarierinnen; **proletarisch; proletenhaft** (ungebildet, ungehobelt)

Pro·log *griech.*, der: -(e)s, -e (Vorwort, Einleitung)

Pro·me·na·de *franz.*, die: -, -n (Spaziergang, angelegter Spazierweg); das **Promenadendeck** (auf einem Schiff); der **Promenadenweg; promenieren:** im Park promenieren (auf und ab gehen, spazieren gehen)

pro mil·le ⟨p. m.⟩ *lat.*: (vom Tausend); das **Promille** (ein Tausendstel, Alkoholspiegel im Blut); die **Promillegrenze;** der **Promillesatz**

pro·mi·nent *lat.*: (berühmt, bekannt); der/die **Prominente** (bedeutende Persönlichkeit); die **Prominenz:** die gesamte Prominenz (alle bekannten Persönlichkeiten) von Film und Fernsehen war anwesend

Pro·mo·ti·on *engl. [promoschn]*, die: -, -s (Verkaufsförderung durch Werbemaßnahmen); **promoten** (für etwas Werbung machen)

pro·mo·vie·ren *lat. [promowiren]*: er promovierte (erlangte den Doktortitel); die **Promotion**

prompt *lat.*: eine prompte (rasche, umgehende) Antwort; die **Promptheit**

Pro·no·men *lat.*, das: -s, -/Pronomina (Sprachlehre: Fürwort)

Pro·pa·gan·da *lat.*, die: -; Propaganda (Werbung, Reklame) für eine Partei machen; das **Propagandamaterial;** die **Propagandaschrift;** die **Propagandasendung; propagandistisch; propagieren** (verbreiten, für etwas werben); die **Propagierung**

Pro·pan *griech.*, das: -s (ein Brenngas); das **Propangas**

Pro·pel·ler *engl.*, der: -s, - (Antriebsschraube bei Flugzeugen und Schiffen); das **Propellerflugzeug**

pro·per *franz.*: ein properes (gepflegtes, ordentliches) Aussehen haben

Pro·phet *griech.*, der: -en, -en (Seher, Weissager); die **Prophetie** (Weissagung); die **Prophetin,** die Prophetinnen; **prophetisch:** eine prophetische Gabe haben; **prophezeien** (weissagen, vorausschauen); die **Prophezeiung**

pro·phy·lak·tisch *griech.*: prophylaktische (vorbeugende) Maßnahmen; die **Prophylaxe** (Vorbeugung, Verhütung)

Pro·por·ti·on *lat.*, die: -, -en (Größenverhältnis); **proportional; proportioniert;** der **Proporz** (Verteilung der Ämter nach dem Kräfteverhältnis von Parteien, Gruppen o.Ä.); das **Proporzdenken;** die **Proporzwahl**

Propst *lat.*, der: -(e)s, Pröpste (Geistlicher in gehobener Stellung, Klostervorsteher); die **Propstei** (Amt eines Propstes); die **Pröpstin**

Pro·sa *lat.*, die: - (Erzählkunst, erzählende Sprachform); die **Prosadichtung; prosaisch** (in Prosa abgefasst, sachlich, nüchtern); der **Prosatext;** das **Prosawerk**

pro·sit! *lat.*: (zum Wohle!); prosit Neujahr! auch: **prost;** das **Prosit;** das **Prost; prosten** (zutrinken); **prösterchen!**

Pros·pekt (Pro·spekt) *lat.*, der: -(e)s, -e (Werbeschrift, Katalog)

pro·spe·rie·ren (pros·pe·rie·ren) *franz.*: ein Unternehmen prosperiert (kommt gut voran); die **Prosperität** (Wohlstand, Aufschwung)

Pros·ti·tu·ti·on (Pro·sti·tu·ti·on) *franz.*, die: - (Dirnenwesen); sich **prostituieren** (sich für Geld sexuell verkaufen); die **Prostituierte** (Dirne, Freudenmädchen)

Pro·ta·go·nist *griech.*, der: -en, -en (Vorkämpfer, Hauptperson); die **Protagonistin**

pro·te·gie·ren *franz. [proteschiren]*: einen Bewerber protegieren (sich für ihn einsetzen); der **Protegé** *[protesche]* (Günstling, Schützling); die **Protektion** (Schutz, Begünstigung); der **Protektor** (Schirmherr, Schutzmacht); das **Protektorat** (Schutzherrschaft)

Pro·te·in *griech.*, das: -s, -e (Eiweißkörper)

Pro·test *ital.*, der: -(e)s, -e (Einspruch, Widerspruch); die **Protestaktion;** der **Protestant** (Angehöriger der protestantischen (evangelischen) Kirche); die **Protestantin,** die Protestantinnen; **protestantisch;** der **Protestantismus** (evangelische Glaubensbewegung); die **Protestbewegung; protestieren:** gegen jemanden protestieren (aufbegehren, ankämpfen); die **Protestkundgebung;** der **Protestmarsch,** die ...märsche; der **Protestwähler;** die **Protestwelle**

Pro·the·se *griech.*, die: -, -n (Ersatz eines fehlenden Körperteils, Zahnersatz); eine Prothese tragen

Pro·to·koll *griech.*, das: -s, -e (Niederschrift, Aufzeichnung); etwas zu Protokoll geben; der **Protokollant** (Schriftführer); die **Protokollantin,** die Protokollantinnen; **protokollarisch:** protokollarische (festgelegte) Pflichten; **protokollieren;** die **Protokollierung**

Pro·to·plas·ma *griech.*, das: -s (Grundbestandteil der Zellen)

Pro·to·typ *griech.*, der: -s, -en (Urbild, Muster); **prototypisch**

prot·zen: (angeben); er protzt mit seinem Reichtum; der **Protz; protzenhaft;** die **Protzerei; protzig;** die **Protzigkeit**

Pro·vi·ant *ital. [prowiant]*, der: -s; Proviant (Verpflegung, Vorrat an Lebensmitteln) für die Reise kaufen; der **Proviantwagen**

Pro·vi·der *engl. [prowaider]*, der: -s, - (Anbieter eines Internetzugangs)

Pro·vinz ⟨Prov.⟩ *lat. [prowinz]*, die: -, -en (Teil eines Landes, Landschaft); aus der Provinz (vom Land, Dorf) sein; die **Provinzialität; provinziell** (kleinstädtisch, engstirnig, rückständig); der **Provinzler;** die **Provinzlerin,** die Provinzlerinnen; **provinzlerisch;** das **Provinznest;** die **Provinzstadt,** die ...städte

Pro·vi·si·on *lat. [prowision]*, die: -, -en (Vermittlungsgebühr, Vergütung); die **Provisionsbasis; provisionsfrei**

pro·vi·so·risch *franz. [prowisorisch]*: (behelfsmäßig, vorläufig); das **Provisorium** (Übergangslösung)

Pro·vo·ka·ti·on *lat. [prowokatsion]*, die: -, -en (Herausforderung); **provokant** (herausfordernd); der **Provokateur** *[prowokatör]* (Aufwiegler); **provokativ:** eine provokative Haltung einnehmen; auch: **provokatorisch; provozieren:** einen Streit provozieren (herausfordern); die **Provozierung**

Pro·ze·dur *lat.*, die: -, -en (Verfahren, Behandlungsweise)

Pro·zent ⟨v. H.⟩ *ital.*, das: -(e)s, -e (vom Hundert, ein Hundertstel); zwei Prozent (2 %) – Prozente (einen Preisnachlass) bekommen; **...prozentig:** fünfprozentig; auch: 5-prozentig oder: 5%ig; die **Prozentrechnung;** der **Prozentsatz; prozentual:** eine prozentuale Beteiligung; der **Prozentwert**

Pro·zess *lat.*, der: -es, -e; einen Prozess (Rechtsstreit) verlieren – der Prozess (Ablauf, Entwicklungsgang) der Herstellung einer Ware – *mit etwas kurzen Prozess machen* (damit energisch verfahren); **prozessieren;** die **Prozesskosten;** der **Prozessor,** die ...Prozessoren (zentrales Rechen- und Steuerwerk im Computer)

Pro·zes·si·on *lat.*, die: -, -en (feierlicher kirchlicher Umzug)

prü·de *franz.*: (zimperlich, übertrieben schamhaft); die **Prüderie**

prü·fen: er prüft (kontrolliert) die Kasse – das Material prüfen (erproben, testen) – eine Schülerin mündlich prüfen (ausfragen); **prüfbar;** der **Prüfer;** die **Prüferin,** die Prüferinnen; der **Prüfling;** der **Prüfstein** (Bewährungsprobe); die **Prüfung;** die **Prüfungsangst,** die ...ängste; die **Prüfungsfrage;** die **Prüfungsgebühr;** der **Prüfungskandidat;** die **Prüfungskandidatin,** die ...kandidatinnen; der **Prüfungstermin;** das **Prüfungsverfahren;** das **Prüfungszeugnis,** die ...zeugnisse

Prü·gel, der: -s, - mit einem Prügel (Stock) zuschlagen – Prügel (Schläge) bekommen; die **Prügelei** (Schlägerei); der **Prügelknabe** (Sündenbock); **prügeln:** er prügelt (schlägt) auf seinen Gegner ein – sich prügeln (raufen); die **Prügelstrafe;** die **Prügelszene**

Prunk, der: -(e)s (glanzvolle Ausstattung, Luxus); ein Fest mit großem Prunk (Aufwand) feiern; der **Prunkbau,** die ...bauten; **prunken** (glänzen, strahlen); das **Prunkgemach,** die ...gemächer; das **Prunkgewand,** die ...gewänder; **prunkliebend;** aber: den Prunk liebend; der **Prunksaal,** die ...säle; das **Prunkstück** (Prachtstück); die **Prunksucht; prunksüchtig; prunkvoll** (prächtig)

prus·ten: laut prusten (schnauben)

PS = Pferdestärke; Postskriptum

Psalm *griech.*, der: -s, -en (geistliches Lied); der **Psalter** (Psalmenbuch)

Pseu·do·nym (Pseud·o·nym) *griech.*, das: -s, -e (Deckname, Künstlername); **pseudonym** (unter einem Decknamen verfasst); **pseudowissenschaftlich**

Psy·che *griech.*, die: -, -n (Seele, Gefühlsleben, Gemüt); der **Psychiater** (Facharzt für seelische Krankheiten); die **Psychiaterin**, die Psychiaterinnen; die **Psychiatrie** (Wissenschaft, die sich mit seelischen Krankheiten befasst); **psychisch:** psychisch (seelisch) krank sein; die **Psychoanalyse** (Erkennung und Heilung seelischer Störungen); der **Psychologe;** die **Psychologie** (Wissenschaft vom Seelenleben); die **Psychologin,** die ...loginnen; **psychologisch;** der **Psychopath** (verhaltensgestörter Mensch, Irrer); die **Psychopatin,** die ...patinnen; **psychopathisch;** die **Psychose** (Geistes- und Gemütskrankheit); der **Psychotherapeut** (Fachmann zur Behandlung seelischer Leiden); die **Psychotherapeutin,** die ...therapeutinnen; der **Psychothriller** (ein mit besonderen Effekten spannend gemachter Kriminalfilm oder -roman); **psychotisch**

Pu·ber·tät *lat.*, die: - (Entwicklungszeit der Geschlechtsreife); **pubertär;** die **Pubertätszeit; pubertieren** (in der Pubertät sein)

Pu·bli·ci·ty (Pub·li·ci·ty) *engl. [pablißiti]*, die; - (Bekanntsein in der Öffentlichkeit, Berühmtheit, Reklame); die **Public Relations** ⟨PR⟩ *[pablik rileschens]* (Öffentlichkeitsarbeit, Kontaktpflege, Werbung)

Pub·li·kum (Pu·bli·kum) *lat.*, das: -s (alle Besucher, Zuhörer, Öffentlichkeit); **publik:** das ist längst publik (hat sich herumgesprochen); die **Publikation** (Veröffentlichung); **publikmachen:** etwas publikmachen (öffentlich bekanntmachen); auch: publik machen; der **Publikumserfolg;** der **Publikumsgeschmack; publizieren** (veröffentlichen); der **Publizist** (Journalist); die **Publizistik;** die **Publizistin,** die Publizistinnen; **publizistisch**

Pud·ding *engl.*, der: -s, -e/-s (eine Süßspeise); das **Puddingpulver**

Pu·del, der: -s, - (kleine Hunderasse); die **Pudelmütze** (zottige Mütze); **pudelnackt** (völlig nackt); **pudelnass; pudelwohl:** er fühlt sich pudelwohl (sehr wohl)

Pu·der *franz.*, der: -s, - (feines Pulver zur Haut- und Gesichtspflege); die **Puderdose; pud(e)rig; pudern;** der **Puderzucker**

puf·fen: jemanden in die Seite puffen (stoßen); der **Puff,** die Püffe (Stoß); der/das **Puff,** die Puffs (Bordell); der **Puffer** (Stoßdämpfer); der **Pufferstaat;** die **Pufferzone**

Pulk *slaw.*, der: -(e)s, -s; ein Pulk (größere Ansammlung, Kolonne) von Menschen

Pul·le *lat.*, die: -, -n; eine Pulle (Flasche) Sekt

Pul·lo·ver (Pull·o·ver) *engl. [pullower]*, der: -s, -; auch: der **Pulli;** der **Pullunder** (ärmelloser Pullover)

Puls *lat.*, der: -es, -e; den Puls messen – der Arzt fühlt ihm den Puls – *jemandem den Puls fühlen* (ihn ausfragen); die **Pulsader; pulsen; pulsieren;** der **Pulsschlag,** die ...schläge; der **Pulswärmer;** die **Pulszahl**

Pult *lat.*, das: -(e)s, -e (tischartiges Gestell mit schräger Fläche, Katheder)

Pul·ver *lat. [pulwer]*, das: -s, -; mit Pulver und Blei schießen – kein Pulver (kein Geld) mehr haben – *sein Pulver verschossen haben* (seine Möglichkeiten erschöpft haben); das **Pülverchen;** der **Pulverdampf,** die ...dämpfe; das **Pulverfass:** *auf dem Pulverfass sitzen* (in einer gefährlichen Lage sein); **pulv(e)rig; pulverisieren:** pulverisierter (gemahlener) Kaffee; die **Pulverisierung; pulvern:** in die Luft pulvern (schießen); der **Pulverschnee**

Pu·ma, der: -s, -s (eine Großkatze)

pum·me·lig: ein pummeliges (dickliches, rundliches) Mädchen; auch: **pummlig;** das **Pummelchen**

Pum·pe, die: -, -n (Gerät zum Fördern von Flüssigkeiten); **pumpen:** Wasser pumpen (an- bzw. absaugen); der **Pumpenschwengel**

pum·pen: sich Geld pumpen (borgen); der **Pump:** *auf Pump* (von geborgtem Geld) *leben*

Pum·per·ni·ckel, der: -s, - (ein Schwarzbrot)

Pumps *engl. [pömps]*, der: -, - (Damenschuh)

Punk *engl. [pank]*, der -(s), -s (Angehöriger einer jugendlichen Protestbewegung); auch: der **Punker;** die **Punkerin,** die Punkerinnen; **punkig;** der **Punkrock;** auch: der **Punk-Rock**

Punkt ⟨Pkt.⟩ *lat.*, der: -(e)s, -e; es ist Punkt (ganz genau) zwölf Uhr – den Punkt auf das i setzen – der Satz schließt mit einem Punkt – der höchste Punkt (Ort) in dieser Gegend

– sie kam auf diesen Punkt (diese Frage) nicht zu sprechen – 15 Punkte bei einem Wettbewerb erreichen – *etwas auf den Punkt bringen* (etwas sehr genau ausdrücken); das **Pünktchen; punkten;** das **Punktespiel; punktgleich;** die **Punktgleichheit; punktieren** (mit Punkten versehen); die **Punktierung; pünktlich:** sie ist immer pünktlich; die **Pünktlichkeit;** der **Punktrichter;** die **Punktrichterin,** die ... richterinnen; **punktschweißen;** der **Punktsieg; punktuell** (im Einzelnen); **Punktum!** (Aus!, Schluss!)

Punsch *engl.*, der: -(e)s, -e (ein alkoholisches Mischgetränk)

Pu·pil·le *lat.*, die: -, -n (Sehöffnung im Auge)

Pup·pe *lat.*, die: -, -n (ein Kinderspielzeug); mit einer Puppe spielen; das **Püppchen; puppenhaft;** das **Puppenhaus;** das **Puppenspiel;** die **Puppenstube;** das **Puppentheater**

pur *lat.*: pures (reines) Gold – puren (reinen) Unsinn reden – purer (unverdünnter) Alkohol

Pü·ree *franz.*, das: -s, -s (Brei); **pürieren** (zu Püree machen); der **Pürierstab**

Pur·pur *griech.*, der: -s (ein Farbstoff); **purpurfarben; purpurfarbig;** der **Purpurmantel,** die ... mäntel; **purpurn; purpurrot**

pur·zeln: vom Stuhl purzeln (fallen, stürzen); der **Purzelbaum,** die ... bäume

pu·shen *engl. [puschen]*: (in Schwung bringen); auch: **puschen**

pus·seln: (sich mit Kleinigkeiten befassen) # puzzeln; die **Pusselarbeit; puss(e)lig** (übertrieben genau); der **Pusselkram**

Pus·te, die: -; außer Puste (außer Atem) sein – er hat keine Puste (keine Kraft) mehr; die **Pusteblume** (Löwenzahn); **Pustekuchen!; pusten:** den Staub von der Bank pusten (blasen) – er muss bei jeder Anstrengung schwer pusten (schnaufen, keuchen)

Pus·tel *lat.*, die: -, -n (Blase, Pickel)

Pusz·ta *ungar. [pußta]*, die: -, Puszten (Grassteppe in Ungarn)

Pu·te, die: -, -n (Truthenne); der **Puter** (Truthahn); **puterrot** (sehr rot)

Putsch, der: -(e)s, -e (Aufruhr, politischer Umsturzversuch); **putschen;** der **Putschist;** die **Putschistin;** der **Putschversuch**

Put·te *ital.*, die: -, -n (kleine Kinderfigur)

put·zen: die Schuhe putzen (säubern) – sich putzen (fein machen) – sich die Nase putzen (schneuzen); der **Putz:** *auf den Putz hauen* (ausgelassen sein); der **Putzdrachen;** die **Putzerei;** der **Putzfimmel;** die **Putzfrau;** der **Putzlappen;** das **Putzmittel; putzmunter** (sehr munter); **putzsüchtig** (eitel); der **Putzteufel;** die **Putzwolle;** das **Putzzeug**

put·zig: ein putziges (drolliges) Mädchen

Puzz·le *engl. [paßl, pasl]*, das: -s, -s (Geduldsspiel); **puzzeln** # pusseln; das **Puzzlespiel**

PVC = ein umweltbelastender Kunststoff

Py·ja·ma *engl. [pidschama]*, der -s, -s (Schlafanzug); die **Pyjamajacke**

Py·ra·mi·de *griech.*, die: -, -n (geometrischer Körper, Grabmal ägyptischer Könige)

Q

Quack·sal·ber, der: -s, - (Kurpfuscher); die **Quacksalberei; quacksalbern**

Quad·del, die: -, -n (juckende Hautanschwellung)

Qua·der *lat.*, der: -s, - (behauener Steinblock, rechteckiger Körper); das **Quadrat** (gleichseitiges Rechteck); **quadratisch;** der **Quadratkilometer** ⟨km², qkm⟩; der **Quadratmeter** ⟨m², qm⟩; die **Quadratur** (Umwandlung einer geometrischen Figur in ein Quadrat); die **Quadratwurzel;** die **Quadratzahl;** der **Quadratzentimeter** ⟨cm², qcm⟩; **quadrieren** (eine Zahl mit sich selbst multiplizieren)

Qua·dril·le (Quad·ril·le) *franz. [kadrilje]*, die: -, -n (Tanz)

Quai *franz. [kä]*, der/das: -s, -s (befestigte Schiffsanlegestelle, Uferstraße); auch: → der/das **Kai**

qua·ken: (Laute wie ein Frosch ausstoßen); **quäken** (jammernde, schrille Töne von sich geben): eine quäkende Stimme

Quä·ker *engl.*, der: -s, - (Angehöriger einer religiösen Sekte); die **Quäkerin**

quä·len: Tiere quälen (misshandeln, martern) – sich mit einer Aufgabe quälen (abmühen); die **Qual** (Leid, Schmerz); die **Quälerei;** der **Quälgeist** (Störenfried); **qualvoll:** das Tier verendet qualvoll – eine qualvolle (bedrückende) Stille

Qua·li·fi·ka·ti·on *lat.*, die: -, -en (Befähigung, Teilnahmeberechtigung, Eignungsnachweis); das **Qualifikationsspiel; qualifizieren** (eine bestimmte Leistung erbringen, sich eignen, ausbilden) – der qualifizierende Hauptschulabschluss; **qualifiziert:** eine qualifizierte (fachmännische) Arbeit verrichten – ein qualifiziertes (sachkundiges) Urteil; die **Qualifizierung**

Qua·li·tät *lat.*, die: -, -en; ein Anzug von bester Qualität (Beschaffenheit, Güte) – eine Frau mit Qualitäten (mit Fähigkeiten); **qualitativ;** die **Qualitätsarbeit; qualitätsbewusst;** das **Qualitätsbewusstsein;** das **Qualitätserzeugnis;** die **Qualitätsware**

Quạl·le, die: -, -n (ein Nesseltier); **quallig:** eine quallige (schleimige) Masse

Quạlm, der: -(e)s (dichter Rauch, Dampf); **qualmen:** der Ofen qualmt (raucht stark) – pausenlos Zigaretten qualmen (rauchen); **qualmig** (rauchig)

Quan·ti·tät *lat.*, die: -, -en (Menge, Anzahl); das **Quạ̈ntchen** (eine kleine Menge): es fehlte ein Quäntchen Glück; **quạ̈ntchenweise; quantitativ** (der Menge nach, größenmäßig); das **Quạntum,** die Quanten (bestimmte Menge)

Qua·ran·tä·ne *franz. [karantäne]*, die: -, -n (Isolierung, Absonderung, Schutz gegen Ansteckung); die **Quarantänestation**

Quạrk, der: -s; er isst viel Quark (Käse aus Sauermilch) – viel Quark (Unsinn) reden; **quarkig;** der **Quarkkäse;** der **Quarkkuchen;** die **Quarkspeise**

Quar·tal *lat.*, das: -s, -e (Vierteljahr); der **Quartal(s)abschluss; quartal(s)weise**

Quạr·te *ital.*, die: -, -n (vom Grundton aus der vierte Ton); auch: die **Quart;** das **Quartẹtt** (Musikstück für vier Stimmen oder vier Instrumente)

Quar·tier *franz.*, das: -s, -e; ein Quartier (eine Unterkunft) suchen; der **Quartiermeister**

Quarz, der: -es, -e (ein Mineral); der **Quarzfels; quarzhaltig;** das **Quarzit** (quarzhaltiges Gestein); die **Quarzlampe;** die **Quarzuhr**

qua·si *lat.*: er ist quasi (gewissermaßen, gleichsam) schon vergeben

quạs·seln: (dummes Zeug reden, schwatzen); ich quass(e)le; die **Quasselei;** der **Quasselkopf,** die ...köpfe; die **Quasselstrippe** (Telefon; jemand, der viel redet)

Quạs·te, die: -, -n (Schleife, Fransenbüschel)

Quạtsch, der: -(e)s; einen Quatsch (Unsinn) reden – ach Quatsch! – lass den Quatsch!; **quatschen;** die **Quatscherei;** der **Quatschkopf,** die ...köpfe (Schwätzer)

Quẹ·cke, die: -, -n (ein Unkraut)

Quẹck·sil·ber ⟨Hg⟩, das: -s (silbriges Schwermetall); **quecksilberhaltig; quecksilb(e)rig** (unruhig); **quecksilbern**

Quẹl·le, die: -, -n; aus der Quelle trinken – nach der Quelle (dem Ursprung) eines Gerüchtes suchen – aus erster Quelle – neue Quellen erschließen – *an der Quelle sitzen* (etwas unmittelbar erfahren); auch: der **Quell; quellen:** du quillst, er quoll, sie ist gequollen, quill!; das Wasser quillt (fließt) aus dem Boden – ihr quollen fast die Augen aus dem Kopf; **quellen:** du quellst, er quellte, sie ist gequellt, quell(e)!; die Bohne quellt (wird im Wasser weich); die **Quellenangabe** (Zitatnachweis); der **Queller** (eine Strandpflanze); der **Quellfluss;** das **Quellgebiet;** das **Quellwasser**

quẹn·geln: müde Kinder quengeln (klagen, jammern) gerne – sie quengelt (nörgelt) an allem herum; die **Quengelei; queng(e)lig;** der **Quengler;** die **Quenglerin**

quer: eine Schnur quer über ein Beet spannen – quer durch den Fluss – kreuz und quer (ziellos) durch die Gegend irren; der **Querbalken; querbeet** (ohne festgelegte Richtung); der **Querdenker;** die **Querdenkerin;** die **Quere:** *jemandem in die Quere kommen* (ihn stören, seine Pläne durchkreuzen) – in die Kreuz und (in die) Quere laufen; der **Quereinsteiger; querfeldein:** querfeldein laufen; die **Querflöte;** das **Querformat; quergehen:** alles ist quergegangen (nicht erwartungsgemäß verlaufen) – alles geht quer (verkehrt); **quergestreift:** ein quergestreiftes Kleid; auch: quer gestreift; der **Querkopf,** die ...köpfe (Trotzkopf); **querköpfig** (widerspenstig); die **Querlatte;** sich **querlegen** (nicht mitmachen, sich jemandes Absichten widersetzen); aber: etwas quer (der Breite nach) legen; der **Querpass,** die ...pässe; **querschießen** (durch sein Verhalten etwas stören bzw. verhindern); der **Querschlag,** die ...schläge; der **Querschläger;** der **Querschnitt** (Auswahl, Übersicht); **querschnitt(s)gelähmt;** sich **querstellen** (sich querlegen); aber: den Schrank quer stellen; die **Quersumme;** der **Quertreiber;** die **Quertreiberin;** die **Querverbindung**

Que·ru·lant *lat.*, der: -en, -en (Nörgler); die **Querele** (Ärger, Streitigkeit); das **Querulantentum;** die **Querulantin**

quet·schen: sich durch eine Zaunlücke quetschen (klemmen, zwängen) – er hat sich den Finger gequetscht; die **Quetschung**

quick: (lebendig, rege); **quicklebendig** (sehr munter); der **Quickstepp** (ein Tanz)

quie·ken: wie ein Schwein quieken (hohe, helle Töne ausstoßen); auch: **quieksen;** der **Quiekser**

quiet·schen: quietschende Bremsen – sie quietscht vor Freude; **quietschfidel** (sehr lustig, fröhlich); **quietschvergnügt** (ausgelassen, fröhlich)

Quin·te *lat.*, die: -, -n (vom Grundton aus der fünfte Ton); auch: die **Quint;** die **Quintessenz** (Ergebnis, das Wesentliche einer Sache); das **Quintett** (Musikstück für fünf Stimmen oder fünf Instrumente)

Quirl, der: -(e)s, -e (Rührbesen); **quirlen:** ein Ei quirlen (rühren); **quirlig:** ein quirliger (sehr lebhafter) Junge

quitt *franz.*: beide sind quitt (sie schulden sich nichts mehr) – *mit jemandem quitt sein* (die Beziehungen zu ihm abgebrochen haben); **quittieren:** den Empfang des Geldes quittieren (bestätigen) – seinen Dienst quittieren (aufgeben); die **Quittung:** eine Quittung (Empfangsbestätigung) ausstellen – das ist die Quittung (Strafe) für seine Tat

Quit·te *griech.*, die: -, -n (ein Obstbaum); der **Quittenbaum; quitte(n)gelb;** das **Quittengelee**

Quiz *engl. [kwiß]*, das: -, - (Unterhaltungsspiel, Frage-Antwort-Spiel); die **Quizfrage;** der **Quizmaster** (Fragesteller bei einem Quiz); die **Quizmasterin;** aber: **quizzen**

Quo·te *lat.*, die: -, -n (Anteil, Menge, Rate); die **Quotenfrau;** die **Quotenregelung**

Quo·ti·ent *lat.*, der: -en, -en (Ergebnis einer Teilung, Teilzahl)

R

r (R) = Radius

r. = rechts

Ra·batt *ital.*, der: -(e)s, -e; einen Rabatt (Preisnachlass) gewähren; die **Rabattmarke**

Ra·bat·te *niederl.*, die: -, -n (schmales Pflanzenbeet, Randbeet)

Ra·batz, der: -es; einen großen Rabatz (Unruhe, Lärm, Krach) machen

Ra·bau·ke *niederl.*, der: -n, -n (grober Kerl, gewalttätiger Mensch); **rabaukenhaft**

Rab·bi·ner *hebr.*, der: -s, - (jüdischer Schriftgelehrter, Gesetzeslehrer); der **Rabbi** (jüdischer Ehrentitel); das **Rabbinat**

Ra·be, der: -n, -n (ein Krähenvogel); *klauen wie ein Rabe* (viel stehlen); die **Rabeneltern** *Pl.* (lieblose Eltern); die **Rabenmutter,** die ...mütter (lieblose Mutter); **rabenschwarz;** der **Rabenvater,** die ...väter (liebloser Vater); der **Rabenvogel,** die ...vögel

ra·bi·at *lat.*: ein rabiater (roher, gewalttätiger, grober) Mensch – rabiat (hart) durchgreifen

Ra·che, die: -; Rache (Vergeltung) schwören – auf Rache sinnen – nach Rache dürsten – *an jemandem Rache nehmen* (sich rächen); der **Racheakt;** der **Rachedurst; rachedurstig;** der **Racheengel;** der **Rachefeldzug;** der **Rachegedanke;** die **Rachegelüste** *Pl.*: Rachegelüste haben; **rächen:** er rächte sich (übte Vergeltung) für die Niederlage – einen Mord rächen # rechen; der **Racheplan;** der **Rächer;** die **Rächerin,** die Rächerinnen; der **Racheschwur;** die **Rachgier; rachgierig;** die **Rachsucht; rachsüchtig**

Ra·chen, der: -s, - (Teil des Schlundes bei Säugetieren und Menschen); *den Rachen nicht vollkriegen können* (immer noch mehr haben wollen) – *jemandem den Rachen stopfen* (ihn zufriedenstellen); die **Rachenentzündung;** der **Rachenkatarrh;** auch: der **Rachenkatarr**

Ra·chi·tis *griech.*, die: -, ...itiden (durch Vitaminmangel hervorgerufene Krankheit); **rachitisch**

ra·ckern: den ganzen Tag rackern (schwer arbeiten, sich sehr anstrengen); der **Racker** (Schlingel, Schelm); die **Rackerei**

Ra·clette (Rac·lette) *franz. [raklet]*, die: -, -s; auch: das: -s, -s (ein Käsegericht)

Rad, das: -(e)s, Räder; die Räder des Autos – Rad fahren – ein Rad (im Turnen) schlagen – der Pfau schlägt ein Rad – die Räder einer Maschine – das Rad der Geschichte – *unter die Räder kommen* (völlig herunterkommen) – *das fünfte Rad am Wagen sein* (überflüssig, nur geduldet sein) # Rat; das

Rädchen: *ein Rädchen zu viel haben* (nicht ganz normal sein); der **Raddampfer; radeln;** der **Rädelsführer** (Anführer); **rädern:** *wie gerädert* (völlig erschöpft) *sein;* das **Räderwerk; radfahrend;** auch: Rad fahrend; der **Radfahrer;** die **Radfahrerin,** die ... fahrerinnen; der **Radfahrweg;** die **Radfelge;** die **Radkappe;** der **Radkranz;** der **Radler** (Radfahrer); die **Radlerin,** die Radlerinnen; die **Radnabe;** die **Radrennbahn;** das **Radrennen;** der **Radsport;** der **Radstand,** die ... stände (Achsabstand); der **Radsturz,** die ... stürze; die **Radtour;** der **Radwechsel;** der **Radweg**

Ra·dar *engl.,* der/das: -s, -e (Funkmessverfahren, Radargerät); die **Radarfalle;** die **Radarkontrolle;** die **Radarpeilung;** der **Radarschirm;** die **Radarstation;** der **Radartechniker;** der **Radarwagen**

Ra·dau, der: -s; Radau (Lärm, Krach) machen; der **Radaubruder** (jemand, der Krach macht; Störenfried); der **Radaumacher**

ra·de·bre·chen: (eine fremde Sprache nur unvollkommen sprechen); du radebrechst – er hat Englisch geradebrecht

Ra·di·a·tor *lat.,* der: -s, Radiatoren (ein Heizkörper)

ra·die·ren *lat.:* er hat im Heft viel radiert; der **Radierer;** der **Radiergummi;** die **Radierung** (Ätzdruckzeichnung)

Ra·dies·chen *lat.,* das: -s, - (kleine Rettichart)

ra·di·kal *lat.:* radikal (rücksichtslos, hart) durchgreifen – etwas radikal (vollständig, gründlich) ändern – radikale (extreme) Ansichten vertreten; der/die **Radikale; radikalisieren** (radikal machen); die **Radikalisierung;** der **Radikalismus;** die **Radikalität;** die **Radikalkur**

Ra·dio *lat.,* das: -s, -s (Hörfunk, Rundfunkgerät); Radio hören; der **Radioapparat;** das **Radiogerät;** die **Radiosendung;** das **Radioteleskop;** die **Radiowellen** *Pl.*

ra·dio·ak·tiv *lat.:* der Müll ist radioaktiv verseucht – radioaktiver Niederschlag; die **Radioaktivität** (Eigenschaft von Atomkernen, bei ihrem Zerfall bestimmte Strahlen auszusenden); die **Radiologie** (Strahlenkunde)

Ra·di·um ⟨Ra⟩ *lat.,* das: -s (radioaktives Schwermetall, chemischer Grundstoff); die **Radiumbestrahlung; radiumhaltig**

Ra·di·us ⟨r, R⟩ *lat.,* der: -, Radien (halber Durchmesser eines Kreises); **radial** (strahlenförmig, vom Mittelpunkt ausgehend)

raf·fen: Geld raffen (habgierig anhäufen) – in Eile das Wichtigste raffen (an sich reißen) – einen Stoff raffen (in Falten legen); die **Raffgier; raffgierig;** die **Raffsucht;** die **Raffung;** der **Raffzahn** (Eckzahn bei Raubtieren)

Raf·fi·ne·rie *franz.,* die: -, Raffinerien (Reinigungsanlage für Naturprodukte); die **Raffinade** (feiner, gereinigter Zucker); **raffinieren** (reinigen, verfeinern)

raf·fi·niert *franz.:* ein raffinierter (schlauer, durchtriebener) Kerl – ein raffiniert ausgeklügelter Plan; die **Raffinesse** (Schlauheit, Durchtriebenheit); die **Raffiniertheit**

Ra·ge *franz. [rasche],* die: -; in Rage (Wut, Raserei) sein/geraten – jemanden in Rage bringen (ihn aufregen)

ra·gen: der Turm ragt (erhebt sich) hoch in den Himmel

Ra·gout *franz. [ragu],* das: -s, -s (Gericht aus kleinen Fleisch- oder Fischstückchen)

Ra·he, die: -, -n (Querstange am Mast); auch: die **Rah,** die Rahen; das **Rahsegel**

Rahm, der: -(e)s (Sahne); *den Rahm abschöpfen* (absahnen, sich bereichern); **rahmig** (sahnig); der **Rahmkäse;** die **Rahmsoße**

Rah·men, der: -s, -; der Rahmen (die Einfassung) für ein Bild – im Rahmen (Bereich) der Möglichkeiten – die Unkosten halten sich im Rahmen (sind erträglich) – *den Rahmen sprengen* (nicht innerhalb des Üblichen bleiben) – *aus dem Rahmen fallen* (vom Üblichen abweichen); das **Rähmchen; rahmen:** ein Bild rahmen (einfassen); die **Rahmenbedingung;** die **Rahmenerzählung;** das **Rahmengesetz;** der **Rahmenplan;** die **Rahmenvereinbarung;** die **Rahmung**

Rain, der: -(e)s, -e (Ackergrenze)

rä·keln, sich: sich auf dem Sofa rakeln (sich wohlig ausstrecken); auch: sich **rekeln**

Ra·ke·te *ital.,* die: -, -n; eine ferngesteuerte Rakete (Flugkörper mit Rückstoßantrieb) – eine Rakete (einen Feuerwerkskörper) abbrennen; die **Raketenabwehr;** der **Raketenangriff;** der **Raketenantrieb;** die **Raketenbasis,** die ... basen; der **Raketenstart;** das **Raketentriebwerk**

Ral·lye *franz. [rali, räli],* die: -, -s (Autosternfahrt); der **Rallyefahrer;** die **Rallyefahrerin,** die ... fahrerinnen

Ra·ma·dan *arab.*, der: -(s), -e (Fastenmonat der Moslems)

ram·men: ein Auto rammen (anfahren) – einen Pflock in den Boden rammen (treiben, schlagen); der **Rammbock;** die **Ramme**

Ram·pe *franz.*, die: -, -n (Wagenauffahrt, Verladebühne, Bühnenrand); das **Rampenlicht:** *im Rampenlicht stehen* (die Aufmerksamkeit auf sich ziehen, im Mittelpunkt stehen)

ram·po·nie·ren *ital.*: ein ramponierter (stark beschädigter) Sessel – einen ramponierten Ruf haben

Ramsch, der: -(e)s, -e (minderwertige Ware, Plunder); **ramschen** (Ramschware billig kaufen); der **Ramschladen,** die ... läden; die **Ramschware**

ran: (heran, herbei); **rangehen**

Ranch *amerik.* *[räntsch]*, die: -, -(e)s (nordamerikanische Farm); der **Rancher** (Farmer, Viehzüchter); die **Rancherin**

Rand, der: -(e)s, Ränder; am Rande der Schlucht – sich am Rande eines Krieges befinden – am Rande der Verzweiflung sein – er ist am Rande seiner Kräfte – etwas am Rande (ganz nebenbei) erwähnen – *außer Rand und Band* (übermütig, ausgelassen) *sein* – *mit etwas nicht zu Rande kommen* (etwas nicht können); auch: zurande – *seinen Rand halten* (seinen Mund halten, still sein); die **Randbemerkung;** das **Rändchen;** die **Randerscheinung** (Nebensächlichkeit); die **Randfigur;** das **Randgebiet;** die **Randgruppe;** die **Randlage;** die **Randleiste; randlos;** die **Randnotiz;** der **Randstein;** der **Randstreifen;** die **Randverzierung; randvoll;** die **Randzone**

ran·da·lie·ren: (lärmen, Unfug machen, mutwillig Sachen beschädigen); die **Randale** *Pl.*: Randale machen; der **Randalierer;** die **Randaliererin,** die Randaliererinnen

Rang *franz.*, der: -(e)s, Ränge; ein Schauspieler von Rang und Namen (von Bedeutung) – er hat den Rang (die Rangstufe, die Stellung) eines Offiziers – ein Gelehrter von höchstem Rang – jemandem den Rang streitig machen – der zweite Rang (Teil des Zuschauerraumes) im Theater – *jemandem den Rang ablaufen* (ihn übertreffen); das **Rangabzeichen;** der/die **Rangälteste;** die **Rangelei; rangeln** (raufen); die **Rangfolge; ranggleich;** der/die **Ranghöchste; ranghöher; rangieren** *[rãschiren]*: den Zug auf das Hauptgleis rangieren (verschieben) – sie rangiert (steht) auf Platz 1; der **Rangierbahnhof,** die ... bahnhöfe; **... rangig:** hochrangig – zweitrangig; die **Rangliste; rangmäßig;** die **Rangordnung;** die **Rangstufe;** der **Rangunterschied**

rank: (hoch, biegsam); rank und schlank (schlank und geschmeidig); die **Ranke:** die Ranke (Pflanzenspross) eines Weinstocks; **ranken:** an der Mauer rankt (wächst, klettert) wilder Wein in die Höhe; das **Rankengewächs,** die ... gewächse; **rankig**

Rän·ke *Pl.*, die: - (Intrigen, Machenschaften); *Ränke schmieden* (sich Böses überlegen); der **Ränkeschmied** (hinterlistiger Mensch); das **Ränkespiel; ränkesüchtig; ränkevoll**

Ran·king *engl.* *[ränking]*, das: -s, -s (Rangliste)

Ran·zen, der: -s, -; den Ranzen (die Schulmappe) packen – einen ziemlichen Ranzen (dicken Bauch) haben; das **Ränzel:** *sein Ränzel schnüren* (sich zur Abreise fertig machen); das **Ränzlein**

ran·zig *lat.*: ranzige (nicht mehr frische) Butter

Rap *engl.* *[räp]*, der: -(s), -s (rhythmischer Sprechgesang in der Popmusik); **rappen:** ich rappe

ra·pi·de *lat.*: die Krankheit schreitet rapide (sehr schnell) voran; auch: **rapid**

Rap·pe, der: -n, -n (Pferd mit schwarzem Fell); *auf Schusters Rappen* (zu Fuß) *kommen*

Rap·pel, der: -s, - (Wutausbruch, Verrücktheit); **rapp(e)lig** (ungeduldig, wütend); der **Rappelkopf,** die ... köpfe; **rappeln**

Rap·port *franz.*, der: -(e)s, -e; einen Rapport (eine dienstliche Meldung) schreiben

Raps, der: -es (gelb blühende Ölpflanze); die **Rapsblüte;** das **Rapsfeld;** das **Rapsöl**

rar *lat.*: eine rare (seltene) Ware; die **Rarität** (Seltenheit); die **Raritätensammlung;** sich **rarmachen** (sich nur selten sehen lassen)

ra·sant *franz.*: ein rasantes (sehr schnelles) Tempo – eine rasante (sehr stürmische) Entwicklung – ein rasanter (schnittiger) Sportwagen; die **Rasanz**

rasch: rascher, am raschesten; ein rascher (schnell gefasster) Entschluss – sie ist beim Arbeiten nicht sehr rasch (flink); **raschestens;** die **Raschheit; raschlebig:** eine raschlebige Zeit; **raschwüchsig**

ra·scheln: mit Papier rascheln – raschelndes Laub

ra·sen: er rast mit dem Auto (fährt schnell) davon – vor Zorn rasen (sehr wütend sein, toben); **rasend:** eine rasende (sehr schnelle) Fahrt – rasend (sehr, heftig) in jemanden verliebt sein; aber: es ist zum Rasendwerden; der **Raser;** die **Raserei** (Wahnsinn, Tobsucht, unsinnige Geschwindigkeit); die **Raserin,** die Raserinnen

Ra·sen, der: -s, -; den Rasen mähen; der **Rasenmäher;** der **Rasensprenger**

ra·sie·ren *franz.*: den Bart rasieren; der **Rasierapparat;** der **Rasierer;** das **Rasiermesser;** der **Rasierschaum;** das **Rasierwasser;** das **Rasierzeug;** die **Rasur,** die Rasuren

Rä·son *franz. [räsõ]*, die: -; *zur Räson* (Einsicht) *kommen*; **räsonieren** (schimpfen)

ras·peln: (feilen, zerkleinern); *Süßholz raspeln* (jemandem schmeicheln); die **Raspel** (grobe Feile)

Ras·se *franz.*, die: -, -n; die menschliche Rasse (die Menschheit) – einer anderen Rasse (Menschenrasse) angehören – die schwarze Rasse – *Rasse haben* (rassig sein); der **Rassehund;** die **Rassendiskriminierung;** der **Rassenhass;** das **Rassenproblem;** die **Rassentrennung; rasserein; rassig:** ein rassiges (aus edler Zucht stammendes, feuriges) Pferd – eine rassige (temperamentvolle) Frau; **rassisch:** rassische Vorurteile haben; der **Rassismus** (übersteigertes Rassenbewusstsein); der **Rassist;** die **Rassistin,** die Rassistinnen; **rassistisch**

ras·seln: mit der Kette rasseln (klirren) – durch das Examen rasseln (durchfallen) – *mit dem Säbel rasseln* (drohen); die **Rassel** (Kinderspielzeug, Klapper); die **Rasselbande** (lärmende, wilde Kinderschar)

ras·ten: beim Wandern rasten (einen Halt einlegen) – *wer rastet, der rostet*; die **Rast:** Rast machen – ohne Rast und Ruh (ohne sich Ruhe zu gönnen); das **Rasthaus,** die ...häuser; **rastlos** (unermüdlich); die **Rastlosigkeit;** der **Rastplatz,** die ...plätze; die **Raststätte**

Ras·ter *lat.*, der: -s, - (Liniennetz oder Punktsystem, Muster, Schema); das **Raster** (aus Lichtpunkten bestehendes Fernsehbild)

Ra·te *ital.*, die: -, -n; seine Rate (seinen Anteil) bekommen – etwas auf Raten (auf Teilzahlung) kaufen; der **Ratenbetrag,** die ...beträge; das **Ratengeschäft;** der **Ratenkauf,** die ...käufe; **ratenweise;** die **Ratenzahlung**

ra·ten: du rätst, er riet, sie hat geraten, rat(e)!; rate, was ich dir mitgebracht habe – ein Rätsel raten (lösen) – jemandem etwas dringend raten (nahelegen) – *sich nicht zu raten wissen* (ratlos, verzweifelt sein) – *wem nicht zu raten ist, dem ist auch nicht zu helfen*; der **Rat:** jemanden um Rat fragen – Rat suchen – jemanden zu Rate ziehen; auch: zurate – jemandem mit Rat und Tat (tatkräftig) zur Seite stehen – der Rat der Stadt – *mit sich zu Rate gehen* (gründlich überlegen); auch: zurate # Rad; das **Ratespiel;** das **Rateteam** *[... tim]*; der **Ratgeber;** das **Rathaus;** der **Rathaussaal,** die ...säle; **ratlos;** die **Ratlosigkeit; ratsam** (empfehlenswert); der **Ratsbeschluss,** die ...beschlüsse; der **Ratschlag; ratschlagen;** der **Ratschluss** (Beschluss, Wille); das **Rätsel:** ein Rätsel lösen – *in Rätseln sprechen* (etwas Unverständliches sagen); die **Rätselecke; rätselhaft;** die **Rätselhaftigkeit;** die **Rätsellösung; rätseln;** das **Rätselraten;** der **Ratsherr;** der **Ratskeller;** die **Ratssitzung; ratsuchend:** ratsuchende Bürger; auch: Rat suchend; aber nur: guten Rat suchend; der/die **Ratsuchende;** auch: der/die Rat Suchende

ra·ti·fi·zie·ren *lat.*: einen Vertrag ratifizieren (anerkennen, genehmigen, unterzeichnen); die **Ratifikation** (Genehmigung, Bestätigung); die **Ratifizierung**

Ra·ti·on *franz.*, die: -, -en (festgelegte Menge, Portion); **rationell** (sparsam, zweckmäßig); **rationieren:** die Lebensmittel im Krieg rationieren (einteilen, zumessen); die **Rationierung**

ra·ti·o·nal *lat.*: rational (überlegt, vernünftig) handeln; **rationalisieren:** einen Betrieb rationalisieren (zweckmäßig und wirtschaftlich organisieren); die **Rationalisierung;** der **Rationalismus; rationalistisch**

rat·schen: mit der Nachbarin ratschen (sich unterhalten)

Rat·te, die: -, -n (Nagetier); die **Rattenfalle;** der **Rattenfänger;** das **Rattengift;** der **Rattenschwanz:** ein Rattenschwanz (eine endlose Folge) von Bestimmungen

rat·tern: der Wagen rattert (poltert, knattert)

über das holprige Straßenpflaster

rau: rauer, am rau(e)sten; er hat raue (aufgesprungene, rissige) Hände – mit rauer Stimme singen – raue Sitten – ein raues (unangenehmes, kaltes) Klima – die raue (harte) Wirklichkeit; das **Raubein** (ein nach außen grob erscheinender Mensch); **raubeinig;** die **Raufasertapete;** der **Rauhaardackel; rauhaarig;** die **Rauheit;** die **Raunächte** (die zwölf Nächte zwischen Weihnachten und Dreikönigstag); der **Rauputz;** der **Raureif** (gefrorener Tau)

rau·ben: man hat ihr Geld und Schmuck geraubt (gestohlen) – er raubt (nimmt) mir alle Hoffnungen – ein Kind rauben (entführen); der **Raub:** auf Raub ausgehen – das Haus wurde ein Raub der Flammen; der **Raubbau:** *mit seinen Kräften Raubbau treiben* (sie rücksichtslos ausnützen); der **Raubdruck** (widerrechtlicher Druck eines Werkes); der **Räuber:** *unter die Räuber gefallen sein* (von anderen ausgenutzt werden); die **Räuberbande;** die **Räubergeschichte;** die **Räuberhöhle;** die **Räuberin,** die Räuberinnen; **räuberisch; räubern;** der **Raubfisch;** die **Raubgier; raubgierig;** die **Raubkatze;** die **Raubkopie;** der **Raubmord;** der **Raubritter;** das **Raubtier;** der **Raubüberfall;** der **Raubvogel,** die ...vögel; das **Raubwild;** der **Raubzug,** die ...züge

rau·chen: eine Zigarette rauchen – der Schornstein raucht – *rauchen wie ein Schlot* (sehr viel rauchen) – *keinen Guten rauchen* (schlecht aufgelegt sein); der **Rauch;** der **Raucher;** der **Räucheraal;** der **Räucherfisch;** der **Raucherhusten;** die **Raucherin;** die **Räucherkammer;** der **Räucherlachs; räuchern:** ein geräucherter (durch Rauch haltbar gemachter) Schinken; der **Räucherspeck;** die **Räucherwaren** *Pl.* (geräucherte Fleisch- und Wurstwaren); die **Rauchfahne;** der **Rauchfang** (Schornstein): *etwas in den Rauchfang schreiben* (aufgeben) *müssen*; der **Rauchfangkehrer;** die **Rauchfangkehrerin,** die ...kehrerinnen; das **Rauchfleisch** (geräuchertes Fleisch); **rauchig:** ein rauchiges (verrauchtes) Zimmer – sie hat eine rauchige (heisere) Stimme; der **Rauchschwaden;** der **Rauchtabak;** das **Rauchverbot;** die **Rauchwaren** *Pl.* (Tabakwaren); das **Rauchzeichen**

Rauch·wa·ren *Pl.*, die: - (Pelzwaren)

Räu·de, die: -, -n (Krätze, Grind, Hautkrankheit der Haustiere); **räudig:** ein räudiger Hund

rauf: (herauf, hinauf) **raufbringen; rauffahren; raufholen; rauflassen**

Rau·fe, die: -, -n (Futtergestell im Stall)

rau·fen: auf dem Schulweg raufen (sich prügeln) – sich vor Ärger die Haare raufen (sich an den Haaren reißen); der **Raufbold** (jemand, der oft und gerne rauft); der **Raufer;** die **Rauferei;** die **Rauflust; rauflustig**

Raum, der: -(e)s, Räume; das Haus hat viele Räume (Zimmer) – im Raum (Gebiet) Sachsen – eine Rakete in den Raum (Weltraum) schießen – im luftleeren Raum – es ist kein Raum (Platz) für ein Bett – eine Frage steht noch im Raum (ist noch ungelöst); **räumen:** sie räumt das Geschirr vom Tisch – die Wohnung räumen (ausziehen) – er räumt die Kreuzung – *jemanden aus dem Weg räumen* (ihn töten) – *das Feld räumen* (weggehen); die **Raumfähre;** der **Raumfahrer;** die **Raumfahrerin,** die ...fahrerinnen; die **Raumfahrt;** das **Raumfahrzeug;** der **Raumflug; raumgreifend;** der **Rauminhalt** (Volumen); die **Raumkapsel;** die **Raumlehre** (Geometrie); **räumlich:** räumlich beengt wohnen; die **Räumlichkeit;** das **Raummaß** (Hohlmaß); der/das **Raummeter** (Raummaß für 1 m^3 Holz); die **Raumpflegerin,** die ...pflegerinnen; das **Raumschiff;** die **Raumsonde; raumsparend:** eine raumsparende Aufteilung; auch: Raum sparend; die **Raumstation;** die **Räumung**

rau·nen: etwas ins Ohr raunen (flüstern) – man raunt (klatscht) heimlich; das **Raunen:** ein Raunen geht durch den Wald

Rau·pe, die: -, -n (Entwicklungsstadium eines Schmetterlings, schweres Baufahrzeug); *Raupen* (seltsame Einfälle) *im Kopf haben*; das **Raupenfahrzeug;** der **Raupenfraß;** der **Raupenschlepper**

raus: (heraus, hinaus); **rausfahren; rausgehen; rauslassen;** der **Rausschmiss**

Rausch, der: -(e)s, Räusche; seinen Rausch ausschlafen – im Rausch (im Hochgefühl) des Sieges; das **Rauschgift** (Droge); **rauschgiftsüchtig;** das **Rauschgold** (sehr dünnes Messingblech); der **Rauschgoldengel;** das **Rauschmittel;** der **Rauschzustand**

rau·schen: Bäume rauschen im Wind – das

Rauschen des Meeres – Beifall rauscht auf – ein rauschendes (prunkvolles) Fest feiern

räus·pern: sich beim Sprechen räuspern (hüsteln); aber: ein Räuspern hören

Rau·te, die: -, -n (gleichseitiges Parallelogramm); **rautenförmig**

Rave *engl. [ref],* der/das: -(s), -s (größere Tanzveranstaltung mit Technomusik); der **Raver;** die **Raverin,** die Raverinnen

Ra·vi·o·li *Pl., ital.,* die: (gefüllte Nudelspeise)

Raz·zia *franz.,* die: -, -s/Razzien (polizeiliche Durchsuchung, Fahndung)

rd. = rund, etwa

Rea·der *engl. [rider],* der: -s, - (Textzusammenstellung, Sammlung von Texten in einem Buch)

Re·ak·ti·on *lat.,* die: -, -en (Gegenwirkung, Rückschlag); eine chemische Reaktion; das **Reagenzglas** (Probierröhrchen für chemische Versuche); **reagieren:** heftig reagieren; **reaktionär** (rückschrittlich); der **Reaktionär** (jemand, der die Zustände vergangener Zeiten erhalten will); **reaktionsschnell;** das **Reaktionsvermögen;** die **Reaktionszeit**

Re·ak·tor *engl.,* der: -s, Reaktoren (Anlage zur Umwandlung von Kernenergie in Wärmeenergie); der **Reaktorunfall,** die ...unfälle

re·al *lat.:* reale (wirkliche) Gegenstände; die **Realien** *Pl.* (Tatsachen, wirkliche Dinge); **realisierbar** (durchführbar); die **Realisierbarkeit; realisieren:** ein Vorhaben realisieren (in die Tat umsetzen, verwirklichen); die **Realisierung;** der **Realismus** (Wirklichkeitssinn); der **Realist;** die **Realistin,** die Realistinnen; **realistisch:** eine realistische (sachliche) Einstellung haben – realistisch (lebensecht) erzählen; die **Realität** (Wirklichkeit, tatsächliche Lage); **realitätsfern;** der **Realitätssinn;** der **Reallohn;** der/die **Realo** (Realpolitiker(in)); die **Realpolitik;** die **Realschule;** der **Realwert** (wirklicher Wert)

Re·be, die: -, -n (Weinrebe); die **Reblaus,** die ...läuse (Blattlaus am Weinstock); die **Rebsorte;** der **Rebstock,** die ...stöcke (Weinstock)

Re·bell *franz.,* der: -en, -en (Aufständischer, Aufrührer); **rebellieren** (aufbegehren, sich empören, sich widersetzen); die **Rebellin;** die **Rebellion** (Empörung, Aufstand); **rebellisch:** eine rebellische (sich auflehnende) Jugend – er machte das ganze Haus rebellisch (versetzte alle in Unruhe)

Re·cei·ver *engl. [resiwer],* der: -s, - (Empfänger und Verstärker für Hi-Fi-Wiedergabe)

Re·chen, der: -s, - (ein Gartengerät, Harke); **rechen:** Laub rechen (zusammenkehren) # rächen

re·cher·chie·ren *franz. [rescherschiren]:* in einem Mordfall recherchieren (nachforschen, ermitteln); die **Recherche** *[rescherschel]*

rech·nen: sie hat die Aufgabe falsch gerechnet – auf meine Hilfe kannst du rechnen (zählen) – wir rechnen (zählen) ihn zu den besten Schülern – mit jedem Cent rechnen müssen – drei Stunden für die Fahrt rechnen (veranschlagen); die **Rechenaufgabe;** das **Rechenbuch;** der **Rechenfehler;** die **Rechenmaschine;** die **Rechenschaft:** *Rechenschaft ablegen* (sein Tun rechtfertigen); der **Rechenschaftsbericht;** der **Rechenstift;** die **Rechenstunde;** das **Rechenzentrum,** die ...zentren; der **Rechner; rechnerisch;** die **Rechnung:** *auf seine Rechnung kommen* (zufriedengestellt werden) – *einer Sache Rechnung tragen* (etwas berücksichtigen)

Recht, das: -(e)s, -e; das Recht (Gesetz) missachten – das deutsche Recht – ein Recht (einen Anspruch) auf Arbeit haben – das ist mein gutes Recht – mit Recht – Recht behalten/bekommen/geben/haben/tun; auch: recht behalten/bekommen/geben/haben/tun – Recht finden/suchen – im Recht sein – von Rechts wegen (eigentlich) – mit Fug und Recht – zu Recht (mit Grund) – *Recht sprechen* (ein richterliches Urteil fällen) – *auf sein Recht pochen* (mit Nachdruck auf seinem Recht bestehen); **recht:** recht behalten/bekommen/geben/haben/tun; auch: Recht behalten/bekommen/geben/haben/tun – recht sein – sich recht verhalten – ihm geschieht recht – wenn mir recht ist (wenn ich nicht irre) – das ist recht und billig – ihr kann man nichts recht machen – ganz recht (das stimmt)! – recht herzlichen Dank! – nun erst recht (trotzdem) – nicht recht bei Sinnen (verwirrt) sein – alles, was recht ist! – keine rechte Lust haben – er ist der rechte Mann für diese Aufgabe – bin ich hier recht (am richtigen Ort)? – das geht nicht mit rechten Dingen zu – er ist ein rechter (gehöriger) Taugenichts – *was recht ist, muss recht bleiben – was dem einen* *recht ist, ist dem anderen billig*; aber: nach dem Rechten sehen (etwas nachprüfen) – das Rechte tun – nichts Rechtes können – du bist mir der Rechte!; das **Rechteck; rechteckig; rechtens** (mit Recht, rechtmäßig): es ist rechtens, dass ... – etwas für rechtens halten; **rechtfertigen:** seine Entscheidung rechtfertigen (verteidigen, entschuldigen); die **Rechtfertigung; rechtgläubig** (dem rechten Glauben folgend); die **Rechthaberei; rechthaberisch** (besserwisserisch, eigensinnig); **rechtlich:** das ist rechtlich (nach dem gültigen Recht) nicht zulässig; **rechtlos** (entrechtet, schutzlos); die **Rechtlosigkeit; rechtmäßig:** die rechtmäßige (gesetzliche) Erbin; die **Rechtmäßigkeit;** der **Rechtsanspruch;** der **Rechtsanwalt,** die ...anwälte; die **Rechtsanwältin,** die ...anwältinnen; **rechtschaffen:** ein rechtschaffener (ehrlicher, anständiger) Mensch – er muss rechtschaffen (sehr viel) arbeiten; die **Rechtschaffenheit; rechtschreiben:** rechtschreiben lernen; auch: Rechtschreiben (das Rechtschreiben) lernen; die **Rechtschreibreform;** die **Rechtschreibung; rechtserfahren;** das **Rechtsgefühl;** der/die **Rechtsgelehrte; rechtsgültig; rechtskräftig:** ein rechtskräftiges Urteil; **rechtskundig;** die **Rechtspflege;** die **Rechtsprechung** (Gerichtsbarkeit); die **Rechtssache;** der **Rechtsschutz;** die **Rechtssicherheit;** der **Rechtsspruch,** die ...sprüche (Urteil, Richterspruch); der **Rechtsstaat; rechtsstaatlich;** der **Rechtsstreit; rechtsuchend;** aber: der sein Recht suchende Bürger; der **Rechtsweg;** das **Rechtswesen; rechtswidrig** (ungesetzlich); **rechtwink(e)lig; rechtzeitig** (früh genug, pünktlich)

rechts ⟨r.⟩: nach rechts fahren – rechts von ihm – gegen rechts – von rechts nach links – rechts der Donau – rechts außen spielen – *weder rechts noch links schauen* (sich nicht beirren lassen) – *nicht mehr wissen, was rechts und links ist* (völlig verwirrt sein); **recht...:** die rechte Hand – auf der rechten Hand – rechter Hand (rechts); die **Rechte** (rechte Seite, rechte Hand): sie sitzt zu meiner Rechten – er hält ein Buch in seiner Rechten – mit seiner Rechten blitzschnell zuschlagen; **rechterseits** (auf der rechten Seite); **rechtsabbiegend:** ein rechtsabbiegendes Fahrzeug; auch: rechts abbiegend; der **Rechtsabbieger;** der **Rechtsaußen:** er spielt (den) Rechtsaußen; **rechtshändig; rechtsherum:** rechtsherum gehen; aber: rechts herumgehen; die **Rechtskurve;** die **Rechtspartei; rechtsradikal;** der/die **Rechtsradikale;** der **Rechtsradikalismus; rechtsrum; rechtsseitig; rechtsstehend:** politisch rechtsstehende Parteien; auch: rechts stehend; **rechtsum:** rechtsum marschieren

re·cken, sich: er reckt (streckt) sich beim Aufstehen; das **Reck** (Turngerät); der **Recke** (kühner Krieger, Held); die **Reckstange**

Re·cor·der *engl.*, der: -s, - (Gerät zur Aufzeichnung und Wiedergabe von Ton- und Bildaufnahmen); auch: der **Rekorder**

Re·cy·cling (Re·cyc·ling) *engl. [risaikling]*, das: -s (Wiederverwertung schon benutzter Rohstoffe); **recyceln;** auch: **recyclen;** das **Recyclingpapier**

Re·dak·teur *franz. [redaktör]*, der: -s, -e (jemand, der Texte redigiert, bearbeitet); die **Redakteurin;** die **Redaktion; redaktionell;** der **Redaktionsschluss; redigieren:** einen Vortrag redigieren (überarbeiten)

re·den: undeutlich reden (sprechen) – sie hat gut reden – über ihn wird geredet (geklatscht) – offen über etwas reden – sie redete nicht mehr mit ihm – *von sich reden machen* (Aufmerksamkeit erregen) – *mit sich reden lassen* (zu Zugeständnissen bereit sein); aber: *Reden ist Silber, Schweigen ist Gold*; die **Rede:** eine Rede (Ansprache) halten – die Rede ist nicht von dir (es betrifft nicht dich) – wovon war die Rede? – die wörtliche Rede – es geht die Rede (man sagt, dass...) – *jemandem Rede und Antwort stehen* (sich rechtfertigen) – *nicht der Rede wert* (bedeutungslos) *sein* – *jemanden zur Rede stellen* (Rechenschaft von ihm verlangen) – *jemandem in die Rede fallen* (ihn unterbrechen) # Reede; der **Redefluss;** die **Redefreiheit; redegewandt:** redegewandt (nicht auf den Mund gefallen) sein; die **Redegewandtheit;** die **Redensart;** das **Redepult;** die **Rederei** (Gerede); der **Redeschwall;** die **Redetribüne;** das **Redeverbot;** die **Redewendung** (feststehende sprachliche Wendung); der **Redner;** die **Rednerin; redselig** (redefreudig); die **Redseligkeit**

red·lich: ein redlicher (zuverlässiger, ehrlicher) Geschäftsmann – sich redlich (sehr) bemühen; die **Redlichkeit**

re·dun·dant *lat.*: (weitschweifig, überflüssig); die **Redundanz**

re·du·zie·ren *lat.*: (vermindern, einschränken, zurückführen); die Preise auf die Hälfte reduzieren; die **Reduktion;** die **Reduzierung**

Ree·de, die: -, -n (Ankerplatz, Hafen) # Rede; der **Reeder** (Eigentümer eines Schiffes); die **Reederei** (Schifffahrtsunternehmen, Büro eines Reeders); die **Reederin**

re·ell *franz.*: ein reelles (vernünftiges) Angebot machen – er hat reelle (ehrliche) Absichten – ein reeller (zuverlässiger) Partner

Reet, das: -s (Schilf, Rohr); das **Reetdach**

Re·fe·rat *lat.*, das: -(e)s, -e; ein Referat (einen Vortrag) halten – er leitet in einer Behörde ein Referat (ein Sachgebiet); der **Referatsleiter;** der **Referendar** (Anwärter auf eine höhere Beamtenlaufbahn); das **Referendariat;** die **Referendarin,** die Referendarinnen; das **Referendum** (Volksabstimmung); der **Referent:** als Referent (leitender Sachbearbeiter) arbeiten – der Referent (Vortragende, Berichterstatter) hat sehr lange gesprochen; die **Referentin,** die Referentinnen; **referieren** (berichten, vortragen)

Re·fe·ree *engl. [referi]*, der: -s, -s (Schiedsrichter, Ringrichter)

Re·fe·renz *lat.*, die: -, -en; eine gute Referenz (Empfehlung, Fürsprache) # Reverenz

re·flek·tie·ren *lat.*: der Spiegel reflektiert die Sonnenstrahlen (wirft sie zurück) – auf eine Erbschaft reflektieren (hoffen) – über eine Frage reflektieren (nachdenken); der **Reflektor;** der **Reflex:** der Reflex (Widerschein) des Mondes – gute Reflexe haben (schnell reagieren); die **Reflexbewegung;** die **Reflexhandlung;** die **Reflexion** (Überlegung, Betrachtung); **reflexiv** (rückbezüglich); das **Reflexivpronomen** (Sprachlehre: rückbezügliches Fürwort)

Re·form *lat.*, die: -, -en (Verbesserung, Neugestaltung); die **Reformation** (Umgestaltung im kirchlichen Bereich, geistige Erneuerung); der **Reformator** (Erneuerer); **reformbedürftig;** der **Reformer;** die **Reformerin,** die Reformerinnen; **reformerisch;** das **Reformhaus** (Fachgeschäft für natürliche, der Gesundheit dienende Nahrungsmittel); **reformieren:** die reformierte (erneuerte) Kirche; die **Reformierung**

Ref·rain (Re·frain) *franz. [refrã]*, der: -s, -s (Kehrreim)

Re·fu·gi·um *lat.*, das; -s, Refugien (Zufluchtsort, Versteck)

Re·gal *lat.*, das: -s, -e (Gestell für Bücher oder Waren); das **Regalbrett**

Re·gat·ta *ital.*, die: -, Regatten (Wettfahrt mit Booten); die **Regattastrecke**

Reg.-Bez. = Regierungsbezirk

Re·gel *lat.*, die: -, -n; die Regeln (Vorschriften) im Verkehr beachten – sich nicht an die Regeln (Gesetze, Übereinkünfte) halten – das ist nicht die Regel (nicht üblich) – in der Regel (meist, normalerweise) – nach allen Regeln der Kunst (wie es sich gehört); **regellos; regelmäßig:** in regelmäßigen (gleichen) Abständen – regelmäßig (zu bestimmten Zeiten) seine Medizin nehmen – er kommt regelmäßig (ständig) zu spät; die **Regelmäßigkeit; regeln:** seine Angelegenheiten regeln (in Ordnung bringen); **regelrecht;** die **Reg(e)lung;** das **Regelwerk; regelwidrig** (gegen die Regel, nicht richtig); die **Regelwidrigkeit;** der **Regler**

re·gen: seine Glieder nicht mehr regen (bewegen, rühren) – sein Gewissen regt sich (wird wach) – kein Lüftchen regt (bewegt) sich – *sich regen bringt Segen*; **rege:** eine rege (lebhafte) Beteiligung – ein reger (betriebsamer) Verkehr – er ist geistig noch sehr rege (beweglich); **reglos; regsam;** die **Regung:** keine Regung (keine Empfindung) zeigen; **regungslos;** die **Regungslosigkeit**

Re·gen, der: -s; im Regen stehen – *jemanden im Regen stehen lassen* (in einer schwierigen Situation allein lassen) – *vom Regen in die Traufe kommen* (von einer Schwierigkeit in eine noch schlimmere geraten); **regenarm;** der **Regenbogen,** die ...bogen/...bögen; **regenbogenfarbig;** das **Regencape** *[...kep]*; das **Regenfass,** die ...fässer; **regenglatt;** der **Regenguss,** die ...güsse; der **Regenmantel,** die ...mäntel; **regennass; regenreich;** die **Regenrinne;** der **Regenschauer** (Regenguss, Sturzregen); der **Regenschirm;** die **Regentonne;** der **Regentropfen;** das **Regenwetter;** die **Regenwolke;** der **Regenwurm,** die ...würmer; die **Regenzeit; regnen:** es regnet seit Stunden; **regnerisch:** ein regnerischer Tag

re·ge·ne·rie·ren *lat.*: (erneuern, neu beleben, wiederherstellen); sich regenerieren (erholen); die **Regeneration; regenerationsfähig;** die **Regenerationszeit**

Re·gie *franz. [reschi],* die: -; Regie (Spielleitung beim Theater, Film o. Ä.) führen – in eigener Regie (selbstständig); die **Regieanweisung;** der **Regiefehler;** der **Regisseur** *[reschißör]* (Spielleiter); die **Regisseurin,** die Regisseurinnen

re·gie·ren *lat.*: über ein großes Volk regieren (herrschen); aber: der Regierende Bürgermeister; der **Regent** (Herrscher, Staatsoberhaupt); die **Regentin,** die Regentinnen; die **Regentschaft** (Herrschaft); die **Regierung;** der **Regierungsbezirk;** die **Regierungsform;** das **Regierungsgebäude;** die **Regierungspartei;** der **Regierungssitz;** der **Regierungswechsel;** die **Regierungszeit;** das **Regime** *[reschim]* (Herrschaft, Regierung); das **Regiment** (Herrschaft, Führung, Truppeneinheit); *ein strenges Regiment führen* (sehr streng sein)

Re·gi·on *lat.*, die: -, -en (Gegend, Bereich); *in höheren Regionen schweben* (in einer Traumwelt leben); **regional:** regionale (eine bestimmte Region betreffende) Nachrichten; die **Regionalbahn** ⟨RB⟩; der **Regionalexpress** ⟨RE⟩; die **Regionalliga,** die ... ligen; das **Regionalprogramm**

Re·gis·ter *lat.*, das: -s, -; im Register (Verzeichnis) nachschlagen – *alle Register ziehen* (alle Möglichkeiten ausschöpfen); die **Registertonne** ⟨RT⟩ (Raummaß für Schiffe); die **Registratur,** die Registraturen (Aufbewahrungsstelle für Akten, Aktenschrank); **registrieren:** einen Vorfall nicht registrieren (nicht wahrnehmen, bemerken) – seine Einnahmen registrieren (aufzeichnen); die **Registrierkasse;** die **Registrierung**

Re·gle·ment (Reg·le·ment) *franz. [reglemã],* das: -s, -s (Vorschrift, Ordnung); **reglementieren:** jemanden reglementieren (gängeln) – er hat alles genau reglementiert (festgelegt, geregelt)

Re·gress *lat.*, der: -es, -e (Ersatzanspruch); der **Regressanspruch;** die **Regresspflicht; regresspflichtig** (ersatzpflichtig)

re·gu·lär *lat.*: reguläre (festgelegte) Arbeitszeiten – eine reguläre (ordnungsgemäße) Handlung – ein regulärer (normaler) Flug; die **Regulation** (Ausgleich, Wiederherstellung der Ordnung); das **Regulativ; regulieren:** die Heizung regulieren (einstellen) – er regulierte (regelte) den Schaden – einen Bach regulieren (begradigen); die **Regulierung** (Regelung, Begradigung)

Reh, das: -(e)s, -e (kleine Hirschart); der **Rehbock,** die ... böcke; der **Rehbraten; rehbraun; rehfarben; rehfarbig;** das **Rehkitz;** das **Rehwild**

re·ha·bi·li·tie·ren *lat.*: (jemandes Ehre, Ruf wiederherstellen); einen ehemaligen Sträfling rehabilitieren (wieder in die Gesellschaft eingliedern); die **Rehabilitation;** die **Rehabilitierung;** die **Rehaklinik**

rei·ben: du reibst, er rieb, sie hat gerieben, reib(e)!; sich die Hände reiben – sie reibt sich den Schlaf aus den Augen – blank reiben (polieren) – der Hemdkragen reibt (scheuert); die **Reibe;** das **Reibeisen;** der **Reibekuchen** (Kartoffelpuffer); die **Reiberei** (Streitigkeit); die **Reibfläche;** die **Reibung;** die **Reibungselektrizität; reibungslos:** ein reibungsloser (störungsfreier) Ablauf – alles klappt reibungslos (einwandfrei); der **Reibungspunkt;** der **Reibungsverlust;** die **Reibungswärme;** der **Reibungswiderstand**

reich: reich sein (viel Geld haben, vermögend sein) – ein reicher Mann – eine reiche (ergiebige) Ernte – reich an Erfahrungen sein – ein reiches (vielfältiges) Angebot – reiche (umfassende) Kenntnisse haben; aber: Arm und Reich – Arme und Reiche; der/die **Reiche; reichgeschmückt:** ein reichgeschmückter Tisch; auch: reich geschmückt; **reichhaltig:** ein reichhaltiges Angebot; die **Reichhaltigkeit; reichlich:** das Essen war reichlich (ausgiebig) – sie kam reichlich (ziemlich) spät – er gab reichlich (viel) Trinkgeld – vor reichlich (mehr als) 20 Jahren; **reichmachen;** auch: reich machen; der **Reichtum,** die Reichtümer; **reichverziert:** reichverzierte Ringe; auch: reich verziert

Reich, das: -(e)s, -e (Gebiet); ein mächtiges Reich regieren – das Reich des Bösen – das Reich Gottes – das Römische Reich – im Reich der Fantasie; die **Reichsgrenze;** die **Reichsgründung;** die **Reichsinsignien** *Pl.* (Herrschaftssymbole eines Kaiser- oder Königreiches); der **Reichskanzler;** der **Reichspräsident;** die **Reichsstadt,** die ... städte; der **Reichstag**

rei·chen: sich die Hände reichen (geben) –

so weit das Auge reicht (überall) – jetzt reicht es mir (ich habe genug) – das Geld reicht nicht (ist zu wenig) zum Leben – das Grundstück reicht (erstreckt sich) bis zum Wald; die **Reichweite:** etwas in Reichweite haben (in der Nähe, sodass man es mit der Hand erreichen kann)

reif: reifes Obst – reif sein/werden – ein reifer (erfahrener, besonnener) Mensch – die reifere (ältere) Jugend – reif für das Irrenhaus – eine reife (hohen Ansprüchen genügende) Leistung – reif für den Urlaub sein (ihn sehr nötig haben); die **Reife:** die Reife der Trauben – die innere Reife eines Menschen – die mittlere Reife (Schulabschluss); der **Reifegrad; reifen:** wegen des Regens reifen die Trauben nur langsam – in ihm reift ein Plan; die **Reifeprüfung;** die **Reifezeit;** das **Reifezeugnis,** die ... zeugnisse; **reiflich:** nach reiflicher (gründlicher) Überlegung; die **Reifung;** der **Reifungsprozess**

Reif, der: -(e)s; am Morgen lag Reif (gefrorener Tau, Raureif) auf den Feldern; **reifen:** gestern hat es gereift; die **Reifglätte**

Reif, der: -(e)s, -e; einen Reif (ringförmiges Schmuckstück) aus Gold tragen; der **Reifen:** einen Reifen flicken – ein Reifen aus Plastik – mit Reifen (Spiel- und Sportgerät) turnen; der **Reifendruck;** die **Reifenpanne;** das **Reifenprofil;** der **Reifenwechsel**

Rei·gen, der: -s, - (Rundtanz); *den Reigen eröffnen* (den Anfang machen) – *den Reigen schließen* (bei etwas den Abschluss bilden); der **Reigentanz,** die ... tänze

Rei·he, die: -, -n; in einer Reihe (Linie) marschieren – in der letzten Reihe (Stuhlreihe) sitzen – eine Reihe (Menge) von Versuchen – an der Reihe sein – an die Reihe kommen – außer der Reihe – der Reihe nach (einer nach dem anderen) – in Reih und Glied (in strenger Ordnung) – *aus der Reihe tanzen* (sich nicht einordnen); **reihen:** es reihte sich Wagen an Wagen; die **Reihenfolge;** das **Reihengrab,** die ... gräber; das **Reihenhaus;** die **Reihensiedlung;** die **Reihenuntersuchung; reihenweise** (massenhaft, in großer Zahl); **reihum;** die **Reihung**

Rei·her, der: -s, - (ein Schreitvogel)

Reim, der: -(e)s, -e (gleich klingender Ausgang von Versen); *sich keinen Reim auf etwas machen können* (etwas nicht begreifen); die **Reimart; reimen:** das Gedicht reimt sich nicht; das **Reimwort,** die ... wörter

rein: reiner (unvermischter) Wein – reine (saubere) Wäsche – etwas rein erhalten – die reine Wahrheit sagen – ein reines Gewissen haben – ein reiner Zufall – rein persönlich; aber: einen Aufsatz ins Reine schreiben – *etwas ins Reine bringen* (klären) – *mit jemandem ins Reine kommen* (mit jemandem einig werden); **reinemachen:** ein Zimmer reinemachen lassen; aber: das **Rein(e)machen;** die **Rein(e)machefrau;** der **Reinerlös;** auch: der **Reinertrag,** die ... erträge; **rein(e)weg** (ganz und gar); das **Reingewicht;** der **Reingewinn; reingolden:** eine reingoldene Uhr; die **Reinhaltung;** die **Reinheit; reinigen** (säubern); die **Reinigung; reinlich** (sauber); die **Reinlichkeit; reinmachen:** die Wohnung reinmachen; auch: rein machen; **reinrassig;** die **Reinrassigkeit; reinschreiben:** einen Aufsatz reinschreiben; die **Reinschrift; reinseiden;** sich **reinwaschen:** die Wäsche reinwaschen; auch: rein waschen; aber nur: sich reinwaschen (seine Unschuld beweisen); **reinweiß; reinwollen** (aus reiner Wolle)

rein: (herein, hinein); der **Reinfall,** die fälle (Fehlschlag, Enttäuschung); **reinfallen; reinkommen; reinkönnen; reinlegen:** jemanden reinlegen (betrügen); **reinstecken**

Rei·ne·ke, der: -s (Name des Fuchses in der Tierfabel); Reineke Fuchs

Reis *ind.,* der: -es; Reis (asiatische Getreideart) anbauen – sich von Reis ernähren; der **Reisbau;** der **Reisbauer;** die **Reisbäuerin;** der **Reisbrei;** das **Reisfeld;** das **Reiskorn**

Reis, das: -es, -er (Zweiglein); das **Reisig** (Zweigholz, dürres Holz); der **Reisigbesen;** das **Reisigbündel**

rei·sen: ans Meer reisen – mit dem Schiff/mit dem Flugzeug reisen # reißen; die **Reise:** auf Reisen sein/gehen – eine Reise in die Vergangenheit – *seine letzte Reise antreten* (sterben); das **Reiseandenken;** der **Reisebegleiter;** die **Reisebegleiterin,** die ... begleiterinnen; das **Reisebüro;** der **Reisebus,** die ... busse; **reisefertig;** das **Reisefieber;** der **Reiseführer;** das **Reisegepäck;** die **Reisekosten** *Pl.*; das **Reiseland;** der **Reiseleiter;** die **Reiseleiterin,** die ... leiterinnen; die **Reiselektüre;** die **Reiselust; reiselustig;** der/die **Reisende;** der **Reisepass,** die ... pässe;

der **Reiseprospekt;** der **Reiseproviant** *[...prowiant];* die **Reiseroute** *[...rute];* der **Reisescheck;** der **Reisetipp;** der **Reiseverkehr;** die **Reisewelle;** das **Reiseziel**

rei·ßen: du reißt, er riss, sie hat gerissen, reiß(e)!; einen Zettel in Stücke reißen – das Seil reißt – sich an einem Nagel reißen (verletzen) – jemandem etwas aus der Hand reißen – hin- und hergerissen sein (sich nicht entscheiden können) – der Hund hat sich von der Leine gerissen – *sich um etwas reißen* (sich sehr darum bemühen) # reisen; **Reißaus:** Reißaus nehmen (weglaufen); das **Reißbrett** (Zeichenbrett); das **Reißen** (Gliederschmerzen, Rheumatismus); **reißend:** ein reißender (wilder) Fluss – eine Ware geht reißend weg (ist sehr begehrt); der **Reißer** (spannender, etwas oberflächlicher und erfolgreicher Roman oder Film; Ware, die leichten Absatz findet); **reißerisch:** eine reißerische (auffallende, knallige) Überschrift; **reißfest:** ein reißfester Stoff; die **Reißfestigkeit;** die **Reißleine;** der **Reißnagel;** der **Reißverschluss,** die ... verschlüsse; das **Reißzeug** (alle Geräte fürs technische Zeichnen); die **Reißzwecke** (kurzer Nagel mit flachem, breitem Kopf)

rei·ten: du reitest, er ritt, sie ist geritten, reit(e)!; auf einem Pferd reiten; die **Reitbahn;** der **Reiter;** die **Reiterei;** die **Reiterin,** die Reiterinnen; **reiterlich;** der **Reitersmann,** die ... männer / ... leute; die **Reitpeitsche;** das **Reitpferd;** die **Reitschule;** der **Reitsport;** der **Reitstall,** die ... ställe; das **Reittier;** das **Reitturnier**

rei·zen: sehr gereizt (ärgerlich, zornig) sein – jemanden bis aufs Blut reizen (ärgern, rasend machen) – meine Augen sind vom Rauch gereizt – die Aufgabe reizt mich (lockt mich, fordert mich heraus); der **Reiz:** der Reiz (Zauber) des Neuen – er ist ihren Reizen (ihrer Schönheit, Anziehungskraft) verfallen; **reizbar:** er ist sehr reizbar (leicht erregbar, aufbrausend); die **Reizbarkeit; reizend:** ein reizendes (sehr nettes) Kind; der **Reizhusten;** das **Reizklima; reizlos;** die **Reizlosigkeit;** das **Reizmittel;** die **Reizüberflutung;** die **Reizung; reizvoll;** das **Reizwort**

re·ka·pi·tu·lie·ren *lat.:* (zusammenfassen, sich noch einmal vergegenwärtigen); die **Rekapitulation**

re·keln: (sich wohlig dehnen); auch: sich **räkeln**

Re·kla·me *lat.,* die: -, -n; für etwas Reklame (Werbung) machen; **reklamehaft;** das **Reklameplakat;** der **Reklamerummel;** der **Reklametrick**

re·kla·mie·ren *lat.:* eine Ware reklamieren (beanstanden) – er reklamierte nicht (erhob keine Einwände); die **Reklamation** (Beschwerde, Einspruch)

re·kon·stru·ie·ren (re·kons·tru·ie·ren, re·konst·ru·ie·ren) *lat.:* ein Bauwerk rekonstruieren (wiederherstellen, nachbilden) – der Vorgang des Unfalls wurde rekonstruiert (nachgebildet); **rekonstruierbar;** die **Rekonstruierung;** die **Rekonstruktion**

Re·kon·va·les·zenz *lat.,* die: - (Genesung)

Re·kord *engl.,* der: -(e)s, -e; einen Rekord (eine Höchstleistung) aufstellen; der **Rekordbesuch;** das **Rekordergebnis,** die ... ergebnisse; die **Rekordernte;** der **Rekordhalter;** die **Rekordhalterin,** die ... halterinnen; der **Rekordversuch**

Re·kor·der *engl.,* der: -s, - (Gerät zur Aufzeichnung und Wiedergabe von Tonaufnahmen); auch: der **Recorder**

Rek·rut (Re·krut) *franz.,* der: -en, -en (Soldat in der ersten Ausbildungszeit); die **Rekrutenzeit; rekrutieren:** Arbeitskräfte rekrutieren (beschaffen); die **Rekrutierung**

Rek·tor *lat.,* der: -s, Rektoren (Leiter einer Universität, Schule); das **Rektorat** (Amt, Amtszeit, Amtszimmer eines Rektors); die **Rektorin,** die Rektorinnen

Re·lais *franz. [relä],* das: -, - (elektrische Schalteinrichtung); die **Relaisstation**

Re·la·ti·on *lat.,* die: -, -en; der Preis steht in keiner Relation (in keinem angemessenen Verhältnis) zur Qualität der Ware; **relativ:** er ist relativ (im Vergleich zu anderen) klein – ein relativ (verhältnismäßig) günstiger Preis – das trifft nur relativ (bedingt) zu; **relativieren** (einschränken, abschwächen); die **Relativierung;** die **Relativität** (eingeschränkte Gültigkeit, Bedingtheit); die **Relativitätstheorie;** das **Relativpronomen** (Sprachlehre: bezügliches Fürwort); der **Relativsatz,** die ... sätze

re·le·vant *lat. [relewant]:* das ist ein relevantes (bedeutsames, wichtiges) Problem; die **Relevanz:** etwas gewinnt / verliert immer mehr an Relevanz (Wichtigkeit)

Re·li·ef *franz.*, das: -s, -s/-e (plastisches, über eine Fläche herausstehendes Bild); **reliefartig;** die **Reliefkarte**

Re·li·gi·on *lat.*, die: -, -en (Glaube, Bekenntnis); das **Religionsbekenntnis;** die **Religionsfreiheit;** die **Religionslehre;** die **Religionsstunde;** der **Religionsunterricht; religiös** (fromm, gläubig): die religiöse Erziehung; die **Religiosität** (Frömmigkeit, Gottesfurcht)

Re·likt *lat.*, das: -(e)s, -e (Rest, Überbleibsel)

Re·ling, die: -, -s/-e (Schiffsgeländer)

Re·li·quie *lat. [relikwje]*, die: -, -n (Überrest von einem Heiligen, z. B. Knochen, Kleider o. Ä.); der **Reliquienschrein** (Behältnis für Reliquien); die **Reliquienverehrung**

re·mis *franz. [remi]*: (unentschieden, punktgleich); das **Remis,** die Remis/Remisen

Re·mou·la·de *franz. [remulade]*, die: -, -n (eine Kräutermajonäse)

rem·peln: seinen Banknachbarn rempeln (stoßen, wegdrängen); die **Rempelei;** der **Rempler**

Ren *skand.*, das: -s, -s (Hirschart); das **Rentier**

Re·nais·sance *franz. [renäßäß]*, die: -, -n (Wiederaufleben der Antike, Erneuerung); die **Renaissancezeit**

Ren·dez·vous *franz. [rãdewu]*, das: -, -; ein Rendezvous (Treffen) haben

Ren·di·te *ital.*, die: -, -n (Ertrag, Zinsertrag)

re·ni·tent *franz.*: ein renitenter (widerspenstiger) Mensch; die **Renitenz**

ren·nen: du rennst, er rannte, sie ist gerannt, renn(e)!; über die Straße rennen (laufen) – sie ist gegen die Tür gerannt – jemanden über den Haufen rennen (umstoßen); das **Rennauto;** die **Rennbahn;** das **Rennen:** an einem Rennen teilnehmen – *das Rennen machen* (gewinnen) – *jemanden aus dem Rennen werfen* (ihn übertreffen) – *gut im Rennen liegen* (gute Aussichten auf Erfolg haben); der **Renner:** das Buch ist ein Renner (es ist sehr gut verkäuflich); der **Rennfahrer;** die **Rennfahrerin,** die ... fahrerinnen; das **Rennpferd;** die **Rennpiste;** das **Rennrad,** die ... räder; der **Rennsport;** die **Rennstrecke;** der **Rennwagen**

re·nom·miert *franz.*: ein renommierter (berühmter) Künstler – ein renommiertes (angesehenes) Geschäft; das **Renommee** (Ansehen, Ruf); **renommieren** (prahlen); der **Renommist** (Angeber, Prahlhans)

re·no·vie·ren *lat. [renowiren]*: ein Gebäude renovieren (erneuern, neu herrichten); die **Renovierung**

Ren·te *franz.*, die: -, -n; in Rente (Pension) gehen – er hat eine kleine Rente (ein kleines Ruhegeld); **rentabel:** eine rentable (einträgliche, lohnende) Beschäftigung; die **Rentabilität;** der **Rentier** *[rentje]* (Rentner); sich **rentieren:** die Arbeit rentiert (lohnt) sich nicht; der **Rentner;** die **Rentnerin,** die Rentnerinnen

Re·pa·ra·tur *lat.*, die: -, -en (Ausbesserung, Erneuerung); **reparabel** (wiederherstellbar); die **Reparationen** *Pl.* (Kriegsentschädigungen); **reparaturanfällig; reparaturbedürftig;** die **Reparaturkosten** *Pl.*; die **Reparaturwerkstätte; reparieren:** ein Auto reparieren (instand setzen) – er repariert (behebt) den Schaden

Re·per·toire *franz. [repertoar]*, das: -s, -s (eingeübte Stücke wie z. B. Bühnenrollen, Musikstücke o. Ä., die jederzeit gespielt werden können)

Re·plik (Rep·lik) *franz.*, die: -, -en; eine Replik (Erwiderung) auf etwas – der Künstler stellt eine Replik (eine genaue Nachbildung des Originals) her

Re·port *franz.*, der: -(e)s, -e (Mitteilung, Bericht); die **Reportage** *[reportasche]*: eine Reportage (einen Bericht für Presse, Rundfunk oder Fernsehen) machen; der **Reporter** (Berichterstatter); die **Reporterin**

re·prä·sen·tie·ren *franz.*: er repräsentiert (vertritt) eine große Firma – er kann gut repräsentieren (in der Öffentlichkeit auftreten); der **Repräsentant** (Vertreter, Bevollmächtigter); das **Repräsentantenhaus** (Abgeordnetenhaus); die **Repräsentanz;** die **Repräsentation; repräsentativ:** repräsentative (ansehnliche) Räume – eine repräsentative (für eine Gesamtmenge stellvertretende) Umfrage; die **Repräsentativumfrage**

Re·pres·sa·lie *lat. [repreßalje]*, die: -, -n (Druckmittel, Vergeltungsmaßnahme); die **Repression** (Unterdrückung); **repressiv**

Re·print *engl.*, der: -s, -s (unveränderter Nachdruck, Neudruck)

re·pro·du·zie·ren *lat.*: (wiedergeben, nachbilden, vervielfältigen); die **Reproduktion** (Wiederherstellung, Nachbildung, Fortpflanzung);

die **Reproduktionstechnik; reproduktiv**

Rep·til *franz.*, das: -s, -ien/-e (wechselwarmes Kriechtier)

Re·pu·blik (Re·pub·lik) *franz.*, die: -, -en (Staatsform, bei der die Regierenden vom Volk gewählt werden); der **Republikaner;** die **Republikanerin,** die Republikanerinnen; **republikanisch**

Re·pu·ta·ti·on *lat.*, die: - (Ruf, Aussehen); **reputierlich** (achtbar, ordentlich, ansehnlich)

Re·qui·em *lat. [rekwiäm]*, das: -s, -s (Totenmesse)

re·qui·rie·ren *lat.*: Lebensmittel im Krieg requirieren (beschlagnahmen); die **Requisition**

Re·qui·sit *lat.*, das: -(e)s, -en (Ausstattungszubehör bei Film oder Theater, Arbeitsgerät); die **Requisitenkammer**

re·ser·vie·ren *lat.*: *[reserwiren]* Plätze reservieren (freihalten, belegen, vormerken); das **Reservat** *[...wat]* (abgegrenztes Gebiet für gefährdete Tierarten, Schutzgebiet für bestimmte Volksgruppen, z.B. Indianer); auch: die **Reservation;** die **Reserve:** eine Reserve (einen Vorrat) an Lebensmitteln haben – in der Reserve (Ersatzmannschaft) spielen – stille Reserven (Geldrücklagen) haben – *jemanden aus der Reserve locken* (ihn dazu bringen, seine Zurückhaltung aufzugeben); der **Reserveoffizier;** das **Reserverad,** die ... räder; der **Reservereifen;** der **Reservespieler;** die **Reservespielerin,** die ... spielerinnen; der **Reservetank;** die **Reserveübung; reserviert:** sich reserviert (zurückhaltend, abweisend) verhalten; die **Reservierung;** der **Reservist** (Reservesoldat); das **Reservoir** *[reserwoar]* (Speicher, Vorrat)

Re·si·denz *lat.*, die: -, -en (Sitz eines Herrschers oder Staatsoberhauptes, Hauptstadt); die **Residenzstadt,** die ... städte; **residieren:** der Bundespräsident residiert in Berlin

re·sig·nie·ren (re·si·gnie·ren) *lat.*: (aufgeben, entmutigt sein, verzagen); die **Resignation** (das Sichzufriedengeben, verzichtende Haltung, Ergebung in das Schicksal)

re·sis·tent *lat.*: (widerstandsfähig, unempfindlich); die **Resistenz,** die Resistenzen

re·so·lut *lat.*: eine resolute (entschlossene, energische) Person; die **Resolutheit;** die **Resolution** (Beschluss, Entschließung)

Re·so·nanz *lat.*, die: -, -en (Anklang, Widerhall); keine Resonanz (Zustimmung) finden; der **Resonanzkörper**

re·so·zi·a·li·sie·ren *lat.*: (wieder in die Gesellschaft eingliedern); die **Resozialisation;** die **Resozialisierung**

Res·pekt (Re·spekt) *franz.*, der: -(e)s; sich Respekt (Achtung, Ansehen) verschaffen; **respektabel** (angesehen, ansehnlich); **respekteinflößend:** eine respekteinflösende Person; auch: Respekt einflößend; **respektieren:** eine Entscheidung respektieren (anerkennen) – seine Persönlichkeit wird von allen respektiert (geachtet); **respektierlich** (ansehnlich); **respektlos** (abfällig); die **Respektlosigkeit;** die **Respektsperson; respektvoll**

Res·sen·ti·ment *franz. [resãtimã]*, das: -s, -s (gefühlsmäßige Abneigung)

Res·sort *franz. [reßor]*, das: -s, -s (Amts-, Geschäftsbereich); der **Ressortleiter;** die **Ressortleiterin,** die ... leiterinnen

Res·sour·cen *Pl. franz. [reßurßen]*, die: - (Hilfsmittel, Rohstoffvorräte)

Rest *lat.*, der: -(e)s, -e (Überbleibsel); der Rest der Mahlzeit – den Rest des Tages faulenzen – er ging den Rest des Weges zu Fuß – der Rest der Welt (alle anderen) – billige Reste (Stoffreste) kaufen – *der Rest ist Schweigen* (es ist nichts mehr zu sagen) – *jemandem den Rest geben* (ihn zugrunde richten); der **Restbestand;** der **Restbetrag,** die ... beträge; der **Resteverkauf;** die **Restgruppe; restlich:** das restliche (übrige, verbleibende) Geld; aber: das Restliche; **restlos:** restlos (ganz und gar) verschuldet sein; der **Restposten;** das **Restrisiko;** die **Reststrafe;** die **Restsumme;** der **Resturlaub**

Res·tau·rant (Re·stau·rant) *franz. [restorã]*, das: -s, -s (Speiselokal, Gaststätte)

res·tau·rie·ren (re·stau·rie·ren) *lat.*: ein Kunstwerk restaurieren (wiederherstellen, erneuern) – sich nach der Anstrengung schnell wieder restaurieren (stärken, erfrischen); die **Restauration** (Wiederherstellung von früheren Ordnungen bzw. Verhältnissen); der **Restaurator** (jemand, der Kunstwerke restauriert); die **Restaurierung**

re·strik·tiv (res·trik·tiv, rest·rik·tiv) *lat.*: restriktive (einschränkende, einengende) Maßnahmen; die **Restriktion** (Beschränkung, Vorbehalt)

N O P Q R S

Re·sul·tat *franz.*, das: -(e)s, -e; das Resultat (Ergebnis, Lösung) einer Rechnung – er hat ein gutes Resultat erreicht; **resultieren** (sich ergeben, zur Folge haben)

Re·sü·mee *franz.*, das: -s, -s (Zusammenfassung, Ergebnis); ein Resümee ziehen; **resümieren** (zusammenfassen, feststellen)

re·tar·die·ren *lat.*: (verzögern, hinausschieben, hemmen); **retardiert** (in der Entwicklung zurückgeblieben)

Re·tor·te *franz.*, die: -, -n (Laborgefäß); aus der Retorte (auf künstliche Weise hergestellt); das **Retortenbaby,** die ... babys (ein durch künstliche Befruchtung gezeugtes Kind)

re·tro·spek·tiv (ret·ros·pek·tiv) *lat.* (rückschauend); die **Retrospektive**

ret·ten: er hat sie vor dem Ertrinken gerettet – sich ins Ziel retten (es mit Mühe gerade noch erreichen) – seine Habe vor dem Brand retten (in Sicherheit bringen) – er konnte sich vor Glückwünschen kaum noch retten (er wurde von ihnen überschüttet) – *nicht mehr zu retten* (vollkommen verrückt) *sein*; der **Retter;** die **Retterin,** die Retterinnen; die **Rettung;** die **Rettungsaktion;** der **Rettungsanker;** das **Rettungsboot;** der **Rettungsdienst; rettungslos:** rettungslos (ohne Aussicht auf Abhilfe) verschuldet sein; die **Rettungsmannschaft;** der **Rettungsring;** das **Rettungsschwimmen;** die **Rettungsstation**

Ret·tich *lat.*, der: -s, -e (Pflanze mit einer rübenförmig verdickten Wurzel)

Re·turn *engl.* *[ritörn]*, der: -s, -s (Rückschlag im Tennis); die **Returntaste**

Re·tu·sche *franz.*, die: -, -n (nachträgliche Änderung des Originals); **retuschieren:** ein Foto retuschieren (nachträglich verändern)

reu·en: der Kauf reut mich nicht (ich bedauere ihn nicht); die **Reue:** er zeigte vor Gericht keine Reue; **reuevoll; reuig:** ein reuiger Sünder; **reumütig:** reumütig (beschämt) kehrte er zurück; die **Reumütigkeit**

Reu·se, die: -, -n (Korb zum Fischfang)

re·van·chie·ren, sich *franz.* *[rewãschiren]*: (sich rächen, sich erkenntlich zeigen, danken); die **Revanche** (Vergeltung, Rache)

Re·ve·renz *lat.* *[rewerentß]*, die: -, -en; *jemandem seine Reverenz* (Ehrerbietung, Achtung) *erweisen* # Referenz

Re·vers *franz.* *[rewär]*, das: -, - (Mantel- oder Jackenaufschlag, Besatz)

re·ver·si·bel *lat.* *[rewersibel]*: (umkehrbar); die **Reversibilität**

re·vi·die·ren *lat.* *[rewidiren]:* die Kasse revidieren (prüfen) – er revidierte (berichtigte, änderte) seine Meinung; die **Revision:** eine Revision (Kontrolle, Überprüfung) durchführen – er ging vor Gericht in die Revision (Berufung); der **Revisor** (Aufsichtsbeamter)

Re·vier *niederl.* *[rewir]*, das: -s, -e; das ist mein Revier (Bezirk, Tätigkeitsbereich) – der Jäger geht in sein Revier (Jagdgebiet) – sich auf dem Revier (einer Polizeidienststelle) melden – im Revier (Abbaugebiet im Bergbau) arbeiten; der **Revierförster**

Re·vol·te *franz.* *[rewolte]*, die: -, -n (Aufstand, Aufruhr, Reform); **revoltieren:** gegen die Wachmannschaft revoltieren (sich auflehnen, empören) – eine revoltierende (aufbegehrende, protestierende) Jugend; die **Revolution** (Umwälzung, Umsturz): die industrielle Revolution; **revolutionär:** eine revolutionäre (bahnbrechende) Erfindung – eine revolutionäre Mode; der **Revolutionär;** die **Revolutionärin; revolutionieren;** die **Revolutionierung;** der **Revoluzzer** (jemand, der sich wie ein Revolutionär gebärdet)

Re·vol·ver *engl.* *[rewolwer]*, der: -s, - (mehrschüssige Handfeuerwaffe); das **Revolverblatt** (eine reißerisch aufgemachte Zeitung); der **Revolverheld**

Re·vue *franz.* *[rewü]*, die: -, -n; sich eine Revue (Bühnendarbietung) ansehen – eine Revue (Zeitschrift) lesen – *etwas Revue passieren lassen* (sich etwas Vergangenes vorstellen, vergegenwärtigen); der **Revuefilm;** das **Revuegirl** *[rewügörl];* das **Revuetheater**

Re·zen·si·on *lat.*, die: -, -en (kritische Besprechung von neuen Büchern, Theateraufführungen, Filmen); der **Rezensent** (Verfasser einer Rezension); die **Rezensentin,** die Rezensentinnen; **rezensieren:** einen Film rezensieren (kritisch besprechen)

Re·zept *lat.*, das: -(e)s, -e; Rezepte (Kochanleitungen) sammeln – der Arzt stellt ein Rezept (Arzneiverordnung) aus; der **Rezeptblock; rezeptfrei;** die **Rezeptpflicht; rezeptpflichtig;** die **Rezeptur,** die Rezepturen (Zusammenstellung von Arzneimitteln, Nahrungsmitteln o. Ä. nach einer Anweisung)

N O P Q R S

Re·zep·ti·on *lat.*, die: -, -en (Anmeldung, Empfangshalle in einem Hotel); **rezeptiv** (aufnehmend, empfangend)

Re·zes·si·on *lat.*, die: -, -en (Rückgang des wirtschaftlichen Wachstums, Verminderung); **rezessiv:** rezessive (nicht in Erscheinung tretende) Maßnahmen

re·zi·prok (re·zip·rok) *lat.*: (wechselseitig, abwechselnd, aufeinander bezogen)

Re·zi·ta·ti·on *lat.*, die: -, -en (Vortrag einer Dichtung); der **Rezitator;** die **Rezitatorin; rezitieren:** ein Gedicht rezitieren

Rha·bar·ber *griech.*, der: -s (Heil- und Nutzpflanze); der **Rhabarberkuchen**

Rhein·land-Pfalz (Land der Bundesrepublik Deutschland); **rheinisch;** das **Rheinland; rheinländisch; rheinland-pfälzisch**

Rhe·to·rik *griech.*, die: - (Redekunst); der **Rhetoriker; rhetorisch:** rhetorisch (die Redeweise betreffend) war der Redner sehr gut – eine rhetorische (rein um der Wirkung willen gestellte) Frage

Rheu·ma *griech.*, das: -s; an Rheuma (Erkrankung der Gelenke, Muskeln, Sehnen, Nerven) leiden; das **Rheumabad;** die **Rheumadecke;** der **Rheumatiker;** die **Rheumatikerin; rheumatisch;** der **Rheumatismus,** die Rheumatismen; die **Rheumawäsche**

Rhi·no·ze·ros *griech.*, das: -/-ses, -se (Nashorn)

Rho·do·den·dron (Rho·do·dend·ron) *griech.*, der/das: -s, Rhododendren (Zierpflanze)

Rhom·bo·id *griech.*, das: -(e)s, -e (Parallelogramm mit paarweise ungleichen Seiten); **rhombisch** (rautenförmig); der **Rhombus,** die Rhomben (gleichseitiges Parallelogramm, Raute)

Rhyth·mus *griech.*, der: -, Rhythmen (Gleichtakt, gleichmäßige Bewegung); ein schneller Rhythmus; die **Rhythmik; rhythmisch:** ein rhythmisches (gleichmäßiges) Stampfen; **rhythmisieren**

rich·ten: den Blick nach oben richten (lenken) – er richtet (repariert) den Kühlschrank – Fragen an jemanden richten (stellen) – sich nach den Gesetzen richten – über jemanden richten (urteilen) – das Frühstück richten (herrichten) – die Antenne richten (richtig einstellen) – der Verdacht richtet (wendet) sich gegen dich – er hat sich selbst gerichtet (er beging Selbstmord) – *jemanden zugrunde richten* (ruinieren); der **Richter;** die **Richterin,** die Richterinnen; **richterlich;** der **Richterspruch;** das **Richtfest** (Feier der Arbeiter nach der Fertigstellung des Rohbaus); **richtig:** den richtigen Weg einschlagen – ein Wort richtig (fehlerlos) schreiben – richtig sein (stimmen) – das ist der richtige (passende) Zeitpunkt – einen richtigen (ordentlichen) Beruf haben – richtig (regelrecht) wütend werden – etwas richtig machen; aber: das einzig Richtige machen – das ist für mich das Richtigste – im Lotto fünf Richtige haben – sie hat den Richtigen (den passenden Mann) gefunden – *nicht ganz richtig im Kopf* (verrückt) *sein;* **richtigerweise; richtiggehend:** eine richtiggehende Uhr; auch: richtig gehend; aber nur: eine richtiggehende (regelrechte) Blamage; die **Richtigkeit; richtigliegen:** er ist/hat mit seiner Meinung richtiggelegen; **richtigmachen:** eine Rechnung richtigmachen (begleichen); aber: eine Arbeit richtig machen; **richtigstellen:** eine Uhr richtigstellen; auch: richtig stellen; aber nur: einen Irrtum richtigstellen (berichtigen); die **Richtigstellung;** die **Richtlinie;** die **Richtschnur,** die ...schnuren (Regel); die **Richtstätte** (Hinrichtungsplatz); die **Richtung; richtunggebend;** der **Richtungskampf; richtungslos;** die **Richtungslosigkeit; richtung(s)weisend;** der **Richtwert;** die **Richtzahl**

Ri·cke, die: -, -n (weibliches Reh)

rie·chen: du riechst, er roch, sie hat gerochen, riech(e)!; an einer Blume riechen – es riecht (duftet) hier gut – *jemanden nicht riechen können* (ihn unausstehlich finden); der **Riecher:** *einen guten Riecher haben* (einen guten Spürsinn haben, etwas richtig einschätzen); das **Riechorgan**

Ried, das: -(e)s, -e (Schilf, Röhricht)

Rie·ge, die: -, -n (Turnergruppe); das **Riegenturnen; riegenweise**

Rie·gel, der: -s, -; den Riegel (Verschluss) öffnen – ein Riegel (Stück) Schokolade – *einer Sache einen Riegel vorschieben* (sie unterbinden); **riegeln** (verriegeln)

Rie·men *lat.*, der: -s, - (Lederband, Ruder); *den Riemen enger schnallen* (sich einschränken) – *sich am Riemen reißen* (zusammennehmen)

Rie·se, der: -n, -n (besonders großer Mensch,

Märchen- und Sagengestalt); die **Riesendummheit;** der **Riesenerfolg;** die **Riesenfelge** (eine Turnübung); **riesengroß; riesenhaft;** der **Riesenhunger;** das **Riesenrad;** die **Riesenschlange;** der **Riesenskandal;** der **Riesenslalom;** der **Riesenspaß; riesenstark; riesig** (gewaltig): riesig groß; die **Riesin,** die Riesinnen

rie·seln: der Kalk rieselt (fällt in kleinen Stückchen) von den Wänden – Wasser rieselt (fließt sacht, rinnt) über die Steine

Riff, das: -(e)s, -e (Meeresklippe, Felsen)

ri·gi·de *lat.*: rigide (strenge) Verbote – rigide (starr) an etwas festhalten; auch: **rigid**

ri·go·ros *lat.*: rigoros (streng, unnachgiebig, rücksichtslos) durchgreifen – rigorose (radikale) Maßnahmen ergreifen; die **Rigorosität**

Rik·scha *jap.*, die: -, -s (von einem Mann gezogener Mietwagen in Süd- und Ostasien)

Ril·le, die: -, -n (lange, schmale Vertiefung; Kerbe, Rinne); Rillen im Glas

Rind, das: -(e)s, -er (Nutztier); der **Rinderbraten;** auch: der **Rindsbraten;** die **Rinderherde;** die **Rinderpest;** die **Rinderrasse;** der **Rinderwahnsinn;** die **Rinderzucht;** das **Rindfleisch;** das **Rind(s)leder;** das **Rindvieh**

Rin·de, die: -, -n (Borke, Kruste, Schale)

Ring, der: -(e)s, -e; einen goldenen Ring am Finger tragen – an den Ringen turnen – die Händler schlossen sich zu einem Ring (einer Vereinigung) zusammen; das **Ringbuch;** sich **ringeln** (sich winden, schlingen, drehen): der Schwanz eines Schweins ist geringelt; die **Ringelnatter** (eine ungiftige Schlange); der **Ringelpiez** (Tanzvergnügen); der **Ringelreigen** (Rundtanz); auch: der **Ringelreihen;** das **Ringelspiel** (Karussell); die **Ringfahndung** (Großfahndung der Polizei); der **Ringfinger; ringförmig;** der **Ringgraben; rings:** er ist rings (von allen Seiten) von Zuschauern umgeben; **ringsherum;** die **Ringstraße; ringsum** (rundherum, überall); **ringsumher;** der **Ringwall,** die ... wälle

rin·gen: du ringst, er rang, sie hat gerungen, ring(e)!; mit dem Gegner ringen (kämpfen, raufen) – er rang mit dem Tode – nach Anerkennung ringen (danach streben); der **Ring:** er verließ den Ring (Boxring) als Sieger; das **Ringen** (Kampf); der **Ringer;** die **Ringerin,** die Ringerinnen; der **Ringkampf;** der **Ringkämpfer;** die **Ringkämpferin,** die ... kämpferinnen; der **Ringrichter;** die **Ringrichterin,** die ... richterinnen

rin·nen: er rann, sie ist geronnen; das Wasser rinnt (fließt) über die Felsen – das Geld rinnt ihnen durch die Finger (sie geben es schnell und unüberlegt aus); die **Rinne** (Furche, Vertiefung, Graben); das **Rinnsal,** die Rinnsale (Bächlein); der **Rinnstein** (Bordstein)

Rip·pe, die: -, -n (Knochen zwischen Wirbelsäule und Brustbein); er hat sich beim Unfall mehrere Rippen gebrochen; das **Rippchen;** der **Rippenbruch;** das **Rippenfell;** die **Rippenfellentzündung;** der **Rippenstoß,** die ... stöße; das **Rippenstück**

Ri·si·ko, *ital.*, das: -s, -s/Risiken; ein großes Risiko (Wagnis) auf sich nehmen; der **Risikofaktor; risikofrei; risikofreudig; risikolos; risikoreich; riskant:** ein riskantes (gefährliches) Unternehmen; **riskieren:** er riskiert (wagt) nichts – *Kopf und Kragen riskieren* (alles aufs Spiel setzen)

Ris·pe, die; -, -n (Blütenstand); **rispenförmig;** das **Rispengras,** die ... gräser

Riss, der: -es, -e; ein Riss in der Hose – im Mauerwerk sind tiefe Risse (Sprünge); **rissfest; rissig** (aufgesprungen, rau)

Rist, der: -es, -e (Fuß-, Handrücken)

Ritt, der: -(e)s, -e; ein schneller Ritt zu Pferde; der **Ritter** (mittelalterlicher Krieger); die **Ritterburg;** das **Ritterkreuz** (Orden als Auszeichnung); **ritterlich:** sich ritterlich (fair, zuvorkommend) benehmen; die **Ritterlichkeit;** der **Ritterorden;** die **Ritterrüstung;** die **Ritterschaft;** der **Ritterschlag;** der **Rittersmann,** die ... leute; das **Ritterspiel;** der **Rittersporn** (eine Pflanze); das **Rittertum;** die **Ritterzeit; rittlings:** rittlings (wie ein Reiter) sitzen; der **Rittmeister;** → reiten

Ri·tu·al *lat.*, das: -s, -e/-ien (religiöse Handlung, Brauch); der **Ritualmord** (Mord auf Grund eines religiösen Kultes); **rituell;** der **Ritus,** die Riten: nach überliefertem Ritus (Brauch)

Ritz, der: -es, -e (Kerbe, Spalte, Riss); der Wind pfeift durch den Ritz; auch: die **Ritze; ritzen:** seinen Namen in die Baumrinde ritzen – er ritzte (verletzte, riss) sich; der **Ritzer** (kleine Schramme)

Ri·va·le *franz. [riwale]*, der: -n, -n (Mitbewerber, Gegner, Nebenbuhler); die **Rivalin,** die

Rivalinnen; **rivalisieren** (wetteifern, konkurrieren); die **Rivalität**

Ri·zi·nus *lat.*, der: -, -/-se (eine Heilpflanze); das **Rizinusöl** (Abführmittel)

r.-k. (röm.-kath.) = römisch-katholisch

Roast·beef *engl. [roßtbif]*, das: -s, -s (gebratenes Rippenstück vom Rind, Rostbraten)

rob·ben: (sich kriechend fortbewegen); die **Robbe** (ein Seesäugetier); der **Robbenfänger;** das **Robbenfell;** die **Robbenjagd**

Ro·be *franz.*, die: -, -n (Amtstracht, festliches Kleid)

Ro·bo·ter *tschech.*, der: -s, - (elektronisch gesteuerter Automat, Maschinenmensch); **roboterhaft**

ro·bust *lat.*: er hat eine robuste (kräftige, stabile) Gesundheit – ein robustes (widerstandsfähiges) Material; die **Robustheit**

rö·cheln: (keuchend atmen); ich röch(e)le

Ro·chen, der: -s, - (ein Meeresraubfisch)

Rock, der: -(e)s, Röcke (Kleidungsstück für Frauen, Jacke des Männeranzugs); das **Röckchen;** die **Rocktasche;** der **Rockzipfel:** am Rockzipfel der Mutter hängen (unselbstständig sein)

Rock *amerik.*, der: -(s) (Musikrichtung); der **Rock and Roll** *[roknrol]* (amerikanischer Tanz); auch: der **Rock'n' Roll; rocken** (Rock spielen, nach Rockmusik tanzen); der **Rocker** (Angehöriger einer jugendlichen Bande, Halbstarker); die **Rockerbande;** die **Rockerin;** die Rockerinnen; das **Rockfestival;** die **Rockmusik;** der **Rocksänger;** die **Rocksängerin,** die ... sängerinnen; der **Rockstar**

ro·deln: (Schlitten fahren); der **Rodel** (Schlitten); die **Rodelbahn;** der **Rodelschlitten;** der **Rodler;** die **Rodlerin,** die Rodlerinnen

ro·den: den Wald roden (Bäume fällen, den Wald urbar machen); die **Rodung**

Ro·gen, der: -s, - (Fischeier) # Roggen; der **Rogener** (weiblicher Fisch)

Rog·gen, der: -s (Getreideart) # Rogen; das **Roggenbrot;** das **Roggenfeld;** das **Roggenmehl**

roh: ein roher (unbehauener) Balken – er ist ein roher (grober, brutaler) Mensch – rohes (ungekochtes) Fleisch essen; aber: im Rohen fertig sein; der **Rohbau;** der **Rohentwurf;** das **Roherzeugnis,** die ... erzeugnisse; die **Rohfassung;** das **Rohgewicht;** die **Rohheit;** die **Rohkost** (ungekochte Pflanzenkost); der **Rohling** (brutaler Mensch, unbearbeitetes Werkstück); das **Rohöl; rohseiden;** der **Rohstoff** (Naturstoff, Rohmaterial)

Rohr, das: -(e)s, -e (hohle Röhre, Schilfpflanze); aus allen Rohren (Geschützrohren) feuern; der **Rohrbruch,** die ... brüche; die **Röhre:** das Essen steht in der Röhre (Bratröhre) – *in die Röhre gucken* (leer ausgehen, nichts bekommen; fernsehen); **röhren** (schreien, brüllen); **röhrenförmig;** das **Röhricht** (Schilfdickicht); die **Rohrleitung;** der **Röhrling** (ein Pilz); die **Rohrpost;** der **Rohrspatz** (Vogel): *schimpfen wie ein Rohrspatz* (laut und erregt schimpfen); der **Rohrstock;** der **Rohrstuhl;** die **Rohrzange;** der **Rohrzucker**

Ro·ko·ko *franz.*, das: -s (Kunstrichtung im 18. Jahrhundert); der **Rokokostil;** die **Rokokozeit**

Rol·le, die: -, -n; sie spielte im Film die Rolle (Person, Figur), der Königin – er hat seine Rolle (seinen Rollentext) nicht gelernt – *eine Rolle spielen* (bedeutsam, wichtig sein) – *aus der Rolle fallen* (sich ungehörig benehmen); das **Rollenspiel;** das **Rollenverhalten;** die **Rollenverteilung**

rol·len: der Ball rollt ins Tor – ein Fass am Boden rollen – eine Lawine rollt zu Tal – er rollte mit den Augen – der Donner rollt – *ins Rollen* (in Gang) *kommen – etwas ins Rollen bringen* (etwas beginnen); die **Rollbahn** (Start- und Landebahn); das **Röllchen;** die **Rolle:** eine Rolle (einen Überschlag) vorwärts machen – eine Rolle Papier – das Seil läuft über eine Rolle – *von der Rolle sein* (nicht mehr mitkommen); der **Roller** (Tret- oder Motorroller); **rollern;** das **Rollfeld;** das **Rollkommando;** der **Rollkragenpullover;** der **Rollladen,** die ... läden; auch: der **Roll-Laden;** auch: das **Rollo;** der **Rollmops** (gewickelter halber Hering); der **Rollschrank,** die ... schränke; der **Rollschuh;** der **Rollsplit** (mit Teer vermischte Steinchen zum Ausbessern von Straßen); der **Rollstuhl,** die ... stühle; die **Rolltreppe**

Ro·man *franz.*, der: -s, -e; einen Roman (eine größere Erzählung) lesen; **romanhaft;** der **Romanheld;** der **Romanschriftsteller**

Ro·ma·nik *lat.*, die: - (Baustil im frühen Mittelalter); **romanisch**

Ro·man·tik *lat.*, die: - (Geistesepoche um

1800, das Märchenhafte); der **Romantiker** (schwärmerischer, gefühlsbetonter Mensch); die **Romantikerin,** die Romantikerinnen; **romantisch:** sie ist romantisch (schwärmerisch) veranlagt – ein romantisch (malerisch) gelegener Ort; die **Romanze** (Liebeserlebnis, Liebesbeziehung)

Rö·mer, der: -s, - (Angehöriger des Römischen Reiches, Bewohner Roms); das **Römerreich;** das **Römertum; römisch:** ein römischer Brunnen; **römisch-katholisch** ⟨röm.-kath., r.-k.⟩: die römisch-katholische Kirche

röm.-kath. (r.-k.) = römisch-katholisch

Rom·mee *franz.*, das: -s, -s (ein Kartenspiel); auch: das **Rommé**

Ron·dell *franz.*, das: -s, -e (rundes Beet, runder Platz, runder Turm); auch: das **Rundell**

rönt·gen: (mithilfe von Röntgenstrahlen durchleuchten); der **Röntgenapparat;** die **Röntgenaufnahme;** das **Röntgenbild;** der **Röntgenologe** (Röntgenfacharzt); die **Röntgenologin,** die ...genologinnen; der **Röntgenschirm;** die **Röntgenstrahlen** *Pl.* (elektromagnetische Strahlen); die **Röntgenuntersuchung**

ro·sa *lat.*: ein rosa (rosafarbenes) Kleid – rosa (unbeschwerte) Zeiten; das **Rosa; rosafarben;** auch: **rosafarbig; rosarot; rosé** (zartrosa); das **Rosé**: ein zartes Rosé

rösch: röscher, am röschesten; ein rösches (knuspriges) Brot – rösches (trockenes, sprödes) Holz

Ro·se *lat.*, die: -, -n (Pflanze mit angenehm duftenden Blüten); ein Strauß Rosen – *nicht auf Rosen gebettet sein* (in keinen guten Verhältnissen leben); das **Rosenbeet;** die **Rosenblüte;** der **Rosenduft; rosenfarben;** auch: **rosenfarbig;** der **Rosengarten;** der **Rosenkohl;** der **Rosenkranz;** der **Rosenmontag;** das **Rosenöl; rosenrot;** der **Rosenstrauß;** die **Rosette** (rosenförmige Verzierung); **rosettenförmig; rosig:** ein rosiges (rosafarbiges) Gesicht haben – das sind keine rosigen (besonders guten) Zeiten; das **Röslein**

Ro·si·ne, *franz.*, die: -, -n (getrocknete Weinbeere); *Rosinen im Kopf haben* (unerfüllbare Pläne haben) – *die Rosinen aus dem Kuchen picken* (das Beste aussuchen); das **Rosinenbrötchen;** der **Rosinenkuchen**

Ros·ma·rin *lat.*, der: -s (eine Gewürzpflanze); das **Rosmarinöl** (ätherisches Öl)

Ross, das: -es, -e/Rösser (Pferd); hoch zu Ross – *auf dem hohen Ross sitzen* (sehr hochmütig sein) – *von seinem hohen Ross heruntersteigen* (seine Überheblichkeit, seinen Hochmut ablegen); der **Rossapfel,** die ...äpfel; die **Rossbreiten** *Pl.* (subtropische Zone mit schwachen Winden und hohem Luftdruck); das **Rosshaar;** die **Rosskastanie;** die **Rosskur** (eine für den Patienten anstrengende Behandlung); das **Rösslein**

Rost, der: -(e)s (rötlich brauner Belag auf Eisen); das Auto hat Rost angesetzt; der **Rostansatz; rostbeständig;** die **Rostbildung; rostbraun; rosten; rostfarben;** auch: **rostfarbig;** der **Rostfleck; rostfrei; rostig:** rostige Nägel – eine rostige (tiefe, raue) Stimme haben; die **Rostlaube** (altes, verrostetes Auto); der **Rostschutz;** das **Rostschutzmittel;** die **Roststelle**

Rost, der: -(e)s, -e (Gitterwerk); die **Rostbratwurst;** das **Röstbrot; rösten** (durch Erhitzen bräunen, dörren); der **Röster;** die **Rösterei; röstfrisch;** die **Rösti** *Pl.* (Bratkartoffeln); die **Röstkartoffeln** *Pl.*; die **Röstschnitte**

rot: röter, am rötesten; einen Fehler rot anstreichen – rote Backen haben – rote Grütze essen – rot wie Blut – *rot werden* (vor Scham erröten) – *keinen roten Heller* (kein Geld) *haben*; aber: Rote Be(e)te – Rote Rüben – die Rote Karte (im Fußball); auch: die rote Karte – das Rote Meer – das Rote Kreuz – die Rote Liste – die Rote Armee (früher: sowjetische Armee) – einen Roten (Rotwein) trinken; das **Rot:** das Rot steht ihr gut – in Rot – bei Rot über die Kreuzung gehen; **rotbackig;** auch: **rotbäckig;** der **Rotbarsch** (ein Fisch); **rotblau;** die **Röte;** die **Rote-Kreuz-Schwester;** auch: die **Rotkreuzschwester;** die **Röteln** *Pl.* (eine Kinderkrankheit); **röten:** gerötete Augen haben – sich roten (rot werden); **rotglühend:** die rotglühende Sonne; auch: rot glühend; **rothaarig; rötlich:** rötlich braun; das **Rotkäppchen** (Märchengestalt); das **Rotkehlchen** (ein Singvogel); der **Rotkohl** (Blaukraut); das **Rotlicht; rotsehen** (wütend werden); die **Rötung;** der **Rotwein; rotweiß;** auch: **rot-weiß;** das **Rotwild**

ro·tie·ren *lat.*: die Messer der Maschine rotieren (drehen sich um die eigene Achse) – er fing an zu rotieren (durchzudrehen); die

Rotation (Umlauf, Umdrehung); die **Rotationsachse;** die **Rotationsmaschine;** der **Rotor** (sich drehender Maschinenteil)

Rot·te, die: -, -n; eine Rotte (Schar, Gruppe) von Dieben – eine Rotte von Wildschweinen; **rotten:** sie rotteten sich zusammen; der **Rottenführer; rottenweise**

Ro·tun·de *lat.*, die: -, -n (Rundbau)

Rot·welsch, das: - (es) (Gaunersprache); auch: das **Rotwelsche**

Rotz, der: -es (Schleimabsonderung der Nase); *Rotz und Wasser heulen* (laut und heftig weinen); der **Rotzbengel; rotzen;** der **Rotzer** (Rotzbengel); die **Rotzfahne** (Taschentuch); **rotzfrech; rotzig** (schleimig, frech); der **Rotzjunge** (unverschämter Junge); der **Rotzlöffel** (Rotzbengel); die **Rotznase** (freches Kind)

Rouge *franz. [rusch]*, das: -s, -s (rote Wangenschminke)

Rou·la·de *franz. [rulade]*, die: -, -n (gerollte und gefüllte Fleischscheibe)

Rou·leau *franz. [rulo]*, das: -s, -s (aufrollbarer Vorhang); auch: das **Rollo**

Rou·lett *franz. [rulet]*, das: -(e)s, -e/-s (ein Glücksspiel); auch: das **Roulette**

Rou·te *franz. [rute]*, die: -, -n (Reiseweg, Wegstrecke); das **Routenverzeichnis**

Rou·ti·ne *franz. [rutine]*, die: - (Gewandtheit, Erfahrung, eingeübte Fertigkeit); die **Routinekontrolle; routinemäßig,** die **Routinesache;** die **Routineuntersuchung;** der **Routinier** *[rutinje]*; **routiniert** (geschickt)

Row·dy *engl. [raudi]*, der: -s, -s (Rohling, Halbstarker); **rowdyhaft;** das **Rowdytum**

rub·beln: den Körper mit dem Handtuch rubbeln (kräftig reiben)

Rü·be, die: -, -n (Pfahlwurzel verschiedener Pflanzen); Gelbe Rüben (Möhren) – Rote Rüben – *eins auf die Rübe* (den Kopf) *kriegen*; der **Rübenacker,** die ...äcker; das **Rübenfeld;** der **Rübensaft,** die ...säfte; **Rübezahl** (schlesischer Berggeist)

rü·ber: (herüber, hinüber); **rüberbringen; rüberkommen**

Ru·bin *lat.*, der: -s, -e (ein Edelstein); **rubinfarben;** auch: **rubinfarbig;** das **Rubinglas,** die ...gläser; **rubinrot** (dunkelrot)

Ru·brik (Rub·rik) *lat.*, die: -, -en (Spalte, Abteilung); die Rubrik einer Zeitung – er trägt das Wort in die rechte Rubrik ein; **rubrizieren** (einordnen, einstufen)

ruch·bar: das Verbrechen wurde schon bald nach der Tat ruchbar (bekannt)

ruch·los: ein ruchloser (gemeiner, gewissenloser) Verbrecher – eine ruchlose Tat; die **Ruchlosigkeit**

rü·cken: einen Stuhl an den Tisch rücken (schieben) – er ist zur Seite gerückt – ins Manöver rücken (ziehen) – *jemandem auf den Pelz rücken* (ihn bedrängen); der **Ruck:** mit einem Ruck (plötzlich) – *sich einen Ruck geben* (sich zu etwas durchringen); aber: hau ruck!; die **Rückansicht; ruckartig:** ruckartig (mit einem Ruck) anfahren; **rückbezüglich;** die **Rückbildung;** die **Rückblende;** der **Rückblick; rückblickend;** der **Rücken:** auf dem Rücken liegen – jemandem den Rücken zuwenden – auf dem Rücken eines Pferdes sitzen – der Rücken eines Buches – *mit dem Rücken an der Wand* (in einer schwierigen Situation, in der man sich wehren muss) – *jemandem den Rücken stärken* (ihn unterstützen) – *jemandem in den Rücken fallen* (ihn verraten) – *einer Sache den Rücken zuwenden* (nichts mehr damit zu tun haben wollen); die **Rückendeckung** (Unterstützung); die **Rückenflosse;** die **Rückenlage;** die **Rückenlehne;** das **Rückenmark; rückenschwimmen;** auch: Rücken schwimmen: er schwimmt Rücken; das **Rückenschwimmen;** der **Rückenwind;** die **Rückerstattung** (Rückzahlung); die **Rückfahrt;** der **Rückfall,** die ...fälle: der Kranke erlitt einen Rückfall (wurde wieder kränker) – ein Rückfall in frühere Gewohnheiten; **rückfällig;** der **Rückflug,** die ...flüge; die **Rückfrage; rückfragen;** der **Rückgang:** der Rückgang des Fiebers; **rückgängig:** *etwas rückgängig machen* (für ungültig erklären); das **Rückgrat** (Wirbelsäule): *Rückgrat zeigen* (charakterfest sein, offen zu seiner Auffassung stehen) – *jemandem das Rückgrat brechen* (ihm seine Widerstandskraft nehmen); der **Rückhalt** (Stütze); **rückhaltlos** (ganz offen, ohne Vorbehalt); der **Rückkampf,** die ...kämpfe; die **Rückkehr; rückkoppeln;** die **Rückkopp(e)lung;** die **Rücklage** (Ersparnis, Vorrat); **rückläufig:** eine rückläufige (nachlassende, schwindende) Besucherzahl; das **Rücklicht** (Rückleuchte); **rücklings** (von hinten, nach hinten, mit dem Rücken nach vorn); der **Rückpass,** die ...pässe; der **Rucksack,** die ...säcke (Ranzen); die **Rückschau:** Rückschau halten (sich erinnern); der **Rückschlag,** die ...schläge (Verschlechterung nach anfänglicher Verbesserung); der **Rückschluss,** die ...schlüsse; der **Rückschritt** (Rückgang); **rückschrittlich;** die **Rückseite; rückseitig;** die **Rücksicht:** Rücksicht auf etwas nehmen – ohne Rücksicht; die **Rücksichtnahme; rücksichtslos;** die **Rücksichtslosigkeit; rücksichtsvoll;** der **Rücksitz;** der **Rückspiegel; Rücksprache:** mit jemandem Rücksprache nehmen (ungeklärte Angelegenheiten mit jemandem besprechen); der **Rückstand,** die ...stände (Rest, Verzögerung); **rückständig** (veraltet, unterentwickelt); die **Rückständigkeit;** der **Rückstau;** der **Rückstoß,** die ...stöße; der **Rückstrahler;** der **Rücktritt** (Abschied, Abdankung); **rückvergüten** (ersetzen, zurückzahlen); **rückversichern;** die **Rückwand; rückwärtig:** der rückwärtige (im Rücken von jemandem befindliche) Verkehr; der **Rückweg; rückwirkend;** die **Rückwirkung;** die **Rückzahlung;** der **Rückzieher:** *einen Rückzieher machen* (sich zurückziehen, nachgeben); der **Rückzug:** *den Rückzug antreten* (nachgeben)

rück·wärts: ein Blick rückwärts (nach hinten) – eine Rolle rückwärts machen – rückwärts einparken; **rückwärtsfallen;** der **Rückwärtsgang; rückwärtsgehen:** auf der Straße rückwärtsgehen – es kann nicht immer rückwärtsgehen (schlechter werden); aber: den Weg rückwärts gehen, nicht fahren; **rückwärtsgewandt; rückwärtswirkend**

rü·de *franz.:* ein rüdes (grobes, freches, ungeschliffenes) Benehmen – ein rüder Kerl

Rü·de, der: -n, -n (männlicher Hund)

Ru·del, das: -s, -: ein Rudel (eine Schar) Wölfe; **rudelweise**

ru·dern: über den See rudern – beim Gehen mit den Armen rudern (sie hin und her schwingen); das **Ruder:** am Ruder (Steuer) sitzen – das Ruder herumwerfen (den Kurs ändern) – *am Ruder sein* (herrschen, die Führung innehaben) – *ans Ruder* (an die Macht) *kommen*; das **Ruderboot;** der **Rud(e)rer;** die **Ruderregatta;** der **Rudersport;** die **Rud(r)erin,** die Rud(r)erinnen

ru·di·men·tär *lat.:* (verkümmert, zurückgeblieben); das **Rudiment** (Überbleibsel, Rest)

ru·fen: du rufst, er rief, sie hat gerufen, ruf(e)!; mit lauter Stimme rufen (schreien) – sie ruft nach/um Hilfe – die Glocke ruft zum Gebet – er rief den Ober – zur Ordnung rufen (ermahnen) – *wie gerufen kommen* (zu einem günstigen Moment erscheinen); aber: das laute Rufen; der **Ruf:** ein lauter Ruf (Schrei) – der Ruf (Aufruf) zu den Waffen – der Ruf (das Verlangen) nach Freiheit – einen guten Ruf (Ansehen) genießen; der **Rufer;** die **Ruferin,** die Ruferinnen; der **Rufmord** (böswillige Verleumdung); der **Rufname** (Vorname); die **Rufnummer** (Telefonnummer); die **Rufsäule;** die **Rufweite:** in Rufweite bleiben; das **Rufzeichen** (Freizeichen)

rüf·feln: jemanden rüffeln (tadeln); der **Rüffel:** einen Rüffel (Verweis, Vorwurf) erteilen

Rug·by *engl. [rạgbi],* das: -(s) (kampfbetontes Ballspiel)

rü·gen: (tadeln, zurechtweisen); die **Rüge:** eine Rüge erteilen

ru·hen: nach dem Essen ruhen (sich entspannen, schlafen) – er soll in Frieden ruhen (im Grabe liegen) – die Maschinen ruhen (sind nicht in Gang) – die Waffen ruhen (es wird nicht gekämpft) – ihre Blicke ruhen auf dem Kind – still ruht der See – die ganze Verantwortung ruht (lastet) auf ihm – das Gebäude ruht (steht) auf festen Pfeilern; die **Ruhe:** die Ruhe (Stille) des Waldes genießen – er will seine Ruhe haben – sie gönnt sich keine Ruhe (Erholung) – in aller Ruhe (ungestört, ohne Zeitdruck) – die ewige Ruhe (Ruhe des Todes) – *jemanden aus der Ruhe bringen* (ihn unruhig machen) – *sich zur Ruhe setzen* (sich pensionieren lassen) – *die Ruhe weghaben* (nicht zu erschüttern sein) – *jemanden in Ruhe lassen* (nicht belästigen) – *jemanden zur letzten Ruhe betten* (beerdigen); **ruhebedürftig;** das **Ruhebett;** das **Ruhegehalt,** die ...gehälter (Pension); das **Ruhegeld; ruhelos** (unruhig); die **Ruhelosigkeit; ruhenlassen:** einen Fall ruhenlassen (nicht bearbeiten); auch: ruhen lassen; aber nur: jemanden ein wenig ruhen lassen; die **Ruhepause;** der **Ruhestand** (Zustand nach Beendigung des Arbeitslebens): im Ruhestand ⟨i. R.⟩; die **Ruhestatt** (Grabstätte); auch: die **Ruhestätte;**

die **Ruhestörung** (Lärm); der **Ruhetag; ruhig:** ruhig bleiben (sich beherrschen) – eine ruhige (von Lärm freie) Wohngegend – ein ruhiges (schönes) Wetter – er führt ein ruhiges (geruhsames) Leben – trotz der schlimmen Nachricht blieb er ruhig (gefasst, beherrscht) – er hat eine ruhige (sichere) Hand – ihr könnt mir ruhig (unbesorgt) glauben – du kannst ruhig (ohne weiteres) kommen; **ruhigstellen:** ein gebrochenes Bein ruhigstellen (stilllegen); auch: ruhig stellen; aber nur: jemanden mit Medikamenten ruhigstellen (beruhigen)

Ruhm, der: -(e)s; dafür gebührt ihm Ruhm (Ansehen, Achtung) – *sich nicht gerade mit Ruhm bekleckert haben* (eine schwache Leistung gezeigt haben) # Rum; **ruhmbegierig; rühmen:** man rühmt (lobt) an ihm seine Pünktlichkeit – sich seiner Taten rühmen (damit prahlen); **rühmenswert:** eine rühmenswerte Tat; die **Ruhmestat; rühmlich:** er ist eine rühmliche (anerkennenswerte) Ausnahme; **ruhmlos;** die **Ruhmlosigkeit; ruhmreich;** die **Ruhmsucht; ruhmsüchtig; ruhmvoll**

Ruhr, die: - (Infektionskrankheit des Darms)

rüh·ren: den Teig rühren (vermischen) – er rührt (bewegt) sich nicht von der Stelle – wenn du was willst, musst du dich rühren (melden) – er ist sehr gerührt (innerlich bewegt) – keinen Finger rühren (nichts tun) – an eine Sache nicht rühren (sie auf sich beruhen lassen); das **Rührei; rührend:** eine rührende (zu Herzen gehende) Rede halten; **rührig:** ein rühriger (aktiver) Geschäftsmann; **rührselig:** eine rührselige (übertrieben ergreifende, herzbewegende) Erzählung; die **Rührseligkeit;** der **Rührteig;** die **Rührung** (Ergriffenheit)

Ru·in *franz.*, der: -s (Zusammenbruch, Verfall); die **Ruine** (verfallenes Gebäude); **ruinieren:** er hat sich gesundheitlich ruiniert (zugrunde gerichtet); **ruinös:** das Gebäude ist in einem ruinösen (baufälligen) Zustand

rülp·sen: (laut aufstoßen); der **Rülpser**

rum: (herum); **rumsitzen**

Rum, der: -s, -s (Branntwein aus Zuckerrohr) # Ruhm; die **Rumkugel** (Süßigkeit); der **Rumtopf** (in Rum und Zucker eingelegtes Obst)

Ru·mä·ni·en: -s (Staat in Osteuropa); der **Rumäne;** die **Rumänin,** die Rumäninnen; **rumänisch;** das **Rumänische**

Rum·ba *kuban.*, die: -, -s (ein Tanz)

Rum·mel, der: -s (Lärm, starker Betrieb, Jahrmarkt); der **Rummelplatz,** die ... plätze

ru·mo·ren *lat.*: es rumort (rumpelt) in seinem Bauch – er rumort (hantiert geräuschvoll) auf dem Dachboden

rum·peln: der Wagen rumpelt (holpert) über die schlechte Straße; **rump(e)lig** (holprig); die **Rumpelkammer** (Abstellkammer); das **Rumpelstilzchen** (eine Märchengestalt)

Rumpf, der: -(e)s, Rümpfe (Leib, Körper ohne Glieder und Kopf): den Rumpf beugen – der Rumpf des Schiffes; das **Rumpfgebirge;** das **Rumpfkreisen** (eine Gymnastikübung)

rümp·fen: über etwas die Nase rümpfen (etwas verächtlich beurteilen)

Rump·steak *engl. [rumpßtek]*, das: -s, -s (kurz gebratene Scheibe Rindfleisch)

Run *engl. [ran]*, der: -s, -s; ein Run (Ansturm) auf die Geschäfte

rund ⟨rd.⟩: ein rundes Becken – eine runde Zahl – rund (ungefähr, zirka) zehn Prozent – rund um die Erde (um die Erde herum) fliegen – rund um die Uhr (24 Stunden lang) – eine runde Summe – eine Ausstellung rund um das Auto; das **Rund** (runde Form von etwas); der **Rundbau,** die ... bauten; das **Rundbeet;** der **Rundblick** (Aussicht); der **Rundbogen;** der **Rundbrief;** die **Runde:** er fehlt heute in unserer Runde (in unserem Kreis) – eine Runde Bier bestellen (Bier für alle am Tisch) – der Boxkampf ging über acht Runden – der Becher macht die Runde (wird im Kreis herumgereicht) – er ist die schnellste Runde gefahren – *über die Runden kommen* (Schwierigkeiten meistern); **runden:** sich zu einem Ganzen runden; **runderneuern:** er lässt die Reifen runderneuern; die **Rundfahrt;** die **Rundfrage** (Umfrage); **rundfragen:** bei seinen Kollegen rundfragen; der **Rundfunk** (Radio); der **Rundgang,** die ... gänge; **rundgehen:** im Geschäft ging es heute rund; **rundheraus:** etwas rundheraus (ohne Umschweife, aufrichtig) sagen; **rundherum** (ringsum); **rundlich:** ein rundliches (dickes) Mädchen; **rundmachen:** ein Stück Holz rundmachen; auch: rund machen; die **Rundreise;** die **Rundschau** (Rundblick); das **Rundschreiben; rundum; rundumher;** die **Rundung** (runde

Form, Wölbung); **rundweg:** etwas rundweg (entschieden) leugnen; der **Rundweg**

Ru·ne, die: -, -n (Schriftzeichen der Germanen); die **Runenschrift**

Run·kel·rü·be, die: -, -n (als Viehfutter verwendete Pflanze)

run·ter: (herunter, hinunter); **runterkommen; runterlaufen; runterspringen**

run·zeln: die Stirn runzeln (in Falten ziehen); die **Runzel** (Hautfalte); **runz(e)lig:** eine runzelige (faltige) Haut haben

Rü·pel, der: -s, - (Flegel); die **Rüpelei; rüpelhaft:** ein rüpelhaftes (flegelhaftes) Benehmen; die **Rüpelhaftigkeit**

rup·fen: Unkraut rupfen (ausreißen) – Gänse rupfen (ihnen die Federn ausreißen) – jemanden rupfen (ihm Geld abnehmen)

rup·pig: sich ruppig (flegelhaft, grob) benehmen – ein ruppiger Mensch; die **Ruppigkeit**

Rü·sche *franz.*, die: -, -n (gefältelter Stoffbesatz)

Rush·hour *engl. [raschauer]*, die: -, -s (Hauptverkehrszeit)

Ruß, der: -es (schwarzes Pulver aus dem Rauch eines Feuers); **rußbeschmutzt; rußen:** der Ofen rußt; **rußfarben;** auch: **rußfarbig;** der/das **Rußfilter; rußgeschwärzt; rußig:** ein rußiges Gesicht

Rüs·sel, der: -s, - (röhrenförmige Nase mancher Säugetiere); der Rüssel des Elefanten; **rüsselförmig;** das **Rüsseltier**

Russ·land: -s (Staat in Osteuropa und Asien); der **Russe;** die **Russin,** die Russinnen; **russisch:** die russische Sprache; das **Russisch:** er lernt/schreibt/spricht gut Russisch – auf Russisch – ins Russische übersetzen; das **Russischbrot** (ein Gebäck); das **Russische; russisch-orthodox:** die russisch-orthodoxe Kirche

rüs·ten: sich für den Krieg rüsten (militärisch vorbereiten) – er rüstet sich (schickt sich an) zu gehen – sie rüstet sich zum Aufbruch; **rüstig:** ein rüstiger (gesunder, leistungsfähiger) Rentner; die **Rüstigkeit;** die **Rüstung** (Bewaffnung, Panzerkleid, Harnisch); der **Rüstungsabbau;** die **Rüstungsindustrie;** die **Rüstungskontrolle;** das **Rüstzeug** (Werkzeug, Ausstattung)

Rüs·ter, die: -, -n (Ulme); das **Rüster(n)holz**

rus·ti·kal *lat.*: rustikale (schlichte) Möbel – eine rustikale (ländliche, bäuerliche) Lebensweise; die **Rustikalität**

Ru·te, die: -, -n; Ruten (dünne Zweige, Gerten) abschneiden – der Hund wedelt mit der Rute (dem Schwanz); der **Rutengänger** (Wünschelrutengänger)

rut·schen: auf dem Schnee rutschen (gleiten, den Halt verlieren) – sie rutschte (rückte) zur Seite; der **Rutsch:** einen Rutsch (Abstecher) über die Grenze machen – guten Rutsch! (ins neue Jahr); die **Rutschbahn;** die **Rutsche; rutschfest;** die **Rutschgefahr; rutschig;** die **Rutschpartie; rutschsicher**

rüt·teln: ich rütt(e)le – der Wind rüttelt an der Türe (er bewegt sie schnell und heftig hin und her) – ein gerüttelt Maß – *an etwas nicht rütteln lassen* (an etwas festhalten); der **Rüttler** (Baumaschine)

S

s = Sekunde

s. = sieh(e)

S = Süd(en)

S. = Seite

Saal, der: -(e)s, Säle (großer Raum, Halle); der Saal war überfüllt; der **Saalordner;** die **Saalschlacht;** die **Saaltür**

Saar·land; das: -(e)s (Land der Bundesrepublik Deutschland); der **Saarländer;** die **Saarländerin,** die Saarländerinnen; **saarländisch**

Saat, die: -, -en; die Saat (der Samen) geht auf – die Saat (das junge Getreide) steht gut auf dem Feld; das **Saatbeet,** das **Saatfeld;** das **Saatgetreide;** das **Saatgut;** die **Saatkartoffel;** das **Saatkorn;** die **Saatkrähe;** → saen

Sab·bat *hebr.*, der: -s, -e (Ruhetag der Juden); das **Sabbatjahr;** die **Sabbatruhe**

sab·bern: (den Speichel fließen lassen, schwatzen); das Baby hat gesabbert; auch: **sabbeln;** das **Sabberlätzchen**

Sä·bel *ungar.*, der: -s, - (lange Hiebwaffe); einen Säbel tragen – *mit dem Säbel rasseln* (mit Krieg, Gewalt drohen); **säbeln** (ungeschickt schneiden); das **Säbelrasseln** (das Drohen mit Krieg); **säbelrasselnd**

sa·bo·tie·ren *franz.*: (beschädigen, vorsätzlich stören, zu vereiteln suchen); die **Sabotage** *[sabotasche]*; der **Sabotageakt;** der **Saboteur** *[sabotör]*; die **Saboteurin**

N O P Q R S

Sa·che, die: -, -n; diese Sachen (Gegenstände) wurden gefunden – sie hat ihre guten Sachen (Kleider) an – das tut nichts zur Sache (ist unwichtig) – über diese Sache (Angelegenheit) schweige ich – in eigener Sache – *mit jemandem gemeinsame Sache machen* (etwas gemeinsam machen, sich zusammentun) – *seine Sache verstehen* (sich in seinem Fachgebiet gut auskennen) – *bei der Sache* (aufmerksam, konzentriert) *sein* – *zur Sache kommen* (sich dem eigentlichen Thema zuwenden); der **Sachbearbeiter;** die **Sachbearbeiterin;** der **Sachbegriff;** der **Sachbereich;** die **Sachbeschädigung; sachbezogen;** das **Sachbuch; sachdienlich** (einer Sache nützlich); **sachfremd;** das **Sachgebiet** (Fach); **sachgemäß** (fachmännisch); **sachgerecht** (sachgemäß); die **Sachkenntnis;** die **Sachkunde; sachkundig** (sachverständig, erfahren); die **Sachlage** (Sachverhalt); **sachlich:** ein sachliches (von Gefühlen und Vorurteilen freies) Gespräch führen – in einem sachlichen Ton reden; **sächlich:** das sächliche Geschlecht; die **Sachlichkeit;** das **Sachregister;** der **Sachschaden;** die **Sachspende;** der **Sachstand;** der **Sachverhalt;** der **Sachverstand; sachverständig;** der/die **Sachverständige** (Fachmann, Fachfrau); der **Sachwalter** (Bevollmächtigter); die **Sachwalterin,** die ...walterinnen; der **Sachwert;** das **Sachwissen;** das **Sachwörterbuch;** der **Sachzusammenhang,** die ...zusammenhänge; der **Sachzwang,** die ...zwänge

Sach·sen ⟨Sa.⟩: -s (Land der Bundesrepublik Deutschland); der **Sachse; Sachsen-Anhalt** (Land der Bundesrepublik Deutschland); der **Sachsen-Anhalter;** die **Sachsen-Anhalterin; sachsen-anhaltisch;** die **Sächsin,** die Sächsinnen; **sächsisch**

sacht: (leise, behutsam, sanft); auch: **sachte**

Sack, der: -(e)s, Säcke (Behälter aus Stoff, Papier o. Ä.); einen Sack zubinden – zwei Sack Mehl – mit Sack und Pack (mit allem, was man besitzt) – *jemanden in den Sack stecken* (ihm überlegen sein); der **Sackbahnhof,** die ...bahnhöfe; das **Säckchen;** der **Säckel** (Geldbörse); der **Säckelwart** (Kassenwart); **sacken** (sinken, sich senken); **säckeweise** (in Säcken); **sackförmig;** die **Sackgasse;** das **Sackhüpfen;** das **Sackkleid;** die **Sackleinwand;** das **Sacktuch,** die ...tücher (Taschentuch); **sackweise**

Sa·dis·mus *franz.*, der: - (Freude an Grausamkeiten); der **Sadist;** die **Sadistin; sadistisch**

sä·en: du säst, er säte, sie hat gesät, säe!; Getreide säen (unter die Erde bringen) – Misstrauen säen (hervorrufen) – *dünn gesät sein* (nur in geringer Zahl vorhanden sein); der **Säer;** die **Säerin,** die Säerinnen; der **Sämann,** die ...männer; die **Sämaschine;** → Saat, Samen

Sa·fa·ri *arab.*, die: -, -s (Reise in Afrika zur Jagd oder Beobachtung von Großwild, Karawanenreise); der **Safaripark**

Safe *engl. [ßef]*, der/das: -s, -s (Geldschrank, Sicherheitsfach in einer Bank); der **Safer Sex** *[ßefer ßex]* (Sexualverhalten, das die Gefahr der Aidsinfektion mindert)

Saf·ran (Sa·fran) *pers.*, der: -s (ein Gewürz); **safrangelb**

Saft, der: -(e)s, Säfte (durch Auspressen von Gemüse oder Obst gewonnenes Getränk); der Saft der Reben – ohne Saft und Kraft – *jemanden im eigenen Saft schmoren lassen* (ihm in einer schwierigen Situation nicht helfen); das **Säftchen; saften; saftgrün; saftig:** ein saftiges Stück Fleisch – saftige (überhöhte) Preise bezahlen – eine saftige (gehörige) Ohrfeige bekommen; die **Saftigkeit;** der **Saftladen** (schlecht funktionierender Betrieb); **saftlos:** saft- und kraftlos; die **Saftpresse; saftvoll**

sa·gen: was sagst du dazu (was ist deine Meinung)? – man sagt – wie gesagt (wie ich bereits gesagt habe) – was soll man dazu sagen? – sage und schreibe (tatsächlich, wahrhaftig) – der Name sagt mir gar nichts – das hat gar nichts zu sagen (bedeuten) – *etwas zu sagen* (zu bestimmen) *haben* – *sich nichts sagen lassen* (nicht gehorchen, keinen Rat annehmen) – *sich nichts mehr zu sagen haben* (kein Interesse mehr aneinander haben); aber: *das Sagen haben* (alles bestimmen, entscheiden können); die **Sage** (literarisch gestaltete Erzählung mit geschichtlichem Inhalt, Gerücht); *es geht die Sage* (es wird allgemein behauptet); das **Sagenbuch,** die ...bücher; die **Sagengestalt; sagenhaft:** sagenhaft (unvorstellbar) reich sein – eine sagenhafte (traumhafte) Landschaft – er hatte ein sagenhaftes (erstaunliches) Glück; **sagenumwoben:** eine sagenumwobene (an Sagen reiche) Burg

sä·gen: Holz sägen (zerschneiden); die **Säge;** der **Sägebock;** das **Sägemehl;** der **Säger;** die **Sägespäne** *Pl.*; das **Sägewerk**

Sa·go *indon.*, der: -s (gekörntes Stärkemehl)

Sa·ha·ra *arab.*, die: - (große nordafrikanische Wüste)

Sah·ne, die: - (Rahm, Milchfett); das **Sahnebonbon;** das **Sahneeis;** der **Sahnequark;** die **Sahnetorte; sahnig**

Sai·son *franz. [säsõ]*, die: -, -s (Zeit des Hochbetriebes, Hauptgeschäftszeit); **saisonabhängig;** die **Saisonarbeit; saisonbedingt;** der **Saisonbeginn;** der **Saisonbetrieb;** der **Saisonschluss; saisonweise**

Sai·te, die: -, -n (Faden aus Tierdarm, Pflanzenfasern oder Metall); eine Saite der Geige ist gerissen – *andere Saiten aufziehen* (strenger vorgehen) # Seite; das **Saiteninstrument;** das **Saitenspiel**

Sak·ko, der/das: -s, -s (Jacke für Herren)

Sak·ra·ment (Sa·kra·ment) *lat.*, das: -(e)s, -e (heilige Handlung, Gnadenmittel der Kirche); **sakral** (heilig, den Gottesdienst betreffend); der **Sakralbau** (Bauwerk für religiöse Zwecke); das **Sakrileg** (Gotteslästerung, Vergehen gegen etwas Heiliges); die **Sakristei** (Nebenraum in einer Kirche für Priester und Gottesdienstgeräte); **sakrosankt** (unverletzlich, unantastbar)

sä·ku·la·ri·sie·ren *lat.*: (verweltlichen, kirchlichen Besitz in weltlichen Besitz überführen); **säkular:** ein säkulares (außergewöhnliches) Ereignis; die **Säkularisation;** die **Säkularisierung;** das **Säkulum** (Jahrhundert, Zeitalter)

Sa·la·man·der *griech.*, der: -s, - (ein Schwanzlurch)

Sa·la·mi *ital.*, die: -, -(s) (luftgetrocknete Dauerwurst); die **Salamitaktik** (Weg zum schrittweisen Erreichen eines Zieles); die **Salamiwurst,** die ... würste

Sa·lär *franz.*, das: -s, -e (Gehalt, Lohn)

Sa·lat, der: -(e)s, -e (aus Gemüse, Obst o. Ä. zubereitete Speise); da haben wir den Salat (das Durcheinander)!; das **Salatbesteck;** das **Salatblatt,** die ... blätter; das **Salatbüffet** *[... büfe]*; das **Salatöl;** die **Salatpflanze;** die **Salatplatte;** der **Salatteller**

Sal·be, die: -, -n (Creme, Paste); **salben;** die **Salbendose;** die **Salbung** (feierliche Weihehandlung); **salbungsvoll:** eine salbungsvolle (übertrieben feierliche) Rede halten

Sal·bei *lat.*, der: -s/die: - (eine Gewürz- und Heilpflanze); der **Salbeitee**

Sal·do *ital.*, der: -s, -s/Salden/Saldi (Unterschiedsbetrag zwischen Haben- und Sollseite eines Kontos, Restbetrag); per Saldo (im Endeffekt)

Sa·li·ne *lat.*, die -, -n (Salzbergwerk, Anlage zur Salzgewinnung)

Sal·mi·ak *lat.*, der/das: -s (Ammoniakverbindung); der **Salmiakgeist;** die **Salmiaklösung**

Sal·mo·nel·len *Pl.*, die: - (Bakterien, die Darmkrankheiten bewirken)

Sa·lon *franz. [salõ]*, der: -s, -s (Mode- und Friseurgeschäft, Empfangszimmer); **salonfähig** (gesellschaftsfähig, gewandt)

Sa·loon *amerik. [ßelun]* der: -s, -s (Lokal im Wilden Westen bzw. im Westernstil)

sa·lopp *franz.*: eine saloppe (bequeme) Kleidung tragen – sich salopp (ungezwungen) geben; die **Saloppheit**

Sal·pe·ter *lat.*, der: -s (Salz der Salpetersäure); der **Salpeterdünger; salpeterhaltig; salpet(e)rig;** die **Salpetersäure**

Sal·to *ital.*, der: -s, -s/Salti (Luftsprung, Überschlag); der **Salto mortale** (mehrfacher Salto, „Todessprung")

Sa·lut *franz.*, der -(e)s, -e (Ehrengruß); Salut schießen; **salutieren** (militärisch grüßen, eine Ehrenbezeigung machen); der **Salutschuss,** die ... schüsse

Sal·ve *franz. [salwe]*, die -, -n (gleichzeitiges Schießen mit mehreren Waffen)

Salz, das: -es, -e; das Essen mit Salz würzen – eine Prise Salz – *jemandem nicht das Salz in der Suppe gönnen* (sehr missgünstig sein); **salzarm:** salzarme Speisen; das **Salzbergwerk;** die **Salzbrezel; salzen:** die Suppe salzen – eine gesalzene (sehr hohe) Rechnung; das **Salzfass,** die ... fässer; die **Salzgewinnung;** die **Salzgurke; salzhaltig;** der **Salzhering; salzig;** die **Salzkartoffeln** *Pl.*; die **Salzlake; salzlos;** die **Salzlösung; salzreich;** die **Salzsäule;** die **Salzsäure;** der **Salzstreuer;** das **Salzwasser;** die **Salzwüste**

Sa·ma·ri·ter *lat.*, der: -s, - (freiwilliger Helfer, Krankenpfleger); der **Samariterdienst;** die **Samariterin,** die Samariterinnen; das **Samaritertum**

Sa·men, der: -s, - (Keim einer Pflanze); Samen aussäen – der Samen keimt; auch: der **Same;** der **Samenerguss,** die ... ergüsse; der **Samenfaden,** die ... fäden; die **Samenflüssigkeit;** die **Samenhandlung;** die **Samenkapsel;** das **Samenkorn,** die ... körner; der **Samenleiter;** der **Samenstrang,** die ... stränge; die **Samenzelle;** die **Sämerei** (Samenhandlung); die **Sämereien** *Pl.* (Saatgut); **sämig** (dickflüssig, breiig); der **Sämling** (aus einem Samen gezogene Pflanze); → säen, Saat

sam·meln: er sammelt Briefmarken – Pilze sammeln – Erfahrungen sammeln – sich auf dem Marktplatz sammeln (treffen) – sich sammeln (seine Gedanken zusammennehmen); das **Sammelalbum,** die ... alben; der **Sammelband,** die ... bände; das **Sammelbecken;** der **Sammelbegriff;** die **Sammelbestellung;** die **Sammelbüchse;** das **Sammelgut;** das **Sammellager;** die **Sammellinse;** die **Sammelmappe;** der **Sammelname;** der **Sammelplatz,** die ... plätze; der **Sammelpunkt;** die **Sammelstelle;** das **Sammelsurium,** die Sammelsurien (bunt gemischte Menge); der **Sammler;** der **Sammlerfleiß;** die **Sammlerin,** die Sammlerinnen; die **Sammlung;** die **Sammlungsbewegung**

Sams·tag ⟨Sa.⟩ *hebr.*, der: -(e)s, -e (Wochentag); der **Samstagabend:** am Samstagabend; **samstagabends;** auch: samstags abends; **samstags** (an Samstagen)

samt: samt (mit) allem Zubehör – samt und sonders (ohne Ausnahme, alles zusammen); **sämtlich:** sämtliche (alle) Anwesenden – Schillers sämtliche Werke

Samt, der: -(e)s, -e (weiches Gewebe); eine Haut wie Samt; auch: der **Sammet; samtartig; samten:** eine samtene Jacke; der **Samthandschuh:** *jemanden mit Samthandschuhen anfassen* (sehr vorsichtig, rücksichtsvoll behandeln); **samtig;** das **Samtkleid;** der **Samtteppich; samtweich**

Sa·na·to·ri·um *lat.*, das: -s, Sanatorien (Heilstätte, Genesungsheim); der **Sanatoriumsaufenthalt**

Sand, der: -(e)s, -e (feine Körner aus verwittertem Gestein); die Kinder spielen im Sand – das Wasser versickert im Sand – wie Sand am Meer (zahllos, im Überfluss) – *jemandem Sand in die Augen streuen* (ihm etwas vormachen, ihn täuschen) – *auf Sand gebaut haben* (sich auf etwas recht Unsicheres verlassen) – *im Sande verlaufen* (erfolglos bleiben, in Vergessenheit geraten) – *etwas in den Sand setzen* (mit etwas erfolglos sein); die **Sandbank,** die ... bänke; der **Sandboden,** die ... böden; die **Sandburg; sandfarben;** auch: **sandfarbig;** die **Sandgrube; sandig:** ein sandiger Weg; der **Sandkasten,** die ... kästen; das **Sandmännchen;** das **Sandpapier** (Schleifpapier); der **Sandplatz,** die ... plätze; der **Sandsack,** die ... säcke; der **Sandstein; sandstrahlen;** der **Sandstrand,** die ... strände; der **Sandsturm,** die ... stürme; die **Sanduhr;** die **Sandwüste**

San·da·le *griech.*, die: -, -n (leichter Schuh aus Riemen); die **Sandalette**

Sand·wich *engl. [ßändwitsch]*, das/der: -(e)s/-, -(e)s/-e (belegte, doppelte Weißbrotschnitte)

sanft: jemanden sanft (behutsam) wecken – ein sanfter (leichter) Händedruck – sanft (still, friedlich) schlafen – mit sanfter Stimme reden – sanft wie ein Lamm sein – eine sanfte (leichte) Erhebung – sanfter Tourismus; die **Sänfte** (Tragstuhl); die **Sanftheit** (Milde); die **Sanftmut** (Güte, Geduld); **sanftmütig;** die **Sanftmütigkeit**

Sän·ger, der: -s, -; er ist ein bekannter Sänger; der **Sang:** mit Sang und Klang (mit Gesang und Musik); der **Sängerbund;** die **Sängerin,** die Sängerinnen; die **Sängerschaft;** die **Sangesfreude; sangesfreudig; sangesfroh;** die **Sangeslust; sangeslustig; sanglos:** sang- und klanglos (unbemerkt, unbeachtet)

san·gu·i·nisch *lat.*: (lebhaft, temperamentvoll); der **Sanguiniker** (heiterer Mensch); die **Sanguinikerin,** die Sanguinikerinnen

sa·nie·ren *lat.*: (heilen); ein saniertes (renoviertes und modernisiertes) Gebäude – einen Betrieb sanieren (ihn wieder leistungsfähig machen) – sich sanieren (sich bereichern); die **Sanierung; sanierungsbedürftig;** die **Sanierungsmaßnahme;** der **Sanierungsplan,** die ... pläne; das **Sanierungsprogramm; sanitär:** sanitäre Anlagen (Toiletten, Waschräume o. Ä.); die **Sanitäranlagen** *Pl.*; der **Sanitäter** (Krankenpfleger); die **Sanitäterin,** die Sanitäterinnen; der **Sanitätsdienst;** das **Sanitätswesen;** der **Sanka,** die Sankas (Sanitätskraftwagen) auch: der **Sankra**

Sankt ⟨St.⟩ *lat.*: (heilig); Sankt Peter – Sankt Gallen – die St.-Michaels-Kirche; der **Sankt Gotthard** (Alpenpass)

Sank·ti·on *lat.*, die: -, -en (Bestätigung); die Sanktion (Zustimmung) verweigern – Sanktionen (Zwangsmaßnahmen) verhängen; **sanktionieren** (gutheißen, bestätigen); die **Sanktionierung**

Sa·phir *griech.*, der: -s, -e (ein Edelstein)

Sar·del·le *ital.*, die: -, -n (kleiner Heringsfisch)

Sar·di·ne *ital.*, die: -, -n (kleiner Heringsfisch); die **Sardinenbüchse**

Sarg, der: -(e)s, Särge (Totenschrein); am offenen Sarg stehen; der **Sargdeckel;** der **Sargträger;** das **Sargtuch,** die ...tücher

sar·kas·tisch *griech.*: (spöttisch, beißend); der **Sarkasmus**

Sar·ko·phag *griech.*, der: -s, -e (Steinsarg)

Sa·tan *hebr.*, der: -s, -e (Teufel, teuflischer Mensch); auch: der **Satanas; satanisch:** ein satanisches (teuflisches) Werk; der **Satansbraten** (durchtriebener, pfiffiger Mensch)

Sa·tel·lit *lat.*, der: -en, -en (Himmelskörper, ständiger Begleiter); der Mond ist ein Satellit unserer Erde – einen Satelliten in die Umlaufbahn schießen; die **Satellitenbahn;** das **Satellitenfernsehen;** das **Satellitenprogramm;** der **Satellitenstaat** (von einer Großmacht abhängiger Staat); die **Satellitenstadt,** die ...städte (Siedlung am Rande einer Stadt, Trabantenstadt); die **Satellitenübertragung**

Sa·tin *franz. [satẽ]*, der: -s, -s (Stoff mit glänzender Oberfläche); die **Satinbluse; satinieren** (Stoff, Papier glätten)

Sa·ti·re *lat.*, die: -, -n (Schrift, die durch Übertreibung, Ironie und Spott Ereignisse bzw. Personen kritisiert); der **Satiriker;** die **Satirikerin,** die Satirikerinnen; **satirisch:** eine satirische (spöttische) Bemerkung

Sa·tis·fak·ti·on *lat.*, die: -, -en (Genugtuung, Wiedergutmachung); **satisfaktionsfähig**

satt: satt (gesättigt) sein – satte (kräftige) Farben – sich satt essen – satt werden; **sattgrün; satthaben:** er hat den ganzen Ärger satt – jemanden satthaben (nicht mehr leiden, ertragen können); die **Sattheit; sättigen:** den Bettler sättigen (ihm zu essen geben); die **Sättigung; sattmachen:** die hungrigen Gäste sattmachen; auch: satt machen; **sattsam:** das ist sattsam (genügend, hinreichend) bekannt; sich **sattsehen:** sich an der schönen Landschaft nicht sattsehen können

Sat·tel, der: -s, Sättel; einem Pferd den Sattel (Sitz für den Reiter) auflegen – den Sattel (Sitz) des Fahrrades höher stellen – über den Sattel (Pass) eines Berges marschieren – *fest im Sattel sitzen* (sich behaupten) – *jemanden aus dem Sattel heben* (ihn entmachten); das **Satteldach,** die ...dächer; die **Satteldecke; sattelfest;** der **Sattelgurt; satteln:** ein Pferd satteln; der **Sattelschlepper** (Zugfahrzeug); die **Satteltasche;** das **Sattelzeug;** der **Sattler;** die **Sattlerei;** die **Sattlerin,** die Sattlerinnen

Sa·turn *lat.*, der: -s (ein Planet)

Satz, der: -es, Sätze; in ganzen Sätzen sprechen – ein Musikstück in vier Sätzen (Abschnitten) – er war mit einem Satz (Sprung) im Zimmer – einen Satz (Spielabschnitt) im Tennis verlieren – ein Satz Briefmarken – der Satz des Pythagoras – die Summe übersteigt den festgesetzten Satz (die festgelegte Höhe) – den Satz (Rest am Boden) aus der Tasse trinken; die **Satzart;** die **Satzaussage** (Sprachlehre: Prädikat); der **Satzbau;** das **Sätzchen;** die **Satzergänzung** (Sprachlehre: Objekt); der **Satzfehler;** das **Satzgefüge;** der **Satzgegenstand,** die ...gegenstände (Sprachlehre: Subjekt); das **Satzglied;** der **Satzkern** (Sprachlehre: Prädikat); die **Satzlehre;** die **Satzreihe** (Sprachlehre: Satzverbindung); der **Satzteil;** die **Satzung** (Vorschrift, Regelung); **satzungsgemäß; satzweise;** das **Satzzeichen**

Sau, die: -, Säue/-en (Schwein, Schmutzfink); unter aller Sau (unbeschreiblich schlecht) – *die Sau rauslassen* (sich hemmungslos gehen lassen) – *jemanden zur Sau machen* (ihn fertigmachen); die **Sauarbeit** (schwere, mühselige Arbeit); **saudumm** (sehr dumm); die **Sauerei** (Schmutz, Gemeinheit); der **Saufraß** (minderwertiges Essen); **saugrob** (sehr grob); der **Sauhaufen** (ungeordnete Menge); **säuisch:** säuische (abstoßende) Witze erzählen; **saukalt** (sehr kalt); **saumäßig;** der **Saustall,** die ... ställe; das **Sauwetter; sauwohl:** sich sauwohl (besonders wohl) fühlen; die **Sauwut** (heftige Wut)

sau·ber: saub(e)rer, am saubersten; saubere (reinliche) Wäsche tragen – sauber (genau, exakt) arbeiten – den Fußboden sauber hal-

N O P Q R **S**

ten – er schreibt sauber (ordentlich) – ein sauberes (hübsches) Mädchen – er hat einen sauberen (anständigen) Charakter – eine saubere (fehlerfreie) Darbietung; die **Sauberkeit; säuberlich** (genau, sorgfältig); **saubermachen:** die Wohnung saubermachen; auch: sauber machen; aber nur: etwas sauber (sehr gut) machen; der **Saubermann,** die ...männer; **säubern:** von Unkraut säubern – der Arzt säubert (reinigt) die Wunde; die **Säuberung;** die **Säuberungsaktion**

Sau·ce *franz. [soße],* die: -, -n (Soße); auch: → die **Soße;** die **Sauciere** *[soßiäre]* (Soßenschüssel)

sau·er: saurer, am sauersten; ein saurer (unreifer) Apfel – der Wein schmeckt sauer – sauer (ärgerlich, beleidigt) sein, reagieren – ein saurer Boden – die Milch ist sauer (geronnen, dick) – saurer Regen – ein saures (verdrießliches) Gesicht machen – sich etwas sauer (mühsam) verdienen – *jemandem Saures geben* (es ihm zeigen, ihn verprügeln); der **Sauerampfer;** der **Sauerbraten;** die **Sauerkirsche;** das **Sauerkraut; säuerlich;** die **Sauermilch; säuern:** gesäuertes Brot; der **Sauerstoff** ⟨O⟩; die **Sauerstoffflasche;** auch: die **Sauerstoff-Flasche;** der **Sauerstoffgehalt; sauerstoffhaltig;** der **Sauerteig; sauertöpfisch** (mürrisch, humorlos); die **Säuerung;** die **Sauregurkenzeit;** auch: die **Saure-Gurken-Zeit;** → Säure

sau·fen: du säufst, er soff, sie hat gesoffen, sauf(e)!; Wasser saufen (trinken) – er säuft gerne (trinkt gerne Alkohol); der **Saufbold** (Trinker); der **Säufer** (Alkoholiker); die **Sauferei;** die **Säuferin;** das **Saufgelage;** der **Saufkumpan;** die **Sauftour** *[... tur];* → Suff

sau·gen: du saugst, er saugte/sog, sie hat gesaugt/gesogen, saug(e)!; Limonade durch einen Strohhalm saugen – das Löschblatt saugt sich voll Tinte – das Wohnzimmer saugen (mit dem Staubsauger reinigen); **säugen** (nähren, stillen); der **Sauger;** der **Säuger;** auch: das **Säugetier; saugfähig;** die **Saugfähigkeit;** die **Saugflasche;** die **Saugglocke;** die **Saugkraft;** der **Säugling;** der **Saugnapf,** die ...näpfe; die **Saugpumpe;** der **Saugrüssel;** die **Saugwirkung;** → Sog

Säu·le, die: -, -n; das Haus ruht auf festen Säulen (Stützen) – er ist eine Säule (Stütze) der Gesellschaft – eine Säule geometrisch berechnen; der **Säulenbau,** die ...bauten; **säulenförmig;** die **Säulenhalle;** der **Säulentempel**

Saum, der: -(e)s, Säume (umgeschlagener Rand an Kleidungsstücken, Umgrenzung); **säumen:** einen Rock säumen (mit einem Saum einfassen) – Bäume säumen die Straße

Saum, der: -(e)s, Säume (Traglast eines Tieres); **säumen** (mit Saumtieren Lasten transportieren); der **Säumer** (Saumtreiber); der **Saumpfad;** das **Saumtier**

säu·men: (zögern, sich Zeit lassen, trödeln); mach dich ohne Säumen auf den Weg!; **säumig** (nachlässig, unpünktlich); die **Säumigkeit;** die/das **Säumnis,** die Säumnisse; der **Säumniszuschlag; saumselig** (langsam, sich Zeit lassend); die **Saumseligkeit**

Sau·na *finn.,* die: -, -s/Saunen; in die Sauna (in das Dampfbad) gehen; **saunen**

Säu·re; die: -, -n; die Säure des Essigs – eine ätzende Säure (chemische Verbindung, die Stoffe auflöst); **säurebeständig; säurefest;** der **Säuregehalt; säurehaltig;** → sauer

Sau·ri·er *griech.,* der: -s, - (vorzeitliche Riesenechse)

sau·sen: (brausen, eilen); zum Bäcker sausen; der **Saus:** *in Saus und Braus* (verschwenderisch) *leben;* die **Sause** (ausgelassene Feier); **säuseln:** der Wind säuselt (rauscht leise) – der Nachbarin etwas ins Ohr säuseln (flüstern); **sausenlassen** (verzichten); auch: sausen lassen; der **Sausewind** (starker Wind, sehr lebhafter Mensch)

Sa·van·ne *[sawane],* die: -, -n (Grassteppe)

Sa·xo·phon, das: -s, -e (ein Blasinstrument); auch: das **Saxofon;** der **Saxophonist;** auch: der **Saxofonist;** die **Saxophonistin,** die Saxophonistinnen; auch: die **Saxofonistin**

SB = Selbstbedienung

S-Bahn, die: -, -en (Schnellbahn, Stadtbahn); der **S-Bahnhof;** die **S-Bahn-Station;** der **S-Bahn-Wagen**

Scan·ner *engl. [skäner],* der: -s, - (elektronisches Lesegerät); **scannen;** das **Scanning**

Scha·be, die: -, -n (schädliches Insekt)

scha·ben: blank schaben (säubern) – das Eis von der Scheibe schaben (kratzen) – sie schabt (zerkleinert) Mohrrüben; die **Schabe** (ein Werkzeug); das **Schabeisen;** der **Schaber** (ein Werkzeug); das **Schabmesser**

N O P Q R S

Scha·ber·nack, der: -(e)s, -e (Streich, Scherz); jemandem einen Schabernack spielen

schä·big: eine schäbige (ärmliche, abgetragene) Kleidung – sich schäbig (gemein, niederträchtig) benehmen; die **Schäbigkeit**

Schab·lo·ne (Scha·blo·ne) *franz.*, die: -, -n (Muster, Vorlage, Schema, Klischee); er lässt sich in keine Schablone pressen; der **Schablonendruck; schablonenhaft**

Schach *pers.*, das: -s, -s (ein Brettspiel); Schach spielen – *jemanden in Schach halten* (ihn nicht gefährlich werden lassen); das **Schachbrett; schachbrettartig;** der **Schachcomputer;** die **Schachfigur; schachmatt:** *jemanden schachmatt setzen* (ihn handlungsunfähig machen); das **Schachmuster;** die **Schachpartie;** das **Schachspiel;** das **Schachturnier;** der **Schachzug,** die ...züge: das war ein kluger Schachzug (eine kluge Maßnahme)

Schä·cher, der: -s, - (Übeltäter, Räuber)

scha·chern *hebr.*: (feilschen, den Preis drücken); die **Schacherei**

Schacht, der: -(e)s, Schächte (hoher, umgrenzter Raum); er ist in einen Schacht gefallen – einen Schacht für die U-Bahn graben; **schachten** (einen Schacht graben)

Schach·tel, die: -, -n (Behälter, Karton); das **Schächtelchen;** der **Schachtelhalm; schachteln;** die **Schachtelung**

Schä·del, der: -s, -; einen harten Schädel (Kopf) haben – *sich über etwas den Schädel zerbrechen* (angestrengt nachdenken) – *einen dicken Schädel (Dickschädel)* haben; der **Schädelbasisbruch; Schädelbruch,** die ...brüche; die **Schädeldecke;** die **Schädelform**

scha·den: ich will dir nicht schaden (keinen Nachteil zufügen) – das schadet deiner Gesundheit; **schade:** schade (es tut mir leid), dass ich nicht kommen kann – oh, wie schade (bedauerlich)! – dazu bin ich mir zu schade (gebe ich mich nicht her); der **Schaden:** der Hagel richtete große Schäden (Zerstörungen) an – sein Schaden (Verlust) ist nicht groß – ein körperlicher Schaden – *Schaden nehmen* (geschädigt werden) – *wer den Schaden hat, braucht für den Spott nicht zu sorgen – durch Schaden wird man klug*; auch: der **Schade:** es soll dein Schade nicht sein; die **Schadenfreude; schadenfroh** (gehässig, boshaft); die **Schaden(s)begrenzung;** der **Schaden(s)bericht;** der **Schaden(s)ersatz** (Rückerstattung, Ausgleich); der **Schadensfall,** die ...fälle; die **Schaden(s)feststellung;** der **Schaden(s)nachweis; schadhaft;** die **Schadhaftigkeit; schädigen;** die **Schädigung; schädlich;** die **Schädlichkeit;** der **Schädling;** die **Schädlingsbekämpfung; schadlos:** *sich für etwas schadlos halten* (sich für etwas entschädigen); der **Schadstoff; schadstoffarm; schadstofffrei**

Schaf, das: -(e)s, -e (Wolle tragendes Nutztier); Schafe hüten – er ist das schwarze Schaf in der Familie (der ungeratene Sohn); der **Schafbock;** das **Schäfchen:** *sein Schäfchen ins Trockene bringen* (sich Vorteile verschaffen); der **Schäfer** (Schafhirt); der **Schäferhund;** die **Schäferin,** die Schäferinnen; das **Schaffell;** die **Schafgarbe** (eine Arzneipflanze); die **Schafherde;** das **Schafleder;** der **Schaf(s)käse;** der **Schafskopf,** die ...köpfe (Dummkopf); der **Schaf(s)pelz;** der **Schafstall,** die ...ställe; die **Schafweide;** die **Schafwolle;** die **Schafzucht**

Schaff, das: -(e)s, -e (großes, offenes Gefäß, Bottich)

schaf·fen: du schaffst, er schaffte, sie hat geschafft, schaff(e)!; sie hat den ganzen Tag geschafft (gearbeitet) – nichts zu schaffen (zu tun) haben – sich an einer Sache zu schaffen machen – jemandem eine Arbeit schaffen (befehlen) – ich bin ganz geschafft (erschöpft) – das schaffe ich einfach nicht mehr (ich werde damit nicht mehr fertig) – sie schafften (brachten) den Verwundeten ins Krankenhaus – *jemandem zu schaffen machen* (ihm Sorgen, Schwierigkeiten machen); **schaffen:** du schaffst, er schuf, sie hat geschaffen, schaff(e)!; ein Werk schaffen (gestalten) – Gott schuf den Menschen – Ordnung schaffen – er schuf sich ein gemütliches Heim – *für etwas wie geschaffen* (besonders geeignet) *sein*; das **Schaffen** (Arbeit, Werk); der **Schaffensdrang;** die **Schaffensfreude** (Fleiß); die **Schaffenskraft;** der **Schaffner;** die **Schaffnerin,** die Schaffnerinnen; die **Schaffung:** die Schaffung neuer Arbeitsplätze

Scha·fott *niederl.*, das: -(e)s, -e (Hinrichtungsgerüst)

Schaft, der: -(e)s, Schäfte; der Schaft (Griff)

des Messers; der **Schaftstiefel**

Scha·kal *pers.*, der: -s, -e (von Aas lebendes, hundeartiges Raubtier)

schä·kern: (scherzen, sich necken); der **Schäker;** die **Schäkerei;** die **Schäkerin**

schal: ein schales (abgestandenes) Bier – ein schaler (geistloser) Gedanke

Schal *engl.*, der: -s, -s/-e; einen seidenen Schal (ein langes Halstuch) tragen

Scha·le, die: -, -n (Gefäß, Hülle); eine Schale (Tasse) Kaffee – Obst in eine Schale (flaches Gefäß) legen – die Schale des Apfels – er hat eine raue Schale (er ist nach außen abweisend) – die Schale (das Gehäuse) einer Muschel – die Schalen (Hufe) eines Hirsches – *sich in Schale werfen* (sich festlich kleiden) – *in einer rauen Schale steckt oft ein guter Kern*; das **Schälchen; schälen:** er schält Kartoffeln – sich schälen (die Haut in kleinen Stückchen abstoßen); das **Schalenobst** (Obst mit einer harten Schale); der **Schalensessel;** das **Schalenwild;** die **Schalung** (Holzverkleidung); die **Schälung** (das Schälen)

Schalk, der: -(e)s, -e/Schälke (Schelm, Spaßvogel); *jemandem sitzt der Schalk im Nacken* (er ist ein Spaßvogel); **schalkhaft:** schalkhaft lächeln; die **Schalkhaftigkeit**

Schall, der: -(e)s, -e/Schälle (nachhallendes Geräusch, Klang, Widerhall); *Schall und Rauch sein* (vergänglich sein, keine Bedeutung haben); **schalldämmend;** die **Schalldämmung;** der **Schalldämpfer;** die **Schalldämpfung; schalldicht; schallen:** ein schallendes (lautes) Gelächter – er gab ihm eine schallende (kräftige) Ohrfeige; **schallern:** *jemandem eine schallern* (ihn ohrfeigen); die **Schallgeschwindigkeit;** die **Schallgrenze;** die **Schalllehre;** auch: die **Schall-Lehre;** der **Schallleiter** (Material, das Schallwellen gut leitet); auch: der **Schall-Leiter;** die **Schallmauer;** die **Schallplatte; schallsicher;** der **Schalltrichter;** die **Schallwelle**

Schal·mei, die: -, -en (altes Holzblasinstrument); der **Schalmeienklang**

schal·ten: einen Stromkreis schalten (schließen bzw. öffnen) – er schaltet (wechselt) in den ersten Gang – ein Gerät auf „aus" schalten – die Ampel schaltet auf Rot – schnell schalten (begreifen) – nach Belieben schalten und walten (nach eigenem Belieben handeln); die **Schaltanlage;** das **Schaltbrett;** der **Schaltdienst;** der **Schalter:** den Schalter (Lichtschalter) betätigen – den Brief am Schalter abgeben; der **Schalterbeamte;** der **Schalterschluss;** der **Schalthebel;** das **Schaltjahr** (Jahr mit einem Schalttag, dem 29. Febr.); die **Schaltpause;** der **Schaltplan,** die ...pläne; die **Schaltskizze;** die **Schaltstelle;** die **Schalttafel;** die **Schaltung;** das **Schaltwerk;** die **Schaltzentrale**

Scha·lup·pe *franz.*, die: -, -n (Boot, Küstenfahrzeug)

schä·men, sich: sich wegen seiner Armut schämen – sich in Grund und Boden schämen; die **Scham:** vor Scham rot werden – Scham empfinden – nur keine falsche Scham! – seine Scham (Geschlechtsteile) zudecken; das **Schamgefühl;** die **Schamhaare; schamhaft** (schüchtern, züchtig); die **Schamhaftigkeit; schamlos** (frech, unverschämt); die **Schamlosigkeit; schamrot;** die **Schamröte; schamvoll**

Scha·mot·te *ital.*, die: - (feuerfester Ton); der **Schamotteziegel**

scham·po·nie·ren, *engl.:* (mit Shampoo waschen); auch: **schampunieren**

Schan·de, die: -; seinen Eltern keine Schande (keine Schmach) machen – jemanden mit Schimpf und Schande davonjagen – zu Schanden gehen/machen; auch: zuschanden; **schandbar** (schändlich); **schänden:** ein Grab schänden (beschädigen, zerstören) – *Arbeit schändet nicht;* der **Schandfleck** (Beschmutzung, Makel); **schändlich:** eine schändliche (gemeine, niederträchtige) Tat; die **Schändlichkeit;** das **Schandmal,** die ...male/...mäler; das **Schandmaul,** die ...mäuler (böses Mundwerk); der **Schandpfahl** (Pranger); die **Schandtat:** *zu jeder Schandtat bereit sein* (jeden Unfug mitmachen); die **Schändung;** das **Schandurteil**

Schän·ke, die: -, -n (Gaststätte); auch: → die **Schenke;** der **Schank;** die **Schankstube**

Schan·ze, die: -, -n (Befestigung, Sprunganlage); **schanzen;** der **Schanz(en)bau;** der **Schanzenrekord;** der **Schanzentisch**

Schar, die: -, -en; eine Schar (größere Menge, Gruppe) Jugendliche(r) – eine Schar Vögel – in großen/hellen Scharen (in großer Zahl); sich **scharen:** sich um den Lehrer scharen (versammeln); **scharenweise**

Schar, die: -, -en (Pflugschar)

Scha·ra·de *franz.*, die: -, -n (Rätsel, bei dem Teile eines zusammengesetzten Wortes pantomimisch dargestellt werden und erraten werden müssen)

Schä·re *schwed.*, die: -, -n (kleine, flache Insel vor der Küste) # Schere

scharf: schärfer, am schärfsten; ein scharfes (geschliffenes) Beil – scharfe (starke) Getränke – ein scharfes Auge haben (genau sehen) – scharf (hart) durchgreifen – er besitzt einen scharfen (klaren) Verstand – eine scharfe (starke) Biegung – *eine scharfe Zunge haben* (angriffslustig sein) – ein scharfer Hund – scharf (sehr genau) überlegen – scharfe (spitze) Krallen haben – scharf (mit echter Munition) schießen – das war ein scharfer (wuchtiger) Schuss auf das Tor – ein gestochen scharfes Bild – jemanden scharf angreifen – ein scharfer (sehr kalter) Wind – *auf etwas scharf sein* (etwas sehr wünschen, begehren); aber: etwas auf das/aufs Schärfste verurteilen; auch: auf das/aufs schärfste; der **Scharfblick;** die **Schärfe;** die **Scharfeinstellung; schärfen;** die **Schärfentiefe; scharfkantig; scharfmachen:** ein Messer scharfmachen; auch: scharf machen; aber nur: jemanden scharfmachen (aufhetzen, aufreizen) – einen Hund scharfmachen; der **Scharfmacher** (Hetzer); der **Scharfrichter** (Henker); der **Scharfschütze; scharfsichtig;** der **Scharfsinn; scharfsinnig;** die **Schärfung; scharfzüngig**

Schar·lach *lat.*, der: -s (ansteckende Kinderkrankheit); der **Scharlachausschlag**

Schar·lach *lat.*, der: -s (leuchtendes Rot); **scharlachfarben;** auch: **scharlachfarbig; scharlachrot** (hellrot)

Schar·la·tan *franz.*, der: -s, -e (Schwindler, Kurpfuscher); die **Scharlatanerie**

Scharm *franz.*, der: -s (gewinnendes Wesen eines Menschen, Liebenswürdigkeit); auch: der **Charme; scharmant;** auch: **charmant**

Schar·müt·zel, das: -s, - (Geplänkel, kleines Gefecht)

Schar·nier *franz.*, das: -s, -e (Gelenk, Drehvorrichtung); das **Scharnierband,** die ...bänder; das **Scharniergelenk**

Schär·pe *franz.*, die: -, -n (Ordensband, breites Band um die Taille)

schar·ren: (reiben, kratzen, schaben); mit den Füßen scharren – scharrende Hühner

Schar·te, die: -, -n (Kerbe, Einschnitt); *eine Scharte auswetzen* (einen Fehler wieder gutmachen); **schartig** (voller Scharten)

schar·wen·zeln: (übereifrig sein, sich einschmeicheln)

Schasch·lik *russ.*, das/der: -s, -s (am Spieß gebratene Fleisch- und Gemüsestückchen)

schas·sen *franz.*: er wurde aus seinem Amt geschasst (entlassen, fortgejagt)

Schat·ten, der: -s, -; sich in den Schatten legen – in der Dämmerung taucht ein Schatten (eine nicht mehr erkennbare Gestalt) auf – er hat Schatten (Ringe) unter den Augen – *jemanden in den Schatten stellen* (ihn bei weitem übertreffen) – *über seinen Schatten springen* (etwas tun, was große Überwindung verlangt) – *jemandem wie ein Schatten folgen* (ihn nicht aus den Augen verlieren); das **Schattenbild** (den Schatten einer Person wiedergebendes Bild); auch: der **Schattenriss;** das **Schattenboxen** (Boxtraining ohne Gegner); das **Schattendasein:** *ein Schattendasein* (unbeachtetes Dasein) *führen;* **schattenhaft** (undeutlich, geisterhaft); das **Schattenreich** (Totenreich); die **Schattenseite** (Dunkel, Nachteil): die Schattenseite des Lebens (die weniger schöne oder unangenehme Seite des Lebens); **schattenspendend:** schattenspendende Bäume; auch: Schatten spendend; das **Schattenspiel** (Schattentheater); **schattieren** (tönen); die **Schattierung; schattig:** ein schattiges Plätzchen

Scha·tul·le *lat.*, die: -, -n (Geld-, Schmuckkästchen)

Schatz, der: -es, Schätze; große Schätze (Reichtümer) haben – ein Schatz (eine Fülle) an Erfahrungen – komm zu mir, mein Schatz (Liebling)!, das **Schätzchen;** der **Schatzgräber;** die **Schatzinsel;** die **Schatzkammer;** das **Schatzkästchen;** der **Schatzmeister;** die **Schatzsuche**

schät·zen: eine Entfernung schätzen (ungefähr angeben, überschlagen) – sein Haus schätzen (den Wert feststellen) lassen – er schätzt (achtet) seine Eltern – jemanden schätzen (achten) lernen – ich schätze (vermute), dass ...; **schätzenswert;** der **Schätzer;** die **Schätzerin,** die Schätzerinnen; der

Schätzpreis; die **Schätzung; schätzungsweise** (annähernd); der **Schätzwert**

schau·dern: sie schaudert (zittert) vor Angst/Kälte – mir/mich schaudert (ich habe Angst, Abscheu) vor diesem Gedanken; der **Schauder** (Abscheu, Ekel, Frösteln); **schaudererregend;** auch: Schauder erregend; **schauderhaft** (furchtbar, entsetzlich); **schaudervoll** (entsetzlich); → Schauer

schau·en: auf die Uhr schauen – jemandem ins Gesicht schauen (blicken) – nach den Kindern schauen (sich um sie kümmern) – auf Ordnung schauen (sich darum bemühen) – er soll schauen (darauf achten), dass er bald fertig wird; die **Schau:** eine landwirtschaftliche Schau (Ausstellung) – sich eine Schau (Vorstellung) ansehen – das ist eine Schau (ist großartig)! – *etwas zur Schau stellen* (öffentlich zeigen, ausstellen) – *jemandem die Schau stehlen* (ihn übertreffen, ausstechen) – *eine Schau abziehen* (sich aufspielen, angeben); das **Schaubild** (grafische Darstellung); die **Schaubude;** das **Schaufenster;** das **Schaugeschäft;** der **Schaukampf,** die ... kämpfe; der **Schaukasten,** die ... kästen; **schaulaufen;** das **Schaulaufen;** die **Schaulust; schaulustig** (neugierig); der/die **Schaulustige;** das **Schauobjekt;** der **Schauplatz,** die ... plätze (Ort des Geschehens); der **Schauprozess;** der **Schauraum** (Ausstellungsraum); das **Schauspiel;** der **Schauspieler;** die **Schauspielerei;** die **Schauspielerin,** die ... spielerinnen; **schauspielerisch; schauspielern;** der **Schausteller;** die **Schaustellerin,** die ... stellerinnen; das **Schauturnen**

Schau·er, der: -s, - (kurzer Hagelschlag oder Regenguss, Schreck, Frösteln); sie wartete, bis der Schauer vorüber war – ihm lief ein Schauer über den Rücken; **schauerartig:** schauerartige Regenfälle; die **Schauergeschichte** (Gruselgeschichte); **schauerlich:** ein schauerlicher (unheimlicher, gespenstischer) Anblick; die **Schauerlichkeit;** das **Schauermärchen; schauern:** mich/mir schauert vor dem morgigen Tag; der **Schauerroman** (gruseliger Roman); **schauervoll; schaurig:** eine schaurige (unheimliche) Geschichte – es ist schaurig (grässlich) kalt; die **Schaurigkeit; schaurig-schön;** → schaudern

Schau·er·mann *niederl.*, der: -(e)s, ... leute (Hafen-, Schiffsarbeiter)

schau·feln: er schaufelt (schippt) Kohlen in den Keller – Schnee schaufeln (wegräumen) – ein Grab schaufeln (graben, ausheben); die **Schaufel** (Schippe, Spaten); der **Schaufelbagger; schaufelförmig**

schau·keln: (hin und her schwingen); Boote schaukeln auf dem Wasser – er wird die Sache schon schaukeln (meistern); die **Schaukel;** die **Schaukelbewegung;** die **Schaukelei; schauk(e)lig;** das **Schaukelpferd;** der **Schaukelstuhl**

Schaum, der: -(e)s, Schäume (Gischt); der Schaum des Bieres – *Schaum schlagen* (prahlen) – *Träume sind Schäume*; das **Schaumbad,** die ... bäder; **schaumbedeckt; schäumen:** das Meer schäumt (bildet Schaum) – vor Wut schäumen (sich aufregen, rasen); der **Schaumgummi; schaumig;** das **Schaumkissen;** die **Schaumkrone** (Gischt auf einer Welle); der **Schaumlöscher;** das **Schaumlöschgerät;** der **Schaumschläger** (Küchengerät, Angeber); die **Schaumschlägerei;** der **Schaumstoff;** der **Schaumwein** (Sekt)

Scheck *engl.*, der: -s, -s (Anweisung zur Geldzahlung, bargeldloses Zahlungsmittel); auch: der **Check;** der **Scheckbetrug;** das **Scheckbuch;** das **Scheckheft;** die **Scheckkarte**

sche·ckig: eine scheckige (gefleckte) Kuh – scheckig braun; das **Scheckvieh**

scheel: jemanden scheel (misstrauisch, geringschätzig, schief) anschauen

Schef·fel, der: -s, - (altes Hohlmaß); *sein Licht unter den Scheffel stellen* (seine Leistungen bzw. Verdienste aus Bescheidenheit verbergen); **scheffeln:** Geld scheffeln (ohne Mühe in Mengen verdienen); **scheffelweise** (in großen Mengen)

Schei·be, die: -, -n; eine Scheibe (Schnitte) Brot – eine Scheibe (Fensterscheibe) einwerfen – *sich von etwas eine Scheibe abschneiden können* (sich ein Beispiel nehmen können); das **Scheibchen; scheibchenweise;** die **Scheibenbremse;** die **Scheibengardine;** das **Scheibenschießen;** der **Scheibenwischer**

Scheich *arab.*, der: -s, -e/-s (arabischer Titel); das **Scheichtum,** die ... tümer

schei·den: du scheidest, er schied, sie ist geschieden, scheid(e)!; aus dem Amt scheiden (es niederlegen) – sich scheiden lassen (die Ehe auflösen) – freiwillig aus dem Leben scheiden – ich muss bald scheiden (mich verabschieden) – die faulen Äpfel von den guten scheiden (trennen); die **Scheide:** das Schwert aus der Scheide ziehen – die Scheide (Geschlechtsorgan) einer Frau; die **Scheidewand,** die ...wände; der **Scheideweg:** *am Scheideweg* (vor einer grundsätzlichen Entscheidung) *stehen*; die **Scheidung;** der **Scheidungsgrund,** die ...gründe; die **Scheidungsklage;** das **Scheidungsurteil;** → geschieden

schei·nen: du scheinst, er schien, sie hat geschienen, schein(e)!; die Sonne scheint (strahlt Licht aus) – das scheint (erweckt den Eindruck) richtig zu sein – er kommt scheints (anscheinend) nicht mehr; der **Schein:** der Schein (das Licht) der Lampe – der Schein (Anschein) kann trügen – mit Scheinen (Geldscheinen) bezahlen – einen Schein (eine Bescheinigung) ausstellen – zum Schein (scheinbar, nicht wirklich) – *den Schein wahren* (den Eindruck erwecken, als ob alles in Ordnung sei); der **Scheinangriff;** das **Scheinargument;** der **Scheinasylant;** die **Scheinasylantin,** die ...asylantinnen; **scheinbar** (nicht wirklich); die **Scheinfirma,** die ...firmen; das **Scheingefecht;** das **Scheingeschäft;** der **Scheingrund; scheinheilig** (unehrlich, heuchlerisch); der/die **Scheinheilige;** die **Scheinheiligkeit;** der **Scheintod** (todesähnlicher Zustand); **scheintot;** der/die **Scheintote;** der **Scheinvertrag,** die ...verträge; der **Scheinwerfer**

schei·ßen (derber Ausdruck für: Kot ausscheiden): du scheißt, er schiss, sie hat geschissen, scheiß(e)!; der **Scheißdreck;** die **Scheiße** (Kot, Unsinn); **scheißegal** (völlig egal); **scheißfreundlich** (übertrieben freundlich); der **Scheißladen;** das **Scheißwetter;** der **Schiss** (Kot, Angst)

Scheit, das: -(e)s, -e(r) (Holzstück); der **Scheiterhaufen;** das **Scheitholz,** die ...hölzer

Schei·tel, der: -s, - (Kamm, Gipfel, höchster Punkt); vom Scheitel bis zur Sohle (ganz und gar, durch und durch); die **Scheitellinie; scheiteln:** das Haar gescheitelt tragen; der **Scheitelpunkt;** der **Scheitelwinkel**

schei·tern: das Unternehmen scheitert (misslingt, geht schlecht aus); das **Scheitern**

Schelf *engl.,* der/das: -s, -e (flaches Meer entlang der Küste); das **Schelfmeer**

Schel·le, die: -, -n (ringförmige Klammer)

schel·len: (läuten, klingeln); die **Schelle** (Glöckchen, Ohrfeige); der **Schellenbaum,** die ...bäume (ein Musikinstrument); das **Schellengeläut(e);** die **Schellenkappe** (Narrenkappe)

Schell·fisch, der: -(e) s, -e (ein Seefisch)

Schelm, der: -(e)s, -e (Schlingel, Schalk, Lausejunge); der **Schelmenroman;** das **Schelmenstück** (Streich); die **Schelmerei; schelmisch:** schelmisch (spitzbübisch) schauen

schel·ten: du schiltst, er schalt, sie hat gescholten, schilt!; die Mutter schilt (tadelt, schimpft) ihr Kind; die **Schelte** (Vorwurf, Tadel); das **Scheltwort,** die ...wörter/...worte

Sche·ma *griech.,* das: -s, -s/-ta/Schemen (Plan, Muster, Umriss, Verfahrensweise); nach einem Schema arbeiten – eine Aufgabe nach Schema F (ohne zu denken, nach dem üblichen Muster) lösen; **schematisch:** etwas schematisch (vereinfacht) zeichnen – die Arbeit läuft schematisch (automatisch, gewohnheitsmäßig) ab; **schematisieren;** die **Schematisierung;** der **Schematismus** (Gleichmacherei, Verzeichnis von Amtspersonen)

Sche·mel, der: -s, - (Hocker, Fußbank)

Sche·men, der: -s, - (geisterhafter Schatten, Schattenbild); **schemenhaft** (schattenhaft, unklar, unbestimmt)

Schen·ke, die: -, -n (Gaststätte); auch: die **Schänke;** der **Schenkbetrieb;** der **Schenktisch;** der **Schenkwirt;** die **Schenkwirtin,** die ...wirtinnen; die **Schenkwirtschaft**

Schen·kel, der: -s, -; sich auf die Schenkel (Oberschenkel) schlagen – die Schenkel eines Winkels; der **Schenkelbruch,** die ...brüche; der **Schenkeldruck;** der **Schenkelhalsbruch; ...schenk(e)lig:** gleichschenkelig

schen·ken: einer Sache Aufmerksamkeit schenken – zum Geburtstag Blumen schenken – deine Bemerkung hättest du dir schenken (sparen) können – etwas geschenkt bekommen; die **Schenkung;** die **Schenkungsurkunde**

schep·pern: mit den Töpfen scheppern (klappern, klirren)

N O P Q R S

Scher·be, die: -, -n; sie sammelt die Scherben (Splitter, Bruchstücke) der zerbrochenen Vase auf – *in Scherben gehen* (zerbrochen werden) – *Scherben bringen Glück*; auch: der **Scherben;** der **Scherbenhaufen**

sche·ren: du scherst, er schor, sie hat geschoren, scher(e)!; sich die Haare scheren (kürzer schneiden) lassen – Schafe scheren – *alles über einen Kamm scheren* (alles einheitlich behandeln); die **Schere** # Schäre; das **Scherengitter;** der **Scherengriff;** der **Scherenschleifer;** der **Scherenschnitt;** das **Schermesser;** die **Schur,** die Schuren (das Scheren der Schafe); die **Schurwolle**

sche·ren, sich: du scherst dich, er scherte sich, sie hat sich geschert, scher!; scher dich raus (geh weg)! – sie hat sich nicht im Geringsten darum geschert (gekümmert); die **Schererei:** Scherereien (Unannehmlichkeiten, Ärger) haben

Scherf·lein, das: -s, -; sein Scherflein (einen kleinen Geldbetrag) zu etwas beitragen

Scher·ge, der: -n, -n (Befehlsvollstrecker, Gerichtsdiener, Henkersknecht)

scher·zen: du scherzt (du spaßt, machst Dummheiten); der **Scherz:** er hat einen Scherz (Spaß) gemacht – Scherz beiseite (im Ernst)! – *seine Scherze mit jemandem treiben* (ihn verspotten); der **Scherzartikel;** der **Scherzbold** (Witzbold); die **Scherzfrage; scherzhaft** (nicht im Ernst, im Spaß); **scherzhafterweise;** die **Scherzhaftigkeit;** das **Scherzlied;** das **Scherzrätsel; scherzweise;** das **Scherzwort,** die ... worte

scheu: scheuer, am scheu(e)sten; sie ist noch sehr scheu (gehemmt, schüchtern) – scheu sein/werden – einen scheuen (zaghaften) Blick darauf werfen – ein scheues (wildes, ängstliches) Pferd; die **Scheu:** er zeigte keine Scheu (Furcht, Angst); **scheuen:** keine Arbeit scheuen (fürchten) – das Pferd scheute (schreckte) vor dem Auto – er scheute (mied) keine Mühe – er scheute sich nicht zu lügen; die **Scheuklappe:** Scheuklappen haben (keinen Weitblick haben); **scheumachen:** *Pferde scheumachen* (für Unruhe sorgen); auch: *scheu machen*

scheu·chen: Vögel aus dem Garten scheuchen (verjagen); die **Scheuche** (Schreckgestalt zur Vertreibung von Vögeln)

Scheu·er, die: -, -n (Scheune)

scheu·ern: den Boden scheuern (reinigen, putzen) – sie hat sich den Arm blutig gescheuert (gerieben) – *jemandem eine scheuern* (ihn ohrfeigen); der **Scheuerbesen;** die **Scheuerfrau;** der **Scheuerlappen;** das **Scheuertuch,** die ... tücher

Scheu·ne, die: -, -n (Heu- und Strohspeicher); der **Scheunendrescher:** *(fr)essen wie ein Scheunendrescher* (sehr viel essen); das **Scheunentor**

Scheu·sal, das: -s, -e (widerwärtiger Mensch, Ungeheuer); **scheußlich:** das Essen schmeckt scheußlich (grässlich) – ein scheußliches (sehr unangenehmes) Wetter; die **Scheußlichkeit**

Schi, der: -s, -er/- (ein Wintersportgerät); auch: → der **Ski**

Schicht, die: -, -en; eine Schicht (Lage) Sand – Schicht (in Schichten, im Turnus) arbeiten – die vornehme Schicht der Gesellschaft; der **Schichtarbeiter;** die **Schichtarbeiterin,** die ... arbeiterinnen; der **Schichtdienst; schichten:** Pakete schichten (aufeinanderstellen) – Wäsche in den Schrank schichten; **schicht(en)weise;** das **Schichtgestein;** der **Schichtlohn,** die ... löhne; die **Schichtung;** der **Schichtwechsel**

schick *franz.*: eine schicke (elegante, gut aussehende) Frau – das Kleid ist schick (modisch); auch: **chic;** der **Schick;** auch: der **Chic**

schi·cken: zum Einkaufen schicken – er schickt (sendet) uns ein Päckchen – ich schicke (füge) mich in mein Los – das schickt sich nicht (gehört sich nicht) – sich schicken (beeilen) müssen; **schicklich:** ein schickliches (geziemendes) Benehmen; die **Schicklichkeit;** die **Schickung** (Fügung, Schicksal)

Schi·cke·ria *ital.*, die: - (modebewusste obere Gesellschaftsschicht); der **Schickimicki** (jemand, der sehr viel Wert auf modische Dinge legt)

Schick·sal, das: -s, -e (Geschick, Los, Bestimmung); sich mit seinem Schicksal abfinden – *jemanden seinem Schicksal überlassen* (sich nicht um ihn kümmern); **schicksalhaft;** die **Schicksalsfrage;** die **Schicksalsfügung;** der **Schicksalsgefährte;** die **Schicksalsgefährtin,** die ... gefährtinnen; die **Schicksalsgemeinschaft;** die **Schicksalsgöttin;** der

N O P Q R **S**

Schicksalsschlag (Unglück); **schicksalsträchtig; schicksalsvoll;** die **Schicksalswende**

schie·ben: du schiebst, er schob, sie hat geschoben, schieb(e)!; sein Fahrrad schieben – die Schuld auf einen anderen schieben (ihn verantwortlich machen) – Wache schieben (Wache stehen) – *Kohldampf schieben* (Hunger haben) – *etwas auf die lange Bank schieben* (etwas hinauszögern); das **Schiebedach;** das **Schiebefenster;** der **Schieber** (Riegel, Betrüger); die **Schieberei;** die **Schiebetür;** die **Schiebkarre;** auch: der **Schiebkarren;** die **Schiebung** (Betrug)

Schieds·rich·ter, der: -s, - (Kampfrichter, Unparteiischer); das **Schiedsgericht;** die **Schiedsrichterentscheidung;** die **Schiedsrichterin,** die ...richterinnen; **schiedsrichtern;** der **Schiedsspruch,** die ...sprüche; die **Schiedsstelle;** das **Schiedsurteil**

schief: (geneigt, schräg, nicht gerade); schief sein/halten/stehen – ein schiefer Turm – das Bild hängt schief – die schiefe Ebene – ein schiefer (nicht zutreffender) Vergleich – in ein schiefes Licht geraten (falsch beurteilt werden) – auf die schiefe Bahn geraten (den inneren Halt verlieren, gesellschaftlich sinken) – *jemanden schief ansehen* (ihm seine Missbilligung zu verstehen geben); die **Schiefe; schiefgehen:** das wird schiefgehen (misslingen, nicht glücken); **schiefgewickelt:** ein schiefgewickelter Verband; auch: schief gewickelt; aber nur: schiefgewickelt (sehr im Irrtum) sein; die **Schiefheit;** sich **schieflachen; schieflaufen:** das ist schiefgelaufen (schiefgegangen); **schiefliegen:** da ist/hat er schiefgelegen (hat er falsche Ansichten gehabt); **schieftreten:** Absätze schieftreten; auch: schief treten; **schiefwink(e)lig**

Schie·fer, der: -s, - (aus Platten bestehendes Gestein); das **Schieferdach;** das **Schiefergebirge; schiefergrau;** die **Schiefertafel**

schie·len: er schielt auf beiden Augen (er kann nicht geradeaus sehen) – zu seinem Nachbarn schielen (verstohlen blicken); **schieläugig**

Schie·ne, die: -, -n (Gleis, Stütze); das **Schienbein; schienen:** sie hat den Arm geschient; das **Schienenfahrzeug;** das **Schienennetz;** der **Schienenstrang,** die ...stränge; der **Schienenverkehr**

schier: schieres (reines) Gold – die schiere (reine) Wahrheit sagen – er ist schier (beinahe) umgekommen – das ist schier (fast) unmöglich

schie·ßen: du schießt, er schoss, sie hat geschossen, schieß(e)!; mit dem Gewehr schießen (feuern) – er schießt (erzielt) ein Tor – durch das Zimmer schießen (rennen) – ein Gedanke schießt mir durch den Kopf – die Pflanzen schießen (wachsen schnell) aus dem Boden – wie aus der Pistole geschossen (sofort) – ein Foto schießen (machen) – *einen Bock schießen* (einen Fehler machen); aber: es ist zum Schießen (zum Lachen); der **Schießbefehl;** die **Schießbude;** das **Schießeisen** (Gewehr); **schießenlassen:** sein Vorhaben schießenlassen (aufgeben); auch: schießen lassen; die **Schießerei;** das **Schießgewehr;** der **Schießhund:** *aufpassen wie ein Schießhund* (scharf aufpassen); der **Schießplatz,** die ...plätze; der **Schießprügel** (Gewehr); das **Schießpulver;** die **Schießscharte;** die **Schießscheibe;** der **Schießstand;** die **Schießübung;** die **Schießwaffe;** → Schuss

Schiff, das: -(e)s, -e; das Schiff lag vor Anker – *klar Schiff machen* (eine Angelegenheit in Ordnung bringen); **schiffbar;** die **Schiffbarkeit;** der **Schiffbruch:** *Schiffbruch erleiden* (scheitern); **schiffbrüchig;** der/die **Schiffbrüchige; schiffen** (zu Wasser fahren); der **Schiffer;** die **Schifferin,** die Schifferinnen; das **Schifferklavier;** die **Schifffahrt;** auch: die **Schiff-Fahrt;** die **Schifffahrtslinie;** die **Schifffahrtsstraße;** der **Schiffsarzt,** die ...ärzte; der **Schiff(s)bau;** der **Schiffseigner;** die **Schiffsfracht,** die ...frachten; die **Schiffsglocke;** der **Schiffsjunge;** der **Schiffskapitän;** die **Schiffskatastrophe;** der **Schiffskoch,** die ...köche; die **Schiffsladung;** der **Schiffsmakler;** die **Schiffsmannschaft;** die **Schiffsmaschine;** die **Schiffsplanke;** die **Schiffsreise;** der **Schiffsrumpf,** die ...rümpfe; die **Schiff(s)schaukel;** die **Schiffsschraube;** die **Schiffstaufe;** der **Schiffsverkehr;** die **Schiffswerft**

Schi·ka·ne *franz.*, die: -, -n; ich kann seine Schikanen (Bosheiten, Hinterhältigkeiten) nicht mehr ertragen – der Sportwagen ist mit allen Schikanen (mit allem, was dazugehört, mit jedem Komfort) ausgestattet – Schikanen (schwierige Stellen) auf der Rennstrecke;

N O P Q R S

schikanieren (quälen); **schikanös** (boshaft)

Schild, das: -(e)s, -er (Erkennungszeichen, Hinweistafel); das **Schildchen;** der **Schilderwald** (große Menge von Verkehrszeichen)

Schild, der: -(e)s, -e (Schutzwaffe, Schutz); *etwas im Schilde führen* (etwas heimlich vorhaben); die **Schilddrüse;** die **Schildkröte;** die **Schildkrötensuppe;** die **Schildwache** (Wachposten)

Schild·bür·ger, der: -s, - (Spießer, engstirniger Mensch); der **Schildbürgerstreich**

schil·dern: einen Vorgang genau schildern (beschreiben); die **Schilderung**

Schilf *lat.*, das: -(e)s, -e (hohes Ufergras, Röhricht); **schilfbedeckt;** das **Schilfdach,** die ...dächer; das **Schilfgras,** die ...gräser; die **Schilfmatte;** das **Schilfrohr**

Schil·ler·lo·cke, die: -, -n (geräucherte Fischspezialität)

schil·lern: das Kleid schillert (schimmert, glänzt) in verschiedenen Farben; der **Schillerfalter** (ein Schmetterling); **schillernd:** er ist eine schillernde (schwer durchschaubare) Persönlichkeit

Schi·mä·re *griech.*, die: -, -n (Hirngespinst, Trugbild); auch: die **Chimäre; schimärisch** (trügerisch); auch: **chimärisch**

Schim·mel, der: -s (weißlicher Belag, Pilzart); der **Schimmelbelag,** die ...beläge; **schimm(e)lig:** ein schimmeliges (verdorbenes) Brot; **schimmeln** (faulen, verderben); der **Schimmelpilz**

Schim·mel, der: -s, - (weißes Pferd); das **Schimmelgespann;** der **Schimmelreiter** (geisterhaftes Wesen in der deutschen Sage)

schim·mern: Sterne schimmern (leuchten) am Himmel – von ferne schimmert ein Licht; der **Schimmer:** der Schimmer (matte Schein) der Lampe – der Schimmer (Glanz) ihres Haares – *keinen Schimmer von etwas haben* (überhaupt nicht Bescheid wissen, nichts ahnen)

Schim·pan·se *afrik.*, der: -n, -n (ein Menschenaffe)

schimp·fen: heftig schimpfen (schelten, tadeln) – er schimpft mich (bezeichnet mich als) einen Lügner – *schimpfen wie ein Rohrspatz* (erregt schimpfen); der **Schimpf** (die Schmach, Beleidigung): jemanden mit Schimpf und Schande (unter unehrenhaften Bedingungen) davonjagen; die **Schimpfe:** Schimpfe (Schelte) bekommen; die **Schimpferei; schimpflich:** jemanden schimpflich (entwürdigend, schändlich) behandeln; der **Schimpfname;** das **Schimpfwort,** die ...worte/...wörter

Schin·del, die: -, -n (Platte zum Decken von Häusern); das **Schindeldach,** die ...dächer

schin·den: du schindest, er schindete, sie hat geschunden, schind(e)!; Tiere schinden (quälen) – sie schindet (müht) sich schwer – seine Arbeiter schinden (schikanieren) – er will bei Frauen Eindruck schinden (machen) – Zeit schinden (gewinnen) wollen – ein totes Tier schinden (abhäuten); der **Schindanger** (Platz zum Verscharren von Tierkadavern); der **Schinder** (jemand, der andere quält bzw. tote Tiere abhäutet); die **Schinderei** (Qual, Strapaze); die **Schinderin;** das **Schindluder:** *mit jemandem Schindluder treiben* (ihn übel behandeln); die **Schindmähre** (altes, dürres Pferd)

Schin·ken, der: -s, -; einen Schinken (eine geräucherte bzw. gekochte Keule) essen – er liest einen Schinken (ein großes, dickes Buch); das **Schinkenbrot;** der **Schinkenspeck;** die **Schinkenwurst,** die ...würste

Schip·pe, die: -, -n (Schaufel); *jemanden auf die Schippe nehmen* (ihn verulken, verspotten); **schippen:** Schnee schippen (schaufeln, wegräumen)

schip·pern: er schippert (fährt mit dem Schiff) die Donau hinunter

Schirm, der: -(e)s, -e; den Schirm (Regen-, Sonnenschirm) aufspannen – die Sendung lief über den Schirm (Bildschirm); **schirmen** (schützen); der **Schirmherr** (Schutzherr); die **Schirmherrin,** die ...herrinnen; die **Schirmherrschaft;** die **Schirmmütze;** der **Schirmständer**

Schi·rok·ko *arab.*, der: -s, -s (ein warmer Mittelmeerwind)

schir·ren: er schirrt (spannt) die Pferde an den Wagen; der **Schirrmeister**

Schis·ma *griech.*, das: -s, Schismen/Schismata (Kirchenspaltung)

Schi·zo·phre·nie *griech*, die: -, Schizophrenien (Geisteskrankheit, Spaltung des Bewusstseins); **schizophren**

schlab·bern: (schlürfend trinken bzw. essen); die Katze schlabbert ihre Milch; **schlabb(e)-**

N O P Q R S

rig (gallertartig): eine schlabberige (dünne, wenig nahrhafte) Suppe

schlach·ten: Tiere schlachten (töten); die **Schlacht;** die **Schlachtbank,** die ...bänke; der **Schlachtenbummler** (Zuschauer); der **Schlachter** (Metzger); auch: der **Schlächter;** die **Schlachterei** (Fleischerei); auch: die **Schlächterei;** die **Schlachterin;** auch: die **Schlächterin;** das **Schlachtfeld** (Kampfplatz); das **Schlachtfest;** das **Schlachtgewicht;** das **Schlachthaus;** der **Schlachthof,** die ...höfe; das **Schlachtmesser;** das **Schlachtopfer;** der **Schlachtplan,** die ...pläne (militärischer Plan für eine bevorstehende Schlacht); die **Schlachtplatte; schlachtreif;** das **Schlachtross;** der **Schlachtruf;** das **Schlachtschiff** (großes Kriegsschiff); das **Schlachttier;** die **Schlachtung;** das **Schlachtvieh**

Schla·cke, die: -, -n (Verbrennungsrückstand bei Kohle und Koks); **schlackenfrei**

schla·ckern: ihm schlackerten (schlotterten) die Knie – *mit den Ohren schlackern* (erstaunt, überrascht sein)

Schlä·fe, die: -, -n (Stelle des Kopfes oberhalb der Wange zwischen Auge und Ohr); graue Schläfen haben

schla·fen: du schläfst, er schlief, sie hat geschlafen, schlaf(e)!; schlafen gehen (zu Bett gehen) – schlaf gut! – im Zelt schlafen (übernachten) – er schläft während des Unterrichts (er ist unaufmerksam, geistesabwesend) – *schlafen wie ein Murmeltier* (sehr fest schlafen) – *wer schläft, sündigt nicht*; der **Schlaf:** *den Schlaf des Gerechten schlafen* (fest schlafen) – *jemandem den Schlaf rauben* (ihm große Sorgen bereiten) – *etwas im Schlaf können* (etwas sehr sicher beherrschen); der **Schlafanzug,** die ...anzüge; das **Schläfchen;** die **Schlafcouch** *[...kautsch]*; das **Schlafengehen:** Zeit zum Schlafengehen; die **Schlafenszeit;** der **Schläfer;** die **Schläferin,** die Schläferinnen; die **Schlafgelegenheit** (Unterkunft); das **Schlafgemach,** die ...gemächer (Schlafzimmer); die **Schlafkrankheit;** das **Schlaflied; schlaflos;** die **Schlaflosigkeit;** das **Schlafmittel;** die **Schlafmütze** (unaufmerksamer, träger Mensch; Langweiler); die **Schlafratte** (jemand, der gerne schläft); **schläfrig** (müde); die **Schläfrigkeit;** der **Schlafrock,** die ...röcke (Morgenrock); der **Schlafsaal,** die ...säle; der **Schlafsack,** die ...säcke; die **Schlafstelle** (Unterkunft); die **Schlaftablette; schlaftrunken** (noch nicht richtig wach); die **Schlaftrunkenheit;** der **Schlafwagen; schlafwandeln** (im Schlaf herumgehen); der **Schlafwandler;** die **Schlafwandlerin,** die ...wandlerinnen; **schlafwandlerisch;** das **Schlafzimmer**

schlaff: eine schlaffe (welke) Haut – das Seil ist schlaff (locker) – er wirkt völlig schlaff (erschöpft) – ein schlaffer (schwacher) Händedruck; die **Schlaffheit**

Schla·fitt·chen, das: *jemanden am/beim Schlafittchen nehmen* (ihn zur Rechenschaft ziehen)

schla·gen: du schlägst, er schlug, sie hat geschlagen, schlag(e)!; er schlägt einen Nagel in die Wand – sie schlug (trommelte) gegen die Türe – der Raubvogel schlägt (tötet) seine Beute – das Meer schlug (brandete) gegen die Küste – Flammen schlagen aus dem Fenster – Bäume schlagen (fällen) – das Herz schlägt (klopft, pulsiert) heftig – sich schlagen (prügeln) – die Feinde wurden geschlagen (besiegt) – eine Schlacht schlagen – jemanden in die Flucht schlagen (verjagen) – Wurzeln schlagen – die Uhr schlägt zehn (Uhr) – sie schlägt (gerät) nach ihrer Mutter – sich mit jemandem schlagen (duellieren) – sich durchs Leben schlagen – eine geschlagene (volle) Stunde warten müssen – die Bedenken in den Wind schlagen (zerstreuen) – die Nachricht hat wie eine Bombe eingeschlagen – etwas kurz und klein schlagen (zertrümmern) – *zwei Fliegen mit einer Klappe schlagen* (zwei Dinge mit einer einzigen Maßnahme erledigen) – *sich geschlagen geben* (aufgeben); der **Schlag,** die Schläge: der Schlag (Stoß, Hieb) traf ihn auf den Kopf – der Schlag des Herzens – das ist ein schwerer Schlag (ein Unglück) für ihn – es ist Schlag (Punkt) zwölf Uhr – er wurde vom Schlag getroffen (er hatte einen Schlaganfall) – Männer von seinem Schlag (seiner Art) sind selten – Schlag auf Schlag (schnell nacheinander) – mit einem Schlag (plötzlich) – auf einen Schlag (auf einmal, gleichzeitig) – ein Schlag ins Wasser (Misserfolg) – der Schlag (Gesang) der Nachtigall – wie vom Schlag getroffen (verstört, fassungslos) sein

– *jemandem einen Schlag versetzen* (ihn enttäuschen); der **Schlagabtausch;** die **Schlagader;** der **Schlaganfall,** die ... anfälle (Gehirnschlag); **schlagartig** (plötzlich); der **Schlagball,** die ... bälle; **schlagbar:** schlagbares (schlagreifes) Holz; der **Schlagbaum,** die ... bäume (die Schranke); der **Schlagbohrer;** der **Schlagbolzen;** die **Schläge** *Pl.* (Prügel); der **Schlägel** (ein Werkzeug) # Schlegel; **schlagend:** das ist ein schlagender (zwingender, stichhaltiger) Beweis; der **Schläger** (ein Sportgerät, Raufbold); die **Schlägerei;** **schlägern;** der **Schlägertyp;** **schlagfertig** (redegewandt, nicht auf den Mund gefallen); die **Schlagfertigkeit;** **schlagfest;** der **Schlagfluss** (Schlaganfall); das **Schlaginstrument;** die **Schlagkraft;** **schlagkräftig:** eine schlagkräftige (gut ausgebildete, einsatzbereite) Armee; das **Schlaglicht;** **schlaglichtartig;** das **Schlagloch;** der **Schlagring;** die **Schlagsahne** (der Schlagrahm); die **Schlagseite:** *Schlagseite haben* (betrunken sein); der **Schlagstock** (Gummiknüppel); das **Schlagwort,** die ... worte/ ... wörter (Leitwort, einprägsamer Ausdruck, Motto, Slogan); die **Schlagzeile** (Überschrift, Titelzeile): *Schlagzeilen machen* (Aufsehen erregen); das **Schlagzeug** (ein Musikinstrument)

Schla·ger, der: -s, - (leicht ins Ohr gehendes, einige Zeit sehr beliebtes Lied; Publikumserfolg); das **Schlagerfestival** *[... festiwal]*; die **Schlagermusik;** der **Schlagersänger;** die **Schlagersängerin,** die ... sängerinnen; der **Schlagerstar;** der **Schlagertext**

schlak·sig: (hoch aufgeschossen und in den Bewegungen ungeschickt); der **Schlaks** (junger, hoch aufgeschossener Bursche)

Schla·mas·sel *hebr.,* der/das: -s (Unglück, Durcheinander) # Schlammmasse

Schlamm, der: -(e)s, -e/Schlämme (Sumpf, aufgeweichter Boden); das **Schlammbad,** die ... bäder; **schlämmen** (von Schlamm reinigen); **schlammig;** die **Schlämmkreide** (gereinigte Kreide); die **Schlammmasse;** auch: die **Schlamm-Masse;** die **Schlammpackung;** die **Schlammschlacht**

schlam·pig: schlampig (nachlässig) arbeiten – eine schlampige (unordentliche) Schrift; die **Schlampe** (schlampige Frau, liederliches Frauenzimmer); **schlampen** (pfuschen, nachlässig arbeiten); der **Schlamper;** die **Schlamperei;** die **Schlamperin,** die Schlamperinnen; die **Schlampigkeit**

Schlan·ge, die: -, -n (fußloses Kriechtier); von einer Schlange gebissen werden – sie ist eine Schlange (unaufrichtige Frau) – *Schlange stehen* (in einer langen Reihe anstehen); sich **schlängeln:** sie schlängelt (windet) sich durch die Menge; der **Schlangenbiss;** die **Schlangenbrut;** der **Schlangenfraß** (schlechtes Essen); das **Schlangengift;** die **Schlangenlinie** (Linie in zahlreichen Windungen)

schlank: schlanker, am schlank(e)sten; eine schlanke (schmale) Figur haben – rank und schlank; die **Schlankheit;** die **Schlankheitskur** (Abmagerungskur); **schlankmachen;** auch: schlank machen; der **Schlankmacher** (Mittel zum Abnehmen); **schlankweg** (ohne Zögern, ohne weiteres); **schlankwüchsig**

schlapp: sich müde und schlapp (erschöpft) fühlen; die **Schlappe** (Niederlage, Misserfolg); der **Schlappen** (bequemer Hausschuh); **schlappern** (schlürfend essen und trinken); die **Schlappheit;** der **Schlapphut,** die ... hüte; **schlappmachen:** die Hitze kann uns schlappmachen; auch: schlapp machen; aber nur: schlappmachen (nicht durchhalten, zusammenbrechen); das **Schlappohr** (herunterhängendes Ohr); der **Schlappschwanz,** die ... schwänze (schwächlicher Mensch, Feigling)

Schla·raf·fen·land, das: -(e)s (Märchenland für Faulenzer und Schlemmer)

schlau: schlauer, am schlau(e)sten; ein schlauer Fuchs – *aus jemandem nicht schlau werden* (ihn nicht verstehen); der **Schlauberger** (Schlaukopf); die **Schläue;** **schlauerweise;** die **Schlauheit;** der **Schlaukopf;** sich **schlaumachen** (informieren); auch: der **Schlaumeier**

Schlauch, der: -(e)s, Schläuche (biegsames Rohr, Luftreifen); den Schlauch (Luftreifen) aufpumpen – das war vielleicht ein Schlauch (eine große körperliche Anstrengung)! – *auf dem Schlauch stehen* (nicht sofort verstehen); das **Schlauchboot;** **schlauchen** (anstrengen); **schlauchförmig;** die **Schlauchleitung;** **schlauchlos:** ein schlauchloser Reifen

Schlau·fe, die: -, -n (Schleife, Schlinge, biegsamer Griff)

Schla·wi·ner, der: -s, - (durchtriebener Kerl)

N O P Q R S

schlecht: ein schlechter (böser) Mensch – schlechtes (regnerisches) Wetter haben – eine schlechte (minderwertige) Ware kaufen – es gibt schlechte (ungünstige) Nachrichten – schlecht (wenig) verdienen – ihr ist schlecht (übel) – ein schlechtes (schwaches) Gedächtnis haben – schlecht und recht (so gut es eben geht, mittelmäßig) – mehr schlecht als recht (nicht besonders gut) – schlecht wegkommen (benachteiligt sein) – das Obst wird schlecht (fault) – es ergeht ihm schlecht (er befindet sich in Schwierigkeiten) – keine schlechte (eine gute) Idee!; aber: im Schlechten und im Guten; **schlechtbezahlt:** eine schlechtbezahlte Arbeit, auch: schlecht bezahlt; **schlechterdings** (ganz und gar); **schlechtgehen:** er lässt es sich nicht schlechtgehen; auch: schlecht gehen; aber nur: in den neuen Schuhen schlecht gehen können; **schlechtgelaunt:** schlechtgelaunte Gäste; auch: schlecht gelaunt; die **Schlechtheit; schlechthin** (an sich, geradezu); die **Schlechtigkeit** (Gemeinheit); **schlechtmachen:** jemanden schlechtmachen (ihn verleumden, herabsetzen); aber: seine Arbeit schlecht (nicht ordentlich) machen; **schlechtreden:** etwas schlechtreden; **schlechtstehen:** um ihn soll es schlechtstehen; auch: schlecht stehen; aber: auf einem Bein kann man schlecht stehen; **schlechtweg** (ohne Umstände, einfach); das **Schlechtwetter;** die **Schlechtwetterfront**

schle·cken: am Eis schlecken (lecken) – sie schleckt (nascht) gerne; die **Schleckerei** (Süßigkeit); das **Schleckermaul** (jemand, der gerne nascht); das **Schleckwerk**

Schle·gel, der: -s, -; einen Schlegel (Hinterkeule) von einem Hasen kaufen # Schlägel

Schle·he, die: -, -n (dorniger Strauch mit herben Früchten); der **Schlehdorn**

schlei·chen: du schleichst, er schlich, sie ist geschlichen, schleich(e)! (leise, vorsichtig, unbemerkt gehen); sich aus dem Haus schleichen – wie eine Katze schleichen – müde nach Hause schleichen – eine schleichende (langsam fortschreitende) Krankheit – *sich schleichen* (weggehen); der **Schleicher** (Leisetreter); der **Schleichhandel** (ungesetzlicher Handel); die **Schleichkatze;** der **Schleichpfad;** der **Schleichweg:** auf Schleichwegen; die **Schleichwerbung**

Schleie, die: -, -n (Fischart); auch: der **Schlei**

Schlei·er, der: -s, -; einen Schleier (ein den Kopf umhüllendes Gewebe) tragen – *den Schleier lüften* (ein Geheimnis verraten, lüften); die **Schleiereule; schleierhaft** (unerklärlich); der **Schleiertanz,** die ... tänze

schlei·fen: du schleifst, er schliff, sie hat geschliffen, schleif(e)!; er schleift (schärft) das Messer – eine geschliffene (gut formulierte) Rede halten; der **Schleifer;** die **Schleiferei;** die **Schleiferin;** der **Schleiflack;** die **Schleifmaschine;** das **Schleifpapier;** die **Schleifspur;** der **Schleifstein;** → Schliff

schlei·fen: du schleifst, er schleifte, sie hat geschleift, schleif(e)!; einen Sack über den Hof schleifen – er schleifte (schleppte, zog) mich in das Geschäft – über das Eis schleifen (schlittern) – er schleift (drillt) die Soldaten – eine Burg schleifen (dem Erdboden gleichmachen); die **Schleife:** eine Schleife (Schlinge) im Seil – der Fluss macht eine Schleife (Biegung) – eine Schleife (ein verschlungenes Band) im Haar tragen; **schleifenlassen** (sich um etwas nicht mehr kümmern); auch: schleifen lassen; aber nur: den Mantel auf dem Boden schleifen lassen

Schleim, der: -(e)s, -e (Brei, zähflüssige Masse); **schleimabsondernd:** eine schleimabsondernde Wunde; auch: Schleim absondernd; der **Schleimbeutel; schleimen** (Schleim absondern, heucheln); der **Schleimer** (Heuchler, Schmeichler); die **Schleimerin;** die **Schleimhaut; schleimig** (feucht, schmierig, unterwürfig); **schleimlösend;** der **Schleimscheißer** (kriecherischer Mensch, Speichellecker); die **Schleimsuppe**

schlem·men: (viel Gutes essen und trinken, genießen); der **Schlemmer** (Feinschmecker); die **Schlemmerei;** die **Schlemmerin;** das **Schlemmerlokal;** das **Schlemmermahl**

schlen·dern: (gemächlich einhergehen); der **Schlendrian** (Schlamperei, Nachlässigkeit)

schlen·kern: mit den Armen schlenkern (sie locker schwingen); der **Schlenker**

schlen·zen: (schießen ohne weit auszuholen); er schlenzte den Ball in das gegnerische Tor; der **Schlenzer**

schlep·pen: er schleppte (trug) den schweren Sack bis nach Hause – jemanden zur Polizei schleppen (gegen dessen Willen bringen) – die Unterhaltung schleppt sich (zieht sich langsam und mühevoll) dahin; der **Schleppdampfer;** die **Schleppe; schleppend:** die Fahrgäste werden schleppend (langsam) abgefertigt; das **Schlepp(en)kleid;** der **Schlepper** (Schleppschiff, Traktor); die **Schlepperei;** der **Schleppkahn,** die ...kähne; der **Schlepplift;** das **Schleppnetz;** das **Schleppschiff;** das **Schleppseil;** das **Schlepptau:** *etwas ins Schlepptau nehmen* (es abschleppen); der **Schleppzug,** die ...züge

Schles·wig-Hol·stein, das: -s (Land der Bundesrepublik Deutschland); der **Schleswig-Holsteiner;** die **Schleswig-Holsteinerin,** die ...Holsteinerinnen; **schleswig-holsteinisch**

schleu·dern: die Tasche in die Ecke schleudern (mit Schwung werfen) – *ins Schleudern kommen* (die Kontrolle über etwas verlieren); die **Schleuder;** der **Schleuderball,** die ...bälle; die **Schleudergefahr;** der **Schleuderkurs;** die **Schleudermaschine;** der **Schleuderpreis** (sehr niedriger Preis); der **Schleudersitz;** die **Schleuderware** (sehr billig verkaufte Ware, Ramsch, Ladenhüter)

schleu·nig: (sofort, eilig); **schleunigst**

Schleu·se, die: -, -n; die Schleusen (Wassertore) waren geschlossen – der Himmel öffnete alle Schleusen (es regnete in Strömen); **schleusen:** den Fremden über die Grenze schleusen (heimlich bringen) – er schleuste (lotste) mich durch die Menschenmenge; die **Schleusenkammer;** das **Schleusentor;** der **Schleusenwärter**

Schli·che *Pl.,* die: - (Tricks, Listen); *jemandem auf die Schliche kommen* (ihn durchschauen, überführen)

schlicht: ein schlichtes (bescheidenes) Leben führen – ein schlichtes (einfaches) Kleid tragen – schlichte Worte sagen – das ist schlicht (einfach gesagt) ein Unsinn – schlicht und einfach (ohne Umstände); **schlichten:** einen Streit schlichten (beilegen); der **Schlichter;** die **Schlichterin,** die Schlichterinnen; die **Schlichtheit** (Einfachheit); die **Schlichtung;** der **Schlichtungsversuch; schlichtweg** (ganz einfach gesagt)

Schlick, der: -(e)s, -e (Schlamm, Schwemmland); **schlick(e)rig**

Schlie·re, die: -, -n (schmieriger Streifen); **schlierig** (schleimig, schlüpfrig)

schlie·ßen: du schließt, er schloss, sie hat geschlossen, schließ(e)!; das Buch schließen (zumachen) – er schloss die Türe – er schloss die Fabrik (er stellte den Betrieb ein) – eine Grenze schließen (zumachen) – die Gegner schlossen (vereinbarten) Frieden – jemanden in sein Herz schließen – den Bund fürs Leben schließen (heiraten) – er schloss (beendete) die Versammlung – eine geschlossene (nur für Mitglieder gedachte) Veranstaltung – daraus schließe (folgere) ich, dass...; die **Schließe** (Verschluss, Schnalle); der **Schließer;** die **Schließerin;** das **Schließfach;** der **Schließmuskel;** die **Schließung;** → Schloss, Schluss

schließ·lich: schließlich (letzten Endes) kam er doch – schließlich (im Grunde genommen) bin ich dafür zu alt

Schliff, der: -(e)s, -e; das Glas hat einen schönen Schliff – ihm fehlt jeglicher Schliff (er hat keine Umgangsformen); die **Schlifffläche;** auch: die **Schliff-Fläche;** → schleifen

schlimm: schlimme (arge) Zeiten erleben – eine schlimme (gefährliche) Krankheit – es steht schlimm (schlecht) um ihn – im schlimmsten Fall; aber: man muss das Schlimmste befürchten – er macht sich auf das/aufs Schlimmste gefasst – es wendet sich zum Schlimmen – auf das/aufs Schlimmste zugerichtet werden; auch: auf das/aufs schlimmste – er ist ein ganz Schlimmer; **schlimmstenfalls** (notfalls); aber: im schlimmsten Fall(e)

schlin·gen: du schlingst, er schlang, sie hat geschlungen, schling(e)!; die Arme um die Mutter schlingen (fest um sie legen) – sie schlingt das Essen hinunter (sie isst sehr hastig); die **Schlinge** (Schlaufe, Schleife): *jemandem die Schlinge um den Hals legen* (ihn hart bedrängen); der **Schlingel** (übermütiger, viel Unsinn treibender Junge); der **Schlingensteller; schlingern:** das Schiff schlingert (schwankt hin und her, schaukelt); die **Schlingpflanze** (eine Kletterpflanze)

Schlips, der: -es, -e (Krawatte); *jemandem auf den Schlips treten* (ihn beleidigen)

Schlit·ten, der: -s, - (Rodel); Schlitten fahren (rodeln) – *mit jemandem Schlitten fahren* (ihn hart behandeln); die **Schlittenbahn;** das **Schlittenfahren;** die **Schlittenfahrt;** der

Schlittenhund; schlittern: sie schlittert (rutscht, gleitet) über das Eis – nach und nach schlitterte er in sein Verderben; der **Schlittschuh:** Schlittschuh laufen; das **Schlittschuhlaufen;** der **Schlittschuhläufer;** die **Schlittschuhläuferin,** die ... läuferinnen

Schlitz, der: -es, -e (schmale Öffnung, Spalte, Ritze); **schlitzäugig; schlitzen:** du schlitzt den Saum auf; das **Schlitzohr** (gerissener Bursche, Schelm); **schlitzohrig;** die **Schlitzohrigkeit;** der **Schlitzverschluss,** die ... verschlüsse

schloh·weiß: (schneeweiß); sie hat schlohweißes (ganz weißes) Haar

Schloss, das: -es, Schlösser; in einem großen Schloss (Palast) wohnen – er baute ein neues Schloss (einen Verschluss) in die Türe ein – *hinter Schloss und Riegel* (im Gefängnis) *sitzen*; das **Schlösschen;** der **Schlossgarten,** die ... gärten; der **Schlossherr;** die **Schlossherrin,** die ... herrinnen; der **Schlosshof;** der **Schlosshund** (Kettenhund): heulen wie ein Schlosshund; die **Schlosskapelle;** der **Schlosspark;** → schließen

Schlos·ser, der: -s, - (Handwerker, der Metall verarbeitet); die **Schlosserei;** das **Schlosserhandwerk;** die **Schlosserin,** die Schlosserinnen; **schlossern;** die **Schlosserwerkstatt**

Schlot, der: -(e)s, -e/Schlöte (Schornstein); der **Schlotfeger**

schlot·tern: ihr Kleid schlotterte am Körper (war zu weit, hing schlaff herab) – er schlottert (zittert) vor Kälte; **schlott(e)rig**

Schlucht, die: -, -en (Kluft, Abgrund)

schluch·zen: sie schluchzte (weinte) laut; der **Schluchzer**

schlu·cken: eine Tablette schlucken – er musste viel schlucken (hinnehmen, einstecken) – das Auto schluckt (verbraucht) viel Benzin; der **Schluck:** ein Schluck Wasser – einen kräftigen Schluck nehmen; der **Schluckauf;** die **Schluckbeschwerden** *Pl.*; das **Schlückchen; schlückchenweise;** der **Schlucker** (armer, bedauernswerter Kerl); die **Schluckimpfung;** das **Schlücklein;** der **Schluckspecht** (Trinker); **schluckweise**

schlu·dern: (pfuschen, unachtsam arbeiten); die **Schluderarbeit;** die **Schluderei; schlud(e)rig** (nachlässig); der **Schludrian;** die **Schludrigkeit**

Schlum·mer, der: -s (Halbschlaf); das **Schlummerlied; schlummern;** die **Schlummerstunde;** der **Schlummertrunk**

Schlumpf, der: -(e)s, Schlümpfe (zwergenhafte Comicfigur)

Schlund, der: -(e)s, Schlünde (Schlucht, Rachen)

schlüp·fen: in den Mantel schlüpfen (ihn anziehen) – er schlüpfte (kroch) durch das Loch in den Garten – unter die Bettdecke schlüpfen – das Küken schlüpft aus dem Ei; auch: **schlupfen;** der **Schlüpfer** (Unterhose); die **Schlupfjacke;** das **Schlupfloch,** die ... löcher (Zuflucht); **schlüpfrig:** ein schlüpfriger (glitschiger) Weg – schlüpfrige (zweideutige) Reden führen; die **Schlüpfrigkeit;** der **Schlupfwinkel** (Zufluchtsort)

schlur·fen: mit den Füßen schlurfen (am Boden schleifend, schleppend gehen)

schlür·fen: Tee schlürfen (geräuschvoll trinken)

Schluss, der: -es, Schlüsse; der Schluss (das Ende) des Films – Schluss damit (genug)! – falsche Schlüsse (Folgerungen) ziehen – *mit etwas Schluss machen* (aufhören); der **Schlussakt;** der **Schlussball,** die ... bälle; die **Schlussbemerkung;** die **Schlussbilanz; schlussendlich** (schließlich); die **Schlussfeier; schlussfolgern;** die **Schlussfolgerung; schlüssig:** das ist kein schlüssiger (folgerichtiger, zwingender) Beweis – *sich schlüssig werden* (sich entscheiden); das **Schlusskapitel;** das **Schlusslicht** (Rücklicht, Letzter); der **Schlussmann,** die ... männer/ ... leute (Tormann); der **Schlusspfiff;** die **Schlussphase;** der **Schlusspunkt;** die **Schlussrechnung;** der **Schlusssatz,** die ... sätze; auch: der **Schluss-Satz;** der **Schlussspurt;** auch: der **Schluss-Spurt;** der **Schlussstrich:** auch: der **Schluss-Strich:** *einen Schlussstrich unter etwas ziehen* (etwas als beendet ansehen); der **Schlussverkauf;** das **Schlusswort,** die ... worte, das **Schlusszeichen;** → schließen

Schlüs·sel, der: -s, -; mit dem Schlüssel das Tor aufsperren – das ist der Schlüssel (die Lösung) zu diesem Problem; der **Schlüsselbart;** das **Schlüsselbein;** die **Schlüsselblume;** das **Schlüsselbrett;** der **Schlüsselbund,** die ... bunde; der **Schlüsseldienst; schlüsselfertig:** ein schlüsselfertiges (bezugsfertiges) Haus; die **Schlüsselfigur** (Hauptfigur); die **Schlüsselgewalt;** das **Schlüsselkind**

N O P Q R S

(Kind mit Schlüssel zur elterlichen Wohnung, das nach der Schule unbeaufsichtigt und auf sich gestellt ist); das **Schlüsselloch;** der **Schlüsselring;** die **Schlüsselstellung** (beherrschende Stellung); die **Schlüsselübergabe;** das **Schlüsselwort**

Schmach, die: -; eine Schmach (Schande, Kränkung) erleiden; **schmachbedeckt; schmachbeladen; schmachten** (darben, lechzen); der **Schmachtfetzen** (rührseliges Werk wie Film, Buch, Schlager o. Ä.); **schmachvoll** (erniedrigend, verletzend); → schmähen

schmäch·tig: (dünn, mager); die **Schmächtigkeit**

schmack·haft: ein schmackhaftes (köstliches, gut zubereitetes) Essen – *jemandem etwas schmackhaft machen* (ihm etwas als angenehm erscheinen lassen); die **Schmackhaftigkeit;** → schmecken

schmä·hen: (beleidigen, beschimpfen); **schmählich:** er ließ sie schmählich (schändlich) im Stich; die **Schmährede;** die **Schmähschrift;** die **Schmähung** (Beleidigung); → Schmach

schmal: schmaler/schmäler, am schmalsten/schmälsten; ein schmaler (enger) Weg – er hat ein schmales (geringes) Einkommen – eine schmale (karge) Kost; **schmalbrüstig; schmälern:** ich will dir deine Verdienste nicht schmälern (vermindern); die **Schmälerung** (Kürzung); der **Schmalfilm;** der **Schmalhans:** *da ist Schmalhans Küchenmeister* (es muss sehr gespart werden); die **Schmalheit; schmallippig;** die **Schmalspur; schmalspurig** (engstirnig)

Schmalz, das: -es, -e (ausgelassenes tierisches Fett); das **Schmalzbrot; schmalzen:** Speisen schmalzen – ein geschmalzener (sehr hoher) Preis; das **Schmalzgebäck;** das **Schmalzgebackene; schmalzig:** schmalzige (gefühlvolle, rührselige) Lieder singen; der **Schmalzler** (Schnupftabak)

Schman·kerl, das: -s, -n (Leckerbissen)

schma·rot·zen: (auf Kosten anderer leben); der **Schmarotzer; schmarotzerhaft;** die **Schmarotzerin; schmarotzerisch;** die **Schmarotzerpflanze;** das **Schmarotzertum**

Schmar·ren, der: -s; einen Schmarren (eine Mehlspeise) kochen – er redet einen Schmarren (Unsinn) – das geht dich einen Schmarren (gar nichts) an

schmat·zen: er schmatzt beim Essen (er isst sehr geräuschvoll); der **Schmatz** (Kuss)

schmau·chen: sein Pfeifchen schmauchen (genussvoll rauchen); der **Schmauch** (qualmender Rauch); die **Schmauchspuren** *Pl.* (Reste unverbrannten Pulvers nach einem Schuss)

schmau·sen: (genussvoll essen und trinken); der **Schmaus** (gutes, reichhaltiges Mahl); die **Schmauserei**

schme·cken: das Essen schmeckt gut – deine Ansichten schmecken (gefallen) mir gar nicht – Speisen schmecken (kosten) – *jemanden nicht schmecken* (leiden) *können*

schmei·cheln: dem Vorgesetzten schmeicheln (schöntun) – sie schmeichelt mit ihrer Mutter (ist zärtlich zu ihr) – das Kleid schmeichelt dir (steht dir gut); die **Schmeichelei; schmeichelhaft;** das **Schmeichelkätzchen;** der **Schmeichler** (Heuchler); die **Schmeichlerin; schmeichlerisch**

schmei·ßen: du schmeißt, er schmiss, sie hat geschmissen, schmeiß(e)!; jemanden aus dem Zimmer schmeißen (hinausjagen) – mit Geld um sich schmeißen (es sinnlos ausgeben) – er wird die Sache schon schmeißen (bewältigen) – eine Runde Bier schmeißen (bezahlen); die **Schmeißfliege**

schmel·zen: du schmilzt, er schmolz, sie ist geschmolzen, schmilz!; der Schnee ist in der Sonne geschmolzen (zergangen) – Erz schmelzen (flüssigmachen); der **Schmelz:** der Schmelz (Glasur, Überzug) auf Tonwaren – mit Schmelz (mit Ausdruck in der Stimme) singen; die **Schmelze** (das Schmelzen, Geschmolzenes); das **Schmelzglas;** die **Schmelzhütte;** der **Schmelzkäse;** der **Schmelzofen,** die ...öfen; der **Schmelzpunkt;** der **Schmelztiegel** (Sammelbecken); die **Schmelzung;** das **Schmelzwasser**

Schmer, der/das: -s (tierisches Fett); der **Schmerbauch** (Fettbauch)

Schmerz, der: -es, -en; Schmerzen (Qualen, Leid) ertragen; **schmerzempfindlich;** die **Schmerzempfindlichkeit; schmerzen:** der Fuß schmerzt (tut weh) – ihr Unglück schmerzt mich (macht mich traurig) – das schmerzt (kränkt) mich sehr; das **Schmerzensgeld;** der **Schmerzenslaut; schmerzen(s)reich; schmerzerfüllt; schmerzfrei;** das **Schmerzgefühl;** die **Schmerzgrenze;**

N O P Q R S

schmerzhaft; die **Schmerzhaftigkeit; schmerzlich** (bitterlich); **schmerzlindernd;** aber: den Schmerz lindernd; **schmerzlos;** die **Schmerzlosigkeit;** das **Schmerzmittel; schmerzstillend:** ein schmerzstillendes Mittel nehmen; aber: den Schmerz stillende Mittel; die **Schmerztablette;** die **Schmerztherapie; schmerzunempfindlich; schmerzverzerrt:** ein schmerzverzerrtes Gesicht; **schmerzvoll**

Schmet·ter·ling, der: -s, -e (Falter); der **Schmetterlingsblütler;** das **Schmetterlingsnetz;** die **Schmetterlingssammlung;** der **Schmetterlingsstil** (Schwimmstil)

schmet·tern: ein Glas an die Wand schmettern (mit Wucht schleudern) – den Ball über das Netz schmettern (kräftig schlagen) – ein Lied schmettern (laut singen); der **Schmetterball,** die ...bälle; der **Schmetterschlag,** die ...schläge

schmie·den: eine Kette schmieden – Pläne schmieden (etwas planen) – *man muss das Eisen schmieden, solange es heiß ist – jeder ist seines Glückes Schmied*; der **Schmied;** die **Schmiede;** die **Schmiedearbeit;** das **Schmiedeeisen; schmiedeeisern;** der **Schmiedehammer;** das **Schmiedehandwerk;** die **Schmiedekunst;** die **Schmiedin,** die Schmiedinnen

schmie·gen: das Kind schmiegt sich (lehnt sich fest) an die Mutter – sich in das Kissen schmiegen – das Haus schmiegt sich an den Hang (passt sich an); **schmiegsam** (weich, geschmeidig); die **Schmiegsamkeit**

schmie·ren: Butter auf das Brot schmieren (streichen) – er schmiert (ölt) das verrostete Schloss – einen Beamten schmieren (bestechen) – beim Schreiben schmieren (unordentlich schreiben) – *jemandem ein paar schmieren* (ihn ohrfeigen) – *wie geschmiert* (reibungslos) *gehen – wer gut schmiert, der fährt gut*; der **Schmierblock,** die ...blöcke; der **Schmierdienst;** die **Schmiere:** *Schmiere* (Wache) *stehen*; das **Schmierentheater** (schlechtes Theater); der **Schmierer;** die **Schmiererei;** die **Schmiererin,** die Schmiererinnen; das **Schmierfett;** der **Schmierfink;** das **Schmiergeld** (Bestechungsgeld); das **Schmierheft; schmierig:** ein schmieriges (schmutziges) Buch – eine schmierige (klebrige) Masse – er ist ein schmieriger (ekelhafter) Mensch; das **Schmiermittel;** das **Schmieröl;** die **Schmierseife;** die **Schmierung;** der **Schmierzettel**

Schmin·ke, die: -, -n (Schönheitsmittel, Make-up); **schminken:** sich das Gesicht schminken; der **Schminkstift;** der **Schminktisch**

schmir·geln *ital.*: (schleifen, glätten); der **Schmirgel** (ein Schleifmittel); das **Schmirgelpapier**

schmis·sig: eine schmissige (beschwingte, flotte) Musik; der **Schmiss** (Schwung, Hiebnarbe)

schmö·kern: er schmökert gerne (liest oft in Büchern); der **Schmöker** (dickes, meist anspruchsloses Buch)

schmol·len: (verärgert, beleidigt sein); der **Schmollmund:** einen Schmollmund ziehen; der **Schmollwinkel:** *sich in den Schmollwinkel zurückziehen* (beleidigt sein)

schmo·ren: sie hat das Fleisch geschmort (kurz angebraten und anschließend im eigenen Saft garen lassen); der **Schmorbraten; schmorenlassen:** *jemanden schmorenlassen* (in Ungewissheit lassen); auch: *schmoren lassen;* das **Schmorfleisch;** der **Schmortopf,** die ...töpfe

Schmu, der: -s (leichter Betrug); *Schmu machen* (schummeln, betrügen); das **Schmugeld** (heimlich beiseitegeschafftes Geld)

schmü·cken: sich schmücken (herausputzen) – einen Raum schmücken – *sich mit fremden Federn schmücken* (die Verdienste von anderen als die eigenen ausgeben); **schmuck:** ein schmuckes (sauberes, fesches) Mädchen; der **Schmuck:** kostbaren Schmuck tragen; der **Schmuckkasten,** die ...kästen; der **Schmuckkoffer; schmucklos** (einfach); die **Schmucklosigkeit;** die **Schmucksachen** *Pl.*; der **Schmuckstein;** das **Schmuckstück;** die **Schmückung; schmuckvoll;** die **Schmuckwaren** *Pl.*

schmud·de·lig: (ungepflegt, schmutzig); auch: **schmuddlig;** der **Schmuddel** (Schmutz, Unsauberkeit); die **Schmuddelei;** das **Schmuddelwetter** (nasskaltes, regnerisches Wetter)

schmug·geln: Waren über die Grenze schmuggeln (gesetzwidrig ein- oder ausführen); der **Schmuggel** (Schwarzhandel); die **Schmuggelei;** die **Schmuggelware;** der **Schmuggler;** die **Schmugglerbande;** die

Schmugglerin, die Schmugglerinnen; der **Schmugglerring**

schmun·zeln: (verstohlen lächeln); sie schmunzelte über meine Bemerkung

schmu·sen *hebr.*: (zärtlich sein); der **Schmus** (leeres Gerede, Schmeichelei); die **Schmusekatze;** der **Schmuser;** die **Schmuserei;** die **Schmuserin,** die Schmuserinnen

Schmutz, der: -es; deine Hose starrt vor Schmutz – *jemanden in/durch den Schmutz ziehen* (ihn herabsetzen, verleumden); **schmutzabweisend:** ein schmutzabweisender Stoff; auch: Schmutz abweisend; die **Schmutzbürste; schmutzen:** der Anzug schmutzt sehr leicht; der **Schmutzfänger;** der **Schmutzfink** (unreinlicher Mensch); der **Schmutzfleck; schmutzig:** sich schmutzig machen – eine schmutzige Hose anhaben – schmutzig grau – er führt schmutzige (gemeine, unanständige) Reden; die **Schmutzigkeit;** die **Schmutzliteratur;** die **Schmutzschicht;** die **Schmutzwäsche;** das **Schmutzwasser,** die ... wässer

Schna·bel, der: -s, Schnäbel; die Vögel im Nest reißen ihre Schnäbel weit auf – *reden, wie einem der Schnabel gewachsen ist* (ohne Scheu reden) – *den Schnabel halten* (still sein) – *sich den Schnabel verbrennen* (etwas sagen und sich dabei schaden); das **Schnäbelchen; schnabelförmig; schnäbeln** (küssen); der **Schnabelschuh;** die **Schnabeltasse; schnabulieren** (mit Genuss essen)

Schnack, der: -(e)s, -s/Schnäcke (Unterhaltung, Geschwätz); **schnacken** (schwatzen)

Schna·ke, die: -, -n (Stechmücke); die **Schnakenplage;** der **Schnakenstich**

Schnal·le, die: -, -n (Verschluss, Schließe); **schnallen:** den Rucksack auf den Rücken schnallen (ihn befestigen); der **Schnallenschuh**

schnal·zen: (einen kurzen, knallenden Laut erzeugen); du schnalzt – mit der Zunge schnalzen; der **Schnalzer;** der **Schnalzlaut**

schnap·pen: das Schloss schnappt ein (schließt sich) – er schnappte (rang) nach Luft – er wurde geschnappt (gefasst) – der Hund schnappt (fasst schnell) nach der Wurst; **schnapp!:** schnipp, schnapp!; das **Schnäppchen** (vorteilhafter Kauf); das **Schnappmesser;** das **Schnappschloss,** die ... schlösser; der **Schnappschuss,** die ... schüsse (Momentaufnahme)

Schnaps, der: -es, Schnäpse (Branntwein); die **Schnapsbrennerei;** der **Schnapsbruder** (gewohnheitsmäßiger Trinker); das **Schnäpschen;** die **Schnapsflasche;** die **Schnapsidee** (verrückter Einfall); die **Schnapsnase;** die **Schnapszahl** (aus gleichen Ziffern bestehende Zahl, z.B. 999)

schnar·chen: er schnarcht laut im Schlaf; der **Schnarcher;** die **Schnarcherin,** die Schnarcherinnen

schnar·ren: er hat eine schnarrende (knarrende, durchdringende) Stimme

schnat·tern: Gänse schnattern – schnatternde (unaufhörlich redende) Frauen und Männer; die **Schnattergans,** die ... gänse (schwatzhafte Person); **schnatt(e)rig;** die **Schnatterliese**

schnau·ben: du schnaubst, er schnaubte, sie hat geschnaubt, schnaub(e)! (hörbar atmen); er schnaubte vor Wut (er war sehr erregt)

schnau·fen: (heftig atmen, keuchen); er schnauft schwer; der **Schnaufer:** *den letzten Schnaufer tun* (sterben); das **Schnauferl** (altes Auto); die **Schnaufpause**

Schnau·ze, die: -, -n; halt die Schnauze (den Mund)! – die Schnauze des Hundes – frei nach Schnauze (ohne vorgegebenen Plan) – *die Schnauze von etwas voll haben* (einer Sache überdrüssig sein) – *die Schnauze halten* (still sein) – *eine große Schnauze haben* (prahlen, angeben); der **Schnauzbart,** die ... bärte; **schnauzbärtig; schnauzen** (laut schimpfen); **schnäuzen:** sich die Nase schnäuzen; der **Schnauzer** (Hunderasse, Schnauzbart); das **Schnäuztuch,** die ... tücher (Taschentuch)

Schne·cke, die: -, -n; so langsam wie eine Schnecke gehen – *jemanden zur Schnecke machen* (ihn heftig tadeln); **schneckenförmig;** der **Schneckengang;** das **Schneckengehäuse;** das **Schneckenhaus,** die ... häuser: *sich in sein Schneckenhaus zurückziehen* (sich zurückziehen, andere meiden); die **Schneckenpost;** das **Schneckentempo:** im Schneckentempo (sehr langsam) fahren

Schnee, der: -s; es fällt Schnee – Schnee von gestern (Dinge, die niemanden mehr interessieren); der **Schneeball,** die ... bälle; **schneebedeckt; schneebeladen;** der **Schneebesen**

(Küchengerät); **schneeblind;** das **Schneebrett;** der **Schneebruch;** die **Schneedecke;** die **Schneeeule;** auch: die **Schnee-Eule;** der **Schneefall;** die **Schneeflocke; schneefrei;** das **Schneegestöber; schneeglatt:** eine schneeglatte Fahrbahn; die **Schneeglätte;** das **Schneeglöckchen** (Blume); **schneeig;** die **Schneeketten** *Pl.*; der **Schneekönig:** *sich freuen wie ein Schneekönig* (sich sehr freuen); die **Schneelandschaft;** der **Schneemann,** die ...männer; der **Schneematsch;** der **Schneepflug;** die **Schneeschippe** (Schneeschaufel); die **Schneeschmelze; schneesicher:** ein schneesicheres Gebiet; der **Schneesturm,** die ...stürme; das **Schneetreiben;** die **Schneeverwehung;** die **Schneewechte;** die **Schneewehe; schneeweiß;** das **Schneewittchen** (Märchenfigur); → schneien

schnei·den: du schneidest, er schnitt, sie hat geschnitten, schneid(e)!; Brot schneiden – er lässt sich die Haare schneiden – sich schneiden (verletzen) – jemandem ein Gesicht schneiden (eine Grimasse machen) – die beiden Straßen schneiden (kreuzen) sich – eine Kurve schneiden (nicht ausfahren) – sie wird von ihren Nachbarinnen geschnitten (gemieden) – er trägt einen elegant geschnittenen Mantel – eine schneidende (eisige) Kälte – *sich ins eigene Fleisch schneiden* (sich selbst schaden); der **Schneidbrenner** (Werkzeug zum Zerschneiden von Metall); die **Schneide:** die Schneide des Messers; der **Schneider:** *aus dem Schneider sein* (eine schwierige Situation überwunden haben); die **Schneiderei;** das **Schneiderhandwerk;** die **Schneiderin; schneidern:** er ließ sich einen Anzug schneidern; die **Schneiderwerkstatt,** die ...werkstätten; der **Schneidezahn;** → Schnitt

schnei·dig: ein schneidiger (mutiger, tapferer, forscher) Bursche; der **Schneid:** Schneid (Mut) haben – *jemandem den Schneid abkaufen* (ihn entmutigen); die **Schneidigkeit**

schnei·en: es hat den ganzen Tag geschneit – plötzlich kam er hereingeschneit (er kam unangemeldet); → Schnee

Schnei·se, die: -, -n; eine Schneise (baumloser Streifen) im Wald

schnell: er ist sehr schnell (geschwind) gelaufen – schnell (rasch) kommen – der schnelle Brüter (ein Kernreaktor); auch: der Schnelle Brüter – *schnell machen* (sich beeilen); aber: auf die Schnelle (schnell, rasch); die **Schnellbahn** (S-Bahn); das **Schnellboot;** der **Schnelldienst; schnellen:** das Fieber schnellte (stieg sehr rasch) in die Höhe – der Pfeil schnellte (schoss) durch die Luft; das **Schnellfeuer; schnellfüßig;** das **Schnellgericht;** der **Schnellhefter** (Mappe); die **Schnelligkeit;** der **Schnellimbiss;** die **Schnellkraft;** der **Schnelllaster** (schnell fahrender LKW); auch: der **Schnell-Laster; schnelllebig;** die **Schnelllebigkeit;** die **Schnellreinigung;** der **Schnellschuss,** die ...schüsse; **schnellstens** (unverzüglich); **schnellstmöglich** (möglichst schnell); die **Schnellstraße;** das **Schnellverfahren;** der **Schnellverkehr;** der **Schnellzug**

Schnel·le, die: -, -n (Stromschnelle)

Schnep·fe, die: -, -n (ein Vogel); die **Schnepfenjagd;** der **Schnepfenvogel**

schnet·zeln: (zerkleinern, fein zerschneiden); geschnetzeltes Fleisch

Schnick·schnack, der: -(e)s (Unsinn; hübsches, aber wertloses Zeug; Geschwätz)

schnie·fen: (hörbar durch die Nase atmen)

schnie·geln, sich: sich schniegeln (sich herausputzen) – geschniegelt und gebügelt (fein herausgeputzt)

schnie·ke: (elegant, fein)

schnip·peln: (in kleine Stücke schneiden); der/das **Schnippel** (kleines abgeschnittenes Stück, Fetzen); das **Schnippelchen;** die **Schnippelei**

schnip·pen: mit den Fingern schnippen (schnalzen); auch: **schnipsen;** das **Schnippchen:** *jemandem ein Schnippchen schlagen* (einen Streich spielen); **schnippisch:** ein schnippisches (freches, keckes) Mädchen

schnip·seln: (in kleine Stücke schneiden); der/das **Schnipsel;** die **Schnipselei**

Schnitt, der: -(e)s, -e; er hatte einen tiefen Schnitt (eine Schnittwunde) im Fuß – der Schnitt (die Ernte) des Getreides – im Schnitt (durchschnittlich) – der Schnitt (die Form) eines Kleides – der goldene Schnitt; auch: der Goldene Schnitt – *einen guten Schnitt machen* (gut verdienen, profitieren); die **Schnittblume;** das **Schnittbrot;** die **Schnitte** (Brotscheibe); der **Schnitter** (Mäher); die **Schnitterin; schnittfest;** die **Schnittfläche;** das **Schnittholz; schnittig:** ein schnittiges (sportliches) Auto; der **Schnittlauch**

(ein Zwiebelgewächs); die **Schnittmenge;** das **Schnittmuster;** der **Schnittpunkt** (Kreuzungspunkt); **schnittreif;** die **Schnittstelle;** die **Schnittware** (Stoffe, die in gewünschter Länge verkauft werden); die **Schnittwunde;** → schneiden

schnit·zen: du schnitzt – Figuren schnitzen (aus Holz oder Elfenbein schneiden); die **Schnitzarbeit;** das **Schnitzel** (abgeschnittenes Stückchen, gebratene Scheibe vom Schwein oder Kalb): ein Wiener Schnitzel; die **Schnitzeljagd; schnitzeln** (zerkleinern); der **Schnitzer:** er leistete sich einen groben Schnitzer (Fehler); die **Schnitzerei;** das **Schnitzmesser;** das **Schnitzwerk**

schnod·de·rig: eine schnodderige (freche, unverschämte) Bemerkung; auch: **schnoddrig;** die **Schnodd(e)rigkeit**

schnö·de: jemanden schnöde (verächtlich) behandeln – einen schnöden (verachtenswerten) Gewinn machen; auch: **schnöd;** die **Schnödigkeit**

Schnor·chel, der: -s, - (ein Tauchgerät); **schnorcheln** (mit dem Schnorchel tauchen)

Schnör·kel, der: -s, - (Verzierung); die **Schnörkelei; schnörkelhaft; schnörk(e)lig;** die **Schnörkelschrift**

schnor·ren: (auf Kosten anderer leben, betteln); der **Schnorrer;** die **Schnorrerei;** die **Schnorrerin,** die Schnorrerinnen

Schnö·sel, der: -s, - (frecher Junge); **schnöselig**

Schnu·cke, die: -, -n (ein Schaf, Heidschnucke); das **Schnuckelchen; schnuck(e)lig** (lieb, zierlich); der **Schnuckiputz**

schnüf·feln: der Hund schnüffelt (schnuppert) an der Türe – in fremden Sachen schnüffeln (herumsuchen) – er schnüffelt heimlich (inhaliert die Dämpfe von berauschenden Stoffen); die **Schnüffelei;** der **Schnüffler** (Detektiv, Spion); die **Schnüfflerin,** die Schnüfflerinnen

schnul·len: am Daumen schnullen (saugen, lutschen); der **Schnuller** (Gummisauger für Babys)

Schnul·ze, die: -, -n (rührseliges, kitschiges Kino-, Fernseh-, Musik- oder Theaterstück); der **Schnulzensänger;** die **Schnulzensängerin; schnulzig**

schnup·fen: er schnupft (nimmt Schnupftabak) – Kokain schnupfen (durch Einatmen in die Nasenlöcher zu sich nehmen); der **Schnupfen** (Erkältung, Katarrh); der **Schnupfer;** die **Schnupferin,** die Schnupferinnen; der **Schnupftabak;** das **Schnupftuch**

schnup·pe: das ist mir schnuppe (gleichgültig)

schnup·pern: (stoßweise durch die Nase atmen); sie schnupperte (roch) an dem Käse; die **Schnupperlehre** (Lehre auf Probe vor der Berufsentscheidung)

Schnur, die: -, Schnüre/Schnuren (Bindfaden, Kordel); *über die Schnur hauen* (übermütig sein); das **Schnürchen:** *wie am Schnürchen* (mühelos) *gehen*; **schnüren:** ein Paket schnüren – er schnürte seine Wanderschuhe – die Angst schnürt ihm die Kehle zu – der Riemen schnürte (drückte) sich tief ins Fleisch; **schnurgerade;** das **Schnürleibchen;** der **Schnürriemen;** der **Schnürschuh;** der **Schnürsenkel** (Schuhriemen); der **Schnürstiefel; schnurstracks** (direkt, ohne Umwege); die **Schnürung**

schnur·ren: (ein leises, summendes Geräusch von sich geben); wie eine Katze schnurren; der **Schnurrbart,** die ...bärte (Bart auf der Oberlippe); **schnurrbärtig;** die **Schnurre** (Erzählung von einer spaßigen Begebenheit); das **Schnurrhaar; schnurrig:** schnurrige (lustige) Geschichten erzählen

schnurz: das ist mir schnurz (egal, gleichgültig); auch: **schnurzpiepe; schnurzpiepegal**

Schnu·te, die: -, -n (Mund mit vorgeschobenen Lippen); er macht eine Schnute (verzieht enttäuscht, beleidigt das Gesicht)

Scho·ber, der: -s, - (Heu-, Strohhaufen)

Schock, das: -(e)s, -e (altes Zählmaß); ein Schock Eier (60 Stück)

Schock *engl.*, der: -(e)s, -e/-s; einen Schock (eine plötzliche seelische Erschütterung) erleiden; **schocken** (in starken Schrecken versetzen): nach dem Unfall war er völlig geschockt; der **Schocker** (Schauerroman, -film); die **Schockfarbe; schockgefroren; schockieren** (Bestürzung hervorrufen, Anstoß erregen); **schocking** (anstößig, peinlich); auch: **shocking;** die **Schocktherapie;** der **Schockzustand,** die ...zustände

scho·fel *hebr.*: (schäbig, gemein) auch: **schof(e)lig:** eine schofelige Person

Schöf·fe, der: -n, -n (ehrenamtlicher Laienrichter); das **Schöffengericht** (Gericht, in dem Schöffen mitwirken); die **Schöffin,** die Schöffinnen

Scho·ko·la·de *mexik.*, die: -, -n (Süßigkeit aus Kakao, Milch und Zucker); auch: die **Scho·ko; schokoladen** (aus Schokolade); **schokolade(n)braun;** das **Schokolade(n)eis; schokolade(n)farben;** auch: **schokolade(n)farbig;** der **Schokolade(n)guss;** der **Schokolade(n)pudding;** die **Schokolade(n)seite** (Seite, die am vorteilhaftesten aussieht); die **Schokolade(n)torte;** der **Schokoriegel**

Schol·le, die: -, -n (Heimaterde, Erdklumpen, großes Eisstück)

Schol·le, die: -, -n (ein Seefisch)

schon: ich war schon (bereits) früher hier – schon (allein) ein Blick genügt – es wird schon (bestimmt) klappen – wenn du nur schon (endlich) da wärst! – das ist schon (ohnehin) billig genug – was macht das schon; **...schon:** obschon – wennschon – wennschon, dennschon

schön: schön sein – eine schöne Figur haben – schön werden – das Wetter wird schön – das war eine schöne (herrliche) Zeit – das ist eine schöne (beträchtliche) Summe – er ist ganz schön (ziemlich) frech – das ist aber eine schöne Bescherung! – das wäre ja noch schöner!; aber: sie ist die Schönste von allen – nichts Schöneres – das Schöne und das Gute – da hast du aber etwas Schönes angerichtet! – auf das/aufs Schönste übereinstimmen; auch: auf das/aufs schönste; die **Schöne** (schönes Mädchen, schöne Frau); **schönen** (verbessern, zu schön darstellen); **schönfärben** (günstig darstellen); aber: das Tuch sehr schön färben; die **Schönfärberei; schöngeistig:** schöngeistige Literatur; die **Schönheit;** die **Schönheitspflege;** der **Schönling** (sehr gepflegter, gut aussehender Mann); **schönmachen:** sich schönmachen; auch: sich schön machen; aber nur: der Hund kann schönmachen; **schönreden** (beschönigen); aber: schön (wirkungsvoll) reden; **schönschreiben** (in Schönschrift schreiben); aber: schön (gut leserlich) schreiben; das **Schönschreiben;** die **Schönschrift;** die **Schöntuerei; schöntun** (schmeicheln); die **Schönwetterlage**

scho·nen: er schont seine Augen – seinen neuen Anzug schonen (nicht strapazieren) – *sich schonen* (auf seine Gesundheit achten, Anstrengungen vermeiden); **schonend;** der **Schoner** (Schutzdecke, Überzug); die **Schonfrist;** der **Schongang,** die ...gänge; die **Schonkost** (Diät); die **Schonung:** die Gefangenen baten um Schonung (um ihr Leben) – auf der Schonung (Stelle im Wald mit jungem Baumbestand) stehen Rehe; **schonungsbedürftig; schonungslos; schonungsvoll;** der **Schonwaschgang;** die **Schonzeit** (Jagdverbot)

Scho·ner, der: -s, - (mehrmastiges Segelschiff)

Schopf, der: -(e)s, Schöpfe (Haarbüschel); *eine Gelegenheit beim Schopfe fassen* (entschlossen nützen)

schöp·fen: frische Luft schöpfen (atmen) – mit der hohlen Hand Wasser aus dem Bach schöpfen – er schöpfte Verdacht – *aus dem Vollen schöpfen* (auf reichlich vorhandene Mittel zurückgreifen können); der **Schöpfeimer;** der **Schöpfer;** auch: die **Schöpfkelle;** das **Schöpfgefäß;** der **Schöpflöffel**

Schöp·fung, die: -; die Schöpfung (Erschaffung) der Erde; der **Schöpfer** (Urheber, Gott); die **Schöpferin,** die Schöpferinnen; **schöpferisch** (fantasievoll, erfinderisch); die **Schöpfungsgeschichte** (Bericht über die Schöpfung in der Bibel)

Schop·pen, der: -s, - (altes Flüssigkeitsmaß); ein Schoppen Wein; das **Schöppchen; schoppenweise**

Schorf, der: -(e)s, -e (Kruste auf einer Wunde, Hautkrankheit); **schorfig**

Schor·le, die: -, -n (Getränk aus Wein bzw. Apfelsaft und Mineralwasser)

Schorn·stein, der: -s, -e (Schlot, Kamin); *etwas in den Schornstein schreiben* (etwas als verloren ansehen); der **Schornsteinfeger;** die **Schornsteinfegerin,** die ...fegerinnen

Scho·se *franz.*, die: -, -n (Angelegenheit, Sache); auch: die **Chose**

Schoß, der: -es, Schöße; das Kind sitzt auf dem Schoß der Mutter – er kehrte in den Schoß (Schutz) der Familie zurück – *die Hände in den Schoß legen* (untätig sein); der **Schoßhund;** das **Schoßkind**

Schöss·ling, der: -s, -e (junger Trieb einer Pflanze); **auch:** der **Schoss**

Scho·te, die: -, -n (längliche Kapselfrucht, Hülse); die **Schotenfrucht,** die ...früchte

Schott, das: -(e)s, -en/-e (feuerfeste und wasserdichte Wand in einem Schiff)

Schot·ter, der: -s, - (Geröllablagerung, zerkleinerte Steine); die **Schotterdecke; schottern;** die **Schotterung;** der **Schotterweg**

schraf·fie·ren: eine Zeichnung schraffieren (parallel stricheln); die **Schraffierung** (Strichelung); die **Schraffur** (Striche, die eine Fläche hervorheben)

schräg: eine schräge (geneigte, schiefe) Wand – schräg gegenüber – schräg liegen/stehen – etwas schräg halten – jemanden schräg (prüfend) ansehen; die **Schräge; schrägen** (schräg abkanten); die **Schrägheit;** die **Schräglage; schräglaufend:** schräglaufende Linien; auch: schräg laufend; die **Schrägschrift;** der **Schrägstrich; schrägstellen;** auch: schräg stellen; die **Schrägung**

Schram·me, die: -, -n (Riss, Kratzer, leichte Verletzung); **schrammen; schrammig**

Schrank, der: -(e)s, Schränke (ein Möbelstück); die Kleider in den Schrank hängen; das **Schrankbett;** das **Schränkchen;** das **Schrankfach;** der **Schrankkoffer;** die **Schrankwand**

Schran·ke, die: -, -n (Schlagbaum, Sperre, Hindernis); die Schranke geht hoch – *etwas in Schranken halten* (etwas begrenzen) – *jemanden in seine Schranken weisen* (ihn zur Mäßigung auffordern); **schrankenlos;** die **Schrankenlosigkeit;** der **Schrankenwärter**

schrän·ken: er schränkt die Arme über die Brust – eine Säge schränken (die Zähne abwechselnd links und rechts abbiegen)

schrau·ben: etwas an die Wand schrauben – er schraubt (setzt) seine Ansprüche immer höher – sie spricht geschraubt (geziert); das **Schräubchen;** die **Schraube:** *bei dir ist eine Schraube locker* (du bist nicht recht bei Verstand) – *die Schraube überdrehen* (zu weit gehen); die **Schraubenmutter,** die ...muttern; der **Schraubenschlüssel;** der **Schraubenzieher;** der **Schraubstock,** die ... stöcke; der **Schraubverschluss,** die ... verschlüsse; die **Schraubzwinge**

Schre·ber·gar·ten, der: -s, ... gärten (Kleingarten am Ortsrand); der **Schrebergärtner;** die **Schrebergärtnerin,** die ... gärtnerinnen

schre·cken: du schrickst, er schrak/schreckte, sie ist erschrocken/erschreckt, schreck(e)!; er hat ihn geschreckt (ihm einen Schreck versetzt); der **Schreck** (Angst, Furcht): er bekam einen tüchtigen Schreck; das **Schreckbild;** der **Schrecken:** sie kam noch einmal mit einem Schrecken davon – die Schrecken (schlimmen Geschehnisse) des Krieges; **schreckenerregend;** auch: Schrecken erregend; **schreckensblass; schreckensbleich;** die **Schreckensbotschaft; Schreckensherrschaft;** die **Schreckensnachricht;** die **Schreckenstat;** die **Schreckenszeit;** das **Schreckgespenst** (Schreckgestalt); **schreckhaft** (ängstlich); die **Schreckhaftigkeit; schrecklich:** der Anblick war schrecklich (fürchterlich) – ein schreckliches (schlimmes) Unwetter – das ist mir schrecklich (sehr) peinlich; aber: auf das/aufs Schrecklichste zugerichtet sein; auch: auf das/aufs schrecklichste – auf das/aufs Schrecklichste gefasst sein; die **Schrecklichkeit;** die **Schreckschraube** (unbeliebte, ältere Frau); die **Schreckschusspistole**

Schred·der, der: -s, - (Zerhacker, Reißwolf); auch: der **Shredder**

schrei·ben: du schreibst, er schrieb, sie hat geschrieben, schreib(e)!; sie schrieb mir einen Brief – wir schreiben das Jahr 2005 – er schreibt an einem Roman – sage und schreibe (tatsächlich) – *sich etwas hinter die Ohren schreiben* (sich etwas gut merken); der **Schreibblock,** die ... blöcke; das **Schreibbüro;** das **Schreiben** (schriftliche Mitteilung); der **Schreiber;** die **Schreiberei;** die **Schreiberin,** die Schreiberinnen; der **Schreiberling; schreibfaul;** die **Schreibfeder;** der **Schreibfehler; schreibgewandt;** das **Schreibheft;** die **Schreibkraft,** die ... kräfte; die **Schreibmappe;** die **Schreibmaschine;** das **Schreibpapier;** das **Schreibpult;** die **Schreibschrift;** der **Schreibtisch;** die **Schreibübung;** die **Schreibung;** die **Schreibwaren** *Pl.*; die **Schreibweise;** das **Schreibzeug;** der **Schrieb** (Schreiben, Schriftstück); → Schrift

schrei·en: du schreist, er schrie, sie hat geschrien, schrei(e)!; die Kinder schreien (lärmen, johlen) auf der Straße – schreien wie am Spieß (sehr laut schreien) – sie schrie vor Angst – schrei nicht so! – diese Tat schreit (verlangt) nach Vergeltung; aber: es ist zum Schreien (sehr lustig, komisch); der **Schrei:** einen lauten Schrei ausstoßen – sie ist stets nach dem letzten Schrei (der neuesten Mode) gekleidet; **schreiend:** schreiende (knallige, grelle) Farben; der **Schreier;** auch: der **Schreihals,** die ... hälse; die **Schreierei;** die **Schreierin,** die Schreierinnen; der **Schreikrampf,** die ... krämpfe

schrei·nern: einen Tisch schreinern; der **Schrein** (Schrank, Sarg); der **Schreiner** (Tischler); die **Schreinerei;** die **Schreinerin,** die Schreinerinnen

schrei·ten: du schreitest, er schritt, sie ist geschritten, schreit(e)! (langsam, feierlich, gemessenen Schrittes gehen); → Schritt

Schrift, die: -, -en; deine Schrift hat sich gebessert – sie spricht nach der Schrift (hochdeutsch) – die Heilige Schrift (Bibel); die **Schriftart;** das **Schriftbild;** das **Schriftdeutsch;** der **Schriftführer;** die **Schriftführerin,** die ...führerinnen; der **Schriftgelehrte; schriftlich:** jemandem etwas schriftlich geben – eine schriftliche Prüfung; aber: etwas Schriftliches in Händen haben; die **Schriftsprache** (Hochdeutsch); der **Schriftsteller;** die **Schriftstellerin,** die ...stellerinnen; **schriftstellerisch;** das **Schriftstück** (Schreiben); das **Schrifttum** (Literatur); der **Schriftverkehr;** der **Schriftwechsel;** das **Schriftzeichen;** die **Schriftzüge** *Pl.* (Handschrift eines Menschen); → schreiben

schrill: ein schriller (durchdringender) Ton; **schrillen:** das Telefon schrillte

Schrimp *engl.,* der: -s, -s (kleine Krabbe); auch: der **Shrimp**

Schritt, der: -(e)s, -e; er macht große Schritte – auf Schritt und Tritt (überall, ständig) – Schritt für Schritt (allmählich) – Schritt (sehr langsam) fahren – *den ersten Schritt tun* (mit etwas als Erster beginnen) – *mit jemandem Schritt halten* (das gleiche Tempo halten) – *Schritte gegen jemanden unternehmen* (Maßnahmen gegen ihn ergreifen); die **Schrittlänge;** der **Schrittmacher;** das **Schritttempo;** auch: das **Schritt-Tempo; schrittweise** (allmählich); → schreiten

schroff: schroffer, am schroffsten; ein schroffer (steil aufragender) Felsen – sie ist eine schroffe (abweisende) Person – ein schroffer (plötzlicher) Übergang; die **Schroffheit**

schröp·fen: (zur Ader lassen, Geld abnehmen)

Schrot, das/der: -(e)s, -e (Bleikügelchen, gemahlene Getreidekörner); ein Mann von echtem Schrot und Korn (ein richtiger, tüchtiger Mann); das **Schrotbrot; schroten** (grob mahlen); die **Schrotflinte;** die **Schrotkugel;** die **Schrotladung;** die **Schrotpatrone;** der **Schrotschuss,** die ...schüsse

Schrott, der: -(e)s, -e (Alteisen, Metallabfälle); *etwas zu Schrott fahren* (so beschädigen, dass es verschrottet werden muss); der **Schrotthändler;** der **Schrotthaufen;** die **Schrottpresse; schrottreif;** der **Schrottwert**

schrub·ben: die Matrosen schrubben (scheuern) das Schiffsdeck – den Rücken schrubben (kräftig reiben) # schruppen; der **Schrubber**

Schrul·le, die: -, -n; Schrullen (verrückte Ideen, seltsame Einfälle) im Kopf haben; **schrullenhaft; schrullig:** er ist ein schrulliger (eigensinniger, wunderlicher) alter Mann; die **Schrulligkeit**

schrum·pe·lig: eine schrumpelige (faltige, runzlige) Haut; auch: **schrumplig; schrumpeln** (schrumpfen)

schrump·fen: der Pullover ist beim Waschen geschrumpft (hat sich zusammengezogen) – die Ersparnisse sind geschrumpft (kleiner geworden); der **Schrumpfkopf,** die ...köpfe; die **Schrumpfniere;** die **Schrumpfung**

Schrun·de, die: -, -n (Spalte, Riss); **schrundig:** schrundige (rissige, raue) Hände

schrup·pen: ein Werkstück schruppen (grob hobeln oder feilen) # schrubben; die **Schruppfeile;** der **Schrupphobel**

Schub, der: -(e)s, Schübe (Stoß); der **Schuber** (Schutzkarton für Bücher); das **Schubfach;** die **Schubkarre;** auch: der **Schubkarren;** die **Schubkraft,** die ...kräfte; die **Schublade;** die **Schublehre** (Messwerkzeug); der **Schubs:** er gab dem Nachbarn einen Schubs (einen leichten Stoß); auch: der **Schups; schubsen:** er schubste ihn zur Seite; auch: **schupsen;** die **Schubserei; schubweise** (in kleinen Gruppen, in Schüben)

schüch·tern: ein schüchterner (zurückhaltender, gehemmter) Junge – einen schüchternen (zaghaften) Versuch unternehmen; die **Schüchternheit**

Schuft, der: -(e)s, -e (niederträchtiger Mensch); **schuftig** (gemein); die **Schuftigkeit**

schuf·ten: er schuftet (arbeitet hart) den ganzen Tag; die **Schufterei**

Schuh, der: -(e)s, -e; neue Schuhe tragen – *jemandem etwas in die Schuhe schieben* (ihm die Schuld an etwas geben) – *wissen, wo jemanden der Schuh drückt* (seine Nöte, Sorgen kennen); das **Schuhband,** die ...bänder; die **Schuhbürste;** das **Schühchen;** die **Schuhcreme;** auch: die ...**krem(e);**

die **Schuhfabrik;** das **Schuhgeschäft;** der **Schuhkarton;** der **Schuhladen,** die ...läden; der **Schuhlöffel;** der **Schuhmacher** (Schuster); die **Schuhmacherin,** die ...macherinnen; die **Schuhnummer;** der **Schuhplattler** (ein Volkstanz); der **Schuhriemen;** die **Schuhsohle;** das **Schuhwerk;** die **Schuhwichse;** das **Schuhzeug**

Schu·ko·ste·cker, der: -s, - (elektrischer Schutzkontaktstecker)

Schuld, die: -, -en; er hat die Schuld an der Niederlage (er ist verantwortlich dafür) – eine schwere Schuld (Verfehlung) auf sich geladen haben – Schuld tragen – es ist nicht meine Schuld – sich keiner Schuld bewusst sein – Schuld geben – er ließ sich nichts zu Schulden kommen; auch: zuschulden; **schuld:** schuld sein / werden – sie sind schuld daran; das **Schuldbekenntnis,** die ...bekenntnisse; **schuldbeladen; schuldbewusst** (reuig, beschämt); aber: er ist sich seiner Schuld bewusst; das **Schuldbewusstsein; schulden:** er schuldet mir noch viel Geld – ich schulde ihm Dank; die **Schulden** *Pl.*: er hat große Schulden – *mehr Schulden als Haare auf dem Kopf haben* (sehr verschuldet sein) – *tief in Schulden stecken* (große Schulden haben); **schuldenfrei** (ohne Schulden); aber: sie ist von allen Schulden frei; die **Schuldenlast;** die **Schuldfrage; schuldfrei** (ohne Schuld); das **Schuldgefühl; schuldhaft:** ein schuldhaftes (vorsätzlich gesetzwidriges) Verhalten; **schuldig:** für schuldig erklären – er ist schuldig an diesem Unglück (verantwortlich dafür) – er ist mir noch Geld schuldig; der/die **Schuldige;** die **Schuldigkeit:** *seine Schuldigkeit tun* (tun, wozu man verpflichtet ist); **schuldigsprechen:** jemanden schuldigsprechen; auch: schuldig sprechen; **schuldlos** (unschuldig); die **Schuldlosigkeit;** der **Schuldner;** die **Schuldnerin,** die Schuldnerinnen; der **Schuldschein;** der **Schuldspruch** (Verurteilung); **schuldvoll;** der **Schuldzins;** die **Schuldzuweisung**

Schu·le *lat.*, die: -, -n; die Schule (der Unterricht) ist ausgefallen – eine neue Schule (Schulhaus) wird gebaut – dieses Beispiel machte Schule (wurde häufig nachgeahmt) – *aus der Schule plaudern* (interne Angelegenheiten anderen mitteilen, Geheimnisse ausplaudern); der **Schulabgänger;** die **Schulabgängerin,** die ...abgängerinnen; der **Schulabschluss,** die ...abschlüsse; der **Schulanfänger;** die **Schulanfängerin,** die ...anfängerinnen; der **Schulatlas,** die ...atlanten; die **Schulaufgabe;** die **Schulbank:** *die Schulbank drücken* (zur Schule gehen); der **Schulbeginn;** die **Schulbehörde;** die **Schulbildung;** das **Schulbuch,** die ...bücher; der **Schulbus,** die ...busse; der **Schulchor,** die ...chöre; **schulen:** er schult (trainiert) sein Gedächtnis – die neuen Mitarbeiter schulen (ausbilden); die **Schulentlassung;** der **Schüler;** die **Schülerin,** die Schülerinnen; der **Schülerlotse;** die **Schülermitverwaltung** ⟨SMV⟩; die **Schülerschaft;** die **Schülerzeitung;** die **Schulferien** *Pl.*; **schulfrei;** der **Schulfunk;** das **Schulgebäude;** das **Schulheft;** der **Schulhof,** die ...höfe; **schulisch:** seine schulischen Leistungen haben sich gebessert; das **Schuljahr;** die **Schuljugend;** der **Schulkamerad;** die **Schulkameradin,** die ...kameradinnen; die **Schulkenntnisse** *Pl.*; das **Schulkind;** die **Schulklasse;** das **Schullandheim;** der **Schullehrer;** die **Schullehrerin,** die ...lehrerinnen; der **Schulleiter;** die **Schulleiterin,** die ...leiterinnen; **schulmeistern;** die **Schulordnung;** die **Schulpflicht; schulpflichtig;** der **Schulranzen;** der **Schulrat,** die ... räte; die **Schulreform;** die **Schulreife;** der **Schulschluss;** das **Schulsparen;** der **Schulsprecher;** die **Schulsprecherin,** die ...sprecherinnen; der **Schulstress;** die **Schulstufe;** die **Schulstunde;** die **Schultüte;** die **Schulung;** das **Schulungszentrum,** die ...zentren; der **Schulwechsel;** der **Schulweg;** das **Schulwesen;** das **Schulzeugnis,** die ...zeugnisse

Schul·ter, die: -, -n; jemandem auf die Schulter klopfen – Schulter an Schulter (dicht gedrängt) – *jemandem die kalte Schulter zeigen* (ihn abweisen, nicht beachten) – *etwas auf die leichte Schulter* (nicht ernst genug) *nehmen* – *jemanden über die Schulter ansehen* (auf ihn herabsehen); das **Schulterblatt,** die ...blätter; das **Schultergelenk;** die **Schulterklappe; schulterlang; schultern:** das Gewehr schultern; der **Schulterschluss** (Zusammenhalt); das **Schulterzucken**

schum·meln: (schwindeln, betrügen); die **Schummelei;** der **Schummler;** die **Schumm-**

N O P Q R S

lerin, die Schummlerinnen

schum·me·rig: (dämmrig, dunkel); auch: **schummrig; schummern** (dämmern); die **Schummerstunde** (Dämmerstunde)

Schund, der: -(e)s (Wertloses, Ramsch); das **Schundblatt,** die ...blätter; das **Schundheft; schundig** (wertlos, minderwertig); die **Schundliteratur;** der **Schundroman**

schun·keln: (sich hin und her wiegen, schaukeln); das **Schunkellied;** der **Schunkelwalzer**

Schu·po, der: -s, -s (Schutzpolizist); die **Schupo** (Schutzpolizei)

Schup·pe, die: -, -n (Plättchen der Haut); die Schuppen des Fisches – *jemandem fällt es wie Schuppen von den Augen* (er erkennt plötzlich den wahren Sachverhalt); **schuppen:** die Haut schuppt sich (löst sich ab) – der Fisch wird geschuppt; die **Schuppenflechte** (eine Hautkrankheit); der **Schuppenpanzer;** das **Schuppentier; schuppig**

Schup·pen, der: -s, - (einfacher Holzbau für Wagen und Geräte); die Gartengeräte stehen im Schuppen

Schups, der: -es, -e; auch: der **Schubs; schupsen;** auch: **schubsen**

Schur, die: -, -en (das Scheren der Schafe); die **Schurwolle; schurwollen;** → scheren

schü·ren: Feuer schüren (entfachen) – er schürte den Hass gegen uns; das **Schüreisen;** der **Schürhaken**

schür·fen: er schürfte (verletzte) sich das Knie – nach Gold schürfen (graben, suchen); das **Schürfrecht;** die **Schürfung;** die **Schürfwunde**

schu·ri·geln: (quälen, schikanieren); die **Schurigelei**

Schur·ke, der: -n, -n (Gauner, Schuft, Verbrecher); der **Schurkenstreich;** die **Schurkerei;** die **Schurkin,** die Schurkinnen; **schurkisch** (gemein)

Schurz, der: -es, -e (um die Hüfte gebundenes Kleidungsstück); beim Arbeiten trägt er einen Schurz; die **Schürze** (die Vorderseite des Körpers bedeckendes, schützendes Kleidungsstück); **schürzen:** du schürzt – den Rock schürzen (hochbinden) – verächtlich die Lippen schürzen; der **Schürzenjäger** (Frauenheld); das **Schurzfell**

Schuss, der: -es, Schüsse; der Schuss aus einem Gewehr – der Schuss ging ins Tor – ein Schuss (ein wenig) Rum – weitab vom Schuss (weit weg) – *etwas in Schuss* (in guter Ordnung) *halten* – *keinen Schuss Pulver wert sein* (nichts taugen) – *weit vom Schuss* (in Sicherheit, weit weg) *sein* – *jemandem einen Schuss vor den Bug geben* (ihn eindringlich warnen); das **Schussbein; schussbereit;** die **Schussfahrt** (ungebremste Abfahrt); das **Schussfeld; schussfest;** die **Schusslinie:** *in die Schusslinie geraten* (Angriffen ausgesetzt sein); die **Schussrichtung; schusssicher;** die **Schussverletzung;** die **Schusswaffe;** der **Schusswechsel;** die **Schusswunde;** → schießen

Schüs·sel, die: -, -n (ein Gefäß); eine Schüssel voll Äpfel; **schüsselförmig**

Schus·ser, der: -s, - (Murmel, Spielkugel); **schussern**

schuss·lig: (nervös, fahrig, übereilt); auch: **schusselig;** der **Schussel** (gedankenloser, unkonzentrierter Mensch); **schusseln** (fahrig, unkonzentriert arbeiten)

Schus·ter, der: -s, - (Schuhmacher); auf Schusters Rappen (zu Fuß) – *Schuster, bleib bei deinen Leisten*!; der **Schusterjunge; schustern;** die **Schusterwerkstatt,** die ...werkstätten

Schutt, der: -(e)s (Geröll, Abfall, Baurückstände); Schutt abladen – *etwas in Schutt und Asche legen* (völlig zerstören); der **Schuttabladeplatz;** die **Schutthalde;** der **Schutthaufen;** der **Schuttplatz,** die ...plätze

schüt·teln: (rütteln, hin und her bewegen); den Kopf schütteln – jemandem die Hand schütteln – Äpfel von den Bäumen schütteln – er schüttelte sich vor Lachen; die **Schütte** (kleine Schublade zum Schütten, Bündel); der **Schüttelfrost;** die **Schüttellähmung;** der **Schüttelreim**

schüt·ten: Milch in die Kanne schütten (eingießen) – es schüttet (regnet in Strömen) heute schon den ganzen Tag; das **Schüttstroh;** die **Schüttung**

schüt·ter: schüttere (spärliche, lichte) Haare haben – sie sprach mit schütterer (schwacher) Stimme

Schüt·ze, der: -n, -n; er ist ein sicherer Schütze; das **Schützenfest;** der **Schützengraben,** die ...gräben; die **Schützenhilfe;** der **Schützenkönig;** die **Schützenkönigin,**

die … königinnen; der **Schützenpanzer;** der **Schützenverein;** die **Schützin**

schụ̈t·zen: du schützt – er schützt sich vor/gegen Kälte – eine Landschaft schützen (unter Naturschutz stellen); der **Schutz:** Schutz vor dem Gewitter suchen – *jemanden in Schutz nehmen* (ihn verteidigen); der **Schutzanstrich;** der **Schutzanzug,** die … anzüge; **schutzbedürftig;** der/die **Schutzbefohlene;** das **Schutzblech;** die **Schutzbrille;** das **Schutzbündnis,** die … bündnisse; der **Schutzengel;** der **Schützer;** die **Schützerin;** die **Schutzfarbe;** die **Schutzfrist;** das **Schutzgebiet;** die **Schutzgebühr;** die **Schutzhaft** (polizeiliche Verwahrung); der/die **Schutzheilige;** der **Schutzhelm;** der **Schutzherr;** die **Schutzherrin,** die … herinnen; die **Schutzhülle; schutzimpfen;** die **Schutzimpfung;** die **Schutzkleidung;** der **Schützling** (zu beschützende Person); **schutzlos;** die **Schutzlosigkeit;** der **Schutzmann,** die … männer/… leute (Polizist); das **Schutzmittel;** der **Schutzpatron** (Schutzheiliger); die **Schutzpatronin,** die … patroninnen; die **Schutzschicht;** der **Schutzschild;** die **Schutztruppe;** der **Schutzumschlag,** die … umschläge; der **Schutzwall,** die … wälle

schwạb·be·lig: (weich, wackelig, schwammig); ein schwabbeliger Bauch; auch: **schwabblig; schwabbeln**

Schwa̲·be, der: -n, -n; das **Schwabenland;** die **Schwäbin,** die Schwäbinnen; **schwäbisch:** schwäbische Bräuche; aber: die Schwäbische Alb

schwạch: schwächer, am schwächsten; ein schwaches Seil – eine schwache (kraftlose, leise) Stimme – das schwache Geschlecht (die Frauen) – er ist ein schwacher (leistungsschwacher) Schüler – ich kann mich daran nur schwach (undeutlich) erinnern; **schwachbegabt:** ein schwachbegabter Schüler; auch: schwach begabt; **schwachbesucht;** auch: schwach besucht; **schwachbevölkert:** ein schwachbevölkertes Land; auch: schwach bevölkert; **schwachbewegt:** die schwachbewegte See; auch: schwach bewegt; die **Schwäche:** vor Schwäche (Erschöpfung, Kraftlosigkeit) zusammenbrechen – er hat für Fußball eine Schwäche (Vorliebe) – die Schwäche (Nachgiebigkeit) anderer ausnutzen – es ist eine Schwäche (ein Nachteil) dieses Buches, dass es keinen festen Einband hat; der **Schwächeanfall,** die … anfälle; **schwächen;** der **Schwächezustand,** die … zustände; die **Schwachheit;** der **Schwachkopf,** die … köpfe (Dummkopf); **schwächlich;** der **Schwächling; schwachmachen** (schwächen); auch: schwach machen; aber nur: jemanden schwachmachen (nervös machen); der **Schwachpunkt;** der **Schwachsinn** (Geisteskrankheit); **schwachsinnig;** die **Schwachstelle;** der **Schwachstrom;** die **Schwächung; schwachwerden** (nachgeben); auch: schwach werden

Schwa̲·den, der: -s, - (Dunst, Rauch)

Schwa̲·dro̲n (Schwa̲d·ro̲n) *ital.,* die: -, -en (Reiterabteilung); **schwadroni̲e̲ren** (wortreich erzählen, prahlen)

schwa̲·feln: (töricht reden, faseln); die **Schwafele̲i̲;** der **Schwafler;** die **Schwaflerin**

Schwa̲·ger, der: -s, Schwäger (Ehemann der Schwester oder Ehemann der Schwester des Ehepartners, Bruder des Ehepartners); die **Schwägerin,** die Schwägerinnen

Schwạl·be, die: -, -n (ein Singvogel); *eine Schwalbe macht noch keinen Sommer;* das **Schwalbennest;** der **Schwalbenschwanz,** die … schwänze (ein Schmetterling)

Schwạll, der: -(e)s, -e (Flut, Guss, Welle)

Schwạmm, der: -(e)s, Schwämme; die Tafel mit einem Schwamm abwischen – Schwamm drüber (die Sache soll vergessen sein)!; der **Schwammerl** (Pilz); **schwammig:** der Kranke hat ein schwammiges (aufgedunsenes) Gesicht; die **Schwammigkeit**

Schwa̲n, der: -(e)s, Schwäne (großer Schwimmvogel); der **Schwanengesang,** die … gesänge; der **Schwanenhals,** die … hälse; die **Schwan(en)jungfrau;** der **Schwaneteich; schwanenweiß**

schwa̲·nen: mir schwant (ich ahne) nichts Gutes

Schwạng, der: *im Schwang(e)* (üblich, sehr gebräuchlich) *sein;* → schwingen

schwạn·ger: schwanger (in anderen Umständen) sein – er geht schon lange mit einer Idee schwanger (er beschäftigt sich schon lange damit); die **Schwangere; schwängern** (schwanger machen); die **Schwangerschaft;** der **Schwangerschaftsabbruch,** die … abbrüche; die **Schwangerschaftsgymnas-**

tik; der **Schwangerschaftstest;** der **Schwangerschaftsurlaub;** die **Schwangerschaftsverhütung**

Schwạnk, der: -(e)s, Schwänke (lustiges Bühnenstück, Komödie); die **Schwankfigur**

schwạn·ken: er schwankt (taumelt, torkelt) die Treppe hinauf – die Brücke schwankt (schwingt hin und her) – die Preise schwanken (sind nicht fest) – er schwankt immer noch (er hat sich noch nicht entschieden); **schwankend** (wankelmütig, unentschlossen): eine schwankende (unbeständige) Wetterlage; die **Schwankung**

Schwạnz, der: -es, Schwänze; der Hund wedelt mit dem Schwanz (Schweif); das **Schwänzchen; schwänzeln** (tänzelnd, geziert umhergehen); die **Schwanzfeder;** die **Schwanzflosse;** die **Schwanzspitze**

schwạ̈n·zen: die Schule schwänzen (unentschuldigt fehlen); der **Schwänzer;** die **Schwänzerin,** die Schwänzerinnen

schwạp·pen: das Wasser schwappt (ergießt sich) über die Wanne

Schwä·re, die: -, -n (Geschwür); **schwären** (eitern); **schwärig**

Schwạrm, der: -(e)s, Schwärme; ein Schwarm (eine Gruppe) von Jugendlichen – ein Schwarm Fische – er hat einen neuen Schwarm (jemanden, den er verehrt); **schwärmen:** er schwärmt (begeistert sich) für Tierfilme – die Bienen schwärmen (fliegen zur Errichtung eines neuen Staates aus); der **Schwärmer** (Träumer, Eiferer); die **Schwärmerei;** die **Schwärmerin; schwärmerisch**

Schwạr·te, die: -, -n (dicke Haut; altes, wertloses Buch); der **Schwartenmagen,** die …magen/…mägen (Wurstart)

schwạrz: schwärzer, am schwärzesten; sie trägt ein schwarzes Kleid – sich schwarz kleiden – jemanden schwarz (heimlich) über die Grenze bringen – die schwarze Liste (Aufstellung verdächtiger Personen) – das ist ein schwarzer Tag (Unglückstag) für mich – das schwarze Brett (Anschlagebrett); auch: das Schwarze Brett – der schwarze Peter (Spiel); auch: der Schwarze Peter – jemandem den schwarzen Peter zuschieben; auch: den Schwarzen Peter zuschieben – der schwarze Tod (Pest); auch: der Schwarze Tod – *etwas schwarz auf weiß besitzen* (schriftlich haben); aber: der Schwarze Erdteil (Afrika) – das Schwarze Meer – die Schwarze Johannisbeere – Schwarze Witwe (Spinne) – aus Schwarz Weiß machen – *ins Schwarze treffen* (das Richtige tun) – *jemandem nicht das Schwarze unter dem Fingernagel gönnen* (ihm gegenüber sehr missgünstig sein); das **Schwarz:** er geht in Schwarz (in Trauerkleidung); die **Schwarzarbeit; schwarzarbeiten** (unerlaubt Lohnarbeit verrichten); sich **schwarzärgern; schwarzäugig; schwarzbraun;** das **Schwarzbrot;** der/die **Schwarze** (dunkelhäutiger Mensch); die **Schwärze** (schwarze Farbe); **schwärzen:** sich das Gesicht schwärzen; **schwarzfahren** (ohne Führerschein, ohne Fahrkarte fahren); der **Schwarzfahrer,** die **Schwarzfahrerin,** die …fahrerinnen; **schwarzfärben;** auch: schwarz färben; **schwarzgefärbt:** schwarzgefärbte Haare; auch: schwarz gefärbt; **schwarzgestreift:** eine schwarzgestreifte Bluse; auch: schwarz gestreift; **schwarzhaarig;** der **Schwarzhandel; schwarzhören** (ohne Bezahlung von Gebühren Radio hören); der **Schwarzhörer** (jemand, der sein Radiogerät nicht angemeldet hat); die **Schwarzhörerin; schwärzlich; schwarzmalen** (pessimistisch eingestellt sein); der **Schwarzmarkt,** die … märkte; das **Schwarzpulver; schwạrzrọtgọlden:** eine schwarzrotgold(e)ne Fahne; auch: **schwarz-rot-golden; schwarzsehen** (ohne Bezahlung von Gebühren fernsehen, Zukünftiges pessimistisch beurteilen); die **Schwärzung; schwạrzweiß:** einen Sachverhalt schwarzweiß malen (einseitig darstellen bzw. beurteilen); auch: **schwạrz-weiß;** der **Schwarzweißfernseher;** auch: der **Schwarz-Weiß-Fernseher;** der **Schwarzweißfilm;** auch: der **Schwarz-Weiß-Film; schwarzwerden;** auch: schwarz werden; das **Schwarzwild** (Wildschweine)

schwạt·zen: sie kommt, um mit mir zu schwatzen (zu plaudern) – wer hat hier geschwatzt (ausgeplaudert)?; auch: **schwätzen;** der **Schwatz;** die **Schwatzbase** (geschwätzige Person); das **Schwätzchen;** der **Schwätzer;** die **Schwätzerei;** die **Schwätzerin,** die Schwätzerinnen; **schwatzhaft** (klatschsüchtig, redselig); die **Schwatzhaftigkeit;** das **Schwatzmaul,** die …mäuler

schwe·ben: in der Luft schweben (sich frei in

der Luft bewegen) – der Fallschirm schwebt langsam zu Boden – zwischen Angst und Hoffnung schweben (hin und her gerissen sein) – ein schwebendes (offenes, noch nicht entschiedenes) Verfahren; die **Schwebe:** *in der Schwebe* (unentschieden) *sein*; die **Schwebebahn;** der **Schwebebalken;** der **Schwebezustand**

Schwe·den: -s (Staat in Europa); der **Schwede;** die **Schwedin,** die Schwedinnen; **schwedisch**

Schwe·fel ⟨S⟩, der: -s (chemischer Grundstoff); **schwefelgelb; schwefelhaltig;** das **Schwefelhölzchen; schwef(e)lig; schwefeln;** die **Schwefelquelle;** die **Schwefelsäure**

Schweif, der: -(e)s, -e (langer, buschiger Schwanz); **schweifen** (eine gebogene Form geben): ein geschweiftes Brett – durch die Wälder schweifen (ziellos wandern); die **Schweifsäge;** der **Schweifstern** (Komet); die **Schweifung; schweifwedelnd**

schwei·gen: du schweigst, er schwieg, sie hat geschwiegen, schweig(e)!; er schweigt auf die Frage (sagt nichts) – alles schweigt (ist still) – die Waffen schweigen; das **Schweigegeld;** das **Schweigegelübde;** der **Schweigemarsch,** die ... märsche; das **Schweigen:** *jemanden zum Schweigen bringen* (ihn mundtot machen, einschüchtern) – *sich in Schweigen hüllen* (sich nicht äußern); die **Schweigepflicht; schweigsam** (nicht gesprächig, redescheu); die **Schweigsamkeit**

Schwein, das: -(e)s, -e; Schweine (Säue) züchten – er ist ein Schwein (gemeiner Mensch) – *Schwein* (Glück) *haben*; der **Schweinebraten;** auch: der **Schweinsbraten;** das **Schweinefett;** das **Schweinefleisch;** der **Schweinehund** (niederträchtiger Mensch); der **Schweinekerl** (Schurke); der **Schweinekoben;** die **Schweinemast;** die **Schweinepest;** die **Schweinerei** (Schmutz, Gemeinheit); **schweinern:** schweinernes Fleisch; das **Schweineschmalz;** der **Schweinestall,** die ... ställe; die **Schweinezucht,** die ... zuchten; der **Schweinigel** (unanständiger Mensch); **schweinigeln; schweinisch:** schweinische (anstößige) Reden führen; die **Schweinsborste;** der **Schweinsgalopp;** die **Schweinshaxe;** die **Schweinsleber; schweinsledern;** das **Schweinsohr**

Schweiß, der: -es, -e (wässrige Absonderung der Haut); im Schweiße seines Angesichts (unter großen Mühen); der **Schweißausbruch; schweißbedeckt;** aber: von Schweiß bedeckt; der **Schweißfleck; schweißgebadet;** der **Schweißhund** (Jagdhund, der die blutige Fährte des Wildes verfolgt); **schweißtreibend; schweißtriefend;** aber: von Schweiß triefend; der **Schweißtropfen;** das **Schweißtuch,** die ... tücher; **schweißüberströmt; schweißverklebt;** → schwitzen

schwei·ßen: Eisen schweißen (fest verbinden, verschmelzen); der **Schweißbrenner** (Gerät zum Schweißen); der **Schweißdraht,** die ... drähte; der **Schweißer;** die **Schweißerin,** die Schweißerinnen; die **Schweißnaht,** die ... nähte; die **Schweißung**

Schweiz: - (Staat in Europa); der **Schweizer;** die **Schweizerin; schweizerisch**

schwe·len: das Feuer schwelt (glimmt) – zwischen den beiden schwelt immer noch Hass; der **Schwelbrand,** die ... brände (Brand ohne sichtbare Flamme)

schwel·gen: auf einem Fest schwelgen (das Essen und Trinken genießen) – in Erinnerungen schwelgen; die **Schwelgerei; schwelgerisch** (genießerisch, üppig)

Schwel·le, die: -, -n; sie tritt über die Schwelle (den unteren Balken des Türrahmens) – Schwellen (Querträger) für die Eisenbahn legen – an der Schwelle (am Beginn) eines neuen Jahres; die **Schwellenangst** (Angst vor dem Betreten fremder Räume bzw. einer ungewohnten Umgebung); der **Schwellenwert**

schwel·len: es schwillt, er schwoll, sie ist geschwollen, schwill!; meine Hand ist geschwollen (dick geworden) – der Fluss schwillt an (sein Wasserspiegel steigt); die **Schwellung**

schwel·len: du schwellst, er schwellte, sie hat geschwellt, schwell(e)!; geschwellte (aufgeblähte) Segel – mit geschwellter Brust

schwem·men: das Hochwasser schwemmte (spülte) Schlamm auf die Wege; die **Schwemme:** eine Schwemme (ein Überangebot) von Waren – die Pferde zur Schwemme (zu einer flachen Flussstelle) treiben; das **Schwemmland** (angeschwemmtes Land); der **Schwemmsand**

Schwen·gel, der: -s, - (Klöppel der Glocke)

schwen·ken: Fahnen schwenken (über dem

Kopf hin und her schwingen) – nach rechts schwenken (abbiegen) – Gläser im Wasser schwenken (spülen); der **Schwenk; schwenkbar;** die **Schwenkkartoffeln** *Pl.*; der **Schwenkkran,** die … kräne; die **Schwenkung**

schwer: ein schwerer (nicht leichter) Stein – fünf Tonnen schwer – schwer (hart) arbeiten – schwer (sehr) erkranken – schwer stürzen – sich schwer verletzen – jemanden schwer (hart) bestrafen – er hat eine schwere (unangenehme, schreckliche) Zeit hinter sich – eine schwere (große) Verantwortung tragen – ein schwerer Junge (gefährlicher Verbrecher); aber: er hat viel Schweres durchgemacht – etwas Schweres heben; der **Schwerarbeiter;** die **Schwerarbeiterin,** die … arbeiterinnen; der **Schwerathlet;** die **Schwerathletin,** die … athletinnen; **schwerbehindert;** auch: schwer behindert; aber nur: schwerbehindert (in der Amtssprache); der/die **Schwerbehinderte; schwerbeladen:** ein schwerbeladener Wagen; auch: schwer beladen; **schwerbeschädigt;** auch: schwer beschädigt; aber nur: schwerbeschädigt (in der Amtssprache); der/die **Schwerbeschädigte; schwerbewaffnet:** schwerbewaffnete Soldaten; auch: schwer bewaffnet; **schwerblütig** (ernst, bedachtsam); die **Schwere; schwerelos;** die **Schwerelosigkeit;** der **Schwerenöter** (Frauenheld); **schwererziehbar;** auch: schwer erziehbar; **schwerfallen** (Mühe verursachen); aber: schwer fallen (z. B. auf den Boden); **schwerfällig** (unbeholfen, langsam); die **Schwerfälligkeit;** das **Schwergewicht;** der **Schwergewichtler; schwerhörig** (hörgeschädigt); die **Schwerhörigkeit;** die **Schwerindustrie** (Bergbau, Eisen- und Stahlindustrie); die **Schwerkraft** (Anziehungskraft); **schwerkrank:** ein schwerkranker Patient; auch: schwer krank; der/die **Schwerkranke;** auch: der/die schwer Kranke; **schwerlich** (nicht leicht, kaum); **schwermachen:** jemandem sein Leben schwermachen (erschweren, schwierig gestalten); auch: schwer machen; das **Schwermetall;** die **Schwermut** (Trauer); **schwermütig;** die **Schwermütigkeit; schwernehmen** (als schwierig, bedrückend empfinden); der **Schwerpunkt** (Hauptsache); **schwerpunktmäßig; Schwerpunktthema,** die … themen; **schwerreich; schwerstbehindert;** sich **schwertun** (mit etwas Schwierigkeiten haben); der **Schwerverbrecher; schwerverdaulich:** eine schwerverdauliche Mahlzeit; auch: schwer verdaulich; **schwerverletzt:** ein schwerverletzter Autofahrer; auch: schwer verletzt; der/die **Schwerverletzte;** auch: der/die schwer Verletzte; **schwerverständlich:** schwerverständliche Worte; auch: schwer verständlich; **schwerverwundet:** ein schwerverwundeter Soldat; auch: schwer verwundet; der/die **Schwerverwundete;** auch: der/die schwer Verwundete; **schwerwiegend:** das ist ein schwerwiegender (gewaltiger) Fehler; auch: schwer wiegend

Schwert, das: -(e)s, -er (eine Hieb- und Stichwaffe); ein zweischneidiges Schwert (eine Sache, die Vor- und Nachteile hat); der **Schwertfisch;** die **Schwertlilie** (eine Pflanze)

Schwes·ter ⟨Schw.⟩, die: -, -n; er besucht seine Schwester – sie will eine Schwester (Nonne) werden; **schwesterlich;** die **Schwesternhelferin,** die … helferinnen; die **Schwesternschülerin;** die **Schwesterntracht**

Schwie·ger·mut·ter, die: -, … mütter (Mutter des Ehepartners); die **Schwiegereltern** *Pl.*; der **Schwiegersohn,** die … söhne; die **Schwiegertochter,** die … töchter; der **Schwiegervater,** die … väter

Schwie·le, die: -, -n (Hornhaut); an den Händen Schwielen (durch Arbeit entstandene hornige Hautstellen) haben; **schwielig**

schwie·rig: ein schwieriges (kompliziertes) Problem – er ist ein schwieriger (nicht anpassungsfähiger) Mensch; die **Schwierigkeit;** der **Schwierigkeitsgrad**

schwim·men: du schwimmst, er schwamm, sie ist geschwommen, schwimm(e)!; sie gehen schwimmen – das Brett schwimmt (treibt) auf dem Wasser – *in Geld schwimmen* (sehr viel Geld besitzen); das **Schwimmbad;** das **Schwimmbassin** *[… basã]*; das **Schwimmbecken;** die **Schwimmblase;** der **Schwimmer;** die **Schwimmerin,** die Schwimmerinnen; die **Schwimmflosse;** der **Schwimmgürtel;** die **Schwimmhaut,** die … häute; der **Schwimmmeister;** auch: der **Schwimm-Meister;** der **Schwimmsport;** der **Schwimmstil;** der **Schwimmvogel,** die … vögel; die **Schwimmweste**

schwin·deln: er schwindelte (log) uns etwas vor – mir schwindelt – in schwindelnder Höhe; der **Schwindel:** ein ausgemachter Schwindel (Betrug); der **Schwindelanfall,** die ... anfälle; die **Schwindelei; schwindelerregend:** ein schwindelerregender Abgrund; auch: Schwindel erregend; **schwindelfrei;** das **Schwindelgefühl; schwind(e)lig** (benommen, taumelig); der **Schwindler** (Betrüger); die **Schwindlerin,** die Schwindlerinnen

schwin·den: du schwindest, er schwand, sie ist geschwunden, schwind(e)!; sein Reichtum schwindet mehr und mehr (wird immer kleiner) – mein Vertrauen ist völlig geschwunden (abgeflaut, verschwunden); die **Schwindsucht** (Tuberkulose); **schwindsüchtig** (lungenkrank); → Schwund

schwin·gen: du schwingst, er schwang, sie hat geschwungen, schwing(e)!; eine Fahne schwingen – sich in den Sattel schwingen – er schwingt das Tanzbein – eine Rede schwingen (halten); die **Schwinge** (Flügel); der **Schwinger** (Boxschlag); die **Schwingtür;** die **Schwingung;** → Schwung

Schwips, der: -es, -e (leichter Rausch)

schwir·ren: Käfer schwirren (fliegen) durch den Raum – schwirr ab (verschwinde)! – der Pfeil schwirrt durch die Luft – mir schwirrt der Kopf (ich bin benommen)

schwit·zen: vor Angst schwitzen (Schweiß absondern); aber: ins Schwitzen kommen; das **Schwitzbad,** die ... bäder; die **Schwitze** (Mehlschwitze); **schwitzig:** schwitzige Hände; der **Schwitzkasten;** die **Schwitzkur**

Schwof, der: -(e)s, -e (Tanzvergnügen); **schwofen** (tanzen)

schwö·ren: du schwörst, er schwor, sie hat geschworen, schwör(e)!; er schwört (leistet einen Eid) – sie schwören (versprechen) einander Treue – auf ein bestimmtes Medikament schwören (fest darauf vertrauen) – *Stein und Bein schwören* (etwas fest behaupten); → Schwur

schwül: ein schwüler (drückend heißer) Nachmittag; **schwul** (homosexuell); der **Schwule;** die **Schwüle:** eine unerträgliche Schwüle (feuchte Wärme bzw. Hitze)

Schwulst, der: -(e)s, Schwülste (Überladung, überreicher Schmuck); **schwulstig** (aufgeschwollen, verdickt); **schwülstig:** eine schwülstige (übertriebene, überschwängliche) Rede halten; die **Schwülstigkeit**

schwum·me·rig: ihm ist schwummerig (unbehaglich, schwindlig); auch: **schwummrig**

Schwund, der: -(e)s (das Abnehmen, Gewichtsverlust); → schwinden

Schwung, der: -(e)s, Schwünge; mit viel Schwung (Begeisterung) an die Arbeit gehen – *etwas in Schwung* (in Gang) *bringen*; die **Schwungfeder; schwunghaft:** er treibt einen schwunghaften (lebhaften) Handel; die **Schwungkraft; schwunglos; schwungvoll** (lebhaft, feurig); → schwingen

schwupp!: schwupp, weg war er!; der **Schwupp** (Stoß); auch: der **Schwups; schwuppdiwupp!; schwups!**

Schwur, der: -(e)s, Schwüre; einen Schwur (Eid) auf die Verfassung leisten; das **Schwurgericht;** → schwören

Sci·ence-Fic·tion *amerik. [ßaienßfikschn],* die: - (Erzählungen, Filme o. Ä. von zukünftigen Zeiten); auch: die **Sciencefiction;** der **Science-Fiction-Roman;** auch: der **Sciencefiction-Roman;** auch: der **Sciencefictionroman**

sechs: wir sind sechs – wir sind zu sechsen/zu sechst; die **Sechs:** er hat in Mathematik eine Sechs geschrieben – eine Sechs würfeln; das **Sechseck; sechseckig;** auch: **6-eckig; sechseinhalb;** der **Sechser:** einen Sechser im Lotto haben; **sechserlei;** die **Sechserpackung; sechsfach;** auch: **6fach** oder: **6-fach;** das **Sechsfache;** auch: das **6fache** oder: das **6-Fache; sechshundert; sechsjährig;** auch: **6-jährig; sechskantig;** auch: **6-kantig; sechsmal;** auch: **6-mal;** der **Sechsspänner** (Wagen mit sechs Pferden); **sechsstöckig;** auch: **6-stöckig;** das **Sechstagerennen; sechstausend; sechste:** einen sechsten Sinn haben (etwas ahnen, voraussehen); **sechstel;** das **Sechstel; sechstens; sechzehn, sechzig;** der **Sechziger;** die **Sechzigerin,** die Sechzigerinnen

Se·cond·hand·shop *engl. [ßäkendhändschop],* der: -s, -s (Laden für gebrauchte Artikel)

Se·di·ment *lat.,* das: -(e)s, -e (Ablagerung, Bodensatz); das **Sedimentgestein**

See, der: -s, Seen (größeres Binnengewässer); über den See rudern – im See baden; die **See** (Meer): in See stechen (mit dem Schiff auslaufen) – zur See fahren (Seemann sein) – auf hoher See (weit draußen auf dem Meer); der **Seeaal;** das **Seebad,** die ...bäder; der **Seebär** (älterer, erfahrener Seemann); der **Seeelefant;** auch: der **See-Elefant;** die **Seefahrt;** der **Seefisch;** der **Seegang** (Wellenbewegung auf dem Meer); das **Seegras,** die ...gräser; die **Seeherrschaft;** der **Seehund** (Robbe); der **Seeigel; seeklar:** das Schiff ist seeklar (fertig zur Fahrt); das **Seeklima; seekrank;** der **Seekrieg;** der **Seelachs** (ein Fisch); die **Seeluft;** die **Seemacht,** ...mächte; der **Seemann,** die ...männer/ ...leute; **seemännisch;** das **Seemannsgarn** (Erzählung eines Seemanns mit geringem Wahrheitsgehalt); die **Seemeile** (1,852 km); die **Seenot:** das Schiff ist in Seenot geraten; die **Seenplatte;** der **Seeräuber;** die **Seereise;** die **Seerose** (eine Teichblume); die **Seeschlacht;** der **Seestern** (ein Meerestier); die **Seestreitkräfte** *Pl.*; **seetüchtig** (tauglich für die Schifffahrt auf dem Meer); das **Seeufer; seewärts** (zur See hin); die **Seezunge** (ein Fisch)

See·le, die: -, -n (Innenleben eines Lebewesens, das sich im Fühlen, Denken und Handeln äußert); an Leib und Seele gesund sein – die Seelen im Fegefeuer – das tut mir in der Seele weh (berührt mich schmerzlich im Innersten) – er ist die Seele (die Triebkraft) der Firma – aus tiefster Seele (ohne Vorbehalt) zustimmen – *ein Herz und eine Seele* (unzertrennlich, sehr befreundet) *sein – mit Leib und Seele* (mit Begeisterung) *bei der Sache sein – seine Seele aushauchen* (sterben); das **Seelenamt** (Totenmesse); der **Seelenfriede(n);** die **Seelengröße** (edle Gesinnung); das **Seelenleben** (Innen- und Gefühlsleben); die **Seelenqual;** die **Seelenruhe** (Gemütsruhe); **seelenruhig; seelenvergnügt** (heiter); der **Seelenverkäufer** (skrupelloser Mensch; altes, seeuntaugliches Schiff); **seelenverwandt** (geistig, seelisch übereinstimmend); die **Seelenwanderung; seelisch;** die **Seelsorge** (Hinführung der Gläubigen zu Gott); der **Seelsorger** (Pfarrer, Geistlicher); die **Seelsorgerin,** die ...sorgerinnen; **seelsorglich** # selig

Se·gel, das: -s, - (Segeltuch zur Fortbewegung von Schiffen); die Segel setzen – *die Segel streichen* (seinen Widerstand aufgeben, von seinem Vorhaben ablassen); das **Segelboot; segelfliegen;** der **Segelflug,** die ...flüge; das **Segelflugzeug;** die **Segeljacht;** auch: die **Segelyacht; segeln;** die **Segelohren** *Pl.* (abstehende Ohren); die **Segelregatta,** die ...regatten; das **Segelschiff;** der **Segelsport;** der **Segeltörn;** das **Segeltuch,** die ...tuche (festes, wasserabweisendes Gewebe); der **Segler;** die **Seglerin,** die Seglerinnen

Se·gen, der: -s, -; der Priester spendet den Segen – auf deiner Arbeit ruht kein Segen (kein Glück) – ich gebe dir meinen Segen (mein Einverständnis) – *aller Segen kommt von oben*; **segenbringend:** eine segenbringende Tat; auch: Segen bringend; **segenspendend;** auch: Segen spendend; **segensreich; segensvoll;** der **Segenswunsch; segnen:** die Gläubigen segnen – sie hat das Zeitliche gesegnet (sie ist gestorben) – gesegnete Mahlzeit!; die **Segnung**

Seg·ment *lat.*, das: -(e)s, -e (Kreisausschnitt, Kugelabschnitt); **segmentieren** (zerlegen, zergliedern); die **Segmentierung**

se·hen: du siehst, er sah, sie hat gesehen, sieh(e)!; wann sehen wir uns wieder? – er sieht noch ganz gut – sich nicht sehen lassen (sich nicht zeigen) – das sieht (mag) sie nicht gerne – das sieht ihm ähnlich – ich habe das kommen sehen (erwartet) – wie siehst (beurteilst) du das? – nach dem Rechten sehen – ich sehe mich (ich bin) gezwungen zu handeln – sieh mal an!; aber: ich kenne ihn nur vom Sehen – ihm vergeht Hören und Sehen; auch: ihm vergeht hören und sehen; **sehbehindert;** der/die **Sehbehinderte; sehenlassen:** das kann sich sehenlassen (ist ordentlich, beachtlich); auch: sehen lassen; **sehenswert; sehenswürdig;** die **Sehenswürdigkeit;** der **Seher** (Prophet; jemand, der in die Zukunft sehen kann), die **Seherin;** der **Sehfehler;** die **Sehkraft;** der **Sehnerv;** die **Sehschärfe;** die **Sehschwäche;** der **Sehtest;** das **Sehvermögen;** → Sicht

Seh·ne, die: -, -n; die Sehne (Bindegewebe zwischen Muskel und Knochen) ist gezerrt – die Sehne des Bogens – in den Kreis eine Sehne (Gerade, die zwei Punkte der Kreislinie verbindet) zeichnen; der **Sehnenriss;** die **Sehnenscheide;** die **Sehnenscheidenentzündung;** die **Sehnenzerrung; sehnig:**

die sehnigen Beine des Marathonläufers

seh·nen, sich: sich nach etwas sehnen (etwas herbeiwünschen) – sich nach der Heimat sehnen; das **Sehnen; sehnlich:** du wirst schon sehnlichst erwartet; die **Sehnsucht,** die ... süchte; **sehnsüchtig; sehnsuchtsvoll**

sehr: sehr klein sein – das ist sehr schön – sehr viel – sehr vieles – gar sehr – zu sehr – sie hat die Note „sehr gut" bekommen; aber: sie hat ein „Sehr gut" bekommen – er rannte so sehr, dass er außer Atem war; aber: sosehr ich mich auch anstrenge ...

seicht: eine seichte (nicht tiefe) Stelle im Fluss – das war ein seichtes (oberflächliches) Geschwätz; die **Seichtheit;** die **Seichtigkeit**

seid: → sein; ihr seid heute meine Gäste – seid alle still! # seit

Sei·de, die: -, -n (glänzendes Gewebe); in Samt und Seide gehen; **seiden:** ein seidenes Kleid; die **Seidenbluse;** der **Seidenglanz;** das **Seidenpapier;** die **Seidenraupe;** der **Seidenschal,** die ... schals/... schale; das **Seidentuch,** die ... tücher; **seidenweich; seidig** (wie Seide glänzend bzw. weich)

Sei·del *lat.*, das: -s, - (Bierglas)

Sei·fe, die: -, -n (Waschmittel); **seifen;** die **Seifenblase;** die **Seifenlauge;** die **Seifenoper;** die **Seifenschale;** der **Seifenschaum; seifig**

sei·hen: (filtern, durchlassen); der **Seiher**

Seil, das: -(e)s, -e (dicker Strick); mit dem Seil hüpfen; die **Seilbahn;** der **Seiler** (Handwerker, der Seile herstellt); **seilhüpfen;** das **Seilhüpfen;** die **Seilschaft** (Bergsteigergruppe am Seil); die **Seilschwebebahn; seilspringen;** das **Seilspringen; seiltanzen;** das **Seiltanzen;** der **Seiltänzer;** die **Seiltänzerin,** die ... tänzerinnen; die **Seilwinde;** das **Seilziehen;** der **Seilzug**

Seim, der: -(e)s, -e (zäher, dicker Saft); **seimig** (dickflüssig); auch: **sämig**

sein: ich bin, du bist, er ist, wir sind, ihr seid, sie sind, du warst, er war, wir sind gewesen, sei!; das **Sein:** Sein und Schein (Wirklichkeit und Einbildung) – das wahre Sein – das Sein und das Nichtsein; **seinlassen:** etwas seinlassen: wir sollten das lieber seinlassen (unterlassen)!; auch: sein lassen

sein: das ist seine Tasche – seiner Meinung nach – sie ist sein – das Auto ist seins – wir gedenken seiner; aber: jedem das Seine; auch: das seine – für die Seinen sorgen; auch: die seinen – er hat das Seine getan; auch: das seine – die Seinigen; auch: die seinigen – Seine Majestät – Seine Hoheit; **seinerseits; seinerzeit** (damals); **seinesgleichen; seinethalben; seinetwegen; seinetwillen:** um seinetwillen

Seis·mo·graph *griech.*, der: -en, -en (Gerät zur Aufzeichnung von Erdbeben); auch: der **Seismograf;** der **Seismologe;** die **Seismologin; seismologisch**

seit: seit gestern – seit kurzem; auch: seit Kurzem – seit langem; auch: seit Langem – seit damals – seit alters – seit ich dich sah # seid; **seitab; seitdem:** seitdem du bei mir bist; aber: seit dem Essen; auch: **seither**

Sei·te ⟨S.⟩, die: -, -n; die rechte Seite – von allen Seiten (aus jeder Richtung) – er geht zur Seite – die Seite des Heftes – die vordere Seite des Hauses – Seite an Seite gehen – auf der anderen Seite des Flusses – *jemandem zur Seite stehen* (ihm helfen) – *etwas auf die Seite legen* (zurücklegen, sparen) – *sich von der besten Seite zeigen* (seine guten Eigenschaften erkennen lassen) – *jemanden auf die Seite schaffen* (ihn umbringen) – *jemanden auf seiner Seite haben* (seine Unterstützung haben) – *jemandem nicht von der Seite gehen/weichen* (ständig in seiner Nähe bleiben) – auf Seiten der Gegner; auch: aufseiten – von Seiten der Verwandten; auch: vonseiten – zu Seiten; auch: zuseiten # Saite; die **Seitenansicht;** der **Seitenarm;** der **Seitenblick;** der **Seiteneinsteiger;** die **Seiteneinsteigerin,** die ... einsteigerinnen; der **Seitenflügel;** die **Seitenfront;** der **Seitengang,** die ... gänge; die **Seitenhalbierende** (in der Mathematik); der **Seitenhieb** (bissige Bemerkung); **seitenlang:** ein seitenlanges Schreiben; aber: das Schreiben war vier Seiten lang; die **Seitenlinie; seitens:** seitens (von der Seite) der Eltern; **seitenschwimmen;** das **Seitenschwimmen;** der **Seitensprung,** die ... sprünge; das **Seitenstechen;** die **Seitenstraße;** das **Seitenstück; seitenverkehrt; seitenweise;** der **Seitenwind;** die **Seitenzahl; ...seitig:** ganzseitig – halbseitig; **seitlich:** sie steht seitlich (auf der Seite) von mir – der Wind kommt seitlich (von der Seite); **seitwärts; seitwärtstreten**

Se·kret *lat.*, das: -(e)s, -e (Absonderung)

Se·kre·tär *lat.*, der: -s, -e (Schriftführer, hoher Funktionär einer Partei, Titel für Beamte, Schreibschrank); das **Sekretariat** (Geschäftsstelle); die **Sekretärin,** die Sekretärinnen

Sekt *franz.*, der: -(e)s, -e (Schaumwein); die **Sektflasche;** das **Sektglas,** die ... gläser; der **Sektkorken;** der **Sektkübel;** die **Sektlaune** (beschwingte Stimmung); die **Sektschale**

Sek·te *lat.*, die: -, -n (Gemeinschaft von Gleichgesinnten, Glaubensgemeinschaft); das **Sektenwesen;** der **Sektierer** (Sektenanhänger); **sektiererisch;** das **Sektierertum**

Sek·ti·on *lat.*, die: -, -en (Gruppe, Abteilung, Leichenöffnung); der **Sektionsbefund;** der **Sektionschef** (Abteilungsleiter); die **Sektionschefin;** → sezieren

Sek·tor *lat.*, der: -s, Sektoren (Kreis- oder Kugelausschnitt, Arbeitsbereich)

Se·kun·dant *lat.*, der: -en, -en (Beistand)

se·kun·där *franz.*: (zweitrangig, untergeordnet); die **Sekunda** (sechste und siebte Klasse einer höheren Schule); der **Sekundaner;** die **Sekundanerin,** die Sekundanerinnen; die **Sekundarschule;** die **Sekundarstufe** (ab dem 5. Schuljahr); die **Sekundärtugend**

Se·kun·de ⟨Sek.⟩ *lat.*, die: -, -n; die Uhr geht auf die Sekunde genau – nur einige Sekunden bleiben; **sekundenlang; sekundenschnell;** die **Sekundenschnelle;** der **Sekundenzeiger; sekundlich;** auch: **sekündlich**

selbst: ich komme heute selbst – selbst Tränen konnten ihn nicht rühren – von selbst (ohne fremde Hilfe) – selbst ist der Mann; auch: **selber; selbig:** am selbigen (gleichen) Tag; das **Selbst:** das eigene Selbst finden; die **Selbstachtung; selbständig:** er macht sich selbständig; auch: **selbstständig;** der/die **Selbständige;** auch: der/die **Selbstständige;** die **Selbständigkeit;** auch: die **Selbstständigkeit;** der **Selbstauslöser;** die **Selbstbedienung** ⟨SB⟩; die **Selbstbefriedigung;** die **Selbstbeherrschung;** die **Selbstbestätigung; selbstbewusst;** das **Selbstbewusstsein;** das **Selbstbildnis,** die ... bildnisse; die **Selbstdisziplin;** die **Selbsterhaltung;** die **Selbsterkenntnis,** die ... erkenntnisse; **selbsternannt:** ein selbsternannter Fachmann; auch: selbst ernannt; **selbstgebacken:** ein selbstgebackener Kuchen; auch: selbst gebacken; **selbstgedreht:** selbstgedrehte Zigarretten; auch: selbst gedreht; **selbstgefällig** (eitel); **selbstgemacht:** selbstgemachte Marmelade; auch: selbst gemacht; **selbstgenügsam; selbstgerecht; selbstgeschneidert:** selbstgeschneiderte Kleider; auch: selbst geschneidert; das **Selbstgespräch; selbsthaftend; selbstherrlich** (rücksichtslos); der **Selbstherrscher;** die **Selbsthilfe; selbstklebend;** die **Selbstkosten** *Pl.;* der **Selbstkostenpreis;** die **Selbstkritik; selbstkritisch;** der **Selbstlaut** (Vokal); **selbstlos** (uneigennützig); die **Selbstlosigkeit;** der **Selbstmord; selbstmörderisch; selbstredend** (selbstverständlich); der **Selbstschutz; selbstsicher;** die **Selbstsicherheit; selbstständig;** auch: **selbständig;** das **Selbststudium; selbstsüchtig; selbsttätig;** die **Selbsttäuschung;** die **Selbstüberschätzung;** die **Selbstüberwindung; selbstverantwortlich; selbstverdient:** selbstverdientes Geld; auch: selbst verdient; **selbstverständlich;** die **Selbstverständlichkeit;** das **Selbstverständnis;** das **Selbstvertrauen;** die **Selbstzucht; selbstzufrieden;** der **Selbstzweck**

sel·chen: Fleisch selchen (räuchern); das **Selchfleisch;** die **Selchkammer**

se·lek·tie·ren *lat.*: (auswählen, aussondern); die **Selektion; selektiv** (auswählend)

Self·made·man *engl. [ßelfmedmän]*, der: -s, Selfmademen (jemand, der es aus eigener Kraft zu etwas gebracht hat)

se·lig ⟨sel.⟩: (völlig beglückt); selig sein/werden – Gott hab ihn selig (gebe ihm die ewige Seligkeit) – mein seliger (verstorbener) Mann – sich selig (glücklich) in den Armen liegen # seelisch; der/die **Selige;** die **Seligkeit; seligmachen:** jemanden seligmachen; auch: selig machen; **seligpreisen;** die **Seligpreisung; seligsprechen;** die **Seligsprechung**

Sel·le·rie *griech.*, der: -s, -(s) (Gemüse); der **Selleriesalat**

sel·ten: das kommt selten (nicht häufig) vor – eine seltene Pflanze – selten (besonders) gut – ein selten (sehr) schönes Haus; die **Seltenheit;** der **Seltenheitswert**

Sel·ter(s)·was·ser, das: -s, ... wässer (Mineralwasser)

selt·sam: ein seltsamer (merkwürdiger, ungewöhnlicher) Mensch; **seltsamerweise;** die **Seltsamkeit**

Se·mes·ter *lat.*, das: -s, - (Studienhalbjahr); der **Semesteranfang;** das **Semesterende;** die **Semesterferien** *Pl.*

Se·mi·fi·na·le *lat.*, das: -s, - (Vorschlussrunde bei sportlichen Wettkämpfen)

Se·mi·ko·lon *lat.*, das: -s, -s/Semikola (Strichpunkt)

Se·mi·nar *lat.*, das: -s, -e (Ausbildungsstätte, Übungskurs für Studierende); die **Seminararbeit;** der **Seminarist** (Angehöriger eines Priesterseminars); die **Seminaristin,** die Seminaristinnen

Sem·mel, die: -, -n (Kleingebäck); *weggehen wie warme Semmeln* (sehr begehrt sein); **semmelblond** (hellblond); die **Semmelbrösel** *Pl.*; der **Semmelknödel**

sen. = senior

Se·nat *lat.*, der: -(e)s, -e (Stadtverwaltung, Rat der Ältesten, Richtergremium); der **Senator** (Mitglied des Senats); die **Senatorin,** die Senatorinnen; der **Senatsbeschluss,** die ... beschlüsse; der **Senatspräsident;** die **Senatspräsidentin,** die ... präsidentinnen; die **Senatssitzung**

sen·den: du sendest, er sandte/sendete, sie hat gesandt/gesendet, send(e)!; jemandem viele Grüße senden – er sandte mir Glückwünsche; die **Sendeanlage;** das **Sendegebiet; senden:** du sendest, er sendete, sie hat gesendet, send(e)!; der Rundfunk sendete ein interessantes Hörspiel; die **Sendepause;** der **Sender;** die **Sendestation;** der **Sendetermin;** das **Sendezeichen;** die **Sendezeit;** die **Sendung;** das **Sendungsbewusstsein**

Senf *griech.*, der: -(e)s, -e (eine Gewürzpaste); **senffarben;** auch: **senffarbig;** die **Senfgurke;** das **Senfkorn;** das **Senfpflaster** (Hautreizmittel); die **Senfsauce;** auch: die **Senfsoße**

sen·gen: die Zigarette sengte (brannte) ein Loch in den Teppich – eine sengende (glühende) Hitze – sengen und brennen (plündern und durch Brand zerstören) # senken

se·nil *lat.*: (altersschwach, greisenhaft); die **Senilität**

Se·ni·or *lat.*, der: -s, Senioren (Ältester, älterer Mensch, Vorsitzender); **senior** ⟨sen.⟩: Müller senior (Müller, der Ältere) – Haslinger sen.; der **Seniorchef;** das **Seniorenheim;** die **Seniorenmannschaft;** der **Seniorenpass,** die ... pässe; der **Seniorentreff;** die **Seniorin,** die Seniorinnen

Sen·kel, der: -s, - (Schnürband)

sen·ken: er senkte die Preise (machte sie niedriger) – den Blick senken (nach unten richten) – die Nacht senkt sich über das Land # sengen; das **Senkblei;** die **Senke** (Mulde, Vertiefung); das **Senklot; senkrecht:** senkrecht stehen; die **Senkrechte;** der **Senkrechtstarter** (Flugzeug, das senkrecht starten und landen kann; jemand, der schnell Karriere macht); die **Senkung**

Sen·ne, der: -n, -n (Almhirt); auch: der **Senn;** die **Sennerin,** die Sennerinnen; auch: die **Sennin;** die **Sennhütte;** die **Sennwirtschaft**

Sen·sa·ti·on *franz.*, die: -, -en (unerwartetes Ereignis, unerhörter Vorfall); **sensationell** (Aufsehen erregend); das **Sensationsbedürfnis,** die ... bedürfnisse; die **Sensationslust; sensationslüstern;** die **Sensationsmeldung;** die **Sensationsnachricht;** die **Sensationspresse;** die **Sensationssucht**

Sen·se, die: -, -n (ein Mähwerkzeug); mit der Sense mähen – dann ist aber Sense (dann ist Schluss)!; der **Sensenmann** (der Tod)

sen·si·bel *franz.*: sie ist sehr sensibel (empfindsam, zartfühlend); **sensibilisieren** (empfindlich machen); die **Sensibilisierung;** die **Sensibilität** (Feinfühligkeit, Empfindlichkeit); **sensitiv** (sehr empfindlich); die **Sensitivität;** der **Sensor** (Messfühler, Berührungsschalter); die **Sensortaste**

Sen·tenz *lat.*, die: -, -en (Sinnspruch)

sen·ti·men·tal *engl.*: (wehmütig, gefühlvoll, rührselig); die **Sentimentalität**

se·pa·rat *lat.*: separat (einzeln, abgesondert) wohnen; der **Separateingang,** die ... eingänge; der **Separatismus** (Streben nach Loslösung eines Gebietes aus einem Staat); der **Separatist;** die **Separatistin;** das **Separee** (abgetrennter Gästeraum); auch: das **Séparée;** sich **separieren** (absondern)

Sep·tem·ber ⟨Sept.⟩ *lat.*, der: -(s), - (Monatsname); das **September-Oktober-Heft**

Sep·tett *ital.*, das: -(e)s, -e (Musikstück für sieben Stimmen oder Instrumente)

sep·tisch *griech.*: (mit Keimen behaftet); die **Sepsis** (Blutvergiftung)

Se·quenz *lat.*, die: -, -en (Folge, Reihe); eine Sequenz (Handlungseinheit) aus einem Film; **sequenziell;** auch: **sequentiell**

Ser·bi·en: -s (Staat in Südosteuropa); der **Ser-**

be; die **Serbin,** die Serbinnen; **serbisch**
Se·re·na·de *franz.*, die: -, -n (Abendmusik)
Se·rie *lat. [serje]*, die: -, -n (Aufeinanderfolge, Reihe); eine Serie von Einbrüchen – in Serie herstellen; **seriell;** auch: **serienmäßig;** die **Serienanfertigung;** die **Serienfabrikation;** die **Serienproduktion; serienreif;** der **Serientäter;** die **Serientäterin,** die ...täterinnen; **serienweise**
se·ri·ös *franz.*: ein seriöser (vertrauenswürdiger) Geschäftsmann; die **Seriosität**
Ser·pen·ti·ne *lat.*, die: -, -n (Windung, in Schlangenlinien ansteigende Straße); die **Serpentinenstraße**
Se·rum *lat.*, das: -s, Seren/Sera (Impfstoff, Bestandteil des Blutes); die **Serumbehandlung**
Ser·ve·lat·wurst *ital.*, die: -, ...würste (Dauerwurst); auch: die **Zervelatwurst**
Ser·ver *engl. [ßörver]*, der: -s, - (EDV Rechner)
Ser·vice *engl. [ßörwiß]*, das/der: -, -s (Kundendienst, Gästebetreuung); das **Servicenetz;** das **Serviceteam** *[ßörwißtim]*
Ser·vice *franz. [serwiß]*, das: -(s), - (zusammengehöriges Tafelgeschirr); ein Service für 6 Personen; **servieren:** das Essen servieren; die **Serviererin;** der **Serviertisch;** der **Servierwagen;** die **Serviette** (Mundtuch)
ser·vil *lat. [serwil]* (unterwürfig)
Ser·vo·brem·se *[serwo...]*, die: -, -n (Bremse mit einer Vorrichtung, die die Bremswirkung verstärkt); die **Servolenkung**
ser·vus! *lat. [serwuß]*: (Gruß zum Abschied)
Ses·sel *lat.*, der: -s, - (Stuhl mit Armlehnen); die **Sesselbahn;** die **Sessellehne;** der **Sessellift**
sess·haft: (einen festen Wohnsitz habend); die **Sesshaftigkeit**
Set *engl.*, der/das: -(s), -s (Gedeckunterlage, Satz zusammengehöriger Gegenstände)
set·zen: sich auf den Stuhl setzen (niederlassen) – setz dich! – sich zur Ruhe setzen (für immer aufhören zu arbeiten) – sich etwas in den Kopf setzen (es hartnäckig wollen) – einen Strauch setzen (pflanzen) – sich zur Wehr setzen (verteidigen) – es setzt (gibt) Schläge – über einen Graben setzen (springen) – einen Text setzen (drucken) – Segel setzen – ein Haus in Brand setzen – er setzte ihn an die frische Luft (er warf ihn hinaus) – auf Pferde setzen (wetten) – *jemanden auf freien Fuß setzen* (ihn freilassen) – *sich zwischen zwei Stühle setzen* (es sich mit jeder der beteiligten Parteien verscherzen) – *jemanden matt setzen* (ihn handlungsunfähig machen); sich **setzenlassen** (langsam verarbeiten); auch: setzen lassen; aber nur: die Schüler sich setzen lassen; der **Setzer** (Schriftsetzer); die **Setzerei;** die **Setzerin,** die Setzerinnen; der **Setzkasten,** die ...kästen; der **Setzling** (junge Pflanze); die **Setzmaschine;** die **Setzung**
Seu·che, die: -, -n (sich rasch ausbreitende Infektionskrankheit); die **Seuchenbekämpfung;** die **Seuchengefahr;** der **Seuchenherd**
seuf·zen: (stöhnen, tief aufatmen); du seufzt; der **Seufzer:** ein tiefer Seufzer
Sex *engl.*, der: -(es) (Geschlechtlichkeit); der **Sexappeal** *[ßekßäpil]* (sexuelle Anziehungskraft); auch: der **Sex-Appeal;** der **Sexfilm;** das **Sexmagazin;** der **Sexshop** *[...schop]*; das **Sexualdelikt;** die **Sexualerziehung;** die **Sexualität;** der **Sexualtrieb;** das **Sexualverbrechen; sexuell; sexy** (erotisch reizvoll)
Sex·tant *lat.*, der: -en, -en (Winkelmessinstrument zur Ortsbestimmung)
Sex·tett *ital.*, das: -(e)s, -e (Musikstück für sechs Stimmen oder Instrumente)
se·zie·ren *lat.*: eine Leiche sezieren (öffnen, zergliedern); das **Seziermesser;** → Sektion
S-för·mig: (in Form eines S); auch: **s-förmig**
Sha·ker *engl. [scheker]*, der: -s, - (Mixbecher); der **Shake,** die Shakes (Mischgetränk)
Sham·poo *engl. [schampu]*, das: -s, -s (Haarwaschmittel); auch: das **Shampoon; shampoonieren;** auch: **schamponieren**
Share·ware *engl. [schärwär]*, die: -, -s (Software zum Testen)
She·riff *engl. [scherif]*, der: -s, -s (Polizeibeamter in den USA)
Shirt *engl. [schört]*, das: -s, -s (Baumwollhemd); das **T-Shirt**
Shop *engl. [schop]*, der: -s, -s (Geschäft); **shoppen** (einen Einkaufsbummel machen); das **Shoppingcenter** *[schoping-ßänter]* (Einkaufszentrum); auch: das **Shopping-Center**
Shorts *Pl. engl. [schortß]*, die: - (kurze Sommerhose)
Short·sto·ry *engl. [schortßtori]*, die: -, -s (Kurzgeschichte); auch: die **Short Story**
Show *engl. [scho]*, die: -, -s (Unterhaltungssendung, Schau); der **Show-down** *[...daun]; auch: der* **Showdown;** das **Showgeschäft;**

das **Showgirl** *[...görl]* (Tänzerin in einer Show); der **Showman** *[...män]* (ein im Showgeschäft Tätiger); der **Showmaster** (Unterhaltungskünstler); die **Showmasterin**

Shrimp *engl. [schrimp]*, der: -s, -s (kleine Krabbe); auch: der **Schrimp**

sich: er verrechnete sich – sich freuen – an und für sich (eigentlich) – von sich aus

Si·chel, die: -, -n (Mähmesser); **sichelförmig; sicheln** (mit der Sichel abschneiden)

si·cher: ich bin sicher (überzeugt), dass er kommt – sicher sein/werden – er ist ein sicherer (geübter) Fahrer – hier ist er vor seinen Verfolgern sicher (geschützt) – er hat einen sicheren (festen) Verdienst – er wird sicher (sicherlich) bald gehen – eine sichere (ruhige) Hand haben – er tritt sicher (selbstbewusst) auf – auf Nummer sicher gehen (nichts wagen) – auf Nummer sicher sein; aber: es ist das Sicherste, jetzt zu gehen – im Sichern (geborgen) sein; **sichergehen** (Gewissheit haben); aber: über den Steig könnt ihr sicher (ohne Gefahr) gehen; die **Sicherheit;** der **Sicherheitsabstand;** die **Sicherheitsbehörde;** der **Sicherheitsgurt; sicherheitshalber;** die **Sicherheitsmaßnahme;** die **Sicherheitsnadel;** die **Sicherheitsorgane** *Pl.*; das **Sicherheitsrisiko;** das **Sicherheitsschloss,** die ...schlösser; das **Sicherheitsventil; sicherlich** (gewiss); **sichermachen;** auch: sicher machen; **sichern; sicherstellen:** die Polizei hat das Fahrrad sichergestellt; die **Sicherstellung;** die **Sicherung; sicherwirkend:** ein sicherwirkendes Medikament; auch: sicher wirkend

Sicht, die: -; in Sicht sein/kommen – oben ist eine gute Sicht – auf lange Sicht (für längere Zeit) – aus meiner Sicht (von meinem Standpunkt aus) – er ist in Sicht (Sichtweite); **sichtbar;** die **Sichtbarkeit; sichten:** ich werde meine Unterlagen sichten (durchsehen) – ein Flugzeug sichten (erblicken); **sichtlich:** er war sichtlich (offenkundig, deutlich) verlegen; die **Sichtung;** die **Sichtverhältnisse** *Pl.*; der **Sichtvermerk;** die **Sichtweise;** die **Sichtweite;** → sehen

si·ckern: Wasser sickert (fließt langsam) in den Boden – Blut sickert aus der Wunde; die **Sickergrube**; das **Sickerwasser**

Side·board *engl. [ßaidbord]*, das: -s, -s (Anrichte, Geschirrschrank)

sie: sie ist heute krank – wir mögen sie alle; **Sie:** jemanden mit Sie anreden; → sietzen

Sieb, das: -(e)s, -e (Filter, Seiher); der **Siebdruck** (Druckverfahren); **sieben:** er siebt Sand – bei der Prüfung wurde stark gesiebt (eine strenge Auswahl getroffen)

sie·ben: wir sind zu sieben; auch: wir sind zu siebent/siebt – sieben auf einen Streich – die sieben Sakramente – die sieben Weltwunder – *im siebten Himmel* (überglücklich) *sein*; aber: die Sieben Schwaben; die **Sieben** (Zahl); **siebeneckig;** auch: **7-eckig; siebeneinhalb; siebenfach;** auch: **7fach** oder: **7-fach;** das **Siebenfache;** auch: das **7fache** oder: das **7-Fache; siebengescheit** (überklug); **siebenhundert; siebenjährig:** ein siebenjähriges Mädchen; aber: der Siebenjährige Krieg; auch: **7-jährig; siebenköpfig;** auch: **7-köpfig; siebenmal;** auch: **7-mal;** die **Siebenmeilenstiefel** *Pl.*; die **Siebensachen** *Pl.*: wo hast du deine Siebensachen (Habseligkeiten)? – *seine Siebensachen packen* (ausziehen, einen Ort verlassen); der **Siebenschläfer** (Nagetier, Kalendertag: 27. Juni); **siebenstellig;** auch: **7-stellig; siebentägig;** auch: **7-tägig; siebentausend;** das **Sieb(en)tel; sieb(en)tens; siebzehn; siebzig; siebzigjährig;** auch: **70-jährig**

sie·chen: sie siecht dahin (leidet lange); **siech:** alt und siech (gebrechlich, krank); das **Siechenhaus,** die ...häuser; das **Siechtum**

sie·deln: (sich ansässig machen); der **Siedler;** die **Siedlerin,** die Siedlerinnen; die **Siedlung** (Ort, Niederlassung); die **Siedlungsdichte;** das **Siedlungsgebiet;** das **Siedlungsland**

sie·den: du siedest, er siedete/sott, er hat gesiedet/gesotten, sied(e)! (kochen, zum Kochen bringen); es ist siedend heiß; die **Siedehitze;** der **Siedepunkt;** → Sud

Sie·gel *lat.*, das: -s, -; ein Siegel (einen Stempel) auf etwas drücken – das Siegel (den Briefverschluss) aufbrechen – *jemandem Brief und Siegel* (jede Garantie) *geben* – *etwas unter dem Siegel der Verschwiegenheit* (bei strengster Geheimhaltung) *mitteilen*; der **Siegellack; siegeln:** einen Brief siegeln; der **Siegelring;** die **Sieg(e)lung**

sie·gen: unsere Mannschaft wird gewiss siegen (gewinnen); der **Sieg;** der **Sieger;** die **Siegerehrung;** die **Siegerin,** die Siegerinnen; die **Siegermacht,** die ... mächte; das **Siegerpodest; siegesbewusst;** die **Siegesfeier;** die **Siegesfreude; siegesgewiss; siegesgewohnt;** der **Siegespreis;** die **Siegessäule; siegessicher;** das **Siegestor;** der **Sieg(es)treffer; siegestrunken;** der **Siegeswille;** der **Siegeszug,** die ... züge; **sieggewohnt; sieghaft; sieglos;** die **Siegprämie; siegreich**

sie·he!: ⟨s.⟩: siehe da! – siehe oben! ⟨s. o.⟩ – siehe unten ⟨s. u.⟩; auch: **sieh!**

sie·zen: jemanden siezen (mit „Sie" anreden)

Sight·see·ing *engl. [ßaitßiing]*, das: -(s), -s (Besichtigung von Sehenswürdigkeiten)

Sig·nal (Si·gnal) *lat.*, das: -s, -e (Zeichen, Hinweis, Alarm); die **Signalfarbe;** das **Signalfeuer; signalisieren:** eine Nachricht signalisieren; die **Signallampe;** der **Signalmast**

Sig·na·tur (Si·gna·tur) *lat.*, die: -, -en (Zeichen, abgekürzter Namenszug); **signieren:** der Schriftsteller signiert seinen Roman; **signifikant** (bezeichnend, charakteristisch, wesentlich); das **Signum,** die Signa (Zeichen, abgekürzte Unterschrift)

Sil·be *griech.*, die: -, -n (kleinste Sprecheinheit eines Wortes); jemandem keine Silbe (kein Wort) glauben – *etwas mit keiner Silbe erwähnen* (etwas völlig verschweigen); das **Silbenrätsel;** die **Silbentrennung; ... silbig:** einsilbig – dreisilbig

Sil·ber ⟨Ag⟩, das: -s (Edelmetall); ein Ring aus Silber – *Reden ist Silber, Schweigen ist Gold*; das **Silberbesteck;** das **Silbererz;** das **Silbergeschirr;** der **Silberglanz; silbergrau; silberhell;** die **Silberhochzeit** (25. Jahrestag der Hochzeit); **silb(e)rig;** der **Silberling:** *jemanden für dreißig Silberlinge* (für wenig Geld) *verraten*; die **Silbermedaille** *[...medalje]*; die **Silbermünze; silbern** (aus Silber, wie Silber): das silberne Licht des Mondes – etwas silbern färben – die silberne Hochzeit; das **Silberpapier;** der **Silberschmied;** die **Silberschmiedin;** der **Silberstreif(en):** ein Silberstreif (Hoffnungsschimmer) am Horizont; **silberweiß;** das **Silberzeug**

Sil·hou·et·te *franz. [siluäte]*, die: -, -n (Schattenbild, Profil)

Si·lo *span.*, das/der: -s, -s (großer Speicher, Behälter); die **Silage** *[silasche]* (Silofutter); **silieren** (im Silo einlagern); das **Silofutter;** der **Siloturm,** die ... türme

Sil·ves·ter *[silwester]*, der/das: -s, - (letzter Tag des Jahres: 31. Dezember); der **Silvesterabend;** der **Silvesterball,** die ... bälle; die **Silvesterfeier;** die **Silvesternacht,** die ... nächte

SIM-Kar·te, die: -, -n (Chipkarte für Handys)

sim·pel *franz.*: das ist eine simple (einfache, leichte) Aufgabe – ein simples (einfältiges) Gemüt; der **Simpel** (Dummkopf); **simplifizieren** (vereinfachen); die **Simplifizierung**

Sims *lat.*, der/das: -es, -e (Gesims, Leiste)

si·mu·lie·ren *lat.*: (heucheln, vortäuschen, sich verstellen); der **Simulant;** die **Simulantin,** die Simulantinnen; die **Simulation**

si·mul·tan *lat.*: (gleichzeitig, gemeinsam); der **Simultandolmetscher**

sind: → sein

Sin·fo·nie *griech.*, die: -, Sinfonien (Musikwerk für Orchester); auch: die **Symphonie;** das **Sinfoniekonzert;** auch: das **Symphoniekonzert;** das **Sinfonieorchester;** auch: das **Symphonieorchester; sinfonisch;** auch: **symphonisch**

sin·gen: du singst, er sang, sie hat gesungen, sing(e)!; ein Lied singen – der Dieb hat bei der Polizei gesungen (gestanden) # sinken; die **Singerei;** der **Singkreis** (kleiner Chor); der **Singsang** (einfacher Gesang); das **Singspiel;** die **Singstimme;** die **Singstunde;** der **Singvogel,** die ... vögel

Sin·gle (Sing·le) *engl. [ßingl]*, die: -, -s (kleine Schallplatte); der **Single** (alleinstehender Mensch); das **Single** (Einzelspiel)

Sin·gu·lar ⟨Sing.⟩ *lat.*, der: -s, -e (Sprachlehre: Einzahl); **singulär** (selten, vereinzelt)

sin·ken: du sinkst, er sank, sie ist gesunken, sink(e)!; müde in den Stuhl sinken (sich fallen lassen) – vor jemandem auf die Knie sinken – vor Scham in die Erde sinken – die Sonne sinkt – sie sinkt in Ohnmacht (wird ohnmächtig) – in den Schlaf sinken (einschlafen) – das Thermometer sinkt – den Mut sinken lassen – die Aktien sinken (verlieren an Wert) # singen; die **Sinkstoffe** *Pl.*

Sinn, der: -(e)s, -e; der Sinn (die Aussage) eines Gedichts – die fünf Sinne des Menschen (Sehen, Hören, Riechen, Schmecken, Fühlen) – ihm schwanden die Sinne (er wurde ohnmächtig) – einen Sinn (ein Gefühl, Verständnis) für Kunst haben – etwas ohne Sinn und Verstand (ohne jede

Überlegung) machen – dem Sinn nach (sinngemäß) – im Sinne des Gesetzes (wie es das Gesetz vorschreibt) – einen aufrechten Sinn (eine aufrechte Gesinnung) haben – es hat keinen Sinn (Zweck), länger zu warten – *nicht bei Sinnen* (nicht bei klarem Verstand) *sein* – *etwas im Sinn haben* (etwas beabsichtigen) – *seine fünf Sinne zusammennehmen* (sich konzentrieren, aufpassen) – *sich etwas aus dem Sinn schlagen* (etwas aufgeben) – *in den Sinn kommen* (einfallen) – *aus den Augen, aus dem Sinn*; das **Sinnbild** (Zeichen, bildhafter Ausdruck); **sinnbildlich** (bildlich, nicht wörtlich); **sinnen** (nachdenken, grübeln): auf Rache sinnen; **sinnenfroh; sinnentleert; sinnentstellend;** die **Sinnesart** (Denkweise); der **Sinneseindruck;** das **Sinnesorgan;** die **Sinnestäuschung** (Einbildung); der **Sinneswandel; sinnfällig** (anschaulich); der **Sinngehalt** (Bedeutung); **sinngemäß** (dem Sinn entsprechend, nicht wörtlich); **sinnieren** (in Nachdenken versunken sein); **sinnig** (sinnvoll, überlegt); **sinnlich** (wahrnehmbar, triebhaft, genussfreudig); die **Sinnlichkeit; sinnlos:** ein sinnloses (unsinniges, nutzloses) Unternehmen – er war sinnlos (übermäßig) betrunken; der **Sinnspruch; sinnverwandt; sinnverwirrend; sinnvoll; sinnwidrig** (widersinnig); der **Sinnzusammenhang,** die ... zusammenhänge

Sint·flut, die: - (biblische Flutkatastrophe zur Vernichtung allen Lebens auf Erden); auch: die **Sündflut; sintflutartig;** auch: **sündflutartig**

Si·nus ⟨sin⟩ *lat.,* der: -, -/-se (Winkelfunktion im rechtwinkligen Dreieck); die **Sinuskurve**

Si·phon *franz. [sifõ],* der: -s, -s (Verschluss bei Wasserausgüssen); der **Siphonverschluss,** die ... verschlüsse

Sip·pe, die: -, -n (Gruppe, Familie, die Blutsverwandten); die **Sippenhaftung;** die **Sippschaft** (Familie, Gruppe, Gesindel)

Si·re·ne *griech.,* die: -, -n (Alarmgerät, Warnanlage); das **Sirenengeheul**

sir·ren: ein sirrendes (feines, hell klingendes) Geräusch

Sir·ta·ki *griech.,* der: -, -s (griechischer Volkstanz)

Si·rup *arab.,* der: -s, -e (eingedickter Saft); das **Sirupglas**

Si·sal, der: -s (eine Pflanzenfaser); die **Sisalmatte;** der **Sisalteppich**

Si·sy·phus·ar·beit, die: - (vergebliche Arbeit)

Sit-in *engl.,* das: -(s), -s (Sitzstreik, Demonstration durch Sitzen); auch: das **Sitin**

Sit·te, die: -, -n; überall sind die Sitten (Bräuche) anders – er hat keine guten Sitten (kein Benehmen); die **Sittenlehre; sittenlos** (unanständig); die **Sittenlosigkeit;** die **Sittenpolizei; sittenstreng;** der **Sittenstrolch** (Sittlichkeitsverbrecher); der **Sittenverfall; sittenwidrig; sittlich** (anständig, moralisch); die **Sittlichkeit;** das **Sittlichkeitsverbrechen; sittsam** (sehr bescheiden, tugendhaft); die **Sittsamkeit**

Sit·tich, der: -s, -e (kleiner Papageienvogel)

Si·tu·a·ti·on *lat.,* die: -, -en; er befindet sich in einer unangenehmen Situation (Lage); **situationsbedingt; situationsgerecht; situativ; situiert:** sie ist gut situiert (sie lebt in guten Verhältnissen)

sit·zen: du sitzt, er saß, sie hat gesessen, sitz(e)!; auf seinem Platz sitzen (hocken) – gerade sitzen – er sitzt lange an dieser Arbeit – über den Büchern sitzen (lesen, studieren) – der Anzug sitzt (passt) gut – er sitzt im Gefängnis (er ist eingesperrt) – *einen sitzen haben* (betrunken sein); der **Sitz:** einen Sitz (Platz, Stuhl) reservieren – den Sitz (die Sitzfläche) hochklappen – der Sitz (Ort) der Regierung – der Sitz (die Passform) des Anzugs – auf einen Sitz (auf einmal); die **Sitzecke; sitzenbleiben** (nicht versetzt werden); auf den Waren sitzenbleiben (sie nicht verkaufen können); auch: sitzen bleiben; aber nur: sitzen bleiben (nicht aufstehen); der **Sitzenbleiber;** die **Sitzenbleiberin,** die ... bleiberinnen; **sitzenlassen:** jemanden sitzenlassen (im Stich lassen) – einen Vorwurf nicht auf sich sitzenlassen; auch: sitzen lassen; aber nur: jemanden sitzen lassen (z. B. auf der Bank); die **Sitzfläche;** das **Sitzfleisch:** *kein Sitzfleisch haben* (nicht lange still sitzen können); die **Sitzgelegenheit;** das **Sitzkissen;** das **Sitzmöbel;** die **Sitzordnung;** der **Sitzplatz;** der **Sitzstreik;** die **Sitzung** (Beratung, Tagung); der **Sitzungssaal,** die ... säle; das **Sitzungszimmer**

Ska·la *lat.,* die: -, Skalen/-s (Maßeinteilung, Stufenfolge, Reihe); der **Skalenzeiger**

Skal·pell *lat.,* das: -s, -e (Messer des Chirurgen)

skal·pie·ren *engl.*: (die Kopfhaut mit Haaren abziehen); der **Skalp** (abgezogene Kopfhaut des Gegners als Siegeszeichen)

Skan·dal *griech.*, der: -s, -e (ärgerliches Vorkommnis, Ärgernis, Schande); **skandalös** (unerhört, anstößig); die **Skandalpresse**

Skan·di·na·vi·en *[...wien]*: -s (Teil Nordeuropas); der **Skandinavier;** die **Skandinavierin,** die Skandinavierinnen; **skandinavisch**

Skat *lat.*, der: -(e)s (Kartenspiel); Skat spielen; der **Skatabend;** die **Skatpartie;** die **Skatrunde;** das **Skatspiel;** das **Skatturnier**

Skate·board *engl. [ßketbord]*, das: -s, -s (Rollbrett); der **Skateboarder; skaten**

Ske·lett *griech.*, das: -(e)s, -e (Gerippe, Knochengerüst); der **Skelettbau**

Skep·sis *griech.*, die: -; etwas mit Skepsis (Zweifel, Misstrauen, Vorbehalt) betrachten; der **Skeptiker; skeptisch**

Sketsch *engl. [ßketsch]*, der: -(e)s, -e (kurze Bühnenszene mit Schlusspointe im Kabarett bzw. Varietee); auch: der **Sketch**

Ski *[schi]*, der: -s, -/-er; Ski fahren/laufen; auch: der **Schi;** der **Skibob;** auch: der **Schibob;** der **Skipass;** auch: der **Schipass;** das **Skispringen;** auch: das **Schispringen**

Skin·head *engl. [ßkinhed]*, der: -s, -s (Jugendlicher mit kahl geschorenem Kopf)

Skiz·ze *ital.*, die: -, -n (flüchtiger Entwurf, stichpunktartige Aufzeichnung); der **Skizzenblock; skizzenhaft; skizzieren;** die **Skizzierung**

Skla·ve *slaw. [ßklawe, ßklafe]*, der: -n, -n (unfreier Mensch, leibeigener Diener); die **Sklavenarbeit;** der **Sklavenhandel;** das **Sklaventum;** die **Sklaverei;** die **Sklavin,** die Sklavinnen; **sklavisch:** ein sklavischer (blinder, unbedingter) Gehorsam – sich sklavisch (ohne eigene Ideen) an etwas halten

Skon·to *ital.*, das/der: -s, -s/Skonti (Preisnachlass, Zahlungsabzug)

Skor·pi·on *griech.*, der: -s, -e (krebsähnliches Spinnentier, ein Sternbild)

Skrip·tum *lat.*, das: -s, Skripten (Schriftstück, Manuskript); das **Skript** (Drehbuch)

Skru·pel *lat.*, der: -s, -; keine Skrupel (Bedenken, Gewissensbisse) kennen – ohne Skrupel (gewissenlos); **skrupellos;** die **Skrupellosigkeit**

Skulp·tur *lat.*, die: -, -en (Werk eines Bildhauers, Plastik)

skur·ril *lat.*: (komisch, verschroben, drollig); die **Skurrilität**

S-Kur·ve, die: -, -n (zwei aufeinanderfolgende scharfe Kurven); die Straße macht eine S-Kurve; **S-Kurven-reich**

Sla·lom *norweg.*, der: -s, -s (Torlauf beim Skisport); Slalom fahren/laufen; der **Slalomkurs;** der **Slalomlauf,** die ... läufe

Slang *engl. [släng]*, der: -s, -s (lässige Alltagssprache, Umgangssprache)

s-Laut, der: -(e)s, -e

Slip *engl.*, der: -s, -s (kurze Unterhose, Schlüpfer); der **Slipper** (bequemer Schlupfschuh)

Slo·gan *engl. [ßlogn, ßlougn]*, der: -s, -s (Schlagwort, Werbespruch, Motto)

Slo·wa·kei, die: - (Staat in Osteuropa); der **Slowake;** die **Slowakin,** die Slowakinnen; **slowakisch**

Slo·we·ni·en: - (Staat in Osteuropa); der **Slowene;** die **Slowenin,** die Sloweninnen; **slowenisch**

Slums *Pl. engl. [ßlamß]*, die: - (Elendsviertel)

Small·talk *engl. [ßmoltok]*, der: -s, -s (leichtes Gespräch, Gerede); auch: der **Small Talk**

Sma·ragd *griech.*, der: -(e)s, -e (grüner Edelstein); **smaragden; smaragdgrün**

smart *engl.*: (gewandt, durchtrieben)

Smog *engl.*, der: -(s), -s (Dunstglocke über Industriestädten); der **Smogalarm**

Smo·king *engl.*, der: -s, -s (Gesellschaftsanzug für Herren)

SMS = Short Message Service (Kurzmitteilung über Handy)

SMV = Schülermitverwaltung

Snack·bar *engl. [ßnäkbar]*, die: -, -s (Imbissstube, Schnellgaststätte); der **Snack** (Imbiss)

Snob *engl.*, der: -s, -s (sich überlegen, vornehm gebender Mensch, der auf andere herabblickt); **snobistisch** (eingebildet)

Snow·board *engl. [ßnobort]*, das: -s, -s (ein Wintersportgerät); **snowboarden**

s. o. = sieh(e) oben

so: so (auf diese Weise) geht es nicht – so sein/bleiben/werden – etwas so sehen – so gesehen – bald so, bald so – so klein wie ein Zwerg – so (wirklich)? – so und nicht anders – *wie du mir, so ich dir* – so (falls) ich dann noch lebe – und so weiter ⟨usw.⟩ – so oder so (in jedem Fall) – ich habe mich so (sehr) darauf gefreut! – so (von dieser Art) ist er nun einmal – so (etwa, ungefähr) um zwölf Uhr – so viel Arbeit – so viele – so ein Pech! – gut so! – so wahr mir Gott helfe! – es ist so weit – das kann ich so wenig wie du; **sobald:** sobald (gleich wenn) du kannst, schreibe mir!; aber: sie wird so bald nicht kommen – so bald wie/als möglich; **sodann** (danach); **sodass;** auch: **so dass; soeben** (gerade jetzt); **sofern** (wenn, falls); aber: das liegt mir so fern, dass ...; **sofort:** sie kommt sofort; aber: sie lebt immer so fort (immer so weiter); **sogar** (auch, selbst); aber: er hat so gar kein Glück; **sogenannt** (allgemein so bezeichnet); auch: so genannt; aber nur: er wurde so genannt; **sogleich** (sofort); aber: sie sind sich so gleich, dass; **solang(e):** solange die Schule dauert; aber: ich bleibe nicht so lange; **somit** (also, folglich); **sooft:** sooft du kommst, freue ich mich; aber: ich komme nicht mehr so oft; **sosehr:** sosehr du auch bittest; aber: er bat mich so sehr; **soundso:** soundso lang; **soundsovielmal;** auch: soundso viel Mal (bei besonderer Betonung); **soviel:** soviel ich weiß, ist er krank; aber: so viel wie (ebenso viel) – noch einmal so viel; **sovielmal;** auch: so viel Mal (bei besonderer Betonung); **soweit:** soweit ich es beurteilen kann, stimmt alles; aber: ich springe nicht so weit wie du – so weit wie/als möglich; **sowie** (auch, sobald); aber: mach es so wie ich; **sowieso** (auf alle Fälle); **sowohl:** sowohl... als auch – sowohl heute wie morgen; aber: er fühlt sich so wohl, dass ...; das **Sowohl-als-auch; sozusagen** (gewissermaßen)

So·cke, die: -, -n (kurzer Strumpf); *sich auf die Socken machen* (aufbrechen) – *von den Socken* (überrascht) *sein*; auch: der **Socken;** das **Söckchen**

So·ckel, der: -s, - (Fundament, Unterbau)

So·da *span.*, das: -s (Mineralwasser); auch: das **Sodawasser**

Sod·bren·nen, das: -s (anhaltendes Brennen in der Speiseröhre und im Magen)

So·fa *arab.*, das: -s, -s (gepolstertes, breites Sitzmöbel); die **Sofaecke;** das **Sofakissen**

Soft·eis, das: -es (sahniges Speiseeis); der **Softdrink** (alkoholfreies Getränk); auch: der **Soft Drink;** der **Softrock** (Rockmusik); auch: der **Soft Rock;** die **Software** *[softwär]* (Programme in der Datenverarbeitung)

Sog, der: -(e)s, -e (saugende Strömung); der Sog (starker Einflussbereich) einer Großstadt – der Sog eines Strudels; → saugen

Soh·le *lat.*, die: -, -n; Blasen an den Sohlen (Fußsohlen) – Sohlen aus Leder – auf leisen Sohlen (unbemerkt) – die Sohle des Tales # Sole; **sohlen:** Schuhe sohlen (besohlen)

Sohn, der: -(e)s, Söhne; keine Söhne (männliche Nachkommen) haben; das **Söhnchen**

So·ja·boh·ne, die: -, -n (asiatische Bohnenart); das **Sojamehl**; die **Sojasoße**

so·lar *lat.*: (von der Sonne herrührend, mit Sonnenenergie betrieben); das **Solarauto;** die **Solarbatterie;** die **Solarenergie;** das **Solarium,** die Solarien (Anlage für künstliche Sonnenbäder); das **Solarkraftwerk;** die **Solartechnik;** die **Solarzelle**

solch: solch hilfsbereite Menschen – solch herrliche Häuser – solch ein Pech!; **solche:** solche herrlichen Häuser – solche und solche; **solcher:** ein solcher ist mir unbekannt; **solcherart; solcherlei:** solcherlei (so ähnliche) Sachen; **solchermaßen; solches**

Sold *lat.*, der: -(e)s, -e (Soldatenlohn, Löhnung); der **Soldat; soldatisch;** das **Soldbuch,** die ...bücher; der **Söldner** (Soldat, der gegen Bezahlung Kriegsdienste ausübt)

So·le, die: -, -n (kochsalzhaltiges Wasser) # Sohle; das **Solbad;** das **Solei** (Ei in Salzbrühe)

so·li·da·risch *lat.*: (gemeinsam, eng verbunden); ich bin mit euch solidarisch (halte mit euch zusammen); der **Solidarbeitrag;** die **Solidargemeinschaft;** sich **solidarisieren** (sich zusammentun, gemeinsame Sache machen); die **Solidarisierung;** die **Solidarität**

so·li·de *lat.*: ein solides (haltbares) Haus – eine solide (gediegene) Arbeit – sie lebt solide (rechtschaffen); auch: **solid;** die **Solidität**

sol·len: was soll ich tun? – was soll (bewirkt, nützt) das alles? – was soll's? (es ist gleichgültig) – soll er doch (meinetwegen)! – sollte es regnen (für den Fall, dass es regnet), fahren wir nicht – hoch soll er leben!; das **Soll** (Verpflichtung, Zwang): er hat sein Soll (seine Norm) erfüllt – Soll und Haben (die beiden Seiten eines Kontos)

So·lo *ital.*, das: -s, -s/Soli (Einzelstimme, Einzelvortrag, Einzelspiel); ein Solo singen; der **Solist;** die **Solistin,** die Solistinnen; **solo** (allein, ohne Begleitung); der **Sologesang,** die ...gesänge; der **Solotanz,** die ...tänze

sol·vent *lat.* *[solwent]:* der Käufer ist nicht sol-

N O P Q R **S**

vent (zahlungsfähig); die **Solvenz**

Som·mer, der: -s, - (die wärmste Jahreszeit); ein heißer Sommer – Sommer wie Winter (zu jeder Jahreszeit); der **Sommerabend;** der **Sommerfahrplan,** die ...pläne; die **Sommerferien** *Pl.*; die **Sommerfrische** (Urlaub im Sommer); das **Sommerkleid; sommerlich:** sommerliche Temperaturen; der **Sommermonat;** die **Sommernacht,** die ... nächte; der **Sommerregen; sommers** (im Sommer): sommers wie winters; die **Sommersaat;** der **Sommerschlussverkauf;** die **Sommersprosse; sommersprossig;** die **Sommer(s)zeit; sommertags**

So·na·te *ital.*, die: -, -n (ein Musikstück)

Son·de *franz.*, die: -, -n (Instrument zum Einführen in den Körper); **sondieren** (auskundschaften, erforschen); die **Sondierung;** das **Sondierungsgespräch**

sonder: sonder (ohne) Furcht; das **Sonderangebot; sonderbar** (merkwürdig, seltsam); **sonderbarerweise;** der **Sonderdruck,** die ... drucke; die **Sonderfahrt;** der **Sonderfall,** die ...fälle (Ausnahme); **sondergleichen:** eine Frechheit sondergleichen (außergewöhnliche Frechheit); die **Sonderheit:** in Sonderheit (besonders); das **Sonderkommando; sonderlich:** ein sonderlicher (seltsamer) Mensch – er zeigt keine sonderliche (keine besonders große) Freude; der **Sonderling** (Einzelgänger, Außenseiter); der **Sondermüll** (Müll mit gefährlichen Giftstoffen); **sondern:** nicht ich, sondern (vielmehr) du – nicht nur, sondern auch; **sondern:** Spreu vom Weizen sondern (trennen); die **Sondernummer;** der **Sonderrabatt;** die **Sonderration** (zusätzliche Ration); das **Sonderrecht;** die **Sonderregelung; sonders:** samt und sonders (vollständig, ohne Ausnahme); die **Sondersendung;** die **Sonderstellung;** die **Sondersteuer;** der **Sonderurlaub;** der **Sonderwunsch,** die ... wünsche; der **Sonderzug,** die ... züge

So·nett *ital.*, das: -(e)s, -e (eine Gedichtform)

Song *engl.*, der: -s, -s (Schlagerlied, Sprechgesang)

Sonn·abend ⟨Sa.⟩, der: -s, -e (Samstag); **sonnabendlich; sonnabends**

Son·ne, die: -, -n; in der Sonne sitzen – die Sonne geht auf – Sonne, Mond und Sterne – *Sonne im Herzen haben* (ein fröhlicher Mensch sein); sich **sonnen:** sie sonnt sich am Strand (liegt in der Sonne) – sich in seinem Ruhm sonnen (ihn auskosten); **sonnenarm:** eine sonnenarme Zeit; der **Sonnenaufgang,** die ... aufgänge; das **Sonnenbad,** die ... bäder; **sonnenbaden;** die **Sonnenblume;** der **Sonnenbrand,** die ... brände; die **Sonnenbräune;** die **Sonnenbrille;** die **Sonnencreme;** auch: ... **krem(e); sonnendurchflutet;** die **Sonnenenergie;** die **Sonnenfinsternis,** die ... finsternisse; die **Sonnenflecken** *Pl.*; **sonnengebräunt; sonnenklar** (ganz, völlig klar); der **Sonnenkollektor** (Gerät zur Wärmegewinnung aus Sonnenenergie); das **Sonnenlicht;** der **Sonnenschein;** der **Sonnenschirm;** der **Sonnenstich:** *einen Sonnenstich haben* (nicht ganz bei Verstand sein); der **Sonnenstrahl;** die **Sonnenuhr;** der **Sonnenuntergang,** die ... untergänge; **sonnenverbrannt;** die **Sonnenwärme;** die **Sonn(en)wendfeier; sonnig:** ein sonniger Tag – ein sonniges (heiteres) Gemüt haben

Sonn·tag ⟨So.⟩, der: -(e)s, -e (Wochentag, Ruhetag); der **Sonntagabend; sonntagabends;** auch: sonntags abends; **sonntäglich:** sonntäglich (festlich) gekleidet sein – eine sonntägliche Stille; **sonntags** (an Sonntagen): sonntags sind die Geschäfte geschlossen – sonn- und feiertags; die **Sonntagsarbeit;** der **Sonntagsfahrer;** das **Sonntagskind** (Glückskind); die **Sonntagsruhe**

Son·ny·boy *engl. [saniboi]*, der: -s, -s (junger sympathischer Mann)

so·nor *lat.*: eine sonore (wohlklingende, tiefe) Stimme; die **Sonorität**

sonst: sonst (außerdem) niemand? – sonst ein – sonst etwas – sonst was – sonst wer/jemand – sonst wie – sonst wo – sonst woher – sonst wohin – er und sonst keiner – du bist doch sonst (für gewöhnlich) nicht so – was soll ich sonst (anderes) tun? – schreibe mir, sonst (andernfalls) bin ich dir böse – sonst (zu anderer Zeit) war er immer da; **sonstig:** alle sonstigen (anderen, übrigen) Ausgaben übernehme ich; aber: das Sonstige

So·pran (Sop·ran) *ital.*, der: -s, -e (hohe Frauen- oder Knabenstimme); der **Sopranist;** die **Sopranistin,** die Sopranistinnen; die **Sopranstimme**

Sor·bet *arab. [sorbet, sorbe]*, der/das: -s, -s

(eisgekühltes Getränk, Halbgefrorenes); auch: der/das **Sorbett**

sor·gen, sich: ich sorge (ängstige) mich um deine Gesundheit – sich um seine kranken Eltern sorgen (kümmern) – er sorgt für Ruhe; die **Sorge:** Sorge tragen – die Sorge (Pflege) für die Kranken; **sorgenfrei;** das **Sorgenkind; sorgenlos; sorgenschwer; sorgenvoll;** das **Sorgerecht;** die **Sorgfalt; sorgfältig; die Sorgfältigkeit; sorglos:** ein sorgloses (unbekümmertes) Leben führen – er geht sorglos (unachtsam) mit seinen Büchern um; die **Sorglosigkeit; sorgsam** (schonend, gewissenhaft); die **Sorgsamkeit**

Sor·te *lat.*, die: -, -n (Art, Gattung, Güteklasse); eine milde Sorte – die billigste Sorte Wurst; **sortenrein; sortieren:** nach der Größe sortieren (ordnen); der **Sortierer;** die **Sortiererin;** die **Sortiermaschine;** die **Sortierung;** das **Sortiment** (Warenangebot)

SOS = internationales Seenotzeichen; das **SOS-Kinderdorf;** der **SOS-Ruf**

So·ße, *franz.*, die: -, -n (Brühe, Tunke); auch: die **Sauce;** der **Soßenlöffel;** auch: der **Saucenlöffel**

Souff·lé (Souf·flé) *franz. [sufle]*, das: -s, -s (Eierauflauf); auch: das **Soufflee**

Souff·leur (Souf·fleur) *franz. [suflör]*, der: -s, -e (Vorsager beim Theater); die **Souffleuse** *[suflöse]*; **soufflieren** (einsagen, vorsagen)

Soul *amerik. [ßol]*, der: -s (gefühlsbetonter Jazz)

Sound *engl. [ßaunt]*, der: -s, -s (Klangwirkung bei der Musik); die **Soundkarte**

Sou·per *franz. [supe]*, das: -s, -s (festliches Abendessen); **soupieren**

Sou·ta·ne *franz. [sutane]*, die: -, -n (Gewand der katholischen Geistlichen); auch: die **Sutane**

Sou·ter·rain *franz. [suterã]*, das: -s, -s; im Souterrain (Keller-, Untergeschoss) wohnen

Sou·ve·nir *franz. [suwenir]*, das: -s, -s (Andenken, Erinnerungsstück); der **Souvenirladen,** die ...läden

sou·ve·rän *franz. [suweränn]:* (unabhängig, überlegen, unumschränkt); der **Souverän** (Herrscher); die **Souveränität**

Sow·jet·uni·on ⟨SU⟩, die: - (ehemalige Großmacht ist Osteuropa); **sowjetisch**

so·zi·al *lat.*: die sozialen (gesellschaftlichen) Verhältnisse – die sozial Schwachen – er ist sozial (uneigennützig, wohltätig) eingestellt; das **Sozialamt,** die ... ämter; die **Sozialarbeit;** der **Sozialdemokrat;** die **Sozialdemokratie** (politische Parteirichtung); die **Sozialdemokratin,** die ...demokratinnen; **sozialdemokratisch;** die **Sozialfürsorge;** die **Sozialhilfe; sozialisieren** (verstaatlichen, in die Gesellschaft einordnen); die **Sozialisierung;** der **Sozialismus** (politische Bewegung, die eine klassenlose Gesellschaft anstrebt); der **Sozialist;** die **Sozialistin,** die Sozialistinnen; **sozialistisch;** die **Sozialkunde;** die **Soziallehre;** die **Sozialpädagogik;** der **Sozialstaat;** die **Sozialwohnung;** der **Soziologe;** die **Soziologie** (Lehre von den Zusammenhängen in der menschlichen Gesellschaft); die **Soziologin,** die Soziologinnen; **soziologisch;** der **Sozius,** die Sozien/Sozii/Soziusse (Geschäftsteilhaber, Beifahrer)

Spach·tel, der/die: -, -n (Werkzeug zum Auftragen bzw. Abkratzen von Farbe, Gips, Mörtel o.Ä.); der **Spachtelkitt;** die **Spachtelmasse; spachteln**

Spa·gat *ital.*, der/das: -(e)s, -e (gymnastische Figur: völliges Spreizen der Beine)

Spa·ghet·ti *Pl. ital.*, die: - (lange Fadennudeln); auch: die **Spagetti**

spä·hen: (genau, forschend blicken); um die Ecke spähen; der **Späher** (Kundschafter); die **Späherin,** die Späherinnen; der **Spähtrupp**

Spa·lier *ital.*, das: -s, -e; ein Spalier (eine Gitterwand zum Anbinden von Obstbaumzweigen) anbringen – er marschiert durch ein Spalier (eine Menschengasse) – *Spalier stehen* (sich in Form einer Gasse aufstellen); der **Spalierbaum,** die ...bäume; das **Spalierobst**

spal·ten: du spaltest, er spaltete, sie hat gespalten/gespaltet, spalte!; Holz spalten (zerkleinern) – einen Atomkern spalten – das Land ist in zwei Lager gespalten (geteilt); der **Spalt** (schmale Öffnung, Schlitz): die Tür einen Spalt weit öffnen; **spaltbar; spaltbreit:** eine spaltbreite Öffnung; der **Spaltbreit:** die Tür einen Spaltbreit öffenen; auch: einen Spalt breit; die **Spalte:** in der Mauer sind tiefe Spalten (Risse) zu sehen – der Bericht in der Zeitung nimmt zwei Spalten ein; die **Spaltung**

Span, der: -(e)s, Späne (Splitter, Abfall beim Bearbeiten eines Materials); das **Spänchen;** die **Spanplatte;** die **Spanschachtel**

Span·fer·kel, das: -s, - (junges Ferkel)

Span·ge, die: -, -n (Schließe, Haarnadel, Brosche); eine Spange im Haar tragen

Spa·ni·en: -s (Staat in Europa); der **Spanier;** die **Spanierin,** die Spanierinnen; **spanisch:** die spanische Sprache; aber: auf Spanisch

span·nen: ein Seil zwischen zwei Pfosten spannen (ziehen, straff befestigen) – die Brücke spannt (wölbt) sich über das Tal – er spannt Pferde vor den Wagen – die Bluse spannt (ist eng) – eine gespannte (unbehagliche, leicht feindselige) Atmosphäre – auf etwas gespannt (neugierig) sein – *jemanden auf die Folter spannen* (in Ungewissheit lassen); der **Spann** (Fußrücken, Rist); der **Spanndienst** (Frondienst); die **Spanne:** eine Spanne (ein Zeitraum) von zwei Jahren – eine Spanne (20 – 25 cm) breit – die Spanne (der Unterschied) zwischen Ein- und Verkaufspreis; **spannend:** eine spannende (fesselnde, mitreißende) Sendung; die **Spannkraft** (Energie); die **Spannung;** das **Spannungsfeld; spannungsgeladen:** eine spannungsgeladene (gereizte, gespannte) Lage; das **Spannungsmoment;** der **Spannungszustand;** die **Spannweite**

Span·ten *Pl.,* die: - (Bauteile zum Verstärken eines Schiffs- oder Flugzeugrumpfes)

spa·ren: Geld sparen (zurücklegen) – auf/für ein Auto sparen – diese Arbeit hätte er sich sparen (schenken) können – spare dir (unterlasse) deine Bemerkungen – *spare in der Zeit, so hast du in der Not*; der **Sparbrief;** das **Sparbuch,** die ...bücher; die **Sparbüchse;** die **Spareinlage;** der **Sparer;** die **Sparerin,** die Sparerinnen; die **Sparflamme:** *auf Sparflamme schalten* (sparsamer wirtschaften); der **Spargroschen;** das **Sparguthaben;** die **Sparkasse;** das **Sparkonto,** die ...konten; **spärlich** (kläglich, ärmlich); die **Sparmaßnahme;** das **Sparpaket;** der **Sparpfennig;** die **Sparprämie; sparsam;** die **Sparsamkeit;** das **Sparschwein;** der **Sparstrumpf,** die ...strümpfe; der **Sparvertrag,** die ...verträge; der **Sparzins**

Spar·gel, der: -s, - (ein Gemüse); das **Spargelbeet;** das **Spargelgemüse;** die **Spargelsuppe**

Spar·ren, der: -s, - (schräger Balken des Dachs); auch: die **Sparre**

Spar·ring *engl.,* das: -s (Boxtraining); der **Sparringspartner**

spar·ta·nisch: er lebt sehr spartanisch (enthaltsam, anspruchslos)

Spar·te, die: -, -n (Bereich, Abteilung, Fach)

spa·ßen: du spaßt – mit ihm ist nicht zu spaßen (er wird leicht böse); der **Spaß:** die Späße (Scherze) des Clowns – die Arbeit macht ihm viel Spaß (viel Freude) – Spaß beiseite! – *keinen Spaß verstehen* (humorlos sein); das **Späßchen; spaßeshalber** (rein aus Vergnügen); **spaßhaft; spaßig:** ein spaßiger (komischer) Mensch; der **Spaßmacher** (Witzbold, Narr); die **Spaßmacherin;** der **Spaßverderber; Spaßvogel,** die ...vögel (jemand, der gern Späße treibt)

spas·tisch *griech.*: (verkrampft, krampfartig); der **Spastiker;** die **Spastikerin,** die Spastikerinnen

spät: es ist schon spät – zu später (vorgerückter) Stunde – du kommst spät (unpünktlich) – von früh bis spät – später (nachher, eines Tages) werde ich schon kommen – ein später (überfälliger) Sommer; **spätabends;** der **Spätaussiedler;** die **Spätaussiedlerin;** der **Spätdienst;** der **Spätentwickler; späterhin; spätestens; spätgeboren;** auch: spät geboren; der **Spätheimkehrer;** der **Spätherbst;** die **Spätlese** (eine Weinsorte); die **Spätnachrichten** *Pl.;* die **Spätschicht;** der **Spätsommer;** das **Spätwerk**

Spa·ten, der: -s, - (Gerät zum Umgraben der Erde); der **Spatenstich**

Spatz, der: -en/-es, -en (Sperling); das **Spätzchen;** das **Spatzenhirn;** das **Spatzennest;** die **Spätzin,** die Spätzinnen

spa·zie·ren *lat.*: gemächlich durch die Gassen der Stadt spazieren – spazieren fahren/gehen/reiten; die **Spazierfahrt;** der **Spaziergang,** die ...gange; der **Spaziergänger;** die **Spaziergängerin,** die ...gängerinnen; der **Spazierritt;** der **Spazierstock,** die ...stöcke; der **Spazierweg**

SPD = Sozialdemokratische Partei Deutschlands; **SPD-geführt:** eine SPD-geführte Regierung

Specht, der: -(e)s, -e (ein Klettervogel)

Speck, der: -(e)s (Fett); Kartoffeln mit Speck – Speck ansetzen (dick werden) – *mit Speck fängt man Mäuse*; **speckig** (fettig, schmutzig, abgegriffen); der **Speckkuchen;** die **Speckschwarte;** die **Speckseite**

Spe·di·teur *franz. [schpeditör]*, der: -s, -e (Transportunternehmer); die **Spedition;** die **Speditionsfirma,** die ... firmen

Speer, der: -(e)s, -e (Wurf- bzw. Stoßwaffe, Sportgerät); der **Speerschaft;** das **Speerwerfen;** der **Speerwurf,** die ... würfe

Spei·che, die: -, -n (Teil des Rades, Unterarmknochen)

Spei·chel, der: -s (Spucke, Geifer); die **Speicheldrüse;** der **Speichellecker** (Schmeichler, Kriecher); die **Speichelleckerin; speichelleckerisch**

spei·chern: (lagern, aufbewahren); Wasser im Becken speichern – Daten speichern; der **Speicher** (Lagerraum, Dachboden); **speicherbar;** die **Speicherkapazität;** der **Speicherofen,** die ... öfen; die **Speicherung**

spei·en: du speist, er spie, sie hat gespien, spei(e)! (erbrechen, spucken); auf den Boden speien – *Gift und Galle speien* (seinen Ärger heftig ausdrücken); **speiübel**

spei·sen: zu Abend speisen (vornehm essen) – die Armen speisen (ihnen zu essen geben) – der Fluss wird vom Gletscherwasser gespeist; die **Speise:** Speis(e) und Trank; das **Speiseeis;** der **Speisefisch;** die **Speisekammer** (Vorratskammer); das **Speiselokal;** die **Speise(n)karte;** das **Speiseöl;** die **Speiseröhre;** der **Speisesaal,** die ... säle; der **Speisewagen;** das **Speisezimmer;** die **Speisung**

Spek·ta·kel *lat.*, der: -s, - (Unruhe, Lärm); das **Spektakel** (Schauspiel); **spektakulär:** eine spektakuläre (Aufsehen erregende) Tat

Spek·trum (Spekt·rum) *lat.*, das: -s, Spektren/Spektra (durch Lichtzerlegung entstandenes farbiges Band, Bandbreite); die **Spektralfarben** *Pl.*

spe·ku·lie·ren *lat.*: lange spekulieren (nachdenken, grübeln) – auf eine Beförderung spekulieren (hoffen) – an der Börse spekulieren (Geschäfte machen); der **Spekulant;** die **Spekulantin,** die Spekulantinnen; die **Spekulation** (Annahme, Einbildung, Geschäft); **spekulativ**

Spe·lun·ke *griech.*, die: -, -n (verrufenes Lokal, schlechte Kneipe)

spen·den: er spendet (gibt) Geld für die Armen – Lob spenden (loben) – Beifall spenden (klatschen) – er spendet Blut; **spendabel** (freigebig); die **Spende;** die **Spendenaffäre;** die **Spendenaktion;** das **Spendenkonto;** der **Spender;** die **Spenderin,** die Spenderinnen; **spendieren** (freigebig für andere bezahlen); die **Spendierhosen:** *die Spendierhosen anhaben* (freigebig sein); die **Spendierlaune;** die **Spendung**

Speng·ler, der: -s, - (Klempner); die **Spenglerei;** die **Spenglerin,** die Spenglerinnen

Spen·zer *engl.*, der: -s, - (kurzes Jäckchen)

Sper·ber, der: -s, - (falkenartiger Greifvogel)

Spe·renz·chen *Pl. lat.*, die: -; Sperenzchen (Umstände, Schwierigkeiten) machen; auch: die **Sperenzien**

Sper·ling, der: -s, -e (Spatz)

Sper·ma *griech.*, das: -s, Spermen/Spermata (Samenflüssigkeit)

sper·ren: den Dieb ins Gefängnis sperren (einschließen) – den Weg für den Verkehr sperren – er sperrte (sträubte) sich gegen den Plan – die Tür sperrt (klemmt) – gesperrt (mit Zwischenräumen zwischen den Buchstaben) gedruckte Wörter; **sperrangelweit** (ganz offen); der **Sperrbezirk;** die **Sperre** (Behinderung, Hindernis); das **Sperrfeuer;** das **Sperrgut;** das **Sperrholz; sperrig:** ein sperriger (viel Raum einnehmender, unhandlicher) Gegenstand; die **Sperrkette;** das **Sperrkonto;** der **Sperrmüll;** der **Sperrsitz** (Sitz, der normalerweise nicht benutzt wird); die **Sperrstunde** (Polizeistunde); die **Sperrung;** die **Sperrzone**

Spe·sen *Pl. ital.*, die: - (Unkosten, Auslagen); *außer Spesen nichts gewesen*; **spesenfrei;** die **Spesenrechnung**

Spe·ze·rei·en *Pl. ital.*, die: - (Gewürze); die **Spezereiwaren** *Pl.*

Spe·zi, das: -s, -(s) (Mischgetränk aus Limonade und Cola); der **Spezi** (Freund)

spe·zi·ell *lat.*: eine spezielle (eigene, besondere) Aufgabe – spezielle Wünsche haben; aber: im Speziellen (besonders); das **Spezialfahrzeug;** das **Spezialgebiet** (Fach); sich **spezialisieren;** die **Spezialisierung;** der **Spezialist** (Fachmann); die **Spezialistin,** die Spezialistinnen; die **Spezialität** (Eigenart, Fachgebiet); das **Spezialtraining;** die **Spezies** *[spezjes]* (Art, Gattung); **spezifisch** (eigentümlich, kennzeichnend)

Sphä·re *griech.*, die: -, -n (Himmelsgewölbe, Wirkungskreis, Reichweite); **sphärisch**

N O P Q R S

Sphinx, die: -, -e (ägyptisches Fabelwesen)
spi·cken: das Fleisch spicken (zum Braten mit Spreckstreifen durchziehen) – vom Nachbarn spicken (abschreiben) – ein mit Fehlern gespicktes (reichlich versehenes) Schreiben; der **Spicker;** der **Spickzettel**
Spie·gel *lat.,* der: -s, -; in den Spiegel schauen – der Spiegel (die glatte Oberfläche) des Sees – *jemandem den Spiegel vorhalten* (ihn auf seine Fehler hinweisen) – *sich etwas hinter den Spiegel stecken* (es sich gut einprägen); das **Spiegelbild** (Abbild, seitenverkehrtes Bild); **spiegelbildlich; spiegelblank** (glänzend); das **Spiegelei;** die **Spiegelfechterei** (Täuschung, Scheinkampf); das **Spiegelglas; spiegelglatt** (vollkommen glatt); **spiegeln:** sich spiegeln (widerscheinen) – der Mond spiegelt sich im See – in seinem Gesicht spiegelt sich Überraschung; die **Spiegelschrift;** der **Spiegelstrich;** die **Spieg(e)lung; spiegelverkehrt**
spie·len: Kinder spielen auf der Wiese – mit Puppen spielen – sie spielt Lotto – er spielt Tennis – auf der Geige spielen (musizieren) – das spielt keine Rolle – er spielt im Film die Hauptperson – *jemanden an die Wand spielen* (ihn weit übertreffen); das **Spiel:** *etwas aufs Spiel setzen* (riskieren); der **Spielabbruch,** die …abbrüche; die **Spielart** (Eigenart, Ausnahme); der **Spielautomat;** der **Spielball,** die …bälle; die **Spielbank** (Unternehmen für Glücksspiele); der **Spielbeginn**; die **Spieldose; spielend** (leicht); das **Spielende; spielenlassen:** die Muskeln spielenlassen – *seine Beziehungen spielenlassen* (einsetzen); auch: spielen lassen; aber nur: die Kinder spielen lassen; der **Spieler;** die **Spielerei** (Kleinigkeit, Scherz); die **Spielerin,** die Spielerinnen; **spielerisch;** das **Spielfeld;** die **Spielfigur;** der **Spielfilm;** die **Spielfläche; spielfrei;** der **Spielführer;** die **Spielführerin,** die …führerinnen; der **Spielgefährte;** die **Spielgefährtin,** die …gefährtinnen; das **Spielgeld;** der **Spielkamerad;** die **Spielkarte;** das **Spielkasino;** die **Spielkonsole;** der **Spielleiter;** die **Spielleiterin,** die …leiterinnen; der **Spielplatz,** die …plätze; der **Spielraum** (Bewegungsfreiheit); die **Spielregel;** die **Spielsachen** *Pl.;* der **Spielstand;** der **Spieltrieb;** die **Spieluhr;** der **Spielverderber;** die **Spielverderberin;** die **Spielvereinigung;** die **Spielwaren** *Pl.;* die **Spielweise;** die **Spielzeit;** das **Spielzeug;** das **Spielzimmer**
Spieß, der: -es, -e (Lanze, Speer); einen Ochsen am Spieß braten – *den Spieß umdrehen* (mit einem Gegenangriff antworten) – *wie am Spieß* (heftig, sehr laut) *schreien;* der **Spießbürger** (engstirniger Mensch); die **Spießbürgerin; spießbürgerlich;** das **Spießbürgertum; spießen;** der **Spießer** (Spießbürger); **spießerhaft;** die **Spießerin,** die Spießerinnen; das **Spießertum;** der **Spießgeselle** (Komplize, Kamerad); **spießig** (kleinlich); das **Spießrutenlaufen**
Spike *engl. [ßpaik],* der: -s, -s (Spezialstift für Autoreifen und Rennschuhe); der **Spike(s)reifen**
Spi·nat *arab.,* der: -(e)s (ein Blattgemüse)
Spind, das/der: -(e)s, -e (einfacher Schrank)
Spin·del, die: -, -n (Teil des Spinnrades, Achse, Stange); **spindeldürr** (dünn, sehr mager); die **Spindeltreppe**
Spi·nett *ital.,* das: -(e)s, -e (Tasteninstrument)
spin·nen: du spinnst, er spann, sie hat gesponnen, spinn(e)!; Wolle spinnen – sie spinnt (ist verrückt); die **Spinne; spinnefeind:** er ist ihm spinnefeind; das **Spinn(en)gewebe;** auch: die **Spinnwebe;** das **Spinnennetz;** der **Spinner** (Verrückter); die **Spinnerei;** die **Spinnerin;** der **Spinnfaden;** das **Spinnrad,** die …räder; die **Spinnstube**
spin·ti·sie·ren: (grübeln); die **Spintisiererei**
spi·o·nie·ren *franz.:* (als Spion(in) arbeiten, auskundschaften); der **Spion; die Spionage** *[schpionasche];* der **Spionagefall;** der **Spionagering;** die **Spionin;** die Spioninnen
Spi·ra·le *griech.,* die: -, -n (Schraubenlinie, Windungen um eine Achse); die **Spiralfeder; spiralförmig; spiralig**
Spi·ri·tis·mus *lat.,* der: - (Geisterglaube); der **Spiritist;** die **Spiritistin; spiritistisch; spiritual** (geistig, übersinnlich); **spirituell**
Spi·ri·tus *lat.,* der: - (Weingeist, Alkohol); die **Spirituosen** *Pl.* (alkoholische Getränke); der **Spirituskocher;** die **Spirituslampe**
Spi·tal *lat.,* das: -s, Spitäler (Altersheim, Krankenhaus)
spitz: ein spitzer Bleistift – eine spitze (scharfe) Zunge haben – sie sieht spitz (mager) aus – eine spitze (bissige) Bemerkung – ein spitzer Winkel (Winkel unter 90°); der

Spitzbart, die ... bärte; der **Spitzbauch,** die ... bäuche; **spitzbekommen** (merken, herausfinden); der **Spitzbogen;** der **Spitzbohrer;** der **Spitzbube** (Betrüger, Schelm); die **Spitzbübin; spitzbübisch; spitze:** er hat spitze (toll) gespielt – das ist spitze!; die **Spitze:** die Spitze der Nadel – er steht an der Spitze (ersten Stelle) der Partei – er ist für seine Spitzen (Anspielungen, bissigen Bemerkungen) schon bekannt – Spitzen (durchbrochenes Gewebe) weben – *etwas auf die Spitze treiben* (etwas zum Äußersten treiben) – *auf Spitz und Knopf stehen* (noch nicht entschieden sein); der **Spitzel** (Spion); **spitzeln; spitzen:** einen Stock spitzen (anspitzen) – *die Ohren spitzen* (aufpassen, lauschen); die **Spitzenklasse;** die **Spitzenkraft,** die ... kräfte; die **Spitzenleistung;** die **Spitzenqualität;** der **Spitzenreiter** (Person in führender Stellung; besonders zugkräftige Sache, Ware); der **Spitzensportler;** die **Spitzensportlerin;** der **Spitzenwert;** der **Spitzer; spitzfindig** (kleinlich, übergenau); die **Spitzfindigkeit** (Haarspalterei); die **Spitzhacke** (Pickel); **spitzig;** die **Spitzkehre** (sehr enge Kurve); **spitzkriegen** (bemerken); **spitzmachen** (anspitzen); auch: spitz machen; die **Spitzmaus;** der **Spitzname** (Scherz-, Spottname); **spitzschleifen;** auch: spitz schleifen; **spitzwink(e)lig; spitzzüngig**

Spleen *engl. [schplin],* der: -s, -e/-s (sonderbarer Einfall, Marotte); **spleenig** (schrullig)

spl<u>ei</u>·ßen: du spleißt, er spliss/spleißte, sie hat gesplissen/gespleißt, spleiß(e)! (spalten, zerreißen, die Enden zweier Taue verbinden); → Spliss

Splint, der: -(e)s, -e (Stift zur Sicherung von Schrauben, Bolzen o. Ä.)

Spliss, der: -es, -e (Splitter); → spleißen

Split·ter, der: -s, - (abgesprungenes Stück von einem harten Material); der **Splitt** (Straßenbelag aus zerkleinerten Steinen); **splitterf<u>a</u>sernackt; splitterfrei; splittern** (zerbrechen); **splitternackt**

Split·ting *engl.,* das: -s (Aufspaltung); **splitten**

Sp<u>oi</u>·ler *engl.,* der: -s, - (Vorrichtung zum Vermindern des Luftwiderstands bei Autos)

Spon·sor *engl.,* der: -s, Spons<u>o</u>ren/-s (Förderer, Geldgeber); **sponsern;** die **Spons<u>o</u>rin,** die Sponsorinnen; das **Sponsoring** (das Sponsern); die **Sponsorschaft**

spon·t<u>a</u>n *lat.:* er sagte spontan (ohne Überlegung) zu – eine spontane (unüberlegte, unmittelbare) Antwort; die **Spontaneit<u>ä</u>t,** die Spontaneitäten; auch: die **Spontanit<u>ä</u>t**

spo·r<u>a</u>·disch *griech.:* (vereinzelt, selten)

Sp<u>o</u>·re *griech.,* die: -, -n (Fortpflanzungszelle der Pflanze); **sporenbildend;** auch: Sporen bildend; die **Sporenpflanze;** das **Sporentierchen; sporig** (schimmelig)

Sporn, der: -(e)s, Sp<u>o</u>ren (Rädchen am Absatz eines Reitstiefels); dem Pferd die Sporen geben – *sich die ersten Sporen verdienen* (die ersten Erfolge verzeichnen können); **spornstreichs** (sofort, geradewegs)

Sport *engl.,* der: -(e)s (Körper-, Leibeserziehung); Sport treiben; die **Sportart;** der **Sportartikel; sportbegeistert;** der **Sportbericht;** der **Sportdress; sporteln** (nebenbei, nicht ernsthaft Sport betreiben); das **Sportfest;** das **Sportgerät;** das **Sportgeschäft; sport<u>i</u>v** (sportlich); der **Sportler;** die **Sportlerin,** die Sportlerinnen; **sportlich:** sich sportlich betätigen – eine sportliche Figur haben; der **Sportplatz;** der **Sport(s)freund;** der **Sport(s)geist;** der **Sportsmann;** das **Sportstadion;** die **Sportstätte;** die **Sportswear** *[... wär]* (sportliche Kleidung); der **Sporttaucher;** die **Sporttaucherin,** die ... taucherinnen; **sporttreibend;** auch: Sport treibend; der **Sportunfall;** der **Sportverein;** der **Sportwagen;** der **Sportwart;** die **Sportwartin,** die ... wartinnen

Spot *engl.,* der: -s, -s (kurzer Werbefilm, Werbetext, Werbespruch) # Spott

spot·ten: über einen Mitschüler spotten (sich über ihn lustig machen, ihn verhöhnen); der **Spott** # Spot; das **Spottbild** (Karikatur); **spottbillig** (äußerst billig); die **Spöttel<u>ei</u>; spötteln;** der **Spötter;** die **Spötterin,** die Spötterinnen; das **Spottgedicht; spöttisch** (höhnisch, anzüglich, ironisch); der **Spottname** (Spitzname); der **Spottpreis;** der **Spottvogel**

Spr<u>a</u>·che, die: -, -n; er beherrscht mehrere Sprachen – hast du die Sprache verloren (warum sagst du nichts)? – *etwas zur Sprache bringen* (etwas ansprechen) – *nicht mit der Sprache herausrücken wollen* (etwas nur zögernd sagen); **sprachbehindert;** das **Sprachbuch;** der **Sprachfehler;** der **Sprachgebrauch;**

das **Sprachgefühl;** das **Sprachgeschick; sprachgewaltig; sprachgewandt;** die **Sprachgewandtheit;** die **Sprachkenntnisse** *Pl.;* **sprachkundig;** der **Sprachkurs;** das **Sprachlabor;** die **Sprachlehre; sprachlich; sprachlos;** die **Sprachlosigkeit,** der **Sprachraum;** das **Sprachrohr;** der **Sprachstil;** → sprechen

Spray *engl. [schpre],* das/der: -s, -s (Sprühflüssigkeit); die **Spraydose; sprayen**

spre·chen: du sprichst, er sprach, sie hat gesprochen, sprich!; mit seinem Nachbarn sprechen (reden, sich unterhalten) – offen sprechen (seine Meinung sagen) – über jemanden schlecht sprechen (urteilen) – er spricht heute im Rundfunk (er hält eine Rede) – sprechen lernen; aber: das Sprechen lernen – *auf etwas zu sprechen kommen* (etwas im Gespräch erwähnen) – *auf jemanden schlecht zu sprechen sein* (über ihn verärgert sein); der **Sprechchor,** die ... chöre; **sprechenlassen:** Blumen sprechenlassen; auch: sprechen lassen; der **Sprecher** (Ansager, Redner, Wortführer); die **Sprecherin,** die Sprecherinnen; der **Sprechfunk;** die **Sprechpause;** die **Sprechstunde;** die **Sprechstundenhilfe;** der **Sprechtag;** die **Sprechwerkzeuge** *Pl.;* die **Sprechzeit;** das **Sprechzimmer;** → Sprache, Spruch

sprei·zen: die Finger spreizen (auseinanderstrecken) – er spreizt (ziert) sich nicht; der **Spreizfuß,** die ... füße; die **Spreizung**

Spren·gel, der: -s, - (Bezirk, Amtsgebiet)

spren·gen: die Brücke wurde gesprengt (zerstört) – er sprengt (öffnet gewaltsam) die Fesseln – den Rasen sprengen (befeuchten, bespritzen) – die Versammlung wurde gesprengt (aufgelöst, auseinandergejagt); der **Sprengkopf,** die ... köpfe; der **Sprengkörper;** die **Sprengladung;** das **Sprengloch,** die ... löcher; das **Sprengpulver;** der **Sprengsatz,** die ... sätze; der **Sprengstoff** (Zündstoff); die **Sprengung;** der **Sprengwagen**

Spren·kel, der: -s, - (Tupfen, Fleck, Punkt); **sprenkeln:** ein gesprenkeltes (getupftes) Kleid

Spreu, die: - (Dreschabfall); *die Spreu vom Weizen* (das Wertlose vom Brauchbaren) *trennen*

Sprich·wort, das: -(e)s, ... wörter (Spruch, Lebensweisheit); **sprichwörtlich:** eine sprichwörtliche Redensart

sprie·ßen: es sprießt, er spross, sie ist gesprossen, sprieß(e)! (keimen, wachsen); die Blumen sprießen aus dem Boden; → Spross

sprin·gen: du springst, er sprang, sie ist gesprungen, spring(e)!; über den Bach springen (hüpfen) – hin und her springen – der Ball sprang von seinem Fuß – das ist der springende Punkt (die Hauptsache); der **Springbrunnen; springenlassen:** *etwas springenlassen* (spendieren); auch: *springen lassen*; aber nur: jemanden über ein Seil springen lassen; der **Springer;** die **Springerin,** die Springerinnen; die **Springflut;** der **Springinsfeld; springlebendig;** das **Springpferd;** der **Springreiter;** die **Springreiterin,** die ... reiterinnen; → Sprung

Sprint *engl.,* der: -s, -s (kurzer Wettlauf); **sprinten:** über die Straße sprinten (schnell laufen); der **Sprinter;** die **Sprinterin,** die Sprinterinnen; die **Sprintstrecke;** das **Sprintvermögen**

Sprit, der: -(e)s (Treibstoff, Alkohol)

sprit·zen: die Blumen spritzen (gießen) – in den Arm spritzen (eine Spritze geben) – Wasser spritzt aus dem Schlauch – das heiße Öl spritzt ihm ins Gesicht – schnell zum Bäcker spritzen (laufen); die **Spritze;** der **Spritzer** (Fleck, Tropfen); die **Spritzerei;** die **Spritzfahrt;** das **Spritzgebäck;** das **Spritzgebackene; spritzig:** ein spritziges (sportliches, flottes) Mädchen – eine spritzige (geistreiche) Rede halten; die **Spritzigkeit;** die **Spritztour** *[... tur]* (kurzer Ausflug)

sprö·de: sprödes (brüchiges, splitteriges) Holz – sie benimmt sich sehr spröde (abweisend, verschlossen); auch: **spröd;** die **Sprödigkeit**

Spross, der: -es, -e(n) (Nachkomme, Schössling, junger Trieb); **sprossen;** der **Sprössling** (Kind); → sprießen

Spros·se, die: -, -n (Querholz der Leiter); die **Sprossenleiter;** die **Sprossenwand,** die ... wände (ein Turngerät)

Sprot·te, die: -, -n (ein Fisch)

Spruch, der: -(e)s, Sprüche (Aussage, Lebensweisheit, Sprichwort); einen frommen Spruch aufsagen – der Spruch (das Urteil) des Richters – *Sprüche machen* (prahlen); das **Spruchband,** die ... bänder (Transparent); **spruchreif**

spru·deln: die Quelle sprudelt (fließt, strömt) aus dem Felsen; der **Sprudel** (Mineralwasser, Limonade); das **Sprudelwasser**

sprü·hen: Funken sprühen (stieben) nach allen

Seiten – vor Freude sprühen (lebhaft, ausgelassen sein); die **Sprühdose; sprühend** (lebhaft und geistreich); der **Sprühregen**

Sprung, der: -(e)s, Sprünge; ihn rettete nur ein Sprung in den Graben – die Tasse hatte einen Sprung (Riss) – *auf einen Sprung* (kurz, in Eile) *vorbeikommen* – *jemandem auf/hinter die Sprünge kommen* (dessen List durchschauen) – *keine großen Sprünge machen können* (keine großen finanziellen Mittel haben) – *jemandem auf die Sprünge helfen* (ihn unterstützen); der **Sprungbalken;** das **Sprungbecken; sprungbereit;** das **Sprungbrett;** die **Sprungfeder;** die **Sprunggrube; sprunghaft** (plötzlich, unbeständig); die **Sprungkraft;** die **Sprungschanze;** das **Sprungseil;** das **Sprungtuch;** der **Sprungturm;** die **Sprungweite;** → springen

spu·cken: jemandem ins Gesicht spucken (speien) – große Töne spucken (angeben); die **Spucke** (Speichel); der **Spucknapf**

spu·ken: im Schloss spukt es (treibt ein Gespenst sein Unwesen, geht es nicht mit rechten Dingen zu); der **Spuk** (Gespenst, Gespenstererscheinung); die **Spukgeschichte;** die **Spukgestalt;** das **Spukschloss**

Spu·le, die: -, -n; Wolle auf eine Spule (Rolle, Walze) wickeln – eine Spule Garn kaufen; **spulen**

spü·len: Geschirr spülen (reinigen, säubern) – die Reste des Bootes wurden an Land gespült (angeschwemmt); das **Spülbecken;** auch: die **Spüle;** die **Spülmaschine;** das **Spülmittel;** die **Spülung;** das **Spülwasser**

Spund *ital.*, der: -(e)s, Spünde/-e; den Spund (Fassverschluss) öffnen; das **Spundloch**

Spund, der: -(e)s, -e (junger Mann)

Spur, die: -, -en; Spuren (Abdrücke) im Sand – von ihm war keine Spur (nichts) zu sehen – er überholte auf der falschen Spur (Fahrspur) – eine heiße Spur (Fährte) verfolgen – in der Suppe fehlt noch eine Spur (ein wenig) Salz – keine Spur (ganz und gar nicht)! – *einer Sache auf die Spur kommen* (etwas aufdecken) – *auf einer falschen Spur sein* (etwas Falsches vermuten); **spürbar** (merklich); **spuren** (gehorchen); **spüren** (fühlen, bemerken); der **Spürhund; spurlos;** die **Spürnase;** die **Spurrille; spursicher;** der **Spürsinn** (Gespür, Gefühl); die **Spurweite**

Spurt *engl.*, der: -(e)s, -e/-s (Geschwindigkeitssteigerung beim Lauf, Sprint); **spurten** (schnell laufen); **spurtschnell**

spu·ten, sich: (sich beeilen)

Squash *engl. [skwosch]*, das: - (ein Ballspiel)

St. = Sankt, Stück, Stunde

Staat *lat.*, der: -(e)s, -en; den Staat (das Land) regieren; **staatenbildend:** staatenbildende Insekten; auch: Staaten bildend; **staatenlos** (ohne Staatsangehörigkeit); der/die **Staatenlose; staatlich;** die **Staatsangehörigkeit;** der **Staatsanwalt;** die **Staatsanwältin,** die ...anwältinnen; der **Staatsbesuch;** der **Staatsbürger;** die **Staatsbürgerin,** die ...bürgerinnen; das **Staatsexamen; staatsfeindlich; staatsgefährdend;** das **Staatsgeheimnis,** die ...geheimnisse; der **Staatsmann,** die ...männer (Politiker); der **Staatsstreich** (Umsturz); **staatstragend**

Staat, der: -(e)s (Prunk); *sich in Staat werfen* (sich fein kleiden) – *Staat machen* (Eindruck machen)

Stab, der: -(e)s, Stäbe; den Stab (Stock, Stecken) brechen – einen Stab (eine Arbeitsgruppe) bilden – *den Stab über jemanden brechen* (ihn verurteilen); das **Stäbchen;** der **Stabhochsprung;** der **Stabreim** (Reim beim Anfangsbuchstaben)

sta·bil *lat.*: (dauerhaft, beständig, fest); etwas stabil machen; der **Stabilisator; stabilisieren** (festigen); die **Stabilisierung;** die **Stabilität** (Festigkeit, Standfestigkeit)

Sta·chel, der: -s, -n (Spitze, Dorn); die Stacheln des Igels – *wider den Stachel löcken* (aufbegehren, sich sträuben); die **Stachelbeere;** der **Stacheldraht;** der **Stacheldrahtverhau; stach(e)lig;** das **Stachelschwein**

Sta·del, der: -s, - (Scheune, Schuppen)

Sta·di·on *griech.*, das: -s, Stadien (Kampfplatz, Spielfeld); die **Stadionansage**

Sta·di·um *lat.*, das: -s, Stadien (Abschnitt, Entwicklungsstufe, Zustand)

Stadt, die: -, Städte; er wohnt im Zentrum der Stadt – in Stadt und Land; **stadtbekannt;** der **Stadtbezirk;** das **Städtchen;** der **Städter** (Stadtmensch); die **Städterin,** die Städterinnen; das **Stadtgespräch** (etwas, wovon überall gesprochen wird); **städtisch;** die **Stadtmauer;** die **Stadtmitte;** der **Stadtplan,** die ...pläne; der **Stadtrand,** die ...ränder; der **Stadtrat;** die **Stadträtin,** die ...rätinnen; der **Stadtstreicher** (Vagabund); die

Stadtstreicherin, die ... streicherinnen; der **Stadtteil;** das **Stadttor;** die **Stadtväter** *Pl.* (Stadträte); die **Stadtverwaltung;** das **Stadtviertel**

Sta·fet·te *ital.* die: -, -n (Staffellauf, Kurier); der **Stafettenlauf,** die ... läufe

Staf·fa·ge *[schtafasche]*, die: -, -n (Beiwerk, Nebensächliches, Ausstattung)

Staf·fel, die: -, -n (Gruppe von Sportlern); es siegte die deutsche Staffel; die **Staffelei** (Gestell zum Malen bzw. Zeichnen); der **Staffellauf,** die ... läufe; **staffeln** (einstufen); die **Staff(e)lung;** der **Staffelwettbewerb**

stag·nie·ren (sta·gnie·ren) *lat.*: (stocken, stillstehen); die **Stagnation** (Stillstand); die **Stagnierung**

Stahl, der: -(e)s, Stähle (schmiedbares Eisen); Nerven wie Stahl haben; der **Stahlbeton; stahlblau;** das **Stahlblech; stählen** (abhärten); **stählern** (aus Stahl, wie Stahl); **stahlhart;** das **Stahlross,** die ... rösser (Fahrrad)

stak·sen: (mit steifen Schritten gehen); **staksig** (steif, hölzern)

Sta·lag·mit *griech.*, der: -s/-en, -e(n) (nach oben wachsender Tropfstein); der **Stalaktit** (nach unten wachsender Tropfstein)

Stall, der: -(e)s, Ställe; die Kühe werden in den Stall getrieben; der **Stallhase;** die **Stalllaterne;** auch: die **Stall-Laterne;** die **Stallung**

Stamm, der: -(e)s, Stämme; der Stamm der Eiche – er hat einen festen Stamm (Bestand) von Mitarbeitern – die deutschen Stämme (Volksstämme); der **Stammbaum,** die ... bäume (Ahnentafel, Herkunft); das **Stammbuch,** die ... bücher; die **Stammeltern** *Pl.;* **stammen:** er stammt von reichen Eltern ab; der **Stammgast,** die ... gäste; der **Stammhalter** (männlicher Nachkomme); **stämmig** (kräftig); der **Stammkunde;** die **Stammkundin,** die ... kundinnen; das **Stammlokal;** die **Stammmutter,** die ... mütter; auch: die **Stamm-Mutter;** der **Stammplatz;** der **Stammsitz;** der **Stammtisch;** der **Stammvater,** die ... väter; **stammverwandt;** die **Stammwähler** *Pl.;* die **Stammzelle**

stam·meln: vor Schreck stammeln (stottern, abgehackt reden) – ich stamm(e)le

stamp·fen: mit den Füßen auf die Erde stampfen (heftig auftreten) – durch das Zimmer stampfen – Kartoffeln stampfen (zerkleinern); der **Stampfer**

Stand, der: -(e)s, Stände; der Stand (die Höhe) des Wassers – aus dem Stand (ohne Anlauf) springen – der Stand des Spiels ist unentschieden – der Stand (Klasse, Schicht) der Arbeiter und Bauern – an einem Stand (an einer Verkaufsbude) stehen – etwas in Stand setzen; auch: instand – im Stande sein; auch: imstande – außer Stande sein; auch: außerstande – zu Stande bringen/kommen; auch: zustande – *keinen leichten Stand haben* (sich behaupten müssen); das **Standbild** (Statue); das **Ständchen;** der **Ständer** (Gestell); das **Standesamt,** die ... ämter; **standesamtlich; standesbewusst; standesgemäß; standfest; standhaft** (beharrlich, mutig); die **Standhaftigkeit; standhalten:** den Angriffen des Feindes standhalten (widerstehen) – die Tür hält der Belastung nicht stand; **ständig** (dauernd); **ständisch;** das **Standlicht;** der **Standort** (Lage, Platz); die **Standpauke** (Strafpredigt); der **Standpunkt:** er hat einen festen Standpunkt (eine feste Meinung) – von seinem Standpunkt (Blickwinkel) aus hat er Recht; das **Standrecht;** die **Standuhr;** → stehen

Stan·dard *engl.*, der: -s, -s (Norm, Richtmaß); **standardisieren** (vereinheitlichen); die **Standardisierung;** das **Standardwerk**

Stan·dar·te *franz.*, die: -, -n (Flagge, Fahne)

Stan·ge, die: -, -n (Stock, Stecken); eine Stange Zigaretten – eine Stange (viel) Geld – *jemandem die Stange halten* (ihn unterstützen); die **Stangenbohne**

Stän·gel, der: -s, - (Stiel, Halm)

stän·kern: (nörgeln, für Ärger sorgen); die **Stänkerei;** der **Stänkerer;** die **Stänkerin**

Stan·ni·ol *lat.*, das: -s, -e (dünne Zinnfolie); das **Stanniolpapier**

stan·zen: (in eine bestimmte Form pressen); die **Stanze;** die **Stanzmaschine**

sta·peln: (schichten, anhäufen); der **Stapel:** ein Stapel (Stoß) Bücher – das Schiff wird vom Stapel gelassen; das **Stapelholz;** der **Stapellauf;** der **Stapelplatz;** die **Stapelung; stapelweise;** der **Stapler;** der **Staplerfahrer;** die **Staplerfahrerin,** die ... fahrerinnen

stap·fen: durch tiefen Schnee stapfen (gehen und dabei die Füße hochheben); die **Stapfe;** auch: der **Stapfen** (Fußspur)

Star, der: -(e)s, -e (Augenkrankheit); der graue/grüne/schwarze Star; **starblind**

Star, der: -(e)s, -e (ein Singvogel); der **Starenkasten**

Star, *engl.*, der: -s, -s (gefeierte Größe beim Film, Theater, Sport o. Ä.); die **Starallüren** *Pl.* (launenhaftes Benehmen); die **Starbesetzung;** das **Starlet(t)** (angehender Star)

stark: stärker, am stärksten; stark sein – er ist ein starker (mächtiger) Herrscher – ein starker (kräftiger) Mann – das Seil ist sehr stark (stabil) – eine starke (große) Kälte; **starkbesiedelt:** ein starkbesiedeltes Land; auch: stark besiedelt; das **Starkbier;** die **Stärke; stärken:** sich stärken (essen); sich **starkmachen:** sich für jemanden/etwas starkmachen (sich energisch für jemanden/etwas einsetzen); aber: dieser Trunk wird dich stark machen; auch: starkmachen; der **Starkstrom;** die **Stärkung;** das **Stärkungsmittel**

starr: vor Schreck starr (regungslos, fassungslos) dastehen – er hält starr (hartnäckig) an seinen Ansichten fest – sie hat einen starren Blick – die Finger sind vor Kälte starr (steif); die **Starre; starren;** aus dem Fenster starren (unentwegt blicken) – die Kleider starren vor Dreck; die **Starrheit;** der **Starrkopf** (Trotzkopf); **starrköpfig;** die **Starrköpfigkeit** (Trotz); der **Starrkrampf;** der **Starrsinn** (unnachgiebige Haltung); **starrsinnig**

star·ten: das Auto starten (anlassen) – bei einem Rennen starten (teilnehmen) – eine Aktion für die Umwelt starten (unternehmen); der **Start;** die **Startbahn; startbereit** (fertig); der **Starter;** die **Starterin,** die Starterinnen; die **Startflagge;** der **Startplatz;** der **Startschuss,** die ... schüsse; die **Startseite;** das **Startverbot;** das **Startzeichen**

State·ment *engl. [ßtetment]*, das: -s, -s (öffentliche Erklärung, Bekanntmachung)

Sta·tik *griech.*, die: - (Gleichgewicht ruhender Körper); der **Statiker;** die **Statikerin,** die Statikerinnen; **statisch** (stillstehend, ruhig, unbeweglich)

Sta·ti·on *lat.*, die: -, -en (Haltestelle, Abteilung in einem Krankenhaus); *Station machen* (sich aufhalten); **stationär:** eine stationäre Behandlung (Behandlung im Krankenhaus); **stationieren;** die **Stationierung;** der **Stationsarzt;** die **Stationsärztin,** die ... ärztinnen; der **Stationsvorsteher;** die **Stationsvorsteherin**

Sta·tist *lat.*, der: -en, -en (Darsteller einer unbedeutenden, meist stummen Rolle)

Sta·tis·tik *lat.*, die: -, -en (zahlenmäßige Erfassung und Auswertung); der **Statistiker;** die **Statistikerin; statistisch:** etwas ist statistisch (durch Zahlen) belegt

Sta·tiv *lat.*, das: -s, -e (Ständer für Apparate)

statt: (an Stelle, in Vertretung); an seiner statt – statt zu lachen solltest du die Sache ernst nehmen – an Eides statt – an Kindes statt; aber: anstatt; **stattdessen** (dafür); aber: statt dessen Geld möchte ich lieber...; die **Stätte** (Ort, Stelle); **stattfinden** (geschehen): die Veranstaltung findet nicht statt; **stattgeben:** er gibt dem Antrag nicht statt (er bewilligt ihn nicht); **statthaben** (stattfinden): es hat statt; **statthaft:** das Rauchen ist hier nicht statthaft (nicht erlaubt); der **Statthalter** (Vertreter der Obrigkeit); **stattlich:** eine stattliche (große, ansehnliche) Zahl – er ist ein stattlicher (großer und kräftiger, beeindruckender) Mann; die **Stattlichkeit**

Sta·tue *lat.*, die: -, -n (Standbild, Plastik); **statuieren:** ein Exempel statuieren (ein abschreckendes Beispiel geben); die **Statur:** er ist von großer Statur (großem Wuchs)

Sta·tus *lat.*, der: -, - (Zustand, Lage, Stellung); das **Statusdenken;** der **Status quo** (der jetzige Zustand); das **Statussymbol**

Sta·tut *lat.*, das: -(e)s, -en; gegen die Statuten (Vorschriften, Satzungen) verstoßen; **statutengemäß; statutenwidrig**

stau·ben: die Straße staubt; der **Staub:** *Staub aufwirbeln* (Aufregung verursachen) – *sich aus dem Staub machen* (fliehen, weggehen); **staubabweisend;** auch: Staub abweisend; **staubbedeckt;** der **Staubbeutel;** das **Staubblatt,** die ... blätter; das **Stäubchen; stäuben; staubfrei;** das **Staubgefäß; staubig;** das **Staubkorn,** die ... körner; der **Staublappen; staubsaugen;** auch: Staub saugen: er saugt Staub; aber: das **Staubsaugen;** der **Staubsauger; staubtrocken;** das **Staubtuch,** die ... tücher; die **Staubwolke**

stau·chen: (durch Druck, Stoß, Schlag etwas kürzer machen); die **Stauchung**

Stau·de, die: -, -n (Pflanze, Gesträuch)

stau·en: das Wasser stauen (absperren) – der Verkehr staut sich (gerät ins Stocken); der **Stau;** das **Staubecken;** der **Staudamm,** die ... dämme (Staumauer); die **Staumauer;** der **Stausee;** die **Staustufe;** die **Stauung** (Ansammlung, Stockung); das **Stauwehr**

stau·nen: (überrascht, verwundert sein); das **Staunen; staunenerregend:** ein staunenerregender Vorfall; auch: Staunen erregend; **staunenswert** (erstaunlich)

Stau·pe, die: -, -n (ansteckende Tierkrankheit)

Std. = Stunde

Steak *engl. [ßtek],* das: -s, -s (gebratene Fleischschnitte); das **Steakhaus**

Ste·a·rin *griech.,* das: -s, -e (Rohstoff für Kerzen); die **Stearinkerze**

ste·chen: du stichst, er stach, sie hat gestochen, stich!; mit dem Messer stechen – er wurde von einer Biene gestochen – einen stechenden Schmerz in der Brust verspüren – wie gestochen (sehr fein) schreiben – die Sonne sticht (brennt) vom Himmel – ein Schiff sticht in See – ihn sticht der Hafer (er ist übermütig) – *in die Augen stechen* (auffallen); aber: das Stechen; die **Stechfliege;** die **Stechkarte;** die **Stechmücke;** der **Stechschritt;** die **Stechuhr** (Stempeluhr); → Stich

ste·cken: du steckst, er steckte/stak, sie hat gesteckt, steck(e)!; Nadeln in den Stoff stecken – er steckt seine Hände in die Hosentaschen – wo steckst (bist) du denn? – er steckt (befindet sich) in großen Schwierigkeiten – tief in Schulden stecken – der Schlüssel steckt – ein Haus in Brand stecken (anzünden) – er steckt (investiert) all sein Geld in den Betrieb; der **Steckbrief;** die **Steckdose;** der **Stecken** (Stock); **steckenbleiben:** beim Aufsagen eines Gedichts steckenbleiben; auch: stecken bleiben; aber nur: im Schlamm stecken bleiben; das **Steckenbleiben; steckenlassen:** das Geld steckenlassen; auch stecken lassen; aber nur: den Schlüssel stecken lassen; das **Steckenpferd:** *sein Steckenpferd reiten* (seinem Hobby, seiner Liebhaberei nachgehen); der **Stecker;** der **Steckling** (Schössling); die **Stecknadel**

Steg, der: -(e)s, -e; über den Steg (eine schmale Brücke) gehen – das Schiff legt am Steg (an der Landungsbrücke) an; **Stegreif:** aus dem Stegreif (unvorbereitet) sprechen

ste·hen: du stehst, er stand, sie hat gestanden, steh(e)!; auf dem Boden stehen – die Wohnung steht leer – wie steht's? – es steht nicht gut um ihn (es geht ihm nicht gut) – das neue Kleid steht ihr gut – er steht sich nicht schlecht (es geht ihm gut) – die Uhr steht (geht nicht mehr) – er steht unter Verdacht – in Blüte stehen – er steht zu seiner Meinung – *seinen Mann stehen* (sich bewähren); aber: zum Stehen bringen; das **Stehaufmännchen; stehenbleiben:** in der Entwicklung stehenbleiben – die Uhr ist stehengeblieben; auch: stehen bleiben/stehen geblieben; aber nur: beim Grüßen stehen bleiben; **stehenlassen:** jemanden stehenlassen (nicht länger beachten, sich abwenden) – die Suppe stehenlassen; auch: stehen lassen; aber nur: einen Baum stehen lassen; der **Stehimbiss;** der **Stehkragen;** die **Stehlampe;** die **Stehleiter;** der **Stehplatz;** das **Stehvermögen** (Beharrlichkeit); → Stand

steh·len: du stiehlst, er stahl, sie hat gestohlen, stiehl!; er hat mein Geld gestohlen (entwendet) – er stahl sich (entfernte sich heimlich) aus der Wohnung; die **Stehlerei**

steif: das behauptet er steif und fest (hartnäckig) – steife (starre) Finger haben – steif werden (erstarren) – er benimmt sich steif (gehemmt, ungeschickt) – bei der Feier geht es steif (unpersönlich, förmlich) zu – eine steife (starke) Brise; **steifbeinig;** die **Steife; steifen** (stärken); **steifhalten:** *die Ohren steifhalten* (sich nicht entmutigen lassen); aber: du musst dein Bein steif halten; die **Steifheit; steifschlagen:** die Sahne steifschlagen; auch: steif schlagen

stei·gen: du steigst, er stieg, sie ist gestiegen, steig(e)!; auf einen Berg steigen (klettern) – das Wasser steigt (wird höher) – die Preise steigen schon wieder – die Spannung steigt (wird stärker); der **Steig** (Weg); der **Steigbügel; steigenlassen:** eine Party steigenlassen; auch: steigen lassen; aber nur: einen Drachen steigen lassen; die **Steigung;** → Stiege

stei·gern: die Geschwindigkeit steigern (verstärken) – der Sportler konnte sich nicht mehr steigern (verbessern); die **Steigerung; steigerungsfähig;** die **Steigerungsstufe**

steil: ein sehr steiler (fast senkrecht aufragender) Felsen – ein steiler Weg; der **Steilhang;** die **Steilküste;** die **Steilwand,** die ... wände

Stein, der: -(e)s, -e; aus Steinen ein Haus bauen – einen kostbaren Stein (Edelstein) tragen – mit den schwarzen Steinen (Spielsteinen) spielen – *den Stein ins Rollen bringen* (eine Angelegenheit in Gang bringen) – *jemandem Steine in den Weg legen* (ihm

Schwierigkeiten bereiten) – *Stein und Bein schwören* (fest behaupten) – *bei jemandem einen Stein im Brett haben* (von ihm sehr geschätzt werden); **steinalt** (sehr alt); die **Steinaxt,** die ...äxte; die **Steinbank,** die ...bänke; der **Steinbock,** die ...böcke; der **Steinbruch,** die ...brüche; **steinern** (aus Stein, hart); das **Steinerweichen:** er weinte zum Steinerweichen (herzzerreißend); **steingrau; steinhart;** der **Steinhaufen; steinig** (felsig, voller Steine, schwierig); **steinigen** (durch Steinwürfe töten); die **Steinigung;** die **Steinkohle;** der **Steinmetz;** das **Steinobst;** der **Steinpilz; steinreich** (sehr reich); der **Steinschlag,** die ...schläge; der **Steinwurf,** die ...würfe; die **Steinzeit**

Steiß, der: -es, -e (Gesäß); das **Steißbein** (unterster Knochen der Wirbelsäule); die **Steißlage** (Lage eines Kindes bei der Geburt mit dem Steiß nach vorne)

Stel·la·ge *franz. [schtelasche],* die: -, -n (Regal, Gestell)

stel·len: das Essen auf den Tisch stellen – die Uhr stellen – sich der Polizei stellen – er stellt sich dumm – eine Frage stellen – sich schlafend stellen – etwas in Rechnung stellen (berechnen) – jemanden zur Rede stellen – *auf sich allein gestellt sein* (allein zurechtkommen müssen); das **Stelldichein** (Verabredung); die **Stelle:** an erster/zweiter/letzter Stelle – an Stelle meiner Frau komme ich; auch: anstelle – sich nicht von der Stelle (von diesem Ort) rühren – auf der Stelle (sofort) kommen – *auf der Stelle treten* (nicht vorankommen) – *zur Stelle* (anwesend) *sein*; das **Stellenangebot;** das **Stellengesuch; stellenlos** (arbeitslos); **Stellenvermittlung; stellenweise** (an manchen Stellen); der **Stellenwert** (Bedeutung); der **Stellplatz;** die **Stellung:** sie nimmt eine falsche Stellung (Haltung) ein – er hat eine hohe Stellung (einen hohen Rang) – keine Stellung (Arbeit) haben – feindliche Stellungen (befestigte Anlagen) – *die Stellung halten* (dableiben) – *Stellung nehmen* (sich äußern); die **Stellungnahme** (Erklärung der eigenen Ansicht); der **Stellungsbefehl;** der **Stellungskrieg; stellungslos** (arbeitslos); die **Stellung(s)suche;** der/die **Stellung(s)suchende;** der **Stellungswechsel; stellvertretend;** der **Stellvertreter;** die **Stellvertreterin;** die **Stellvertretung;** das **Stellwerk**

stel·zen: über den Hof stelzen (steif gehen); die **Stelze:** Stelzen laufen; der **Stelzvogel,** die ...vögel

stem·men: ein großes Gewicht stemmen (heben) – sich gegen ein Vorhaben stemmen (wehren) – ein Loch in den Balken stemmen; das **Stemmeisen;** der **Stemmmeißel;** auch: der **Stemm-Meißel**

Stem·pel, der: -s, - (Zeichen, Aufdruck); das **Stempelgeld;** das **Stempelkissen; stempeln:** Briefe stempeln – zum Lügner stempeln (erklären) – stempeln gehen (Arbeitslosenunterstützung beziehen); die **Stemp(e)lung**

Ste·no·gra·fie *griech.,* die: -, Stenografien (Kurzschrift); auch: die **Stenographie;** die **Steno;** der **Stenoblock,** die ...blöcke; **stenografieren;** auch: **stenographieren;** das **Stenogramm;** auch: das **Steno;** die **Stenotypistin,** die ...typistinnen (Schreibkraft)

Stepp *engl.,* der: -s, -s (eine Tanzart); **steppen** (Stepp tanzen); der **Stepptanz**

Step·pe *russ.,* die: -, -n (baumlose, wasserarme Landschaft); das **Steppengras**

step·pen: eine Naht steppen (nähen); die **Steppdecke;** die **Steppjacke**

Ster *griech.,* der: -s, -e/-s (ein altes Raummaß für Holz); drei Ster Holz

ster·ben: du stirbst, er starb, sie ist gestorben, stirb!; einen qualvollen Tod sterben – meine Liebe ist gestorben (erloschen); aber: das Sterben: im Sterben liegen; das **Sterbebett;** der **Sterbefall,** die ...fälle; die **Sterbeglocke; sterbenlassen:** ein Projekt sterbenlassen (es aufgeben); auch: sterben lassen; aber nur: einen Kranken in Würde sterben lassen; **sterbenselend; sterbenskrank; sterbenslangweilig; sterbensmatt;** die **Sterbensseele:** keine Sterbensseele (niemand) war zu sehen; das **Sterbenswörtchen:** er hat kein Sterbenswörtchen (nichts) verraten; die **Sterbesakramente** *Pl.;* die **Sterbestunde;** die **Sterbeurkunde; sterblich;** der/die **Sterbliche;** die **Sterblichkeit**

Ste·reo *griech.,* das: -s, -s (Übertragung von Schall mit räumlicher Wirkung, Raumton); die **Stereoanlage;** der **Stereolautsprecher; stereophon;** auch: **stereofon;** die **Stereophonie;** auch: die **Stereofonie**

ste·reo·typ *griech.:* (feststehend); stereotype Antworten; die **Stereotypie**

ste·ril *lat.*: (unfruchtbar, keimfrei); die **Sterilisation; sterilisieren;** die **Sterilisierung;** die **Sterilität** (Unfruchtbarkeit, Keimfreiheit)

Stern, der: -(e)s, -e (Himmelskörper); die Sterne funkeln in der Nacht – *Sterne sehen* (vor Schmerz ein Flimmern vor Augen haben) – *nach den Sternen greifen* (etwas Unmögliches erreichen wollen); das **Sternbild;** der **Stern(en)himmel; stern(en)klar;** das **Sternenzelt;** die **Sternfahrt; sternförmig; sternhagelvoll** (stark betrunken); **sternkundig;** der **Sternmarsch,** die ... märsche; die **Sternschnuppe;** die **Sternsinger** *Pl.* (als Heilige Drei Könige verkleidete Kinder, die von Haus zu Haus ziehen und singen); die **Sternstunde** (Glücksstunde); die **Sternwarte;** das **Sternzeichen** (Tierkreiszeichen)

Ste·tho·skop (Ste·thos·kop) *griech.*, das: -s, -e (Hörrohr des Arztes)

stets: ich habe stets (immer) nur an dich gedacht; **stet** (beharrlich, dauernd); **stetig** (ständig, gleichmäßig); die **Stetigkeit**

Steu·er, die: -, -n; seine Steuern (Abgaben) zahlen; **steuerbegünstigt;** die **Steuerbehörde;** der **Steuerberater;** die **Steuerberaterin,** die ... beraterinnen; der **Steuerbescheid;** die **Steuererklärung; steuerfrei; steuerlich; steuerpflichtig;** der **Steuersatz,** die ... sätze; die **Steuerschuld;** der **Steuerzahler;** die **Steuerzahlerin,** die ... zahlerinnen

Steu·er, das: -s, - (Lenkvorrichtung); das Steuer (Lenkrad) festhalten – *das Steuer herumreißen* (den bisherigen Verlauf von etwas grundlegend ändern); **steuerbar;** das **Steuerbord** (in Fahrtrichtung gesehen die rechte Schiffsseite); **steuerlos;** der **Steuermann,** die ... leute/... männer; **steuern:** das Schiff steuern (führen, lenken); das **Steuerrad,** die ... räder; die **Steuerung**

Ste·ward *engl. [ßtjuert]*, der: -s, -s (Kellner, Betreuer in Flugzeugen oder auf Schiffen); die **Stewardess,** die Stewardessen

StGB = Strafgesetzbuch

sti·bit·zen: (entwenden, stehlen)

Stich, der: -(e)s, -e; der Stich einer Biene – er verspürt einen Stich (einen plötzlichen Schmerz) in der Brust – das gab ihm einen Stich (kränkte ihn) – den Stoff mit großen Stichen nähen – *jemanden im Stich lassen* (ihn allein lassen, ihm nicht helfen); der **Stichel** (spitzes Werkzeug); die **Stichelei** (Spott); **sticheln** (boshafte Bemerkungen machen); **stichfest:** hieb- und stichfest; die **Stichflamme; stichhaltig:** ein stichhaltiger (zwingender) Beweis; die **Stichhaltigkeit;** die **Stichprobe;** der **Stichtag** (Termin, festgesetzter Tag); die **Stichwahl;** das **Stichwort,** die ... wörter (Wort in einem Lexikon, Wörterbuch o. Ä.)/die ... worte (kurze Aufzeichnung); der **Stichwortzettel;** die **Stichwunde**

sti·cken: eine schöne Decke sticken; die **Stickarbeit;** die **Stickerei;** die **Stickerin;** → stechen

Sti·cker *engl.*, der: -s, - (Aufkleber)

sti·ckig: ein stickiger (ungelüfteter, dumpfer) Raum; **die Stickluft;** der **Stickstoff** (farb- und geruchloses Gas); **stickstofffrei**

stie·ben: du stiebst, er stob, sie ist gestoben; die Funken stieben (fliegen, sprühen)

Stief·bru·der, der: -s, ... brüder (Halbbruder); die **Stiefeltern** *Pl.;* die **Stiefgeschwister** *Pl.;* das **Stiefkind;** die **Stiefmutter,** die ... mütter; **stiefmütterlich:** *jemanden stiefmütterlich* (lieblos) *behandeln;* die **Stiefschwester** (Halbschwester); der **Stiefsohn,** die ... söhne; der **Stiefvater,** die ... väter

Stie·fel, der: -s, - (langschäftiger Schuh); die Stiefel anziehen – *jemandem die Stiefel lecken* (sich ihm gegenüber kriecherisch verhalten) – *im alten Stiefel weitermachen* (in gewohnter Weise weiterarbeiten); die **Stiefelette** (Halbstiefel); der **Stiefelknecht; stiefeln:** nach Hause stiefeln (mit langen Schritten gehen) – gestiefelt und gespornt (fertig angezogen); die **Stiefelspitze**

Stie·ge, die: -, -n (schmale Holztreppe); das **Stiegengeländer;** das **Stiegenhaus**

Stieg·litz *slaw.*, der: -es, -e (ein Singvogel)

Stiel, der: -(e)s, -e; der Stiel (Griff) der Pfanne – Blumen mit langen Stielen (Stängeln) – mit Stumpf und Stiel (ganz und gar) # Stil; das **Stielauge:** *Stielaugen machen/bekommen* (neugierig, verwundert schauen)

Stier, der: -(e)s, -e (Bulle); *den Stier bei den Hörnern packen* (eine Arbeit mutig anpacken); **stier:** einen stieren (unbeweglichen, starren) Blick haben; **stieren** (starr blicken); der **Stierkampf,** die ... kämpfe; der **Stiernacken** (starker Nacken); **stiernackig**

Stift, der: -(e)s, -e; einen Stift (Nagel) in die Wand schlagen – mit einem Stift schreiben – der Meister arbeitet mit einem Stift (Lehrling); der **Stiftzahn,** die ... zähne

Stift, das: -(e)s, -e; in einem Stift (einer Anstalt, einem Altersheim) leben; **stiften:** für die Armen Geld stiften (spenden) – Frieden stiften (schaffen) – stiften gehen (fliehen, abhauen); der **Stifter;** die **Stifterin;** die **Stiftskirche;** die **Stiftung** (Schenkung)

Stig·ma *griech.*, das: -s, -ta/Stigmen (Wund-, Brandmal; Merkmal, das einen Menschen zum Außenseiter abstempelt); **stigmatisieren** (brandmarken); die **Stigmatisierung**

Stil *lat.*; der: -(e)s, -e; das ist nicht mein Stil (meine Art) – der Stil (die Ausdrucksweise) eines Künstlers – der gotische Stil (Baustil) – im großen Stil (in großem Umfang) # Stiel; die **Stilart;** die **Stilblüte** (ungewollt komischer sprachlicher Ausdruck); der **Stilbruch,** die ... brüche; **stilgerecht** (geschmackvoll); **stilisieren** (in den wichtigsten Grundstrukturen darstellen); die **Stilisierung; stilistisch; stillos** (geschmacklos); das **Stilmittel;** die **Stilmöbel** *Pl.*; **stilvoll; stilwidrig**

Sti·lett *ital.*, das: -s, -e (kleiner Dolch)

still: still (ruhig) bleiben/sein/werden – in aller Stille – er ist heute sehr still (schweigsam) – eine stille (ruhige) Stunde – eine stille (heimliche) Liebe haben; aber: etwas im Stillen (unbemerkt) tun – der Stille Ozean; die **Stille:** in aller Stille (ohne großes Aufsehen); **stillen:** die Mutter stillt ihr Kind (gibt ihm die Brust) – seinen Durst stillen (löschen); **stillgestanden; stillhalten** (geduldig ertragen, keinen Widerstand leisten); aber: den Kopf still halten; das **Stillleben** (Darstellung lebloser Gegenstände in der Malerei); auch: das **Still-Leben; stilllegen:** eine Fabrik stilllegen (den Betrieb einstellen); die **Stilllegung;** auch: die **Still-Legung; stillliegen** (außer Betrieb sein); aber: still (ruhig) liegen; **stillschweigen** (nichts verraten); das **Stillschweigen; stillschweigend; stillsitzen** (konzentriert sein); auch: still sitzen; der **Stillstand; stillstehen** (zum Stillstand kommen, außer Betrieb sein); aber: er kann nicht lange still (ruhig) stehen

stim·men: die Lösung stimmt nicht (ist falsch) – das Klavier stimmen (ihm die richtige Tonhöhe geben) – für einen Kandidaten stimmen (ihm seine Stimme geben) – das stimmt (macht) mich fröhlich; die **Stimmabgabe;** das **Stimmband,** die ... bänder; **stimmberechtigt;** der/die **Stimmberechtigte;** der **Stimmbruch** (Stimmwechsel); die **Stimme;** die **Stimmenmehrheit;** die **Stimmgabel; stimmgewaltig; stimmhaft; stimmig** (passend); die **Stimmigkeit;** die **Stimmlage; stimmlich; stimmlos;** das **Stimmrecht** (Wahlrecht); die **Stimmung; stimmungsvoll;** der **Stimmungswandel;** der **Stimmzettel**

sti·mu·lie·ren *lat.*: (anregen); das **Stimulans,** die Stimulantien (Anregungsmittel); aber: die **Stimulanz** (Anreiz, Antrieb); die **Stimulation;** die **Stimulierung**

stin·ken: du stinkst, er stank, sie hat gestunken, stink(e)!; (übel riechen); die **Stinkbombe; stinkfaul** (sehr faul); **stinkfein; stinkig; stinklangweilig; stinkreich;** der **Stinkstiefel** (unangenehmer Mensch); das **Stinktier; stinkvornehm;** die **Stinkwut**

Sti·pen·di·um *lat.*, das: -s, Stipendien (finanzielle Unterstützung); der **Stipendiat** (jemand, der ein Stipendium erhält); die **Stipendiatin;** die **Stipendienvergabe**

stip·pen: (tupfen, tunken); die **Stippvisite** (kurzer Besuch)

Stirn, die: -, -en; den Schweiß von der Stirn wischen – *jemandem die Stirn bieten* (ihm ohne Furcht entgegentreten); auch: die **Stirne;** das **Stirnband;** die **Stirnglatze;** die **Stirnhöhle; stirnrunzelnd;** aber: die Stirne runzelnd; die **Stirnseite** (Vorderseite)

stö·bern: die Wohnung stöbern (sauber machen) – in alten Akten stöbern (suchen)

sto·chern: (bohren, hineinstechen); er stocherte in seinen Zähnen

Stock, der: -(e)s, Stöcke; mit dem Stock (Stecken) zuschlagen – über Stock und Stein (über alle Hindernisse, querfeldein); **stockbesoffen** (sehr betrunken); das **Stöckchen; stockdumm; stockdunkel;** der **Stöckel** (Absatz, Hacken); **stöckeln;** der **Stöckelschuh; stockfinster; stockheiser;** der **Stockhieb; stockkonservativ; stocksauer;** der **Stockschirm; stocksteif; stocktaub**

Stock, der: -(e)s, -; drei Stock (Stockwerke) – im ersten Stock wohnen; **...stöckig:** zweistöckig; auch: 2-stöckig; das **Stockwerk** (Geschoss)

sto·cken: der Verkehr stockt (kommt nicht

vorwärts) – das Blut stockte ihm in den Adern; aber: *ins Stocken kommen* (nicht mehr vorankommen); die **Stockung**

sto·ckig: ein stockiges (muffiges) Zimmer – die Milch ist stockig (dick, geronnen)

Stoff, der: -(e)s, -e; ein Stoff aus Baumwolle – pflanzliche Stoffe; der **Stoffballen;** die **Stofffarbe;** auch: die **Stoff-Farbe;** der **Stofffetzen;** auch: der **Stoff-Fetzen;** die **Stofffülle;** auch: die **Stoff-Fülle;** das **Stoffgebiet; stofflich;** der **Stoffrest;** das **Stofftier;** der **Stoffwechsel**

Stof·fel, der: -s, - (ungehobelter Mensch)

stöh·nen: der Verletzte stöhnt (ächzt, seufzt) laut; aber: ein leises Stöhnen ist hörbar

sto·isch *lat.*: (gelassen, unerschütterlich)

Sto·la *griech.*, die: -, Stolen (breiter Schal)

Stol·len, der: -s, - (Weihnachtsgebäck); auch: die **Stolle**

Stol·len, der: -s, -; in einem Stollen (einem waagerechten Grubenbau) arbeiten – Stollen (Zapfen) an den Fußballschuhen

stol·pern: über einen Stein stolpern (stürzen, straucheln); der **Stolperdraht,** die ... drähte; der **Stolperer;** die **Stolperin;** der **Stolperstein**

stolz: er ist auf seine guten Leistungen stolz – das ist eine stolze (ausgezeichnete) Leistung; der **Stolz; stolzieren:** über den Platz stolzieren (hochmütig einherschreiten)

stop! *engl.*: (auf Verkehrsschildern: halt!): der **Stop-and-go-Verkehr;** aber: der **Stopp;** der **Stoppball; stoppen:** den Verkehr stoppen (anhalten) – die Geschwindigkeit des Läufers stoppen (mit der Stoppuhr messen) – stopp den Ball!; das **Stopplicht;** das **Stoppschild;** die **Stoppstraße;** die **Stoppuhr**

stop·fen: Strümpfe stopfen (ausbessern) – sie stopfte (packte, presste) die Wäsche in den Koffer – er stopfte sich die Pfeife – Schokolade stopft (hemmt die Verdauung); das **Stopfgarn;** die **Stopfnadel**

Stop·pel, die: -, -n (Halmrest); der **Stoppelbart,** die ... bärte; **stoppelbärtig;** das **Stoppelfeld; stopp(e)lig:** ein stoppeliges (stacheliges, unrasiertes) Gesicht; die **Stoppeln** *Pl.* (kurzer Bart, nachgewachsenes Barthaar)

Stöp·sel, der: -s, - (Pfropfen, Korken); **stöpseln**

Stör, der: -(e)s, -e (ein Fisch)

Storch; der: -(e)s, Störche (ein großer Stelzvogel); das **Storch(en)nest;** die **Störchin**

Store *franz. [schtor]*, der: -s, -s (Vorhang)

stö·ren: den Unterricht stören (behindern, beeinträchtigen) – ich störe mich (nehme Anstoß) an dem Lärm; **störanfällig;** der **Störenfried** (Unruhestifter); der **Störfall,** die ... fälle; das **Störfeuer;** das **Störmanöver;** der **Störsender;** die **Störung; störungsfrei;** die **Störungsstelle**

stor·nie·ren *ital.*: eine Zahlung stornieren (rückgängig machen); die **Stornierung;** das/der **Storno,** die Storni (Rückbuchung, Berichtigung, Löschung)

stör·risch: ein störrischer (widerspenstiger) Mensch – störrisch sein (bocken)

Sto·ry *engl.*, die: -, -s (Kurzgeschichte)

sto·ßen: du stößt, er stieß, sie hat gestoßen, stoß(e)!; sich stoßen (verletzen) – er wurde zu Boden gestoßen (geschubst) – sie stieß sich (nahm Anstoß) an seinem Aussehen – das Grundstück stößt (grenzt) an die Straße – auf Erdöl stoßen (treffen) – *jemanden vor den Kopf stoßen* (ihn kränken); der **Stoß,** die Stöße: einen Stoß (Schlag, Hieb) in die Rippen bekommen – ein Stoß (Stapel) Bücher; der **Stoßdämpfer;** der **Stößel** (Werkzeug zum Stoßen); **stoßfest;** das **Stoßgebet;** das **Stoßgeschäft;** die **Stoßkraft;** die **Stoßrichtung;** der **Stoßseufzer; stoßsicher;** die **Stoßstange;** der **Stoßtrupp;** der **Stoßverkehr; stoßweise** (ruckweise); die **Stoßzeit** (Hauptverkehrszeit)

stot·tern: vor Aufregung stottern (stockend sprechen, stammeln) – sie kaufte die Möbel auf Stottern (auf Ratenzahlung) – der Motor stottert (läuft unregelmäßig); die **Stotterei;** der **Stotterer; stott(e)rig;** die **Stotterin**

Stöv·chen, das: -s, - (Wärmevorrichtung für Kaffee oder Tee); auch: das **Stovchen**

Str. = Straße

stracks: er lief stracks (geradewegs, direkt, sofort) nach Hause

stra·fen: jemanden schwer strafen; die **Strafaktion;** die **Strafanstalt;** die **Strafanzeige;** die **Strafarbeit;** die **Strafbank; strafbar:** sich strafbar machen; der **Strafbefehl;** der **Strafbescheid;** die **Strafe;** der/die **Strafentlassene;** der **Straferlass** (Begnadigung); **straffällig; straffrei;** die **Straffreiheit;** der/die **Strafgefangene** (Häftling); das **Strafgericht;** das **Strafgesetz;** das **Strafgesetzbuch** ⟨StGB⟩; das **Straflager; sträflich:** sträflich (unverzeihlich) nachlässig sein; der **Sträfling** (Häftling); **straflos;** das **Strafmandat**

(Strafverfügung); das **Strafmaß; strafmündig;** das **Strafporto** (Nachgebühr bei der Post); die **Strafpredigt;** der **Strafprozess;** der **Strafraum,** die ...räume; **strafrechtlich;** das **Strafregister;** der **Strafstoß,** die ...stöße; die **Straftat;** der **Straftäter;** die **Straftäterin,** die ...täterinnen; **strafversetzen;** der **Strafverteidiger;** die **Strafverteidigerin,** die ...verteidigerinnen; der **Strafvollzug;** der **Strafzettel**

straff: ein straffes (stramm, stark gespanntes) Seil – eine straffe (faltenlose) Haut haben – eine straffe Organisation; **straffen:** den Aufsatz straffen (auf das Wesentliche kürzen); die **Straffheit;** die **Straffung**

Strahl, der: -(e)s, -en; der Strahl des Wassers – die Strahlen der Sonne; **strahlen:** vor Freude strahlen (glücklich aussehen) – ein strahlender (sonniger) Tag – strahlend hell; **strahlenförmig;** die **Strahlenschäden** *Pl.*; der **Strahlenschutz; strahlenverseucht;** der **Strahler;** die **Strahlkraft;** das **Strahltriebwerk;** die **Strahlung**

Sträh·ne, die: -, -n (Strang, Haarbüschel); **strähnig:** strähniges (fettiges) Haar

stramm: ein strammer (kräftiger) Junge – eine stramme (aufrechte) Haltung einnehmen – die Hose sitzt stramm (eng); **strammstehen; strammziehen:** den Gürtel strammziehen (fest anziehen, spannen) – *jemandem die Hosen strammziehen*; auch: stramm ziehen

stram·peln: das Kind strampelt (zappelt) mit den Beinen – mit dem Fahrrad zur Schule strampeln; das **Strampelhöschen**

Strand, der: -(e)s, Strände (Küste); am Strand liegen; das **Strandbad,** die ...bäder; **stranden:** das Schiff strandete auf den Klippen (kam auf Grund) – sie strandete (scheiterte) in ihrem Beruf; das **Strandgut;** das **Strandhotel;** der **Strandkorb,** die ...körbe; die **Strandung;** die **Strandwache**

Strang, der: -(e)s, Stränge (dicker Strick); *über die Stränge schlagen* (übermütig werden) – *am gleichen/selben Strang ziehen* (das gleiche Ziel verfolgen); **strangulieren** (erdrosseln); die **Strangulierung**

Stra·pa·ze *ital.*, die: -, -n; große Strapazen (Anstrengungen) auf sich nehmen; **strapazierbar; strapazieren** (stark beanspruchen): sich strapazieren (sich anstrengen); **strapazierfähig:** ein strapazierfähiger (fester) Anzug; die **Strapazierfähigkeit; strapaziös** (anstrengend)

Straps *engl.* der: -es, -e (Strumpfhalter)

Strass, der: -/-es, -e (Edelsteinimitation aus Glas)

Stra·ße ⟨Str.⟩, die: -, -n; *jemanden auf die Straße setzen* (ihn entlassen); **straßauf, straßab;** das **Sträßchen;** die **Straßenarbeiten** *Pl.*; die **Straßenbahn;** der **Straßenjunge;** die **Straßenkarte;** die **Straßenkreuzung;** der **Straßenlärm;** der **Straßenname;** das **Straßenpflaster;** der **Straßenraub;** das **Straßenschild;** die **Straßensperre;** der **Straßenverkehr**

Stra·te·gie *griech.*, die: -, Strategien (Art des Vorgehens); der **Stratege** (Feldherr); **strategisch:** die strategische Verteidigung

sträu·ben, sich: ich sträube (wehre) mich dagegen – da hilft kein Sträuben – mir sträuben sich die Haare (stehen zu Berge)

Strauch, der: -(e)s, Sträucher (Staude, Busch); der **Strauchdieb** (Räuber); auch: der **Strauchritter;** das **Strauchwerk** (Gesträuch)

strau·cheln: (taumeln, stolpern, scheitern)

Strauß *griech.*, der: -es, -e (großer Laufvogel); das **Straußenei;** die **Straußenfeder;** die **Vogel-Strauß-Politik** (Verhalten, vor Gefahren die Augen zu verschließen)

Strauß, der: -es, Sträuße; einen Strauß (Blumenstrauß) überreichen – *mit jemandem einen Strauß ausfechten* (mit ihm im Streit liegen); das **Sträußchen**

Stre·be, die: -, -n (schräge Stütze); der **Strebebogen,** die ...bögen; der **Strebepfeiler**

stre·ben: er strebt (trachtet) nach Macht – nach Hause streben (ohne Umwege gehen); das **Streben** (Trachten, Ehrgeiz, Wille); der **Streber** (Ehrgeizling); die **Streberei; streberhaft;** die **Streberin,** die Streberinnen; **streberisch;** das **Strebertum; strebsam** (fleißig, gewissenhaft); die **Strebsamkeit**

Stre·cke, die: -, -n (Entfernung, Abstand); eine kurze Strecke – der Zug hält auf offener Strecke (außerhalb des Bahnhofs) – *auf der Strecke bleiben* (stecken bleiben) – *jemanden zur Strecke bringen* (ihn überwältigen, töten, verhaften); **strecken:** sich strecken – seine Glieder strecken (dehnen) – die Soße wird gestreckt (verdünnt); das **Streckennetz;** der **Streckenwärter; streckenweise** (stellenweise); der **Streckmuskel;** die **Streckung;** der **Streckverband,** die ...verbände

strei·chen: du streichst, er strich, sie hat/ist gestrichen, streich(e)!; Butter auf das Brot streichen – den Gartenzaun streichen (anmalen) – sich über die Haare streichen – einen Satz im Text streichen – die Katze ist ums Haus gestrichen – *die Segel streichen* (aufgeben, nachgeben); der **Streich** (Schabernack, Scherz); **streicheln** (liebkosen); das **Streichholz** (Zündholz); das **Streichinstrument;** der **Streichkäse;** das **Streichkonzert;** die **Streichmusik;** das **Streichorchester;** das **Streichquartett;** die **Streichung** (Kürzung); die **Streichwurst;** → Strich

strei·fen: der Schuss streifte (berührte) den Arm – ein Thema streifen (am Rande berühren) – durch die Felder streifen (wandern) – er streifte (zog) den Ring vom Finger; die **Streife** (polizeilicher Kontrollgang, kontrollierende Polizisten); der **Streifen:** das Kleid hat rote Streifen – ein Streifen (schmales, langes Stück) Wald; der **Streifenwagen;** das **Streiflicht;** der **Streifschuss;** der **Streifzug** (Wanderung, Gang)

strei·ken *engl.*: die Arbeiter streiken (legen die Arbeit nieder, sind im Ausstand); der **Streik;** die **Streikaktion;** der/die **Streikende;** das **Streikrecht;** die **Streikwelle**

strei·ten: du streitest, er stritt, sie hat gestritten, streit(e)!; sich wegen jeder Kleinigkeit streiten; der **Streit;** die **Streitaxt,** die ...äxte; **streitbar:** eine streitbare (kämpferische) Frau; die **Streiterei;** der **Streitfall,** die ...fälle; die **Streitfrage;** das **Streitgespräch;** der **Streithammel** (streitsüchtiger Mensch); auch: der **Streithahn,** die ...hähne; der **Streithansl; streitig:** *jemandem etwas streitig machen* (etwas beanspruchen); die **Streitigkeiten** *Pl.* (Auseinandersetzungen); die **Streitkräfte** *Pl.* (Militär); die **Streitlust; streitlustig;** die **Streitmacht** (Truppen und Waffen); das **Streitobjekt** (Gegenstand des Streits, Zankapfel); die **Streitsache;** die **Streitsucht; streitsüchtig;** der **Streitwert; strittig** (ungeklärt, umstritten)

streng: eine strenge (auf Ordnung bedachte, unnachsichtige) Lehrerin – ein strenger (harter) Winter – streng durchgreifen – die Kinder streng erziehen – streng sein – auf das/aufs Strengste; auch: auf das/aufs strengste; die **Strenge; strenggenommen:** strenggenommene Vorschriften; auch: streng genommen; aber nur: das ist streng genommen (eigentlich) falsch; **strenggläubig;** die **Strenggläubigkeit; strengstens:** das ist strengstens verboten

Stress *engl.*, der: -es, -e (Überbeanspruchung); im Stress sein; **stressauslösend;** auch: Stress auslösend; **stressen** (anstrengen); **stressfrei; stressgeplagt; stressig;** die **Stresssituation;** auch: die **Stress-Situation**

Stretch *engl. [stretsch]*, der: -(e)s, -es (ein elastisches Gewebe)

streu·en: in den Straßen Salz streuen; die **Streu;** das **Streufahrzeug;** der **Streusand;** der **Streuselkuchen;** die **Streusiedlung;** die **Streuung;** der **Streuwagen;** der **Streuzucker**

streu·nen: durch die Gassen streunen (sich herumtreiben); der **Streuner;** die **Streunerin,** die Streunerinnen

Strich, der: -(e)s, -e; einen Strich (eine Linie) ziehen – nach Strich und Faden (gehörig) – unter dem Strich (nach Abwägen aller Vor- und Nachteile) – *keinen Strich tun* (nicht arbeiten) – *jemandem einen dicken Strich durch die Rechnung machen* (seine Pläne durchkreuzen); **stricheln** (feine Striche machen); der **Strichpunkt** (Satzzeichen: Semikolon); **strichweise** (stellenweise); die **Strichzeichnung;** → streichen

stri·cken: sie strickt sich einen Pullover; der **Strick:** die Kuh an einem Strick (Seil) führen – ein fauler Strick (Faulenzer); der **Strickapparat;** die **Strickerei;** das **Strickgarn;** die **Strickjacke;** das **Strickkleid;** die **Strickleiter;** die **Strickmode;** das **Strickmuster;** die **Stricknadel;** die **Strickwaren** *Pl.*; die **Strickweste;** das **Strickzeug**

strie·geln *lat.*: das Pferd striegeln (mit einem Striegel die Haare bürsten); der **Striegel**

Strie·me, die: -, -n; er hat blutige Striemen (Streifen); auch: der **Striemen; striemig**

strikt *lat.*: einen Befehl strikt (genau) befolgen – ein striktes (strenges) Verbot; auch: **strikte**

Strip·pe, die: -, -n (Schnur, Band, Telefonleitung); *jemanden an der Strippe haben* (mit ihm telefonieren)

strip·pen *engl.*: (sich entkleiden, z. B. in einem Nachtlokal); der **Strip;** auch: der/das **Striptease** *[striptiß]*; der **Stripper;** die **Stripperin,** die Stripperinnen; das **Stripplokal**

Stroh, das: -(e)s; auf Stroh (auf Halmen von gedroschenem Getreide) schlafen – *leeres*

Stroh dreschen (unnötig viel reden, Unsinn reden); der **Strohballen; strohblond;** die **Strohblume;** das **Strohdach,** die ...dächer; **strohdumm;** das **Strohfeuer** (kurz anhaltende Begeisterung); **strohgedeckt;** der **Strohhalm:** *sich an jeden Strohhalm klammern* (auf jede noch so geringe Chance hoffen); der **Strohhut,** die ...hüte; **strohig** (spröde, trocken); der **Strohkopf,** die ...köpfe (Dummkopf); der **Strohmann,** die ...männer (heimlich Beauftragter, vorgeschobene Person); der **Strohsack,** die ...säcke; der **Strohstern; strohtrocken;** der **Strohwisch** (Bündel aus Stroh); die **Strohwitwe** (Ehefrau, die vorübergehend ohne ihren Mann lebt); der **Strohwitwer**

strol·chen: durch die Straßen strolchen (sich herumtreiben); der **Strolch**

Strom, der: -(e)s, Ströme; ein breiter Strom (Fluss) – ein Strom (eine große Menge) von Menschen – es regnet in Strömen (sehr heftig) – den Strom (elektrischen Strom) abschalten – *mit dem Strom schwimmen* (sich der Meinung der Mehrheit anschließen); **stromab; stromabwärts;** aber: den Strom abwärts; **stromauf; stromaufwärts:** stromaufwärts fahren; aber: den Strom aufwärts; das **Strombett; strömen:** der Fluss strömt durch die Ebene – die Leute strömen in das Kaufhaus; der **Stromkreis;** die **Stromleitung; stromlinienförmig;** das **Stromnetz;** die **Stromquelle;** der **Stromschlag,** die ...schläge; die **Stromschnelle; stromsparend:** stromsparende Geräte; auch: Strom sparend; der **Stromspeicher;** die **Stromstärke;** der **Stromstoß;** die **Strömung**

Stro·mer, der, -s, - (Landstreicher, Herumtreiber); die **Stromerin; stromern**

Stro·phe *griech.,* die: -, -n (Abschnitt eines Gedichtes oder Liedes)

strot·zen: (überlaufen, voll sein); vor Gesundheit strotzen

strub·be·lig: strubbelige (verwirrte, struppige) Haare; auch: **strubblig;** der **Strubbelkopf,** die ...köpfe

Stru·del, der: -s, -; einen Strudel (eine Mehlspeise) essen – in einen Strudel (Wirbel, Sog) geraten; **strudeln**

Struk·tur *lat.,* die: -, -en (innerer Aufbau, Gliederung); **strukturell; strukturieren;** die **Strukturiertheit;** die **Strukturierung;** die **Strukturreform; strukturschwach** (industriell nicht entwickelt); der **Strukturwandel**

Strumpf, der: -(e)s, Strümpfe; wollene Strümpfe tragen; das **Strumpfband,** die ...bänder; die **Strumpfhose;** die **Strumpfmaske;** die **Strumpfwaren** *Pl.*

Strunk, der: -(e)s, Strünke (dürrer Stamm, Stumpf)

strup·pig: struppige (zerzauste, borstige, ungekämmte) Haare; die **Struppigkeit**

Struw·wel·pe·ter, der: -s, - (Gestalt aus einem Kinderbuch; Kind mit langem, strubbeligem Haar); der **Struwwelkopf,** die ...köpfe

Strych·nin *griech.,* das: -s (Gift, Arzneimittel)

Stu·be, die: -, -n (Raum, Zimmer); das **Stübchen;** der/die **Stubenälteste;** der **Stubenarrest;** die **Stubenfliege;** der **Stubenhocker;** die **Stubenhockerin,** die ...hockerinnen; **stubenrein:** der Hund ist stubenrein (zur Sauberkeit erzogen); der **Stubenwagen**

Stuck *ital.,* der: -(e)s (Decken- bzw. Wandornamente aus einer Gipsmischung); die **Stuckarbeit;** der **Stuckateur** *[stukatör]*; die **Stuckatur** (Stuckarbeit); die **Stuckdecke**

Stück ⟨St.⟩, das: -(e)s, -e (einzelnes Stück); ein Stück Schokolade – drei Stück Kuchen – Stück für Stück (einzeln) – aus freien Stücken (freiwillig) – an einem Stück (ohne Unterbrechung) – *in Stücke gehen* (entzweigehen) – *große Stücke auf jemanden halten* (ihn sehr schätzen); das **Stückchen; stückeln** (aus kleinen Teilen zusammensetzen); die **Stück(e)lung;** das **Stückgut;** die **Stückkosten** *Pl.;* der **Stücklohn** (Akkordlohn); **stückweise;** das **Stückwerk** (Flickwerk, unvollkommene Arbeit); die **Stückzahl**

Stu·dent ⟨stud.⟩ *lat.,* der: -en, -en (Hochschüler); die **Studentenschaft;** die **Studentin,** die Studentinnen; **studentisch;** die **Studie** (wissenschaftliche Arbeit, Untersuchung); **studieren:** Medizin studieren – ein studierter (gelehrter) Mann; der/die **Studierende;** das **Studium,** die Studien

Stu·dio *ital.,* das: -s, -s (Aufnahmeraum beim Film und Rundfunk, Arbeitsraum)

Stu·fe, die: -, -n; die Stufen hinaufsteigen – beruflich eine höhere Stufe (einen höheren Rang) anstreben; der **Stufenbarren;** die **Stufenfolge; stufenförmig;** die **Stufenleiter; stufenlos; stufenweise; stufig;** die **Stufung**

Stuhl, der: -(e)s, Stühle; auf einem Stuhl sitzen – *fast vom Stuhl fallen* (sehr überrascht sein) – *zwischen zwei Stühlen sitzen* (es sich mit beiden Parteien verscherzt haben); das **Stuhlbein;** das **Stühlchen;** der **Stuhlgang;** das **Stuhlkissen;** die **Stuhllehne**

Stul·le, die: -, -n (belegte Brotschnitte)

stül·pen: sich den Hut auf den Kopf stülpen – die Taschen des Kleides nach außen stülpen (kehren, wenden); die **Stulpe** (Aufschlag an Ärmeln, Hosen o. Ä.)

stumm: er ist stumm (er kann nicht sprechen) – stumm (wortlos) vorbeigehen – *stumm wie ein Grab* (äußerst verschwiegen) *sein*; der/die **Stumme;** der **Stummfilm;** die **Stummheit**

Stum·mel, der: -s, - (Reststück); der Stummel des Bleistifts; das **Stummelchen;** auch: das **Stümmelchen**

Stüm·per, der: -s, - (Nichtskönner); die **Stümperei** (Pfuscharbeit); **stümperhaft;** die **Stümperin; stümpern** (schlecht arbeiten)

stumpf: stumpfer, am stumpf(e)sten; ein stumpfes (unscharfes) Messer – stumpfe (matte, glanzlose) Farben – er hat einen stumpfen (ausdruckslosen) Blick – ein stumpfer Winkel (Winkel über 90°); der **Stumpf,** die Stümpfe: der Stumpf (das Reststück) einer Kerze – *mit Stumpf und Stiel* (völlig, ganz und gar); die **Stumpfheit;** der **Stumpfsinn; stumpfsinnig:** ein stumpfsinniger (beschränkter, einfältiger) Mensch – das ist eine stumpfsinnige (geistlose, langweilige) Arbeit; **stumpfwinklig**

Stun·de ⟨Std., h⟩, die: -, -n (Zeitraum von 60 Minuten); eine viertel Stunde; auch: eine Viertelstunde – von Stund an (ab sofort) – zur Stunde (gerade jetzt) – zu später Stunde (spät am Abend) – die Stunde X (ein noch unbestimmter Zeitpunkt, an dem etwas passieren wird) – die Stunde null; **stunden** (Aufschub gewähren); der **Stundenkilometer** ⟨km/h⟩; **stundenlang** (sehr lang); aber: eine Stunde lang; der **Stundenlohn,** die ...löhne; der **Stundenplan,** die ...pläne; **stundenweise:** stundenweise (nach Stunden) bezahlt werden; der **Stundenzeiger; ...stündig:** zweistündig (zwei Stunden lang); auch: **2-stündig;** das **Stündlein; stündlich** (jede Stunde); die **Stundung**

Stunk, der: -s (Streit, Auseinandersetzung)

Stunt·man *engl. [ßtạntmän]*, der: -s, Stuntmen (Ersatzschauspieler für gefährliche Filmszenen); der **Stunt;** das **Stuntgirl** *[ßtạntgörl]*

stu·pi·de *lat.*: eine stupide (stumpfsinnige) Arbeit – er ist ein stupider (dummer, einfältiger) Mensch; auch: **stupid;** die **Stupidität**

stup·sen: in die Seite stupsen (stoßen); der **Stups** (Stoß, Puff); die **Stupsnase**

stur: stur (nach Vorschriften) arbeiten – ein sturer (eigensinniger) Mensch – *auf stur schalten* (stur werden); die **Sturheit**

Sturm, der: -(e)s, Stürme; ein Sturm (heftiger Wind) hat den Baum entwurzelt – er gab den Befehl zum Sturm (Angriff) – *gegen etwas Sturm laufen* (heftig dagegen kämpfen) – *Sturm läuten* (heftig läuten); der **Sturmangriff;** die **Sturmbö(e); stürmen:** es hat gestern gestürmt und geschneit – die Stadt wurde gestürmt (erobert) – aus dem Haus stürmen (schnell, heftig laufen) – auf das Tor des Gegners stürmen; der **Stürmer** (Angriffsspieler); die **Stürmerin;** die **Sturmflut; stürmisch;** der **Sturmschritt;** die **Sturmwarnung;** der **Sturmwind**

stür·zen: sie ist auf der Straße gestürzt (gefallen) – die Regierung wurde gestürzt (entmachtet) – sie stürzte weinend aus dem Zimmer – sich zu Tode stürzen – sie stürzte sich in Unkosten – er stürzte sich in die Arbeit; der **Sturz,** die Stürze; der **Sturzbach,** die ...bäche; **sturzbetrunken** (völlig betrunken); der **Sturzflug,** die ...flüge; der **Sturzhelm;** der **Sturzregen** (Regenschauer)

Stuss *hebr.*, der: -es; Stuss (Unsinn) reden

Stu·te, die: -, -n (weibliches Pferd)

stut·zen: er ließ seinen Bart stutzen (kürzen) – plötzlich stutzte er (wurde er nachdenklich, schöpfte er Verdacht); der **Stutzen** (kurzes Gewehr, Ansatzrohrstück, Wadenstrumpf); **stutzig:** stutzig (misstrauisch) werden

stüt·zen: sich auf den Stock stützen – die Kranke musste gestützt werden – das Urteil des Richters stützt sich auf klare Beweise (beruht darauf); die **Stütze** (Rückhalt, Pfosten, Hilfe); die **Stützmauer;** der **Stützpfeiler;** der **Stützpunkt** (Ausgangspunkt, Standort); der **Stützstrumpf;** die **Stützung**

StVO = Straßenverkehrsordnung

sty·len *engl. [stailen]:* (entwerfen, gestalten); der **Style** (Stil); der **Stylist;** die **Stylistin,** die Stylistinnen

Sty·ro·por *lat.*, das: -s (fester Schaumstoff)
s. u. = sieh(e) unten!
sub·jek·tiv *lat.*: das ist meine subjektive (persönliche) Ansicht – das sieht er völlig subjektiv (einseitig, voreingenommen); das **Subjekt** (Sprachlehre: Satzgegenstand); die **Subjektivität**
Sub·stan·tiv *lat.*, das: -s, -e (Sprachlehre: Hauptwort, Nomen, Namenwort); **substantiviert:** ein substantiviertes (hauptwörtlich gebrauchtes) Zeitwort; **substantivisch**
Sub·stanz *lat.*, die: -, -en (Masse, Stoff, Bestandteil, das Wesentliche); **substanziell** (stofflich, wesentlich); auch: **substantiell; substanzlos** (gehaltlos); der **Substanzverlust**
sub·sti·tu·ie·ren *lat.*: (ersetzen, austauschen)
sub·til *lat.*: (fein, zart, spitzfindig)
sub·tra·hie·ren *lat.*: eine Zahl von der anderen subtrahieren (abziehen); der **Subtrahend** (die von einer anderen abzuziehende Zahl); die **Subtraktion**
Sub·ven·ti·on *lat. [subwentsjon]*: die: -, -en (Unterstützung aus öffentlichen Mitteln); **subventionieren;** der **Stubventionsabbau**
sub·ver·siv *lat. [subwersif]*: subversive (zerstörende, umstürzlerische) Kräfte; die **Subversion**
su·chen: die verlorene Geldbörse suchen – was suchst du hier? – ich suche deinen Rat – eine Wohnung suchen – sie sucht (versucht) ihren Kummer zu vergessen; die **Suchaktion;** der **Suchdienst;** die **Suche** (Fahndung, Ermittlung); die **Sucherei;** der **Suchhund;** die **Suchmaschine;** die **Suchmeldung;** der **Suchtrupp**
Sucht, die: -, Süchte/Suchten (Verlangen, krankhafte Gier); die **Suchtgefahr; süchtig;** die **Süchtigkeit;** der/die **Suchtkranke**
Sud, der: -(e)s, -e (Bratensaft, Brühe); das **Sudhaus;** → sieden
su·deln: (schmutzig machen, schlecht arbeiten); die **Sudelei** (Schmutz, Unsauberkeit)
Sü·den ⟨S⟩, der: -s (Himmelsrichtung); das Zimmer schaut nach Süden – wir fahren in den Süden (in ein südliches Land); **Süd:** aus Nord und Süd; der **Süd** (Südwind); **süddeutsch;** die **Südfrucht;** der **Südländer;** die **Südländerin,** die ...länderinnen; **südländisch; südlich:** südlich von Berlin – die südliche Breite ⟨s. Br.⟩; der **Südost** (Wind); der **Südosten** ⟨SO⟩; **südöstlich;** der **Südpol;** die **Südseite; südwärts;** der **Südwesten** ⟨SW⟩; **südwestlich;** der **Südwind**
Suff, der: -(e)s (Rausch, Trunksucht); der **Süffel** (Säufer); **süffeln** (genüsslich Alkohol trinken); **süffig:** ein süffiges (wohlschmeckendes) Bier; der **Süffling;** → saufen
süf·fi·sant *franz.*: (spöttisch, selbstgefällig); die **Süffisanz;** auch: die **Suffisance** *[süfißas]*
Suf·fix *lat.*, das: -es, -e (Sprachlehre: Nachsilbe)
sug·ge·rie·ren *lat.*: (einreden); die **Suggestion** (Beeinflussung, Willensübertragung); **suggestiv:** eine suggestive Wirkung ausüben; die **Suggestivfrage** (Frage, auf die eine bestimmte Antwort erwartet wird)
suh·len, sich: (sich im Schlamm wälzen); die **Suhle** (Lache, feuchte Bodenstelle)
Süh·ne, die: -, -n (Buße, Genugtuung, Wiedergutmachung); das **Sühnegericht; sühnen:** er sühnt (büßt) seine Untat; das **Sühneopfer;** der **Sühneversuch;** die **Sühnung**
Suit·case *engl. [sjutkes]*, das/der: -, -s (kleiner Handkoffer)
Sui·te *franz. [swit]*, die: -, -n (Instrumentalstück, Zimmerflucht in einem Hotel)
Su·i·zid *lat.*, der/das: -(e)s, -e (Selbstmord); **suizidgefährdet;** das **Suizidrisiko**
suk·zes·siv *lat.*: (allmählich, nach und nach); auch: **sukzessive**
Sul·fat *lat.*, das: -(e)s, -e (Salz der Schwefelsäure); das **Sulfid** (Salz der Schwefelwasserstoffsäure); das **Sulfit** (Salz der schwefligen Säure); die **Sulfitlauge**
Sul·ky *engl. [salki]*, der/das: -s, -s (leichter, zweirädriger Einspänner für Trabrennen)
Sul·tan *arab.*, der: -s, -e (Titel islamischer Herrscher); das **Sultanat** (Sultansherrschaft)
Sul·ta·ni·ne *arab.*, die: -, -n (große Rosine)
Sül·ze, die: -, -n (Fleisch oder Fisch in Aspik); auch: die **Sulz(e)**
Sum·me *lat.*, die: -, -n (Ergebnis, Betrag); er spendet eine große Summe; der **Summand** (hinzuzuzählende Zahl); **summarisch** (zusammengefasst); das **Sümmchen; summieren:** Beträge summieren (zusammenzählen) – seine Fehler haben sich summiert (sind angewachsen); die **Summierung**
sum·men: die Bienen summen im Garten – er summt leise eine Melodie vor sich hin; der **Summer** (elektrisches Signalgerät); der **Summton,** die ... töne

Sumpf, der: -(e)s, Sümpfe; im Sumpf (Moor, Schlamm) versinken; die **Sumpfdotterblume;** das **Sumpffieber;** das **Sumpfgebiet; sumpfig;** das **Sumpfland;** die **Sumpfpflanze**

Sund, der: -(e)s, -e (Meeresenge)

Sün·de, die: -, -n (Verstoß, Verbrechen); der **Sündenbock,** die ... böcke; der **Sündenfall;** die **Sündenlast;** der **Sündenpfuhl** (Ort des Lasters); der **Sünder;** die **Sünderin,** die Sünderinnen; die **Sündermiene; sündhaft:** ein sündhaftes (lasterhaftes) Leben führen – das ist sündhaft (sehr) teuer; die **Sündhaftigkeit;** die **Sündflut;** auch: → die **Sintflut; sündig; sündigen; sündteuer** (überaus teuer)

su·per *lat.*: (großartig, ausgezeichnet, äußerst); das **Superbenzin; superfein;** der **Super-GAU;** der **Superlativ** (Sprachlehre: 2. Steigerungsstufe, Höchststufe); **superleicht;** die **Supermacht** (Großmacht); der **Supermann,** die ... männer; der **Supermarkt,** die ... märkte (großes Selbstbedienungsgeschäft); **supermodern;** die **Superschau; superschlau; superschnell;** der **Superstar**

su·perb *franz.*: (vorzüglich); auch: **süperb**

Sup·pe, die: -, -n; ein Teller heißer Suppe – *jemandem eine schöne Suppe einbrocken* (ihn in eine unangenehme Situation bringen) – *jemandem die Suppe versalzen* (seine Pläne durchkreuzen); das **Süppchen;** das **Suppenfleisch;** das **Suppengemüse;** das **Suppengrün;** der **Suppenkasper** (Kind, das wenig isst); der **Suppenlöffel;** die **Suppennudel;** die **Suppenschüssel;** der **Suppenteller;** die **Suppenterrine; suppig**

Su·re *arab.*, die: -, -n (Kapitel des Korans)

sur·fen *engl. [ßörfen]*: (auf einem Surfbrett über das Wasser fahren, im Internet nach Informationen suchen); das **Surfbrett;** der **Surfer;** die **Surferin,** die Surferinnen; das **Surfing**

sur·re·al *franz.*: (traumhaft, unwirklich); der **Surrealismus** (eine Kunst- und Literaturrichtung)

sur·ren: die Räder surren (summen, schnurren)

Sur·ro·gat *lat.*, das: -(e)s, -e (Ersatz, Behelf)

sus·pekt (su·spekt) *lat.*: (verdächtig)

sus·pen·die·ren *lat.*: (beurlauben, entlassen); die **Suspendierung;** die **Suspension**

süß: ein süßes (reizendes) Mädchen – süße (angenehme) Träume haben – das süße Leben (ausschweifendes Leben); die **Süße; süßen** (zuckern); **Süßholz:** *Süßholz raspeln* (Schmeicheleien sagen); die **Süßigkeit; süßlich** (leicht süß); **süßsauer;** die **Süßspeise;** der **Süßstoff;** die **Süßwaren** *Pl.*; das **Süßwarengeschäft;** das **Süßwasser;** der **Süßwein**

Su·ta·ne *franz.*, die: -, -n (Gewand der katholischen Geistlichen); auch: die **Soutane**

SV = Sportverein

svw. = so viel wie

Swea·ter *engl. [ßweter]*, der: -s, - (Pullover); das **Sweatshirt** *[ßwetschört]* (weit geschnittener Pullover)

Swim·ming·pool *engl. [ßwimingpul]*, der: -s, -s (Schwimmbecken)

Sym·bi·o·se *griech.*, die: -, -n (dauerhaftes Zusammenleben mehrerer Lebewesen zum gegenseitigen Nutzen); **symbiotisch**

Sym·bol *griech.*, das: -s, -e (Zeichen, Gleichnis, Sinnbild); die Taube ist ein Symbol des Friedens; **symbolhaft;** die **Symbolhaftigkeit;** die **Symbolik; symbolisch** (bildlich, gleichnishaft); **symbolisieren** (sinnbildlich darstellen); die **Symbolisierung;** der **Symbolismus; symbolträchtig**

sym·me·trisch (sym·met·risch) *griech.*: (spiegelbildlich, spiegelgleich); die **Symmetrie;** die **Symmetrieachse**

Sym·pa·thie *griech.*, die: -, Sympathien; meine Sympathie (Zuneigung) gehört dir; der **Sympathisant** (Anhänger, Mitläufer); die **Sympathisantin,** die ... santinnen; **sympathisch:** sie hat ein sympathisches (einnehmendes, angenehmes, nettes) Wesen; **sympathisieren** (mögen, billigen): er sympathisiert mit mir

Sym·pho·nie *griech.*, die: -, Symphonien (Musikwerk für Orchester); auch: → die **Sinfonie**

Sym·po·si·on *griech.*, das: -s, Symposien (Tagung); auch: das **Symposium**

Symp·tom (Sym·ptom) *griech.*, das: -s, -e, die Symptome (Zeichen, Anzeichen) einer Krankheit; **symptomatisch** (bezeichnend)

Sy·na·go·ge (Syn·a·go·ge) *griech.*, die: -, -n (jüdischer Tempel)

syn·chron *griech. [sünkron]*: (gleichzeitig erfolgend); die **Synchronisation; synchronisieren;** die **Synchronisierung**

Syn·di·kat *griech.*, das: -(e)s, -e (Zweckverband, Organisation)

Syn·drom *griech.*, das: -s, -e (Krankheitsbild)

Sy·no·de (Syn·o·de) *griech.*, die: -, -n (Kirchentag, Treffen)

sy·no·nym (syn·o·nym) *griech.*: (sinngleich, sinnverwandt); auch: **synonymisch;** das **Synonym** (sinnverwandtes Wort)

Syn·the·se *griech.*, die: -, -n (Verknüpfung von Einzelteilen zu einer Einheit); der **Synthesizer** *[süntesaiser]* (elektronisches Gerät zur Klangerzeugung); die **Synthetics** *Pl.* (Textilien aus Kunstfasern); **synthetisch:** eine synthetische (künstliche) Faser

Sys·tem *griech.*, das: -s, -e; das System (Gefüge) einer Sprache – ohne System (Ordnung, Plan) arbeiten – gegen das System (die herrschende Gesellschaftsordnung) kämpfen; die **Systematik; systematisch; systematisieren** (ordnen); die **Systematisierung;** der **Systemfehler; systemlos**

Sze·ne *franz.*, die: -, -n; eine Szene (ein Ausschnitt) aus einem Film – Beifall auf offener Szene (während des Spiels) – *die Szene beherrschen* (im Mittelpunkt stehen) – *jemandem eine Szene* (laut, heftig Vorwürfe) *machen* – *sich in Szene setzen* (sich zur Geltung bringen); der **Szenenwechsel;** die **Szenerie** (Bühnendekoration, Schauplatz einer Handlung); **szenisch** (bühnenmäßig)

T

t = Tonne

Ta·bak *span.*, der: -s, -e; Tabak rauchen; der **Tabakkonsum;** die **Tabakpflanze;** die **Tabakplantage** *[...plantasche]*; der **Tabakraucher;** die **Tabakraucherin;** der **Tabaksbeutel;** die **Tabakspfeife;** die **Tabaksteuer;** die **Tabakwaren** *Pl.* (Rauchwaren)

Ta·bel·le *lat.*, die: -, -n; eine Tabelle (Aufstellung, Verzeichnis) ausfüllen – die Tabelle anführen (auf dem ersten Platz stehen); **tabellarisch** (in Form einer Übersicht); der/die **Tabellenerste; tabellenförmig;** der **Tabellenführer;** die **Tabellenführerin,** die ...führerinnen; der/die **Tabellenletzte;** der **Tabellenplatz;** der **Tabellenstand**

Ta·ber·na·kel *lat.*, der/das: -s, - (Aufbewahrungsort für geweihte Hostien)

Ta·blett (Tab·lett) *franz.*, das: -(e)s, -s/-e (Brett zum Auftragen von Speisen o. Ä.); *nicht aufs Tablett* (nicht in Frage) *kommen*

Ta·blet·te (Tab·let·te) *franz.*, die: -, -n (Arzneimittel, Pille); **tablettenabhängig;** der **Tablettenmissbrauch; tablettensüchtig**

ta·bu: das ist tabu (unangreifbar, verboten); das **Tabu,** die Tabus (etwas, das man nicht erwähnen bzw. berühren darf); gegen ein Tabu verstoßen; **tabuisieren:** ein Thema tabuisieren (für tabu erklären); auch: **tabuieren;** die **Tabuisierung;** auch: die **Tabuierung**

Ta·cho·me·ter *griech.*, der/das: -s, - (Geschwindigkeitsmesser); auch: der **Tacho;** der **Tachostand**

Tack·ling *engl. [täkling]*, das: -s, -s (beim Sport: harter körperlicher Einsatz)

ta·deln: die Lehrerin tadelt (missbilligt) die Faulheit der Schüler; der **Tadel:** einen Tadel (eine Rüge, einen Verweis) erteilen; **tadellos** (ordentlich, fehlerlos); **tadelnswert**

Ta·fel ⟨Taf.⟩, die: -, -n; an die Tafel schreiben – eine Tafel Schokolade – das Buch enthält zahlreiche Tafeln (Abbildungen u. Ä.) – an der Tafel (an einem festlich gedeckten Tisch) sitzen – *die Tafel aufheben* (die Mahlzeit für beendet erklären); das **Tafelbesteck** (wertvolles Essbesteck); das **Täfelchen; tafelfertig;** die **Tafelfreuden** *Pl.*; das **Tafelgeschirr; tafeln** (festlich speisen); das **Tafelobst;** die **Tafelrunde;** das **Tafelwasser** (Mineralwasser in Flaschen); der **Tafelwein**

tä·feln: eine getäfelte (mit Holztafeln verkleidete) Wand; die **Täfelung**

Taft *pers.*, der: -(e)s, -e (Gewebe aus Seide); das **Taftkleid**

Tag, der: -(e)s, -e; der Tag hat 24 Stunden – alle acht Tage – am Tag(e) – bei Tag(e) – eines schönen Tag(e)s (irgendwann) – bei Tag(e) besehen (genau betrachtet) – von Tag zu Tag (ständig) – seit Jahr und Tag (seit langem) – Tag für Tag (täglich) – dieser Tage (neulich) – über Tag (an der Erdoberfläche) – unter Tage (im Bergbau) – heutigen Tag(e)s – zu Tage bringen/fördern/kommen/treten; auch: zutage – unter Tags (den Tag über) – Guten Tag sagen; auch: guten Tag sagen – Tag und Nacht (zu jeder Zeit) – von einem Tag auf den anderen (plötzlich) – vor Tag (vor Tagesanbruch) – Tag der offenen Tür – der Tag des Herrn (der Sonntag) – auf meine alten Tage (im hohen Alter) – der

Jüngste Tag (der Tag des Jüngsten Gerichts) – *jemandem den Tag stehlen* (ihn von der Arbeit abhalten) – *einen schlechten Tag haben* (schlecht aufgelegt sein) – *etwas an den Tag bringen* (etwas aufdecken, enthüllen) – *an den Tag kommen* (bekannt werden) – *in den Tag hinein leben* (sorglos dahinleben) – *schon bessere Tage gesehen haben* (es früher besser gehabt haben) – *man soll den Tag nicht vor dem Abend loben – es ist noch nicht aller Tage Abend – jeder Tag bringt neue Sorgen*; **tagaus, tagein** (jeden Tag); der **Tagebau** (Abbau von Mineralien an der Erdoberfläche); das **Tagebuch,** die ...bücher; der **Tagedieb** (Faulenzer); das **Tagegeld** (Spesen); **tagelang;** aber: mehrere Tage lang; der **Tagelöhner** (Arbeiter, der täglich bezahlt wird); **tagen:** es fängt schon an zu tagen (der Tag bricht an) – die Vereinsmitglieder tagen (halten eine Sitzung ab); der **Tagesanbruch;** der **Tagesbefehl;** die **Tagesdecke;** das **Tagesgeschäft;** das **Tagesgeschehen;** das **Tagesgespräch;** die **Tageskarte;** die **Tageskasse;** der **Tageslauf;** das **Tageslicht:** *ans Tageslicht kommen* (bekannt werden); der **Tageslohn;** der **Tagesmarsch,** die ...märsche; die **Tagesordnung:** dieser Punkt steht nicht auf der Tagesordnung (Geschäftsordnung) – *an der Tagesordnung sein* (ständig geschehen); die **Tagespresse;** der **Tagesraum,** die ...räume (Aufenthaltsraum); die **Tagesreise;** der **Tagessatz,** die ...sätze; die **Tagesschau;** die **Tagesschicht;** der **Tagessieger;** die **Tagesstätte;** die **Tagessuppe;** die **Tageszeit;** die **Tageszeitung; tageweise;** das **Tag(e)werk** (tägliche Arbeit): sein Tagewerk verrichten; **taghell; ...tägig:** zweitägig; auch: 2-tägig; **täglich** (jeden Tag); **tags:** tags darauf – tags zuvor; **tagsüber** (am Tage); **tagtäglich;** die **Tagundnachtgleiche;** auch: die **Tag-und-Nacht-Gleiche;** die **Tagung** (Versammlung, Sitzung); der **Tagungsort**

Tai-Chi *chin. [taitschi],* das: -(s) (chinesische Bewegungskunst, Schattenboxen)

Tai·fun *chin.,* der: -s, -e (asiatischer Wirbelsturm)

Tail·le *franz. [talje],* die: -, -n (Gürtellinie, schmalste Stelle des Rumpfes); die **Taillenweite; tailliert:** ein taillierter Mantel

Ta·ke·la·ge *franz. [takelasche],* die: -, -n (Segelausrüstung eines Schiffes)

Takt *lat.,* der: -(e)s, -e: im Takt (Zeiteinheit in der Musik) spielen – ein Walzer im Dreivierteltakt – im Takt rudern – keinen Takt (Anstand) haben – *den Takt angeben* (zu bestimmen haben) – *jemanden aus dem Takt bringen* (ihn verwirren); der **Taktfehler;** das **Taktgefühl** (Zartgefühl); **taktlos** (ohne Rücksicht); die **Taktlosigkeit;** das **Taktmaß; taktmäßig;** der **Taktstock,** die ...stöcke; **taktvoll** (höflich, rücksichtsvoll)

Tak·tik *griech.,* die: -, -en (berechnendes Verhalten, geschicktes Ausnutzen einer Lage); **taktieren** (taktisch vorgehen); der **Taktierer;** der **Taktiker;** die **Taktikerin,** die Taktikerinnen; **taktisch** (klug, berechnend, planvoll)

Tal, das: -(e)s, Täler (Vertiefung im Gelände, Bergeinschnitt); über Berg und Tal – zu Tal fahren; **talab; talabwärts;** die **Talenge;** die **Talfahrt;** die **Talmulde;** die **Talsenke;** die **Talsohle;** die **Talsperre** (Staudamm); die **Talstation; talwärts**

Ta·lar *ital.,* der: -s, -e (langes Amtsgewand von Geistlichen und Richtern); **talarartig**

Ta·lent *griech.,* das: -(e)s, -e; er hat für seinen Beruf kein Talent (kein Geschick) – junge Talente (junge, begabte Künstler u. Ä.); **talentiert** (begabt); die **Talentiertheit; talentlos;** die **Talentlosigkeit;** die **Talentprobe;** die **Talentsuche; talentvoll**

Ta·ler, der: -s, - (alte deutsche Münze); **talergroß;** das **Talerstück**

Talg, der: -(e)s (starres Fett, Tierfett) # Talk; **talgartig;** die **Talgdrüse; talgig;** das **Talglicht,** die ...lichter

Ta·lis·man *griech.,* der: -s, -e (Glücksbringer)

Talk·show *engl. [tokscho],* die: -, -s (Unterhaltungssendung in Form von Gesprächen); der **Talk** (Unterhaltung, Plauderei) # Talg; **talken;** der **Talkmaster** *[tokmaster]* (Moderator einer Talkshow); die **Talkmasterin;** die **Talkrunde**

Tal·kum *arab.,* das: -s (weißes Streupulver)

Tal·mud *hebr.,* der: -(e)s, -e (Sammlung jüdischer Überlieferungen und Gesetze)

Tam·bour *arab. [tambur],* der: -s, -e (Trommler); der **Tambourmajor** (Leiter eines Spielmannszuges); das **Tamburin** (kleine Handtrommel, Stickrahmen)

Tam·pon *franz. [tampon, tampõ],* der: -s, -s (Watte- oder Mullbausch)

Tam·tam, der: -s, -s; viel Tamtam (Lärm, Geschrei) machen
Tand *lat.*, der: -(e)s (wertlose Sachen, Ramsch); die **Tändelei** (Liebelei, Flirt); **tändeln** (etwas spielerisch tun, schäkern); der **Tändler** (Schäker, Trödler)
Tan·dem lat., das: -s, -s (Fahrrad für zwei hintereinander sitzende Personen)
Tang *skand.*, der: -(e)s, -e (Meeresalge) # Tank
Tan·gen·te *lat.*, die: -, -n; er zeichnet eine Tangente (Gerade, die eine Kurve berührt) – eine Tangente (Autostraße, die an einem Ort vorbeiführt) bauen; **tangieren:** dieses Problem tangiert (berührt) mich nicht
Tan·go *span.*, der: -s, -s (ein Tanz)
Tank *engl.*, der: -s, -s/-e; den Tank (Flüssigkeitsbehälter) leeren – mit Tanks (Panzern) angreifen # Tang; **tanken** (Treibstoff aufnehmen); der **Tanker** (Tankschiff); das **Tankfahrzeug;** die **Tankfüllung;** der **Tankinhalt;** das **Tanklager,** die ... läger; die **Tanksäule;** das **Tankschiff;** das **Tankschloss,** die ... schlösser; die **Tankstelle;** der **Tankverschluss,** die ... verschlüsse; der **Tankwart;** die **Tankwartin,** die ... wartinnen
Tan·ne, die: -, -n (ein Nadelbaum); schlank wie eine Tanne; der **Tann:** im dunklen Tann (Wald); der **Tannenbaum,** die ... bäume; das **Tannengrün;** die **Tannennadel;** der **Tannenwald,** die ... wälder; der **Tannenzapfen;** der **Tannenzweig**
Tan·te, die: -, -n (Schwester der Mutter oder des Vaters); der **Tante-Emma-Laden,** die ... Läden (kleiner Laden); **tantenhaft**
Tan·ti·e·me *franz. [tantjeme]*, die: -, -n (Gewinnanteil)
tan·zen: auf einer Hochzeit tanzen – das Boot tanzt auf den Wellen; der **Tanz,** die Tänze: ein langsamer Tanz – zum Tanz aufspielen – *einen Tanz aufführen* (sehr heftig reagieren); der **Tanzabend;** das **Tanzbein:** *das Tanzbein schwingen* (tanzen); der **Tanzboden,** die ... böden; das **Tänzchen;** die **Tanzdiele; tänzeln** (trippeln); der **Tänzer;** die **Tänzerin,** die Tänzerinnen; **tänzerisch;** die **Tanzkapelle;** das **Tanzlokal;** die **Tanzmusik;** das **Tanzorchester;** der **Tanzsaal,** die ... säle; die **Tanzschule;** die **Tanzstunde;** die **Tanzveranstaltung;** das **Tanzvergnügen**
Ta·pet *griech.*, das: *etwas aufs Tapet* (zur Sprache) *bringen*
Ta·pe·te *lat.*, die: -, -n (Wandbekleidung); *die Tapeten wechseln* (umziehen); der **Tapetenkleister;** das **Tapetenmuster;** die **Tapetenrolle;** der **Tapetentisch;** der **Tapetenwechsel; tapezieren;** der **Tapezierer;** die **Tapeziererin,** die Tapeziererinnen; der **Tapeziertisch**
Tap·fen, der: -s, - (Abdruck, Fußspur); auch: die **Tapfe**
tap·fer: tapfer (mutig) kämpfen – sie ertrug tapfer (ohne zu klagen) ihre Schmerzen; die **Tapferkeit;** die **Tapferkeitsmedaille**
tap·pen: (unsicher, schwerfällig gehen); in eine Pfütze tappen – *im Dunklen tappen* (im Ungewissen sein); auch: **tapsen; täppisch** (unbeholfen); auch: **tapsig**
Ta·ra ⟨T⟩ *ital.*, die: -, Taren (Verpackung, Verpackungsgewicht); **tarieren** (das Gewicht ausgleichen)
Ta·ran·tel *ital.*, die: -, -n (giftige Spinne); *wie von einer Tarantel gestochen* (plötzlich)
Ta·rif *franz.*, der: -s, -e (festgelegter Preis, Gebühr, Lohnstufe); die Tarife der Post; der **Tarifabschluss,** die ... abschlüsse; die **Tariferhöhung;** die **Tarifgruppe;** der **Tarifkonflikt; tariflich;** der **Tariflohn;** die **Tarifrunde;** die **Tarifverhandlung;** der **Tarifvertrag,** die ... verträge; **tarifvertraglich**
tar·nen: (verbergen, der Umgebung anpassen); eine Sache tarnen (verschleiern) – sich tarnen; der **Tarnanzug,** die ... anzüge; die **Tarnfarbe;** die **Tarnkappe** (unsichtbar machende Kappe, auch Mantel mit Kapuze, in der Volkssage); der **Tarnmantel,** die ... mäntel; der **Tarnname** (Deckname); die **Tarnung**
Ta·rock *ital.*, das/der: -s, -s (ein Kartenspiel)
Ta·sche, die: -, -n (Beutel, Mappe); Bücher in die Tasche stecken – er hat die Hände in den Taschen (Hosentaschen) – *tief in die Tasche greifen* (viel bezahlen) *müssen* – *jemanden in die Tasche stecken* (ihm überlegen sein) – *sich in die eigene Tasche lügen* (sich etwas vormachen) – *sich die Taschen füllen* (sich bereichern) – *jemandem auf der Tasche liegen* (von ihm unterhalten werden) – *etwas aus eigener Tasche* (selbst) *bezahlen*; das **Täschchen;** das **Taschenbuch,** die ... bücher; der **Taschendieb;** das **Taschenformat;** das **Taschengeld;** die **Taschenlampe;** das **Taschenmesser;** der **Taschenrech-**

ner; der **Taschenspieler** (Zauberkünstler, Gauner); der **Taschenspielertrick;** das **Taschentuch,** die ...tücher; die **Taschenuhr**

Tas·se, die: -, -n (ein Trinkgefäß); den Kaffee aus einer Tasse trinken – *eine trübe Tasse* (ein langweiliger Mensch) – *nicht alle Tassen im Schrank haben* (nicht bei klarem Verstand sein); das **Tässchen;** der **Tassenrand**

tas·ten: im Dunkeln nach etwas tasten (fühlend zu berühren suchen); die **Tastatur:** die Tastatur (die Tasten) einer Schreibmaschine; **tastbar;** die **Taste** (Hebel): *in die Tasten greifen* (mit Schwung Klavier spielen); die **Tastempfindung;** das **Tasteninstrument;** das **Tastentelefon;** das **Tastorgan;** der **Tastsinn**

Tat, die: -, -en; eine große Tat (Leistung) vollbringen – in der Tat (tatsächlich) – *jemanden auf frischer Tat ertappen* (ihn bei etwas Verbotenem überraschen) – *etwas in die Tat umsetzen* (etwas verwirklichen); der **Tatbestand** (Sachlage); die **Tateinheit;** der **Tatendrang** (Energie, Fleiß); der **Tatendurst; tatendurstig; tatenlos** (ohne zu handeln); die **Tatenlosigkeit;** der **Täter** (Übeltäter, Verbrecher); die **Täterin;** die **Täterschaft;** die **Tatform** (Sprachlehre: Tätigkeitsform, Aktiv); der **Tathergang; tätig:** tätig sein (arbeiten); **tätigen:** einen Kauf tätigen (abschließen); die **Tätigkeit;** der **Tätigkeitsbereich** (Arbeitsgebiet); die **Tätigkeitsform** (Sprachlehre: Tatform, Aktiv); das **Tätigkeitswort** (Sprachlehre: Zeitwort, Verb); die **Tatkraft** (Energie); **tatkräftig, tätlich:** tätlich (handgreiflich) werden; die **Tätlichkeiten** *Pl.* (Schlägerei); das **Tatmotiv; der Tatort;** die **Tatsache; tatsächlich:** kommt er tatsächlich (wirklich)? – ist das der tatsächliche (wahre) Grund?; der **Tatverdacht; tatverdächtig;** die **Tatwaffe;** die **Tatzeit;** der **Tatzeuge;** die **Tatzeugin;** → tun

Ta·tar, das: -s, -(s) (rohes, geschabtes Rindfleisch); das **Tatarbeefsteak** *[... bifßtek],*

tä·to·wie·ren *tahit.*: (etwas in die Haut einritzen); der **Tätowierer;** die **Tätowierung**

tät·scheln: jemandem die Hand tätscheln (streicheln, liebkosen); **tatschen** (plump an eine Stelle fassen)

Tat·ter·greis, der: -es, -e (gebrechlicher alter Mann); der **Tatterich** (krankhaftes Zittern); **tatt(e)rig; tattern** (zittern)

Tat·ter·sall, der: -s, -s (Reithalle)

Tat·too *engl. [tatu],* der/das: -s, -s (Tätowierung)

Tat·ze, die: -, -n (Pranke, Pfote, Schlag auf die Hand)

Tau, das: -(e)s, -e (dickes Seil); das **Tauende;** das **Tauziehen**

Tau, der: -(e)s (Niederschlag); in der Nacht fiel Tau; **taubenetzt; tauen:** das Eis ist getaut (geschmolzen); **taufrisch** (ganz frisch); **taunass;** der **Tautropfen;** das **Tauwetter**

taub: taub sein (nichts hören) – sich taub stellen – seine Finger sind vor Kälte taub (wie abgestorben) – eine taube Nuss (dummer Mensch); **taubblind;** der/die **Taube;** die **Taubheit;** die **Taubnessel** (eine Heilpflanze); **taubstumm** (unfähig zu hören und zu sprechen); der/die **Taubstumme**

Tau·be, die: -, -n (mittelgroßer Vogel); das **Täubchen;** das **Taubenei;** der **Taubenkobel;** der **Taubenschlag;** der **Tauberich;** auch: der **Täuberich;** die **Täubin**

tau·chen: bis auf den Grund des Sees tauchen – er taucht den Pinsel in die Farbe (er tunkt ein); die **Tauchente;** der **Taucher;** der **Taucheranzug;** die **Taucherbrille;** die **Taucherin,** die Taucherinnen; der **Tauchsieder** (elektrisches Gerät zum Erhitzen von Wasser); die **Tauchstation:** *auf Tauchstation gehen* (sich verstecken); die **Tauchtiefe**

tau·fen: ein Kind taufen lassen; das **Taufbecken;** die **Taufe** (Sakrament der Kirche): *etwas aus der Taufe heben* (etwas begründen); der **Täufer;** das **Taufgelübde;** die **Taufkerze;** das **Taufkleid;** der **Täufling** (jemand, der die Taufe empfängt); der **Taufname;** der **Taufpate;** die **Taufpatin,** die ...patinnen der **Taufschein;** der **Taufstein**

tau·gen: das taugt nichts (ist wertlos) – er taugt zu keiner Arbeit (ist dafür nicht geeignet); der **Taugenichts** (Nichtsnutz); **tauglich** (nützlich, zweckmäßig); die **Tauglichkeit**

tau·meln: er taumelt (schwankt); der **Taumel** (Schwindel, Betäubung); **taum(e)lig**

tau·schen: Briefmarken tauschen – ich möchte mit dir nicht tauschen (nicht dein Leben führen); der **Tausch,** die Tausche; das **Tauschgeschäft;** der **Tauschhandel;** das **Tauschobjekt;** der **Tauschwert**

täu·schen: jemanden täuschen (betrügen) – du täuschst (irrst) dich – er sieht ihm täuschend (zum Verwechseln) ähnlich; die

Täuschung (Irrtum, Betrug); das **Täuschungsmanöver**

tau·send: bis tausend zählen – zehn von tausend – tausend Dank – ein paar tausend Menschen; auch: ein paar Tausend Menschen – einige/mehrere/viele tausend Zuschauer; auch: einige/mehrere/viele Tausend – tausende und abertausende Autos; auch: Tausende und Abertausende; die **Tausend** ⟨T⟩ (Zahl); **tausendein;** der **Tausender; tausenderlei:** er hat tausenderlei Dinge im Kopf; **tausendfach;** auch: **1000fach** oder: **1000-fach;** das **Tausendfache;** auch: das **1000fache** oder: das **1000-Fache; tausendfältig;** der **Tausendfüßler;** die **Tausendjahrfeier; tausendjährig; tausendmal:** das habe ich schon tausendmal gesagt; auch: tausend Mal (bei besonderer Betonung); **1000-mal;** aber: tausend mal tausend; der **Tausendmarkschein; tausendprozentig;** auch: **1000-prozentig;** der **Tausendsassa** (Alleskönner, Draufgänger); **tausendst...:** der tausendste Besucher; aber: vom Hundertsten ins Tausendste kommen; **tausendstel:** eine tausendstel Sekunde; auch: eine Tausendstelsekunde oder: eine 1000stel Sekunde; das **Tausendstel; tausendundein:** ein Märchen aus Tausendundeiner Nacht

Ta·ver·ne *ital. [tawerne]*, die: -, -n (Schenke)

Ta·xe *lat.*, die: -, -n (festgesetzter Preis, Gebühr, Taxi); das **Taxi:** ein Taxi bestellen; der **Taxichauffeur** *[...schoför]*; **taxieren:** den Wert des Hauses taxieren (schätzen); der **Taxifahrer;** die **Taxifahrerin,** die fahrerinnen, der **Taxistand,** die ... stände

Tb (Tbc) = Tuberkulose; **Tb-krank;** auch: **Tbc-krank;** der/die **Tb-Kranke;** auch: der/die **Tbc-Kranke**

Teach-in *amerik. [titschin]*, das : -s, -s (Zusammenkunft als Protestveranstaltung); auch: das **Teachin**

Teak *engl. [tik]*, das: -s (Holz eines tropischen Baumes); auch: das **Teakholz,** die ... hölzer

Team *engl. [tim]*, das: -s, -s (Gruppe, Mannschaft); wir sind ein eingespieltes Team; die **Teamarbeit;** der **Teamchef;** die **Teamchefin,** die ...chefinnen; der **Teamgeist;** das **Teamwork** *[timwörk]* (gemeinschaftliche Arbeit, Zusammenarbeit)

Tech·nik *griech.*, die: -, -en (Herstellungsverfahren, Arbeitsweise, Stil); das Zeitalter der Technik – die Technik des Schwimmens beherrschen; der **Techniker;** die **Technikerin,** die Technikerinnen; **technisch:** technisch begabt – eine technische Panne – der technische Zeichner; aber: das Technische Hilfswerk ⟨THW⟩ – die Technische Universität ⟨TU⟩ (München); aber: die technischen Universitäten – der Technische Überwachungs-Verein ⟨TÜV⟩; **technisieren** (technische Mittel einsetzen); die **Technisierung;** der/das **Techno** (elektronische Musik); der **Technologe;** die **Technologie**

Tech·tel·mech·tel, das: -s, - (Liebelei, Affäre)

TED, der: -s (Computer für telefonische Stimmabgabe), die **TED-Umfrage**

Ted·dy *engl.*, der: -s, -s (Stoffbär für Kinder); auch: der **Teddybär;** der **Teddymantel**

Te·de·um *lat.*, das: -s, -s (kirchlicher Lobgesang)

Tee *chines.*, der: -s, -s (Getränk); einen heißen Tee trinken – jemanden zum Tee (zur Teestunde) einladen; das **Teeei;** auch: das **Tee-Ei;** die **Teeernte;** auch: die **Tee-Ernte;** die **Teekanne;** der **Teekessel;** die **Teeküche;** der **Teelöffel; teelöffelweise;** die **Teerose;** die **Teetasse;** der **Teewagen**

Teen·ager *engl. [tinedscher]*, der: -s, - (Jugendliche(r) zwischen 13 und 19 Jahren)

Teer, der: -(e)s, -e (aus Holz, Kohle o.Ä. hergestellte flüssige, schwarze Masse); die **Teerdecke; teeren:** die Straße teeren; **teerhaltig; teerig;** die **Teerstraße;** die **Teerung**

Teich, der: (e)s, -e (kleines, stehendes Gewässer); der Große Teich (der Atlantische Ozean); die **Teichrose;** die **Teichwirtschaft**

Teig, der: -(e)s, -e (Masse aus Mehl, Milch oder Wasser, Eiern, Zucker u.a. zum Backen von Brot, Kuchen o.Ä.); den Teig für das Brot kneten; **teigig;** die **Teigwaren** *Pl.*

tei·len: eine Torte teilen – der Gewinn wurde geteilt – mit jemandem die Wohnung teilen – sich die Kosten teilen (sie gemeinsam tragen) – der Weg teilt (gabelt) sich – eine Zahl durch eine andere teilen (dividieren) – geteilter Meinung sein – *geteilte Freude ist doppelte Freude*; der **Teil:** der dritte Teil – zum Teil ⟨z.T.⟩ – zu gleichen Teilen – ein gut Teil (ziemlich viel) – ich für meinen Teil; aber: großenteils – größtenteils – *seinen Teil zu tragen haben* (es nicht leicht haben) – *sich seinen Teil denken* (sich seine eigenen Gedanken zu etwas machen); der **Teilaspekt; teilbar;** die **Teilbarkeit;** das **Teilchen;** der **Teiler:** größter gemeinsamer Teiler ⟨g. g. T.⟩; der **Teilerfolg; teilerfremd:** eine teilerfremde Zahl; das **Teilgebiet;** die **Teilhabe; teilhaben** (Anteil haben, teilnehmen): er hat am Gewinn teil; der **Teilhaber;** die **Teilhaberin; teilhaftig:** einer Sache teilhaftig sein (Anteil daran haben); die **Teilkaskoversicherung;** die **Teilnahme** (Interesse, Mitleid, Beteiligung); **teilnahmeberechtigt;** der/die **Teilnahmeberechtigte; teilnahmslos** (gleichgültig, träge); die **Teilnahmslosigkeit; teilnahmsvoll; teilnehmen:** alle nehmen daran teil (sind dabei); der **Teilnehmer;** die **Teilnehmerin,** die ...nehmerinnen; der **Teilnehmerkreis;** die **Teilnehmerliste; teils:** teils gut, teils schlecht; die **Teilstrecke;** das **Teilstück** (Teil, Teilstrecke); die **Teilung; teilweise;** die **Teilzahlung;** die **Teilzeit:** (in) Teilzeit arbeiten

Teint *franz. [tã̄],* der: -s, -s (Gesichtsfarbe, Beschaffenheit der Gesichtshaut); ein reiner Teint

T-Ei·sen, das: -s, - (Eisen mit T-förmigem Querschnitt)

Te·le·fax *griech.,* das: -, -e (Fernkopierer, Fernkopie); auch: das **Fax; telefaxen;** das **Telefaxgerät;** die **Telefaxnummer**

Te·le·fon ⟨Tel.⟩ *griech.,* das: -s, -e (Fernsprecher); der **Telefonanruf;** das **Telefonat** (Telefongespräch); das **Telefonbanking** *[... bänking]* (Bankgeschäfte per Telefon); das **Telefonbuch,** die ...bücher; die **Telefonfürsorge;** die **Telefongebühr;** das **Telefongespräch;** der **Telefonhörer; telefonieren; telefonisch;** der **Telefonist;** die **Telefonistin,** die Telefonistinnen; die **Telefonkarte;** die **Telefonnummer;** die **Telefonzelle**

te·le·gen *griech.:* eine telegene (für Fernsehaufnahmen geeignete) Moderatorin

Te·le·graf *griech.,* der: -en, -en (Fernschreiber); auch: der **Telegraph;** die **Telegrafenstange;** auch: die **Telegraphenstange;** die **Telegrafie;** auch: die **Telegraphie; telegrafieren;** auch: **telegraphieren; telegrafisch;** auch: **telegraphisch;** das **Telegramm:** ein Telegramm (eine Funknachricht) aufgeben

Te·le·pa·thie *griech.,* die: - (Gedankenübertragung); **telepathisch**

Te·les·kop (Te·le·skop) *griech.,* das: -s, -e (Fernrohr); die **Teleskopantenne**

Te·le·vi·si·on ⟨TV⟩ *engl. [telewision],* die: - (Fernsehen)

Te·lex *griech.,* das: -, -e (Fernschreiben); **telexen** (als Fernschreiben übermitteln)

Tel·ler, der: -s, - (flaches Essgeschirr); ein Teller Suppe; **tellerfertig;** der **Tellerwäscher**

Tel·lur ⟨Te⟩ *lat.,* das: -s (Halbmetall, chemischer Grundstoff)

Tem·pel *lat.,* der: -s, - (Heiligtum); *jemanden zum Tempel hinausjagen* (ihn hinauswerfen)

Tem·pe·ra·far·be *ital.,* die: -, -n (wasserunlösliche Malfarbe, Deckfarbe)

Tem·pe·ra·ment *lat.,* das: -(e)s, -e (Gemütsart, Schwung, Lebhaftigkeit); **temperamentlos;** die **Temperamentsache;** der **Temperamentsausbruch,** die ...ausbrüche; der **Temperament(s)bolzen; temperamentvoll:** eine temperamentvolle Rede halten

Tem·pe·ra·tur *lat.,* die: -, -en; die Temperatur (den Wärmegrad) des Wassers messen – der Kranke hat hohe Temperatur (Fieber); der **Temperaturanstieg; temperaturbeständig;** der **Temperatursturz,** die ...stürze; **temperieren** (Wärme regeln)

Tem·po *ital.,* das: -s, -s oder (in der Musik): Tempi (Geschwindigkeit, Eile); mit hohem Tempo fahren; das **Tempolimit** (Begrenzung der Geschwindigkeit); **temporal** (zeitlich); **temporär:** eine temporäre (vorübergehende, zeitlich begrenzte) Erscheinung; der **Temposünder;** das **Tempus,** die Tempora (Sprachlehre: Zeitform des Verbs)

Ten·denz *lat.,* die: -, -en (Absicht, Neigung); **tendenziell; tendenziös** (parteilich, einseitig); **tendieren:** ich tendiere (neige) zu deinem Vorschlag

Ten·der *engl.,* der: -s, - (Kohlenwagen der Lokomotive, Begleitschiff)

Ten·ne, die: -, -n (Platz zum Getreidedreschen)

Ten·nis *engl.,* das: - (ein Ballspiel); Tennis spielen; der **Tennisball,** die ...bälle; das **Tennismatch,** die ...matchs/...matche *[... mätsch];* der **Tennispartner;** die **Tennispartnerin,** die ...partnerinnen; der **Tennisplatz,** die ...plätze; der **Tennisschläger;** das **Tennisspiel;** der **Tennisspieler;** die **Tennisspielerin,** die ...spielerinnen; das **Tennisturnier**

Te·nor *lat.,* der: -s; der Tenor (Sinn, Inhalt, Wortlaut) einer Rede

Te·nor *ital.*, der: -s, Tenöre (hohe Männersingstimme); die **Tenorstimme**

Tep·pich *griech.*, der: -s, -e (Fußbodenbelag, Wandbehang); Teppich klopfen – ein Teppich von Blumen – *auf dem Teppich bleiben* (vernünftig bleiben) – *etwas unter den Teppich kehren* (etwas vertuschen); der **Teppichboden,** die ...böden; die **Teppichfliese;** der **Teppichhändler;** der **Teppichklopfer;** die **Teppichstange**

Ter·min *lat.*, der: -s, -e (Frist, festgelegter Zeitpunkt); einen Termin pünktlich einhalten – Termin ist der 1. Juni; **termingemäß; termingerecht;** das **Termingeschäft; terminieren** (zeitlich festlegen); die **Terminierung;** der **Terminkalender; terminlich**

Ter·mi·nal *engl. [törminal]*, der/das: -s, -s (Datenendstation bei der EDV, Abfertigungshalle für Fluggäste)

Ter·mi·nus *lat.*, der: -, Termini (Fachausdruck); die **Terminologie** (Wortschatz, Gesamtheit der Fachausdrücke auf einem Gebiet); der **Terminus technicus,** die Termini technici (Fachwort)

Ter·mi·te *lat.*, die: -, -n (tropische Ameisenart); der **Termitenstaat**

Ter·pen·tin *griech.*, das: -s, -e (Harzöl, Lösungsmittel für Farben); das **Terpentinöl**

Ter·rain *franz. [terã]*, das: -s, -s; das Terrain (Gelände, Gebiet) abgehen – *das Terrain sondieren* (Nachforschungen anstellen)

Ter·ra·kot·ta *ital.*, die: -, Terrakotten (gebrannter Ton, Kunstgegenstand daraus)

Ter·ra·ri·um *lat.*, das: -s, Terrarien (Behälter zum Halten von kleinen Landtieren)

Ter·ras·se *franz.*, die: -, -n (Erdstufe, Absatz, Veranda); **terrassenförmig**

ter·res·trisch (ter·rest·risch) *lat.*: (die Erde betreffend); ein terrestrisches Beben (Erdbeben) – terrestrische (nicht über Satellit übertragene) Programme

Ter·ri·er *engl.*, der: -s, - (eine Hunderasse)

Ter·ri·ne *franz.*, die: -, -n (Suppenschüssel)

Ter·ri·to·ri·um *lat.*, das: -s, Territorien (Gebiet, Land, staatliches Hoheitsgebiet); **territorial** (ein Gebiet betreffend)

Ter·ror *lat.*, der: -s (Schreckensherrschaft, Willkür); der **Terrorakt;** der **Terroranschlag,** die ...anschläge; die **Terrorherrschaft; terrorisieren** (in Schrecken versetzen, bedrohen); die **Terrorisierung;** der **Terrorismus** (Gewaltherrschaft, Untergrundkampf); der **Terrorist;** die **Terroristin,** die Terroristinnen; **terroristisch;** das **Terrorkommando;** die **Terrorwelle**

Ter·ti·är *lat.*, das: -s (der ältere Teil der Erdneuzeit); **tertiär** (das Tertiär betreffend)

Terz *lat.*, die: -, -en (dritter Ton vom Grundton aus); das **Terzett** (Musikstück für drei Stimmen oder drei gleiche Instrumente)

Test *engl.*, der: -(e)s, -s/-e (Experiment, Untersuchung, Probe); das **Testbild; testen** (prüfen); der **Tester;** die **Testerin,** die Testerinnen; die **Testfahrt;** der **Testflug;** die **Testfrage;** das **Testgelände;** der **Testlauf;** die **Testperson;** der **Testpilot;** die **Testreihe;** das **Testspiel;** die **Teststrecke;** die **Testung;** das **Testverfahren**

Tes·ta·ment *lat.*, das: -(e)s, -e; er macht sein Testament (verfügt schriftlich seinen letzten Willen) – das Alte Testament ⟨A.T.⟩ – das Neue Testament ⟨N.T.⟩; **testamentarisch;** die **Testamentseröffnung;** das **Testat,** die Testate (Zeugnis, Bescheinigung); **testieren** (bescheinigen)

Te·ta·nus *griech.*, der: - (Wundstarrkrampf); die **Tetanusimpfung**

Te·te *franz.*, die: -, -n (Anfang, Spitze einer Kolonne)

Tete-a-tete *franz. [tätatät]*, das: -, -s (zärtliches Beisammensein); auch: das **Tête-à-tête; tête-à-tête** (vertraulich)

Te·tra·pak (Tet·ra·pak), der: -s, -s (ein Getränkekarton)

teu·er: teurer, am teuersten; teuer sein (viel kosten) – ein teures (nicht billiges) Geschenk – ein teures (kostspieliges) Vergnügen – ein teurer (geschätzter, verehrter) Freund – *teuer zu stehen kommen* (üble Folgen haben) – *da ist guter Rat teuer* (da bin ich ratlos); die **Teuerung;** die **Teuerungsrate;** der **Teuerungszuschlag**

Teu·fel, der: -s, - (Satan, Scheusal); wie der Teufel (sehr schnell) fahren – vom Teufel besessen (bösartig) sein – ein armer Teufel (armer Mensch) – das Geld ist beim Teufel (verloren) – geh zum Teufel (mach, dass du fortkommst)! – pfui Teufel! – *sich den Teufel um etwas scheren* (sich um etwas überhaupt nicht kümmern) – *den Teufel im Leib haben* (wild sein) – *den Teufel an die Wand malen* (Unheil heraufbeschwören) – *in Teu-*

T U V W X Y Z

fels Küche kommen (große Schwierigkeiten bekommen) – *jemanden zum Teufel schicken* (ihn fortjagen); die **Teufelei** (Boshaftigkeit); die **Teufelin,** die Teufelinnen; der **Teufelsbraten** (boshafter Mensch, tollkühner Bursche); die **Teufelsbrut;** der **Teufelskerl** (Draufgänger); der **Teufelskreis** (Sackgasse, Ausweglosigkeit); das **Teufelsweib;** das **Teufelswerk;** das **Teufelszeug; teuflisch** (böse, niederträchtig)

Text *lat.*, der: -(e)s, -e; der Text (Inhalt, Wortlaut) einer Rede – einen Text auswendig lernen; die **Textaufgabe;** das **Textbuch,** die ...bücher; **texten** (Texte, z. B. Gedichte, Briefe, Werbe- oder Schlagertexte, verfassen); der **Texter;** die **Texterin,** die Texterinnen; die **Textstelle;** der **Textteil;** die **Textverarbeitung;** das **Textverarbeitungsprogramm**

Tex·ti·li·en *Pl.*, die: - (Sammelbezeichnung für Stoffe, Kleidung, Wäsche); **textil;** der **Textilbetrieb;** die **Textilfabrik,** die ...fabriken; die **Textilindustrie;** die **Textilwaren** *Pl.*

T-förmig: (in der Form des Großbuchstabens T); ein T-förmiges Eisen (T-Eisen)

TH = technische Hochschule

The·a·ter *griech.*, das: -s, -; Theater spielen – ins Theater gehen – zum Theater gehen (Schauspieler(in) werden) – *ein Theater machen* (sich unmöglich aufführen); der **Theaterbesuch;** die **Theaterkarte;** die **Theaterkasse;** der **Theaterraum;** der **Theatersaal,** die ...säle; das **Theaterstück** (Bühnenwerk); die **Theatervorstellung; theatralisch** (unnatürlich, gespreizt)

The·ke *griech.*, die: -, -n (Schank-, Ladentisch)

The·ma *griech.*, das: -s, Themen/Themata (Gegenstand; Stoff für ein Gespräch, eine Ausarbeitung); ein heikles Thema – zu einem Thema einen Aufsatz schreiben; die **Thematik** (Themenstellung); **thematisch** (das Thema betreffend); **thematisieren** (zum Thema machen); die **Thematisierung;** der **Themenkatalog;** die **Themenstellung**

Theo·lo·gie *griech.*, die: -, Theologien (Religionswissenschaft); der **Theologe** (Geistlicher); die **Theologin,** die Theologinnen; **theologisch**

the·o·re·tisch *griech.*: (gedanklich, vorgestellt, wissenschaftlich, nicht praktisch); der **Theoretiker** (jemand, der sich mit einer Sache nur gedanklich und nicht praktisch befasst); die **Theoretikerin,** die Theoretikerinnen; **theoretisieren;** die **Theorie** (Lehrmeinung, Betrachtungsweise); der **Theorienstreit**

The·ra·pie *griech.*, die: -, Therapien (Heilbehandlung); der **Therapeut;** die **Therapeutin,** die Therapeutinnen; **therapeutisch;** die **Therapiegruppe; therapieren** (einer Heilbehandlung unterziehen)

Ther·me *griech.*, die: -, -n (warme Quelle); das **Thermalbad** (Warmwasserheilbad); die **Thermalquelle;** die **Thermik** (aufsteigende Warmluft); **thermisch;** das **Thermometer** (Gerät zum Messen der Temperatur); die **Thermosflasche** (Gefäß zum Warm- oder Kühlhalten von Speisen oder Getränken); der **Thermostat** (Wärmeregler)

The·se *griech.*, die: -, -n (Lehrsatz, Behauptung); **thesenhaft;** das **Thesenpapier**

Thing, das: -(e)s, -e (germanische Volks- und Gerichtsversammlung); auch: das **Ding;** der **Thingplatz;** die **Thingstätte**

Thril·ler *amerik.*, der: -s, - (reißerischer, grausiger Film oder Roman) # Triller

Throm·bo·se *griech.*, die: -, -n (Verschluss einer Vene durch Blutgerinnsel)

Thron *griech.*, der: -(e)s, -e (Herrschersessel); *von seinem Thron heruntersteigen* (seine Überheblichkeit aufgeben); **thronen:** hinter seinem Schreibtisch thronen (feierlich sitzen); der **Thronerbe;** die **Thronerbin,** die ...erbinnen; der **Thronfolger;** die **Thronfolgerin,** die ...folgerinnen; der **Thronsaal,** die ...säle; der **Thronsessel**

Thun·fisch *griech.*, der: -(e)s, -e (ein Speisefisch); auch: der **Tunfisch**

Thü·rin·gen: -s (Land der Bundesrepublik Deutschland); der **Thüringer;** die **Thüringerin,** die Thüringerinnen; **thüringisch**

THW = Technisches Hilfswerk

Thy·mi·an *griech.*, der: -s, -e (eine Gewürz- und Heilpflanze)

Ti·a·ra *pers.*, die: -, Tiaren (Krone des Papstes)

Tick; der: -(e)s, -s; er hat einen Tick (wunderliche Eigenart) – einen Tick (eine Kleinigkeit) besser sein; **ticken** (leise klopfen): die Uhr tickt – *nicht richtig ticken* (nicht ganz normal sein); der **Ticker** (Fernschreiber); **ticktack:** die Uhr macht leise ticktack

Ti·cket *engl.*, das: -s, -s (Eintrittskarte, Fahrkarte für Schiffs- oder Flugreise)

Ti·de, die: -, -n (Ebbe und Flut, Gezeiten); der **Tide(n)hub** (Unterschied des Wasserstandes bei den Gezeiten)

tief: ein tiefer Graben – tief (fest) schlafen – etwas tief (sehr) bereuen – tief sein/werden – im tiefsten Urwald – eine tiefe Wunde – eine tiefe Stimme haben – bis tief (weit) in den Winter – *tief blicken lassen* (mancherlei verraten) – aufs/auf das tiefste gekränkt sein; auch: aufs/auf das Tiefste; das **Tief** (Tiefstand des Luftdrucks, Niedergeschlagenheit); der **Tiefausläufer;** der **Tiefbau; tiefbewegt:** mit tiefbewegter Stimme sprechen; auch: tief bewegt; **tiefblau;** das **Tiefdruckgebiet;** die **Tiefe:** die Tiefe des Meeres – die Tiefe (Stärke) eines Gefühls; die **Tiefebene; tiefempfunden:** ein tiefempfundener Schmerz; auch: tief empfunden; **tiefernst; tieffliegen** (im Tiefflug fliegen); der **Tiefflug,** die ...flüge; der **Tiefgang;** die **Tiefgarage; tiefgefrieren:** Fleisch tiefgefrieren; **tiefgefroren; tiefgehend;** auch: tief gehend; **tiefgekühlt:** tiefgekühltes Fleisch; **tiefgründig** (tiefsinnig); **tiefkühlen;** das **Tiefkühlfach,** die ...fächer; die **Tiefkühlung;** der **Tieflader** (Wagen mit tief liegender Ladefläche); das **Tiefland** (Tiefebene); **tiefliegend;** auch: tief liegend; der **Tiefpunkt** (Tief, Krise); der **Tiefschlaf;** der **Tiefschlag,** die ...schläge (Faustschlag, Boxhieb unterhalb der Gürtellinie); der **Tiefschnee; tiefschürfend:** tiefschürfende Gedanken; **tiefschwarz;** die **Tiefsee; tiefsinnig** (gehaltvoll, durchdacht); der **Tiefstand** (Flaute); **tiefstapeln** (untertreiben); der **Tiefstapler;** die **Tiefstaplerin,** die ...staplerinnen; der **Tiefstart; tiefstehend;** auch: tief stehend; der **Tiefstwert; tiefverschneit:** tiefverschneites Land; auch: tief verschneit

Tie·gel *griech.*, der: -s, - (Pfanne, flacher Topf)

Tier, das: -(e)s, -e; die Tiere füttern – ein hohes Tier (eine hoch gestellte Persönlichkeit) – er ist ein Tier (ein brutaler Mensch); die **Tierart;** der **Tierarzt;** die **Tierärztin;** der **Tierbändiger;** das **Tierbuch;** der **Tierfreund;** die **Tierfreundin;** der **Tiergarten,** die ...gärten (Zoo); die **Tierhandlung;** das **Tierheim; tierisch:** tierische Nahrung – *etwas tierisch* (sehr) *ernst nehmen*; die **Tierkunde;** die **Tierleiche** (Kadaver); **tierlieb; tierliebend;** aber: Tiere liebend; das **Tiermehl;** der **Tierpark** (Tiergarten); der **Tierpfleger;** die **Tierpflegerin,** die ...pflegerinnen; die **Tierquälerei;** das **Tierreich** (Tierwelt); die **Tierschau;** der **Tierschutzverein;** der **Tierversuch;** die **Tierwelt;** die **Tierzucht**

Ti·ger *lat.*, der: -s, - (Raubkatze); das **Tigerfell;** die **Tigerin,** die Tigerinnen; die **Tigerkatze**

til·gen: seine Schulden tilgen (zurückzahlen, löschen) – etwas aus seinem Gedächtnis tilgen (auslöschen); die **Tilgung;** die **Tilgungsrate**

ti·men *engl. [taimen]*: (den richtigen Zeitpunkt wählen, zeitlich abstimmen); das **Time-out** *[taimaut]* (Auszeit); der **Timer** (Zeitschaltuhr); das **Timesharing** *[taimschäring]* (Aufteilung einer bestimmten Zeit, z. B. beim Wohnrecht an einer Ferienwohnung); das **Timing**

tin·geln: (als Künstler von Ort zu Ort ziehen); der/das **Tingeltangel** (Tanzlokal)

Tink·tur *lat.*, die: -, -en (Auszug aus Pflanzenstoffen, Färbemittel)

Tin·te, die: -, -n (Flüssigkeit zum Schreiben); mit blauer Tinte schreiben – *in der Tinte sitzen* (in einer unangenehmen Lage sein); das **Tintenfass,** die ...fässer; der **Tintenfisch;** der **Tintenfleck(en);** der **Tintenklecks;** der **Tintenkuli;** der **Tintenstift;** der **Tintenstrahldrucker**

Tipp *engl.*, der: -s, -s (Rat, Hinweis); **tippen:** im Lotto tippen (wetten); die **Tippgemeinschaft;** der **Tippschein;** der **Tippzettel**

tip·peln: (wandern, kleine Schritte machen, zu Fuß gehen); der **Tippelbruder** (Landstreicher); die **Tippelei**

tip·pen: jemandem/jemanden auf die Schulter tippen (ihn an der Schulter leicht berühren) – mit der Maschine ein paar Zeilen tippen (schreiben); das **Tipp-Ex;** der **Tippfehler;** das **Tippfräulein**

tipp·topp *engl.*: die Arbeit ist tipptopp (sehr sauber, tadellos) gemacht

Ti·ra·de *franz.*, die: -, -n (Wortschwall)

ti·ri·lie·ren: eine Lerche tiriliert (singt, zwitschert) in der Luft; das **Tirili**

Tisch, der: -(e)s, -e; am Tisch sitzen – sie deckt den Tisch – zum Tisch des Herrn gehen (das Abendmahl nehmen) – zu Tisch – bei Tisch – *auf den Tisch hauen* (sich durchsetzen) – *jemanden über den Tisch ziehen* (ihn übervorteilen) – *reinen Tisch machen* (eine Angelegenheit in Ordnung bringen, klare Verhältnisse schaffen) – *etwas unter den Tisch wischen/kehren* (als unwichtig abtun); das **Tischbein;** die **Tischdecke; tischfertig** (zum Essen fertig); das **Tischgebet;** die **Tischkante;** der **Tischler** (Schreiner); die **Tischlerei;** die **Tischlerin,** die Tischlerinnen; die **Tischplatte;** die **Tischreservierung;** das **Tischtennis;** das **Tischtuch,** die ... tücher

Ti·tan ⟨Ti⟩ *griech.*, das: -s (Leichtmetall, chemischer Grundstoff); die **Titanrakete**

Ti·tan, der: -en, -en (ein herausragender Mensch, z. B. durch Machtfülle); **titanenhaft** (riesenhaft); **titanisch** (übermenschlich, gewaltig)

Ti·tel ⟨Tit.⟩ *lat.*, der: -s, -; der Titel (Überschrift) des Buches – jemanden mit seinem Titel (Rang) anreden; der **Titelgewinn;** der **Titelheld;** die **Titelheldin,** die ... heldinnen; der **Titelkampf,** die ... kämpfe; die **Titelseite;** die **Titelverteidigung;** die **Titelzeile; titulieren** (benennen); die **Titulierung**

Toast *engl. [toßt]*, der: -(e)s, -e/-s (geröstete Weißbrotscheibe); einen Toast essen – einen Toast (Trinkspruch) ausbringen; das **Toastbrot; toasten;** der **Toaster** (Gerät zum Rösten)

to·ben: er tobte (raste) vor Wut – die Schlacht tobte drei Tage – der Wind tobt (heult) um das Haus – die Kinder toben (tollen, lärmen) durch das Klassenzimmer; die **Toberei;** die **Tobsucht; tobsüchtig;** der **Tobsuchtsanfall,** die ... anfälle

Toch·ter, die: -, Töchter (weiblicher Nachkomme); das **Töchterchen**

Tod, der: -(e)s, -e (Lebensende); sie hatte einen sanften Tod – treu bis in den Tod (bis ans Lebensende) – ein Tier zu Tode hetzen – jemanden zu Tode (sehr) erschrecken – auf Leben und Tod – der schwarze Tod (Pest); auch: der Schwarze Tod – der weiße Tod (das Erfrieren); auch: der Weiße Tod – *zu Tode kommen* (verunglücken) – *mit dem Tode ringen* (im Sterben liegen) – *dem Tod ins Auge sehen* (in Todesgefahr schweben) – *den Tod finden* (umkommen) – *weder Tod noch Teufel* (niemanden) *fürchten* – *etwas zu Tode reiten* (bis zum Überdruss machen, wiederholen); **todblass; todbleich; todbringend; todelend; todernst;** die **Todesahnung;** die **Todesangst,** die ... ängste; die **Todesanzeige;** der **Todesfall,** die ... fälle; die **Todesgefahr;** der **Todeskampf,** die ... kämpfe; **todesmutig;** die **Todesnachricht;** das **Todesopfer;** die **Todesqual;** der **Todesritt;** der **Todesschuss,** die ... schüsse; der **Todesschütze;** der **Todesstoß,** die ... stöße; die **Todesstrafe;** die **Todesstunde;** der **Todestag;** die **Todesursache;** das **Todesurteil;** die **Todeszelle; todfeind:** jemandem todfeind sein/werden; der **Todfeind:** die **Todfeindin,** die ... feindinnen; **todgeweiht;** der/die **Todgeweihte; todkrank;** der/die **Todkranke; todlangweilig; tödlich:** sich in tödlicher Gefahr befinden – mit tödlicher (völliger) Sicherheit; **todmüde; todschick; todsicher;** die **Todsünde; todtraurig; todunglücklich; todwund;** → tot

To·hu·wa·bo·hu *hebr.*, das: -(s), -s (Wirrwarr, Durcheinander)

To·i·let·te *franz. [toalete]*, die: -, -n; auf die Toilette (das Klosett) gehen – Toilette machen (sich sorgfältig zurechtmachen) – in großer Toilette (Aufmachung) erscheinen; die **Toilettenfrau;** der **Toilettenmann;** das **Toilettenpapier**

to·le·rant *lat.*: tolerant (nachgiebig, duldsam, großzügig) sein; die **Toleranz;** die **Toleranzgrenze; tolerierbar; tolerieren** (ertragen, gewähren lassen); die **Tolerierung**

toll: ein tolles Kleid – wie toll (verrückt) schreien – eine tolle (ausgelassene, wilde) Party; **tolldreist** (sehr kühn); **tollen:** die Jungen tollen (toben, lärmen) durch das Haus; das **Tollhaus** (Irrenanstalt); die **Tollheit;** die **Tollkirsche; tollkühn** (waghalsig); die **Tollkühnheit;** die **Tollwut** (auf Menschen übertragbare Tierkrankheit); **tollwütig**

Tol·le, die: -, -n (Schopf, Haarbüschel)

Toll·patsch *ungar.*, der: -(e)s, -e (ungeschickter Mensch); **tollpatschig;** die **Tollpatschigkeit;** → toll

Töl·pel, der: -s, - (ungeschickter, einfältiger Mensch); die **Tölpelei; tölpelhaft**

To·ma·hawk *indian. [tomahak]*, der: -s, -s (Streitaxt der Indianer)

To·ma·te *mexik.*, die: -, -n (eine Gemüsepflanze und deren Frucht); *eine treulose Tomate* (unzuverlässiger Mensch); das **Tomatenketschup;** auch: das ... **ketchup;** das **Tomatenmark;** der **Tomatensaft,** die ... säfte; der **Tomatensalat;** die **Tomatensoße;**

auch: die **...sauce;** die **Tomatensuppe**

Tom·bo·la *ital.*, die: -, -s/Tombolen (Verlosung)

Ton, der: -(e)s (Erde, Bodenart); eine Blumenvase aus Ton – Ton kneten; **tönern** (aus Ton): tönernes Geschirr; das **Tongefäß;** das **Tongeschirr;** die **Tonwaren** *Pl.*

Ton *griech.*, der: -(e)s, Töne (Laut, Klang); ein hoher Ton – keinen Ton von sich geben – etwas in einem feindlichen Ton sagen – die Farbe ist einen Ton (eine Spur) zu hell – *sich im Ton vergreifen* (sich unpassend ausdrücken) – *einen anderen Ton anschlagen* (strenger werden) – *den Ton angeben* (bestimmen) – *große Töne spucken* (angeberisch reden) – *der Ton macht die Musik*; **tonangebend** (bestimmend); die **Tonart;** das **Tonband,** die ...bänder; **tönen:** Musik tönt (schallt) aus dem Zimmer – sie trägt getöntes (leicht gefärbtes) Haar – mit seinem Reichtum tönen (prahlen); der **Tonfall;** der **Tonfilm;** die **Tonfolge;** die **Tonhöhe;** die **Tonleiter; tonlos;** die **Tonstörung;** die **Tönung** (farbliche Abstimmung); die **Tonwiedergabe;** das **Tonzeichen**

To·ni·kum *griech.*, das: -s, Tonika (stärkendes Mittel)

Ton·ne ⟨t⟩ *lat.*, die: -, -n; eine Tonne (ein großes Fass) füllen – ein Gewicht von mehreren Tonnen (Maßeinheit von tausend Kilogramm) – dick wie eine Tonne sein; die **Tonnage** *[tonasche]* (Frachtraum von Schiffen); **tonnenschwer; tonnenweise**

Ton·sur *lat.*, die: -, -en (geschorene Stelle auf dem Kopf eines katholischen Geistlichen)

Top *engl.*, das: -s, -s (ärmelloses Oberteil)

TOP = Tagesordnungspunkt

To·pas *griech.*, der: -es, -e (ein Schmuckstein); **topasfarben;** auch: **topasfarbig**

Topf, der: -(e)s, Töpfe; ein Topf (Gefäß) für Blumen – *alles in einen Topf werfen* (alles gleich behandeln, keine Unterschiede machen); die **Topfblume;** das **Töpfchen;** der **Topfen** (Quark); der **Töpfer;** die **Topferde;** die **Töpferei;** das **Töpferhandwerk;** die **Töpferin,** die Töpferinnen; der **Töpfermarkt,** die ...märkte; **töpfern;** die **Töpferscheibe;** die **Töpferware;** der **Topflappen;** die **Topfpflanze**

top·fit *engl.*: topfit (in bester körperlicher Verfassung, in Höchstform) sein; die **Topform** (Bestform); die **Topleistung;** der **Topmanager** *[topmänädscher]*; **topsecret** *[topsikrit]* (streng geheim); der **Topstar** (Spitzenstar); die **Top Ten** (Hitparade)

To·po·gra·phie *griech.*, die: -, Topographien (Geländedarstellung, Lagebeschreibung); auch: die **Topografie**

Tor, das: -(e)s, -e (große Tür); die Tore (Eingänge) schließen – vor den Toren (außerhalb) der Stadt – in das Tor schießen; die **Toreinfahrt;** die **Torfrau;** der **Torhüter;** die **Torhüterin;** der **Torlauf;** die **Torlinie; torlos;** der **Tormann,** die ...männer/...leute; der **Torpfosten;** der **Torraum;** die **Torschlusspanik;** der **Torschuss,** die ...schüsse; die **Torwand,** die ...wände; der **Torwart**

Tor, der: -en, -en; er ist ein Tor (einfältiger, törichter Mensch); die **Torheit** (Dummheit); **töricht; törichterweise;** die **Törin,** die Törinnen

To·re·ro *span.*, der: -(s), -s (Stierkämpfer)

Torf, der: -(e)s (Brennstoff aus zersetzten Pflanzenresten); Torf stechen; der **Torfballen;** die **Torferde; torfig;** das **Torfmoor;** der **Torfmull;** das **Torfstechen;** der **Torfstich**

tor·keln: ich tork(e)le – er torkelt (taumelt, schwankt) zur Tür herein; **tork(e)lig**

Törn *engl.*, der: -s, -s (Segelbootsfahrt)

Tor·na·do *engl.*, der: -s, -s (Wirbelsturm in Nordamerika)

Tor·nis·ter *slaw.*, der: -s, - (Ranzen)

Tor·pe·do *lat.*, der: -s, -s (Unterwassergeschoss); das **Torpedoboot; torpedieren:** ein Schiff torpedieren (beschießen, versenken) – er torpedierte (verhinderte) den Beschluss; die **Torpedierung**

Tor·so *ital.*, der: -s, -s/Torsi (unvollendete Figur, Bruchstück einer Statue)

Tor·te *ital.*, die: -, -n (kreisrunder Kuchen); das **Törtchen;** der **Tortenboden,** die ...böden; der **Tortenguss,** die ...güsse; der **Tortenheber;** das **Tortenstück**

Tor·tur *lat.*, die: -, -en (Qual, Folter, Strapaze)

to·sen: ein tosender (brausender) Beifall – das Meer tost (rauscht, stürmt)

tot: ein toter (lebloser) Mensch – tot sein – sich tot stellen – tot umfallen/zusammenbrechen – ein totes Telefon – ein toter Ast – eine tote (unbelebte) Stadt – totes Kapital (Kapital, das keinen Ertrag bringt); aber: etwas Totes – das Tote Meer; sich **totarbei-**

T U V W X Y Z

ten; sich **totärgern;** der/die **Tote:** der Toten gedenken – *die Toten ruhen lassen* (nichts Nachteiliges über sie reden); **töten;** der **Totenacker;** die **Totenbahre;** das **Totenbett; totenblass;** die **Totenfeier;** der **Totengräber;** der **Totenkopf,** die ... köpfe; die **Totenmesse;** das **Totenreich;** der **Totenschädel;** der **Totenschrein** (Sarg); der **Totensonntag; totenstill;** die **Totenstille;** der **Totentanz,** die ... tänze; **totfahren; totgeboren:** ein totgeborenes Kind; auch: tot geboren; die **Totgeburt; totgeglaubt;** auch: tot geglaubt; der/die **Totgesagte; tothetzen; totkriegen;** sich **totlachen:** es ist zum Totlachen (sehr komisch); sich **totlaufen; totmachen; totsagen; totschießen;** der **Totschlag:** Mord- und Totschlag (heftiger Streit); **totschlagen:** *die Zeit totschlagen* (faulenzen); der **Totschläger; totschweigen; tottrampeln; tottreten;** die **Tötung;** → Tod

to·tal *franz.*: total (völlig, ganz und gar) erschöpft sein; die **Totalansicht;** die **Totale; totalitär:** ein totalitärer (undemokratischer, diktatorischer) Staat; die **Totalität** (Gesamtheit, Ganzheit); der **Totalschaden**

To·tem *indian.*, das: -s, -s (indianisches Stammeszeichen); der **Totempfahl,** die ... pfähle

To·to, der/das: -s, -s (Sportwette); das **Totoergebnis;** der **Totogewinn;** der **Totoschein**

Touch *engl. [tatsch]*, der: -s, -s (Hauch, Anstrich); **touchieren** *franz. [tuschiren]* (leicht berühren); der **Touchscreen** *[tatschskrin]* (Computerbildschirm, der auf Antippen reagiert)

tou·pie·ren *franz. [tupiren]*: (Haare locker kämmen und aufbauschen); das **Toupet** *[tupe]* (künstliches Haarteil); die **Toupierung**

Tour *franz. [tur]*, die: -, -en; eine Tour (Wanderung, Fahrt) unternehmen – auf die gemütliche Tour (Art und Weise) – der Motor läuft auf vollen Touren (mit voller Leistung) – auf Tour gehen (eine Geschäftsreise machen, verreisen) – in einer Tour (ständig) – eine krumme Tour (Betrügerei) – *krumme Touren reiten* (betrügen) – *jemandem die Tour vermasseln* (sein Vorhaben unterbinden) – *jemanden auf Touren* (in Schwung) *bringen* – *auf vollen Touren laufen* (voll im Gang sein); der **Tourenzähler;** der **Tourismus** (Fremdenverkehr); der **Tourist** (Urlauber); die **Touristenklasse;** die **Touristik;** die **Touristin,** die Touristinnen; **touristisch;** die **Tournee:** der Künstler geht auf Tournee (Gastspielreise)

To·wer (Tow·er) *engl. [tauer]*, der: -s, - (Flughafenkontrollturm)

to·xisch: (giftig, durch Gift verursacht)

Tra·bant, der: -en, -en (künstlicher Erdmond, Begleiter); die **Trabantenstadt,** die ... städte (große Wohnsiedlung außerhalb des Stadtzentrums)

tra·ben: er trabt (reitet) mit dem Pferd über die Wiese – von der Schule nach Hause traben (eilig gehen); der **Trab** (eine Pferdegangart): *jemanden auf Trab bringen* (ihn antreiben) – *sich in Trab setzen* (schneller gehen, arbeiten); der **Traber;** die **Traberbahn;** die **Trabrennbahn;** das **Trabrennen**

Tracht, die: -, -en; eine Tracht (Kleidung einer bestimmten Volksgruppe) anhaben – eine Tracht (Portion) Prügel bekommen; das **Trachtenfest;** der **Trachtenhut,** die ... hüte; die **Trachtenjacke;** das **Trachtenkostüm;** der **Trachtenverein;** der **Trachtler;** die **Trachtlerin,** die Trachtlerinnen

trach·ten: nach Ruhm trachten (streben) – jemandem nach dem Leben trachten (ihn töten wollen); das **Trachten** (Streben, Begehren)

träch·tig: eine trächtige (ein Junges tragende) Kuh; die **Trächtigkeit**

Tra·di·ti·on *lat.*, die: -, -en (Brauch, Überlieferung, Gewohnheit); eine alte Tradition; **tradieren** (überliefern); der **Traditionalismus; traditionell** (herkömmlich); **traditionsreich**

Tra·fo: der: -(s), -s; → Transformator

trä·ge: ein träger (fauler) Arbeiter – der Bach fließt träge (langsam) dahin – geistig träge (schwerfällig) sein; auch: **träg;** die **Trägheit**

tra·gen: du trägst, er trug, sie hat getragen, trag(e)!; einen schweren Koffer tragen (schleppen) – sie trägt ein wertvolles Armband – sein Haar lang tragen – eine tragende (trächtige) Kuh – der Balken trägt ein Gewicht von einer Tonne – sich mit einem Gedanken tragen – er trägt sein Leid mit Fassung – jemanden zu Grabe tragen (beerdigen) – der Baum trägt in diesem Jahr keine Früchte – *sich mit etwas tragen* (sich damit befassen, etwas planen); aber: *zum Tragen kommen* (wirksam werden); die **Tragbahre; tragbar:** ein tragbarer Fernseher – dieser Zustand ist nicht mehr tragbar (er kann nicht hingenommen werden); die **Trage** (Gestell zum Tragen von Lasten, Bahre); der **Tragekorb,** die ...körbe; der **Träger** (Lastenträger, Stütze); die **Trägerin,** die Trägerinnen; die **Trägerrakete;** die **Tragetasche; tragfähig;** die **Tragfähigkeit;** die **Tragfläche;** die **Tragkraft;** die **Traglast;** der **Tragriemen;** das **Tragtier;** die **Tragweite:** die Tragweite (Bedeutung, Folgen) seines Tuns nicht erkennen

Tra·gik *griech.*, die: - (schweres, schicksalhaftes Leid); die **Tragikomik; tragikomisch; tragisch:** ein tragischer (erschütternder) Unfall – etwas nicht tragisch nehmen (nicht schwerer nehmen, als es ist); die **Tragödie** (Trauerspiel, Unglück)

trai·nie·ren *engl. [träniren]*: eine Mannschaft trainieren (sportlich ausbilden) – er trainiert (übt) täglich zwei Stunden; der **Trainer** (jemand, der z. B. Sportler trainiert); die **Trainerin,** die Trainerinnen; das **Training;** der **Trainingsanzug,** die ...anzüge; die **Trainingshose;** das **Trainingslager;** die **Trainingsmethode;** die **Trainingszeit**

Trakt *lat.,* der: -(e)s, -e (Gebäudeteil, Strang); das/der **Traktat** (Abhandlung, religiöse Schrift); **traktieren** (quälen, schlecht behandeln); die **Traktierung**

Trak·tor *lat.*, der: -s, Traktoren (Zugmaschine, Bulldog); der **Traktorist;** die **Traktoristin**

träl·lern: ein Lied trällern (fröhlich singen); **trallala!**

Tram, die: -, -s, (Straßenbahn); die **Trambahn**

Tramp *engl. [trämp],* der: -s, -s (Landstreicher); **trampen** (per Anhalter fahren); der **Tramper;** die **Tramperin,** die Tramperinnen

tram·peln: (heftig mit den Füßen stampfen); durch das Zimmer trampeln; der/das **Trampel** (unbeholfener Mensch); der **Trampelpfad;** das **Trampeltier** (zweihöckeriges Kamel, plumper Mensch)

Tram·po·lin *ital.*, das: -s, -e (federndes Sprungtuch für sportliche Übungen)

Tran, der: -(e)s (Fett von Fischen, Robben und Walen); **tranig;** die **Transuse** (langweiliger Mensch)

Tran·ce *franz. [trãß(e)],* die: -, -n (schlafähnlicher Dämmerzustand); der **Trancezustand**

tran·chie·ren *franz. [trãschiren]* (einen Braten mit einem Messer in Stücke bzw. Scheiben zerlegen); auch: → **transchieren**

Trä·ne, die: -, -n; Tränen der Freude vergießen – in Tränen zerfließen – *jemandem keine Träne nachweinen* (die Trennung von ihm nicht bedauern); **tränen:** ihre Augen tränen vom Qualm; die **Tränendrüse; tränenerstickt;** der **Tränenfluss;** das **Tränengas; tränenreich; tränenüberströmt**

Trank, der: -(e)s, Tränke (Getränk); die **Tränke** (Stelle, wo Tiere getränkt werden); **tränken:** einen Lappen in Öl tränken (eintunken) – die Kühe tränken (ihnen zu trinken geben); das **Trankopfer;** die **Tränkung;** → trinken

Trans·ak·ti·on *lat.*, die: -, -en (Geldgeschäft, Geschäftsabschluss)

tran·schie·ren *franz. [trãschiren]*: eine Gans transchieren (fachgerecht zerlegen); auch: **tranchieren;** das **Transchiermesser;** auch: das **Tranchiermesser;** die **Transchierung;** auch: die **Tranchierung**

Trans·fer *engl.*, der: -s, -s (Weitertransport, Zahlung, Austausch); **transferieren** (übertragen, übermitteln, in eine andere Währung übertragen); die **Transferierung**

Trans·for·ma·tor *lat.*, der: -s, Transformatoren (Umformer elektrischer Ströme); auch: der **Trafo;** die **Transformation** (Umwandlung, Umformung); **transformieren** (etwas ändern, umformen); die **Transformierung**

Trans·fu·si·on *lat.*, die: -, -en (Übertragung, Blutübertragung)

Tran·sis·tor *engl.*, der: -s, Transistoren (elektrisches Bauelement, Verstärker); das **Transistorgerät;** das **Transistorradio**

Tran·sit *lat.*, der: -s, -e (Durchfuhr von Waren, Durchreise von Personen durch ein Drittland); das **Transitabkommen;** der **Transithandel;** der/die **Transitreisende;** das **Transitverbot;** der **Transitverkehr** (Verkehr durch ein Land); das **Transitvisum,** die ...visen

Trans·pa·rent *lat.*, das: -(e)s, -e (durchscheinendes Bild, großes Plakat mit Aufschrift); **transparent** (durchscheinend, durchsichtig); das **Transparentpapier;** die **Transparenz** (Durchsichtigkeit, Durchschaubarkeit)

Trans·pi·ra·ti·on (Tran·spi·ra·ti·on) *lat.*, die: - (Schweißabsonderung, Abgabe von Wasserdampf); **transpirieren** (schwitzen)

Trans·plan·ta·ti·on *lat.*, die: -, -en (Verpflanzung von Organen oder Gewebeteilen); das **Transplantat** (verpflanztes Gewebestück oder Organ); **transplantieren**

T
U
V
W
X
Y
Z

Trans·port *lat.*, der: -(e)s, -e; die Waren wurden beim Transport (bei der Beförderung) beschädigt – ein Transport mit Lebensmitteln; **transportabel;** der **Transportarbeiter;** die **Transportarbeiterin;** der **Transportbehälter;** der **Transporter;** das **Transportgut,** die ... güter; **transportieren;** die **Transportkosten** *Pl.*; das **Transportwesen**

Trans·ves·tit *lat.*, der: -en, -en (Mann, der sich wie eine Frau kleidet und benimmt)

trans·zen·dent (tran·szen·dent) *lat.*: (übernatürlich, übersinnlich); die **Transzendenz; transzendieren** (hinübergehen, übersteigen)

Tra·pez *griech.*, das: -es, -e; die Fläche eines Trapezes (einer geometrischen Figur) berechnen – auf dem Trapez (einer Artistenschaukel) arbeiten; der **Trapezakt; trapezförmig;** der **Trapezkünstler;** die **Trapezkünstlerin,** die ... künstlerinnen

trap·peln: (mit kleinen Schritten laufen); **trappen** (schwer auftreten)

Trap·per *engl.*, der: -s, - (Fallensteller, Pelztierjäger in Nordamerika)

Tra·ra, das: -s (Hornsignal, Lärm, Aufsehen)

Tras·se *franz.*, die: -, -n (abgesteckte Linie im Gelände für Straßen, Bahnen o. Ä.); **trassieren:** eine Straße trassieren (abstecken, festlegen); die **Trassierung**

trat·schen: (klatschen, ausplaudern); der **Tratsch** (Klatsch, Gerede); die **Tratscherei**

Trau·be, die: -, -n; süße Trauben (Weintrauben) essen – eine Traube (dichte Menge) von Menschen; **traubenförmig;** die **Traubenlese;** der **Traubensaft,** die ... säfte; der **Traubenzucker; traubig**

trau·en: sich nichts trauen (nichts wagen) – seinen Freunden trauen (Vertrauen schenken) – sich trauen lassen (eine Ehe schließen) – *trau, schau, wem!*; der **Traualtar,** die ... altäre; **traulich** (vertraut, gemütlich); der **Trauring;** der **Trauschein;** die **Trauung** (Hochzeit); der **Trauzeuge;** die **Trauzeugin,** die ... zeuginnen

trau·ern: er trauert (empfindet seelischen Schmerz) um einen Verstorbenen – die trauernden Hinterbliebenen; die **Trauer:** Trauer (Trauerkleidung) tragen; der **Trauerfall;** die **Trauerfeier;** der **Trauerflor;** das **Trauergeleit;** die **Trauergemeinde;** der **Trauerkloß,** die ... klöße (langweiliger Mensch); der **Trauermarsch,** die ... märsche; die **Trauermiene;** die **Trauerrede;** das **Trauerspiel** (Drama); die **Trauerweide;** der **Trauerzug,** die ... züge; **traurig;** die **Traurigkeit**

träu·feln: (tropfen lassen, tröpfeln); Medizin in ein Glas träufeln; die **Traufe** (Regenrinne, untere Kante des Daches)

Trau·ma *griech.*, das: -s, Traumen/Traumata (nachwirkendes bedrückendes Erlebnis, seelische Erschütterung); **traumatisch**

träu·men: schlecht geträumt haben – mit offenen Augen träumen (mit seinen Gedanken woanders sein) – *sich etwas nicht träumen lassen* (überhaupt nicht daran denken); der **Traum,** die Träume: nicht im Traum (nicht im Entferntesten) daran denken – *Träume sind Schäume*; der **Traumberuf;** das **Traumbild;** der **Traumdeuter;** der **Träumer** (Schwärmer, Schlafmütze); die **Träumerei;** die **Träumerin,** die Träumerinnen; **träumerisch;** die **Traumfabrik** (Welt des Films); das **Traumgebilde;** das **Traumgesicht,** die ... gesichte; **traumhaft:** ein traumhaftes (großartiges) Erlebnis; die **Traumnote;** der **Traumtänzer** (wirklichkeitsfremder Mensch); **traumverloren** (geistesabwesend); **traumversunken; traumwandeln;** der **Traumwandler** (Schlafwandler); die **Traumwandlerin,** die ... wandlerinnen; **traumwandlerisch**

traut: ein trauter (lieber) Freund – ein trautes (gemütliches) Heim – *trautes Heim, Glück allein*

Treck, der: -s, -s (Zug von Flüchtlingen oder Siedlern zur Auswanderung); **trecken;** der **Trecker** (Zugmaschine, Traktor); das **Trecking** (mehrtägige schwierige Wanderung bzw. Fahrt); auch: → das **Trekking**

tref·fen: du triffst, er traf, sie hat getroffen, triff!; das Ziel treffen – der Schuss traf ihn in die Brust – getroffen zu Boden sinken – sich mit seinen Freunden treffen (mit ihnen zusammenkommen) – er ist auf dem Foto gut getroffen – sie trifft (hat) keine Schuld – die Nachricht traf ihn hart (erschütterte ihn); der **Treff,** die Treffs (Zusammenkunft, Treffpunkt); das **Treffen:** *etwas ins Treffen führen* (etwas als Argument anführen); **treffend:** eine treffende (genau richtige) Bemerkung machen; der **Treffer:** einen Treffer (Hauptgewinn) haben; **trefflich** (sehr gut, ausgezeichnet); der **Treffpunkt; treffsicher;** die **Treffsicherheit**

trei·ben: du treibst, er trieb, sie hat getrieben, treib(e)!; die Kühe auf die Weide treiben – der Wind treibt die Blätter – jemanden zur Eile treiben (drängen) – er treibt die Preise nach oben (bringt sie zum Steigen) – jemanden zur Verzweiflung treiben (bringen) – Handel treiben (mit etwas handeln) – Sport treiben (ausüben) – Unfug treiben (anstellen) – jemanden in den Tod treiben – das Schiff treibt auf dem Meer – die Pflanzen treiben (wachsen) schnell – was treibst (machst) du heute? – *es zu weit treiben* (zu weit gehen); das **Treibeis;** das **Treiben:** ein geschäftiges Treiben – das närrische Treiben (Faschingstrubel); der **Treiber;** die **Treiberei;** die **Treiberin;** das **Treibgas;** das **Treibgut;** das **Treibhaus,** die ...häuser (Gewächshaus); der **Treibhauseffekt;** das **Treibholz;** die **Treibjagd;** der **Treibriemen;** der **Treibsand;** der **Treibstoff** (Benzin); → Trieb

Trek·king *engl.*, das: -s, -s (mehrtägige schwierige Wanderung bzw. Fahrt); auch: das **Trecking;** die **Trekkingtour;** auch: die **Treckingtour**

Trench·coat *engl. [trentschkot]*, der: -(s), -s (ein Wettermantel)

Trend *engl.*, der: -s, -s (Richtung, Entwicklung, Tendenz); die **Trendmeldung;** der **Trendsetter;** die **Trendwende; trendy** (modisch)

tren·nen: sie trennten sich (gingen auseinander) vor der Haustüre – ein Wort trennen (in Silben zerlegen) – sie trennte (löste) die Naht auf – die Ehe wurde getrennt (aufgelöst) – etwas getrennt (gesondert) berechnen; **trennbar;** die **Trennbarkeit;** die **Trennlinie; trennscharf;** die **Trennschärfe;** die **Trennscheibe;** die **Trennung;** die **Trennungsentschädigung;** das **Trennungsgeld;** die **Trennungslinie;** der **Trennungsschmerz;** der **Trennungsstrich;** die **Trennungswand,** die ...wände; die **Trennwand**

Tren·se *niederl.*, die: -, -n (Gebissstück beim Zaumzeug für Pferde)

Trep·pe, die: -, -n (Stiege); Treppen steigen – eine Treppe tiefer – *die Treppe hinauffallen* (ohne Anstrengung in eine höhere Position gelangen); **treppab; treppauf;** das **Treppengeländer;** das **Treppenhaus,** die ...häuser; das **Treppensteigen;** die **Treppenstufe**

Tre·sen, der: -s, - (Laden-, Schanktisch, Theke)

Tre·sor *franz.*, der: -s, -e; der Tresor (Geldschrank) einer Bank; der **Tresorraum,** die ...räume; der **Tresorschlüssel**

Tres·se *franz.*, die: -, -n (Streifen an Kleidungsstücken und Uniformen, Borte)

Tres·ter, der: -s, - (Rückstände bei der Kelterung der Trauben); der **Tresterschnaps**

tre·ten: du trittst, er trat, sie hat/ist getreten, tritt!; jemanden mit Füßen treten – in die Pedale treten – tritt (komm) näher! – ihr treten Tränen in die Augen – auf die Bühne treten – er tritt in eine Pfütze – zur Seite treten (Platz machen) – in Aktion treten (tätig werden) – *auf der Stelle treten* (nicht vorwärtskommen) – *jemandem zu nahe treten* (ihn beleidigen, verletzen); das **Tretauto;** das **Tretboot;** die **Treter** *Pl.* (alte, bequeme Schuhe); die **Tretmine;** die **Tretmühle** (gleichförmiger Alltag, Langeweile); das **Tretrad,** die ...räder; der **Tretroller;** das **Tretwerk;** → Tritt

treu: treuer, am treu(e)sten; treu (anhänglich) sein – treu bleiben – eine treue (beständige) Freundin – sie ist eine treue Ehefrau – er wird für seine treuen (zuverlässigen) Dienste belohnt – treu dienen – treu zu etwas stehen; die **Treue:** auf Treu und Glauben – meiner Treu!; der **Treueid;** die **Treuepflicht;** die **Treueprämie; treuergeben:** ein treuergebener Diener; auch: treu ergeben; der **Treueschwur,** die ... schwüre; der **Treuhänder** (jemand, der fremden Besitz verwaltet); **treuhänderisch; treuherzig;** die **Treuherzigkeit; treulich** (getreulich); **treulos;** die **Treulosigkeit; treusorgend:** treusorgende Eltern; auch: treu sorgend

Tre·vi·ra *[trewira]*, das: -(s) (synthetisches Fasergewebe)

Tri·an·gel *lat.*, der: -s, -; den Triangel (Schlaginstrument aus Metallstäben) spielen – einen Triangel (einen dreieckigen Riss) in der Hose haben

Tri·ath·lon *griech.*, der/das: -s, -s (Mehrkampf)

Tri·bü·ne *franz.*, die: -, -n (Redner- bzw. Zuschauerbühne); das **Tribunal** (Gericht, Gerichtshof); der **Tribünenplatz,** die ...plätze

Tri·but *lat.*, der: -(e)s, -e; Tribut (Abgaben, Steuern) zahlen – jemandem Tribut (Hochachtung) zollen; **tributpflichtig**

Tri·chi·ne *griech.*, die: -, -n (ein Schmarotzerwurm); **trichinenhaltig**

Trich·ter, der: -s, - (Gefäß zum Füllen von Flaschen o. Ä.); **trichterförmig;** die **Trichtermündung; trichtern**

Trick *engl.*, der: -s, -s; auf einen Trick (Kunstgriff, Dreh) hereinfallen – Trick siebzehn (der richtige Dreh); die **Trickaufnahme;** der **Trickbetrüger;** die **Trickbetrügerin,** die ...betrügerinnen; der **Trickdieb;** die **Trickdiebin,** die ...diebinnen; der **Trickfilm;** die **Trickkiste; trickreich** (schlau); **tricksen** (den Gegner ausspielen, überlisten)

Trieb; der: -(e)s, -e; ein junger Trieb (Pflanzenspross, Schössling) – er hat einen Trieb (Hang, Drang) zum Stehlen; die **Triebbefriedigung;** die **Triebfeder** (Antrieb); **triebgesteuert; triebhaft** (tierisch, sinnlich); die **Triebhaftigkeit;** die **Triebhandlung;** die **Triebkraft,** die ...kräfte; das **Triebleben; triebmäßig;** der **Triebmörder;** die **Triebmörderin,** die ...mörderinnen; der **Triebtäter;** die **Triebtäterin,** die ...täterinnen; das **Triebverbrechen;** der **Triebwagen;** das **Triebwerk;** → treiben

trie·fen: du triefst, er triefte/troff, sie hat getrieft, trief(e)!; ihm trieft (tropft, perlt) der Schweiß von der Stirn – vor Nässe triefen (durch und durch nass sein); das **Triefauge; triefäugig; triefnass**

trie·zen: er triezt (quält, ärgert) mich ständig

Trift, die: -, -en; die Tiere sind auf der Trift (dem Weideweg) – die Trift (Holzflößung) auf der Isar; **triften** (Holz flößen); das **Triftholz**

trif·tig: ein triftiger (wichtiger, entscheidender) Grund; die **Triftigkeit**

Tri·go·no·me·trie (Tri·go·no·met·rie) *griech.*, die: - (Dreiecksberechnung); **trigonometrisch:** der trigonometrische Punkt ⟨TP⟩

Tri·ko·lo·re *franz.*, die: -, -n (dreifarbige Fahne); die französische Trikolore

Tri·kot *franz. [triko, triko]*, der/das: -s, -s (dehnbarer Stoff); das **Trikot** (eng anliegendes Kleidungsstück, Sporthemd); die **Trikotage** *[trikotasche]* (Kleidung aus gewirktem Stoff); das **Trikothemd;** die **Trikotwerbung**

tril·lern: ein Lied trillern (singen, pfeifen); der **Triller** # Thriller; die **Trillerpfeife**

Tril·li·ar·de *lat.*, die: -, -n (tausend Trillionen); die **Trillion** (eine Million Billionen)

Tri·lo·gie *griech.*, die: -, Trilogien (Folge von drei zusammenhängenden Werken)

trim·men: einen Hund trimmen (scheren) – sich für einen Wettkampf trimmen (körperlich fit machen) – die Ladung ist gut getrimmt (verstaut) – etwas auf alt trimmen; die **Trimmaktion;** der **Trimm-dich-Pfad;** die **Trimmung;** die **Trimmungsvorrichtung**

trin·ken: du trinkst, er trank, sie hat getrunken, trink(e)!; Tee trinken – jemandem zu trinken geben – er trinkt (er ist Alkoholiker); **trinkbar;** der **Trinkbecher;** der **Trinker;** die **Trinkerei;** die **Trinkerin,** die Trinkerinnen; **trinkfest;** die **Trinkfestigkeit;** die **Trinkflasche; trinkfreudig;** das **Trinkgefäß;** das **Trinkgelage;** das **Trinkgeld;** das **Trinkglas,** die ...gläser; der **Trinkhalm;** die **Trinkkur;** das **Trinklied;** die **Trinkmilch;** die **Trinkschale;** der **Trinkspruch,** die ...sprüche; das **Trinkwasser;** → Trank, Trunk

Trio *ital.*, das: -s, -s (Musikstück für drei verschiedene Instrumente, Gruppe von drei Musikern bzw. drei Personen)

Trip *engl.*, der: -s, -s; einen Trip (kurzen Ausflug) planen – auf einem Trip (im Rauschzustand durch Drogen) sein

trip·peln: (mit kleinen Schritten schnell gehen, tänzeln) # dribbeln; der **Trippelschritt**

Trip·per, der: -s, - (eine Geschlechtskrankheit); einen Tripper haben

trist *franz.*: eine triste (traurige) Geschichte – eine triste (trostlose, öde) Landschaft; die **Tristheit**

Tritt, der: -(e)s, -e; einen falschen Tritt (Schritt) machen – jemandem einen kräftigen Tritt (Stoß mit dem Fuß) geben – im gleichen Schritt und Tritt (im Gleichschritt) – Tritte (Abdrücke) im Sand – *Tritt fassen* (sich wieder zurechtfinden) – *einen Tritt bekommen* (fortgejagt, entlassen werden); die **Trittbremse;** das **Trittbrett; trittfest;** die **Trittleiter; trittsicher;** die **Trittsicherheit;** → treten

Tri·umph *lat.*, der: -(e)s, -e; einen Triumph (Erfolg) erringen – Triumph (Siegesfreude) zeigte sich in seinem Gesicht; **triumphal:** ein triumphaler (großartiger) Empfang; der **Triumphbogen,** die ...bögen; **triumphieren** (jubeln, siegen); der **Triumphwagen;** der **Triumphzug,** die ...züge

tri·vi·al *lat. [triwial]*: eine triviale (abgedroschene, gewöhnliche) Redensart; die **Trivialität;** die **Trivialliteratur;** der **Trivialroman**

tro·cken: trocken (frei von Nässe, Feuchtigkeit) sein, werden – trocken (an trockener

Stelle) liegen/sitzen/stehen – ein trockenes (dürres) Laub – ein trockener Sommer (ohne Niederschläge) – trockenes (altbackenes) Brot essen – Brot trocken (ohne Aufstrich) essen – sich trocken (ohne Seife) rasieren – etwas trocken (im trockenen Zustand) reinigen – eine trockene (nüchterne) Bemerkung machen – einen trockenen Humor haben – ein trockener (herber) Wein – er hielt eine trockene (langweilige) Rede – *trocken Brot macht Wangen rot*; aber: im Trock(e)nen (auf trockenem Boden) sitzen – *auf dem Trockenen sitzen* (ausgetrunken haben, nicht mehr weiterkommen) – *sein Schäfchen ins Trockene bringen* (sich wirtschaftlich absichern); die **Trockenbatterie;** die **Trockenblume;** das **Trockendock;** das **Trockenfutter;** die **Trockenhaube;** die **Trockenheit; trockenlegen:** ein Kind trockenlegen (mit frischen Windeln versehen) – der Sumpf wurde trockengelegt (entwässert); die **Trockenmilch;** das **Trockenobst;** die **Trockenpresse;** die **Trockenrasur; trockenreiben** (durch Reiben trocknen); auch: trocken reiben; **trockenschleudern** (durch Schleudern trocknen); auch: trocken schleudern; aber nur: trocken (in trockenem Zustand) schleudern; die **Trockenübung;** die **Trockenwäsche; trockenwischen** (durch Wischen trocknen); auch: trocken wischen; die **Trockenzeit; trocknen;** der **Trockner;** die **Trocknung**

Trod·del, die: -, -n (Quaste) # Trottel

Trö·del, der: -s (alter Kram, unbrauchbares Zeug); die **Trödelbude;** die **Trödelei** (Langsamkeit); der **Trödelkram;** der **Trödelladen,** die . . . läden; der **Trödelmarkt,** die . . . märkte; **trödeln** (Zeit verschwenden, langsam sein); die **Trödelware;** der **Trödler** (Altwarenhändler, Bummler); die **Trödlerin,** die Trödlerinnen; der **Trödlerladen**

Trog, der: -(e)s, Tröge (großes, längliches Gefäß)

Troi·ka *russ.,* die: -, -s (russisches Dreigespann)

trol·len, sich: (weggehen, sich davonmachen); troll dich!; der **Troll** (gespenstisches Wesen, Kobold)

Trol·ley *engl. [trolli],* der: -s, -s (Rollenkoffer)

trom·meln: mit der Faust gegen die Tür trommeln – Regen trommelt (klopft heftig) auf das Dach – *jemanden aus dem Schlaf trommeln* (ihn unsanft wecken); die **Trommel:** *die Trommel für etwas rühren* (Reklame machen); die **Trommelei;** das **Trommelfell;** das **Trommelfeuer;** der **Trommler;** die **Trommlerin,** die Trommlerinnen

Trom·pe·te *franz.,* die: -, -n (ein Blechblasinstrument); **trompeten;** der **Trompetenstoß,** die . . . stöße; der **Trompeter;** die **Trompeterin,** die Trompeterinnen

Tro·pen *Pl.,* die: - (heiße Zone zwischen den Wendekreisen); der **Tropenanzug;** das **Tropenfieber;** der **Tropenhelm;** das **Tropenklima; tropentauglich; tropisch**

Tropf, der: -(e)s, Tröpfe; er ist ein Tropf (bedauernswerter, einfältiger Mensch)

trop·fen: Wasser tropft (fällt in einzelnen Tropfen) auf den Boden – der Wasserhahn tropft – Blut tropft aus der Wunde; der **Tropf,** die Tropfe: der Kranke hängt am Tropf (Infusionsgerät); das **Tröpfchen;** die **Tröpfcheninfektion; tröpfchenweise; tröpfeln:** es tröpfelt (regnet in kleinen Tropfen); der **Tropfen:** *ein Tropfen auf dem heißen Stein* (viel zu wenig) *sein – steter Tropfen höhlt den Stein*; **tropfenförmig; tropfenweise;** die **Tropfinfusion** (Zufuhr von Nährflüssigkeit über einen Tropf); **tropfnass:** seine tropfnasse Hose ausziehen; die **Tropfsteinhöhle**

Tro·phäe *griech.,* die: -, -n (Siegeszeichen, Beute, Jagdbeute)

Tross *franz.,* der: -es, -e (Transportgruppe, Gefolge); der **Trossknecht**

Tros·se, die: -, -n (Drahtseil, starkes Tau)

trös·ten: deine Worte trösten mich (richten mich auf); der **Trost:** jemandem Trost zusprechen – *nicht recht bei Trost* (nicht recht bei Verstand) *sein;* **trostbedürftig;** der **Tröster;** die **Trösterin,** die Trösterinnen; **tröstlich; trostlos:** eine trostlose (verzweifelte) Lage – das ist eine trostlose (öde, reizlose) Gegend; die **Trostlosigkeit;** das **Trostpflaster;** der **Trostpreis; trostreich;** die **Tröstung; trostvoll;** die **Trostworte** *Pl.*: Trostworte sprechen

Trott, der: -(e)s, -e (langsamer, schwerfälliger Gang); immer der gleiche Trott (immer der gleiche Ablauf)! – er verfällt wieder in den alten Trott (in die alten Gewohnheiten); der **Trottel** (Dummkopf, Narr) # Troddel; **trottelhaft;** die **Trottelhaftigkeit; trottelig;** die **Trotteligkeit; trotteln:** er trottelt (geht langsam und unaufmerksam) hinter mir her; **trotten** (schwerfällig gehen)

Trot·toir *franz. [trotoar]*, das: -s, -e/-s (Bürgersteig, Gehweg)

trotz: trotz (ungeachtet) des schönen Wetters/dem schönen Wetter bleiben wir zu Hause – trotz Regen und Sturm – trotz allem – trotz all(e)dem; der **Trotz** (Eigensinn); das **Trotzalter; trotzdem:** trotzdem (dennoch) kam sie nicht; **trotzen** (aufbegehren); **trotzig** (widerspenstig); der **Trotzkopf,** die ...köpfe (Dickkopf); **trotzköpfig;** die **Trotzphase;** die **Trotzreaktion;** → Trutz

trü·be: ein trüber (bedeckter) Himmel – das Glas ist trübe (nicht klar, schmutzig) – ein trüber (regnerischer) Abend – es herrscht eine trübe (gedrückte) Stimmung – trübes (unklares) Wasser – trübe (ungünstige) Zeiten – eine trübe Tasse (langweilige Person); aber: *im Trüben fischen* (unklare Verhältnisse zum eigenen Vorteil ausnutzen); auch: **trüb; trüben:** die schlimme Nachricht hat unsere Freude getrübt; die **Trübsal,** die Trübsale: *Trübsal blasen* (lustlos, traurig sein); **trübselig:** eine trübselige (niederdrückende) Stimmung; die **Trübseligkeit;** der **Trübsinn; trübsinnig;** die **Trübsinnigkeit;** die **Trübung**

Tru·bel *franz.*, der: -s; es herrscht großer Trubel (ein Durcheinander, reger Betrieb)

Truch·sess, der: -es, -e (für Küche und Tafel zuständiger Beamter im Mittelalter)

Truck *engl. [trak]*, der: -s, -s (Lastkraftwagen); der **Trucker** (Lastwagenfahrer)

tru·deln: das Flugzeug trudelt zu Boden (geht drehend nieder)

Trüf·fel *franz.*, die: -, -n (Pilzart); die **Trüffelpastete;** das **Trüffelschwein**

trü·gen: du trügst, er trog, sie hat getrogen, trüg(e)!; der Schein trügt (täuscht); der **Trug** (Täuschung): Lug und Trug; das **Trugbild** (Fantasiebild); **trügerisch:** ein trügerischer (unsicherer) Frieden; das **Truggebilde;** der **Trugschluss,** die ...schlüsse (Irrtum, falsche Folgerung)

Tru·he, die: -, -n (Kasten, Schrein); der **Truhendeckel**

Trumm, das: -(e)s, Trümmer; ein Trumm (großes Stück) Holz; die **Trümmer** *Pl.*: die Trümmer (Überreste) eines eingestürzten Hauses – *in Trümmern liegen* (völlig zerstört sein) – *in Trümmer sinken* (zerstört werden); das **Trümmerfeld;** der **Trümmerhaufen;** die **Trümmerlandschaft;** die **Trümmerstätte**

Trumpf *lat.*, der: -(e)s, Trümpfe (gute Karte, Vorteil); *alle Trümpfe in der Hand haben* (die stärkere Stellung haben) – *einen Trumpf ausspielen* (einen Vorteil geltend machen); das **Trumpfass;** auch: das **Trumpf-Ass; trumpfen;** die **Trumpfkarte**

Trunk, der: -(e)s, Trünke (das Trinken, Getränk); **trunken:** trunken (betrunken, begeistert) vor Glück; der **Trunkenbold** (Alkoholiker); die **Trunkenboldin;** die **Trunkenheit;** die **Trunksucht; trunksüchtig;** der/die **Trunksüchtige;** → trinken

Trupp *franz.* der: -s, -s; ein Trupp (eine Schar, kleine Gruppe); die **Truppe** (Mannschaft, militärischer Verband): *von der schnellen Truppe* (flink) *sein*; die **Truppen** *Pl.;* der **Truppenabbau;** der **Truppenführer;** die **Truppenparade;** die **Truppenschau;** die **Truppenstärke;** der **Truppentransport;** der **Truppenübungsplatz,** die ...plätze; die **Truppenunterkunft; truppweise**

Trust *engl. [traßt]*, der: -(e)s, -e/-s (Konzern, Zusammenschluss mehrerer größerer Unternehmen); die **Trustbildung**

Trut·hahn, der: -(e)s, ...hähne (großer Hühnervogel); die **Truthenne;** das **Truthuhn,** die ...hühner

Trutz, der: -es (Widerstand); Schutz und Trutz (gegenseitiger Schutz und gemeinsamer Widerstand); das **Schutz-und-Trutz-Bündnis;** die **Trutzburg; trutzig** (trotzig); → trotz

Tsat·si·ki (Tsa·tsi·ki) *griech.*, der/das: -s, -s (Joghurt mit Knoblauch und Salatgurkenstückchen); auch: der/das **Zaziki**

Tscha·ko *ungar.*, der: -s, -s (Polizeihelm, militärische Kopfbedeckung)

tschau!: (Abschiedsgruß); auch: **ciao!**

Tsche·chi·en: -s (Staat in Europa); der **Tscheche;** die **Tschechin,** die Tschechinnen; **tschechisch**

tschil·pen: der Sperling tschilpt (gibt kurze, hohe Laute von sich); auch: **schilpen**

tschüs!: tschüs/Tschüs (auf Wiedersehen) sagen; auch: **tschüss!**

Tsd. = das Tausend

T-Shirt *engl. [tischört]*, das: -s, -s (kragenloses Hemd mit kurzen Ärmeln)

T-Trä·ger, der: -s, - (T-förmiger Stahlträger)

TU = technische Universität

Tu·ba *lat.,* die: -, Tuben (Blechblasinstrument)

Tu·be *lat.,* die: -, -n (röhrenförmiger Behälter); *auf die Tube drücken* (sich beeilen)

Tu·ber·kel *lat.,* der: -s, - (Geschwulst); der **Tuberkelbazillus,** die ...bazillen; **tuberkulös;** die **Tuberkulose** ⟨Tb, Tbc, Tbk⟩ (Lungenkrankheit, Schwindsucht); **tuberkulosekrank;** der/die **Tuberkulosekranke**

Tuch, das: -(e)s, -e; ein Stück Tuch (Stoff); ein Anzug aus feinem Tuch (Stoff); die **Tuchfabrik;** die **Tuchfühlung:** *mit jemandem Tuchfühlung* (Verbindung) *aufnehmen*

Tuch, das: -(e)s, Tücher; ein Tuch zum Abwischen – sich ein Tuch um den Hals binden; das **Tüchlein**

tüch·tig: tüchtig (geschickt, fähig) sein – sich tüchtig (sehr) anstrengen – eine tüchtige (gehörige) Portion Mut; der/die **Tüchtige;** die **Tüchtigkeit**

Tü·cke, die: -, -n (Hinterlist, Verschlagenheit); *mit List und Tücke* (mit viel Geschick und Schläue) – *seine Tücken haben* (kompliziert sein); **tückisch:** eine tückische (heimtückische, gefährliche) Krankheit

tu·ckern: das Boot tuckert (rattert, knattert)

Tuff *ital.,* der: -s, -e (Vulkangestein); der **Tufffelsen;** auch: der **Tuff-Felsen;** der **Tuffstein**

tüf·teln: (sich ausdauernd mit etwas Schwierigem beschäftigen); die **Tüftelarbeit;** die **Tüftelei;** der **Tüft(e)ler**

Tu·gend; die: -, -en (Anstand, Sittenstrenge); der **Tugendbold** (jemand, der sich besonders tugendhaft gibt); die **Tugendboldin; tugendhaft;** die **Tugendhaftigkeit;** der **Tugendheld; tugendsam;** der **Tugendwächter**

Tüll *franz.,* der: -s (gitterartiges Gewebe); die **Tüllgardine;** der **Tüllschleier**

Tul·pe *pers.,* die: -, -n (eine Blume); du bist vielleicht eine Tulpe (ein sonderbarer Mensch)!; das **Tulpenbeet;** die **Tulpenzwiebel**

tumb: (einfältig, naiv); die **Tumbheit**

Tum·ba *span.,* die: -, -s (große Trommel)

tum·meln: die Kinder tummeln sich (toben) im Wasser – sich tummeln (sich beeilen); der **Tummelplatz,** die ...plätze

Tümm·ler, der: -s, - (Delphin)

Tu·mor *lat.,* der: -s, Tumore(n) (Geschwulst)

Tüm·pel, der: -s, - (kleiner, meist sumpfiger Teich)

Tu·mult *lat.,* der: -(e)s, -e (Unruhe, Aufruhr, Verwirrung); **tumultartig**

tun: ich tu(e), du tust, er tat, sie hat getan, tu(e)!; seine Arbeit tun (verrichten) – es muss etwas getan (es muss gehandelt) werden – was tun? – hier tut (ereignet) sich nichts – der Hund tut (macht) dir nichts – was tut's (was schadet es)? – so tun als ob (heucheln) – *mit jemandem nichts zu tun haben wollen* (ihn meiden) – *es mit jemandem zu tun bekommen* (von ihm zur Rechenschaft gezogen werden); das **Tun:** sein Tun und Treiben (seine Handlungsweise) ist mir verdächtig – das Tun und Lassen; der **Tunichtgut** (Taugenichts); **tunlich:** es ist nicht tunlich (ratsam, sinnvoll); **tunlichst:** das sollst du tunlichst (möglichst) vermeiden; das **Tu(n)wort,** die ...wörter (Sprachlehre: Zeitwort, Verb); → Tat

tün·chen: die Wand tünchen (weißen, streichen); die **Tünche** (Kalkfarbe); der **Tüncher**

Tun·dra (Tund·ra) *russ.,* die: -, Tundren (baumlose Kältesteppe)

Tun·fisch *griech.,* der: -(e)s, -e (ein Speisefisch); auch: der **Thunfisch**

Tu·ning *engl. [tjuning],* das: -s (nachträgliche Steigerung der Leistung eines Kfz-Motors); **tunen;** der **Tuner** (Empfangsgerät)

Tun·ke, die: -, -n (Soße); **tunken:** Brot in die Soße tunken (eintauchen)

Tun·nel *engl.,* der: -s, -/-s (unterirdischer Verkehrsweg, Unterführung)

tup·fen: den Schweiß von der Stirn tupfen (entfernen) – ein getupftes Kleid tragen – Puder auf die Wunde tupfen; das **Tüpfelchen:** das Tüpfelchen auf dem i – das i-Tüpfelchen – bis aufs Tüpfelchen (genauestens); der **Tupfen** (rundlicher Fleck, Punkt); der **Tupfer:** ein Tupfer (Bausch) Watte

Tür, die: -, -en; auch: die **Türe;** die Tür schließen – von Tür zu Tür gehen – er kommt zur Tür herein – hinter verschlossenen Türen (geheim) – zwischen Tür und Angel (in Eile, flüchtig zusammentreffend) – *jemandem die Tür einrennen* (ständig mit einem Wunsch zu ihm kommen) – *offene Türen finden* (gut aufgenommen werden) – *jemandem die Tür weisen* (ihn abweisen) – *jemanden zur Türe hinausbefördern* (ihn hinauswerfen) – *mit der Türe ins Haus fallen* (sein Anliegen ohne Umschweife vorbringen); die **Türangel;** der **Türdrücker;** der

Türflügel; der **Türgriff; ...türig:** dreitürig; die **Türklinke;** der **Türöffner;** der **Türpfosten;** der **Türrahmen;** der **Türriegel;** das **Türschild;** das **Türschloss,** die ...schlösser; die **Türschwelle;** der **Türspalt;** der **Türstock;** der **Türvorleger** (Fußabstreifer)

Tur·ban *pers.*, der: -s, -e (orientalische Kopfbedeckung); **turbanartig**

Tur·bi·ne *franz.*, die: -, -n (Maschine zum Erzeugen einer Drehbewegung); der **Turbinenantrieb;** der **Turbo** (Turbolader); der **Turbogenerator;** der **Turbomotor**

tur·bu·lent *lat.*: heute geht es wieder turbulent (unruhig, wild, stürmisch) zu – ein turbulenter (aufregender) Tag; die **Turbulenz**

Tür·kei, die: - (Staat in Kleinasien und Südosteuropa); der **Türke; türken** (fälschen, vortäuschen); die **Türkin,** die Türkinnen; **türkisch:** die türkische Sprache; aber: auf Türkisch; das **Türkische**

Tür·kis *franz.*, der: -es, -e (Edelstein); **türkis** (blaugrün); **türkisfarben;** auch: **türkisfarbig**

Turm, der: -(e)s, Türme (hoch aufragendes Bauwerk); auf einen Turm steigen – der Turm einer Burg; der **Turmbau;** das **Türmchen; türmen:** Bücher auf den Tisch türmen (stapeln) – der Müll türmt sich auf der Straße – der Verbrecher türmte (floh) nach dem Überfall; der **Türmer** (Turmwächter); der **Turmfalke; turmhoch;** das **Turmspringen;** die **Turmuhr;** der **Turmwächter**

tur·nen: (sich sportlich betätigen); am Reck turnen; der **Turnanzug,** die ...anzüge; der **Turnbeutel;** das **Turnen;** der **Turner;** die **Turnerin,** die Turnerinnen; **turnerisch;** die **Turnerschaft;** das **Turnfest;** das **Turngerät;** die **Turnhalle;** das **Turnhemd;** die **Turnhose;** der **Turnlehrer;** die **Turnlehrerin,** die ...lehrerinnen; der **Turnschuh;** die **Turnstunde;** die **Turnübung;** der **Turnunterricht;** der **Turnverein** ⟨TV⟩; das **Turnzeug**

Tur·nier *franz.*, das: -s, -e (Wettkampf, früher: Ritterkampfspiel); das **Turnierpferd**

Tur·nus *griech.*, der: -/-ses, -/-se; im Turnus (in der festgelegten Reihenfolge, im regelmäßigen Wechsel); **turnusgemäß; turnusmäßig**

tur·teln: (Zärtlichkeiten austauschen, sich verliebt verhalten); die **Turteltaube** (Taubenart)

Tusch, der: -(e)s, -e (Musikbegleitung bei einem Hochruf); die Musikkapelle spielt einen Tusch

Tu·sche *franz.*, die: -, -n (Zeichentinte) # Dusche; **tuschen;** die **Tuschfarbe;** der **Tuschkasten,** die ...kästen; die **Tuschzeichnung**

tu·scheln: miteinander tuscheln (heimlich flüstern) – jemandem etwas ins Ohr tuscheln; die **Tuschelei**

Tü·te, die: -, -n (Papierbeutel); eine Tüte Bonbons – *Tüten kleben* (im Gefängnis sitzen) – *nicht in die Tüte* (nicht infrage) *kommen*

tu·ten: (hupen, trompeten); *von Tuten und Blasen keine Ahnung haben* (von einer Sache nichts verstehen); die **Tute** (Signalhorn)

TÜV = Technischer Überwachungs-Verein

TV = Television (Fernsehen); Turnverein

Tweed *engl. [twit]*, der: -s, -s/-e (eine Gewebeart, ein Wollstoff)

Twen *engl.*, der: -(s), -s (Jugendliche(r) in den Zwanzigern)

Twin·set *engl.*, das/der: -(s), -s (kragenloser Pullover mit dazugehöriger Jacke)

Twist *engl.*, der: -es, -e (ein Garn)

Twist *amerik.*, der: -s, -s (Modetanz); **twisten**

Typ *griech.*, der: -s, -en (Modell, Muster, Bauart, Gattung); die **Type:** die Typen (Druckbuchstaben, Lettern) reinigen – das ist vielleicht eine Type (ein eigenartiger Mensch)!; **typisch:** das ist typisch (bezeichnend, charakteristisch) für sie; **typisieren;** die **Typisierung;** der **Typus,** die Typen (Typ)

Ty·phus *griech.*, der: - (eine Infektionskrankheit); die **Typhuserkrankung**

Ty·po·gra·fie *griech.*, die: -, Typografien (Buchdruckerkunst); auch: die **Typographie**

Ty·rann *griech.*, der: -en, -en (Gewaltherrscher, selbstsüchtiger Mensch); die **Tyrannei** (Schreckensherrschaft); die **Tyrannenherrschaft;** das **Tyrannentum;** die **Tyrannin,** die Tyranninnen; **tyrannisch; tyrannisieren** (quälen, knechten); die **Tyrannisierung**

U

u. = und

u. a. = und and(e)re, und and(e)res; unter ander(e)m, unter ander(e)n

u. Ä. = und Ähnliche(s)

U-Bahn, die: -, -en (Untergrundbahn); der

U-Bahnhof, die ... höfe; die **U-Bahn-Station;** der **U-Bahn-Tunnel**

übel: übler, am übelsten; einen üblen (schlechten) Ruf haben – üble (böse) Verleumdungen – ein übler (unangenehmer, widerlicher) Geruch – nicht übel (nicht schlecht, eigentlich recht gut) – jemandem übel (arg) mitspielen – er hat ihn übel (schlimm) zugerichtet – ihm wird übel (er muss sich erbrechen) – *übel dran sein* (in einer schwierigen Lage sein) – *nicht übel Lust haben, etwas zu tun* (nicht abgeneigt sein, etwas zu tun); aber: nichts Übles getan haben; das **Übel:** ein Übel (einen Missstand) beseitigen – alles Übel (Böse) dieser Welt – zu allem Übel (noch obendrein) – *das Übel an der Wurzel fassen/packen* (etwas Böses von seiner Ursache her angehen) – *von/vom Übel* (schlecht) *sein;* **übelgelaunt:** ein übelgelaunter Vorgesetzter; auch: übel gelaunt; **übelgesinnt:** übelgesinnte Nachbarn; auch: übel gesinnt; die **Übelkeit** (Unwohlsein, Schwindel); **übellaunig; übelnehmen:** jemandem etwas übelnehmen (nachtragen, ankreiden); auch: übel nehmen; **übelriechend:** eine übelriechende Flüssigkeit; auch: übel riechend; der **Übelstand** (Missstand); die **Übeltat** (Missetat, Verbrechen); der **Übeltäter;** die **Übeltäterin,** die ... täterinnen; **übelwollen** (unfreundlich gesinnt sein)

üben: auf dem Klavier üben – Gerechtigkeit üben (gerecht sein) – sich in Geduld üben (geduldig sein) – Rache üben (sich rächen); die **Übung:** *Übung macht den Meister*; die **Übungsarbeit;** das **Übungsbuch; übungshalber;** der **Übungsleiter;** die **Übungsleiterin;** der **Übungsplatz,** die ... plätze

über: über eine Stadt fliegen – über ein Jahr – sie ist schon über 16 Jahre – sie ist mir über (überlegen) – über dem Durchschnitt liegen – eine Rechnung über 100 Euro – über Weihnachten verreisen – eine Stadt mit über einer Million Einwohnern – über Nacht – die ganze Zeit über – den ganzen Tag über; aber: tagsüber – über kurz oder lang – über und über (sehr, völlig) – über allem – über Kreuz – über Gebühr – über einen Witz lachen – *es über sich bringen* (sich dazu überwinden können); → übers

über·all: überall kann ich nicht sein – überall und nirgends (an keinem bestimmten Ort); **überallher;** aber: von überall her; **überallhin;** aber: überall hingehen

über·an·stren·gen: er hat sich bei der Arbeit überanstrengt; die **Überanstrengung**

über·ant·wor·ten: jemandem eine schwierige Aufgabe überantworten (übertragen, anvertrauen) – er wurde dem Gericht überantwortet (übergeben); die **Überantwortung**

über·ar·bei·ten: einen Aufsatz überarbeiten (verbessern) – sich überarbeiten (sich überanstrengen); die **Überarbeitung**

über·aus: überaus (sehr, übertrieben) freundlich sein

über·be·an·spru·chen: er ist völlig überbeansprucht (überlastet); die **Überbeanspruchung**

über·be·las·ten: (zu stark belasten); die **Überbelastung**

über·be·le·gen: das Hotel war überbelegt; die **Überbelegung**

über·be·wer·ten: (zu hoch bewerten); die **Überbewertung**

über·be·zah·len: (zu hoch bezahlen); auch: **überzahlen:** das hast du überzahlt; die **Überbezahlung;** auch: die **Überzahlung**

über·blei·ben: (übrig bleiben); es bleibt nicht viel über; das **Überbleibsel** (Rest)

über·bli·cken: von einem Hügel aus die Stadt überblicken (übersehen) – er kann die Lage nicht mehr überblicken (überschauen, kontrollieren); der **Überblick**

über·bra·ten: *jemandem eins überbraten* (ihm einen Schlag, Hieb versetzen)

über·brin·gen: eine gute Nachricht überbringen; der **Überbringer;** die **Überbringerin,** die Überbringerinnen; die **Überbringung**

über·brü·cken: der Fluss wurde überbrückt – nicht alle Gegensätze lassen sich überbrücken (ausgleichen); **überbrückbar;** die **Überbrückung;** der **Überbrückungskredit**

über·da·chen: ein überdachter Vorbau; das **Überdach;** die **Überdachung**

über·dau·ern: das Bauwerk hat viele Jahrhunderte überdauert (überstanden)

über·den·ken: (über etwas nachdenken)

über·deut·lich: (überaus, sehr deutlich)

über·dies: überdies (außerdem) habe ich keine Zeit

über·di·men·si·o·nal: (überaus groß); **überdimensioniert;** die **Überdimensionierung**

Über·druck, der: -(e)s, ...drücke (zu starker Druck); die **Überdruckkabine;** das **Überdruckventil**

Über·druss, der: -es (Abneigung, Widerwille, Übersättigung); **überdrüssig:** *einer Sache überdrüssig sein* (genug davon haben)

über·durch·schnitt·lich: er bringt überdurchschnittliche (sehr gute) Leistungen

Über·ei·fer, der: -s (allzu großer Eifer); **übereifrig**

über·eig·nen: das Grundstück wurde ihr übereignet (übergeben); die **Übereignung**

über·ei·len: eine Sache übereilen (überstürzen); **übereilt;** die **Übereilung**

über·ei·nan·der (über·ein·an·der): etwas übereinander (eines über das andere) aufstellen – übereinander reden/sprechen; **übereinanderlegen; übereinanderliegen; übereinanderschlagen** (z.B. die Beine); **übereinandersetzen; übereinanderstellen**

Über·ein·kom·men, das: -s, - (Abmachung, Vertrag); ein Übereinkommen treffen; **übereinkommen** (sich einigen); die **Übereinkunft,** die Übereinkünfte

über·ein·stim·men: (einer Meinung sein); **übereinstimmend** (einhellig); die **Übereinstimmung**

über·fah·ren: er hat ein Halteschild überfahren – das Kind ist überfahren worden – er hat sich von einem Verkäufer überfahren (überrumpeln) lassen; die **Überfahrt;** die **Überfahrtszeit**

über·fal·len: sie wurde auf der Straße überfallen (plötzlich angegriffen) – ihn überfällt (überkommt) Müdigkeit; der **Überfall,** die Überfälle; **überfallartig; überfällig:** der Bus ist längst überfällig (er hat Verspätung); das **Überfallkommando**

über·flie·gen: die Berge überfliegen – er hat das Buch nur überflogen (flüchtig gelesen); der **Überflieger** (jemand, der besonders begabt oder tüchtig ist); die **Überfliegerin,** die Überfliegerinnen; der **Überflug,** die ...flüge

über·flie·ßen: die Milch ist übergeflossen (übergelaufen); der **Überfluss** (Reichtum, Überangebot): zu allem Überfluss (obendrein); die **Überflussgesellschaft; überflüssig:** ich komme mir überflüssig (nutzlos, entbehrlich) vor – *überflüssig wie ein Kropf* (völlig überflüssig); **überflüssigerweise**

über·flü·geln: jemanden überflügeln (übertreffen) wollen; die **Überflüg(e)lung**

über·flu·ten: das Land wurde überflutet (überschwemmt); die **Überflutung**

über·for·dern: die Arbeit hat ihn völlig überfordert (überbeansprucht, strapaziert); die **Überforderung**

über·füh·ren: der Patient wird in die Klinik überführt (gebracht); aber: **überführen:** jemanden eines Verbrechens überführen (ihm ein Verbrechen nachweisen); die **Überführung** (Brücke, Transport)

über·fül·len: der Saal war überfüllt (zu voll); die **Überfülle** (allzu große Menge); die **Überfüllung**

Über·gang, der: -(e)s, Übergänge; ein Übergang über den Fluss – der Übergang des Tages in die Nacht – einen Übergang (eine Überleitung) von einem Thema zum anderen suchen – ein Übergang (gesicherter Weg) für Fußgänger; die **Übergangsbestimmung; übergangslos;** die **Übergangslösung;** der **Übergangsmantel;** die **Übergangsregelung;** das **Übergangsstadium,** die ...stadien; die **Übergangsstelle;** die **Übergangszeit;** → übergehen

über·ge·ben: er hat seinem Sohn die Leitung der Firma übergeben (übertragen) – ein Paket übergeben (aushändigen) – den Belagerern wurde die Stadt übergeben (ausgeliefert) – sie musste sich übergeben (sich erbrechen); die **Übergabe:** die Übergabe eines Amtes; die **Übergabeverhandlungen** *Pl.*

über·ge·hen: zum Angriff übergehen (angreifen) – er ist zu einer anderen Partei übergegangen (übergewechselt) – das Haus ist in meinen Besitz übergegangen; aber: **übergehen** (nicht berücksichtigen): er wurde bei der Bewerbung übergangen – er hat ihn einfach übergangen (nicht beachtet); die **Übergehung;** → Übergang

über·ge·nau: (allzu genau)

Über·ge·päck, das: -(e)s (Gepäck mit Übergewicht)

Über·ge·wicht, das: -(e)s; Übergewicht (ein zu großes Gewicht) haben – *Übergewicht bekommen* (das Gleichgewicht verlieren); **übergewichtig**

über·gie·ßen: mit kaltem oder heißem Wasser übergießen; der **Überguss,** die ...güsse

über·glück·lich: überglücklich (überaus glücklich) sein

über·grei·fen: das Feuer griff auf andere Gebäude über; **übergreifend;** der **Übergriff** (unrechtmäßiges Eingreifen)

über·groß: eine übergroße (gewaltige) Last; die **Übergröße**

über·ha·ben: etwas überhaben (mehr als genug davon haben, etwas übrig haben) – sie hat die Süßigkeiten über (sie hat sie satt)

über·hand·neh·men: die Unfälle haben überhandgenommen (sind stark angewachsen) – das Unkraut nahm überhand (vermehrte sich stark); die **Überhandnahme**

über·hän·gen: sich die Jacke überhängen (über die Schultern hängen) – ein überhängendes (überstehendes) Dach; der **Überhang** (über das notwendige Maß hinausgehende Menge); das **Überhangmandat**

über·has·ten: überhastet (übereilt, überstürzt) handeln; die **Überhastung**

über·häu·fen: er überhäufte (überschüttete) sie mit Geschenken – jemanden mit Vorwürfen überhäufen; die **Überhäufung**

über·haupt: überhaupt (eigentlich) gehört sich das nicht! – arbeitet sie überhaupt etwas? – davon kann überhaupt nicht (ganz und gar nicht) die Rede sein – das ist überhaupt (gar) nicht wahr!

über·heb·lich: eine überhebliche (herablassende, hochmütige) Antwort geben; die **Überheblichkeit**

über·hei·zen: ein überheizter Raum; **überhitzen;** die **Überhitzung**

über·ho·len: andere Autos überholen – er hat in seinen Leistungen alle anderen überholt (übertroffen) – sein Auto überholen (überprüfen, erneuern) lassen – das ist längst überholt (unmodern, veraltet); das **Überholmanöver;** die **Überholspur;** die **Überholung** (Ausbesserung, Überprüfung); **überholungsbedürftig;** das **Überholverbot;** der **Überholversuch;** der **Überholvorgang,** die ... vorgänge

über·ir·disch: sie hat überirdische (übernatürliche, übersinnliche) Kräfte – ein überirdisches (nicht zur Erde gehöriges, göttliches) Wesen

über·kom·men: überkommene (überlieferte) Bräuche – Mitleid überkam (ergriff) sie

über·lap·pen: (überdecken)

über·las·sen: jemanden seinem Schicksal überlassen – ich möchte diese Entscheidung meinen Eltern überlassen – sich selbst überlassen (einsam, allein) sein

über·las·ten: ein total überlasteter (allzu sehr beanspruchter) Arzt; **überlastig** (zu sehr beladen); die **Überlastung**

über·lau·fen: die Milch im Topf ist übergelaufen – er ist zu den Feinden übergelaufen (er ist desertiert); aber: **überlaufen:** es überläuft mich kalt (ich erschrecke sehr) – die Stadt ist von Fremden völlig überlaufen (zu stark besucht); der **Überlauf;** der **Überläufer** (Verräter, Fahnenflüchtiger); die **Überläuferin,** die ... läuferinnen; das **Überlaufrohr**

über·le·ben: das Unglück haben nur wenige überlebt – das überlebe ich nicht (das kann ich nicht ertragen)! – seine Vorstellungen sind völlig überlebt (veraltet, altmodisch); der/die **Überlebende;** die **Überlebenschance; überlebensgroß;** der **Überlebenskampf,** die ... kämpfe; das **Überlebenstraining; überlebenswichtig**

über·le·gen: ich muss nicht lange überlegen (nachdenken) – ohne zu überlegen; **überlegen:** sie ist ihrer Schwester in Mathematik weit überlegen (besser als sie) – überlegen (herablassend) tun; aber: **überlegen:** jemanden überlegen (übers Knie legen); die **Überlegenheit; überlegt:** überlegt (besonnen, durchdacht) handeln; die **Überlegung**

über·lie·fern: diese Sagen sind mündlich überliefert – überlieferte (herkömmliche, vererbte) Bräuche; die **Überlieferung** (Erbe, Weitergabe)

über·lis·ten: einen Gegner überlisten (durch List täuschen); die **Überlistung**

überm: überm (über dem) Haus

Über·macht, die: - (Überlegenheit, Mehrheit); **übermächtig:** ein übermächtiges (allzu mächtiges) Verlangen haben

über·man·nen: er wurde vom Schlaf übermannt (überwältigt); **übermannshoch** (mehr als mannshoch)

über·mä·ßig: ein übermäßig (übertrieben) hoher Preis; das **Übermaß** (ungewöhnlich große Menge): ein Übermaß an Arbeit

über·mensch·lich: übermenschliche (ganz gewaltige) Anstrengungen unternehmen; der **Übermensch**

über·mit·teln: eine Nachricht übermitteln (überbringen); die **Übermitt(e)lung** (Meldung, Lieferung)

über·mor·gen: übermorgen kommt er bestimmt – übermorgen Abend

über·mü·det: übermüdet schlief er ein; **übermüden;** die **Übermüdung**

über·mü·tig: übermütig (ausgelassen, fröhlich) sein – übermütige Kinder; der **Übermut:** etwas aus lauter Übermut tun – *Übermut tut selten gut*

übern: übern (über den) Zaun springen

über·nächst...: im übernächsten Jahr; aber: ich bin der Übernächste

über·nach·ten: in einem Hotel übernachten; **übernächtig** (unausgeschlafen); auch: **übernächtigt;** die **Übernachtung**

über·na·tür·lich: er hat übernatürliche (nicht mehr mit dem Verstand zu erklärende) Kräfte

über·neh·men: er übernimmt gerne zusätzliche Arbeiten – das Geschäft vom Vater übernehmen – Verantwortung übernehmen – sie hat sich völlig übernommen (sich zu viel zugemutet) – übernehmt euch nur nicht!; die **Übernahme**

über·prü·fen: eine Rechnung überprüfen; **überprüfbar;** die **Überprüfung**

über·que·ren: die Straße zu Fuß überqueren (überschreiten); die **Überquerung**

über·ra·gen: der Kran überragt die Häuser der Stadt – überragende (ausgezeichnete) Leistungen – von überragender Bedeutung

über·ra·schen: er wurde beim Diebstahl überrascht (unerwartet angetroffen) – das überrascht (verblüfft, erstaunt) mich sehr – ein überraschender (unerwarteter) Besuch; **überraschenderweise;** die **Überraschung;** der **Überraschungseffekt;** das **Überraschungsmoment;** der **Überraschungssieg**

über·re·den: jemanden zum Mitmachen überreden; die **Überredung;** die **Überredungskunst**

über·rei·chen: er überreichte (gab) ihr ein Geschenk; die **Überreichung**

über·rei·zen: die Nerven überreizen (zu sehr belasten und übermäßig erregen); die **Überreiztheit;** die **Überreizung**

Über·rest, der: -(e)s, -e; die Überreste (letzten Reste) einer Burg – die sterblichen Überreste (der Leichnam)

über·rum·peln: er hat mich mit seiner Frage überrumpelt (überfallen, überrascht); die **Überrump(e)lung**

über·run·den: alle anderen Fahrer überrunden – er hat alle Mitbewerber überrundet (übertroffen); die **Überrundung**

übers: übers (über das) Jahr (nach einem Jahr) – übers Wochenende (während des Wochenendes)

über·sät: sein Gesicht ist übersät von (voll von, dicht bedeckt mit) Narben – ein mit Sternen übersäter Himmel

über·sät·ti·gen: ein übersättigter Wohlstandsbürger; **übersatt;** die **Übersättigung**

Über·schall·flug, der: -(e)s, ...flüge (Flug mit Überschallgeschwindigkeit); das **Überschallflugzeug;** die **Überschallgeschwindigkeit**

über·schat·ten: seine Freude wurde von einer traurigen Nachricht überschattet (getrübt, gedämpft); die **Überschattung**

über·schät·zen: seine Kräfte überschätzen (zu hoch einschätzen) – du überschätzt dich vollkommen; die **Überschätzung**

über·schau·en: die Stadt überschauen (überblicken) – er kann seine Schulden nicht mehr überschauen (richtig einschätzen); die **Überschau** (Überblick, Übersicht); **überschaubar;** die **Überschaubarkeit**

über·schäu·men: der Sekt schäumt (fließt) über – eine überschäumende (nicht zu zügelnde) Fröhlichkeit

über·schla·gen: er hat sich mit dem Auto überschlagen – seine Stimme überschlägt sich – sich vor lauter Höflichkeit fast überschlagen (äußerst höflich sein) – das Wasser ist überschlagen (lauwarm) – eine Seite im Buch überschlagen (auslassen) – den Preis überschlagen (ungefähr ausrechnen) – die Ereignisse überschlagen sich (folgen sehr dicht aufeinander); der **Überschlag,** die ...schläge (schnelle, ungefähre Berechnung); **überschlägig** (ungefähr, annähernd); auch: **überschläglich;** die **Überschlagsrechnung**

über·schnap·pen: (durchdrehen, verrückt werden)

über·schnei·den: die Linien überschneiden (kreuzen) sich – zwei Sendungen überschneiden sich (treffen zeitlich zusammen); die **Überschneidung**

über·schrei·ben: ein Kapitel überschreiben (mit einer Überschrift versehen) – den Kindern seinen Besitz überschreiben (übergeben); die **Überschreibung;** die **Überschrift**

über·schrei·ten: den Fluss an der engsten Stelle überschreiten (überqueren) – Gesetze überschreiten (übertreten) – das überschreitet (übersteigt) meine Kräfte – die Geschwindigkeit überschreiten (schneller fahren, als es erlaubt ist); die **Überschreitung**

Über·schuss, der: -es, Überschüsse (Gewinn, Überfluss, Ertrag); **überschüssig:** überschüssige (überflüssige) Kräfte haben; die **Überschussproduktion**

über·schüt·ten: jemanden mit viel Reklame überschütten (überhäufen); aber: **überschütten:** sie hat sich die Suppe übergeschüttet; die **Überschüttung**

Über·schwang, der: -(e)s (Ausgelassenheit, Begeisterung); im Überschwang der Gefühle; **überschwänglich:** jemanden überschwänglich (übertrieben) loben; die **Überschwänglichkeit**

über·schwap·pen: (überfließen, überlaufen)

über·schwem·men: der Fluss hat Felder und Wiesen überschwemmt (überflutet) – ein Land mit Waren überschwemmen (reichlich versehen); die **Überschwemmung;** das **Überschwemmungsgebiet;** die **Überschwemmungskatastrophe**

Über·see: (Länder jenseits des Ozeans); Freunde in Übersee haben – Waren aus Übersee bekommen – von Übersee – nach Übersee (Amerika) auswandern; der **Überseedampfer;** der **Überseehafen,** die ... häfen; der **Überseehandel; überseeisch:** überseeische Gebiete; der **Überseeverkehr**

über·se·hen: er übersieht keinen einzigen Fehler – die Lage lässt sich noch nicht übersehen (überblicken); **übersehbar;** → Übersicht

über·set·zen: Texte aus dem Englischen übersetzen (übertragen); aber: **übersetzen:** mit dem Schiff zum Festland übersetzen (hinüberfahren); **übersetzbar;** die **Übersetzbarkeit;** der **Übersetzer;** die **Übersetzerin,** die ... setzerinnen; die **Übersetzung:** eine Übersetzung ins Französische – das Rad hat eine kleine Übersetzung (Bewegungsübertragung); der **Übersetzungsfehler**

Über·sicht, die: -, -en; die Übersicht (den Überblick) behalten; **übersichtlich:** eine übersichtliche Tafelanschrift – das Gelände ist übersichtlich; die **Übersichtlichkeit;** die **Übersichtskarte;** die **Übersichtstafel;** → übersehen

über·sie·deln: ich übersied(e)le – nach Berlin übersiedeln (ziehen); auch: **übersiedeln;** die **Übersied(e)lung;** der **Übersiedler;** die **Übersiedlerin,** die ... siedlerinnen

über·sinn·lich: übersinnliche (übernatürliche) Kräfte haben; die **Übersinnlichkeit**

über·span·nen: eine Brücke überspannt das Tal – etwas mit Stoff überspannen – *den Bogen überspannen* (eine Sache zu weit treiben) – überspannte (ausgefallene, verrückte) Ansichten haben; die **Überspanntheit**

über·spitzt: überspitzt (übertrieben) formulieren; **überspitzen;** die **Überspitztheit;** die **Überspitzung**

über·sprin·gen: ein Hindernis überspringen – er übersprang (überblätterte) einige Seiten im Buch; aber: **überspringen:** der Funke ist übergesprungen

über·ste·hen: er hat die Krankheit gut überstanden (überwunden, ausgehalten); aber: **überstehen:** er lässt das Brett ein wenig überstehen; der **Überstand,** die Überstände (das Vorstehen); **überständig** (längst überholt, veraltet)

über·stei·gen: einen Zaun übersteigen (über ihn klettern) – das übersteigt (übertrifft) alle Erwartungen; **übersteigbar; übersteigern;** die **Übersteigerung;** die **Übersteigung; überstiegen:** überstiegene (überspannte) Forderungen stellen

über·stim·men: von der Mehrheit überstimmt werden; die **Überstimmung**

Über·stun·de, die: -, -n (eine über die regelmäßige Arbeitszeit hinaus geleistete Arbeitsstunde); Überstunden machen; der **Überstundenzuschlag,** die ... zuschläge

über·stür·zen: überstürze (übereile) nichts! – überstürzt handeln – die Nachrichten überstürzten (überschlugen) sich; die **Überstürzung**

über·teu·ern: eine überteuerte (übermäßig teuer gemachte) Ware; die **Überteuerung**

über·töl·peln: jemanden übertölpeln (überlisten, betrügen); die **Übertölp(e)lung**

über·tra·gen: jemandem eine Aufgabe übertragen – eine ansteckende Krankheit wurde übertragen – das Fußballspiel wurde nicht übertragen (gesendet) – die übertragene (bildliche) Bedeutung eines Wortes – einen

Roman aus dem Englischen ins Deutsche übertragen (übersetzen); der **Übertrag,** die Überträge; **übertragbar:** eine übertragbare (ansteckende) Krankheit; die **Übertragbarkeit;** die **Übertragung**

über·tref·fen: sich selbst übertreffen (überbieten) – das übertrifft (übersteigt) alle Erwartungen

über·trei·ben: er hat maßlos übertrieben (aufgebauscht, dick aufgetragen); die **Übertreibung; übertrieben:** übertrieben (maßlos) vorsichtig sein

über·tre·ten: ein Gesetz übertreten (nicht beachten); aber: **übertreten:** zu einem anderen Glauben übertreten – er ist beim Weitsprung übergetreten; die **Übertretung;** der **Übertritt**

über·völ·kert: ein übervölkertes (zu dicht bewohntes) Land; auch: **überbevölkert;** die **Überbevölkerung;** die **Übervölkerung**

über·voll: ein übervolles (zu volles) Glas

über·wa·chen: die Gefangenen überwachen (beaufsichtigen); die **Überwachung;** der **Überwachungsdienst;** das **Überwachungssystem**

über·wäl·ti·gen: einen Dieb überwältigen (gefangen nehmen) – die Freude überwältigte ihn; **überwältigend:** ein überwältigender (unvergesslicher, außergewöhnlicher) Anblick – sie bekam einen überwältigenden Beifall; die **Überwältigung**

über·wei·sen: jemandem Geld überweisen (durch die Bank o. Ä. senden) – der Patient wurde ins Krankenhaus überwiesen (geschickt); die **Überweisung;** das **Überweisungsformular;** der **Überweisungsschein**

über·wie·gen: die Vorteile überwiegen (zählen mehr); **überwiegend:** das Wetter war überwiegend (vorwiegend) trocken

über·win·den: er konnte sich nicht überwinden (sich aufraffen, entschließen) aufzustehen – sich überwinden (etwas tun, obwohl es einem nicht leicht fällt); **überwindbar;** die **Überwindung**

über·win·tern: die Zugvögel überwintern nicht bei uns; die **Überwinterung**

Über·zahl, die: -; die Frauen waren in der Überzahl (in größerer Zahl); **überzahlen** (zu hoch bezahlen); auch: **überbezahlen; überzählig** (zu viel, übrig)

über·zeu·gen: er konnte den Richter von seiner Unschuld überzeugen – er überzeugte (vergewisserte) sich; **überzeugend:** ein überzeugender (glaubhafter) Beweis; die **Überzeugung;** die **Überzeugungsarbeit;** der **Überzeugungstäter**

über·zie·hen: ein Kleidungsstück überziehen (anziehen) – *jemandem eins überziehen* (ihm einen Schlag, Hieb versetzen); aber: **überziehen:** sein Konto überziehen (zu viel abheben) – die Betten frisch überziehen – die Zeit überziehen (überschreiten); der **Überzieher** (leichter Herrenmantel); die **Überziehungszinsen** *Pl.*; der **Überzug:** ein Überzug (Belag) aus Schokolade

üb·lich: das ist bei uns so üblich (gebräuchlich, normal) – sie kam wie üblich (wie gewohnt) mit ihrem Auto – die übliche Zeit; aber: das Übliche; **üblicherweise**

U-Boot, das: -(e)s, -e (Unterseeboot); der **U-Boot-Krieg**

üb·rig: etwas übrig behalten – von dem Kuchen ist nichts übrig; aber: die Übrigen – das Übrige – im Übrigen – ein Übriges tun; **übrigbleiben:** es wird ihr nichts anderes übrigbleiben (sie wird keine andere Wahl haben); auch: übrig bleiben; **übrighaben:** für jemandem etwas übrighaben (ihn mögen, Interesse an ihm haben); aber: kein Geld übrig haben; **übriglassen:** nichts zu wünschen übriglassen; auch: übrig lassen; **übrigens:** übrigens (nebenbei bemerkt) wusste ich das längst

u. dgl. = und dergleichen

u. d. M. = unter dem Meeresspiegel; **ü. d. M.** = über dem Meeresspiegel

u. E. = unseres Erachtens

Ufer, das: -s, - (Rand eines Gewässers); das Ufer des Sees – ans andere Ufer fahren – *zu neuen Ufern aufbrechen* (sich neuen Zielen zuwenden); **uferlos** (endlos, unbeschränkt): *ins Uferlose gehen* (kein Ende haben); die **Uferpromenade;** die **Uferstraße**

u. ff. = und folgende (Seiten)

Ufo, das: -(s), -s (unbekanntes Flugobjekt); auch: das **UFO**

u-för·mig: (in der Form eines U); auch: **U-förmig**

U-Haft = Untersuchungshaft

Uhr, die: -, -en; auf die Uhr sehen – Schlag acht Uhr – rund um die Uhr (Tag und Nacht) – wieviel Uhr ist es? – um zwölf Uhr mittags # Ur; das **Uhrband,** die …bänder; der **Uhrmacher;** die **Uhrmacherin,** die …macherinnen; das **Uhrwerk;** der **Uhrzeiger:** im Uhrzeigersinn (rechtsherum); die **Uhrzeit** # Urzeit

Uhu, der; -s, -s (ein Nachtgreifvogel)

Uk·ra·i·ne, die: - (Staat in Osteuropa); der **Ukrainer;** die **Ukrainerin,** die Ukrainerinnen; **ukrainisch**

UKW = Ultrakurzwelle(n); der **UKW-Sender**

Ulk, der: -(e)s, -e; etwas aus Ulk (Spaß, Scherz) machen; **ulken; ulkig;** die **Ulknudel**

Ul·me *lat.,* die: -, -n (ein Laubbaum); das **Ulmenblatt**

Ul·ti·ma·tum *lat.,* das: -s, Ultimaten (letzte Aufforderung); die **Ultima Ratio** (letztes Mittel); **ultimativ; ultimo** (am letzten Tag des Monats)

ul·tra (ult·ra)… *lat.*: (jenseits, über das Normale hinaus); der **Ultra** (politischer Fanatiker); **ultrakurz; Ultrakurzwelle** ⟨UKW⟩; der **Ultraschall** (Schall, der mit dem menschlichen Gehör nicht mehr wahrnehmbar ist); **ultraviolett** ⟨UV⟩ (über dem violetten Licht)

um: sich um den Tisch setzen – um die Ecke laufen – sich um jemanden sorgen – um etwas streiten – um Hilfe bitten – um Gottes willen! – um vieles/nichts – Schritt um Schritt – Jahr um Jahr – um ein Kleines – um deinetwillen – um sein – um neun Uhr – um und um – um fünf Stunden weniger – um was geht es? – er kam, um dich zu sehen

um·än·dern: sie lässt das neue Kleid umändern; die **Umänderung**

um·ar·men: sich umarmen; die **Umarmung**

um·bau·en: das Haus umbauen (baulich verändern); aber: **umbauen:** das freie Grundstück umbauen (durch Gebäude einschließen); der **Umbau,** die Umbauten

um·blät·tern: eine Seite im Buch umblättern (umschlagen)

um·brin·gen: jemanden umbringen (töten) – sich umbringen (das Leben nehmen)

Um·bruch, der: -(e)s, Umbrüche (Änderung, Umwandlung, Revolution); **umbrechen**

um·dre·hen: den Schlüssel umdrehen – mit dem Auto umdrehen (umkehren) – er hat sich zum Abschied noch einmal umgedreht (umgesehen); die **Umdrehung** (Drehung um die eigene Achse); die **Umdrehungsgeschwindigkeit;** die **Umdrehungszahl**

Um·druck, der: -(e)s, -e (Vervielfältigungsverfahren); **umdrucken**

um·ei·nan·der (um·ein·an·der): sich umeinander (einer um den anderen) kümmern; sich **umeinanderdrehen; umeinanderlaufen**

um·fah·ren: ein Verkehrsschild umfahren (umstürzen); aber: **umfahren:** ein Hindernis umfahren (ihm ausweichen); die **Umfahrt;** die **Umfahrung** (das Umfahren)

um·fal·len: vor Müdigkeit umfallen (umsinken) – er ist bei der Wahl umgefallen (er hat seine Meinung geändert) – plötzlich fiel sie um (wurde sie ohnmächtig); aber: *zum Umfallen* (sehr) *müde sein*; der **Umfaller**

um·fan·gen: seinen Freund herzlich umfangen halten (umarmen); der **Umfang,** die Umfänge: der Umfang eines Kreises – das Buch hat einen Umfang von 500 Seiten; **umfänglich** (sehr umfangreich, ausgedehnt); **umfangreich;** die **Umfangsberechnung; umfang(s)mäßig**

um·fas·sen: einen Baum umfassen (umschließen); **umfassend:** sie hat ein umfassendes (umfangreiches) Geständnis abgelegt; die **Umfassung;** die **Umfassungsmauer**

Um·feld, das: -(e)s, -er (Umgebung, Umwelt)

um·for·men: (eine andere Form geben); **umformulieren;** die **Umformung**

Um·fra·ge, die: -, -n; vor der Wahl eine Umfrage (Befragung) durchführen; das **Umfrageergebnis; umfragen**

um·frie·den: sein Grundstück umfrieden (umzäunen); die **Umfriedung**

Um·gang, der: -(e)s; er hat keinen guten Umgang (gesellschaftlichen Verkehr); **umgänglich:** er ist ein umgänglicher (verträglicher, geselliger) Mensch; die **Umgänglichkeit;** die **Umgangsformen** *Pl.* (Benehmen); die **Umgangssprache** (Alltagssprache); **umgangssprachlich;** der **Umgangston;** → umgehen

um·gar·nen: jemanden zu umgarnen (bezaubern) versuchen; die **Umgarnung**

Um·ge·bung, die: -, -en (Umland, Umkreis); die Umgebung einer Stadt – einen Ausflug in die Umgebung (umliegende Landschaft) machen; **umgeben:** von Zuschauern umgeben (umringt) sein – Stille umgibt mich – die Decke mit einem Saum umgeben (einfassen)

um·ge·hen: als Gespenst umgehen (erscheinen, spuken) – ein Gerücht geht um (ist im Umlauf) – mit jemandem freundlich umgehen; aber: **umgehen:** er umgeht ein Gesetz (befolgt es nicht); **umgehend** (sofort); die **Umgehung;** die **Umgehungsstraße**

um·gren·zen: (von allen Seiten begrenzen); die **Umgrenzung**

um·ha·ben: ein Tuch umhaben

um·hän·gen: Bilder umhängen (woanders aufhängen) – sich einen Mantel umhängen (überhängen); der **Umhang,** die ...hänge; die **Umhäng(e)tasche**

um·her: (hierhin, dorthin; nach allen Seiten); **umherblicken; umherfahren; umhergehen; umhergeistern; umherirren; umherjagen; umherkriechen; umherlaufen; umherreisen; umherschauen; umherschleichen; umherstreunen; umherstrolchen; umhertragen; umherwandern; umherziehen**

um·hin·kom·men: er wird nicht umhinkommen (nicht anders können); auch: **umhinkönnen**

U/min: = Umdrehungen pro Minute

um·keh·ren: auf halbem Wege umkehren – mit dem Auto umkehren (umdrehen) – er kehrt (wendet) die Taschen seiner Jacke um; **umgekehrt** (im Gegenteil); die **Umkehr; umkehrbar;** die **Umkehrung**

um·klam·mern: er umklammert (hält kräftig) meine Hände; die **Umklammerung**

um·klei·den: sich für den Abend umkleiden (umziehen); aber: **umkleiden:** ein Kästchen umkleiden (verkleiden); der **Umkleideraum;** die **Umkleidung;** die **Umkleidung**

um·kom·men: in der Kälte umkommen (zu Tode kommen, sterben)

Um·kreis, der: -es, -e (Reichweite, Umgebung); im Umkreis der Stadt; **umkreisen;** die **Umkreisung**

Um·la·ge, die: -, -n (Beitrag, Steuer)

um·la·gern: der Schauspieler war von Reportern umlagert (umgeben); aber: **umlagern** (an einen anderen Ort bringen); die **Umlagerung;** aber: die **Umlagerung**

Um·land, das: -(e)s (Umgebung)

um·lau·fen: er hat den Korb umgelaufen (umgerannt); aber: **umlaufen:** sie hat den See umlaufen; der **Umlauf,** die Umläufe; falsches Geld in Umlauf bringen (verbreiten) – *etwas in Umlauf bringen* (dafür sorgen, dass es bekannt wird) – *im Umlauf sein/in Umlauf kommen* (weitergesagt, weitergegeben werden); die **Umlaufbahn;** die **Umlauf(s)geschwindigkeit;** die **Umlauf(s)zeit**

Um·laut, der: -(e)s, -e (Sprachlehre: veränderter Selbstlaut: ä, ö, ü)

um·le·gen: sich eine Kette umlegen (umhängen) – jemanden umlegen (erschießen); die **Umlegung** (planmäßige Verteilung auf mehrere Personen)

um·lei·ten: der Verkehr wird wegen Straßenarbeiten umgeleitet; die **Umleitung;** das **Umleitungsschild**

um·lie·gend: (nahe, in der näheren Umgebung); umliegende (benachbarte) Orte

um·nach·tet: er ist geistig umnachtet (verwirrt, wahnsinnig); die **Umnachtung**

um·rah·men: die Feier wurde von Musik umrahmt; die **Umrahmung**

um·ran·den: (rundum mit einem Rand versehen); **umrändern; umrändert;** die **Umränderung;** die **Umrandung**

um·rei·ßen: er hat seinen Plan kurz umrissen (knapp beschrieben); aber: **umreißen:** einen Zaun umreißen; der **Umriss:** der Umriss (die äußeren Linien) des Hauses; die **Umrisslinie;** die **Umrisszeichnung**

um·rin·gen: er wurde von Kindern umringt (bedrängt, belagert)

ums: ums (um das) Haus laufen – es geht ums Ganze – ein Jahr ums andere

Um·satz, der: -es, Umsätze (Verkauf, Absatz); sein Umsatz steigt von Jahr zu Jahr; der **Umsatzrückgang;** die **Umsatzsteigerung;** die **Umsatzsteuer;** → umsetzen

um·schal·ten: auf einen anderen Sender umschalten; der **Umschalter;** der **Umschalthebel;** die **Umschaltung**

um·schau·en, sich: sich nach einer neuen Wohnung umschauen (suchend umsehen); die **Umschau:** Umschau halten

Um·schlag, der: -(e)s, Umschläge; ein Umschlag (eine Schutzhülle) für Hefte – dem Kranken kalte Umschläge (Wickel) machen – der Umschlag (die Umladung) von Südfrüchten – der Umschlag (Umschwung) des Wetters – eine Hose mit Umschlag (mit umgeschlagenem Rand); **umschlagen:** Bäume umschlagen (fällen) – das Wetter schlägt um (ändert sich) – die Waren wurden umgeschlagen (umgeladen) – der Wind schlug um (er änderte plötzlich die Richtung); der **Umschlaghafen,** die ...häfen; der **Umschlagplatz,** die ...plätze

um·schrei·ben: einen Text umschreiben (neu schreiben); aber: **umschreiben:** er hat das Fremdwort umschrieben (mit anderen Worten ausgedrückt); die **Umschreibung;** aber: die **Umschreibung**

um·schu·len: der Facharbeiter ließ sich umschulen (in einem anderen Beruf ausbilden); der **Umschüler;** die **Umschülerin,** die Umschülerinnen; die **Umschulung**

um·schwär·men: jemanden umschwärmen (ihm den Hof machen, ihn umwerben) – er ist umschwärmt (ständig von vielen Bewunderern umgeben)

Um·schwei·fe *Pl.,* die: -; ohne Umschweife (geradeheraus, direkt) seine Meinung sagen

Um·schwung, der: -s, Umschwünge; der Umschwung (die Wende) in der öffentlichen Meinung

um·se·hen: sich nach einem Fremden umsehen (umdrehen) – er hat sich nach einer Arbeit umgesehen (Arbeit gesucht) – sich in der Welt umsehen (überall Erfahrungen sammeln)

um·sei·tig: (auf der Rückseite stehend)

um·set·zen: sich umsetzen (seinen Platz wechseln) – Pflanzen umsetzen (in ein anderes Erdreich pflanzen) – seinen Plan in die Tat umsetzen (verwirklichen) – alle Waren wurden umgesetzt (verkauft); die **Umsetzung;** → Umsatz

Um·sicht, die: -; mit viel Umsicht (sehr überlegt) handeln; **umsichtig** (besonnen, mit Weitblick); die **Umsichtigkeit**

um·sie·deln: in ein anderes Land umsiedeln; die **Umsied(e)lung;** der **Umsiedler;** die **Umsiedlerin,** die Umsiedlerinnen

um·so: umso mehr als – umso eher – umso weniger – umso besser – umso größer

um·sonst: umsonst (ohne Bezahlung) arbeiten – sie ist nicht umsonst (nicht vergeblich) gekommen – nicht umsonst (aus gutem Grund) bin ich wütend

Um·stand; der: -(e)s, Umstände; unter diesen Umständen (bei diesen Verhältnissen) – unter Umständen ⟨u. U.⟩ (vielleicht) – unter keinen Umständen (keinesfalls) – unter allen Umständen (unbedingt) – mildernde Umstände bekommen – *in anderen Umständen* (schwanger) *sein* – *keine Umstände machen* (keinen großen Aufwand treiben, keine Schwierigkeiten machen); **umständehalber;** aber: besonderer Umstände halber; **umständlich** (ungeschickt, langsam); die **Umständlichkeit;** die **Umstandsangabe;** die **Umstandsbestimmung; umstandshalber;** das **Umstandskleid;** das **Umstandswort,** die ...wörter (Sprachlehre: Adverb)

um·ste·hen: ihn umstehen viele Zuschauer; **umstehend:** umstehend (auf der Rückseite, auf der anderen Seite) weitere Angaben; aber: lies das Umstehende! – die Umstehenden – im Umstehenden – Umstehendes

um·stei·gen: vom Zug in den Bus umsteigen – er ist auf eine andere Automarke umgestiegen; der **Umsteigebahnhof,** die ...bahnhöfe

um·stel·len: Möbel umstellen (verrücken) – sich nicht auf die neue Situation umstellen (sich ihr nicht anpassen) können; aber: **umstellen:** die Polizei umstellt das Gebäude; die **Umstellung;** aber: die **Umstellung**

um·strit·ten: eine umstrittene (nicht allgemein anerkannte, zweifelhafte) Entscheidung

um·stür·zen: einen Tisch umstürzen (umwerfen) – er will alles umstürzen (grundlegend verändern); der **Umsturz,** die Umstürze: einen Umsturz (eine gewaltsame Veränderung der bisherigen politischen Ordnung) planen; die **Umsturzbewegung;** der **Umstürzler;** die **Umstürzlerin,** die ...stürzlerinnen; **umstürzlerisch:** umstürzlerische Pläne haben; die **Umstürzung;** der **Umsturzversuch**

um·tau·schen: Geld umtauschen; der **Umtausch** (Tausch); das **Umtauschrecht**

Um·triebe *Pl.,* die: -; geheime Umtriebe (Machenschaften); **umtreiben; umtriebig** (betriebsam); die **Umtriebigkeit**

Um·trunk, der: -(e)s, -e/Umtrünke; er lädt zu einem Umtrunk (einem gemeinsamen Trinken in einer Runde) ein

UMTS = Mobilfunktechnologie, die auch Multimediadienste und einen schnellen Zugang zum Internet ermöglicht

um·tun, sich: sie tat (legte) sich einen Mantel um – sich nach einer Wohnung umtun

(sich darum bemühen, überall nachfragen)

U-Mu·sik, die: - (Unterhaltungsmusik)

ụm·wäl·zen: einen Stein umwälzen – eine umwälzende (bahnbrechende) Erfindung machen; die **Umwälzanlage;** die **Umwälzpumpe;** die **Umwälzung**

ụm·wan·deln: (ändern); die **Umwand(e)lung;** der **Umwandlungsprozess**

ụm·wech·seln: Geld umwechseln (tauschen); die **Umwechs(e)lung**

Ụm·weg, der: -(e)s, -e; auf Umwegen (nicht direkt) nach Hause gehen – einen Umweg machen

Ụm·welt, die: -; er passt sich seiner Umwelt (Umgebung, Mitwelt) an; das **Umweltauto; umweltbedingt;** die **Umweltbelastung; umweltbewusst;** der **Umwelteinfluss,** die ...einflüsse; **umweltfreundlich;** die **Umweltschäden** *Pl.;* **umweltschädlich;** der **Umweltschutz;** der **Umweltschützer;** die **Umweltschützerin,** die ...schützerinnen; der **Umweltsünder;** die **Umweltsünderin,** die ...sünderinnen; die **Umweltverschmutzung; umweltverträglich**

ụm·wer·fen: einen Eimer umwerfen (umstoßen) – das wirft mich nicht um (erschüttert mich nicht) – er wirft seinen Plan um (ändert ihn); **umwerfend:** eine umwerfende (außergewöhnliche) Erfindung

um·wịt·tern: er ist von Geheimnissen umwittert (umgeben)

um·zäu·nen: ein Grundstück umzäunen (einzäunen); die **Umzäunung**

ụm·zie·hen: sich vor dem Essen umziehen (die Kleidung wechseln) – sie ist in die neue Wohnung umgezogen; der **Umzug,** die Umzüge (Wohnungswechsel, Demonstration); **umzugshalber;** die **Umzugskosten** *Pl.;* der **Umzugstag**

um·zịn·geln: die Geiselnehmer sind umzingelt (umstellt); die **Umzing(e)lung**

UN = United Nations (Vereinte Nationen)

un·ab·ạ̈n·der·lich: (endgültig, unwiderruflich); die **Unabänderlichkeit**

un·ab·dịng·bar: (unbedingt notwendig, unumgänglich); die **Unabdingbarkeit**

ụn·ab·hän·gig: eine unabhängige Frau – unabhängig (abgesehen) von; die **Unabhängigkeit;** die **Unabhängigkeitserklärung**

ụn·ab·kömm·lich: (unentbehrlich); die **Unabkömmlichkeit**

ụn·ab·läs·sig: unablässig (ständig) schwätzen

un·ab·seh·bar: dies hätte unabsehbare (nicht absehbare) Folgen; aber: sich ins Unabsehbare (Endlose) ausweiten

ụn·ab·sicht·lich: (ungewollt, ohne Absicht, aus Versehen)

ụn·acht·sam: (gedankenlos, leichtfertig); die **Unachtsamkeit**

ụn·an·ge·bracht: eine unangebrachte (unpassende) Bemerkung machen

ụn·an·ge·foch·ten: (von niemandem behindert, bedrängt); er führt unangefochten das Rennen an

ụn·an·ge·mes·sen: (unangebracht); die **Unangemessenheit**

ụn·an·ge·nehm: (unerfreulich, ungemütlich, peinlich, ekelhaft)

un·an·nehm·bar: (unvertretbar, unmöglich); die **Unannehmbarkeit**

Ụn·an·nehm·lich·kei·ten *Pl.,* die: - (unangenehme Sache, Ärger)

ụn·an·sehn·lich: (nicht gut aussehend); die **Unansehnlichkeit**

ụn·an·stän·dig: einen unanständigen (anstößigen) Witz erzählen – sich unanständig (ungehörig) benehmen; die **Unanständigkeit**

un·an·tạst·bar: etwas ist unantastbar (darf nicht angetastet werden); die **Unantastbarkeit**

Ụn·art, die: -, -en (schlechte Angewohnheit); **unartig:** ein unartiges (ungezogenes, freches) Kind; die **Unartigkeit**

ụn·auf·fäl·lig; sie hat ein unauffälliges (unscheinbares) Kleid an; die **Unauffälligkeit**

un·auf·fịnd·bar: das Buch war unauffindbar

un·auf·hạlt·sam: unaufhaltsam stieg das Hochwasser; **unaufhaltbar;** die **Unaufhaltsamkeit**

un·auf·hör·lich: es regnet seit gestern unaufhörlich (ohne Unterbrechung, dauernd)

un·auf·lös·bar: unauflösbar verbunden sein; die **Unauflösbarkeit; unauflöslich;** die **Unauflöslichkeit**

ụn·auf·merk·sam: im Unterricht unaufmerksam (zerstreut, unkonzentriert) sein; die **Unaufmerksamkeit**

ụn·auf·rich·tig: er war unaufrichtig (nicht ehrlich); die **Unaufrichtigkeit**

un·auf·schieb·bar: die Operation war unaufschiebbar; die **Unaufschiebbarkeit**

un·aus·bleib·lich: eine unausbleibliche (mit Sicherheit eintretende) Folge
un·aus·führ·bar: ein unausführbarer (undurchführbarer) Befehl; die **Unausführbarkeit**
un·aus·ge·gli·chen: (sprunghaft im Wesen); die **Unausgeglichenheit**
un·aus·sprech·lich: die Freude war unaussprechlich (unbeschreiblich, unglaublich) groß; **unaussprechbar**
un·aus·steh·lich: ein unausstehliches (unerträgliches, sehr lästiges) Kind; die **Unausstehlichkeit**
un·bän·dig: einen unbändigen (sehr großen) Hunger haben – ein unbändiger (wilder, ungebändigter) Junge; der **Unband,** die Unbande/Unbände (wildes Kind, Wildfang)
un·bar: (bargeldlos)
un·barm·her·zig: er beharrt unbarmherzig (hart, brutal) auf seinen Forderungen; die **Unbarmherzigkeit**
un·be·dacht: etwas unbedacht (ohne Überlegung) sagen; **unbedachterweise;** die **Unbedachtheit;** die **Unbedachtsamkeit**
un·be·darft: (unerfahren, unbedeutend); die **Unbedarftheit**
un·be·denk·lich: (ohne Bedenken); die **Unbedenklichkeit**
un·be·dingt: er will unbedingt (auf jeden Fall, um jeden Preis) gewinnen – unbedingt (ganz gewiss)!; die **Unbedingtheit**
un·be·fan·gen: unbefangen (ungezwungen, ohne Scheu) sein; die **Unbefangenheit**
un·be·fugt: unbefugt (eigenmächtig) handeln; der/die **Unbefugte:** kein Zutritt für Unbefugte!
un·be·greif·lich: (unerklärlich, unfassbar); **unbegreiflicherweise;** die **Unbegreiflichkeit**
un·be·grenzt: (ohne Einschränkung, unendlich); auf unbegrenzte Zeit; die **Unbegrenztheit**
un·be·grün·det: ein unbegründeter (grundloser, abwegiger) Verdacht
un·be·hag·lich: eine unbehagliche (ungemütliche, unfreundliche) Wohnung – mir ist unbehaglich (unwohl); das **Unbehagen;** die **Unbehaglichkeit**
un·be·hel·ligt: (unbelästigt, unbehindert)
un·be·herrscht: (aufbrausend, jähzornig); die **Unbeherrschtheit**
un·be·hol·fen: (ungeschickt, umständlich); die **Unbeholfenheit**
un·be·irrt (un·be·irrt): unbeirrt (beharrlich, zielstrebig) seinen Weg gehen; **unbeirrbar** (nicht zu beeinflussen); die **Unbeirrbarkeit;** die **Unbeirrtheit**
un·be·kannt: eine Anzeige gegen unbekannt – nach unbekannt verzogen sein – ein unbekannter (fremder) Mann; aber: der große Unbekannte – eine Gleichung mit mehreren Unbekannten; **unbekannterweise;** die **Unbekanntheit**
un·be·küm·mert: (ohne Sorgen, gleichgültig); die **Unbekümmertheit**
un·be·lehr·bar: ein unbelehrbarer (eigensinniger) Mensch; die **Unbelehrbarkeit**
un·be·liebt: unbeliebt (nicht gern gesehen) sein; die **Unbeliebtheit**
un·be·merkt: (heimlich, verstohlen)
un·be·nom·men: es bleibt dir unbenommen (freigestellt)
un·be·quem: ein unbequemer (ungemütlicher) Sessel – er ist ein unbequemer (lästiger) Gast – unbequeme (peinliche) Fragen stellen; die **Unbequemlichkeit**
un·be·re·chen·bar: er ist unberechenbar (wankelmütig, launenhaft); die **Unberechenbarkeit**
un·be·rech·tigt: (ohne Berechtigung, zu Unrecht); **unberechtigterweise**
un·be·rührt: das Essen unberührt lassen (nichts davon essen) – eine unberührte Landschaft – die Nachricht ließ sie unberührt (ergriff sie nicht); die **Unberührtheit**
un·be·scha·det: unbeschadet (trotz) seiner Verdienste; **unbeschädigt**
un·be·schol·ten: ein unbescholtener (rechtschaffener, ehrenhafter) Mensch; die **Unbescholtenheit**
un·be·schrankt: ein unbeschrankter (nicht durch Schranken geschützter) Bahnübergang
un·be·schränkt: (ohne jede Einschränkung, unbegrenzt); unbeschränkte Vollmachten haben; die **Unbeschränktheit**
un·be·schreib·lich: eine unbeschreiblich schöne Landschaft; die **Unbeschreiblichkeit; unbeschrieben:** *ein unbeschriebenes Blatt sein* (unbekannt, unerfahren sein)
un·be·schwert: eine unbeschwerte (sorglose, heitere) Kindheit; die **Unbeschwertheit**
un·be·se·hen: sie nimmt die Ware unbesehen (ohne Prüfung, ohne zu überlegen)

T U V W X Y Z

un·be·son·nen: unbesonnen (ohne Überlegung) handeln; die **Unbesonnenheit**

un·be·sorgt: (guten Gewissens, beruhigt); sei unbesorgt!

un·be·stän·dig: (schwankend, wechselhaft, veränderlich); die **Unbeständigkeit**

un·be·stech·lich: (nicht zu bestechen); die **Unbestechlichkeit**

un·be·stimmt: sie verreist auf unbestimmte Zeit – es ist noch unbestimmt (unklar, zweifelhaft), ob ich komme – ein unbestimmtes Fürwort; **unbestimmbar;** die **Unbestimmbarkeit;** die **Unbestimmtheit**

un·be·streit·bar: ihre Verdienste sind unbestreitbar; **unbestritten** (allgemein anerkannt)

un·be·tei·ligt: unbeteiligt (nicht betroffen, nicht interessiert) sein; der/die **Unbeteiligte;** die **Unbeteiligtheit**

un·beug·sam: sie besitzt einen unbeugsamen (unbeeinflussbaren, unerbittlichen) Willen; die **Unbeugsamkeit**

un·be·wäl·tigt: (innerlich nicht verarbeitet); die unbewältigte Vergangenheit

un·be·weg·lich: ein unbewegliches Gelenk – er machte ein unbewegliches Gesicht; die **Unbeweglichkeit; unbewegt**

un·be·wusst: ein unbewusstes (unabsichtliches) Handeln; das **Unbewusste;** die **Unbewusstheit**

un·be·zahl·bar: (viel zu teuer), sein Können ist unbezahlbar (großartig); die **Unbezahlbarkeit; unbezahlt:** unbezahlte Rechnungen

un·be·zähm·bar: (nicht mehr zu zügeln); die **Unbezähmbarkeit**

un·be·zwing·bar: eine unbezwingbare Festung; **unbezwinglich**

Un·bil·den *Pl.,* die: -; die Unbilden (Unannehmlichkeiten) des Wetters; die **Unbill:** Unbill (Unrecht, üble Behandlung) ertragen müssen; **unbillig:** eine unbillige (ungerechte) Behandlung; die **Unbilligkeit**

un·bot·mä·ßig: (frech, aufrührerisch); die **Unbotmäßigkeit**

un·brauch·bar: (nicht zu verwenden); die **Unbrauchbarkeit**

und ⟨u.⟩: du und ich – und vieles andere auch – na und (was macht das schon)? – und so fort ⟨usf.⟩ – und so weiter ⟨usw.⟩ – und dergleichen ⟨u. dgl.⟩ – und and(e)res ⟨u.a.⟩ – und and(e)res mehr ⟨u.a.m.⟩ – und Ähnliche(s) ⟨u. Ä.⟩ – und folgende Seiten ⟨u. ff.⟩ – und zwar

un·dank·bar: ein undankbares Kind; der **Undank:** *Undank ist der Welt Lohn;* die **Undankbarkeit**

Un·der·ground *engl. [andergraund],* der: -s (Untergrund, künstlerische Protestbewegung)

Un·der·state·ment *engl. [anderstetment],* das: -s, -s (bescheidenes Untertreiben)

Un·ding, das: -(e)s, -e (etwas Widersinniges); *ein Unding* (absolut unsinnig) *sein*

un·duld·sam: ein unduldsamer Vorgesetzter; die **Unduldsamkeit**

un·durch·dring·lich: ein undurchdringlicher (unzugänglicher) Urwald – er machte eine undurchdringliche (verschlossene) Miene; **undurchdringbar;** die **Undurchdringlichkeit**

un·eben: ein unebener (holpriger) Weg – ein unebenes (hügeliges) Gelände; die **Unebenheit**

un·echt: sie trägt einen unechten (künstlichen, nachgemachten) Schmuck – unechte Brüche; die **Unechtheit**

un·ehe·lich: ein uneheliches (nicht eheliches) Kind; die **Unehelichkeit**

un·ehr·er·bie·tig: (respektlos); die **Unehrerbietigkeit**

un·ehr·lich: (nicht aufrichtig); **unehrenhaft;** die **Unehrenhaftigkeit;** die **Unehrlichkeit**

un·ei·gen·nüt·zig: uneigennützig (selbstlos) handeln; die **Uneigennützigkeit**

un·ei·nig: sie sind uneinig (zerstritten, verschiedener Meinung); die **Uneinigkeit; uneins:** *mit jemandem uneins* (nicht einig) *sein*

un·emp·find·lich: (gefühllos, gleichgültig); die **Unempfindlichkeit**

un·end·lich: dein Besuch hat mich unendlich (sehr) gefreut – eine unendliche (grenzenlose) Geduld haben – unendliche Mal(e); aber: die Straße scheint bis ins Unendliche zu führen; die **Unendlichkeit**

un·ent·behr·lich: (unbedingt notwendig); die **Unentbehrlichkeit**

un·ent·gelt·lich: unentgeltlich (ohne Bezahlung, gratis, kostenlos) Arbeiten verrichten; die **Unentgeltlichkeit**

un·ent·schie·den: der Wettkampf endete unentschieden (punktgleich) – er zeigt sich noch unentschieden (unentschlossen); das

Unentschieden; die **Unentschiedenheit**
un·ent·wegt: sie weinte unentwegt (ohne Unterbrechung) – er arbeitet unentwegt (unermüdlich, unverdrossen); der/die **Unentwegte** (Unbeirrbare)
un·er·bitt·lich: sie blieb in dieser Sache unerbittlich (unnachgiebig, unbeugsam); die **Unerbittlichkeit**
un·er·fah·ren: er ist in seinem Beruf noch unerfahren (ohne Erfahrung); die **Unerfahrenheit**
un·er·find·lich: aus unerfindlichen (unerklärlichen) Gründen
un·er·freu·lich: eine unerfreuliche (unangenehme) Nachricht
un·er·füll·bar: unerfüllbare Wünsche; die **Unerfüllbarkeit; unerfüllt;** die **Unerfülltheit**
un·er·gie·big: eine unergiebige (wenig fruchtbare) Arbeit; die **Unergiebigkeit**
un·er·gründ·lich: (unerforschlich); **unergründbar;** die **Unergründlichkeit**
un·er·heb·lich: ein unerheblicher (kleiner, unwichtiger) Schaden; die **Unerheblichkeit**
un·er·hört: das ist unerhört (unglaublich, empörend) – das ist unerhört billig; aber: seine Bitte blieb unerhört (nicht erfüllt)
un·er·klär·lich: diese Entscheidung ist mir unerklärlich; **unerklärbar;** die **Unerklärbarkeit;** die **Unerklärlichkeit**
un·er·läss·lich: eine unerlässliche (unbedingt notwendige) Voraussetzung
un·er·mess·lich: (unendlich, riesengroß); aber: das Unermessliche – ins Unermessliche steigen; die **Unermesslichkeit**
un·er·müd·lich: unermüdlich (beharrlich, fleißig) arbeiten; die **Unermüdlichkeit**
un·er·sätt·lich: er hat ein unersättliches (unmäßiges, maßloses) Verlangen – er ist unersättlich (nicht zufrieden zu stellen); die **Unersättlichkeit**
un·er·schöpf·lich: (reichlich, unendlich); ein unerschöpfliches Thema; die **Unerschöpflichkeit**
un·er·schro·cken: (mutig, kühn); die **Unerschrockenheit**
un·er·schüt·ter·lich: eine unerschütterliche (durch nichts zu verändernde) Geduld; die **Unerschütterlichkeit**
un·er·schwing·lich: (zu teuer)
un·er·setz·bar: ein unersetzbarer Verlust; **unersetzlich;** die **Unersetzlichkeit**
un·er·sprieß·lich: ein unersprießliches (unfruchtbares, nutzloses) Gespräch
un·er·träg·lich: (schrecklich, unausstehlich); die **Unerträglichkeit**
un·er·war·tet: ein unerwarteter (unvorhergesehener) Entschluss; das **Unerwartete**
un·er·wi·dert: eine unerwiderte Liebe
un·fä·hig: er ist unfähig (ungeeignet, nicht imstande), diese Aufgabe zu lösen; die **Unfähigkeit**
un·fair *engl. [unfär]*: ein unfaires (gemeines, nicht anständiges) Verhalten, Handeln; die **Unfairness**
Un·fall, der: -(e)s, Unfälle (Zusammenstoß, Unglück); der **Unfallarzt,** die ...ärzte; die **Unfallärztin,** die ...ärztinnen; der/die **Unfallbeteiligte;** die **Unfallflucht; unfallfrei;** die **Unfallgefahr; unfallgeschädigt;** der **Unfallhergang;** die **Unfallhilfe;** das **Unfallopfer;** der **Unfallort;** der **Unfallschutz;** die **Unfallstation;** die **Unfallstelle;** die **Unfallursache;** der/die **Unfallverletzte;** der **Unfallwagen** (bei einem Unfall beschädigtes Auto, Rettungswagen)
un·fass·bar: (nicht zu begreifen, unglaublich); auch: **unfasslich**
un·fehl·bar: mit unfehlbarer Sicherheit – er wird unfehlbar (sicher, unweigerlich) in sein Unglück rennen; die **Unfehlbarkeit**
un·flä·tig: (anstößig, grob, unanständig); der **Unflat** (Schmutz, Dreck, Beschimpfungen); die **Unflätigkeit**
un·för·mig: (missgestaltet); ihr Arm war unförmig angeschwollen; die **Unförmigkeit; unförmlich** (unförmig, zwanglos)
un·frei: ein unfreies Leben führen; der/die **Unfreie;** die **Unfreiheit; unfreiwillig**
un·freund·lich: er ist ein unfreundlicher (unhöflicher) Mensch – ein unfreundliches (regnerisches, kaltes) Wetter; die **Unfreundlichkeit**
Un·frie·de, der: -ns; auch: der **Unfrieden:** mit jemandem in Unfrieden (Streit) leben
un·frucht·bar: ein unfruchtbarer Boden; die **Unfruchtbarkeit;** die **Unfruchtbarmachung**
Un·fug, der: -(e)s; Unfug (Unsinn) treiben
Un·garn: -s (Staat in Europa); der **Ungar;** die **Ungarin,** die Ungarinnen; **ungarisch:** die ungarische Sprache; aber: auf Ungarisch; das **Ungarische**
un·ge·ach·tet: ungeachtet (trotz) seines Alters

– ungeachtet dessen (ohne Rücksicht darauf) – des(sen) ungeachtet
un·ge·ahnt: ungeahnte (nicht vorauszusehende) Möglichkeiten
un·ge·bär·dig: ein ungebärdiges (wildes, ausgelassenes) Kind; die **Ungebärdigkeit**
un·ge·be·ten: ungebetene (nicht willkommene) Gäste
un·ge·bräuch·lich: (nicht üblich)
un·ge·bühr·lich: sich ungebührlich (ungezogen, ungehörig) benehmen; auch: **ungebührend;** die **Ungebührlichkeit**
un·ge·bun·den: völlig ungebunden (unabhängig) leben; die **Ungebundenheit**
un·ge·deckt: der Spieler war ungedeckt – ein ungedeckter Scheck
un·ge·dul·dig: (erwartungsvoll, aufgeregt); die **Ungeduld**
un·ge·fähr: ungefähr (etwa) zehn Meter – ein ungefährer (nicht sehr genauer) Bericht – das passiert nicht von ungefähr (nicht zufällig) – wie von ungefähr (scheinbar zufällig)
un·ge·hal·ten: der Lehrer war sehr ungehalten (ärgerlich, aufgebracht); die **Ungehaltenheit**
un·ge·heu·er: er strengt sich ungeheuer (sehr, gewaltig) an – eine ungeheure (gewaltige) Leistung; aber: das Ungeheure – ins Ungeheure steigen; das **Ungeheuer** (großes, Furcht erregendes Tier; Monster); **ungeheuerlich:** das ist ungeheuerlich (unerhört)!; die **Ungeheuerlichkeit**
un·ge·hö·rig: er gab eine ungehörige (freche, unhöfliche) Antwort; die **Ungehörigkeit**
un·ge·hor·sam: ein ungehorsames (ungezogenes) Kind; der **Ungehorsam**
Un·geist, der: -(e)s (schädliche Gesinnung)
un·ge·le·gen: zu ungelegener (unpassender) Zeit; die **Ungelegenheiten** *Pl.* (Verdruss)
un·ge·lenk: (ungeschickt, unbeholfen); **ungelenkig** (steif); die **Ungelenkigkeit**
Un·ge·mach, das: -(e)s (Unglück, Unannehmlichkeit); Ungemach auf sich nehmen
un·ge·mein: er ist ungemein (sehr) tüchtig
un·ge·nau: ungenau rechnen; die **Ungenauigkeit**
un·ge·niert *[unschenirt]*: sich ungeniert (zwanglos) am Gespräch beteiligen; die **Ungeniertheit**
un·ge·nieß·bar: ein ungenießbares (verdorbenes) Essen – er ist heute wieder ungenießbar (unerträglich, schlecht gelaunt); die **Ungenießbarkeit**
un·ge·nü·gend: ungenügende (mangelhafte) Leistungen – er hat sich ungenügend auf die Prüfung vorbereitet – sie bekam die Note „ungenügend"; das **Ungenügen** (Unzulänglichkeit)
un·ge·ra·de: eine ungerade (nicht durch 2 teilbare) Zahl
un·ge·ra·ten: ein ungeratenes (missratenes, unerzogenes) Kind
un·ge·recht: (gemein, einseitig); ein ungerechtes Urteil; **ungerechterweise; ungerechtfertigt;** die **Ungerechtigkeit**
un·ge·rührt: er hat die Nachricht völlig ungerührt (gleichgültig, unbeteiligt) aufgenommen; die **Ungerührtheit**
un·ge·schickt: sich ungeschickt (unbeholfen, hilflos) anstellen; das **Ungeschick; ungeschicklich;** die **Ungeschicklichkeit;** die **Ungeschicktheit**
un·ge·schlacht: ein ungeschlachter (plumper, grober) Kerl; die **Ungeschlachtheit**
un·ge·schminkt: ein ungeschminktes Gesicht – er sagt ungeschminkt (klar und deutlich, aufrichtig) seine Meinung
un·ge·scho·ren: *ungeschoren bleiben/davonkommen* (keinen Schaden haben) – *jemanden ungeschoren lassen* (ihn nicht behelligen)
un·ge·schrie·ben: ein ungeschriebenes Gesetz
un·ge·setz·lich: eine ungesetzliche (gesetzwidrige) Handlung; die **Ungesetzlichkeit**
un·ge·stalt: (von Natur aus missgestaltet); **ungestaltet** (noch nicht gestaltet)
un·ge·stört: ungestört (unbehindert, in Ruhe) arbeiten; die **Ungestörtheit**
un·ge·stüm: ungestüm (heftig, schnell) angreifen – eine ungestüme (temperamentvolle) Begrüßung; das **Ungestüm:** das kindliche Ungestüm – mit Ungestüm
un·ge·trübt: eine ungetrübte (unbeschwerte) Stimmung; die **Ungetrübtheit**
Un·ge·tüm, das: -(e)s, -e (Ungeheuer, Scheusal, Monstrum)
un·ge·wandt: (ungeschickt); die **Ungewandtheit**
un·ge·wiss: es ist noch ungewiss (zweifelhaft, offen, fraglich), ob wir verreisen; aber: im Ungewissen bleiben – eine Fahrt ins Ungewisse – jemanden im Ungewissen lassen;

die **Ungewissheit:** in Ungewissheit sein
Ụn·ge·wit·ter, das: -s, - (Unwetter)
ụn·ge·wöhn·lich: ein ungewöhnliches (ausgefallenes) Geschenk – ein ungewöhnlich (erstaunlich) schönes Bild; die **Ungewöhnlichkeit; ungewohnt** (nicht üblich)
ụn·ge·zählt: ungezählte Menschen; aber: Ungezählte kamen
Ụn·ge·zie·fer, das: -s (tierische Schädlinge, z. B. Läuse)
ụn·ge·zie·mend: sich ungeziemend (ungehörig) benehmen
ụn·ge·zo·gen: ein ungezogenes (freches, ungehorsames) Kind; die **Ungezogenheit**
ụn·ge·zü·gelt: ungezügelter (hemmungsloser, maßloser) Freiheitsdrang
ụn·ge·zwun·gen: ein ungezwungenes (zwangloses, natürliches) Benehmen; die **Ungezwungenheit**
ụn·gläu·big: ungläubig sein (an allem zweifeln); der **Unglaube(n); unglaubhaft** (unglaubwürdig); der/die **Ungläubige; unglaublich** (unbegreiflich, unerhört); **unglaubwürdig;** die **Unglaubwürdigkeit**
ụn·gleich: ungleiche (verschieden große) Füße haben – ich arbeite ungleich (bei weitem) mehr als du; **ungleichartig; ungleichförmig;** das **Ungleichgewicht;** die **Ungleichheit; ungleichmäßig** (unregelmäßig, verschieden); die **Ungleichmäßigkeit; ungleichnamig:** ungleichnamige Brüche; **ungleichseitig;** die **Ungleichung**
Ụn·glück, das: -(e)s, -e (Unfall, Missgeschick, Unheil); zu allem Unglück (obendrein) – *in sein Unglück rennen* (sich ohne sein Wissen in eine schlimme Lage bringen) – *ein Unglück kommt selten allein*; **unglücklich; unglücklicherweise** (leider); der **Unglücksbote; unglückselig; unglückseligerweise;** die **Unglückseligkeit;** der **Unglücksfall,** die ...fälle; der **Unglücksmensch** (Pechvogel); der **Unglücksrabe** (Pechvogel, Unglücksmensch); die **Unglücksstelle;** der **Unglückstag;** der **Unglücksvogel,** die ... vögel
ụn·gnä·dig: (unfreundlich); die **Ungnade:** *in Ungnade sein* (die Gunst verloren haben)
ụn·gül·tig: eine ungültige Fahrkarte – ungültig werden (verfallen); die **Ungültigkeit;** die **Ungültigkeitserklärung**
ụn·güns·tig: (nachteilig, unangenehm); die **Ungunst:** das ist zu deinen Ungunsten (zu deinem Nachteil); auch: zuungunsten; die **Ungünstigkeit**
ụn·gut: eine ungute (unangenehme Situation) – ein unguter (böser) Mensch – nichts für ungut (es ist nicht so gemeint)!
ụn·halt·bar: unhaltbare (unerträgliche) Zustände – eine unhaltbare (ungerechtfertigte) Behauptung; die **Unhaltbarkeit**
Ụn·heil, das: -(e)s (Unglück, Übel); Unheil stiften/verkünden/bringen; **unheilbar:** unheilbar (unrettbar) krank sein; die **Unheilbarkeit; unheilbringend;** auch: Unheil bringend; **unheildrohend;** der **Unheilstifter; unheil(ver)kündend;** auch: Unheil (ver)kündend; aber nur: großes Unheil verkündend – äußerst unheilverkündend; **unheilvoll:** eine unheilvolle (bedrohliche, gefährliche) Lage
un·heim·lich: sich unheimlich (sehr) freuen – ein unheimlicher (schauerlicher) Anblick – er sah unheimlich (Furcht erregend) aus; die **Unheimlichkeit**
ụn·höf·lich: eine unhöfliche (unfreundliche, taktlose) Antwort; die **Unhöflichkeit**
Ụn·hold, der: -(e)s, -e (böser Geist, gefährlicher Mensch, Sittenstrolch)
uni *franz. [üni, üni]*: uni (einfarbig, ungemustert) gefärbt; **unifarben**
UNICEF *engl. [unitßef]*, die: - (Weltkinderhilfswerk der UNO)
Uni·fọrm *franz.*, die: -, -en (einheitliche Dienstkleidung); **uniform** (gleichförmig); das **Uniformhemd; uniformieren** (vereinheitlichen); der/die **Uniformierte;** die **Uniformierung;** die **Uniformität**
Uni·kum *lat.*, das: -s, -s (Sonderling); das **Unikat** (einzige Ausfertigung)
Uni·on *lat.*, die: -, -en (Vereinigung, Bund)
uni·so·no *ital.*: (einstimmig)
Uni·ver·si·tät *lat. [uniwersität]*, die: -, -en (Hochschule); das **Universitätsstudium,** die ...studien
Uni·ver·sum *lat. [uniwersum]*, das: -s, Universen (Weltall); **universal:** ein universales (umfassendes) Wissen haben; auch: **universell;** das **Universalgenie** *[...scheni]* (Alleskönner); das **Universalmittel**
ụn·ken: (Böses prophezeien); die **Unke** (Krötenart); die **Unkenart;** der **Unkenruf** (ungünstige Voraussage)
ụn·kennt·lich: (nicht zu erkennen); die **Un-**

kenntlichkeit; die **Unkenntnis:** er hat aus Unkenntnis (aus Unwissenheit) gehandelt

un·klar: unklares (trübes) Wasser – er hat eine unklare (unbestimmte, verschwommene) Vorstellung – etwas nur unklar (undeutlich) erkennen; aber: jemanden im Unklaren (Ungewissen) lassen; die **Unklarheit**

Un·kos·ten *Pl.*, die: -; viele Unkosten (Ausgaben, Auslagen) haben – *sich in Unkosten stürzen* (sehr viel Geld ausgeben); der **Unkostenbeitrag,** die ... beiträge

Un·kraut, das: -(e)s, Unkräuter (zwischen Nutzpflanzen wild wachsende Pflanzen); Unkraut jäten – *Unkraut vergeht nicht*; die **Unkrautbekämpfung;** die **Unkrautvertilgung**

un·längst: unlängst (kürzlich, vor kurzem) habe ich sie gesehen

un·lau·ter: ein unlauterer (nicht ehrlicher) Wettkampf

un·leid·lich: unleidlich (schlecht gelaunt, unfreundlich) sein; die **Unleidlichkeit**

un·leug·bar: (sicher)

un·lieb·sam: ein unliebsames (unangenehmes) Ereignis; **unlieb; unliebenswürdig;** die **Unliebsamkeit**

Un·lust, die: - (Lustlosigkeit, Abneigung); das **Unlustgefühl; unlustig**

Un·mas·se, die: -, -n (sehr große Menge); Unmassen von Fußgängern

un·mä·ßig: (maßlos, sehr); das **Unmaß;** die **Unmäßigkeit**

Un·men·ge, die: -, -n (sehr große Menge)

Un·mensch, der: -en, -en (Rohling, Scheusal); *kein Unmensch sein* (sich als nachgiebig erweisen); **unmenschlich:** eine unmenschliche (grausame) Härte – es herrscht eine unmenschliche (unerträgliche) Hitze; die **Unmenschlichkeit**

un·merk·lich: (nicht wahrnehmbar, allmählich)

un·miss·ver·ständ·lich: etwas unmissverständlich (klar, nachdrücklich) sagen

un·mit·tel·bar: (sofort, direkt, gleich); die **Unmittelbarkeit**

un·mög·lich: etwas unmöglich machen (verhindern) – ich kann unmöglich (auf keinen Fall) kommen; aber: er verlangt Unmögliches – das Unmögliche möglich machen; die **Unmöglichkeit**

un·mün·dig: unmündige (noch nicht mündige) Kinder; die **Unmündigkeit**

Un·mut, der: -(e)s (Ärger, Unzufriedenheit, Missstimmung); **unmutig** (ärgerlich, mürrisch); **unmutsvoll**

un·nach·gie·big: (hart, eigensinnig); die **Unnachgiebigkeit**

un·nach·sich·tig: unnachsichtig (unerbittlich) sein; die **Unnachsichtigkeit**

un·nah·bar: sie wirkt unnahbar (abweisend, verschlossen); die **Unnahbarkeit**

un·na·tür·lich: (künstlich, geziert); die **Unnatur;** die **Unnatürlichkeit**

un·nö·tig: (nicht erforderlich, nicht nötig); **unnötigerweise**

un·nütz: (nutzlos); **unnützerweise**

UNO (Uno) = Organisation der Vereinten Nationen; der **UNO-Sicherheitsrat**

un·or·dent·lich: (ungeordnet, schlampig); die **Unordentlichkeit;** die **Unordnung**

un·par·tei·isch: er verhielt sich in dem Streit unparteiisch (neutral); der/die **Unparteiische** (Schiedsrichter(in)); **unparteilich;** die **Unparteilichkeit**

un·pas·send: (unangebracht, ungelegen)

un·päss·lich: er fühlt sich unpässlich (unwohl, krank); die **Unpässlichkeit**

Un·rast, die: - (Ruhelosigkeit, innere Unruhe)

Un·rat, der: -(e)s; Unrat (Schmutz, Abfall) beseitigen – *Unrat wittern* (Schlimmes ahnen)

Un·recht, das: -(e)s (Vergehen, Schuld); im Unrecht sein – Unrecht behalten/bekommen/geben/haben/tun; auch: unrecht behalten/bekommen/geben/haben/tun – zu Unrecht (fälschlich) – *sich ins Unrecht setzen* (unrecht handeln); **unrecht:** sich unrecht aufführen – unrecht sein – unrecht behalten/bekommen/geben/haben/tun; auch: Unrecht behalten/bekommen/geben/haben/tun – in unrechte Hände fallen – am unrechten Platz sein – *unrecht Gut gedeihet nicht*; aber: etwas Unrechtes tun – *an den Unrechten kommen* (sich bei jemandem nicht durchsetzen können); **unrechtmäßig:** sich etwas unrechtmäßig (gesetzwidrig) aneignen; **unrechtmäßigerweise;** die **Unrechtmäßigkeit;** das **Unrechtsbewusstsein;** der **Unrechtsstaat**

un·red·lich: ein unredlicher (betrügerischer) Geschäftsmann; die **Unredlichkeit**

un·re·gel·mä·ßig: ein unregelmäßiger Pulsschlag; die **Unregelmäßigkeit**

un·rein: unrein (nicht sauber) sein; aber: *et-*

was ins Unreine schreiben (in noch nicht ausgearbeiteter Form niederschreiben); die **Unreinheit; unreinlich;** die **Unreinlichkeit**

un·ru·hig: unruhig (ruhelos) umherlaufen – unruhig (nervös) sein – er wohnt in einer unruhigen (verkehrsreichen) Gegend; die **Unruh,** die Unruhen (Teil der Uhr); die **Unruhe;** der **Unruheherd** (Krisenherd); die **Unruhen** *Pl.* (Ausschreitungen); der **Unruhestifter** (Störenfried); die **Unruhestifterin,** die ... stifterinnen

uns: → wir; wann kommst du zu uns?

un·sach·lich: ein unsachliches (die Tatsachen nicht beachtendes) Gespräch; **unsachgemäß;** die **Unsachlichkeit**

un·sag·bar: unsagbar (sehr, unglaublich) reich sein; **unsäglich:** unsägliches (unbeschreibliches) Leid erdulden

un·sau·ber: (schmutzig, unrein); die **Unsauberkeit**

un·schätz·bar: (kostbar, wertvoll); sich unschätzbare (außerordentliche) Verdienste erwerben

un·schein·bar: (unauffällig, nichts sagend, einfach); die **Unscheinbarkeit**

un·schick·lich: (ungebührlich, anstößig); die **Unschicklichkeit**

un·schlüs·sig: (unentschlossen, unentschieden); die **Unschlüssigkeit**

Un·schuld, die: - (Schuldlosigkeit); er konnte seine Unschuld beweisen – *die (gekränkte) Unschuld spielen* (übertrieben beleidigt sein); **unschuldig:** er war an dem Unfall unschuldig – sie hatte einen unschuldigen (reinen) Ausdruck im Gesicht; der/die **Unschuldige; unschuldigerweise;** der **Unschuldsengel;** das **Unschuldslamm;** die **Unschuldsmiene; unschuldsvoll** (unschuldig)

un·schwer: das war unschwer (mühelos, leicht) zu erraten

un·selb·stän·dig: ein unselbständiger (auf andere angewiesener) Mensch; auch: **unselbstständig;** die **Unselbständigkeit;** auch: die **Unselbstständigkeit**

un·se·lig: eine unselige (folgenschwere) Tat

un·ser: unser Haus – erbarme dich unser – unseres Erachtens ⟨u. E.⟩ – unseres Wissens ⟨u. W.⟩; aber: das Uns(e)re; auch: das uns(e)re – das Unsrige; auch: das unsrige – die Uns(e)ren; auch: die uns(e)ren; **unsereiner; unsereins; unser(er)seits; unser(e)sgleichen; unser(e)thalben; unser(e)twegen; unser(e)twillen:** um unsertwillen

un·si·cher: eine unsichere (gefährliche) Gegend – unsicher (schwankend) gehen – er hat eine unsichere Hand – der Ausgang ist noch unsicher (ungewiss); aber: im Unsichern sein (zweifeln); die **Unsicherheit;** der **Unsicherheitsfaktor**

Un·sinn, der: -(e)s (Unfug, Dummheiten); Unsinn reden; **unsinnig; unsinnigerweise;** die **Unsinnigkeit**

Un·sit·te, die: -, -n (schlechte Angewohnheit); **unsittlich** (anstößig); die **Unsittlichkeit**

un·statt·haft: (verboten, gesetzwidrig)

un·sterb·lich: eine unsterbliche Seele – sich unsterblich verlieben – ein unsterbliches (unvergängliches) Werk; die **Unsterblichkeit;** der **Unsterblichkeitsglaube(n)**

un·stet: ein unstetes (ruheloses, unbeständiges) Leben führen; auch: **unstetig;** die **Unstetheit;** die **Unstetigkeit**

un·stim·mig: ein unstimmiges (nicht richtiges) Ergebnis; die **Unstimmigkeit** (Fehler, Meinungsverschiedenheit)

un·strei·tig: (sicher, unbestreitbar); auch: **unstrittig**

Un·sum·me, die: -, -n (sehr große Summe)

un·ta·de·lig: er führt ein untadeliges (ordentliches) Leben; auch: **untadlig**

Un·tat, die: -, -en (böse Tat, Verbrechen)

un·tä·tig: (faul, müßig); die **Untätigkeit**

un·taug·lich: (unfähig, unbrauchbar); die **Untauglichkeit**

un·teil·bar: (nicht teilbar); die **Unteilbarkeit; unteilhaftig:** einer Sache unteilhaftig sein

un·ten: tief unten – weiter unten – unten drunter – er ist bei mir unten durch – von unten hinauf – nicht wissen, was unten und oben ist – unten links – siehe unten ⟨s. u.⟩ – unten bleiben – unten stehen – unten liegen; **untenerwähnt:** die untenerwähnte Bemerkung; auch: unten erwähnt; das **Untenerwähnte;** auch: das unten Erwähnte; **untengenannt;** auch: unten genannt; **untenliegend;** auch: unten liegend; **untenstehend:** der untenstehende Abschnitt; auch: unten stehend; **Untenstehendes;** auch: unten Stehendes

un·ter: unter der Decke liegen – unter Wasser – unter die Leute gehen – unter Tage (in einem Bergwerk) arbeiten – Kinder unter acht

Jahren – unter der Voraussetzung, dass ... – unter ander(e)m ⟨u. a.⟩ – 10° unter null – unter Umständen ⟨u. U.⟩ – unter uns (im Vertrauen) – unter der Hand (heimlich, unbemerkt); **unterst:** im untersten Fach; aber: *das Unterste zuoberst kehren* (alles gründlich durchsuchen); → unters

un·ter·be·wusst: (unbewusst); das **Unterbewusstsein**

un·ter·bie·ten: den Preis unterbieten (herunterdrücken); die **Unterbietung**

un·ter·bin·den: einen Streit unterbinden (verhindern); die **Unterbindung**

un·ter·blei·ben: etwas unterbleibt (es geschieht nicht)

un·ter·bre·chen: den Unterricht unterbrechen – jemanden unterbrechen (ihn hindern weiterzusprechen); die **Unterbrechung** (Störung, Pause)

un·ter·brei·ten: einen Vorschlag unterbreiten (darlegen); die **Unterbreitung**

un·ter·brin·gen: die Koffer im Auto unterbringen (verstauen) – wir sind in einem Hotel untergebracht; die **Unterbringung**

un·ter·but·tern: sich nicht unterbuttern (unterdrücken) lassen

un·ter·des·sen: (inzwischen); auch: **unterdes**

un·ter·drü·cken: seinen Hunger unterdrücken (dämpfen, nicht aufkommen lassen) – er unterdrückte (knechtete) seine Untertanen – unterdrückt (unfrei) sein; der **Unterdruck,** die ...drücke; der **Unterdrücker;** die **Unterdrückerin;** die **Unterdruckkammer;** die **Unterdrückung** (das Unterdrücken, das Unterdrücktsein, Knechtschaft)

un·ter·ei·nan·der (un·ter·ein·an·der): etwas untereinander (miteinander) vereinbaren – sich untereinander gut kennen – etwas untereinander tauschen; **untereinanderlegen; untereinanderliegen; untereinanderschreiben; untereinandersetzen; untereinanderstehen; untereinanderstellen**

Un·ter·er·näh·rung, die: - (mangelhaftes Ernährtsein); **unterernährt**

un·ter·fan·gen: sich unterfangen, etwas zu tun (etwas riskieren); das **Unterfangen** (Vorhaben, Wagnis)

un·ter·fer·ti·gen: (unterschreiben); die **Unterfertigung**

Un·ter·füh·rung, die: -, -en (unterirdischer Weg, Tunnel); **unterführen:** eine Straße wird unterführt

un·ter·ge·ben: er ist ihm untergeben (unterstellt); der/die **Untergebene:** er ist einer meiner Untergebenen

un·ter·ge·hen: die Sonne geht unter (sinkt) – seine Ansprache geht im Geschrei unter (wird übertönt) – ein untergehendes (sterbendes) Volk; der **Untergang;** die **Untergangsstimmung**

Un·ter·grund, der: -(e)s; der Untergrund (die unterste Schicht) eines Gemäldes – im Untergrund (in einer geheimen Widerstandsbewegung) kämpfen; die **Untergrundbahn** ⟨U-Bahn⟩; die **Untergrundbewegung** (verbotene politische Gruppe); **untergründig;** der **Untergrundkämpfer;** die **Untergrundkämpferin,** die ...kämpferinnen; die **Untergrundorganisation**

un·ter·halb: (am Fuße, tiefer, weiter unten); unterhalb des Weges

Un·ter·halt, der: -(e)s; für den Unterhalt (die Lebenskosten) seiner Familie aufkommen – für jemanden Unterhalt zahlen; **unterhalten:** er wird vom Staat unterhalten – er unterhält (pflegt) viele Freundschaften; die **Unterhaltskosten** *Pl.;* **unterhaltspflichtig;** die **Unterhaltszahlung;** die **Unterhaltung:** die Unterhaltung (Instandhaltung) der Gebäude

Un·ter·hal·tung, die: -, -en; die Unterhaltung (das Gespräch) beenden – für die Unterhaltung der Gäste sorgen; **unterhalten:** sich mit jemandem unterhalten (mit ihm ein Gespräch führen) – jemanden unterhalten (ihm die Zeit vertreiben); der **Unterhalter;** die **Unterhalterin,** ...halterinnen; **unterhaltsam:** unterhaltsam (kurzweilig, interessant) erzählen; die **Unterhaltungsmusik;** das **Unterhaltungsprogramm;** die **Unterhaltungssendung**

un·ter·han·deln: (sich besprechen); der **Unterhändler;** die **Unterhändlerin,** die ...händlerinnen; die **Unterhandlung**

un·ter·ir·disch: ein unterirdischer (unter der Erde befindlicher) Gang

un·ter·jo·chen: (unterwerfen, knechten); die **Unterjochung**

Un·ter·kie·fer, der: -s, - (Teil des Kiefers)

un·ter·kom·men: sie sind in der Pension gut untergekommen (untergebracht) – so etwas ist mir noch nicht untergekommen (passiert) – in einem Betrieb unterkommen (Anstellung finden); das **Unterkommen;** die **Unterkunft,** die ... künfte (Unterkommen, Wohnung, Herberge)

un·ter·kühlt: ein unterkühltes (frostiges) Klima; **unterkühlen;** die **Unterkühlung**

Un·ter·la·ge, die: -, -n (Aufzeichnung, Dokument, Nachweis); → unterlegen

un·ter·las·sen: sie hatte es unterlassen (versäumt), Hilfe zu holen – unterlass (verzichte auf) deine Bemerkungen!; der **Unterlass:** es schneite ohne Unterlass (ohne Unterbrechung); die **Unterlassung;** die **Unterlassungsklage;** die **Unterlassungssünde**

un·ter·le·gen: ein Kissen unterlegen; aber: er ist ihm unterlegen (schwächer als er); die **Unterlage:** eine Unterlage aus Plastik; der/die **Unterlegene;** die **Unterlegenheit;** die **Unterlegung; unterliegen:** im Wettkampf unterliegen (verlieren); → Unterlage

un·term: unterm (unter dem) Tisch liegen

un·ter·ma·len: (umrahmen, begleiten, abrunden); die **Untermalung**

un·ter·mau·ern: er untermauert (stützt, begründet) seine Ausführungen mit Beispielen; die **Untermauerung**

Un·ter·mie·te, die: -; zur Untermiete wohnen; der **Untermieter;** die **Untermieterin,** die ... mieterinnen

un·ter·neh·men: (veranstalten); das **Unternehmen** (Vorhaben, größerer Betrieb); die **Unternehmensberatung;** der **Unternehmer;** die **Unternehmerin,** die ... nehmerinnen; **unternehmerisch;** die **Unternehmerschaft;** das **Unternehmertum;** die **Unternehmung;** der **Unternehmungsgeist** (die Energie); die **Unternehmungslust; unternehmungslustig**

un·ter·ord·nen: sich unterordnen (sich fügen) – eine untergeordnete (geringere) Bedeutung haben; die **Unterordnung**

Un·ter·pfand, das: -(e)s, ... pfänder; ein Unterpfand (Zeichen, Beweis) der Treue

Un·ter·re·dung, die: -, -en (Besprechung); sich **unterreden** (etwas besprechen)

Un·ter·richt, der: -(e)s (Schule, Unterweisung, Ausbildung); **unterrichten:** er unterrichtet an einer Hauptschule – ich wurde davon nicht unterrichtet (in Kenntnis gesetzt) – sich unterrichten (sich informieren); **unterrichtlich;** das **Unterrichtsfach,** die ... fächer; **unterrichtsfrei;** die **Unterrichtsstunde;** die **Unterrichtung** (Information)

un·ters: unters (unter das) Bett sehen

un·ter·sa·gen: sie untersagt (verbietet) ihm zu rauchen; die **Untersagung**

Un·ter·satz, der: -es, Untersätze; einen Untersatz für einen heißen Topf suchen – ein fahrbarer Untersatz (Auto)

un·ter·schät·zen: (zu gering einschätzen)

un·ter·schei·den: er kann keine Farben unterscheiden (auseinanderhalten) – sich von etwas unterscheiden (abheben); **unterscheidbar;** die **Unterscheidung;** das **Unterscheidungsmerkmal;** der **Unterschied:** ein Unterschied wie Tag und Nacht (ein sehr großer Unterschied); **unterschiedlich** (verschieden); die **Unterschiedlichkeit; unterschiedslos** (ohne Unterschied, gleich)

un·ter·schie·ben: ein Kissen unterschieben (unterlegen); aber: **unterschieben:** jemandem Feigkeit unterschieben (unterstellen); die **Unterschiebung**

un·ter·schla·gen: er hat Geld unterschlagen (veruntreut) – eine Nachricht unterschlagen (verschweigen, nicht erwähnen); die **Unterschlagung**

Un·ter·schleif, der: -(e)s, -e (Unterschlagung, Betrug)

Un·ter·schlupf, der: -(e)s, Unterschlüpfe; jemandem Unterschlupf (Zuflucht, Unterkunft) gewähren; **unterschlüpfen**

Un·ter·schrift, die: -, -en; seine Unterschrift geben (etwas bestätigen); **unterschreiben;** die **Unterschriftenaktion; unterschriftsberechtigt; unterschriftsreif**

un·ter·schwel·lig: (unbewusst)

un·ter·setzt: ein untersetzter (kleiner, aber kräftig gebauter) Mann; **untersetzen;** der **Untersetzer** (Schale für Blumentöpfe u. a.); die **Untersetztheit**

Un·ter·stand, der: -(e)s, ... stände (unterirdischer Schutzraum, Bunker)

un·ter·ste·hen: er untersteht mir (ist untergeordnet) – untersteh dich (wehe dir)! – sich unterstehen (sich anmaßen); aber: **unterstehen:** bei Regen unterstehen (unter einem schützenden Dach stehen)

un·ter·stel·len: jemandem böse Absichten unterstellen (unberechtigt vorwerfen); aber: **unterstellen:** sein Fahrrad unterstellen; die **Unterstellung** (böswillige Behauptung)

un·ter·stüt·zen: (Hilfe, Beistand gewähren);

er unterstützt arme Leute – ein Gesuch unterstützen (befürworten); die **Unterstützung; unterstützungsbedürftig**

un·ter·su·chen: der Arzt untersucht den Kranken – die Polizei untersucht einen Mordfall; die **Untersuchung;** der **Untersuchungsausschuss,** die ...ausschüsse; der/die **Untersuchungsgefangene;** die **Untersuchungshaft** ⟨U-Haft⟩; der **Untersuchungsrichter;** die **Untersuchungsrichterin,** die ...richterinnen

Un·ter·ta·ge·ar·bei·ter, der: -s, - (Bergarbeiter, der unter Tage arbeitet); der **Untertagebau; untertags** (tagsüber)

un·ter·tan: er ist ihm untertan (untergeben); der **Untertan; untertänig** (ergeben, unterwürfig): untertänigst um Verzeihung bitten; die **Untertänigkeit;** die **Untertanin,** die Untertaninnen

Un·ter·tas·se, die: -, -n; die fliegende Untertasse (angeblich gesichtetes Raumschiff von einem anderen Planeten)

un·ter·tei·len: (einteilen, gliedern); das/der **Unterteil;** die **Unterteilung**

un·ter·trei·ben: (etwas als unbedeutender hinstellen, als es ist); die **Untertreibung**

un·ter·wan·dern: eine Armee unterwandern (heimlich in sie eindringen und sie zersetzen); die **Unterwanderung**

un·ter·wegs: er ist schon Stunden unterwegs (auf dem Wege)

un·ter·wei·sen: jemanden unterweisen (anleiten, unterrichten); die **Unterweisung**

Un·ter·welt, die: -; in die Unterwelt (das Totenreich) kommen – der Unterwelt (Welt der Verbrecher) angehören

un·ter·wer·fen: ein Volk, Land unterwerfen (bezwingen, sich untertan machen) – sich jemandem unterwerfen (sich ergeben) – sich einem Richterspruch unterwerfen; die **Unterwerfung; unterwürfig** (ergeben); die **Unterwürfigkeit**

un·ter·zeich·nen: (unterschreiben); der/die **Unterzeichnete;** die **Unterzeichnung**

un·ter·zie·hen: sie unterzieht sich einer Prüfung (sie lässt sich prüfen)

Un·tie·fe, die: -, -n (seichte Stelle; auch: sehr große Tiefe); **untief** (flach, seicht)

Un·tier, das: -(e)s, -e (Ungeheuer, Scheusal)

un·trag·bar: untragbare (unhaltbare) Zustände; die **Untragbarkeit**

un·treu: (treulos, verräterisch); die **Untreue**

un·trüg·lich: er hat untrügliche (ganz sichere) Beweise

un·über·legt: (unbedacht, kopflos, leichtfertig); die **Unüberlegtheit**

un·über·seh·bar: eine unübersehbare (unendliche) Menschenmenge – das ist unübersehbar (offensichtlich)

un·über·sicht·lich: eine unübersichtliche (schlecht überschaubare) Kurve – die Lage ist unübersichtlich (verworren); die **Unübersichtlichkeit**

un·um·gäng·lich: (unabwendbar, nötig); die **Unumgänglichkeit**

un·um·schränkt: unumschränkt (ohne Einschränkung, absolut) herrschen

un·um·stöß·lich: mein Entschluss ist unumstößlich (endgültig); die **Unumstößlichkeit**

un·um·wun·den: etwas unumwunden (aufrichtig, offen) zugeben

un·un·ter·bro·chen: ununterbrochen (dauernd) schwätzen

un·ver·än·der·lich: (gleich bleibend); die **Unveränderlichkeit**

un·ver·ant·wort·lich: (leichtsinnig); die **Unverantwortlichkeit**

un·ver·äu·ßer·lich: unveräußerliche (unverzichtbare) Rechte – ein unveräußerlicher (unverkäuflicher) Besitz

un·ver·bes·ser·lich: (nicht zu ändern); die **Unverbesserlichkeit**

un·ver·bind·lich: eine unverbindliche (nicht bindende) Auskunft geben; die **Unverbindlichkeit**

un·ver·bleit: unverbleites (bleifreies) Benzin tanken

un·ver·blümt: unverblümt (freimütig, aufrichtig) seine Meinung sagen

un·ver·brüch·lich: jemandem unverbrüchlich (ganz fest) die Treue halten

un·ver·dient: (unberechtigt); **unverdientermaßen; unverdienterweise**

un·ver·dros·sen: (beharrlich); die **Unverdrossenheit**

un·ver·ein·bar: das ist mit meinem Gewissen unvereinbar; die **Unvereinbarkeit**

un·ver·fäng·lich: (nicht bedenklich, harmlos); die **Unverfänglichkeit**

un·ver·fro·ren: (frech, ziemlich unverschämt); die **Unverfrorenheit**

un·ver·gäng·lich: die unvergängliche Musik;

die **Unvergänglichkeit** (ewige Dauer)
un·ver·gess·lich: eine unvergessliche Zeit; **unvergessen**
un·ver·gleich·lich: (nicht vergleichbar, außergewöhnlich); **unvergleichbar**
un·ver·hält·nis·mä·ßig: (übermäßig); die **Unverhältnismäßigkeit**
un·ver·hofft: ein unverhofftes (nicht erwartetes) Wiedersehen – *unverhofft kommt oft*
un·ver·hoh·len: unverhohlen (offen, aufrichtig) seine Meinung sagen
un·ver·letz·bar: (unverwundbar); **unverletzlich;** die **Unverletzlichkeit; unverletzt**
un·ver·meid·bar: (unabwendbar); **unvermeidlich:** sich in das Unvermeidliche fügen
un·ver·min·dert: mit unverminderter (nicht geringer gewordener) Kraft
un·ver·mit·telt: unvermittelt (plötzlich, ohne Übergang) fragte er uns
Un·ver·mö·gen, das: -s (Unfähigkeit); **unvermögend** (ohne Vermögen, nicht imstande)
un·ver·mu·tet: (plötzlich)
Un·ver·nunft, die: - (Dummheit); **unvernünftig** (töricht, unüberlegt); die **Unvernünftigkeit**
un·ver·rich·tet: (nicht getan, nicht erledigt); unverrichteter Dinge (erfolglos, ohne etwas erreicht zu haben) kam er zurück
un·ver·schämt: (frech, schamlos); die **Unverschämtheit**
un·ver·se·hens: unversehens (unerwartet, plötzlich) stand sie vor mir
un·ver·sehrt: (heil, nicht beschädigt); die **Unversehrtheit**
un·ver·stän·dig: (unklug); der **Unverstand** (Dummheit); **unverstanden; unverständlich** (unbegreiflich, unklar); die **Unverständlichkeit;** das **Unverständnis** (Mangel an Verständnis)
un·ver·träg·lich: unverträgliche Speisen – er ist ein unverträglicher Mensch; die **Unverträglichkeit**
un·ver·wandt: jemanden unverwandt (unaufhörlich, ununterbrochen) anstarren
un·ver·wech·sel·bar: (außergewöhnlich); die **Unverwechselbarkeit**
un·ver·wüst·lich: ein unverwüstliches (sehr haltbares) Leder; die **Unverwüstlichkeit**
un·ver·zagt: (mutig, beherzt); die **Unverzagtheit**
un·ver·züg·lich: (gleich, sofort)

T
U
V
W
X
Y
Z

un·voll·stän·dig: (unbeendet, nicht ganz fertig); **unvollkommen** (mit Fehlern behaftet); die **Unvollkommenheit;** die **Unvollständigkeit**
un·vor·ein·ge·nom·men: (ohne Vorurteil); die **Unvoreingenommenheit**
un·vor·her·ge·se·hen: (unerwartet, plötzlich)
un·wahr: (falsch, gelogen); **unwahrhaftig** (nicht aufrichtig); die **Unwahrhaftigkeit;** die **Unwahrheit; unwahrscheinlich;** die **Unwahrscheinlichkeit**
un·wan·del·bar: (immer gleich bleibend); die **Unwandelbarkeit**
un·weg·sam: ein unwegsames (unzugängliches) Gelände
un·wei·ger·lich: (sicher, auf jeden Fall)
un·weit: unweit (nahe) des Dorfes
Un·we·sen, das: -s (übler Zustand, störendes Tun); sein Unwesen treiben
un·we·sent·lich: (unbedeutend, nicht wichtig)
Un·wet·ter, das: -s, - (Sturm, Gewitter)
un·wich·tig: eine unwichtige (nicht wichtige) Sache; die **Unwichtigkeit**
un·wi·der·leg·bar: (sicher, nicht zu widerlegen); **unwiderleglich**
un·wi·der·ruf·lich: ein unwiderruflicher (endgültiger) Beschluss
un·wi·der·spro·chen: (ohne Entgegnung); diese Behauptung kann nicht unwidersprochen bleiben
un·wi·der·steh·lich: er hatte einen unwiderstehlichen Drang; die **Unwiderstehlichkeit**
un·wie·der·bring·lich: (unersetzlich); die **Unwiederbringlichkeit**
Un·wil·le, der: -ns (Ärger, Missstimmung); auch: der **Unwillen; unwillig** (ärgerlich)
un·will·kür·lich: (unbewusst, unabsichtlich)
un·wirk·lich: (nicht der Wirklichkeit entsprechend); die **Unwirklichkeit**
un·wirk·sam: (nutzlos, ungültig); die **Unwirksamkeit**
un·wirsch: jemanden unwirsch (unfreundlich, kurz angebunden) behandeln
un·wirt·lich: eine unwirtliche (raue, einsame, unbewohnte) Gegend; die **Unwirtlichkeit**
un·wis·send: (unerfahren, nicht unterrichtet); die **Unwissenheit; unwissentlich** (versehentlich)
un·wohl: sie fühlt sich heute wieder unwohl (nicht gesund); das **Unwohlsein**
un·wohn·lich: (unbehaglich, ungemütlich)

Un·wort, das: -(e)s, Unwörter (unschönes Wort)
Un·zahl, die: - (sehr große Zahl, Menge); **unzählbar; unzählig:** unzählige Sterne; aber: Unzählige kamen – unzählige Mal(e)
Un·ze *lat.*, die: -, -n (altes Feingewicht); **unzenweise**
Un·zeit, die: -; zur Unzeit (zu nicht passender Zeit) kommen; **unzeitgemäß** (altmodisch); **unzeitig** (unreif)
un·zie·mend: (ungehörig, ungebührlich); auch: **unziemlich;** die **Unziemlichkeit**
Un·zucht, die: - (unsittliche Handlung, sexuelles Vergehen); **unzüchtig** (anstößig); die **Unzüchtigkeit**
un·zu·frie·den: unzufrieden (unglücklich, enttäuscht) sein; die **Unzufriedenheit**
un·zu·gäng·lich: ein unzugängliches Gebiet; die **Unzugänglichkeit**
un·zu·läng·lich: eine unzulängliche (mangelhafte, nicht ausreichende) Ausbildung; die **Unzulänglichkeit**
un·zu·läs·sig: (nicht erlaubt, gesetzwidrig); die **Unzulässigkeit**
un· zu·rech·nungs·fä·hig: (geistesgestört); die **Unzurechnungsfähigkeit**
un·zu·rei·chend: er war unzureichend (nicht genügend, mangelhaft) unterrichtet
un·zu·träg·lich: einer Sache unzuträglich (nachteilig, schädlich) sein; die **Unzuträglichkeit**
un·zu·tref·fend: (falsch)
un·zu·ver·läs·sig: (pflichtvergessen, unsicher); die **Unzuverlässigkeit**
un·zwei·fel·haft: (zweifellos, sicher)
Up·date *engl. [apdet]*, das: -s, -s (EDV: Software zum Aktualisieren von Programmen)
üp·pig: ein üppiges (reichliches) Mahl – sie hat eine üppige (blühende) Fantasie; die **Üppigkeit**
up to date *engl. [aptudet]*: (auf der Höhe der Zeit, zeitgemäß, modern)
Ur, der: -(e)s, -e (Auerochse) # Uhr
Ur·ab·stim·mung, die: -, en (Abstimmung aller Mitglieder einer Gemeinschaft)
Ur·ahn, der: -(e)s, -en (Vorfahr, Urgroßvater) # Uran; auch: der **Urahne;** die **Urahne** (Vorfahrin, Urgroßmutter)
ur·alt: ein uralter (sehr alter) Mann
Uran ⟨U⟩, das: -s (radioaktives Schwermetall, chemischer Grundstoff) # Urahn; das **Uranerz; uranhaltig**
Ur·auf·füh·rung, die: -, -en (Erstaufführung); **uraufführen:** das Drama wurde uraufgeführt
ur·ban *lat.*: urbane (städtische) Lebensweise
ur·bar: ein Land urbar (anbaufähig, fruchtbar) machen; die **Urbarmachung**
Ur·be·woh·ner, der: -s, - (erster Bewohner eines Gebietes); die **Urbewohnerin,** die ...bewohnerinnen; der **Ureinwohner;** die **Ureinwohnerin,** die ...einwohnerinnen
Ur ·bild, das: -es, -er (Vorbild, Inbegriff)
Ur·en·kel, der: -s, - (Sohn des Enkels oder der Enkelin); die **Ureltern** *Pl.;* die **Urenkelin,** die ...enkelinnen; die **Urgroßeltern** *Pl.;* die **Urgroßmutter,** die ...mütter; der **Urgroßvater,** die ...väter
Ur·fas·sung, die: -, -en (ursprüngliche Fassung, Original)
ur·ge·müt·lich: (überaus gemütlich)
Ur·he·ber, der: -s, - (der für eine Tat Verantwortliche; Verfasser, Schöpfer eines Werkes); die **Urheberin,** die Urheberinnen; das **Urheberrecht; urheberrechtlich;** die **Urheberschaft**
urig: (urwüchsig, originell)
Urin *lat.*, der -s, -e (Harn); **urinieren;** der **Urologe;** die **Urologie;** die **Urologin,** die Urologinnen; **urologisch**
Ur·kun·de, die: -, -n (amtliches Schriftstück, Dokument); **urkundlich** (amtlich)
Ur·laub, der: -(e)s, -e (Ferien, Erholung); Urlaub machen – im/in Urlaub; der **Urlauber;** die **Urlauberin,** die Urlauberinnen; der **Urlaubsgast,** die ...gäste; der **Urlaubsort; urlaubsreif;** die **Urlaubsreise;** die **Urlaubssperre;** die **Urlaubszeit**
Ur·ne *lat.*, die: -, -n (Aschengefäß, Behälter für Wahlzettel); *zur Urne gehen* (wählen); der **Urnengang,** die ...gänge (Wahl); das **Urnengrab,** die ...gräber
Ur·sa·che, die: -, -n (Grund für ein Geschehen, Veranlassung, Ursprung); keine Ursache (bitte)!; **ursächlich;** die **Ursächlichkeit**
Ur·schrift, die: -, -en (Original, erste Niederschrift); **urschriftlich**
Ur·sprung, der: -s, Ursprünge (Beginn, Anfang); **ursprünglich** (anfangs); die **Ursprünglichkeit;** das **Ursprungsland,** die ...länder
Ur·ständ *Pl.*, die: -; fröhliche Urständ feiern (wieder aufleben)
ur·tei·len: (entscheiden, beurteilen); das **Urteil;** die **Urteilsbegründung; urteilsfähig;**

die **Urteilsfähigkeit;** die **Urteilskraft;** der **Urteilsspruch,** die ...sprüche; die **Urteilsverkündung;** das **Urteilsvermögen**

ur·tüm·lich: (unberührt, ursprünglich, natürlich); die **Urtümlichkeit**

Ur·wald, der: -(e)s, Urwälder (Dschungel, Wildnis); das **Urwaldgebiet**

ur·wüch·sig: (natürlich, robust, unverfälscht); die **Urwüchsigkeit**

Ur·zeit, die: -, -en; seit Urzeiten (seit unendlich langer Zeit) # Uhrzeit; **urzeitlich**

USA = United States of America (Vereinigte Staaten von Amerika)

User *engl. [juser],* der: -s, - (Benutzer, z. B. von Computern); die **Userin**

usf. = und so fort

usw. = und so weiter

Uten·si·li·en *Pl. lat.,* die: - (Gebrauchsgegenstände, Geräte, Zubehör)

Uto·pie *griech.,* die: -, Utopien (Wunschvorstellung, Schwärmerei); **utopisch** (undurchführbar); der **Utopist;** die **Utopistin,** die Utopistinnen

u. U. = unter Umständen

UV = ultraviolett; **UV-bestrahlt;** die **UV-Strahlung** (Höhenstrahlung): **UV-Strahlen-gefährdet;** aber: strahlengefährdet

u. v. a. = und viele(s) andere

u. W. = unseres Wissens

Ü-Wa·gen, der: -s, - (Übertragungswagen)

uzen: jemanden mit etwas uzen (necken)

V

V = Volt; Volumen (Rauminhalt)

Va·ga·bund *franz. [wagabunt],* der: -en, -en (Landstreicher); das **Vagabundenleben;** das **Vagabundentum; vagabundieren** (ohne festen Wohnsitz herumziehen)

va·ge *franz. [wage]*: eine vage (unsichere, ungenaue) Auskunft – eine vage Hoffnung haben; auch: **vag;** die **Vagheit** (Ungewissheit)

Va·gi·na *lat. [wagina, wagina],* die: -, Vaginen (weibliches Geschlechtsorgan, Scheide)

va·kant *lat. [wakant]*: eine vakante (freie, unbesetzte) Stelle; die **Vakanz,** die Vakanzen

Va·ku·um *lat. [wakuum],* das: -s, Vakua/Vakuen (luftleerer Raum, Leere); die **Vakuumpumpe;** die **Vakuumröhre; vakuumverpackt**

Va·lu·ta *ital. [waluta],* die: -, Valuten (ausländische Währung); die **Valutaanleihe**

Vam·pir *engl. [wampir, wampir],* der: -s, -e (Blut saugendes Wesen, Wucherer); der **Vamp** *[wämp]* (kalt berechnende, verführerische Frau); die **Vampirin**

Van·da·le, der: -n, -n (Angehöriger eines ostgotischen Volkes); auch: → der **Wandale;** der **Vandalismus** (Zerstörungswut); auch: der **Wandalismus**

Va·nil·le *franz. [wanil(j)e],* die: - (eine Gewürzpflanze, Gewürz); das **Vanilleeis;** der **Vanillegeschmack;** der **Vanillepudding;** die **Vanillesoße;** auch: die **Vanillesauce;** der **Vanillezucker**

va·ri·a·bel *franz. [wariabel]*: (veränderlich, veränderbar); die **Variable** (veränderliche Größe); die **Variante** (Abwandlung, veränderte Form); die **Variation** (Veränderung, Abweichung); das **Varietee;** auch: das **Varieté** *[wariete]* (Theater mit abwechslungsreichem, unterhaltendem Programm); **variieren** (verändern, abwandeln)

Va·sall, *franz. [wasal],* der: -en, -en (Lehnsmann, Anhänger); das **Vasallentum**

Va·se *franz. [wase],* die: -, -n (Gefäß für Blumen); **vasenförmig;** die **Vasenmalerei**

Va·se·li·ne *[waseline],* die: - (Mittel zur Salbenherstellung); auch: das **Vaselin**

Va·ter, der: -s, Väter; der Vater der Kinder – er ist der Vater (Schöpfer) dieser Idee – Vater Staat – Heiliger Vater (Anrede des Papstes); das **Väterchen;** die **Vaterfreuden** *Pl.;* das **Vaterhaus;** das **Vaterland,** die ...länder; **vaterländisch;** die **Vaterlandsliebe;** der **Vaterlandsverräter; väterlich; väterlicherseits; vaterlos;** die **Vaterschaft;** die **Vaterstadt,** die ...städte; der **Vatertag;** das **Vaterunser** (Gebet)

Va·ti·kan *lat. [watikan],* der: -s (Palast des Papstes in Rom); **vatikanisch;** der **Vatikanstaat**

v. Chr. = vor Christus; **v. Chr. G.** = vor Christi Geburt

Ve·ge·ta·ti·on *lat. [wegetatßion],* die: -, -en (Pflanzenwuchs, Pflanzenwelt); der **Vegetarier** (jemand, der nur Pflanzenkost isst); die **Vegetarierin,** die Vegetarierinnen; **vegetarisch:** sich vegetarisch (fleischlos, pflanzlich) ernähren; **vegetativ:** die vegetative (ungeschlechtliche) Vermehrung – das vegetative (unbewusst ablaufende) Nerven-

T U V W X Y Z

system; **vegetieren:** er vegetierte (lebte kümmerlich) in einer Höhle

ve·he·ment *lat. [wehement]*: sich vehement (heftig, lebhaft) zur Wehr setzen; die **Vehemenz** (Wucht, Stärke)

Ve·hi·kel *lat. [wehikel]*, das: -s, - (altes, altmodisches Fahrzeug, Hilfsmittel)

Veil·chen *lat.* das: -s, - (eine Frühlingsblume); *blau wie ein Veilchen* (sehr betrunken); **veilchenblau;** der **Veilchenduft,** die ... düfte; der **Veilchenstrauß**

Vek·tor *lat. [wektor]*, der: -s, Vektoren (mathematische oder physikalische Größe); die **Vektorgleichung;** die **Vektorrechnung**

Ve·lo·drom *franz.*, das: -s, -e (Radrennbahn)

Ve·lours *franz. [welur]*, der: -, - (samtweiches Gewebe); das **Velours** (samtartiges Leder); das **Veloursleder**

Ve·ne *lat. [wene]*, die: -, -n (Blutader); die **Venenentzündung; venös** (die Venen betreffend): venöses (dunkles) Blut

Ven·til *lat. [wentil]*, das: -s, -e (Vorrichtung zum Absperren von Flüssigkeiten und Gasen); die **Ventilation** (Lüftungsanlage); der **Ventilator** (Lüfter); **ventilieren** (lüften, sorgfältig überlegen); die **Ventilierung**

Ve·nus *lat. [wenuß]*, die: - (ein Planet)

ver·ab·re·den: ein Treffen verabreden (abmachen) – zur verabredeten Zeit nicht kommen; **verabredetermaßen;** die **Verabredung** (Vereinbarung, Treffen)

ver·ab·scheu·en: etwas verabscheuen (unerträglich, widerwärtig finden) – er verabscheut jede Art von Gewalt; **verabscheuenswert;** die **Verabscheuung; verabscheuungswürdig**

ver·ab·schie·den: sie verabschiedete sich mit einem Gruß – ein Gesetz verabschieden (beschließen); die **Verabschiedung**

ver·ach·ten: er verachtet (verabscheut) ihn – den Tod verachten (für gering ansehen) – *nicht zu verachten* (erstrebenswert) *sein;* **verächtlich;** die **Verächtlichkeit;** die **Verächtlichmachung;** die **Verachtung:** *jemanden mit Verachtung strafen* (ihn nicht beachten); **verachtungsvoll; verachtungswürdig**

ver·all·ge·mei·nern: diese Erkenntnis kann man nicht verallgemeinern (nicht allgemein auf alle Fälle anwenden); **verallgemeinerbar;** die **Verallgemeinerung**

ver·al·ten: etwas ist veraltet (nicht mehr zeitgemäß, altmodisch)

Ve·ran·da *engl. [weranda]*, die: -, Veranden (Hausvorbau); auf der Veranda sitzen

ver·än·dern: du hast dich überhaupt nicht verändert – sich im Wesen verändern (sich wandeln) – er will sich verändern (seine berufliche Stellung wechseln); **veränderbar; veränderlich;** die **Veränderlichkeit;** die **Veränderung**

ver·ängs·ti·gen: (Angst einjagen); **verängstigt:** verängstigt sein; die **Verängstigung**

ver·an·la·gen: ein musisch veranlagter (begabter) Mensch – ein Einkommen veranlagen (schätzen); die **Veranlagung** (Anlage, Begabung); die **Veranlagungssteuer**

ver·an·las·sen: er veranlasste (bewirkte, ordnete an) eine Untersuchung des Vorfalls; die **Veranlassung:** zur Freude hast du keine Veranlassung (keinen Grund)

ver·an·schau·li·chen: etwas veranschaulichen (klar, deutlich machen); die **Veranschaulichung**

ver·an·schla·gen: die Kosten für etwas veranschlagen (schätzen); die **Veranschlagung**

ver·an·stal·ten: ein Fest veranstalten (abhalten, durchführen); der **Veranstalter;** die **Veranstalterin,** die Veranstalterinnen; die **Veranstaltung** (Feier, Aufführung); der **Veranstaltungskalender**

ver·ant·wor·ten: sich vor Gericht verantworten (sich rechtfertigen) müssen – ich kann das verantworten (vertreten, die Folgen dafür tragen); **verantwortlich;** die **Verantwortlichkeit;** die **Verantwortung:** die Verantwortung für etwas übernehmen – jemanden für etwas zur Verantwortung ziehen (ihn dafür verantwortlich machen); **verantwortungsbewusst;** das **Verantwortungsbewusstsein; verantwortungslos;** die **Verantwortungslosigkeit; verantwortungsvoll**

ver·äp·peln: (veralbern, verhöhnen)

ver·ar·bei·ten: Holz verarbeiten – die Erlebnisse meiner Reise muss ich erst verarbeiten (geistig bewältigen); die **Verarbeitung**

ver·ar·gen: jemandem etwas verargen (übelnehmen)

ver·är·gern: er verärgerte (verstimmte) alle Anwesenden; die **Verärgerung**

ver·aus·ga·ben: sich verausgaben (sich bis zur Erschöpfung anstrengen)

ver·äu·ßern: Grundstücke veräußern (verkaufen); **veräußerlich** (verkäuflich); die **Veräußerlichung;** die **Veräußerung**

Verb *lat. [wẹrb],* das: -s, -en (Sprachlehre: Tätigkeitswort, Zeitwort); auch: das **Verbum; verbal** (mündlich); die **Verbalinjurie** (Beleidigung mit Worten); **verbalisieren** (mit Worten ausdrücken)

ver·bạll·hor·nen: (durch vermeintliches Verbessern entstellen bzw. verschlimmern); die **Verballhornung**

Ver·bạnd, der: -es, Verbände; einen Verband (eine Binde, Bandage) anlegen – einen Verband (eine Vereinigung) gründen; der **Verband(s)kasten,** die ...kästen; das **Verband(s)material,** die ...materialien; der **Verband(s)stoff;** das **Verband(s)zeug;** das **Verband(s)zimmer;** → verbinden

ver·bạn·nen: (des Landes verweisen); er wurde auf eine Insel verbannt; der/die **Verbannte;** die **Verbannung;** der **Verbannungsort**

ver·bar·ri·ka·die·ren: das Tor verbarrikadieren (unzugänglich machen) – sich verbarrikadieren (sich hinter schützenden Hindernissen verbergen)

ver·bau·en: ihm wurde die Aussicht auf den See verbaut – jemandem seine Aussichten verbauen (zunichtemachen); die **Verbauung**

ver·bẹr·gen: er verbarg (versteckte) sich vor der Polizei – sie hat nichts zu verbergen (zu verheimlichen); aber: im Verborgenen (unbemerkt) bleiben; die **Verbergung**

ver·bẹs·sern: seine Fehler im Diktat verbessern (berichtigen) – sie hat sich beruflich verbessert (eine bessere Stellung erreicht); der **Verbesserer;** die **Verbesserung; verbesserungsbedürftig;** der **Verbesserungsvorschlag,** die ...vorschläge

ver·beu·gen, sich: sich vor dem Publikum verbeugen (sich verneigen); die **Verbeugung**

ver·bie·ten: du verbietest, er verbot, sie hat verboten, verbiete!; das Betreten des Gebäudes ist verboten (untersagt) – jemandem den Mund verbieten (das Wort entziehen); → Verbot

ver·bịl·li·gen: verbilligte (billiger gemachte) Waren kaufen; die **Verbilligung**

ver·bịn·den: sich seine Wunde verbinden lassen – beide verbindet (vereint) eine tiefe Freundschaft – sich telefonisch mit jemandem verbinden lassen – das Angenehme mit dem Nützlichen verbinden (verknüpfen) – damit verbinden sich für mich angenehme Erinnerungen – *jemandem sehr verbunden* (dankbar) *sein;* **verbindlich** (freundlich, bindend); die **Verbindlichkeiten** *Pl.* (Schulden, Rückstände); die **Verbindung:** in Verbindung (zusammen) mit – sich mit jemandem in Verbindung setzen (mit ihm Kontakt aufnehmen); die **Verbindungslinie;** der **Verbindungsmann,** die ...männer/...leute; auch: der **V-Mann;** die **Verbindungsstraße;** das **Verbindungsstück;** die **Verbindungstür;** → Verband

ver·bịs·sen: verbissen (hartnäckig, beharrlich) um sein Recht kämpfen – verbissen (zornig, grimmig) dreinschauen; die **Verbissenheit**

ver·bịt·ten: sich etwas verbitten (verlangen, dass es unterbleibt)

ver·bịt·tern: (ärgern, kränken); jemandem das Leben verbittern (schwer machen) – verbittert (mürrisch, vergrämt) sein; die **Verbitterung**

ver·blạs·sen: die Farbe war verblasst (blass geworden) – verblasste Erinnerungen

ver·bläu·en: jemanden verbläuen (kräftig verprügeln)

ver·blei·ben: (zurückbleiben, verharren, übrig bleiben); der **Verbleib** (Aufenthaltsort)

ver·blei·chen: es verbleicht, es verblich, es ist verblichen; verblichene (verblasste) Bilder; der/die **Verblichene** (Verstorbene)

ver·blụ̈f·fen: er verblüffte (überraschte) alle – verblüfft sein; **verblüffend:** verblüffende (erstaunliche) Erfolge haben; die **Verblüfftheit;** die **Verblüffung**

ver·blü·hen: die Blumen sind schon verblüht (verwelkt)

ver·boh·ren, sich: sich in etwas verbohren (sich verbissen damit beschäftigen); **verbohrt:** verbohrt (starrköpfig, eigensinnig) sein; die **Verbohrtheit**

ver·bọr·gen: sich verborgen halten (sich verbergen); aber: im Verborgenen (unbemerkt, geheim); die **Verborgenheit**

Ver·bot, das: -(e)s, -e (Untersagung; Befehl, etwas nicht zu tun); ein Verbot aussprechen; **verboten** (gesetzwidrig, tabu); **verbotenerweise;** das **Verbotsschild; verbotswidrig;** das **Verbotszeichen;** → verbieten

ver·brä·men: ein Kleid verbrämen (am Rand verzieren) – ein mit schönen Worten verbrämter (umschriebener, verschleierter) Tadel; die **Verbrämung**

ver·brau·chen: viel Wasser verbrauchen – er wirkt verbraucht (erschöpft, abgearbeitet) – das Auto verbraucht wenig Benzin – eine verbrauchte (schlechte) Luft; der **Verbrauch;** der **Verbraucher** (Abnehmer, Käufer); die **Verbraucherin,** die Verbraucherinnen; der **Verbrauchermarkt;** die **Verbraucherzentrale;** die **Verbrauchsgüter** *Pl.*; die **Verbrauch(s)steuer**

Ver·bre·chen, das: -s, - (schweres Vergehen, Straftat); für ein Verbrechen bestraft werden; **verbrechen:** etwas verbrechen (etwas Schlimmes anrichten); die **Verbrechensbekämpfung;** der **Verbrecher;** die **Verbrecherbande;** die **Verbrecherin,** die Verbrecherinnen; **verbrecherisch;** die **Verbrecherjagd;** das **Verbrechertum;** die **Verbrecherwelt**

ver·brei·ten: ein Gerücht verbreiten (in Umlauf setzen, ausstreuen) – Angst und Schrecken verbreiten (erregen) – sich verbreiten (sich ausbreiten, ausdehnen) – das ist eine weit verbreitete (gängige) Meinung; die **Verbreitung;** das **Verbreitungsgebiet**

ver·brei·tern: die Straße wurde verbreitert (breiter gemacht); die **Verbreiterung**

ver·bren·nen: Holz verbrennen – sich die Hand verbrennen (durch Feuer verletzen) – das Land ist durch die Hitze verbrannt; die **Verbrennung;** der **Verbrennungsmotor**

ver·brin·gen: (zubringen, verleben); er verbringt (verlebt) seinen Urlaub zu Hause

ver·bün·den, sich: alle haben sich gegen mich verbündet (sich zusammengetan, vereinigt); der **Verbund,** die Verbunde/Verbünde; die **Verbundbauweise;** die **Verbundenheit;** der/die **Verbündete;** das **Verbundnetz;** das **Verbundsystem**

ver·bür·gen: sich für jemanden verbürgen (für ihn Bürgschaft leisten) – eine verbürgte (glaubwürdige) Nachricht – verbürgte (zugesicherte) Rechte; die **Verbürgung**

ver·bü·ßen: eine Strafe verbüßen (abbüßen); die **Verbüßung**

Ver·dacht, der: -(e)s, -e/Verdächte (Argwohn, Zweifel); der Verdacht hat sich nicht bestätigt – etwas auf Verdacht (ohne Genaueres zu wissen) tun – einen Verdacht hegen (etwas argwöhnen) – *Verdacht schöpfen* (misstrauisch werden) – *über jeden Verdacht erhaben sein* (absolut unverdächtig sein); **verdächtig;** der/die **Verdächtige; verdächtigen;** die **Verdächtigung;** der **Verdachtsgrund,** die ...gründe; das **Verdachtsmoment**

ver·dam·men: jemanden verdammen (verurteilen, verfluchen) – sie ist zum Nichtstun verdammt (sie kann nichts tun); **verdammenswert;** die **Verdammnis,** die Verdammnisse: die ewige Verdammnis (Hölle); **verdammt:** verdammt (sehr) peinlich; der/die **Verdammte;** die **Verdammung; verdammungswürdig**

ver·dat·tert: (ganz verwirrt, durcheinander)

ver·dau·en: die Bohnen sind schwer zu verdauen – sie hat die schlechte Nachricht gut verdaut (geistig verarbeitet); **verdaulich:** ein gut verdauliches (bekömmliches) Essen; die **Verdauung;** die **Verdauungsbeschwerden** *Pl.;* das **Verdauungsorgan;** die **Verdauungsstörung;** der **Verdauungstrakt**

ver·de·cken: die Sträucher verdecken die Aussicht – eine Sache verdecken (verbergen); das **Verdeck** (oberstes Schiffsdeck, Wagendecke); **verdeckterweise**

ver·der·ben: du verdirbst, er verdarb, sie hat verdorben, verdirb!; er hat mir den ganzen Tag verdorben (verleidet) – verdorbenes (faules) Obst – seine Freunde haben ihn verdorben (einen schlechten Einfluss auf ihn ausgeübt) – *es sich mit jemandem verderben* (sich bei ihm unbeliebt machen); das **Verderben:** in sein Verderben (Unglück) rennen – der Alkohol war sein Verderben (Untergang) – auf Gedeih und Verderb; **verderbenbringend;** auch: Verderben bringend; **verderblich:** leicht verderbliche (nur kurze Zeit haltbare) Waren; die **Verderblichkeit; verderbt** (lasterhaft); die **Verderbtheit; verdorben:** verdorbene (ranzige) Butter – verdorbenes (schimmeliges) Brot – er ist ein verdorbener (lasterhafter) Mensch; die **Verdorbenheit**

ver·die·nen: er verdient viel Geld – seine Leistung verdient Anerkennung – *es nicht besser/nicht anders verdienen* (zu Recht ein Missgeschick erleiden) – *sich um etwas verdient machen* (sich erfolgreich für etwas einsetzen); der **Verdienst:** ein hoher Verdienst (hohes Einkommen); das **Verdienst:** das ist dein Verdienst (deine Leistung); der

Verdienstausfall; das **Verdienstkreuz** (Verdienstorden); die **Verdienstmöglichkeit;** die **Verdienstspanne; verdienstvoll** (lobenswert); **verdient:** eine verdiente Frau; **verdientermaßen; verdienterweise**

Ver·dikt *lat. [wärdikt],* das: -(e)s, -e (Verbot, Urteil, Verdammungsurteil)

ver·din·gen: sich verdingen (eine Arbeit annehmen); die **Verdingung**

ver·don·nern: jemanden zu einer hohen Geldstrafe verdonnern (verurteilen)

ver·dop·peln: er hat den Einsatz im Spiel verdoppelt (verzweifacht); die **Verdopp(e)lung**

ver·dor·ren: (dürr werden); infolge des heißen Sommers verdorrte das gesamte Getreide

ver·drän·gen: sich nicht verdrängen (zur Seite schieben) lassen – sie verdrängte (unterdrückte) ihre Erinnerungen; die **Verdrängung;** der **Verdrängungswettbewerb**

ver·dre·hen: sie verdrehte die Augen – die Wahrheit verdrehen (einen Vorgang unrichtig darstellen) – *jemandem den Kopf verdrehen* (ihn verliebt machen); **verdreht** (umgekehrt, überspannt, verrückt); die **Verdrehtheit;** die **Verdrehung**

ver·drie·ßen: du verdrießt, er verdross, sie hat verdrossen, verdrieß(e)!; es verdrießt (ärgert) ihn – *es sich nicht verdrießen lassen* (sich nicht entmutigen lassen); **verdrießlich** (mürrisch); die **Verdrießlichkeit; verdrossen;** die **Verdrossenheit** (Ärger); der **Verdruss:** Verdruss bereiten (ärgern)

ver·drü·cken: drei Stück Kuchen verdrücken (essen) – sich verdrücken (heimlich weggehen, sich wegschleichen) – ein verdrückter (zerknitterter) Anzug

ver·duf·ten: (unauffällig weggehen, fliehen)

ver·dum·men: jemanden verdummen (ihn geistig anspruchslos machen); die **Verdummung**

ver·dun·keln: das Zimmer verdunkeln (dunkel machen) – der Himmel verdunkelt sich (trübt sich ein); die **Verdunk(e)lung;** die **Verdunk(e)lungsgefahr**

ver·dün·nen: Wein mit Wasser verdünnen; sich **verdünnisieren** (weggehen, sich wegschleichen); die **Verdünnung**

ver·duns·ten: das Wasser im Topf ist verdunstet (langsam verdampft); auch: **verdünsten;** die **Verdunstung;** auch: die **Verdünstung**

ver·dutzt: verdutzt (verwirrt, sprachlos) sein; **verdutzen** (verwundern); die **Verdutztheit**

ver·eb·ben: der Lärm verebbte (ließ allmählich nach, flaute ab)

ver·eh·ren: er verehrte (schätzte sehr hoch) seinen Lehrer – Götter verehren – er verehrte (schenkte) ihm ein Buch; der **Verehrer;** die **Verehrerin,** die Verehrerinnen; die **Verehrung; verehrungsvoll; verehrungswürdig**

ver·ei·di·gen: die Soldaten werden vereidigt (durch Eid verpflichtet); die **Vereidigung**

Ver·ein, der: -(e)s, -e (Bund, Gruppe); einem Verein beitreten – im Verein mit (gemeinsam mit) uns; **vereinen:** mit vereinten Kräften; **vereinigen:** sich vereinigen (zusammenschließen); aber: das **Vereinigte Königreich Großbritannien und Nordirland** ⟨UK⟩ – die **Vereinigten Staaten von Amerika** ⟨USA⟩; die **Vereinigung;** die **Vereinself;** die **Vereinsmannschaft;** die **Vereinsmeierei** (übertriebenes Wichtignehmen der eigenen Tätigkeit in einem Verein); das **Vereinsmitglied;** die **Vereinssatzung;** das **Vereinswesen; vereint:** die **Vereinten Nationen** ⟨UN⟩

ver·ein·ba·ren: einen Termin vereinbaren (ausmachen, festlegen); **vereinbar;** die **Vereinbarung; vereinbarungsgemäß**

ver·ein·fa·chen: etwas vereinfachen (einfacher machen); die **Vereinfachung**

ver·ein·nah·men: (einnehmen, beanspruchen); die **Vereinnahmung**

ver·ein·sa·men: (einsam werden); die **Vereinsamung**

ver·ein·zelt: nur vereinzelt (gelegentlich) kamen Gäste; aber: Vereinzelte kamen – vereinzelte Niederschläge; die **Vereinzelung**

ver·ei·teln: einen Plan vereiteln (verhindern, zunichtemachen); die **Vereit(e)lung**

ver·elen·den: (verarmen); die **Verelendung**

ver·en·den: (langsam und qualvoll sterben, eingehen); die **Verendung**

ver·er·ben: seinen Söhnen das ganze Vermögen vererben (hinterlassen); **vererbbar; vererblich;** die **Vererbung;** die **Vererbungslehre**

ver·fah·ren: sich in einer Stadt verfahren (verirren) – gerecht verfahren (handeln) – der Richter ist milde mit ihm verfahren; **verfahren:** eine verfahrene (ausweglose) Situation; das **Verfahren;** die **Verfahrensweise**

ver·fal·len: ein verfallenes (baufälliges) Haus

– dem Alkohol verfallen sein (ein Trinker sein) – der alte Mann verfiel immer mehr (er wurde schwächer) – die Eintrittskarte ist längst verfallen (ungültig) – sie ist wieder in ihren alten Fehler verfallen – er verfiel (kam) auf eine sonderbare Idee; der **Verfall;** das **Verfall(s)datum,** die ... daten; die **Verfallserscheinung;** der **Verfall(s)tag;** die **Verfall(s)zeit**

ver·fan·gen: er verfängt (verstrickt) sich in seinen eigenen Lügen – das verfängt (wirkt) bei mir nicht mehr; **verfänglich:** verfängliche (peinliche, heikle) Fragen stellen; die **Verfänglichkeit**

ver·fas·sen: einen Zeitungsartikel verfassen (schreiben); der **Verfasser** ⟨Verf.⟩ (Urheber, Autor); die **Verfasserin,** die Verfasserinnen; die **Verfassung:** in guter Verfassung (in einem guten Zustand) sein – die Verfassung (das Grundgesetz) der Bundesrepublik Deutschland; **verfassunggebend:** eine verfassunggebende Versammlung; die **Verfassungsbeschwerde; verfassungsgemäß; verfassungsmäßig;** das **Verfassungsrecht;** der **Verfassungsschutz; verfassungstreu; verfassungswidrig** (gesetzwidrig)

ver·fech·ten: seinen Plan verfechten (dafür eintreten, kämpfen); der **Verfechter:** der Verfechter einer Sache (Kämpfer für eine Sache); die **Verfechterin,** die Verfechterinnen; die **Verfechtung**

ver·feh·len: sie hat das Ziel verfehlt (nicht getroffen, erreicht) – eine verfehlte (falsche, unangebrachte) Politik; die **Verfehlung** (Verstoß, Sünde)

ver·flie·gen: der Pilot hat sich im Nebel verflogen (verirrt) – sein Zorn war schnell verflogen (vorbei) – der Rauch verfliegt – die Zeit verfliegt (vergeht) schnell

ver·flixt: eine verflixte (verdammte, ärgerliche) Sache – das ist verflixt (sehr) schwer

ver·flu·chen: er hat seine Entscheidung schon oft verflucht (verwünscht, zum Teufel gewünscht); **verflucht:** ein verflucht (sehr) schwieriges Unternehmen – verflucht und zugenäht!; die **Verfluchung**

ver·flüch·ti·gen, sich: (in einen gasförmigen Zustand übergehen); *sich verflüchtigt haben* (unauffindbar sein); die **Verflüchtigung**

ver·fol·gen: einen Flüchtigen verfolgen (zu fangen suchen) – eine Spur verfolgen – er verfolgt sein Ziel mit großer Ausdauer – er ist vom Unglück verfolgt (oft davon betroffen) – Ereignisse verfolgen (genau beobachten); der **Verfolger;** die **Verfolgerin,** die Verfolgerinnen; der/die **Verfolgte;** die **Verfolgung;** die **Verfolgungsjagd;** das **Verfolgungsrennen;** der **Verfolgungswahn**

ver·fres·sen: (gefräßig); die **Verfressenheit**

ver·fü·gen: über viel Geld verfügen (viel Geld besitzen) – er darf über sein Erbe nicht verfügen (keinen Gebrauch davon machen) – die Schließung des Parks wurde verfügt (angeordnet); **verfügbar:** verfügbar sein (da sein); die **Verfügung:** eine Verfügung (Anordnung) erlassen – *etwas zur Verfügung haben* (etwas verwenden können) – *sich zur Verfügung halten* (bereit sein) – *jemandem zur Verfügung stehen* (von ihm eingesetzt werden können) – *etwas zur Verfügung stellen* (zum Gebrauch überlassen); **verfügungsberechtigt;** die **Verfügungsgewalt;** das **Verfügungsrecht**

ver·füh·ren: sie wurde zum Rauchen verführt (verleitet); der **Verführer;** die **Verführerin,** die Verführerinnen; **verführerisch;** die **Verführung;** die **Verführungskunst,** die ... künste

ver·gaf·fen, sich: sich in jemanden vergaffen (sich verlieben)

ver·gäl·len: er vergällt (verdirbt) uns jede Freude; die **Vergällung**

Ver·gan·gen·heit, die: -; die jüngste Vergangenheit – ein Zeitwort in die Vergangenheit (in eine Vergangenheitsform) setzen – er hat eine dunkle Vergangenheit (ein nicht ganz einwandfreies Vorleben); **vergangen:** vergangene (frühere) Zeiten; die **Vergangenheitsbewältigung;** die **Vergangenheitsform; vergänglich:** alles ist vergänglich (sterblich, veränderlich, von kurzer Dauer); die **Vergänglichkeit;** → vergehen

Ver·ga·ser, der: -s, - (Teil des Verbrennungsmotors); **vergasen** (mit Gas töten); die **Vergasung**

ver·gat·tern: jemanden vergattern (ihn zu etwas verpflichten); die **Vergatterung**

ver·ge·ben: vergib (verzeih) mir meine Faulheit! – alle Plätze sind bereits vergeben (besetzt) – einen Auftrag vergeben – er vergab seine Chance (er nutzte sie nicht aus) – sie ist heute schon vergeben (sie hat schon etwas vor); die **Vergabe:** die Vergabe eines

Auftrags; **vergebens** (ohne Erfolg, umsonst, nutzlos); auch: **vergeblich:** es war eine vergebliche Mühe; die **Vergeblichkeit;** die **Vergebung** (Verzeihung, Straferlass)

ver·ge·gen·wär·ti·gen, sich: sich seine Lage vergegenwärtigen (ins Bewusstsein rufen); die **Vergegenwärtigung**

ver·ge·hen: die Zeit vergeht (verstreicht) schnell – er hat sich gegen das Gesetz vergangen (dagegen verstoßen) – die Schmerzen vergingen (hörten auf) – vor Sehnsucht vergehen (umkommen) – er hat sich an ihr vergangen (sie vergewaltigt); das **Vergehen** (Straftat, Unrecht, Verbrechen); → Vergangenheit

ver·gel·ten: (entlohnen, rächen); Gutes mit Gutem vergelten; die **Vergeltung;** die **Vergeltungsaktion;** die **Vergeltungsmaßnahme;** der **Vergeltungsschlag,** die ... schläge

ver·ges·sen: du vergisst, er vergaß, sie hat vergessen, vergiss!; eine Verabredung vergessen (nicht mehr daran denken) – vergiss mich nicht! – sich vergessen (unüberlegt handeln); die **Vergessenheit:** *in Vergessenheit geraten* (vergessen werden); **vergesslich;** die **Vergesslichkeit**

ver·geu·den: sein Vermögen vergeuden (verschwenden, durchbringen) – Zeit vergeuden (vertun); die **Vergeudung**

ver·ge·wal·ti·gen: eine Frau vergewaltigen (mit Gewalt zum Geschlechtsverkehr zwingen) – ein vergewaltigtes (unterdrücktes) Volk; der **Vergewaltiger;** die **Vergewaltigung**

ver·ge·wis·sern, sich: er vergewisserte sich (verschaffte sich Gewissheit); die **Vergewisserung**

ver·gif·ten: er hat sich durch einen verdorbenen Fisch vergiftet – vergiftete Pilze essen – eine vergiftete (verschmutzte, verpestete) Luft; die **Vergiftung;** die **Vergiftungsgefahr**

ver·gil·ben: vergilbte (gelb gewordene) Blätter – vergilbte Papiere

Ver·giss·mein·nicht, das: -(e)s, -(e) (eine Wiesenblume)

ver·glei·chen: Preise vergleichen – sich mit jemandem vergleichen (messen, einen Vergleich mit ihm schließen); der **Vergleich;** **vergleichbar;** die **Vergleichbarkeit;** die **Vergleichsgröße;** der **Vergleichsmaßstab,** die ... maßstäbe; **vergleichsweise** (im Vergleich zu anderem); die **Vergleichszahl**

Ver·gnü·gen, das: -s, -; es bereitet mir Vergnügen (Freude, Lust); sich **vergnügen;** **vergnüglich;** **vergnügt** (lustig, zufrieden); **vergnügungshungrig;** die **Vergnügungsreise;** die **Vergnügungssteuer;** die **Vergnügungssucht,** die ... süchte; **vergnügungssüchtig;** das **Vergnügungsviertel**

ver·göt·tern: jemanden vergöttern (verherrlichen, anbeten); die **Vergötterung**

ver·grä·men: er wurde vergrämt (verstimmt, verärgert); **vergrämt:** eine vergrämte (bedrückte, sorgenvolle) Miene machen

ver·grei·fen: er hat sich an ihr vergriffen (vergangen) – ein vergriffenes (nicht mehr lieferbares) Buch – sich im Ton vergreifen

ver·grö·ßern: seinen Vorsprung vergrößern (ausbauen) – er vergrößerte (erweiterte) seinen Betrieb; die **Vergrößerung;** der **Vergrößerungsapparat;** das **Vergrößerungsglas,** die ... gläser (Lupe)

Ver·güns·ti·gung, die: -, -en (Preisnachlass, Vorrecht); **vergünstigt** (ermäßigt, günstiger)

ver·gü·ten: seine Auslagen wurden ihm vergütet (ersetzt, bezahlt); die **Vergütung**

ver·haf·ten: einen Dieb verhaften (festnehmen, abführen); **verhaftet:** das ist fest in meinem Gedächtnis verhaftet (eingeprägt); der/die **Verhaftete;** die **Verhaftung;** die **Verhaftungswelle**

ver·hal·ten, sich: er verhielt (benahm) sich stets korrekt – die Sache verhält sich (ist) ganz anders; **verhalten:** eine verhaltene (unterdrückte) Wut; das **Verhalten;** **verhaltensauffällig;** die **Verhaltensforschung;** **verhaltensgestört;** die **Verhaltensregel;** die **Verhaltensstörung;** die **Verhaltensweise;** das **Verhältnis,** die Verhältnisse: er lebt in guten Verhältnissen (es geht ihm gut) – sie hat zu ihrer Schwester ein gutes Verhältnis (eine gute Beziehung); die **Verhältnisgleichung;** **verhältnismäßig** (vergleichsweise, ziemlich); das **Verhältniswort,** die ... wörter (Sprachlehre: Präposition)

ver·han·deln: über den Preis verhandeln (eingehend sprechen) – sie verhandelten (besprachen sich) lange – sein Fall wurde vor dem Gericht verhandelt; die **Verhandlung;** **verhandlungsbereit;** die **Verhandlungsbereitschaft;** **verhandlungsfähig;** der **Verhandlungspartner;** die **Verhandlungspartnerin;** die **Verhandlungssache**

ver·hän·gen: ein Fenster verhängen (zuhängen) – es wurde eine harte Strafe verhängt (ausgesprochen); **verhangen:** ein verhangener (trüber) Himmel; das **Verhängnis,** die Verhängnisse (Unglück, schlimmes Schicksal); **verhängnisvoll;** die **Verhängung**

ver·harm·lo·sen: der Vorfall wurde in der Zeitung verharmlost (harmloser dargestellt als in Wirklichkeit); die **Verharmlosung**

ver·härmt: sie hatte ein verhärmtes (von Kummer gezeichnetes) Gesicht

ver·har·ren: er verharrte (blieb unbeirrt) bei seiner Meinung; die **Verharrung**

ver·här·ten: ein verhärtetes (verbittertes) Herz haben; die **Verhärtung**

ver·has·peln, sich: sich vor Aufregung verhaspeln (versprechen); die **Verhasp(e)lung**

ver·hasst: ein verhasster (unbeliebter, verabscheuter) Mensch

ver·hät·scheln: ein verhätscheltes (verwöhntes) Kind; die **Verhätsch(e)lung**

Ver·hau, der/das: -(e)s, -e (Unordnung, Durcheinander); **verhauen:** verhauen (unmöglich) aussehen; **verhauen** (durchprügeln)

ver·hed·dern, sich: sie verhedderte (verwirrte, verfing) sich in den Schnüren

ver·hee·ren: ein Land verheeren (zerstören); **verheerend:** ein verheerendes (furchtbares) Unwetter – es ist verheerend (scheußlich, unerhört)!; die **Verheerung**

ver·heh·len: sie konnte ihre Sorgen nicht verhehlen (nicht verbergen, verschweigen)

ver·heim·li·chen: eine Sache verheimlichen (vertuschen, verbergen); die **Verheimlichung**

ver·hei·ßen: etwas verheißen (versprechen, voraussagen); die **Verheißung; verheißungsvoll** (vielversprechend)

ver·herr·li·chen: (verklären, feiern, in den Himmel heben); die **Verherrlichung**

ver·hin·dern: etwas verhindern (aufhalten, zu Fall bringen); die **Verhinderung;** der **Verhinderungsfall:** im Verhinderungsfall(e)

ver·hoh·len: er grinste verhohlen (heimlich)

ver·höh·nen: jemanden verhöhnen (verspotten); die **Verhöhnung**

ver·hö·kern: etwas verhökern (verkaufen, zu Geld machen)

ver·hö·ren: von der Polizei verhört (vernommen) werden – sich verhören (etwas falsch verstehen); das **Verhör:** jemanden ins Verhör nehmen (ihn verhören)

ver·hül·len: das Gesicht verhüllen; **verhüllt:** ein verhülltes Denkmal; die **Verhüllung**

ver·hü·ten: Schaden verhüten (verhindern, vermeiden) wollen; die **Verhütung;** das **Verhütungsmittel** (Mittel zur Verhinderung der Schwangerschaft)

ve·ri·fi·zie·ren *lat. [werifiziren]*: (die Richtigkeit bestätigen); die **Verifikation; verifizierbar;** die **Verifizierbarkeit**

ver·ir·ren, sich: sich in eine abgelegene Gegend verirren (vom Weg abkommen); die **Verirrung**

ver·ja·gen: jemanden von Haus und Hof verjagen (gewaltsam vertreiben)

ver·jäh·ren: (verfallen, seine Gültigkeit verlieren); eine verjährte Schuld; die **Verjährung;** die **Verjährungsfrist**

ver·ju·beln: sein ganzes Geld verjubeln (verschwenden, für Vergnügungen ausgeben)

ver·jün·gen: die neue Frisur hat sie verjüngt (lässt sie jünger erscheinen) – der Pfeiler verjüngt sich nach oben (er wird schmaler); die **Verjüngung;** die **Verjüngungskur**

ver·ju·xen: (vergeuden); du verjuxt

ver·ka·beln: eine verkabelte (mit Kabeln angeschlossene) Leitung; die **Verkabelung**

ver·kal·ken: das Rohr ist verkalkt (es hat Kalk angesetzt) – er ist schon völlig verkalkt (alt und geistig unbeweglich); die **Verkalkung**

ver·kal·ku·lie·ren, sich: (sich verrechnen, etwas falsch veranschlagen)

ver·kappt: (unkenntlich gemacht); ein verkappter Dieb; **verkappen;** die **Verkappung**

ver·kau·fen: er verkauft sein Haus – etwas mit Gewinn verkaufen; der **Verkauf,** die Verkäufe: zum Verkauf stehen (zu verkaufen sein); der **Verkäufer;** die **Verkäuferin,** die ...verkäuferinnen; **verkäuflich;** die **Verkäuflichkeit;** die **Verkaufsausstellung; verkaufsfördernd; verkaufsoffen:** ein verkaufsoffener Sonntag; der **Verkaufsschlager;** der **Verkaufsstand,** die ...stände

ver·keh·ren: die Straßenbahn verkehrt (fährt regelmäßig) alle zehn Minuten – mit jemandem verkehren (beisammen sein, Umgang haben) – etwas in das Gegenteil verkehren (verwandeln); der **Verkehr:** *etwas aus dem Verkehr ziehen* (etwas nicht mehr zulassen) – *etwas in den Verkehr bringen* (in Umlauf bringen); die **Verkehrsader** (Hauptverkehrsstraße); die **Verkehrsampel;**

das **Verkehrsamt,** die ...ämter; **verkehrsberuhigt;** der **Verkehrsbetrieb;** das **Verkehrsbüro;** das **Verkehrschaos;** die **Verkehrsgefährdung;** das **Verkehrsgeschehen; verkehrsgünstig;** die **Verkehrsinsel;** der **Verkehrsknotenpunkt;** das **Verkehrsmittel;** der **Verkehrspolizist;** die **Verkehrsregel; verkehrsreich** (belebt); das **Verkehrsschild;** die **Verkehrssicherheit;** der **Verkehrsstau;** die **Verkehrsstörung;** der **Verkehrssünder;** der **Verkehrsteilnehmer;** der **Verkehrsunfall,** die ...unfälle; das **Verkehrswesen; verkehrswidrig;** das **Verkehrszeichen**

ver·kehrt: die Antwort war verkehrt (falsch) – *mit dem verkehrten Bein aufgestanden sein* (schlechte Laune haben); die **Verkehrtheit;** die **Verkehrung** (Umdrehung, Verdrehung)

ver·ken·nen: jemanden verkennen (falsch beurteilen) – ein verkanntes Genie; die **Verkennung**

ver·klap·pen: (Abfallstoffe im Meer versenken); die **Verklappung**

ver·klä·ren: ein verklärtes (strahlendes, beseligtes) Gesicht; die **Verklärung**

ver·klau·su·lie·ren: (durch Vorbehalte, Spitzfindigkeiten schwer verständlich machen); die **Verklausulierung**

ver·klei·den: sich als Clown verkleiden – er verkleidete die Wand mit Holz; die **Verkleidung**

ver·klei·nern: ein Bild verkleinern (kleiner machen) – das Zimmer wurde verkleinert – das verkleinert deine Schuld nicht (macht sie nicht geringer); die **Verkleinerung;** die **Verkleinerungsform**

ver·klemmt: verklemmt (gehemmt, unsicher) sein; **verklemmen;** die **Verklemmung**

ver·knap·pen: (knapp machen); die Lebensmittel verknappten sich (wurden knapp); die **Verknappung**

ver·knei·fen: sich eine Bemerkung verkneifen (darauf verzichten)

ver·knif·fen: ein verkniffenes (verbittertes) Gesicht; die **Verkniffenheit**

ver·knö·chert: ein verknöcherter (steif, unbeweglich gewordener) alter Mann; **verknöchern;** die **Verknöcherung**

ver·knüp·fen: Seile miteinander verknüpfen – er verknüpfte (verband) seine Reise mit einem Besuch bei den Verwandten; die **Verknüpfung;** der **Verknüpfungspunkt**

ver·kom·men: ein verkommener (verwahrloster) Mensch – der Bauernhof ist völlig verkommen (verfallen); die **Verkommenheit**

ver·kork·sen: etwas verkorksen (verderben, verpfuschen)

ver·kör·pern: sie verkörperte (spielte) auf der Bühne eine Fee – er verkörpert (personifiziert) die Gerechtigkeit; die **Verkörperung**

ver·kos·ten: Speisen verkosten (kostend prüfen); der **Verkoster; verköstigen** (Kost geben); die **Verköstigung;** die **Verkostung**

ver·kracht: eine verkrachte (gescheiterte) Existenz – sie haben sich verkracht

ver·kraf·ten: er hat die Belastung gut verkraftet (bewältigt, ausgehalten)

ver·kramp·fen: die Muskeln verkrampften sich; **verkrampft:** verkrampft (gehemmt, angespannt) wirken – ein verkrampftes (gezwungenes) Lachen; die **Verkrampfung**

ver·küh·len, sich: (sich erkälten); die **Verkühlung**

ver·küm·mern: die Pflanze verkümmert langsam (geht ein) – ihr Talent verkümmerte (blieb ungenutzt); die **Verkümmerung**

ver·kün·den: der Richter verkündet das Urteil (er gibt es bekannt) – eine Botschaft verkünden (feierlich mitteilen); auch: **verkündigen;** der **Verkünder;** die **Verkünderin,** die Verkünderinnen; die **Verkündigung;** die **Verkündung**

ver·kup·peln: zwei miteinander verkuppeln (sie zur Ehe zusammenbringen); die **Verkupp(e)lung**

ver·la·den: Waren verladen (in ein Fahrzeug bringen) – jemanden verladen (verulken); der **Verladebahnhof,** die ...bahnhöfe; der **Verladekran,** die ...kräne; die **Verladerampe;** die **Verladung**

Ver·lag, der: -(e)s, -e (Unternehmen, das Werke der Literatur, Kunst, Musik herstellt und vertreibt); die **Verlagsanstalt;** der **Verlagskatalog;** der **Verlagsprospekt;** das **Verlagswesen;** → verlegen

ver·la·gern: er verlagerte (verlegte) seinen Betrieb ins Ausland; die **Verlagerung**

ver·lan·gen: diese Arbeit verlangt (erfordert) viel Kraft – er verlangt (wünscht), mich zu sprechen – sie wird am Telefon verlangt (gewünscht) – ihn verlangte (er sehnte sich danach), seine Eltern wiederzusehen; das **Verlangen** (Bedürfnis, Wunsch, Sehnsucht)

ver·län·gern: die Sperrstunde wurde verlängert (ausgedehnt) – einen Vertrag verlängern; **verlängert:** verlängerte Ferien; die **Verlängerung;** das **Verlängerungskabel;** die **Verlängerungsschnur,** die ... schnüre

ver·las·sen: die Heimat verlassen – sich auf seine Freunde verlassen (ihnen vertrauen) können – er ist völlig verlassen (allein); der **Verlass:** auf ihn ist Verlass; die **Verlassenheit; verlässlich** (zuverlässig); die **Verlässlichkeit**

Ver·laub, der: mit Verlaub (wenn es erlaubt, gestattet ist)

ver·lau·fen: sich im Wald verlaufen (verirren) – die Menschenmenge verläuft sich (geht auseinander) – das Fest ist gut verlaufen (abgelaufen) – das Wasser verläuft sich (versickert) im Boden; der **Verlauf,** die Verläufe; im Verlauf (während) des Abends – der Verlauf (Ablauf, Hergang) der Verhandlung – einen guten Verlauf nehmen

ver·lau·ten: es verlautet (wird gesagt, bekannt) – nichts verlauten lassen (nichts verraten) – wie verlautet; **verlautbaren** (mitteilen); die **Verlautbarung**

ver·le·gen: seine Brille verlegen (an einen Platz legen, wo man sie nicht mehr findet) – Kabel verlegen – seinen Wohnsitz verlegen (verändern) – sich auf Bitten verlegen – ein Buch verlegen (veröffentlichen); der **Verleger** (Inhaber eines Buch- oder Zeitungsverlags); die **Verlegerin,** die Verlegerinnen; die **Verlegung;** → Verlag

ver·le·gen: sehr verlegen (gehemmt, unsicher) sein – *um etwas verlegen sein* (etwas gerade Notwendiges nicht haben); die **Verlegenheit;** die **Verlegenheitslösung**

ver·lei·den: das Wetter hat den ganzen Urlaub verleidet (die Freude daran genommen)

ver·lei·hen: Fahrräder verleihen (ausleihen, verborgen) – jemandem einen Preis verleihen (überreichen); der **Verleih;** der **Verleiher;** die **Verleiherin;** die **Verleihung**

ver·lei·ten: zum Stehlen verleiten (verführen); die **Verleitung**

ver·let·zen: er wurde bei dem Unfall verletzt – sich am Bein verletzen – das verletzte (kränkte) ihn sehr – ein Gesetz verletzen (übertreten); **verletzbar;** die **Verletzbarkeit; verletzend; verletzlich;** die **Verletzlichkeit;** der/die **Verletzte;** die **Verletzung;** die **Verletzungsgefahr;** die **Verletzungspause**

ver·leug·nen: er verleugnete seinen Glauben (er bekannte sich nicht dazu) – sich verleugnen lassen (seine Anwesenheit verheimlichen); die **Verleugnung**

ver·leum·den: jemanden verleumden (in einen schlechten Ruf bringen); der **Verleumder;** die **Verleumderin,** die Verleumderinnen; **verleumderisch;** die **Verleumdung;** die **Verleumdungskampagne** *[...kampanje]*

ver·lie·ben, sich: sie haben sich ineinander verliebt – verliebt sein; der/die **Verliebte;** die **Verliebtheit**

ver·lie·ren: du verlierst, er verlor, sie hat verloren, verlier(e)!; er hat seine Geldbörse verloren – kein Wort über etwas verlieren – sie hat ihren Mann verloren – die Geduld verlieren – der Baum verliert seine Blätter – im Spiel viel Geld verlieren – sich in Kleinigkeiten verlieren (sie zu genau nehmen) – sie verloren sich aus den Augen – *nichts zu verlieren haben* (jedes Wagnis eingehen können); der **Verlierer;** die **Verliererin,** die Verliererinnen; **verloren:** alles ist verloren (vertan, fort) – *auf verlorenem Posten kämpfen* (einen aussichtslosen Kampf führen); **verlorengeben:** sich verlorengeben (sich aufgeben); auch: verloren geben; **verlorengeglaubt:** ein verlorengeglaubtes Spiel gewinnen; auch: verloren geglaubt; **verlorengehen:** der Brief ist verlorengegangen – an ihr ist eine gute Sängerin verlorengegangen; auch: verloren gehen/verloren gegangen; die **Verlorenheit;** der **Verlust;** die **Verlustanzeige; verlustarm;** das **Verlustgeschäft; verlustig:** *einer Sache verlustig gehen* (etwas verlieren); **verlustreich**

Ver·lies, das: -es, -e (Gefängnis, Kerker)

ver·lo·ben, sich: (einander die Ehe versprechen); das **Verlöbnis,** die Verlöbnisse; der/die **Verlobte;** die **Verlobung;** der **Verlobungsring**

ver·lo·cken: das schöne Wetter verlockt zum Baden – verlockend (einladend) sein – ein verlockendes Angebot; die **Verlockung**

ver·lo·gen: (unaufrichtig, unehrlich, unredlich); die **Verlogenheit**

ver·lot·tern: (verwahrlosen, verkommen)

ver·ma·chen: jemandem ein Haus vermachen (schenken, vererben); das **Vermächtnis,** die Vermächtnisse (Erbe, letzter Wille)

ver·mäh·len, sich: (heiraten); **vermählt;** der/die **Vermählte;** die **Vermählung** (Hochzeit); die **Vermählungsanzeige**

ver·ma·le·deit *lat.*: (verflucht)

ver·mas·seln: er hat alles vermasselt (verdorben, zunichtegemacht)

ver·meh·ren: sich rasch vermehren (sich fortpflanzen) – das Ungeziefer hat sich stark vermehrt; die **Vermehrung**

ver·mei·den: vermeide (unterlasse) künftig diese Fehler!; **vermeidbar; vermeidlich;** die **Vermeidung**

ver·mei·nen: (fälschlich glauben); **vermeintlich** (irrtümlich vermutet)

ver·mer·ken: im Notizblock vermerken (notieren) – etwas übel vermerken (übel nehmen) – am Rande vermerken (anmerken); der **Vermerk**

ver·mes·sen: ein Grundstück vermessen – sich vermessen (erdreisten); **vermessen:** eine vermessene (kühne) Tat; die **Vermessenheit;** die **Vermessung**

ver·mie·sen: etwas vermiesen (verderben, die Freude daran nehmen)

ver·mie·ten: ein Zimmer vermieten; der **Vermieter;** die **Vermieterin,** die Vermieterinnen; die **Vermietung**

ver·min·dern: die Gefahr verminderte (verringerte) sich; die **Verminderung**

ver·mis·sen: ich vermisse dich sehr (du gehst mir ab) – Geld vermissen; **vermissenlassen:** Feingefühl vermissenlassen; auch: vermissen lassen; der/die **Vermisste;** die **Vermisstenanzeige**

ver·mit·teln: zwischen streitenden Parteien vermitteln (schlichtend tätig sein) – er hat uns die Wohnung vermittelt (besorgt); der **Vermittler** (Mittelsmann, Makler); die **Vermittlerin,** die Vermittlerinnen; die **Vermittlerrolle;** die **Vermittlung;** die **Vermittlungsgebühr;** der **Vermittlungsversuch**

ver·mö·beln: (verprügeln)

ver·mö·gen: ich vermag dir nicht zu folgen (kann dir nicht folgen); **vermöge:** vermöge (aufgrund) ihres Fleißes; das **Vermögen; vermögend:** eine vermögende (reiche, wohlhabende) Frau; die **Vermögensabgabe;** der **Vermögensberater;** die **Vermögensberaterin,** die ...beraterinnen; die **Vermögenslage;** die **Vermögen(s)steuer; vermögenswirksam:** vermögenswirksame Leistungen

ver·mum·men: er hat sich vermummt (fest eingehüllt, durch Verkleidung o.Ä. unkenntlich gemacht); die **Vermummung**

ver·mu·ten: ich vermute (nehme an), dass...; **vermutlich;** die **Vermutung** (Annahme)

ver·nach·läs·si·gen: sie vernachlässigte ihre Kinder (kümmerte sich nicht um sie) – seine Pflichten vernachlässigen (versäumen); die **Vernachlässigung**

ver·narrt: sie ist ganz vernarrt (stark verliebt) in ihn; die **Vernarrtheit**

ver·neh·men: eine Stimme vernehmen (hören) – Zeugen vernehmen (befragen, verhören); **vernehmbar;** das **Vernehmen:** dem Vernehmen nach (wie allgemein bekannt ist); **vernehmlich:** etwas vernehmlich (laut, deutlich) sagen; die **Vernehmung** (das Verhör); **vernehmungsfähig**

ver·nei·gen, sich: (sich verbeugen); die **Verneigung**

ver·nei·nen: eine Frage verneinen; der **Verneiner;** die **Verneinerin;** die **Verneinung**

ver·nich·ten: Insekten vernichten (vertilgen) – der Hagel vernichtete die Ernte; der **Vernichter;** die **Vernichtung;** das **Vernichtungslager;** das **Vernichtungswerk**

ver·nied·li·chen: (verharmlosen, beschönigen); die **Verniedlichung**

Ver·nis·sa·ge *franz. [wernißasch]*, die: -, -n (Eröffnung einer Ausstellung)

Ver·nunft, die: -; gegen alle Vernunft (Einsicht) – *Vernunft annehmen* (vernünftig werden); **vernunftbegabt;** die **Vernunftehe; vernunftgemäß; vernünftig** (klug, verständig); **vernünftigerweise;** die **Vernünftigkeit;** der **Vernunftmensch; vernunftmäßig; vernunftwidrig**

ver·öden: eine verödete (menschenleere) Ortschaft – verödetes (unfruchtbar gewordenes) Land – Krampfadern veröden (stilllegen); die **Verödung**

ver·öf·fent·li·chen: einen Roman veröffentlichen (drucken lassen); die **Veröffentlichung**

ver·ord·nen: etwas verordnen (bestimmen, verfügen) – eine Medizin verordnen (verschreiben); die **Verordnung**

ver·pach·ten: Grundstücke verpachten (zur Benutzung überlassen); der **Verpächter;** die **Verpächterin,** die Verpächterinnen; die **Verpachtung**

ver·pa·cken: (versandfertig machen); die **Ver-**

packung; das **Verpackungsmaterial,** die ...materialien

ver·pas·sen: den Zug verpassen (nicht mehr erwischen) – jemandem eine Ohrfeige verpassen (geben)

ver·pes·ten: die Luft verpesten (mit Gestank erfüllen); die **Verpestung**

ver·pet·zen: er verpetzte (verriet) seinen Bruder nicht

ver·pflan·zen: einen Baum verpflanzen – Organe verpflanzen; die **Verpflanzung**

ver·pfle·gen: (ernähren); die **Verpflegung;** das **Verpflegungsgeld;** der **Verpflegungssatz,** die ...sätze

ver·pflich·ten: sich verpflichten (fest versprechen, zusagen) – zu Dank verpflichtet sein – eine verpflichtende (verbindliche) Zusage; die **Verpflichtung**

ver·pfu·schen: eine verpfuschte (verdorbene) Arbeit – ein verpfuschtes Leben

ver·pö·nen: (missbilligen); **verpönt:** das ist verpönt (nicht statthaft, unerwünscht)

ver·pras·sen: (verschwenden)

ver·puf·fen: (wirkungslos bleiben); die **Verpuffung;** die **Verpuffungsgefahr**

ver·pup·pen, sich: ein Insekt verpuppt sich (aus der Larve wird eine Puppe); die **Verpuppung**

ver·put·zen: die Wand neu verputzen – Brote verputzen (essen, verzehren) – das Geld verputzen (schnell und restlos ausgeben); der **Verputz** (Mauerbewurf)

ver·quer: eine verquere Welt; **verquergehen:** ihm geht alles verquer (ihm misslingt alles)

ver·qui·cken: (verbinden, vereinigen); die **Verquickung**

ver·ra·ten: er verrät sein Geheimnis nicht – seinen Freund verraten (anzeigen, ausliefern) – ihr Blick verrät (sagt) viel – *verraten und verkauft* (im Stich gelassen) *sein;* der **Verrat;** der **Verräter;** die **Verräterin,** die Verräterinnen; **verräterisch:** verräterische Spuren im Schnee

ver·rech·nen, sich: (falsch rechnen); in diesem Menschen habe ich mich verrechnet (geirrt); die **Verrechnung;** das **Verrechnungskonto,** die ...konten; der **Verrechnungsscheck**

ver·re·cken: (elend umkommen, sterben)

ver·ren·ken: sich den Arm verrenken (aus dem Gelenk drehen); die **Verrenkung**

ver·ren·nen, sich: er hat sich in diese Sache verrannt (er hält hartnäckig daran fest)

ver·rich·ten: er kann nur leichte Arbeiten verrichten (ausführen) – sein Gebet verrichten (beten); die **Verrichtung**

ver·rie·geln: das Tor verriegeln (mit einem Riegel zuschließen); die **Verrieg(e)lung**

ver·rin·gern: die Preise verringern (herabsetzen) – sein Interesse verringerte sich täglich (es flaute ab); die **Verringerung**

Ver·riss, der: -es, -e (vernichtende Kritik)

ver·ros·ten: ein verrostetes Auto – eine verrostete (tiefe und heisere) Stimme haben

ver·rot·ten: (verfaulen, vermodern, verwahrlosen); die **Verrottung**

ver·rucht: er beging eine verruchte (gemeine, schändliche) Tat; die **Verruchtheit**

ver·rückt: verrückt (nicht normal) sein – verrückte (ausgefallene) Ideen haben – sich verrückt stellen – wie verrückt (sehr schnell) laufen – *nach etwas verrückt sein* (sehr begierig auf etwas sein); der/die **Verrückte;** die **Verrücktheit; verrücktspielen** (außer sich geraten); das **Verrücktwerden:** es ist zum Verrücktwerden

Ver·ruf, der: jemanden in Verruf (in schlechten Ruf) bringen; **verrufen:** verrufen (berüchtigt) sein – eine verrufene Gegend

Vers *lat.,* der: -es, -e (Zeile einer Strophe); die Verse eines Gedichts – *sich keinen Vers auf etwas machen können* (sich etwas nicht erklären können); das **Versmaß**

ver·sa·gen: in seinem Beruf versagen (nichts leisten) – jemandem eine Bitte versagen (nicht erfüllen) – sie hat in der Prüfung versagt (das Erwartete nicht geleistet) – der Motor hat versagt (nicht mehr funktioniert); das **Versagen;** der **Versager;** die **Versagerin,** die Versagerinnen

ver·sam·meln: seine Freunde um sich versammeln (vereinigen) – sie haben sich vor der Schule versammelt (getroffen); die **Versammlung;** das **Versammlungslokal**

Ver·sand, der: -(e)s (das Versenden, Lieferung); **versandbereit; versandfertig;** das **Versandgeschäft;** das **Versandgut;** der **Versandhandel;** das **Versandhaus,** die ...häuser; die **Versandkosten** *Pl.;* → versenden

ver·san·den: das Becken ist versandet (hat sich mit Sand gefüllt) – sein Interesse ist allmählich versandet (hat spürbar nachgelassen); die **Versandung** (das Versanden)

ver·sau·ern: (geistig verkümmern, eingehen, ein dürftiges Leben führen)

ver·säu·men: die Abfahrt versäumen (zu spät kommen) – er versäumt (vernachlässigt) seine Pflichten – er hat es versäumt (verpasst), rechtzeitig zum Arzt zu gehen; das **Versäumnis,** die Versäumnisse (Unterlassung, versäumte Gelegenheit); die **Versäumung**

ver·scha·chern: (verkaufen)

ver·schaf·fen: sich Geld verschaffen (beschaffen, besorgen) – sich sein Recht verschaffen

ver·scha·len: eine Wand verschalen (mit Holz verkleiden); die **Verschalung**

ver·schämt: (verlegen, schamhaft, schüchtern); die **Verschämtheit;** das **Verschämttun**

ver·schan·deln: die Landschaft mit Bauten verschandeln (entstellen, verunstalten); die **Verschand(e)lung**

ver·schan·zen, sich: sich hinter der Mauer verschanzen (sich verstecken, in Stellung gehen) – er verschanzte sich hinter Ausreden (nahm sie zum Vorwand); die **Verschanzung**

ver·schär·fen: das Tempo verschärfen (steigern) – die Lage verschärft sich (spitzt sich zu); die **Verschärfung**

ver·schät·zen, sich: (sich beim Schätzen täuschen)

ver·schei·den: sie ist verschieden (gestorben); der/die **Verschiedene**

ver·schen·ken: er verschenkt sein ganzes Hab und Gut

ver·scher·zen: sich etwas verscherzen (es durch Leichtsinn oder Gedankenlosigkeit verlieren)

ver·scheu·chen: die Fliegen verscheuchen (fortjagen, vertreiben)

ver·schie·ben: er verschiebt (verrückt) den Schrank – einen Termin verschieben (zeitlich verlegen) – Waren verschieben (auf unredliche Weise kaufen bzw. verkaufen); **verschiebbar;** der **Verschiebebahnhof,** die ...bahnhöfe; die **Verschiebung**

ver·schie·den: die beiden Schwestern sind ganz verschieden (unterschiedlich) – verschieden lang – an verschiedenen Orten sein – er kaufte verschiedene (mehrere, einige) Sachen ein – verschiedene Mal(e); aber: Verschiedene (Unterschiedliche) kamen – Verschiedenes einkaufen – das Verschiedenste – Verschiedenstes; **verschiedenartig;** die **Verschiedenartigkeit; verschiedenerlei; verschiedenfarbig;** die **Verschiedenheit; verschiedentlich** (wiederholt, manchmal)

ver·schla·fen: sie verschlief (verbrachte schlafend) den ganzen Tag – er hat den Termin verschlafen (versäumt) – verschlafen (müde) sein; die **Verschlafenheit**

ver·schla·gen: Fenster mit Brettern verschlagen (zunageln) – in eine einsame Gegend verschlagen werden (geraten) – den Ball verschlagen (falsch ins Spiel bringen) – es verschlägt mir die Sprache; der **Verschlag,** die Verschläge (Hütte, Schuppen)

ver·schla·gen: ein verschlagener (unaufrichtiger, hinterlistiger) Kerl; die **Verschlagenheit**

ver·schlech·tern: ihr Zustand hat sich verschlechtert (verschlimmert); die **Verschlechterung**

ver·schlei·ern: das Gesicht verschleiern (verhüllen) – die Wahrheit verschleiern (vertuschen); die **Verschleierung**

ver·schlei·ßen: du verschleißt, er verschliss, sie hat verschlissen; er trägt ein verschlissenes (abgenütztes) Hemd; der **Verschleiß** (Abnutzung, Verbrauch); die **Verschleißerscheinung;** die **Verschleißfestigkeit**

ver·schlep·pen: Geiseln verschleppen (mit Gewalt an einen anderen Ort bringen) – er verschleppt eine Sache (zögert sie hinaus) – eine verschleppte (nicht ausgeheilte) Grippe; die **Verschleppung;** das **Verschleppungsmanöver;** die **Verschleppungstaktik,** die ...taktiken

ver·schleu·dern: (leichtsinnig ausgeben, verschwenden); die **Verschleuderung**

ver·schlie·ßen: alle Türen des Hauses sind verschlossen – den Schmuck in einem Schrank verschließen – sich verschließen (abkapseln); **verschließbar;** die **Verschließung;** der **Verschluss,** die Verschlüsse: *unter Verschluss halten* (eingeschlossen aufbewahren); die **Verschlusssache;** auch: die **Verschluss-Sache**

ver·schlimm·bes·sern: (etwas in der Absicht, es zu verbessern, schlechter machen); die **Verschlimmbesserung**

ver·schlin·gen: jemanden mit den Augen verschlingen (begehrlich anstarren) – das Essen verschlingen (gierig hinunterschlucken) – er verschlang das Buch (las es ohne Unterbrechung) – der Bau verschlingt (kostet) sehr viel; die **Verschlingung**
ver·schlüs·seln: eine verschlüsselte (nur für Eingeweihte verständliche) Nachricht; die **Verschlüsselung**
ver·schmach·ten: (vor Durst, Langeweile, Sehnsucht vergehen)
ver·schmä·hen: (ablehnen, abweisen); die **Verschmähung**
ver·schmer·zen: einen Verlust verschmerzen (verkraften)
ver·schmitzt: ein verschmitztes (pfiffiges) Gesicht machen; die **Verschmitztheit**
ver·schmut·zen: er verschmutzte mit seinen dreckigen Schuhen die Wohnung; **verschmutzt:** eine verschmutzte Straße; die **Verschmutzung**
ver·schnau·fen: er musste beim Wandern immer wieder verschnaufen (sich ausruhen, Atem holen); die **Verschnaufpause**
ver·schnei·en: eine verschneite (mit Schnee bedeckte) Landschaft
Ver·schnitt, der: -(e)s, -e (Mischung alkoholischer Getränke)
ver·schnupft: verschnupft sein (einen Schnupfen haben, gekränkt sein); **verschnupfen;** die **Verschnupftheit**
ver·schol·len: ein verschollenes (vermisstes) Kind; die **Verschollenheit**
ver·scho·nen: jemanden verschonen (jemandem nichts zuleide tun); die **Verschonung**
ver·schö·nen: (schmücken); **verschönern;** die **Verschönerung**
ver·schos·sen: verschossen (verliebt) sein
ver·schrän·ken: die Arme verschränken (kreuzweise legen); die **Verschränkung**
ver·schreckt: verschreckt (ängstlich) sein
ver·schrei·ben: der Arzt verschrieb (verordnete) ihr eine Medizin – sich verschreiben (einen Fehler beim Schreiben machen) – sie hat all ihren Besitz ihren Kindern verschrieben (hinterlassen); die **Verschreibung; verschreibungspflichtig**
ver·schrien: eine verschriene (anrüchige) Gegend – als Geizhals verschrien sein
ver·schro·ben: verschrobene (ausgefallene) Ansichten haben – ein verschrobener (wunderlicher) Mensch; die **Verschrobenheit**
ver·schrum·peln: ein verschrumpeltes (faltiges) Gesicht; die **Verschrump(e)lung**
ver·schul·den: etwas verschuldet (verursacht) haben; **verschuldet:** verschuldet (mit großen Schulden belastet) sein; das **Verschulden;** die **Verschuldung**
ver·schwei·gen: eine Nachricht verschweigen (verheimlichen); die **Verschweigung; verschwiegen:** sie ist sehr verschwiegen (nicht geschwätzig) – ein verschwiegenes (stilles, einsames) Plätzchen – *verschwiegen wie ein Grab* (völlig verschwiegen) *sein*; die **Verschwiegenheit**
ver·schwen·den: sein Geld verschwenden (leichtsinnig ausgeben); der **Verschwender;** die **Verschwenderin,** die Verschwenderinnen; **verschwenderisch;** die **Verschwendung;** die **Verschwendungssucht; verschwendungssüchtig**
ver·schwin·den: seine Geldbörse ist verschwunden (weggekommen) – er hat den Schmuck heimlich verschwinden lassen (gestohlen) – das Flugzeug ist in den Wolken verschwunden – verschwinde (mach, dass du wegkommst)!; das **Verschwinden**
ver·schwit·zen: seine Hausaufgaben verschwitzen (vergessen) – ein verschwitztes (schweißnasses) Hemd
ver·schwom·men: etwas verschwommen (unklar, undeutlich) sehen – sich verschwommen (nicht eindeutig) ausdrücken; die **Verschwommenheit**
ver·schwö·ren, sich: sich gegen jemanden verschwören (geheime Verabredungen gegen jemanden treffen); der/die **Verschwo·r(e)ne;** der **Verschwörer;** die **Verschwörerin,** die Verschwörerinnen; **verschwörerisch;** die **Verschwörung**
ver·se·hen: seinen Dienst versehen (ausüben) – jemanden mit Nahrungsmitteln versehen (versorgen) – ich habe mich beim Rechnen versehen (geirrt); das **Versehen:** aus Versehen – ihr ist ein Versehen (ein Fehler) unterlaufen; **versehentlich** (irrtümlich)
ver·sehrt: versehrt (verletzt) sein; der/die **Versehrte** (Körperbehinderte); die **Versehrtheit**
ver·selbst·stän·di·gen, sich: (sich selbstständig machen); auch: sich **verselbständigen;** die **Verselbstständigung;** auch: die **Verselbständigung**

ver·sen·den: ein Paket versenden (schicken); der **Versender;** die **Versendung;** → Versand

ver·sen·gen: ein Kleid versengen (leicht anbrennen); die **Versengung**

ver·sen·ken: ein Schiff wurde versenkt – einen Öltank in die Erde versenken – sich in seine Bücher versenken (vertiefen); **versenkbar;** die **Versenkbühne;** die **Versenkung:** *aus der Versenkung auftauchen* (plötzlich wieder in Erscheinung treten)

ver·ses·sen: auf etwas versessen (begierig) sein; die **Versessenheit**

ver·set·zen: sie wurde beruflich nach Berlin versetzt – er ist nicht versetzt (nicht in die nächsthöhere Klasse versetzt) worden – Bäume versetzen (verpflanzen) – seine Uhr im Leihhaus versetzen (verpfänden) – jemanden versetzen (vergeblich warten lassen) – er versetzte (gab) ihm einen kräftigen Hieb – ich kann mich in deine Lage versetzen (hineindenken); die **Versetzung**

ver·si·chern: sich gegen Brand versichern (eine Versicherung abschließen) – er versichert (beteuert), unschuldig zu sein; der **Versicherer;** die **Versicherin;** der/die **Versicherte;** die **Versicherung;** der **Versicherungsbeitrag;** der **Versicherungsfall,** die ...fälle; der **Versicherungsnehmer;** die **Versicherungsnehmerin,** die ...nehmerinnen; **versicherungspflichtig;** die **Versicherungspolice;** die **Versicherungsprämie;** der **Versicherungsschutz;** die **Versicherungssumme;** die **Versicherungsurkunde**

ver·si·ckern: Wasser versickert (versiegt, verrinnt) im Boden; die **Versickerung**

ver·sie·geln: der Brief wurde versiegelt (mit einem Siegel versehen); die **Versieg(e)lung**

ver·sie·gen: die Quelle versiegt (hört auf zu fließen); die **Versiegung**

ver·siert *lat. [wersirt]*: ein versierter (erfahrener, bewanderter) Geschäftsmann; die **Versiertheit**

ver·sin·ken: im Schnee versinken – er versinkt in Schlaf (er schläft ein)

ver·sinn·bild·li·chen: einen Sachverhalt versinnbildlichen (ihn durch Gleichnis, Bild ausdrücken); die **Versinnbildlichung**

Ver·si·on *franz. [wersion]*, die: -, -en (Ausdrucksweise, Fassung, Ausführung); eine bessere Version – welche Version ist richtig?

ver·söh·nen: er hat sich mit mir wieder versöhnt (er verträgt sich wieder mit mir); der **Versöhner;** die **Versöhnerin,** die Versöhnerinnen; **versöhnlich;** die **Versöhnlichkeit;** die **Versöhnung**

ver·son·nen: (nachdenklich, träumerisch); die **Versonnenheit**

ver·sor·gen: die Soldaten versorgen (verpflegen) – sich mit etwas versorgen (eindecken) – sie versorgt (pflegt, kümmert sich um) ihre kranken Eltern; der **Versorger;** die **Versorgerin,** die Versorgerinnen; die **Versorgung;** das **Versorgungsamt,** die ...ämter; **versorgungsberechtigt;** die **Versorgungslage;** die **Versorgungsschwierigkeiten** *Pl.*

ver·spä·ten, sich: (zu spät eintreffen, unpünktlich sein); **verspätet;** die **Verspätung:** das Flugzeug landet mit Verspätung

ver·sper·ren: den Geldschrank versperren (verschließen) – jemandem den Weg versperren; die **Versperrung**

ver·spie·len: das gesamte Geld verspielen (im Spiel verlieren) – *bei jemandem verspielt haben* (sich dessen Wohlwollen verscherzt haben); **verspielt:** er ist noch sehr verspielt (spielt noch gerne, ist unaufmerksam); die **Verspieltheit**

ver·spot·ten: jemanden wegen seiner Armut verspotten; die **Verspottung**

ver·spre·chen: er verspricht (sichert zu), fleißiger zu werden – jemandem Geld versprechen – sein Gesicht versprach nichts Gutes – er hat sich beim Lesen versprochen (ein Wort falsch ausgesprochen) – sie verspricht (erhofft) sich viel von ihrer Idee; das **Versprechen;** der **Versprecher;** die **Versprechung**

ver·spren·gen: (verjagen); die **Versprengung**

ver·staat·li·chen: (in staatlichen Besitz überführen); die **Verstaatlichung**

ver·städ·tern: (städtisch machen, werden); die **Verstädterung**

Ver·stand, der: -(e)s; seinen Verstand (Geist) gebrauchen – ohne Verstand (Überlegung, Vernunft) vorgehen – seinen Verstand zusammennehmen – das raubt mir den Verstand (das macht mich verrückt) – *den Verstand verlieren* (verrückt werden); **verstandesmäßig; verständig** (klug, besonnen); **verständigen:** jemanden verständigen (informieren) – er verständigte sich mit seinem Nachbarn (er einigte sich mit ihm); die

Verständigkeit; die **Verständigung;** die **Verständigungsschwierigkeiten** *Pl.*; **verständlich:** er kann verständlich (verstehbar, einleuchtend) erklären – sich verständlich machen können; **verständlicherweise;** die **Verständlichkeit;** das **Verständnis,** die Verständnisse; **verständnislos;** die **Verständnislosigkeit; verständnisvoll;** → verstehen

ver·stär·ken: eine Mauer verstärken – seine Zweifel haben sich verstärkt (haben zugenommen); der **Verstärker;** die **Verstärkung**

ver·staubt: der Schrank ist verstaubt (staubig) – er hat verstaubte (altmodische) Ansichten

ver·stau·chen: er hat sich den Fuß verstaucht (überdehnt, verzerrt); die **Verstauchung**

ver·stau·en: das Gepäck wurde im Kofferraum verstaut (untergebracht); die **Verstauung**

ver·ste·cken: er hat sich hinter dem Schrank versteckt (verborgen) – er versteckte das Geld im Schreibtisch – *sich vor jemandem nicht zu verstecken brauchen* (ihm ebenbürtig sein); das **Versteck:** ein sicheres Versteck suchen – *Versteck spielen* (seine wahren Absichten, Gedanken, Gefühle verbergen); das **Verstecken:** Verstecken spielen; das **Versteckspiel;** die **Verstecktheit**

ver·ste·hen: du verstehst, er verstand, sie hat verstanden, versteh(e)!; wegen des Lärms nichts verstehen (hören) können – er verstand (begriff) die Aufgaben nicht – etwas zu verstehen geben (nahelegen) – sich auf etwas verstehen (sich auskennen) – etwas falsch verstehen (missverstehen) – sie versteht sich mit ihr recht gut (kommt mit ihr gut aus); das **Verstehen;** → Verstand

ver·stei·fen: einen Pfeiler versteifen (stützen) – die Glieder haben sich versteift (sind steif geworden) – sich auf etwas versteifen (hartnäckig darauf bestehen); die **Versteifung**

ver·stei·gen: sich in den Bergen versteigen (verirren) – sich zu etwas versteigen (sich etwas anmaßen); → verstiegen

ver·stei·gern: die Bilder wurden versteigert (meistbietend verkauft); der **Versteigerer;** die **Versteigererin,** die Versteigerinnen; die **Versteigerung**

ver·stei·nern: er zeigte eine versteinerte (unbewegliche) Miene; die **Versteinerung** (Abdruck in einem Stein)

ver·stel·len: die Möbel verstellen (umstellen) – den Weg verstellen (versperren) – sie konnte sich nicht verstellen (heucheln) – er verstellte seine Stimme (er änderte sie, um zu täuschen); **verstellbar;** die **Verstellbarkeit;** die **Verstellung;** die **Verstellungskunst**

ver·ster·ben: sie verstarb (starb) am frühen Morgen; → verstorben

ver·steu·ern: sein Einkommen versteuern (Steuern dafür bezahlen); die **Versteuerung**

ver·stie·gen: verstiegene (überspannte) Pläne haben; die **Verstiegenheit;** → versteigen

ver·stim·men: ein verstimmtes Klavier – verstimmt (ärgerlich, schlecht aufgelegt) sein; die **Verstimmtheit;** die **Verstimmung**

ver·stockt: ein verstockter (hartnäckiger, uneinsichtiger) Verbrecher; die **Verstocktheit**

ver·stoh·len: verstohlen (heimlich, unbemerkt) weggehen; **verstohlenerweise**

ver·stop·fen: der Abfluss ist verstopft – die Straßen sind von Autos verstopft; die **Verstopfung:** an Verstopfung leiden

ver·stor·ben: verstorben (gestorben) sein; der / die **Verstorbene;** → versterben

ver·stö·ren: (verwirren); **verstört:** verstört (erschüttert, betroffen) sein; die **Verstörtheit**

ver·sto·ßen: jemanden verstoßen (abweisen, fortjagen) – er hat gegen ein Gesetz verstoßen (dagegen gehandelt); der **Verstoß,** die Verstöße; die **Verstoßung**

ver·strei·chen: seither ist viel Zeit verstrichen (vergangen) – Farbe verstreichen (auftragen) – eine Gelegenheit verstreichen lassen (ungenutzt lassen)

ver·streu·en: das Spielzeug liegt verstreut am Boden

ver·stüm·meln: (schwer verletzen, entstellen); die **Verstümm(e)lung**

ver·stum·men: das Gelächter verstummte (hörte auf)

ver·su·chen: sie versuchten zu entkommen – Speisen versuchen (kosten) – er versuchte (bemühte sich), sauber zu arbeiten – jemanden versuchen (auf die Probe stellen) – es mit jemandem versuchen (ihm die Gelegenheit geben, sich zu bewähren); der **Versuch;** der **Versucher;** die **Versucherin,** die Versucherinnen; die **Versuchsanstalt;** das **Versuchsgelände;** das **Versuchskaninchen;** die **Versuchsstation;** das **Versuchstier; versuchsweise;** die **Versuchung**

ver·sun·ken: eine versunkene (untergegangene) Stadt – versunken (andächtig) beten; die **Versunkenheit** (Nachdenklichkeit)

ver·tä·feln: die Wand mit Holz vertäfeln (täfeln); die **Vertäf(e)lung**

ver·ta·gen: die Versammlung wurde vertagt (verschoben); die **Vertagung**

ver·täu·en: ein Schiff vertäuen (mit Tauen festbinden); die **Vertäuung;** → Tau

ver·tau·schen: ihre Hüte wurden vertauscht (verwechselt); **vertauschbar;** die **Vertauschbarkeit;** die **Vertauschung**

ver·tei·di·gen: eine Stadt verteidigen (vor Angriffen schützen) – er verteidigte sich vor Gericht; der **Verteidiger** (Anwalt); die **Verteidigerin,** die Verteidigerinnen; die **Verteidigung;** das **Verteidigungsbündnis;** der **Verteidigungspakt;** der **Verteidigungszustand**

ver·tei·len: die Diktathefte verteilen – die Gäste verteilten sich im Garten; der **Verteiler;** der **Verteilerring;** die **Verteilung**

ver·teu·ern: (teurer machen); die **Verteuerung** (Preisanstieg)

ver·teu·feln: jemanden verteufeln (als böse, schlimm darstellen); **verteufelt:** eine verteufelte (verzwickte) Situation – das ging verteufelt (sehr) schnell!; die **Verteuf(e)lung**

ver·tie·fen: einen Graben vertiefen (tiefer machen) – eine Freundschaft vertiefen (festigen) – er vertiefte (versenkte) sich in die Zeitung; die **Vertiefung**

ver·ti·kal *lat. [wertikal]*: eine vertikale (senkrechte) Linie; die **Vertikale**

ver·til·gen: Ungeziefer vertilgen (restlos vernichten, ausrotten); die **Vertilgung;** das **Vertilgungsmittel**

ver·to·nen: das Gedicht wurde vertont (es wurde eine Musik dazu geschrieben); die **Vertonung**

ver·trackt: eine vertrackte (schwierige, unangenehme) Situation; die **Vertracktheit**

Ver·trag, der: -(e)s, Verträge; einen Vertrag (eine Vereinbarung, Abmachung) schließen; **vertraglich:** etwas vertraglich festlegen; der **Vertragsabschluss,** die ...schlüsse; der **Vertragsbruch,** die ...brüche; der/die **Vertragsbrüchige; vertragsgemäß;** der **Vertragspartner;** die **Vertragspartnerin,** die ...partnerinnen; der **Vertragsschluss,** die ...schlüsse; der **Vertragsspieler;** der **Vertragstext;** die **Vertragsunterzeichnung; vertragswidrig**

ver·tra·gen: du verträgst, er vertrug, sie hat vertragen, vertrag(e)!; sich gut mit jemandem vertragen (verstehen) – keinen Alkohol vertragen – beides verträgt sich nicht (ist unvereinbar); **verträglich:** ein gut verträgliches (bekömmliches) Essen – er ist ein verträglicher (umgänglicher, friedlicher) Mensch; die **Verträglichkeit**

ver·trau·en: jemandem vertrauen (sich auf ihn verlassen) – ich vertraue auf mein Glück; das **Vertrauen:** jemanden ins Vertrauen ziehen (ihm etwas anvertrauen) – *Vertrauen ist gut, Kontrolle ist besser;* **vertrauenerweckend;** auch: Vertrauen erweckend; aber nur: großes Vertrauen erweckend – äußerst vertrauenerweckend – vertrauenerweckender; der **Vertrauensbeweis; vertrauensbildend:** vertrauensbildende Maßnahmen; der **Vertrauensbruch,** die ...brüche; die **Vertrauensfrage;** der **Vertrauenslehrer;** die **Vertrauenslehrerin,** die ...lehrerinnen; die **Vertrauenssache; vertrauensselig** (arglos); die **Vertrauensseligkeit; vertrauensvoll; vertrauenswürdig** (aufrichtig); **vertraulich:** streng vertraulich (geheim) – mit jemandem vertraulich (freundschaftlich) verkehren; die **Vertraulichkeit; vertraut:** sich mit etwas vertraut machen (sich in etwas einarbeiten) – mit jemandem vertraut sein (ihn genau kennen) – ein vertrautes (bekanntes) Gesicht; der/die **Vertraute;** die **Vertrautheit**

ver·träumt: (geistesabwesend, schwärmerisch); **verträumen;** die **Verträumtheit**

ver·trei·ben: sich die Zeit vertreiben – die Kinder vom Rasen vertreiben (verjagen) – er vertreibt (verkauft) Haushaltswaren; der **Vertreiber;** die **Vertreiberin,** die Vertreiberinnen; die **Vertreibung;** der **Vertrieb** (Verkauf, Verkaufsorganisation); der/die **Vertriebene**

ver·tre·ten: seine Interessen vertreten (dafür eintreten) – Waren vertreten (im Auftrag einer Firma verkaufen) – einen Mitarbeiter vertreten (vorübergehend seine Stelle einnehmen) – er war vertreten (anwesend) – sich die Füße vertreten; **vertretbar** (annehmbar); die **Vertretbarkeit;** der **Vertreter;** die **Vertreterin,** die Vertreterinnen; die **Vertretung:** in Vertretung ⟨i. V., I.V.⟩; **vertretungsweise**

ver·trö·deln: kostbare Zeit vertrödeln (vertun)

T U V W X Y Z

ver·trös·ten: jemanden auf etwas vertrösten (ihm Hoffnung geben) – er vertröstete ihn auf morgen; die **Vertröstung**
ver·trot·teln: ich vertrott(e)le; **vertrottelt:** er ist schon völlig vertrottelt (alt und vergesslich)
ver·tun: seine Zeit vertun (vergeuden, verschwenden) – sich vertun (irren)
ver·tu·schen: etwas vertuschen (verheimlichen, verschweigen); die **Vertuschung**
ver·übeln: ich verüb(e)le (verarge) ihm nichts
ver·üben: ein Verbrechen verüben (begehen)
ver·un·glimp·fen: (beleidigen, schmähen); die **Verunglimpfung**
ver·un·glü·cken: er ist verunglückt (er hatte einen Unfall); der/die **Verunglückte**
ver·un·rei·ni·gen: den Boden verunreinigen (schmutzig machen); die **Verunreinigung**
ver·un·si·chern: er hat ihn sehr verunsichert (unsicher gemacht); die **Verunsicherung**
ver·un·stal·ten: die Landschaft verunstalten (hässlich machen); die **Verunstaltung**
ver·un·treu·en: er hat Gelder veruntreut (unterschlagen, in die eigene Tasche gesteckt); der **Veruntreuer;** die **Veruntreuung**
ver·un·zie·ren: (verschandeln); die **Verunzierung**
ver·ur·sa·chen: Aufregung verursachen (auslösen, bewirken); der **Verursacher;** die **Verursacherin,** die Verursacherinnen; die **Verursachung**
ver·ur·tei·len: der Dieb wurde verurteilt – der Plan ist zum Scheitern verurteilt (bestimmt) – das verurteile ich entschieden (lehne ich ab); der/die **Verurteilte;** die **Verurteilung**
Ver·ve *franz. [wẹrf],* die: - (Schwung, Begeisterung)
ver·viel·fa·chen: eine Zahl mit einer anderen vervielfachen (malnehmen) – die Zahl der Schüler hat sich vervielfacht (hat beträchtlich zugenommen); die **Vervielfachung**
ver·viel·fäl·ti·gen: ein Arbeitsblatt vervielfältigen (kopieren); die **Vervielfältigung**
ver·voll·komm·nen: er hat seine Methode vervollkommnet (verbessert) – mein Bild von dir vervollkommnet sich allmählich (es rundet sich ab); die **Vervollkommnung**
ver·voll·stän·di·gen: seine Sammlung vervollständigen (ergänzen); die **Vervollständigung**
verw. = verwitwet
ver·wach·sen: die Wunde ist gut verwachsen (zusammengewachsen, verheilt) – mit etwas verwachsen (eng verbunden) sein – ein verwachsener (missgebildeter, verkrüppelter) Mensch; die **Verwachsung**
ver·wah·ren: Wertsachen im Tresor verwahren (aufbewahren) – sich gegen Vorwürfe verwahren (wehren); der **Verwahrer;** die **Verwahrerin,** die Verwahrerinnen; die **Verwahrung**
ver·wahr·lo·sen: völlig verwahrloste (ungepflegte) Kinder – das Haus befindet sich in einem verwahrlosten Zustand; der/die **Verwahrloste;** die **Verwahrlosung**
ver·wai·sen: ein verwaister (menschenleerer, einsamer) Ort – ein früh verwaistes (elternloses) Kind # verweisen
ver·wal·ken: jemanden verwalken (verprügeln)
ver·wal·ten: ein Vermögen verwalten (betreuen, in seiner Obhut haben) – er verwaltet (führt) ein Amt; der **Verwalter;** die **Verwalterin,** die Verwalterinnen; die **Verwaltung;** der **Verwaltungsapparat;** das **Verwaltungsgebäude;** das **Verwaltungsgericht;** die **Verwaltungsreform**
ver·wan·deln: die Nachricht hat sie völlig verwandelt (verändert) – jemanden in etwas verwandeln; **verwandelbar;** die **Verwandlung;** der **Verwandlungskünstler;** die **Verwandlungskünstlerin,** die ... künstlerinnen; **verwandlungsreich**
ver·wandt: sie sind miteinander verwandt (von gleicher Abstammung, Herkunft); der/die **Verwandte;** die **Verwandtschaft; verwandtschaftlich;** der **Verwandtschaftsgrad**
ver·war·nen: er wurde von der Polizei verwarnt (ermahnt); die **Verwarnung**
ver·wech·seln: ich habe euch verwechselt (irrtümlich einen für den anderen gehalten); **verwechselbar;** die **Verwechs(e)lung**
ver·we·gen: ein verwegener (kühner, wagemutiger) Ritter; die **Verwegenheit**
ver·we·hen: die Blätter sind vom Wind verweht – eine (vom Schnee) verwehte Straße; die **Verwehung**
ver·weh·ren: jemandem etwas verwehren (verbieten, untersagen); die **Verwehrung**
ver·wei·gern: die Aussage vor Gericht verweigern (ablehnen); der **Verweigerer;** die **Verweigerung;** der **Verweigerungsfall**

ver·wei·len: bei einer Sache verweilen (länger bleiben) – die Bank lädt zum Verweilen (zum Bleiben) ein; die **Verweildauer**

ver·wei·sen: auf etwas verweisen (hinweisen) – von der Schule verweisen (ausschließen) – des Landes verweisen (ausweisen) # verwaisen; der **Verweis** (Tadel, Hinweis)

ver·wen·den: sie verwendet viel Fleiß auf diese Arbeit (sie wendet auf) – beim Kochen kein Salz verwenden (gebrauchen) – sich für jemanden verwenden (für ihn eintreten); **verwendbar;** die **Verwendbarkeit;** die **Verwendung; verwendungsfähig;** die **Verwendungsmöglichkeit;** die **Verwendungsweise;** der **Verwendungszweck**

ver·wer·fen: sein Vorschlag wurde verworfen (abgelehnt); **verwerflich:** eine verwerfliche (schlechte, schändliche) Tat; die **Verwerflichkeit;** die **Verwerfung** (Ablehnung; Faltung im Gestein, Schichtenstörung)

ver·wer·ten: dieses alte Holz kann man nicht mehr verwerten (gebrauchen) – Altpapier verwerten (noch für etwas verwenden); **verwertbar;** die **Verwertbarkeit,** der **Verwerter,** die Verwerterinnen; die **Verwerterin;** die **Verwertung**

ver·we·sen: (in Fäulnis übergehen); **verweslich;** die **Verweslichkeit;** die **Verwesung** (Fäulnis); der **Verwesungsgeruch,** die ... gerüche

ver·wi·ckeln: die Wolle hat sich verwickelt – er verwickelt (verfängt) sich in Widersprüche – eine verwickelte (schwierige) Situation; die **Verwick(e)lung**

ver·win·den: er kann den Verlust nicht verwinden (nicht darüber hinwegkommen); die **Verwindung**

ver·wir·ken: sein Leben verwirkt (verloren, eingebüßt) haben; die **Verwirkung**

ver·wirk·li·chen: er hat seine Pläne verwirklicht (in die Tat umgesetzt); die **Verwirklichung**

ver·wir·ren: er lässt sich nicht so leicht verwirren (irremachen) – sein Geist ist schon ganz verwirrt (gestört); das **Verwirrspiel;** die **Verwirrtheit;** die **Verwirrung**

ver·wit·tern: ein verwittertes (durch Luft und Niederschläge bröckelig gewordenes) Gestein; die **Verwitterung**

ver·wit·wet ⟨verw.⟩: eine verwitwete Frau; → Witwe

ver·wo·ben: (eng verknüpft); die **Verwobenheit**

ver·wöh·nen: (verziehen); **verwöhnt:** ein verwöhntes (verhätscheltes, verzogenes) Kind; die **Verwöhntheit;** die **Verwöhnung**

ver·wor·fen: ein verworfenes (lasterhaftes) Geschöpf; die **Verworfenheit**

ver·wor·ren: eine verworrene (unklare) Lage – verworrene (wirre) Gedanken haben; die **Verworrenheit**

ver·wun·den: er wurde im Krieg verwundet (verletzt); **verwundbar;** die **Verwundbarkeit; verwundet;** der/die **Verwundete;** der **Verwundetentransport;** die **Verwundung**

ver·wun·dern: das verwundert (erstaunt) mich nicht – verwundert (überrascht) dreinschauen; **verwunderlich** (merkwürdig); die **Verwunderung**

ver·wün·schen: jemanden verwünschen (verfluchen); **verwunschen:** ein verwunschener (verzauberter) Prinz; **verwünscht** (verflucht); die **Verwünschung**

ver·wüs·ten: das Erdbeben verwüstete (zerstörte) die Stadt; die **Verwüstung**

ver·za·gen: du darfst nicht verzagen (die Hoffnung nicht aufgeben); **verzagt:** ein verzagtes (mutloses) Kind; die **Verzagtheit**

ver·zau·bern: (verhexen, auf wunderbare Weise verwandeln); **verzaubert:** ihre Schönheit hat ihn verzaubert (tief beeindruckt); die **Verzauberung**

ver·zeh·ren: das Essen verzehren – sich nach jemandem verzehren (sehr sehnen) – sich in Gram verzehren (fast vergehen vor Gram) – jemanden mit Blicken verzehren (ihn mit verlangenden Blicken ansehen) – *Friede ernährt, Unfriede verzehrt*; der **Verzehr** (Verbrauch von Essen und Getränken); der **Verzehrer;** die **Verzehrung**

Ver·zeich·nis ⟨Verz.⟩, das: -ses, -se (Liste, Aufstellung); **verzeichnen:** sie konnte ein gutes Ergebnis verzeichnen – etwas in einer Liste verzeichnen (festhalten)

ver·zei·hen: du verzeihst, er verzieh, sie hat verziehen, verzeih(e)!; etwas verzeihen (vergeben, nicht mehr böse sein) – verzeihen Sie!; **verzeihlich;** die **Verzeihung** (Entschuldigung, Vergebung)

ver·zer·ren: die Wahrheit verzerrt (verfälscht, entstellt) darstellen – ihr Gesicht verzerrte sich vor Wut – er hat die Tatsachen völlig verzerrt dargestellt; die **Verzerrung**

ver·zet·teln, sich: ich verzett(e)le mich – er verzettelte sich (vergeudete seine Kraft an Kleinigkeiten); die **Verzett(e)lung**

ver·zich·ten: auf das Mittagessen verzichten (es nicht haben wollen); der **Verzicht;** die **Verzicht(s)erklärung**

ver·zie·hen: nach Berlin verziehen (umziehen) – das Gewitter hat sich verzogen (ist allmählich verschwunden) – sie verzog keine Miene – ein völlig verzogenes (verwöhntes) Kind; → Verzug

ver·zie·ren: eine Heftseite verzieren (ausschmücken); die **Verzierung**

ver·zin·ken: Eisen verzinken; die **Verzinkung**

ver·zin·sen: sein Geld verzinst sich (es bringt Zinsen ein); **verzinsbar; verzinslich;** die **Verzinslichkeit;** die **Verzinsung**

ver·zö·gern: die Abfahrt verzögerte sich (verschob sich) – eine Sache verzögern (verlangsamen); die **Verzögerung;** die **Verzögerungstaktik**

ver·zü·cken: jemanden verzücken (in helle Begeisterung versetzen); **verzückt:** ein verzücktes (begeistertes) Gesicht machen; die **Verzücktheit;** die **Verzückung**

Ver·zug, der: -(e)s; es ist Gefahr im Verzug (es droht unmittelbar Gefahr) – die Ware wird mit Verzug (mit Verzögerung) geliefert – *in Verzug geraten* (nicht rechtzeitig fertig werden); die **Verzugszinsen** *Pl.;* → verziehen

ver·zwei·feln: er ist verzweifelt (ohne Hoffnung) – eine verzweifelte (aussichtslose) Lage; aber: es ist zum Verzweifeln; die **Verzweiflung;** die **Verzweiflungstat**

ver·zwi·ckt: eine verzwickte (schwierige) Angelegenheit; die **Verzwicktheit**

Ves·per *lat.,* die: -, -n (Abendgottesdienst, kleine Nachmittagsmahlzeit); das **Vesperbrot; vespern;** die **Vesperzeit**

Ve·te·ran *lat. [weteran],* der: -en, -en (Soldat mit langer Dienstzeit); die **Veteranin,** die Veteraninnen

Ve·te·ri·när *franz. [weterinär],* der: -s, -e (Tierarzt); die **Veterinärin,** die Veterinärinnen; die **Veterinärmedizin**

Ve·to *lat. [weto],* das ; -s, -s; ein Veto (einen Einspruch) einlegen; das **Vetorecht**

Vet·tel *lat.,* die: -, -n (schlampige Frau)

Vet·ter, der: -s, -n (Cousin, Sohn eines Onkels oder einer Tante); die **Vetternwirtschaft** (Begünstigung von Verwandten und Freunden bei der Besetzung von Stellen)

V-för·mig: ein V-förmiger Ausschnitt; auch: **v-förmig**

vgl. = vergleich(e)!

v. H. = vom Hundert (Prozent, %)

VHS = Volkshochschule

Via·dukt *lat. [wiadukt],* der/das: -(e)s, -e (Überführung, Talbrücke)

vi·brie·ren (vib·rie·ren) *lat. [wibriren]:* (schwingen, beben, zittern); das **Vibraphon** (Musikinstrument); auch: das **Vibrafon;** die **Vibration;** der **Vibrator,** die Vibratoren

Vi·deo *engl. [wideo],* das: -s, -s (Videoband); der **Videoclip** (kurzer Videofilm zu einem Popmusikstück); der **Videofilm;** die **Videokassette;** der **Videorekorder** (Gerät zur Aufzeichnung von Fernsehsendungen); auch: der **Videorecorder;** der **Videotext;** die **Videothek** (Sammlung von Videofilmen oder Fernsehaufnahmen); **videoüberwacht**

Vieh, das: -(e)s (Nutztiere); er trieb das Vieh auf die Weide; das **Viech,** die Viecher (abfällig für: Tier); die **Viecherei** (eine übermäßige Anstrengung erfordernde Tätigkeit, Gemeinheit); der **Viehbestand;** das **Viehfutter;** der **Viehhändler;** die **Viehherde; viehisch** (roh, brutal); die **Viehzucht**

viel: mehr, am meisten; viel lesen – viel mit dem Auto fahren – das ist viel – viele/vieles/das viele/die vielen; auch: Viele/Vieles/das Viele/die Vielen – viel zu groß – recht viel – gleich viel – nicht viel – zu viel; aber: das Zuviel – zu viel Kraft haben – zu viel des Guten – das sind zu viele Gegner – viel zu viel – viel zu wenig – viel(e) Leute – vielen Dank! – wie so viele – so viel Geld; aber: soviel ich weiß, kann er nicht kommen – viel Gutes; auch: vieles Gute – er hat viel Arbeit – viele Freunde haben; **vielbefahren:** eine vielbefahrene Autobahn; auch: viel befahren; **vielbeschäftigt:** ein vielbeschäftigter Geschäftsmann; auch: viel beschäftigt; **vieldeutig;** die **Vieldeutigkeit; vieldiskutiert:** ein vieldiskutiertes Thema; auch: viel diskutiert; **vielerlei:** in vielerlei (unterschiedlicher) Hinsicht; das **Vielerlei; vielerorts; vielfach** (oft, ziemlich häufig); das **Vielfache:** das kleinste gemeinsame Vielfache – um ein Vielfaches; die **Vielfalt** (Mannigfaltigkeit, Abwechslung); **vielfältig;**

vielfarbig; vielgekauft: vielgekaufte Waren; auch: viel gekauft; **vielgelesen:** vielgelesene Romane; auch: viel gelesen; **vielgereist:** eine vielgereiste Frau; auch: viel gereist; **vielköpfig; vielmal;** auch: viel Mal (bei besonderer Betonung); aber: viele Male; **vielmalig; vielmals:** ich danke vielmals (sehr); **vielmehr** (eher, besser); aber: viel mehr kann ich nicht arbeiten; **vielsagend:** ein vielsagender Blick; auch: viel sagend; **vielschichtig;** die **Vielschichtigkeit; vielseitig;** die **Vielseitigkeit; vielstimmig; vieltausendmal;** aber: viele tausend Male; auch: viele Tausend Male; **vielversprechend:** ein vielversprechendes Talent; auch: viel versprechend; die **Vielzahl** (Menge)

viel·leicht: vielleicht (möglicherweise) kommt er doch

vier: die vier Himmelsrichtungen – alle viere von sich strecken – auf allen vieren laufen (auf vier Beinen) – zu vieren/viert sein – *jemanden unter vier Augen sprechen* (ihn ohne Zeugen sprechen) – *sich auf seine vier Buchstaben setzen* (sich hinsetzen) – *auf allen vieren* (auf Händen und Füßen) *laufen*; die **Vier:** eine Vier würfeln – in Mathematik eine Vier schreiben; der **Vierachteltakt;** der **Vierbeiner; vierbeinig;** auch: **4-beinig; vierblätt(e)rig;** auch: **4-blätt(e)rig;** das **Viereck; viereckig;** auch: **4-eckig; viereinhalb;** der **Vierer; viererlei; vierfach;** auch: **4fach** oder: **4-fach;** das **Vierfache;** auch: das **4fache** oder: das **4-Fache;** das **Viergespann; vierhundert; vierjährig;** auch: **4-jährig; vierkant** (waagerecht); **vierkantig;** auch: **4-kantig; viermal;** auch: **4-mal; vierräd(e)rig;** auch: **4-räd(e)rig; vierschrötig** (stämmig); der **Viersitzer; vierstellig;** auch: **4-stellig; vierstimmig;** auch: **4-stimmig;** der **Viertaktmotor; viertausend; vierteilen; vierteilig;** auch: **4-teilig; viertel:** eine viertel Stunde; auch: eine Viertelstunde – um viertel acht; aber: um (ein) Viertel vor acht; das **Viertel:** ein Viertel vom Ganzen – das Viertel (Stadtviertel), in dem ich wohne; das **Viertelfinale;** das **Vierteljahr; vierteljährig** (ein Vierteljahr alt); **vierteljährlich** (alle Vierteljahre wiederkehrend); **vierteln** (in vier Teile zerlegen); das **Viertelpfund;** auch: das viertel Pfund; die **Viertelstunde; viertens; viertletzt; viertürig;** auch: **4-türig; vierzehn; vierzehntägig** (vierzehn Tage lang); auch: **14-tägig; vierzehntäglich** (alle vierzehn Tage wieder); auch: **14-täglich; vierzig;** die **Vierzigstundenwoche;** auch: die **40-Stunden-Woche;** der **Vierzylinder**

vif *franz. [wif]:* (lebhaft, lebendig)

Vig·net·te (Vi·gnet·te) *franz. [winjete],* die: -, -n (kleine Verzierung, Gebührenmarke für die Benutzung von Autobahnen)

Vi·kar *lat. [wikar],* der: -s, -e (Hilfsgeistlicher); das **Vikariat;** die **Vikarin,** die Vikarinnen

Vik·tu·a·li·en *Pl. lat. [wiktualien],* die: - (Lebensmittel); der **Viktualienmarkt**

Vil·la *lat. [wila],* die: -, Villen (Landhaus); die **Villengegend;** das **Villenviertel**

vi·o·lett *franz. [wiolet]:* eine violette (veilchenblaue) Farbe; das **Violett**

Vi·o·li·ne *ital. [wioline],* die: -, -n (Geige); die **Viola,** Violen (Bratsche)

VIP = very important person (sehr wichtige Person); auch: **V.I.P.;** die **VIP-Lounge** *[... launtsch]* (Halle bzw. Bar für sehr wichtige Personen)

Vi·per *lat. [wiper],* die: -, -n (Giftschlange)

vir·tu·el: eine virtuelle (künstliche, der Möglichkeit nach vorhandene) Welt

vir·tu·os *ital. [wirtuoß]:* virtuos (gekonnt, meisterhaft) spielen; der **Virtuose;** die **Virtuosin,** die Virtuosinnen; die **Virtuosität**

Virus *lat. [wiruß],* der/das: -, Viren (Krankheitserreger); **virulent** (krankheitserregend, giftig)

Vi·sa·ge *franz. [wisasche],* die: -, -n (Fratze, Gesicht); das **Visavis** *[wisawi]* (Gegenüber); **vis-a-vis:** vis-a-vis sitzen (sich gegenübersitzen); auch: **vis-à-vis**

Vi·sier *franz. [wisir],* das -s, -e (Zielvorrichtung, Gesichtsschutz); **visieren** (zielen, auf etwas blicken); das **Visierfernrohr**

Vi·si·on *lat. [wision],* die: -, -en (Erscheinung, Trugbild, Vorstellung, Zukunftsentwurf); **visionär** (seherisch, traumhaft); der **Visionär;** die **Visionärin,** die Visionärinnen

Vi·si·te *franz. [wisite],* die: -, -n (Besuch, Arztbesuch); die **Visitation;** die **Visitenkarte; visitieren** (durchsuchen, besichtigen)

vi·su·ell *franz. [wisuel]:* (das Sehen betreffend); ein visueller Eindruck

Vi·sum *lat. [wisum]:* das: -s, Visa/Visen (Passvermerk, Einreiseerlaubnis in ein fremdes Land); der **Visumantrag;** der **Visumzwang**

vi·tal *lat. [wital]*: (temperamentvoll, lebendig, lebenskräftig); **vitalisieren** (beleben); die **Vitalität**

Vi·ta·min (Vit·a·min) *lat. [witamin]*, das: -s, -e (lebenswichtiger Wirkstoff); Vitamin C; **vitaminarm:** eine vitaminarme Kost; **vitaminhaltig;** aber: **Vitamin-B-haltig;** der **Vitamin-C-Mangel;** der **Vitaminmangel;** das **Vitaminpräparat; vitaminreich**

Vi·tri·ne (Vit·ri·ne) *franz. [witrine]*, die: -, -n (Glasschrank, Schaukasten)

Vi·ze... *lat.* (stellvertretend); der **Vizekanzler;** die **Vizekanzlerin,** die ...kanzlerinnen; die **Vizemeisterschaft;** der **Vizepräsident;** die **Vizepräsidentin,** die ...präsidentinnen

v. J. = vorigen Jahres

Vlies *niederl.*, das: -es, -e (Fell, Schaffell)

v. M. = vorigen Monats

v. o. = von oben

Vo·gel, der: -s, Vögel; Vögel füttern – ein lustiger Vogel (Spaßvogel) – ein sonderbarer Vogel (Sonderling) – *den Vogel abschießen* (größten Erfolg haben) – *einen Vogel haben* (nicht recht bei Verstand sein); das/der **Vogelbauer** (Käfig); die **Vogelbeere;** das **Vög(e)lein;** der **Vogelflug,** die ...flüge; **vogelfrei** (rechtlos, geächtet); das **Vogelfutter;** die **Vogelgrippe;** das **Vogelnest;** die **Vogelscheuche;** der **Vogelschutz;** das **Vogelschutzgebiet;** der **Vogelzug,** die ...züge

Vogt, der: -(e)s, Vögte (früher: Verwalter, Schirmherr, Richter); die **Vogtei;** die **Vögtin,** die Vögtinnen; auch: die **Vogtin**

Vo·ka·bel *lat. [wokabel]*, die: -, -n (einzelnes Wort einer Sprache); das **Vokabular** (Wortschatz, Wörterverzeichnis)

Vo·kal *lat. [wokal]*, der: -s, -e (Selbstlaut)

Vo·lant *franz. [wolã]*, der: -s, -s (Lenkrad, Besatz an Kleidungsstücken)

Volk, das: -(e)s, Völker (Nation, Bevölkerung); das gemeine Volk (Pöbel) – ein Mann aus dem Volk (aus der Masse) – *etwas unter das Volk bringen* (verbreiten, bekanntmachen); das **Völkchen;** der **Völkerball;** die **Völkerkunde; völkerrechtlich;** die **Völkerwanderung; völkisch;** die **Volksabstimmung;** die **Volksbefragung;** der **Volksbrauch,** die ...bräuche; der **Volksentscheid;** das **Volksfest** (der Jahrmarkt, großes Fest für alle); die **Volksherrschaft** (Demokratie); die **Volkshochschule;** das **Volkslied;** der **Volksmund;** die **Volksschule** ⟨VS⟩; der **Volksstamm,** die ...stämme; der **Volkstanz,** die ...tänze; das **Volkstum; volkstümlich;** die **Volksvertretung;** die **Volkswirtschaft;** die **Volkszählung;** die **Volkszugehörigkeit**

voll: ein Eimer voll (bis oben angefüllt) – eine Hand voll – ein volles Glas – voll sein – brechend voll – der Topf ist voll Wasser – voll arbeiten – den Mund voll nehmen – etwas voll begreifen – jemanden voll anerkennen – die Nase voll haben – voll zufrieden sein – voll mit – voll von – ein volles (vollständiges) Jahr – voll(er) Menschen – voll Angst – voll des Lobes – den Kopf voll haben – in vollem Luxus leben – voll und ganz (uneingeschränkt) – *jemanden nicht für voll* (ernst) *nehmen* – *voll* (betrunken) *sein;* aber: *aus dem Vollen schöpfen* (reichlich Mittel haben) – *in die Vollen gehen* (sich mit aller Kraft einsetzen); **vollauf** (völlig); **vollautomatisch; vollautomatisiert;** auch: voll automatisiert; das **Vollbad;** der **Vollbart; vollbeschäftigt;** die **Vollbeschäftigung; vollbesetzt;** auch: voll besetzt; **vollblütig; vollbringen; vollbusig;** der **Volldampf:** mit Volldampf davonfahren; das **Völlegefühl; vollenden; vollends** (völlig, gänzlich, ganz); die **Vollendung; vollentwickelt;** auch: voll entwickelt; die **Völlerei** (Gelage); sich **vollessen; vollfett; vollführen; vollfüllen** (gänzlich füllen); das **Vollgas; vollgefressen;** das **Vollgefühl:** im Vollgefühl seiner Macht; **vollgepfropft:** eine vollgepfropfte Tasche; **vollgießen; vollgültig; völlig** (ganz, vollständig); **volljährig** (mündig); die **Volljährigkeit;** die **Vollkaskoversicherung; vollklimatisiert;** auch: voll klimatisiert; **vollkommen;** die **Vollkommenheit;** das **Vollkornbrot; vollladen:** den Wagen vollladen; **volllaufen:** das Fass volllaufen lassen; **vollleibig; vollmachen:** einen Eimer mit Wasser vollmachen; die **Vollmacht;** die **Vollmilch;** das **Vollmitglied;** der **Vollmond; vollmundig** (kräftig, voll im Geschmack); die **Vollpension;** sich **vollsaufen; vollschlagen:** sich den Bauch vollschlagen; **vollschlank** (füllig): eine vollschlanke Frau; (sich) **vollschmieren; vollschreiben:** ein Blatt Papier vollschreiben; **vollspritzen:** jemanden vollspritzen; **vollständig:** die Liste ist jetzt vollständig (komplett); die **Vollständigkeit;**

vollstrecken (ausführen); die **Vollstreckung; volltanken:** das Auto volltanken; **volltönend;** der **Volltreffer; volltrunken;** die **Vollversammlung;** die **Vollwaise; vollwertig;** die **Vollwertigkeit;** die **Vollwertkost; vollzählig;** die **Vollzähligkeit; vollziehen** (ausführen); die **Vollziehung;** der **Vollzug**

Vol·ley·ball *engl. [wolibal],* der: -(e)s (Ballspiel); **volley:** den Ball volley (aus der Luft) nehmen

Vo·lon·tär *franz. [wolontär],* der: -s, -e (jemand, der am Beginn seiner praktischen beruflichen Ausbildung steht); das **Volontariat;** die **Volontärin; volontieren**

Volt ⟨V⟩ *[wolt],* das: -/-(e)s, - (Maßeinheit der elektrischen Spannung); 220 Volt; das **Voltampere** ⟨VA⟩ *[... ampär];* das **Voltmeter**

Vo·lu·men ⟨V⟩ *lat. [wolumen],* das: -s, -/Volumina (Rauminhalt); das **Volum(en)gewicht; voluminös** (umfangreich)

vom ⟨v.⟩: vom (von dem) Baum springen – 20 vom Hundert (20 Prozent)

von ⟨v.⟩: von München aus – von hier – von vorn(e) – von oben/unten – von weit her – von neuem; auch: von Neuem – von weitem; auch: von Weitem – von nah und fern – von wegen! – von jeher (schon immer) – von mir aus (meinetwegen) – von vornherein (von Anfang an) – von Nutzen sein – von Sinnen – eine Frau von Geschmack; **voneinander:** voneinander lernen – sie stehen weit voneinander weg; **voneinandergehen** (sich trennen); **vonnöten:** das ist nicht vonnöten (erforderlich, nötig); **vonseiten;** auch: von Seiten; **vonstattengehen** (stattfinden)

vor: vor dem Fenster – vor die Bank treten – vor Freude weinen – sich vor jemandem fürchten – vor allem – vor langen Zeiten; aber: vorzeiten (einstmals) – vor Christi Geburt ⟨v. Chr.⟩ – nach wie vor – vor sich gehen – vor der Zeit (früher als vorgesehen) – vor kurzem; auch: vor Kurzem

vo·rab (vor·ab): vorab (zuerst, zunächst) schicke ich dir viele Grüße

vo·ran (vor·an): (vorwärts); sie geht voran – immer langsam voran!; **vorangehen; vorangehend;** aber: das Vorangehende – Vorangehendes – im Vorangehenden; **vorankommen; voranstellen; vorantreiben**

Vor·an·schlag, der: -s, ...schläge (vorläufige Kostenberechnung)

Vor·ar·bei·ter, der: -s, - (Führer einer Arbeitsgruppe); **vorarbeiten;** die **Vorarbeiterin**

vo·raus (vor·aus): er war seiner Zeit voraus; aber: im Voraus (vorher) – zum Voraus; **vorausahnen; vorausbedenken; vorausberechenbar; vorausbestimmen; vorausbezahlen; vorauseilen; vorausfahren; vorausgehen; vorausgehend;** aber: das Vorausgehende – Vorausgehendes – im Vorausgehenden; **vorausgesetzt:** vorausgesetzt, dass du kommst; **voraushaben; vorauslaufen; voraussagbar;** die **Voraussage; voraussagen; vorausschauend; voraussehbar; voraussehen:** es war vorauszusehen (absehbar); **voraussetzen;** die **Voraussetzung;** die **Voraussicht; voraussichtlich;** die **Vorauswahl;** die **Vorauszahlung**

vor·bau·en: wir müssen rechtzeitig vorbauen (vorsorgen) um dies zu verhindern; der **Vorbau** (vorspringender Gebäudeteil)

Vor·be·dacht, der: mit Vorbedacht (mit voller Absicht, Überlegung); **vorbedacht:** nach einem vorbedachten Plan handeln

Vor·be·din·gung, die: -, -en (Voraussetzung)

Vor·be·halt, der: -(e)s, -e; ohne Vorbehalt (Einschränkung) stimme ich zu – unter Vorbehalt; **vorbehalten; vorbehaltlich; vorbehaltlos** (bedingungslos)

vor·bei: vorbei (vergangen) sein – es ist schon zwölf Uhr vorbei; sich **vorbeibenehmen; vorbeibringen; vorbeieilen; vorbeifahren; vorbeigehen; vorbeikommen; vorbeikönnen:** an etwas nicht vorbeikönnen; **vorbeilassen; vorbeilaufen; vorbeimarschieren; vorbeimüssen:** an einem Hindernis vorbeimüssen; **vorbeireden:** am Thema vorbeireden; **vorbeischauen; vorbeischießen; vorbeiziehen**

Vor·be·mer·kung, die: -, -en (Einleitung)

vor·be·rei·ten: ein Fest vorbereiten – sich auf den Unterricht vorbereiten; die **Vorbereitung;** der **Vorbereitungsdienst**

vor·be·stimmt: das war vorbestimmt (vorherbestimmt); die **Vorbestimmung**

vor·be·straft: der Angeklagte ist schon dreimal vorbestraft; der/die **Vorbestrafte**

vor·beu·gen: er beugte sich weit vor – einer Gefahr vorbeugen (sie verhindern); die **Vorbeugehaft;** die **Vorbeugung;** die **Vorbeugungsmaßnahme**

Vor·bild, das: -(e)s, -er (Ideal, Muster); **vor-**

bildlich: ein vorbildliches (musterhaftes) Betragen; die **Vorbildlichkeit**

vor·der...: das vordere Auto; aber: der Vordere Orient; die **Vorderachse;** der **Vorderausgang,** die ... ausgänge; die **Vorderfront;** der **Vordergrund:** *etwas in den Vordergrund stellen* (es besonders betonen, herausstellen); **vordergründig** (oberflächlich); **vorderhand** (einstweilen); die **Vorderhand;** der **Vordermann,** die ... männer/... leute; das **Vorderrad,** die ... räder; die **Vorderseite; vorderst:** der vorderste Mann; aber: sie ist die Vorderste in der Reihe; das/der **Vorderteil;** die **Vordertür**

vor·drin·gen: in ein unerforschtes Gebiet vordringen (vorstoßen); **vordringlich** (dringend); die **Vordringlichkeit**

Vor·druck, der: -(e)s, -e (Formular, Formblatt)

vor·ei·lig: voreilig (überstürzt) handeln; die **Voreiligkeit**

vor·ei·nan·der (vor·ein·an·der): sie fürchten sich voreinander (einer vor dem anderen) – voreinander fliehen – sich voreinander hinstellen

vor·ein·ge·nom·men: voreingenommen sein (ein Vorurteil haben); die **Voreingenommenheit**

vor·ent·hal·ten: jemandem eine Nachricht vorenthalten (nicht geben); die **Vorenthaltung**

Vor·ent·schei·dung, die: -, -en (vorläufige Entscheidung); der **Vorentscheid;** der **Vorentscheidungskampf,** die ... kämpfe

vor·erst: vorerst (vorläufig) möchte ich mich nicht äußern

Vor·fahr, der: -en, -en (Ahne); auch: der **Vorfahre;** die **Vorfahrin,** die ... fahrinnen

Vor·fahrt, die: -; er hat Vorfahrt an der Kreuzung; **vorfahren; vorfahrt(s)berechtigt;** das **Vorfahrt(s)recht;** die **Vorfahrt(s)regel;** das **Vorfahrt(s)schild;** die **Vorfahrt(s)straße;** das **Vorfahrt(s)zeichen**

Vor·fall, der: -s, Vorfälle (Ereignis, Angelegenheit); ein unangenehmer Vorfall; **vorfallen:** es ist nichts vorgefallen (geschehen, passiert)

vor·füh·ren: einen Film vorführen (zeigen) – er führte ein Kunststück vor; das **Vorführgerät;** der **Vorführraum,** die ... räume; die **Vorführung;** der **Vorführungsraum**

Vor·gang, der: -(e)s, Vorgänge (Geschehen, Ablauf); der **Vorgänger;** die **Vorgängerin,** die ... gängerinnen; die **Vorgangsweise;** → vorgehen

vor·gau·keln: jemandem etwas vorgaukeln (vortäuschen)

vor·ge·ben: er gab vor (täuschte vor), reich zu sein

vor·ge·fasst: sie hat eine vorgefasste Meinung

vor·ge·hen: auf der Straße vorgehen (vorausgehen) – die Uhr geht vor (voraus) – was geht hier vor (geschieht hier)? – diese Arbeit geht vor (hat Vorrang); das **Vorgehen;** die **Vorgehensweise;** → Vorgang

Vor·ge·schmack, der: -(e)s; ein Vorgeschmack auf das Weihnachtsfest

Vor·ge·setz·te, der/die: -n, -n (im Amt, im Dienst höher Gestellte(r))

vor·ges·tern: vorgestern Abend – vorgestern war ich im Kino; **vorgestrig**

vor·grei·fen: ich möchte dir nicht vorgreifen (etwas vorwegnehmen); der **Vorgriff**

vor·ha·ben: eine Sache vorhaben (beabsichtigen); das **Vorhaben** (Absicht, beabsichtigte Unternehmung)

vor·hal·ten: sich einen Spiegel vorhalten – er hielt (warf) ihm seine Faulheit vor; die **Vorhaltungen** *Pl.*: jemandem Vorhaltungen (Vorwürfe) machen

vor·han·den: vorhanden (verfügbar, vorrätig) sein; das **Vorhandensein**

Vor·hang, der: -(e)s, Vorhänge (Gardine); **vorhängen;** das **Vorhängeschloss,** die ... schlösser; die **Vorhangstange**

vor·her: lange vorher (früher) – drei Tage vorher; **vorherbestimmen;** aber: etwas vorher (früher) bestimmen; die **Vorherbestimmung; vorhergehen; vorhergehend:** am vorhergehenden Tag; aber: das Vorhergehende – im Vorhergehenden; **vorherig;** die **Vorhersage; vorhersagen** (voraussagen); aber: vorher (früher) sagen; **vorhersehbar; vorhersehen** (prophezeien, ahnen); aber: vorher (früher) sehen

vor·herr·schen: in dieser Gegend herrscht Laubwald vor – die vorherrschende Meinung; die **Vorherrschaft**

vor·hin: vorhin (eben, kürzlich) war sie noch da; **vorhinein:** im Vorhinein (vorher)

Vor·hut, die: -, -en (vorausgeschickter Truppenteil)

vo·rig...: in der vorigen Woche – voriges Mal – im vorigen Jahr; aber: der/die/das Vorige

– im Vorigen (weiter oben im Text)

Vor·keh·rung, die: -, -en; vor dem Hochwasser Vorkehrungen (sichernde Maßnahmen) treffen

Vor·kennt·nis, die: -, -se; für diesen Beruf brauchst du Vorkenntnisse

vor·knöp·fen, sich: *sich jemanden vorknöpfen* (ihn zurechtweisen)

vor·kom·men: an die Tafel vorkommen (vortreten) – das darf nicht wieder vorkommen (geschehen)!– das kommt mir komisch vor (erscheint mir seltsam) – wie kommst du mir vor (was fällt dir ein)?; das **Vorkommen;** das **Vorkommnis,** die Vorkommnisse (Ereignis)

vor·la·den: jemanden vorladen (zum Erscheinen vor Gericht auffordern); die **Vorladung**

Vor·la·ge, die: -, -n; nach einer Vorlage (einem Muster, einer Schablone) arbeiten – dem Stürmer eine steile Vorlage geben

vor·las·sen: jemanden vorlassen (vorangehen lassen) – ein Auto vorlassen (überholen lassen)

vor·läu·fig: vorläufig (einstweilen) bleibe ich hier; der **Vorlauf;** der **Vorläufer;** die **Vorläuferin,** die ... läuferinnen; die **Vorläufigkeit;** die **Verlauf(s)zeit**

vor·laut: ein vorlauter (kecker) Schüler

vor·le·gen: einen Plan vorlegen (unterbreiten, zur Einsichtnahme hinlegen) – er legt ein scharfes Tempo vor; der **Vorleger** (Matte, kleiner Teppich); das **Vorlegeschloss,** die ... schlösser

vor·le·sen: eine Erzählung vorlesen; der **Vorleser;** die **Vorleserin;** die **Vorlesung**

vor·letzt: zu vorletzt – die vorletzte Besucherin – am vorletzten Urlaubstag; aber: er ist der Vorletzte in der Klasse

Vor·lie·be, die: -, -n (Neigung, besonderes Interesse); **vorliebnehmen:** mit etwas vorliebnehmen (sich damit begnügen)

vorm: die Katze liegt vorm (vor dem) Ofen

vor·ma·chen: er machte (zeigte) die Turnübung vor – du brauchst mir nichts vorzumachen (mich nicht täuschen) – *sich etwas vormachen* (sich etwas einbilden)

Vor·macht, die: - (Vorherrschaft); die **Vormachtstellung**

vor·mals ⟨vorm.⟩: (früher, ehemals); **vormalig**

vor·mer·ken: einen Termin vormerken; die **Vormerkung**

Vor·mit·tag, der: -(e)s, -e (Zeit vom Morgen bis Mittag); heute/gestern/morgen Vormittag – Montag Vormittag; **vormittägig** (am Vormittag stattfindend); **vormittäglich** (jeden Vormittag stattfindend); **vormittags;** die **Vormittagsstunde;** die **Vormittagsvorstellung**

Vor·mund, der: -(e)s, -e/Vormünder (Vertreter von Minderjährigen, Entmündigten); die **Vormundschaft;** das **Vormundschaftsgericht**

vorn: vorn an der Spitze – von vorn beginnen – weit vorn – nach vorn; auch: **vorne;** **vorn(e)herein:** er hat die Bitte von vornherein (gleich, von Anfang an) abgelehnt; **vorn(e)über; vorn(e)weg**

Vor·na·me, der: -ns, -n (persönlicher Name, Rufname)

vor·nehm: vornehm (fein) tun – eine vornehme (elegante) Frau; die **Vornehmheit;** **vornehmlich** (besonders, vor allem)

vor·neh·men, sich: sich etwas vornehmen (etwas beabsichtigen) – er nahm sich seinen Sohn gehörig vor (er wies ihn zurecht)

vorn(e)·über: (nach vorn); sich **vornüberbeugen; vornüberfallen; vornüberkippen; vornüberstürzen**

Vor·ort, der: -(e)s, -e (äußerer Stadtteil, Vorstadt); aber: vor Ort sein

Vor·rang, der: -(e)s (Vorrecht, bevorzugte Stellung); einer Sache den Vorrang geben; **vorrangig;** die **Vorrangigkeit;** die **Vorrangstellung**

Vor·rat, der: -(e)s, Vorräte; sie hat einen Vorrat an Lebensmitteln angelegt; **vorrätig** (vorhanden); die **Vorratskammer**

Vor·recht, das: -(e)s, -e (Vergünstigung, Vorrang)

Vor·rich·tung, die: -, -en; eine Vorrichtung (Hilfsmittel, Apparat) zum Abladen

Vor·runde, die: -, -n (erste Ausscheidungskämpfe für Meisterschaften); das **Vorrundenspiel**

vors: vors (vor das) Gericht gehen

vor·sa·gen: in der Prüfung vorsagen (einsagen, einflüstern) – sich die Wörter immer wieder vorsagen (um sie im Gedächtnis zu behalten); der **Vorsager;** die **Vorsagerin,** die Vorsagerinnen

Vor·satz, der: -es, Vorsätze (Absicht); einen Vorsatz fassen; **vorsätzlich** (absichtlich)

Vor·schau, die: -, -en (Überblick über kommende Sendungen im Fernsehen, Film o. Ä.)
Vor·schein: *zum Vorschein kommen* (sichtbar, erkennbar werden)
vor·schie·ben: einen Spielstein vorschieben – er schob den Riegel vor – etwas vorschieben (vorschützen, als angeblichen Grund angeben); → Vorschub
vor·schla·gen: ich schlage vor, nach Hause zu gehen – jemanden als Kandidaten für ein Amt vorschlagen; der **Vorschlag,** die Vorschläge; das **Vorschlagsrecht**
vor·schnell: vorschnell (voreilig) handeln
vor·schrei·ben: (fordern, verlangen, befehlen); die **Vorschrift** (Anweisung, Bestimmung); **vorschriftsmäßig** (ordnungsgemäß)
Vor·schub: einer Sache Vorschub leisten (etwas fördern, begünstigen); → vorschieben
Vor·schu·le, die: -, -n (Unterricht für noch nicht schulpflichtige Kinder); das **Vorschulalter;** die **Vorschulerziehung; vorschulisch;** die **Vorschulung**
Vor·schuss, der: -es, Vorschüsse (Vorauszahlung); die **Vorschusslorbeeren** *Pl.* (verfrühtes Lob); die **Vorschusszahlung**
vor·schüt·zen: eine Krankheit vorschützen (zum Vorwand nehmen)
vor·se·hen: die vorgesehene (geplante) Reise entfiel – er hat mich für diesen Posten vorgesehen (ausersehen) – du musst dich vor ihm vorsehen (dich in Acht nehmen); die **Vorsehung:** die göttliche Vorsehung (Macht, Bestimmung)
Vor·sicht, die: - (Aufmerksamkeit, Besonnenheit); *mit Vorsicht zu genießen sein* (nicht sehr umgänglich sein) – *Vorsicht ist besser als Nachsicht;* **vorsichtig:** fahr bitte vorsichtig!; **vorsichtigerweise;** die **Vorsichtigkeit; vorsichtshalber;** die **Vorsichtsmaßnahme**
Vor·sil·be, die: -, -n (Sprachlehre: Präfix)
Vor·sitz, der: -es (Leitung eines Vereins, einer Sitzung o. Ä.); der/die **Vorsitzende** ⟨Vors.⟩
vor·sor·gen: für den Winter vorsorgen (vorbauen, vorher sorgen); die **Vorsorge:** Vorsorge treffen (für etwas sorgen); die **Vorsorgeuntersuchung; vorsorglich** (umsichtig, vorausschauend)
Vor·spann, der: -(e)s, -e (einem Film, einer Sendung vorangestellte Angaben über Darsteller, Titel u. Ä.)
vor·spie·geln: jemandem etwas vorspiegeln (jemanden etwas glauben machen); die **Vorspieg(e)lung** (Vortäuschung)
vor·spre·chen: einen Satz vorsprechen (vorsagen) – bei jemandem vorsprechen (eine Bitte vortragen); die **Vorsprache**
Vor·sprung, der: -(e)s, Vorsprünge; der Vorsprung (vorspringende Teil) eines Felsens – ein Vorsprung (eine Überlegenheit) auf technischem Gebiet; **vorspringen**
vor·ste·hen: das Brett steht vor (ragt hervor) – einem Verein vorstehen (ihn führen) – wie vorstehend (oben) erwähnt; aber: im Vorstehenden heißt es; der **Vorstand,** die Vorstände; das **Vorstandsmitglied;** die **Vorstandssitzung;** der **Vorsteher;** die **Vorsteherin,** die Vorsteherinnen
vor·stel·len: der neue Schüler wurde vorgestellt (den anderen bekannt gemacht) – sich etwas vorstellen (sich ausdenken, ausmalen); **vorstellbar** (möglich); **vorstellig:** vorstellig werden (sich an jemanden wenden); die **Vorstellung** (Ansicht, Gedanke); das **Vorstellungsgespräch;** die **Vorstellungskraft;** das **Vorstellungsvermögen;** die **Vorstellungswelt**
vor·sto·ßen: (vordringen); der **Vorstoß,** die Vorstöße (Angriff)
Vor·stra·fe, die: -, -n; er hat schon viele Vorstrafen; das **Vorstrafenregister**
vor·stre·cken: Geld vorstrecken (borgen, auslegen)
Vor·stu·fe, die: -, -n; die Vorstufe zu einer Entwicklung, zu einer Krankheit
vor·täu·schen: eine Krankheit vortäuschen; die **Vortäuschung**
Vor·teil, der: -s, -e (Vorsprung, Überlegenheit, Nutzen); von Vorteil sein (vorteilhaft sein); **vorteilhaft** (günstig, einträglich)
Vor·trag, der: -(e)s, Vorträge; der Vortrag (die Rede) war sehr langweilig; **vortragen:** ein Gedicht vortragen – er trug ihm sein Anliegen vor (er teilte es mit)
vor·treff·lich: es schmeckt vortrefflich (ausgezeichnet, hervorragend); die **Vortrefflichkeit**
vor·tre·ten: an die Tafel vortreten; der **Vortritt:** jemandem den Vortritt lassen (ihn vorausgehen lassen)
vor·über (vo·rü·ber:): es ist alles vorüber; **vorübergehen; vorübergehend** (zeitweise);

aber: etwas Vorübergehendes; **vorüberspazieren**

Vor·ur·teil, das: -s, -e; ein Vorurteil (eine vorgefasste Meinung) gegen jemanden haben; **vorurteilsfrei; vorurteilslos** (sachlich)

Vor·ver·kauf, der: -(e)s; die **Vorverkaufsstelle**

Vor·wahl, die: -, -en (das Wählen der Ortskennzahl beim Telefonieren); **vorwählen;** die **Vorwahlnummer;** auch: die **Vorwählnummer**

Vor·wand, der: -(e)s, Vorwände (Ausrede, Ausflucht, vorgeschobener Grund)

vor·wärts: vor- und rückwärts – vorwärts marsch! – zwei Schritte vorwärts; **vorwärtsbringen:** eine Firma vorwärtsbringen; sich **vorwärtsentwickeln** (sich weiterentwickeln); der **Vorwärtsgang; vorwärtsgehen** (besser werden, sich fortentwickeln); zwei Schritte vorwärtsgehen; aber: vorwärts gehen sie schnell, rückwärts langsam; **vorwärtskommen** (vorankommen); **vorwärtsstreben;** die **Vorwärtsverteidigung; vorwärtsweisend:** eine vorwärtsweisende Idee

Vor·wä·sche, die: - (das Vorwaschen); **vorwaschen;** der **Vorwaschgang**

vor·weg: (vorher, im Voraus); vorweg sein; die **Vorwegnahme; vorwegnehmen** (vorgreifen, zuvorkommen)

vor·wer·fen: Tieren das Fressen vorwerfen (hinwerfen) – sie hat ihm Faulheit vorgeworfen (vorgehalten); der **Vorwurf,** die Vorwürfe; **vorwurfsfrei; vorwurfsvoll**

vor·wie·gend: wir hatten vorwiegend (meist, oft) schönes Wetter; **vorwiegen**

vor·wit·zig: vorwitzig (vorlaut, frech) sein; der **Vorwitz**

Vor·wort, das: -(e)s, -e (Einleitung, Vorrede)

Vor·zei·chen, das: -s, -; die Vorzeichen (Anzeichen) eines Unwetters – die Vorzeichen + (plus) und – (minus)

vor·zei·gen: seinen Pass vorzeigen (vorweisen, zeigen); **vorzeigbar;** die **Vorzeigefrau**

Vor·zeit, die: - (vorgeschichtliche Zeit); **vorzeiten** (vor langer Zeit); aber: vor langen Zeiten; **vorzeitig** (verfrüht, zu früh); die **Vorzeitigkeit; vorzeitlich** (aus der Vorzeit); der **Vorzeitmensch**

vor·zie·hen: die Gardinen vorziehen – einen Termin vorziehen (vorverlegen) – ich ziehe es vor zu schweigen (ich möchte lieber schweigen); der **Vorzug,** die Vorzüge: er hat viele Vorzüge (gute Eigenschaften) – einer Sache den Vorzug geben (den Vorrang einräumen); **vorzüglich** (ausgezeichnet); die **Vorzüglichkeit;** der **Vorzugspreis; vorzugsweise** (hauptsächlich, besonders)

Vo·tiv·bild *lat. [wotif…]*, das: -(e)s, -er (einem oder einer Heiligen aufgrund eines Gelübdes geweihtes Bild); die **Votivtafel**

Vo·tum *lat. [wotum]*, das: -s, Voten / Vota (Meinungsäußerung, Urteil, Entscheidung); **votieren** (wählen, abstimmen)

vs. = versus (gegen)

v. T. = vom Tausend (Promille)

v. u. = von unten

vul·gär *lat. [wulgär]*: ein vulgärer (gewöhnlicher, derber) Ausdruck; die **Vulgarität,** die Vulgaritäten; die **Vulgärsprache**

vul·go *lat. [wulgo]*: Meier vulgo (allgemein bekannt als) Hauser

Vul·kan *lat. [wulkan]*, der: -s, -e (Feuer speiender Berg); *auf einem Vulkan tanzen* (ein gefährliches Spiel treiben); der **Vulkanausbruch,** die …ausbrüche; **vulkanisch:** vulkanisches Gestein; **vulkanisieren;** die **Vulkanisierung;** der **Vulkanismus**

W

W = West(en); Watt

Waa·ge, die: -, -n (Gerät zum Wiegen); etwas auf die Waage legen – *einander die Waage halten* (gleich sein); der **Waagebalken; waag(e)recht;** die **Waag(e)rechte;** die **Waagschale:** *etwas in die Waagschale werfen* (etwas geltend machen) – *jedes Wort auf die Waagschale legen* (alles wortwörtlich nehmen); → wägen, wiegen

wab·be·lig: (schwabbelig, unangenehm weich); auch: **wabblig; wabbeln**

Wa·be, die: -, -n (Gebilde aus Wachs im Bienenstock); der **Wabenhonig**

wach: wach sein (wachen) – ein wacher (aufgeweckter) Junge – einen wachen (regen) Verstand haben – wach bleiben; der **Wachdienst;** die **Wache:** Wache halten – auf die Wache (Polizeiwache) müssen; **wachen;** das **Wachestehen; wachestehend:** ein wachestehender Soldat; auch: Wache stehend; **wachhabend:** der wachhabende Offizier;

T U V W X Y Z

der/die **Wachhabende; wachhalten:** eine Erinnerung an jemanden wachhalten (lebendig erhalten); aber: sich wach halten – jemanden wach halten (am Einschlafen hindern); die **Wachheit;** der **Wachhund; wachliegen;** auch: wach liegen; der **Wachmann,** die ... männer/... leute; **wachrufen; wachrütteln** (wecken); auch: wach rütteln; aber nur: die Nachricht hat ihn wachgerüttelt (aufgerüttelt); **wachsam** (aufmerksam); die **Wachsamkeit;** die **Wacht;** der **Wächter;** die **Wächterin;** der **Wachtmeister** (Polizist); die **Wachtparade** (Aufzug einer Wache mit Musik); der **Wach(t)posten;** der **Wach(t)turm;** die **Wach- und Schließgesellschaft; wachwerden:** wenn Erinnerungen wachwerden; auch: wach werden; aber nur: früh am Morgen wach werden

Wa·chol·der, der: -s, - (Strauch, Branntwein); der **Wacholderbaum,** die ... bäume; die **Wacholderbeere;** der **Wacholderschnaps**

Wachs, das: -es, -e; eine Kerze aus Wachs; **wachsbleich** (blass); **wachsen:** die Skier wachsen (mit Wachs bestreichen); **wächsern** (aus Wachs); die **Wachsfigur;** die **Wachskerze;** die **Wachsmalkreide;** der **Wachsstock;** das **Wachstuch; wachsweich**

wach·sen: du wächst, er wuchs, sie ist gewachsen, wachs(e)!; schnell wachsen (größer werden) – die Schulden wachsen (steigen) ins Unermessliche – mit wachsendem Interesse zuhören – *jemandem gewachsen* (ebenbürtig) *sein*; das **Wachstum;** die **Wachstumsstörung;** → Wuchs

Wach·tel, die: -, -n (ein Feldhuhn)

wa·ckeln: der Tisch wackelt (er steht nicht fest) – mit den Ohren wackeln; die **Wackelei; wack(e)lig:** ein wackeliger (nicht fest stehender) Stuhl; der **Wackelkontakt** (schadhafter elektrischer Kontakt); der **Wackelpudding**

wa·cker: sich wacker (tapfer) schlagen

Wa·de, die: -, -n (Muskelbündel am hinteren Unterschenkel); das **Wadenbein;** der **Wadenkrampf,** die ... krämpfe; **wadenlang**

Waf·fe, die: -, -n (Kampfgerät); *die Waffen strecken* (sich ergeben) – *jemanden mit seinen eigenen Waffen schlagen* (ihn mit seinen eigenen Mitteln besiegen) – *unter Waffen stehen* (zur Kriegsführung bereit sein); der **Waffengang** (Kampf); die **Waffengattung;** der **Waffenhandel;** das **Waffenlager; waffenlos;** der **Waffenrock,** die ... röcke; die **Waffenruhe;** der **Waffenschein; waffenstarrend;** der **Waffenstillstand**

Waf·fel *niederl.,* die: -, -n (süßes Gebäck)

wa·gen: keiner wagte (traute sich) aufzustehen – im Spiel viel wagen (riskieren) – *wer nicht wagt, der nicht gewinnt – frisch gewagt ist halb gewonnen*; **wag(e)halsig:** ein waghalsiges (gewagtes) Kunststück; die **Wag(e)halsigkeit;** der **Wagemut** (Mut); **wagemutig;** das **Wagnis,** die Wagnisse (gewagtes Unternehmen, Abenteuer)

wä·gen: du wägst, er wog, sie hat gewogen, wäg(e)!; etwas wägen (abwiegen, einschätzen); die **Wägung;** → Waage, wiegen

Wa·gen, der: -s, -/Wägen; Pferde an den Wagen spannen – sich einen neuen Wagen (ein neues Auto) kaufen – der Große Wagen (Sternbild); das **Wägelchen;** die **Wagenburg** (früher: ringförmig aufgestellte Wagen zur Verteidigung gegen Feinde); der **Wagenheber;** die **Wagenladung;** die **Wagenpapiere** *Pl.*; die **Wagenplane;** das **Wagenrad;** das **Wagenrennen;** der **Wagenschlag** (Wagentüre); der **Wagentyp;** die **Wagenwäsche;** der **Wagner** (Handwerker)

Wag·gon *engl. [wagõ, wagon],* der: -s, -s (Eisenbahnwagen); auch: der **Wagon; waggonweise;** auch: **wagonweise**

wäh·len: einen Klassensprecher wählen – einen Beruf wählen – er wählte die falsche Telefonnummer; die **Wahl:** zur Wahl (zur Abstimmung) gehen – erste Wahl (das Beste, die Besten) – *wer die Wahl hat, hat die Qual* # Wal; der **Wahlausschuss,** die ... ausschüsse; **wählbar;** die **Wählbarkeit; wahlberechtigt;** der/die **Wahlberechtigte;** die **Wahlberechtigung;** die **Wahlbeteiligung;** der **Wähler;** der **Wahlerfolg;** das **Wahlergebnis,** die ... ergebnisse; die **Wählerin,** die Wählerinnen; **wählerisch** (anspruchsvoll); die **Wählerliste;** die **Wählerschaft;** die **Wählerstimme;** das **Wahlfach,** die ... fächer; **wahlfrei;** das **Wahlgeheimnis,** die ... geheimnisse; die **Wahlheimat;** das **Wahljahr;** die **Wahlkabine;** der **Wahlkampf,** die ... kämpfe; das **Wahllokal; wahllos** (beliebig); das **Wahlprogramm;** das **Wahlrecht;** die **Wahlrede;** der **Wahlsieg;** der **Wahlspruch** (Losung, Leitspruch); die

Wahlurne (Behälter für die Stimmzettel); die **Wahlverwandtschaft; wahlweise** (abwechselnd)

Wahn, der: -(e)s (Einbildung, falsche Annahme, Selbsttäuschung); das **Wahnbild** (Wahnvorstellung); **wähnen:** (vermuten, fälschlich annehmen); der **Wahnsinn:** dem Wahnsinn verfallen (geistesgestört) sein – das ist doch ein Wahnsinn (sehr unvernünftig)!; **wahnsinnig;** der/die **Wahnsinnige;** die **Wahnsinnstat;** die **Wahnvorstellung;** der **Wahnwitz** (Wahnsinn); **wahnwitzig**

wahr: eine wahre (wirkliche) Begebenheit – das wird wahr werden (eintreten) – eine wahre (nicht erfundene) Geschichte – sein wahres (echtes) Gesicht zeigen – wahr sein – nicht wahr (so ist es doch)? – so wahr ich lebe! – im wahrsten Sinne des Wortes (wirklich) – wahr bleiben – etwas für wahr halten; aber: das ist nicht das Wahre (es ist nicht gut) – das einzig Wahre – da ist nichts Wahres daran # war, Ware; **wahrhaben:** etwas nicht wahrhaben (zugestehen) wollen; **wahrhaft; wahrhaftig** (aufrichtig); die **Wahrhaftigkeit;** die **Wahrheit:** in Wahrheit (in Wirklichkeit); der **Wahrheitsgehalt; wahrheitsgemäß; wahrheitsgetreu;** die **Wahrheitsliebe; wahrheitsliebend;** der **Wahrheitssinn; wahrheitswidrig; wahrlich** (wirklich); **wahrmachen;** auch: wahr machen; **wahrnehmen:** etwas wahrnehmen (bemerken); **wahrsagen** (hellsehen, weissagen); der **Wahrsager;** die **Wahrsagerin,** die ...sagerinnen; die **Wahrsagung; wahrscheinlich** (vermutlich); die **Wahrscheinlichkeit**

wah·ren: Stillschweigen wahren (bewahren) – seine Rechte wahren (erhalten, verteidigen) – er wahrt das Gesicht (er gibt sich keine Blöße); die **Wahrung;** das **Wahrzeichen** (Erkennungszeichen, Kennzeichen)

wäh·ren: es währt (dauert) lange – *was lange währt, wird endlich gut – ehrlich währt am längsten;* **während:** während (im Verlaufe) des Urlaubs – er kam, während du schliefst; **währenddem; währenddessen;** aber: während dessen Aufenthalt

wahr·neh·men: ein Licht in der Ferne wahrnehmen (bemerken); aber: etwas für wahr nehmen – er nimmt jede Gelegenheit wahr (er nutzt sie); **wahrnehmbar;** die **Wahrnehmbarkeit;** die **Wahrnehmung;** die **Wahrnehmungsfähigkeit**

Wäh·rung, die: -, -en (gesetzliches Zahlungsmittel eines Staates); die **Währungseinheit;** die **Währungskrise;** die **Währungsreform**

Waid·werk, das: -(e)s (Jagd); **waidgerecht;** auch: **weidgerecht;** der **Waidmann,** die ...männer; auch: der **Weidmann;** → weiden

Wai·se, die: -, -n (elternloses Kind) # Weise; das **Waisenhaus,** die ...häuser; das **Waisenkind;** der **Waisenknabe;** die **Waisenrente**

Wal, der: -(e)s, -e (ein Meeressäugetier) # Wahl; der **Walfang; walfangtreibend;** auch: Walfang treibend; der **Walfisch;** das **Walross,** die ...rosse (große Robbenart)

Wald, der: -(e)s, Wälder (Forst, Gehölz); durch Wald und Feld – tief im Wald – *den Wald vor lauter Bäumen nicht sehen* (das Naheliegende nicht erkennen) – *wie man in den Wald ruft, so schallt es heraus;* **waldarm;** der **Waldbrand,** die ...brände; das **Wäldchen;** der **Wald(es)rand; waldig;** das **Waldinnere; waldreich;** der **Waldspaziergang;** das **Waldsterben;** die **Waldung** (Waldbesitz)

wal·ken: Felle walken (kneten) – er walkte (prügelte) ihn tüchtig durch

Walk·man *engl. [wokmän],* der: -s, -s/Walkmen (kleiner Kassettenrekorder); **walken** *[woken];* das **Walkie-Talkie** *[wokitoki]* (tragbares Fernsprechgerät); das **Walking** *[woking]* (intensives Gehen)

Wall *lat.,* der: -(e)s, Wälle (Erdaufschüttung, Mauer); der **Wallgraben,** die ...gräben

Wal·lach, der: -(e)s, -e (kastriertes männliches Pferd)

wal·len: (sprudeln, brodeln, kochen); ein wallender (faltenreicher) Rock; die **Wallung:** in Wallung geraten (wütend werden)

Wall·fahrt, die: -, -en (Fahrt oder Wanderung zu einer religiös bedeutsamen Stätte); der **Wallfahrer** (Pilger); die **Wallfahrerin,** die ...fahrerinnen; **wallfahr(t)en** (pilgern); **Wallfahrtskirche;** der **Wallfahrtsort**

Walm·dach, das: -(e)s, ...dächer (Dach mit dreieckigen Giebelflächen)

Wal·nuss, die: -, Walnüsse (Frucht des Walnussbaums); der **Walnussbaum,** die ...bäume

Wal·ross, das: -es, -e (Robbe)

Wal·statt, die: -, Walstätten (Kampfplatz der

Germanen, Schlachtfeld)

wal·ten: hier walten (herrschen) überirdische Kräfte – jemanden schalten und walten (gewähren) lassen – Gottes Gnade waltet (wirkt) überall – das waltet (lenkt) Gott; aber: das Walten Gottes

Wal·ze, die: -, -n (zylinderförmiger Körper, früher: Wanderschaft der Handwerksburschen); auf der Walze (unterwegs) sein – auf die Walze gehen (wandern); **walzen:** einen Fußballplatz walzen (ebnen); **wälzen:** einen Stein wälzen (rollen) – sich vor Schmerzen am Boden wälzen (sich herumwerfen) – ein Lexikon wälzen (darin nachschlagen); **walzenförmig;** die **Walz(en)straße;** der **Walzer** (Tanz im Dreivierteltakt): ein Wiener Walzer; der **Wälzer** (dickes, schweres Buch); der **Walzertakt;** der **Walzstahl;** das **Walzwerk**

Wams, das: -es, Wämser (kurze Jacke)

Wand, die: -, Wände (seitliche Begrenzung eines Raumes); in seinen eigenen vier Wänden (in der eigenen Wohnung) – Wand an Wand wohnen – eine steile Wand in den Bergen – *jemanden an die Wand spielen* (dessen Einfluss ausschalten); das **Wandbrett;** das **Wandfach,** die ...fächer; der **Wandkalender;** die **Wandkarte;** der **Wandschrank,** die ...schränke; die **Wandtafel;** die **Wanduhr;** die **Wandzeitung**

Wan·da·le: -n, -n (Angehöriger eines ostgotischen Volkes); *wie die Wandalen hausen* (alles zerstören); auch: der **Vandale;** der **Wandalismus** (Zerstörungswut); auch: der **Vandalismus**

wan·deln: auf der Erde wandeln (gehen) – er wandelt (ändert) seine Gesinnung – sich wandeln (sich ändern); der **Wandel:** einen Wandel (eine Änderung) wollen – sein Wandel (Lebenswandel) ist einwandfrei; **wandelbar;** der **Wandelgang;** die **Wandelhalle;** die **Wandlung;** der **Wandlungsprozess**

wan·dern: viel wandern (zu Fuß gehen) – der Zettel wanderte in den Papierkorb (er landete im Papierkorb) – ins Gefängnis wandern; die **Wanderameise;** die **Wanderausstellung;** die **Wanderdüne;** der **Wand(e)rer;** die **Wanderfahrt;** der **Wandergeselle;** die **Wanderjahre** *Pl.*; die **Wanderkarte;** das **Wanderlied;** **wanderlustig;** der **Wanderpokal;** der **Wanderpreis;** die **Wanderratte;** die **Wanderschaft;** der **Wandersmann,** die ...leute; der **Wanderstab,** die ...stäbe; der **Wandertag;** die **Wanderung;** der **Wandervogel,** die ...vögel; der **Wanderweg;** die **Wand(r)erin,** die Wand(r)erinnen

Wan·ge, die: -, -n (Backe); das **Wangenrot**

wan·ken: durch die Türe wanken (unsicher gehen, schwanken) – in seinem Entschluss wankend (unsicher) werden; aber: ins Wanken geraten (erschüttert werden); der **Wankelmut** (Unentschlossenheit); **wankelmütig;** die **Wankelmütigkeit**

wann: wann (zu welcher Zeit) essen wir? – dann und wann (manchmal) – wann immer

Wan·ne, die: -, -n (trogähnliches Gefäß); in einer Wanne baden; das **Wannenbad,** die ...bäder

Wanst, der: -es, Wänste (dicker Bauch)

Wan·ze, die: -, -n; von Wanzen (Insekten) gebissen werden – eine Wanze (ein Abhörgerät) im Zimmer einbauen

Wap·pen, das: -s, -; das Wappen (Erkennungszeichen) einer Stadt; der/das **Wappenschild;** der **Wappenspruch,** die ...sprüche; das **Wappentier;** sich **wappnen:** sich für schlimme Zeiten wappnen (sich darauf einstellen) – sich mit Geduld wappnen (geduldig sein)

Wa·re, die: -, -n; Waren (Güter, Erzeugnisse) verkaufen – heiße Ware (Raub); das **Warenangebot;** die **Warenannahme;** die **Warenausgabe;** der **Warenbestand,** die ...bestände; der **Warenexport;** der **Warenhandel;** das **Warenhaus;** der **Warenimport;** das **Warenlager;** die **Warenprobe;** die **Warensendung;** das **Warensortiment;** der **Warentest;** das **Warenzeichen** ⟨Wz⟩ (rechtlich geschütztes Handelszeichen)

warm: wärmer, am wärmsten; es ist sehr warm – ein warmer Nachmittag – ein warmes Essen – sich warm anziehen – sich warm laufen (als Sportler) – sich warm machen – den Motor warm laufen lassen – jemanden wärmstens (sehr) empfehlen – auf kalt und warm reagieren – warm baden – sich warm waschen – sich warm anziehen – warme Farben (Farben, in denen Rot und Gelb vorherrschen); aber: sich etwas Warmes anziehen – im Warmen sitzen; **warmblütig;** die **Wärme;** die **Wärmeausdehnung;** **wärmedämmend;** die

Wärmeenergie; der **Wärmegrad; wärmeisolierend;** die **Wärmeisolierung;** die **Wärmekapazität; wärmen;** die **Wärmflasche; warmhalten:** sich jemanden warmhalten (sich seine Gunst erhalten); aber: das Essen warm halten; **warmherzig;** die **Warmherzigkeit;** die **Warmluft; warmmachen:** das Essen warmmachen; auch: warm machen; **warmstellen:** die Suppe warmstellen; auch: warm stellen; das **Warmwasser; warmwerden:** mit jemandem warmwerden (mit ihm vertraut werden); auch: warm werden

war·nen: vor einer Gefahr warnen (darauf aufmerksam machen); die **Warnanlage;** das **Warndreieck;** das **Warngerät;** die **Warnleuchte;** das **Warnlicht;** der **Warnruf;** der **Warnschuss,** die ...schüsse; das **Warnsignal;** der **Warnstreik;** die **Warnung;** das **Warnzeichen**

war·ten: auf einen Besuch warten – er wartet (pflegt, überprüft) den Motor – *warten können, bis man schwarz wird* (umsonst warten) – *auf sich warten lassen* (lange nicht kommen); die **Warte** (Beobachtungsplatz): von seiner Warte (seinem Standpunkt) aus etwas beurteilen; die **Wartefrau;** die **Wartehalle;** die **Warteliste;** der **Wärter** (Aufseher); der **Warteraum;** die **Warterei;** die **Wärterin,** die Wärterinnen; der **Wartesaal,** die ...säle; die **Warteschleife;** die **Wartezeit;** das **Wartezimmer;** der **Wartturm,** die ...türme; die **Wartung** (Pflege, Reparatur); **wartungsfrei; wartungsfreundlich**

wa·rum (war·um): warum bist du gekommen? – warum nicht? – warum denn?

War·ze, die: -, -n (kleine Wucherung der Haut); das **Warzenschwein; warzig**

was: was machst du? – was ist das? – was für ein Glück! – was (etwas) Neues – ich glaube nicht, was er sagt – (et)was anderes; auch: (et)was Anderes (Andersartiges)

wa·schen: du wäschst, er wusch, sie hat gewaschen, wasch(e)!; sich morgens waschen (mit Wasser, Seife o. Ä.) – die Kleidung waschen (säubern) – *jemandem den Kopf waschen* (ihn zurechtweisen) – *sich gewaschen haben* (sehr unangenehm sein); die **Waschanlage;** der **Waschautomat; waschbar;** das **Waschbecken;** die **Wäsche; waschecht:** eine waschechte (kochfeste) Bluse – ein waschechter (geborener) Hamburger; die **Wäscheklammer;** die **Wäscherei;** die **Wäscherin,** die Wäscherinnen; der **Wäschetrockner;** die **Waschfrau;** der **Waschkessel;** der **Waschlappen** (Lappen zum Reinigen, Schwächling); die **Waschmaschine;** das **Waschmittel;** der **Waschsalon;** die **Waschschüssel;** die **Waschung;** das **Waschweib** (Schwätzerin); das **Waschzeug**

Was·ser, das: -s, -/Wässer (z. B. Abwässer, Mineralwässer); Wasser trinken – ins Wasser fallen – von Wasser und Brot leben – *sich über Wasser halten* (seine Existenz erhalten können) – *jemandem nicht das Wasser reichen können* (an dessen Leistungen nicht heranreichen) – *nahe ans Wasser gebaut haben* (sehr leicht in Tränen ausbrechen) – *mit allen Wassern gewaschen* (sehr gerissen) *sein;* **wasserabweisend:** auch: Wasser abweisend; aber nur: besonders wasserabweisend – wasserabweisender; die **Wasserader; wasserarm;** das **Wasserbad,** die ...bäder; der **Wasserball,** die ...bälle; das **Wässerchen;** der **Wasserdampf,** die ...dämpfe; **wasserdicht;** der **Wasserfall,** die ...fälle; die **Wasserfarbe; wasserfest; wassergekühlt;** das **Wasserglas,** die ...gläser; der **Wasserhahn,** die ...hähne; der **Wasserhaushalt; wäss(e)rig;** die **Wäss(e)rigkeit;** das **Wasserklosett** ⟨WC⟩; die **Wasserkraft;** die **Wasserlache;** der **Wasserlauf,** die ...läufe; die **Wasserleitung; wasserlöslich;** der **Wassermann** (Sternbild); **wassern** (auf dem Wasser niedergehen); **wässern:** Pflanzen wässern (bewässern); die **Wassernixe;** die **Wasserpumpe;** das **Wasserrad;** der **Wasserrohrbruch,** die ...brüche; die **Wasserrose; wasserscheu;** das **Wasserschloss,** die ...schlösser; der **Wasserski,** die ...ski/... skier; auch: der **Wasserschi;** der **Wasserspiegel;** der **Wassersport;** die **Wasserspülung;** der **Wasserstand,** die ...stände; der **Wasserstoff** ⟨H⟩ (chemischer Grundstoff); die **Wasserstoffbombe;** die **Wasserstraße;** die **Wassersucht;** das **Wassertreten;** der **Wassertropfen;** der **Wasserturm,** die ...türme; die **Wasseruhr; wasserundurchlässig;** die **Wasserverschmutzung;** die **Wasserwaage;** die **Wasserwelle;** der **Wasserwerfer;** das **Wasserwerk;** der **Wasserzähler;** das **Wasserzeichen**

wa·ten: durch den Schlamm waten

Wat·sche, die: -, -n (Ohrfeige); auch: die **Watschen; watschen** (ohrfeigen)

wat·scheln: wie eine Ente watscheln (wackelig, schwerfällig gehen)

Watt ⟨W⟩; das: -s, - (Maßeinheit für die Stromleistung); 500 Watt

Watt, das: -(e)s, -en (bei Ebbe bloßgelegter Küstenstreifen); das **Wattenmeer;** die **Wattwanderung**

Wat·te *niederl.,* die: -, -n (lockere Faserschicht); Watte auf die Wunde geben – *Watte in den Ohren haben* (nicht hören wollen); der **Wattebausch,** die ...bäusche; der **Wattepfropfen; wattieren** (polstern); die **Wattierung**

WC *engl. [wetße],* das: -(s), -(s) (Toilette)

Web *engl.,* das: -(s) (World Wide Web); die **Webseite;** die **Website** *[wepßait]*

we·ben: du webst, er webte/wob, sie hat gewebt/gewoben, web(e)!; Teppiche weben; der **Weber;** die **Weberei;** die **Weberin,** die Weberinnen; der **Webfehler;** das **Webgarn;** der **Webpelz;** der **Webstuhl,** die ...stühle; die **Webwaren** *Pl.*

wech·seln: Geld wechseln (umtauschen) – er wechselte das Hemd – ihre Stimmung wechselte (änderte sich) rasch – den Arbeitsplatz wechseln; der **Wechsel:** der Wechsel (regelmäßige Ablauf) der Jahreszeiten – einen Wechsel (Geldscheck) ausstellen; das **Wechselbad,** die ...bäder; die **Wechselbeziehung;** das **Wechselgeld; wechselhaft** (unbeständig); die **Wechseljahre** *Pl.;* der **Wechselkurs;** der **Wechselrahmen;** der **Wechselschritt; wechselseitig** (abwechselnd, gegenseitig); die **Wechselseitigkeit;** der **Wechselstrom;** die **Wechselstube;** die **Wechs(e)lung; wechselvoll; wechselwarm; wechselweise;** die **Wechselwirkung**

Wech·te, die: -, -n (überhängende Schneemasse im Gebirge); → wehen

we·cken: um sieben Uhr wecken (wach machen) – alte Erinnerungen werden geweckt (wachgerufen); der **Wecker:** *jemandem auf den Wecker fallen* (ihm lästig werden); der **Weckruf;** die **Weckzeit**

We·cken, der: -s, - (Brot in länglicher Form); auch: der **Weck;** die **Wecke;** das **Weckerl**

We·del, der: -s, - (Schwanz, Fächer); **wedeln:** der Hund wedelt mit dem Schwanz

we·der: weder der eine noch der andere – *weder ein noch aus wissen* (sich nicht zurechtfinden); aber: das Weder-noch

Week·end *engl. [wikend],* das: -(s), -s (Wochenende)

weg: sie ist schon lange weg (fort) – sie ist noch weit weg (entfernt) – weg da! – das ganze Geld ist weg – ganz weg (begeistert) sein – sie ist noch längst nicht über seinen Tod weg (hinweg, hat ihn noch nicht überwunden); **wegbleiben; wegblicken; wegbringen; wegfahren;** der **Wegfall; wegfallen;** der **Weggang; weggehen; wegkommen; weglassen; weglaufen; wegmachen; wegmüssen;** die **Wegnahme; wegnehmen; wegpacken; wegräumen; wegschaffen;** sich **wegscheren** (weggehen); **wegschieben;** sich **wegschleichen; wegschmeißen;** sich **wegstehlen; wegstellen; wegtun; wegwerfen; wegwerfend** (verächtlich, abfällig); die **Wegwerfflasche;** die **Wegwerfgesellschaft; wegziehen;** der **Wegzug**

Weg, der: -(e)s, -e; den Weg nach Hause gehen – wohin des Weg(e)s? – er steht mir im Wege (er stört mich) – etwas auf den Weg bringen – etwas zu Wege bringen; auch: zuwege – *jemandem aus dem Weg gehen* (ihn meiden) – *eigene Wege gehen* (selbstständig handeln) – *jemanden aus dem Weg räumen* (ihn umbringen) – *sich auf den Weg machen* (aufbrechen) – *jemandem auf halbem Weg entgegenkommen* (ihm teilweise nachgeben) – *jemandem über den Weg laufen* (ihm zufällig begegnen) – *viele Wege führen nach Rom;* der **Wegbereiter;** die **Wegbereiterin,** die ...bereiterinnen; der **Wegelagerer** (Straßenräuber); der **Wegesrand;** die **Weggab(e)lung;** der **Weggefährte;** die **Weggefährtin,** die ...gefährtinnen; die **Wegkreuzung; wegkundig; weglos;** die **Wegmarke;** der **Wegrand,** die ...ränder; auch: der **Wegrain; ...wegs:** gerade(n)wegs – halbwegs – keineswegs – unterwegs; die **Wegstrecke; wegweisend;** der **Wegweiser;** die **Wegzehrung** (Reisevorrat)

we·gen: wegen der Leute – meiner Familie wegen (um ihretwillen) – von Rechts wegen – wegen meiner (meinetwegen) – wegen etwas anderem – wegen Geschäften – von Amts wegen – von wegen!; **...wegen:** meinetwegen – deinetwegen – seinetwegen – ihretwegen – unsertwegen – euretwegen; auch: euertwegen – deswegen

We·ge·rich, der: -s, -e (eine Pflanze)

we·he: auch: **weh;** sie hat wehe (schmerzende) Füße – mir ist weh ums Herz – es tut ihm weh – o weh! – weh dir!; das **Weh:** mit Ach und Weh – tiefes Weh (Leid) erfüllt mich; die **Wehe** (Pressschmerz bei der Geburt eines Kindes); das **Wehgeschrei; wehklagen; wehleidig;** die **Wehleidigkeit;** die **Wehmut** (stiller Schmerz); **wehmütig; wehmutsvoll; wehtun;** auch: weh tun; das **Wehwehchen**

we·hen: der Wind weht – die Fahne weht (flattert) im Wind – es weht (herrscht) ein neuer Geist; die **Wehe** (Sand- und Schneeverwehung); → Wechte

Wehr, das: -(e)s, -e (Stauanlage, Stauwerk)

weh·ren: sich gegen ungerechte Vorwürfe wehren (zur Wehr setzen) – dem Kind etwas wehren (verbieten); die **Wehr,** die Wehren (Abwehr, Schutzvorrichtung): *sich zur Wehr setzen* (sich verteidigen); **wehrbar;** der/die **Wehrbeauftragte;** der **Wehrdienst;** der **Wehrdienstverweigerer; wehrfähig;** die **Wehrfähigkeit;** der **Wehrgang** (Gang mit Schießscharten auf Burg- und Stadtmauern); das **Wehrgehänge** (Waffengurt); **wehrhaft** (tüchtig, erprobt); **wehrlos:** ein wehrloses Kind; die **Wehrlosigkeit;** die **Wehrmacht;** der/die **Wehrmacht(s)angehörige;** der **Wehrpass;** die **Wehrpflicht:** die allgemeine Wehrpflicht; **wehrpflichtig;** der **Wehrpflichtige;** die **Wehrübung**

Weib, das: -(e)s, -er (früher: Frau, Ehefrau); das **Weibchen** (weibliches Tier); der **Weiberfeind;** der **Weiberheld; weibisch** (verweichlicht, unmännlich); **weiblich** ⟨w.⟩ (frauenhaft); die **Weiblichkeit;** die **Weibsperson;** das **Weibsstück** (abwertend für: Frau)

weich: weich (sanft) fallen – eine weiche (wollige) Decke – ein weiches (mitfühlendes) Herz haben; das **Weichei; weichen** (einweichen, weich werden); die **Weichheit; weichherzig** (gütig); die **Weichherzigkeit; weichklopfen:** Fleisch weichklopfen; auch: weich klopfen; aber nur: jemanden weichklopfen (ihn gefügig machen); **weichkochen:** Eier weichkochen; auch: weich kochen; **weichlich** (verzärtelt, wehleidig); die **Weichlichkeit;** der **Weichling** (Schwächling); **weichlöten; weichmachen:** Leder weichmachen; auch: weich machen; aber nur: jemanden weichmachen (zum Nachgeben bewegen); der **Weichmacher; weichspülen;** auch: weich spülen; der **Weichspüler;** das **Weichspülmittel;** die **Weichteile** *Pl.* (knochenlose Körperteile); das **Weichtier; weichwerden** (nachgeben); auch: weich werden; aber nur: weich werden (aufweichen)

wei·chen: du weichst, er wich, sie ist gewichen, weich(e)!; der Gewalt nicht weichen (nicht nachgeben) – jemandem nicht von der Seite weichen – weiche von mir!; die **Weiche** (verstellbarer Teil einer Gleisanlage); die **Weichenstellung**

Wei·de, die: -, -n (ein Baum, Strauch); die **Weidenkätzchen** *Pl.*; die **Weidenrute**

wei·den: sie weidet (hütet) das Vieh – die Kühe weiden (fressen) auf der Wiese – sich an etwas weiden (Spaß daran haben); die **Weide** (Grasfläche); das **Weideland;** der **Weideplatz,** die ...plätze; die **Weidewirtschaft; weidgerecht** (jagdgerecht); auch: **waidgerecht;** der **Weidmann;** auch: der **Waidmann,** die ...männer; **weidmännisch;** auch: **waidmännisch; Weidmannsdank!;** auch: **Waidmannsdank!; Weidmannsheil!;** auch: **Waidmannsheil!;** das **Weidwerk** (Jagd); auch: das **Waidwerk; weidwund** (verwundet); auch: **waidwund**

weid·lich: etwas weidlich (gehörig, tüchtig) ausnutzen

wei·gern, sich: er weigerte sich (er lehnte es ab) zu arbeiten; die **Weigerung**

wei·hen: Kerzen weihen (segnen) – er weiht (widmet) sein Leben den Armen – die Stadt war dem Untergang geweiht (preisgegeben); der **Weihbischof,** die ...bischöfe; die **Weihe;** der **Weiheakt;** die **Weihestunde; weihevoll** (feierlich); der **Weihrauch** (Räuchermittel); die **Weihung;** das **Weihwasser**

Wei·her *lat.*, der: -s, - (kleiner Teich, Tümpel)

Weih·nacht, die: -; auch: das **Weihnachten** (Weihnachtsfest, Fest der Geburt Jesu): fröhliche Weihnachten! – an/zu Weihnachten; **weihnachten:** es weihnachtet schon; **weihnachtlich;** der **Weihnachtsabend;** der **Weihnachtsbaum,** die ...bäume; die **Weihnachtsferien** *Pl.*; das **Weihnachtsfest;** das **Weihnachtsgeschenk;** die **Weihnachtskrippe;** der **Weihnachtsmann,** die ...männer;

der **Weihnachtsstern;** der **Weihnachtstag;** die **Weihnachtszeit**

weil: er turnt nicht mit, weil (da) er krank ist

Wei·le, die: -; eine Weile (kurze Zeit) warten – es ist schon eine Weile her; ein **Weilchen; weilen:** auf dem Lande weilen (sich aufhalten); **...weilen:** bisweilen – einstweilen – zuweilen

Wei·ler *lat.*, der -s, - (Gehöft, kleines Dorf)

Wein *lat.*, der: -(e)s, -e (alkoholisches Getränk aus Weintrauben); Wein trinken – *jemandem reinen Wein einschenken* (die Wahrheit sagen) – *im Wein ist Wahrheit*; der **Weinbau;** die **Weinbeere;** der **Weinberg;** der **Weinbrand,** die ... brände (Branntwein); der **Weinessig;** das **Weinfass,** die ... fässer; das **Weinglas,** die ... gläser; die **Weinkarte;** der **Weinkeller;** die **Weinlese** (Traubenernte); die **Weinprobe;** die **Weinranke;** die **Weinrebe;** **weinrot;** der **Weinstock,** die ... stöcke; die **Weintraube**

wei·nen: vor Freude weinen (Tränen vergießen); aber: es ist zum Weinen; **weinerlich:** eine weinerliche Miene machen; die **Weinerlichkeit;** der **Weinkrampf,** die ... krämpfe

wei·se: weise (kluge, lebenserfahrene) Leute – ein weiser Rat; der/die **Weise** # Waise; die **Weisheit; weisheitsvoll;** der **Weisheitszahn,** die ... zähne; **weismachen:** jemandem etwas weismachen (vormachen, einreden); **weissagen** (vorhersagen); der **Weissager;** die **Weissagerin;** die **Weissagung**

Wei·se, die: -, -n; auf diese Weise (Art) – in gleicher Weise (ebenso) – die Art und Weise – auf keine Weise – eine traurige Weise (Melodie) spielen # Waise; **...weise:** ausnahmsweise – dummerweise – freundlicherweise – glücklicherweise – leihweise – probeweise – schrittweise

wei·sen: du weist, er wies, sie hat gewiesen, weis(e)!; auf ein Schild weisen (deuten) – alle Schuld von sich weisen (abstreiten) – jemanden von der Schule weisen (entlassen); die **Weisung** (Anordnung); die **Weisungsbefugnis,** die ... befugnisse; **weisungsgemäß**

weiß: weißer, am weißesten; weiße Wäsche – weiß werden – etwas schwarz auf weiß (schriftlich) besitzen – weiß (blass) vor Schreck sein/werden – die weiße Kohle (Wasserkraft) – weiß blühen – der weiße Sport (Tennis); auch: der Weiße Sport – der weiße Tod (Lawinentod); auch: der Weiße Tod – ein weißer Fleck (auf der Landkarte) – *eine weiße (saubere) Weste haben* (keine Schuld haben); aber: die Farbe Weiß – das Weiße Haus (Amtssitz des amerikanischen Präsidenten) – der Weiße Sonntag (der Sonntag nach Ostern); das **Weiß** (die weiße Farbe): ganz in Weiß gekleidet sein – aus Schwarz Weiß machen; das **Weißbier; weißblond; weißbluten** (sich völlig verausgaben) das **Weißbrot;** der/die **Weiße** (Angehörige(r) der weißen Rasse); eine **Weiße** (Weißbier); **weißen:** die Wand weißen (tünchen); ein **Weißer; weißgekalkt:** weißgekalkte Wände; auch: weiß gekalkt; **weißgekleidet:** weißgekleidete Mädchen; auch: weiß gekleidet; der **Weißgerber** (Handwerker); **weißglühend:** die weißglühende Sonne; auch: weiß glühend; die **Weißglut** (stärkste Glut); **weißhaarig;** der **Weißkohl;** das **Weißkraut; weißlich;** der **Weißling** (Schmetterling); **weißstreichen;** auch: weiß streichen; **weißtünchen;** auch: weiß tünchen; **weißwaschen:** Wäsche weißwaschen; auch: weiß waschen; aber nur: sich weißwaschen (sich von einem Verdacht befreien); der **Weißwein;** die **Weißwurst**

Weiß·russ·land: -s (Staat in Osteuropa); der **Weißrusse;** die **Weißrussin,** die ... russinnen; **weißrussisch**

weit: eine weite Ebene – bis zur Stadt ist es nicht weit – die Hose ist ihm zu weit – die weite Welt – weit fahren/gehen – weit herumkommen – es weit bringen – weit besser – weit und breit (überall) – bei weitem; auch: bei Weitem – von weitem; auch: von Weitem – von weit her – so weit, so gut – weit voraus – weit weg – weit hinaus – *zu weit gehen* (über das vertretbare Maß hinausgehen); **weitab:** weitab (weit entfernt) vom Dorf; **weitaus:** er ist weitaus (bei weitem) der Älteste; der **Weitblick; weitblickend;** auch: weit blickend; das **Weite:** *das Weite suchen* (fliehen); die **Weite,** die Weiten: die Weite des Ozeans – in die Weite (Ferne) schweifen; **weiten:** den Stiefel weiten (ausdehnen); **weitgehend;** auch: weit gehend; **weitgereist:** eine weitgereiste Frau; auch: weit gereist; **weitgreifend;** auch: weit greifend; **weither:** von weither (aus weiter Ferne) kommen; aber: mit ihm ist es nicht weit her; **weitherzig** (freigebig); die **Weitherzigkeit; weithin; weitläufig** (ausführlich, großzügig); die **Weitläufigkeit; weiträumig; weitreichend;** auch: weit reichend; **weitschweifig** (umständlich); die **Weitschweifigkeit;** die **Weitsicht; weitsichtig** (vorausschauend); **weitspringen;** aber: er kann nicht weit springen; das **Weitspringen;** der **Weitsprung,** die ... sprünge; **weittragend;** auch: weit tragend; die **Weitung; weitverbreitet;** auch: weit verbreitet; **weitverzweigt;** auch: weit verzweigt

wei·ter: und so weiter ⟨usw.⟩ – immer weiter – weiter nichts – ohne weiteres; auch: ohne Weiteres – bis auf weiteres (vorläufig); auch: bis auf Weiteres; aber: alles Weitere erfährst du morgen – Weiteres in Kürze – des Weiteren – im Weiteren; die **Weiterarbeit; weiterarbeiten; weiterbestehen;** auch: weiter bestehen; sich **weiterbilden;** die **Weiterbildung; weiterentwickeln; die Weiterentwicklung; weitererzählen; weiterfahren;** aber: sie wird weiter fahren als du; die **Weiterfahrt; weiterführend:** weiterführende Schulen; die **Weitergabe;** der **Weitergang; weitergeben; weitergehen:** so kann es nicht weitergehen; aber: er kann weiter gehen als ich; **weiterhelfen;** aber: er wird auch weiter (weiterhin) helfen; **weiterhin** (wie bisher, künftig); **weiterkommen; weiterlaufen;** aber: sie wird weiter laufen als er; **weiterleiten; weitermachen:** so kannst du nicht weitermachen; aber: das enge Kleid weiter machen; **weiterreichen; weitersagen; weitersprechen; weiterverbreiten; weiterverwenden; weiterwissen**

Wei·zen, der: -s (eine Getreideart); das **Weizenbrot;** das **Weizenfeld;** der **Weizenkeim;** das **Weizenkorn,** die ... körner; das **Weizenmehl**

welch: welch schöner Tag! – welch ein Held!; **welche:** auf welche Weise – es sind schon welche (einige) anwesend – welche von euch melden sich freiwillig?; **welcher; welcherart;** aber: (von) welcher Art; **welcherlei; welches:** welches von den Kindern ist deines?

welk: welke (nicht mehr frische) Blumen – eine welke Haut; **welken;** die **Welkheit**

Wel·le, die: -, -n; die Wellen (Wogen) des Meeres – Wellen (kleine Erhebungen) im Gelände – eine Welle (Flut) von Protesten – die grüne Welle – *hohe Wellen schlagen* (große Erregung verursachen); das **Wellblech;** sich **wellen:** der Teppich wellt (wölbt) sich; **wellenartig;** das **Wellenbad,** die ... bäder; **wellenförmig;** der **Wellenkamm,** die ... kämme; die **Wellenlänge;** die **Wellenlinie; wellig** (lockig, uneben); die **Wellpappe;** die **Wellung**

Well·ness *engl.,* die: - (Wohlbefinden); das **Welnesscenter;** das **Wellnesshotel**

Wel·pe, der: -n, -n (Junges eines Hundes, Fuchses oder Wolfes)

Wels, der: -, -es, -e (ein Speisefisch)

Welt, die: -, -en; um die Welt (die Erde, den Erdball) reisen – die Welt (der Lebensbereich) des Kindes – alle Welt (jedermann) – von aller Welt vergessen sein – zur Welt kommen (geboren werden) – aus aller Welt (von überall her) – am Ende der Welt (sehr weit entfernt) – die große Welt (die vornehme Gesellschaft) – die Dritte Welt (Entwicklungsländer) – die Neue Welt (Amerika) – die Alte Welt (Europa) – *die Welt nicht mehr verstehen* (völlig fassungslos sein) – *nicht aus der Welt sein* (leicht erreichbar sein) – *etwas in die Welt setzen* (etwas in Umlauf bringen); **weltabgewandt;** das **Weltall; weltanschaulich;** die **Weltanschauung; weltbekannt; weltberühmt; weltbewegend;** das **Weltbild;** der **Weltbürger;** die **Weltbürgerin,** die ... bürgerinnen; der **Weltcup** *[... kap]* (ein Sportwettbewerb); der **Weltenbummler; welterschütternd; weltfern;** die **Weltflucht; weltfremd;** das **Weltgericht** (das Jüngste Gericht); die **Weltgeschichte; weltgewandt;** der **Welthandel;** die **Weltherrschaft;** die **Weltkarte;** der **Weltkrieg:** der Erste/Zweite Weltkrieg; die **Weltkugel; weltlich** (irdisch); die **Weltlichkeit;** die **Weltmacht,** die ... mächte; **weltmännisch** (gewandt); das **Weltmeer;** der **Weltmeister;** die **Weltmeisterin,** die ... meisterinnen; die **Weltmeisterschaft; weltoffen;** die **Weltoffenheit;** die **Weltordnung;** die **Weltpolitik;** der **Weltraum;** der **Weltraumfahrer;** die **Weltraumfahrerin,** die ... fahrerinnen; das **Weltreich;** die **Weltreise;** der **Weltrekord;** der **Weltruf** (große Berühmtheit); der **Weltschmerz** (Schmerz über die Unvollkommenheit der Welt); die **Weltstadt,** die ... städte; **weltumspannend;** aber: die Welt umspannend; der **Weltuntergang;** der **Weltverbesserer; weltweit;** die **Weltwirtschaft;** das **Weltwunder:** die sieben Weltwunder (im Altertum)

Wel·ter·ge·wicht, das: -(e)s (Gewichtsklasse beim Ringen und Boxen)

wem: wem gehört der Ball?; der **Wemfall** (Sprachlehre: 3. Fall, Dativ)

wen: wen siehst du?; der **Wenfall** (Sprachlehre: 4. Fall, Akkusativ)

wen·den: du wendest, er wandte/wendete, sie hat gewandt/gewendet, wende!; den Kopf wenden (umdrehen) – mit dem Auto auf der Straße wenden – jemandem den Rücken wenden (sich abwenden) – sich an den Lehrer wenden – Heu wenden – das Wetter wendet (ändert) sich rasch; die **Wende;** der **Wendekreis;** die **Wendeltreppe;** das **Wendemanöver;** die **Wendemarke;** der **Wendeplatz,** die ... plätze; der **Wendepunkt; wendig:** ein wendiges (leicht lenkbares) Auto – ein wendiger (geschickter) Arbeiter; die **Wendung;** → gewandt

we·nig: wenig lesen – wenig mit dem Zug fahren – ein (klein) wenig (etwas, ein bisschen) Angst haben – sich ein wenig fürchten – wenig (nicht viel) verdienen – zu wenig; aber: das Zuwenig – zu wenige – zu wenig Erfahrung haben – wenig Schönes – ein wenig schöner Anblick – ein weniges; auch: ein Weniges – das wenige; auch: das Wenige – die wenigen; auch: die Wenigen – mit wenigem auskommen; auch: mit Wenigem – das wenigste; auch: das Wenigste – die wenigsten; auch: die Wenigsten – nicht mehr und nicht weniger – am wenigsten; **wenigbefahren:** eine wenigbefahrene Strecke; auch: wenig befahren; **weniggelesen:** ein weniggelesenes Buch; auch: wenig gelesen; die **Wenigkeit:** meine Wenigkeit (ich); **wenigstens** (mindestens, jedenfalls)

wenn: ich komme, wenn (falls) du es wünschst – wenn (sobald) du fertig bist, fahren wir – wenn sie nur da wäre! – wenn auch (obgleich); aber: das Wenn und das Aber – ohne Wenn und Aber; **wenngleich** (obgleich); **wennschon:** wennschon, dennschon

wer: wer kommt da? – wer alles – er ist wer (er wird geachtet); der **Werfall** (Sprachlehre: 1. Fall, Nominativ)

wer·ben: du wirbst, er warb, sie hat geworben, wirb!; einen neuen Kunden werben (gewinnen) – um die Liebe einer Frau werben (sie zu gewinnen suchen); die **Werbeagentur;** das **Werbebanner;** die **Werbebranche;** das **Werbebüro;** das **Werbefernsehen;** der **Werbefilm;** der **Werber;** die **Werberin,** die Werberinnen; der **Werbeslogan;** der **Werbespot** (Werbekurzfilm); der **Werbetext;** die **Werbetrommel:** *die Werbetrommel rühren* (kräftig werben, Reklame machen); **werbewirksam;** die **Werbung;** die **Werbungskosten** *Pl.*

wer·den: du wirst, er wurde, sie ist geworden, werd(e)!; er wird schon noch kommen – sie wird Verkäuferin – daraus wird nichts – es wird zwölf Uhr – eine werdende Mutter – es wird schon werden – er ist müde geworden; aber: es ist noch im Werden – das Werden und Vergehen; der **Werdegang**

wer·fen: du wirfst, er warf, sie hat geworfen, wirf!; Steine werfen (schleudern) – der Baum wirft Schatten – mit Geld um sich werfen – sich auf eine neue Arbeit werfen (stürzen) – ein Tier wirft (kriegt Junge) – *die Flinte ins Korn werfen* (aufgeben); der **Werfer;** die **Werferin,** die Werferinnen; → Wurf

Werft *niederl.*, die: -, -en (Schiffsbauanlage); der **Werftarbeiter;** die **Werftarbeiterin,** die ... arbeiterinnen

Werg, das: -(e)s (Flachs-, Hanfabfall) # Werk

Werk, das: -(e)s, -e; ein Werk (eine Arbeit) vollenden – ans Werk! – an einem neuen Werk (Buch, Bild o. Ä.) arbeiten – er tat ein gutes Werk (eine gute Tat) – ein großes Werk (eine Fabrik) bauen – das Werk (Triebwerk) einer Uhr – *zu Werke gehen* (vorgehen, verfahren) # Werg; der/die **Werkangehörige;** die **Werkbank,** die ... bänke; **werkeigen; werken:** von früh bis spät werken (arbeiten); das **Werken** (Werkunterricht); **werkgerecht; werkgetreu;** die **Werkstatt;** auch: die **Werkstätte,** die ... stätten; **werkstattgepflegt;** der **Werkstoff;** das **Werkstück;** die **Werkwohnung;** der **Werktag; werktäglich; werktags** (wochentags); aber: eines Werktags; **werktätig;** der/die **Werktätige;** der **Werkunterricht;** das **Werkzeug**

Wer·mut, der: -(e)s, -s; einen guten Wermut (weinhaltiges, bittersüßes Getränk) trinken

– ein Tropfen Wermut (etwas Bitteres, Bitterkeit) trübt meine Freude; der **Wermutbruder,** die ... brüder (Stadtstreicher); der **Wermut(s)tropfen**

wert: das Auto ist nichts mehr wert – das ist nicht der Rede wert – *keinen Schuss Pulver wert sein* (nichts taugen); der **Wert:** der Wert des Hauses ist gering – im Wert steigen – große Werte besitzen – einen Wert von einem Messgerät ablesen – das hat für mich keinen Wert (keine Bedeutung) – *auf etwas Wert legen* (es wichtig nehmen); die **Wertarbeit; wertbeständig;** die **Wertbeständigkeit;** der **Wertbrief; werten** (beurteilen); die **Wert(e)skala; wertfrei;** der **Wertgegenstand,** die ... gegenstände; **werthalten** (in Ehren halten); aber: nicht (für) wert halten / achten; die **Wertigkeit; wertlos;** die **Wertlosigkeit; wertmäßig; wertneutral;** das **Wertpaket;** die **Wertpapiere** *Pl.* (Aktien, Pfandbriefe); die **Wertsache; wertschätzen** (achten); die **Wertschätzung;** der **Wertstoff;** das **Wertstück;** die **Wertung;** das **Werturteil; wertvoll;** die **Wertvorstellung;** das **Wertzeichen** (Briefmarke); der **Wertzuwachs,** die ... zuwächse

Wer·wolf, der: -(e)s, ... wölfe (sich in einen Wolf verwandelnder Mensch)

wes: (wessen); *wes Brot ich ess', des Lied ich sing*; der **Wesfall** (Sprachlehre: 2. Fall, Genitiv); **weshalb:** weshalb (warum) schreibst du nicht mehr?; **wessen:** wessen Haus ist das?; **weswegen** (warum)

We·sen, das: -s, -; ein freundliches Wesen (eine freundliche Art) haben – das Wesen (die Merkmale) einer Sache – ein höheres Wesen (Fantasiewesen) – das kleine Wesen (Kind) muss man gernhaben – *viel Wesen(s) von etwas machen* (einer Sache große Bedeutung beimessen) – *sein Wesen treiben* (Unfug machen) – *ein einnehmendes Wesen haben* (habgierig sein); **wesenlos;** die **Wesensart; wesensfremd; wesensgleich; wesensverwandt;** der **Wesenszug,** die ... züge (Merkmal); **wesentlich:** keine wesentlichen Fehler machen; aber: im Wesentlichen (in der Hauptsache) – das Wesentliche

Wes·pe, die: -, -n (bienenähnliches Insekt); das **Wespennest;** der **Wespenstich**

Wes·te *franz.,* die: -, -n (Kleidungsstück ohne Ärmel); die **Westentasche;** das **Westentaschenformat** (kleines Format)

Wes·ten ⟨W⟩, der: -s (Himmelsrichtung); nach Westen blicken – der Westen Deutschlands; auch: **West** ⟨W⟩: Ost und West – das Gewitter kommt von West; der **West** (Westwind); **westdeutsch;** das **Westend** (Stadtteil); der **Western** (Wildwestfilm); **Westeuropa; westeuropäisch; westlich;** die **Westmächte** *Pl.;* **westwärts;** der **Westwind**

West·fa·len: -s (Teil des Bundeslandes Nordrhein-Westfalen); der **Westfale;** die **Westfälin,** die Westfälinnen; **westfälisch:** der westfälische Schinken; aber: die Westfälische Pforte

wet·ten: um zehn Euro wetten; **wett:** jetzt sind wir wett (quitt); der **Wettbewerb; wettbewerbsfähig;** die **Wette:** eine Wette eingehen; der **Wetteifer; wetteifern;** die **Wettfahrt;** der **Wettkampf,** die ... kämpfe; der **Wettkämpfer;** die **Wettkämpferin,** die ... kämpferinnen; der **Wettlauf; wettlaufen; wettmachen:** eine Niederlage wettmachen (ausgleichen); **wettrennen;** das **Wettrennen;** das **Wettspiel;** der **Wettstreit; wettstreiten** (konkurrieren); das **Wetttauchen;** auch: das **Wett-Tauchen;** das **Wettturnen;** auch: das **Wett-Turnen**

Wet·ter, das: -s, -; schönes Wetter haben – *um gutes Wetter* (gute Stimmung) *bitten*; die **Wetteraussichten** *Pl.;* der **Wetterbericht; wetterbeständig;** der **Wetterdienst; wetterempfindlich;** die **Wetterfahne; wetterfest; wetterfühlig;** die **Wetterfühligkeit;** der **Wetterhahn;** die **Wetterkarte; wetterkundig; wetterleuchten;** das **Wetterleuchten** (das Aufleuchten entfernter Blitze, ohne dass man den Donner hört); **wettern** (stürmen, donnern und blitzen): es wettert den ganzen Tag – gegen die Steuern wettern (schimpfen); die **Wetterprognose;** der **Wettersatellit;** die **Wetterscheide;** die **Wetterstation;** der **Wettersturz** (Schlechtwettereinbruch); der **Wetterumschlag;** der **Wetterumschwung;** die **Wettervorhersage;** die **Wetterwarte; wetterwendisch** (unbeständig, launisch)

wet·zen: du wetzt – er hat die Messer gewetzt (scharf gemacht) – den Schnabel am Ast wetzen – zur Schule wetzen (laufen)

Whirl·pool *engl. [wörlpul],* der: -s, -s (Wasserbecken mit sprudelndem Wasser)

Whis·ky *engl. [wißki],* der: -s, -s (Branntwein); aber: der **Whiskey** (irischer Whisky)

Wich·se, die: -; Wichse (Prügel) bekommen – Wichse (Putzmittel für die Schuhe) kaufen; **wichsen:** die Schuhe wichsen (polieren)

Wicht, der: -(e)s, -e (Zwerg, kleiner Kerl); das **Wichtelmännchen** (Zwerg, Kobold)

wich·tig: eine wichtige (bedeutende) Aufgabe – wichtig sein (Bedeutung haben) – etwas wichtig nehmen; aber: alles Wichtige – nichts/etwas Wichtiges; die **Wichtigkeit;** sich **wichtigmachen** (sich aufspielen); der **Wichtigtuer;** die **Wichtigtuerei;** die **Wichtigtuerin,** die ... tuerinnen; **wichtigtuerisch** (prahlerisch); sich **wichtigtun**

Wi·cke *lat.,* die: -, -n (rankende Pflanze)

wi·ckeln: ein Seil auf eine Rolle wickeln – ein Baby wickeln (in frische Windeln wickeln) – sich in eine Decke wickeln (einpacken); der **Wickel:** einen kalten Wickel (Umschlag) machen – *jemanden beim Wickel nehmen* (ihn festhalten); die **Wickelgamasche;** das **Wickelkind** (Säugling); das **Wickelkissen;** die **Wick(e)lung**

Wid·der, der: -s, - (männliches Schaf, Sternbild)

wi·der: wider (gegen) meinen Willen – wider Erwarten – wider den Befehl (entgegen dem Befehl) handeln – für und wider; aber: das Für und Wider (das Dafür und das Dagegen) # wieder; **widerborstig** (widerspenstig); **widereinander:** widereinander (gegeneinander) kämpfen; **widereinanderstoßen; widerfahren** (zustoßen, geschehen); der **Widerhaken;** der **Widerhall,** die ... halle (Echo); **widerhallen; widerlegen;** die **Widerlegung; widerlich:** ein widerlicher (abscheulicher) Kerl; **widernatürlich** (abartig); die **Widernatürlichkeit;** der **Widerpart** (Gegner); **widerrechtlich** (gesetzwidrig); die **Widerrede** (Widerspruch); der **Widerrist** (vorderster Rücken- und unterster Nackenteil bei Huf- und Horntieren); der **Widerruf** (Zurücknahme): bis auf Widerruf; **widerrufen;** die **Widerrufung;** der **Widersacher** (persönlicher Gegner); die **Widersacherin,** die ... sacherinnen; der **Widerschein** (Spiegelung); sich **widersetzen; widersetzlich; widersinnig** (unverständlich, abwegig); **widerspenstig** (störrisch); die **Widerspenstigkeit** (Trotz); **widerspiegeln; widersprechen;** der **Widerspruch,** die ... sprüche (Einspruch); **widersprüchlich** (gegensätzlich); die **Widersprüchlichkeit; widerspruchsfrei;** der **Widerspruchsgeist; widerspruchslos** (ohne Widerspruch); **widerspruchsvoll;** der **Widerstand,** die ... stände: *Widerstand leisten* (sich widersetzen); **widerstandsfähig;** der **Widerstandskämpfer;** die **Widerstandskämpferin,** die ... kämpferinnen; die **Widerstandskraft; widerstandslos** (kampflos); **widerstehen; widerstreben** (zuwider sein, entgegenwirken); der **Widerstreit; widerwärtig** (ekelhaft); die **Widerwärtigkeit;** der **Widerwille** (Abscheu); **widerwillig** (ungern); die **Widerwilligkeit;** die **Widerworte** *Pl.* (Widerspruch)

wid·men: sich ganz seiner Arbeit widmen (zuwenden) – jemandem sein Buch widmen (aus Verehrung zueignen, schenken); die **Widmung;** die **Widmungstafel**

wid·rig: widrige (unglückliche) Umstände – in widrigen (ungünstigen) Verhältnissen leben; **widrigenfalls;** die **Widrigkeit:** mit vielen Widrigkeiten (Problemen, Schwierigkeiten) im Leben zu kämpfen haben

wie: wie alt ist er? – wie (auf welche Weise) machst du das? – wie herrlich! – wie lange bleibst du? – wie wenig – wie oft – er macht es so wie ich; aber: sowie (sobald) sie kommt – wie viel – wie sehr – wie auch immer – so lange wie – Knaben wie (ebenso wie) Mädchen – ich merkte nicht, wie er verschwand; aber: auf das Wie kommt es an – nicht das Was, sondern das Wie ist entscheidend; **wieso** (warum); **wievielerlei; wievielmal;** aber: wie viel(e) Mal(e) (bei besonderer Betonung); **wieweit** (inwieweit, in welchem Umfang); aber: wie weit ist es bis zum Bahnhof?; **wiewohl** (obgleich)

wie·der: etwas wieder (noch einmal) tun – hin und wieder (manchmal) – für nichts und wieder nichts – wieder anfangen/anpfeifen/aufarbeiten/aufsuchen/einfallen/einsetzen # wider; der **Wiederanpfiff;** der **Wiederaufbau; wiederaufbereiten:** Brennelemente wiederaufbereiten; **wiederauferstehen:** von den Toten wiederauferstehen; **wiederaufführen;** auch: wieder aufführen; die **Wiederaufnahme; wiederaufnehmen:** einen Prozess wiederaufnehmen; auch: wieder aufnehmen; der **Wiederbeginn;**

wiederbekommen (zurückbekommen); aber: etwas wieder (nochmals) bekommen; **wiederbeleben:** jemanden wiederbeleben; aber: die Wirtschaft wieder beleben; **wiedereinstellen:** Arbeiter wiedereinstellen; auch: wieder einstellen; **wiederentdecken;** aber: wieder entdecken; **wiedererkennen;** aber: wieder erkennen; **wiedererobern** (zurückerobern); aber: wieder (erneut) erobern; **wiedereröffnen;** auch: wieder eröffnen; **wiedererstatten** (zurückerstatten); aber: wieder (erneut) erstatten; **wiedererwecken; wiederfinden;** aber: wieder finden; die **Wiedergabe; wiedergeben** (zurückgeben, darbieten); aber: wieder (nochmals) geben; **wiedergewinnen** (zurückgewinnen); aber: wieder (nochmals) gewinnen; **wiedergrüßen** (den Gruß erwidern); aber: wieder (erneut) grüßen; **wiedergutmachen** (einen Schaden ausgleichen); aber: etwas wieder gut machen; **wiederherstellen** (in den alten Zustand bringen); aber: etwas wieder (erneut) herstellen; **wiederholen** (zurückholen); aber: etwas wieder (nochmals) holen; **wiederholt** (mehrfach); **wiederkäuen; wiederkehren; wiederkommen:** sie werden wiederkommen (zurückkehren); aber: er wird wieder (nochmals) kommen; **wiedersehen** (erneut zusammentreffen); aber: nach einer Operation wieder sehen können; das **Wiedersehen:** Auf Wiedersehen sagen; auch: auf Wiedersehen sagen; die **Wiedervereinigung;** der **Wiederverkäufer;** die **Wiederverkäuferin,** die ...verkäuferinnen; die **Wiederverwertung;** die **Wiederwahl**

wie·gen: du wiegst, er wiegte, sie hat gewiegt, wieg(e)! ein Kind in seinen Armen wiegen (schaukeln, hin- und herbewegen) – sich in den Hüften wiegen – den Kopf wiegen – er wiegt sich in der Hoffnung (er hofft es); die **Wiege:** von der Wiege bis zur Bahre (das ganze Leben hindurch); das **Wiegenfest** (Geburtstag); das **Wiegenlied**

wie·gen: du wiegst, er wog, sie hat gewogen wieg(e)! (messen, feststellen); eine Tüte Obst wiegen – seine Bedenken wiegen schwer (sind ernst zu nehmen); → Waage

wie·hern: das Pferd wieherte (gab laute, helle Töne von sich) – ein wieherndes Gelächter

Wie·se, die: -, -n (Grasfläche); die **Wiesenblume;** der **Wiesengrund**

Wie·sel, das: -s, - (kleines Raubtier); flink wie ein Wiesel sein; **wieselflink; wieselschnell**

Wig·wam *indian.*, der: -s, -s (Indianerzelt)

Wi·kin·ger, der: -s, - (Normanne); die **Wikingersage;** das **Wikingerschiff**

wild: wilder, am wildesten; wilde (in der freien Natur wachsende) Pflanzen – eine wilde (stürmische) Rauferei – sich wild (unbändig, flegelhaft) aufführen – ganz wild (versessen) sein auf etwas – ein wildes (primitives) Volk – halb so wild (nicht so schlimm) – ein wilder (nicht genehmigter) Streik – wilder Wein; aber: der Wilde Westen – sich wie ein Wilder aufführen; das **Wild;** der **Wildbach,** die ...bäche; die **Wildbahn** (Jagdbereich); das **Wildbret,** die ...brets (Fleisch eines erlegten Wildes); der **Wilddieb;** die **Wildente;** die **Wilderei;** der **Wilderer; wildern** (ohne Berechtigung jagen); der **Wildfang** (sehr lebhaftes Kind); **wildfremd;** die **Wildgans;** das **Wildgatter** (Zaun in Wildgehegen); die **Wildheit;** der **Wildhüter; wildlebend:** wildlebende Tiere; auch: wild lebend; das **Wildleder;** die **Wildnis,** die Wildnisse; **wildreich;** der **Wildschaden,** die ...schäden; das **Wildschwein; wildwachsend:** wildwachsender Wein; auch: wild wachsend; der **Wildwechsel;** der **Wildwestfilm;** der **Wildwuchs,** die ...wüchse; der **Wildzaun,** die ...zäune

Wil·le, der: -ns, -n; seinen Willen (Vorsatz, festen Wunsch) durchsetzen – beim besten Willen – auf seinem Willen bestehen – guten Willens sein – einen eisernen Willen haben – wider Willen – der letzte Wille (Testament); auch: der Letzte Wille – *jemandem zu Willen sein* (sich ihm hingeben) – *des Menschen Wille ist sein Himmelreich*; auch: der **Willen; willen:** um des lieben Friedens willen; **...willen:** um meinetwillen – um seinetwillen – um euretwillen; **willenlos** (nachgiebig); die **Willenlosigkeit; willens:** willens sein (beabsichtigen, bereit sein); die **Willensbildung;** die **Willenskraft,** die ...kräfte; **willensschwach** (nachgiebig); die **Willensschwäche; willensstark;** die **Willensstärke; willentlich** (absichtlich); **willfahren; willfährig** (gefügig); die **Willfährigkeit; willig** (folgsam); **...willig:** arbeitswillig – böswillig – eigenwillig – widerwillig; → wollen

will·kom·men: herzlich willkommen! – eine willkommene (erwünschte) Abwechslung – willkommen heißen – dein Besuch ist mir willkommen (er passt mir); das **Willkommen** (freundliche Begrüßung); auch: der **Willkomm;** der **Willkommensgruß**

Will·kür, die: - (Selbstherrlichkeit); der **Willkürakt;** die **Willkürherrschaft; willkürlich;** die **Willkürmaßnahme**

wim·meln: es wimmelt (alles ist erfüllt) von Ameisen – auf dem Platz wimmelte es von Menschen

wim·mern: man hört im Zimmer ein Baby wimmern (leise weinen, jammern); aber: ein leises Wimmern

Wim·pel, der: -s, - (kleine dreieckige Fahne)

Wim·per, die: -, -n (Haar am Rand des Augenlids); lange Wimpern haben – *ohne mit der Wimper zu zucken* (ohne Bedenken); die **Wimperntusche**

Wind, der: -(e)s, -e; der Wind weht von Ost – in alle Winde (Gegenden) zerstreut sein – frischer Wind (neuer Schwung) – wie der Wind (sehr schnell) – *Wind machen* (prahlen) – *von etwas Wind bekommen* (von etwas erfahren) – *den Mantel nach dem Wind hängen* (sich der jeweils herrschenden Meinung anpassen) – *etwas in den Wind schlagen* (etwas nicht beachten) – *etwas in den Wind schreiben* (etwas als verloren ansehen) – *wer Wind sät, wird Sturm ernten*; der **Windbeutel** (leichtsinniger Mensch, Gebäck); die **Windbö(e);** der **Windbruch,** die ...brüche; **Windeseile:** in Windeseile; der **Windfang** (kleiner Vorraum mit Türe); **windgeschützt;** der **Windhauch;** die **Windhose** (Luftwirbel); der **Windhund; windig** (luftig, zweifelhaft); die **Windjacke;** der **Windjammer** (Segelschiff); der **Windkanal,** die ...kanäle; der **Windmesser;** die **Windmühle;** die **Windpocken** *Pl.* (Kinderkrankheit); das **Windrad;** die **Windrichtung;** die **Windrose** (Kompassscheibe); der **Windsack** (Gerät zum Messen der Windrichtung und -stärke); die **Windsbraut,** die ...bräute (früher: heftiger Wind); der **Windschatten; windschief; windschlüpfig;** die **Windschutzscheibe;** die **Windstärke; windstill;** die **Windstille; windsurfen** *[windsörfen]*; das **Windsurfing**

Win·del, die: -, -n (Wickeltuch für Kleinkinder); das Baby in Windeln wickeln; **windeln; windelweich:** jemanden windelweich schlagen (heftig verprügeln)

win·den: du windest, er wand, sie hat gewunden, wind(e)!; einen Draht um etwas winden (wickeln) – einen Kranz winden – sich vor Schmerzen winden (krümmen) – auf gewundenen (kurvenreichen) Wegen – *sich winden* (sich einer Lage entziehen wollen); die **Winde** (Hebe- und Senkvorrichtung, Kletterpflanze); die **Windung** (Biegung)

Win·kel, der: -s, -; ein Winkel von 60° – er steht im toten Winkel (im nicht einsehbaren Bereich) – im Winkel (in der Ecke) des Zimmers – sich in einen Winkel verkriechen; die **Winkelhalbierende; wink(e)lig;** das **Winkelmaß;** der **Winkelmesser;** die **Winkelzüge** *Pl.* (geschicktes Vorgehen)

win·ken: zum Abschied winken – dafür winkt eine Belohnung (ist eine Belohnung zu erwarten); der **Wink** (versteckter Rat, Hinweis): *der Wink mit dem Zaunpfahl* (eine deutliche Anspielung); der **Winker**

win·seln: wie ein Hund winseln (jammern) – um Gnade winseln; die **Winselei**

Win·ter, der: -s, - (die kalte Jahreszeit); der **Winterabend;** der **Winteranfang,** die ...anfänge; **winterfest;** der **Wintergarten,** die ...gärten; das **Winterhalbjahr; winterlich;** der **Wintermonat; wintern:** es wintert (es wird Winter); das **Winterquartier;** der **Winterreifen; winters:** winters wie sommers geht er spazieren; aber: des Winters; die **Wintersaat;** der **Winterschlaf;** der **Winterschlussverkauf,** die ...verkäufe; der **Wintersport; wintertauglich;** die **Wintertauglichkeit;** die **Winterzeit**

Win·zer, der: -s, - (Weinbergbesitzer); die **Winzergenossenschaft;** die **Winzerin**

win·zig: ein winziges (sehr kleines) Loch – winzig klein – ein winziges bisschen; die **Winzigkeit;** der **Winzling**

Wip·fel, der: -s, - (Baumkrone, Gipfel eines Baumes)

Wip·pe, die: -, -n (kippbarer Balken mit Sitzen als Schaukel); **wippen**

wir: wir alle – wir beide – wir armen Leute – wir Kinder – wir Deutsche(n)

Wir·bel, der: -s, -; sich einen Wirbel (Knochen der Wirbelsäule) brechen – die Wirbel (Strudel) eines Flusses – einen großen

Wirbel (großes Aufsehen) machen; **wirb(e)lig; wirbeln:** Blätter wirbeln (fliegen) im Wind; die **Wirbelsäule** (Rückgrat); der **Wirbelsturm,** die ...stürme; das **Wirbeltier;** der **Wirbelwind**

wir·ken: Wunder wirken (vollbringen) – die Medizin wirkt schnell – die Vorhänge wirken in diesem Raum nicht (kommen nicht zur Geltung) – als Priester wirken (tätig sein) – die Musik auf sich wirken lassen – Textilien wirken (durch Verschlingen der Fäden herstellen); die **Wirkkraft,** die ...kräfte; **wirksam;** die **Wirksamkeit;** der **Wirkstoff;** die **Wirkung;** der **Wirkungsbereich;** das **Wirkungsfeld;** der **Wirkungsgrad;** der **Wirkungskreis; wirkungslos;** die **Wirkungslosigkeit;** die **Wirkungsstätte; wirkungsvoll;** die **Wirkungsweise;** die **Wirkwaren** *Pl.* (gewirkte Waren)

wirk·lich: bist du wirklich (tatsächlich) krank? – da bin ich aber wirklich (sehr) gespannt – er ist ein wirklicher (echter) Freund – wirklich (ganz bestimmt)!; die **Wirklichkeit; wirklichkeitsfern;** die **Wirklichkeitsform; wirklichkeitsfremd; wirklichkeitsgetreu; wirklichkeitsnah;** der **Wirklichkeitssinn**

wirr: wirrer, am wirrsten; wirres (unverständliches) Zeug reden – wirre (ungeordnete) Gedanken; die **Wirren** *Pl.* (Unruhen); die **Wirrheit;** der **Wirrkopf,** die ...köpfe; die **Wirrnis,** die Wirnisse (Unordnung); der **Wirrwarr** (großes Durcheinander)

wirsch: wirsch (schroff, zornig) sein

Wir·sing *ital.*, der: -s (eine Kohlart); der **Wirsingkohl**

Wirt, der: -(e)s, -e (Gastwirt); die **Wirtin,** die Wirtinnen; **wirtlich** (für Gäste angenehm); die **Wirtschaft:** in die Wirtschaft (das Gasthaus) gehen – jemandem die Wirtschaft (den Haushalt) führen – die Wirtschaft (Volkswirtschaft) eines Staates – das ist ja eine schöne Wirtschaft (Unordnung)!; **wirtschaften** (haushalten); der **Wirtschafter;** die **Wirtschafterin,** die ...schafterinnen; **wirtschaftlich:** eine wirtschaftliche (sparsame) Hausfrau – er ist in wirtschaftlichen (finanziellen) Schwierigkeiten; die **Wirtschaftlichkeit;** das **Wirtschaftsabkommen;** das **Wirtschaftsgeld;** die **Wirtschaftskrise;** die **Wirtschaftslage;** die **Wirtschaftsreform;** das **Wirtschaftswunder;** der **Wirtschaftszweig;** das **Wirtshaus,** die ...häuser (einfache Gaststätte); die **Wirtsleute** *Pl.*

wi·schen: den Staub vom Schrank wischen – sich den Mund wischen – *jemandem eine wischen* (ihn ohrfeigen); der **Wisch** (wertloses Schriftstück); der **Wischer; wischfest;** das **Wischiwaschi** (Geschwätz); der **Wischlappen;** das **Wischtuch,** die ...tücher

Wi·sent, der: -s, -e (ein Wildrind)

wis·pern: (leise sprechen, flüstern)

wis·sen: du weißt, er wusste, sie hat gewusst, wisse!; sie weiß viel – er weiß nicht, was das zu bedeuten hat – er wüsste gern – Bescheid wissen – *von jemandem nichts mehr wissen wollen* (kein Interesse mehr an ihm haben) – *es wissen wollen* (seine Fähigkeiten beweisen wollen) – *was ich nicht weiß, macht mich nicht heiß*; die **Wissbegier;** auch: die **Wissbegierde** (Lerneifer); **wissbegierig;** das **Wissen:** meines Wissens ⟨m. W.⟩ (soweit ich informiert bin) – wider besseres Wissen – nach bestem Wissen und Gewissen; **wissenlassen:** jemanden etwas wissenlassen (ihn informieren); auch: wissen lassen; die **Wissenschaft;** der **Wissenschaftler;** die **Wissenschaftlerin,** die ...schaftlerinnen; **wissenschaftlich; wissenschaftlich-technisch; wissenschaftsgläubig;** der **Wissensdrang;** der **Wissensdurst; wissensdurstig;** das **Wissensgebiet;** die **Wissenslücke;** der **Wissensstand; wissenswert; wissentlich** (mit Wissen, absichtlich)

wit·tern: (riechen, ahnen); die **Witterung:** der Hund nahm Witterung (den vom Wild wahrnehmbaren Geruch) auf – eine nasskalte Witterung (Wetter); **witterungsbedingt;** der **Witterungseinfluss,** die ...einflüsse; der **Witterungsumschlag;** die **Witterungsverhältnisse** *Pl.*

Wit·we, die: -, -n (Frau, deren Ehemann verstorben ist); die **Witwenrente;** das **Witwentum;** der **Witwer;** das **Witwertum**

Witz, der: -es, -e; Witze erzählen – Witze (Scherze) machen – er erzählt mit viel Witz (Geist); das **Witzblatt,** die ...blätter; der **Witzbold,** die ...bolde (Spaßvogel); die **Witzelei; witzeln** (scherzen, spotten); die **Witzfigur; witzig** (lustig und einfallsreich); die **Witzigkeit; witzlos**

WM = Weltmeisterschaft

wo: wo (an welchem Ort) ist er? – wo die

Sonne scheint – ach wo! – wo immer; das **Wo:** das Wo interessiert mich; **woanders** (an einem anderen Ort); aber: wo anders (wo sonst) als hier könnte er sein?; **woandershin; wobei; wodurch; wofern; wofür; wogegen; woher; woherum; wohin; wohinauf; wohinaus; wohinein; wohingegen; wohinter; wohinunter; womit** (wie); **womöglich:** womöglich (vielleicht) kommst du nicht; **wonach; woran; worauf; woraufhin; woraus; worin; worüber; worum; worunter; woselbst; wovon; wovor; wozu**

Wo·che, die: -, -n (Zeitraum von sieben Tagen); Woche für Woche – im Laufe der Woche – in zwei Wochen – nächste Woche; aber: die Grüne Woche; das **Wochenbett** (Kindbett); das **Wochenblatt,** die ... blätter; das **Wochenende;** das **Wochenendhaus,** die ... häuser; **wochenlang;** aber: drei Wochen lang; der **Wochenlohn,** die ... löhne; der **Wochenmarkt,** die ... märkte; die **Wochenstunde;** der **Wochentag; wochentags; wöchentlich** (jede Woche); **wochenweise;** die **Wochenzeitung; ...wöchig:** ein dreiwöchiger Lehrgang; die **Wöchnerin,** die Wöchnerinnen (Frau im Kindbett)

Wod·ka: *russ.*, der: -s, -s (Kartoffelschnaps)

Wo·ge; die: -, -n; in den Wogen (Wellen) des Meeres – die Wogen der Begeisterung; **wogen** (Wellen bilden): die wogende See – eine wogende Menge; der **Wogenschlag**

wohl: wohler, am wohlsten; auch: besser, am besten; mir ist wohl (behaglich, wohlig) – ich bin wohl – es tut ihm wohl (gut) – ist ihm nun wohler? – er ist wohl (vermutlich) nicht gut aufgelegt – es ist wohl (ungefähr) eine Woche her – wohl oder übel (ob man will oder nicht) – ich sehe dich sehr wohl (genau) – lebe wohl! – wohl bekomms! – Ich bin mir dessen wohl bewusst – sie sollten sich das wohl überlegen; das **Wohl:** sich um das Wohl (Wohlergehen) der Gäste sorgen – auf dein Wohl! – zum Wohl(e)! – das Wohl und Wehe (Schicksal) der Menschen; **wohlan** (nun denn)!; **wohlanständig; wohlauf:** wohlauf (gesund) sein; das **Wohlbefinden;** das **Wohlbehagen; wohlbehalten:** kehre wohlbehalten wieder zurück!; **wohldosiert;** auch: wohl dosiert; **wohldurchdacht:** ein wohldurchdachter Plan; auch: wohl durchdacht; **wohlergehen;** auch: wohl ergehen; das **Wohlergehen; wohlerzogen;** auch: wohl erzogen; die **Wohlfahrt;** der **Wohlfahrtsstaat; wohlfeil:** eine wohlfeile (billige) Ware; **wohlfühlen;** auch: wohl fühlen; das **Wohlgefallen:** *sich in Wohlgefallen* (in nichts) *auflösen;* **wohlgefällig; wohlgeformt:** ein wohlgeformter Körper; auch: wohl geformt; **wohlgelitten; wohlgemeint:** wohlgemeinte Ratschläge; auch: wohl gemeint; **wohlgemerkt; wohlgemut** (heiter, fröhlich); **wohlgenährt:** wohlgenährt aussehen; auch: wohl genährt; **wohlgeraten:** wohlgeratene Kinder haben; auch: wohl geraten; der **Wohlgeruch,** die ... gerüche; der **Wohlgeschmack; wohlgesinnt:** ein wohlgesinnter Vorgesetzter; **wohlhabend;** die **Wohlhabenheit; wohlig** (behaglich); der **Wohlklang; wohlklingend;** auch: wohl klingend; der **Wohllaut;** das **Wohlleben; wohlriechend;** auch: wohl riechend; **wohlschmeckend:** ein wohlschmeckendes Essen; auch: wohl schmeckend; das **Wohlsein:** zum Wohlsein!; der **Wohlstand;** die **Wohlstandsgesellschaft;** der **Wohlstandsmüll;** die **Wohltat;** der **Wohltäter;** die **Wohltäterin; wohltätig;** die **Wohltätigkeit; wohltemperiert;** auch: wohl temperiert; **wohltuend; wohltun:** es wird ihm wohltun (angenehm sein); **wohlüberlegt:** eine wohlüberlegte Rede halten; auch: wohl überlegt; **wohlunterrichtet;** auch: wohl unterrichtet; **wohlverdient; wohlweislich** (klugerweise); **wohlwollen:** jemandem wohlwollen (wohlgesinnt sein); aber: das wird er wohl (wahrscheinlich) wollen; das **Wohlwollen; wohlwollend**

woh·nen: er wohnt in der Stadt – zur Miete wohnen; der **Wohnbau;** der **Wohnblock,** die ... blöcke; die **Wohndiele;** die **Wohnfläche;** das **Wohngebiet;** die **Wohngegend; wohnhaft** (ansässig); das **Wohnhaus;** das **Wohnheim; wohnlich** (behaglich); die **Wohnlichkeit;** der **Wohnort;** der **Wohnraum,** die ... räume; der **Wohnsitz;** die **Wohnung;** das **Wohnungsamt;** die **Wohnungseinrichtung; wohnungslos;** die **Wohnungsnot;** die **Wohnungssuche;** der/die **Wohnungssuchende;** das **Wohnviertel;** der **Wohnwagen;** das **Wohnzimmer**

wöl·ben: eine Brücke wölbt sich über den Fluss; die **Wölbung** (Rundung, Kuppel)

T U V W X Y Z

Wolf, der: -(e)s, Wölfe (in Rudeln lebendes Raubtier); heulende Wölfe – *mit den Wölfen heulen* (sich der Mehrheit anschließen) – *unter die Wölfe geraten sein* (rücksichtslos übervorteilt werden); die **Wölfin,** die Wölfinnen; **wölfisch** (grausam); der **Wolfshund;** der **Wolfshunger** (starker Hunger); die **Wolfsmilch** (eine Pflanze); der **Wolfsrachen;** das **Wolfsrudel**

Wolf·ram ⟨W⟩, das: -s (ein Schwermetall)

Wol·ke, die: -, -n; *aus allen Wolken fallen* (sehr überrascht sein) – *in den Wolken schweben* (ein Träumer sein); das **Wölkchen;** der **Wolkenbruch,** die ...brüche; (Regenschauer); die **Wolkendecke;** der **Wolkenkratzer** (Hochhaus); das **Wolkenkuckucksheim** (Luftschloss, Traumreich); **wolkenlos; wolkenverhangen;** die **Wolkenwand; wolkig** (bewölkt, verhangen)

Wol·le, die: -; einen Pullover aus Wolle stricken – *sich in die Wolle geraten/kriegen* (miteinander Streit bekommen); die **Wolldecke; wollen** (aus Wolle): ein wollenes Kleid; der **Wollfaden;** das **Wollgarn; wollig;** das **Wollknäuel;** der **Wolllappen;** auch: der **Woll-Lappen;** der **Wollstoff;** das **Wolltuch,** die ... tücher; die **Wollwaren** *Pl.*

wol·len: du willst, er wollte, sie hat gewollt, wolle!; willst (magst) du mitkommen? – *hier ist nichts zu wollen* (hier nützt nichts) – sein Recht wollen (fordern) – er will verreisen (er beabsichtigt es) – zu wem wollen Sie (wen möchten Sie sprechen)? – wir wollen sehen (warten wir ab) – gewollt (gezwungen) freundlich; → Wille

Wol·lust, die: -, Wollüste (sinnlicher Genuss, Entzücken); **wollüstig** (sinnlich, lüstern)

Won·ne, die: -, -n; (großes Lustgefühl, Genuss); es ist eine wahre Wonne, ihr zuzusehen; das **Wonnegefühl;** der **Wonneproppen** (wohlgenährtes Kind); **wonnevoll** (von tiefer Freude erfüllt); **wonnig**

World·cup: *engl. [wörldkap],* der: -s, -s (Weltmeisterschaft)

World Wide Web ⟨WWW⟩ *engl. [wörld wait wep],* das: -s (weltweites Informationssystem im Internet)

Wort, das: -(e)s, -e/Wörter; Wörter (einzelne Wörter) falsch schreiben – dies waren ihre letzten Worte (Äußerungen) – geflügelte (oft zitierte) Worte – mir fehlen die Worte – der Hund gehorcht aufs Wort – etwas Wort für Wort lesen – zu Wort kommen – *Wort halten* (sein Versprechen halten) – *nicht viele Worte machen* (nicht viel reden) – *das große Wort führen* (prahlen) – *einer Sache das Wort reden* (sich für etwas einsetzen) – *jemandem ins Wort fallen* (ihn in seiner Rede unterbrechen); die **Wortart;** die **Wortbedeutung;** die **Wortbildung;** der **Wortbruch,** die ...brüche (Bruch eines Versprechens); **wortbrüchig** (untreu); das **Wörtchen;** das **Wörterbuch,** die ...bücher; die **Wortfamilie;** das **Wortfeld;** die **Wortfügung** (Redewendung); der **Wortführer** (Sprecher); das **Wortgefecht;** das **Wortgeklingel;** das **Wortgeplänkel; wortgetreu** (wörtlich); **wortgewaltig; wortgewandt; wortkarg** (schweigsam); die **Wortklauberei** (Haarspalterei); der **Wortlaut** (wortgetreuer Text); das **Wörtlein; wörtlich:** die wörtliche Rede; **wortlos; wortreich;** der **Wortschatz,** die ...schätze (Gesamtheit der Wörter einer Sprache); der **Wortsinn;** das **Wortspiel;** der **Wortstamm,** die ...stämme; die **Wortwahl;** der **Wortwechsel** (Streit mit Worten); **wortwörtlich** (Wort für Wort)

Wrack, das: -(e)s, -s/-e (gestrandetes oder altes Schiff); er ist nur noch ein Wrack (ein körperlich verbrauchter Mensch)

wrin·gen: du wringst, er wrang, sie hat gewrungen, wring(e)! (auspressen)

Wu·cher, der: -s (zu hoher Preis, zu hohe Zinsen); Wucher treiben (zu hohen Gewinn erzielen); die **Wucherei;** der **Wucherer** (jemand, der zu hohe Zinsen bzw. zu viel Geld verlangt); die **Wucherin,** die Wucherinnen; **wucherisch; wuchern:** er wuchert (treibt Wucher) – wuchernde (üppig wachsende) Pflanzen – *mit seinem Pfunde wuchern* (seine Begabung voll einsetzen); der **Wucherpreis;** das **Wuchertum;** die **Wucherung** (Geschwulst); die **Wucherzinsen** *Pl.*

Wuchs, der: -es; der Wuchs (das Wachstum) der Pflanzen – er ist von hohem Wuchs (von hoher Gestalt); **...wüchsig:** halbwüchsig – kleinwüchsig; → wachsen

Wucht, die: -; mit großer Wucht (Kraft) zuschlagen – er fiel mit voller Wucht (mit seinem ganzen Gewicht) hin; **wuchten:** einen Sack auf den Wagen wuchten (mit Anstrengung heben); **wuchtig:** wuchtige (schwere)

Möbel – ein wuchtiger (kraftvoller) Schlag; die **Wuchtigkeit**

wüh·len: er wühlt (gräbt) in der Erde – in seinen Papieren wühlen (stöbern, suchen) – der Hunger wühlt in mir; die **Wühlarbeit;** die **Wühlerei;** die **Wühlmaus,** die ... mäuse

Wulst, der: -es, Wülste (längliche Verdickung); das **Wülstchen; wulstig**

wum·mern: es wummert (dröhnt dumpf); **wumm!**

wund: wund (aufgescheuert, entzündet) sein – ein wunder Punkt (eine Sache, von der man nicht gerne spricht); die **Wundbehandlung;** der **Wundbrand** (Entzündung einer Wunde); die **Wunde** (Verletzung); das **Wundfieber; wundlaufen:** sich die Füße wundlaufen; auch: wund laufen; sich **wundliegen** (z. B. im Krankenbett); auch: sich wund liegen; das **Wundmal,** die ... male (Narbe); das **Wundpflaster; wundreden:** sich den Mund wundreden; auch: wund reden; **wundschreiben:** sich die Finger wundschreiben; auch: wund schreiben; der **Wundstarrkrampf;** der **Wundverband**

Wun·der, das: -s, -; ein Wunder vollbringen – wie durch ein Wunder – ein Wunder der Technik – kein Wunder! – *sein blaues Wunder erleben* (eine große Überraschung erleben) – sich Wunder was (etwas Besonderes) einbilden – er glaubt, Wunder (wunders) was er geleistet hat; **wunderbar;** aber: es grenzt ans Wunderbare; **wunderbarerweise;** der **Wunderheiler;** die **Wunderheilerin; wunderhübsch;** das **Wunderkind; wunderlich:** wunderlich (sonderbar, schrullig) werden; die **Wunderlichkeit;** das **Wundermittel; wundern:** sich über etwas wundern (staunen) – es wundert mich, dass du kommst; **wundernehmen:** es nimmt mich wunder (es erstaunt mich); **wundersam; wunderschön;** der **Wundertäter;** die **Wundertäterin; wundervoll;** das **Wunderwerk**

wün·schen: jemandem Glück wünschen – sich zu Weihnachten etwas wünschen – ich wünsche, nicht gestört zu werden; der **Wunsch,** die Wünsche; das **Wunschbild;** das **Wunschdenken;** die **Wünschelrute; wünschenswert; wunschgemäß;** das **Wunschkind;** das **Wunschkonzert;** die **Wunschliste; wunschlos;** der **Wunschtraum,** die ... träume; der **Wunschzettel**

Wür·de, die: -, -n; die Würde (das Ansehen) eines Menschen verletzen – er erträgt die Schmerzen mit Würde (Haltung, Fassung) – höchste Würden (Ämter) erreichen – *Würde bringt Bürde;* **würdelos;** die **Würdelosigkeit;** der **Würdenträger;** die **Würdenträgerin,** die ... trägerinnen; **würdevoll** (feierlich); **würdig; würdigen** (anerkennen, schätzen, loben): jemanden keines Blickes würdigen; die **Würdigkeit;** die **Würdigung**

Wurf, der: -(e)s, Würfe; ein Wurf von 50 Metern – sein Film ist ein großer Wurf (Erfolg) – auf einen Wurf (auf einmal) – ein Wurf junger Katzen; die **Wurfbahn;** das **Wurfgeschoss;** der **Wurfkreis;** die **Wurfsendung;** der **Wurfspeer;** der **Wurfspieß;** → werfen

Wür·fel, der: -s, - (Körper mit sechs gleichen quadratischen Seiten, Spielstein zum Würfelspiel); der **Würfelbecher; würfelförmig; würf(e)lig; würfeln:** eine Fünf würfeln; das **Würfelspiel;** der **Würfelzucker**

wür·gen: jemanden am Hals würgen (ihm die Kehle zusammendrücken) – an einem Essen würgen (schwer schlucken); aber: mit Hängen und Würgen (mit knapper Not); der **Würgegriff;** die **Würgemale** *Pl.*; der **Würger**

Wurm, der: -(e)s, Würmer (Tier ohne Gliedmaßen); Würmer haben (an einer Wurmkrankheit leiden) – *jemandem die Würmer aus der Nase ziehen* (ihm etwas durch Fragen entlocken); der/das **Wurm** (das arme Kind, das arme Geschöpf); das **Würmchen; wurmen:** das wurmt (ärgert) mich fürchterlich; **wurmig;** die **Wurmkrankheit;** das **Wurmmittel;** der **Wurmstich; wurmstichig**

Wurst, die: -, Würste; Wurst essen; aber: das ist mir wurst (wurscht) (das ist mir gleichgültig) – *es geht um die Wurst* (um die Entscheidung); das **Wurstbrot;** die **Würstchenbude;** die **Wurstelei; wursteln** (langsam und unüberlegt arbeiten); **wursten** (Wurst machen); der **Wurstfinger; wurstig** (gleichgültig); die **Wurstigkeit;** der **Wurstsalat;** die **Wurstwaren** *Pl.*; der **Wurstzipfel**

Würt·tem·berg: -s (Teil des Bundeslandes Baden-Württemberg); der **Württemberger;** die **Württembergerin,** die Württembergerinnen; **württembergisch**

Wur·zel, die: -, -n; die Wurzeln eines Baumes – das ist die Wurzel (der Ursprung) des Übels – *ein Übel an der Wurzel packen* (von Grund auf beseitigen wollen) – *Wurzeln schlagen* (sesshaft werden); der **Wurzelballen;** die **Wurzelbürste;** das **Würzelchen;** die **Wurzelknolle; wurzellos; wurzeln:** in der Erde wurzeln; der **Wurzelstock,** die ... stöcke; das **Wurzelwerk;** das **Wurzelziehen**

wür·zen: du würzt – die Speisen würzen (schmackhaft machen) – *eine Sache würzen* (sie interessant, witzig machen); die **Würze** (Geschmack, Geist); **würzig:** eine würzige (kräftige, anregende) Waldluft

wu·sche·lig: wuscheliges (lockiges) Haar; auch: **wuschlig;** das **Wuschelhaar;** der **Wuschelkopf,** die ... köpfe

Wust, der: -(e)s (wüstes Durcheinander, ungeordneter Haufen)

Wüs·te, die: -, -n (trockenes, mit Sand bedecktes Gebiet); *jemanden in die Wüste schicken* (ihn entlassen); **wüst:** eine wüste (trostlose) Gegend – eine wüste (sehr große) Unordnung – jemanden wüst (wild) beschimpfen; **wüsten** (verschwenderisch umgehen); die **Wüstenei** (öde Gegend); der **Wüstensand;** der **Wüstling** (ausschweifend lebender Mensch)

Wut, die: -; in Wut (maßlosen Zorn) geraten – sie war rot vor Wut – vor Wut schäumen; der **Wutanfall,** die ... anfälle; der **Wutausbruch,** die ... ausbrüche; **wüten** (rasen, stürmen); **wütend:** wütend sein (sich ärgern); **wutentbrannt** (sehr wütend); der **Wüterich** (unbeherrschter, grausamer Mensch); das **Wutgeheul; wutschäumend; wutschnaubend; wutverzerrt**

WWW = World Wide Web

X

X: (römisches Zeichen für die Zahl 10)

X *[iks],* das: -, -; der Buchstabe X – ein X – ein Herr X (ein Herr mit unbekannntem Namen) – der Tag/die Stunde X – *jemandem ein X für ein U vormachen* (ihn täuschen); aber: das x in Hexe – ich bin in x (unzähligen) Geschäften gewesen

x-Ach·se, die: -, -n (waagerechte Achse im Koordinatensystem, Abszissenachse)

Xan·thip·pe, die: -, -n (Frau des Philosophen Sokrates, streitsüchtige Frau)

X-Bei·ne *Pl.,* die: -; **X-beinig;** auch: **x-beinig**

x-be·lie·big: ein x-beliebiges Beispiel – jeder x-Beliebige (irgendeiner) – etwas x-Beliebiges

x-fach: das x-fache (das Vielfache) – ein x-fach (oft) erprobtes Mittel anwenden

X-för·mig: X-förmige Beine haben; auch: **x-förmig**

x-mal: er hat schon x-mal gefehlt – x-mal anrufen – das x-te Mal – zum x-ten Mal(e)

X-Strah·len *Pl.,* die: - (Röntgenstrahlen)

Xy·lo·phon *griech.,* das: -s, -e (ein Musikinstrument); auch: das **Xylofon**

Y

Y *[üpsilon],* das: -, - (Buchstabe); der Buchstabe Y; aber: das y in Babylon

y-Ach·se, die: -, -n (senkrechte Achse im Koordinatensystem, Ordinatenachse)

Yacht, die: -, -en (Sport- und Vergnügungsboot); auch: → die **Jacht**

Yan·kee *amerik. [jänki],* der: -s, -s (Spitzname für den Bürger in den USA); der **Yankee Doodle** *[jänkidudl]* (amerikanisches Nationallied); das **Yankeetum**

Yard *engl. [jart],* das: -s, -s (englisches und amerikanisches Längenmaß)

Yen: *jap. [jen],* der: -(s), -(s) (japanische Währungseinheit)

Yo·ga *[joga],* das/der: -(s) (Übungsprogramm zur vollkommenen Entspannung von Körper und Geist); auch: → das/der **Joga**

Youngs·ter *engl. [jangster],* der: -s, -(s) (junger Sportler, Neuling)

Yp·si·lon ⟨Y⟩ *griech. [üpßilon],* das: -(s), -s (griechischer Buchstabe)

Z

Z. = Zahl; Zeile

Za·cke, die: -, -n; auch: der **Zacken:** die Zacken (Spitzen) einer Krone – *einen Zacken drauf haben* (sehr schnell fahren) – *ihm fällt kein Zacken aus der Krone* (er vergibt sich nichts); **Zack:** *auf Zack sein* (seine Sache gut machen); aber: **zack, zack!;** die

Zackenkrone; zackig: ein zackiger (schneidiger) Gruß; die **Zackigkeit**

za·gen: zagt (zögert) nicht!; aber: *mit Zittern und Zagen* (voller Furcht); **zaghaft:** zaghaft (ängstlich, schüchtern) an die Tür klopfen; die **Zaghaftigkeit;** die **Zagheit**

zäh: zäher, am zäh(e)sten; ein zähes (ledernes) Fleisch kauen – ein zäher (ausdauernder) Bursche – die Arbeit geht zäh (langsam) voran – mit zähem (beharrlichem) Fleiß; **zähfließend;** auch: zäh fließend; **zähflüssig;** die **Zähheit;** die **Zähigkeit; zählebig** (widerstandsfähig)

Zahl ⟨Z.⟩, die: -, -en (Angabe einer Menge, Größe); Zahlen zusammenrechnen – die Zahl (Anzahl) der Schüler – ohne Zahl (unsagbar viel) – in großer Zahl (viele) – 100 an der Zahl – *schwarze Zahlen schreiben* (Gewinne machen) – *in die roten Zahlen kommen* (Verluste machen); **zahlbar;** die **Zahlbarkeit; zahlen:** etwas in Raten zahlen – er zahlt viel Steuern – was habe ich zu zahlen? – *wer zahlt, schafft an;* **zählen:** bis zehn zählen – zu den vornehmen Leuten zählen (gerechnet werden) – die Stadt zählt eine Million Einwohner – du kannst auf mich zählen (dich auf mich verlassen); die **Zahlenangabe;** der **Zahlencode;** auch: der **Zahlenkode;** die **Zahlenfolge;** das **Zahlenlotto; zahlenmäßig;** die **Zahlenreihe;** das **Zahlenschloss;** der **Zahler:** ein guter Zahler; der **Zähler;** die **Zahlkarte; zahllos:** zahllose Menschen; aber: gestern haben Zahllose zugeschaut; der **Zahlmeister; zahlreich:** sie kamen zahlreich; aber: Zahlreiche kamen; die **Zahlstelle;** der **Zahltag;** die **Zahlung;** die **Zählung;** der **Zahlungsbefehl; zahlungsfähig;** die **Zahlungsfähigkeit;** die **Zahlungsfrist; zahlungskräftig;** das **Zahlungsmittel** (Geld); **zahlungsunfähig;** die **Zahlungsunfähigkeit; zahlungsunwillig;** der **Zahlungsverkehr;** die **Zahlungsweise;** das **Zählwerk;** das **Zahlwort,** die ...wörter (Sprachlehre: Numerale)

zäh·men: ein Raubtier zähmen (bändigen) – er zähmt (beherrscht) seine Neugier; **zahm; zähmbar;** die **Zähmbarkeit;** die **Zahmheit;** die **Zähmung**

Zahn, der: -(e)s, Zähne; sich die Zähne putzen – mit den Zähnen klappern – *die Zähne zusammenbeißen* (Unangenehmes tapfer ertragen) – *jemandem auf den Zahn fühlen* (ihn erproben, überprüfen) – *sich an etwas die Zähne ausbeißen* (mit etwas nicht fertig werden) – *jemandem die Zähne zeigen* (ihm unerschrocken Widerstand leisten) – *einen Zahn zulegen* (die Geschwindigkeit steigern); der **Zahnarzt,** die ... ärzte; die **Zahnärztin,** die ...ärztinnen; die **Zahnbürste;** das **Zähnchen;** die **Zahncreme;** auch: die **Zahnkrem(e); zähnefletschend;** das **Zähneklappern; zähneklappernd; zähneknirschend; zahnen** (die ersten Zähne bekommen); der **Zahnersatz;** die **Zahnfäule** (Karies); das **Zahnfleisch:** *auf dem Zahnfleisch gehen* (in einer schwierigen Lage sein); **zahnlos;** die **Zahnlücke;** die **Zahnpasta;** auch: die **Zahnpaste;** die **Zahnpflege;** das **Zahnrad,** die ...räder; der **Zahnschmelz;** die **Zahnschmerzen** *Pl.;* die **Zahnspange;** der **Zahnstein;** der **Zahnstocher;** das **Zahnweh;** die **Zahnwurzel**

Zäh·re, die: -, -n (Träne)

Zan·der *slaw.,* der: -s, - (ein Speisefisch)

Zan·ge, die: -, -n (ein Werkzeug); *jemanden in die Zange nehmen* (ihn hart bedrängen); die **Zangenbewegung; zangenförmig;** die **Zangengeburt**

Zank, der: -(e)s (Streit, Zwist); der **Zankapfel** (Streitgegenstand); sich **zanken:** sich um das Erbe zanken (streiten); die **Zänkerei; zänkisch** (streitsüchtig); **zanksüchtig**

Zap·fen, der: -s, - (Stöpsel, Verschluss, Frucht von Nadelbäumen); auch: der **Zapf;** das **Zäpfchen;** das **Zäpfchen-R;** auch: das **Zäpfchen-r; zapfen:** Bier zapfen (vom Fass in ein Gefäß füllen), der **Zapfenstreich** (Signal zur Rückkehr der Soldaten in die Kaserne); die **Zapfsäule;** die **Zapfstelle**

zap·peln: er zappelt (sitzt nicht still) vor Ungeduld – ein Fisch zappelt an der Angel – *jemanden zappeln* (warten) *lassen;* **zapp(e)lig** (unruhig, lebhaft); der **Zappelphilipp** (unruhiges Kind)

zap·pen *engl.:* (in rascher Folge mit der Fernbedienung die Programme wechseln)

zap·pen·dus·ter: (ganz dunkel, aussichtslos)

Zar *lat.,* der: -en, -en (einstiger Herrschertitel in Russland); das **Zarentum;** der **Zarewitsch** (Sohn eines Zaren); die **Zarewna** (Tochter eines Zaren); die **Zarin,** die Zarinnen

Zar·ge, die: -, -n (Seitenwand, Einfassung an

Türen und Fenstern o. Ä.)

zart: ein zartes (weiches) Fleisch – sie hat eine zarte (schwächliche) Gesundheit – eine zarte (unaufdringliche) Farbe – *zarte Bande knüpfen* (ein Liebesverhältnis anbahnen); **zartbesaitet** (empfindsam); auch: zart besaitet; **zartbitter:** eine zartbittere Schokolade; **zartblau; zartfühlend** (mit Taktgefühl); auch: zart fühlend; das **Zartgefühl;** die **Zartheit; zärtlich;** die **Zärtlichkeit; zartrosa**

Zä·si·um ⟨Cs⟩ *lat.,* das: -s (chemisches Element, Metall); auch: das **Cäsium**

Zas·ter, der: -s (Geld)

Zä·sur *lat.,* die: -, -en (Einschnitt, Bruch)

zau·bern: (etwas Unmögliches tun); ein Kaninchen aus dem Hut zaubern – eine herrliche Landschaft auf die Leinwand zaubern; der **Zauber:** der Zauber (die Anmut) der Jugend – von der Sache geht ein großer Zauber (Reiz) aus; die **Zauberei;** der **Zaub(e)rer; zauberhaft** (reizend); die **Zauberhand:** wie von/durch Zauberhand; die **Zauberkraft,** die ...kräfte; das **Zauberkunststück;** der **Zauberlehrling;** der **Zauberspruch,** die ...sprüche; der **Zauberstab;** der **Zaubertrank;** das **Zauberwort,** die ...worte; die **Zaub(r)erin,** die Zaub(r)erinnen

zau·dern: (zögern, sich nicht entscheiden können); der **Zaud(e)rer;** die **Zaud(r)erin,** die Zaud(r)erinnen

Zaum, der: -(e)s, Zäume (Lenkgeschirr für Reit- und Zugtiere); *sich im Zaum(e) halten* (sich zügeln, beherrschen); **zäumen:** ein Pferd zäumen (ihm das Zaumzeug anlegen); die **Zäumung;** das **Zaumzeug**

Zaun, der: -(e)s, Zäune (Gitter, Einzäunung); über den Zaun klettern; **zaundürr;** die **Zauneidechse;** der **Zaungast,** die ...gäste; der **Zaunkönig** (kleiner Singvogel); der **Zaunpfahl,** die ...pfähle: *mit dem Zaunpfahl winken* (einen sehr deutlichen Hinweis geben)

zau·sen: jemandem die Haare zausen (daran ziehen) – Knochen zausen (abknabbern)

Za·zi·ki *griech.,* der/das: -s, -s (Joghurt mit Knoblauch und Salatgurkenstückchen); auch: der/das **Tsatsiki**

z. B. = zum Beispiel

z. b. V. = zur besonderen Verwendung

z. d. A. = zu den Akten

ZDF = Zweites Deutsches Fernsehen

Zeb·ra (Ze·bra) *afrik.,* das: -s, -s (afrikanisches Wildpferd); der **Zebrastreifen** (Kennzeichnung eines Fußgängerüberganges)

Ze·che, die: -, -n; in der Zeche (im Bergwerk) arbeiten – die Zeche (Rechnung in einem Gasthaus) bezahlen – *die Zeche prellen* (seine Rechnung nicht bezahlen) – *die Zeche bezahlen müssen* (die Folgen zu tragen haben); **zechen** (trinken); die **Zechenstilllegung;** der **Zecher;** die **Zecherin,** die Zecherinnen; das **Zechgelage;** der **Zechkumpan;** die **Zechkumpanin,** die ...kumpaninnen; der **Zechpreller;** die **Zechprellerei;** die **Zechprellerin,** die ...prellerinnen; die **Zechtour**

Ze·cke, die: -, -n (schmarotzendes Insekt); auch: der **Zeck**

Ze·der *griech.,* die: -, -n (Nadelbaum des Mittelmeergebietes); **zedern** (aus Zedernholz); das **Zedernholz,** die ...hölzer

Ze·he, die: -, -n (Glied am Fuß); sich die große Zehe verletzen – *jemandem auf die Zehen treten* (ihn ärgern); auch: der **Zeh;** die **Zehenspitze:** auf Zehenspitzen (leise) gehen; **...zehig:** fünfzehig; auch: 5-zehig

zehn: zehn Stück – das zehnte Auto – wir sind zu zehnen/zu zehnt – es ist halb zehn; aber: die Zehn Gebote; die **Zehn;** das **Zehncentstück;** auch: das **10-Cent-Stück;** das **Zehneck; zehneckig;** auch: **10-eckig; zehneinhalb;** der **Zehner; zehnerlei;** die **Zehnerpackung;** der **Zehneuroschein;** auch: der **10-Euro-Schein; zehnfach;** auch: **10fach** oder: **10-fach;** das **Zehnfache;** auch: das **10fache** oder: das **10-Fache;** das **Zehnfingersystem** (beim Maschinenschreiben); der **Zehnkampf; zehnmal;** auch: **10-mal;** das **Zehnmeterbrett;** der **Zehnt** (früher: Abgabe an den Grundherrn oder die Kirche); **zehntausend:** die oberen zehntausend; auch: die oberen Zehntausend; das **Zehntel; zehntens**

zeh·ren: von seinen Ersparnissen zehren (leben) – er zehrt von seinem Ruhme – das Leid hat an ihr gezehrt (hat ihr zugesetzt) das **Zehrgeld;** der **Zehrpfennig** (früher: Geld für unterwegs); die **Zehrung**

Zei·chen, das, -s, -; ein Zeichen (Signal) geben – zum Zeichen der Zustimmung nicken – ein Zeichen (Anzeichen) für Fieber – seines Zeichens (von Beruf) Arzt; der **Zeichenblock,** die ...blöcke; das **Zeichen-**

brett; das **Zeichenpapier;** der **Zeichensaal,** die ...säle; die **Zeichensetzung;** die **Zeichensprache;** der **Zeichenstift;** der **Zeichentrickfilm; zeichnen;** der **Zeichner;** die **Zeichnerin,** die Zeichnerinnen; **zeichnerisch;** die **Zeichnung; zeichnungsberechtigt**

zei·gen: auf jemanden zeigen (deuten) – Interesse zeigen (erkennen lassen) – jemandem etwas zeigen (vorführen) – das wird sich zeigen (sich herausstellen) – sich erkenntlich zeigen (erweisen) – sich großzügig zeigen – *es jemandem zeigen* (ihn maßregeln, verprügeln); der **Zeigefinger;** der **Zeiger;** der **Zeigestock,** die ...stöcke

zei·hen: du zeist, er zieh, sie hat geziehen, zeih(e)!; jemanden eines Diebstahls zeihen (ihn des Diebstahls beschuldigen)

Zei·le ⟨Z.⟩, die: -, -n; einige Zeilen schreiben – eine Zeile (Reihe) Häuser – *zwischen den Zeilen lesen können* (auch das nicht ausdrücklich Gesagte verstehen); der **Zeilenabstand,** die ...abstände; die **Zeilenlänge; zeilenweise; ...zeilig:** zweizeilig; auch: 2-zeilig

Zei·sig *tschech.,* der: -s, -e (ein Vogel)

Zeit, die; -, -en; im Laufe der Zeit – zu jeder Zeit (immer); aber: jederzeit – zu seiner Zeit; aber: seinerzeit (damals) – zu Zeiten Schillers; aber: zuzeiten (manchmal) – vor langer Zeit; aber: vorzeiten – zu keiner Zeit (niemals) – zu meiner Zeit – zur Zeit ⟨z. Zt.⟩; aber: zurzeit (jetzt) – zur rechten Zeit (rechtzeitig) – auf Zeit ⟨a. Z.⟩ (befristet) – mit der Zeit (allmählich) – für alle Zeit (für immer) – zu der Zeit, als ...; aber: ich bin zurzeit (derzeit) krank – eine Zeit lang; auch: Zeitlang – es ist an der Zeit – es ist allerhöchste Zeit – von Zeit zu Zeit (gelegentlich) – ach, du liebe Zeit! – sich Zeit lassen – *mit der Zeit gehen* (fortschrittlich sein) – *auf Zeit spielen* (etwas absichtlich verzögern) – *jemandem seine Zeit stehlen* (ihn unnötig aufhalten) – *die Zeit totschlagen* (seine Zeit nutzlos verbringen) – *andere Zeiten, andere Sitten – Zeit ist Geld – alles zu seiner Zeit – die Zeit heilt alle Wunden;* **zeit:** zeit (während) seines Lebens; der **Zeitabschnitt;** das **Zeitalter;** die **Zeitansage; zeitaufwendig;** auch: **zeitaufwändig;** die **Zeitdauer;** die **Zeiterscheinung;** die **Zeitersparnis,** die ...ersparnisse; die **Zeitform;** die **Zeitfrage;** der **Zeitgeist; zeitgemäß** (modern, neuzeitlich); der **Zeitgenosse;** die **Zeitgenossin,** die ...genossinnen; **zeitgenössisch; zeitgerecht;** das **Zeitgeschehen;** die **Zeitgeschichte; zeitgleich; zeitig** (früh, pünktlich); **zeitigen** (bewirken); die **Zeitläuf(t)e** *Pl.* (Ablauf der Zeit); **zeitlebens** (dauernd); aber: zeit meines Lebens; **zeitlich:** die zeitliche Reihenfolge; aber: *das Zeitliche segnen* (sterben); **zeitlos:** ein zeitloses (nicht der Mode unterworfenes) Kleid tragen; die **Zeitlosigkeit;** die **Zeitlupe;** das **Zeitmaß; zeitnah;** die **Zeitnahme;** der **Zeitpunkt;** der **Zeitraffer; zeitraubend;** auch: Zeit raubend; der **Zeitraum,** die ...räume; die **Zeitrechnung;** die **Zeitschrift;** die **Zeitspanne; zeitsparend;** auch: Zeit sparend; die **Zeitung:** Zeitung lesen; die **Zeitvergeudung;** die **Zeitverschiebung; zeitversetzt:** eine zeitversetzte Sendung; der **Zeitvertreib; zeitweilig** (zeitweise); **zeitweise** (vorübergehend); das **Zeitwort** (Sprachlehre: Verb); das **Zeitzeichen;** der **Zeitzeuge;** die **Zeitzeugin,** die ...zeuginnen; der **Zeitzünder**

ze·le·brie·ren (ze·leb·rie·ren) *lat.:* (feiern, feierlich begehen); die **Zelebration**

Zel·le *lat.,* die: -, -n; in einer Zelle (einem Gefängnisraum) eingesperrt sein – die Zellen (kleinsten Bausteine) einer Pflanze; das **Zellgewebe; zellig;** der **Zellkern;** das **Zellophan;** auch: das **Cellophan;** der **Zellstoff;** die **Zellteilung;** das **Zelluloid** (Kunststoff); auch: das **Celluloid;** die **Zellulose** (Bestandteil der pflanzlichen Zellwände); auch: die **Cellulose;** die **Zellvermehrung;** die **Zellwolle** (baumwollartiges Gewebe)

Zelt, das: -(e)s, -e: ein Zelt aufschlagen – *seine Zelte abbrechen* (wegziehen); die **Zeltbahn; zelten;** der **Zelthering;** das **Zeltlager;** der **Zeltpflock,** die ...pflöcke; die **Zeltplane;** der **Zeltplatz,** die ...plätze

Ze·ment *lat.,* der: -(e)s, -e (Baustoff); der **Zementboden; zementieren** (festigen); die **Zementierung;** der **Zementsack,** die ...säcke; der/das **Zementsilo**

Ze·nit *arab. [zenit],* der: -(e)s; die Sonne steht im Zenit (Scheitelpunkt) – er steht im Zenit (auf dem Höhepunkt) seines Schaffens

zen·sie·ren *lat.:* (prüfen, beurteilen, überwachen); die **Zensierung;** der **Zensor,** die Zensoren; die **Zensur,** die Zensuren: gute Zensuren haben – der Film wurde von der Zensur verboten

Zen·ti·me·ter ⟨cm⟩ *lat.*, der/das: -s, - (Längenmaß: hundertster Teil eines Meters); **zentimeterdick;** das **Zentimetermaß**

Zent·ner ⟨Ztr.⟩ *lat.*, der: -s, - (Gewichtsmaß: 50 Kilogramm); das **Zentnergewicht;** die **Zentnerlast; zentnerschwer; zentnerweise**

zen·tral (zent·ral) *griech.*: (im Mittelpunkt, in der Mitte, wichtig); zentral wohnen – das ist die zentrale Frage; die **Zentrale** (zentrale Stelle); die **Zentralfigur;** die **Zentralheizung; zentralisieren** (vereinigen, auf ein Zentrum hin organisieren); die **Zentralisierung;** der **Zentralismus** (Streben nach Zusammenziehung); **zentralistisch; zentrieren** (auf die Mitte einstellen); die **Zentrierung; zentrifugal** (vom Mittelpunkt weg); die **Zentrifugalkraft,** die ...kräfte (Fliehkraft); die **Zentrifuge** (Gerät zur Trennung von Stoffen); **zentrisch;** das **Zentrum,** die Zentren (Mitte, Mittelpunkt)

Zep·pe·lin, der: -s, -e (Luftschiff)

Zep·ter *griech.*, das/der: -s, - (Herrscherstab); *das Zepter schwingen* (herrschen)

zer·bre·chen: einen Stock zerbrechen – er zerbricht nicht an seinem Leid (geht nicht daran zugrunde) – *sich den Kopf zerbrechen* (angestrengt nachdenken); **zerbrechlich;** die **Zerbrechlichkeit**

zer·dep·pern: (mutwillig zerschlagen)

ze·re·bral (ze·reb·ral) *lat.*: (das Gehirn betreffend)

Ze·re·mo·nie *lat.*, die: -, Zeremonien (feierliche Handlung); **zeremoniell** (feierlich, förmlich); das **Zeremoniell**

zer·fah·ren: zerfahren (zerstreut, gedankenlos) wirken; die **Zerfahrenheit**

zer·fal·len: das Reich zerfällt (löst sich auf); der **Zerfall** (Zusammenbruch, Niedergang); die **Zerfallserscheinung**

zer·fled·dern: ein zerfleddertes (abgenutztes, zerrissenes) Heft; auch: **zerfledern**

zer·fur·chen: den Boden zerfurchen; **zerfurcht:** ein zerfurchtes (runzliges) Gesicht

zer·klei·nern: Brennholz zerkleinern; die **Zerkleinerung**

zer·klüf·tet: ein zerklüfteter (vielmals gespaltener) Felsen; die **Zerklüftung;** → Kluft

zer·knirscht: eine zerknirschte (reumütige, schuldbewusste) Sünderin; die **Zerknirschtheit;** die **Zerknirschung**

zer·knit·tern: eine zerknitterte (zerknüllte) Zeitung

zer·las·sen: Butter zerlassen (zergehen lassen)

zer·le·gen: eine Uhr (in ihre Bestandteile) zerlegen; **zerlegbar;** die **Zerlegung**

zer·lö·chert: ein zerlöchertes Hemd tragen

zer·lumpt: zerlumpte (abgerissene) Kleidung

zer·mal·men: (zerdrücken, zerstören); die **Zermalmung**

zer·mür·ben: das lange Warten ist zermürbend (aufreibend, ermüdend); **zermürbt;** die **Zermürbung**

zer·pflü·cken: seine Argumente wurden zerpflückt (widerlegt)

zer·quet·schen: (heftig zerdrücken); die **Zerquetschung**

zer·rei·ßen: Papier zerreißen – das Seil zerreißt – ein Blitz zerriss die Dunkelheit – *sich für jemanden zerreißen* (fast Unmögliches für ihn tun); **zerreißfest;** die **Zerreißfestigkeit;** die **Zerreißprobe;** die **Zerreißung; zerrissen;** die **Zerrissenheit**

zer·ren: am Ärmel zerren (mit Gewalt ziehen) – jemanden aus dem Bett zerren – sich einen Muskel zerren (stark dehnen); das **Zerrbild** (Verzerrung); die **Zerrerei;** der **Zerrspiegel;** die **Zerrung**

zer·rin·nen: das Eis zerrinnt (schmilzt) in der Sonne – *wie gewonnen, so zerronnen*

zer·rüt·ten: (zerstören); **zerrüttet:** eine zerrüttete (ruinierte) Ehe; die **Zerrüttung**

zer·schel·len: das Schiff zerschellt (zerbricht) an den Klippen

zer·schla·gen: eine Tasse zerschlagen – seine Pläne haben sich zerschlagen (sind gescheitert) – sich zerschlagen (erschöpft) fühlen; die **Zerschlagung**

zer·schmet·tern: (heftig zuschlagen, vernichten, zerstören); die **Zerschmetterung**

zer·schnei·den: (in Stücke schneiden); die **Zerschneidung**

zer·set·zen: (in seine Bestandteile auflösen); die Säure zersetzt das Metall – er hat die Ordnung im Staat zersetzt (untergraben); die **Zersetzung** (Auflösung, Zerstörung); der **Zersetzungsprozess**

zer·split·tern: eine zersplitterte Scheibe; die **Zersplitterung**

zer·stäu·ben: eine Flüssigkeit zerstäubt (löst sich in winzige Tröpfchen auf) – Parfüm zerstäuben; der **Zerstäuber;** die **Zerstäubung**

zer·stö·ren: bei dem Erdbeben wurde die Stadt zerstört – eine Ehe zerstören (zugrunde richten); **zerstörbar;** der **Zerstörer** (Kriegsschiff); **zerstörerisch;** die **Zerstörung;** die **Zerstörungswut; zerstörungswütig**

zer·streu·en: sie zerstreuten sich in alle Richtungen – sich am Abend zerstreuen (ablenken) – er zerstreut (beseitigt) alle Zweifel; **zerstreut:** zerstreut (unkonzentriert) sein; die **Zerstreutheit;** die **Zerstreuung:** keine Zerstreuung (keinen Zeitvertreib) haben

Zer·ti·fi·kat *lat.*, das: -(e)s, -e (Urkunde, amtliche Bescheinigung)

Zer·ve·lat·wurst *ital.*, die: -, ...würste (eine Dauerwurst); auch: die **Servelatwurst**

Zer·würf·nis, das: -ses, -se (Verfeindung)

zer·zau·sen: zerzaustes (wirres) Haar

ze·tern: laut zetern (laut jammern, wehklagen); das **Zeter:** Zeter und Mord(io) schreien; das **Zetergeschrei;** das **Zetermordio**

Zet·tel *lat.*, der: -s, - (loses Stück Papier); sich etwas auf einem Zettel notieren; der **Zettelkasten,** die ...kästen; der **Zettelkram;** die **Zettelwirtschaft** (ungeordnete Notizen)

Zeug, das: -(e)s, -e; nasses Zeug (nasse Kleidung) anhaben – er redete wirres Zeug (Unsinn) – eine Schürze aus dickem Zeug (Material) – sein Zeug (seine Sachen) in Ordnung halten – *dummes Zeug* (Unsinn) *reden – sich ins Zeug legen* (sich anstrengen) – *jemandem etwas am Zeug flicken* (etwas an ihm auszusetzen haben) – *das Zeug zu etwas haben* (dafür geeignet sein) – *mit jemandem scharf ins Zeug gehen* (ihn streng behandeln); das **Zeughaus** (früher: Rüstkammer, Vorratshaus); das **Zeugs** (Dinge, Kram): so ein Zeugs!

Zeu·ge, der: -n, -n; er war Zeuge des Unfalls – ein Zeuge der Vergangenheit (etwas, das aus der Vergangenheit stammt); **zeugen:** vor Gericht zeugen (aussagen) – ihr Aufsatz zeugt von (zeigt) Fleiß; die **Zeugenaussage;** die **Zeugenbank;** die **Zeugenbeeinflussung;** die **Zeugenschaft;** der **Zeugenstand:** in den Zeugenstand treten (als Zeuge aussagen); die **Zeugenvernehmung;** die **Zeugin,** die Zeuginnen; das **Zeugnis,** die Zeugnisse: Zeugnis ablegen (bezeugen); die **Zeugnisabschrift**

zeu·gen: (hervorbringen, erzeugen); ein Kind zeugen; die **Zeugung;** der **Zeugungsakt; zeugungsfähig;** die **Zeugungsfähigkeit; zeugungsunfähig;** die **Zeugungsunfähigkeit**

z. H. (z. Hd.) = zu Händen; → zuhanden

Zi·cken *Pl.*, die: -; *Zicken machen* (Schwierigkeiten machen); die **Zicke** (weibliche Ziege); **zickig** (zimperlich, launisch, widerspenstig); das **Zicklein** (Junges der Ziege)

Zick·zack, der: -(e)s, -e (in Zacken verlaufende Linie); im Zickzack laufen; aber: zickzack laufen; **zickzackförmig;** der **Zickzackkurs;** die **Zickzacklinie**

Zie·ge, die: -, -n (ein Haustier); der **Ziegenbart;** der **Ziegenbock,** die ...böcke; der **Ziegenpeter** (Kinderkrankheit, Mumps)

Zie·gel, der: -s, - (Backstein, Baustein); die **Ziegelbrennerei;** das **Ziegeldach,** die ...dächer; die **Ziegelei;** der **Ziegelofen; ziegelrot;** der **Ziegelstein**

zie·hen: du ziehst, er zog, sie hat gezogen, zieh(e)!; die Pferde ziehen einen Wagen – jemanden aus dem Wasser ziehen – das Interesse auf sich ziehen – durch die Straßen ziehen – er zieht in eine andere Stadt – aus etwas einen Vorteil ziehen – er zieht an der Zigarette – jemanden zur Verantwortung ziehen – der Wind zieht (bläst) durch das Fenster – das wird Folgen nach sich ziehen (haben) – den Schluss ziehen (folgern) – in Erwägung ziehen (bedenken, berücksichtigen) – jemanden ins Vertrauen ziehen (ihn einweihen) – *gegen etwas zu Felde ziehen* (es bekämpfen) – *sich in die Länge ziehen* (lange dauern); der **Ziehbrunnen;** die **Zieheltern** *Pl.*; die **Ziehharmonika,** die ...harmonikas/...harmoniken; das **Ziehkind** (Pflegekind); die **Ziehmutter,** die ...mütter; der **Ziehsohn,** die ...söhne; die **Ziehtochter,** die ...töchter; die **Ziehung;** der **Ziehvater,** die ...väter; → Zug

Ziel, das: -(e)s, -e; an sein Ziel gelangen – das war sein Ziel (seine Absicht) – ohne Maß und Ziel – ein Ziel vor Augen haben – *über das Ziel hinausschießen* (zu weit gehen); **zielbewusst** (entschlossen); **zielen;** das **Zielfernrohr;** die **Zielgerade** (letztes gerades Stück einer Bahn vor dem Ziel); **zielgerichtet;** die **Zielgruppe;** die **Zielkurve;** die

Ziellinie; ziellos; die **Ziellosigkeit;** die **Zielscheibe; zielsicher;** die **Zielsicherheit; zielstrebig** (beharrlich); die **Zielstrebigkeit**

zie·men, sich: es ziemt (gehört, schickt) sich nicht, alte Leute zu verspotten

ziem·lich: ein ziemliches (beträchtliches) Vermögen – ich bin ziemlich (recht) müde – etwas ziemlich (fast) allein machen – ziemlich fertig sein

zie·ren: etwas zieren (schmücken, verschönern) – es ziert (ehrt) ihn – sich zieren (etwas ablehnen, sich zurückhalten, zimperlich sein); die **Zier;** die **Zierde;** die **Ziererei;** der **Ziergarten;** die **Zierleiste; zierlich:** eine zierliche (schlanke) Figur haben; die **Zierlichkeit;** die **Zierpflanze;** der **Zierrand,** die ... ränder; der **Zierrat,** die Zierrate (Verzierung, Schmuck); die **Zierschrift;** der **Zierstich;** das **Zierstück**

Zif·fer ⟨Ziff.⟩ *arab.*, die: -, -n (Zahlzeichen, Nummer); die Ziffer Null; das **Zifferblatt,** die ... blätter; auch: das **Ziffernblatt**

zig: ich kenne zig (sehr viele) Beispiele; **zigfach;** aber: das **Zigfache; zigmal; zigtausend(e);** auch: **Zigtausend(e)**

Zi·ga·ret·te *franz.*, die; -, -n; eine Zigarette rauchen; der **Zigarettenautomat;** die **Zigarettenkippe;** die **Zigarettenlänge;** die **Zigarettenpause;** der **Zigarettenrauch;** der **Zigarettenstummel;** das **Zigarillo** (kleine Zigarre); die **Zigarre:** *jemandem eine Zigarre verpassen* (ihn zurechtweisen)

Zi·geu·ner, der: -s, - (Angehöriger eines Wandervolkes; abwertend für: Sinti, Roma); **zigeunerhaft;** die **Zigeunerin,** die Zigeunerinnen; das **Zigeunerleben; zigeunern** (umherstreichen, umherziehen)

Zi·ka·de *lat.*, die: -, -n (grillenähnliches Insekt)

Zil·le *slaw.*, die: -, -n (kleiner Kahn, Lastkahn)

Zim·bel, die: -, -n (Musikinstrument: kleines Becken)

Zim·mer, das: -s, - (Raum, Stube); sein Zimmer aufräumen – *das Zimmer hüten müssen* (es wegen Krankheit nicht verlassen dürfen); der **Zimmerbrand,** die ... brände; die **Zimmerdecke;** die **Zimmerei;** der **Zimmerer;** die **Zimmerflucht,** die ... fluchten (Reihe nebeneinanderliegender Zimmer); das **Zimmerhandwerk;** die **Zimmerleute** *Pl.*; das **Zimmermädchen;** der **Zimmermann,** die ... leute; die **Zimmermiete; zimmern:** einen Schrank zimmern (zusammenbauen); die **Zimmerpflanze**

zim·per·lich: sehr zimperlich (empfindlich, wehleidig) sein; die **Zimperlichkeit;** die **Zimperliese** (zimperliches Mädchen)

Zimt, der: -(e)s (ein Gewürz); die **Zimtstange;** die **Zimtzicke** (Schimpfwort); die **Zimtziege**

Zink ⟨Zn⟩, das: -(e)s (Metall, chemischer Grundstoff); das **Zinkblech**

Zin·ke, die: -, -n (Zacke, Spitze, Haken); der **Zinken** (bildliches Zeichen, große Nase)

Zinn ⟨Sn⟩, das: -(e)s (Schwermetall, chemischer Grundstoff); der **Zinnbecher; zinnern** (aus Zinn); der **Zinngießer;** der **Zinnkrug,** die ... krüge; der **Zinnsoldat;** der **Zinnteller**

Zin·ne, die: -, -n (zackenförmiger Mauerabschluss)

Zin·no·ber *pers.*, der/das: -s (rotfarbenes Mineral, Unsinn); Zinnober (Blödsinn) reden; **zinnoberrot;** das **Zinnoberrot**

Zins *lat.*, der: -es, -en (Abgabe, Kapitalertrag, Miete); Zinsen zahlen – von seinen Zinsen leben; die **Zinserhöhung;** der **Zinsertrag,** die ... erträge; der **Zinseszins,** die ... zinsen; der **Zinsfuß,** die ... füße; **zinsgünstig; zinslos;** der **Zinssatz,** die ... sätze; die **Zinssenkung;** die **Zinszahl** ⟨Zz.⟩

Zi·o·nis·mus *hebr.*, der: - (Bewegung zur Gründung und Aufrechterhaltung eines nationalen jüdischen Staates); **zionistisch**

Zip·fel, der: -s, -; der Zipfel (Ecke, Endstück) der Schürze; **zipf(e)lig;** die **Zipfelmütze**

Zip·per·lein, das: -s (Gicht)

Zir·be(l), die: -, -n (ein Nadelbaum); die **Zirbeldrüse** (Hirndrüse); die **Zirbelkiefer**

zir·ka ⟨ca.⟩ *lat.*: zirka (etwa, ungefähr) hundert Meter; auch: **circa**

Zir·kel *lat.*, der: -s, -; mit dem Zirkel (Zeichengerät) einen Kreis ziehen – in der Mitte der Turnhalle einen Zirkel (Kreis) bilden – ein Zirkel (eine Gruppe) von Künstlern; **zirkeln** (einen Kreis ziehen, genau einteilen); der **Zirkelschluss;** die **Zirkulation** (Umlauf, Kreislauf); **zirkulieren** (im Umlauf sein)

Zir·kus *lat.*, der: -, -se; ein Zirkus kommt in die Stadt – macht doch keinen Zirkus (Wirbel)!; auch: der **Circus;** das **Zirkuspferd;** die **Zirkusvorstellung;** das **Zirkuszelt**

zir·pen: Grillen zirpen (erzeugen hohe, schrille Laute); die **Zirpe** (Grille, Zikade)

zi·schen: du zischst – heißes Fett zischt in der

Pfanne – die Schlange zischt – Zuschauer zischen im Theater; die **Zischelei; zischeln** (tuscheln); der **Zischlaut**

zi·se·lie·ren *franz.*: (kunstvoll Ornamente in Metall einritzen); die **Ziselierung**

Zis·ter·ne *griech.*: die; -, -n (Gefäß für Regenwasser); das **Zisternenwasser**

Zi·ta·del·le *franz.*, die: -, -n (befestigte Anlage innerhalb einer Stadt oder Festung)

Zi·tat *lat.*, das: -(e)s, -e (Ausspruch, wörtlich angeführte Stelle eines Buches); **zitieren:** er zitiert aus der Bibel – zu seinem Vorgesetzten zitiert (befohlen) werden; die **Zitierung**

Zi·ther *lat.*, die: -, -n (ein Saiteninstrument); das **Zitherspiel**

Zi·tro·ne (Zit·ro·ne) *ital.*, die: -, -n (eine Südfrucht); das **Zitronat,** die Zitronate (kandierte Zitronenschale); **zitronenfarben;** auch: **zitronenfarbig; zitronengelb;** die **Zitronenlimonade;** der **Zitronensaft,** die ... säfte; **zitronensauer;** die **Zitrusfrucht,** die ... früchte (z. B. Orange, Mandarine)

zit·tern: vor Angst zittern – ihr zittern die Hände; aber: *mit Zittern und Zagen* (angstvoll) – *zittern wie Espenlaub* (sehr zittern); der **Zitteraal;** das **Zittergras; zitt(e)rig:** eine zittrige Stimme; die **Zitterpappel;** eine **Zitterpartie** (Spiel, bei dem man bis zum Schluss um den Sieg fürchten muss)

Zit·ze, die: -, -n (Saugwarze bei weiblichen Säugetieren)

zi·vil *lat. [ziwil]*: zivile (nicht militärische) Anlagen – im zivilen (bürgerlichen) Leben – zivile (nicht übertriebene, angemessene) Preise; der **Zivi** (Zivildienstleistender); das **Zivil:** er geht in Zivil (nicht in Uniform); der **Zivilberuf;** die **Zivilcourage** *[...kurasche]* (Mut, seine eigene Meinung zu vertreten; Unerschrockenheit vor der Obrigkeit); der **Zivildienst** (im Gegensatz zum Militärdienst); der **Zivildienstleistende;** auch: der Zivildienst Leistende; die **Zivilfahndung;** die **Zivilisation** (Verbesserung der menschlichen Lebensbedingungen durch Wissenschaft und Technik); der **Zivilisationsmüll; zivilisatorisch; zivilisieren;** die **Zivilisierung;** der **Zivilist** (Bürger; jemand, der nicht Soldat ist); das **Zivilleben;** der **Zivilprozess;** das **Zivilrecht** (bürgerliches Recht); der **Zivilschutz**

Zo·bel *slaw.*, der: -s, - (Edelmarder, Pelz des Marders); der **Zobelpelz**

zo·ckeln: (langsam gehen bzw. fahren); auch: → **zuckeln**

zo·cken: (Glücksspiele machen); der **Zocker** (Glücksspieler); die **Zockerin,** die Zockerinnen

Zo·fe, die: -, -n (Kammerfrau, Zimmermädchen); der **Zofendienst**

zö·gern: sie zögerte (zauderte, schwankte) lange; **zögerlich** (zögernd)

Zög·ling, der: -s, -e (Kind, Schüler in einem Heim)

Zö·li·bat *lat.*, das/der: -(e)s (kirchlich verfügte Ehelosigkeit für katholische Geistliche); **zölibatär;** der **Zölibatszwang**

Zoll, der: -(e)s, - (altes Längenmaß); fünf Zoll breit – sich keinen Zoll von der Stelle rühren – Zoll für Zoll (ganz und gar); **zollbreit:** ein zollbreites Band; der **Zollbreit:** keinen Zollbreit zurückweichen; auch: keinen Zoll breit; **zollhoch;** aber: einen Zoll hoch; der **Zollstock,** die ... stöcke

Zoll *griech.*, der: -(e)s, Zölle (Abgaben, Steuer, Gebühren an der Grenze); das **Zollamt;** der **Zollbeamte;** die **Zollbeamtin,** die ... beamtinnen; **zollen:** jemandem Achtung zollen (entgegenbringen); **zollfrei;** das **Zollgebiet;** der **Zollgrenzbezirk;** die **Zollkontrolle;** die **Zolllinie;** auch: die **Zoll-Linie;** der **Zöllner;** die **Zöllnerin,** die Zöllnerinnen; **zollpflichtig** (abgabepflichtig); die **Zollschranke;** die **Zollstation;** die **Zollunion**

Zom·bie *afrik.* der: -(s), -s (durch Zauberei wieder zum Leben erweckter Toter)

Zo·ne *griech.*, die: -, -n (genau begrenztes Gebiet); die **Zonengrenze;** die **Zonenzeit**

Zoo *griech.*, der: -s, -s (zoologischer Garten, Tierpark); die **Zoohandlung;** der **Zoologe** (Tierwissenschaftler); die **Zoologie** (Tierkunde); die **Zoologin; zoologisch;** das **Zooorchester;** auch: das **Zoo-Orchester**

Zoom *engl. [zum]*, das/der; -s, -s (Fotoobjektiv mit verstellbarer Brennweite); **zoomen**

Zopf, der: -(e)s, Zöpfe; das Mädchen hat lange Zöpfe – alte Zöpfe (veraltete Ansichten); das **Zöpfchen; zopfig**

Zorn, der: -(e)s; sie gerät leicht in Zorn (Wut); die **Zornader; zornentbrannt;** der **Zorn(es)ausbruch,** die ... ausbrüche; die **Zorn(es)röte; zornig; zürnen**

Zo·te, die: -, -n (derber Witz, unanständiger

Ausdruck); der **Zotenreißer; zotig:** eine zotige (unanständige, anstößige) Bemerkung machen # zottig

zot·tig: ein zottiges (büscheliges, struppiges) Fell # zotig; der **Zottelbär;** das **Zottelhaar; zott(e)lig:** zotteliges (ungepflegtes) Haar; **zotteln** (langsam und schwerfällig gehen)

z. T. = zum Teil

Ztr. = Zentner

zu: zu Haus(e); zu Hause bleiben; auch: zuhause – aber: das Zuhause – zu Mittag – zu Bett gehen – das Stück zu fünf Euro – drei zu drei (3:3) – zu Brei verrühren – er hat zu lernen – er bat ihn zu helfen – es ist noch nicht zu spät – ab und zu (manchmal) – nur zu! – zu zweit; auch: zu zwei(e)n – zu sehr (viel zu viel) – zu viel des Guten; aber: ein Zuviel an Wohlwollen – zu wenig wissen – zu Herzen gehen – zu Fuß gehen – zu Ende gehen – die Haare stehen zu Berge – zu Diensten stehen – sich zu eigen machen – jemandem etwas zu eigen geben – sich zu Dank verpflichten – etwas zu Fall bringen – zu Grabe tragen – zu Hilfe eilen – zu mehreren – zu Ohren kommen – zu (geschlossen) sein – die Läden sind schon zu gewesen – zu Tode erschrecken – zu Unrecht – zu Willen sein – zu Schaden kommen – zu Zeiten Goethes; auch: zuzeiten – zu Wasser und zu Lande – hier zu Lande; auch: hierzulande – bei uns zu Lande – wir gehen zu Fuß – zu guter Letzt; aber: zuletzt – zu mehreren – jemandem zu Leibe rücken – zu Recht bestehen – zu weit gehen – zu spät kommen; **zuallererst; zuallerletzt; zuallermeist; zualleroberst; zuäußerst; zuerst; zuhinterst; zuhöchst; zuletzt; zuoberst; zutiefst; zuunterst**

Zu·be·hör, das: -(e)s, -e (alles, was zu einer Sache gehört); das **Zubehörteil**

Zu·ber, der: -s, - (großer Kübel, Eimer)

zu·be·rei·ten: ein Essen zubereiten (kochen, anrichten); die **Zubereitung**

zu·bil·li·gen: jemandem etwas zubilligen (gestatten, gewähren); die **Zubilligung**

zu·brin·gen: die Ferien im Ausland zubringen – er kann die Tür nicht zubringen; der **Zubringer:** der Zubringer (die Zubringerstraße) zur Autobahn; der **Zubringerbus,** die ... busse; der **Zubringerdienst;** die **Zubringerstraße**

Zucht, die: -; es herrscht strenge Zucht (Ordnung) – die Zucht (das Züchten) von Rosen; der **Zuchtbulle; züchten:** Pferde züchten; der **Züchter;** die **Züchterin,** die Züchterinnen; das **Zuchthaus,** die ... häuser; **züchtig** (anständig, keusch); **züchtigen** (hart bestrafen); die **Züchtigung; zuchtlos** (hemmungslos); die **Zuchtlosigkeit;** das **Zuchttier;** die **Züchtung;** das **Zuchtvieh**

zu·ckeln: ich zuck(e)le – von der Schule nach Hause zuckeln (langsam gehen bzw. fahren); auch: **zockeln;** das **Zuckeltempo**

zu·cken: sie zuckte mit der Hand (machte eine plötzliche, ruckartige Bewegung) – ein Blitz zuckt am Himmel; die **Zuckung**

zü·cken: das Notizbuch zücken (rasch herausziehen) – er zückt (zieht) sein Messer

Zu·cker, der: -s; den Kaffee mit Zucker trinken – süß wie Zucker; das **Zuckerbrot;** der **Zuckerguss,** die ... güsse; der **Zuckerhut,** die ... hüte; **zuck(e)rig; zuckerkrank;** die **Zuckerkrankheit;** das **Zuckerlecken;** auch: das **...schlecken:** *kein Zuckerlecken sein* (unangenehm, anstrengend sein); **zuckern** (süßen); die **Zuckerraffinerie;** das **Zuckerrohr;** die **Zuckerrübe; zuckersüß;** die **Zuckertüte;** das **Zuckerwasser;** die **Zuckerwatte;** der **Zuckerwürfel**

zu·de·cken: sich warm zudecken – ein Loch zudecken; die **Zudecke**

zu·dem: (außerdem, überdies)

zu·dre·hen: den Wasserhahn zudrehen – sich jemandem zudrehen (sich ihm zuwenden)

zu·dring·lich: zudringlich (aufdringlich, lästig) werden; die **Zudringlichkeit**

zu·eig·nen: (widmen, weihen, schenken); die **Zueignung**

zu·ei·nan·der (zu·ein·an·der): nett zueinander sein – zueinander sprechen; **zueinanderfinden** (sich nahekommen); auch: zueinander finden; **zueinanderhalten:** in guten wie in schweren Zeiten zueinanderhalten; **zueinanderkommen; zueinanderpassen;** auch: zueinander passen; **zueinanderstehen** (zusammenhalten); aber: sage mir, wie die beiden zueinander stehen (welche Beziehung sie haben)

zu·er·ken·nen: man hat ihm den ersten Preis zuerkannt (zugesprochen); aber: sich zu erkennen geben; die **Zuerkennung**

Zu·fahrt, die: -, -en; die Zufahrt zum Haus;

die **Zufahrtsstraße;** der **Zufahrtsweg**

Zu·fall, der: -(e)s, Zufälle; es war ein Zufall, dass ich ihm begegnete – durch Zufall (zufällig); **zufallen:** die Tür fällt zu (fällt ins Schloss) – ihm fällt das ganze Erbe zu; **zufällig:** wie zufällig (nebenbei); **zufälligerweise;** die **Zufälligkeit;** der **Zufallstreffer**

Zu·flucht, die: - (Obdach, Schutz); die **Zufluchtnahme;** der **Zufluchtsort;** die **Zufluchtsstätte**

Zu·fluss, der: -es, Zuflüsse (Zustrom, Verstärkung, Anstieg)

zu·fol·ge: dem Gesetz zufolge (nach dem Gesetz); auch: zufolge des Gesetzes – der Anordnung zufolge (gemäß); aber: demzufolge

zu·frie·den: ein zufriedener (befriedigter, glücklicher) Mensch – er ist mit ihm zufrieden – zufrieden machen – zufrieden sein; sich **zufriedengeben** (sich begnügen); die **Zufriedenheit; zufriedenlassen** (in Ruhe lassen, nicht behelligen); **zufriedenstellen** (befriedigen): er ist nicht leicht zufriedenzustellen; auch: zufrieden stellen; **zufriedenstellend;** auch: zufrieden stellend; die **Zufriedenstellung**

zu·fü·gen: jemandem einen Schaden zufügen (antun); die **Zufügung**

Zu·fuhr, die: -, -en; die Zufuhr (das Heranschaffen) von Nahrungsmitteln; **zuführen;** die **Zuführung;** die **Zuführungsleitung**

Zug, der: -es, Züge; mit dem letzten Zug ankommen – der Zug der Vögel in den Süden – einen tiefen Zug aus der Flasche nehmen – ein Erlebnis in groben Zügen (Umrissen) erzählen – in dem Zimmer ist ein ständiger Zug (Luftzug) – in tiefen Zügen atmen – matt in drei Zügen (beim Schachspiel) – das ist ein sympathischer Zug (eine angenehme charakterliche Eigenart) an ihm – Zug um Zug (ohne Unterbrechung) – im Zuge (im Verlauf) – in einem Zuge (ohne Pause) durcharbeiten – *etwas in vollen Zügen* (ausgiebig) *genießen – in den letzten Zügen liegen* (bald sterben müssen, am Ende sein) – *zum Zuge kommen* (tätig werden können); das **Zugabteil;** der **Zugbegleiter;** die **Zugbegleiterin,** die ...begleiterinnen; der **Zugführer;** die **Zugführerin,** die ...führerinnen; **zugig:** eine zugige (der Zugluft ausgesetzte) Halle; **zügig:** zügig (schnell, ohne Stockung) arbeiten; die **Zügigkeit;** die **Zugkraft,** die ... kräfte; **zugkräftig;** die **Zuglast;** die **Zugluft** (Luftbewegung); die **Zugmaschine;** das **Zugpferd;** das **Zugtier;** das **Zugunglück;** die **Zugverbindung;** der **Zugverkehr;** der **Zugvogel,** die ...vögel; der **Zugwind;** der **Zugzwang,** die ...zwänge: unter Zugzwang stehen (handeln müssen); → ziehen

Zu·ga·be, die: -, -n (Beigabe, Draufgabe); → zugeben

Zu·gang, der: -(e)s, Zugänge; der Zugang (Eingang) zum Park ist frei – er findet zur Musik keinen Zugang; **zugange:** mit etwas zugange sein (sich damit befassen, beschäftigen); **zugänglich:** sie ist sehr zugänglich (offen, aufgeschlossen); die **Zugänglichkeit**

zu·ge·ben: er gibt seine Fehler zu – ich kann nicht zugeben (erlauben), dass du fehlst; **zugegebenermaßen;** → Zugabe

zu·ge·gen: zugegen (anwesend) sein

zu·ge·hen; die Türe geht nicht zu (lässt sich nicht schließen) – das Paket geht dir morgen zu (es wird geschickt) – auf jemanden zugehen (an ihn herantreten) – bei euch geht es lustig zu; die **Zugeherin;** auch: die **Zugehfrau** (Putzfrau)

zu·ge·hö·rig: er ist keiner Partei zugehörig; **zugehören;** die **Zugehörigkeit;** das **Zugehörigkeitsgefühl**

zu·ge·knöpft: sie war sehr zugeknöpft (verschlossen, wortkarg); die **Zugeknöpftheit**

Zü·gel, der: -s, - (Riemen zum Lenken von Zug- oder Reittieren); *die Zügel in der Hand haben* (die Führung innehaben) – *die Zügel straff halten* (streng sein) – *die Zügel schleifen lassen* (nachlässig sein); **zügellos** (hemmungslos); die **Zügellosigkeit; zügeln:** ein Pferd zügeln – sich zügeln (beherrschen), die **Zug(e)lung**

zu·ge·sel·len, sich: er gesellt sich zu uns (schließt sich uns an)

zu·ge·ste·hen: jemandem ein Recht zugestehen (einräumen); **zugestanden; zugestandenermaßen;** das **Zugeständnis,** die ...geständnisse

zu·ge·tan: sie ist ihm von Herzen zugetan – *einer Sache zugetan sein* (freundlich gesinnt sein)

zu·gleich: zugleich (zur selben Zeit, gleichzeitig) ankommen

zu·grei·fen: (anpacken, Hand anlegen); bei

Tisch zugreifen (nehmen und essen); der **Zugriff; zugriffsberechtigt**

zu·grun·de: zugrunde gehen (sterben, vernichtet werden) – jemanden zugrunde richten (verderben, vernichten) – etwas zugrunde legen (als Grundlage nehmen); auch: **zu Grunde;** das **Zugrundegehen;** auch: das **Zu-Grunde-Gehen;** die **Zugrundelegung:** unter Zugrundelegung; **zugrundeliegend;** auch: zugrunde/zu Grunde liegend

zu·guns·ten: (zum Vorteil von); zugunsten bedürftiger Menschen; auch: **zu Gunsten:** zu deinen Gunsten verzichte ich

zu·gu·te...: **zugutehalten:** jemandem etwas zugutehalten (es ihm anrechnen); **zugutekommen:** es wird dir zugutekommen (sich günstig für dich auswirken)

zu·hal·ten: sich die Nase zuhalten – auf ein Ziel zuhalten (es ansteuern); der **Zuhälter**

zu·han·den: jemandem zuhanden (verfügbar, erreichbar) sein; aber: **zu Händen**

zu·hauf: sie kommen zuhauf (in Scharen)

Zu·hau·se, das: -; kein Zuhause (Heim) haben; aber: wir sind heute nicht zu Haus(e); auch: **zuhause;** der/die **Zuhausegebliebene;** auch: der/die zu Hause Gebliebene

zu·hin·terst: (ganz hinten)

zu·höchst: er saß zuhöchst auf dem Baum

zu·hö·ren: einem Redner zuhören – nicht zuhören (aufpassen) können; der **Zuhörer;** die **Zuhörerbank;** die **Zuhörerin,** die ... hörerinnen; die **Zuhörerschaft**

zu·in·nerst: (im tiefsten Innern)

zu·kom·men: er kam lachend auf mich zu – das Lob kommt (steht) mir nicht zu – jemandem etwas zukommen lassen (zuteilwerden lassen, gewähren) – etwas auf sich zukommen lassen (abwarten)

Zu·kunft, die: -, Zukünfte; die Zukunft (die vor uns liegende Zeit) voraussehen – keine Zukunft (Aussichten, Möglichkeiten) haben – in Zukunft (künftig) – ein Zeitwort in die Zukunft setzen; **zukünftig;** der/die/das **Zukünftige; zukunftsgläubig;** die **Zukunftsmusik;** die **Zukunftspläne** *Pl.;* **zukunftsreich;** der **Zukunftsroman; zukunftsträchtig; zukunftsvoll; zukunft(s)weisend**

Zu·la·ge, die: -, -n (zusätzliche Zahlung); eine Zulage von 100 Euro bekommen

zu·las·sen: das kann ich nicht zulassen (dulden, erlauben) – eine Tür zulassen (nicht öffnen) – ein Auto (zum Verkehr) zulassen; **zulässig** (erlaubt); die **Zulässigkeit;** die **Zulassung;** die **Zulassungsstelle**

zu·las·ten: zulasten von dir; auch: **zu Lasten**

Zu·lauf der: -(e)s, ... läufe; das neue Geschäft hat einen großen Zulauf (Zustrom); **zulaufen:** ihr ist eine Katze zugelaufen – auf etwas zulaufen

zu·le·gen: auf der Autobahn zulegen (das Tempo steigern) – sich etwas zulegen (sich etwas anschaffen) – zugelegt haben

zu·lei·de: jemandem etwas zuleid(e) tun (etwas antun, ihn kränken); auch: **zu Leid(e)**

zu·letzt: zuletzt (am Schluss) kam er – nicht zuletzt (nicht im Geringsten); aber: zu guter Letzt – *wer zuletzt lacht, lacht am besten;* **zuallerletzt**

zu·lie·be: dir zulieb(e) (deinetwegen, dir zu Gefallen) bleibe ich zu Hause

zum: (zu dem); zum ersten/zweiten/dritten Mal(e) – zum letzten Mal(e) – zum Ersten – zum Beispiel ⟨z. B.⟩ – zum Schluss – zum Glück – es ist zum Lachen – zum Teil ⟨z. T.⟩ – zum Spaß – zum Vergnügen – es ist zum Weinen – etwas zum Besten geben

zu·ma·chen: das Geschäft zumachen (schließen); aber: es ist nicht zu machen

zu·mal: zumal (besonders) deine Schwester mag ich – zumal (weil) ich schon hier bin

zu·meist: (meistens, meist)

zu·min·dest: zumindest (wenigstens) freundlich könntest du sein – zumindest könntest du es versuchen; aber: zum Mindesten

zu·mu·te: mir ist traurig zumute (ich fühle mich traurig); auch: **zu Mute**

zu·mu·ten: jemandem etwas nicht zumuten (abverlangen, aufbürden) können; **zumutbar;** die **Zumutbarkeit;** die **Zumutung**

zu·nächst: zunächst (zuerst, als Erstes) möchte ich mich vorstellen – zunächst dem Ort (in der Nähe des Ortes); das **Zunächstliegende**

Zu·na·me: -ns, -n (Familienname, Nachname) # Zunahme

zün·den: eine Bombe zünden (zur Explosion bringen) – ein Triebwerk zünden – eine zündende (begeisternde) Rede halten; das **Zündblättchen;** auch: das **Zündplättchen;** der **Zunder** (leicht brennbarer Stoff): das Holz brennt wie Zunder (sehr leicht) – *jemandem Zunder geben* (ihn verprügeln); der **Zünder** (Vorrichtung zur Auslösung einer Explosion); der **Zündfunke(n);** das **Zündholz;** das **Zündhölzchen;** die **Zündholzschachtel;** das **Zündhütchen;** das **Zündkabel;** die **Zündkerze;** das **Zündschloss,** die ...schlösser; der **Zündschlüssel;** die **Zündschnur;** der **Zündstoff;** die **Zündung**

zu·neh·men: er hat wieder zugenommen (ist dicker geworden) – sein Einfluss hat zugenommen (ist stärker geworden); die **Zunahme** # Zuname; **zunehmend:** es gefällt mir hier zunehmend (immer besser)

Zu·nei·gung, die: -, -en (Liebe, Wohlwollen); **zuneigen:** die Sonne neigt sich dem Westen zu – er ist ihr zugeneigt (er hat sie gern)

Zunft, die: -, Zünfte (Innung, Handwerkervereinigung in den mittelalterlichen Städten); die Zunft der Schuster; **zünftig:** eine zünftige (heitere, ausgelassene) Stimmung; das **Zunftrecht;** das **Zunftwappen**

Zun·ge, die: -, -n; sich auf die Zunge beißen – eine belegte Zunge haben – Zunge vom Rind (Speise) – *eine lose Zunge haben* (freche Bemerkungen machen) – *seine Zunge im Zaum halten* (schweigen) – *seine Zunge hüten* (sich vor einer unüberlegten Äußerung hüten) – *etwas auf der Zunge haben* (nahe daran sein, etwas zu sagen); **züngeln:** züngelndes (flackerndes, unruhig brennendes) Feuer – die Schlange züngelt; der **Zungenbrecher; zungenfertig** (wortgewandt); die **Zungenfertigkeit;** das **Zungen-R;** auch: das **Zungen-r;** der **Zungenschlag** (bestimmte Ausdrucksweise); das **Zünglein:** *das Zünglein an der Waage sein* (den Ausschlag bei einer Entscheidung geben)

zu·nich·te: zunichte sein; **zunichtemachen:** etwas zunichtemachen (vernichten, zerstören, vereiteln); **zunichtewerden**

zu·nut·ze: *sich etwas zunutze machen* (etwas ausnutzen, verwerten); auch: **zu Nutze**

zu·oberst: das Buch liegt zuoberst (ganz oben) im Schrank – *das Unterste zuoberst kehren* (eine große Unordnung anrichten)

zu·pass·kom·men: das kommt ihr zupass(e) (gerade recht, sehr gelegen)

zup·fen: den Banknachbarn am Ärmel zupfen (kurz ziehen); die **Zupfgeige;** das **Zupfinstrument** (ein Saiteninstrument)

zur: (zu der); zur Not – zur Folge haben – zur Ruhe kommen – zur besonderen Verwendung ⟨z. b. V.⟩ – zur Zeit ⟨z. Z., z. Zt.⟩ des Krieges – *jemandem zur Hand gehen* (ihm helfen)

zu·ran·de: mit jemandem zu zurande kommen (gut auskommen); auch: **zu Rande**

zu·ra·te: jemanden zurate ziehen (ihn befragen); auch: **zu Rate**

zu·rech·nungs·fä·hig: er ist noch voll zurechnungsfähig (bei klarem Verstand); die **Zurechnungsfähigkeit**

zu·recht...: (richtig, in Ordnung) # zu Recht; **zurechtbiegen; zurechtbringen** (in Ordnung bringen); sich **zurechtfinden; zurechtkommen; zurechtlegen; zurechtmachen; zurechtrücken; zurechtweisen;** die **Zurechtweisung** (Tadel, Verweis)

zu·re·den: (raten, überreden); jemandem gut zureden; aber: trotz allem Zureden – auf ihr Zureden hin; das **Zureden**

zu·rei·chend: alles ist zureichend (genügend, hinlänglich) bekannt – zureichende Gründe

zu·rich·ten: die Schuhe sind schlimm zugerichtet (beschädigt) – er wurde bei der Rauferei fürchterlich zugerichtet (verletzt)

zür·nen: jemandem zürnen (böse, aufgebracht gegen ihn sein); → Zorn

zu·rück: bald zurück sein – vor und zurück – mit der Arbeit noch sehr zurück (im Rückstand) sein; aber: es gibt jetzt kein Zurück mehr; sich **zurückbegeben; zurückbehalten; zurückbezahlen;** sich **zurückbilden; zurückbleiben; zurückblicken; zurückdatieren; zurückdenken;** sich **zurückerinnern;** die **Zurückerstattung; zurückfahren; zurückfallen; zurückfinden; zurückführen; zurückgeben; zurückgehen; zurückgezogen** (einsam); die **Zurückgezogenheit; zurückgreifen;** die **Zurückhaltung; zurückkehren; zurückkommen; zurücklassen;** die **Zurücklassung; zurücklegen:** sich ein Kleidungsstück zurücklegen (reservieren) lassen; **zurückliegen; zurückmüssen:** sie hat zurückgemusst; die **Zurücknahme; zurücknehmen; zurückprallen; zurückrufen; zurückschauen; zurückschlagen** (abwehren); **zurückschrecken; zurücksetzen; zurückspringen; zurückstecken** (nachgeben); **zurückstehen** (nachgeben); **zurückstellen;** die **Zurückstellung; zurücktreten; zurücktun;** sich **zurückversetzen** (erinnern); **zurückweichen; zurückweisen;** die **Zurückweisung; zurückwerfen; zurückzahlen; zurückziehen; zurückzucken**

zu·ru·fen: er rief ihnen einen Gruß zu; der **Zuruf**

zur·zeit ⟨zz., zzt.⟩: zurzeit (derzeit, jetzt) ist sie verreist; aber: zur Zeit Goethes

Zu·sa·ge, die: -, -n (Erlaubnis, Versprechen); **zusagen:** das kann ich noch nicht zusagen (versprechen) – die Wohnung sagt uns zu (gefällt uns) – *jemandem etwas auf den Kopf zusagen* (jemandem offen sagen, was man von ihm weiß); **zusagend**

zu·sam·men: zusammen (vereint, gemeinsam) sind wir stark – zusammen sein – zusammen (insgesamt) kostet alles 50 Euro – wir kommen zusammen (gemeinsam) an; die **Zusammenarbeit; zusammenarbeiten;** aber: wir werden bald zusammen (miteinander) arbeiten; **zusammenballen;** die **Zusammenballung; zusammenbinden:** die Blumen zusammenbinden; aber: einen Kranz zusammen (miteinander) binden; **zusammenbrauen; zusammenbrechen; zusammenbringen;** aber: das Gepäck zusammen (gemeinsam) bringen; der **Zusammenbruch,** die ...brüche; **zusammendrängen; zusammenfahren:** mit den Autos zusammenfahren (zusammenstoßen) – vor Schreck zusammenfahren (erschrecken) – ein Hindernis zusammenfahren; aber: wir werden zusammen (miteinander) fahren; der **Zusammenfall; zusammenfallen; zusammenfassen;** die **Zusammenfassung; zusammenfügen;** die **Zusammenfügung; zusammenführen;** aber: ein Gespräch zusammen (miteinander) führen; **zusammengehören;** die **Zusammengehörigkeit;** das **Zusammengehörigkeitsgefühl; zusammenhalten;** aber: die Leiter zusammen (gemeinsam) halten; der **Zusammenhang,** die ...hänge; **zusammenhängen; zusammenhanglos; zusammenkommen;** aber: zusammen (gemeinsam) kommen; die **Zusammenkunft,** die ...künfte; **zusammenlaufen:** auf dem Stadtplatz zusammenlaufen; aber: zusammen (gemeinsam) laufen; das **Zusammenleben; zusammenlegen;** die **Zusammenlegung;** sich **zusammennehmen** (sich beherrschen, anstrengen); **zusammenpassen; zusammenprallen; zusammenpressen; zusammenraffen;** sich **zusammenreißen** (sich anstrengen); sich **zusammenrotten:** sich auf der Straße zusammenrotten; die **Zusammenrottung;** die **Zusammenschau** (Überblick); **zusammenschlagen;** sich **zusammenschließen:** sich zu einem Verein zusammenschließen; der **Zusammenschluss,** die ...schlüsse; **zusammenschreiben;** aber: zusammen (gemeinsam) schreiben; **zusammenschrumpfen;** das **Zusammensein; zusammensetzen; zusammenspielen:** die beiden haben gut zusammengespielt (waren gut aufeinander abgestimmt); aber: sie haben zusammen (gemeinsam) gespielt; **zusammenstellen;** der **Zusammenstoß,** die ...stöße; **zusammenstoßen;** der **Zusammensturz,** die ...stürze; **zusammenstürzen; zusammentreffen;** das **Zusammentreffen; zusammentragen;** aber: zusammen (gemeinsam) tragen; **zusammentreten;** sich **zusammentun; zusammenwirken;** das **Zusammenwirken; zusammenzählen;** aber: zusammen (gemeinsam) zählen; **zusammenziehen;** aber: zusammen (gemeinsam) ziehen; die **Zusammenziehung; zusammenzucken** (erschrecken)

Zu·satz, der: -es, Zusätze; einen Zusatz (eine Anmerkung) zum Text schreiben; das **Zusatzabkommen;** die **Zusatzbestimmung; zusätzlich;** die **Zusatzsteuer;** die **Zusatzversicherung;** die **Zusatzzahl** (Lotto)

zu·schan·den: zuschanden werden – ein Auto zuschanden fahren; auch: **zu Schanden**

zu·schan·zen: jemandem einen Posten zuschanzen (verschaffen)

zu·schau·en: bei einem Fußballspiel zuschauen; der **Zuschauer;** die **Zuschauerin,** die ...schauerinnen; die **Zuschauerkulisse;** der **Zuschauerraum,** die ...räume; die **Zuschauertribüne**

zu·schie·ßen: Geld zuschießen (beisteuern)

Zu·schlag, der: -(e)s, Zuschläge; einen Zuschlag (eine Preiserhöhung) für die Ware zahlen müssen – für sein Angebot den Zuschlag (den Lieferauftrag) bekommen; **zuschlagen:** die Türe heftig zuschlagen – mit den Fäusten zuschlagen; **zuschlagpflichtig**

Zu·schnitt, der: -es, -e (Schnitt, Form, Stil); **zuschneiden;** die **Zuschneiderin,** die ...schneiderinnen

zu·schul·den: sich etwas zuschulden kommen lassen (etwas Unrechtes tun); auch: **zu Schulden**

Zu·schuss der: -es, Zuschüsse; einen Zuschuss (eine finanzielle Unterstützung) be-

T U V W X Y Z

kommen; der **Zuschussbetrieb**

zu·se·hen: jemandem bei der Arbeit zusehen – sieh zu (achte darauf), dass ...; aber: bei genauerem Zusehen; **zusehends:** sie erholt sich zusehends (rasch, merklich); der **Zuseher;** die **Zuseherin,** die ... seherinnen

zu·sei·ten: zuseiten (an der Seite) der Zuschauer; auch: **zu Seiten**

zu·set·zen: die Krankheit setzt ihr zu (macht ihr zu schaffen) – der Läufer kann noch zusetzen (er hat Reserven) – sie setzte ihm so lange zu (bedrängte ihn), bis er nachgab

zu·si·chern: (fest versprechen); die **Zusicherung:** die Zusicherung für etwas geben

Zu·spruch, der: -(e)s; für seine Arbeit Zuspruch (Ermutigung, Anklang, Interesse) erfahren; **zusprechen:** jemandem Mut zusprechen (machen) – das Erbe wurde ihm zugesprochen (zuerkannt)

Zu·stand, der: -(e)s, Zustände; der Zustand (die Beschaffenheit) des Hauses ist gut – *Zustände kriegen* (sich sehr erregen); **zuständig:** für den Verkauf ist sie zuständig (verantwortlich); die **Zuständigkeit;** der **Zuständigkeitsbereich; zuständigkeitshalber**

zu·stan·de: zustande kommen (gelingen); auch: **zu Stande;** aber: das Zustandekommen – etwas zustande bringen (fertigbringen); aber: das Zustandebringen

zu·stat·ten·kom·men: das kommt mir zustatten (ist mir nützlich, hilfreich, von Vorteil)

zu·ste·hen: ihm steht ein höherer Lohn zu (er hat ein Recht darauf)

zu·stel·len: einen Brief zustellen (zugehen lassen, austragen); der **Zusteller;** die **Zustellerin,** die ... stellerinnen; die **Zustellgebühr;** die **Zustellung**

zu·steu·ern: Geld zusteuern (beisteuern, dazugeben) – auf ein Ziel zusteuern (zugehen, zufahren)

zu·stim·men: einem Vorschlag zustimmen (ihn billigen); die **Zustimmung** (Lob, Einverständnis)

zu·sto·ßen: die Tür zustoßen – mit dem Messer zustoßen – es wird ihnen doch nichts zugestoßen (geschehen, passiert) sein!

Zu·strom, der: -(e)s; es herrschte ein reger Zustrom (Zulauf, Andrang) von Zuschauern; **zuströmen**

zu·ta·ge: etwas zutage bringen (entdecken, zum Vorschein bringen) – das liegt offen zutage (ist deutlich erkennbar) – *zutage treten* (erscheinen, offenkundig werden); auch: **zu Tage**

Zu·tat, die: -, -en (Zugabe, Beiwerk)

zu·tei·len: das Essen zuteilen – jemdandem eine Aufgabe zuteilen; die **Zuteilung**

zu·teil·wer·den: jemandem etwas zuteilwerden lassen – ihm ist eine hohe Ehre zuteilgeworden (gewährt worden)

zu·tiefst: zutiefst (sehr, äußerst) beleidigt/verletzt/enttäuscht sein

zu·tra·gen: jemandem etwas heimlich zutragen (weitersagen) – es hat sich damals so zugetragen (es ist geschehen); der **Zuträger** (Spion, Verräter); die **Zuträgerin,** die ... trägerinnen; **zuträglich:** der viele Alkohol ist ihm nicht zuträglich (bekömmlich); die **Zuträglichkeit**

Zu·trau·en, das: -s; er genießt mein Zutrauen (Vertrauen); **zutrauen; zutraulich** (zahm, vertrauensvoll, arglos); die **Zutraulichkeit**

zu·tref·fen: das trifft zu (es ist wahr, es passt) – eine zutreffende (richtige) Antwort geben

Zu·tritt: -(e)s; sich Zutritt (Einlass, Eintritt) verschaffen

zu·tun: Zucker zutun (hinzufügen) – er hat kein Auge zugetan (geschlossen, hat nicht schlafen können); das **Zutun:** ohne dein Zutun (ohne deine Mitwirkung, Hilfe) wäre ich noch nicht so weit

zu·un·guns·ten: (zum Nachteil); auch: **zu Ungunsten**

zu·un·terst: zuunterst (ganz unten) in der Truhe suchen

zu·ver·läs·sig: eine zuverlässige (glaubwürdige) Nachricht – zuverlässig (gewissenhaft) arbeiten; die **Zuverlässigkeit;** der **Zuverlässigkeitstest**

zu·ver·sicht·lich: zuversichtlich (hoffnungsfroh, guten Mutes) sein; die **Zuversicht;** die **Zuversichtlichkeit**

Zu·viel, das: -s (Übermaß); ein Zuviel an Zucker; aber: zu viel des Guten

zu·vor: (vorher, zuerst); **zuvorderst** (ganz vorn); **zuvörderst** (zuerst); **zuvorkommen:** jemandem zuvorkommen (schneller sein als er, ihn übertreffen); aber: zuvor (vorher) kommen; **zuvorkommend:** ein zuvorkommender (höflicher) junger Mann; die **Zuvorkommenheit**

Zu·wachs, der: -es, Zuwächse (Zunahme, Zustrom); ein Zuwachs (eine Zunahme) an Einnahmen – *Zuwachs* (ein Kind) *bekommen*; **zuwachsen;** die **Zuwachsrate**

zu·wan·dern: (von auswärts an einen Ort kommen, um dort zu leben); der **Zuwand(e)rer;** die **Zuwand(r)erin,** die ...wand(r)erinnen; die **Zuwanderung**

zu·we·ge: etwas zuwege bringen (fertigbringen, bewältigen); auch: **zu Wege**

zu·wei·len: zuweilen (manchmal, ab und zu) gehe ich auf Reisen

zu·wen·den: sich jemandem zuwenden (sich hindrehen) – sich einer Sache zuwenden (sich damit beschäftigen); die **Zuwendung**

Zu·we·nig, das: -s; ein Zuviel ist besser als ein Zuwenig; aber: zu wenig Geld haben

zu·wi·der: das ist mir zuwider (ich verabscheue es, es stößt mich ab) – zuwider sein; **zuwiderhandeln** (Verbotenes machen): einem Befehl zuwiderhandeln; der/die **Zuwiderhandelnde;** die **Zuwiderhandlung; zuwiderlaufen**

zu·zei·ten: (manchmal, bisweilen); aber: zu Zeiten Goethes (als Goethe lebte) – zu unseren Zeiten

zu·zie·hen: die Vorhänge zuziehen – sich eine Erkältung zuziehen (holen) – die Familie ist neu zugezogen; der **Zuzug,** die ...züge; **zuzüglich:** zuzüglich (einschließlich) der Portokosten; die **Zuzugsgenehmigung**

zwa·cken: jemanden zwacken (kneifen)

Zwang, der: -(e)s, Zwänge; Zwang (Druck) ausüben – ohne Zwang arbeiten können – *sich keinen Zwang antun* (sich ungezwungen verhalten); **zwängen:** sich in eine Jacke zwängen; **zwanghaft; zwanglos** (unbefangen, locker); die **Zwanglosigkeit;** die **Zwangsanleihe;** die **Zwangsarbeit;** die **Zwangsherrschaft;** die **Zwangsjacke;** die **Zwangslage** (Notfall); **zwangsläufig** (unvermeidbar); die **Zwangsläufigkeit;** die **Zwangsmaßnahme; zwangsräumen;** die **Zwangsräumung;** das **Zwangsverfahren;** die **Zwangsversteigerung;** die **Zwangsvollstreckung; zwangsweise** (notgedrungen); → zwingen

zwan·zig: das kostet 20 Euro – wir sind zwanzig Personen; das **Zwanzigcentstück;** auch: das **20-Cent-Stück;** die **Zwanzigerjahre;** auch: die **zwanziger Jahre;** auch: die **20er Jahre;** auch: die **20er-Jahre;** der **Zwanzigeuroschein;** auch: der **20-Euro-Schein; zwanzigjährig;** auch: **20-jährig;** der/die **Zwanzigjährige;** auch: der/die **20-Jährige; zwanzigstel;** das **Zwanzigstel**

zwar: das Auto ist zwar (freilich) nicht neu, aber ... – und zwar (nämlich)

Zweck, der: -(e)s, -e (Sinn, Bedeutung, Absicht); das hat alles keinen Zweck (es ist sinnlos) – *der Zweck heiligt die Mittel*; die **Zweckbehauptung;** die **Zweckbestimmung; zweckdienlich** (zweckmäßig); die **Zweckdienlichkeit; zweckentfremdet;** die **Zweckentfremdung; zweckentsprechend; zweckgebunden; zwecklos;** die **Zwecklosigkeit; zweckmäßig; zweckmäßigerweise;** die **Zweckmäßigkeit; zwecks** (zum Zwecke von, wegen); **zweckvoll; zweckwidrig**

Zwe·cke, die: -, -n (kurzer Nagel mit einem großen, flachen Kopf; Heftnagel)

zwei: zwei Brüder – zu zweien (zu zweit) sein – *wenn sich zwei streiten, freut sich der Dritte*; die **Zwei:** eine Zwei würfeln; der **Zweiachser;** auch: der **2-Achser; zweiachsig;** auch: **2-achsig; zweiarmig;** auch: **2-armig; zweibeinig;** auch: **2-beinig;** der **Zweibeiner;** das **Zweibettzimmer;** auch: das **2-Bett-Zimmer; zweideutig:** zweideutige (doppelsinnige, anstößige) Bemerkungen machen; **zweidimensional;** die **Zweidrittelmehrheit;** auch: die **2/3-Mehrheit; zweieiig:** zweieiige Zwillinge; **zweieinhalb; zweierlei:** zweierlei Strümpfe anhaben; das **Zweieurostück;** auch: das **2-Euro-Stück; zweifach** (doppelt); auch: **2fach** oder: **2-fach;** das **Zweifache;** auch: das **2fache** oder: das **2-Fache;** das **Zweifamilienhaus;** auch: das **2-Familien-Haus; zweifarbig;** auch: **2-farbig;** das **Zweigespann; zweigleisig;** auch: **2-gleisig; zweihäusig;** auch: **2-häusig; zweihundert;** der **Zweihunderteuroschein;** auch: der **200-Euro-Schein; zweijährig;** auch: **2-jährig; zweimal;** auch: **2-mal;** der **Zweikampf,** die ...kämpfe; (Duell); der **Zweimaster;** der **Zweipfünder;** auch: der **2-Pfünder;** das **Zweirad,** die ...räder; **zweireihig;** auch: **2-reihig; zweischneidig:** ein zweischneidiges Schwert (eine Sache mit Vor- und Nachteilen); **zweiseitig** auch: **2-seitig;** der **Zweisitzer;** der **Zweispänner** (Wagen für zwei Pferde); **zweisprachig;** auch: **2-sprachig; zweispu-**

rig; auch: **2-spurig; zweistellig;** auch: **2-stellig; zweistimmig;** auch: **2-stimmig; zweistöckig;** auch: **2-stöckig; zweistündig** (zwei Stunden dauernd); auch: **2-stündig; zweistündlich** (alle zwei Stunden); der **Zweitaktmotor;** auch: der **Zweitakter; zweitausend; zweite:** etwas aus zweiter Hand (gebraucht) kaufen – das zweite Programm – das zweite Gesicht; auch: das Zweite Gesicht; aber: jeder Zweite – zum Zweiten – er lügt wie kein Zweiter – er wurde Zweiter – der Zweite Weltkrieg – das Zweite Deutsche Fernsehen ⟨ZDF⟩; **zweiteilig;** auch: **2-teilig;** die **Zweiteilung; zweitens; zweitklassig;** der **Zweitklässler;** der/die **Zweitletzte:** als Zweitletzter an die Reihe kommen; **zweitrangig** (unbedeutend); die **Zweitschrift** (Abschrift); die **Zweitstimme;** der **Zweitwagen;** die **Zweizimmerwohnung;** auch: die **2-Zimmer-Wohnung**

Zwei·fel, der: -s, -; Zweifel (Bedenken, Vorbehalte) haben – im Zweifel sein – ohne Zweifel (gewiss) – es steht außer Zweifel – *etwas in Zweifel ziehen* (etwas bezweifeln); **zweifelhaft; zweifellos; zweifeln;** der **Zweifelsfall:** im Zweifelsfall(e); **zweifelsfrei; zweifelsohne** (gewiss); der **Zweifler;** die **Zweiflerin,** die Zweiflerinnen

Zweig, der: -(e)s, -e; einen Zweig (Ast) vom Baum reißen – *auf keinen grünen Zweig kommen* (keinen Erfolg haben); das **Zweiggeschäft;** die **Zweigniederlassung;** die **Zweigstelle** (Filiale); das **Zweigwerk**

Zwerch·fell, das: -(e)s, -e (Scheidewand zwischen Bauch- und Brusthöhle)

Zwerg, der: -(e)s, -e (Wicht, Kobold, kleiner Mensch); **zwergartig; zwerg(en)haft;** die **Zwergin;** der **Zwergpinscher;** der **Zwergpudel;** der **Zwergstaat; zwergwüchsig**

Zwet·sche, die: -, -n (Pflaume); auch: die **Zwetschge;** der **Zwetschenbaum,** die ...bäume; das **Zwetschenmus**

zwi·cken: mich zwickt (kneift) die enge Hose; der **Zwickel** (keilförmiger Einsatz); der **Zwicker** (Kneifer, Klammer); die **Zwickmühle:** *in einer Zwickmühle* (einer ausweglosen Situation) *sein*

Zwie·back, der: -(e)s, -e/Zwiebäcke (beiderseitig gebackene, knusprige Dauerbackware)

Zwie·bel *lat.,* die: -, -n (eine Gewürz- und Gemüsepflanze); der **Zwiebelkuchen;** das **Zwiebelmuster; zwiebeln:** jemanden zwiebeln (plagen, quälen); der **Zwiebelring;** die **Zwiebelsuppe;** der **Zwiebelturm,** die ...türme

zwie·fach: (zweifach); der **Zwiegesang;** das **Zwiegespräch;** der **Zwielaut** (Doppellaut, z. B. ei, au); das **Zwielicht** (Dämmerung); **zwielichtig:** eine zwielichtige (nicht durchschaubare, anrüchige) Person; der **Zwiespalt,** die Zwiespälte/Zwiespalte (Zweifel, Konflikt); **zwiespältig** (unsicher, schwankend); die **Zwiespältigkeit;** die **Zwiesprache** (Zwiegespräch); die **Zwietracht:** Zwietracht (Uneinigkeit, Streit) säen; **zwieträchtig**

Zwil·ling, der: -s, -e (eins von kurz nacheinander geborenen Geschwistern); der **Zwillingsbruder;** die **Zwillingsgeburt;** das **Zwillingspaar;** die **Zwillingsschwester**

zwin·gen: du zwingst, er zwang, sie hat gezwungen; zwing(e)!; jemanden zum Arbeiten zwingen (nötigen) – sich zu etwas zwingen (überwinden); die **Zwingburg** (früher: Burg, die einen bestimmten Landstrich beherrscht); die **Zwinge** (Werkzeug); **zwingend:** ein zwingender (stichhaltiger) Grund – eine zwingende (unumgängliche) Notwendigkeit; der **Zwinger** (Käfig für Tiere); → Zwang

zwin·kern: ich zwinkere – mit den Augen zwinkern (blinzeln)

zwir·beln: ich zwirb(e)le – den Bart zwirbeln (zusammendrehen)

Zwirn, der: -(e)s (reißfestes Garn); der **Zwirnsfaden,** die ...fäden

zwi·schen: er setzte sich zwischen uns (in die Mitte von uns) – zwischen den Feiertagen – zwischen ihm und mir besteht eine enge Freundschaft; die **Zwischenbemerkung;** das **Zwischendeck** (bei Schiffen); das **Zwischending** (Mittelding); **zwischendrin** (mittendrin); **zwischendurch;** das **Zwischenergebnis,** die ...ergebnisse; der **Zwischenfall,** die ...fälle; **zwischenfinanzieren;** die **Zwischenfrage;** die **Zwischengröße;** der **Zwischenhandel; zwischenlanden;** die **Zwischenlandung;** der **Zwischenlauf,** die ...läufe; die **Zwischenlösung; zwischenmenschlich;** die **Zwischenprüfung;** der **Zwischenraum,** die ...räume; der **Zwischenruf;** die **Zwischenrunde;** das **Zwischenspiel;** der

Zwischenspurt; zwischenstaatlich; die **Zwischenwand,** die ... wände; die **Zwischenzeit; zwischenzeitlich** (unterdessen)

Zwist, der: -(e)s, -e (Streit); die **Zwistigkeit**

zwit·schern: ich zwitschere – Vögel zwitschern (singen) in den Zweigen – *einen zwitschern* (Alkohol trinken)

Zwit·ter: -s, - (zweigeschlechtliches Wesen); die **Zwitterbildung; zwitterhaft; zwitt(e)rig;** die **Zwitterstellung;** das **Zwittertum;** das **Zwitterwesen;** die **Zwittrigkeit**

zwölf: zwölf Uhr nachts – es ist fünf vor zwölf (allerhöchste Zeit) – zwölf Uhr mittags – sie sind zu zwölfen (zu zwölft) – die zwölf Apostel; die **Zwölf; zwölfeckig;** auch: **12-eckig; zwölfeinhalb; zwölffach;** auch: **12fach** oder: **12-fach;** das **Zwölffache;** auch: das **12fache** oder: das **12-Fache;** der **Zwölffingerdarm; zwölfjährig;** auch: **12-jährig; zwölfmal;** auch: **12-mal; zwölft ...:** der zwölfte Mann; **zwölftausend; zwölftel;** das **Zwölftel; zwölftens**

Zy·an·ka·li *griech.*, das: -s (starkes Gift)

Zyk·lon (Zy·klon) *engl.*, der: -s, -e (Wirbelsturm)

Zyk·lus (Zy·klus) *griech.*, der: -, Zyklen (Kreislauf, ein regelmäßig wiederkehrender Ablauf); **zyklisch** (regelmäßig wiederkehrend)

Zy·lin·der *griech.*, der: -s, -; einen Zylinder (steifen, röhrenförmigen Herrenhut) tragen – den Umfang eines Zylinders (eines walzenförmigen Hohlkörpers) berechnen; der **Zylinderhut,** die ... hüte; **zylindrisch** (walzenförmig)

zy·nisch *griech.*: (beißend, spöttisch, bissig, gemein); der **Zyniker;** die **Zynikerin,** die Zynikerinnen; der **Zynismus**

Zy·pern: -s (Inselstaat im Mittelmeer); der **Zyprer;** auch: der **Zyprier;** die **Zyprerin,** die Zyprerinnen; der **Zypriote;** die **Zypriotin,** die Zypriotinnen; **zypriotisch;** auch: **zyprisch**

Zyp·res·se (Zy·pres·se) *griech.*, die: -, -n (Kiefernart in der Mittelmeergegend)

Zys·te *griech.*, die: -, -n (Geschwulst mit flüssigem Inhalt); **zystisch** (blasenartig)

zz., zzt. = zurzeit; **z. Z., z. Zt.** = zur Zeit

zzgl. = zuzüglich

Rechtschreibhilfen und Rechtschreibregeln

Grundwissen Wortgrammatik

Für die Anwendung der im Folgenden aufgezeigten Rechtschreibhilfen und Rechtschreibregeln ist die Kenntnis der verschiedenen Wortarten sehr wichtig.

A1 Verb (Tätigkeitswort, Tunwort, Zeitwort)

Leistung

Mit Verben lassen sich Tätigkeiten, Vorgänge und Zustände bezeichnen. Sie können darstellen, was man tut, wie man sich verhält, was vorgeht.

Konjugation (Beugung)

Singular (Einzahl)

Plural (Mehrzahl)

Ein Verb ist dadurch gekennzeichnet, dass es konjugiert (gebeugt) werden kann:

Person	Singular	Plural
1.	ich komme	wir kommen
2.	du kommst	ihr kommt
3.	er, sie, es kommt	sie kommen

Beispielwörter

einfache Verben fallen, machen, lachen, sich freuen, horchen, geben, schneiden, werfen, kommen, baden, reisen

abgeleitete Verben erziehen, weggehen, begreifen, missglücken, sich verlaufen, abschauen, verspielen, umfallen

Hilfszeitwörter haben, sein, werden, wollen, sollen, können, dürfen, lassen, mögen

Gebrauch

Tätigkeiten (Handlungen)

Der Bauer **pflügt** den Acker.
Er **baut** sich ein Haus.
Inge **spielt** auf der Straße.

Vorgänge

Das Gras **wächst.**
Heute **scheint** die Sonne.
Der Ball **rollt** ins Tor.

Zustände

Sie **liegt** krank im Bett.
Familie Bauer **wohnt** im ersten Stock.
Inge **bleibt** heute zu Hause.

A2 Substantiv (Dingwort, Hauptwort, Namenwort, Nomen)

Leistung

Mit Substantiven werden Gegenstände, Dinge und Sachverhalte bezeichnet.

Nominativ (1. Fall)
Genitiv (2. Fall)
Dativ (3. Fall)
Akkusativ (4. Fall)

Das wichtigste Kennzeichen eines Substantivs ist, dass man es in verschiedene Fälle setzen kann:

Nominativ:	der Berg	die Wiese	das Tal
Genitiv:	des Berges	der Wiese	des Tales
Dativ:	dem Berg	der Wiese	dem Tal
Akkusativ:	den Berg	die Wiese	das Tal

Singular (Einzahl)
Plural (Mehrzahl)

Veränderbar sind Substantive auch in der Anzahlform:

Singular:	der Berg	die Wiese	das Tal
Plural:	die Berge	die Wiesen	die Täler

grammatisches Geschlecht

Auch Substantive haben ein Geschlecht. Dies hat jedoch mit dem natürlichen Geschlecht nichts zu tun. Es ist ein grammatisches Geschlecht:

männlich	**weiblich**	**sächlich**
der Mann	die Frau	das Kind
der Ball	die Straße	das Haus

Beispielwörter

einfache Wörter
Stuhl, Tasche, Auto, Bagger, Himmel, Straße, Kind, Leute, Bauer, Boden, Kamin, Dose

zusammengesetzte Wörter
Tischdecke, Hausdach, Autoantenne, Puppenhaus, Gartenzaun, Straßenbelag, Apfelbaum, Kirchturm

abgeleitete Wörter
Krankheit, Gewitter, Austausch, Verstand, Begabung, Aufstand, Zusammenspiel, Ausgang

Gebrauch

Bezeichnung von

– Lebewesen	Eva, Schwester, Lehrerin, Kind, Freundin, Nachbar, Schaffner, Wurm, Fisch, Elefant
– Pflanzen	Gras, Rose, Baum, Eiche, Haselstrauch, Blume, Mohrrübe
– Dingen	Ball, Schrank, Zeitung, Stadt, Park, Zelt, Buch, Leiter
– Gedachtem und Vorgestelltem	Tadel, Freundschaft, Angst, Wetter, Himmel, Liebe, Zeit, Faulheit, Traum, Reise, Fleiß, Mut

A 3 Artikel (Begleiter, Geschlechtswort)

Leistung

Die Artikel sind Begleiter der Substantive und für diese das wichtigste Erkennungszeichen.
Sie zeigen auch das grammatische Geschlecht der Wörter auf:

männlich	der Vater, der Hund, der Garten
weiblich	die Mutter, die Pflanze, die Wiese
sächlich	das Kind, das Ding, das Auto

Beispielwörter

bestimmter Artikel	der, die, das des, dem, den
unbestimmter Artikel	ein, eine, ein eines, einer, einem, einen

Gebrauch

des bestimmten Artikels

Kennzeichnung eines Substantivs als etwas Bekanntes und Bestimmtes:

Er sah **das** Kind auf der Wiese spielen.
(ein ganz bestimmtes Kind)

Der Lehrer stellte **die** Tasche auf das Pult.
(eine ganz bestimmte Tasche)

des unbestimmten Artikels

Kennzeichnung eines Substantivs als etwas Unbestimmtes und Beliebiges:

Er sah **ein** Kind auf der Wiese spielen.
(irgendein Kind)

Der Lehrer stellte **eine** Tasche auf das Pult.
(irgendeine Tasche)

A 4 Adjektiv (Artwort, Eigenschaftswort, Wiewort)

Leistung	Mit Adjektiven bezeichnen wir Eigenschaften von Personen, Dingen und anderen Wesen sowie von Tätigkeiten, Vorgängen und Zuständen. Beschrieben wird, <u>wie</u> etwas ist, <u>wie</u> jemand etwas macht, <u>wie</u> etwas geschieht. Das auffälligste Merkmal des Adjektivs ist, dass man es steigern kann:
Grundform (Positiv)	klein, groß, gut
Steigerungsformen: Höherstufe (Komperativ)	kleiner, größer, besser
Höchststufe (Superlativ)	am kleinsten, am größten, am besten
Beispielwörter	klug, langsam, dünn, schön, bissig, freundlich, erfreulich, riesig, weiß, grün, hölzern, bayerisch, schwer, stark, mächtig

Gebrauch

als Beifügung (attributiv)	das **schwarze** Haar ein **heißer** Tag eine **rote** Rose
als Teil der Satzaussage (prädikativ)	Ihr Haar ist **schwarz**. Der heutige Tag ist **heiß**. Diese Rosen sind **rot**.
zur näheren Bestimmung des Verbs (adverbial)	Die Blume blüht **schön**. Er fährt **schnell**. Sie lacht **laut**.

A 5 Pronomen (Fürwort)

Leistung	Ein Pronomen steht als Stellvertreter für ein Substantiv.
Beispielwörter	
persönliches Fürwort (Personalpronomen)	ich, du, er, sie, es, wir, ihr, sie meiner, deiner, seiner, ihrer, unser, euer, ihrer mir, dir, ihm, ihn, uns, euch, ihnen mich, dich, sich, uns, euch

besitzanzeigendes Fürwort (Possessivpronomen)	mein, dein, sein, unser, euer, ihrer
hinweisendes Fürwort (Demonstrativpronomen)	dies, diese, dieses jene, jener, jenes (ein) solcher, (eine) solche, (ein) solches derselbe, dieselbe, dasselbe
bezügliches Fürwort (Relativpronomen)	der, die, das welche, welcher, welches was, wer
Fragefürwort (Interrogativpronomen)	was? wer? welche? was für ein? …
rückbezügliches Fürwort (Reflexivpronomen)	mich, dich, sich, uns, euch
unbestimmtes Fürwort (Indefinitpronomen)	alle, etwas, jemand, kein, keiner, man, mancher, nichts, niemand

Gebrauch

als Stellvertreter	Inge liest gerade ein Buch. **Es** ist sehr spannend. Hier ist das Geschenk, **das** du dir gewünscht hast.
als Begleiter	**Mein** Auto ist neu. Nimm **dieses** Geschenk! **Welches** Kleid soll ich anziehen?

A 6 Numerale (Zahlwort)

Leistung

Die Numeralien dienen dazu, etwas zahlenmäßig zu erfassen.

Beispielwörter

Kardinalzahlen (Grundzahlen)	null, eins, zwei, drei, zehn, hundert, tausend, zehntausend, zehntausendvierundvierzig, hunderttausend, eine Million, eine Milliarde, eine Billion
Ordinalzahlen (Ordnungszahlen)	der erste Januar, das dritte Kind, die Vierte, das hundertste Mal
Bruchzahlen	ein drittel Kilogramm, ein viertel Zentner, ein zehntel Meter, drei Zehntel der Fläche, ein Achtel Rotwein
Vervielfältigungszahlen	einfach, zweifach, dreifach, tausendfach

unbestimmte Zahlwörter	einige, etliche, manche, mehrere, die meisten, ein paar, viele, verschiedene, mehrere

Gebrauch

als Adjektiv (Beifügung)	**drei** Wochen, die **ersten** Menschen
als Adverb	Er kam **einmal** zu spät.
als Substantiv	der **Zehnte**, der **Dritte** im Bunde, das **Fünffache** von 10, die **Null**
als Teil eines Eigennamens	Otto der **Erste**, der **Dreißigjährige** Krieg

A7 Adverb (Lagewort, Umstandswort)

Leistung

Mit Adverbien beschreiben wir die genaueren Umstände eines Geschehens.
Sie sagen uns, wo, wann, auf welche Art und Weise und warum etwas geschieht.

Beispielwörter

Umstand des Ortes: wo? woher? wohin?	da, daher, dahin, dort, dorthin, draußen, drinnen, droben, drunten, drüben, fort, heim, herein, herunter, hier, hierher, hierhin, hin, hinauf, hinaus, hinein, hinten, irgendwo, links, nirgends, oben, rechts, rückwärts, überall, unten
Umstand der Zeit: wann? seit wann? wie lange? wie oft?	allzeit, anfangs, bald, bisher, damals, dann, eben, endlich, früh, gestern, immer, inzwischen, jahrelang, jetzt, morgen, morgens, nachts, nie, nun, oft, stets, stundenlang, täglich, übermorgen, vorher, zuletzt
Umstand der Art und Weise: wie? auf welche Weise?	anders, beinahe, besonders, dadurch, damit, ebenso, eher, eilends, einigermaßen, fast, ganz, irgendwie, kaum, keineswegs, kopfüber, kurzerhand, noch, nur, sehr, so, teilweise, überaus, umsonst, vergebens, weiterhin
Umstand des Grundes: warum? weshalb? weswegen? wozu?	also, daher, darum, dennoch, deshalb, deswegen, hierfür, hierzu, nämlich, noch, nötigenfalls, somit, trotzdem, vorsichtshalber, warum, weshalb, wozu

Gebrauch

als Beifügung	Die Kinder **draußen** spielen Ball.
als Teil der Satzaussage	Die Kinder sind **draußen** und spielen Ball.
als Ortsangabe	Die Kinder spielen **draußen** Ball.

A 8 Präposition (Verhältniswort)

Leistung

Präpositionen stehen vor einem Substantiv oder einem als Substantiv gebrauchten Wort. Mit einer Präposition geben wir an, in welchem Verhältnis Wörter zueinander stehen.

Beispielwörter

Präpositionen sind immer fest an ein Wort oder an eine Wortgruppe gebunden. Die Wörter, die ihnen folgen, stehen in verschiedenen Fällen:

2. Fall (Genitiv) angesichts, anlässlich, anstatt, bezüglich, diesseits, hinsichtlich, infolge, inmitten, innerhalb, jenseits, kraft, namens, ungeachtet, unterhalb, während, wegen, zwecks

3. Fall (Dativ) aus, außer, bei, binnen, dank, entgegen, gegenüber, gemäß, mit, nach, nächst, nebst, samt, seit, von, zu, zuliebe, zuwider

4. Fall (Akkusativ) bis, durch, für, gegen, ohne, um, wider

mehrere Fälle Beispiel:

3. Fall (wo?): Er sitzt **auf dem** Boden.
4. Fall (wohin?): Er fällt **auf den** Boden.

Gebrauch

Verschiedene Beziehungen:

Ort Wir stiegen **auf einen Berg**.
Zeit Sie kam **auf eine Woche**.
Grund Er konzentrierte sich **auf seine Arbeit**.
Art und Weise Er fiel **auf eine unangenehme Weise** auf.

A 9 Konjunktion (Bindewort)

Leistung

Mit Konjunktionen können Wörter, Satzglieder oder ganze Sätze verbunden werden.

Beispielwörter

nebenordnend (anreihend) aber, auch, außerdem, dagegen, daher, dann, darum, dazu, denn, dennoch, deshalb, doch, infolgedessen, jedoch, oder, sondern, trotzdem, und, wenn auch

unterordnend als, bevor, bis, da, damit, dass, ehe, falls, indem, nachdem, ob, obwohl, ohne dass, seitdem, sobald, sodass (so dass), solange, sooft, während, weil, wenn, wie, wogegen

Gebrauch	Mit Konjunktionen werden in einem Text immer zwei Teile miteinander verknüpft:
Verbindung von	
– Wörtern	Heiner **und** Inge, Felder **und** Wiesen, klein **und** schmächtig, viel **oder** wenig
– Satzgliedern	Erst aßen sie Kuchen, **dann** belegte Brote.
– Hauptsatz und Hauptsatz	Claudia freut sich, **denn** sie hat gute Noten.
– Hauptsatz und Gliedsatz (Nebensatz)	Er war froh, **weil** die Arbeit geschafft war.
– ganzen Sätzen	Zuerst trat ein Clown auf. **Dann** zeigten die Artisten ihre Künste.

Besonderheiten der deutschen Rechtschreibung

B1 Lang gesprochene Vokale werden durch verschiedene Schreibweisen wiedergegeben.

langes a (ä)

ohne Kennzeichnung

r**a**ten, D**a**me, T**a**l, Kr**a**n, zw**a**r, kl**a**r, Tr**ä**ne, Qu**a**l, M**ä**rchen, Rekl**a**me, Sp**a**n, sch**ä**len, B**a**r

In den Nachsilben -bar, -sam und -sal wird die Dehnung nicht gekennzeichnet:

essb**a**r, furchtb**a**r, kostb**a**r, ehrs**a**m, furchts**a**m, ratsa**m**, Rinns**a**l, Schicks**a**l, Trübs**a**l

Buchstabenverdoppelung

W**aa**ge, ein P**aa**r, ein p**aa**r, **Aa**l, S**aa**l, S**aa**t, St**aa**t, Kopfh**aa**r, w**aa**grecht, **Aa**sfresser

Ein Doppel-ä wird nie geschrieben:

H**aa**r – H**ä**rchen
P**aa**r – P**ä**rchen
S**aa**t – s**ä**en

Dehnungs-h

K**ah**n, n**äh**ren, f**ah**l, z**ah**len, pr**ah**len, l**ah**m, gef**äh**rlich, w**ah**r, Z**ah**n, W**äh**rung, **äh**nlich, Dr**ah**t, z**ah**m

Das Dehnungs-h steht häufig vor l, m, n und r!

Wichtige Unterschiedsschreibungen:

W**a**l (Tier)	–	W**ah**l (wählen)
M**a**l (jedes Mal)	–	das M**ah**l (Essen)
m**a**len (mit Farben)	–	m**ah**len (das Mehl)
die W**a**gen (Fahrzeuge)	–	die W**aa**gen (wiegen)
N**a**me	–	die Einn**ah**me (nehmen)
sie w**a**r	–	es ist w**ah**r
es ist sp**ä**t	–	sie sp**äh**t (blickt)
sie w**ä**ren	–	sie w**äh**ren (dauern)

langes e

ohne Kennzeichnung geben, Schere, Leder, Gegner, Leben, Herd, Kamel, Hefe, Gebet, selig, beschweren, her

Buchstabenverdoppelung Seele, Schnee, Meer, Teetasse, Himbeere, See, Beet, ausleeren, Klee, Kaffee, Allee, Speer

Dehnungs-h Kehle, nehmen, Sehne, sehr, Entbehrung, dehnen, angenehm, ehren, mehrmals, belehren

Das Dehnungs-h steht häufig vor l, m, n und r!

Wichtige Unterschiedsschreibungen:

leeren	–	lehren
Meer	–	mehr
Reederei	–	Rederei (Gerede)
seelisch (Seele)	–	selig (glücklich)

langes i

ohne Kennzeichnung Kamin, Vitamin, Bibel, Apfelsine, Krise, Biber, Maschine, Kilogramm, Igel, dir, wir, Liter

Dehnungs-e Friede, lieb, Lied, neugierig, Chemie, Zwiebel, verlieren, Biene, zielen, Melodie, Siegel

Viele Verben werden in der Grundform mit -ieren geschrieben:

Infinitiv (Grundform) notieren, spazieren, reklamieren, gratulieren, diskutieren, probieren, rasieren, blamieren

Die Vergangenheitsform vieler Verben wird mit ie geschrieben:

sie schlief, er rief, er schrie

Dehnungs-h ihr, ihm, ihn, ihnen, ihren

Das Dehnungs-h steht häufig vor l, m, n und r!

Längenzeichen -eh Vieh, geschieht, befiehlt, ziehen, wiehern, fliehen

Wichtige Unterschiedsschreibungen:

Lied (Gesang) – Lid (Augenlid)
Miene (im Gesicht) – Mine (im Bergwerk)
wieder (noch einmal) – wider (gegen)
Fieber – Fiber (Faser)

langes o (ö)

ohne Kennzeichnung

Ton, krönen, Zone, Alkohol, Gebot, lösen, Person, Dombau, Lotse, Tor, Atom, holen, Öl

Dehnungs-h

hohl, Bohne, bohren, Gejohle, gewöhnlich, Sohle, Mohn, lohnen, Rohr, wohnen, wohl, ohne

Das Dehnungs-h steht häufig vor l, m, n und r!

Buchstabenverdoppelung

Boot, Moor, Moos, Zoo

Wichtige Unterschiedsschreibungen:

der Bote – die Boote
die Sole (salzhaltiges Wasser) – die Sohle (Schuhsohle)

langes u (ü)

ohne Kennzeichnung

Blut, Buche, Spule, jubeln, Frisur, spuren, Kür, Wut, Zensur, grübeln, suchen, Blut

In der Vorsilbe ur- und in der Nachsilbe -tum wird die Dehnung nicht gekennzeichnet:

Urlaub, uralt, Urahne, Urwald, Ursache, Urmensch
Brauchtum, Bürgertum, Menschentum, Heldentum, Reichtum, Irrtum

Dehnungs-h

Ruhm, Stuhl, Huhn, Uhr, Kuh, rühren, Schuh, kühl, fühlen

Wichtige Unterschiedsschreibungen:

Urzeit (Vorzeit) – Uhrzeit
die Blüte – blühte (blühen)

B 2 Folgt auf einen betonten kurzen Vokal ein Konsonant, so wird er verdoppelt.

Vokal (Selbstlaut)	E**bb**e, kra**bb**eln, kri**bb**eln, Schru**bb**er, pa**dd**eln, Pu**dd**ing, bu**dd**eln, Pa**dd**el Gira**ff**e, Wa**ff**el, o**ff**en, tre**ff**en, ga**ff**en
Konsonant (Mitlaut)	Ba**gg**er, Ro**gg**en, Ko**gg**e be**ll**en, Ke**ll**er, Nu**ll**, schne**ll**, to**ll** fro**mm**, Hi**mm**el, kü**mm**ern, i**mm**er, schli**mm** begi**nn**en, de**nn**, Ka**nn**e, Pfe**nn**ig, dü**nn** Galo**pp**, ki**pp**en, Gru**pp**e, La**pp**en, do**pp**elt He**rr**, i**rr**en, dü**rr**, spe**rr**en, Ziga**rr**e Bi**ss**, na**ss**, Schlo**ss**, Nu**ss**, ha**ss**en Ke**tt**e, Ze**tt**el, bi**tt**en, ma**tt**, flo**tt**
Anstelle von <u>kk</u> schreibt man <u>ck</u>!	ba**ck**en, Glü**ck**, fli**ck**en, Sa**ck**, Stre**ck**e, Gepä**ck**, Mü**ck**e, bü**ck**en, pa**ck**en, di**ck** **Ausnahmen:** A**kk**ord, Ma**kk**aroni, Maro**kk**o, Mo**kk**a, Sa**kk**o, A**kk**ordeon, a**kk**urat, A**kk**usativ
Anstelle von <u>zz</u> schreibt man <u>tz</u>!	Pfü**tz**e, tro**tz**, bli**tz**en, Ne**tz**, stü**tz**en, spi**tz**, plö**tz**lich, nü**tz**lich, je**tz**t, nu**tz**en, pu**tz**en **Ausnahmen:** Pi**zz**a, Ja**zz**, Ski**zz**e, Ra**zz**ia, Interme**zz**o

In einigen Wörtern wird nach einem betonten kurzen Vokal nicht verdoppelt:

einige Kurzwörter	in, an, am, ab, bis, drin, man, des, was
bei den Verbformen <u>bin</u> und <u>hat</u>	ich bin, sie hat

Eine Verdoppelung unterbleibt, wenn auf einen betonten kurzen Vokal verschiedene Konsonanten folgen:

Gi**ft**, ha**lt**en, He**md**, si**nk**en, He**rz**, se**nd**en, we**rf**en, Ka**nt**e, gesu**nd**

Ausnahmen:

gebeugte Formen und Ableitungen	ke**nn**en: ka**nn**te, geka**nn**t, beka**nn**t, die Beka**nn**te, das Beke**nn**tnis, erka**nn**t, die Erke**nn**tnis, das Erka**nn**te der Gewi**nn**: des Gewi**nn**s du**mm**: am dü**mm**sten
zusammengesetzte Wörter	Ba**ll**kleid, Fa**ll**treppe, Mu**ll**binde, vo**ll**bringen, sta**tt**dessen, Schni**tt**brot, Mü**ll**tonne

B 3 Die verschiedenen s-Laute werden mit s, ß und ss geschrieben.

stimmhafter (weicher) s-Laut

am Wortanfang (im Wortanlaut)	Sonne, sauber, sieben, Susi, Seele, so, Süden, sagen, summen, sicher, Salbe, Saft
im Wortinneren (im Wortinlaut)	lesen, Rasen, leise, Hase, Riese, Masern, Nase, lose, Gemüse, reisen, sausen, Vase
Wörter, die bei einer Wortverlängerung mit s geschrieben werden	Haus – Häuser dies – diese er las – lesen
einige Kurzwörter	das, es, was, eins, nichts, etwas, aus, bis, als, falls, los, eines
einige Adverbien	stets, bereits, eilends, nirgends, morgens, abends, vorwärts, abwärts, zusehends
Wörter mit den Endungen -nis, -is, -as, -os und -us	Erlebnis, Finsternis, Hindernis, Geheimnis, Zeugnis, Versäumnis, Firnis, Kürbis, Atlas, Ananas, Rhinozeros, Bus, Krokus, Globus

stimmloser (scharfer, zischender) s-Laut

nach einem langen Vokal oder Zwielaut: ß	fließen, gießen, Soße, fleißig, beißen, Füße, außer, Größe, Buße, draußen, genießen, beißen, heißen Strauß, Fuß, bloß, Stoß, Maß, weiß, Grieß, Spieß, Kloß, groß, Fleiß, heiß, Gruß
nach einem kurzen Vokal: ss	fassen, Messe, Tasse, passen, Masse, Bissen, Klasse, lassen, Schlüssel, Flosse, Wasser dass, Fass, nass, Pass, kess, Stress, Schluss, Kuss, Schuss, Fluss, gewiss, er biss, Riss
am Silbenende	ein bisschen, essbar, missbilligen
Verbindung von s-Laut mit dem t-Laut: st	Last, fasten, Westen, Kiste, listig, rasten, hastig, rostig, Küste, Geist, leisten, husten, lästig, kosten, Kasten, Mist, Biest, meist **Aber:** mussten (weil: müssen) größte (weil: groß)

Wenn bei den Wörtern einer Wortfamilie kurz und lang gesprochene Vokale wechseln, ändert sich auch die Schreibung des s-Lautes:

flie**ß**en – er flo**ss** – geflo**ss**en – flü**ss**ig – Flu**ss** – flie**ß**end – Flie**ß**papier – Flie**ß**band

bei**ß**en – er bei**ß**t – bei**ß**(e) – sie bi**ss** – gebi**ss**en – der Bi**ss** – ein Bi**ss**en – ein bi**ss**chen

Wichtige Unterschiedsschreibungen:

er i**ss**t (essen)	–	er i**s**t (sein)
sie bi**ss**	–	bi**s**
du ha**ss**t (hassen)	–	du ha**s**t (haben)
sie fa**ss**t (fassen)	–	fa**s**t (beinahe)
er rei**ß**t (reißen)	–	er rei**s**t (reisen)
sie lie**ß** (lassen)	–	lie**s**! (lesen)
du mi**ss**t (messen)	–	der Mi**s**t
die Ma**ss**e	–	die Ma**ß**e

B 4 Im Unterschied zum Artikel und Pronomen <u>das</u> wird die Konjunktion <u>dass</u> mit <u>ss</u> geschrieben.

Artikel

das Haus
das Dachfenster
das Schönschreibheft
das Laufen und Springen
das Schönste
das Übrige

Pronomen

Ersatz durch welches und dies möglich

das Auto, **das** (welches) er fährt
das Buch, **das** (welches) er gerade liest

Er meint, **das** (dies) sei nicht möglich.
Das (dies) darfst du nicht machen!

Konjunktion

Ersatz durch <u>wel-ches</u> oder <u>dies</u> nicht möglich

Ich rechne damit, **dass** es morgen regnet.
Bernd sagte, **dass** er nicht länger bleiben könne.
Dass ihr ja ruhig seid!
Dass er wirklich kommt, damit hat keiner gerechnet.

Dass wir gewinnen könnten, **das** (dies) habe ich nie bezweifelt.
Dass er fleißig ist, **das** (dies) weiß jeder.

Ebenso:
sodass (auch: **so dass**)
der **Dass**satz (auch: der **dass**-Satz)

B 5 Wenn Wörter zusammengesetzt werden, lässt man keine Buchstaben wegfallen.

Ro**hh**eit	von: ro**h** + **h**eit
Zä**hh**eit	von: zä**h** + **h**eit
Zie**rr**at	von: zie**r**en + **r**at
selb**stst**ändig (auch: selbständig)	von: selb**st** + **st**ändig

Aber: Hoheit

Auch wenn drei gleiche Buchstaben zusammentreffen, werden alle geschrieben:

drei gleiche Konsonanten

Schi**fff**ahrt	von:	Schi**ff**	+	**F**ahrt
Be**ttt**uch	von:	Be**tt**	+	**T**uch
Flu**sss**and	von:	Flu**ss**	+	**S**and
fe**ttt**riefend	von:	Fe**tt**	+	**t**riefend
Beste**lll**iste	von:	beste**ll**en	+	**L**iste
we**ttt**urnen	von:	We**tt**e	+	**t**urnen

Aber: Mittag, dennoch, Drittel

drei gleiche Vokale

S**eee**lefant	von:	S**ee**	+	**E**lefant
T**eee**rnte	von:	T**ee**	+	**E**rnte
Z**ooo**rchester	von:	Z**oo**	+	**O**rchester

Schreibung mit Bindestrich zur Gliederung des Wortes möglich

Schiff-Fahrt
Bett-Tuch
See-Elefant
Zoo-Orchester

Getrennt- und Zusammenschreibung

C 1

Substantive, Adjektive, Präpositionen oder Adverbien können mit Verben untrennbare Zusammensetzungen bilden. Man schreibt sie zusammen.

Untrennbare Zusammensetzungen

Substantiv und Verb

brandmarken, handhaben, lobpreisen, maßregeln, nachtwandeln, schlafwandeln, schlussfolgern, wetteifern

In einzelnen Fällen stehen Zusammensetzung und Wortgruppe nebeneinander:

Eine Wortgruppe besteht aus mehreren Wörtern.

Zusammengesetzte Wörter werden als ein Wort geschrieben.

gewährleisten	–	Gewähr leisten
danksagen	–	Dank sagen
staubsaugen	–	Staub saugen
brustschwimmen	–	Brust schwimmen
delfinschwimmen	–	Delfin schwimmen
marathonlaufen	–	Marathon laufen

gebeugte Formen

Vater saugt Staub.	–	auch: er staubsaugt
Er sagt mir für alles Dank.	–	auch: er danksagt
Sie schwimmt Delphin.		

Adjektiv und Verb

frohlocken, langweilen, liebäugeln, liebkosen, vollbringen, vollenden, weissagen

Präposition oder Adverb und Verb (Betonung auf dem zweiten Bestandteil)

übersetzen, umfahren, unterstellen, widersprechen, wiederholen, durchbrechen, hintergehen

Untrennbare Zusammensetzungen erkennt man daran, dass die Reihenfolge der Bestandteile beim Beugen stets unverändert bleibt:

frohlocken: ich frohlocke, du frohlockst, sie frohlockte, er hat frohlockt, zu frohlocken

maßregeln: ich maßregle, du maßregelst, sie maßregelte, er hat gemaßregelt, zu maßregeln

Bei trennbaren Zusammensetzungen wechselt beim Beugen die Reihenfolge der Bestandteile im Satz.

Er wollte schon bald wieder **zurückkommen.** Er **kam** erst nach einer Woche **zurück.** – Morgen werdet ihr **fortgehen,** gestern **gingen** wir **fort.**

C2

Bestimmte Partikel sowie Adjektive, Substantive oder Verben können als Verbzusatz mit Verben trennbare Zusammensetzungen bilden.

Verbpartikel und Verb

Zusammensetzung mit Verbpartikeln, die formgleich mit Präpositionen und Adverbien sind

Zusammensetzungen: abbeißen, fortgehen, hinüberschauen, überlaufen, umfahren, unterscheiden, …

ab-, abseits-, abwärts-, aneinander-, aufeinander-, aufwärts, auseinander-, auswärts, an-, auf-, aus-, bei-, beisammen-, da-, dabei-, dafür-, dagegen-, daher-, dahin-, dahinter-, daneben-, d(a)ran-, d(a)rauf-, d(a)rauflos-, d(a)rein-, d(a)runter-, davon-, davor-, dawider-, dazu-, dazwischen-, dort-, durch-, draus-, ein-, empor-, entgegen-, entlang-, fort-, gegen-, gegenüber-, her-, herab-, heran-, herauf-, heraus-, herbei-, herein-, hernieder-, herüber-, herum-, herunter-, hervor-, herzu-, hin-, hinab-, hinan-, hinauf-, hinaus-, hindurch-, hinein-, hintenüber-, hinter-, hinterdrein-, hinterher-, hinüber-, hinunter-, hinweg-, hinzu-, los-, mit-, nach-, nebenher-, nieder-, quer-, rückwärts-, über-, um-, umher-, unter-, vor-, voran-, vorauf-, voraus-, vorbei-, vorher-, vornüber-, vorüber-, vorweg-, weg-, weiter-, wider-, wieder-, zu-, zurück-, zusammen-, zuvor-, zuwider-, zwischen- …

Durch die jeweils verschiedene Schreibung können unterschiedliche Bedeutungen ausgedrückt werden:

Zur Unterscheidung:

Bei Wortgruppen liegt der Hauptakzent normalerweise auf dem Verb.

Bei Zusammensetzungen wird in der Regel die Verbpartikel betont.

Wortgruppe:	**Zusammensetzung:**
dabei sitzen (nicht stehen)	dabeisitzen (mit in der Runde sitzen)
daher kommen (deshalb kommen)	daherkommen (herbeikommen)
wieder gewinnen (noch einmal gewinnen)	wiedergewinnen (zurückgewinnen)
zusammen laufen (gemeinsam laufen)	zusammenlaufen (auf einen Punkt hin laufen)

zusammen spielen (gemeinsam spielen)	zusammenspielen (gut aufeinander abgestimmt)
zusammen tragen (gemeinsam tragen)	zusammentragen (zu einem bestimmten Zweck sammeln)
wieder kommen (nochmals kommen)	wiederkommen (zurückkehren)
weiter gehen (eine längere Strecke gehen)	weitergehen (nicht stehen bleiben)
wieder sehen (können) (nach einer Operation)	wiedersehen (einander erneut sehen)

Getrenntschreibung erfolgt immer dann, wenn zwischen Adverb und Verb (im Infinitiv) ein oder mehrere Satzglieder eingeschoben werden können.

Er wollte **dabei** *auf der Bank* **sitzen.**
Sie wollte **daher** *nicht ohne Geschenk* **kommen.**
Er konnte auch diesmal das Rennen **wieder** *so hoch* **gewinnen.**
Sie will **zusammen** *mit mir heute Abend Dame* **spielen.**

Zusammensetzungen mit Verbpartikeln

Die Merkmale von frei vorkommenden Wörtern gingen verloren.

abhanden-, anheim-, bevor-, dar-, einher-, entzwei-, fürlieb-, hintan-, inne-, überein-, überhand-, umhin-, vorlieb-, zurecht-, vonstatten-, zuteil-, …

abhandenkommen, anheimstellen, bevorstehen, darbieten, einhergehen, entzweigehen, fürliebnehmen, hintanstellen, innehaben, übereinkommen, überhandnehmen, umhinkönnen, vonstattengehen, vorliebnehmen, zurechtweisen, zurechtkommen, zuteilwerden

Der Verbzusatz kann keiner bestimmten Wortart mehr zugeordnet werden.

fehl-: fehlbesetzen, fehlgehen, fehlleiten, fehlschlagen, fehltreten
feil-: feilbieten, feilhalten
heim-: sich heimbegeben, heimbegleiten, heimbringen, heimfahren, heimfinden, heimführen, heimgehen, heimkehren, heimsuchen, heimtrauen, heimwollen, heimzahlen
irre-: irreführen, irregehen, irremachen, irrewerden
kund-: kundgeben, kundmachen, kundschaften, kundtun
preis-: preisgeben, preiskegeln
wahr-: wahrhaben, wahrsagen
weis-: weismachen, weissagen
wett-: wettmachen, wettrennen, wettstreiten, wettturnen

Adjektiv und Verb

Zusammensetzungen mit einem Adjektiv als erstem Bestandteil

Adjektiv und Verb drücken zusammen eine neue Gesamtbedeutung (= feste Wortverbindung) aus.

	neue Gesamtbedeutung:
krank schreiben (in krankem Zustand)	krankschreiben (als Arzt ein Attest ausstellen)
frei sprechen (z. B. als Redner)	freisprechen (von der Anklage)
gleich machen (sofort machen)	gleichmachen (bewirken, dass etwas gleich ist)

Ebenso:
festnageln, großschreiben, hochfliegen, leichtfallen, (sich) kranklachen, kaltstellen, kürzertreten, richtigstellen, schwerfallen …

Lässt sich keine klare Entscheidung darüber treffen, ob es sich um einen neuen Begriff handelt, kann getrennt oder zusammengeschrieben werden.

Aber:
bekanntgeben; auch: bekannt geben – bereiterklären; auch: bereit erklären – bessergehen; auch: besser gehen – bewusstmachen; auch: bewusst machen – hochachten; auch: hoch achten – übelnehmen; auch: übel nehmen – zufriedenstellen; auch: zufrieden stellen …

Zusammen- oder Getrenntschreibung ist möglich, wenn ein einfaches Adjektiv eine Eigenschaft als Resultat eines Vorgangs bezeichnet. (= resultatives Adjektiv)

resultatives Adjektiv:

ein Brett glatthobeln/glatt hobeln →
Resultat des Hobelns: Das Brett ist **glatt.**

blankputzen	auch:	blank putzen
kleinschneiden	auch:	klein schneiden
kaltstellen	auch:	kalt stellen
kaputtmachen	auch:	kaputt machen
leeressen	auch:	leer essen
sattmachen	auch	satt machen

aber nur: sich satt essen

Die Getrenntschreibung gilt für alle anderen Fälle. Dazu zählen vor allem auch komplexe und erweiterte Adjektive:

freundlich grüßen, bewusstlos schlagen, ganz nahe kommen, ultramarinblau streichen, betrunken machen, barfuß gehen, allein erziehen, aufrecht gehen/sitzen, auswendig lernen, blind vertrauen, wichtig nehmen, übel mitspielen

Substantiv und Verb

Zusammensetzungen mit einem Substantiv als ersten Bestandteil

Substantiv als solches kaum mehr erkennbar

eislaufen, kopfstehen, leidtun, nottun, standhalten, stattfinden, stattgeben, statthaben, teilhaben, teilnehmen, wundernehmen

In den folgenden Fällen kann eine Zusammensetzung oder Wortgruppe zugrunde liegen:

Sowohl Zusammen- als auch Getrenntschreibung möglich

Die Formen sind nicht näher bestimmt bzw. ergänzt.

achtgeben	–	Acht geben
achthaben	–	Acht haben
haltmachen	–	Halt machen
maßhalten	–	Maß halten

Aber nur:
sehr achtgeben, allergrößte Acht geben

Verb und Verb

Verbindungen aus Verb und Verb = getrennt

arbeiten kommen, baden gehen, bestehen bleiben, einkaufen gehen, flöten gehen, laufen lernen, lesen üben, schreiben lernen, spazieren gehen

Bei Verbindungen mit *bleiben* und *lassen* als zweitem Bestandteil ist bei übertragener Bedeutung auch Zusammenschreibung möglich. Dasselbe gilt für *kennen lernen.*

ursprüngliche Bedeutung:	übertragene Bedeutung:
sitzen bleiben (nicht aufstehen)	sitzen bleiben/sitzenbleiben (nicht versetzt werden)
stehen lassen (z. B. ein Wort im Heft)	stehen lassen/stehenlassen (nicht länger beachten)
liegen bleiben (z. B. im Bett)	liegen bleiben/liegenbleiben (unerledigt bleiben)

Auch:
kennen lernen/kennenlernen
(Erfahrungen mit etwas oder jemandem machen)

Verbindungen mit sein (gewesen)

Verbindungen mit *sein/gewesen* schreibt man getrennt.

aus sein, außerstande sein (auch: außer Stande sein), beisammen sein, da sein, fertig sein, hinüber sein, inne sein, los sein, pleite sein, um sein, vonnöten sein, vorbei sein, vorhanden sein, vorüber sein, zufrieden sein, zumute sein (auch: zu Mute sein), zurück sein, zusammen sein

beisammen gewesen, da gewesen, fertig gewesen, traurig gewesen, vorbei gewesen, zurück gewesen

C 3 Wörter verschiedener Wortarten können mit Adjektiven oder Partizipien Zusammensetzungen bilden.

Zusammensetzungen, bei denen der erste Bestandteil für eine Wortgruppe steht

angsterfüllt	**(= *von Angst* erfüllt)**
bahnbrechend	**(= *sich eine Bahn* brechend)**
butterweich	**(= *wie Butter* weich)**
fingerbreit	**(= *einen oder mehrere Finger* breit)**
freudestrahlend	**(= *vor Freude* strahlend)**

Die Wortgruppe weist im Unterschied zur Zusammensetzung weitere Wörter auf: Artikel, Präposition, …

altersschwach, anlehnungsbedürftig, denkfaul, druckreif, eisgekühlt, fehlerfrei, fernsehmüde, geschlechtsreif, handgestrickt, herzerquickend, hitzebeständig, jahrelang, kilometerweit, knielang, lebensfremd, lernbegierig, meterhoch, milieubedingt, röstfrisch, schreibgewandt, selbstbewusst, selbstsicher, sonnenarm, tropfnass, weltbekannt, wortgewaltig

Zusammensetzungen, bei denen einer der beiden Bestandteile in dieser Form nicht selbstständig vorkommt

blauäugig	–	**äugig ist kein selbstständiges Wort**
mehrdeutig	–	**deutig ist kein selbstständiges Wort**

*denk*freudig, dick*fellig*, ein*fach*, gleich*altrig*, gleich*förmig*, gleich*mäßig*, gleich*rangig*, groß*spurig*, hart*herzig*, hell*hörig*, klein*mütig*, letzt*malig*, *red*selig, *schreib*gewandt, schwer*fällig*, schwer*hörig*, *schwerst*behindert, *schwind*süchtig, tief*gründig*, viel*fach*, viel*deutig*, *wiss*begierig, zwei*fach*

Zusammenschreibung, wenn das zugrunde liegende Verb mit dem ersten Bestandteil zusammengeschrieben wird

weh + klagen
= Zusammenschreibung des Partizips, weil Substantiv und Verb eine Zusammensetzung bilden

wehklagen	–	wehklagend
herunterfallen	–	herunterfallend, heruntergefallen
irreführen	–	irreführend, irregeführt
teilnehmen	–	teilnehmend, teilgenommen
notlanden	–	notgelandet
brandmarken	–	gebrandmarkt

Zusammenschreibung, wenn es sich um *gleichrangige* Adjektive handelt

nasskalt (= nass und kalt zugleich)

blaugrau, dummdreist, feuchtwarm, gelbgrün, grünblau, nasskalt, taubstumm

Zusammenschreibung, wenn der erste Bestandteil *bedeutungsverstärkend* oder *bedeutungsabschwächend* ist

todschick (sehr schick) = bedeutungsverstärkend
minderschwer (nicht ganz so schwer) = bedeutungsabschwächend

bitterböse, **bitter**ernst, **bitter**kalt, **brand**aktuell, **brand**neu, **dunkel**blau, **erz**konservativ, **extra**fein, **gemein**gefährlich, **grund**ehrlich, **grund**falsch, **haus**hoch, **hyper**aktiv, **hyper**modern, **lau**warm, **minder**begabt, **minder**schwer, **stock**dumm, **stock**dunkel, **stock**taub, **super**leicht, **super**schlau, **tod**ernst, **tod**schick, **ultra**leicht, **ur**alt, **ur**gemütlich, **voll**schlank

Zusammenschreibung mehrteiliger Zahlen

Grundzahlen unter einer Million

fünfzehn, hundertneunzig, siebenhundert, neunzehnhundertsiebenundneunzig, zehntausend, zweihunderttausend, vierhundertsiebenundsiebzigtausend

Ordnungszahlen

der vierzehnte Mann, der neunzehnte Dezember, der achtzigste Geburtstag, der hundertelfte Besucher, der zweimillionste Einwohner

Zusammen- oder getrennt geschrieben werden kann, wenn der entsprechende Ausdruck sowohl als Zusammensetzung als auch als Wortgruppe angesehen werden kann.

Voraussetzung: Getrenntschreibung im Infinitiv

Wortverbindung: Not leiden = Infinitiv + Getrenntschreibung
Partizip: notleidend/Not leidend

Substantiv und Partizip

Rat suchen	–	ratsuchend/Rat suchend
Rad fahren	–	radfahrend/Rad fahrend
Fleisch fressen	–	fleischfressend/Fleisch fressend
Besorgnis erregen	–	besorgniserregend/Besorgnis erregend

Adjektiv und Partizip

tief greifen	–	tiefgreifend/tief greifend
weit reichen	–	weitreichend/weit reichend
schwer beschädigen	–	schwerbeschädigt/schwer beschädigt

breit fächern – breitgefächert/breit gefächert
genau nehmen – genaugenommen/genau genommen

Adverb und Partizip

allein erziehen – alleinerziehend/allein erziehend
oben stehen – obenstehend/oben stehend
unten erwähnen – untenerwähnt/unten erwähnt

unbestimmtes Zahlwort und Partizip

viel sagen – vielsagend/viel sagend
viel befahren – vielbefahren/viel befahren

Pronomen und Partizip

nichts sagen – nichtssagend/nichts sagend
selbst backen – selbstgebacken/selbst gebacken

Bei erweiterten bzw. gesteigerten Formen richtet sich die Schreibung danach, ob nur der erste Bestandteil oder die gesamte Verbindung betroffen ist.

Aber:
ein schwerwiegenderer Vorfall – ein schwerer wiegender Vorfall
eine äußerst notleidende Frau – eine große Not leidende Frau

Verbindungen mit einem einfachen ungebeugten Adjektiv

Adjektiv bestimmt näher und genauer (= graduierend)

allgemein gültige Gesetze – allgemeingültige Gesetze
eng verwandte Kinder – engverwandte Kinder
schwer verständliche Texte – schwerverständliche Texte
ein schwer kranker Mann – ein schwerkranker Mann
ein echt goldener Ring – ein echtgoldener Ring
halb fertige Waren – halbfertige Waren
ein halb leeres Glas – ein halbleeres Glas
ein halb toter Mensch – ein halbtoter Mensch
das halb automatische Getriebe – das halbautomatische Getriebe
die hoch komplizierte Maschine – die hochkomplizierte Maschine

Getrenntschreibung, wenn der erste Bestandteil erweitert oder gesteigert ist

Aber:
schwerer verständlich, besonders schwer verständlich, höchst erfreulich, leichter verdaulich

Verbindungen von *nicht* mit Adjektiven

eine nichtöffentliche Sitzung – eine nicht öffentliche Sitzung
eine nichtoperative Behandlung – eine nicht operative Behandlung

Getrenntschreibung, wenn sich *nicht* auf den ganzen Satz bezieht

Aber:
Die Sitzung findet nicht öffentlich statt.

C 4 Wörter verschiedener Wortarten können mit Substantiven Zusammensetzungen bilden.

Zusammensetzungen mit Substantiven

Substantiv und Substantiv

Apfelbaum, Autoreifen, Feuerstein, Fußboden, Gartenbeet, Gurkensalat, Haustür, Hoheitsgebiet, Monatslohn, Schulhof, Straßenbahnbeleuchtung, Zugschaffner

Substantiv und ein Bestandteil, der von einer anderen Wortart stammt

Backform, Heizkessel, Schwimmbad, Schmelzpunkt, Schreibtisch, Säugetier, Waschmaschine

Faultier, Freileitung, Hartholz, Hochhaus, Leerlauf, Schnellstraße

Ichsucht, Niemandsland, Wemfall

Jetztzeit, Nichtraucher, Selbstverständnis

Eigennamen

Brennerpass, Elbufer, Europabrücke, Goethegedicht, Parisreise, Glocknergruppe, Schweizergarde

Mehrteilige Substantivierungen

das Autofahren, das Fensterputzen, das Holzholen, das Inkrafttreten, das Unrechttun, das Schnelllaufen, das Sitzenbleiben, das Stelldichein, das Traurigsein, das Vergissmeinnicht

☞ **Dieser Regel folgen auch ursprünglich aus dem Englischen stammende bzw. aus englischen Wörtern gebildete Zusammensetzungen:**

Bandleader, Cheerleader, Chewinggum, Mountainbike, Bluejeans, Hardware, Swimmingpool

C 5 Mehrteilige Wörter, deren einzelne Bestandteile nicht mehr deutlich erkennbar bzw. bestimmbar sind, schreibt man zusammen.

Zusammenschreibung mehrteiliger Wörter

Adverbien

-dessen: indessen, infolgedessen, unterdessen
-wegs: geradewegs, keineswegs, unterwegs

Ebenso:
-dings, -falls-, -halber, -mal, -mals-, -maßen, -orten-, -orts, -seits, -so, -teils, -wärts, -wegen, -weil, -weilen, -weise, -zeit, -zeiten, -zu, bei-, der-, nichts-, zu-

Konjunktionen

anstatt (dass, zu), indem, insofern, inwiefern, sobald, sofern, solange, sooft, soviel, soweit, sodass (auch: so dass), sowie, sowohl (als auch)

Präpositionen

anhand, anstatt (des/der), infolge, inmitten, zufolge, zuliebe

Pronomen

irgendein, irgendeine, irgendeiner, irgendetwas, irgendjemand, irgendwas, irgendwelche, irgendwelcher, irgendwer

Erweiterung von *irgend* durch *so*

Aber:
irgend so ein, irgend so eine, irgend so einer, irgend so etwas

Getrenntschreibung, wenn die einzelnen Bestandteile deutlich erkennbar und bestimmbar sind:

Die Wortart, die Wortform oder die Bedeutung der einzelnen Bestandteile ist deutlich erkennbar.

zu Ende gehen/kommen, zu Fuß gehen, zu Hause (auch: zuhause) bleiben/sein, zu Hilfe kommen, zu Lande, zu Wasser und zu Lande, zu Schaden kommen

darüber hinaus, nach wie vor, vor allem

ohne dass, statt dass, außer dass

zur Zeit (Goethes), zu Zeiten (Goethes)

so hohe Häuser, zu große Zimmer, so viel Geld, zu viele Leute, so weit fliegen, wie weit, wie gesagt, wie viele Leute

gar kein, gar nicht/nichts, gar sehr, gar wohl

Getrenntschreibung, wenn ein Bestandteil erweitert ist:

diesmal	–	dies(es) eine Mal
erstmals	–	das erste Mal
manchmal	–	so manches Mal
keinmal	–	kein einziges Mal
mehrmals	–	mehrere Male
vielmal(s)	–	viele Male
stromaufwärts	–	den Strom aufwärts
ehrenhalber	–	der Ehre halber
kopfüber	–	den Kopf über
jederzeit	–	zu jeder Zeit
keinesfalls	–	in keinem Fall
bekannterweise	–	in bekannter Weise
jahrelang	–	einige Jahre lang

C 6 In manchen Fällen gibt es zwei gleichberechtigte Schreibungen:

Es bleibt dem Schreibenden überlassen, ob er die Fügungen als Zusammensetzung (Zusammenschreibung) oder als Wortgruppe (Getrenntschreibung) auffassen will.

außerstand setzen	außer Stand setzen
außerstande sein	außer Stande sein
imstande sein	im Stande sein
infrage stellen	in Frage stellen
instand setzen	in Stand setzen
zugrunde gehen	zu Grunde gehen
zuleide tun	zu Leide tun
zumute sein	zu Mute sein
zunutze machen	zu Nutze machen
zurande kommen	zu Rande kommen
zurate ziehen	zu Rate ziehen
zuschanden machen	zu Schanden machen
zuschulden kommen lassen	zu Schulden kommen lassen
zustande bringen/kommen	zu Stande bringen/kommen
zutage fördern/treten	zu Tage fördern/treten
zuwege bringen	zu Wege bringen
anstelle	an Stelle
aufgrund	auf Grund
aufseiten	auf Seiten
dortzulande	dort zu Lande
hierzulande	hier zu Lande
mithilfe	mit Hilfe
vonseiten	von Seiten
zugunsten	zu Gunsten
zulasten	zu Lasten
zuseiten	zu Seiten
zuungunsten	zu Ungunsten

Aber:
anhand, stattdessen, zuliebe

C 7 Zusammensetzungen werden in bestimmten Fällen mit einem Bindestrich geschrieben.

Zusammensetzungen mit Bindestrich

Einzelbuchstaben i-Punkt, i-Tüpfelchen, x-Achse, y-Achse, Fugen-s, x-beliebig, x-beinig, s-förmig, s-Laut, T-Shirt, S-Kurve, A-Dur, b-Moll

Abkürzungen

D-Zug, Kfz-Schlosser, UNO-Sicherheitsrat, UV-bestrahlt, Abt.-Leiter, Lungen-Tbc, Fußball-WM, Tgb.-Nr. (Tagebuchnummer), Dipl.-Ing. (Diplomingenieur), S-Bahnhof, U-Bahn, IC-Zuschlag, UKW-Sender, UN-Sicherheitsrat

Ziffern

5-Tonner, 12-Zylinder, 6-mal, 4-malig, 5-fach, das 5-Fache, 3-zeilig, 20-jährig, die 50-Jährige, 10-prozentig, 3-Pfünder, 5:3-Sieg, 1:4-Niederlage, 2/3-Mehrheit, 4/4-Takt

Verbindungen von Nachsilben mit Einzelbuchstaben

der x-te, das x-te Mal, zum x-ten Mal, die n-te Potenz

Aber: der SPDler, 20%ig, ein 24stel, die 50er

als Substantive gebrauchte Zusammensetzungen

das Make-up, das Walkie-Talkie, der Boogie-Woogie, das Entweder-oder, das Sowohl-als-auch, das Teils-teils

das In-den-Tag-Hineinträumen, das Auf-die-lange-Bank-Schieben, das Von-der-Hand-in den-Mund-Leben, das An-den-Haaren-Herbeiziehen

kein Bindestrich bei übersichtlichen Verbindungen mit Infintiv!

Aber:
das Radfahren, das Ballspielen, das Inkrafttreten, beim Walzertanzen, das Zustandekommen, das Infragestellen

Der Anfangsbuchstabe der gesamten Zusammensetzung und das letzte Verb im Infinitiv werden großgeschrieben.

das **S**ich-gehen-**L**assen
das **S**ich-auf-den-Urlaub-**F**reuen

Der Bindestrich steht zwischen allen Bestandteilen einer Zusammensetzung:

40-Stunden-Woche, 12-Zylinder-Motor, 100-m-Lauf, 2-Zimmer-Wohnung, 500-Jahr-Feier, K.-o.-Schlag, 5-Cent-Stück, Kopf-an-Kopf-Rennen, Berg-und-Tal-Bahn

Zusammensetzung mit Eigennamen

Foto-Baumann, Friedrich-Schiller-Platz, Sophie-Scholl-Gymnasium, Theodor-Heuss-Straße, Heinrich-Heine-Weg, Elbe-Havel-Kanal, Sachsen-Anhalt, Goethe-Ausgabe, Nürnberg-Ost

Ergänzungsbindestrich

Haus- und Schulhefte, vor- und rückwärts, ein- bis zweimal, Haupt- und Nebeneingang, ein- und ausgehen, bergauf und -ab, vor- und zurückfahren, saft- und kraftlos

☞ **Der Bindestrich kann in den folgenden Fällen eingesetzt werden:**

Gliederung in einzelne Bestandteile

Hervorhebung einzelner Bestandteile

Ich-Erzählung, Soll-Stärke, Ist-Aufkommen, dass-Satz, Muss-Bestimmung, Ur-Instinkt, die Hoch-Zeit, das Nach-denken, die Vor-Sätze, be-greifen

Gliederung unübersichtlicher Zusammenhänge

Blumentopf-Erde, das Blutdruck-Messgerät, die Auto-Unfallversicherung, die Lotto-Annahmestelle, Arbeiter-Unfallversicherungsgesetz, Haushalt-Mehrzweckküchenmaschine, Mosel-Winzergenossenschaft, Software-Angebotsmesse

Kennzeichnung gleichrangiger Adjektive

die englisch-amerikanischen Fremdwörter, die deutsch-französische Freundschaft, die physikalisch-chemisch-biologischen Gesetze, das englisch-deutsche Wörterbuch, der wissenschaftlich-technische Fortschritt, die deutsch-österreichischen Angelegenheiten, das manisch-depressive Verhalten

Vermeidung von Missverständnissen

Drucker-Zeugnis	Druck-Erzeugnis
Musiker-Leben	Musik-Erleben

Zusammentreffen von drei gleichen Buchstaben

Zoo-Orchester, Sauerstoff-Flasche, Schiff-Fahrt, Kaffee-Ersatz, See-Elefant, Bett-Tuch, See-Enge, Genuss-Sucht, Geschirr-Reiniger, Haselnuss-Sträucher, Schwimm-Meisterschaften, die Hawaii-Inseln, der Schrott-Transport

☞ **Auch aus anderen Sprachen stammende Verbindungen aus Substantiv + Substantiv können zur Verdeutlichung der Schreibung mit Bindestrich geschrieben werden.**

Zusammen- und Getrenntschreibung möglich

Sexappeal	–	Sex-Appeal
Sciencefiction	–	Science-Fiction
Shoppingcenter	–	Shopping-Center
Midlifecrisis	–	Midlife-Crisis

☞ **Aus dem Englischen stammende Substantivierungen aus Verb und Adverb schreibt man mit Bindestrich.**

Zusammenschreibung möglich, wenn die Lesbarkeit nicht beeinträchtigt ist

Make-up, Go-in, Count-down (Countdown), Come-back (Comeback), Knock-out (Knockout), Stand-by (Standby)

Groß- und Kleinschreibung

D 1 Am Satzanfang schreibt man das erste Wort groß.

großer Anfangsbuchstabe

Morgen komme ich zurück.
Ist es hier immer so laut?
Sei doch endlich still!
Warum denn nicht?
Bleib!

☞ **Das erste Wort der wörtlichen Rede schreibt man groß:**

Sie meinte: „**D**as ist mir viel zu teuer."
Eine Stimme ertönte: „**A**us!"
Udo fragte: „**K**ann ich morgen wieder kommen?"

☞ **Nach einem Doppelpunkt schreibt man das erste Wort groß, wenn ein ganzer Satz folgt:**

Denke immer daran: **W**er anderen eine Grube gräbt, fällt selbst hinein.
Das eine ist klar: **D**u hast dein Versprechen nicht gehalten.

D 2 Titel, Überschriften und Textanfänge werden durch Großschreibung gekennzeichnet bzw. hervorgehoben.

Überschriften und Werktitel (Bücher, Fernsehsendungen, Theaterstücke, …)

Die neue deutsche Rechtschreibung
Elementare deutsche Grammatik
Kleine Tipps für Urlaubsreisen
Viel Lärm um nichts
Ein Mann ohne Schatten
Der Zauberberg
Das große Dschungelbuch
Die Räuber

Gesetze, Verträge, Veranstaltungen

Bürgerliches Gesetzbuch
Hessisches Hochschulgesetz
Grüne Woche (in Berlin)
Internationaler Frauenkongress

Die Großschreibung bleibt an jeder Stelle eines Textes auch bei einer Veränderung der Texteinheit erhalten:

Bei verändertem Artikel wird das nächstfolgende Wort großgeschrieben.

„**D**er kleine Häwelmann" ist ein beliebtes Kinderbuch. – Er hat sich das Buch „**D**er kleine Häwelmann" gekauft. – Sie bekam den „**K**leinen Häwelmann" von Theodor Storm geschenkt. – Storms „**K**leinen Häwelmann" können Kinder schon ab sechs Jahren lesen.

Anschriften, Grußformeln, Anreden

An die
Stadtverwaltung

Sehr geehrter Herr Glaser!

Mit freundlichen Grüßen
Martin Bauer

D 3 Substantive schreibt man groß.

Namen für Menschen, Tiere, Pflanzen, Dinge, Begriffe

der **V**ater, das **W**asser, der **V**ogel, der **T**isch, die **K**iste, der **H**immel, der **B**aum, der **K**auf, das **L**ebewesen, das **U**nrecht, der **M**ut, das **G**lück, ihr **V**erdienst, die **B**eschuldigung, das **S**ein, seine **E**hre, **P**aris, die **A**lpen, **W**alter, **I**nge

Zahlen, die als Substantive verwendet werden

das **P**aar, ein **D**utzend, das **S**chock (60 Stück), das **H**undert, das **T**ausend, eine **M**illion, die **M**illiarde, eine **B**illion, ein **D**rittel, neun **F**ünftel, das **V**iertel, eine **Z**wei (in Deutsch), die **A**chtzig (notieren), die **D**rei (würfeln)

Paarformeln zur Bezeichnung von Personen

Jung und **A**lt, **A**rm und **R**eich, **G**leich und **G**leich, **G**roß und **K**lein, **H**och und **N**ieder, **H**ohe und **N**iedrige

Zusammensetzungen mit Bindestrich

der **T**rimm-dich-Pfad, die **X**-Beine, die **S**-Kurve, der **E**rste-Hilfe-Lehrgang, das **M**ake-up, der **F**ulltime-Job, das **K**now-how

Substantive, die in festen Verbindungen vorkommen, schreibt man ebenfalls groß.

Wortgruppe: Substantiv + Verb

Tee trinken, **R**adio hören, **M**odell sitzen, **U**nkraut jäten, **Z**eitung lesen, **A**ngst haben, **A**ngst (und **B**ange) machen, **K**egel schieben, **D**iät leben, **H**of halten, **A**uto fahren, **R**ad fahren, **W**ert legen auf etwas, **S**chuld haben/tragen, **F**olge leisten, **E**rnst machen mit etwas, **M**aschine schreiben, **N**ot leiden, **A**nteil nehmen, **S**ki laufen, **B**ankrott machen, **S**chlange stehen, **G**efahr laufen

Liegt bei bestimmten Formen eine Zusammensetzung oder eine Wortgruppe zugrunde, ist sowohl Zusammen- als auch Getrenntschreibung möglich.

Formen sind nicht näher bestimmt oder ergänzt.

Acht geben	auch: achtgeben
Acht haben	auch: achthaben
Halt machen	auch: haltmachen
Maß halten	auch: maßhalten

Formen sind näher bestimmt oder ergänzt.

Aber nur:
allergrößte Acht geben, einen großen Halt machen, ein richtiges Maß halten

Ist die Eigenschaft eines selbstständigen Substantivs verloren gegangen, wird zusammengeschrieben:

eislaufen, kopfstehen, leidtun, nottun, standhalten, stattfinden, stattgeben, statthaben, teilhaben, teilnehmen, wundernehmen

Der erste Bestandteil wird in getrennter Stellung klein geschrieben.

Beachte:
Sie lief **eis.**
Die Stadt stand **kopf.**
Man konnte sehen, wie **leid** es ihr tat.

Wortgruppe: Substantiv + Präposition + Verb

außer **A**cht lassen, sich in **A**cht nehmen, in **B**etracht kommen, in **K**auf nehmen, zu **H**ilfe eilen/kommen, zu **B**erge stehen, in **G**ang setzen, im **G**ang(e) sein, zu **L**eide (zuleide) tun, in **F**rage (infrage) stellen, außer **S**tande (außerstande) sein, im **S**tande (imstande) sein, in **S**tand (instand) setzen, zu **S**tande (zustande) bringen/kommen, zu **T**age (zutage) treten/fördern, zu **G**runde (zugrunde) gehen, zu **S**chulden (zuschulden) kommen lassen, zu **W**ege (zuwege) bringen, zu **R**ate (zurate) ziehen, zu **R**ande (zurande) kommen, zu **M**ute (zumute) sein, zu **S**chanden (zuschanden) machen

zum ersten/letzten **M**al, manches **M**al, ein paar **M**ale

Aber: einmal, diesmal, manchmal, vielmal (für: vielmals)

Wortgruppe: Substantiv + Präposition

in **B**älde, auf **A**bruf, in/mit **B**ezug auf, auf **G**rund (aufgrund), im **G**runde, zu **H**änden von (aber: zuhanden von), zu **L**asten (zulasten), auf **S**eiten (aufseiten), von **S**eiten (vonseiten), in **A**nbetracht, zur **S**eite, zur **N**ot (aber: vonnöten), in **H**insicht auf, zu **G**unsten (zugunsten), nach **H**ause (nachhause), zu **H**ause (zuhause), in **B**etreff, mit **H**ilfe (mithilfe), hier zu **L**ande (hierzulande), zu **U**ngunsten (zuungunsten), an **S**telle (anstelle)

Tagesangaben nach: vorgestern, gestern, heute, morgen, übermorgen

heute **M**ittag, gestern **A**bend, übermorgen **N**achmittag, morgen **M**itternacht, vorgestern **M**orgen, heute **F**rüh (auch: heute früh)

Aber:
mittags, abends, nachts, morgens, vormittags, freitags, montagabends (auch: montags abends)

D 4 Wörter anderer Wortarten, die als Substantive gebraucht werden, schreibt man groß.

nach einem vorausgehenden Artikel

Substantive können einen Begleiter haben: der, die, das, ein, eine, ein

das **T**oben und **S**chreien, ein **K**ommen und **G**ehen, das **K**ommende, das **D**oppelte, der **L**etzte, der **L**achende, das **B**lau, der **R**eiche, die **N**eue, die **K**leine, das **D**eutsche, den **K**ürzeren ziehen, um ein **B**eträchtliches, sich eines **B**esseren besinnen, das **B**este, das **F**olgende, der **M**ittlere, der **E**rste, des **N**äheren, des **L**angen und **B**reiten, der **A**chte, die **Z**weite, das **F**ünfte, ein **D**reifaches, das **B**esondere, das **B**isherige, das **D**eine, das **D**u, ein **E**r, ein **H**in und **H**er, das **H**ier und **J**etzt, ein **E**twas, das **D**anach, das **A**ls-ob, ein **F**ür und **W**ider, das **N**ichts, das **D**rum und **D**ran, das **V**or und **Z**urück, das **D**ass und das **W**ie, das **A**us, ein **N**ein oder **J**a, das **I**n-Kraft-**T**reten, das Hand-in-Hand-**A**rbeiten, das **I**n-den-Tag-hinein-**L**eben, ein **E**ntweder-oder, das **S**owohl-als-auch

Ein Artikel kann mit einer Präposition verbunden sein:

versteckte Begleiter:

im = in dem	sich im **W**erfen und **L**aufen üben
am = an dem	jemanden am **S**prechen erkennen
ans = an das	nicht ans **A**rbeiten denken
ums = um das	sich ums **V**erdienen drehen
beim = bei dem	beim **L**ügen ertappt werden
ins = in das	ins **W**anken geraten
vom = von dem	vom **W**andern müde sein
zum = zu dem	es ist zum **L**achen
aufs = auf das	aufs **T**anzen versessen sein
fürs = für das	fürs **E**rste genug haben

häufig gebrauchte Ausdrücke

im **A**llgemeinen, im **B**esonderen, im **W**esentlichen, im **G**anzen, im **G**roßen und **G**anzen, im **E**inzelnen, im **F**olgenden, im **V**oraus, im **N**achhinein, nicht im **E**ntferntesten, im **V**erborgenen

Der Artikel kann manchmal gedanklich ergänzt bzw. davorgesetzt werden:

Elke lernt **S**chreiben.	(das Schreiben)
Probieren ist besser als **S**tudieren	(das Probieren, das Studieren)
nach langem **H**in und **H**er	(ein Hin, ein Her)
sich **F**ür und **W**ider überlegen	(ein Für, ein Wider)
Jung und **A**lt	(die Jungen, die Alten)
als **L**etzte durchs Ziel kommen	(die Letzte)
Lustiges und **B**esinnliches	(das Lustige, das Besinnliche)
Folgendes beachten	(das Folgende)
Wichtiges und **U**nwichtiges	(das Wichtige, das Unwichtige)
Gleiches mit **G**leichen vergelten	(das Gleiche, dem Gleichen)
Süßes und **S**aures	(das Süße, das Saure)
Kleingedrucktes lesen	(das Kleingedruckte)

Der Artikel kann auch durch andere Begleiter ersetzt werden:

nach einem vorausgegangenen Pronomen: dieser, jener, mein, dein, sein, unser, euer, ihr, …

dieser **E**inzelne, sein **B**estes geben, unser **S**ingen, euer **S**treben, ihr **L**achen, unsere **J**üngste, dein **N**ächster, dieses **N**ein, mein **R**ufen, meine **K**leinste, sein **K**ommen, ihr **E**nglisch, jenes **S**töhnen

nach einem unbestimmten Pronomen oder unbestimmten Zahlwort: kein, etwas, genug, nichts, manche, mancher, manches, manch, allerlei, vielerlei, wenig, wenige, viel, alle, alles, einige, mehrere, …

Da hilft kein **Z**ureden.
Etwas **B**esonderes gab es nicht zu sehen.
Wir erlebten nichts **A**ufregendes.
Dieser Künstler mag alles **M**oderne.
Es gab auch manches **N**eue zu entdecken.
Sie erlebte manch **U**nerfreuliches.
Es war mancherlei **U**nbrauchbares dabei.
In dem Bericht stand nicht viel **N**eues.
Sie hat wenig **A**ngenehmes erlebt.
Jeder **E**inzelne muss sich anstrengen.

D 5

In manchen Fällen haben Substantive die Aufgabe einer anderen Wortart übernommen. Sie werden dann kleingeschrieben.

Adjektive

Bestimmen der Wortart durch Abfragen:

Was machen mir Gewitter? (Angst)

Wie ist mir? (angst)

Verwendung als Substantiv:	Verwendung als Adjektiv:
Gewitter machen mir **Angst.**	Mir wird **angst.**
Der Betrieb hat **Pleite** gemacht.	Er ist **pleite.**
Wer trägt daran die **Schuld?**	Sie ist **schuld** daran.
Er erkennt den **Ernst** der Lage.	Ich meine es **ernst.**
Sie trägt ein großes **Leid.**	Ich bin es **leid.**
Er macht mir **Bange.**	Mir ist nicht **bange.**
Sie ist von **Gram** gebeugt.	Wir sind euch **gram.**
Unser Spiel hatte **Klasse.**	Sein Spiel ist **klasse.**

Zu „recht/Recht" sowie „unrecht/Unrecht" gibt es Doppelschreibungen:

in Verbindung mit Verben wie: behalten, bekommen, geben, haben, tun

Ich gebe ihm recht/Recht.
Er bekommt vor Gericht recht/Recht.
Du tust ihm unrecht/Unrecht.
Er behält auch dieses Mal wieder unrecht/Unrecht.

zusammengesetzte Verben in getrennter Stellung

Er nahm an der Veranstaltung **teil.**	(teilnehmen)
Das führte uns **irre.**	(irreführen)
Das nimmt mich aber **wunder.**	(wundernehmen)
Er kehrt nicht mehr **heim.**	(heimkehren)
Das Fest findet am Sonntag **statt.**	(stattfinden)
Sie gab ihr Geheimnis nicht **preis.**	(preisgeben)
Es tat ihm **weh.**	(wehtun)
Die Stadt stand **kopf.**	(kopfstehen)
Es tat ihr sehr **leid.**	(leidtun)

Adverbien, Präpositionen, Konjunktionen

Kleinschreibung durch das Anhängen von -s und -ens

der Morgen	–	morgen**s**
der Abend	–	abend**s**
der Freitag	–	freitag**s**
der Wille	–	will**ens**
das Recht	–	recht**ens** (sein/machen)
der Hunger	–	hunger**s** (sterben)
der Anfang	–	anfang**s**
das Ding	–	schlechterding**s**
das Angesicht	–	angesicht**s**
die Seite	–	seit**ens**
der Name	–	nam**ens**
das Mittel	–	mittel**s**

der Mangel	–	mangel**s**
der Mittag	–	mittag**s**
der Teil	–	teil**s** … teil**s**
der Fall	–	fall**s**, widrigenfall**s**
die Nacht	–	nacht**s**

Präpositionen

der Dank	–	**d**ank seines Fleißes
die Kraft	–	**k**raft seiner Stellung
die Zeit	–	**z**eit seines Lebens
die Stätte	–	an Kindes **s**tatt
der Trotz	–	**t**rotz deines Reichtums
der Willen	–	um der Kinder **w**illen
der Laut	–	**l**aut Gesetz

unbestimmte Zahlwörter

der Biss	–	ein **b**isschen (ein wenig) Salz
das Paar	–	ein **p**aar (einige) Kinder

Bruchzahlen auf -tel und -stel

ein Viertel
das erste Viertel der Strecke
drei Viertel einer Ware
um ein Viertel größer als
um ein Viertel vor zwölf

Kleinschreibung vor Maßangaben

ein vier**tel** Pfund – nach drei vier**tel** Stunden – in zehn hundert**s-tel** Sekunden – zwei zehn**tel** Millimeter

Auch: ein Viertelpfund, drei Viertelstunden, zehn Hundertstelsekunden, zwei Zehntelmillimeter

Kleinschreibung in Uhrzeitangaben vor Zahlen

um vier**tel** acht – gegen drei vier**tel** zehn
Aber: um (ein) Vier**tel** vor drei/nach drei

D 6 In manchen Fällen schreibt man Wörter klein, obwohl sie Merkmale eines Substantivs aufweisen.

Bezug auf ein vorausgegangenes oder nachfolgendes Substantiv

Sammelt die alten **Schulbücher** jetzt ein. Die **neuen** werden morgen ausgeteilt.
Viele gute **Läuferinnen** waren am Start, die **schnellste** war Anja.
Sie ist die **fleißigste** aller **Schülerinnen.**
Udo ist der **jüngste** der drei **Brüder.**

Man kann sich das Substantiv auch an der betreffenden Stelle hinzudenken:

die neuen **Schulbücher**
die schnellste **Läuferin**
die fleißigste **Schülerin**
der jüngste **Bruder**

vier unbestimmte Zahlwörter viel, wenig, der/die/das eine, der/die/das andere (mit allen Formen)

Das hätten **a**ndere nicht gekonnt.
Die **m**eisten blieben bei diesem Wetter lieber zu Hause.
Dies können sich nur **w**enige leisten.
Die **e**inen kamen, die **a**nderen gingen.
Am **m**eisten musste ich über dich lachen.
Unter **a**nderem habe ich auch meinen Onkel besucht.
Mir ist noch **v**ieles unklar.
Die **w**enigsten von euch kenne ich.

Werden diese Wörter nicht als unbestimmte Zahlwörter, sondern als Substantive benutzt, kann man sie auch großschreiben:

Ich habe an etwas **A**nderes gedacht.
Die **E**inen sagen dies, die **A**nderen das.
Die **M**eisten stimmten seiner Meinung zu.

einige feste Verbindungen von Präpositionen und nicht gebeugten Adjektiven, denen kein Artikel vorausgeht

von **f**ern(e), von **n**ah und **f**ern, durch **d**ick und **d**ünn, von **k**lein auf, über **k**urz oder **l**ang, gegen **b**ar, gegen **u**nbekannt, auf **e**wig, von **f**rüh bis **s**pät, von **f**rüher her, bis **s**päter

grau in **g**rau, blau in **b**lau, schwarz auf **w**eiß

jemanden für **d**umm verkaufen, etwas für **w**ahr halten, sich etwas zu **e**igen machen

Feste Verbindungen von Präpositionen und gebeugten Adjektiven, denen kein Artikel vorausgeht, können auch großgeschrieben werden:

Adjektiv = gebeugt

kein vorausgehender Artikel

vor/binnen/seit **k**urzem	auch:	vor/binnen/seit **K**urzem
von **n**euem	auch:	von **N**euem
seit **n**euestem	auch:	seit **N**euestem
von/bei **w**eitem	auch:	von/bei **W**eitem
ohne/bis auf **w**eiteres	auch:	ohne/bis auf **W**eiteres
von **n**ahem	auch:	von **N**ahem
seit/vor **l**angem	auch:	seit/vor **L**angem
seit/vor **l**ängerem	auch:	seit/vor **L**ängerem

Superlative mit „am“

Frage:
Wie ist hier der Weg? (am steilsten)

Der Weg ist hier am **s**teilsten.
Am **l**autesten brüllte der kleine Udo.
Wer springt am **h**öchsten?
Sie schreibt am **s**chönsten.
Beate braucht am **l**ängsten.

Bei Verbindungen mit aufs (auf das), nach denen man mit „wie" fragen kann, ist Groß- und Kleinschreibung möglich:

Frage: wie?

aufs **h**erzlichste – aufs **H**erzlichste
aufs **e**infachste – aufs **E**infachste
aufs **ä**ußerste – aufs **Ä**ußerste
aufs **b**este – aufs **B**este
aufs **g**enaueste – aufs **G**enaueste
aufs **s**chlimmste – aufs **S**chlimmste

Frage: Worauf (auf was) machte sie sich gefasst?

Aber:
Sie machte sich aufs **Sch**limmste gefasst.

Woran (an was) fehlte es?

Es fehlte uns sogar am **N**ötigsten.

Pronomen als Stellvertreter von Substantiven

manche, mancher, manches, jeder, jedes, eine, alle, alles, beide, …

So **m**ancher hat das schon versucht.
Nur **e**iner hat die Aufgabe richtig.
Sie hat **a**lles schon wieder vergessen.
Die **b**eiden bleiben heute zu Hause.
Mit **d**iesem unterhalte ich mich nicht.
Das muss (ein) **j**eder einsehen.
Sie hatten **b**eides mitgebracht.
Wir können nicht **a**lle einladen.

Bei Possessivpronomen sind auch Doppelschreibungen möglich:

in Verbindung mit dem bestimmten Artikel

das **s**eine – das **S**eine
die **d**einen – die **D**einen
die **d**einigen – die **D**einigen
das **i**hre – das **I**hre
das **i**hrige – das **I**hrige
die **m**einen – die **M**einen
die **m**einigen – die **M**einigen

Kardinalzahlen unter einer Million

Um **s**echs besuche ich euch.
Teile die Zahl durch **a**cht.
Die **d**rei sind in meiner Klasse.
Es kommen an die **z**ehn.
Er ist bereits über **s**echzig.

Doppelschreibungen bei einer unbestimmten Menge

Es waren viele **h**underte/**H**underte anwesend.
Einige **t**ausend/**T**ausend Zuschauer waren gekommen.
Ich sehe mehrere **d**utzend/**D**utzend.

D 7

In mehrteiligen Eigennamen schreibt man das erste Wort sowie alle weiteren Wörter außer Artikel, Präpositionen und Konjunktionen groß.

Personennamen

Karl der **G**roße, August der **S**tarke, Ludwig der **F**romme, Elisabeth die **Z**weite, der **A**lte Fritz, Katharina die **G**roße, Heinrich der **A**chte, **K**lein Erna, die **H**eiligen **D**rei Könige, der **H**eilige Geist

geografische Namen

Erdteile, Länder, Staaten, Gebiete

die **B**ritischen Inseln, die **V**ereinigten Staaten von Amerika, die **N**eue Welt (Amerika), die **S**lowakische Republik, die **F**reie Hansestadt Bremen, die **D**ritte Welt (die Entwicklungsländer)

Städte, Dörfer, Straßen, Plätze

Neu Schwanebeck, **U**nter den Linden, **A**lter Markt, **A**m **A**lten Graben, die **H**ohe Gasse, **N**eues Kreuzberger Zentrum

Landschaften, Gebirge, Wälder, Wüsten, Fluren

der **T**hüringer Wald, der **B**öhmische Wald, die **L**ibysche Wüste, die **S**ächsische Schweiz, der **S**chwäbische Jura, die **H**ohe Tatra, die **H**ohen Tauern, die **M**ecklemburgische Seenplatte

Meere, Flüsse, Inseln, Küsten

der **S**tille Ozean, der **I**ndische Ozean, das **R**ote Meer, das **S**chwarze Meer, das Kap der **G**uten Hoffnung, der **G**roße Belt, der **W**eiße Nil, der **G**elbe Fluss, der **G**roße Teich (Atlantik)

Ableitung von geografischen Namen auf -<u>er</u>

die **M**ünchner Bevölkerung, die **B**erliner Theaterwelt, der **H**amburger Hafen, die **T**hüringer Klöße, der **S**chweizer Käse, die **L**eipziger Messe, das **F**rankfurter Würstchen, das **D**anziger Goldwasser, das **M**eißner Porzellan, der **B**erliner Pfannkuchen, das **S**chwarzwälder Kirschwasser, das **U**lmer Münster, der **D**resdner Zwinger

Von Orts-, Länder- und Personennamen abgeleitete Adjektive auf -<u>sch</u> und -<u>isch</u> werden kleingeschrieben:

die **h**essische Tracht	die **s**chillerschen Gedichte
die **h**amburgische Sprache	das **o**hmsche Gesetz
ein **ch**inesisches Essen	der **p**ythagoreische Lehrsatz

Aber:

Hervorhebung durch ein Auslassungszeichen

die **S**chiller'schen Gedichte, das **O**hm'sche Gesetz, die **M**eyer'sche Buchhandlung, die **G**rimm'schen Märchen

Namen von verschiedenen Objekten

Sterne, Sternbilder
der Große Bär, der Kleine Wagen, der Große Hund

Fahrzeuge, Bauwerke, Örtlichkeiten
der Blaue Enzian (Eisenbahnzug), die Blaue Donau (Schiff), die Blaue Moschee (in Istanbul), das Heilige Grab (in Jerusalem), das Heilige Land (Palästina), die Große Mauer (in China), das Weiße Haus (in Washington), der Schiefe Turm (in Pisa), der Eiserne Vorhang (die ehemalige Grenze nach Osten)

bestimmte Einzelobjekte
der Schnelle Pfeil (ein bestimmtes Pferd), die Alte Buche (ein bestimmter Baum), das Hohe Lied (Buch des Alten Testamentes), der Hohe Priester (oberster Priester in Jerusalem), das Alte Testament, das Neue Testament, das Goldene Kalb

Orden, Auszeichnungen
das Eiserne Kreuz, das Blaue Band des Ozeans, der Große Verdienstorden, das Goldene Sportabzeichen

Namen von Institutionen, Organisationen, Einrichtungen

Dienststellen, Behörden, Bildungseinrichtungen
das Erste Deutsche Fernsehen, das Zweite Deutsche Fernsehen, der Süddeutsche Rundfunk, der Deutsche Bundestag, das Museum für Deutsche Geschichte (in Berlin), die Technische Hochschule (in München), das Naturhistorische Museum (in Wien), der Oberste Gerichtshof

Organisationen, Verbände, Vereine, Parteien
die Vereinten Nationen, das Deutsche Rote Kreuz, der Allgemeine Deutsche Automobilclub, die Sozialdemokratische Partei Deutschlands, die Christlich-Demokratische Union Deutschlands, der Deutsche Gewerkschaftsbund, der Börsenverein des Deutschen Buchhandels, die Rote Armee, die Grünen (Partei), Internationales Olympisches Komitee, die Grauen Panther

Betriebe, Firmen, Gaststätten, Geschäfte
die Deutsche Bahn, die Deutsche Post AG, die Deutsche Bank, Gasthaus zur Alten Post, das Hotel Vier Jahreszeiten

Zeitungen, Zeitschriften
die Berliner Zeitung, Die Zeit, die Sächsischen Neuesten Nachrichten, Die Welt, die Süddeutsche Zeitung

nicht amtliche Eigennamen

der Schwarze Kontinent, der Nahe Osten, die Vereinigten Staaten, die Goldene Stadt Prag, der Große Teich (Atlantik), die Grüne Insel (Irland), der Rote Planet (Mars), der Ferne Osten (Ostasien), das Dritte Reich, der Wilde Westen, das Hohe Haus

geschichtliche Ereignisse

der **E**rste Weltkrieg, der **Z**weite Weltkrieg, die **Ä**ltere Steinzeit, der **W**estfälische Frieden, der **D**reißigjährige Krieg, die **F**ranzösische Revolution, die **N**apoleonischen Kriege, die **G**oldenen Zwanziger, der **D**eutsch-**F**ranzösische Krieg 1870/71, der **K**alte Krieg (zwischen Ost- und West nach dem Zweiten Weltkrieg)

D 8 In festen Begriffen, die keine Eigennamen sind, werden in der Regel die Adjektive kleingeschrieben.

feste Fügungen aus Adjektiv und Substantiv

der blaue Brief, die katholische Kirche, die evangelische Kirche, das neue Jahr, der italienische Salat, das autogene Training, das olympische Feuer, das große Los, die grüne Lunge, die grüne Grenze, die innere Medizin, die schwedischen Gardinen, die goldene Hochzeit, die silberne Hochzeit, der schnelle Brüter, der weiße Sport (Tennis), das schwarze Schaf, die schwarze Liste, der schwarze Mann, der schwarze Peter, das schwarze Gold, ein schwarzer Freitag, die schwarze Kunst, der schwarze Tee, die schwarze Magie, eine schwarze Messe, der schwarze Tod, das zweite Gesicht, die graue Eminenz, die höhere Mathematik, das gelbe Trikot, das gelbe Fieber, das heilige Abendmahl, der heilige Krieg, die höhere Schule, der letzte Wille, die großen Ferien, die neuen Bundesländer, der rote Hahn, der erste Spatenstich, die große Welt, die große Pause, die graue Maus, der graue Star, das große Einmaleins, die neue Linke, das goldene Zeitalter, der eiserne Vorhang (im Theater), die sieben Todsünden, die sieben Weltwunder, der dritte Stand, die eiserne Lunge, die eiserne Ration

☞

Bei festen Verbindungen mit einer neuen Gesamtbedeutung können die Adjektive großgeschrieben werden.

das **S**chwarze Brett (Anschlagtafel)
der **W**eiße Tod (Lawinentod)
die **S**chwarze Kunst (Zauberkunst, Magie)
der **B**laue Brief (Mitteilung der Schule, Kündigungsschreiben)
die **G**rüne Lunge (Grünanlage)
der **S**chwarze Mann (Schornsteinfeger)
der **L**etzte Wille (Testament)
der **S**chnelle Brüter (Kernreaktor)

In bestimmten Wortgruppen werden Adjektive großgeschrieben, obwohl keine Eigennamen vorliegen:

Titel, Ehrenbezeichnungen, Amtsbezeichnungen

der **R**egierende Bürgermeister, der **E**rste Bürgermeister, die **K**önigliche Hoheit, der **H**eilige Vater, der **E**rste Vorsitzende, der **T**echnische Direktor

Namen von Tieren, Pflanzen

die **G**emeine Stubenfliege, das **F**leißige Lieschen, der **R**ote Milan, der **S**chwarze Holunder, die **S**chwarze Johannisbeere, die **R**auhaarige Alpenrose, der **D**eutsche Schäferhund, die **R**ote Beete

Besondere Kalendertage

der **E**rste Mai, der **H**eilige Abend, die **H**eilige Nacht, der **W**eiße Sonntag, der **G**oldene Sonntag, das **J**üngste Gericht, die **L**etzte Ölung

Adjektive, die mit dem Substantiv zusammen für eine begriffliche Einheit stehen, werden in manchen Fachsprachen großgeschrieben, während andere Fachsprachen die Kleinschreibung bevorzugen:

die **G**elbe Karte, die **R**ote Karte, die **R**ote Liste, der **G**oldene Schnitt, die **K**leine Anfrage (in einem Parlament), die **E**rste Hilfe, die **G**roße Kreisstadt

die **e**iserne Lunge, der **g**raue Star, **s**eltene Erden

Werden feste Begriffe nichtfachsprachlich verwendet, ist die Kleinschreibung der Adjektive der Normalfall.

D 9

In der schriftlichen Anrede schreibt man die Anredewörter Sie und Ihr sowie die zugehörigen gebeugten Formen groß.

höfliche Anrede: Sie, Ihr, Ihre, Ihnen, …

Werden **Sie** uns morgen besuchen, Frau Müller?
Ich möchte **Ihre** Bitte gern erfüllen.
Wie können wir **Ihnen** oder **Ihren** Angehörigen helfen?
Haben **Sie Ihrerseits** noch Fragen?

Auch ältere Anredeformen werden großgeschrieben:

Ich begrüße **Euch,** mein Fürst. – Johann, serviere **Er** die Speisen. – Wir erwarten **Seine** Majestät. – Ganz wie **Eure** Magnifizenz wünschen.

☞

Die vertraulichen Anredewörter sowie die entsprechenden gebeugten Formen schreibt man klein:

normale Anrede:
du, dein, dich, dir, ihr, euer, euch, ...

Kannst **du** nicht schon früher kommen?
Für **deinen** Brief möchte ich **dir** herzlich danken.
Ich kann **dich** leider nicht besuchen, liebe Tante.
Warum habt **ihr** so lange nichts mehr von **euch** hören lassen?

Aber: das **Du** – jemandem das **Du** anbieten – jemanden mit **Du** anreden – mit jemandem auf **Du** und **Du** stehen – **Du** (auch: du) zueinander sagen – mit jemandem per **Du** (auch: du) sein

☞

In Briefen können die vertraulichen Anredewörter auch großgeschrieben werden:

Liebe Inge,

... außerdem habe ich eine große Bitte an **Dich** und **Deinen** Mann. Könntet **Ihr** mir bei **Eurem** nächsten Besuch die Bücher mitbringen, die ich **Euch** schon vor langer Zeit mitgegeben habe? ...

Zeichensetzung

E 1 Satzzeichen helfen, einen Text bzw. Satz übersichtlich zu gestalten und lesbarer zu machen.

Setzung der Satzzeichen je nach Aussageabsicht des Schreibers

Ich war völlig überrascht. Es kam unerwarteter Besuch.
Ich war völlig überrascht; es kam unerwarteter Besuch.
Ich war völlig überrascht, es kam unerwarteter Besuch.
Ich war völlig überrascht: Es kam unerwarteter Besuch.
Ich war völlig überrascht – es kam unerwarteter Besuch.
Ich war völlig überrascht (es kam unerwarteter Besuch).

E 2 Der Schluss eines Ganzsatzes wird durch einen Punkt, ein Ausrufezeichen oder ein Fragezeichen gekennzeichnet.

Punkt

Ganzsatz = Hauptsatz oder Satzreihe oder Satzgefüge

Kein Laut war zu hören.

Inge goss die Blumen, Evi räumte das Geschirr ab.

Er merkte zu spät, dass ein Feuer ausgebrochen war.

Am Ende eines Ganzsatzes setzt man nur einen Punkt:

Herr Müller ist Polizeirat a.D.
Wir behandeln im Unterricht Ludwig XIV.
Ich lese gerne Erzählungen, Geschichten, Romane usw.

Aber: Wer war Ludwig XIV.?

Fragezeichen

Kommt dein Freund auch mit?
Was hat er dir alles erzählt?
Hat er auch gesagt, warum ich mich über ihn geärgert habe?
Ist er nicht freundlich, ist er nicht zuvorkommend?
Weshalb eigentlich?

Ausrufezeichen

Äußerungen mit besonderem Nachdruck: Ausrufe, Behauptungen, Aufforderungen, Wünsche, Grüße

Schon wieder ein Treffer!
Gut gemacht!
Großartig!
Ja, nur weiter so!
Bitte, sofort die Türen schließen!
Ich möchte, dass er ruhig ist!
Viel Glück!
Guten Tag!

☞ **Nach einer Anrede in Briefen kann man ein Ausrufezeichen oder ein Komma setzen:**

Lieber Heinz!
Zunächst recht herzlichen Dank für …

Lieber Heinz,
zunächst recht herzlichen Dank für …

E 3 Das Komma trennt alle Teile ab, die den Fluss eines Satzes hemmen bzw. unterbrechen.

Anreden

Ich wünsche Ihnen, sehr geehrte Frau Tauber, einen erholsamen Urlaub.
Freunde, kommt mal alle her!
Kommst du auch mit, Inge?

Ausrufe

Kommasetzung nur bei Hervorhebung

Oh, darauf war ich nicht gefasst!
Ach ja, das muss ich ja auch noch erledigen!
Au, du stehst auf meinem Fuß!
Was, du verstehst das immer noch nicht?
He, was machst du da?

ohne Hervorhebung kein Komma

Ach so eilig ist das nicht.
Oh wenn es schon Abend wäre.

Einschübe

Doch dann, niemand hatte damit gerechnet, war er plötzlich da.
Dieses Buch, es ist weder spannend noch interessant, habe ich nicht zu Ende gelesen.
Mein Freund, ein begeisterter Wanderer, kommt morgen mit.
Peter Henlein, ein Nürnberger, erfand die Taschenuhr.
Ich kenne Herrn Banze, den Lehrer meines Sohnes, noch nicht.
Frau Berger, Berlin, und Herr Wagner, München, waren ebenfalls anwesend.
In der Nacht, das heißt um drei Uhr, muss ich bereits aufbrechen.
Alle deine Freundinnen, insbesondere Ilona, kann ich gut leiden.
Er, ohne genau Bescheid zu wissen, stimmte sofort zu.

☞ **Bei mehrteiligen Wendungen kann das schließende Komma weggelassen werden:**

Herr Kral, Dresden, Bürgergasse 12, 2. Stock (,) hat den Preis gewonnen.

Am Montag, 13. Juli, 9 Uhr (,) beginnt die Veranstaltung.
In der Zeitschrift Panorama, Jahrgang 24, Heft 4, Seite 19 (,) steht ein interessanter Artikel.

nachgestellte Teile

Der neue Schüler interessiert sich für Sport, besonders für Fußball.
Sie wohnt nicht mehr in Köln, das weiß ich genau.
Am späten Abend wollte er noch spazieren gehen, und das bei diesem Wetter.
Jetzt hör damit auf, und zwar sofort!

Verdoppelungen, Wiederholungen

Diesen Unfall, diesen schlimmen Unfall kann ich einfach nicht vergessen.
Noch einmal, dieses Mal noch bitte ich dich um deine Hilfe.

E 4 Die Glieder einer Aufzählung werden voneinander durch ein Komma abgegrenzt.

gleichrangige Teilsätze

Sie war in Berlin, er fuhr an die Nordsee.
Pack schlägt sich, Pack verträgt sich.
Gestern war er noch dagegen, heute ist er auf einmal dafür.
Er hatte schon wieder einen Unfall, ist das nicht ein großes Pech?
Komm her, setz dich an den Tisch, iss mit uns!

gleichrangige Wortgruppen oder Wörter

Sie achtete nicht auf den Straßenlärm, nicht auf die lauten Nachbarn, nicht auf die lärmenden Kinder.
Sein Blick schweifte über das Land, die dunklen Berggipfel, die sanften Hügel, die weite Ebene.
Er versprach die Hausaufgaben zu machen, ordentlich zu schreiben, fleißig zu lernen.
Er ist klug, gerecht, verständnisvoll.
Ich möchte Brot, Butter, Wurst, Käse.
Doch, doch, doch!
Warum, weswegen?

Man setzt auch ein Komma, wenn die Glieder einer Aufzählung durch Gegensatz-Konjunktionen verbunden werden:

Gegensatz-Konjunktionen: aber, doch, jedoch, sondern, andererseits, …

Die Schüler singen nicht schön, **aber** laut.
Er wollte nicht mich sprechen, **sondern** dich.
Es regnet ständig, **andererseits** könnte sich das Wetter rasch ändern.
Er versuchte es immer wieder, **jedoch** ohne Erfolg.

Kommasetzung auch bei <u>nicht</u> oder <u>kein</u>

Er wurde gerufen, **nicht** du.
Ich habe ihn mehrmals gefragt, **keine** Antwort!

☞ **Sind zwei Adjektive nicht gleichrangig, so setzt man kein Komma:**

gleichrangige Adjektive: Verbindung mit <u>und</u> möglich

eine schöne, erholsame Zeit
ein freundliches, ordentliches Mädchen
ein unfreundliches, frostiges Wetter

nicht gleichrangige Adjektive: Verbindung mit <u>und</u> nicht möglich

die letzten großen Ferien
die allgemeine wirtschaftliche Lage
ein neues blaues Kleid

E 5 Das Komma trennt den Nebensatz vom Hauptsatz ab.

vorangestellter Nebensatz:

NS – HS

Weil er zu schnell fuhr, konnte er nicht mehr rechtzeitig bremsen.
Da er krank war, nahm er am Ausflug nicht teil.
Damit alles gut gelingt, brauchen wir ein bisschen Glück.
Nachdem er angekommen war, ruhte er sich zunächst einmal aus.

eingefügter Nebensatz:

H – NS – S

Mein Geschenk, das ich mitgebracht habe, bekommst du erst morgen.
Der Weg, den du gehen willst, ist sehr steil und steinig.
Sie kann, wenn sie will, bei uns bleiben.
Der Gast sagte, dass er wieder kommen wolle, und verabschiedete sich.

nachgestellter Nebensatz:

HS – NS

Der Dieb wurde ertappt, als er in die Bank einbrechen wollte.
Ich freue mich, dass es dir wieder besser geht.
Der Verkehr staute sich, weil dichter Nebel die Sicht behinderte.
Wir wissen nicht genau, wann die Veranstaltung beginnt.

☞ **Besteht der Anfang eines Nebensatzes aus mehr als einem Einleitewort, so setzt man das Komma vor die gesamte Wortgruppe:**

Wortgruppen: als dass, auch wenn, außer wenn, …

Wir wandern morgen, **ganz gleich** wie das Wetter wird.
Wir ruhten uns aus, **anstatt dass** wir arbeiteten.

… außer dass, anstatt dass, ohne dass, selbst wenn, besonders wenn, und weil, …

Er wurde entdeckt, **gleich als** er sein Versteck verließ.
Ich komme, **selbst wenn** es regnet.

☞ **Bei formelhaften Nebensätzen kann das Komma weggelassen werden:**

Wie bereits gesagt (,) ist das so und nicht anders.
Ich kann (,) wenn nötig (,) auch länger arbeiten.
Er kommt (,) wie üblich (,) wieder zu spät.

E 6 Bei gleichrangigen Teilsätzen, Wortgruppen oder Wörtern, die durch <u>und</u>, <u>oder</u> usw. verbunden sind, wird kein Komma gesetzt.

Konjunktionen: und, oder, beziehungsweise, sowie (= und), wie (= und), entweder … oder, nicht … noch, sowohl … als (auch), sowohl … wie (auch), weder … noch

Ich habe ihn oft besucht **und** wir beide haben uns immer gut verstanden.
Doris geht einkaufen **und** Inge räumt inzwischen die Wohnung auf.
Bist du damit einverstanden **oder** hast du einen anderen Vorschlag?
Wir fahren **sowohl** bei gutem **als auch** bei schlechtem Wetter.
Sie fährt **entweder** heute am Abend **oder** morgen am Vormittag.

Er versprach im Unterricht gut aufzupassen **und** nicht zu schwätzen **und** fleißig zu lernen.
Hungrig **und** vom langen Wandern müde kamen sie nach Hause.
Er ist **weder** faul **noch** dumm.
Nein **und** dreimal nein!
Wozu **und** warum **und** wieso?

☞ **Bei gleichrangigen Teilsätzen kann vor <u>und</u>, <u>oder</u> usw. ein Komma gesetzt werden, um die Gliederung des Ganzsatzes deutlich zu machen:**

Konjunktionen: und, oder, beziehungsweise, entweder … oder, nicht … noch, weder … noch

Die Lehrerin ging voran (,) und die Schülerinnen marschierten zu zweien hinterher. – Ich höre auf (,) oder ihr helft mir bei der Arbeit. – Entweder du kommst (,) oder du rufst mich an. – Weder schrieb sie einen Brief (,) noch kam sie selbst. – Kennst du sie (,) beziehungsweise hast du schon von ihr gehört? – Nicht einmal flüssig lesen konnte er (,) noch war seine Schrift leserlich.

E 7 Bei Infinitiv- und Partizipgruppen wird in der Regel kein Komma gesetzt.

Infinitivgruppe

Alle baten ihn **zu bleiben**.
Ich freue mich **wieder einmal ein gutes Buch zu lesen**.
Er hofft **bald wieder nach Hause zu kommen**.

Partizipgruppe

Laut lachend kam er mir entgegen.
Von uns aufmerksam gemacht suchte er sofort nach dem Fehler.
Er lief **vor Anstrengung keuchend** den Berg hinauf.

Ein Komma kann gesetzt werden, um Missverständnisse zu vermeiden bzw. die Gliederung des Ganzsatzes deutlich zu machen:

Vermeidung von Missverständnissen

Sie riet (,) ihm zu helfen.
Sie riet ihm (,) zu helfen.

Ich hoffe täglich (,) eine Arbeit zu finden.
Ich hoffe (,) täglich eine Arbeit zu finden.

Er versprach dem Lehrer (,) zu folgen.
Er versprach (,) dem Lehrer zu folgen.

Gliederung des Satzes

Ich freue mich (,) wieder einmal ein gutes Buch zu lesen.
Er lief (,) vor Anstrengung keuchend (,) den Berg hinauf.

Infinitivgruppen muss man nur in bestimmten Fällen mit einem Komma abgrenzen:

Einleitung der Infinitivgruppe mit: um, ohne, statt, anstatt, außer, als

Sie beeilte sich, **um** den Zug rechtzeitig **zu erreichen.**
Das Kind rannte auf die Straße, **ohne** auf den Verkehr **zu achten.**
Statt endlich **zu arbeiten,** spielte Bernd mit seinem Computer.
Du solltest dich freuen, **anstatt** immer **zu jammern.**
Meine Freundin hatte nichts Besseres zu tun, **als** mein Missgeschick allen **zu erzählen.**

Die Infinitivgruppe hängt von einem Substantiv ab.

Er fasste den **Entschluss,** künftig wieder mehr **zu reisen.**
Sie unternahmen den **Versuch,** heimlich über die Grenze **zu fliehen.**
Wir hatten keine **Möglichkeit,** rechtzeitig **zu kommen.**

Wenn ein bloßer (nicht erweiterter) Infinitiv vorliegt, kann das Komma weggelassen werden.

Er fasste den **Entschluss (,) zu reisen.**
Sie unternahmen den **Versuch (,) zu fliehen.**
Wir hatten keine **Möglichkeit (,) zu kommen.**

Die Infinitivgruppe hängt von einem Verweiswort ab.	Sie freute sich **darauf,** ihre Eltern endlich wieder **zu sehen.** Meine Mutter liebte **es,** lange Spaziergänge **zu machen.** **Darüber,** viel Gewinn **zu machen,** dachte er lange nach. Eine Weltreise **zu unternehmen, das** war ihr sehnlichster Wunsch. Doch noch **zu gewinnen, damit** hatte Julia nicht gerechnet.
Wenn ein bloßer (nicht erweiterter) Infinitiv vorliegt, kann das Komma weggelassen werden.	Der Gast dachte nicht **daran (,) zu bleiben.** Er drohte **damit (,) zu gehen.** Wir freuten uns **darauf (,) zu verreisen.**

E 8 Mit dem Strichpunkt (Semikolon) trennt man gleichrangige Teilsätze und Wortgruppen ab.

gleichrangige Teilsätze	Die Pause beginnt; die Schüler stürmen auf den Schulhof. Er redete und redete; niemand hörte ihm zu. Sie quälte sich seit Tagen mit Zahnschmerzen herum; aber sie hatte keinen Mut, zum Zahnarzt zu gehen.
gleichrangige Wortgruppen	Vieles gab es auf der Ausstellung zu sehen: Möbel, Gardinen, Teppiche; Türen, Fenster, Fußböden; Gartenmöbel, Rasenmäher, Schwimmbecken.

E 9 Der Doppelpunkt zeigt an, dass etwas Weiterführendes folgt.

weiterführende Rede	Sie sagte: „Ich möchte mir morgen gerne die Sehenswürdigkeiten dieser Stadt ansehen." Der Kellner fragte: „Darf ich Ihnen die Speisekarte bringen?"
Aufzählung	Ich habe schon einige Länder in Europa bereist: Frankreich, Ungarn, Polen, Schweiz, Österreich und Dänemark. Wir suchen: Maurer, Kranführer, Eisenflechter, Kraftfahrer. Die Wochentage heißen: Montag, Dienstag, Mittwoch, ...
Erklärung, Angabe	Familienstand: verheiratet Nächster Sitzungstermin: 24.10.2006 Deutsch: ausreichend Vorsicht: Vergewissern Sie sich vor dem Herausnehmen des Gerätes, dass Sie den Strom abgeschaltet haben! Hinweis: Am Montag ist unser Geschäft erst ab 17 Uhr geöffnet.

Zusammenfassung, Schlussfolgerung

Seine Eltern, seine Freunde, seine Bekannten: Alle waren gekommen.
Also: Nur Mut!
Ich möchte mit dem Satz schließen: Nur gemeinsam können wir das Problem lösen.

Folgt nach dem Doppelpunkt ein ganzer Satz, schreibt man das erste Wort groß:

Denke stets daran: **Du** sollst deinen Nächsten lieben wie dich selbst.
Die Regel lautet: **Wer** die höchste Punktzahl würfelt, darf beginnen.

E 10

Mit einem Gedankenstrich kann man etwas Nachfolgendes ankündigen, einen Wechsel deutlich machen und Zusätze oder Nachträge abgrenzen.

Ankündigung

Möglich sind auch Doppelpunkt und Komma.

Und nun tat er etwas, womit niemand gerechnet hatte – er verließ wortlos das Zimmer.
Sie trat ein – alle Augen waren auf sie gerichtet.
Plötzlich – ein lauter Schrei!

Wechsel des Themas oder des Gedankens

Ich war vor allem von den Darbietungen der Artisten begeistert. – Am nächsten Tag besuchte ich das Museum der Stadt.
Abschließend wurde ein Lied gesungen. – Nun begann die nächste Unterrichtsstunde.

Gedankenstrich anstelle eines Absatzes

So endete unser gemeinsamer Ausflug. – Wochen später besuchte mich mein Freund.

Abgrenzung von Zusätzen oder Nachträgen

Plötzlich – es war mitten in der Nacht – klingelte das Telefon.
Sein letzter Roman – es war der bedeutendste des Schriftstellers – wurde ein großer Erfolg.
Nansen – ein berühmter Polarforscher – erhielt 1922 den Friedensnobelpreis.

Ausrufe- oder Fragezeichen setzt man vor den Gedankenstrich.

Sie trug – ich weiß es noch genau! – ein blaues Kleid.
Er behauptete – so eine Lüge! –, dass er zu Hause gewesen sei.
Mein Onkel war – kannst du dich noch erinnern? – schon vor längerer Zeit krank.

E 11 Nähere Erklärungen oder Zusätze kann man in Klammern setzen.

Einschübe

Ausrufe- oder Fragezeichen setzt man vor die Klammer.

Letzten Montag (es war während des Mittagessens!) brach im Nachbarort ein Brand aus.
Er hat uns doch (erinnerst du dich nicht mehr?) zu seinem Geburtstag eingeladen.

Der Schlusspunkt wird weggelassen.

Über den Unfall (wir haben ihn selbst zufällig beobachtet) wurde ausführlich in der Zeitung berichtet.

nachgestellte Erläuterungen

In diesem Text kommen besonders viele Eigenschaftswörter (Adjektive) vor.
Die Messe findet in Leipzig (Sachsen) statt.
Meine Großmutter (eine geborene Leitner) stammt aus Tirol.

Auch größere Textteile kann man mit Klammern einschließen und so als selbstständige Texteinheiten kennzeichnen:

Bei selbstständigen Texteinheiten setzt man den Schlusspunkt.

Er selbst wohnte mit seiner Familie im ersten Stock. (Die Parterrewohnung hatte er an ein älteres Ehepaar vermieten können. Die Zimmer im zweiten Stock standen lange Zeit leer.) Als seine Eltern zu Besuch kamen …

E 12 Mit Anführungszeichen kann man Wörter und Textteile sowie wörtliche Reden hervorheben bzw. kennzeichnen.

Hervorhebung von Wörtern oder Textteilen

Sie trug die Ballade „Der Feuerreiter“ vor.
Wir lesen im Unterricht „Aus dem Leben eines Taugenichts“ von Eichendorff.
Seine ständige Bemerkung „Das habe ich mir schon gedacht“ stört mich.
Dieter hat das Wort „nämlich“ falsch geschrieben.
Kennst du das Sprichwort „Lügen haben kurze Beine“?

wörtliche Rede

das wörtlich Gesagte in Anführungszeichen

Berta erwiderte: **„**Ich fahre lieber mit dem Fahrrad.**“** – **„**Ich fahre lieber mit dem Fahrrad**“**, erwiderte Berta. – **„**Ich fahre lieber**“**, erwiderte Berta, **„**mit dem Fahrrad.**“**

Doppelpunkt nach dem vorangestellten Begleitsatz	Vater erwiderte**:** … Evi meinte**:** … Dieter fragte**:** …
Großschreibung des Anfangswortes der wörtlichen Rede	Der Lehrer rief: „**A**lles aufstehen!" Sie fragte: „**I**st das nicht schrecklich?" Der Reiseleiter sagte: „**W**ir fahren in zehn Minuten."
Komma zwischen Begleitsatz und wörtlicher Rede	„Das Spiel war bis zur letzten Minute spannend"**,** berichtete der Reporter. „Du kommst"**,** meinte Vater**,** „ gerade noch rechtzeitig."
Ausrufe- und Fragezeichen werden immer beibehalten.	„Du kannst dir ruhig Zeit lassen", beruhigte mich die Lehrerin. Sag ihm endlich: „Ich spiele nicht mehr in der Mannschaft."**!** Hast du ihn schon darauf hingewiesen: „Ich bin wieder völlig gesund!"**?** „Hast du deine Freundin eingeladen**?**", fragte Mutter. „Ich springe jetzt**!**", rief Inge. Antworte ihm doch: „Stör mich jetzt nicht**!**"! Hast du mich gefragt: „Wem gehört das Buch**?**"?

Worttrennung am Zeilenende

F 1 Wörter trennt man am Zeilenende an einer Silbengrenze.

Mehrsilbige Wörter kann man am Ende einer Zeile trennen. Dabei stimmen die Grenzen der Silben, in die man die geschriebenen Wörter bei langsamem Vorlesen zerlegen kann, gewöhnlich mit den Trennstellen überein.

Die Silben ergeben sich beim langsamen Sprechen oder Lesen (Sprechsilbe). teu-er, Mu-se-um, na-iv, in-di-vi-du-ell, eu-ro-pä-i-sche, reu-ig, Mau-er, Ei-er, bau-en, wa-schen, Ru-i-ne, kau-fen, Ei-mer, end-lich, Fuß-ball, na-ti-o-nal, mu-si-zie-ren, Hy-ä-ne, Fa-mi-li-en, lei-der, steu-ern

Einsilbige Wörter werden nicht getrennt. eng, ganz, Baum, heiß, Schluss, fern

☞ **Irreführende Trennungen sollten vermieden werden:**

Ur-instinkt	nicht:	Urin-stinkt
An-alphabet	nicht:	Anal-phabet
Sprech-erziehung	nicht:	Sprecher-ziehung

☞ **Am Wortanfang und am Wortende wird ein einzelner Vokal nicht abgetrennt:**

Abend	nicht:	A-bend	Kleie	nicht:	Klei-e
Ufer	nicht:	U-fer	Laie	nicht:	Lai-e
Ofen	nicht:	O-fen	raue	nicht:	rau-e
Esel	nicht:	E-sel	Trio	nicht:	Tri-o
Uhu	nicht:	U-hu	Adria	nicht:	Adri-a

F 2 Steht in einem einfachen Wort nur ein Konsonant zwischen Vokalen, so kommt er bei der Trennung auf die nächste Zeile.

einfache (nicht zusammengesetzte) Wörter ru-fen, lei-se, schla-gen, Ta-fel, ba-den, rei-ten, la-chen, La-den, sto-ßen, lau-fen, Rei-he, Lü-ge, Ho-tel, Na-he, schleu-nigst, bei-ßen, Ha-ken, Na-se, De-pot, Mo-ment, Ko-lo-nie, rei-zen, bo-xen, Glo-bus, hö-her, spie-len

F 3

Stehen in einem einfachen Wort mehrere Konsonanten zwischen Vokalen, so kommt nur der letzte auf die neue Zeile.

Auch st wird getrennt!

Kan-te, kämp-fen, Far-be, schwit-zen, win-ken, leug-nen, kos-ten, Füch-se, schwän-zen, Eg-ge, Klap-pe, Was-ser, schnap-pen, rob-ben, fet-tig, nied-rig, Schach-tel, Ar-beit, Ach-sel, Fens-ter, lis-tig, prak-tisch, san-dig, Ig-lu, knur-ren, Kup-fer, Spit-ze, imp-fen, hur-tig, ros-ten

☞ **Zu den einfachen Wörtern zählen auch Wörter mit einer Nachsilbe:**

knusp-rig
lus-tig
furcht-sam
freund-lich

☞ **Auch in Fremdwörtern können Buchstabenverbindungen nach dieser Regel getrennt werden:**

Konsonantenverbindungen mit l und r sowie die Buchstabenverbindungen gn und kn

Beide Trennungen sind möglich.

Trennung entsprechend der Grundregel F 3:		Trennung entsprechend der Zusammensetzung:
Feb-ruar	auch:	Fe-bruar
Hyd-rant		Hy-drant
Quad-rat		Qua-drat
Zyk-lus		Zy-klus
möb-liert		mö-bliert
Mag-net		Ma-gnet
pyk-nisch		py-knisch
Mik-rofon		Mi-krofon
Kolib-ri		Koli-bri

F 4

Buchstabenverbindungen wie ch, ck, sch, ph, rh, sh oder th werden nicht getrennt, wenn sie für einen Laut stehen.

Auch ck kommt geschlossen auf die nächste Zeile.

ma-chen, Sa-chen, stri-cken, Sä-cke, wa-schen, rut-schig, Myr-rhe, Phos-phor, Zi-ther, Goe-the, Sa-phir, Ste-phan, Me-tho-de, Hy-po-thek, Nym-phe, lä-cheln, du-schen

F 5 Wörter mit Vorsilbe sowie Zusammensetzungen trennt man zwischen den Bestandteilen.

Vorsilben

An-kunft, be-eilen, be-anspruchen, Ver-dienst, zer-gehen, Sym-bol, im-provisieren, Be-hörde, ir-regulär, Pro-gramm, Er-folg, hin-fahren, Ver-ein, per-fekt, mit-nehmen

Zusammensetzungen

Haus-bau, Spiel-ball, Fahr-zeug, Spar-schwein, Hart-brot, Rot-wein, bild-hübsch, haus-hoch, Bau-werk, Holz-zaun, eis-kalt, Tisch-tuch

Werden Wörter mit Vorsilben und Zusammensetzungen als solche nicht mehr erkannt oder empfunden, können sie auch nach anderen Grundregeln getrennt werden:

Beide Trennungen sind möglich:

Trennung nach Wortbausteinen <u>und</u> Sprechsilben

Trennung entsprechend der Zusammensetzung:	Trennung nach einer anderen Grundregel:
dar-an	auch: da-ran
war-um	auch: wa-rum
hin-ab	auch: hi-nab
ein-ander	auch: ei-nander
Hekt-ar	auch: Hek-tar
Chir-urg	auch: Chi-rurg
inter-essant	auch: inte-ressant
Lin-oleum	auch: Li-noleum
Chrys-antheme	auch: Chry-santheme
Mon-arch	auch: Mo-narch
her- an	auch: he-ran
dar-um	auch: da-rum
Päd-agogik	auch: Pä-dagogik
Heliko-pter	auch: Helikop-ter

F 6 Doppellaute (ai, au, äu, eu, oi) dürfen nur zusammen getrennt werden.

Bau-er, kau-fen, Eu-le, keu-chen, nei-disch, Hei-mat, Wai-se, Kai-ser, Boi-ler, Toi-let-te

Wortfelder

Wörter, die miteinander sinnverwandt sind und etwas Ähnliches bezeichnen, ergeben ein Wortfeld. Obwohl sie eine gemeinsame Grundbedeutung haben, sind sie nicht beliebig austauschbar. Es gibt zwischen ihnen fast immer mehr oder weniger deutliche Unterschiede. Wortfelder helfen das treffende Wort zu finden und sich abwechslungsreich auszudrücken.

sich anstrengen

sich abarbeiten – sich abmühen – sich abplagen – sich abquälen – sich abrackern – sich etwas abverlangen – ackern – sich anstrengen – sich aufreiben – sich bemühen – bemüht sein – sich ins Geschirr legen – alle Hebel in Bewegung setzen – Himmel und Hölle in Bewegung setzen – sich auf den Hosenboden setzen – seine ganze Kraft aufwenden – alle Kräfte anspannen/mobilisieren – sein Möglichstes tun – sich Mühe geben – sich mühen – sich plagen – sich quälen – sich schinden – schuften – sich strapazieren – nichts unversucht lassen – sich ins Zeug legen – sich zusammenreißen

arbeiten

anfertigen – sich anstrengen – Arbeit leisten/verrichten – arbeiten – einen Beruf ausüben – sich beschäftigen – einer Beschäftigung nachgehen – sich betätigen – dienen – den ganzen Tag eingespannt sein – erwerbstätig sein – fleißig sein – fuhrwerken – alle Hände voll zu tun haben – hantieren – malochen – viel um die Ohren haben – sich regen – sich rühren – schaffen – sich zu schaffen machen – schuften – tätig sein – in der Tretmühle sein – tun – werkeln – werken – sich widmen – wirken – wirtschaften

auch

neben anderem – unter anderem – ansonsten – auch – außerdem – daneben – darüber hinaus – dazu – desgleichen – ebenfalls – ebenso – ergänzend – ferner – genauso – gleichermaßen – gleichfalls – darüber hinaus – in demselben Maße – noch – obendrein – plus – sonst – sonst noch – sowie – überdies – zum Überfluss – zu allem Überfluss – im Übrigen – und – in gleicher Weise – weiter – des Weiteren – weiterhin – zudem – zugleich – zusätzlich

außergewöhnlich

ansehnlich – auffallend – Aufsehen erregend (aufsehenerregend) – ausgefallen – ausgezeichnet – außergewöhnlich – außerordentlich – bahnbrechend – beachtlich – bedeutend – beeindruckend – beispiellos – bestechend – bewundernswert – blendend – bombig – brillant – dufte – eindrucksvoll – einmalig – einzigartig – enorm – erstaunlich – erstklassig – erstrangig – exzellent – fabelhaft – famos – fantastisch – genial – gewaltig – glänzend – grandios – groß – großartig – herrlich – hervorragend – himmlisch – ideal – imponierend – irre – märchenhaft – meisterhaft – mustergültig – pfundig – prächtig – prachtvoll – prima – sagenhaft – schön – sensationell – stattlich – super – tadellos – toll – überragend – überraschend – überwältigend – umwerfend – ungewöhnlich – unsagbar – unvergleichlich – vorbildlich – vortrefflich – vorzüglich – wunderbar – wunderschön – wundervoll

betrügen

anschmieren – aufsitzen lassen – ausschmieren – begaunern – belügen – beschummeln – beschwindeln – betrügen – blenden – bluffen – um etwas bringen – für dumm verkaufen – einseifen – einwickeln – ergaunern – in die Falle locken – eine Falle stellen – das Fell über die Ohren ziehen – foppen – hereinlegen – hintergehen – mit falschen Karten spielen – aufs Kreuz legen – leimen – hinters Licht führen – mogeln – zum Narren halten – nasführen – neppen – übers Ohr hauen – prellen – reinlegen – Sand in die Augen streuen – Schmu machen – ein Schnippchen schlagen – schummeln – ein falsches Spiel treiben – täuschen – auf krumme Tour gehen – tricksen – jemanden überfahren – überlisten – übertölpeln – übervorteilen – etwas unterschlagen – verschaukeln – ein X für ein U vormachen

bewältigen

ausführen – bewältigen – bewerkstelligen – bezwingen – das Ding schaukeln – durchführen – sich durchsetzen – erledigen – (das Ziel) erreichen – erringen – fertig werden (fertigwerden) mit – gelangen zu – in den Griff bekommen – sich zu helfen wissen – Herr werden – hinkriegen – eine Hürde nehmen – klarkommen mit – können – den Laden schmeißen – lösen – machen – meistern – packen – zurande (zu Rande) kommen – über die Runden kommen – einer Sache gerecht werden – einer Sache gewachsen sein – schaffen – eine Schwierigkeit überwinden – (richtig) mit etwas umgehen können – verwirklichen – vollbringen – vollenden – ans Ziel kommen – sich zurechtfinden mit – zurechtkommen – zustande (zu Stande) bringen – zuwege (zu Wege) bringen

dauernd

seit Adam und Eva – alle Augenblicke – all(e)zeit – andauernd – anhaltend – am laufenden Band – beharrlich – von Bestand – beständig – von Dauer – dauernd – durchgehend – wie eh und je – ohne Ende – endlos – ewig – in einem fort – fortdauernd – fortgesetzt – fortlaufend – fortwährend – von früh bis spät – gleich bleibend (gleichbleibend) – immer – schon immer – immerfort – immerwährend – immer wieder – immerzu – jahraus, jahrein – seit jeher – jederzeit – jedes Mal – solange ich kann – konstant – kontinuierlich – laufend – das ganze Leben – nach wie vor – alle naslang – oft und oft – ohne Pause – pausenlos – permanent – regelmäßig – rund um die Uhr – Schlag auf Schlag – ständig – stetig – stets – zu jeder Stunde – tagaus, tagein – Tag für Tag – Tag und Nacht – täglich – in einer Tour – rund um die Uhr – unablässig – unaufhaltsam – unaufhörlich – unausgesetzt – unentwegt – ohne Unterbrechung – ohne Unterlass – ununterbrochen – unveränderlich – unverrückbar – unverwandt – zu jeder Zeit – zeitlebens

denken

abwägen – annehmen – eine Ansicht haben – sich etwas ausdenken – aushecken – ausklügeln – ausknobeln – austüfteln – bedenken – Bedenken haben – begreifen – sich besinnen – in Betracht ziehen – beurteilen – sich bewusst werden (bewusstwerden) – brüten – draufkommen – durchdenken – Einfälle haben – einschätzen – einsehen – erfassen – erfinden – erkennen – erwägen – folgern – sich fragen – einen Gedanken fassen – sich Gedanken machen – seinen Gedanken nachhängen – sich mit dem Gedanken tragen – seinen Geist anstrengen – grübeln – halten für – herauszukriegen versuchen – herleiten – herumrätseln – hinterfragen – sich das Hirn zermartern – auf dem Holzweg sein – eine Idee haben – sich irren – im Irrtum sein – kapieren – kauen an etwas – klären – knobeln – sich konzentrieren – sich etwas durch den Kopf gehen lassen – sich den Kopf zerbrechen – meinen – nachdenken – nachgrübeln – nachsinnen – planen – prüfen – mit sich zurate (zu Rate) gehen – raten – rätseln – reflektieren – schließen – im Sinne haben – sinnieren – tüfteln – zu tun gedenken – überdenken – überlegen – Überlegungen anstellen – urteilen – vermuten – sich versenken – den Verstand gebrauchen – verstehen – voraussehen – sich vorstellen – einen Weg suchen – zweifeln

dick

aufgebläht – aufgedunsen – aufgeschwemmt – aufgetrieben – behäbig – gut beieinander sein – beleibt – breit – bullig – dick – dickbäuchig – dickleibig – dicklich – drall – feist – fett – fettleibig – fleischig – füllig – gut im Futter sein – gut genährt – gut gepolstert – korpulent – kugelig – kugelrund – mächtig – massig – mollig – mopsig – aus allen Nähten platzen – nudeldick – plump – prall – pummelig – rund – rundlich – schmerbäuchig – schwabbelig – schwammig –

schwerfällig – Speck auf den Rippen haben – speckig – stämmig – stark – stattlich – stramm – Übergewicht haben – umfangreich – unförmig – untersetzt – üppig – voll – vollleibig – vollschlank – zu viel wiegen – wohlbeleibt – wohlgenährt – wuchtig

dumm

begriffsstutzig – behämmert – bekloppt – bescheuert – beschränkt – blöd(e) – blödsinnig – borniert – ein Brett vor dem Kopf haben – dämlich – doof – nicht bis drei zählen können – dumm – dumm wie Bohnenstroh – dümmer, als die Polizei erlaubt – mit Dummheit geschlagen sein – dümmlich – dusselig – einfältig – engstirnig – gedankenlos – geistesgestört – geistesschwach – geistig arm – geistlos – hirnrissig – hohlköpfig – idiotisch – auf den Kopf gefallen sein – eine lange Leitung haben – das Pulver nicht erfunden haben – schwach im Kopf – schwachköpfig – schwachsinnig – schwer von Begriff sein – stockdumm – Stroh im Kopf haben – strohdumm – stumpfsinnig – stupide – nicht alle Tassen im Schrank haben – töricht – unbedarft – unbegabt – unerfahren – unintelligent – unklug – untalentiert – unüberlegt – unvernünftig – unverständig – unwissend – verblödet – verrückt – ohne Verstand – die Weisheit nicht mit Löffeln gegessen haben – zurückgeblieben

essen

zu Abend essen – Abendbrot essen – sich den Bauch vollschlagen – beißen – dinieren – sich ernähren – essen – das Essen einnehmen – beim Essen sitzen – fressen – fressen wie ein Scheunendrescher – frühstücken – futtern – genießen – sich gütlich tun – herfallen über – sich hermachen über – hineinhauen – hinunterschlingen – hinunterwürgen – den Hunger stillen – jausen – kauen – knabbern – kosten – löffeln – eine Mahlzeit einnehmen – mampfen – (zu) Mittag essen – naschen – etwas zu sich nehmen – Picknick machen – picknicken – prassen – probieren – reinhauen – sich sättigen – schlecken – schlemmen – schlucken – schmatzen – schmausen – schnabulieren – schwelgen – spachteln – speisen – sich stärken – tafeln – sich überessen – verdrücken – verschlingen – versuchen – vertilgen – verzehren – vespern – mit langen Zähnen essen – zugreifen – zulangen

fleißig

aktiv – arbeitsam – arbeitsfreudig – arbeitswillig – bemüht – bestrebt – betriebsam – bienenfleißig – ehrgeizig – eifrig – emsig – fleißig – geschäftig – leistungsfähig – nimmermüde – produktiv – rastlos – rührig – schaffensfreudig – strebsam – tätig – tatkräftig – tüchtig – übereifrig – unermüdlich

fließen (Wasser)

blubbern – branden – brausen – brodeln – dahinziehen – donnern – sich ergießen – fallen – fluten – gleiten – gluckern – glucksen – gurgeln – hüpfen – laufen – münden – nieseln – platschen – plätschern – prasseln – rauschen – reißen – rieseln – rinnen – rollen – schießen – schlagen – sich schlängeln – sickern – sinken – springen – sprudeln – strömen – strudeln – stürmen – stürzen – toben – tosen – treiben – triefen – tröpfeln – tropfen – wallen – wirbeln – wogen

sich fortbewegen (Tiere)

abfliegen – aufsteigen – dahinziehen – davonpreschen – fegen – flattern – fliegen – fliehen – flitzen – flüchten – galoppieren – gleiten – hetzen – hoppeln – hüpfen – huschen – jagen – klettern – krabbeln – kreisen – kriechen – landen – laufen – rennen – robben – rudern – rutschen – sausen – schlängeln – schleichen – schlüpfen – schnellen – schreiten – schweben – schwimmen – schwingen – schwirren – segeln – springen – staksen – stapfen – steigen – stelzen – stolzieren – stürmen – stürzen – tapsen – tauchen – traben – trampeln – trippeln – trotten – wackeln – waten – watscheln – ziehen

ganz

von A bis Z – absolut – alles – von Anfang bis Ende – ohne Ausnahme – in jeder Beziehung – durch und durch – ganz – ganz und gar – zur Gänze – gänzlich – genau – gesamt – von Grund auf – bis auf den Grund – grundlegend – mit Haut und Haar – in jeder Hinsicht – hundertprozentig – von innen und außen – insgesamt – komplett – von Kopf bis Fuß – lückenlos – in vollem Maße – bis zur Neige – von oben bis unten – restlos – sämtlich – vom Scheitel bis zur Sohle – mit Stumpf und Stiel – total – über und über – überhaupt – in vollem Umfang – voll – voll und ganz – vollauf – völlig – vollkommen – vollständig – wirklich

Gefühle

Aggression – Angriffslust – Angst – Ärger – Aufregung – Ausgelassenheit – Bammel – Bewunderung – Dankbarkeit – Empörung – Entrüstung – Entsetzen – Enttäuschung – Erbitterung – Erregung – Freude – Furcht – Fröhlichkeit – Gereiztheit – Glück – Hass – Hoffnungslosigkeit – Jammer – Kummer – Lampenfieber – Langeweile – gute Laune – Liebe – Mitleid – Mutlosigkeit – Nervosität – Schmerz – Schreck – Spannung – Stolz – Trauer – Traurigkeit – Übermut – Unmut – Unruhe – Verzweiflung – Wehmut – Wut – Zärtlichkeit – Zorn – Zufriedenheit – Zuneigung

gehen

abhauen – aufbrechen – ausreißen – ausrücken – sich beeilen – sich begeben – die Beine in die Hand nehmen – sich die Beine vertreten – sich bewegen – bummeln – davongehen – davonlaufen – sich davonmachen – davonstieben – davonstürmen – davonstürzen – düsen – wie auf Eiern gehen – eilen – eintreffen – entfliehen – entkommen – entrinnen – fegen – flanieren – fliehen – flitzen – die Flucht ergreifen – flüchten – sich fortbewegen – fortgehen – zu Fuß gehen – sich die Füße vertreten – gehen – hasten – hatschen – heimkehren – herumstrolchen – sich herumtreiben – hetzen – hinken – humpeln – hüpfen – huschen – jagen – kommen – krabbeln – kriechen – latschen – laufen – losziehen – lustwandeln – marschieren – pesen – pilgern – rasen – Reißaus nehmen – rennen – robben – sausen – schleichen – schlendern – schlittern – schlurfen – schreiten – schwanken – sich in Sicherheit bringen – spazieren – spazieren gehen – springen – sprinten – spritzen – spurten – sich sputen – staksen – stapfen – starten – sich aus dem Staube machen – stelzen – stieben – stiefeln – stiften gehen – stöckeln – stolpern – stolzieren – straucheln – stürmen – stürzen – tappen – tapsen – tänzeln – taumeln – tippeln – torkeln – trampeln – trippeln – trödeln – trotten – türmen – sich verdrücken – verduften – verschwinden – wandeln – wandern – eine Wanderung machen – wanken – waten – watscheln – sich auf den Weg machen – weggehen – weglaufen – das Weite suchen – wetzen – auf Zehenspitzen gehen – zockeln – zotteln – zuckeln – zurückkehren – zurückkommen

mit Geld umgehen

anhäufen – ansammeln – ansparen – aufheben – aufsparen – sich bescheiden – beiseitelegen – den Brotkorb höher hängen – sein Geld durchbringen – zum Fenster hinauswerfen – flott leben – geizen – den Gürtel enger schnallen – Geld hamstern – von der Hand in den Mund leben – horten – auf die hohe Kante legen – am Geld kleben – knausern – knickern – auf den Kopf hauen – dem Geld nachjagen – Rücklagen bilden – zur Seite legen – auf seinem Geld sitzen – sparen – vergeuden – verjubeln – verplempern – verprassen – verpulvern – verschleudern – verschwenden – vertrinken – vernaschen – für das Alter vorsorgen – gut/schlecht wirtschaften – Geld zurücklegen – sein Geld zusammenhalten – zusammenraffen

gemein

abscheulich – böse – boshaft – dreckig – ehrlos – ekelhaft – erbärmlich – feige – garstig – gehässig – gemein – hässlich – hinterlistig – infam – lumpig – miserabel – mistig – nichtswürdig – niederträchtig – niedrig – ruchlos – schäbig – schadenfroh – schändlich – scheußlich – schimpflich – schlecht – schmachvoll – schmählich – schmutzig – schofelig – schrecklich – schuftig –

schurkisch – teuflisch – übel – unbarmherzig – unfair – verrucht – verwerflich – widerlich – widerwärtig – wüst

groß

ausgedehnt – von beachtlichem Ausmaß/Umfang – baumgroß – baumlang – breit – endlos – enorm – geräumig – gewaltig – gigantisch – grenzenlos – groß – groß gewachsen (großgewachsen) – großräumig – hoch – hoch aufgeschossen (hochaufgeschossen) – hochgewachsen – von hohem Wuchs – hünenhaft – immens – kolossal – lang – lang wie eine Bohnenstange – mächtig – mannshoch – massig – monumental – riesengroß – riesenhaft – riesig – stark – stattlich – super – tief – umfangreich – umfassend – unermesslich – ungeheuer – unüberschaubar – unübersehbar – weit – weiträumig – wuchtig

Haus

Anwesen – Apartment – Baracke – Bau – Bauwerk – Blockhaus – Bretterbude – Bude – Bungalow – Domizil – Einfamilienhaus – Ferienhaus – Gebäude – Haus – Heim – Hochhaus – Hütte – Jagdhütte – Kate – Landhaus – Mietshaus – Reihenhaus – Schuppen – Unterkunft – Villa – Wochenendhaus – Wohnhaus – Wohnkomplex – Wolkenkratzer – das Zuhause – Zweifamilienhaus

Gefährte / Gefährtin

Freund/Freundin – Gefährte/Gefährtin – Genosse/Genossin – Gesinnungsgenosse/-genossin – Helfer/Helferin – Jugendfreund/-freundin – Kamerad/Kameradin – Kollege/Kollegin – Komplize/Komplizin – Kumpan/Kumpanin – Kumpel – Lebensgefährte/-gefährtin – Schicksalsgefährte/-gefährtin – Schulfreund/-freundin – Schulkamerad/-kameradin – Spezi – Spielgefährte/-gefährtin – Verbündeter/Verbündete – Vertrauter/Vertraute – Weggefährte/-gefährtin – Weggenosse/-genossin

klein

von geringem Ausmaß – beengt – bescheiden – beschränkt – eingeschränkt – nicht geräumig – gering – geringfügig – nicht groß – klein – klein gewachsen (kleingewachsen) – klitzeklein – knapp – kümmerlich – kurz – zu kurz geraten – mäßig – mickrig – minimal – nicht nennenswert – niedrig – spärlich – unbedeutend – unbeträchtlich – unerheblich – unscheinbar – unwichtig – wenig – winzig – zierlich – zwergenhaft

lachen

sich einen Ast lachen – hell auflachen – belächeln – sich biegen vor Lachen – sich einen Bruch lachen – feixen – ein Gelächter anstimmen – in ein Gelächter ausbrechen – grinsen – aus vollem Halse lachen – herausplatzen – sich kaputtlachen – kichern – sich kranklachen – sich krumm- und schieflachen – sich vor Lachen kugeln – einen Lachanfall bekommen – lächeln – lachen – sich vor Lachen ausschütten – sich vor Lachen den Bauch halten – losbrüllen – losplatzen – prusten – schallend lachen – sich schieflachen – schmunzeln – strahlen – sich totlachen – Tränen lachen – wiehern

lügen

anflunkern – ankohlen – anlügen – anschummeln – anschwindeln – nicht aufrichtig sein – Ausflüchte machen – einen Bären aufbinden – belügen – beschwindeln – betrügen – einen blauen Dunst vormachen – entstellen – erdichten – erfinden – erlügen – fabulieren – falsch darstellen – ein falsches Bild geben – fantasieren – sich etwas aus den Fingern saugen – flunkern – heucheln – etwas aus der Luft greifen – lügen – Lügen auftischen – lügen, dass sich die Balken biegen – lügen wie gedruckt – das Blaue vom Himmel herunterlügen – Romane erzählen – schummeln – schwindeln – täuschen – unaufrichtig sein – die Unwahrheit sagen – etwas verdrehen – verfälschen – verzerren – etwas vorschwindeln – nicht bei der Wahrheit bleiben – es mit der Wahrheit nicht so genau nehmen – etwas zusammenfantasieren

müde

sich nicht mehr auf den Beinen halten können – bettreif – die nötige Bettschwere haben – ermüdet – erschöpft – hundemüde – müde – Müdigkeit verspüren – vor Müdigkeit umfallen – einen toten Punkt haben – ruhebedürftig – mit dem Schlaf kämpfen – schlafbedürftig – schläfrig – schlaftrunken – todmüde – übermüdet – übernächtig – übernächtigt – zum Umfallen/Umsinken müde – unausgeschlafen – verschlafen

mutig

abenteuerlich – keine Angst haben – beherzt – draufgängerisch – entschlossen – nicht feige – fest – forsch – frei von Furcht – ohne Furcht – furchtlos – der Gefahr ins Auge schauen/sehen – die Gefahr verachten – gewagt – halsbrecherisch – heldenhaft – heldenmütig – heroisch – sich ein Herz fassen – kämpferisch – kühn – mannhaft – mutig – mutvoll – riskant – schneidig – standhaft – stramm – streitbar – tapfer – weder Tod noch Teufel fürchten – todesmutig – tollkühn –

unerschrocken – unverzagt – vermessen – verwegen – wacker – wagemutig – waghalsig – die Zähne zusammenbeißen – vor nichts zurückschrecken

nachgeben

sich anpassen – aufgeben – ein Auge zudrücken – klein beigeben – sich beugen – einlenken – jemandem entgegenkommen – sich ergeben – erhören – sich erweichen lassen – die weiße Fahne hissen – das Feld räumen – die Flinte ins Korn werfen – sich fügen – sich etwas gefallen lassen – gehorchen – gewähren – kapitulieren – klein werden – kleinlaut werden – kneifen – in die Knie gehen – kuschen – lockerlassen – nachgeben – parieren – passen – resignieren – sich nach etwas/jemandem richten – einen Rückzieher machen – den Rückzug antreten – schwach werden – die Segel streichen – spuren – nicht standhalten – sich überreden lassen – umschwenken – unterliegen – sich unterordnen – sich unterwerfen – die Waffen strecken – weich werden – weichen – Wünschen entgegenkommen – Zugeständnisse machen – zulassen – zurückgehen – zurückstecken – zurückweichen – sich zurückziehen

Not

Ärmlichkeit – Armseligkeit – Armut – Ausweglosigkeit – Bedrängnis – Bedürftigkeit – Beschränkung – Besitzlosigkeit – Debakel – Dilemma – Elend – Entbehrung – Hilflosigkeit – Hoffnungslosigkeit – Kalamität – Kargheit – in der Klemme sein – Knappheit – Komplikation – Krise – unangenehme Lage – Leid – Mangel – Misere – Missstand (Miss-Stand) – Mittellosigkeit – Not – Notfall – Notlage – Notstand – Patsche – Ratlosigkeit – Sackgasse – Schlamassel – schwere Zeit – Schwierigkeit – schwierige Situation – in der Tinte sitzen – Trostlosigkeit – Übel – Übelstand – missliche Umstände – Unglück – Verelendung – Verlegenheit – Zwangslage – Zwickmühle

plötzlich

abrupt – von einem Augenblick zum anderen – blitzartig – blitzschnell – (wie ein Blitz) aus heiterem Himmel – auf einmal – Hals über Kopf – von heute auf morgen – jäh – jählings – Knall auf Fall – mit einem Mal – mir nichts, dir nichts – über Nacht – plötzlich – ruckartig – mit einem Schlag – schlagartig – sofort – sprunghaft – stürmisch – ohne Übergang – übergangslos – überraschend – überstürzt – unerwartet – unverhofft – unvermittelt – unvermutet – unversehens – unvorhergesehen – urplötzlich – ehe man sich's versieht

prahlen

angeben – sich aufblähen – sich aufblasen – viel Aufhebens von sich machen – sich aufplustern – aufschneiden – sich aufspielen – dick auftragen – auftrumpfen – sich in die Brust werfen – sich brüsten – eingebildet sein – sich großtun – sich herausstreichen – den großen Herrn spielen – ein großes Maul haben – den Mund voll nehmen – eine Nummer abziehen – auf die Pauke hauen – prahlen – protzen – prunken – große Reden schwingen – sich rühmen – eine Schau abziehen – Schaum schlagen – sich spreizen – Sprüche klopfen/machen – sich in Szene setzen – große Töne spucken – übertreiben – sich in den Vordergrund stellen – sich wichtig machen – viel Wind machen – das große Wort führen

säubern

abbürsten – abfegen – abkehren – abputzen – abreiben – abspülen – abstauben – abwaschen – abwischen – aufräumen – aufwaschen – aufwischen – ausbürsten – ausfegen – ausputzen – ausspülen – auswaschen – bürsten – entrußen – fegen – Hausputz halten – kehren – löschen – in Ordnung bringen – putzen – reiben – reinemachen – reinigen – saubermachen (sauber machen) – ein Zimmer machen – säubern – scheuern – den Schmutz entfernen – schrubben – in Schuss bringen – spülen – Staub saugen (staubsaugen) – Staub wischen – tilgen – waschen – wegräumen – wegwischen – wienern – wischen

schimpfen

abkanzeln – eine Abreibung erteilen – anblaffen – anbrüllen – anfahren – anfauchen – angreifen – anknurren – anschnauzen – anschreien – Anstoß nehmen – etwas auszusetzen haben – beanstanden – sich beklagen über – bemäkeln – bemängeln – sich beschweren – eins aufs Dach geben – jemandem aufs Dach steigen – eins auf den Deckel geben – donnern – ein Donnerwetter loslassen – jemanden fertigmachen – auf die Finger klopfen – jemandem die Flötentöne beibringen – fluchen – jemandem etwas flüstern – es jemandem geben – jemanden ins Gebet nehmen – geifern – ins Gewissen reden – kein gutes Haar an etwas/jemandem lassen – jemandem die Hammelbeine langziehen – herumkritteln – herummäkeln – herummeckern – herummosern – herumnörgeln – herumquengeln – jemanden heruntermachen – mit jemandem ein Hühnchen zu rupfen haben – sich jemanden kaufen – keifen – kläffen – jemandem den Kopf waschen/zurechtsetzen – jemandem etwas an den Kopf werfen – Kritik üben – kritisieren – vom Leder ziehen – eine Lehre/Lektion erteilen – jemandem die Leviten lesen – sich Luft machen – mäkeln – jemandem den Marsch blasen – maßregeln – maulen – meckern – jemandem die Meinung sagen – zur Minna machen – missbilligen – monieren – motzen – jemanden niedermachen – nörgeln – jemandem die Ohren langziehen (lang ziehen) – etwas nicht in Ordnung finden – zur Ordnung rufen – poltern –

rüffeln – jemandem eine Rüge erteilen – rügen – schelten – schimpfen (wie ein Rohrspatz) – schnauzen – jemanden zur Schnecke machen – eine Standpauke halten – stänkern – sich stoßen an – eine Strafpredigt halten – eine Szene machen – tadeln – toben – verurteilen – einen Verweis erteilen – Vorhaltungen/Vorwürfe machen – sich jemanden vorknöpfen/vornehmen – etwas vorwerfen – wettern – zanken – es jemandem zeigen – zetern – eine Zigarre verpassen – mit nichts zufrieden sein – zurechtstauchen – zurechtstutzen – zurechtweisen

schnell

mit einem Affenzahn – in Bälde – behände – wie ein geölter Blitz – wie der Blitz – blitzartig – blitzschnell – mit Dampf – in größter Eile – eilends – eilig – wie die Feuerwehr – fix – flink – flott – im Flug(e) – flugs – im Galopp – geschwind – mit affenartiger Geschwindigkeit – mit großer/hoher Geschwindigkeit – Hals über Kopf – im Handumdrehen – mit fliegender Hast – hastig – hurtig – mit Karacho – in Kürze – binnen kurzem (binnen Kurzem) – wie ein Lauffeuer – leichtfüßig – im Nu – in null Komma nichts – wie ein Pfeil – pfeilschnell – plötzlich – wie eine Rakete – rasant – rasch – ruck, zuck – in einem Saus – im Sauseschritt – Schlag auf Schlag – schlagartig – schleunigst – so schnell wie möglich – auf die Schnelle – auf schnellstem Wege – schnellstens – mit Siebenmeilenstiefeln – sofort – auf der Stelle – im Sturmschritt – wie von der Tarantel gestochen – in mörderischem Tempo – wie der Teufel – übereilt – überstürzt – möglichst umgehend – unversehens – unverzüglich – voreilig – vorschnell – wie ein Wiesel – wieselflink – wie der Wind – in Windeseile – auf Windesflügeln – in kurzer Zeit – zügig

schlau

altklug – aufgeklärt – aufgeweckt – ausgekocht – befähigt – begabt – besonnen – clever – auf Draht sein – nicht dumm – durchtrieben – einfallsreich – einsichtig – erfahren – erfinderisch – fähig – findig – mit Geist – geistig beweglich – geistig wach – geistreich – geistvoll – gelehrt – genial – gerissen – gescheit – nicht von gestern sein – gewieft – gewitzt – Grips haben – Grütze im Kopf haben – helle – intelligent – etwas auf dem Kasten haben – klar denkend – klug – nicht auf den Kopf gefallen – mit Köpfchen – Köpfchen haben – listig – etwas loshaben – oberschlau – pfiffig – raffiniert – scharfsinnig – schlau – talentiert – überlegt – umsichtig – vernünftig – verständig – vorausschauend – wach – mit allen Wassern gewaschen – weise – weit blickend (weitblickend) – wendig

schließen

abdichten – abriegeln – abschließen – absperren – beenden – beendigen – dichtmachen – den Laden dichtmachen – den Riegel vorschieben – schließen –

die Tür ins Schloss fallen lassen – stilllegen – verbarrikadieren – verkorken – vermauern – verriegeln – verschließen – versiegeln – versperren – verstopfen – zubinden – zuklappen – zukleben – zuknallen – zuknöpfen – zumachen – zuriegeln – zuschlagen – zuschließen – zuschmeißen – zuschmieren – zuschnüren – zuschrauben – zusperren – zustoßen – zuwerfen – zuziehen

sehen

anblicken – angaffen – anglotzen – angucken – anschauen – ansehen – anstarren – anstieren – anvisieren – aufspüren – im Auge behalten – ein Auge riskieren – kein Auge von etwas/jemandem lassen – äugen – mit den Augen verschlingen – sein Augenmerk richten auf – etwas in Augenschein nehmen – etwas/jemanden ausmachen – beäugen – begaffen – begucken – bemerken – beobachten – beschauen – besehen – besichtigen – bestaunen – betrachten – den Blick heften auf – einen Blick werfen auf – einen Blick schenken/zuwerfen – blicken – mit Blicken durchbohren – mit Blicken messen – blinzeln – entdecken – erblicken – erfassen – erkennen – erspähen – fernsehen – finden – fixieren – gaffen – zu Gesicht bekommen – gewahren – gewahr werden – glotzen – glubschen – gucken – hinblicken – hinsehen – hinstarren – kibitzen – linsen – luchsen – lugen – mustern – nachsehen – peilen – prüfen – registrieren – schauen – schielen – sehen – sichten – spähen – starren – Stielaugen machen – stieren – überblicken – verfolgen – wahrnehmen – wegsehen – zuschauen – zusehen – zwinkern

sehr

arg – ausgesucht – ausgezeichnet – ausnehmend – außergewöhnlich – außerordentlich – äußerst – aufs Äußerste (aufs äußerste) – beachtlich – bedeutend – bemerkenswert – besonders – betont – beträchtlich – bewundernswert – bitter – bitterlich – diebisch (sich freuen) – einzigartig – enorm – entsetzlich – erheblich – erstaunlich – fantastisch – furchtbar – fürchterlich – ganz – gewaltig – in hohem/höchstem Grad – ohne Grenzen – grenzenlos – gröblich – groß – haushoch – heftig – heillos – hervorragend – herzlich – hochgradig – höchst – aufs Höchste (aufs höchste) – höllisch – ideal – immens – irre – irrsinnig – kolossal – kräftig – mächtig – in hohem/großem Maße – über alle Maßen – maßlos – merklich – mörderisch – mordsmäßig – ordentlich – wie die Pest – phänomenal – rasend – recht – nach allen Regeln der Kunst – reichlich – riesig – schauderhaft – schrecklich – schwer – aus tiefster Seele – stark – nach Strich und Faden – sündhaft – super – auf Teufel komm raus – tüchtig – überaus – übermäßig – umwerfend – unaussprechlich – unbändig – unbeschreiblich – unendlich – unermesslich – ungeheuer – ungemein – ungewöhnlich – unglaublich – unheimlich – unmäßig – unsagbar – unsäglich – unsinnig – unwahrscheinlich – verdammt – verteufelt – verzweifelt – viel – vielmals – wahnsinnig – nicht wenig – wesentlich – was das Zeug hält – ziemlich – zutiefst

sprechen

abstreiten – andeuten – anfragen – ansagen – zur Antwort geben – antworten – (sich) anvertrauen – aufsagen – zum Ausdruck bringen – ausdrücken – ausfragen – sich auslassen über – auspacken – ausplaudern – ausposaunen – ausrufen – aussagen – (sich) äußern – eine Aussprache halten – babbeln – beantworten – befehlen – befragen – behaupten – bejahen – bekannt geben (bekanntgeben) – bekräftigen – bekunden – bemerken – Bericht erstatten – berichten – Bescheid geben – beschreiben – besprechen – bestätigen – auf etwas bestehen – betonen – bezeugen – bitten – kein Blatt vor den Mund nehmen – blödeln – brabbeln – brüllen – brummen – daherreden – darstellen – dartun – diskutieren – dolmetschen – donnern – drohen – dröhnen – einsagen – einwenden – entgegnen – erklären – sich erkundigen – eröffnen – erwähnen – erwidern – erzählen – faseln – flüstern – fordern – formulieren – fragen – etwas von sich geben – hauchen – herausstoßen – herunterleiern – hervorsprudeln – seinem Herzen Luft machen – hinzufügen – informieren – jammern – johlen – klagen – klatschen über – krächzen – kreischen – kundgeben – labern – lallen – lispeln – meinen – seine Meinung kundtun/sagen – mitteilen – den Mund aufmachen – murmeln – murren – nachfragen – nennen – nuscheln – offenlegen – palavern – petzen – Phrasen dreschen – plappern – plärren – plaudern – plauschen – prahlen – predigen – quasseln – quatschen – radebrechen – eine Rede halten/schwingen – reden – referieren – rufen – sagen – etwas zu sagen haben – säuseln – schelten – schildern – schimpfen – schmeicheln – schnattern – schreien – schwafeln – schwatzen – schwätzen – seinen Senf dazugeben – zur Sprache bringen – sprechen – stammeln – Stellung nehmen – stocken – stottern – leeres Stroh dreschen – telefonieren – toben – tönen – tuscheln – übersetzen – Unsinn reden – sich unterhalten – unterrichten – sich verbreiten – verkünden – verlauten lassen – verleugnen – verneinen – verraten – versichern – vorausschicken – vorbringen – einen Vortrag halten – vortragen – widerrufen – widersprechen – wispern – wissen lassen – das Wort ergreifen – in Worte fassen – zetern – dummes Zeug reden – zuflüstern – zustimmen

sterben

abberufen werden – abkratzen – ableben – die Augen für immer schließen/zumachen – dahingehen – dahingerafft werden – dahinscheiden – dran glauben müssen – draufgehen – entschlafen – erlöst werden – ersticken – ertrinken – in die Ewigkeit eingehen – auf dem Felde der Ehre sterben – in den Flammen umkommen – den Flammentod sterben – in den ewigen Frieden eingehen – seinen letzten Gang antreten – von uns/euch gehen – aus dieser Welt gehen – den Geist aufgeben – ins Grab sinken – ins Gras beißen – sich den Hals/das Genick brechen – heimgehen – den Heldentod sterben – hinscheiden – hinüberschlummern – die sterbliche Hülle ablegen – vor die Hunde gehen – an Hunger sterben – den Hungertod erleiden – in die ewigen Jagdgründe eingehen – krepieren – im Krieg bleiben/fallen/sterben – sein Leben aushauchen/lassen/vollenden – aus dem Leben gerissen werden – aus dem Leben scheiden – ums Leben kommen – seine letzte Reise antreten – zur ewigen Ruhe eingehen – von hinnen scheiden – zu Staub werden – sterben – im Sterben liegen – seine Tage beschließen – den Tod erleiden/finden – vom Tode ereilt werden – zu Tode kommen – sich zu Tode stürzen – tot hinsinken – überfahren werden – umkommen – verbluten – verbrennen – verdursten – verhungern – seinen Verletzungen erliegen – verrecken – verscheiden – versterben – tödlich verunglücken – den Weg allen Fleisches gehen – das Zeitliche segnen – in den letzten Zügen liegen – zugrunde (zu Grunde) gehen

streiten

aneinandergeraten – sich anlegen mit – sich auseinandersetzen – sich befehden – sich bekriegen – debattieren – sich nicht einigen können – sich entzweien – sich in den Haaren liegen – hadern – sich herumzanken – sich kabbeln – kollidieren – Krach haben – verschiedener Meinung sein – Meinungsverschiedenheiten austragen – eine Sache verschieden sehen – schimpfen – in Streit geraten – mit jemandem im Streit liegen – (sich) streiten – Stunk machen – nicht übereinstimmen – sich überwerfen – sich verfeinden – sich verkrachen – sich in die Wolle kriegen – (sich) zanken – sich zerstreiten – zusammenprallen – zusammenstoßen

trotzig

aufmüpfig – aufrührerisch – aufsässig – beharrlich – bockbeinig – bockig – dickköpfig – dickschädelig – eigensinnig – eigenwillig – halsstarrig – hartnäckig – kompromisslos – kratzbürstig – rechthaberisch – starrköpfig – starrsinnig – störrisch – stur – trotzig – trotzköpfig – unbelehrbar – unbequem – unerbittlich – unfolgsam – ungehorsam – unnachgiebig – unversöhnlich – unwillig – unzugänglich – verbohrt – verschlossen – verstockt – widerborstig – widersetzlich – widerspenstig – zickig – zugeknöpft

sich zeigen

aggressiv – ängstlich – aufgebracht – aufgeräumt – aufgeregt – ausgelassen – bange – bedrückt – bekümmert – beleidigt – beschwingt – besorgt – betroffen – betrübt – beunruhigt – cool – eingeschnappt – elend – empört – entmutigt – entrüstet – entsetzt – enttäuscht – erbittert – erbost – erschüttert – feige – freudig – froh – fröhlich – gehässig – gekränkt – gereizt – giftig – gleichgültig – glücklich – gut gelaunt – hartherzig – heiter – herzlich – hilflos – konzentriert – lebensfroh – leidend – lustig – lustlos – mitleidlos – munter – mutlos – nervös – optimistisch – ratlos – sanftmütig – sauer – schadenfroh – schwermütig – traurig – übermütig – unbeherrscht – unentschlossen – ungehalten – unschlüssig – unwillig – verärgert – verdrießlich – verdrossen – vergnügt – verlegen

Konjugation (Beugung) starker und unregelmäßiger Verben

Infinitiv (Grundform)	**Präsens (Gegenwart)** **Indikativ** (Wirklichkeitsform)			**Konjunktiv** (Möglichkeitsform)
	ich	du	er, sie, es	ich, er, sie, es
backen	backe	bäckst/backst	bäckt/backt	backe
befehlen	befehle	befiehlst	befiehlt	befehle
beginnen	beginne	beginnst	beginnt	beginne
beißen	beiße	beißt	beißt	beiße
bergen	berge	birgst	birgt	berge
bersten	berste	birst	birst	berste
bewegen (veranlassen)	bewege	bewegst	bewegt	bewege
bewegen (fortbewegen, etwas verändern)	bewege	bewegst	bewegt	bewege
biegen	biege	biegst	biegt	biege
bieten	biete	bietest/bietst	bietet	biete
binden	binde	bindest	bindet	binde
bitten	bitte	bittest	bittet	bitte
blasen	blase	bläst	bläst	blase
bleiben	bleibe	bleibst	bleibt	bleibe
braten	brate	brätst	brät	brate
brechen	breche	brichst	bricht	breche
brennen	brenne	brennst	brennt	brenne
bringen	bringe	bringst	bringt	bringe
denken	denke	denkst	denkt	denke
dreschen	dresche	drischst	drischt	dresche
dringen	dringe	dringst	dringt	dringe
dürfen	darf	darfst	darf	dürfe
empfehlen	empfehle	empfiehlst	empfiehlt	empfehle
erbleichen	erbleiche	erbleichst	erbleicht	erbleiche
erlöschen	erlösche	erlischst	erlischt	erlösche
erschrecken (einen Schrecken bekommen, in Erregung geraten)	erschrecke	erschrickst	erschrickt	erschrecke
erschrecken (jemanden erschrecken, in Angst versetzen)	erschrecke	erschreckst	erschreckt	erschrecke
erwägen	erwäge	erwägst	erwägt	erwäge
essen	esse	isst	isst	esse
fahren	fahre	fährst	fährt	fahre
fallen	falle	fällst	fällt	falle
fangen	fange	fängst	fängt	fange
fechten	fechte	fichtst	ficht	fechte
finden	finde	findest	findet	finde
flechten	flechte	flichtst	flicht	flechte
fliegen	fliege	fliegst	fliegt	fliege
fliehen	fliehe	fliehst	flieht	fliehe
fließen	fließe	fließt	fließt	fließe

Imperativ (Befehlsform)		Präteritum (Vergangenheit) Indikativ (Wirklichkeitsform)	Konjunktiv (Möglichkeitsform)	Partizip Perfekt (Mittelwort der Vergangenheit)
Singular (Einzahl)	Plural (Mehrzahl)	ich, er, sie, es	ich, er, sie, es	er, sie, es
back(e)!	backt!	backte/buk	backte/büke	hat gebacken
befiehl!	befehlt!	befahl	befähle/beföhle	hat befohlen
beginn(e)!	beginnt!	begann	begänne/begönne	hat begonnen
beiß(e)!	beißt!	biss	bisse	hat gebissen
birg!	bergt!	barg	bärge	hat geborgen
birst!	berstet!	barst	bärste	ist geborsten
beweg(e)!	bewegt!	bewog	bewöge	hat bewogen
beweg(e)!	bewegt!	bewegte	bewegte	hat bewegt
bieg(e)!	biegt!	bog	böge	hat gebogen
biet(e)!	bietet!	bot	böte	hat geboten
bind(e)!	bindet!	band	bände	hat gebunden
bitt(e)!	bittet!	bat	bäte	hat gebeten
blas(e)!	blast!	blies	bliese	hat geblasen
bleib(e)!	bleibt!	blieb	bliebe	ist geblieben
brat(e)!	bratet!	briet	briete	hat gebraten
brich!	brecht!	brach	bräche	hat/ist gebrochen
brenn(e)!	brennt!	brannte	brennte	hat gebrannt
bring(e)!	bringt!	brachte	brächte	hat gebracht
denk(e)!	denkt!	dachte	dächte	hat gedacht
drisch!	drescht!	drosch	drösche	hat gedroschen
dring(e)!	dringt!	drang	dränge	hat gedrungen
		durfte	dürfte	hat gedurft
empfiehl!	empfehlt!	empfahl	empföhle	hat empfohlen
erbleich(e)	erbleicht!	erbleichte/ erblich	erbleichte/ erbliche	ist erbleicht/ ist erblichen
erlisch!	erlöscht!	erlosch	erlösche	ist erloschen
erschrick!	erschreckt!	erschrak	erschräke	ist erschrocken
erschreck(e)!	erschreckt!	erschreckte	erschreckte	hat erschreckt
erwäg(e)!	erwägt!	erwog	erwöge	hat erwogen
iss!	esst!	aß	äße	hat gegessen
fahr(e)!	fahrt!	fuhr	führe	ist gefahren
fall(e)!	fallt!	fiel	fiele	ist gefallen
fang(e)!	fangt!	fing	finge	hat gefangen
ficht!	fechtet!	focht	föchte	hat gefochten
find(e)!	findet!	fand	fände	hat gefunden
flicht!	flechtet!	flocht	flöchte	hat geflochten
flieg(e)!	fliegt!	flog	flöge	ist geflogen
flieh(e)!	flieht!	floh	flöhe	ist geflohen
fließ(e)!	fließt!	floss	flösse	ist geflossen

Infinitiv (Grundform)	**Präsens (Gegenwart)** **Indikativ** (Wirklichkeitsform)			**Konjunktiv** (Möglichkeitsform)
	ich	du	er, sie, es	ich, er, sie, es
fressen	fresse	frisst	frisst	fresse
frieren	friere	frierst	friert	friere
gären	gäre	gärst	gärt	gäre
gebären	gebäre	gebärst/gebierst	gebärt	gebäre
geben	gebe	gibst	gibt	gebe
gedeihen	gedeihe	gedeihst	gedeiht	gedeihe
gehen	gehe	gehst	geht	gehe
gelingen			gelingt	gelinge
gelten	gelte	giltst	gilt	gelte
genesen	genese	genest	genest	genese
genießen	genieße	genießt	genießt	genieße
geschehen			geschieht	geschehe
gewinnen	gewinne	gewinnst	gewinnt	gewinne
gießen	gieße	gießt	gießt	gieße
gleichen	gleiche	gleichst	gleicht	gleiche
gleiten	gleite	gleitest	gleitet	gleite
glimmen	glimme	glimmst	glimmt	glimme
graben	grabe	gräbst	gräbt	grabe
greifen	greife	greifst	greift	greife
haben	habe	hast	hat	habe
halten	halte	hältst	hält	halte
hängen (schräg abfallen, geneigt sein)	hänge	hängst	hängt	hänge
hängen (etwas an- bzw. aufhängen)	hänge	hängst	hängt	hänge
hauen	haue	haust	haut	haue
heben	hebe	hebst	hebt	hebe
heißen	heiße	heißt	heißt	heiße
helfen	helfe	hilfst	hilft	helfe
kennen	kenne	kennst	kennt	kenne
klimmen	klimme	klimmst	klimmt	klimme
klingen	klinge	klingst	klingt	klinge
kneifen	kneife	kneifst	kneift	kneife
kommen	komme	kommst	kommt	komme
können	kann	kannst	kann	könne
kriechen	krieche	kriechst	kriecht	krieche
laden	lade	lädst	lädt	lade
lassen	lasse	lässt	lässt	lasse
laufen	laufe	läufst	läuft	laufe
leiden	leide	leidest	leidet	leide
leihen	leihe	leihst	leiht	leihe
lesen	lese	liest	liest	lese

Imperativ (Befehlsform)		**Präteritum (Vergangenheit)**		**Partizip Perfekt** (Mittelwort der Vergangenheit)
		Indikativ (Wirklichkeitsform)	**Konjunktiv** (Möglichkeitsform)	
Singular (Einzahl)	Plural (Mehrzahl)	ich, er, sie, es	ich, er, sie, es	er, sie, es
friss!	fresst!	fraß	fräße	hat gefressen
frier(e)!	friert!	fror	fröre	hat gefroren
gär(e)!	gärt!	gärte/gor	gärte/göre	hat gegärt/ gegoren
gebär(e)!/gebier!	gebärt!/gebiert!	gebar	gebäre	hat/ist geboren
gib!	gebt!	gab	gäbe	hat gegeben
gedeih(e)!	gedeiht!	gedieh	gediehe	ist gediehen
geh(e)!	geht!	ging	ginge	ist gegangen
geling(e)!	gelingt!	gelang	gelänge	ist gelungen
gilt!	geltet!	galt	gälte/gölte	hat gegolten
genese!	genest!	genas	genäse	ist genesen
genieß(e)!	genießt!	genoss	genösse	hat genossen
		geschah	geschähe	ist geschehen
gewinn(e)!	gewinnt!	gewann	gewönne/ gewänne	hat gewonnen
gieß(e)!	gießt!	goss	gösse	hat gegossen
gleich(e)!	gleicht!	glich	gliche	hat geglichen
gleit(e)!	gleitet!	glitt	glitte	ist geglitten
glimm(e)!	glimmt!	glomm/glimmte	glömme/glimmte	hat geglommen/ geglimmt
grab(e)!	grabt!	grub	grübe	hat gegraben
greif(e)!	greift!	griff	griffe	hat gegriffen
hab(e)!	habt!	hatte	hätte	hat gehabt
halt(e)!	haltet!	hielt	hielte	hat gehalten
häng(e)!	hängt!	hing	hinge	ist (hat) gehangen
häng(e)!	hängt!	hängte	hängte	ist (hat) gehängt
hau(e)!	haut!	haute/hieb	haute	hat gehauen
heb(e)!	hebt!	hob/hub	höbe/hübe	hat gehoben
heiß(e)!	heißt!	hieß	hieße	hat geheißen
hilf!	helft!	half	hälfe/hülfe	hat geholfen
kenn(e)!	kennt!	kannte	kennte	hat gekannt
klimm(e)!	klimmt!	klomm/ klimmte	klömme/ klimmte	ist geklommen/ geklimmt
kling(e)!	klingt!	klang	klänge	hat geklungen
kneif(e)!	kneift!	kniff	kniffe	hat gekniffen
komm(e)!	kommt!	kam	käme	ist gekommen
		konnte	könnte	hat gekonnt
kriech(e)!	kriecht!	kroch	kröche	ist gekrochen
lad(e)!	ladet!	lud	lüde	hat geladen
lass(e)!	lasst!	ließ	ließe	hat gelassen
lauf(e)!	lauft!	lief	liefe	ist gelaufen
leid(e)!	leidet!	litt	litte	hat gelitten
leih(e)!	leiht!	lieh	liehe	hat geliehen
lies!	lest!	las	läse	hat gelesen

Infinitiv (Grundform)	Präsens (Gegenwart) Indikativ (Wirklichkeitsform)			Konjunktiv (Möglichkeitsform)
	ich	du	er, sie, es	ich, er, sie, es
liegen	liege	liegst	liegt	liege
lügen	lüge	lügst	lügt	lüge
meiden	meide	meidest	meidet	meide
melken	melke	melkst/milkst	melkt/milkt	melke
messen	messe	misst	misst	messe
misslingen			misslingt	misslinge
mögen	mag/möchte	magst/möchtest	mag/möchte	möge
müssen	muss	musst	muss	müsse
nehmen	nehme	nimmst	nimmt	nehme
nennen	nenne	nennst	nennt	nenne
pfeifen	pfeife	pfeifst	pfeift	pfeife
preisen	preise	preist	preist	preise
quellen (grösser werden, schwellen, sprudeln)	quelle	quillst	quillt	quelle
quellen (im Wasser weichen lassen, z.B. Erbsen)	quelle	quellst	quellt	quelle
raten	rate	rätst	rät	rate
reiben	reibe	reibst	reibt	reibe
reißen	reiße	reißt	reißt	reiße
reiten	reite	reitest	reitet	reite
rennen	renne	rennst	rennt	renne
riechen	rieche	riechst	riecht	rieche
ringen	ringe	ringst	ringt	ringe
rinnen	rinne	rinnst	rinnt	rinne
rufen	rufe	rufst	ruft	rufe
saufen	saufe	säufst	säuft	saufe
saugen	sauge	saugst	saugt	sauge
schaffen (erschaffen)	schaffe	schaffst	schafft	schaffe
schaffen (vollbringen, hervorbringen)	schaffe	schaffst	schafft	schaffe
schallen	schalle	schallst	schallt	schalle
scheiden	scheide	scheidest	scheidet	scheide
scheinen	scheine	scheinst	scheint	scheine
scheißen	scheiße	scheißt	scheißt	scheiße
schelten	schelte	schiltst	schilt	schelte
scheren	schere	scherst	schert	schere
schieben	schiebe	schiebst	schiebt	schiebe
schießen	schieße	schießt	schießt	schieße
schinden	schinde	schindest	schindet	schinde
schlafen	schlafe	schläfst	schläft	schlafe
schlagen	schlage	schlägst	schlägt	schlage
schleichen	schleiche	schleichst	schleicht	schleiche
schleifen (schärfen, z.B. ein Messer schleifen)	schleife	schleifst	schleift	schleife

Imperativ (Befehlsform)		Präteritum (Vergangenheit) Indikativ (Wirklichkeitsform)	Konjunktiv (Möglichkeitsform)	Partizip Perfekt (Mittelwort der Vergangenheit)
Singular (Einzahl)	Plural (Mehrzahl)	ich, er, sie, es	ich, er, sie, es	er, sie, es
lieg(e)!	liegt!	lag	läge	hat gelegen
lüg(e)!	lügt!	log	löge	hat gelogen
meid(e)!	meidet!	mied	miede	hat gemieden
melk(e)!/milk!	melkt!	melkte/molk	melkte/mölke	hat gemolken
miss!	messt!	maß	mäße	hat gemessen
		misslang	misslänge	ist misslungen
		mochte	möchte	hat gemocht
		musste	müsste	hat gemusst
nimm!	nehmt!	nahm	nähme	hat genommen
nenn(e)!	nennt!	nannte	nennte	hat genannt
pfeif(e)!	pfeift!	pfiff	pfiffe	hat gepfiffen
preis(e)!	preist!	pries	priese	hat gepriesen
quill!	quillt!	quoll	quölle	ist gequollen
quell(e)!	quellt!	quellte	quellte	hat gequellt
rat(e)!	ratet!	riet	riete	hat geraten
reib(e)!	reibt!	rieb	riebe	hat gerieben
reiß(e)!	reißt!	riss	risse	hat gerissen
reit(e)!	reitet!	ritt	ritte	ist geritten
renn(e)!	rennt!	rannte	rennte	ist gerannt
riech(e)!	riecht!	roch	röche	hat gerochen
ring(e)!	ringt!	rang	ränge	hat gerungen
rinn(e)!	rinnt!	rann	ränne/rönne	ist geronnen
ruf(e)!	ruft	rief	riefe	hat gerufen
sauf(e)!	sauft!	soff	söffe	hat gesoffen
saug(e)!	saugt!	sog/saugte	söge	hat gesogen/gesaugt
schaff(e)!	schafft!	schuf	schüfe	hat geschaffen
schaff(e)!	schafft!	schaffte	schaffte	hat geschafft
schall(e)!	schallt!	schallte/scholl	schölle	hat geschallt/ geschollen
scheid(e)!	scheidet!	schied	schiede	ist geschieden
schein(e)!	scheint!	schien	schiene	hat geschienen
scheiße!	scheißt!	schiss	schisse	hat geschissen
schilt!	scheltet!	schalt	schölte	hat gescholten
scher(e)!	schert!	schor	schöre	hat geschoren
schieb(e)!	schiebt!	schob	schöbe	hat geschoben
schieß(e)!	schießt!	schoss	schösse	hat geschossen
schind(e)!	schindet!	schund	schünde	hat geschunden
schlaf(e)!	schlaft!	schlief	schliefe	hat geschlafen
schlag(e)!	schlagt!	schlug	schlüge	hat geschlagen
schleich(e)!	schleicht!	schlich	schliche	ist geschlichen
schleif(e)!	schleift!	schliff	schliffe	hat geschliffen

Infinitiv (Grundform)	Präsens (Gegenwart) Indikativ (Wirklichkeitsform)			Konjunktiv (Möglichkeitsform)
	ich	du	er, sie, es	ich, er, sie, es
schleifen (über den Boden ziehen)	schleife	schleifst	schleift	schleife
schließen	schließe	schließt	schließt	schließe
schlingen	schlinge	schlingst	schlingt	schlinge
schmeißen	schmeiße	schmeißt	schmeißt	schmeiße
schmelzen	schmelze	schmilzt	schmilzt	schmelze
schneiden	schneide	schneidest	schneidet	schneide
schreiben	schreibe	schreibst	schreibt	schreibe
schreien	schreie	schreist	schreit	schreie
schreiten	schreite	schreitest	schreitet	schreite
schweigen	schweige	schweigst	schweigt	schweige
schwellen (sich ausdehnen, grösser werden)	schwelle	schwillst	schwillt	schwelle
schwellen (grösser machen, stärken)	schwelle	schwellst	schwellt	schwelle
schwimmen	schwimme	schwimmst	schwimmt	schwimme
schwinden	schwinde	schwindest	schwindet	schwinde
schwingen	schwinge	schwingst	schwingt	schwinge
schwören	schwöre	schwörst	schwört	schwöre
sehen	sehe	siehst	sieht	sehe
sein	bin (wir sind)	bist (ihr seid)	ist (sie sind)	sei
senden	sende	sendest	sendet	sende
sieden	siede	siedest	siedet	siede
singen	singe	singst	singt	singe
sinken	sinke	sinkst	sinkt	sinke
sinnen	sinne	sinnst	sinnt	sinne
sitzen	sitze	sitzt	sitzt	sitze
sollen	soll	sollst	soll	solle
speien	speie	speist	speit	speie
spinnen	spinne	spinnst	spinnt	spinne
sprechen	spreche	sprichst	spricht	spreche
sprießen	sprieße	sprießt	sprießt	sprieße
springen	springe	springst	springt	springe
stechen	steche	stichst	sticht	steche
stecken (sich in etwas befinden)	stecke	steckst	steckt	stecke
stehen	stehe	stehst	steht	stehe
stehlen	stehle	stiehlst	stiehlt	stehle
steigen	steige	steigst	steigt	steige
sterben	sterbe	stirbst	stirbt	sterbe
stieben	stiebe	stiebst	stiebt	stiebe
stinken	stinke	stinkst	stinkt	stinke
stoßen	stoße	stößt	stößt	stoße
streichen	streiche	streichst	streicht	streiche

Imperativ (Befehlsform)		Präteritum (Vergangenheit) Indikativ (Wirklichkeitsform)	Konjunktiv (Möglichkeitsform)	Partizip Perfekt (Mittelwort der Vergangenheit)
Singular (Einzahl)	Plural (Mehrzahl)	ich, er, sie, es	ich, er, sie, es	er, sie, es
schleif(e)!	schleift!	schleifte	schleifte	hat geschleift
schließ(e)!	schließt!	schloss	schlösse	hat geschlossen
schling(e)!	schlingt!	schlang	schlänge	hat geschlungen
schmeiß(e)!	schmeißt!	schmiss	schmisse	hat geschmissen
schmilz!	schmelzt!	schmolz	schmölze	ist geschmolzen
schneid(e)!	schneidet!	schnitt	schnitte	hat geschnitten
schreib(e)!	schreibt	schrieb	schriebe	hat geschrieben
schrei(e)!	schreit!	schrie	schriee	hat geschrie(e)n
schreit(e)!	schreitet!	schritt	schritte	ist geschritten
schweig(e)!	schweigt!	schwieg	schwiege	hat geschwiegen
schwill!	schwellt!	schwoll	schwölle	ist geschwollen
schwell(e)!	schwellt!	schwellte	schwellte	hat geschwellt
schwimm(e)!	schwimmt!	schwamm	schwömme/ schwämme	ist geschwommen
schwind(e)!	schwindet!	schwand	schwände	ist geschwunden
schwing(e)!	schwingt!	schwang	schwänge	hat geschwungen
schwör(e)!	schwört!	schwor/schwur	schwüre/schwöre	hat geschworen
sieh(e)!	seht!	sah	sähe	hat gesehen
sei!	seid!	war	wäre	ist gewesen
send(e)!	sendet!	sandte/sendete	sendete	hat gesandt/ gesendet
sied(e)!	siedet!	sott/siedete	sötte/siedete	hat gesotten/ gesiedet
sing(e)!	singt!	sang	sänge	hat gesungen
sink(e)!	sinkt!	sank	sänke	ist gesunken
sinn(e)!	sinnt!	sann	sänne/sönne	hat gesonnen
sitz(e)!	sitzt!	saß	säße	ist gesessen
		sollte	sollte	hat gesollt
spei(e)!	speit!	spie	spiee	hat gespie(e)n
spinn(e)!	spinnt!	spann	spönne/spänne	hat gesponnen
sprich!	sprecht!	sprach	spräche	hat gesprochen
sprieß(e)!	sprießt!	spross	sprösse	ist gesprossen
spring(e)!	springt!	sprang	spränge	ist gesprungen
stich!	stecht!	stach	stäche	hat gestochen
steck(e)!	steckt!	steckte/stak	steckte/stäke	hat gesteckt
steh(e)!	steht!	stand	stände/stünde	ist (hat) gestanden
stiehl!	stehlt!	stahl	stähle/stöhle	hat gestohlen
steig(e)!	steigt!	stieg	stiege	ist gestiegen
stirb!	sterbt!	starb	stürbe	ist gestorben
stieb(e)!	stiebt!	stob	stöbe	ist gestoben
stink(e)!	stinkt!	stank	stänke	hat gestunken
stoß(e)!	stoßt!	stieß	stieße	hat gestoßen
streich(e)!	streicht!	strich	striche	hat/ist gestrichen

Infinitiv (Grundform)	Präsens (Gegenwart) Indikativ (Wirklichkeitsform)			Konjunktiv (Möglichkeitsform)
	ich	du	er, sie, es	ich, er, sie, es
streiten	streite	streitest	streitet	streite
tragen	trage	trägst	trägt	trage
treffen	treffe	triffst	trifft	treffe
treiben	treibe	treibst	treibt	treibe
treten	trete	trittst	tritt	trete
triefen	triefe	triefst	trieft	triefe
trinken	trinke	trinkst	trinkt	trinke
trügen	trüge	trügst	trügt	trüge
tun	tue/tu	tust	tut	tue
verderben	verderbe	verdirbst	verdirbt	verderbe
verdrießen	verdrieße	verdrießt	verdrießt	verdrieße
vergessen	vergesse	vergisst	vergisst	vergesse
verlieren	verliere	verlierst	verliert	verliere
verschleißen	verschleiße	verschleißt	verschleißt	verschleiße
verzeihen	verzeihe	verzeihst	verzeiht	verzeihe
wachsen (grösser werden)	wachse	wächst	wächst	wachse
wachsen (Wachs auftragen)	wachse	wachst	wachst	wachse
wägen	wäge	wägst	wägt	wäge
waschen	wasche	wäschst	wäscht	wasche
weben	webe	webst	webt	webe
weichen (nachgeben, zurückgehen)	weiche	weichst	weicht	weiche
weichen (einweichen, weich machen bzw. werden)	weiche	weichst	weicht	weiche
weisen	weise	weist	weist	weise
wenden	wende	wendest	wendet	wende
werben	werbe	wirbst	wirbt	werbe
werden	werde	wirst	wird	werde
werfen	werfe	wirfst	wirft	werfe
wiegen (das Gewicht feststellen)	wiege	wiegst	wiegt	wiege
wiegen (schaukeln; zerkleinern)	wiege	wiegst	wiegt	wiege
winden	winde	windest	windet	winde
wissen	weiß	weißt	weiß	wisse
wollen	will	willst	will	wolle
wringen	wringe	wringst	wringt	wringe
zeihen	zeihe	zeihst	zeiht	zeihe
ziehen	ziehe	ziehst	zieht	ziehe
zwingen	zwinge	zwingst	zwingt	zwinge

Imperativ (Befehlsform)		Präteritum (Vergangenheit) Indikativ (Wirklichkeitsform)	Konjunktiv (Möglichkeitsform)	Partizip Perfekt (Mittelwort der Vergangenheit)
Singular (Einzahl)	Plural (Mehrzahl)	ich, er, sie, es	ich, er, sie, es	er, sie, es
streit(e)!	streitet!	stritt	stritte	hat gestritten
trag(e)!	tragt!	trug	trüge	hat getragen
triff!	trefft!	traf	träfe	hat getroffen
treib(e)!	treibt!	trieb	triebe	hat getrieben
tritt!	tretet!	trat	träte	hat/ist getreten
trief(e)!	trieft!	troff/triefte	tröffe/triefte	hat getroffen/ getrieft
trink(e)!	trinkt!	trank	tränke	hat getrunken
trüge!	trügt!	trog	tröge	hat getrogen
tu(e)!	tut!	tat	täte	hat getan
verdirb!	verderbt!	verdarb	verdürbe	hat verdorben
verdrieß(e)!	verdrießt!	verdross	verdrösse	hat verdrossen
vergiss!	vergesst!	vergaß	vergäße	hat vergessen
verlier(e)!	verliert!	verlor	verlöre	hat verloren
verschleiß(e)!	verschleißt!	verschliss/ verschleißte	verschlisse	hat verschlissen/ verschleißt
verzeih(e)!	verzeiht!	verzieh	verziehe	hat verziehen
wachs(e)!	wachst!	wuchs	wüchse	ist gewachsen
wachs(e)!	wachst!	wachste	wachste	hat gewachst
wäg(e)!	wägt!	wog	wöge	hat gewogen
wasch(e)!	wascht!	wusch	wüsche	hat gewaschen
web(e)!	webt!	webte/wob	webte/wöbe	hat gewebt/ gewoben
weich(e)!	weicht!	wich	wiche	ist gewichen
weich(e)!	weicht!	weichte	weichte	hat geweicht
weis(e)!	weist!	wies	wiese	hat gewiesen
wend(e)!	wendet!	wandte/wendete	wendete	hat gewandt/ gewendet
wirb!	werbt!	warb	würbe	hat geworben
werd(e)!	werdet!	wurde	würde	ist geworden/ worden
wirf!	werft!	warf	würfe	hat geworfen
wieg(e)!	wiegt!	wog	wöge	hat gewogen
wieg(e)!	wiegt!	wiegte	wiegte	hat gewiegt
wind(e)!	windet!	wand	wände	hat gewunden
wisse!	wisst!	wusste	wüsste	hat gewusst
wolle!	wollt!	wollte	wollte	hat gewollt
wring(e)!	wringt!	wrang	wränge	hat gewrungen
zeih(e)!	zeiht!	zieh	ziehe	hat geziehen
zieh(e)!	zieht!	zog	zöge	hat gezogen
zwing(e)!	zwingt!	zwang	zwänge	hat gezwungen

Dieses Werk berücksichtigt die Regeln der reformierten Rechtschreibung und Zeichensetzung. Ausnahmen bilden Originaltexte, bei denen lizenzrechtliche Gründe einer Änderung entgegenstehen.

Umschlagkonzept: Mendell & Oberer, München
Umschlaggestaltung: Kraxenberger KommunikationsHaus, München
Lektorat: Rolf Schäferhoff
Herstellung: Johannes Schmidt-Thomè
Satz: artesmedia GmbH, Glonn

www.oldenbourg-bsv.de

2. Auflage, 11. Druck 2015

Druck: Parzeller print & media GmbH & Co. KG, Fulda

ISBN 978-3-637-00337-8

PEFC
PEFC/04-31-1308

PEFC zertifiziert
Dieses Produkt stammt aus nachhaltig bewirtschafteten Wäldern und kontrollierten Quellen.

www.pefc.de